Inhalt – Kurzübersicht

Abkürzungsverzeichnis

☞	siehe, vergleiche mit, Querverweis
↓	sinkt, ist vermindert
↑	steigt, ist erhöht
=	ist gleich
®	Handelsname
A	Anleitung des Pflegebedürftigen
A., Aa.	Arterie, Arterien (lat. Arteria, Arteriae)
AB	Aktuelle Bedürfnisse des Pflegebedürftigen
Abb.	Abbildung
Aqua dest.	Aqua destillata
AWO	Arbeiterwohlfahrt
B	Beratung des Pflegebedürftigen
b. B.	bei Bedarf
Bf	Beaufsichtigung des Pflegebedürftigen
BGB	Bürgerliches Gesetzbuch
BSHG	Bundessozialhilfegesetz
BZ	Blutzucker
bzw.	beziehungsweise
°C	Grad Celsius
ca.	circa (ungefähr)
Ch	Charrière (1 CH = 1/3 mm Durchmesser)
d. h.	das heißt
DPWV	Deutscher Paritätischer Wohlfahrtsverband
DRK	Deutsches Rotes Kreuz
DBfK	Deutscher Berufsverband für Pflegeberufe
E	Erfahrungen des Pflegebedürftigen
engl.	englisch
e.V.	eingetragener Verein
evtl.	eventuell
g	Gramm
G	Gewohnheiten des Pflegebedürftigen
ggf.	gegebenenfalls
griech.	griechisch
I	Information des Pflegebedürftigen
Jh.	Jahrhundert
Kap.	Kapitel
kg	Kilogramm
Kcal	Kilokalorien
KJ	Kilojoule
l	Liter
lat.	lateinisch
M	Motivation des Pflegebedürftigen
M.	Morbus
M., Mm	Muskel, Muskeln (lat. Musculus, Musculi)
Min.	Minute(n)
ml	Milliliter
mg	Milligramm
µ g	Mikrogramm
NANDA	North American Nursing Diagnosis Association (Nordamerikanische Pflegediagnosenvereinigung)
o. ä.	oder ähnliche
o. g.	oben genannte
PD	Pflegediagnose
PflegeVG	Pflegeversicherungsgesetz
R	Ressourcen des Pflegebedürftigen
RR	Blutdruck (nach Riva-Rocci)
Std.	Stunde(n)
Sek.	Sekunde(n)
SGB	Sozialgesetzbuch
sog.	sogenannt
StGB	Strafgesetzbuch
Tab.	Tabelle
tägl.	täglich
tÜ	teilweise Übernahme durch Pflegekraft
u. a.	unter anderem, und andere
u. ä.	und ähnliche
V., Vv.	Vene, Venen (lat. Vena, Venae)
v. a.	vor allem
v. Chr.	vor Christus
vÜ	vollständige Übernahme durch Pflegekraft
WHO	World Health Organization (Weltgesundheitsorganisation)
z. B.	zum Beispiel
ZNS	Zentrales Nervensystem (Gehirn und Rückenmark)
ZVK	Zentraler Venenkatheter

Altenpflege konkret Pflegetheorie und -praxis

ALTENPFLEGE KONKRET

PFLEGETHEORIE UND -PRAXIS

Das Konzept von Altenpflege konkret Pflegetheorie und -praxis wurde maßgeblich von Frau Cornelia Michalke geprägt.

Unter Mitarbeit von: Cornelia Michalke, Hildesheim (Kap. 3,7,8,10); Maria Pfleghaar, Gaienhofen (Kap. 1); Annerose Bürger-Mildenberger, Östringen (Kap. 5,7,8,9,11); Gisela Stoll, Kaiserslautern (Kap. 12,13); Ruth Mamerow, Hamburg (Kap. 3,11,13); Stephanie Winkelmann, Kerpen (Kap. 5,6); Sigrid Daneke, Hannover (Kap. 4); Gero Langer, Leipzig (Kap. 2); Karen Skodda, Hannover (Kap. 4,9,12).

URBAN & FISCHER MÜNCHEN · JENA

Zuschriften und Kritiken an
Urban & Fischer Verlag
Lektorat Altenpflege
Am Bleicheberg 18
06484 Quedlinburg

Wie allgemein üblich wurden Warenzeichen bzw. Namen (z.B. bei Pharmapräparaten) nicht immer besonders gekennzeichnet.
Hinweis: Die (therapeutischen) Erkenntnisse in Pflege und Medizin unterliegen laufendem Wandel durch Forschung und klinische Erfahrungen. Die Autoren, Redakteure und der Verlag haben große Sorgfalt darauf verwendet, dass die in diesem Werk gemachten Angaben dem derzeitigen Wissensstand entsprechen. Aufgrund des Charakters des Werkes sind die gemachten Angaben grundsätzlich nicht auf Vollständigkeit oder umfassende Aufklärung über Nebenwirkungen und Dosierungen angelegt. Wer als hierzu berechtigte Person Pharmaka verordnet ist deshalb verpflichtet, anhand der Beipackzettel zu verschreibender Präparate und anderer geeigneter Fachinformationen seine Verordnung in eigener Verantwortung zu treffen.

Die Deutsche Bibliothek – CIP-Einheitsaufnahme
Ein Titeldatensatz für diese Publikation ist bei der Deutschen Bibliothek erhältlich.

1. Auflage 2001

01 02 03 04 05 5 4 3 2 1

Lektorat und Redaktion: Dr. Grit Wurlitzer, Quedlinburg
Bildredaktion und Herstellung: Ute Landwehr-Heldt, Bremen
Umschlaggestaltung und Bildbearbeitung: prepress ulm GmbH, Ulm
Satz: Utesch GmbH, Hamburg
Druck und Bindung: Franz Spiegel Buch GmbH, Ulm
Titelfoto: DOEHRINGs, Lübeck

Printed in Germany
ISBN 3-437-55150-7
Aktuelle Informationen finden Sie im Internet unter http//www.urbanfischer.de

Vorwort

Altenpflege konkret

Altenpflege ist die Gesamtheit aller sozialpflegerischen Aufgaben und Tätigkeiten für pflegebedürftige alte Menschen und ihre Angehörigen. Um den Anforderungen der Praxis gerecht zu werden, brauchen AltenpflegerInnen eine qualifizierte Ausbildung, in der theoretische Grundlagen und praktische Beispiele aufeinander bezogen sind. Nur so kann *Altenpflege konkret* werden.

Berufsfeldorientiertes Lernen

Die Beschäftigung mit aktuellen Themen in der Altenpflege hört nicht mit dem Examen auf. Dazu sind die fachlichen Anforderungen der Praxis zu vielfältig und die Arbeit mit Menschen zu verantwortungsvoll. Im Rahmen der Fort- und Weiterbildung, von Stationsbesprechungen und in der Supervision setzt sich das Lernen fort. Je nach Berufsfeld (stationär, teilstationär oder ambulant) werden neue Kompetenzen erworben und Lösungen für die tägliche Pflege erarbeitet.

Eine neue Lehrbuchreihe

Um den Bedürfnissen von AltenpflegeschülerInnen und examinierten AltenpflegerInnen gerecht zu werden, wurde in mehrjähriger Arbeit eine neue Lehrbuchreihe fertiggestellt. Darin wird fundiertes Wissen praxisnah dargestellt. Die Reihe *Altenpflege konkret* enthält in drei Bänden alle Fächer der Altenpflegeausbildung. Damit ist *Altenpflege konkret* Lehrbuch und Arbeitsmittel für den Unterricht und Nachschlagewerk für die Pflegekräfte in der Praxis. Den LehrerInnen und DozentInnen in der Aus-, Fort- und Weiterbildung bietet es didaktisch hervorragend aufbereitetes Unterrichtsmaterial.

Verbindung von Theorie und Praxis

Die AutorInnen von *Altenpflege konkret* sind langjährig erfahrene Pflegekräfte und PraxisanleiterInnen, großteils unterrichten sie in der Aus-, Fort- und Weiterbildung. Ihr Wissen und ihre Erfahrungen fließen in die Darstellungen von Themen und Inhalten ein. Deutlich wird dies an den vielen Pflegehinweisen und Fallbeispielen sowie detaillierten Informationen zu ausgewählten Fakten. Dadurch kann der hohe Anspruch einer anwendungsbezogenen Verbindung von Theorie und Praxis eingelöst werden.

Im Mittelpunkt: Der Mensch

Alle Einzeldisziplinen der Lehrbuchreihe *Altenpflege konkret* stellen den Menschen in den Mittelpunkt der Betrachtung. Dies können der pflegebedürftige alte Mensch, seine Angehörigen oder die MitarbeiterIn in der Altenpflege sein. Dabei geht es in den einzelnen Kapiteln nicht nur um die Pflege von alten Menschen durch AltenpflegerInnen (Fremdpflege), sondern auch um den Erhalt der eigenen körperlichen, psychischen und sozialen Gesundheit (Selbstpflege). Dies entspricht dem Verständnis der AutorInnen: Nur wer sich selbst pflegt, kann andere pflegen.

Pflegen mit Kopf, Herz und Hand und mit allen Sinnen

Zur professionellen Pflege gehört, die aktuellen Entwicklungen in diesem Handlungsfeld kritisch zu verfolgen und sich die erforderlichen Kenntnisse und Fertigkeiten anzueignen. Die pflegetheoretischen und -praktischen Inhalte können dabei helfen, das eigene Verhalten bewusster zu erleben, verständnisvoll und einfühlend mit anderen Menschen umzugehen und sich selbst und seine Umwelt mit allen Sinnen wahrzunehmen.

Altenpflege ist Arbeit im multiprofessionellen Team

In den letzten 20 Jahren hat es in der Pflege einen strukturellen und inhaltlichen Wandel gegeben. Durch das Gesundheitsstrukturgesetz, die Pflegeversicherung und die Einführung von Qualitätssicherung und Pflegestandards werden hohe Anforderungen an Pflegekräfte gestellt. Bedürfnisorientierte Pflegemodelle orientieren sich an alten Menschen und ihren Angehörigen als KundInnen und NutzerInnen von Dienstleistungen. MitarbeiterInnen mit unterschiedlicher Ausbildung sind nötig, um in einer Einrichtung der Altenpflege den verschiedenen Bedürfnissen und Anforderungen gerecht zu werden. Deshalb arbeiten AltenpflegerInnen gleichberechtigt neben Vertretern anderer Gesundheitsfachberufe in einem multiprofessionellen Team. Diese Zusammenarbeit erfordert die Bereitschaft zur Kommunikation und Kooperation ebenso wie das Wissen um die fachlichen Inhalte und Methoden der jeweils anderen Berufsgruppen.

Unser Wunsch: Ihre Kritik

Alle Texte der Lehrbuchreihe wurden vor der Herausgabe von Pflegekräften in der Praxis gegengelesen und von AltenpflegerschülerInnen und WeiterbildungsteilnehmerInnen kritisch auf ihre Verständlichkeit geprüft.

Weil wir uns intensiv um die Aktualisierung und Weiterentwicklung der Lehrbuchreihe bemühen, bitten wir alle LeserInnen herzlich um konstruktive Rückmeldungen. Nur so können wir unserem Anspruch gerecht werden, Lehrbücher aus der Praxis für die Praxis anzubieten.

Im Winter 2000
Der Verlag

Bedienungsanleitung

Um sich schnell in *Altenpflege konkret - Pflegetheorie und -praxis* zurecht zu finden, sind folgende Besonderheiten dieses Lern- und Arbeitsbuches zu berücksichtigen.

Wo ist das Inhaltsverzeichnis?

Altenpflege konkret - Pflegetheorie und -praxis enthält kein ausführliches Gesamtinhaltsverzeichnis am Anfang des Buches. Statt dessen beginnt jedes einzelne Kapitel mit einer umfassenden Kapitel-Gliederung. Besonders schnell lassen sich gesuchte Informationen über den detaillierten Index am Ende des Buches finden.

Farbleitsystem

Das Buch nutzt bei den Textkästen ein durchgängiges Farbleitsystem. So lässt sich der jeweilige Informationsschwerpunkt des Kastentextes auf einen Blick erkennen. Dabei werden folgende sieben Leitfarben verwendet.

Leitfarbe Gelb: Kästen mit Definitionen

Leitfarbe Blau: Wichtige Informationen und Merksätze

Leitfarbe Grün: Informationsschwerpunkt für die Altenpflegepraxis

Leitfarbe Rosa: Warnhinweise und vermeidbare Fehler in der Altenpflege

Leitfarbe Lila: Typische Fallbeispiele

Leitfarbe Hellgrün: Weiterführende Literatur und Internet-Adressen

Leitfarbe Orange: Wiederholungsfragen

Einen ausführlichen Überblick vermittelt der vordere Buchdeckel.

Abbildungen und Tabellen

Ein Bild sagt mehr als viele Worte – über 650 Abbildungen veranschaulichen komplizierte Zusammenhänge oder zeigen typische Situationen aus dem praktischen Berufsalltag der Altenpflege.

Tabellen fassen bestimmte Sachverhalte gut und schnell überschaubar zusammen und erleichtern dadurch das Lernen in besonderem Maße.

Die Abbildungen sind jeweils kapitelweise nummeriert, wobei die Tabellen der leichteren Auffindbarkeit wegen mit den Bildern durchlaufend mitgezählt wurden. An den entsprechenden Textstellen wird auf die dazugehörige Abbildung oder Tabelle verwiesen (z.B.: ☞ Abb. 11.98, ☞ Tab. 2.10).

Vernetzungen und Querverweise

Die Texte eines Lehrbuches für Altenpflege lassen sich nicht wie eine Perlenkette Fakt für Fakt und Satz für Satz aneinander reihen. Viele Themen werden von verschiedenen Seiten beleuchtet. So kommt z.B. das Thema „Flüssigkeitsdefizit" im Lebensbereich „Für Ernährung sorgen" als Pflegediagnose mit entsprechenden pflegetherapeutischen Maßnahmen vor, gleichzeitig ist ein Flüssigkeitsdefizit aber auch eine von mehreren möglichen Ursachen für eine Obstipation und beeinflusst den Lebensbereich „Für Ausscheidung sorgen". Um Wiederholungen zu vermeiden, beziehen sich die entsprechenden Textstellen der einzelnen Kapitel aufeinander, indem sie durch Verweise miteinander vernetzt sind.

Glücklicherweise funktioniert ja auch unser Gedächtnis vernetzt: Wir bilden keine Faktenarchive, sondern lernen assoziativ, d.h. wir knüpfen an Bekanntes an – auch, wenn wir es in einem ganz anderen Zusammenhang ins Gedächtnis übernommen haben. Lernen wir beispielsweise im Kapitel „Für Ruhe und Schlaf sorgen" etwas über die beruhigende Ganzkörperwaschung bei Schlafstörungen, so fällt uns dabei gleichzeitig ein, wie wir alte Menschen bei einem Selbstversorgungsdefizit bei der Körperpflege unterstützen können und dass es je nach angewendeter Pflegemethode auch noch andere Arten von Waschungen, z.B. eine belebende oder eine Fieber senkende, gibt.

Altenpflege konkret – Pflegetheorie und -praxis unterstützt diese natürliche Art zu lernen - es bietet durch die zahlreichen Querverweise vielfältige Anknüpfungspunkte, die unser Gedächtnis braucht, um erfolgreich lernen und behalten zu können.

Gewichtete Terminologie

In den verschiedenen wissenschaftlichen Disziplinen herrscht ein gewisses Neben- und Durcheinander von lateinischen, griechischen, deutschen und neuerdings auch immer mehr englischen Fachbegriffen. Dieses Buch hilft Ihnen, den jeweils gängigsten Begriff zu erkennen. Bei der Erstnennung eines Begriffes werden die zugehörigen Fachwörter in allen relevanten Versionen bzw. Sprachen vorgestellt und die weniger gebräuchlichen in Klammern und in Kursivschrift. Zum Beispiel:

- **Kinästhetik** *(griech.: kinesis = Bewegung, aisthesis = Empfindung)*
- **Sputum** *(Auswurf)*.

Abkürzungen

Die AutorInnen haben es bewusst vermieden, den Text durch unnötig viele Abkürzungen schwer lesbar zu machen. Deshalb beschränkt sich das Werk auf eine überschaubare Anzahl gängiger Abkürzungen. Ein Verzeichnis der verwendeten Abkürzungen finden Sie ganz vorne, wenn Sie die erste Seite umblättern.

Geschlechteransprache in diesem Buch

AutorInnen und Verlag haben lange darüber nachgedacht, wie sie auch in der Schreibweise der Tatsache gerecht werden, dass Pflegebedürftige, Pflegende, Ärzte und Angehörige anderer Berufsgruppen Frauen *und* Männer sind.

Die konsequenteste Lösung, nämlich die durchgängige Verwendung der männlichen und weiblichen Schreibweise, würde die Lesbarkeit der Texte jedoch erheblich erschweren (Altenpfleger/Altenpflegerin, Betreuer/Betreuerin, Arzt/Ärztin, Mitarbeiter/Mitarbeiterin).

Die ausschließlich männliche Schreibweise würde der Tatsache widersprechen, dass in der Altenpflege überwiegend Frauen arbeiten. Auch die Pflegebedürftigen sind zu über 80% weiblich.

Deshalb haben wir uns für die Lösung mit dem großen „I“ entschieden, obwohl diese Schreibweise streng genommen nicht immer korrekt ist (z.B. ÄrztIn).

In zwei Fällen haben wir das große I nicht verwendet:

- Bei juristischen Begriffen wie z.B. Arbeitgeber. Hier können Männer, Frauen, aber auch Organisationen und Verbände gemeint sein
- In Fallbeispielen, in denen in der Regel von einer ganz bestimmten Person gesprochen wird, z.B. von der Altenpflegerin Anja Schmidt.

Alte Menschen haben wir immer als „der Pflegebedürftige“ bezeichnet, wobei nicht der pflegebedürftige Mann, sondern Mensch gemeint ist.

Für neue Lösungsvorschläge sind Verlag und AutorInnen offen.

Abbildungsnachweis

Unter den Abbildungen wird am Ende des Legendentextes in eckigen Klammern auf die Abbildungsquelle verwiesen. Bei allen nicht besonders gekennzeichneten Abbildungen liegt das Copyright beim Verlag oder bei den AutorInnen.

A300 Reihe Klinikleitfaden, Urban & Fischer Verlag

A300-119 K. Wurlitzer, Greifswald, in Verbindung mit der Reihe Klinikleitfaden, Urban & Fischer Verlag

A300-157 S. Adler, Lübeck, in Verbindung mit der Reihe Klinikleitfaden, Urban & Fischer Verlag

A300-215 S. Weinert-Spieß, Neu-Ulm, in Verbindung mit der Reihe Klinikleitfaden, Urban & Fischer Verlag

A400 U. Bazlen, T. Kommerell, N. Menche, A. Schäffler, S. Schmidt und die Reihe Pflege konkret, Urban & Fischer Verlag

A400-115 R. Dunkel, Berlin, in Verbindung mit U. Bazlen, T. Kommerell, N. Menche, A. Schäffler, S. Schmidt und der Reihe Pflege konkret, Urban & Fischer Verlag

A400-116 R. Young, Ulm, in Verbindung mit U. Bazlen, T. Kommerell, N. Menche, A. Schäffler, S. Schmidt und der Reihe Pflege konkret, Urban & Fischer Verlag

A400-157 S. Adler, Lübeck, in Verbindung mit U. Bazlen, T. Kommerell, N. Menche, A. Schäffler, S. Schmidt und der Reihe Pflege konkret, Urban & Fischer Verlag

A400-190 G. Raichle, Ulm, in Verbindung mit U. Bazlen, T. Kommerell, N. Menche, A. Schäffler, S. Schmidt und der Reihe Pflege konkret, Urban & Fischer Verlag

A400-215 S. Weinert-Spieß, Neu-Ulm, in Verbindung mit U. Bazlen, T. Kommerell, N. Menche, A. Schäffler, S. Schmidt und der Reihe Pflege konkret, Urban & Fischer Verlag

A500 Reihe Altenpflege konkret, Urban & Fischer Verlag

A500-119 K. Wurlitzer, Greifswald, in Verbindung mit der Reihe Altenpflege konkret, Urban & Fischer Verlag

A500-190 G. Raichle, Ulm, in Verbindung mit der Reihe Altenpflege konkret, Urban & Fischer Verlag

D200 M. Vieten, C. Heckrath: Famulatur und PJ: Das Praxislexikon, Antilla Verlag im Georg Thieme Verlag, Stuttgart 1993

E104 M. Vieten: Handbuch der Arzthelferin, 2. Aufl., Hippokrates Verlag, Stuttgart 1999

E123 N. Roper, W. Logan, A.J. Tierney: Elemente der Krankenpflege, Recom Verlag, 4. Aufl., Baunatal 1994

E165-001 M. Krohwinkel, Der Pflegeprozess am Beispiel von Apoplexiekranken. Eine Studie zur Erfassung und Entwicklung ganzheitlich-rehabilitierender Prozesspflege, Nomos Verlag, Baden-Baden 1992

J610 CSMP/Bildarchiv Okapia, Frankfurt

J650 Archiv für Kunst und Geschichte (AKG), Berlin

J660 MEV Verlag GmbH, Augsburg

J666 PhotoDisc, Seattle

J690 Bildarchiv Preussischer Kulturbesitz, Berlin

K104 S. Soyka, Itzehoe

K150 Arge Lola, K. Loges/A. Langen, Stuttgart

K155 O. Ungerer, Kirchheim

K151 Th. Oberheitmann, Witten

K157 W. Krüper, Steinhagen

K165 Th. Stephan, Munderkingen

K183 E. Weimer, Aachen

K199 G. Mikes, Wien

K225 DOEHRING's, Lübeck

L100 M. von Papen, Köln

L117 P. Schweitrieg, Stuttgart

M105 Städtisches Krankenhaus, Überlingen

M114 Seehospital Sahlenburg, Cuxhaven

M117 G. Grevers, München

M148 C. Ravenschlag, Münster

M158 K.-L. Krämer, Heidelberg

M213 C. Seebacher, Dresden

M221 R. Mamerow, Hamburg

N323 C. Müller, Geretsried

N332 H. Groß, Hüllen

O134 R. Bleschoefski, Hamburg

O136 H. Eisele, Aalen

O143 S. Reuter, Friedberg

O148 K. Skodda, Hannover

O149 G. Wurlitzer, Quedlinburg

O164 U. Feuchtgruber, Lübeck

O351 M. Böttcher, Bad Waldsee

O160 W. Mönig, Gaienhofen

S118 D. Heidemann (Hrsg.), Praxis der Zahnheilkunde, Bd. 4: Paradontologie, 3. Aufl., Urban & Schwarzenberg, 1997

T103 Institut für Geschichte der Medizin, Grafiksammlung „Mensch und Tod“, Heinrich Heine Universität Düsseldorf

T111 N. Paweletz, Deutsches Krebsforschungszentrum, Heidelberg

T127 P. Scriba, München

T175 Pflegeheim Philipp Reemtsma, Hamburg

T181 D. Schmidt von Rohrscheidt, Irschenberg

T192 K. Goerke, Marburg
T195 R. Bühler, Giengen/Brenz
U111 Hexal AG, Holzkirchen
U114 Apogepha Arzneimittel GmbH, Dresden
U118 Rölke Pharma, Seniorenprodukte, Hamburg
U182 MEDIMEX Holfeld GmbH & Co., Hamburg
U222 Fresenius AG, Bad Homburg
U223 B. Braun Medicare GmbH, Melsungen
U233 Mundipharma GmbH, Limburg
V101 Schulte Elektronik GmbH, Olsberg
V102 Augenprothetik Lauscha GmbH, Lauscha
V105 Atmos Medizintechnik GmbH, Lenzkirch
V106 Invacare Deutschland GmbH, Bad Oeynhausen
V107 MED.SSE SYSTEM GmbH, Fürth
V121 W. Meyra GmbH, Vlotho
V122 Gebr. Martin GmbH & Co. KG, Tuttlingen
V130 Coloplast GmbH, Hamburg
V137 Siemens AG, Erlangen
V143 Thomashilfen GmbH, Bremerförde
V155 Baiersdorf AG, Hamburg
V156 Servox Medizintechnik GmbH, Köln
V179 IVAC Medizintechnik GmbH, Gießen
V220 Paul Hartmann AG, Heidenheim
V227 prepress ulm GmbH, Ulm
W166 Evangelisches Johanneswerk, Bielefeld
W167 Lotte-Lemke-Haus, Bremerhaven
W173 Informationszentrale Deutsches Mineralwasser (IDM), Bonn
W177 Vereinigung Getreide-, Markt und Ernährungsforschung e.V. (GMF), Bonn
W216 Henriettenstiftung, Hannover
W217 Augustiner Museum, Freiburg
W218 Gemeinde- und Städtetag Baden-Württemberg, Landeswohlfahrtsverband Baden und Landeswohlfahrtsverband Württemberg-Hohenzollern
W219 Interkultureller Sozialdienst, Hannover
W220 Förderkreis Seniorenzentrum St. Markus Hoheluft e.V., Hamburg
W221 Berufsgenossenschaft für Gesundheitsdienst und Wohlfahrtspflege (bgw), Hamburg

Abbildungsnachweis für die Kapitelanfangsfotos

Werner Krüper, Steinhagen: Kapitel: 1-7, 9, 10, 13
MEV Verlag GmbH, Augsburg: Kapitel 8, 11, 12
DOEHRING's, Lübeck: Index

1. Berufskunde

1.1 Versorgung alter Menschen im Wandel der Zeit

Die Versorgung alter Menschen in der Vergangenheit wird erst in jüngster Zeit als Bestandteil der Geschichte der Altenpflege berücksichtigt. Bisher galt ausschließlich die Versorgung kranker Menschen als Ursprung der Altenpflege.

1.1.1 Alte Menschen im Mittelalter bis zum 16. Jh.

Der Begriff „Alter" hatte im Mittelalter eine andere Bedeutung als heute. Eine klare Trennung von „arm", „krank" oder „alt" gab es nicht. Wer als Erwachsener seinen Lebensunterhalt aus gesundheitlichen oder auch wirtschaftlichen Gründen nicht selbst bestreiten konnte, wurde zu den Bedürftigen und Armen gezählt. Aus diesem Grund lässt sich die Geschichte der Versorgung alter und kranker Menschen im Mittelalter nur schwer trennen.

Lebenserwartung

Im Mittelalter lag die durchschnittliche **Lebenserwartung** bei 34 Jahren, wenn das erste Lebensjahr überstanden war. Das bedeutet nicht, dass die meisten Menschen tatsächlich im Alter von Mitte dreißig starben. Die geringe durchschnittliche Lebenserwartung zu jener Zeit ist darauf zurückzuführen, dass viele Menschen bereits sehr jung, besonders im Säuglings- und frühen Kindesalter, starben. Andererseits wurden nicht wenige Menschen auch älter als 34. Dass ein Mensch das 60. Lebensjahr erreichte, war trotzdem eher selten.

Bedingt durch die niedrige Lebenserwartung der Menschen bei gleichzeitig hoher Geburtenrate betrug der Anteil der über 60-jährigen an der Gesamtbevölkerung im Mittelalter nur 1–2 % (☞ Literaturtipp).

Literaturtipp
Kuratorium deutsche Altershilfe (KDA): Festschrift. Köln 1990. Zu beziehen über: KDA, An der Paulskirche 3, 50677 Köln.

Ursachen für die geringe Lebenserwartung

Die Todesursache im Mittelalter war selten Altersschwäche. Viele Menschen starben an

- Seuchen, z. B. der Pest, und an anderen, damals nicht behandelbaren Krankheiten
- Unterernährung
- Kriegsverletzungen (☞ Abb. 1.1)
- Frauen Geburt ihrer Kinder und ihren Folgen (Kindbettfieber).

Darüber hinaus trugen schlechte Hygiene-, Wohn- und Arbeitsbedingungen vor allem in den niedrigen sozialen Schichten zu einer geringen Lebenserwartung bei.

Gebrechlichkeit im Alter

Ein hohes Alter ging mit vielerlei unbehandelbaren **Gebrechen** einher (☞ Abb. 1.2), vor denen sich jeder fürchtete. Oft waren sie Anlass für Hohn und Spott.

Abb. 1.1: Schlacht im Hundertjährigen Krieg (1339–1453). Französische Buchmalerei, 15. Jahrhundert. [J650]

Abb. 1.2: Alter Mann im Kinderlaufstall, Ende des 15. Jahrhunderts. [W217]

Aus dieser Zeit stammen die bis heute in einigen Landstrichen als Kirmesscherze gepflegten Bräuche wie Jungbrunnen und Altweibermühlen.

- Jungbrunnen waren große Quellen, in die man mit all seinen Leiden hineinstieg und nach einer bestimmten Zeit „vollkommen geheilt" wieder herauskam
- Altweibermühlen (☞ Abb. 1.3) wurden ähnliche Fähigkeiten zugeschrieben. Über eine Leiter stiegen die Betagten in eine alte Mühle ein und verließen diese ohne Gebrechen auf einer Rutsche wieder.

Rolle der katholischen Kirche

Im Mittelalter stand die **katholische Kirche** unter dem besonderen Schutz des Königs, der sich als „durch Gottes Gnaden" eingesetzt verstand. Nach den Auffassungen der katholischen Kirche war Seelenheil ausschließlich durch Buße und Spenden zu erlangen.

Nächstenliebe als religiöse Verpflichtung

Die **religiöse Verpflichtung** veranlasste die meisten Menschen, sozial Schwächere zu unterstützen. Der eigentliche Grund für die Mildtätigkeiten gegenüber den Armen war weniger die **Nächstenliebe** als vielmehr der Wunsch, sich auf diese Weise einen Platz „in einem besseren Leben" zu verdienen bzw. dem Teufel zu entkommen (☞ Abb. 1.4). Bezeichnend dafür ist das Gleichnis der Bibel, nach dem eher ein Kamel durch ein Nadelöhr gehe, als dass ein Reicher in den Himmel komme. Aus diesem Grund entstanden zahlreiche private Stiftungen, mit denen die Bedürftigen, so auch alte Menschen, versorgt wurden.

Reformation

Die **Reformation** Anfang des 16. Jahrhunderts brachte einen Bruch mit dieser Tradition. Luther lehrte die Auffassung, dass der Christ nur aus Dankbarkeit und Gehorsam gegen Gott zur tätigen Nächstenliebe verpflichtet sei. Vor der Hölle dagegen könne schon allein der Glaube an den Erlöser erretten. Von den Christen wurde nun Nächstenliebe ohne Aussicht auf einen unmittelbaren Gewinn nach dem Tod gefordert. Dadurch geriet die Versorgung alter Menschen zunächst in eine Krise.

Altersversorgungsmodelle

Bauernerbrecht

Alt gewordene Bauern waren im Alter durch die **Ausgedinge** oder **Austragshäuser** wirtschaftlich versorgt. Der Altbauer übergab seinen Hof mit allen Rechten der alleinigen Bestimmung an die Erben. In welchem Alter die Hofübergabe stattfand und wie sich diese vollzog wurde individuell durch einen Vertrag geregelt.

Abb. 1.3: Altweibermühle. Kolorierte Lithographie von Gustav Kühn, 1872. [J690]

Abb. 1.4: Illustration zur Vormundschaft. Holzschnitt von Hans Weiditz (1500–1536). Bevor die Reformationsbewegung vom Denken der Menschen Besitz ergriff, halfen vor allem die Wohltätigkeiten der Reichen den Armen zu überleben. Abgebildet sind ein armer alter Bauer in deutlicher Demutshaltung und ein wohl situierter, almosengebender Notar. Obwohl die Alten im Mittelalter kaum Ansehen genossen, wurden sie vor der Reformation aufgrund der Gottesfürchtigkeit der Gesellschaft versorgt. [W217]

Als Gegenleistung für die Hofübergabe wurde auf dem Grundstück ein kleines Haus für die alten Bauern gebaut oder innerhalb des bestehenden Hauses eine Wohnung oder ein Zimmer hergerichtet. Weitere Zuwendungen geschahen meist in Form von Naturalien als Rentenersatz.

Der Altbauer verlor mit der Hofübergabe zum einen jedes Mitspracherecht auf seinem früheren Grund und Boden und zum anderen den gesellschaftlichen Status des Bauern. Diese Regelung galt auch für die verwitweten Bäuerinnen.

Lehnswesen – Versorgung durch Vermehrung des Besitzstandes

Mit der Herausbildung des Rittertums im 8. Jh. entstand das **Lehnswesen.** Den Rittern wurde Land geliehen, das ihren Unterhalt sichern und die Möglichkeit der Ausrüstung geben sollte. Lehnsmann und Lehnsherr waren einander zur Treue verpflichtet.

Anfangs waren diese Lehen nicht erblich; sie gingen bei „Mannfall", also wenn der Lehnsmann starb, an den Lehnsherren zurück. Doch bald wurden die Lehen erblich. Dies mag darin begründet sein, dass der Lehnsherr die Hinterbliebenen des Lehnsmannes versorgt wissen wollte. Durch diese Erblichkeit bildete sich der *Ritterstand* oder der *niedere Adel,* der im Alter durch seinen Grundbesitz versorgt war.

Altersversorgung in Klöstern und Stiften

Für die Adelsfamilien boten die **Klöster und Stifte** eine Altersversorgung. Die Familien kauften ihre Mitglieder in die Klöster und Stifte ein. Diese Regelung war bis ins 19. Jh. in Adelsfamilien gängige Praxis.

Auch die unverheirateten Töchter der adeligen und bürgerlichen Schicht wurden in Klöstern und Stiften aufgenommen, wenn deren Familien sie nicht versorgen und sie ihren Unterhalt nicht selbst bestreiten konnten (☞ Abb. 1.5). Ein Frauenleben ohne Heirat außerhalb von Klöstern und Stiften gab es so gut wie nicht. Frauen, denen es nicht gelang, frühzeitig zu heiraten, wurden als alte Jungfern bezeichnet und zählten wie die Alten zu den Bedürftigen.

Altersversorgung der Handwerker durch Zünfte

Der wirtschaftliche Aufstieg Europas im 11. Jh. durch Zunahme der Bevölkerung, des Handels und der ge-

Abb. 1.5: Elisabeth mit ihren spinnenden Frauen. Holzschnitt aus dem Jahre 1511 von Hans Baldung Grien. Die heilige Elisabeth (1207–1231) nahm sich der Witwen an, die nach dem Tod ihres Mannes ins soziale Elend stürzten, wenn nicht rechtzeitig Vorsorge für das Alter getroffen worden war. [W217]

Abb. 1.6: Alte Frau, einem jungen Mann Geld anbietend. Kupferstich von Jacob de Gheyn II. (1565–1629). Eine schnelle Wiederverheiratung, oft mit dem jüngeren Gesellen, war für eine Handwerkerwitwe oft die einzige Möglichkeit, ihren Lebensunterhalt zu sichern. [T103]

werblichen Arbeitsteilung führte dazu, dass sich um viele Burgen Städte entwickelten. Auch die durch das Land wandernden Handwerker wurden hier sesshaft und boten ihre Dienste der Bevölkerung an.

Im 12. Jh. entstanden die **Zünfte** als Verbände für die Handwerker. Oft waren die Handwerker in der Zunft Zwangsmitglied. Die Zünfte gewährten ihren Mitgliedern wirtschaftlichen Schutz und überwachten ihre Leistungen. Ihre Rechte, aber auch die strengen Regeln des Zunftwesens, waren in der Zunftrolle niedergelegt.

Das Arbeitsleben eines Handwerkers endete in der Regel erst mit seinem Tod. Die hinterbliebene Witwe wurde von den Zunftmitgliedern unterstützt. Wie diese Hilfe konkret aussah, unterschied sich von Zunft zu Zunft. Oft durfte die Witwe den Betrieb mit Hilfe eines von der Zunft gestellten Gesellen ein Jahr lang weiterführen. Danach musste sie entweder den Betrieb aufgeben oder eine befähigte Person heiraten. In vielen Fällen entschied sich die Witwe aus der Not heraus zur Wiederheirat. Häufig fiel die Wahl auf den um Jahrzehnte jüngeren Gesellen, der ihr bei der Weiterführung des Betriebes geholfen hatte. Beide sicherten sich auf diese Weise den Lebensunterhalt (☞ Abb. 1.6).

Die Versorgung der Handwerkerfrauen im Alter war also ausschließlich über die Ehe gewährleistet. Die Töchter konnten nur bedingt zur Versorgung herangezogen werden. Sie wurden meist zunftintern in andere Städte verheiratet. Die Söhne übernahmen nur selten den Betrieb des Vaters. Bis zum Tod des Vaters hatten sie eigene Betriebe in anderen Städten übernommen, da die kleinen väterlichen Handwerksbetriebe meist nur eine Familie ernährten.

Betteln als Möglichkeit der Versorgung

Das **Betteln** war im Mittelalter keine Seltenheit. Auf einen arbeitenden Menschen kamen laut dem Volksprediger *Eberlin von Günzburg* im 15. Jh. etwa 14 Bettler. Das Betteln war zwar beschwerlich, aber in der Regel die einzige Einkommensquelle der Alten und Armen.

Der karitative Auftrag der Kirche und die Gottesfürchtigkeit der Bevölkerung führten dazu, dass die Bettler durch **Almosen** recht und schlecht überleben konnten. Das Almosenwesen war auch eine Aufgabe der sich zunehmend bildenden **Spitäler** (☞ unten). Jeder Bettler erhielt bei jeder dieser Einrichtungen eine Spende. Ob jemand das Almosenwesen „missbrauchte" wurde nicht überprüft. Mit der Reformation und der Verstaatlichung vieler Kirchengüter (Säkularisation) wurde eine **Kontrolle des Almosenwesens** durch Staat und Kommunen eingeführt. Es wurde nur noch an Bürger der Stadt gespendet, die landstreichenden Armen blieben unversorgt.

Spitalbildung

Die ersten **spitalähnlichen Einrichtungen** als Vorformen der Altenheime existierten schon vor dem Mittelalter. Bereits im 4. Jh. gab es das so genannte Gerokomeion, ein Haus für alte Menschen.

Die ersten **Spitäler** entstanden im 13. Jh. aus Stiftungen an die Kirche und waren deren Eigentum (☞ Abb. 1.7). Zu Beginn der Neuzeit (ab dem 16. Jh.) hatte jede Stadt mindestens ein Spital.

Der Stifter spendete nicht allein aus sozialer Pflicht Geld oder Gut für die Spitäler, sondern auch, um dadurch Gottes Gunst zu erlangen. Es war eine religiöse

Pflicht, die Außenseiter der Gesellschaft zu versorgen und zu betreuen. Die Zuwendungen waren an Bedingungen geknüpft, die das Seelenheil des Stifters sichern sollten. So musste beispielsweise täglich der Gottesdienst besucht oder für das Seelenheil der Stifterfamilie gebetet werden.

Nur die Gottesfürchtigkeit des Bittstellers entschied darüber, ob jemand in ein Spital aufgenommen wurde bzw. Almosen erhielt.

Besser gestellte Bürger konnten sich mittels einer Pfründe in das Spital einkaufen. Sie überließen dem Spital ihr Einkommen oder eine bestimmte Geldsumme und konnten dafür in dem Haus leben. Je höher die Zuwendung, desto mehr Ansprüche konnten die Pfründer stellen. Einige bewohnten sogar ein eigenes Zimmer oder eine kleine Wohnung.

Zu den **Aufgaben** der Spitäler gehörte es

- Arme, Kranke, „Irre" und Alte zu versorgen
- Almosen zu verteilen
- Waisen- und Findelkinder zu betreuen.

Die Pflege bei Krankheit wurde meistens von rüstigen Mitbewohnern übernommen, die in der Literatur als „Wärter" bezeichnet werden, was wohl ihrer Funktion auch am ehesten entsprach.

Die Umstände, unter denen „gepflegt" wurde, sind mit den heutigen nicht zu vergleichen. Die Krankensäle oder Siechenstuben wurden nicht gereinigt. Man schüttete nur frisches Stroh zwischen die Lager, auf denen die Kranken dicht an dicht lagen. Schwerkranke und Sterbende, Tuberkulöse, „stinkende Kranke", Epileptiker, „Irre" und Kriminelle lebten auf engstem Raum. Da frische Luft als schädlich galt, wurde auch nicht gelüftet. Als absolute Neuerung galt das Waschen von Händen und Gesicht, mit dem die Kaiserswerther Diakonissen die Pflege modernisierten. Historische Quellen wie Aufzeichnungen von Ärzten und städtische Annalen berichten, dass für das „Bettnässen" eine Strafe entrichtet werden musste.

Fallbeispiel

Anweisung aus dem Mittelalter, wie ein Bett auszusehen hatte:

„Über das Bettlaken, unter dem wasserdichter Stoff liegt, wird ein dreieckiges Leintuch gelegt, die lange Seite quer zur Bettlänge. Darauf wird das sog. Nest zurechtgemacht, das etwa ½ Meter Durchmesser hat: eine dünne, lockere Schicht Jute mit einem ca. 15 cm hohen Rand. Dieses Nest wird mit lockerem Torfmull gefüllt, etwa 200 g. Darauf wird der Patient gelegt. So kann man die Patienten unbesorgt 12 Stunden liegen lassen, selbst 24 Stunden, doch sollte Letzteres nicht die Regel sein"
(aus: Altenpflege 1/88, Vincentz Verlag, Hannover)

Abb. 1.7: Heiligen-Geist-Hospital in Lübeck aus dem Jahre 1280. Ältestes noch heute erhaltenes Altenheim. [O164]

1.1.2 Altenbild in der Zeit der Aufklärung (16.–18. Jh.)

Im 16. und 17. Jh. führten zahlreiche Kriege, besonders der 30-jährige Krieg von 1618–1648, aber auch Seuchen wie Pest, Lepra und Syphilis sowie schwere Hungersnöte zu einer Verrohung der Sitten. Menschen fast aller gesellschaftlicher Schichten mussten um ihr Überleben kämpfen. Wer alt und krank war, den erwartete bittere Armut und Not. Die Alten wurden zur Zielscheibe beißenden Hohns und Spotts.

Nach allen Grausamkeiten und dem weitgehenden Verlust menschlicher Zivilisation durch den 30-jährigen Krieg begann gegen Ende des 17. Jh. ein Prozess des Umdenkens. Humanismus und Mitmenschlichkeit erhielten wieder einen höheren Stellenwert. Disziplin und Regeln des Umgangs sollten zu einer funktionierenden Gesellschaft beitragen, in der Junge und Alte aufeinander Rücksicht nahmen. So entstand ein neues Altenbild, das durch Respekt vor dem Alter geprägt war.

Dies hatte jedoch für die arbeitsunfähigen Armen und Alten kaum positive Auswirkungen. Aufgrund der Tatsache, dass zu jener Zeit wirtschaftlicher Erfolg als Gnade Gottes galt, genossen sie kaum Ansehen. Durch die zunehmende Verstaatlichung kirchlicher Güter (Säkularisation) wurde die Situation der von der Kirche abhängigen alten Menschen wirtschaftlich lebensbedrohlich. Die Kirche stellte ihr Almosen- und Armenwesen weitgehend ein.

1.1.3 Das 19. Jahrhundert

Im 19. Jahrhundert entwickelte sich der medizinische Fortschritt rasant. Die Medizin wurde von Aberglauben und dogmatischen Vorurteilen befreit und zur „Werkstätte zur Beseitigung fehlerhafter Körperzustände" (Lexikon der Medizin, Leipzig 1924). Zu den bedeutendsten Fortschritten gehörten z.B. die Einführung der Vollnarkose und Kenntnisse über die Asepsis und damit über wirksame Maßnahmen zur Seuchenbekämpfung.

Medizinische Entwicklung in Krankenhäusern

Der Einzug der modernen Medizin hatte auch Auswirkungen auf die Armen- und Altenversorgung. Die Krankenhäuser entwickelten sich zu immer spezialisierteren medizinischen Institutionen, in denen für die alten Menschen kein Platz mehr war. Siechtum und Alter boten der Medizin kein Handlungsfeld. Das Zusammenleben der Alten und Siechen mit den heilbar Kranken wurde als Belastung empfunden. Es mussten andere Unterbringungsmöglichkeiten für alte Menschen geschaffen werden.

Industrialisierung in der 2. Hälfte des 19. Jh.

Mit Beginn der Industrialisierung wurde der Wert eines Menschen vor allem an seinem arbeitstechnischen Nutzen gemessen.

Arbeiter, die trotz der körperlichen Belastungen nicht frühzeitig starben, sondern alt wurden, mussten ihren Lebensabend meist über die Almosenversorgung bestreiten. Dies galt auch für die Witwen von Arbeitern. Die nicht gesicherte Situation des Alters begann in der 2. Hälfte des 19. Jh. zunehmend eine Belastung für den Staat zu werden.

Die sich entwickelnde Arbeiterbewegung forderte für alt gewordene Arbeiter eine sichere Finanzierung des Alters. 1889 führte die Regierung Bismarck die **Alters- und Invaliditätsversicherung** ein (☞ Abb. 1.8). Das war die Geburtsstunde der Sozialversicherung und die Grundlage einer große Bevölkerungskreise umfassenden institutionalisierten Altersversorgung. In diesem Zusammenhang entstanden auch die ersten staatlichen Wohlfahrtsorganisationen (☞ 1.2.2).

1.1.4 Das 20. Jahrhundert

Der Erste Weltkrieg (1914–1918) hatte den meisten Menschen in Europa unbeschreibliches Leid und Elend hinterlassen. Der Untergang des deutschen Kaiserreichs und die Ausrufung der Weimarer Republik brachten weitere politische und wirtschaftliche Wirrnisse.

Weimarer Republik (1918–1933)

Die politische Macht während der Weimarer Republik war nicht stabil. Weltweit, so auch in Deutschland, wurde gegen Wirtschaftskrisen angekämpft. Besonders die Folgen der Weltwirtschaftskrise 1929 trafen große Teile der Bevölkerung.

Unbeschadet durch solche Zeiten des Aufruhrs und der wirtschaftlichen Knappheit zu kommen war für alle weniger Wohlhabenden schwierig. Ganz besonders betroffen waren aber die alten Menschen, deren Renten für das Lebensnotwendigste nicht mehr ausreichten. Vielen blieb keine andere Wahl als zu betteln und Lebensmittel zu stehlen. Bei ihren Kindern konnten sie nur in den seltensten Fällen leben, da die wenigen vorhandenen Lebensmittel zunächst den Enkeln das Überleben sichern sollten. **Armenküchen**

Abb. 1.8: Auszahlung von Alters-, Witwen- und Invalidenrenten. [J650]

und **Armenspeisung** in den Großstädten fanden reißenden Absatz. An eine vernünftige ärztliche Versorgung für alte Menschen war nicht zu denken.

Nationalsozialismus

Mit der Machtübernahme Hitlers 1933 und während des Zweiten Weltkrieges (1939–1945) waren dem Staat nur noch die Menschen etwas wert, die etwas für Staat und Wirtschaft taten oder zur Verteidigung des Vaterlandes beitrugen.

Die alten Menschen gehörten in diesem Sinne zu den „Nutzlosen“. Vielfach wurden sie zusammen mit chronisch Kranken in anstaltsähnlichen Institutionen untergebracht, in denen Disziplin und Strafen für mangelndes Wohlverhalten an erster Stelle standen.

Oft war das Leben alter und kranker Menschen auch direkt bedroht. Die Tötung **„lebensunwerten Lebens“** fand 1939 einen der ersten Höhepunkte. Alte und kranke Menschen wurden in zentralen Einrichtungen gesammelt und dann vergast. Eine dieser Tötungsanstalten war die Anstalt Grafeneck in Baden-Württemberg. Im August 1941 wurden nach massiven kirchlichen Protesten und einer beunruhigten Öffentlichkeit die Tötungen offiziell eingestellt. Viele alte Menschen wurden trotzdem in weiter abseits gelegene Anstalten geschafft und dort umgebracht oder fielen mobilen Tötungskommandos zum Opfer.

Versorgung alter Menschen nach 1945

Am **Ende des Zweiten Weltkriegs** herrschten in Deutschland Hunger und Armut. Niemand hatte Zeit, sich um das Schicksal der Alten zu kümmern. Sie wurden unter minimalen baulichen und versorgungstechnischen Bedingungen in kirchlichen und staatlichen Einrichtungen untergebracht. Dort mussten sie sich strengen Hausordnungen fügen und vielfältige Arbeiten innerhalb der Anstalt erledigen, z.B. Wäsche waschen, Essen kochen und austeilen oder Putzarbeiten. Die niedrige Rente ließ den meisten von ihnen keinen Ausweg für ein anderes Leben.

Ende der **50er-Jahre** wandelte sich die Rolle alter Menschen in Deutschland. Die Wirtschaft der BRD erlebte, gefördert vor allem von den USA, einen rasanten Aufschwung. In dieser Zeit des sog. Wirtschaftswunders bekamen gesunde alte Menschen eine neue Rolle in der Gesellschaft zugesprochen:

- Damit beide Elternteile arbeiten gehen konnten, fiel den Großeltern die Aufgabe der Kinderbetreuung zu
- Die kleinen Renten der Alten wurden gebraucht, um den wirtschaftlichen Wohlstand der Familie aufzubauen. Das Geld ermöglichte z.B. die Anschaffung einer Waschmaschine oder eines Fernsehers.

Auch die Versorgung alter Menschen in stationären Einrichtungen erlebte einen Wandel. Zunehmend stand die pflegerische Betreuung im Vordergrund, für die es keine ausreichend geschulten Kräfte gab. Das war die **Geburtsstunde des Berufes Altenpflege.** Organisatorisch und räumlich wurden die Alteneinrichtungen zunehmend den Krankenhäusern angepasst. Große Schlafsäle, einige wenige Gemeinschaftsräume, Waschsäle und einfaches Essen waren für die damaligen Alteneinrichtungen typisch.

In den **70er-Jahren** hielten Werte wie Toleranz, Demokratie und Gleichberechtigung Einzug in die Gesellschaft. Das neue Denken hatte auch Auswirkungen auf die Pflege alter Menschen. Nicht nur die Versorgung körperlicher Defizite, sondern auch die Befriedigung psychischer und sozialer Bedürfnisse der Pflegebedürftigen standen nun im Mittelpunkt. Mit diesem ganzheitlichen Ansatz löste sich die Altenpflege von der körperorientierten Krankenpflege. Gleichzeitig wurde die räumliche Gestaltung der stationären Alteneinrichtungen wohnlicher und berücksichtigte die individuellen Bedürfnisse und Wünsche alter Menschen.

Mit Einführung der **Pflegevericherung** Mitte der **90er-Jahre** bekam die ambulante Altenpflege Vorrang vor der stationären. Das führte dazu, dass heute ein Großteil der alten Menschen in ihrer häuslichen Umgebung gepflegt wird. Eine Heimübersiedlung wird erst in die Wege geleitet, wenn alle ambulanten Hilfen ausgeschöpft sind.

☑ In der Geschichte Deutschlands waren alte Menschen immer eine Randgruppe der Gesellschaft.

1.1.5 Großfamilie – ein Mythos

Die heute häufig in verklärter Weise dargestellte **Großfamilie** der früheren Zeit hat es kaum gegeben (☞ Abb. 1.9). Nur in Familien, denen ausreichend finanzielle Mittel zur Verfügung standen, duldete man die Alten, die nicht zum Lebensunterhalt beitrugen. Wo immer wirtschaftliche Not das Leben bestimmte, wurden die alten Menschen aus der Gemeinschaft ausgegrenzt. Indizien für die Richtigkeit dieser Aussage sind:

- Die Notwendigkeit einer „professionellen Armen- und Siechenpflege“ gab es schon ab dem Mittelalter. Viele Alte jener Zeit überlebten nur durch das Almosenwesen
- Auch die durch die Ausgedinge (Alterssicherung) auf dem Hof verbleibende Generation der Alt-Bauern sind nicht Anzeichen einer harmonisch lebenden Großfamilie. Das Ausgedinge war eher mit einem Wirtschaftsabkommen zu vergleichen
- Die Tatsache, dass im 18. Jh. die durchschnittliche Haushaltsgröße bei 4,75 Personen lag, lässt ebenso auf einen Mythos schließen.

Der alte Großvater und sein Enkel

Es war einmal ein steinalter Mann, dem waren die Augen trüb geworden, die Ohren taub und die Knie zitterten ihm. Wenn er nun bei Tisch saß und den Löffel kaum halten konnte, schüttete er Suppe auf das Tischtuch und es floss ihm auch etwas wieder aus dem Mund. Sein Sohn und dessen Frau ekelten sich davor, und deswegen musste sich der alte Großvater endlich hinter den Ofen in die Ecke setzen und sie gaben ihm sein Essen in ein irdenes Schüsselchen und noch dazu nicht einmal satt; da sah er betrübt nach dem Tisch, und die Augen wurden ihm nass. Einmal auch konnten seine zittrigen Hände das Schüsselchen nicht festhalten, es fiel zur Erde und zerbrach. Die junge Frau schalt, er sagte aber nichts und seufzte nur. Da kaufte sie ihm ein hölzernes Schüsselchen für ein paar Heller, daraus musste er nun essen. Wie sie da so sitzen, so trägt der kleine Enkel von vier Jahren auf der Erde kleine Brettlein zusammen. „Was machst du da?", fragte der Vater. „Ich mache ein Tröglein", antwortete das Kind, „daraus sollen Vater und Mutter essen, wenn ich groß bin." Da sahen sich Mann und Frau eine Weile an, fingen endlich an zu weinen, holten sofort den alten Großvater an den Tisch und ließen ihn von nun an immer mit essen, sagten auch nichts, wenn er ein wenig verschüttete.

Abb. 1.9: Zu Beginn des 19. Jh. sammelten die Gebrüder Grimm Geschichten aus dem Volk, die bis dahin nur mündlich von Generation zu Generation weitergegeben wurden, und schrieben sie auf. Eines dieser Kinder- und Hausmärchen ist die Geschichte vom alten Großvater und seinem Enkel. [Zeichnung: A500-119]

1.2 Altenpflege heute

Heute ist die **Altenpflege** ein Teilbereich der viel umfassenderen **Altenhilfe.**

Altenhilfe: Gesamtheit aller Aktivitäten und Hilfeleistungen, die dazu beitragen, „Schwierigkeiten, die durch das Alter entstehen, zu verhüten, zu überwinden oder zu mildern und alten Menschen die Möglichkeit zu erhalten am Leben in der Gemeinschaft teilzunehmen" (§ 75 Absatz 1 BSHG).

Die einzelnen Maßnahmen der Altenhilfe richten sich an kranke und gesunde alte Menschen. Sie sollen helfen, den körperlichen, psychischen und sozialen Folgen des Altseins vorzubeugen oder, wenn das nicht möglich ist, sie zu überwinden bzw. mit ihnen bei größtmöglicher Lebensqualität leben zu lernen.

Altenpflege: Gesamtheit aller kranken- und sozialpflegerischer Tätigkeiten für pflegebedürftige alte Menschen.

1.2.1 Gesetzlicher Rahmen der Altenpflege

Pflegeversicherungsgesetz (SGB XI)

Das Sozialgesetzbuch XI beinhaltet die Rechtsgrundlagen über die soziale **Pflegeversicherung** *(Pflegeversicherungsgesetz, Pflege-VG)*. Sie ist neben der Kranken-, Unfall-, Renten- und Arbeitslosenversicherung die fünfte Säule der Sozialversicherung (☞ Abb. 1.10) und sichert das Risiko der Pflegebedürftigkeit ab. Sie wird über direkte **Gehaltsabgaben** finanziert, die bei Nichtselbstständigen je zur Hälfte von den Arbeitnehmern und den Arbeitgebern getragen werden.

Das Pflegeversicherungsgesetz trat am 1.1.1995 in Kraft. Für den ambulanten Bereich können seit 1.4.1995, für den stationären Bereich seit 1.7.1996 Leistungen in Anspruch genommen werden.

Träger der sozialen Pflegeversicherung sind die Pflegekassen. Um Verwaltungskosten zu sparen, wurden sie unter dem Dach der gesetzlichen und privaten Krankenversicherungen eingerichtet. Die Pflegekas-

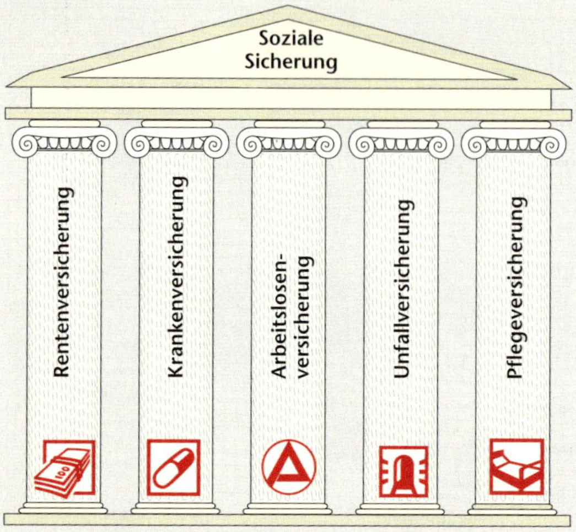

Abb. 1.10: Säulen der sozialen Sicherung.

sen verwalten die Gelder und genehmigen die Leistungen.

Versichert sind alle in einer gesetzlichen Krankenversicherung Versicherten. Wer privat krankenversichert ist, muss eine private Pflegeversicherung abschließen.

Pflegebedürftigkeit im Sinne des Pflegeversicherungsgesetzes

☑ Nach **§ 14 SGB XI** sind Personen pflegebedürftig, die wegen einer körperlichen, geistigen oder seelischen Krankheit oder Behinderung für die gewöhnlichen und regelmäßig wiederkehrenden Verrichtungen im Ablauf des täglichen Lebens auf Dauer, voraussichtlich für mindestens sechs Monate, in erheblichem oder höherem Maße der Hilfe bedürfen.

Zu den im § 14 SGB IX genannten **Krankheiten** und **Behinderungen** gehören:

- Verluste, Lähmungen oder andere Funktionsstörungen am Stütz- und Bewegungsapparat
- Funktionsstörungen der inneren Organe oder der Sinnesorgane
- Störungen des Zentralnervensystems wie Antriebs-, Gedächtnis- oder Orientierungsstörungen sowie endogene Psychosen, Neurosen oder geistige Behinderungen.

Grundlage für die Feststellung der Pflegebedürftigkeit sind ausschließlich die Einschränkungen der im Pflegeversicherungsgesetz genannten regelmäßig wiederkehrenden **Verrichtungen** im Ablauf des täglichen Lebens (☞ Tab. 1.11).

Abgrenzung der Pflegestufen

Der Medizinische Dienst der Krankenversicherungen (MDK) ordnet alle Pflegebedürftigen nach dem Grad ihres Hilfebedarfes in drei Pflegestufen ein.

Pflegestufe 1 – erhebliche Pflegebedürftigkeit

Erhebliche Pflegebedürftigkeit liegt vor bei einem mindestens einmal täglich erforderlichen Hilfebedarf bei mindestens zwei Verrichtungen aus einem oder mehreren Bereichen der Körperpflege, Ernährung oder Mobilität. Zusätzlich muss mehrfach in der Woche Hilfe bei der hauswirtschaftlichen Versorgung benötigt werden.

Zeitaufwand: mindestens 90 Minuten, davon müssen mehr als 45 Minuten auf die Grundpflege entfallen.

Pflegestufe 2 – Schwerpflegebedürftigkeit

Schwerpflegebedürftigkeit liegt vor bei einem mindestens dreimal täglich zu verschiedenen Tageszeiten erforderlichen Hilfebedarf bei der Körperpflege, Ernährung oder Mobilität. Zusätzlich muss mehrfach in der Woche Hilfe bei der hauswirtschaftlichen Versorgung benötigt werden.

Zeitaufwand: mindestens drei Stunden, davon müssen mindestens zwei Stunden auf die Grundpflege entfallen.

Pflegestufe 3 – Schwerstpflegebedürftigkeit

Schwerstpflegebedürftigkeit liegt vor, wenn der Hilfebedarf so groß ist, dass jederzeit eine Pflegeperson unmittelbar erreichbar sein muss, weil der konkrete

Regelmäßig wiederkehrende Verrichtungen im täglichen Leben			
Körperpflege	*Ernährung*	*Mobilität*	*Hauswirtschaftliche Versorgung*
• Waschen • Duschen • Baden • Zahnpflege • Kämmen • Rasieren • Blasen- und Darmentleerung	• Mundgerechte Zubereitung der Nahrung • Aufnahme der Nahrung	• Aufstehen und Zu-Bett-Gehen • An- und Auskleiden • Gehen • Stehen • Treppensteigen • Verlassen und Wiederaufsuchen der Wohnung Die Mobilität wird nur im Zusammenhang mit den anderen Verrichtungen berücksichtigt.	• Einkaufen • Kochen • Reinigen der Wohnung • Spülen • Wechseln und Waschen der Wäsche und Kleidung • Beheizen

Tab. 1.11: Nach dem Pflegeversicherungsgesetz ist jemand pflegebedürftig, wenn er bei den in dieser Tabelle genannten Verrichtungen des täglichen Lebens eingeschränkt ist.

	Häusliche Pflege [1]		Pflegevertretung [2]	Kurzzeitpflege	Teilstationäre Tages- und Nachtpflege	Vollstationäre Pflege
	Pflegesachleistung bis DM monatlich	Pflegegeld DM monatlich	Pflegeaufwendungen bis zu 4 Wochen im Kalenderjahr bis DM	Pflegeaufwendungen bis DM im Jahr	Pflegeaufwendungen bis DM monatlich	Pflegeaufwendungen bis DM monatlich (pauschal)
Pflegestufe I Erheblich Pflegebedürftige	750,–	400,–	400,– [3]	2.800,–	750,–	2.000,–
Pflegestufe II Schwerpflegebedürftige	1.800,–	800,–	800,– [3]	2.800,–	1.500,–	2.500,–
Pflegestufe III Schwerstpflegebedürftige	2.800,–	1.300,–	1.300,–[3]	2.800,–	2.100,–	2.800,–
ins besonderen Härtefällen bis	3.750,–					3.300,–

[1] Bei Kindern ist für die Zuordnung zu einer Pflegestufe der zuätzliche Hilfebedarf gegenüber einem gesunden Kind maßgebend.

[2] Bei professioneller Pflege bis zu 2.800 DM in allen Pflegestufen.

[3] Auf Nachweis werden den ehrenamtlichen Pflegepersonen notwendige Aufwendungen (Verdienstausfall, Fahrkosten usw.) bis zum Gesamtbetrag von 2.800 DM erstattet.

Abb. 1.12: Überblick Pflegeversicherung.

Hilfebedarf jederzeit gegeben ist und Tag und Nacht anfällt (Rund-um-die-Uhr-Betreuung).

Zeitaufwand: mindestens fünf Stunden, davon müssen mindestens vier Stunden auf die Grundpflege entfallen.

Leistungen der Pflegeversicherung

Die Pflegeversicherung sieht vor (☞ Abb. 1.12):

- Pflegesachleistung, z. B. Dienstleistung eines ambulanten Pflegedienstes
- Pflegegeld für selbst beschaffte Pflegehilfen, z. B. wenn die Angehörigen pflegen
- Kombination von Geld- und Sachleistung
- Pflegehilfsmittel, technische Hilfen und wohnumfeldverbessernde Maßnahmen.

Leistungen der Pflegeversicherung im **häuslichen Bereich:**

- Pflegestufe 1: monatlich bis zu 750 DM Sachleistungen oder 400 DM Geldleistungen
- Pflegestufe 2: monatlich bis zu 1800 DM Sachleistungen oder 800 DM Geldleistungen
- Pflegestufe 3: monatlich bis zu 2800 DM Sachleistungen oder 1300 DM Geldleistungen
- Härtefälle: monatlich bis zu 3750 DM Sachleistungen.

Eine **Kombination** von Geld- und Sachleistungen ist möglich.

Des Weiteren können Gelder für **Pflegehilfsmittel** angefordert werden:

- Kostenübernahme bis zu 60 DM monatlich von Pflegehilfsmitteln, die zum Verbrauch bestimmt sind
- Pflegehilfsmittel wie z. B. Pflegebetten, Toilettenstühle und Rollstühle werden verliehen
- Zuschüsse bis 5000 DM für Umbaumaßnahmen in der Wohnung.

Leistungen der Pflegeversicherung im **stationären Bereich:**

Im Rahmen der Pflegeversicherung ist es zu einer Umverteilung der Leistungen im stationären Bereich gekommen. Die Kosten für die Pflege werden direkt mit der Pflegekasse in Höhe der verhandelten Pflegesätze abgerechnet. Unter **Pflegesätzen** versteht man die Beträge, die zwischen dem Träger einer Einrichtung und den zuständigen Pflegekassen für die pflegerische Versorgung der alten Menschen in der Einrichtung ausgehandelt werden. Diese Pflegesätze beinhalten die Pflegeleistungen im Sinne des Pflegeversicherungsgesetzes (☞ Abb. 1.12).

Zusammenschlüsse und Mitgliedsorganisationen		
Wohlfahrtsverband	*Kurzbeschreibung*	*Adresse*
Arbeiterwohlfahrt (AWO)	Sozialwerk, dessen Grundlagen in der sozialdemokratischen Arbeiterbewegung zu finden sind.	Arbeiterwohlfahrt Bundesverband e.V. Marie-Juchacz-Haus Oppelner Straße 130 53119 Bonn Tel.: 02 28/6 68 50 Fax: 02 28/66 85 209
Deutscher Paritätischer Wohlfahrtsverband (Der Paritätische, DPWV)	Dachorganisation von ca. 8000 kleineren Mitgliedsorganisationen, welche im Bereich der sozialen Arbeit tätig sind.	Der Paritätische Wohlfahrtsverband Gesamtverband e.V. Heinrich-Hoffman-Str. 3 60 528 Frankfurt/Main Tel.: 069/67 06-0 Fax: 069/67 06-204
Deutscher Caritasverband (DCV)	Sozialwerk der katholischen Kirche in Deutschland. Seine Grundrichtung ergibt sich aus dem Namen Caritas = Nächstenliebe.	Deutscher Caritasverband e.V. Lorenz-Werthmann-Haus Karlstraße 40 79 104 Freiburg Tel.: 07 61/2 00-0 Fax: 07 61/2 00-572
Deutsches Rotes Kreuz (DRK)	Weltweit in humanitären Einsätzen tätig. Die Wurzeln des Deutschen Roten Kreuzes liegen in der Lazarettpflege während Kriegseinsätzen.	Deutsches Rotes Kreuz e.V. Friedrich-Ebert-Allee 71 53 133 Bonn Tel.: 02 28/5 41-0 Fax: 02 28/54 12 90 oder 54 12 61
Diakonisches Werk der evangelischen Kirche in Deutschland (DW)	Hat seine Grundlagen im evangelischen Glauben und umfasst den gesamten Bereich der sozialen Arbeit in der evangelischen Kirche.	Diakonisches Werk der Evangelischen Kirche in Deutschland e.V. Hauptgeschäftsstelle Stafflenbergstraße 76 70184 Stuttgart Tel.: 07 11/21 59-0 Fax: 07 11/21 59–288
Zentralwohlfahrtsstelle der Juden in Deutschland	Dachorganisation aller jüdischen Wohlfahrtseinrichtungen der jüdischen Gemeinden in Deutschland.	Zentralwohlfahrtsstelle der Juden Hebelstraße 6 60318 Frankfurt Tel.: 069/94 43 71-0 Fax: 069/49 48 17

Tab. 1.13: Wohlfahrtsorganisationen als Träger der Altenhilfe.

Krankenversicherungsgesetz (SGB V)

Für den Bereich der Altenpflege sind die Leistungen der **Krankenversicherung** für die in § 37 SGB V geregelte häusliche Krankenpflege bedeutsam.

- **§ 37 Abs. 1 SGB V:** Versicherte erhalten häusliche Krankenpflege, wenn Krankenhausbehandlung geboten, aber nicht ausführbar ist oder wenn sie durch die häusliche Krankenpflege vermieden oder verkürzt wird. Sie umfasst die Grund- und Behandlungspflege sowie hauswirtschaftliche Versorgung.
- **§ 37 Abs. 2 SGB V:** Versicherte erhalten als häusliche Krankenpflege Behandlungspflege, wenn sie zur Sicherung des Ziels der ärztlichen Behandlung erforderlich ist.

Bundessozialhilfegesetz (BSHG)

Das **Bundessozialhilfegesetz** ist ein Schutzgesetz, das auch denjenigen ein Mindestmaß an sozialer Absicherung zugesteht, die keinen oder keinen ausreichenden Anspruch auf die Leistungen der gesetzlichen Sozialversicherungen haben.

Leistungen des Bundessozialhilfegesetzes werden *nachrangig* gewährt. Das bedeutet zum einen, dass zunächst alle denkbaren Finanzierungsquellen ausgeschöpft sein müssen, ehe Sozialhilfe in Anspruch genommen werden kann. Zum anderen wird die Sozialhilfe einkommensabhängig gewährt.

Leistungen des BSHG

Zu den **Leistungen des BSHG** gehören

- Hilfe zum Lebenunterhalt, das sind laufende und einmalige Unterstützungen, z. B. Mietzahlungen oder Bekleidung
- Hilfe in besonderen Lebenslagen, z. B. die **Leistungen im Rahmen der Pflege** (§ 68ff BSHG). Diese orientieren sich weitestgehend am SGB XI. Doch gibt es zwei wesentliche Unterschiede:
  - Hinsichtlich der **Voraussetzung:** Hilfe zur Pflege im Sinne des BSHG ist auch denjenigen Kranken und Behinderten zu gewähren, die voraussichtlich weniger als sechs Monate der Pflege bedürfen oder einen geringeren Hilfebedarf (als im Sinne des SGB XI) haben
  - Hinsichtlich der **Leistungsbereiche:** Hilfe zur Pflege ist Kranken und Behinderten zu gewähren, die der Hilfe für andere Verrichtungen als der Bereiche Körperpflege, Ernährung, Mobilität und hauswirtschaftliche Versorgung bedürfen.

1.2.2 Träger der Altenhilfe

In der Bundesrepublik Deutschland gibt es viele Anbieter von Leistungen im Bereich der Altenhilfe. In diesem Rahmen haben die Kirchen die älteste Tradition, gefolgt von den Kommunen (Städte und Gemeinden) und den privaten Anbietern.

Wohlfahrtsorganisationen

Wohlfahrtsorganisationen: Gesamtheit aller sozialen Hilfen, die in organisierter Form frei gemeinnützig in der BRD geleistet werden. Grundlage ist in der Regel ein durch Religion oder politische Ideologie geprägtes Menschenbild.

Rund 2,6 % aller in der BRD Beschäftigten sind im Bereich der Freien Wohlfahrtspflege tätig, dazu rund 1,5 Millionen ehrenamtlich tätige Bundesbürger.

Aufgaben

Bei sämtlichen Wohlfahrtsorganisationen (☞ Tab. 1.13) ist die Altenpflege nur ein Teilbereich des gesamten Aufgabenspektrums. Es gibt

- Angebote für Kinder und Jugendliche
- Hilfen für Mütter, Ehen und Familien
- Hilfen für alte Menschen
- Dienste für geistig, körperlich und seelisch behinderte Menschen
- Krankenpflege
- Beratung für Menschen in besonderen sozialen Schwierigkeiten
- Maßnahmen zur Linderung der Arbeitslosigkeit
- Angebote der sozialen Beratung und Betreuung für Menschen aus der Fremde
- Betreuung von z. B. Flüchtlingen oder Asylanten
- Ausbildung, Fort- und Weiterbildung
- Schulung ehrenamtlicher Mitarbeiter
- Weltweite Not-, Katastrophen- und Aufbauhilfe.

Öffentliche Träger

Öffentliche Träger: Anbieter von Pflege und sozialen Leistungen, die der Gemeinde, der Stadt, dem Land oder dem Bund zugeordnet sind. Diese Einrichtungen befinden sich in der Trägerschaft einer Behörde. Jede Einrichtung und Institution hat ihre eigene Philosophie, nach der sie ihr Leitziel ausrichtet.

Der kommunale Bereich hat in der Pflege den originären **Betreuungsauftrag.** Das bedeutet, dass primär die Versorgung von den Gemeinden, Städten oder vom Land sichergestellt werden muss. Diese können aber den Versorgungsauftrag an kirchliche oder private Einrichtungen ganz oder teilweise weitergeben.

Bisher waren öffentliche Träger durch ihre flächendeckende Verbreitung in Städten und Landkreisen der zweitgrößte Arbeitgeber im Rahmen der Pflege. In jüngster Zeit werden aber immer mehr Heime und Dienste privatisiert, so dass der Anteil an Pflegeeinrichtungen in öffentlicher Trägerschaft abnimmt.

Zum Zwecke der tariflichen und arbeitsrechtlichen Übereinstimmung schließen sich die Kommunen im **kommunalen Arbeitgeberverband** zusammen.

Aufgaben

Zu den **Aufgaben** der öffentlichen Träger im Rahmen der Altenhilfe gehören

- Stationäre Versorgung alter Menschen
- Teilweise ambulante Versorgung über Sozialstationen
- Anbieten begleitender Dienste
- Öffentliche Seniorenarbeit.

Private Träger

Private Träger: Anbieter von Pflege und sozialen Leistungen, die nicht auf gemeinnütziger Grundlage oder in Trägerschaft einer Kommune arbeiten. In der Regel Einzelpersonen oder Gruppen. Die Philosophie wird durch die Geschäftsführung geprägt und bewegt sich zwischen Gewinnerzielung, Wirtschaftlichkeit und humanem Menschenbild.

Private Einrichtungen haben ihren festen Platz auf dem Pflegemarkt. Die Vergabe von Arbeitsplätzen ist wechselhaft und hängt von **Angebot und Nachfrage** der Dienste ab.

Abb. 1.14: Inzwischen haben zahlreiche private Träger den Pflegemarkt erobert. [K157]

Einige private Arbeitgeber haben sich zusammengeschlossen, z. B.

- Arbeitsgemeinschaft privater Heime e.V. (APH)
- Bundesverband privater Alten- und Pflegeheime und sozialer Dienste e.V. (BPA).

Diese Zusammenschlüsse sind **keine Tarifgemeinschaften,** die den angeschlossenen privaten Trägern vorgeben, welches Gehalt und welche sonstigen Leistungen an die Arbeitnehmer bezahlt werden müssen. Bei privaten Anbietern, die sich nicht freiwillig einem gängigen Tarifvertrag, z. B. dem Bundesangestelltentarif (BAT), angeschlossen haben, sind die Vergütungen frei verhandelbar. Als Grundlage für die Arbeitsbedingungen gelten die gesetzlichen Vorgaben der Bundesrepublik Deutschland.

☑ Arbeitnehmer bei privaten Trägern müssen berücksichtigen, dass viele private Anbieter keinen Tarifvertrag (☞ 1.3.7) zur Sicherheit bieten.

Aufgaben

Zu den **Aufgaben** privater Träger gehören

- Ambulante Pflege
- Stationäre Pflege
- Betreuung und Beratung von pflegenden Angehörigen
- Teilweise Fortbildungen.

1.3 Altenpflege als Beruf

1.3.1 Historische Entwicklung

Wurzeln des Berufes Altenpflege

Im Gegensatz zur Krankenpflege, die ihre Wurzeln zusammen mit der Medizin bereits vor Christi Geburt sieht, hat die **professionelle Altenpflege** ihren Ursprung erst in unserer Zeit.

Ende der 50er-Jahre mangelte es in den meisten Alten- und Pflegeheimen an Pflegekräften. Die Zahl der Diakonissen und Ordensfrauen nahm nach dem 2. Weltkrieg schnell und kontinuierlich ab. Krankenschwestern und Krankenpfleger wurden in den Krankenhäusern gebraucht, außerdem boten sich dort vielseitigere Qualifizierungs- und Aufstiegsmöglichkeiten. Andererseits hatte die Bevölkerung in den 50er-Jahren bereits einen erheblichen Anteil alter Menschen. Es war vorauszusehen, dass dieser Anteil zunehmen würde. Der medizinische Fortschritt ermöglichte vielen Menschen, älter zu werden. Mit dem Alter kamen allerdings auch Erkrankungen, die zu früherer Zeit zum Tode geführt hätten, nun aber be-

Abb. 1.15: Altenpflege war früher ausschließlich ein Frauenberuf. [W216]

handelbar waren. Der Begriff **Alterserkrankungen** entstand.

Es musste also zwingend jemand gefunden werden, der diese Lücke in der Versorgung alter Menschen schließen konnte. Der Blick der Politik und der gesellschaftlich Verantwortlichen fiel hierbei auf die Frau.

Altenpflege, ein Frauenberuf

Wie die Krankenpflege wurde auch die Altenpflege als **Frauenberuf** konzipiert, wenn auch aus einer anderen historischen Intention heraus.

Vor dem 2. Weltkrieg war eine Berufstätigkeit der verheirateten Frau nicht üblich, wurde mitunter gesellschaftlich sogar geächtet. Eine gute Ausbildung von Frauen und Mädchen vor der Ehe wurde nicht für notwendig erachtet und war daher gesellschaftlich nicht üblich.

In diesen Frauen glaubten die politischen und gesellschaftlichen Verantwortungsträger ein geeignetes Potenzial für zukünftige Pflegekräfte in den Alten- und Pflegeheimen zu haben. Frauen ohne berufliche Qualifikation wurden als Hilfskräfte in die Alten- und Pflegeheime geholt und arbeiteten dort unter der Leitung von Ordensfrauen oder weltlichen Krankenschwestern.

Männer interessierten sich kaum für diesen Beruf, da die Entlohnung gering und die Arbeitszeiten belastend waren.

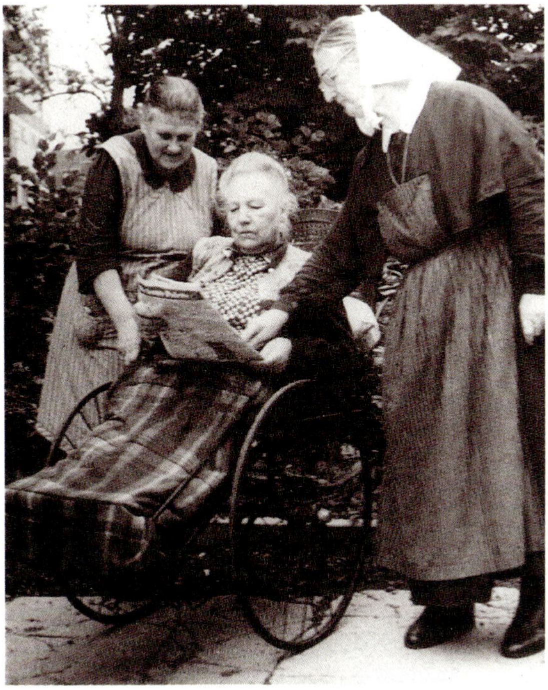

Abb. 1.16: Altenpflege in den 30er-Jahren. [W216]

Entwicklung der Altenpflegeausbildung

Zunehmend sahen sich die Alten- und Pflegeheime vor der Notwendigkeit, die vielen ungelernten Hilfskräfte zu **qualifizieren,** weil

- Mehr Alterserkrankungen erkannt und behandelt und so die Aufgaben komplexer wurden
- Sich die Einrichtungen zur Versorgung alter Menschen weg von bloßen Verwahranstalten entwickelten.

Regelmäßige Schulungen durch Ärzte und Krankenpflegepersonen, allerdings ohne Stunden- oder Inhaltsvorgabe, gab es seit den Jahren 1957/58. Da diese Schulungen einen offiziellen Abschluss benötigten, wurde zum ersten Mal die **Berufsbezeichnung Altenpflegerin** vergeben.

Deutscher Berufsverband für Altenpflege e.V. (DBVA)
Bundesgeschäftsstelle
Sonnenwall 15
47 041 Duisburg
Tel.: 02 03/29 94 27
Fax: 02 03/2 74 68

Abb. 1.17: Logo und Adresse des DBVA.

1965 stellte der Deutsche Verein für öffentliche und private Fürsorge die erste **Ausbildungs- und Prüfungsordnung** für die Altenpflege vor. Stundenzahl und Inhalt waren definiert. Der erste durchgeführte Lehrgang dauerte 6 Monate. Die Vorgabe dieser ersten Ausbildungs- und Prüfungsordnung wurde in den folgenden Jahren von vielen Bundesländern übernommen.

In den 70er- und 80er-Jahren verlängerte sich die Ausbildungszeit in der Altenpflege auf ein Jahr, später auf 1½ und zwei Jahre. Erst in den Jahren 1987/88 glich sich die Altenpflegeausbildung hinsichtlich ihrer Stundenvorgaben der Ausbildungsdauer der Krankenpflege an. Sie umfasste 1800 Stunden Theorie und 3000 Stunden Praxis. Bisher waren Entscheidungen über die Ausbildungs- und Prüfungsordnung Sache der Bundesländer, so dass es keine bundesweit einheitliche Altenpflegeausbildung gab.

Perspektiven der zukünftigen Entwicklung

Über zehn Jahre wurde über ein bundeseinheitliches Altenpflegegesetz, das eine dreijährige Ausbildungszeit festschreibt, diskutiert. Jetzt haben Bundestag und Bundesrat dem Gesetz zugestimmt. Zunehmend wird auch über eine gemeinsame Grundausbildung aller Pflegeberufe nachgedacht. Dies würde eine gemeinsame Ausbildung von Kranken-, Alten- und KinderkrankenpflegerInnen im ersten und ggf. auch zweiten Ausbildungsjahr bedeuten. Erst im dritten Ausbildungsjahr sollen sich die einzelnen Fachrichtungen spezialisieren. Dieses Modell wird von den Berufsverbänden favorisiert. Auch die Bundesregierung steht der gemeinsamen Grundausbildung aufgeschlossen gegenüber.

1.3.2 Berufsbild

Für den Bereich der Altenpflege gibt es **kein einheitliches Berufsbild,** weil die Vorgaben zur Ausbildung in der Altenpflege bisher von Bundesland zu Bundesland unterschiedlich waren. Zudem erschwert die Vielzahl von Berufsverbänden (☞ 1.4.1) in der Altenpflege eine Vereinheitlichung des Berufsbildes.

Berufsbild „Altenpflege" des Deutschen Berufsverbandes für Altenpflege (DBVA)

Zielsetzung

„Ziel der Altenpflege ist es, für die **Würde, die Rechte und das Wohlbefinden** alter Menschen einzustehen. Altenpflege soll alten Menschen

- Unterstützung bei der Gestaltung ihres persönlichen Lebensraumes geben und ihre Kompetenzen schützen und fördern
- Helfen ihre individuellen Lebensgeschichten zu bewahren und sich an ihr orientieren
- Einen anerkannten Platz in der Gesellschaft sichern helfen.

Aufgaben

Umfassende Aufgabe der staatlich anerkannten AltenpflegerIn ist die **Unterstützung des alten Menschen bei seiner Lebensgestaltung,** entweder in seinem herkömmlichen Umfeld (Privathaushalt) oder in seinem ‚Ersatzhaushalt' (Pflegeheim). AltenpflegerInnen begleiten alte Menschen, sie wirken der möglichen Einengung und Verarmung des Lebensraumes entgegen.

Die Aufgaben im Einzelnen ergeben sich aus dem individuellen Unterstützungsbedarf eines jeden alten Menschen. Nur in dem Maße, wie er selbst nicht mehr in der Lage ist, für sich zu sorgen, greift die AltenpflegerIn unterstützend ein (Intervention). Das Selbstbestimmungsrecht des alten Menschen wird geachtet."

Berufsbild „Pflege" des Deutschen Berufsverbandes für Pflege (DBfK)

Zielsetzung

„Pflege ist **Lebenshilfe** und für die Gesellschaft notwendige Dienstleistung. Sie befasst sich mit gesunden und kranken Menschen aller Altersgruppen.

Pflege leistet Hilfen zur Erhaltung, Anpassung oder Wiederherstellung der physischen, psychischen und sozialen Funktionen und Aktivitäten des Lebens.

Pflege ist eine abgrenzbare Disziplin mit einem Gebiet von Wissen und Können, welches sich von anderen Fachgebieten des Gesundheitswesens unterscheidet.

Pflege ist ein eigenständiger Beruf und selbstständiger Teil des Gesundheitsdienstes für die Feststellung der Pflegebedürftigkeit, die Planung, Ausführung und Bewertung der Pflege zuständig und für die eigene Aus-, Fort- und Weiterbildung verantwortlich.

Pflege stützt sich in der Ausübung des Berufes und in der Forschung auf ihre eigene wissenschaftliche Basis und nutzt dabei die Erkenntnisse und Methoden der Natur-, Geistes- und Sozialwissenschaften.

Aufgaben

Die wichtigste Aufgabe der Pflegenden besteht in der **unmittelbaren Begleitung, Betreuung, Beratung und Versorgung** von alten, behinderten, kranken und hilfebedürftigen Menschen und ihren Angehörigen.

Die Leistungen werden für den Einzelnen, die Familie und die Gesellschaft erbracht.

Die erforderlichen Aufgaben bzw. Arbeitsteilungen orientieren sich dabei nicht an Einzelmaßnahmen, sondern am gesunden oder kranken Menschen in seiner Ganzheit.

Die Arbeitsorganisation basiert auf der unterschiedlichen Gesamtpflegebedürftigkeit der Betroffenen und den sich daraus ergebenden Anforderungen an das Wissen und Können der Pflegenden, z. B. innerhalb des Teams. Diese Anforderungen variieren von Mensch zu Mensch aufgrund seiner individuellen Lebenssituation. Diese wiederum wird beeinflusst durch die veränderten Bedingungen seiner Umwelt, Entwicklung und/oder Erkrankung."

DBfK Deutscher Berufsverband für Pflegeberufe e. V.

Deutscher Berufsverband für Pflegeberufe (DBfK)
Bundesverband
Hauptstr. 392
65 760 Eschborn
Tel.: 0 61 73/60 43
Fax: 0 61 73/616 44

Abb. 1.18: Logo und Adresse des DBfK.

Berufsbild „Altenpflege" der Gewerkschaft Pflege

Die Gewerkschaft Pflege hat aus den Berufsbildern des Deutschen Berufsverbandes für Pflege (DBfK) und des Deutschen Berufsverbandes für Altenpflege (DBVA) ein gemeinsames Berufsbild entworfen.

Zielsetzung

„Der Beruf der Altenpflege begleitet und unterstützt gesunde, kranke und behinderte alte Menschen in ihrem letzten Lebensabschnitt bis zum Tod. Grundlage hierfür ist ein **humanistisches Menschenbild,** in dem der Mensch in seiner Ganzheitlichkeit gesehen wird. Leitgedanke ist das Selbstbestimmungsrecht des alten Menschen. Als Strukturinstrument steht der Altenpflege der Pflegeprozess zur Verfügung.

Gewerkschaft Pflege

Gewerkschaft Pflege
Bundesgeschäftsstelle
Höllturm-Passage 5/6
78 317 Radolfzell/Bodensee
Tel.: 0 77 32/5 25 73

Abb. 1.19: Logo und Adresse der Gewerkschaft Pflege.

Aufgaben

Die wichtigste Aufgabe der Altenpflege besteht in der **Begleitung, Betreuung, Beratung und Versorgung** gesunder und kranker alter Menschen und derer Angehörigen.

Aufgrund ihrer Ausbildung sind AltenpflegerInnen in der Lage

- Körperliche, geistige, seelische und soziale Bedürfnisse, Probleme und Ressourcen des zu betreuenden alten Menschen zu erkennen und zu beurteilen
- Auf Grundlage dieser Beurteilung und unter Einbeziehung wissenschaftlicher Erkenntnisse eine individuelle, umfassende Pflege zu planen, durchzuführen, auszuwerten und zu dokumentieren
- Bei der Eingliederung des alten Menschen in die Gesellschaft mitzuwirken
- Gesunde und kranke alte Menschen zu motivieren und anzuleiten, ihre Gesundheit zu erhalten oder wiederzuerlangen und die Fähigkeit zu vermitteln, mit Defiziten umgehen zu können
- Alten Menschen ein würdiges Sterben zu ermöglichen
- Mit anderen Berufsgruppen in der Altenhilfe mit der Zielsetzung der bestmöglichen Betreuung des alten Menschen zu kooperieren
- Erforderliche begleitende Dienste zum Wohle des alten Menschen zu koordinieren
- An der Weiterentwicklung und Verbesserung von Pflegemethoden und Pflegetechniken zu arbeiten
- Erfahrungen, Fertigkeiten und Kenntnisse an den pflegerischen Nachwuchs in der Altenpflege zu vermitteln und die Aus-, Fort- und Weiterbildung der eigenen Berufsgruppe zu gestalten
- Hilfskräfte anzuleiten und zu überwachen
- Angehörige zu unterstützen und zu beraten
- Bei der Aus-, Fort- und Weiterbildung anderer Berufe in der Altenhilfe mitzuwirken

- Pflegeforschung zu fördern, zu unterstützen und diese selbst durchzuführen.

1.3.3 Berufliche Handlungsfelder in der Altenpflege

Die Altenpflege hat im stationären, teilstationären und ambulanten Bereich sowie in der offenen Altenhilfe ein breites **Tätigkeitsspektrum** (☞ Tab. 1.20).

1.3.4 Berufsausbildung zur staatlich anerkannten AltenpflegerIn

Im Gegensatz zur Krankenpflege gibt es in der Bundesrepublik Deutschland erst ab August 2001 eine einheitliche **Altenpflegeausbildung.** Sie wird 3 Jahre dauern. Einzelheiten waren bis zur Fertigstellung des Buches noch nicht bekannt, so dass der Überblick über Zulassungsvoraussetzungen, Inhalte und Abschluss der Ausbildung in Kürze sicher korrigiert werden müssen.

Zulassungsvoraussetzungen

- Mindestalter: 17 Jahre; das Erreichen des 17. Lebensjahres im ersten Ausbildungsjahr reicht aus.
- Persönliche, körperliche und geistige Eignung für den Beruf
- Hauptschulabschluss und eine der folgenden Voraussetzungen
  - Erfolgreicher Abschluss einer einjährigen hauswirtschaftlichen Berufsfachschule
  - Mindestens zweijährige abgeschlossene Berufsausbildung
  - Dreijährige einschlägige Berufstätigkeit
  - Freiwilliges soziales Jahr
  - Abgeschlossene Ausbildung in der Kranken- oder Altenpflegehilfe

Stationäre Pflege	
Einrichtung	*Beschreibung*
Sanatorium	Einrichtung zur Erholung und Regeneration
Pflegeheim	Einrichtung zur Versorgung pflegebedürftiger alter Menschen
Altenheim	Einrichtung für nicht pflegebedürftige alte Menschen
Rehabilitationsklinik	Einrichtung zur Wiedergewinnung von Fähigkeiten
Geriatrisches Krankenhaus	Einrichtung für akute Erkrankungen des Alters
Kurzzeitpflege	Einrichtung, in der pflegebedürftige Menschen für einen bestimmten Betreuungszeitraum untergebracht werden können
Gerontopsychiatrische Klinik	Einrichtung für alte Menschen mit psychiatrischen Erkrankungen
Teilstationäre Pflege	
Einrichtung	*Beschreibung*
Tagesklinik, Tagespflegeheim	Einrichtung, in der sich pflegebedürftige Menschen während des Tages aufhalten können
Altentagesstätte	Einrichtung für alte Menschen, die auf Grund einer Erkrankung tagsüber nicht in ihrer Wohnung bleiben können
Psychiatrische Tagesstätte	Altentagesstätte für psychiatrisch erkrankte Menschen
Ambulante Pflege	
Einrichtung	*Beschreibung*
Sozialstation, Diakoniestation, ambulanter Pflegedienst	Einrichtung zur Versorgung alter Menschen im häuslichen Bereich
Seniorenwohngemeinschaft	Wohngemeinschaft alter Menschen
Betreutes Wohnen (Service-Wohnen)	Wohnanlage mit Servicehaus
Offene Altenhilfe	
Einrichtung	*Beschreibung*
Altenclub	Anlaufstelle alter Menschen zur Freizeitgestaltung und Beratung
Sozialdienst der Gemeinden oder Wohlfahrtsträger	Beratungsstelle
Sozialamt	Behörde zur Beratung und finanziellen Unterstützung
Altenerholung	Zuständigkeitsbereich der Krankenversicherung
Pflegekassen	Für die Finanzierung der Altenpflege zuständige Einrichtung

Tab. 1.20: Handlungsfelder der Altenpflege.

oder

- Mittlere Reife oder ein gleichwertiger Abschluss

oder

- Abitur oder ein gleichwertiger Abschluss

Bei Abschlüssen, die außerhalb von Deutschland erworben wurden, entscheidet das zuständige Regierungspräsidium bzw. die zuständige Bezirksverwaltung über deren Zulassung.

Ausbildungsstätten können in einigen Bundesländern nach eigenem Ermessen die Aufnahmekriterien erweitern (z. B. einjährige praktische Erfahrung in der Pflege).

Ausbildungsumfang und -dauer

Die Ausbildung wird, wie in der Krankenpflege, drei Jahre in Vollzeitform bzw. bei berufsbegleitender Form bis zu fünf Jahre dauern.

Die Anzahl der Stunden für die theoretische und praktische Ausbildung war bisher je nach Bundesland verschieden, in den meisten Bundesländern werden ca. 1800 Stunden Theorie und ca. 3000 Stunden Praxis gefordert. Diese Stundenfestlegung entspricht auch der Ausbildung in der Krankenpflege.

Inhalte der Ausbildung

Auch die inhaltlichen Schwerpunkte der Ausbildung waren in den einzelnen Bundesländern verschieden. Nachfolgend sind die übereinstimmenden Bereiche dargestellt, die ggf. in den verschiedenen Bundesländern auch unter anderen Bezeichnungen, aber gleichen Inhalten zu finden sind.

Die **theoretische Ausbildung** setzt sich aus vier Bereichen zusammen (☞ Tab. 1.21).

Die **praktische Ausbildung** besteht aus vier praktischen Einsätzen mit unterschiedlich langer Dauer. **Pflichteinsatzgebiete** sind:

- Stationäre Altenhilfe
- Sozialstation, ambulante Dienste
- Gerontopsychiatrie
- Krankenhaus.

Auch hierbei gibt es unterschiedliche Länderregelungen.

Die praktischen Einsätze müssen sowohl bei der berufsbegleitenden Form als auch bei der Vollzeitform der Altenpflegeausbildung abgeleistet werden.

Abschluss der Ausbildung

Die Ausbildung wird mit einer **staatlichen Abschlussprüfung** beendet (☞ Abb. 1.22).

Die Prüfung gliedert sich in allen Bundesländern in drei Teile:

- Praktische Prüfung
- Schriftliche Prüfung
- Mündliche Prüfung.

Theoretische Altenpflegeausbildung		
Allgemeiner berufskundlicher Bereich	• Allgemeinbildende Fächer • Methodik und Techniken des Lernens • Berufskunde • Methoden der Altenhilfe • Berufsethik, Religion • Gemeinschaftskunde • Rechtskunde • Verwaltungskunde	ca. 400 Std.
Gerontologischer Bereich	• Gerontologie • Psychologie • Gesprächsführung • Geragogik, Didaktik, Methodik • Soziologie	ca. 350 Std.
Medizinisch-pflegerischer Bereich	• Gesundheits- und Krankheitslehre • Physiologie, Anatomie • Alten- und Krankenpflege • Geriatrie, Gerontopsychiatrie • Arzneimittellehre • Ernährungslehre	ca. 700 Std.
Rehabilitativer Bereich	• Physiotherapie • Bewegungstherapie • Seniorengymnastik • Beschäftigungstherapie • Musische Fächer • Tagesgestaltung • Haushaltsführung	ca. 350 Std.
Gesamt		1800 Std.

Tab. 1.21: Theoretische Altenpflegeausbildung in Fächern und Stunden. [Foto: K157]

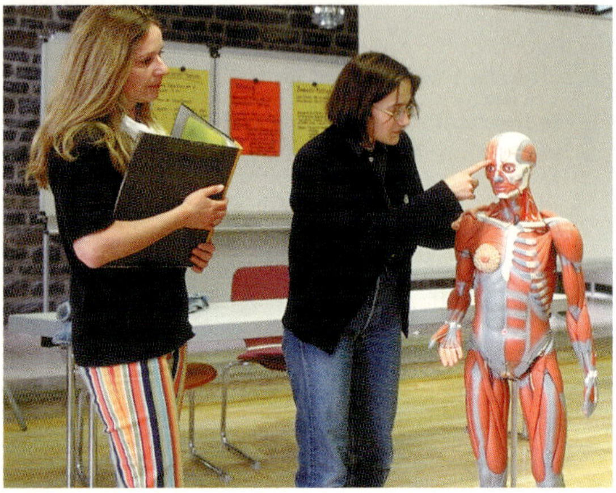

Abb. 1.22: Praktische Abschlussprüfung der Altenpflegeausbildung. [K157]

Die inhaltliche Gestaltung der Prüfungen wich in den verschiedenen Bundesländern stark voneinander ab. Die Richtlinien für die Prüfungen waren bisher in der Ausbildungs- und Prüfungsordnung der einzelnen Bundesländer festgelegt.

Geschützte Berufsbezeichnung

Die durch das neue Gesetz geschützte Berufsbezeichnung heißt **staatlich anerkannte AltenpflegerIn**. Das häufig verwendete Wort „examiniert" stammt aus dem Lateinischen und heißt „geprüft". Die Verwendung ist also nicht falsch, als Zusatzbezeichnung aber überflüssig.

1.3.5 Berufsausbildung zur AltenpflegehelferIn

In fast allen Bundesländern wird auch eine Ausbildung zur **AltenpflegehelferIn** angeboten. Die Ausbildung ist bisher noch nicht bundeseinheitlich geregelt.

Abb. 1.23: Auch staatlich anerkannte AltenpflegerInnen müssen sich fortbilden, um auf dem neuesten wissenschaftlichen Stand zu bleiben. [K157]

Es gelten in der Regel die gleichen Voraussetzungen wie für die Altenpflege (☞ 1.3.4). Die Ausbildung dauert ein Jahr und kann berufsbegleitend bis auf drei Jahre ausgedehnt werden. Die Inhalte sind mit denen des ersten Ausbildungsjahres zur AltenpflegerIn vergleichbar. Wegen der großen Unterschiedlichkeit der Richtlinien ist es sinnvoll, die entsprechenden Vorgaben des betroffenen Bundeslandes einzusehen. Die Ausbildung endet mit einer praktischen, schriftlichen und mündlichen Prüfung.

1.3.6 Qualifizierungs- und Spezialisierungsmöglichkeiten für AltenpflegerInnen

Fort- und Weiterbildung in der Altenpflege

Fortbildung: dient der Vertiefung vorhandenen oder dem Erwerb neuen Wissens. Führt nicht zum beruflichen Aufstieg oder zu einer Einstufung in eine höhere Gehaltsgruppe. Meistens als Eintages- oder Wochenendveranstaltungen (z. B. Wochenend-Fortbildung zum Thema Dekubitus).

Weiterbildung: dient zum Erwerb neuen Wissens und neuer Fähigkeiten. Führt zum beruflichen Aufstieg und bis auf wenige Ausnahmen zu einer Eingruppierung in eine höhere Gehaltsgruppe. Dauert mindestens ca. 400 Stunden und kann sich über mehrere Jahre erstrecken.

Ein greifbares Kontrollinstrument zur Qualitätssicherung der Fort- und Weiterbildungen steht in Deutschland nicht zur Verfügung. Auch die bestehenden Länderweiterbildungsgesetze bzw. -verordnungen bieten hier keine Abhilfe. Die wenigsten Maßnahmen werden staatlich anerkannt.

Um sich für das richtige Angebot zu entscheiden, sollte vorher gut überlegt werden, was mit der Fort- oder Weiterbildungsmaßnahme erreicht werden soll, welche Mittel zur Verfügung stehen und welche Inhalte wichtig sind.

Fortbildungen gibt es z. B. zu folgenden Themen:

- Pflegefachthemen, z. B. Lagerungstechniken, Verbandstechniken
- Pflegedokumentation, z. B. Durchführung und rechtliche Konsequenzen
- Organisationsfragen, z. B. Mitarbeiterführung, Führungsstile.

Weiterbildungen werden nach drei Bereichen eingeteilt, nach **Pflegemanagement, Pflegelehre** und **Pflegepraxis** (☞ Tab. 1.24).

Weiterbildung in der Altenpflege		
Pflege-management	*Pflegelehre*	*Pflegepraxis*
• StationsleiterIn • PflegedienstleiterIn • HeimleiterIn	• PraxisanleiterIn • MentorIn • LehrerIn für Pflege	• Aromatherapie • Basale Stimulation® • Bobath-Konzept • Kinästhetik • Validation®

Tab. 1.24: Die drei Weiterbildungsbereiche für AltenpflegerInnen.

Nicht jede Weiterbildung führt zur Eingruppierung in eine höhere Gehaltsgruppe der gängigen Tarifverträge (☞ 1.3.7). **Höher gruppiert** werden, sofern die Funktion auch ausgeübt wird, die

- StationsleiterIn
- PflegedienstleiterIn
- HeimleiterIn
- LehrerIn für Pflege.

Pflegestudium

Studienmöglichkeiten an Fachhochschulen und Universitäten werden im gesamten Bundesgebiet angeboten. Es gibt Vollzeit- oder berufsbegleitende **Studiengänge** zur

- Pflege, Pflegewissenschaft
- Pflegemanagement
- Pflegelehre.

Die Zugangsvoraussetzungen sind unterschiedlich. Auf Anfrage verschicken die Hochschulen Informationsmaterial über Zugangsvoraussetzungen und Studieninhalte. Viele Fachzeitschriften veröffentlichen regelmäßig Studienführer.

Alle Studiengänge dauern in der Regel 8 Semester und enden mit einem Diplom oder Magister (Universität Bremen).

An der Humboldt-Universität in Berlin, der Privatuniversität Witten/Herdecke und der Universität Bremen ist mittlerweile auch die Promotion (*Erwerb der Doktorwürde*) möglich.

Karriere in der Altenpflege

Karriere *(franz.: Laufbahn):* Beruflicher Aufstieg von einer Position in die nächste. Je nach Tätigkeitsgebiet gibt es unterschiedliche Möglichkeiten, Karriere zu machen.

Während es in den Anfängen der Altenpflege kaum Aufstiegschancen für die Pflegenden gab, existiert heute eine beachtliche Anzahl von Möglichkeiten, sich beruflich weiterzuentwickeln. Zunehmend sind auch AltenpflegerInnen im Management und in der Ausbildung tätig.

Aufstiegsmöglichkeiten		
Pflege-management	*Pflegelehre*	*Pflege-praxis*
• StationsleiterIn, WohnbereichsleiterIn • PflegedienstleiterIn • HeimleiterIn • GeschäftsführerIn	• PraxisanleiterIn • MentorIn • Trainerausbildung, z.B. für Kinäsetik, Basale Stimulation®, Validation® • LehrerIn für Pflege in Aus-, Fort- und Weiterbildung • LeiterIn einer innerbetrieblichen Fortbildung • SchulleiterIn • LeiterIn einer Weiterbildung	Pflege-expertIn (z.Zt. in Deutschland noch relativ unbekannt)

Tab. 1.25: Karrieremöglichkeiten für AltenpflegerInnen.

Weitere Karrieremöglichkeiten sind z.B.:

- Selbstständigkeit durch Gründung eines ambulanten Pflegedienstes
- PflegeberaterIn für Firmen
- Gutachtertätigkeit beim Medizinischen Dienst der Krankenversicherung
- BeraterIn bei Pflegekassen
- ReferentIn bei Wohlfahrtsorganisationen
- Qualitätsbeauftragter in Pflegeeinrichtungen
- Nach dem Studium zusätzlich:
  - Lehraufträge oder Tätigkeit als Lehrkraft für besondere Aufgaben an Fachhochschulen und Hochschulen
  - Tätigkeit als wissenschaftliche MitarbeiterIn an Hochschulen
  - Forschungsbeauftragte in Pflegeeinrichtungen
  - Forschung in der freien Wirtschaft oder an Institutionen
  - Nach der Promotion und fünfjähriger Berufserfahrung nach Abschluss des Studiums außerhalb des Hochschulbereichs: Professur an Fachhochschulen
  - Nach der Habilitation (Erwerb der Lehrbefugnis an Hochschulen): Professur an Universitäten.

1.3.7 Vertragliche Regelungen und Richtlinien in der Altenpflege

Arbeitsvertrag

Arbeitsvertrag: Vertrag zwischen zwei Vertragspartnern, wobei der eine vom anderen für seine Tätigkeit bezahlt wird.

Arbeitsverträge müssen mit wenigen Ausnahmen nicht schriftlich abgeschlossen werden. Zu den Ausnahmen gehören:

- Lehrverträge, weil im Berufsbildungsgesetz vorgeschrieben ist, dass sie der Schriftform bedürfen

Musterarbeitsvertrag

(für Verträge mit nicht tarifgebundenen Arbeitgebern)

zwischen .... im folgenden „Arbeitgeber" genannt

und.. im folgenden „Arbeitnehmerin" genannt

§ 1 Tätigkeit

Die Arbeitnehmerin wird zum (....Datum....) als (....Bezeichnung der Tätigkeit/Funktion....) für (....Name der Einrichtung/Arbeitsbereich....) eingestellt.

§ 2 Dauer des Arbeitsverhältnisses / Probezeit

(1) Das Arbeitsverhältnis ist unbefristet/befristet bis zum ....

(2) Soweit das Arbeitsverhältnis nicht gekündigt wird, endet es mit Ablauf des Kalendermonats, in dem die Arbeitnehmerin in den Ruhestand eintritt. (Gilt nur für unbefristete Verträge)

(3) Die ersten .... Monate des Arbeitsverhältnisses gelten als Probezeit.

§ 3 Arbeitszeit

(1) Die regelmäßige Arbeitszeit beträgt durchschnittlich..................Std./Woche. Dies entspricht einem Beschäftigungsgrad von .... % der regulären Arbeitszeit.

(2) Der Durchschnitt der regelmäßigen Arbeitszeit errechnet sich über einen Zeitraum von jeweils drei Monaten, ausgehend vom Beschäftigungsbeginn.

§ 4 Überstunden

(1) Die Arbeitnehmerin erklärt sich bereit, über die vereinbarte Arbeitszeit hinaus auf Anordnung Überstunden zu leisten. Für die Anordnung von Überstunden gilt eine Ankündigungsfrist von 48 Stunden als vereinbart. Wird diese Ankündigungsfrist unterschritten, hat die Arbeitnehmerin das Recht, die Erbringung von Überstunden zu verweigern.

(2) Angeordnete Überstunden sollen innerhalb eines Zeitraum von zwei Monaten nach Erbringung durch eine entsprechende zusammenhängende Freizeit ausgeglichen werden. Zusätzlich zum Freizeitausgleich wird für jede geleistete Überstunde ein Zeitzuschlag von 25% der Stundenvergütung bezahlt. Der Zeitzuschlag wird bereits für den Monat gezahlt, in dem die Überstunden geleistet wurden und ist im übernächsten Kalendermonat auszuzahlen.

(3) Ist der Ausgleich aus betrieblichen Gründen nicht möglich, erhält die Arbeitnehmerin für jede geleistete Überstunde neben dem Zeitzuschlag von Abs. 2 ihre Stundenvergütung ausgezahlt. Die Stundenvergütung wird individuell nach folgender Formel ermittelt: Monatliche Vergütung (§5) dividiert durch das 4,348fache der vereinbarten regelmäßigen wöchentlichen Arbeitszeit. Die Auszahlung der Stundenvergütung erfolgt im übernächsten Kalendermonat nach Ablauf des Ausgleichszeitraums.

§ 5 Vergütung

(1) Die Arbeitnehmerin erhält für ihre Tätigkeit eine monatliche Vergütung in Höhe von DM .... brutto. Diese Vergütung steigt jährlich entsprechend den tariflichen Abschlüssen im Öffentlichen Dienst.

(2) Die Vergütung ist jeweils am 15. des Monats fällig.

(3) Ist die Arbeitnehmerin seit vollen zwei Jahren beim Arbeitgeber beschäftigt, steigt die Vergütung monatlich um DM ....Nach weiteren drei Jahren steigt die Vergütung monatlich um DM......................

(4) Die Zahlung der Vergütung erfolgt bargeldlos. Die Arbeitnehmerin wird dem Arbeitgeber innerhalb von zehn Tagen nach Beginn des Arbeitsverhältnisses ihre Bankverbindung mitteilen.

§ 6 Zulagen / Zeitzuschläge

(1) Die Arbeitnehmerin erhält folgende monatliche Zulagen:
Schichtzulage .... DM..................
Wechselschichtzulage .... DM..................
.... DM

(2) Außerdem erhält die Arbeitnehmerin Zeitzuschläge:
- für Arbeit an Sonntagen je Std. ....% der Std.vergütung nach § 4 Abs. 3
- für Arbeit an Feiertagen je Std. ....% der Std.vergütung nach § 4 Abs. 3
- für Arbeit am 24.12. je Std. ....% der Std.vergütung nach § 4 Abs. 3
- für Arbeit am 31.12. je Std. ....% der Std.vergütung nach § 4 Abs. 3
- für Arbeit zwischen 20 und 6 Uhr je Std. ....% der Std.vergütung nach § 4 Abs. 3

(3) Die Schichtzulage ist für die Monate zu zahlen, in denen die Arbeitnehmerin in mindestens zwei verschiedenen Schichten eingesetzt wird.

(4) Die Wechselschichtzulage ist für die Monate zu zahlen, in den die Arbeitnehmerin außer zum Tagdienst auch zum Nachtdienst herangezogen wird.

§ 7 Urlaubsgeld

(1) Die Arbeitnehmerin erhält mit dem Juligehalt ein Urlaubsgeld in Höhe von ....% der monatlichen Vergütung.

(2) Anspruchsvoraussetzung ist, daß die Arbeitnehmerin am 1. Juli mindestens drei Monate beim Arbeitgeber beschäftigt war.

§ 8 Weihnachtsgeld

(1) Die Arbeitnehmerin erhält mit dem Novembergehalt ein Weihnachtsgeld in Höhe von einer Monatsvergütung.

(2) Soweit das Arbeitsverhältnis nicht das ganze Kalenderjahr über besteht, wird das Weihnachtsgeld für jeden Kalendermonat der Nichtbeschäftigung um ein Zwölftel gekürzt.

§ 9 Urlaub

(1) Die Arbeitnehmerin erhält kalenderjährlich einen Erholungsurlaub von .... Arbeitstagen, bezogen auf die Fünftagewoche. Verteilt sich die Arbeitszeit auf mehr oder weniger Arbeitstage pro Woche, wird der Urlaubsanspruch entsprechend umgerechnet.

(2) Während des Urlaubs wird eine Urlaubsvergütung in Höhe des in den letzten drei vollen Kalendermonaten vor dem Urlaub durchschnittlich ausgezahlten Bruttogehalt gezahlt.

(3) Bei der zeitlichen Festlegung des Urlaubs sind die Wünsche der Arbeitnehmerin zu berücksichtigen. Die Ablehnung eines Urlaubsantrags ist nur aus dringenden betrieblichen Gründen möglich oder wenn ihm Urlaubsanträge anderer Mitarbeiterinnen entgegenstehen, die gemäß Bundesurlaubsgesetz unter sozialen Gesichtspunkten vorrangig zu berücksichtigen sind.

(4) Es gilt als vereinbart, daß ein schriftlicher Urlaubsantrag genehmigt ist, wenn der Arbeitgeber ihn nicht innerhalb einer Frist von 14 Tagen schriftlich ablehnt.

(5) Der volle Urlaubsanspruch wird erstmals nach sechsmonatigem Bestehen des Arbeitsverhältnisses erworben. Urlaub, der nicht bis spätestens zum 31.3. des folgenden Kalenderjahres angetreten wird, verfällt. Kann der Urlaub aufgrund einer Ablehnung des Urlaubsantrages durch den Arbeitgeber nicht bis zum 31.3. des folgenden Kalenderjahres angetreten werden, verlängert sich die Frist zum Antreten des Urlaubs bis zum 30.6. des folgenden Kalenderjahres.

§ 10 Arbeitsverhinderung

(1) Die Arbeitnehmerin ist verpflichtet, dem Arbeitgeber unter Angabe der Gründe jede Arbeitsverhinderung und ihre voraussichtliche Dauer unverzüglich mitzuteilen.

(2) Bei einer krankheitsbedingten Arbeitsunfähigkeit wird die Arbeitnehmerin dem Arbeitgeber ihre Arbeitsunfähigkeit und deren voraussichtlichen Dauer unverzüglich mitteilen. Dauert die Arbeitsunfähigkeit länger als drei Kalendertage, muß die

Abb. 1.26: Der Standardarbeitsvertrag zeigt alle wesentlichen Punkte eines Arbeitsvertrages.

Arbeitnehmerin dem Arbeitgeber spätestens am darauffolgenden Arbeitstag eine ärztliche Bescheinigung über das Bestehen der Arbeitsunfähigkeit und deren voraussichtlicher Dauer vorlegen. Dauert die Arbeitsunfähigkeit länger als in der Bescheinigung angegeben, ist eine neue ärztliche Bescheinigung vorzulegen.

(3) Während einer krankheitsbedingten Arbeitsunfähigkeit erhält die Arbeitnehmerin eine Lohnfortzahlung in Höhe von 100% für einen Zeitraum von sechs Wochen. Für die Lohnfortzahlung wird der Durchschnitt des in den vorhergehenden drei vollen Kalendermonaten ausgezahlten Bruttogehaltes zugrunde gelegt. Hat das Arbeitsverhältnis noch keine drei vollen Kalendermonate bestanden, wird nur die vereinbarte Vergütung zugrunde gelegt.

§ 11 Nebentätigkeit

(1) Die Arbeitnehmerin wird dem Arbeitgeber die Übernahme jeder entgeltlichen oder unentgeltlichen Nebentätigkeit anzeigen. Eine besondere Genehmigung der Nebentätigkeit durch den Arbeitgeber ist nicht erforderlich.

(2) Der Arbeitgeber kann die Nebentätigkeit untersagen, wenn sie die betrieblichen Interessen des Arbeitgebers beeinträchtigt (z.B. Nebentätigkeit bei einem Wettbewerber) oder sie die Tätigkeit der Arbeitnehmerin beim Arbeitgeber beeinträchtigt (z.B. Beeinträchtigung der Leistungen, Verstoß gegen das Arbeitszeitgesetz).

§ 12 Zusätzliche Altersversorgung

(1) Der Arbeitgeber schließt für die Arbeitnehmerin eine personenbezogene, übertragbare rentenbildende Lebensversicherung ab, für deren Beiträge er monatlich 4% der Vergütung aufwendet. Ist die Arbeitnehmerin mindestens zwei Jahre beim Arbeitgeber beschäftigt, wird ihr die Lebensversicherung mitsamt der Beitragspflicht übertragen, sobald das Arbeitsverhältnis endet, spätestens jedoch zu dem Zeitpunkt, da die Arbeitnehmerin in den Ruhestand eintritt.

(2) Verstirbt die Arbeitnehmerin während des Arbeitsverhältnisses, sind die Leistungen der Lebensversicherung auf die Erben oder eine von der Arbeitnehmerin vorher bestimmte Person oder Institution zu übertragen.

§ 13 Freistellung

(1) Wird das Arbeitsverhältnis gekündigt, ist der Arbeitgeber berechtigt, die Arbeitnehmerin vom Ausspruch der Kündigung an von der Arbeitsleistung freizustellen. Der Freistellungszeitraum gilt zunächst als Ausgleich für Überstunden und Freizeitausgleichsansprüche und dann als Erfüllung des Urlaubsanspruchs. Danach gilt er als bezahlte Freistellung.

(2) Mit der Freistellung ist die Angestellte verpflichtet, umgehend etwaige Schlüssel, Unterlagen und sonstige vom Arbeitgeber zur Verfügung gestellte Materialien zurückzugeben.

§ 14 Ordentliche Kündigung

(1) Bis zum Ende der Probezeit beträgt die Kündigungsfrist zwei Wochen.

(2) Nach Ablauf der Probezeit beträgt die Kündigungsfrist vier Wochen zum Monatsende.

§ 15 Außerordentliche Kündigung

(1) Der Arbeitgeber und die Arbeitnehmerin sind berechtigt, das Arbeitsverhältnis aus einem wichtigen Grunde fristlos zu kündigen, wenn Tatsachen vorliegen, aufgrund derer dem/der Kündigenden unter Berücksichtigung aller Umstände des Einzelfalles und unter Abwägung der Interessen beider Vertragsteile die Fortsetzung des Arbeitsverhältnisses bis zum Ablauf der Kündigungsfrist oder bis zu der vereinbarten Beendigung des Arbeitsverhältnisses nicht zugemutet werden kann.

(2) Die Kündigung kann nur innerhalb von zwei Wochen erfolgen. Die Frist beginnt mit dem Zeitpunkt, in dem der Kündigungsberechtigte von den für die Kündigung maßgebenden Tatsachen Kenntnis erlangt. Der/die Kündigende muß dem anderen Teil den Kündigungsgrund mit Aussprechen der Kündigung schriftlich mitteilen.

§ 16 Schriftform der Kündigung

(1) Kündigungen bedürfen grundsätzlich der Schriftform.

(2) Kündigt der Arbeitgeber nach Ablauf der Probezeit, muß er den Kündigungsgrund in dem Kündigungsschreiben angeben.

§ 17 Auflösungsvertrag

Das Arbeitsverhältnis kann im gegenseitigen Einvernehmen jederzeit beendet werden.

§ 18 Zeugnisse und Arbeitsbescheinigungen

(1) Bei Kündigung hat die Arbeitnehmerin Anspruch auf unverzügliche Ausstellung eines vorläufigen Zeugnisses über Art und Dauer ihrer Tätigkeit. Dieses Zeugnis ist bei Beendigung des Arbeitsverhältnisses sofort gegen ein endgültiges Zeugnis umzutauschen, das sich auf Antrag auch auf Führung und Leistung erstrecken muß.

(2) Die Arbeitnehmerin ist berechtigt, aus triftigen Gründen auch während des Arbeitsverhältnisses ein Zeugnis zu verlangen.

(3) Auf Antrag ist der Arbeitnehmerin bei Beendigung des Arbeitsverhältnisses eine Bescheinigung über das zuletzt bezogene Gehalt auszuhändigen.

§ 19 Dienstkleidung

(1) Soweit das Tragen einer bestimmten Dienst- oder Schutzkleidung vom Arbeitgeber angeordnet oder das Tragen von Schutzkleidung gesetzlich vorgeschrieben ist, wird sie unentgeltlich geliefert und bleibt Eigentum des Arbeitgebers.

(2) Als Dienstkleidung sind Kleidungsstücke anzusehen, die zur besonderen Kenntlichmachung im dienstlichen Interesse an Stelle anderer Kleidung während der Arbeit getragen werden müssen.

(3) Als Schutzkleidung sind die Kleidungsstücke anzusehen, die bei bestimmten Tätigkeiten an bestimmten Arbeitsplätzen an Stelle oder über der sonstigen Kleidung zum Schutze gegen gesundheitliche Gefahren oder außergewöhnliche Beschmutzungen getragen werden müssen. Die Schutzkleidung muß geeignet und ausreichend sein.

(4) Die Instandhaltung und Reinigung von Dienst- und Schutzkleidung obliegt dem Arbeitgeber, der auch die Kosten dafür trägt.

§ 20 Abschlußfrist

(1) Ansprüche aus dem Arbeitsvertrag verfallen, wenn sie nicht innerhalb einer Ausschlußfrist von zwölf Monaten nach Fälligkeit von der Arbeitnehmerin oder vom Arbeitgeber geltend gemacht werden.

(2) Für denselben Sachverhalt reicht die einmalige Geltendmachung des Anspruchs aus, um die Ausschlußfrist auch für später fällig werdende Leistungen unwirksam zu machen.

§ 21 Nebenabreden

Änderungen und/oder Ergänzungen dieses Vertrages sowie Nebenabreden bedürfen zu ihrer Wirksamkeit der schriftlichen Vereinbarung der Vertragsparteien.

....

Ort, Datum Unterschrift Arbeitnehmerin

....

Ort, Datum Unterschrift Arbeitgeber

- Viele Tarifverträge, nach denen Arbeitsverträge schriftlich abgeschlossen werden müssen
- Länger bestehende Arbeitsverträge. Nach dem Nachweisgesetz müssen alle wesentlichen Inhalte eines mündlichen Arbeitsvertrages innerhalb einer bestimmten Frist nach Arbeitsbeginn schriftlich niedergelegt werden.

☑ In jedem Fall ist es ratsam, einen Arbeitsvertrag schriftlich abzuschließen, um bei Streitigkeiten die Absprachen auch beweisen zu können.

Die großen Träger der Wohlfahrtsverbände haben **standardisierte Arbeitsverträge,** deren Inhalt sich auf bestehende Tarifverträge stützt. Der Arbeitnehmer hat hier eine relativ große Sicherheit, einen Arbeitsvertrag ohne für ihn nachteilige Klauseln zu bekommen (☞ Abb. 1.26).

Private Träger bieten häufig **individuelle Einzelverträge** an. Auch in diesen Arbeitsverträgen sollten folgende Regelungen enthalten sein:

- Beginn des Arbeitsverhältnisses
- Arbeitsort
- Stellenbeschreibung oder Tätigkeitsbeschreibung
- Dauer der Probezeit
- Wochenarbeitszeit
- Tägliche Arbeitszeit
- Sonn- und Feiertagsarbeit, Nachtarbeit
- Höhe der Vergütung, evtl. Zusatzleistungen
- Urlaubsanspruch
- Kündigungsfristen
- Rückzahlungsverpflichtungen bei zusätzlichen Zuwendungen oder Weiterbildungen
- Möglichkeiten der Versetzung
- Ausmaß der vom Arbeitgeber erlaubten Nebentätigkeit
- Überstundenregelung.

Für einige der aufgeführten Punkte gibt es gesetzliche Regelungen, welche zwingend eingehalten werden müssen.

☑ Im Bürohandel gibt es Standardarbeitsverträge, die der formalen Orientierung dienen können.

Hilfestellung und Beratung bei Problemen mit dem Arbeitsvertrag, z.B. wenn er unverständliche Passagen enthält, bieten alle im Bereich der Pflege tätigen Gewerkschaften (☞ 1.4.2) an.

Vergütung

Tarifverträge

Tarifverträge sichern die Rechte der Arbeitnehmer ab. Für AltenpflegerInnen im öffentlichen Dienst, bei der Diakonie oder bei der Caritas gibt es eine einheitliche Gehaltsregelung durch die jeweiligen Tarifverträge. Arbeiterwohlfahrt und Deutsches Rotes Kreuz orientieren sich an diesen Vorgaben.

- Für den öffentlichen Dienst gilt der **Bundesangestelltentarif (BAT)**
- Für die Diakonie und die Caritas gelten die **Arbeitsvertragsrichtlinien der Diakonie oder Caritas (AVR)**
- Das Deutsche Rote Kreuz nennt seinen Tarifvertrag **Arbeitsrechtliche Bedingungen (AB DRK)**
- Die Arbeiterwohlfahrt richtet sich nach den **Arbeitsvertragsrichtlinien der AWO (AVR AWO).**

Vergütung bei privaten Anbietern

Bei **privaten Anbietern** ohne entsprechende Tarifverträge ist die Vergütung meist frei verhandelbar. Da hier vorwiegend die Interessen der Arbeitgeber, weniger die der Arbeitnehmer berücksichtigt werden, ist der Arbeitnehmer häufig schlechter gestellt als im öffentlichen Dienst oder bei den großen Wohlfahrtsorganisationen. Mitunter werden tarifliche und arbeitsrechtliche Strukturen bewusst schwierig erläutert, damit die Arbeitnehmer sie nicht verstehen können.

Berechnung des Grundgehalts

Für die Berechnung des **Grundgehaltes** werden die Eingruppierung in eine Gehaltsstufe der üblichen Tariftabellen (☞ Abb. 1.27) sowie die Lebensaltersstufe benötigt.

Die **Eingruppierung** ist abhängig von der

- Ausbildung
- Art der Tätigkeit
- Bewährungszeit.

Die *staatlich anerkannte AltenpflegerIn* wird direkt nach der Ausbildung in die Stufe Kr. IV der Tarifverträge eingruppiert. Der Begriff Kr. ist abgeleitet von dem Wort Krankenpflegetarif und findet seine erste Niederschrift im Bundesangestelltentarif (BAT). Dort gibt es zwei Tarife, einen für die Angestellten des öffentlichen Dienstes und einen Extratarif für das Personal in der (Kranken-)Pflege. Dieser Begriff wurde in fast alle gängigen Tarifverträge übernommen.

Höher gruppiert werden AltenpflegerInnen, wenn höherwertige Aufgaben, z.B. Leitungsfunktionen, übernommen werden oder nach einer zwei- bzw. dreijährigen Bewährungszeit.

Die *AltenpflegehelferIn* wird nach der Ausbildung in der Regel in Kr. III eingruppiert und ebenfalls nach einer Bewährungsfrist von zwei oder drei Jahren höher gruppiert.

Lebensaltersstufe: Lebensalter minus 20, geteilt durch zwei.

Gehaltstabelle

	1	2	3	4	5	6	7	8	9
Kr. XIII	4131,17	4305,76	4480,37	4616,17	4751,95	4887,77	5023,57	5159,37	5295,17
Kr. XII	3818,08	3980,68	4143,25	4269,71	4396,18	4522,64	4649,08	4775,55	4902,03
Kr. XI	3541,82	3697,88	3853,92	3975,32	4096,67	4218,05	4339,41	4460,80	4582,18
Kr. X	3277,63	3422,40	3567,18	3679,78	3792,38	3904,97	4017,58	4130,16	4242,76
Kr. IX	3035,14	3169,01	3302,92	3407,05	3511,18	3615,34	3719,49	3823,62	3927,76
Kr. VIII	2809,80	2933,84	3057,89	3154,40	3250,89	3347,38	3443,86	3540,34	3636,81
Kr. VII	2603,81	2718,41	2832,99	2922,12	3011,24	3100,37	3189,49	3278,61	3367,73
Kr. VI	2417,88	2522,90	2627,91	2709,59	2791,27	2872,93	2954,61	3036,27	3117,99
Kr. Va	2303,93	2402,11	2500,29	2576,65	2653,01	2729,38	2805,74	2882,10	2958,44
Kr. V	2225,71	2318,60	2411,49	2483,74	2555,99	2628,22	2700,46	2772,71	2844,97
Kr. IV	2084,29	2166,85	2249,42	2313,64	2377,86	2442,09	2506,30	2570,52	2634,72
Kr. III	1953,12	2023,27	2093,44	2148,01	2202,58	2257,16	2311,72	2366,29	2420,85
Kr. II	1830,15	1891,64	1953,14	2000,98	2048,8	2096,63	2144,46	2192,29	2240,13
Kr. I	1717,44	1772,18	1826,90	1869,46	1912,02	1954,59	1997,14	2039,70	2082,26

Gültig ab 01.04.1999 Druckfehler / Irrtümer vorbehalten

Abb. 1.27: Vergütung nach BAT für den Pflegebereich.

Zusammensetzung des Gehalts

Das Gehalt staatlich anerkannter AltenpflegerInnen und AltenpflegehelferInnen setzt sich zusammen aus:

- **Grundgehalt** ☞ oben
- **Ortszuschlag und tariflicher Zulage.** Dies sind Ergänzungen zum Grundgehalt. Zur Festlegung der Höhe werden benötigt:
  - Eingruppierung
  - Familienstand
  - Zahl der Kinder.
- **Zuschläge.** Diese richten sich nach den Zeiten, welche an den Wochenenden und Feiertagen gearbeitet werden. Zuschläge gibt es auch für die Vergütung von Überstunden.

Vergütung von Überstunden und Mehrarbeit

Überstunden sind die Stunden, die direkt von der vorgesetzten Pflegekraft oder der Pflegedienstleitung oder Heimleitung angeordnet werden und die über die an diesem Tag zu leistende im Dienstplan versehene Arbeitszeit hinausgehen. Sie werden je nach Tarifvertrag mit einem finanziellen Zuschlag versehen und in Freizeit ausgeglichen.

Mehrarbeit ist die Zeit, die eine Pflegekraft aufgrund einer notwendigen Aufgabe nach eigenem Ermessen länger im Dienst verbringt. Sie wird im Gegensatz zu den Überstunden nicht vom Vorgesetzten angeordnet. Die Mehrarbeitszeit wird lediglich durch Freizeit ausgeglichen (siehe entsprechende Tarifverträge).

Stellenbeschreibung

Stellenbeschreibung: Legt den Verantwortungs- und Kompetenzrahmen einer MitarbeiterIn fest.

Stellenbeschreibungen (Beispiel ☞ Kasten) gibt es für alle Ebenen im Pflegedienst, z. B. für

- Ungelernte und angelernte HelferInnen
- Staatlich anerkannte AltenpflegerInnen
- WohnbereichsleiterIn, StationsleiterIn
- PflegedienstleiterIn
- HeimleiterIn
- LeiterIn eines ambulanten Dienstes.

Dienstanweisung

Dienstanweisung: Anweisung vom direkten Vorgesetzten oder einer übergeordneten Führungsebene.

Dienstanweisungen haben einen verbindlichen Charakter und können bei Nichtausführung zur Abmahnung und im Extremfall zur Kündigung führen. Sie sind ein Führungsinstrument, das dazu dient, eine von der Leitung gewollte Handlung zwingend umzusetzen. Es wird dabei davon ausgegangen, dass die gewünschte Handlung von den MitarbeiterInnen nicht freiwillig ausgeführt werden würde.

Fallbeispiel

Exemplarische Stellenbeschreibung für eine staatlich anerkannte AltenpflegerIn

Die folgende Stellenbeschreibung ist aus dem „Führungshandbuch in der Altenpflege" (Herausgeber Hannes Sieber, 1995) übernommen.

„1. Stellenbezeichnung

Staatlich anerkannte Altenpflegerin im Pflegedienst

Staatlich anerkannter Altenpfleger im Pflegedienst

2. Rangstufe

Je nach Qualifikation und Funktion zu regeln

3. Ziel der Stelle – Kurzbeschreibung des Aufgabengebietes

Selbstständige und eigenverantwortliche Betreuung und Pflege der Bewohner im Sinne der allgemeinen Ziele für die Station bzw. Abteilung und das Haus.

4. Stellenbezeichnung des direkten Vorgesetzten

Stationsleitung

5. Der Stelleninhaber kann zusätzlich fachliche Weisung erhalten von

Pflegedienstleitung

6. Ggf. Stellenbezeichnung und Anzahl der zusätzlich direkt unterstellten Mitarbeiter, je nach individueller Situation:

- Ungelernte Helfer und Helferinnen im Pflegedienst
- Krankenpflegehelferinnen bzw. Altenpflegehelferinnen

7. Der Stelleninhaber gibt fachliche Anweisung an

ungelernte Helfer und Helferinnen im Pflegedienst nach Absprache und Vereinbarung mit dem Vorgesetzten – Krankenpflegehelferinnen bzw. Altenpflegehelferinnen im Pflegedienst nach Absprache und Vereinbarung mit dem Vorgesetzten

8. Der Stelleninhaber vertritt

- Andere staatlich anerkannte Altenpflegerinnen und Altenpfleger
- Je nach individueller Situation: Stationsleitung

9. Der Stelleninhaber wird vertreten von

anderen staatlich anerkannten Altenpflegern und Altenpflegerinnen

10. Spezielle Aufgaben und Berechtigungen, die nicht in einer allgemeinen Regelung festgehalten sind

Je nach individueller Situation z.B.

- Kontrolle und Bestellung von Medikamenten
- Kontrolle und Beschaffung von Pflegemitteln
- Kontrolle und Archivierung der Pflegedokumentation
- Kurz- und mittelfristige Planung von Betreuungs-, Beschäftigungs- und Unterhaltungsmaßnahmen
- Gestaltung und Kontrolle des Dienstplanes
- Teilnahme an abteilungsübergreifenden Arbeitsteams
- Leitung bestimmter Arbeitsteams
- Organisation und Durchführung von hausinternen Fortbildungen für ungelernte Mitarbeiter und einjährig examinierte Pflegekräfte
- Kontrolle und Wartung von Geräten.

11. Beschreibung der Tätigkeit, die der Stelleninhaber selbstständig durchzuführen hat

- Unmittelbare und direkte Information des vorgesetzten Kollegen über alle ihm bekannt gewordenen, von ihm erkennbaren Wünsche, Bedürfnisse und Veränderungen von Bewohnern, soweit eine Information des Vorgesetzten notwendig ist
- Individuelle Pflegeplanung für die Bewohner, gemeinsam mit den KollegInnen
- Führen der Pflegedokumentation (☞ Abb. 1.28)
- Überwachen der vereinbarten Pflegeziele
- Anleitung und Kontrolle ungelernter Mitarbeiter und einjährig examinierter Mitarbeiter
- Alle Maßnahmen der Pflege nach individueller Pflegeplanung
- Alle Maßnahmen zur sozialen Betreuung nach individueller Pflegeplanung
- Mitarbeit bei medizinischer Diagnostik und Therapie, z.B. Blutzuckertest
- Sonstige Behandlungsmaßnahmen
- Medikamente stellen und verteilen
- Kontakte zu Angehörigen
- Kontakte zu behandelnden Ärzten.

Die Stellenbeschreibung kann auf die individuellen Bedürfnisse in den Einrichtungen der Altenpflege angepasst werden."

Unfallverhütungsvorschriften der Berufsgenossenschaften

Oberstes Aufsichtsgremium der Unfallverhütung wie auch der Verhütung von Gesundheitsgefahren ist die Berufsgenossenschaft. Für den Pflegebereich ist die **Berufsgenossenschaft für Gesundheitsdienste und Wohlfahrtspflege** zuständig. Zielsetzung der Berufsgenossenschaften ist es, den größtmöglichsten Schutz des Arbeitnehmers vor Unfällen und Verletzungen zu gewährleisten. Dies geschieht im Rahmen von verbindlichen Verordnungen und entsprechenden Kontrollen. Nach diesen Vorschriften hat der Arbeitgeber geeignetes Schutzmaterial zur Verfügung zu stellen. Für den Bereich der Pflege gelten zahlreiche Vorschriften, z.B.:

Abb. 1.28: Pflegeplanung und -dokumentation gehören zu den Tätigkeiten, die eine examinierte AltenpflegerIn selbstständig durchführt. [K157]

- Medizinische **Einmalhandschuhe** (nach E. DIN 58994), wenn mit Stoffen gearbeitet wird, die zu Hautverletzungen führen können, z.B. bei der Wundversorgung oder die durch die Haut in den menschlichen Körper eindringen können, z.B. bei Einreibungen
- Die **Arbeitskleidung** muss verschiedene Bedingungen erfüllen. Die Dienstkleidung muss kochfest sein und sollte auch keine Möglichkeiten bieten, damit z.B. an Türgriffen oder ähnlichem hängen zu bleiben. Besondere Schutzkleidung muss eine flüssigkeitsabweisende Oberfläche haben, z.B. beim Baden oder bei der Inkontinenzversorgung
- Das **Schuhwerk** muss vorne geschlossen sein und fest am Fuß sitzen, also keine Sandalen oder sonstigen offenen Schuhe, keine Schuhe mit Absätzen und keine Schuhe mit überdicken Laufsohlen
- **Schmuck** hat in der Pflege prinzipiell nichts zu suchen. Er ist eine Verletzungsgefahr für andere und gefährdet durch Keimverschleppung die eigene Gesundheit und die Gesundheit des privaten Umfeldes.

Für die **persönliche Hygiene** erhebt die Berufsgenossenschaft folgende Forderungen:

- Leicht erreichbare Handwaschplätze, fließend warmes und kaltes Wasser
- Direktspender mit hautschonender Waschlotion
- Händedesinfektionsmittel
- Hautpflegemittel
- Handtücher zum einmaligen Gebrauch
- Dünnwandige und flüssigkeitsundurchlässige Handschuhe beim Umgang mit Ausscheidungen, Eiter oder Blut
- Feste flüssigkeitsundurchlässige Handschuhe für die Desinfektion von Gegenständen
- Flüssigkeitsdichte Schürzen, wenn mit Durchnässen der Dienstkleidung zu rechnen ist
- Flüssigkeitsdichte Schuhe, wenn mit Durchnässen des Schuhwerks zu rechnen ist.

Der Arbeitgeber hat des Weiteren dafür Sorge zu tragen, dass die gesamte getragene Schutzkleidung gesondert von der anderen Wäsche aufbewahrt werden kann.

Auch im Bereich des **Hebens und Tragens** ist der Arbeitgeber von den Berufsgenossenschaften dazu verpflichtet, leicht bedienbare, stand- und fahrsichere Hebevorrichtungen zur Verfügung zu stellen.

☑ Die Pflegekraft ist dazu verpflichtet, die ihr zur Verfügung gestellten Hilfsmittel zur Vermeidung von Unfällen und Gesundheitsgefahren zu benutzen. Sollte es bei Nichteinhaltung zu Unfällen oder Erkrankungen kommen, muss die Pflegekraft für den entstandenen Schaden aufkommen.

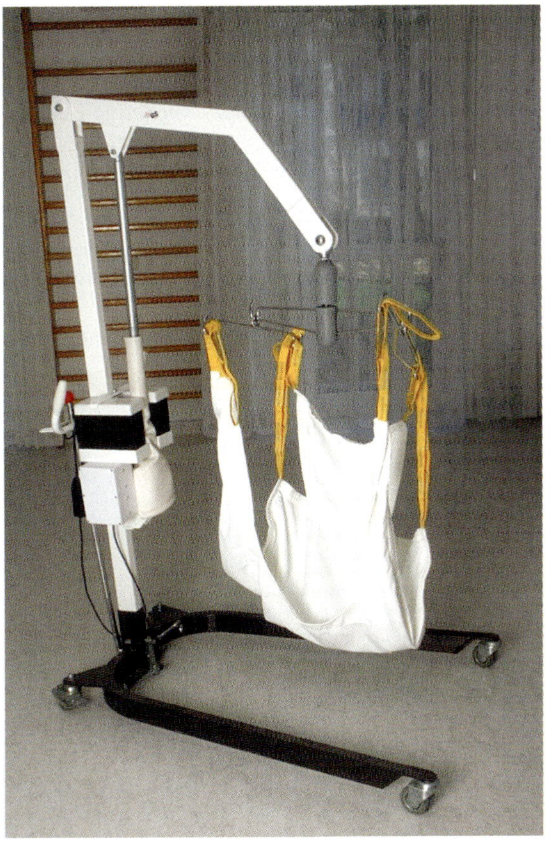

Abb. 1.29: Der Arbeitgeber ist verpflichtet, die Gesundheit seiner MitarbeiterInnen zu schützen, in dem er z.B. Hebevorrichtungen zur Verfügung stellt. [K183]

Literaturtipp
Berufsgenossenschaft für Gesundheitsdienste und Wohlfahrtspflege: Unfallverhütungsvorschriften. Zu beziehen über die Berufsgenossenschaft, Pappelallee 35, 22098 Hamburg.

Leistungseinschätzung durch Vorgesetzte

Für die **Beurteilung** der MitarbeiterInnen im Pflegedienst ist der direkte Vorgesetzte zuständig, der wiederum seinen Vorgesetzten, meist in schriftlicher Form, vom Ergebnis des anschließend stattfindenden Beurteilungsgespräches unterrichtet.

Die **Abschlussbeurteilung** *(Arbeitszeugnis)* wird in der Regel von der PflegedienstleiterIn oder der HeimleiterIn geschrieben. Dabei fließen die vorangegangenen Beurteilungen des direkten Vorgesetzten ein.

☑ Mitarbeiterbeurteilungen und Arbeitszeugnisse sind Bestandteil der Personalakte.

MitarbeiterInnenbeurteilung

MitarbeiterInnenbeurteilungen werden in einem Abstand von 1–2 Jahren nach den gleichen Vorgaben schriftlich durchgeführt. Das anschließende Beurteilungsgespräch sollte ebenfalls in einer kurzen schriftlichen Notiz festgehalten werden (☞ Abb. 1.30).

Beurteilung der MitarbeiterIn

Jedem Beurteilungsgespräch geht die eigentliche **Beurteilung** der MitarbeiterIn voraus. Der Vorgesetzte kann dazu:

- Mit der zu beurteilenden Person mitarbeiten und dabei Eindrücke sammeln
- Ggf. mit TeamkollegInnen sprechen
- Die gesammelten Eindrücke aufschreiben und nach ihrer Wichtigkeit sortieren
- Eindrücke bewerten und mit der zu beurteilenden Person besprechen.

Es ist sinnvoll, wenn die Ergebnisse z. B. in einer Kartei in regelmäßigen Abständen niedergeschrieben werden. Diese Kartei kann dann zum Beurteilungsgespräch herangezogen werden.

Beurteilungsgespräch

Das **Beurteilungsgespräch** hat zwei wichtige **Ziele.** Es soll

- Stärken und Schwächen der MitarbeiterIn aufzeigen
- Perspektiven für die MitarbeiterIn entwickeln.

Verläuft das Gespräch in einer offenen und von gegenseitigem Vertrauen geprägten Atmosphäre, so hilft das, die Zusammenarbeit zwischen MitarbeiterIn und Vorgesetzten zu verbessern. Meist ist die Gesprächsdauer vorab auf z. B. $^{1}/_{2}$ Std. festgelegt.

Folgenden **Inhalt und Ablauf** haben Beurteilungsgespräche:

- Es wird über die von der MitarbeiterIn im Beurteilungszeitraum erbrachten Leistungen gesprochen
- Gute Leistungen werden anerkannt
- Ungenügende Leistungen werden kritisiert und gemeinsam Verbesserungsvorschläge erarbeitet
- Maßnahmen zur Leistungsverbesserung werden besprochen und vereinbart
- Die MitarbeiterIn erhält die Möglichkeit, zu den Ergebnissen der Beurteilung Stellung zu beziehen
- Wünsche und Vorstellungen der MitarbeiterIn zur zukünftigen beruflichen Entwicklung werden besprochen
- Die zukünftigen Aufgabengebiete der MitarbeiterIn werden festgelegt
- Maßnahmen zur Förderung und Entwicklung der MitarbeiterIn werden abgestimmt und vereinbart.

☑ Eine positive Grundhaltung sowohl des Vorgesetzten als auch der MitarbeiterIn ist Voraussetzung für den Gesprächserfolg. Konstruktive Ergebnisse können nur erreicht werden, wenn sich beide Seiten am Gespräch beteiligen. Dazu muss auch die MitarbeiterIn Gelegenheit haben, eigene Einschätzungen und Wünsche zu benennen.

Vorteile eines Beurteilungsgespräches für die AltenpflegerIn

Für die AltenpflegerIn haben Beurteilungsgespräche mehrere Vorteile. Sie

- Bekommt Rückmeldung über ihre geleistete Arbeit
- Erkennt ihre Schwächen, aber auch ihre Stärken
- Kann Fehler zukünftig vermeiden
- Erhält eine Grundlage zu einer z. B. vom Heim geförderten beruflichen Karriere.

Arbeitszeugnisse

Jeder Arbeitnehmer hat einen Rechtsanspruch auf ein Zeugnis während seiner Beschäftigung (Zwischenzeugnis), z. B. zur Anmeldung für eine Fort- und Weiterbildung oder bei Beendigung des Arbeitsverhältnisses.

Es gibt zwei **Arten von Zeugnissen:** *Einfache Zeugnisse* sind lediglich ein Tätigkeitsnachweis ohne Bewertung der Leistung, *qualifizierte Zeugnisse* beschreiben die Tätigkeit und bewerten die Leistung. In der Regel werden von Arbeitgebern hinter einfachen Zeugnissen ungenügende Arbeitsleistungen vermutet. Deshalb ist ein qualifiziertes Zeugnis in jedem Fall zu bevorzugen.

Beurteilung von MitarbeiterInnen

Name und Vorname:.. geboren am:..
Personal-Nr.:.. Abt.-Kurzzeichen:..................................
Stellenbezeichnung:.. Tarifgruppe:...
Grund der Beurteilung (nur bei außergewöhnlichen Anlässen ausfüllen):...
Beurteiler:...
Wie lange sind Sie Vorgesetzter des Beurteilten?..
Kurzbeschreibung der Tätigkeit:...

Beurteilungskriterien und Beurteilung der MitarbeiterIn

1. Arbeitsgüte

Geschicklichkeit je nach Arbeitsplatz (Handfertigkeit, Verhandlungsgeschick, Organisationsgeschick, Geschick im Umgang mit Patienten, Angehörigen); Sicherheit im Urteil; geistige Wendigkeit; Einsetzbarkeit an verschiedenen Arbeitsplätzen; Zuverlässigkeit; Sorgfalt; Beachtung der Sicherheitsvorschriften, Anweisungen

Beurteilung:..

2. Arbeitsmenge/Arbeitstempo

Zeitbedarf für eine einwandfreie Leistung; Termineinhaltung; Stetigkeit der Arbeitsleistung

Beurteilung:..

3. Anstrengungs- und Verantwortungsbereitschaft

Arbeitseifer; Energie und Initiative; Verhalten bei außergewöhlicher Belastung; Zielstrebigkeit; Ausdauer; Entschlussfreudigkeit; Ausschöpfen der Kompetenzen; Bereitwilligkeit, sich weiterzubilden; Bereitwilligkeit, auch unangenehme Tätigkeiten zu übernehmen

Beurteilung:..

4. Zusammenarbeit

Zusammenarbeit mit Kollegen und Vorgesetzten; Bereitschaft, sich gemeinsamen Zielen unterzuordnen, sachlich Kritik zu üben oder entgegenzunehmen; Bereitschaft zur Teamarbeit; Kontaktfreudigkeit; Hilfsbereitschaft; Aufrichtigkeit

Beurteilung:..

5. Bereitschaft, rationell zu arbeiten und die Arbeitsweise ständig zu überprüfen und zu verbessern

Sparsamkeit; Kostenbewusstsein; konstruktive Ideen; Verbesserungsvorschläge
Bei Vorgesetzten auch: Fähigkeit, Arbeitsabläufe des Bereichs optimal zu gestalten, klare Organisation zu schaffen, wirtschaftlich zu disponieren, u. a.

Beurteilung:..

6. Führungsverhalten (nur bei Vorgesetzten auszufüllen)

Verhalten nach den Führungsgrundsätzen (z.B. Delegationsbereitschaft, Erfüllen der Kontroll- und Informationspflichen, Mitarbeiterförderung) Sicherheit des Auftretens; Durchsetzungsvermögen; Überzeugungskraft; Bereitschaft, Unternehmensentscheidungen zu vertreten; Sinn für Gerechtigkeit; Ausgeglichenheit

Beurteilung:..

7. Theoretisches und praktisches Fachkönnen

Reichen Ausbildung, Weiterbildung und Betriebserfahrung für den jetzigen Arbeitsplatz aus oder gehen die Kenntnisse über die am Arbeitsplatz geforderten hinaus?

Beurteilung:..

8. Urteil über künftige Entwicklungsmöglichkeiten des Mitarbeiters

Wie beurteilen Sie seine künftige Entwicklung in Ihrem Bereich? Sehen Sie bestimmte in der Person begründete Grenzen für eine Weiterentwicklung? Könnte der Beurteilte an einem anderen Arbeitsplatz mehr leisten? Welche Kenntnisse und Eigenschaften müßte er verbessern, um weiterzukommen?

Beurteilung:..

Die Beurteilung habe ich gelesen. Ihr Inhalt wurde mit mir besprochen.

....
Datum Mitarbeiter Datum Beurteiler

Zur Kenntnis genommen:..
Nächsthöherer Vorgesetzter Personalabteilung

Abb. 1.30: Dieses Beurteilungsformular zeigt exemplarisch eine Form der MitarbeiterInnenbeurteilung.

Aufbau von Arbeitszeugnissen

Arbeitszeugnisse sind üblicherweise in vier Abschnitte unterteilt (exemplarisches Beispiel ☞ Abb. 1.31).

1. Abschnitt

- Angaben über die Person
- Beschäftigungszeitraum
- Angaben zur Station (Art, Größe, Besonderheiten)
- Beschäftigungsart (Beruf, Voll- oder Teilzeit).

2. Abschnitt

- Darstellung der durchgeführten Tätigkeiten (in Überbegriffen, nicht detailliert)
- Zusätzliche Aufgaben, z.B. Erstellen von Pflegestandards zur Qualitätssicherung
- Zusätzlich erworbene Qualifikationen.

3. Abschnitt

- Beurteilung der Tätigkeiten
- Beurteilung des Verhältnisses zum Team und zu den Vorgesetzten
- Beurteilung des Umgangs mit den Bewohnern bzw. Klienten.

4. Abschnitt

- Grund für das Ausscheiden (z.B. auf eigenen Wunsch, berufliche Weiterentwicklung)
- Wünsche für die berufliche Zukunft
- Evtl. das Bedauern über das Ausscheiden.

☑ Trifft ein Arbeitszeugnis nicht auf die Einwilligung des Arbeitnehmers, z.B. weil es in seinem Aufbau fehlerhaft ist oder weil Formulierungen nicht der Norm entsprechen, kann es zur formalen Berichtigung an den Arbeitgeber zurückgegeben werden. Arbeitszeugnisse dürfen keine negativen Formulierungen enthalten.

Arbeitszeugnisse lesen

Arbeitszeugnisse zu lesen und die verschlüsselten Botschaften zu verstehen ist nicht einfach, weil sie in der Arbeitswelt allgemein anerkannte, standardisierte Formulierungen („Zeugnissprache") enthalten.

Für die Note **sehr gut** werden folgende Formulierungen häufig verwendet:

Arbeitszeugnis

Frau Martina Musterfrau, geboren am 29.7.1962, wohnhaft in 80321 München, Gustavstr. 4, war in der Zeit vom 1.9.1996 bis 31.12. 1999 in unserem Hause als staatlich anerkannte Altenpflegerin in Vollzeit beschäftigt.

Frau Musterfrau war auf einer allgemeinen Pflegestation mit 28 meist schwerstpflegebedürftigen BewohnerInnen und angegliederter Tagesbetreuung eingesetzt.

Zu ihren Aufgaben gehörte die
- Grundpflege
- Allgemeine Behandlungspflege
- Mitarbeit in der Tagesbetreuung
- Einführung neuer MitarbeiterInnen
- Mitarbeit in der Arbeitsgruppe zur Qualitätssicherung in der Pflege.

Im Zeitraum vom 3.1.1997 bis 28.12.1998 hat Frau Musterfrau durch berufsbegleitende Weiterbildung die Qualifikation zur Wohnbereichsleiterin erworben.

Frau Musterfrau hat alle ihr übertragenen Aufgaben stets mit großer Fachkenntnis und Sorgfalt selbstständig und eigenverantwortlich zu unserer vollsten Zufriedenheit erledigt.
Gegenüber Vorgesetzten sowie innerhalb des Teams verhielt sich Frau Musterfrau stets korrekt. Im Umgang mit den Pflegebedürftigen zeichnete sie sich durch ein professionelles Verhalten aus. Den Bedürfnissen der ihr anvertrauten Bewohner maß sie große Bedeutung bei.

Frau Musterfrau verlässt unser Haus auf eigenen Wunsch, um eine berufliche Weiterbildungsmaßnahme zu beginnen. Wir bedauern ihr Ausscheiden sehr und wünschen Frau Musterfrau viel Erfolg auf ihrem weiteren beruflichen Weg.

Abb. 1.31: An diesem exemplarischen Arbeitszeugnis lassen sich 4 Abschnitte gut unterscheiden (☞ Text).

- Stets zu unserer vollsten Zufriedenheit
- Löst durch sehr sichere Anwendung selbst schwierige Probleme
- Zeichnet sich durch ein hohes Maß an Selbstständigkeit aus
- Ausdauernd und belastbar
- War neuen Aufgaben gegenüber sehr aufgeschlossen
- Erledigte Aufgaben mit großem Fleiß und überzeugte durch korrekte und gewissenhafte Arbeitsweise
- Genoss unser absolutes Vertrauen
- Den an sie bzw. ihn gestellten Anforderungen ist Frau bzw. Herr......vollauf gerecht geworden.

Für die Note **gut** werden häufig folgende Formulierungen verwendet:

- Stets zu unserer vollen Zufriedenheit
- Arbeitet sehr selbstständig
- Lernten sie als engagierte MitarbeiterIn kennen, die Einsatz bei der Lösung von Aufgaben zeigte
- War gut belastbar und hielt auch hohen Beanspruchungen stand
- Ist gründlich, gewissenhaft und sorgfältig
- Ist zuverlässig und vergisst nichts Wichtiges
- Erledigt die gestellten Aufgaben sehr konzentriert
- Aktiviert MitarbeiterInnen positiv.

Für die Note **befriedigend** werden häufig folgende Formulierungen verwendet:

- Zeigt erforderliches Fachwissen, das sie erfolgreich einsetzte
- Arbeitete selbstständig
- Zeigte Initiative und arbeitete zügig
- War belastbar und hielt den üblichen Beanspruchungen stand
- Kann sich genügend schnell umstellen
- War aktiv, fleißig, gewissenhaft und zuverlässig
- War ordentlich und hütete sich vor Fehlern
- Konzentriert sich überwiegend auf die gestellten Aufgaben
- Ist den an sie gestellten Anforderungen gerecht geworden
- Ist einordnungsbereit und zieht mit
- Verhalten gegenüber Vorgesetzten und MitarbeiterInnen war einwandfrei.

Für die Note **ausreichend** werden häufig folgende Formulierungen gebraucht:

- Zeigte ein entsprechendes Fachwissen
- Beherrschte ihren Arbeitsbereich entsprechend den Anforderungen
- War bestrebt, Anregungen zu geben und sachgerechte Lösungen zu finden
- Zeigte Belastbarkeit
- War eine aufgeschlossene MitarbeiterIn
- War meistens zuverlässig
- Konnte sich meist auf ihre Aufgaben konzentrieren
- Den an sie bzw. ihn gestellten Anforderungen ist Frau bzw. Herr… in der Regel gerecht geworden
- Ist etwas lässig in ihrer bzw. seiner Erscheinung
- Sucht immer das Gespräch mit KollegInnen
- Hat sich stets bemüht.

1.4 Berufliche Interessenvertretung

1.4.1 Berufsverbände

Berufsverband: freiwilliger Zusammenschluss von Menschen mit dem Ziel, an einer inhaltlichen und strukturellen Verbesserung ihres Berufes zu arbeiten.

In Deutschland ist die Geschichte der nicht ordensgebundenen **Berufsverbände** noch relativ jung. Der erste Berufsverband moderner Prägung wurde in Deutschland 1903 von *Agnes Karll* gegründet. Dies war ein Berufsverband für freie Schwestern, d.h. für all diejenigen Krankenschwestern, die keinem Mutterhaus (Orden oder ordensähnlich) zugehörig waren.

Berufsverbände für die Pflege

Heute bemüht sich eine Vielzahl von Berufsverbänden um die Pflegenden, 1996 waren es 72. Darin sind auch die Zusammenschlüsse im Rahmen der Caritas und Diakonie, aber auch die Arbeitsgemeinschaften nach Fachgebieten (z.B. Intensivpflege) oder Funktionen (z.B. Pflegedienstleitung) enthalten.

Um die Verbesserung der Situation in der **Altenpflege** bemühen sich vor allem drei Berufsverbände:

- Deutscher Berufsverband für Pflegeberufe (DBfK), gegründet 1972 (☞ Abb. 1.18)
- Deutscher Berufsverband für Altenpflege (DBVA), gegründet 1970 (☞ Abb. 1.17)
- Deutscher Pflegeverband (DPV), gegründet 1998.

Die Abkürzung DBfK stimmt heute nicht mehr mit dem Namen überein (ursprünglich **D**eutscher **B**erufsverband **f**ür **K**rankenpflege), wurde aber aus Bekanntheitsgründen belassen.

Hauptschwerpunkte der berufspolitischen Arbeit

Hauptschwerpunkte der berufspolitischen Arbeit der beiden Berufsverbände für die Altenpflege sind:

- Einheitliche Berufsausbildung in Deutschland

- Schaffen eines einheitlichen Berufsbildes für die Pflege
- Verbesserung der theoretischen und praktischen Ausbildung
- Gesicherte Finanzierung der Pflege
- Qualifizierte Fort- und Weiterbildung der Pflegeberufe.

Sowohl der Deutsche Berufsverband für Pflegeberufe als auch der Deutsche Berufsverband für Altenpflege haben ein pflegerisches Berufsbild erstellt. Beide Berufsbilder weichen voneinander ab. Der Deutsche Berufsverband für Pflegeberufe hat die Altenpflege in das Gesamtberufsbild Pflege integriert, der Deutsche Berufsverband für Altenpflege vertritt ein differenziertes Berufsbild ausschließlich für den Bereich der Altenpflege (☞ 1.3.2).

1.4.2 Gewerkschaften

Gewerkschaften: Interessenverbände, die durch gemeinsames Handeln, notfalls durch Streik, die sozialen, wirtschaftlichen, beruflichen und politischen Forderungen der Arbeitnehmer gegenüber dem Arbeitgeber und dem Staat vertreten. Sie sind aus historischer Sicht Teil der Arbeiterbewegung.

Gewerkschaften sind in der ambulanten und stationären Altenpflege als **Betriebsräte, Personalräte** und **Mitarbeitervertretungen** tätig. Diese drei Gremien vertreten die Interessen der MitarbeiterInnen gegenüber dem Arbeitgeber.

Für den Bereich der **Pflege** sind mehrere Gewerkschaften zuständig:

- Christlicher Gewerkschaftsbund
- Komba (vorwiegend in den neuen Bundesländern)
- Deutsche Angestelltengewerkschaft (DAG)
- Gewerkschaft Pflege
- Öffentlicher Dienst, Transport und Verkehr (ÖTV).

Geschichte der Gewerkschaften

Die ersten Gewerkschaftsverbände

1865 wurden mit dem Deutschen **Zigarettenarbeiter-Verband** und 1866 mit dem Deutschen **Buchdrucker-Verband** die ersten Gewerkschaften gegründet. 1873 erkämpfte der Deutsche Buchdrucker-Verband den ersten Tarifvertrag für das damalige deutsche Reichsgebiet. Durch die Verabschiedung des Sozialistengesetzes durch das Kaiserreich im Jahre 1878, das die Auflösung sozialistischer Vereine verfügte und ihre Tätigkeit verbot, wurden die Gewerkschaften in den Jahren 1878–1890 in die Illegalität abgedrängt.

Generalkommission der Gewerkschaften und Allgemeiner Deutscher Gewerkschaftsbund

1890 schlossen sich ein Teil der Gewerkschaften in der **Generalkommission** der Gewerkschaften Deutschlands zusammen. Um 1913 hatte diese 2,5 Millionen Mitglieder. 1920 wurde aus der Generalkommission der **Allgemeine Deutsche Gewerkschaftsbund** *(ADGB)* geschaffen. Dieser verlor allerdings nach dem Ersten Weltkrieg aufgrund der Nachkriegskrise die Hälfte seiner 8 Millionen Mitglieder, erholte sich aber in den Jahren 1924–28 wieder und nahm zunehmend politischen Einfluss auf die Machtverhältnisse in Deutschland. Mit der 1929 einsetzenden Weltwirtschaftskrise endete die politischen Einflussnahme. Die große Zahl der Arbeitslosen schwächte die Macht der Gewerkschaften.

Abb. 1.32: Gewerkschaften vertreten die Interessen der Arbeitnehmer und rufen notfalls auch zum Streik auf, um ihren Forderungen Nachdruck zu verleihen. [K157]

Deutscher Gewerkschaftsbund

1933 wurden durch die Schaffung der Deutschen Arbeitsfront auf Veranlassung der NSDAP alle bisherigen Gewerkschaften verboten. Diese nahmen nach Ende des Zweiten Weltkrieges ihre Tätigkeiten wieder auf und schlossen sich 1949 zum **Deutschen Gewerkschaftsbund** *(DGB)* zusammen.

Hauptaufgaben der Gewerkschaften

Heute ist es die Hauptaufgabe der Gewerkschaften, an der **Erhaltung und Verbesserung der Lebensbedingungen** der Arbeitnehmer mitzuwirken, z.B. durch:

- Schaffung und Sicherung von Arbeitsplätzen
- Schaffung und Sicherung von Ausbildungsstellen
- Aushandeln von Tarifabschlüssen
- Verbesserung der Arbeitsbedingungen
- Sicherung der beruflichen Fort- und Weiterbildung.

1.4.3 Pflegekammer – in der Diskussion

Die Gründung von **Pflegekammern** wird in Deutschland kontrovers diskutiert. In mehreren Bundesländern gibt es Initiativen zur Schaffung einer Pflegekammer. Mit einigen Ausnahmen sind viele Berufsverbände zu Befürwortern geworden.

Noch nicht endgültig für die Pflegekammer entschieden hat sich einer der größten Berufsverbände, der Deutsche Berufsverband für Pflegeberufe (DBfK).

Die Gewerkschaft ÖTV hat sich gegen eine Kammer ausgesprochen, da sie die Kammer für die Regelung der anstehenden Probleme im gesamten Pflegebereich nicht als geeignetes Instrument erachtet.

Was ist eine Pflegekammer?

Kammer: Körperschaft des öffentlichen Rechts. Einrichtung, an die der Staat bestimmte Aufgaben delegiert.

Körperschaft: Personenvereinigung, die eine eigene juristische Person mit einer eigenen Rechtspersönlichkeit ist.

In Deutschland gibt es zwei verschiedene Kammertypen, die

- Selbstverwaltung der Wirtschaft, darunter fallen die Wirtschafts- und Handelskammern
- Berufsständischen Kammern. Dazu gehören z.B. die Ärztekammer und die Apothekerkammer. Hier wäre auch eine zukünftige Kammer für Pflegeberufe angesiedelt.

Rechtliche Grundlage zur Schaffung einer berufsständischen Kammer ist ein Landesgesetz.

Aufgaben einer Pflegekammer

Einige **Aufgaben einer Pflegekammer** werden zur Zeit von Berufsverbänden bzw. Gewerkschaften wahrgenommen. Beide können allerdings nur Soll- und Kannbestimmungen festlegen, ihnen fehlt die **Umsetzungskompetenz.** Diese Umsetzungskompetenz, d. h. die zwingende Einhaltung der Vorgaben, kann nur auf dem Gesetzesweg und über eine Pflegekammer erreicht werden. Zu den Aufgaben gehören:

- Öffentliche Berufsvertretung
  - Qualitätssicherung bei pflegerischen Tätigkeiten
  - Schutz der Bevölkerung im Zusammenhang mit Pflege, d.h. die Sicherung und Kontrolle der Pflegequalität
  - Sicherheit für Pflegekräfte, z.B. Festlegung, welche ärztliche Tätigkeiten übernommen werden müssen
  - Fachliche Beratung der Gesetz- und Verordnungsgeber
  - Beteiligung am Gesetzgebungsverfahren
- Berufspflicht
  - Berufsordnung, Berufsethik
  - Anerkennung und Sicherung der Aus-, Fort- und Weiterbildung
  - Vergabe von Lizenzen und Zertifikationen
- Berufsgerichtsbarkeit
  - Gutachtertätigkeit
  - Schiedsstellentätigkeit.

Vorteile für Pflegekräfte

Eine Pflegekammer gibt den Pflegekräften Sicherheit, indem sie

- Die Berufsausübung durch Festschreibung von Vorbehaltsaufgaben schützt. Vorbehaltsaufgaben sind solche, die nur von einer bestimmten Berufsgruppe, z.B. staatlich geprüften AltenpflegerInnen, durchgeführt werden dürfen
- Für eine quantitativ und qualitativ gesicherte Aus-, Fort- und Weiterbildung sorgt
- Eine kompetente Gutachtertätigkeit bei rechtlichen und fachlichen Fragestellungen bietet
- Das Berufsbild durch Festlegen der Qualitätsstandards in der Pflege sichert
- Die Weiterentwicklung der Pflege durch gesicherte rechtliche Grundlagen ermöglicht
- Neue Qualifizierungsangebote in der Pflege prüft.

Pflegekammern im Ausland

Die ersten Kammern für Pflegeberufe sind 1903 in New York und Virginia entstanden. 1949 war Washington der letzte Teil der USA, in dem eine Kammer für Pflegeberufe entstand. Kanada begann 1905 mit der Provinz Manitoba und endete 1979 mit der Provinz Yukon. In Australien erstreckte sich der Prozess der Kammergründungen von 1920 in South Australia bis 1968 in Western Australia. Europa begann 1919 mit der Gründung der ersten Pflegekammer in England. Zwischenzeitlich haben andere europäische Staaten den gleichen Weg eingeschlagen, darunter Irland, Schottland, Frankreich, Norwegen, Polen, Italien und Schweden.

1.5 Pflegeorganisation

1.5.1 Dienstplanung

Dienstplan: Organisationsinstrument, mit dessen Hilfe der Personaleinsatz und die anfallenden Arbeiten vorausschauend aufeinander abgestimmt werden können.

Dienstpläne dienen auch der Ermittlung des Personalbedarfes und sind sinnvolle Planungsinstrumente für den Gesamtablauf in Einrichtungen der Altenpflege. Eine gesetzliche Pflicht zur Erstellung von Dienstplänen gibt es nicht.

Kriterien bei der Dienstplangestaltung

Folgende **Kriterien** sollten bei der Dienstplangestaltung Berücksichtigung finden (☞ Abb. 1.33):

- Gute Lesbarkeit und Übersichtlichkeit
- Planungszeitraum muss erkennbar sein
- Markierung der Wochenenden und Feiertage
- Dreizeilig pro MitarbeiterIn; Soll- und Istplanung sowie Minus- bzw. Überstunden (☞ 1.3.7)
- Personenspalte mit Name und Vorname, Qualifikation, Wochenarbeitsstunden

Name, Vorname Qualifikation	Übertrag (+) (–)	2 Mo	3 Di	4 Mi	5 Do	6 Fr	7 Sa	8 So	9 Mo	10 Di	11 Mi	12 Do	13 Fr	14 Sa	15 So	16 Mo	17 Di	18 Mi	19 Do	20 Fr	21 Sa	22 So	23 Mo	24 Di	25 Mi	26 Do	27 Fr	28 Sa	29 So	in Stunden (h) zu erbringende Arbeitszeit	in Stunden (h) erbrachte Arbeitszeit	(+) (–)
100% Huber, Emma Al Stationsleitung		D	D	D	D	D	D	D	D	D	/	D	D	D	D	/	/	D	D	D	/	/	D	D	D	D	D	D	/	154 h	169,4 h	15,4
100% Dose, Berta Kr Stationsleit.stellv.		S	S	S	S	S	T	X	F	F	F	F	F	/	/	S	S	S	S	S	X	T	F	F	F	F	F	/	/	154 h	160 h	6
100% Müller, Dieter Al		F	F	F	F	F	/	/	S	S	S	S	S	T	X	F	F	F	F	F	/	/	S	S	S	S	S	X	T	154 h	160 h	6
100% Los, Karl Alh		F	F	F	F	F	S	S	S	S	S	/	S	/	/	F	F	F	/	N	N	N	N	N	N	/	/	/	/	154 h	153,5 h	- 0,5
50% Ufer, Astrid ET		/	/	/	/	F	/	/	/	F	F	S	/	/	F	S	S	/	S	S	F	F	F	F	F	F	/	/	/	77 h	81 25 h	4,25
50% Frisch, Claudia ET		/	/	/	/	S	/	S	/	/	F	F	F	F	S	S	S	/	S	/	S	S	/	/	/	/	F	/	/	77 h	81,25 h	4,25
100% Fleiß, Otto ZDL		F	F	F	F	F	S	S	S	S	S	S	S	/	/	F	F	F	F	F	T	X	S	S	S	S	S	/	S	154 h	161,3 h	7,3
100% Schmidt, Edelbertha Kph		S	S	S	S	S	/	/	F	F	F	/	/	N	N	N	N	N	N	/	/	/	/	S	S	S	S	T	F	154 h	156 h	2
100% Adler, Josephine Kph		S	S	S	S	/	X	F	F	F	F	F	F	S	S	F	F	S	F	S	/	/	S	F	F	F	F	S	F	154 h	158,75 h	4,75
50% Rührwild, Auguste KF		D	D	D	D	D	/	/	D	D	D	D	D	/	/	D	D	D	D	D	/	/	D	D	D	D	D	/	/	77 h	80 h	3
100% Schlafnicht, Antonia Kr		N	N	N	N	N	N	N	N	N	N	N	N	/	/	/	/	/	/	/	/	/	/	/	/	N	N	N	N	154 h	176 h	22
Frühdienst		4/1	4/1	4/1	4/1	5/1	3/0	3/0	4/1	5/1	5/1	4/1	4/1	3/0	3/0	4/1	4/1	4/1	4/1	3/1	3/0	3/0	3/1	4/1	4/1	4/1	4/1	3/0	3/0			
Spätdienst		3	3	3	3	3	2	2	3	3	3	3	3	2	2	3	3	2	3	3	2	2	3	3	3	3	3	2	2			
Nachtwache		1	1	1	1	1	1	1	1	1	1	1	1	1	1	1	1	1	1	1	1	1	1	1	1	1	1	1	1			

Dienstplan

Zeitraum: 2.8. - 29.8.1999

Arbeitsbereich: Pflegestation

Erstellt von: Frau Dose

Aushang am: 19.7.1999

Legende

F = Frühdienst (7.00-13.45Uhr)
S = Spätdienst (13.15-20.00Uhr)
N = Nachtwache (20.00-7.00Uhr)
T = Teildienst (7.00-12.30Uhr / 17.00-20.00Uhr)
X = durchgehend (7.00-16.15Uhr)
Al = AltenpflegerIn
Kr = Krankenschwester
Alh = AltenpflegehelferIn
ET = Etagendame
Kph = KrankenpflegerhelferIn
ZDL = Zivildienstleistender
KF = Küchenfrau
D = anwesend *Stationsleitung 8.00 - 16.30
*Küchenfrau 7.00 - 11.00

Abwesenheitszeichen

/ = frei
/ ü = frei aus Überstunden
/ F = Freizeitausgleich für Feiertagsarbeit
AZV = Arbeitszeitverkürzung
U = Urlaub
Us = Sonderurlaub
Db = Dienstbefreiung
K = Krankheit, Kur
M = Mutterschutz, Erziehungsurlaub
St = Studientag, Fortbildung
? = unentschuldigtes Fehlen
A = Aushilfe auf einer anderen Station
V = Verschiedenes

Abb. 1.33: Dienstplan.

- Übertragungsspalte für Mehrstunden (☞ 1.3.7) und Stundendefizite
- Summenspalte der Gesamtstunden
- Summenspalte der MitarbeiterInnen pro Schicht
- Dokumentationssichere Führung (Kugelschreiber, Unterschrift des Erstellers)
- Legende mit Erklärung der Abkürzungen.

Besonderheiten der Dienstplangestaltung im stationären Bereich

- Rahmenbedingungen der Arbeit sind bekannt und verändern sich selten
- Arbeitsabläufe werden durch die Zeitvorgaben anderer Bereiche, z. B. durch die Küche, teilweise vorgegeben
- Wegezeiten müssen nicht berücksichtigt werden
- Vorgaben des Arbeitszeitrechtsgesetzes wie z. B. Pausen und Ruhezeiten können leichter eingeplant werden als in der ambulanten Pflege
- Bei der Planung muss darauf geachtet werden, dass zumindest eine examinierte Pflegekraft pro Schicht auf dem Dienstplan eingetragen wird
- Personal kann kontinuierlich nach Schichtplan eingesetzt werden. Die Schichten können mit der gleichen Personenzahl besetzt werden, da Arbeit über beide Schichtzeiten verteilt werden kann.

Besonderheiten der Dienstplangestaltung im ambulanten Bereich

- Die Rahmenbedingungen können sich täglich ändern, deshalb muss der Dienstplan flexibel genug sein, Änderungen zuzulassen
- Arbeitsabläufe richten sich nach den häuslichen Gegebenheiten der KlientInnen und können von Tag zu Tag stark voneinander abweichen. Nicht vorhersehbare Minus- oder Mehrarbeitsstunden führen zu Schwierigkeiten bei der Arbeitszeiteinteilung im Dienstplan
- Die Dienstplangestaltung muss es ermöglichen, zusätzliche KlientInnen ohne Personalengpässe in die Pflege aufzunehmen
- Der Einsatz von Transportmitteln und die zurückzulegenden Wegezeiten sind bei der Dienstplanung zu berücksichtigen
- Der MitarbeiterInnenbedarf ist am Vormittag am größten.

1.5.2 Pflegeablauforganisation in der stationären Altenpflege

Im Bereich der stationären Altenpflege gibt es verschiedene Organisationsformen, nach denen der pflegerische Ablauf gestaltet werden kann.

Funktionspflege

Funktionspflege: Organisationsform, bei der die Station oder der Wohnbereich als eine Einheit gesehen wird und in der alle Pflegebedürftigen vom gesamten Pflegeteam arbeitsteilig betreut werden.

Merkmale

- Pflegekräfte werden von der Schichtleitung zu bestimmten Tätigkeiten für die ganze Station bzw. Wohngruppe eingeteilt, z. B. Blutdruck messen, Medikamente richten und verteilen, Mahlzeiten vorbereiten und verteilen (☞ Abb. 1.34). Nur die eingeteilten Pflegekräfte übernehmen diese Tätigkeit
- Es existieren meist Wochenpläne für bestimmte Arbeiten, die dann für die ganze Einheit erledigt werden, z. B. Badeplan, Reinigungspläne
- Die Stations- oder Schichtleitung führt die Dokumentation. Beobachtungen werden nicht vom Beobachter eingetragen, sondern der Stations- oder Schichtleitung gemeldet, die dann den Eintrag vornimmt
- Die Pflegekraft betritt das Bewohnerzimmer nur zu den Tätigkeiten, zu denen sie eingeteilt ist.

Vorteile

- Die BewohnerInnen haben im Tagesablauf viele Kontakte mit verschiedenen Pflegepersonen
- Stationsleitung kann jederzeit den organisatorischen Ablaufs überblicken
- Die Pflegekräfte bekommen durch die immer wieder ausgeführten Tätigkeiten mehr Übung, die Fehlerquote sinkt
- Der strukturelle Tagesablauf einer Station bzw. Wohngruppe lässt sich gut planen
- Pflegekräfte lassen sich wirtschaftlich einsetzen
- Dokumentation verbleibt für die gesamte Station bzw. Wohngruppe an einem zentralen Punkt.

Nachteile

- Es entwickelt sich kaum eine Beziehung zu einzelnen BewohnerInnen
- BewohnerInnen erleben durch die vielen Kontakte Unruhe
- Es gibt keinen Ansprechpartner für eine BewohnerIn, dadurch wird sie verunsichert
- Die einzelne BewohnerIn kann nicht ganzheitlich betreut werden, da immer nur ein Aspekt berücksichtigt wird
- Arbeit wird durch gleiche Tätigkeiten monoton
- Es wird mehr Zeit für die Informationsweitergabe benötigt
- Einblick in die Gesamtorganisation einer Station bzw. Wohngruppe ist kaum möglich

Abb. 1.34: Bei der Funktionspflege hat jede Pflegekraft Aufgaben, die sie für die gesamte Station erledigt, z.B. Blutdruck messen oder Essen austeilen. [K157]

- Pflegekräfte fühlen sich wenig für den gesamten Pflegeprozess verantwortlich, da immer nur einzelne Leistungen erbracht werden.

Die Funktionspflege ist sowohl für die BewohnerIn als auch für die Pflegekraft die ungünstigste Organisationsform der Pflege. In zahlreichen Einrichtungen werden mittlerweile andere Organisationsformen gewählt. Die Wahl der Organisationsform hängt aber auch immer von dem zur Verfügung stehenden Personal ab.

Bereichspflege

Bereichspflege *(Gruppenpflege)*: Organisationsform, bei der ein Team von Pflegekräften für die umfassende Betreuung und Pflege einer begrenzten Zahl von BewohnerInnen zuständig ist.

Merkmale

- Eine Station verfügt über mehrere Pflegeteams
- Die Dokumentation befindet sich bei der zuständigen Gruppe
- Das Team organisiert die anfallenden Tätigkeiten selbst
- Längere Kontakte zwischen BewohnerInnen und den Mitgliedern des Pflegeteams.

Vorteile

- BewohnerInnen haben immer die gleichen Ansprechpartner
- Eine ganzheitliche Pflege kann verwirklicht werden
- Tätigkeit der Pflegekräfte ist abwechslungsreich
- Zusätzliche Motivation, weil Verantwortung übernommen wird
- Gesamtes Team ist Ansprechpartner z.B. für Angehörige und ÄrztInnen
- Durch längere Kontakte mit den BewohnerInnen ist eine pflegerische Beobachtung möglich
- Arbeitserleichterung, da Mitglieder aus dem Team zur Unterstützung zur Verfügung stehen
- Persönliche Belange der BewohnerInnen und der Pflegekräfte können berücksichtigt werden (☞ Abb. 1.35)
- BewohnerInnen fühlen sich sicher, da die Versorgung von „vertrauten Gesichtern“ durchgeführt wird. Vertrauen zwischen Bewohner und Pflegekraft kann entstehen
- AltenpflegerInnen fühlen sich für ihre Leistung verantwortlich.

Nachteile

- Bereichspflege ist personalaufwendiger als Funktionspflege. Sie ist nicht durchführbar, wenn nicht genügend examinierte Pflegekräfte zur Verfügung stehen
- Arbeitsausfälle durch Krankheit oder Urlaub bringen Unruhe ins Team und damit für die BewohnerInnen
- Bei der Integration von Teilzeitkräften kann es zu Schwierigkeiten kommen, sofern die Teilzeitkräfte keine vollen Tage, sondern lediglich einige Stunden pro Tag arbeiten und damit nur kurzen Kontakt zu den BewohnerInnen haben.

Abb. 1.35: Bei der Bereichspflege können die Bedürfnisse der BewohnerInnen besser berücksichtigt werden als bei der Funktionspflege. [K157]

Abb. 1.36: Bei der Zimmerpflege sind höchstens zwei Pflegekräfte für alle anfallenden Pflege- und Betreuungsmaßnahmen der BewohnerInnen eines oder auch mehrerer Zimmer zuständig. [K157]

Die Bereichspflege ist die derzeit am meisten verbreitete Pflegeablauforganisation. Durch zunehmende Finanzierungsprobleme in der Altenpflege wird die Bereichspflege immer häufiger der Funktionspflege geopfert.

Zimmerpflege

Zimmerpflege: Form der Bereichspflege, bei der ein kleines Team, meist zwei Personen, für ein bis zwei Zimmer zuständig ist. Häufig im Intensivbereich des Krankenhauses.

Merkmale

- Pflegekräfte werden ein bis zwei Zimmern zugeordnet (☞ Abb. 1.36)
- Teams bestehen meist aus einer examinierten Pflegekraft und einer HelferIn oder Auszubildenden
- Zugeordnet wird meist nach räumlichen Gesichtspunkten
- Verantwortung liegt bei der Stationsleitung
- Dokumentation erfolgt vor Ort.

Vorteile

- Gute Beziehung zwischen BewohnerIn und Pflegekraft durch häufige Anwesenheit
- Kontinuierliche Pflegebeobachtung möglich
- BewohnerInnen fühlen sich sicher, da sie feste Bezugspersonen haben, zu denen sie Vertrauen fassen können
- Ganzheitliche Betreuung ist möglich
- Strukturierung der Arbeit wird vom Team vorgenommen
- Immer die gleichen Ansprechpartner z.B. für Angehörige und ÄrztIn
- Die Verantwortung der pflegerischen Leistung liegt bei der zuständigen Pflegekraft.

Nachteile

- Extrem personalintensiv, daher teuer
- Nicht durchführbar, wenn nicht genügend examinierte Pflegekräfte zur Verfügung stehen
- Unsicherheit für die BewohnerIn, wenn Pflegekräfte freie Tage oder Urlaub haben oder krank sind
- Größere psychische Belastung für die Pflegekräfte, da das Team sehr klein ist
- Verantwortung liegt nicht beim Team, sondern bei der Stationsleitung.

Die Zimmerpflege fördert eine intensive Beziehung mit der BewohnerIn, bedeutet aber eine hohe psychische und physische Belastung für die einzelne Pflegekraft. Daher sind begleitende Gesprächsangebote unbedingt notwendig. Aufgrund der finanziellen Voraussetzungen vieler Institutionen der Altenpflege findet diese Pflegeablauf-Organisationsform selten Anwendung.

Bezugspflege im Sinne der Primary Nursing

Bezugspflege im Sinne der Primary Nursing: Organisationsform, bei der eine Bezugsperson den alten Menschen von den Vorgesprächen über den Einzug ins Heim bis zum letzten Tag begleitet.

Merkmale

- Jede BewohnerIn hat nur eine Pflegekraft als Bezugsperson, in Vertretungsfällen nimmt diese Stelle eine andere AltenpflegerIn ein
- Die Bezugspflegekraft organisiert die Pflege für die BewohnerIn, arbeitet aber auch selbst in der Pflege mit, nicht nur bei der „eigenen" BewohnerIn
- Die Bezugspflegekraft führt die Dokumentation und ist für die Pflege verantwortlich.

Vorteile

- Enges und gutes Vertrauensverhältnis zwischen Bewohnerin und Bezugspflegekraft (☞ Abb. 1.37)
- Ideale Voraussetzungen für die individuelle, personenorientierte Pflege
- Bezugspflegekraft ist kompetente AnsprechpartnerIn für BewohnerIn, Angehörige und ÄrztIn
- Sicheres Gefühl für die BewohnerIn, dass sie einen festen Ansprechpartner hat
- Die Verantwortung für die Pflege liegt ausschließlich bei der zuständigen Bezugspflegekraft.

Nachteile

- Die Bezugsperson muss immer eine examinierte Pflegekraft sein, daher für den Träger sehr teuer
- Bezugspflegekräfte müssen mehrere BewohnerInnen betreuen, daher starke psychische und physische Belastungen
- Die Bezugspflegekraft hat nur eine Sichtweise. Um Fehler zu verhindern sind eine hohe Qualifikation der Pflegekraft sowie Fallbesprechungen mit dem gesamten Team erforderlich
- Unsicherheit für die BewohnerIn, wenn die Bezugsperson wechselt. BewohnerIn muss sich komplett auf neue Bezugsperson einstellen und Vertrauen fassen, wenn „ihre" AltenpflegerIn frei hat.
- Starke Belastungen sowohl für die BewohnerIn und die nachfolgende Bezugsperson, wenn die Bezugsperson wegen unlösbarer Konflikte wechselt. Bei der BewohnerIn entsteht das Gefühl, etwas falsch gemacht und versagt zu haben.

Das System der Primary Nursing kommt aus Amerika. Wenn alle Rahmenbedingungen stimmen, ist sie aus Sicht des alten Menschen die ideale Pflegeorganisationsform. In der Altenpflege wegen fehlender finanzieller Mittel kaum umsetzbar.

Literaturtipp

Gertz, Barbara E.: Die Pflegedienstleitung. Ein Leitfaden für das praktische Management. Verlag Hans Huber, Göttingen 1996
Schneider, B.; Koch, F.: Pflegeleitfaden Nachtdienst. Gustav Fischer Verlag, Stuttgart 1996
Haller, Wilhelm: Flexible Arbeitszeiten im stationären Pflegedienst. Gewerkschaft Pflege, 1996

1.6 Kommunikation in der Pflege

Jeder zwischenmenschliche Kontakt, sowohl der verbale als auch das „In-Beziehung-Treten" zu anderen Menschen, ist **Kommunikation.** Da Altenpflege immer Beziehungen zu anderen Menschen herstellt, ist Kommunikation für die Altenpflege von zentraler Bedeutung (☞ auch Kap. 4 und 12.4.2).

Außerdem wird nur durch Kommunikation gewährleistet, dass Informationen weiterfließen. Damit ist sie Grundvoraussetzung für Veränderungen und Entwicklungen.

Abb. 1.37: Beim System der Bezugspflege nach dem Prinzip der Primary Nursing hat jeder alte Mensch eine feste Bezugsperson, die ihn von Anfang an und in allen Lebenssituationen begleitet. [K157]

1.6.1 Teambesprechung

Teambesprechung: Treffen aller Angehörigen eines Teams, um über ein oder mehrere Themen, die das Team betreffen, zu sprechen und bei Problemen möglichst Lösungen zu erarbeiten.

Zeitliche und räumliche Planung

Es ist empfehlenswert, Teambesprechungen etwa **einmal im Monat** durchzuführen. Häufigere Teambesprechungen sind nur notwendig, wenn ein akutes Problem gelöst werden muss. Bei zu großem zeitlichen Abstand zwischen den Teambesprechungen besteht die Gefahr, dass Probleme nicht in den Besprechungen, sondern anderweitig und nicht vom ganzen Team bearbeitet werden.

Eine Teambesprechung sollte nicht länger als **eine Stunde** dauern. Ohne enge zeitliche Eingrenzung ufern sie meist aus, ohne dass daraus ein erkennbarer Nutzen entsteht.

Ruhige Räumlichkeiten ohne Störungen von außen sind Grundvoraussetzungen für ein intensives Arbeiten. Die Zeit der Teambesprechung ist **Arbeitszeit.**

Teilnahme an Teambesprechungen

An der Teambesprechung sind **alle Mitglieder** des Teams beteiligt. Angehörige werden nicht zur Teambesprechung eingeladen. Mitglieder einer Teambesprechung können z.B. sein:

- Pflegeteam, auch die Nachtwachen
- PflegedienstleiterIn
- HeimleiterIn
- PhysiotherapeutInnen
- Ergo- oder BeschäftigungstherapeutInnen
- LogopädInnen
- SozialarbeiterInnen
- Evtl. MitarbeiterInnen aus dem hauswirtschaftlichen Bereich
- Evtl. MitarbeiterInnen vom Reinigungsdienst.

Ziele und Themen von Teambesprechungen

Teambesprechungen dienen dazu, die Zusammenarbeit zu erleichtern und zu verbessern. Potentielle Problemstellungen können bereits im Vorfeld ausgeräumt und entstandene Probleme geklärt werden. Teambesprechungen eignen sich auch für generelle Absprachen, z.B. über Veränderungen des Stationsablaufes.

Häufige **Themen von Teambesprechungen** sind:

- Schwierigkeiten der Zusammenarbeit innerhalb des Teams oder des Teams mit anderen, nicht zum Team gehörenden Berufsgruppen
- Anordnungen der Heimleitung oder Pflegedienstleitung

Abb. 1.38: Die Effektivität einer Teambesprechung ist niedrig wenn sich einige MitarbeiterInnen durch „Schwätzchen" oder Zeitunglesen ausklinken. [K157]

- Wünsche an die Heimleitung oder an den Träger
- Gestalterische Möglichkeiten für die Station
- Absprachen bezüglich der Dienstplangestaltung
- Urlaubsplanung
- Integration neuer Mitarbeiter.

☑ Die Teambesprechung ist ein wichtiges Instrument der Mitarbeiterführung und dient der Mitarbeiterzufriedenheit und der Gestaltung eines reibungslosen Arbeitsablaufes. Sie darf nicht als „besseres Kaffeekränzchen" missbraucht werden (☞ Abb. 1.38).

1.6.2 Fallbesprechung

Fallbesprechung: Besprechung, bei der es um die Belange eines oder mehrerer zu betreuender alter Menschen geht.

Zeitliche und räumliche Planung

Fallbesprechungen können in den Pflegetag integriert werden, da nicht das gesamte Pflegepersonal anwesend sein muss. Sie sollten höchstens **eine Stunde** dauern, um die Diskussion nicht unnötig ausufern zu lassen.

Eine Fallbesprechung ist nur effektiv, wenn die Besprechung ungestört stattfinden kann. Wie alle direkt mit der täglichen Pflegearbeit in Verbindung stehenden Gespräche ist auch die Zeit der Fallbesprechung **Arbeitszeit.**

Teilnahme an Fallbesprechungen

Fallbesprechungen können mit und ohne den Pflegebedürftigen sowie mit und ohne Angehörigen durchgeführt werden. Ansonsten nehmen alle daran teil, die mit dem zu betreuenden Menschen zu tun haben. Das können sein:

Abb. 1.39: Alle, die an der Betreuung eines pflegebedürftigen alten Menschen beteiligt sind, sollten an den Fallbesprechungen teilnehmen. [K157]

- Zuständiges Pflegepersonal, auch AltenpflegeschülerInnen und das Hilfspersonal
- PhysiotherapeutInnen, ErgotherapeutInnen, LogopädInnen, sofern sie den alten Menschen behandeln
- Zuständige ÄrztIn
- SozialarbeiterIn
- SeelsorgerIn
- Evtl. hauswirtschaftlicher Dienst.

Ziele und Themen von Fallbesprechungen

Fallbesprechungen ermöglichen es, sich ganz gezielt nur einer pflegebedürftigen Person zu widmen und Pflege und Therapie auf ihre Wirksamkeit hin zu beurteilen.

Themen von Fallbesprechungen können z. B. sein:

- Krankheitsbild des Pflegebedürftigen und dessen Auswirkungen auf sein Wohlbefinden
- Möglichkeiten, medizinische Therapie und Pflegetherapie optimal aufeinander abzustimmen
- Pflegeplanung erstellen bzw. überprüfen und evtl. ändern.

1.6.3 Dienstübergabe

Dienstübergabe: Besprechung, bei der notwendige Informationen vom Pflegepersonal einer Schicht an das der nachfolgenden Schicht weitergeleitet werden.

Zeitliche und räumliche Planung

Die Übergabezeiten sind ein fester Bestandteil der täglichen Pflegearbeit. Die Teilnahme ist **Pflicht.** Die Zeiten werden in der Regel von der Heimleitung vorgegeben. Meistens stehen **15–30 Minuten** Zeit zur Verfügung, wobei die Übergabe vom Frühdienst zum Spätdienst die zeitlich umfangreichste ist. Dienstübergaben sind **Arbeitszeit.**

Als **Übergaberaum** dient in der Regel das Stationszimmer. Ein Schild „Nur in Notfällen stören" hilft, ständige Unterbrechungen zu vermeiden. Evtl. kann zu Beginn der Übergabe eine Pflegekraft bestimmt werden, die bei Bedarf die notwendigen Versorgungsleistungen bei den BewohnerInnen übernimmt.

Grundlage der Übergabe bildet das **Dokumentationssystem,** in das alle wichtigen Informationen der vorangegangenen Schicht eingetragen sein müssen.

Teilnahme an der Dienstübergabe

Alle Pflegekräfte der vorangegangen und der folgenden Schicht sind zur Teilnahme an der Dienstübergabe verpflichtet, auch die AltenpflegeschülerInnen.

Heimleitung und Pflegedienstleitung können z. B. in einem Umlaufverfahren regelmäßig zu den Dienstübergaben der verschiedenen Stationen oder Wohnbereiche eingeladen werden.

Ziel und Themen von Dienstübergaben

Die Dienstübergabe ist ein wichtiges Instrument zur **Qualitätssicherung** in der Pflege. Es beeinträchtigt die Qualität der Pflege, wenn Dienstübergaben aus Zeitmangel oder anderen Gründen ausfallen oder nicht eingeplant und durchgeführt werden.

Dienstübergaben sichern die **Informationsweitergabe** von Schicht zu Schicht. Während der Übergabe wird die aktuelle Situation jeder BewohnerIn angesprochen. Die Dienstübergabe führt in der Regel die AltenpflegerIn, die am meisten Kontakt mit den BewohnerInnen hatte. Bei der

- Zimmerpflege (☞ 1.5.2) die für das Zimmer zuständige AltenpflegerIn
- Bereichspflege die LeiterIn der Pflegegruppe
- Funktionspflege die StationsleiterIn oder deren Vertretung
- Bezugspflege die Bezugspflegekraft.

Abb. 1.40: Dienstübergabegespräche verlangen die Aufmerksamkeit aller Beteiligten und sollten nicht zu einer gemütlichen Erzählstunde umfunktioniert werden. [K157]

Das anwesende Pflegepersonal ergänzt bei Bedarf die Ausführungen durch eigene Beobachtungen.

Die Dienstübergabe ist auch der geeignete Ort, noch nicht erledigte Arbeiten an die nächste Schicht zu übergeben.

☑ Dienstübergaben sind nicht dazu geeignet, persönliche Gespräche zu führen.

Literaturtipp

Mötzing, G.: Wurlitzer, G. (Hrsg.): Leitfaden Altenpflege. Urban & Fischer Verlag, München 2000

Schultz von Thun, Friedemann: Miteinander Reden, Band 1 und 2. Rowohlt Taschenbuchverlag, Reinbek 1995

1.7 Belastungen in der Altenpflege

Berufliche Belastungen

Pflegekräfte sind zahlreichen beruflichen Belastungen ausgesetzt. **Physisch** belastend wirken sich z.B. der Schichtdienst sowie schwere körperliche Pflegearbeiten aus.

Psychische Belastungen entstehen, weil Pflege es immer mit Menschen und all ihren Problemen und Beziehungen zu tun hat. Die eigene Hilflosigkeit bei Krankheit und Tod, das Gefühl, nicht allen Anforderungen gerecht zu werden sowie die Anpassung eigener Berufsideale an reale Pflegebedingungen stellen an den Erhalt des eigenen psychischen Wohlbefindens hohe Anforderungen. Zeitmangel und zunehmende Ökonomisierung pflegerischer Dienstleistungen verstärken den psychischen Druck weiter.

Auch die **Rahmenbedingungen**, in denen Pflege geleistet werden muss, können zu einer beruflichen Belastung werden.

Dienstzeiten

Pflege findet 24 Stunden täglich statt, sowohl an Wochen- als auch Feiertagen und an den Wochenenden. Die Arbeitszeiten der Pflegekräfte wechseln zwischen Frühdienst, Spätdienst und Nachtwachen, so dass ein geregelter Lebensrhythmus, ein „geordnetes“ Familienleben sowie eine im Voraus planbare Freizeitgestaltung schwer möglich sind.

- **Schichtdienst:** Wechsel von Früh- und Spätdiensten
  - Laut *Arbeitszeitrechtsgesetz* müssen zwischen Dienstende und -anfang mindestens 11 Stunden, in Ausnahmefällen 10 Stunden frei sein
  - Laut *Tarifrecht* müssen für den Erhalt der Schichtzulage der Beginn des Frühdienstes und das Ende des Spätdienstes mindestens 13 Stunden auseinander liegen
- **Wechselschicht:** Schichtdienst und zusätzlich Nachtdienst. Wer in einem tarifvertraglich vereinbarten Zeitraum regelmäßig nicht nur zu Früh- und Spätdiensten, sondern auch regelmäßig zum Nachtdienst herangezogen wird, hat Anspruch auf die tarifliche Wechselschichtzulage
- **Nachtdienst.** Der Nachdienst ist wegen des umgekehrten Schlaf-Wach-Rhythmus für den Körper sehr belastend. ArbeitsmedizinerInnen empfehlen, maximal drei Nächte hintereinander zu arbeiten und dann in den Tagdienst zu wechseln oder eine Pause einzulegen. Dauernachtwachen laufen Gefahr, ernsthaft körperlich zu erkranken. Viele Dauernachtwachen kommen an den Freitagen oft nur noch mit einer Schlafmedikation in den normalen Nachtschlaf. Weitere Belastungen im Nachtdienst sind:
  - Lange Arbeitszeiten (oft über 10 Stunden)
  - Lange Wegstrecken
  - Viele allein zu betreuende BewohnerInnen bei häufig mangelnder Information
  - BewohnerInnen verhalten sich nachts meist anders als während des Tages

Abb. 1.41: Nachtdienst birgt besondere Belastungen für Pflegekräfte, v. a. für Dauernachtwachen. [K157]

- Konfliktsituation, wenn mehrere BewohnerInnen gleichzeitig begleitet werden müssen
- Große Verantwortung
- Angst vor Notfällen
- Wenig Kontakt mit KollegInnen
- Eingeschränkte Sozialkontakte.

• **Geteilter Dienst.** Beim geteilten Dienst wird die gesamte Dienstzeit in zwei oder mehrere Blöcke geteilt, z. B. drei Std. von 7.00 Uhr–10.00 Uhr und 2¾ Std. von 16.00 Uhr–18.45 Uhr. Tariflich besteht für diese geteilten Arbeitszeiten kein Anspruch auf eine Zulage.

Hinzu kommen **Wochenenddienst** und **Feiertagsdienst,** in der ambulanten Pflege immer häufiger auch **Bereitschaftsdienst.**

Mangelnde gesellschaftliche Anerkennung

In Deutschland müssen sich AltenpflegerInnen mit der **mangelnden gesellschaftlichen Anerkennung** ihres Berufes auseinander setzen. In einer Rangfolge der in der Öffentlichkeit geachteten Berufe befindet sich der Altenpflegeberuf eher im unteren Mittelfeld. Auffällig ist, dass die Altenpflege weniger als professioneller Fachberuf wahrgenommen wird als z. B. die Krankenpflege. Die Pflege und Betreuung alter Menschen wird eher als eine Tätigkeit aus Nächstenliebe betrachtet.

Eine andere Belastung ist die weit verbreitete Geringschätzung der Altenpflege durch das Krankenpflegepersonal. Ein Hauptgrund dürfte die Medizinorientierung und der verstärkte Umgang mit technischen Geräten im Krankenhaus sein. Den altenpflegespezifischen Aufgaben, für die AltenpflegerInnen besser ausgebildet sind, wird vom Krankenpflegepersonal kaum Bedeutung beigemessen.

Belastungsfolgen

Die beruflichen Belastungen in der Altenpflege gehen nicht spurlos an den AltenpflegerInnen vorüber. Bereits unregelmäßige Dienstzeiten können zu **Problemsituationen** führen, z. B.:

- Konflikte im Familienleben (☞ Abb. 1.42)
- Schwierigkeiten, regelmäßige persönliche Kontakte zu Freunden aufrecht zu erhalten
- Probleme, an regelmäßig stattfindenden kulturellen Angeboten oder Bildungsveranstaltungen teilzunehmen
- Unregelmäßige persönliche Tagesablaufgestaltung.

Zu den besonders häufig in Pflegeberufen vorkommenden Belastungsfolgen gehören

- Das Helfer-Syndrom
- Das Bournout-Syndrom
- Gewalt in der Pflege
- Flucht aus dem Beruf.

Helfer-Syndrom

Helfer-Syndrom: Durch die Persönlichkeit der Pflegekraft verursachte, übertriebene und aufopfernde Pflege, die sich nicht an den Bedürfnissen des Pflegebedürftigen orientiert, sondern das eigene Bedürfnis nach Anerkennung befriedigt.

Abb. 1.42: Während sich die Familie zu Hause auf einen gemütlichen Feierabend freut, beginnt für die Altenpflegerin der Nachtdienst. [K157]

Das Helfer-Syndrom ist streng genommen keine Belastungsfolge, sondern eine mögliche Voraussetzung für das Bournout-Syndrom (☞ unten).

Die **Ursachen** für das Helfer-Syndrom liegen nach *Wolfgang Schmidbauer* (☞ Literaturtipp) in einem Mangel an Anerkennung der Persönlichkeit des Kindes durch dessen Eltern. Frühzeitig hat es erfahren, dass es nur für etwas geliebt wird, das es leistet, nicht um seiner selbst willen. So entsteht eine **Helfer-Persönlichkeit,** die unfähig ist, eigene Gefühle und Bedürfnisse zu äußern. Die Bedürfnisse des Pflegebedürftigen spielen keine Rolle, da es der Helfer-Persönlichkeit nur darum geht, durch übertriebene Hilfsbereitschaft selbst Anerkennung zu bekommen.

Das Helfer-Syndrom äußert sich durch

- Übertriebene, regressionsfördernde Pflege
- Entmündigung der Pflegebedürftigen
- Alleinvertretungsanspruch für den Pflegebedürftigen.

Literaturtipp
Schmidbauer, Wolfgang: Helfen als Beruf. Rowohlt Taschenbuchverlag, Reinbek 1992

Burnout-Syndrom

Burnout-Syndrom *(engl.: ausbrennen, ausgebrannt sein):* Akuter oder chronischer Zustand totaler psychischer und körperlicher Erschöpfung.

Das Burnout-Syndrom ist das Ergebnis längerer völliger Verausgabung z.B. im Beruf und kann sich sowohl als akutes Geschehen als auch als langjährige, chronische Erkrankung zeigen. Menschen, die durch ihre Persönlichkeitsentwicklung dazu neigen, Probleme zu verdrängen oder Konflikten auszuweichen, sind häufiger betroffen als andere. Gerade in sozialen Berufen steht eine anhaltend starke Belastung verbunden mit einer großen Erwartungshaltung und hohen Berufsidealen im krassen Widerspruch zur beruflichen Realität.

Das Burnout-Syndrom ist eine **Krankheit** mit vielfältigen Symptomen (☞ Tab. 1.43) und damit behandlungsbedürftig.

Die Folgen beruflicher Belastungen im Bereich der Pflege und mögliche Bewältigungsstrategien werden im Unterrichtsfach Psychologie behandelt (☞ Literaturtipp).

Literaturtipp
Stanjek, Karl (Hrsg.): Altenpflege konkret, Sozialwissenschaften. Urban & Fischer Verlag, München 1998

Symptome des Burnout-Syndroms		
Körperliche Ebene	*Psychische Ebene*	*Soziale Ebene*
• Müdigkeit, Abgeschlagenheit, Erschöpfung • Schlafstörungen • Kopfschmerzen • Störungen der Immunabwehr, dadurch gehäuft Erkältungskrankheiten • Psychosomatische Erkrankungen	• Selbstzweifel, Resignation • Verzweiflung • Depression • Aggression, z.B. Wutausbrüche • Emotionale Härte den Pflegebedürftigen gegenüber • Alkohol, Nikotin- oder Schmerzmittelmissbrauch	• Rückzug (innere Kündigung) • Keine Zeit für BewohnerInnen • Misstrauen und Einsamkeit

Tab. 1.43: Symptome des Burnout-Syndrom auf der körperlichen, psychischen und sozialen Ebene

Gewalt in der Pflege

Gewalt: Körperlicher, psychischer und sozialer Einfluss auf einen Menschen, um ein bestimmtes Ziel zu erreichen. Gewalt kann sowohl positiv („Alle Staatsgewalt geht vom Volke aus." Art. 20,2 GG) als auch negativ sein.

Eine Studie des Bundesministeriums für Familie, Senioren, Frauen und Jugend, die im März 1998 veröffentlicht wurde, besagt, dass in den vergangenen fünf Jahren jeder dritte alte Mensch mindestens einmal Opfer von körperlicher oder seelischer Gewalt geworden ist. 11% erlebten die Gewalt in der eigenen Familie, häufig vom eigenen Partner oder den Kindern. Aber auch in Pflegeeinrichtungen kommt es zu Gewalttaten gegen die BewohnerInnen. Die Dunkelziffer übersteigt die registrierten Gewalttaten um ein Vielfaches.

Gewalt in der Pflege gibt es auf verschiedenen Beziehungsebenen. Nicht nur die Gewalthandlung der MitarbeiterIn gegenüber der BewohnerIn ist von Bedeutung, sondern grundsätzlich kann es zwischen allen Beteiligten eines Sozialgefüges zu gewaltsamen Übergriffen kommen (z.B. MitarbeiterIn gegen MitarbeiterIn, Angehörige gegenüber BewohnerIn, BewohnerIn gegenüber MitarbeiterIn). Oft ist es für Außenstehende nicht einfach festzustellen, wer **Opfer** oder **Täter** in einem Gewaltprozess ist.

Die deutsche Altersforscherin *Margret Dieck* unterscheidet folgende **Formen der Gewalt** an alten Menschen:

- Vernachlässigung
  - Aktive Vernachlässigung durch bewusste Handlungsverweigerung, z.B. Verweigerung von Nahrung und Flüssigkeit
  - Passive Vernachlässigung durch Handlungsunterlassung, z.B. Liegenlassen in den Ausscheidungen

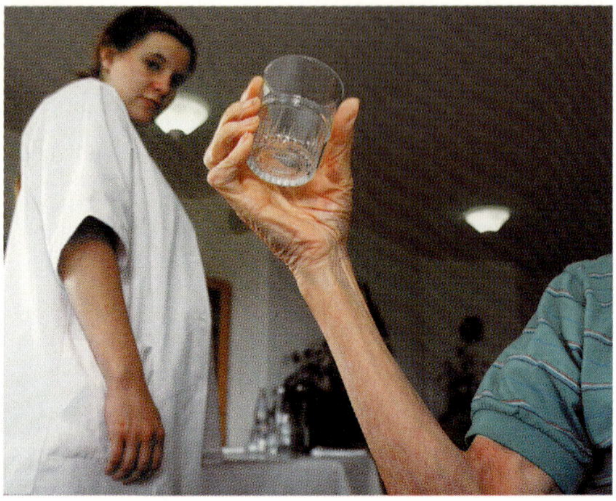

Abb. 1.44: Auch das absichtliche Nicht-Beachten ist eine Form der psychischen Gewalt und die Folge von Überforderung der Pflegekräfte. [K157]

- Misshandlung
  - Körperliche Misshandlung, z. B. Kneifen, Kratzen, Schlagen, Festbinden
  - Psychische Misshandlung, z. B. Totschweigen, Beleidigen, Schimpfen
  - Soziale Misshandlung, z. B. Einschließen, Geld vorenthalten, Einweisung in ein Pflegeheim gegen den Willen des Betroffenen.

Die unterschiedlichen Formen der Gewalt bedingen und fördern sich gegenseitig. Häufig beginnt die Gewalt mit leichten Formen der Vernachlässigung und endet schlimmstenfalls mit der Tötung. Diese Steigerung wird als **Gewaltspirale** bezeichnet.

Das Thema „Gewalt in der Pflege" einschließlich Prävention und Intervention wird ausführlich im Unterrichtsfach Soziologie behandelt (☞ Literaturtipp).

Literaturtipp
Stanjek, Karl (Hrsg.): Altenpflege konkret, Sozialwissenschaften. Urban & Fischer Verlag, München 1998

Flucht aus dem Beruf

Die überwiegende Zahl „frisch gebackener" AltenpflegerInnen sind nach einem Jahr Berufstätigkeit zufrieden mit ihrer Berufswahl. Demgegenüber gibt es aber eine nicht zu vernachlässigende Zahl BerufsanfängerInnen, die erheblich unzufrieden mit ihrer beruflichen Situation sind. Statistisch liegt die Verweildauer von Pflegekräften in der Altenpflege laut Zahlen des Bundesministeriums für Soziales bei 4 Jahren (Stand Mai 1998).

Die häufigsten **Gründe für den Berufsausstieg** sind:

- Schlechtes Betriebsklima, z. B. durch Neid, Missgunst und Intrigen unter den KollegInnen
- Zu viel Arbeit bei gleichzeitig hohem Kostendruck
- Hohe psychische und physische Belastungen
- Ungünstige Arbeitszeiten
- Unmöglichkeit, eigene Berufsvorstellungen in der Arbeit umzusetzen.

Einige AltenpflegerInnen sehen den Ausweg aus der belastenden Arbeitssituation nicht in einem vollständigen Berufsausstieg, sondern in einem **Arbeitsplatzwechsel,** z. B. in den ambulanten Bereich oder die offene Altenarbeit. Andere **qualifizieren sich** weiter, z. B. zur Stationsleitung oder durch ein Studium, um so dem unmittelbaren Pflegealltag zu entkommen.

☑ Um durch die hohen Belastungen, die der Altenpflegeberuf mit sich bringt, keinen Schaden zu nehmen, ist es sinnvoll, frühzeitig geeignete Bewältigungsstrategien zur Selbstpflege einzusetzen.

Bewältigungsstrategien beruflicher Belastungen

Die Belastungen in der Altenpflege sind vielschichtig, viele lassen sich nicht oder nur schwer vermeiden. Es gibt einige Vorbeugemaßnahmen, trotz aller Belastungen gesund im Beruf alt werden zu können, z. B.

- Arbeitsbezogen:
  - Gute Personalsituation verhindert, dass auf einer MitarbeiterIn zu viel Arbeit lastet
  - Teambesprechungen, Fallbesprechungen, Dienstbesprechungen
  - Supervision als besondere Form der Gruppenarbeit für MitarbeiterInnen in sozialen Organisationen. Mit Hilfe verschiedener *therapeutischer Techniken* und nach den Regeln der *Kommunikationstheorien* werden individuelle, gruppen- und organisationsspezifische Konflikte in mehreren Sitzungen bearbeitet. Dabei hilft ein ausgebildeter Supervisor, z. B. eine PsychologIn, PädagogIn oder eine Pflegekraft mit entsprechender Weiterbildung.
  - Fort- und Weiterbildungen
- Privatlebenbezogen:
  - Intaktes Familienleben (☞ Abb. 1.45)
  - Kontakte zum Bekanntenkreis außerhalb des Berufslebens
  - Hobbys pflegen
  - Reisen
  - Entspannungstechniken, z. B. Atemtechniken, Meditation, autogenes Training
  - Sportliche Betätigung
  - Abwechslung aller Art
- Persönlichkeitsbezogen:
  - Stressvermeidendes Verhalten üben, z. B. den Zeitumfang für geplante Arbeiten realistisch einschätzen, um sich nicht zu viel vorzunehmen. „Nein" sagen können bei zusätzlich geforderten Belastungen

Abb. 1.45: Belastungen im Beruf lassen sich durch eine abwechslungsreiche Freizeitgestaltung, z.B. mit der Familie, ausgleichen. [J660]

- Lernen, mit stressauslösenden Situationen umzugehen, z.B. die Probleme anderer nicht zu den eigenen Problemen zu machen oder den aufsteigenden Ärger nicht zu unterdrücken, sondern verbal zum Ausdruck zu bringen.

☑ Das Grundprinzip eines gesunden Berufslebens in der Altenpflege ist das Loslassen der Arbeit nach dem Verlassen der Arbeitsstelle. Dies gilt psychisch, aber auch ganz praktisch. Es wird keine Arbeit mit in den privaten Bereich genommen.

Probleme mit der Familie

Um die Problemsituationen im **familiären Bereich** zu umgehen, sind Absprachen und eine gründliche Terminplanung auch im persönlichen Bereich äußerst wichtig. So kann Zeit fest eingeplant werden, die dann auch ausschließlich mit der Familie verbracht wird. Kulturelle Veranstaltungen müssen jeweils an freien Tagen oder im Anschluss an den Frühdienst geplant werden, in Ausnahmefällen ist der Tausch der Dienstzeit möglich. Im Bereich der regelmäßigen Bildungsmaßnahmen empfiehlt es sich, diese frühzeitig auf Station mitzuteilen, damit sie im Dienstplan entsprechend berücksichtigt werden können.

Dauernachtwachen

Dauernachtwachen sollten darauf dringen, dass sie die Möglichkeit zur Supervision erhalten. Damit können Ängste, Konfliktsituationen und auch persönliches Überforderungsempfinden im Vorfeld ausgeräumt oder später abgeschwächt werden.

Helfer- und Burnout-Syndrom

Bei Problemen im Zusammenhang mit der beruflichen Tätigkeit ist es hilfreich, in eine Supervisionsgruppe zu gehen oder sich andere therapeutische Unterstützung, z.B. durch eine PsychotherapeutIn, zu suchen. Oftmals ist es nur mit der Hilfe Außenstehender möglich, ein **Helfer-Syndrom** oder ein **Burnout-Syndrom** aufzudecken. Evtl. kann es notwendig sein, einige Zeit Abstand zur Pflege zu gewinnen.

Gewalt in der Pflege

Dem Problem **Gewalt in der Pflege** kann über verschiedene Ebenen begegnet werden:

- **Prävention** *(Vorbeugung)* von Gewaltsituationen durch professionelle Pflege, bei der mittels sorgfältiger Personalführung und einer hohen Pflegequalität die Bedürfnisse der BewohnerInnen im Vordergrund stehen
- Unterbrechen der Gewaltspirale durch **Intervention,** z.B. das Gespräch mit den Betroffenen, Hilfestellungen durch Supervision, Fallbesprechungen und Selbsthilfegruppen sowie personalverändernde Maßnahmen (Änderung des Arbeitsbereiches, notfalls Auflösung des Arbeitsverhältnisses)
- Förderung des **Mitspracherechts** der BewohnerInnen durch die Bildung eines *Heimbeirats*
- Angebot einer Anlaufstelle für die MitarbeiterInnen, z.B. in Form einer **Vertrauensperson,** die bei Problemen im Umgang mit den BewohnerInnen angesprochen werden kann.

Abb. 1.46: Wer alleine mit seiner beruflichen Belastung nicht mehr zurecht kommt, sollte sich nicht scheuen, die Hilfe einer PsychotherapeutIn in Anspruch zu nehmen. [K157]

Wiederholungsfragen

1. Welche historischen Modelle der Versorgung alter Menschen kennen Sie? (☞ 1.1)
2. Warum wurde der Beruf der Altenpflege geschaffen? (☞ 1.1)
3. Welche Zielsetzung und Aufgaben hat der Beruf Altenpflege? (☞ 1.3)
4. Welche Aufgaben haben die berufspolitischen und gewerkschaftlichen Interessensvertretungen in der Altenpflege? (☞ 1.4)
5. Wie unterscheiden sich Funktionspflege, Gruppenpflege und Bezugspflege? (☞ 1.5)
6. Was unterscheidet eine Dienstübergabe von einer Teambesprechung? (☞ 1.6)
7. Was ist Inhalt einer Fallbesprechung? (☞ 1.6)
8. Was ist ein Burnout-Syndrom? (☞ 1.7)
9. Was ist ein Helfer-Syndrom? (☞ 1.7)
10. Welche gesellschaftliche Anerkennung hat der Altenpflegeberuf? (☞ 1.7)
11. Nennen Sie Strategien zur Bewältigung beruflicher Belastungen in der Altenpflege! (☞ 1.7)

2. Pflegewissenschaftliche Grundlagen

2.1 Akademisierung der Pflege

Unter der **Akademisierung** der Pflege versteht man die schrittweise Verlagerung der pflegerischen Aus- und Weiterbildung an eine Universität oder Hochschule, im weiteren Sinne auch die Erarbeitung von wissenschaftlichen Grundlagen für die Pflegepraxis.

Pflegekräfte brauchen wissenschaftlich fundiertes Pflegewissen, weil nur auf dieser Basis ihr pflegerisches Handeln begründet werden kann.

Pflegewissenschaft hat die Aufgabe, dieses Pflegewissen zu entwickeln, zu beschreiben, zu untersuchen und auf seine Richtigkeit hin zu überprüfen.

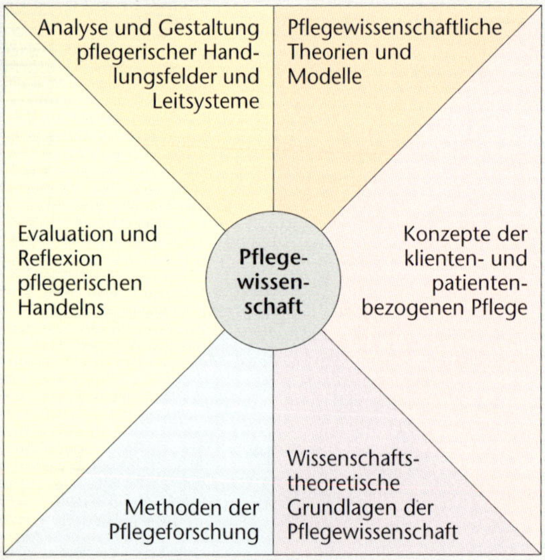

Abb. 2.1: Empfehlungen der Kultusministerkonferenz (1995) über Kerninhalte des pflegewissenschaftlichen Studiums.

Hierzu bedient sich die Pflegewissenschaft der **Pflegeforschung** (☞ 2.8).

Pflegewissenschaft in Deutschland

Die Akademisierung der Pflege und Entwicklung der Pflege zur Pflegewissenschaft hat mit dem Einrichten von **Studiengängen** (☞ auch Kap. 1.3.6) an Universitäten und Fachhochschulen in Deutschland gerade erst begonnen. Es gibt Studiengänge (Kerninhalte ☞ Abb. 2.1, aktuelle Übersicht ☞ Surftipp) mit dem Schwerpunkt:

- Pflege
- Pflegewissenschaft
- Pflegepädagogik
- Pflegemanagement.

Surftipp
Internet-Server für Pflege: www.pflegenet.com

Weil die Pflegewissenschaft in Deutschland noch eine sehr junge Wissenschaft ist, die noch „in den Kinderschuhen steckt", stehen erst wenige deutsche pflegewissenschaftliche Erkenntnisse zur Verfügung. Zu erwarten ist, dass die Pflegewissenschaft bereits in naher Zukunft der Pflegepraxis zahlreiche Forschungsergebnisse und neue Erkenntnisse zur Verfügung stellen wird. Damit wird der bereits begonnene Wechsel zu einem **neuen pflegewissenschaftlichen Weltbild** (Metaparadigma, ☞ 2.4.1) in der Pflege gefördert (☞ Abb. 2.2).

Importe pflegewissenschaftlicher Erkenntnisse

Sehr viele pflegewissenschaftliche Erkenntnisse wurden und werden aus dem Ausland, v.a. aus dem **anglo-amerikanischen Raum,** nach Deutschland importiert. Dort hat sich die Pflegewissenschaft bereits

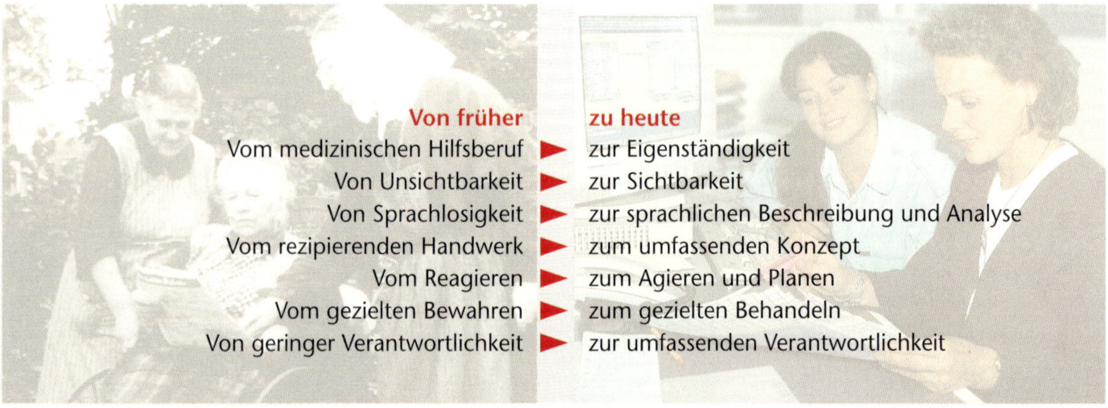

Abb. 2.2: Paradigmenwechsel nach Bartholomeyczik: Die Pflege auf dem Weg zu einer neuen Sichtweise ihres Handelns. [rechts K225, links W216]

seit vielen Jahrzehnten etabliert und die Pflegeforschung (☞ 2.8) schon zahlreiche Ergebnisse hervorgebracht. Teilweise stehen deutsche Übersetzungen zur Verfügung, so dass es den Pflegenden erleichtert wird, sich über dieses Pflegewissen zu informieren und damit auseinander zu setzen.

Literatur hilft, auf dem neuesten Stand zu bleiben

In diesem Kapitel wird ein orientierender Überblick zum Stand der Pflegewissenschaft gegeben, der keineswegs die wesentlich ausführlichere Literatur, z.B. über konzeptuelle Pflegemodelle, ersetzt. Zum professionellen Handeln von AltenpflegerInnen (☞ 2.3) gehört es, auch noch nach Abschluss der Berufsausbildung auf dem neuesten Stand der Pflegewissenschaft zu bleiben.

2.2 Pflegeverständnis – Pflegeleitbild – Pflegestandards

Das **Qualitätsmanagement** hat in den vergangenen Jahren für die Pflege an Bedeutung gewonnen, nicht zuletzt wegen der gesetzlichen Vorgaben. Zunächst bedeutet dies vor allem eine qualifizierte Dokumentation aller erbrachten Leistungen, aber auch die Entwicklung eines einheitlichen **Pflegeleitbildes** auf der Basis eines **Pflegeverständnisses** sowie die Erarbeitung von **Pflegestandards.**

Die Weiterentwicklung der Pflegewissenschaft ist für das Qualitätsmanagement von grundsätzlicher Bedeutung, da Pflegequalität unter anderem auch daran gemessen wird, inwieweit pflegerische Maßnahmen überhaupt wissenschaftlich fundiert sind und ob sie dem neuesten Forschungsstand entsprechend effizient durchgeführt werden.

2.2.1 Individuelles Pflegeverständnis

Pflegeverständnis: Beschreibt, was Pflegende grundsätzlich unter Pflege verstehen und wie sie mit Pflegebedürftigen umgehen. Das Pflegeverständnis ist etwas ganz Individuelles, da jede Person, die pflegt, z.B. ein eigenes Menschenbild hat.

Das Pflegeverständnis ist das **Berufsverständnis** der Pflegenden und zeigt ihre Verantwortung gegenüber dem pflegebedürftigen Menschen.

Dieses **individuelle Pflegeverständnis** wird von vielen Faktoren beeinflusst, z.B.:

- Menschen- und Berufsbild
- Allgemeinbildung und pflegerische Fachkenntnisse
- Entwicklungsphase des Pflegeverständnisses (☞ Tab. 2.3)
- Fachkenntnisse der jeweiligen Bezugswissenschaften, z.B. Medizin, Psychologie, Soziologie, Pädagogik oder Gerontologie
- Persönliche und berufliche Lebenserfahrungen
- Gesellschaftliche und institutionelle Rahmenbedingungen
- Struktur des Gesundheitswesens.

Liliane Juchli ordnet dem Pflegeverständnis alles unter, was mit Pflege in Zusammenhang gebracht werden kann: die Definitionen und Elemente der Pflege, Pflegemodelle, Wandel von Medizin und Pflege, Wirkungs- und Handlungsbereiche der Pflege, Grundmotivationen des Lebens und der Pflege, Pflegeprozess, Pflegedokumentation, Pflegequalität, Beobachtung, Pflegeleitbilder, Pflegeauffassungen und ihr eigenes Pflegekonzept.

Bezeichnung	Pflegeverständnis	Ausbildung
Laienpflege	**Naiv:** (Familiäre) Erfahrungen sammeln und nach bestem Wissen und Gewissen anwenden	Keine, aber seit Inkrafttreten des PflegeVG – Beratung (Pflicht), Hauspflegeseminare (freiwillig)
Vorberufliche Pflege	**Normativ:** Nach vorgegebenen Normen und Handlungsanweisungen tätig werden; (vorberufliche) Erfahrungen sammeln und nach bestem Wissen und Gewissen anwenden	Praxisanleitung, abhängig vom Strukturstandard der Einrichtung
Berufliche Pflege	**Vorwissenschaftlich:** Erfahrungen und Theorieansätze reflektieren, aber noch häufig nach vorgegebenen Normen und Handlungsanweisungen tätig werden	Gesetzlich geregelte theoretische und praktische Ausbildung
Professionelle Pflege	**Wissenschaftlich:** Theorien, Konzepte, Erfahrungen, Normen und Handlungsanweisungen kritisch reflektieren; Bereitstellen von Entscheidungshilfen; eigenständiges Gestalten des pflegerischen Problemlösungsprozesses; Erforschen von Pflegesituationen	Hochschulstudium

Tab. 2.3: Entwicklungsphasen des Pflegeverständnisses (modifiziert nach Drerup, 1990).

2.2.2 **Vom individuellen Pflegeverständnis zum Pflegeleitbild**

Pflegeleitbild: Darstellung der Ziele und der wesentlichen Kriterien von Pflege, Betreuung und Versorgung, die dem professionellen Entscheiden und Handeln einer Einrichtung zu Grunde liegen.

Ein Pflegeleitbild ist eine Summe aus **Leitsätzen,** die
- Leicht verständlich sein müssen
- Eigene Grenzen aufzeigen
- Prioritäten setzen
- Werte, Einstellungen und Interessen (Pflegeverständnisse) einzelner Gruppenmitglieder auf einen Nenner bringen
- Intern und extern informieren.

Arbeiten verschiedene Pflegekräfte mit unterschiedlichen individuellen Pflegeverständnissen (☞ 2.2.1) bei ein und demselben Pflegebedürftigen, besteht die Gefahr, dass die Kontinuität des pflegerischen Handelns nicht sichergestellt ist. Das individuelle Pflegeverständnis kann also erhebliche Auswirkungen auf die **Pflegequalität** haben. Mit der Entwicklung eines **Pflegeleitbildes** wird aus dem individuellen Pflegeverständnis jeder Pflegekraft ein gemeinsames Verständnis von Pflege formuliert und somit die Qualität der Pflege gewährleistet. Deshalb gehört die Entwicklung von Pflegeleitbildern auch zum **Qualitätsmanagement.**

Pflegeleitbild bedeutet, „an einem Strang zu ziehen"
Auch wenn das individuelle Pflegeverständnis einer Pflegekraft lebenslang zumindest in den Grundzügen erhalten bleibt, so gelingt es doch, durch die Entwicklung eines Pflegeleitbildes übereinstimmende Ziele zu formulieren, die gemeinsam angestrebt werden.

Das Pflegeleitbild basiert auf einer gemeinsamen Absprache aller Teammitglieder, die sich freiwillig verpflichten, danach zu handeln (gemeinsame **Ziele**). Gibt es bereits ein Unternehmensleitbild (z. B. bei Einrichtungen des Deutschen Roten Kreuzes, der Diakonie oder der Caritas, ☞ Abb. 2.4), so muss das Pflegeleitbild einer Einrichtung (☞ Abb. 2.5) mit dem Unternehmensleitbild abgestimmt werden, damit keine gegensätzlichen Aussagen getroffen werden.

☑ Damit ein Pflegeleitbild von allen MitarbeiterInnen angenommen werden kann, muss es *realistisch* sein und sich z. B. an den individuellen Fähigkeiten der Teammitglieder und an den institutionellen Rahmenbedingungen orientieren.

Gründe für das Scheitern eines Pflegeleitbildes

Ein Pflegeleitbild kann von den MitarbeiterInnen nicht umgesetzt werden, wenn es
- Unverständlich formuliert ist
- Zu kompliziert ist
- Nicht realistisch ist
- Nicht von allen Beteiligten angenommen wird
- Nicht von Führungskräften vorgelebt wird
- Zu wenig Geduld und Ausdauer bei der Umsetzung herrscht.

Inhalte eines Pflegeleitbildes

In einem Pflegeleitbild können z. B. enthalten sein:
- Verständnis von Krankheit, Gesundheit, Behinderung und Pflegebedürftigkeit
- Menschenbild
- Orientierung an einer bestimmten Alternstheorie
- Orientierung an einem oder mehreren Pflegemodellen, Pflegetheorien oder Pflegekonzepten (☞ 2.4.2, 2.4.3)
- Gründe für pflegerisches Eingreifen
- Organisation der Pflege, z. B. Bezugspflege, Bereichspflege, Funktionspflege (☞ 1.5.2)
- Ablauf pflegerischen Eingreifens (z. B. Pflegeprozess, ☞ 2.7, 3.2)
- Aussagen zur Selbstbestimmung und Eigenverantwortung Pflegebedürftiger
- Aussagen zum Umgang mit Pflegebedürftigen und Angehörigen
- Wirtschaftliche Arbeitsweise
- Aussagen zur Teamarbeit:
  - Motivation, die beste Pflegequalität zu erzielen
  - Verantwortlichkeit, z. B. jedes Teammitglied arbeitet selbstverantwortlich
  - Gruppenverhalten, z. B. das einzelne Teammitglied wird von der Gruppe unterstützt
  - Kommunikation im Team, z. B. wird von jedem Einzelnen unterstützt; Rückmeldungen werden gegeben
  - Wertschätzung und Toleranz gegenüber jedem Teammitglied
- Aussagen zur Fort- und Weiterbildung
- Aussagen über die Kooperation mit
  - Anderen Berufsgruppen des Gesundheitswesens wie z. B. mit ÄrztInnen, PhysiotherapeutInnen, ErgotherapeutInnen, LogopädInnen, Sozialdienste
  - Institutionen wie z. B. Krankenhaus, Rehabilitationsklinik, ambulante Pflegedienste, stationäre Langzeitpflegeeinrichtungen
  - Leistungsträgern wie z. B. Krankenkasse, Pflegekasse, Sozialhilfeträger.

Leitsatz und Leitbild des Deutschen Roten Kreuzes

verabschiedet durch das Präsidium des Deutschen Roten Kreuzes am 14.9.1995
und den Präsidialrat des Deutschen Roten Kreuzes am 29.9.1995

Der Leitsatz

Wir vom Roten Kreuz sind Teil einer weltweiten Gemeinschaft von Menschen in der internationalen Rotkreuz und Rothalbmondbewegung, die Opfern von Konflikten und Katastrophen sowie anderen hilfsbedürftigen Menschen unterschiedslos Hilfe gewährt, allein nach dem Maß ihrer Not.

Im Zeichen der Menschlichkeit setzen wir uns für das Leben, die Gesundheit, das Wohlergehen, den Schutz, das friedliche Zusammenleben und die Würde aller Menschen ein.

Die Leitlinien

Der hilfebedürftige Mensch

Wir schützen und helfen dort, wo menschliches Leiden zu verhüten und zu lindern ist.

Die unparteiliche Hilfeleistung

Alle Hilfebedürftigen haben den gleichen Anspruch auf Hilfe, ohne Ansehen der Nationalität, der Rasse, der Religion, des Geschlechts, der sozialen Stellung oder der politischen Überzeugung. Wir setzen die verfügbaren Mittel allein nach dem Maß der Not und der Dringlichkeit der Hilfe ein. Unsere freiwillige Hilfeleistung soll die Selbsthilfekräfte der Hilfebedürftigen wiederherstellen.

Neutral im Zeichen der Menschlichkeit

Wir sehen uns ausschließlich als Helfer und Anwälte der Hilfebedürftigen und enthalten uns zu jeder Zeit der Teilnahme an politischen, rassischen oder religiösen Auseinandersetzungen. Wir sind jedoch nicht bereit, Unmenschlichkeit hinzunehmen und erheben deshalb, wo geboten, unsere Stimme gegen ihre Ursachen.

Die Menschen im Roten Kreuz

Wir können unseren Auftrag nur erfüllen, wenn wir Menschen, insbesondere als unentgeltlich tätige Freiwillige, für unsere Aufgaben gewinnen. Von ihnen wird unsere Arbeit getragen, nämlich von engagierten, fachlich und menschlich qualifizierten, ehrenamtlichen, aber auch von gleichermaßen hauptamtlichen Mitarbeiterinnen und Mitarbeitern, deren Verhältnis untereinander von Gleichwertigkeit und gegenseitigem Vertrauen gekennzeichnet ist.

Unsere Leistungen

Wir bieten alle Leistungen an, die zur Erfüllung unseres Auftrages erforderlich sind. Sie sollen im Umfang und Qualität höchsten Anforderungen genügen. Wir können Aufgaben nur dann übernehmen, wenn fachliches Können und finanzielle Mittel ausreichend vorhanden sind.

Unsere Stärken

Wir sind die Nationale Rotkreuzgesellschaft der Bundesrepublik Deutschland. Wir treten unter einer weltweit wirksamen gemeinsamen Idee mit einheitlichem Erscheinungsbild und in gleicher Struktur auf. Die föderalistische Struktur unseres Verbandes ermöglicht Beweglichkeit und schnelles koordiniertes Handeln. Doch nur die Bündelung unserer Erfahrungen und die gemeinsame Nutzung unserer personellen und materiellen Mittel sichern unsere Leistungsstärke.

Das Verhältnis zu anderen

Zur Erfüllung unserer Aufgaben kooperieren wir mit allen Institutionen und Organisationen aus Staat und Gesellschaft, die uns in Erfüllung der selbstgesteckten Ziele und Aufgaben behilflich oder nützlich sein können und/oder vergleichbare Zielsetzungen haben. Wir bewahren dabei unsere Unabhängigkeit. Wir stellen uns dem Wettbewerb mit anderen, indem wir die Qualität unserer Hilfeleistung, aber auch ihre Wirtschaftlichkeit verbessern.

DRK-Generalsekretariat - Friedrich-Ebert-Allee 71 - 53113 Bonn

Abb. 2.4: Unternehmensleitbild des Deutschen Roten Kreuzes.

2.2.3 Einführung von Pflegestandards

Pflegestandard: Verbindliche Beschreibung einer Pflegemaßnahme auf der Basis des Pflegeprozesses.

Parallel zur Pflegeleitbild-Diskussion begann die Einführung von **Pflegestandards.** Mit Hilfe von Pflegestandards wird vorhandenes Pflegewissen beschrieben, damit vor allem die Wirksamkeit und Qualität pflegerischen Handelns überprüft (evaluiert) werden kann. Der Begriff „Pflegestandard" wurde vielfach definiert, hier nur zwei Beispiele:

- **WHO** (1983): „Ein Standard in der Pflege ist ein vereinbartes Maß an für einen bestimmten Zweck benötigter pflegerischer Betreuung". In der deutschen Übersetzung von 1988 darüber hinaus: „Ein

St. Elisabeth - Katholisches Alten- und Pflegeheim, Wolfsburg

Leitbild

Angesichts der durch die Vorgaben des Pflegeversicherungsgesetzes eingetretenen und noch zu erwartenden Veränderungen in den stationären Einrichtungen der Altenhilfe hat sich der Verband der katholischen Heime und Einrichtungen der Altenhilfe in Deutschland (das Elisabethheim ist Mitglied in diesem Verband), Gedanken über die ethischen Grundlagen, über die angebotenen Dienste sowie die personellen und organisatorischen Anforderungen der Arbeit seiner Altenhilfeeinrichtungen gemacht und eine „Rahmenkonzeption Altenhilfe" erstellt und beschlossen.
Auf der Grundlage dieser Rahmenkonzeption wird das Katholische Alten- und Pflegeheim St. Elisabeth sein (Pflege-) Angebot gestalten und mit Leben erfüllen, damit das Elisabethheim „zu einem Ort wird, an dem Gott ‚vorkommt' - dann entsteht aus dem Miteinander ein Füreinander, das Menschen in Würde altern läßt".
Das nachfolgende Leitbild (unsere „Unternehmensphilosophie") ist aber auch zu verstehen als Orientierungsrahmen für (zukünftige) Bewohner und deren Angehörigen, die Kostenträger und Öffentlichkeit (Kranken-/Pflegekassen, Krankenhaus, Ärzte, Sozialamt, Politiker) sowie unsere Mitarbeiterinnen und Mitarbeiter (die wichtigsten Image- und Werbeträger, denn sie tragen zur Bewertung der Ergebnisqualität – dem ‚guten Ruf' unseres Hauses – entscheidend bei.

Wolfsburg, Mai 1998

Unser Anspruch...

Wir unterstützen alte, pflegebedürftige Menschen darin, ihr Leben, soweit das trotz ihrer Hilfebedürftigkeit irgend möglich ist, nach ihren individuellen Bedürfnissen zu leben, bis zum Ende.
Dabei sind uns die emotionalen und sozialen Bedürfnisse der Pflegebedürftigen genau so wichtig wie deren körperliche Bedürfnisse.
Pflegebedürftige und deren Angehörige, die sich für das Angebot des Katholischen Alten- und Pflegeheimes St. Elisabeth entscheiden, dürfen darauf vertrauen, in ihrem ganzen Menschensein angenommen und unterstützt zu werden.

Die Grundlage unseres Dienstes...

Als Konsequenz unserer christlichen Wertebasis haben wir die Ganzheitlichkeit der Person in ihrer konkreten Lebenssituation – sowohl der alten und pflegebedürftigen Menschen als auch ihrer Angehörigen – in den Mittelpunkt unseres Hilfekonzeptes gestellt.

Tragende Elemente unseres Pflege- und Betreuungskonzeptes...

Der Umgang aller beteiligten Personen miteinander (Pflegende, Pflegebedürftige, Angehörige, Freunde) wird von persönlicher Achtung und Anerkennung der Individualität des jeweils anderen bestimmt und in offener Kommunikation aller Beteiligten miteinander verwirklicht.
Unter Berücksichtigung der konkreten Erfordernisse sowie aller gegebenen Rahmenbedingungen (einschließlich derer der Angehörigen) wird gemeinsam ein individueller Hilfe-/Pflegeplan erarbeitet und kontinuierlich angepaßt. Er hat das Ziel, die Lebensumstände und Lebensgewohnheiten der Pflegebedürftigen so lange wie möglich zu erhalten und die Angehörigen im Maße ihrer Möglichkeiten und ihrer Bereitschaft einzubeziehen.
Die Mitarbeiterinnen und Mitarbeiter aller Arbeitsbereiche (Pflege, Hauswirtschaft, Soziale Dienste, Seelsorge, Haustechnik und Verwaltung) werden in allen notwendigen fachlichen und menschlichen Fähigkeiten geschult und unterstützt, damit sie ihre jeweilige Aufgaben kompetent und verantwortlich erfüllen können.

Abb. 2.5: Das Pflegeleitbild des Katholischen Alten- und Pflegeheimes St. Elisabeth, Wolfsburg.

Standard ist ein an einem Kriterium ausgerichtetes, erreichbares Leistungsniveau. Die tatsächliche Leistung wird daran gemessen."

- **A. v. Stösser** (1993): „Pflegestandards sind allgemein gültige und akzeptierte Normen, die den Aufgabenbereich und die Qualität der Pflege definieren. Pflegestandards legen themen- und tätigkeitsbezogen fest, was die Pflegepersonen in einer konkreten Situation generell leisten wollen/sollen und wie diese Leistung auszusehen hat."

Pflegestandards als Maßnahme zur Qualitätssicherung

Die Pflegestandard-Entwicklung hat in vielen Einrichtungen sehr viel Zeit und Geld gekostet, deren praktische Umsetzung ist schwierig. Trotz dieser Hindernisse sind sie – wie auch das Pflegeleitbild – ein wichtiger und unabdingbarer Bestandteil des Qualitätsmanagements.

Pflegestandards sind Maßnahmen im Rahmen der **Qualitätssicherung,** die eine kontinuierliche und qualitativ hochwertige Pflege sicherstellen. Durch sie wird die Qualität der Pflege nach außen hin definiert. Der Einsatz von Pflegestandards macht nur dann Sinn, wenn sich auch alle Mitarbeiter daran halten, weshalb Standards meist den Charakter von verbindlichen Dienstanweisungen haben.

Während mit Pflegeleitbildern ausgedrückt wird, welche Ziele erreicht werden sollen, dienen Pflegestandards der Konkretisierung der Ziele und vor allem der konkreten Beschreibung dessen, *wie* diese Ziele erreicht werden können. Auch sie bezwecken eine Vereinheitlichung pflegerischen Handelns, um die Pflegequalität zu sichern.

☑ Pflegeleitbild und Pflegestandards müssen aufeinander abgestimmt sein.

Heparin-Injektion

Der Patient / die Patientin:
- Möchte über Notwendigkeit und Durchführung der Maßnahme informiert werden
- Eine schmerzfreie, komplikationslose (keine Hämatome) Injektion erfahren
- Nur solange wie nötig Heparin erhalten
- Nachts ungestört schlafen

Pflegeziele:
- Die Patientin / der Patient ist über die Notwendigkeit und Durchführung informiert
- Die Patientin / der Patient erfährt eine schmerzlose Injektion
- Eine Abnahme des Thromboserisikos wird dem Arzt berichtet, so dass über ein Absetzen der Heparininjektionen entschieden werden kann
- Die Injektionszeiten richten sich nach den Ruhezeiten

Pflegemittel:
Tablett, Heparinstechampullen mit Spike (im Kühlschrank gelagert, mit Datum des ersten Anbruchs versehen), nach Anbruch 7 Tage haltbar, Heparinspritzen mit I.E.-Skalierung, Subcutankanüle 0,45 x 12 (brauner Konus), sterilisierte Tupfer, Kanülenabwurfbox, Hautdesinfektionsmittel.

Pflegemaßnahmen:
- 5-R-Regel beachten
- Hygienische Händedesinfektion durchführen ☞ Standard
- Injektionslösung steril aufziehen
- Patienten informieren
- Injektionsstelle aussuchen (nur Bauch oder Oberschenkel)
- Haut nach Standard („sprühen – wischen – 30 sec. warten") desinfizieren
- Mit Daumen und Zeigefinger eine Hautfalte bilden und halten, senkrecht in diese Falte einstechen, nicht aspirieren, injizieren
- Nadel nach Injektion herausziehen, Bauchfalte loslassen
- Kanüle im Abwurf entsorgen, nicht in die Hülle zurückstecken
- Bei Blutungen Heftpflasterverband anlegen
- Material entsorgen
- Maßnahme mit Handzeichen und Uhrzeit dokumentieren

Pflegepersonen:
Krankenschwester, Krankenpfleger, Schüler nach besonderer Anleitung

Abb. 2.6: Beispiel eines Pflegestandards aus der Krankenpflege. [M105]

Arten von Pflegestandards

Es werden folgende Arten von Pflegestandards unterschieden:

- **Strukturstandards** legen die Voraussetzungen fest, unter denen Pflege stattfindet: *Wer macht wann, was, wo?*
- **Prozessstandards** regeln Art und Umfang des pflegerischen Handelns: *Wie, womit?*
- **Ergebnisstandards** beschreiben die angestrebten Pflegeziele: *Wozu mit welchem Ergebnis?*

Diskussion um Pflegestandards

Es wird als ein Problem von Pflegestandards diskutiert, dass durch deren Anwendung die individuelle Pflege leicht auf der Strecke bleibt. Zwar entscheiden die Pflegenden für jeden einzelnen Pflegebedürftigen individuell, welche Standards zur Anwendung kommen, aber die Gefahr besteht, dass Pflegebedürftige schnell in Schubladen gesteckt werden und man keine weiteren Maßnahmen über den Standard hinaus anwendet. Durch die standardisierten Pflegemaßnahmen haben Pflegende schnell das Gefühl, den Pflegebedürftigen umfassend und kompetent zu versorgen, denn das eigenständige Problemdenken wird ihnen durch Pflegestandards abgenommen.

2.3 Professionalisierung der Pflege

Die **Professionalisierung der Pflege** wird seit vielen Jahren kontrovers diskutiert. **Professionell** bedeutet zunächst einmal, eine Tätigkeit von Berufs wegen bzw. fachmännisch auszuführen. Die **Profession** ist ein Beruf bzw. Gewerbe.

Allerdings gibt es professionstheoretische Aussagen, die sehr viel komplexer beschreiben, unter welchen Voraussetzungen und vor allem bei welchen Merkmalen von einer Profession gesprochen werden kann und wann nicht. Dementsprechend wird die Pflege derzeit eher als eine **Semi-Profession** *(semi = lat. halb)* bezeichnet.

2.3.1 Merkmale einer Profession

Von einer **Profession** spricht man, wenn folgende Merkmale vorhanden sind:

- Einheitliche, theoretisch fundierte Ausbildung, die zur Berufsausübung berechtigt
- Berufsethik mit bestimmten Verhaltensregeln
- Organisation in einem Berufsverband
- Altruismus: die Berufstätigen arbeiten weniger für sich, sondern eher für die Allgemeinheit
- Die Berufstätigen schätzen den Bedarf für ihre Leistung selbstständig ein, weil nur sie als Experten dazu in der Lage sind
- Die Tätigkeit ist klar gegenüber anderen Berufen abgegrenzt
- Auszeichnungen sind wichtiger für das Ansehen als das Einkommen
- Die Leistungen werden meist in Form von Gebühren oder Honoraren bezahlt.

Zu den „richtigen" Professionen gehören demzufolge Arztberufe, Rechtsberufe, Ingenieurberufe, Lehrerberufe und viele freie und künstlerische Berufe. Auch hochqualifizierte Gesundheitsfachberufe wie Hebammen oder leitende Krankenschwestern werden zu den Professionen gezählt.

Abb. 2.7: Der Arztberuf gilt als „richtige" Profession. Der Arzt ist Experte in seinem Fach und hat Entscheidungsfreiheit für sein Handeln. [J660]

Pflege als Semi-Profession

Demgegenüber kennzeichnet die sogenannten **Semi-Professionen,** z. B. den Kranken- oder Altenpflegeberuf und den Beruf des Sozialarbeiters, folgende **Merkmale:**

- Tätigkeiten sind nicht immer klar von denen anderer Berufsgruppen abgegrenzt
- Kein Standesgericht, das über die Einhaltung der Berufsethik entscheidet
- Nicht nur die Mitglieder können bestimmte gesellschaftliche Werte interpretieren.

Von der Semi-Profession zur Profession

Da die Pflege sich noch in der Übergangsphase von einer Semi-Profession zu einer Profession befindet, ist es für die Professionalisierung sehr wichtig, die noch nötigen Schritte auf dem Weg zur Profession zu erkennen und auch umzusetzen.

Die Professionalisierung lässt sich beispielhaft am Pflegeprozess erkennen: Eine Pflegekraft muss jeden einzelnen Schritt begründen und in jedem Schritt Entscheidungen treffen können. Für diese Begründungen und Entscheidungen sind spezielle (professionelle) Fähigkeiten der Pflegenden Voraussetzung.

Pflegemaßnahmen lassen sich nur auf der Basis wissenschaftlicher Erkenntnisse begründen, weil nur so die Wirksamkeit objektiv bewiesen ist. Diese Erkenntnisse können entweder aus vorhandenen Studien gewonnen werden, sofern diese in die deutsche Pflege bzw. in die eigene Pflegepraxis übertragbar sind, oder müssen selbst noch für die deutsche Pflegewissenschaft erforscht werden. Untersuchungen haben gezeigt, dass ein großer Teil der im Ausland gewonnenen Erkenntnisse übertragbar ist. Die Pflegenden in Deutschland müssen nur darin geschult werden, dieses Wissen zu nutzen und zu beurteilen (☞ Surftipp, Pflegeforschung ☞ 2.8).

Surftipp
Deutsches Zentrum für Evidenz-basierte Pflege: www.EBN-Zentrum.de

Die **Entscheidung** zu einem Schritt im Pflegeprozess wird durch die praktischen Fähigkeiten der Pflegenden, ihrem Pflegeverständnis und ihrem Wissen über die konkrete Situation des Pflegebedürftigen bzw. durch die ganzheitliche Sicht der Pflegenden bestimmt. Das hierfür erforderliche Fachwissen ist bereits heute in Ansätzen Gegenstand der pflegerischen Grundausbildung.

Der **Pflegeprozess** (☞ 2.7, 3.2) spielt bei den Professionalisierungsbemühungen der Pflege eine zentrale Rolle, da eine Profession, deren Tätigkeiten nicht strukturiert und nachvollziehbar sind, nicht glaubwürdig erscheint.

2.3.2 Stufen der Pflegekompetenz

So wie sich auf höchster Ebene die Professionalisierung einer Berufsgruppe anhand verschiedener Merkmale feststellen lässt, kann man die Entwicklung einzelner Pflegender anhand der Pflegekompetenz einstufen. Mit **Pflegekompetenz** sind Fähigkeiten wie Urteilen und Handeln in der pflegerischen Praxis gemeint. Das bedeutet, dass pflegerisches Wissen und Können auch im Arbeitsalltag richtig *angewandt* werden muss.

Die Pflegewissenschaftlerin *Patricia Benner* (☞ Surftipp), zur Zeit Professorin an der University of California, San Francisco, entwickelte **Stufen zur Pflegekompetenz.** Dieses Modell basiert auf der Annahme, dass *Erfahrung in spezifischen Pflegesituationen* ein wesentlicher Baustein beruflicher Kompetenzentwicklung ist. Dabei handelt es sich nicht um ein Eigenschafts- oder Begabungsmodell, sondern um ein *situatives Modell*, bei dem die Ausbildung keine Rolle spielt. Benner unterscheidet folgende Stufen:

- Stufe 1: Neuling
- Stufe 2: Fortgeschrittene AnfängerIn
- Stufe 3: Kompetente Pflegende
- Stufe 4: Erfahrene Pflegende
- Stufe 5: PflegeexpertIn.

Angehörige als PflegeexpertInnen
Mit dem Modell der Stufen zur Pflegekompetenz wird z.B. deutlich, dass nicht nur examiniertes Pflegepersonal, sondern auch pflegende Angehörige sich zu PflegeexpertInnen entwickeln können, allerdings nur in einer spezifischen Pflegesituation, in der sie unter Umständen schon viele Jahre selbst pflegen. Dementsprechend ist es sehr wichtig, bisher gesammelte Erfahrungen der pflegenden Angehörigen ernst zu nehmen und einzubeziehen.

Stufe 1: Neuling

Neulinge oder auch **AnfängerInnen** haben noch keinerlei Erfahrungen mit einer realen Praxissituation. Aufgrund dieser Unerfahrenheit handelt der Neuling regelgeleitet. Er ist auf **Regeln** angewiesen, damit er sein Handeln daran orientieren kann. Dadurch handelt er oft eingeschränkt und unflexibel. Größere Zusammenhänge erkennt er nicht. Zu den Neulingen gehören Auszubildende, die ohne Vorerfahrungen in der Pflegepraxis beginnen.

Beispiel „aktivierende Pflege" (1)
Unerfahrene Auszubildende wenden das in der Ausbildung vermittelte Wissen über aktivierende Pflege in die Pflegepraxis fast immer unflexibel an. Fast dogmatisch werden alle Pflegebedürftigen aktivierend gepflegt (☞ 6.4.2), individuelle Besonderheiten nicht berücksichtigt. Zwar stellen die „Neulinge" bald fest, dass sie damit an Grenzen stoßen, weil nicht alle Pflegebedürftigen gleichermaßen bereit sind, sich an aktivierenden Maßnahmen zu beteiligen. Dennoch gelingt ihnen eine Differenzierung nur sehr schwer und sie bemühen sich täglich neu darum.

Auch ausgebildete Pflegekräfte können sich nach Benner auf der Stufe 1 befinden, wenn sie zum Beispiel in einem Praxisfeld der Pflege beginnen, in dem sie über keinerlei Erfahrungen verfügen. Ein Beispiel hierfür wäre, wenn eine Krankenschwester, die bisher im Operationsdienst gearbeitet hatte, in die stationäre Altenpflege oder ambulante Pflege wechselt.

Stufe 2: Fortgeschrittene AnfängerInnen

Fortgeschrittene AnfängerInnen haben zum einen bereits viele Situationen erlebt und bewältigt und zum anderen zahlreiche Hinweise durch ihre PraxisanleiterInnen verarbeitet (☞ Abb. 2.8). Dadurch sind Wahrnehmung und Bewusstsein für bedeutsame, sich häufig wiederholende Praxissituationen geschärft. Durch dieses Erleben und Bewältigen haben fortgeschrittene AnfängerInnen **Erfahrungen in realen Praxissituationen** gesammelt, so dass erste Zusammenhänge erkannt werden. Nur, wer bereits Pflegebedürftige mit z. B. unterschiedlichen Lernmotivationen kennen gelernt hat, kann unterscheiden, wer sich „aktivieren" bzw. zu einer Pflegemaßnahme anleiten lässt oder bei wem Handlungen teilweise oder vollständige übernommen werden müssen.

Beispiel „aktivierende Pflege" (2)
Wenn die Auszubildenden mehrere Praxiseinsätze absolviert haben, sind sie meist schon dazu in der Lage, Pflegebedürftige individuell zu betrachten und auf die Bedürfnisse und Eigenarten Rücksicht zu nehmen. Es wird also nicht mehr jeder Pflegebedürftige nach „Schema F" aktivierend gepflegt, sondern mit Hilfe eines entwickelten Verständnisses beurteilt, in welchem Maß jeder Pflegebedürftige aktiviert werden will und sollte.

Stufe 3: Kompetente Pflegende

Die **kompetenten Pflegenden** sind seit etwa zwei bis drei Jahre in einem oder mehreren ähnlichen Praxisfeldern tätig. Sie sind in der Lage, ihr Pflegehandeln an längerfristigen Plänen auszurichten bzw. an längerfristigen Zielen zu orientieren, da sie ihre Bedeutung kennen. Sie können Prioritäten setzen, da sie bedeutsame von weniger bedeutsamen Situationen unterscheiden können. Statt lediglich zu reagieren, gehen solche Pflegende kompetent und planvoll vor.

Beispiel „aktivierende Pflege" (3)
Eine Pflegende mit längerer Berufserfahrung setzt andere Prioritäten. Hat z. B. ein Pflegebedürftiger morgens beim Waschen eine depressive Stimmung, so stellt sie nicht die Körperpflege in den Vordergrund, sondern die Bewältigung der Krisensituation, z. B. in Form eines Gespräches. Dann reicht es eben einmal aus, nur „das Nötigste" zu waschen.

Stufe 4: Erfahrene Pflegende

Erfahrene Pflegende nehmen Situationen als Ganzes und nicht mehr in einzelnen Aspekten wahr. Über einzelne Situationen wird nicht mehr nachgedacht, weil sie aufgrund früherer Erfahrungen im Ganzen erfasst und begriffen werden. Sie wissen, welche Folgen aus einer bestimmten Situation erwachsen können und sind in der Lage, Pläne entsprechend anzupassen. Erfahrene Pflegende wissen, welche Aspekte der Situation wichtig, welche weniger wichtig oder unwichtig sind.

Beispiel „Aufnahmegespräch" (1)
Eine erfahrene Pflegekraft fragt bei der Anamnese nicht einzelne Punkte auf einem Bogen ab, sondern deckt in einem Aufnahmegespräch gezielt Defizite und Ressourcen des Pflegebedürftigen auf. Sie ist in der Lage, die vielen scheinbar „zusammenhanglosen" Informationen zu einem einheitlichen Bild zusammenzufügen.

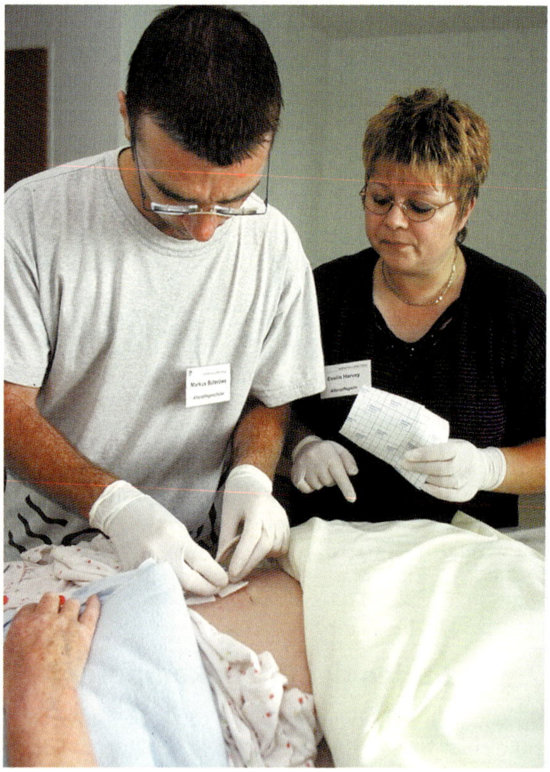

Abb. 2.8: In der Pflege Unerfahrene bedürfen der Hinweise und Hilfe einer erfahrenen PraxisanleiterIn. [K157]

Stufe 5: PflegeexpertIn

PflegeexpertInnen sind nicht mehr auf Regeln, Richtlinien und Maximen angewiesen, um in einer Praxissituation angemessen zu handeln. Pflegesituationen können intuitiv erfasst, Probleme unmittelbar erkannt werden. Die Pflegende auf der Expertenstufe hält sich nicht mit „unfruchtbaren Alternativdiagnosen und -lösungen" auf.

Beispiel „Aufnahmegespräch" (2)

Die Pflegeexpertin erfasst bei einem Anamnesegespräch nicht nur Defizite und Ressourcen eines Pflegebedürftigen, sondern geht noch einen Schritt weiter und betrachtet z.B. auch das soziale Umfeld oder den Einfluss von Angehörigen.

Sie erkennt, dass das „Sterben-Wollen" des Pflegebedürftigen vielleicht nur auf ein Gefühl des „Zur-Last-Fallens" zurückzuführen ist, und versucht in einem Gespräch mit dem Pflegebedürftigen, sein Problem zu lösen, anstatt sofort die ÄrztIn zu informieren.

Surftipp

Homepage von Patricia Benner (englisch): www.bennerassociates.com/patricia.html

2.4 Pflegewissen – Pflegewissenschaft

Begriffsvielfalt sorgt für Verwirrung

Es gibt mittlerweile eine **Vielfalt von Meinungen,** wie das Wesen der Pflege und das bereits vorhandene Pflegewissen zu beschreiben und zu strukturieren sind. Mit zunehmender Pflegeforschung wächst auch die Zahl der Definitionen zu einem Begriff, weil verschiedene WissenschaftlerInnen unterschiedliche Meinungen vertreten. So werden manche Begriffe mehrfach und voneinander abweichend definiert und sorgen besonders in der Pflegepraxis, aber auch unter den PflegewissenschaftlerInnen selbst für Verwirrung.

Probleme gibt es auch durch **Übersetzungen** aus dem anglo-amerikanischen Raum, da hier bereits beim Übersetzen entscheidende Ungenauigkeiten und Fehler auftreten können und so die ursprüngliche Bedeutung eines Begriffes möglicherweise vollkommen verloren geht.

Hierarchisch strukturiertes Pflegewissen

Um Wissen zu strukturieren, wird in der Wissenschaft häufig eine **Hierarchie** *(Rangordnung)* verwendet. Eine Hierarchie kann z.B. vom **Abstrakten** *(begrifflich, nur gedacht)* zum **Konkreten** *(gegenständlich, anschaubar, greifbar)* verlaufen. Je nach Hierarchieebene ist das Pflegewissen aus Sicht der Pflegepraxis abstrakt und eher schwerer verständlich oder aber konkret, anschaulich und in der Regel auch leichter nachvollziehbar.

Man kann das theoretische Pflegewissen grob in die folgenden Ebenen einteilen (☞ Abb. 2.9):

- Metaparadigma
- Konzeptuelle Modelle
- Theorien.

Weiterhin ist es sinnvoll, die Theorien nochmals anhand ihrer Reichweite aufzuteilen:

- Theorien mittlerer Reichweite
- Praxisnahe Theorien.

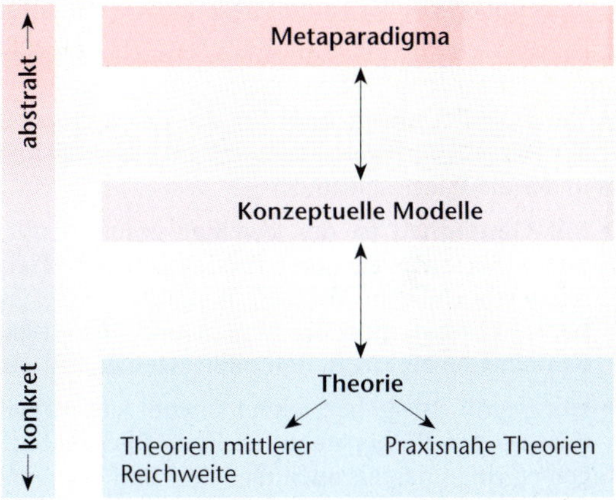

Abb. 2.9: Verschiedene Ebenen von Theorien.

2.4.1 Metaparadigma

Metaparadigma *(meta = zwischen, mit; paradigma = Beispiel, Muster):* Abstrakteste Ebene des hierarchisch strukturierten Pflegewissens. Vergleichbar mit einer Art „Weltbild", das allen Theorien der Pflege zu Grunde liegt und einen Rahmen bildet. Innerhalb dieses Rahmens werden interessante Konzepte (für die Pflege: Person, Umwelt, Gesundheit, Pflege) benannt und in Beziehung zueinander gesetzt. Ein Metaparadigma bietet *keine praktische Orientierung* für konkrete Aktivitäten an.

Anforderungen an ein Metaparadigma

Jacqueline Fawcett, eine Professorin an der School of Nursing der University of Pennsylvania, stellt vier Anforderungen an ein Metaparadigma (☞ Literaturtipp unter 2.4.3). Danach muss ein Metaparadigma

- Seinen Geltungsbereich, z.B. die Pflege, deutlich vom Geltungsbereich anderer Disziplinen, z.B. von der Medizin, abgrenzen können
- In knapper Form alles Wesentliche der Disziplin beinhalten
- „Perspektivneutral" sein, z.B. darf es kein bestimmtes Modell favorisieren
- International gültig sein, also keine nationalen oder kulturellen Wertvorstellungen widerspiegeln.

Metaparadigma für die Pflege

Ein Metaparadigma für die Pflege beinhaltet Aussagen darüber, wie pflegerische Aspekte in eine Theorie eingebunden sein sollten. Person, Umwelt, Gesundheit und Pflege sind die derzeit gängigsten Eckpunkte, über die das Metaparadigma der Pflege eine Aussage trifft.

- Mit dem Begriff **Person** sind die Nutzer bzw. Empfänger pflegerischer Handlungen gemeint, nicht nur Einzelpersonen, sondern auch Familien, Gruppen und das Gemeinwesen
- Der Begriff **Umwelt** steht für die Bezugspersonen der Pflegebedürftigen, aber auch für die Umgebung, in der die Pflege stattfindet
- Mit **Gesundheit** ist der jeweilige gesundheitliche Status der zu pflegenden Person gemeint. Dieser reicht von völligem Wohlbefinden über die Gesundheitsgefährdung und die akuten und chronischen Krankheiten bis hin zu Behinderungen und Sterben
- Der Begriff **Pflege** bezeichnet sowohl alle Aktivitäten, die eine Pflegeperson für einen Pflegebedürftigen ergriffen hat, als auch die Ziele und Ergebnisse dieser Aktivitäten. Sie sind Bestandteil des Pflegeprozesses (☞ 2.7) sowie Interaktion im Rahmen des Beziehungsprozesses (☞ 3.3).

Kritik

Es gibt allerdings auch **Kritik** an den Inhalten des Metaparadigmas für die Pflege. Person, Umwelt und Gesundheit könnten ebenso zu einem Metaparadigma für die Medizin, Public Health bzw. Gesundheitswissenschaft gehören. Erst durch die Verbindung mit dem 4. Begriff „Pflege" wird klar, dass es sich um ein Metaparadigma ausschließlich für die Pflege handelt. Aber den Begriff Pflege zu benutzen, um das Metaparadigma Pflege zu erklären, ist nicht sehr sinnvoll und gleicht einer Doppelung, ähnlich einem „weißen Schimmel" oder einem „alten Greis".

Trotz der zahlreichen und kritischen Diskussionen werden die Begriffe Person, Umwelt, Gesundheit und Pflege in zahlreichen Veröffentlichungen zur Analyse und Beschreibung von **konzeptuellen Pflegemodellen** (☞ 2.4.2) und **Pflegetheorien** (☞ 2.4.3) verwendet.

2.4.2 Konzeptuelle Modelle

Konzeptuelle Modelle geben den Pflegenden und der Öffentlichkeit eine grundsätzliche Orientierung darüber, welche Aufgaben, Zuständigkeiten und Verantwortung die Berufsangehörigen der Disziplin Pflege haben. Sie bieten nicht nur systematische Strukturen für die wissenschaftliche Arbeit, sondern ebenso für das praktische Pflegehandeln.

Modell: Vereinfachte, oft bildhafte Darstellung komplexer Sachverhalte, um diese leichter verständlich zu machen.

Konzept: Verschiedene Annahmen als „gedanklicher Entwurf" zur Erklärung eines Phänomens, z. B. der Pflege. Hieraus können dann überprüfbare Hypothesen (Vermutungen) abgeleitet werden, ohne dass ein objektiver Beweis erbracht werden muss.

Konzeptuelles Modell: Da Pflegemodelle immer auf Konzepten aufbauen, werden sie auch als „konzeptuelle Modelle" bezeichnet.

So wird beispielsweise das Konzept „Angst" verwendet, um verschiedene Reaktionen und Verhaltensweisen des Pflegebedürftigen zu erklären. Dabei kann die Angst aber weder objektiv beschrieben werden (z. B. nicht als Angst vom Schweregrad 3,6) noch lokalisiert oder nachgewiesen werden (z. B. nicht „die Angst entsteht neben dem Hypothalamus").

Konzeptuelle Modelle gibt es nicht nur in der Pflege, sondern in sämtlichen Lebensbereichen und wissenschaftlichen Disziplinen. **Konzeptuelle Modelle der Pflege** sind z. B.:

- Levine (1969): Konservationsmodell
- Rogers (1970): Wissenschaft vom unitären Menschen
- Orem (1971): Selbstpflegemodell
- King (1971): Allgemeines Systemmodell
- Neumann (Neumann & Young 1972): Systemmodell
- Roy (1976): Adaptionsmodell
- Johnson (1980): Verhaltenssystemmodell.

Alle diese Modelle wurden im anglo-amerikanischen Sprachraum entwickelt und haben die Pflege in vielen europäischen Ländern nachhaltig beeinflusst.

☑ Mit konzeptuellen Modellen der Pflege wird das Wesen und der Gegenstand der Disziplin Pflege beschrieben. Sie beinhalten allgemeine, abstrakte Richtlinien, die zunächst konkretisiert werden müssen, um für die Pflegepraxis direkt anwendbar zu sein.

Nimmt man aus dem Metaparadigma zum Beispiel das Konzept „Person", so haben die verschiedenen konzeptuellen Modelle meist stark voneinander abweichende Beschreibungen: Rogers geht von einer Person als Energiefeld aus, für Johnson sind Personen Verhaltenssysteme und Roy betrachtet Personen als anpassungsfähige Systeme.

2.4.3 Theorien

Theorie: Wissenschaftliche Darstellung von Beobachtungen, um sie zu beschreiben, einheitlich zu erklären und Situationen vorherzusagen. Die Wirklichkeit wird hierbei vereinfacht dargestellt. Meist lassen sich mehrere Theorien von einem konzeptuellen Modell (☞ 2.4.2) ableiten.

Theorien mittlerer Reichweite

Im Gegensatz zu konzeptuellen Modellen bestehen **Theorien mittlerer Reichweite** aus relativ spezifischen Konzepten und Aussagen, sie sind weniger abstrakt und berücksichtigen nur bestimmte Phänomene, z.B. Gesundheit, Umwelt oder zwischenmenschliche Beziehungen.

Daher sind Theorien mittlerer Reichweite zum einen schon überprüfbar, zum anderen aber abstrakt genug, um auf wissenschaftlicher Ebene theoretisch diskutiert zu werden.

Theorien mittlerer Reichweite sind z.B.:
- Leininger (1991): Theorie der Vielfalt und Universalität der Pflege
- Newman (1986): Theorie der Gesundheit als sich ständig erweiterndes Bewusstsein
- Parse (1981/1992): Theorie des menschlichen Wachstums.

Praxisnahe Theorien

Praxisnahe Theorien sind konkreter als Theorien mittlerer Reichweite und beinhalten nur eine begrenzte Anzahl von Konzepten und Aussagen. Sie sind in der Praxis überprüfbar. Anhand einer praxisnahen Theorie lassen sich spezielle Pflegmaßnahmen formulieren, um ein bestimmtes Pflegeziel zu erreichen.

Zu den praxisnahen Theorien amerikanischen Ursprungs zählen z.B.:
- Orlando (1961): Theorie des abwägenden Pflegeprozesses
- Peplau (1952/1992): Theorie der zwischenmenschlichen Beziehungen
- Watson (1985): Theorie der menschlichen Fürsorge.

Literaturtipp

Fawcett, Jacqueline: Konzeptuelle Modelle der Pflege im Überblick. Verlag Hans Huber, Göttingen 1998

Kirkevold, Marit: Pflegetheorien. Urban & Fischer Verlag. München 1996

Walker, L.O.; Avant, K.C.: Theoriebildung in der Pflege. Urban & Fischer Verlag. München 1998

2.5 Einteilungen konzeptueller Modelle und Theorien

Konzeptuelle Modelle und **Theorien** werden von vielen PflegewissenschaftlerInnen synonym verwendet, die Diskussion darüber ist bis heute nicht abgeschlossen. Aus diesem Grunde werden konzeptuelle Modelle, Theorien mittlerer Reichweite und praxisnahe Theorien in den historischen Übersichten und Einteilungen vermischt. In Deutschland ist es üblich, Modelle chronologisch oder aber systematisch nach entsprechenden Denkschulen darzustellen.

Historische Übersicht

Die Tabelle 2.10 zeigt die wichtigsten Modelle und Theorien, nach ihrem Entstehungsjahr geordnet, in einer Übersicht. Die fett hervorgehobenen Modelle und Theorien werden im Kapitel 2.6 vorgestellt.

Für einige der genannten Modelle und Theorien existieren bereits deutsche Übersetzungen, z.B. Peplau, Rogers, Orem, Leininger, Roper et. al. und Benner.

Aber auch in Deutschland hat die Entwicklung konzeptueller Modelle begonnen. So hat sich *Liliane Juchli* bereits seit 1973 darum bemüht, das Wesen der Pflege zu beschreiben. Sie hat mit ihren Lehrbüchern die Pflege im deutschsprachigen Raum entscheidend beeinflusst. *Monika Krohwinkel* hat im Jahre 1988 das Rahmenmodell ganzheitlich fördernder Prozesspflege (☞ 2.6.6) als theoretischen Rahmen zu ihrer 1993 veröffentlichten Studie „Der Pflegeprozess am Beispiel von Apoplexiekranken" entwickelt.

2.5.1 Einteilung nach Meleis

Die bekannteste Einteilung der Modelle und Theorien ist von *Afaf Meleis*, die 1942 in Alexandria, Ägypten, geboren wurde und zur Zeit an der University of California in San Francisco Professorin für Pflegewissenschaft ist. Sie unterscheidet Bedürfnis-, Interaktions- und Ergebnismodelle (☞ Tab. 2.11). Allerdings lassen sich nach diesem Schema nicht alle Modelle und Theorien eindeutig einteilen, da einige auch eher Mischformen sind.

- **Bedürfnismodelle** („Was ist Pflegen?"): Pflegerisches Handeln wird notwendig, wenn ein Bedürfnis nicht mehr angemessen befriedigt werden kann. Bedürfnisorientierte Pflegemodelle basieren zumeist auf der Bedürfnishierarchie (☞ Abb. 2.12) von *Abraham Maslow* (1908–1970)
- **Interaktionsmodelle** („Wie soll gepflegt werden?"): Die Interaktion bzw. Beziehung zwischen Pflegebedürftigem und Pflegenden wird als herausragend betrachtet
- **Ergebnismodelle** („Zu welchem Resultat hat das pflegerische Handeln geführt?"): Hierbei steht das Ergebnis der Pflegemaßnahmen im Vordergrund.

Jahr	Name	Konzeptuelles Modell, Theorie; Schlüsselwörter
1860	**Florence Nightingale**	**Moderne Krankenpflege (☞ 2.6.1)**
1952	**Hildegard E. Peplau**	**Psychodynamische Krankenpflege (☞ 2.6.2)**
1960	Faye G. Abdellah	Typologie der 21 Pflegeprobleme
1961	Ida Jean Orlando	Pflegeprozesstheorie
1964, 1970, 1977	Ernestine Wiedenbach	Die helfende Kunst der klinischen Krankenpflege
1966	Lydia E. Hall	Kern, Pflege und Heilungsmodell
1966, 1972, 1978	**Virginia Henderson**	**Grundregeln der Krankenpflege (☞ 2.6.3)**
1966	Joyce Travelbee	Mitmenschliches Beziehungsmodell
1967, 1973	Myra E. Levine	Vier Erhaltungsprinzipien
1970, 1980, 1983, 1989	Martha E. Rogers	Einheitliche Menschen
1971, 1980, 1985, 1991	**Dorothea E. Orem**	**Selbstpflege-Defizit-Theorie der Krankenpflege (☞ 2.6.4)**
1971, 1975, 1981	Imogene M. King	Zielerreichungstheorie
1974, 1976, 1980, 1984	Callista Roy	Adaptionsmodell
1976, 1980, 1985	**Nancy Roper, Winifred W. Logan, Alison J. Tierney**	**Die Elemente der Krankenpflege (☞ 2.6.5)**
1976	Josephine G. Patterson und Loretta T. Zderad	Humanistische Pflege
1977	Kathryn E. Barnard	Eltern-Kind-Interaktionsmodell
1977	Ramona T. Mercer	Übernahme der Mutterrolle
1978, 1980, 1981	Madeleine M. Leininger	Theorie der kulturellen Pflege
1979, 1985	Jean Watson	Philosophie und Wissenschaft der Krankenpflege
1979	Margaret A. Newman	Gesundheitsmodell
1979	Evelyn Adam	Konzeptionelles Pflegemodell
1980	Dorothy E. Johnson	Verhaltenssystemmodell
1980	Joan P. Riehl Sisca	Symbolischer Interaktionismus
1980	Betty Neumann	Systemmodell
1981, 1987	Rosemarie Rizzo Parse	Mensch-Leben-Gesundheit
1983	Joyce J. Fitzpatrick	Modell der Lebensperspektive
1983	Helen C. Erickson, Evelyn M. Tomlin, Mary Ann P. Swain	Modellbildung und Rollenmodellbildung
1986, 1988	Patricia Benner, Judith Wrubel	Vom Anfänger zum Experten – Stufen der Pflegekompetenz
1984, 1991	**Monika Krohwinkel**	**Modell der Aktivitäten und der existentiellen Erfahrungen des Lebens (☞ 2.6.6)**
1996	Joyce M. Dungan	Modell der dynamischen Integration

Tab. 2.10: Historische Übersicht über konzeptuelle Modelle und Theorien.

Bedürfnismodelle	Interaktionsmodelle	Ergebnismodelle
• Abdellah • Hall • Henderson • Roper • Orem	• Peplau • Orlando • Wiedenbach • Travelbee, Petterson und Zderad • King	• Levine • Rogers • Roy • Johnson • Neuman

Tab. 2.11: Einteilung der Pflegemodelle nach Meleis. (Vollständige Bezeichnung der Modelle bzw. Theorien ☞ Tab. 2.10)

2.5.2 Einteilung nach Marriner-Tomey

Ann Marriner-Tomey, eine Professorin an der Indiana State University, unterteilt die konzeptuellen Modelle und Theorien nach ihrem wissenschaftlichen Ansatz (☞ Tab. 2.13):

- **Philosophisch:** Prinzipien und Inhalte ethischen Handelns prägen die Theorie
- **Zwischenmenschliche Beziehungen:** Wechselbeziehung zwischen Handlungen von Personen steht im Vordergrund

- **Systemisch:** Das Zusammenwirken von verschiedenen Elementen eines Systems miteinander und mit der Umwelt wird beschrieben
- **Energiefelder:** Der Mensch und seine Umwelt bestehen aus Energiefeldern, die sich gegenseitig beeinflussen, sich verstärken können und bestimmte Strukturen aufweisen.

Philosophisch	Zwischen-menschlich	Syste-misch	Energetisch
• Nightingale • Henderson • Abdellah • Hall • Orem • Adam • Leininger • Watson • Rizzo Parse • Benner	• Peplau • Travelbee • Orlando • Wiedenbach • Riehl Sisca • Erickson, Tomlin, Swain • Barnard • Mercer	• Johnson • Roy • King • Neuman	• Levine • Rogers • Fitzpatrick • Newman

Tab. 2.13: Einteilung der Pflegemodelle nach Marriner-Tomey (vollständige Bezeichnung der Modelle bzw. Theorien ☞ Tab. 2.10)

2.6 Ausgewählte konzeptuelle Modelle und Theorien

Im Folgenden werden die wesentlichen Grundzüge der in Deutschland gängigen konzeptuellen Modelle und Theorien vorgestellt. Alle vorgestellten konzeptuellen Modelle und Theorien beziehen sich auf die in 2.4.1 besprochenen Eckpunkte des Metaparadigmas:

- Person
- Umgebung
- Gesundheit
- Pflegerische Aufgaben, Pflegeprozess und pflegerisches Handeln.

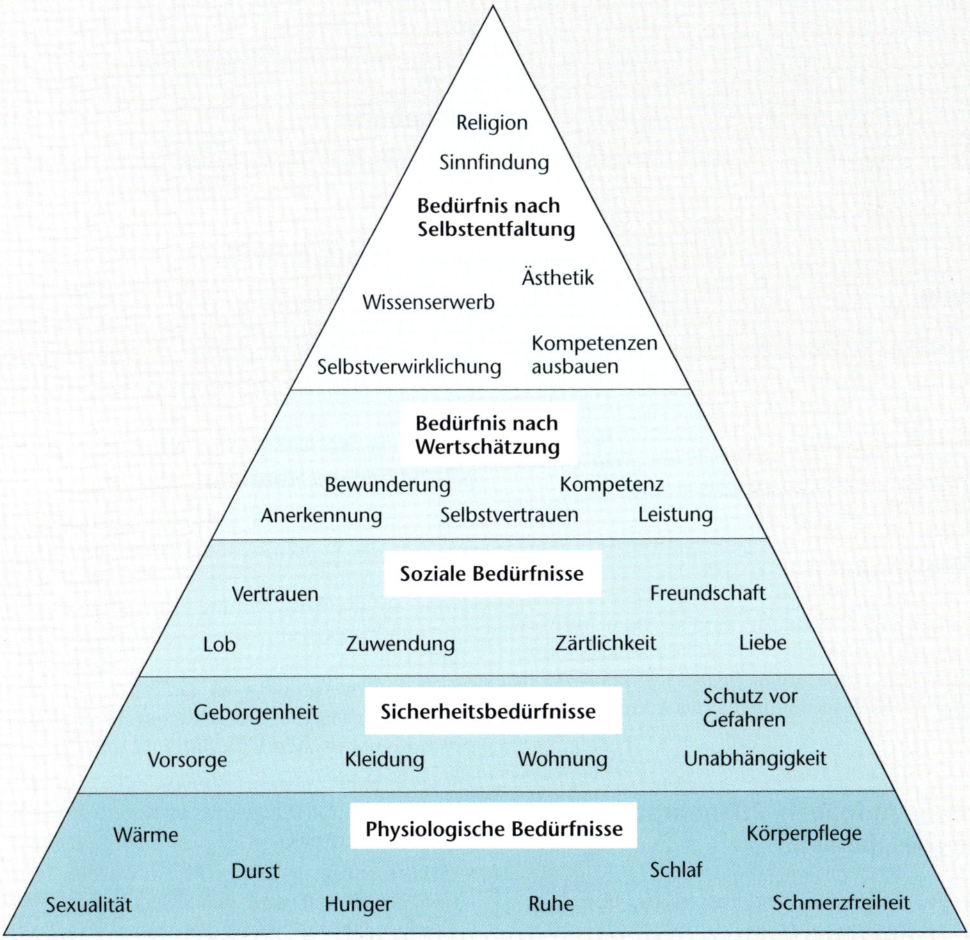

Abb. 2.12: Bedürfnishierarchie nach Maslow.

2.6.1 Florence Nightingale: Moderne Krankenpflege

Florence Nightingale (1820–1910), eine Tochter aus „gutem" Hause, wollte sich im viktorianischen England nicht der Rolle als Dame in der High Society ergeben, sondern hatte das Bedürfnis, etwas Sinnvolles zu tun. Also wandte sie sich der Kranken- und Armenpflege zu und wurde 1854 als Oberin von 38 Krankenschwestern nach Istanbul entsandt, um den Pflegedienst in den dortigen Militärlazaretten neu zu organisieren. Durch ihren Erfolg bestätigt, gründete sie in London eine eigene Krankenpflegeschule mit anspruchsvoller Ausbildung und verhalf somit dem Pflegeberuf zu mehr Anerkennung in der Gesellschaft.

Für Florence Nightingale ist die Gestaltung der Umgebung eine herausragende Aufgabe der Pflege. In ihrem Buch „Notes on Nursing" (1859) beschreibt sie Pflegerichtlinien bezüglich Luft, Licht, Wärme, Ernährung, Sauberkeit und Geräuschen. Pflegende haben für eine schöne, ruhige und sichere Umgebung zu sorgen, damit der Erkrankte genesen kann.

Person

Der Mensch ist selbst verantwortlich für sein Leben und versucht, schöpferisch nach Gesundheit zu streben.

Umgebung

Die Umgebung beeinflusst den gesunden und kranken Menschen, Nightingale zufolge ist sie ein wichtiger Verursacher von Infektionen. Es ist daher wichtig, für Sauberkeit, gute Belüftung und frisches Wasser zu sorgen. Auch dem Licht, der Ruhe und einer gesunden Ernährung misst sie große Bedeutung bei.

Gesundheitszustand

Gesundheit ist ein Zustand, in dem sich der Mensch wohl fühlt und seine Kräfte optimal einsetzen kann. Krankheit wird als reparativer Prozess verstanden, in den sich der Mensch durch ungesundes Verhalten gebracht hat.

Pflegerische Aufgaben, Pflegeprozess, pflegerisches Handeln

Das Ziel pflegerischen Handelns ist es, den Menschen beim Genesungsprozess zu unterstützen. Dabei ist es Hauptaufgabe der Pflegenden, für eine gesundheitsfördernde Umgebung zu sorgen.

2.6.2 Hildegard Peplau: Psychodynamische Krankenpflege

Hildegard Peplau (1909–1999) absolvierte zunächst eine Krankenpflegeausbildung und arbeitete anschließend als OP-Schwester. 1936 begann sie, interpersonale Psychologie zu studieren, während des Zweiten Weltkriegs war sie Leutnant in einem Pflegecorps. 1953 schloss sie ein weiteres Studium mit dem Doktorgrad in „Education" ab, um ab 1960 an der Universität von New Brunswick zu lehren. Von 1974 bis 1976 war sie Gastprofessorin in Leuven, Belgien, wo sie den Aufbau von Pflegestudiengängen unterstützte.

1952 hat Peplau ihr **psychodynamisches Modell des Pflegens** veröffentlicht. Zu diesem Zeitpunkt wurde die Pflege stark durch medizinische Inhalte geprägt, der *eigenständige* Aufgabenbereich der Pflege (☞ Abb. 3.4) war eher diffus.

Person

Der Mensch ist ein selbstbestimmtes Wesen, das in einem instabilen physiologischen, psychologischen und sozialen Zustand lebt und während seines gesamten Lebens ein stabiles Gleichgewicht anstrebt.

Umgebung

Besondere Bedeutung haben die Beziehungen eines Menschen zu seinen Mitmenschen.

Gesundheitszustand

Gesundheit ist eine Voraussetzung für die weitere Entwicklung und das Wachstum einer Person. Krankheit wird als Symptom von körperlichem und/oder psychischem Stress verstanden.

Pflegerische Aufgaben, Pflegeprozess, pflegerisches Handeln

Peplau betont, dass die Pflege mehr ist als das, was sie tut. Zur Pflege gehört nach ihrer Ansicht auch das, was sie tun kann und sollte. Demnach zielt Pflege darauf ab, die Entwicklung eines Menschen in Richtung eines kreativen, konstruktiven, produktiven persönlichen und gesellschaftlichen Lebens zu fördern. Pflegerisches Handeln ist ein wichtiger therapeutischer und zwischenmenschlicher Prozess mit einem psychodynamischen Charakter.

Dieser kommt in den unterschiedlichen Phasen der Beziehung einer Pflegekraft zu einem Pflegebedürftigen zum Ausdruck:

- **Orientierung:** In dieser Phase werden Informationen gesammelt und der Pflegebedürftige bei der Konkretisierung seiner Probleme und Bedürfnisse unterstützt. Er lernt die unterschiedlichen Aspekte seines Problems und das Ausmaß der Pflegebedürftigkeit kennen. Erlebt der Pflegebedürftige die Orientierungsphase bewusst, so wird z.B. die Erkrankung nicht verdrängt, sondern anerkannt

- **Identifikation:** Der Pflegebedürftige identifiziert sich mit der Pflegekraft und bestimmt mit, inwieweit er abhängig bzw. unabhängig sein wird. Die Pflegekraft unterstützt ihn dabei, indem sie seine Persönlichkeit stärkt
- **Nutzung:** In dieser Phase ist der Pflegebedürftige bestrebt, seine Ziele mit dem Einverständnis der Pflegekräfte zu erreichen. Er versucht, die Angebote der Pflegekräfte maximal zu nutzen
- **Ablösung:** Nach und nach wird der Pflegebedürftige unabhängig vom pflegerischen Handeln der Pflegekräfte. Alte Ziele sind erreicht, neue werden angestrebt und damit auch neue Schritte in Richtung auf ein kreatives, konstruktives, produktives persönliches und gesellschaftliches Leben.

Die Rolle der Pflegekräfte wechselt in Abhängigkeit von den sich im Verlauf des Pflegeprozesses ändernden Problemen und Bedürfnissen des Pflegebedürftigen:

- Die **Fremde:** Sowohl Pflegekraft als auch Pflegebedürftiger begegnen sich während der Orientierungsphase zunächst als Fremde. Zu einer Vertiefung der Beziehung führen emotionale Unterstützung, Informationssammlung und menschlicher Umgang
- Die **Expertin** mit Zugriff auf Hilfsmöglichkeiten: Die Pflegekraft ist in der Lage, den Pflegebedürftigen bei der Ausdifferenzierung seines Problems zu unterstützen und kann auf die spezifischen Probleme Antworten geben, Dienste anbieten oder vermitteln
- Die **Unterrichtende:** Um die weitere Entwicklung des Pflegebedürftigen zu erreichen, muss die Pflegekraft während der gesamten Beziehung die Rolle der Lehrenden übernehmen. Das Lehren muss vom Wissenstand des Pflegebedürftigen ausgehen
- Die **Leitende:** Die Pflegekraft hat eine leitende Funktion, der Führungsstil ist demokratisch. Sie übermittelt Informationen und lässt es zu, dass sich der Pflegebedürftige aktiv am Geschehen und den Entscheidungen beteiligt
- Die **Stellvertreterin:** Die Pflegekraft übernimmt stellvertretend das Handeln für den Pflegebedürftigen. Das Maß an Abhängigkeit bzw. Unabhängigkeit bestimmen Pflegekraft und Pflegebedürftiger gemeinsam
- Die **Begleiterin** (Beraterin): In dieser Rolle wendet die Pflegekraft verschiedene Techniken an, um dem Pflegebedürftigen zu helfen, die neue Situation zu akzeptieren und ins gewohnte Leben zu integrieren.

Literaturtipp

Simpson, Howard: Pflege nach Peplau. Lambertus Verlag. Freiburg im Breisgau 1997

Surftipp

Homepage von Hildegard Peplau (englisch): www.uwo.ca/nursing/homepg/peplau.html

2.6.3 Virginia Henderson: Grundregeln der Krankenpflege

Virginia Henderson (1897–1996) begann während des Ersten Weltkrieges ihre Krankenpflegeausbildung, die sie 1921 beendete. Anschließend arbeitete sie in der psychiatrischen Pflege, der Kinderkrankenpflege und der ambulanten Pflege in New York, wo sie auch von 1926 bis 1929 studierte und von 1930 bis 1948 Krankenpflege lehrte. Sie erlangte vor allem durch ihre „Grundprinzipien der Krankenpflege“, inzwischen in über 20 Sprachen übersetzt, zu Weltruhm.

Virginia Henderson ging es sehr darum, den *eigenständigen* Aufgabenbereich der Pflege vom ärztlichen Aufgabenbereich abzugrenzen und die eigenständigen Aufgaben der Pflege zu beschreiben (☞ Abb. 3.4).

Person

Der Mensch ist ein Individuum und eine Gesamtheit aus Körper und Geist. Er und seine Familie sind eine Einheit.

Umgebung

Sämtliche äußeren Bedingungen können den Menschen beeinflussen. Gesunde können ihre Umgebung eigenständig kontrollieren, Kranke benötigen dabei Hilfe.

Gesundheitszustand

Der Mensch sollte ein physiologisches und emotionales Gleichgewicht anstreben. Gesundheit bringt Lebensqualität und Unabhängigkeit, Kranke hingegen sind abhängig und in ihrer Lebensqualität eingeschränkt.

Pflegerische Aufgaben, Pflegeprozess, pflegerisches Handeln

1955 veröffentlichte Henderson erstmals ihre **Definition** von Pflege.

Dieses sei der Bereich, der der alleinigen Kontrolle der Pflegekräfte unterliege und in der sie die Meister seien. Daneben helfen sie dem Menschen, den ärztlichen Behandlungsplan durchzuführen. Henderson betont, dass die Einschränkungen in den Grundbedürfnissen ermittelt und das pflegerische Handeln geplant werden muss.

☑ **Hendersons Definition von Pflege**
„Die besondere Funktion der Schwester besteht in Hilfeleistung für den Einzelnen, ob krank oder gesund; in der Durchführung jener Handreichungen, die zur Gesundheit oder Genesung beitragen (oder zu einem friedlichen Tod), welche der Kranke selbst ohne Unterstützung vornehmen würde, wenn er über die nötige Kraft, den Willen und das Wissen verfügte. Diese Hilfeleistung hat in der Weise zu geschehen, dass der Kranke so rasch wie möglich seine Unabhängigkeit wieder erlangt."

So haben Pflegekräfte dem Menschen zu helfen oder dafür zu sorgen, dass er im Stande ist:

- Normal zu atmen
- Entsprechend seinen Bedürfnissen zu essen und zu trinken
- Auszuscheiden mit Hilfe aller Ausscheidungsorgane
- Sich zu bewegen und eine gewünschte Position einzuhalten (laufen, sitzen, liegen, Lage wechseln)
- Zu schlafen und zu ruhen
- Entsprechende Bekleidung auszuwählen, sich aus- und anzuziehen
- Normale Körpertemperatur durch jeweils dem Klima angepasste Kleidung aufrecht zu erhalten
- Den Körper sauber und gepflegt zu halten und die Haut zu schützen
- Gefahren in der Umgebung sowie Verletzungen anderer zu vermeiden
- Mit anderen Menschen zu verkehren und z. B. Empfindungen, Nöte und Befürchtungen kundzutun
- Gemäß dem persönlichen Glauben Gott zu dienen
- Etwas zu tun, das ein Gefühl der Befriedigung verschafft
- Zu spielen oder an verschiedenen Unterhaltungen teilzunehmen
- Zu lernen, entdecken oder die Begierde zu befriedigen, was zur „normalen" Entwicklung und Gesundheit führt.

Henderson unterteilt die **Einflussfaktoren** in Dauerzustände und krankhafte Zustände.

Dauerzustände sind:

- *Alter:* Neugeborene, Kindheit, Jugend, Mittelalter, Alter und Sterben
- *Temperament:* Gemütszustand oder vorübergehende Laune, z. B.: „normal", euphorisch, überaktiv, ängstlich, furchtsam, verärgert, hysterisch, deprimiert, träge
- *Sozialer und kultureller Stand:* Familienmitglied oder alleinstehende Person, sich schlecht anpassend, verarmt
- *Körperliche und intellektuelle Fähigkeiten:* normales Gewicht, Unter- oder Übergewicht, normale, begabte oder unternormale Mentalität, normale Fähigkeit zum Hören, Sehen, Gleichgewichthalten und Tasten, Verlust besonderer Sinnesorgane, normale motorische Kraft, Verlust der motorischen Kraft.

Krankhafte Zustände sind:

- Auffallende Störung des Flüssigkeits- und Mineralstoffhaushaltes einschließlich Hungerzustände, Erbrechen und Durchfall
- Akuter Sauerstoffmangel
- Schock (einschließlich „Kollaps" und Blutung)
- Störung des Bewusstseins (Ohnmacht, Koma, Delirium)
- Auffallend abnorme Körpertemperatur infolge von Hitze- oder Kälteeinwirkung
- Akute fieberhafte Zustände
- Lokale Verletzung, Wunde und/oder Infektion
- Ansteckende Krankheit
- Prä- oder postoperativer Zustand
- Immobilisierung infolge Krankheit oder verordneter Behandlung
- Dauernder oder unerklärlicher Schmerzzustand.

Hendersons Arbeit hat viele der nachfolgenden Arbeiten und insbesondere die Pflegeausbildung maßgeblich beeinflusst.

Surftipp
Homepage von Virginia Henderson (englisch): www.stti.iupui.edu/library/virginia.html

Virginia Henderson and her timeless writings: www.unc.edu/~ehallora/henderson.htm

2.6.4 Dorothea Orem: Selbstpflege-Defizit-Theorie

Dorothea Orem (* 1923) absolvierte ihre Krankenpflegeausbildung in den 30er-Jahren in Washington D.C., wo sie anschließend auch Pflegepädagogik studierte. Nach mehreren universitären Abschlüssen wurde sie Schulleiterin und Pflegedirektorin eines Detroiter Krankenhauses. Von 1949 bis 1959 war sie Pflegeberaterin des US-Gesundheitsministeriums, später lehrte sie an verschiedenen Universitäten.

Zuerst wurde ihr Buch „Nursing: Concepts of Practice" veröffentlicht, aber sie entwickelte ihre Theorien immer weiter und arbeitet noch heute daran. Ihr Modell hat Einzug in die Lehrpläne und Pflegeleitbilder vieler Institutionen des Gesundheitswesen in zahlreichen Ländern der Welt gehalten.

Das konzeptuelle Modell von Dorothea E. Orem gliedert sich in **drei Bereiche,** international ist die Selbstpflege-Defizit-Theorie wohl am bekanntesten.

- Mit der **Selbstpflegetheorie** wird die Selbsthilfe erklärt und begründet
- Mit der **Theorie des Selbstpflegedefizits** wird erklärt und begründet, warum Pflege dem Menschen helfen kann
- Die **Theorie des Pflegesystems** erklärt Beziehungen, die vorhanden sein müssen, damit Pflege stattfinden kann.

Person

Der Mensch ist ein ganzheitliches Wesen, das bei Orem als „Selbst" bezeichnet wird. Mit dem Begriff „Selbstpflege" wird das ganzheitliche Wesen und die Pflege verbunden. Eine Person verfügt über Fähigkeiten und Fertigkeiten zur Selbstpflege, die durch interne und externe Faktoren beeinflusst werden können.

Umgebung

Die Umwelt spielt bei der Prägung und Entwicklung einer Person eine entscheidende Rolle. Orem unterscheidet physikalische, chemische, biologische und soziale Merkmale. Die sozialen Merkmale beinhalten unter anderem auch die gesellschaftlichen und kulturellen Aspekte.

Gesundheitszustand

Zur Gesundheit gehören nach Orem physische, psychische, zwischenmenschliche und soziale Aspekte. Gesundheit setzt sie nicht mit Wohlbefinden gleich:

- **Gesundheit** bedeutet, dass anatomische Strukturen wie z.B. Organe und körperliche und mentale Funktionen und Regelkreise unversehrt und funktionstüchtig sind
- **Wohlbefinden** hingegen ist ein Zustand der Zufriedenheit, der Freude und des Glücks.

Pflegerische Aufgaben, Pflegeprozess, pflegerisches Handeln

Pflege ist nach Orem ein menschlich-helfender Dienst, der auf dem Selbstpflegebedarf einer Person basiert. Die zentrale Aufgabe der Pflege ist eine kontinuierliche Betreuung, die sich am individuellen Bedarf der Person an selbstpflegerischen Handlungen orientiert. Darüber hinaus hat Pflege die Aufgabe, für die Organisation und Gestaltung der Umgebung zu sorgen. Sie beschreibt sechs charakteristische Komponenten, die die Pflege von der Medizin und anderen Gesundheitsfachberufen unterscheidet:

- Die Wahrnehmung der Person über ihre eigene gesundheitliche Situation
- Die Wahrnehmung der Medizin über die gesundheitliche Situation der Person
- Der gesundheitliche Zustand der Person
- Die von der Person angestrebten gesundheitlichen Ziele
- Der therapeutische Selbstpflegebedarf
- Die aktuelle Einschränkung der Selbstpflege.

Orem teilt den Pflegeprozess (☞ 2.7) in vier Elemente ein:

- Pflegediagnose (Assessment)
- Pflegeverordnung (Planung)
- Pflegebehandlung (Intervention)
- Case Management (Auswertung).

Die Selbstpflegetheorie

Orem versteht unter Selbstpflege erlernte, zielgerichtete Aktivitäten eines Menschen auf sich selbst oder die Umgebung gerichtet, mit denen er Faktoren reguliert, die seine eigene Entwicklung oder lebenswichtige Funktionen, Gesundheit oder Wohlbefinden beeinträchtigen.

Menschliche Bedürfnisse erfordern einen bestimmten Bedarf an Selbstpflege, die Selbstpflegeerfordernisse. Dabei unterscheidet Orem drei Arten.

Allgemeine Selbstpflegeerfordernisse haben alle menschlichen Wesen während des gesamten Lebens. Hierzu zählen:

- Ausreichende Aufnahme von Luft
- Ausreichende Aufnahme von Wasser
- Ausreichende Aufnahme von Nahrung
- Aufrechterhaltung der Ausscheidung
- Erhaltung des Gleichgewichts zwischen Aktivität und Ruhe
- Erhaltung des Gleichgewichts zwischen Alleinsein und sozialer Integration
- Abwendung von Gefahren für Leben, menschliche Funktion und Wohlbefinden
- Förderung von Entwicklung und menschlichem Funktionieren innerhalb von sozialen Gruppen in Übereinstimmung mit den menschlichen Möglichkeiten.

Entwicklungsbedingte Selbstpflegeerfordernisse beeinflussen die jeweiligen Entwicklungsprozesse im Laufe der unterschiedlichen Lebensphasen (Embryo in der Gebärmutter, Säugling, Kleinkind, Kind im Vorschulalter, Kind im Schulalter, während der Jugend einschließlich Adoleszenz, Erwachsene bis hin zum hohen Alter). Zu den entwicklungsbedingten Selbstpflegeerfordernissen zählt Orem:

- Bedingungen, die einen positiven Einfluss auf die Entwicklung haben
- Bedingungen, die die menschliche Entwicklung nachteilig beeinflussen können.

Gesundheitsbedingte Selbstpflegeerfordernisse stehen in Zusammenhang mit funktionellen Einschränkungen, Erkrankungen sowie den Auswirkungen der medizinischen Diagnostik und Therapie:

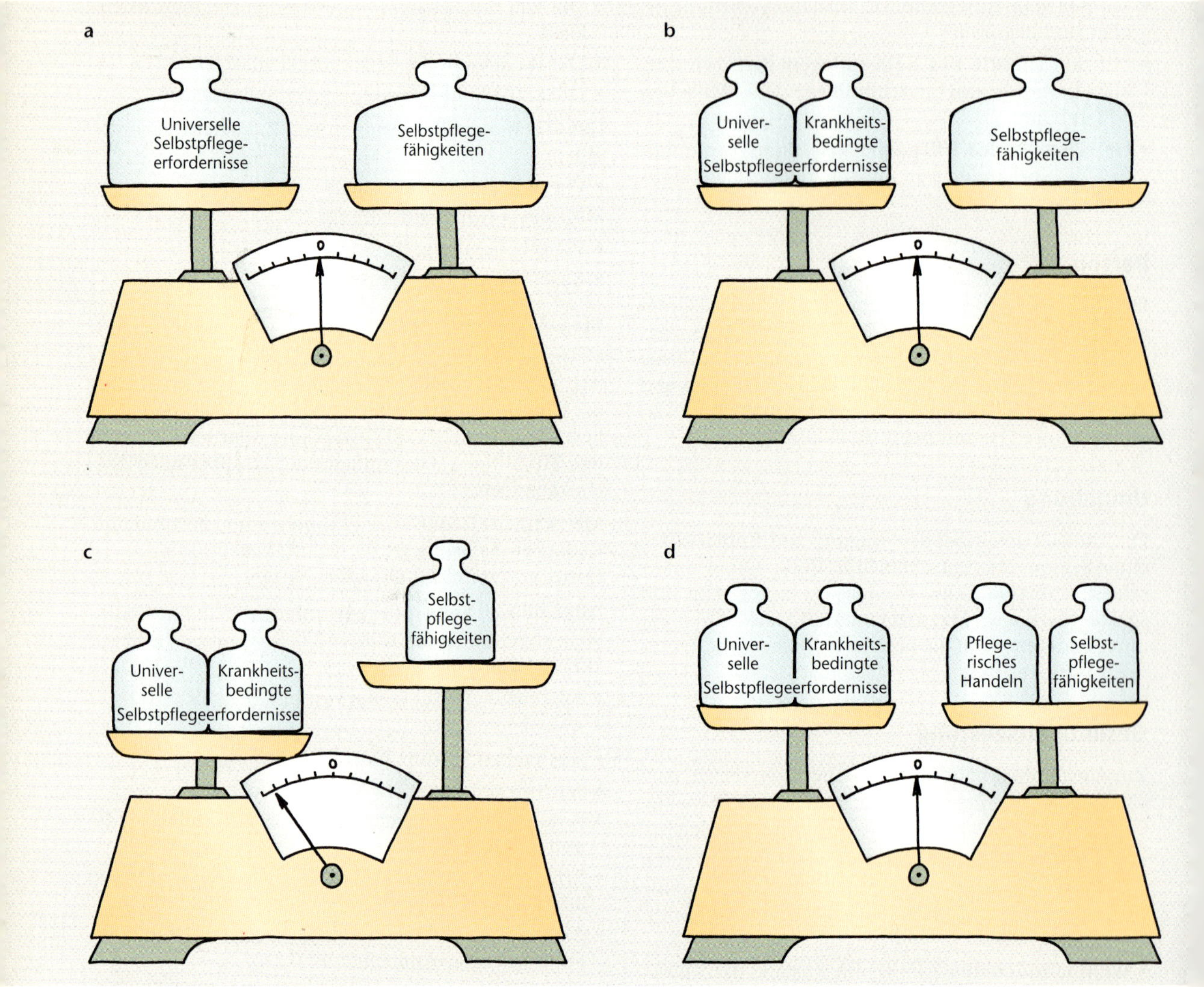

Abb. 2.14:
a. Selbstpflegeerfordernisse und Selbstpflegefähigkeiten halten sich die Waage.
b. Trotz krankheitsbedingt erhöhten Selbstpflegeerfordernissen reichen die Selbstpflegefähigkeiten aus, um für sich zu sorgen. Ein Beispiel dafür wäre ein Diabetiker, der gelernt hat, mit seiner Erkrankung zu leben, seinen Blutzucker zu kontrollieren und Diät zu halten.
c. Übersteigen die Selbstpflegeerfordernisse, z. B. durch eine Krankheit, die Selbstpflegefähigkeiten, kippt das System und es entsteht ein Selbstpflegedefizit. Ist ein alter Mensch durch eine Erkrankung z. B. bettlägerig geworden, kann er nicht mehr in dem Maße für sich selbst sorgen, wie es erforderlich wäre.
d. Pflegerisches Handeln gleicht mangelnde Selbstpflegefähigkeiten aus, so dass wieder ein Gleichgewicht entsteht. [A500-119]

- Bestehende oder zu erwartende Gesundheitsstörungen
- Information über die betreffende Störung
- Information über wirksame und effektive Durchführung der vorgeschriebenen Maßnahmen
- Information über Nebenwirkungen und deren Vermeidung bzw. Behebung
- Anpassung des Selbstbildes an die Gesundheitsstörungen und erforderlichen Behandlungen
- Lernen, mit den Folgen der Erkrankung zu leben und dadurch eine weitere persönliche Weiterentwicklung und Reifung zu bewirken.

Theorie des Selbstpflegedefizits

Selbstpflegefähigkeiten sind Kompetenzen, die notwendig sind, um den Selbstpflegeerfordernissen gerecht werden zu können. Zu den Kompetenzen gehören z. B.:

- Interesse und Aufmerksamkeit an sowohl inneren als auch äußeren Faktoren, die die Selbstpflege beeinflussen

- Motivation
- Fähigkeit, Entscheidungen zu treffen
- Fähigkeit, Wissen zu erwerben, zu erhalten und anzuwenden
- Fähigkeit, Prioritäten setzen zu können.

☑ Ein **Selbstpflegedefizit** entsteht bei (☞ Abb. 2.14):
- Erhöhten Selbstpflegerfordernissen, z. B. durch eine Krankheit, so dass die vorhandenen Selbstpflegefähigkeiten nicht ausreichen
- Eingeschränkten Selbstpflegefähigkeiten bei „normalen" Selbstpflegeerfordernissen.

Theorie der Pflegesysteme

Je nach Ausmaß an pflegerischem Handeln, das notwendig ist, um die mangelnden Selbstpflegefähigkeiten eines Menschen auszugleichen, benennt Orem drei Pflegesysteme (☞ Abb. 2.15):

- Das **vollständig kompensierende System** wird angewendet, wenn die Person die Selbstpflege gar nicht mehr durchführen kann. Dies bedeutet, dass die Pflegekraft eine Tätigkeit vollständig für den Pflegebedürftigen übernimmt, z. B. das Essen anreichen
- Das **teilweise kompensierende System** wird angewendet, wenn die Person ihre Selbstpflege noch teilweise selbst durchführen kann und daher nur in Teilbereichen der Hilfe bedarf. Das wäre z. B. der Fall, wenn die Pflegekraft zwar das Essen zerkleinert, der Pflegebedürftige dann aber alleine isst
- Das **unterstützende-erzieherische System** wird angewendet, wenn die Person die Selbstpflege grundsätzlich selbst durchführen kann, jedoch der Information bzw. Schulung bedarf. Die Pflegekraft wirkt unterstützend-erzieherisch, wenn sie den Pflegebedürftigen z. B. zum Umgang mit Hilfsmitteln wie z. B. Einhand-Bestecken berät, er dann aber mit diesen Informationen keinen weiteren Hilfebedarf hat und alleine sein Essen zubereiten und verzehren kann.

Literaturtipp
Cavanagh, Stephen J.: Pflege nach Orem. Lambertus Verlag. Freiburg im Breisgau 1997

Surftipp
Selbstpflege-Defizit-Theorie: www.soep.de/spdt/index.htm

Self-Care Deficit Nursing Theory (englisch): www.muhealth.org/~son/scdnt/scdnt.html

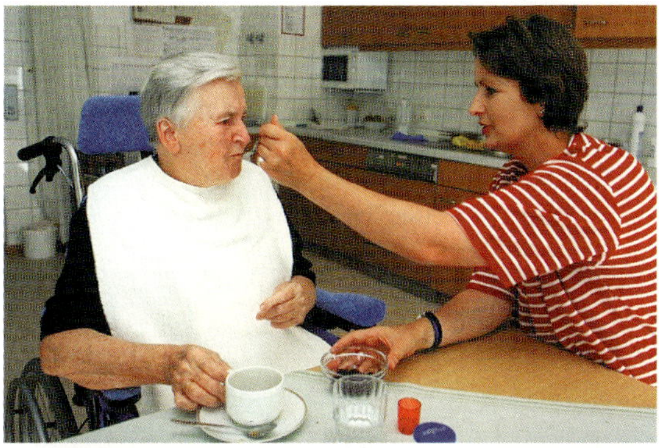

Abb. 2.15:
Oben: Vollständig kompensierende Pflege
Mitte: Teilweise kompensierende Pflege
Unten: Unterstützend-erzieherische Pflege. [K157]

2.6.5 Nancy Roper et al.: Die Elemente der Krankenpflege

Nancy Roper, eine Schottin, unterrichtete nach ihrer Krankenpflegeausbildung 15 Jahre an einer Krankenpflegeschule. 1970, nach einer Tätigkeit als Schriftstellerin, erhielt sie ein Forschungsstipendium und forschte über die klinische Erfahrung in der Krankenpflegeausbildung. Von 1975 bis 1978 arbeitete sie als Nursing Officer für Forschung am schottischen Gesundheitsdepartment.

Nancy Roper entwickelte ihr Modell gemeinsam mit Winifred Logan und Alison Tierney. Bereits 1987 lag eine erste deutsche Übersetzung aus dem Englischen vor. In gewisser Weise trat zu diesem Zeitpunkt eine Wende ein, denn aus den von Virginia Henderson bezeichneten Grund**bedürfnissen** (☞ 2.6.3) wurden bei Roper et al. die **Lebensaktivitäten** *(LA)*.

Abb. 2.16: Nancy Roper während eines Vortrags über Pflegetheorien 1996 in Heidelberg. [O160]

Der Grund hierfür war, dass Kritiker der Meinung waren, die Sorge um Grundbedürfnisse hätte eher eine abhängigkeitsfördernde Pflege zur Folge. Um dieses zu verhindern, war nun von Lebensaktivitäten die Rede, die deutlich machen sollten, dass der Mensch grundsätzlich in der Erfüllung seiner Bedürfnisse aktiv ist und so schnell wir möglich wieder aktiv sein sollte. Zunehmend wurde zu diesem Zeitpunkt auch der Begriff *aktivierende Pflege* benutzt.

Im Grunde war die Kritik nicht ganz berechtigt, da bereits Virginia Henderson in ihrer Pflegedefinition betont, dass es das Ziel der Hilfeleistung sei, dass der Kranke schnellstmöglich wieder ohne fremde Hilfe auskommen soll.

Roper et al. haben aber nicht nur die Lebensaktivitäten, auf die ihr Modell häufig reduziert wird, sondern ein Modell für die Krankenpflege auf der Grundlage eines Modells des Lebens entwickelt (☞ Abb. 2.17). Die Lebensaktivitäten sind lediglich ein Bestandteil dieses konzeptuellen Modells.

Das Modell von Roper et al. hatte einen erheblichen Einfluss auf die Arbeit von *Liliane Juchli* und damit auch auf die Ausbildung in Deutschland. Nach Juchli werden die Lebensaktivitäten als **Aktivitäten des täglichen Lebens** *(ATL)* bezeichnet.

Person

Der Mensch ist bei Roper et al. ein Individuum, das während seiner gesamten Lebensspanne seine Lebensaktivitäten wahrnimmt. Hierbei strebt er nach größtmöglicher Unabhängigkeit und Selbstverwirklichung bei jeder Lebensaktivität, wobei er ständig zwischen Abhängigkeit und Unabhängigkeit schwankt. Die Lebensspanne beginnt bei Roper et al. bereits mit der Empfängnis und endet mit dem Tod.

Umgebung

Der Umgebung wird auf zweierlei Weise eine bedeutende Rolle zugewiesen. Zum einen wird die Lebensaktivität „Für eine sichere Umgebung sorgen" an erste Stelle von allen Lebensaktivitäten gesetzt. Zudem wird sie teilweise in den Faktoren, die die Lebensaktivitäten beeinflussen können, berücksichtigt. Drei dieser *Einflussfaktoren* können der Umgebung zugeordnet werden:

- Soziokulturelle Faktoren
- Umgebungsabhängige Faktoren
- Politisch-ökonomische Faktoren.

Gesundheit

Gesundheit und Krankheit werden bei Roper et al. nicht explizit beschrieben, kommen allerdings durch zwei weitere im Modell des Lebens genannte *Einflussfaktoren* indirekt zum Ausdruck, den

- Körperlichen Faktoren und den
- Psychologischen Faktoren.

Zudem halten es Roper et al. für wichtig, im Rahmen des Pflegeprozesses *gesundheitsbezogene Daten* zu sammeln.

Pflegerische Aufgaben, Pflegeprozess, pflegerisches Handeln

Zu der pflegerischen Aufgabe gehört die Unterstützung des Menschen bei der Aufklärung, Vorbeugung, Handhabung und Lösung seiner Probleme in den Le-

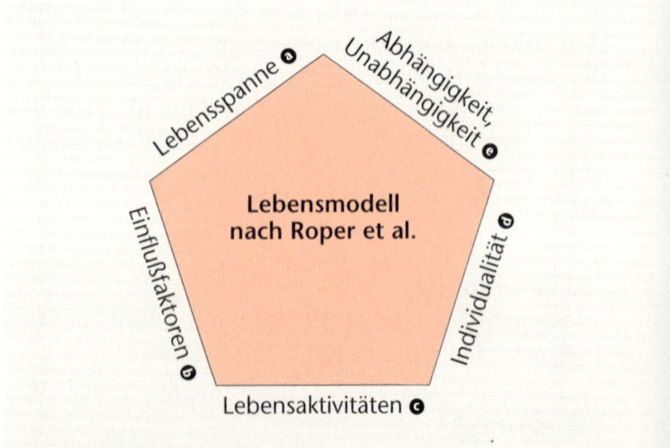

Abb. 2.17: Diagramm vom Modell des Lebens nach Nancy Roper: Im Verlauf eines Lebens (a) üben verschiedene Faktoren (b) Einfluss auf die Lebensaktivitäten eines Menschen (c) aus, so dass seine Individualität (d) einen interschiedlichen Grad an Abhängigkeit bzw. Unabhängigkeit (e) erreicht. [E123]

bensaktivitäten. Dabei darf die Pflege nur so wenig wie möglich, auch in den Lebensstil der Person, eingreifen.

Die **Lebensaktivitäten** (*LA*) werden wie folgt bezeichnet und strukturiert:

☑ **Lebensaktivitäten nach Roper et al.**
- Für eine sichere Umgebung sorgen
- Kommunizieren
- Atmen
- Essen und Trinken
- Ausscheiden
- Sich sauber halten und kleiden
- Die Körpertemperatur regulieren
- Sich bewegen
- Arbeiten und Spielen
- Sich als Mann oder Frau fühlen und verhalten
- Schlafen
- Sterben.

Der **Individualität** eines Menschen wird Rechnung getragen, indem gefragt wird:
- Wie, wie oft, wo, wann und warum führt der Mensch die LA aus?
- Was weiß der Mensch über die LA?
- Was für Überzeugungen und Haltungen hat der Mensch in Bezug auf die LA?

Darüber hinaus wird die Individualität durch die Beachtung der Einflussfaktoren berücksichtigt.

Der **Pflegeprozess** wird im Modell des Lebens nicht erwähnt, wurde jedoch unter dem Begriff *„Individuelle Krankenpflege"* in das Lehrbuch integriert. Es werden vier Schritte beschrieben (☞ 2.7).
- **Einschätzung:** Informationen von bzw. über die Person sammeln und prüfen, Probleme herausfiltern und eine Rangfolge der Probleme aufstellen. Auf diese Weise entsteht ein umfassendes Bild über
  - Bisherige Gewohnheiten
  - Das, was die Person für sich selbst tun kann
  - Das, was die Person nicht für sich selbst tun kann
  - Probleme und Beschwerden
  - Die bisherige Art, mit diesen Problemen und Beschwerden fertig zu werden
- **Planung** der Pflege in Zusammenarbeit mit der Person und evtl. mit ihrer Familie
- **Durchführung** des Pflegeplanes
- **Auswertung** des Pflegeplanes.

Literaturtipp
Newton, Charleen: Pflege nach Roper, Logan, Tierney. Lambertus Verlag, Freiburg im Breisgau 1997

2.6.6 Monika Krohwinkel: Rahmenmodell ganzheitlich fördernder Prozesspflege

Monika Krohwinkel, zur Zeit Professorin an der Fachhochschule Darmstadt, hat ihr Rahmenmodell ganzheitlich fördernder Prozesspflege im Jahre 1988 entwickelt und der Studie „Der Pflegeprozess am Beispiel von Apoplexiekranken" zu Grunde gelegt (☞ Literaturtipp).

Person

Die Person, für Krohwinkel Pflegebedürftige und Pflegende, ist von zentralem Interesse. Der Mensch ist mehr als die Summe seiner Teile und er ist fähig, sich zu entwickeln und selbst zu verwirklichen, wobei er in der Lage ist, selbstständig zu denken und zu handeln.

Umgebung

Die Umgebung wird ganzheitlich gesehen und ist die wichtigste Komponente für die Gesundheit, das Wohlbefinden und das Leben des Menschen. Mensch und Umgebung sind sich gegenseitig beeinflussende, offene Systeme. Zur Umgebung gehören andere Menschen und Lebewesen sowie physikalische, materielle und gesellschaftliche Faktoren, die Einfluss auf das Leben der Person haben.

Gesundheitszustand

Gesundheit und Krankheit werden als dynamische Prozesse gesehen. Das Interesse gilt nicht nur den Defiziten, sondern auch den Fähigkeiten der Person. Der medizinische Befund wird zwar als Teil von Gesundheit einbezogen, als pflegerische Zielsetzung wird jedoch der Teil der Gesundheit angestrebt, der von der Person selbst als Wohlbefinden und Unabhängigkeit gesehen und erfahren wird. Wohlbefinden und Unabhängigkeit sind nach Krohwinkel untrennbar miteinander verbunden.

Pflegerische Aufgaben, Pflegeprozess, pflegerisches Handeln

Krohwinkel spricht vom pflegerischen Handlungsprozess, dessen Ausgangspunkt die menschlichen Bedürfnisse, Probleme und Fähigkeiten, sowie ihre Auswirkungen auf Wohlbefinden und Unabhängigkeit sind. Bedürfnisse und Fähigkeiten werden nicht künstlich zerlegt in physisch-funktional, willentlich-emotional, kulturell oder sozial, sondern ganzheitlich gesehen.

Krohwinkel meint wie Orem (☞ 2.6.4), dass Menschen normalerweise Selbstpflegeaktivitäten entfalten, um für die Sicherheit von Gesundheit und Leben zu sorgen. Benötigt der Mensch professionelle pflegerische Hilfe, so verweist Krohwinkel auf Orem, die Methoden und Hilfeleistungen anbietet, um den Pflegebedürftigen bei der Wahrnehmung seiner Selbstpflegeaktivitäten zu unterstützen.

Das **AEDL-Strukturmodell** (**A**ktivitäten und existenzielle **E**rfahrungen **d**es **L**ebens) besteht aus dreizehn Bereichen, die untereinander in Beziehung stehen und in das Rahmenmodell ganzheitlich fördernder Prozesspflege (☞ Abb. 2.18) eingebettet sind.

☑ Aktivitäten und existenzielle Erfahrungen des Lebens nach Krohwinkel

1. Kommunizieren
2. Sich bewegen
3. Vitale Funktionen des Lebens aufrecht erhalten
4. Sich pflegen
5. Essen und trinken
6. Ausscheiden
7. Sich kleiden
8. Ruhen und schlafen
9. Sich beschäftigen
10. Sich als Mann oder Frau fühlen und verhalten
11. Für eine sichere Umgebung sorgen
12. Soziale Bereiche des Lebens sichern
13. Mit existenziellen Erfahrungen des Lebens umgehen.

Die Nummerierungen symbolisieren keine Hierarchie. Die ersten elf AEDL-Bereiche sind an die ATLs von Juchli (☞ 2.6.5) angelehnt, die AEDL „Soziale Bereiche des Lebens sichern" und „Mit existenziellen Erfahrungen des Lebens umgehen" sind von Krohwinkel hinzugefügt worden. Die „sozialen Bereichen des Lebens" schließen auch die nachstationäre Versorgung und die Pflege durch Angehörige mit ein.

Die existentiellen Erfahrungen des Lebens unterteilt Krohwinkel in drei Gruppen und führt jeweils Beispiele auf:

- Die **Existenz gefährdende Erfahrungen** wie Verlust von Unabhängigkeit, Sorge und Angst, Misstrauen, Trennung, Isolation, Ungewissheit, Hoffnungslosigkeit, Schmerzen, Sterben
- Die **Existenz fördernde Erfahrungen** wie Wiedergewinnung von Unabhängigkeit, Zuversicht und Freude, Vertrauen, Integration, Sicherheit, Hoffnung, Wohlbefinden
- **Erfahrungen, welche die Existenz fördern oder gefährden können** wie kulturgebundene Erfahrungen, z.B. Weltanschauung oder Glauben sowie lebensgeschichtliche Erfahrungen.

Das **Rahmenmodell ganzheitlich-fördernder Prozesspflege** (☞ Abb. 2.18) beinhaltet das AEDL-Strukturmodell.

Im **primär pflegerischen Interesse** stehen die Bedürfnisse, Probleme (Defizite) und Fähigkeiten des Pflegebedürftigen in den Aktivitäten und existenziellen Erfahrungen des Lebens sowie seine primären per-

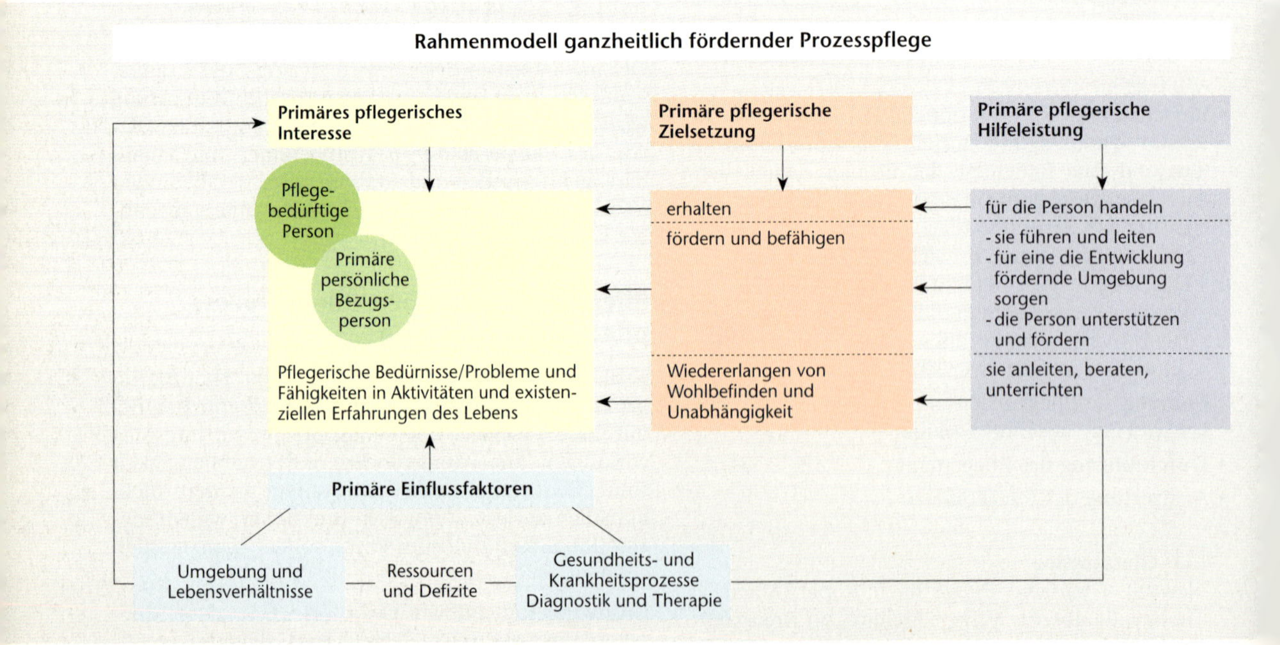

Abb. 2.18: Rahmenmodell ganzheitlich fördernder Prozesspflege von Monika Krohwinkel. Erläuterungen ☞ Text. [E165-001]

sönlichen Bezugspersonen. Ebenso werden Einflussfaktoren genannt:

- Umgebung und Lebensverhältnisse
- Gesundheits- und Krankheitsprozesse
- Medizinische Diagnostik und Therapie (einschließlich Ressourcen und Defizite).

Die **primär pflegerische Zielsetzung** umfasst: Erhalten, Fördern und Befähigen bzw. Wiedererlangen von Unabhängigkeit und Wohlbefinden der pflegebedürftigen Person in den AEDL, unabhängig davon, ob sie gesund, krank, behindert ist oder stirbt. Krohwinkel betont, dass gerade aus diesem Grunde auch die Fähigkeiten der persönlichen Bezugspersonen gezielt und systematisch zu erfassen, zu stützen und zu fördern seien.

Zur **primär pflegerischen Hilfeleistung** (Pflegemethodik) gehört es,

- Für den pflegebedürftigen Menschen zu handeln
- Ihn zu führen und zu leiten
- Für eine Umgebung zu sorgen, die einer positiven Entwicklung förderlich ist
- Ihn zu unterstützen
- Den pflegebedürftigen Menschen bzw. seine Bezugspersonen anzuleiten, zu beraten, zu unterrichten und zu fördern.

Ein wesentlicher Bestandteil im Rahmenmodell ganzheitlich-fördernder Prozesspflege ist zudem der **Pflegeprozess.** Krohwinkel übernimmt das Phasenmodell der WHO (☞ 2.7):

- Erhebung
- Planung
- Durchführung
- Auswertung.

Der ersten Phase, der Erhebung, misst sie besondere Bedeutung bei, da sie das Fundament des gesamten Ablaufs ist. Es werden pflegerelevante Probleme, ihre Ursachen und die Fähigkeiten des Pflegebedürftigen erfasst. Quelle dieser wichtigen Informationen ist der Pflegebedürftige selbst, er soll daher im Zentrum stehen und, wann immer möglich, aktiv einbezogen werden. Die Pflegeprozessdokumentation wird als Bestandteil ganzheitlich-fördernder Prozesspflege gesehen.

Krohwinkel entwickelte neben dem Modell ganzheitlich-fördernder Prozesspflege zudem ein Managementmodell, um für die Strukturbedingungen pflegerischen Handelns einen Rahmen, insbesondere aber die Aufgaben und Verantwortungen festzulegen (☞ Abb. 2.19).

Literaturtipp
Krohwinkel, Monika: Der Pflegeprozess am Beispiel von Apoplexiekranken. Eine Studie zur Erfassung und Entwicklung ganzheitlich-rehabilitierender Prozesspflege. Nomos Verlag, Baden-Baden 1992

2.7 Pflegeprozess

Schritte bzw. Phasen des Pflegeprozesses

Pflegeprozess: Sammlung und Analyse von Informationen über die Situation eines zu pflegenden Menschen, aus denen ein individueller Pflegeplan mit Pflegezielen und entsprechenden Pflegemaßnahmen erstellt, umgesetzt und anschließend evaluiert (Wirksamkeit der Pflege beurteilt) wird.

Der Pflegeprozess ist ein viel diskutiertes und kritisiertes Instrument zur Problemlösung und Systematisierung pflegerischen Handelns. Die praktische Umsetzung wurde bereits seit Mitte der 80er-Jahre mit mehr oder weniger großem Erfolg versucht. Vor allem die Dokumentation des Pflegeprozesses bereitet noch heute ausgesprochene Probleme (☞ unten).

Es gibt verschiedene Modelle, die der Praxis nutzen sollen (☞ Abb. 2.20). Das in Deutschland bekannteste Modell wurde von V. Fiechter und M. Meier (☞ Literaturtipp) auf der Grundlage der Entscheidungstheorie erarbeitet. Demnach wird dadurch eine Entscheidung getroffen, dass man zwischen verschiedenen Möglichkeiten diejenige wählt, die zur Erreichung des Ziels führt. Um festzustellen, ob die gewünschte Veränderung eingetreten ist, wird die neue Situation mit der Ausgangssituation verglichen.

Nach diesem Modell beinhaltet der **Pflegeprozess sechs Phasen:**

1. Informationssammlung
2. Erfassung der Probleme und Ressourcen
3. Festlegung der Pflegeziele
4. Planung der Pflegemaßnahmen
5. Durchführung der Pflege
6. Beurteilung der Pflegewirkung.

Die *WHO* entschied sich 1987 für den **vierschrittigen Pflegeprozess:**

1. Einschätzen
2. Planen
3. Durchführen
4. Auswerten.

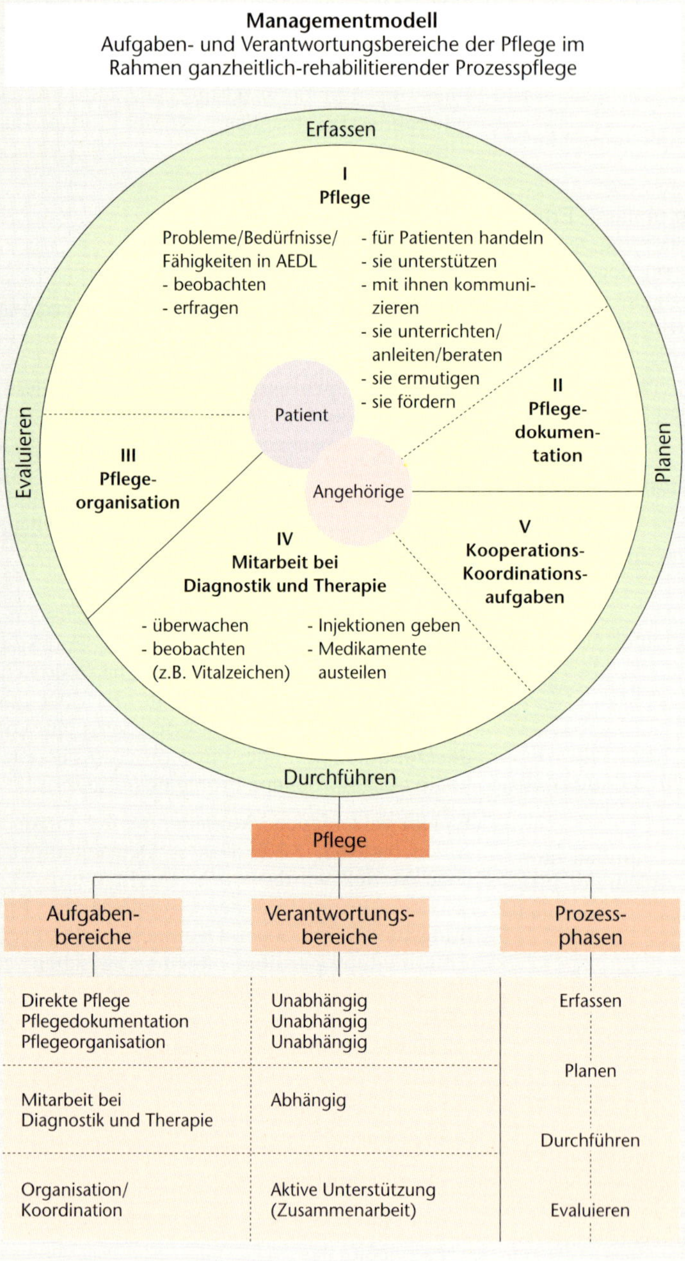

Abb. 2.19: Managementmodell von Monika Krohwinkel. [E165-001]

Die *NANDA (North American Nursing Diagnosis Association)* entschied sich für einen **fünfschrittigen Pflegeprozess**:

1. Assessment (Einschätzung)
2. Pflegediagnose
3. Planung
4. Intervention
5. Evaluation.

Umsetzungsschwierigkeiten

Dokumentation

Die Umsetzung des Pflegeprozesses, vor allem in Bezug auf die **Dokumentation,** bereitete bisher große Schwierigkeiten, weil viele Jahre lang vor allem die Pflegeplanung und Pflegeauswertung, nicht aber der erste und zweite Schritt des Pflegeprozesses im Zentrum des Interesses stand. Es ist schwierig, pflegerisches Handeln zu planen, wenn keine oder nur wenige Instrumente zur Verfügung stehen, mit deren Hilfe pflegerelevante Informationen gesammelt werden können. Viele der von Dokumentationsfirmen entwickelten sogenannten Anamneseformulare haben zudem kaum einen systematischen Bezug zu den jeweils verwendeten konzeptuellen Modellen oder Theorien (☞ 2.6).

Keine einheitliche Pflegefachsprache

Die Umsetzungsschwierigkeiten liegen im Wesentlichen aber auch daran, dass sich eine Pflegefachsprache gerade erst entwickelt. Somit bleibt es zunächst jeder einzelnen Pflegekraft allein überlassen, sich Gedanken zu machen, wie sie das eine oder andere Problem bzw. die Ressource, das Bedürfnis, das Ziel und die Maßnahme benennt.

Literaturtipp
Völkel, Ingrid; Ehmann, Marlies: Spezielle Pflegeplanung in der Altenpflege. Urban & Fischer Verlag, München 2000
Fiechter, V.; Meier, M.: Pflegeplanung. Recom Verlag, Basel 1998

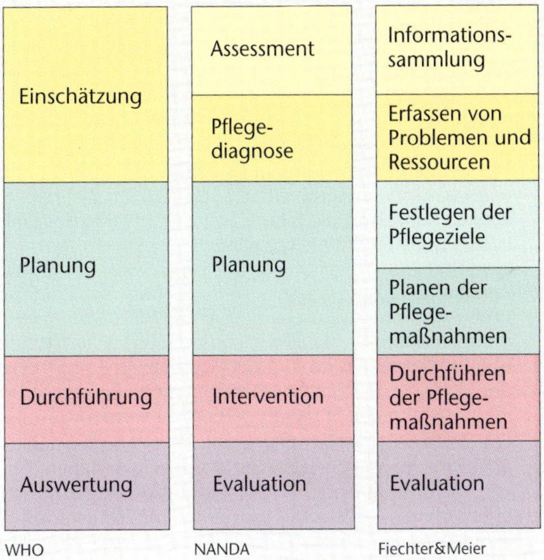

Abb. 2.20: Je nach Ursprung wird der Pflegeprozess in vier (WHO), fünf (NANDA) oder sechs (Fiechter und Meier) Schritte bzw. Phasen unterteilt.

2.8 Pflegeforschung

Ein wichtiger Aspekt der pflegewissenschaftlichen Entwicklung (☞ 2.1), der Weiterentwicklung der Pflegequalität und der Professionalisierung der Pflege (☞ 2.3) ist die **Pflegeforschung** (☞ Abb. 2.21). Mit ihrer Hilfe kann neues Pflegewissen entwickelt und bestehendes Pflegewissen auf seine Gültigkeit und Aktualität hin überprüft werden. Deshalb sind Pflegeforschungsergebnisse von großer Bedeutung für die Pflegepraxis.

Um Forschungsergebnisse verstehen und in der Praxis anwenden zu können, ist die Kenntnis einiger grundlegender Begriffe der Pflegeforschung unerlässlich.

2.8.1 Forschungsansätze

Wie schon in der wissenschaftlichen Betrachtung von konzeptuellen Modellen, Pflegemodellen und Pflegetheorien (☞ 2.4) gibt es auch in den Ansätzen der Pflegeforschung keine einheitliche Meinung und zum Teil ausgesprochen gegensätzliche Auffassungen. Im Folgenden wird ein Überblick über wichtige Grundbegriffe der Pflegeforschung gegeben.

Deskriptive und experimentelle Forschung

Die Pflegeforschung lässt sich zum Beispiel in deskriptive und experimentelle Ansätze einteilen.

Deskriptive Forschung: Forschungsansatz, bei dem Situationen beschrieben und analysiert werden.

Experimentelle Forschung: Forschungsansatz, bei dem durch gezielte Versuche neue Zusammenhänge erkannt werden.

Deskriptive Forschung beschreibt und entwickelt Hypothesen

Der **deskriptive Forschungsansatz** ist in der Pflege weit verbreitet, da er meist dem experimentellen Forschungsansatz vorausgeht und die Pflege noch eine recht junge Wissenschaft ist. Er wird verwendet, um zu beschreiben, wie etwas beschaffen ist, oder um Hypothesen (begründete, nicht bewiesene Annahmen) für experimentelle Forschungsansätze zu entwickeln. Jeder experimentellen Studie sollte eine deskriptive Analyse vorausgehen, um Zusammenhänge einschätzen zu können.

Zu den deskriptiven Verfahren der Datenerhebung zählen zum Beispiel Interviews, Fragebögen, systematische Beobachtungen oder Umfragen..

Experimentelle Forschung zur Überprüfung von Hypothesen

Beim **experimentellen Forschungsansatz** wird – im Gegensatz zur deskriptiven Forschung – bewusst in eine Situation eingegriffen, um anhand der Folgen seine Thesen zu überprüfen. Dabei wird meist eine Gruppe von Personen geteilt und die eine Hälfte gezielt einer Maßnahme (Intervention) unterzogen,

Was ist Pflegeforschung?

Als ein wesentlicher Teil sehr verschiedener Gesundheitsversorgungssysteme umfasst Pflege alle Altersgruppen in einem weiten Spektrum von Einrichtungen und unter sozioökonomischen Bedingungen.

Die stetigen Entwicklungen, die eine wirkungsvolle und wirtschaftliche Gesundheitsversorgung zum Ziel haben, können nur zum Erfolg führen, wenn der Beitrag der zahlenmäßig größten Profession, nämlich der Pflegenden, quantitativ und qualitativ erfasst wird; Tatsachen statt Annahmen müssen Grundlagen für wichtige sozialpolitische und ökonomische Entscheidungen werden.
Kompetente professionelle Pflege benötigt systematisiertes und fundiertes Wissen, um den komplexen Bedürfnissen des Menschen und der für ihn bedeutsamen Bezugspersonen in der gegebenen Situation gerecht zu werden.

Ob die Gesundheitsprobleme des Menschen primär physische, psychische oder soziale Ursachen haben, ob sie von kurzer oder langer Dauer sind, ob sie akut auftreten oder durch Präventivmaßnahmen verhindert werden könnten, ist egal. Immer müssen die mit ihnen verbundenen Pflegebedürfnisse methodisch identifiziert und daraus folgende Pflegehandlungen ihrer Effektivität entsprechend bewertet werden. Dazu bedarf es der Pflegeforschung.

Aufgaben und Ziele der Pflegeforschung

- Pflegeforschung dient der methodischen Wissensvermehrung in der Praxis der Pflege. Sie befasst sich in erster Linie mit der Effektivität pflegerischen Handelns und mit den dieses Handeln unmittelbar beeinflussenden Faktoren.
- Auf einer konzeptionellen Grundlage und einem relevanten theoretischen Rahmen werden Fragen aus der Perspektive der Pflege identifiziert und bearbeitet. Dies kann in beschreibender, vergleichender, analytischer und experimenteller Weise geschehen. Dazu bedient sich die Pflege gültiger und verlässlicher empirischer, historisch analytischer und philosophischer Erkundungsweisen unter Anwendung quantitativer und qualitativer Verfahren.
- Die Erforschung der Pflegepraxis muss normalerweise von forschungskompetenten Berufsangehörigen ausgeführt werden. Erkenntnisse über die Pflege als Beruf, ihre Organisation, ihre Aus- und Weiterbildung und über ihre sozioökonomische Stellung und Bedeutung können neben der Pflegeforschung auch aus anderen Forschungsperspektiven gewonnen werden.
- Forschungskompetente Pflegende leisten in multidisziplinären Forschungsprojekten, die der Gesundheitsförderung und der Qualitätssicherung der Gesundheitsversorgung gewidmet sind, einen wesentlichen fachspezifischen Beitrag.
- Das durch Pflegeforschung fundierte Wissen findet seine Anwendung nicht nur in der individuellen, direkten Pflege, sondern auch auf organisatorischen, institutionellen und politischen Entscheidungsebenen.

Abb. 2.21: Was ist Pflegeforschung? Informationsblatt der Arbeitsgruppe Pflegeforschung des Deutschen Berufsverbandes für Pflegeberufe (DBfK) 1992. [Foto: V227]

während die andere Hälfte zur Kontrolle ohne die Maßnahme beobachtet wird. Dadurch lässt sich eine Aussage darüber machen, wie wahrscheinlich es ist, dass bei dieser Maßnahme die gewünschte Wirkung eintritt.

Qualitative und quantitative Forschung

Weit verbreitet ist auch die Unterscheidung der Pflegeforschung in qualitative und quantitative Forschung (☞ Tab. 2.22).

Qualitative Forschung: Forschungsansatz, bei dem ein pflegerelevantes Phänomen in all seinen Erscheinungsformen untersucht und daraus ein vorläufiges Konzept oder eine vorläufige Theorie abgeleitet wird.

Quantitative Forschung: Forschungsansatz, bei dem bei einer möglichst großen Anzahl von Personen die Häufigkeit eines interessierenden Merkmals mit statistischen Methoden untersucht wird.

Häufig ist es sinnvoll, beide Ansätze zu kombinieren. Wenn zum Beispiel untersucht werden soll, warum Forschungsergebnisse selten in die Praxis übertragen werden, bietet es sich an, zunächst offene Interviews mit wenigen Pflegenden zu führen, um herauszufinden, wo die möglichen Hindernisse liegen könnten. Hat man verschiedene Hindernisse durch die Befragung entdeckt, kann man im nächsten Schritt daran gehen, mittels eines Fragebogens an einer großen Anzahl von Pflegenden zu untersuchen, wie viele Pflegende welches Hindernis als solches einschätzen. Durch die statistische Auswertung der Fragebögen lassen sich Aussagen über die Häufigkeit verschiedener Hindernisse treffen.

Man kann sich einer Forschungsfrage auch von verschiedenen Seiten gleichzeitig nähern, zum Beispiel bei einem Vergleich zwischen Pflegenden mit und ohne Burn-out. So wurden von *M. Aries* und *I. Ritter* 1995 an 2000 Pflegende Fragebögen versandt, die den Burn-out-Grad, die Arbeitssituation, Persönlichkeitsmerkmale und das Bewältigungsverhalten der Pflegenden erfassen sollten. Zusätzlich wurde mit zehn Pflegenden das Phänomen Burn-out in einer qualitativen Studie näher untersucht.

Qualitative Forschung bevorzugt

Ein qualitativer Forschungsansatz wird von zunehmend mehr PflegewissenschaftlerInnen gewählt, weil

Datenerhebung	Anzahl der untersuchten Personen	Datenauswertung	Beispiel
Qualitativ: viele Erkenntnisse über *ein* Phänomen werden gesammelt	nur wenige Personen	**Qualitativ:** Gesammelte Daten werden interpretiert (gedeutet) und eine Vermutung (Hypothese) wird aufgestellt	Wie wird die durch HIV hervorgerufene tägliche Müdigkeit und das Unwohlsein von HIV-Infizierten oder AIDS-Kranken erlebt und bewältigt?
Quantitativ: Vermutung (Hypothese) über ein bekanntes Phänomen soll sich durch eine große Anzahl untersuchter Personen als richtig oder falsch herausstellen	viele Personen	**Quantitativ:** Daten werden „gezählt", mit Hilfe der Statistik ausgewertet und abschließend interpretiert (gedeutet)	Wie ist die Effektivität von verschiedenen Verhaltensmaßnahmen, um eine Urininkontinenz bei Frauen zu reduzieren?

Tab. 2.22: Qualitative und quantitative Forschung im Vergleich

pflegerelevante Phänomene bisher noch nicht ausreichend bekannt bzw. aus pflegerischer Sicht nur ansatzweise erforscht wurden. Solche pflegerelevante Phänomene sind z. B.

- Essenanreichen in der Pflege
- Erbrechen
- Wirkung von Berührung oder Bewegung
- Ekel in der Pflege
- Angst
- Schamgefühl bei der Intimpflege.

Für diese Phänomene fehlt bisher der für den quantitativen Forschungsansatz erforderliche „theoretische Bezugsrahmen", denn wenn man nicht weiß, was ein solches Phänomen ausmacht, kann man auch nicht in einem Fragebogen danach fragen. Deshalb werden die pflegerelevanten Phänomene ausführlich und in all ihren möglichen Erscheinungsformen beschrieben, aber meist aus Zeitgründen nur an wenigen Personen untersucht.

Bei quantitativer Forschung ist ein Bezugsrahmen bekannt

Bei einem quantitativen Forschungsansatz sind das pflegerelevante Phänomen und ein theoretischer Bezugsrahmen bekannt, so dass die Daten bereits quantitativ, also an vielen Personen, erhoben werden können. So sind z. B. bei „Selbstpflege bei chronischen Wunden" der theoretische Bezugsrahmen, die Selbstpflegedefizit-Theorie nach Orem (☞ 2.6.4) und die medizinischen Erkenntnisse über chronische Wunden bekannt. Es werden viele Personen mit diesem Phänomen untersucht, um eine Vermutung (Hypothese) über dieses Phänomen als richtig oder falsch zu bestätigen.

2.8.2 Studiendesigns

Um zu entscheiden, ob die tägliche Pflegepraxis aufgrund einer Studie geändert werden soll, muss zunächst das **Design der Studie** *(Forschungsmethode, Gestaltung der Studie)* beurteilt werden.

Verschiedene praktische Fragestellungen erfordern auch ein unterschiedliches Design. Fragen, die sich mit der Ursache, einer Prognose, Prophylaxen oder Maßnahmen auseinander setzen, lassen sich am besten mit einem quantitativen Design beantworten, Fragen über die Bedeutung oder das Erleben von Krankheit besser mit einem qualitativen Ansatz. Je besser eine Studie angelegt ist, umso eher sollte die Pflegepraxis den neuen Erkenntnissen angepasst werden.

Quantitative Designs

Randomisierte kontrollierte Studie

Die **randomisierte kontrollierte Studie** *(RCT)* ist das stärkste Design für eine Frage, ob eine Pflegemaßnahme mehr nutzt oder mehr schadet. Sie ist ein Experiment, in dem geeignete Personen per Zufallsver-

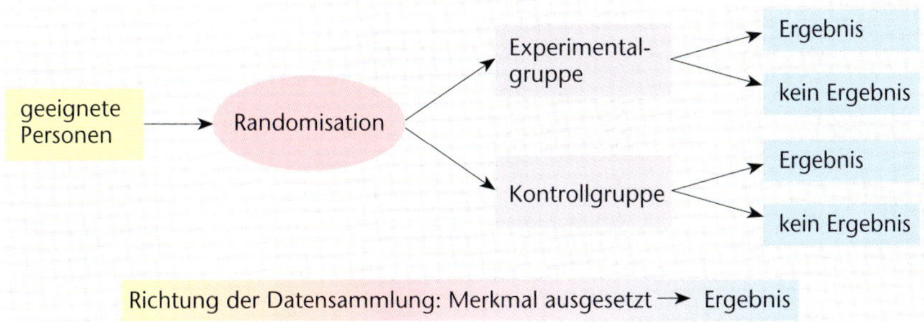

Abb. 2.23: Randomisierte kontrollierte Studie.

teilung (Randomisierung) in zwei Gruppen aufgeteilt werden. Geeignet bedeutet, dass aufgrund von Ausschlusskriterien nur bestimmte Personen zugelassen werden, denn es macht keinen Sinn, bei Männern Menstruationsbeschwerden oder bei Frauen nach einer Totaloperation die Häufigkeit von Zervixkarzinomen zu untersuchen. Eine Gruppe erhält eine neue Therapie, die andere Gruppe die herkömmliche oder gar keine Therapie. Durch die Zufallsauswahl wird sicher gestellt, dass sich die Gruppen nur in der Intervention unterscheiden. Die beiden Gruppen werden über einen festgelegten Zeitraum beobachtet und dann untersucht, ob Unterschiede in den Ergebnissen bestehen (☞ Abb. 2.23).

Beispiel-Design randomisierte kontrollierte Studie: Nikotin-Kaugummi (1)

Um herauszufinden, wie wirksam das Rauchen mit Hilfe von Nikotin-Kaugummis reduziert werden kann, wird eine Gruppe von Rauchern ausgewählt, die gerne mit dem Rauchen aufhören möchten und bereit sind, Nikotin-Kaugummi zu nehmen. Diese Gruppe wird per Zufallsauswahl aufgeteilt, wobei die Teilnehmer der Experimentalgruppe das Nikotin-Kaugummi erhalten und die Teilnehmer der Kontrollgruppe ein Kaugummi erhalten, das wie Nikotin-Kaugummi aussieht und schmeckt, aber keine wirksamen Inhaltsstoffe enthält (Plazebo). Beide Gruppen werden beobachtet und nach einer festgelegten Zeit wird verglichen, wie viele Personen in welcher Gruppe mit dem Rauchen aufgehört haben.

Kontrollierte Studie

Ähnlich einer randomisierten kontrollierten Studie werden bei einer **kontrollierten Studie** zwei Vergleichsgruppen gebildet, wobei die eine Gruppe eine Maßnahme erhält und die andere nicht. Die Gruppen werden beobachtet, um herauszufinden, wer das interessierende Ergebnis aufweist (☞ Abb. 2.24).

Der wichtige Unterschied zur randomisierten kontrollierten Studie ist der, dass die Teilnehmer nicht randomisiert ausgewählt werden, sondern sich entweder selbst einer Gruppe zuordnen oder von ihrer Pflegekraft zugeteilt werden. Dadurch kann es leicht dazu kommen, dass die Gruppen sich in mehr Merkmalen als nur der Intervention unterscheiden.

Beispiel-Design kontrollierte Studie: Nikotin-Kaugummi (2)

Bei einer kontrollierten Studie über die Wirkung von Nikotin-Kaugummi bietet man Rauchern, die mit dem Rauchen aufhören möchten, Nikotin-Kaugummi an. Diejenigen, die es nehmen möchten, bilden die Interventionsgruppe und werden mit denen, die das Kaugummi nicht nehmen wollen (Kontrollgruppe), verglichen. Die größte Fehlerquelle an diesem Design ist also, dass sich Raucher, die das Nikotin-Kaugummi gewählt haben, von Rauchern, die es nicht gewählt haben, unterscheiden, und zwar sowohl in bekannten als auch in noch unbekannten Faktoren, die einen Einfluss auf das Ergebnis haben könnten.

Fall-Kontroll-Studie

Bei **Fall-Kontroll-Studien** werden Personen, die ein interessierendes Ergebnis aufweisen, und Personen ohne dieses Ergebnis ausgewählt. Forscher untersuchten, ob die Personen bestimmten Bedingungen ausgesetzt waren, die das interessierende Ergebnis hervorgerufen haben könnten. Die Forscher wählen Personen mit möglichst ähnlichen Merkmalen, zum Beispiel Alter, Geschlecht und Gesundheitszustand, um das interessierende Ergebnis möglichst nur auf die unterschiedlichen Bedingungen zurückzuführen.

Fall-Kontroll-Studien werden verwendet, wenn die interessierenden Ergebnisse selten sind oder lange Zeit brauchen, um sich zu entwickeln. Sie eignen sich z. B., um Aufschluss über Ursachen und Risikofaktoren von Erkrankungen, z. B. Krebserkrankungen, zu bekommen.

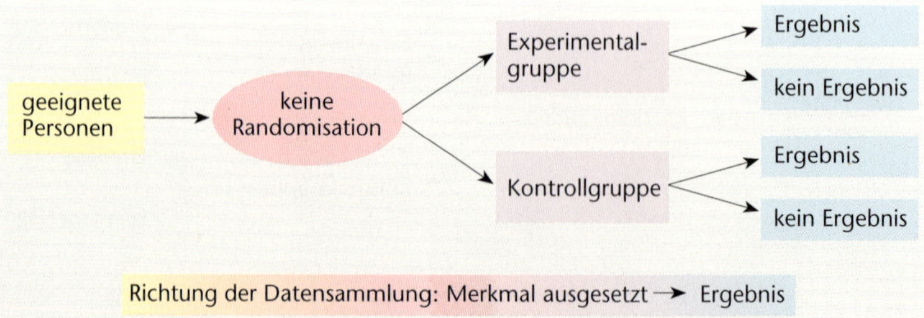

Abb. 2.24: Kontrollierte Studie.

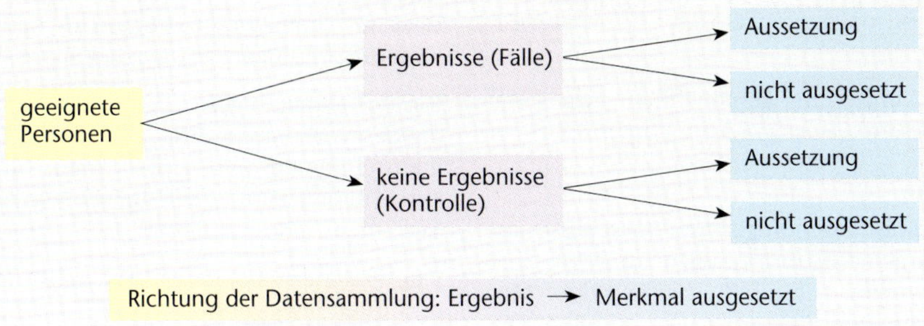

Abb. 2.25: Fall-Kontroll-Studie.

Beispiel-Design Fall-Kontroll-Studie: Rauchen und Lungenkrebs
Um herauszufinden, ob durch Rauchen Lungenkrebs begünstigt wird, wäre es unethisch, durch eine randomisierte kontrollierte Studie passende Personen (Nichtraucher) zufällig in eine Gruppe von Rauchern und Nichtrauchern einzuteilen und dann zu untersuchen, ob die Rauchergruppe Lungenkrebs entwickelt hat oder nicht.

Bei einer *kontrollierten Studie* beobachtet man eine Gruppe von Rauchern und eine Gruppe von Nichtrauchern, die außer dem Rauchen möglichst viele Ähnlichkeiten aufweisen, über einen sehr langen Zeitraum, ob sie Lungenkrebs bekommen, was sich oft als schwierig und kostspielig erweist.

Einfacher ist es, mittels einer *Fall-Kontroll-Studie* Personen mit Lungenkrebs mit Personen ohne Lungenkrebs zu vergleichen. Beide Gruppen werden über ihre Rauchgewohnheiten befragt und dann wird die Anzahl der Raucher in der Gruppe der Lungenkrebs-Kranken mit der Anzahl der Raucher bei den Gesunden verglichen. Sind in der Gruppe der Lungenkrebs-Kranken deutlich mehr starke Raucher als in der Gruppe der Gesunden, lässt sich ein Zusammenhang zwischen starkem Rauchen und Lungenkrebs vermuten.

Kohortenstudie

Um festzustellen, wie wahrscheinlich es ist, dass Personen ein interessierendes Ergebnis entwickeln, wenn sie eine bestimmte Krankheit haben, eignet sich eine Kohortenstudie. Hierbei werden Personen mit gleicher Krankheit beobachtet und untersucht, welche Personen welche Folgeerkrankung bekommen und wann welche Personen versterben.

Beispiel-Design Kohortenstudie: Lungenkrebs
Um eine Prognose bei Lungenkrebs abgeben zu können, beobachtet man eine Gruppe von ähnlichen Personen, bei denen gerade Lungenkrebs diagnostiziert wurde, über einen längeren Zeitraum und untersucht, ab wann bei welchen Personen welche Symptome auftreten oder wie lange die Personen überleben.

Qualitative Designs

Qualitative Forschungsmethoden werden immer wichtiger, um Pflegewissen für die Praxis zu entwickeln, denn sie beantworten ein weites Feld an pflegerischen Fragestellungen über die Reaktion von Menschen auf aktuelle oder potenzielle Gesundheitsprobleme. Das Ziel qualitativer Studien ist es, zu beschreiben, zu entdecken und untersuchte Phänomene zu erklären. Qualitative Forschungsfragen haben oft die Form „Was ist es?" oder „Was passiert hier?" und

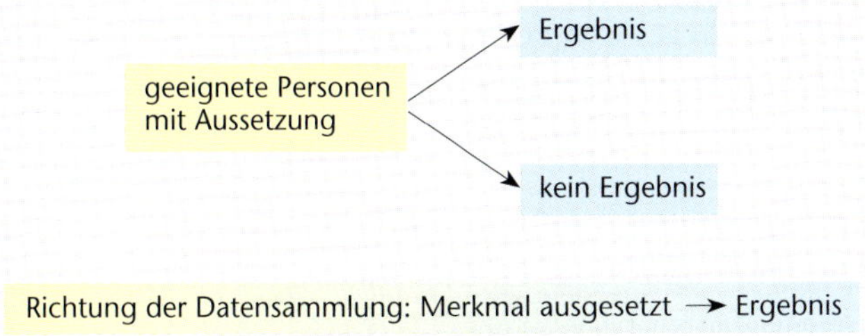

Abb. 2.26: Kohortenstudie.

beschäftigen sich – im Gegensatz zu quantitativen Ansätzen – mehr mit den Prozessen als mit den Ergebnissen.

Im Folgenden werden drei gebräuchliche Arten von qualitativen Forschungsdesigns kurz vorgestellt.

Phänomenologie

Das Ziel eines **phänomenologischen Forschungsansatzes** ist es, die gelebten Erfahrungen von Menschen genau zu beschreiben und nicht, Theorien oder Modelle des untersuchten Phänomens zu erstellen. Die Ursprünge der Phänomenologie liegen in der Philosophie, besonders in den Arbeiten von *Husserl, Heidegger* und *Merleau-Ponty.* Weil die Hauptquelle der Daten die Lebenswelt einer untersuchten Person ist, bieten sich vor allem ausführliche Interviews zur Datensammlung an. Außerdem werden wichtige Themen nach der Datensammlung häufig nochmals von den Teilnehmern selbst beurteilt, weil das Verständnis ihrer Lebenswelt eine zentrale Rolle in phänomenologischen Studien spielt und nur so Missverständnisse seitens der Untersucher reduziert werden können.

Beispiel-Design Phänomenologie

Um der Forschungsfrage „Was ist die gelebte Erfahrung von Erwachsenen, die mit einem Verlust ihres Gehörs weiterleben mussten?“ nachzugehen, wurden 32 Erwachsene mit einem Hörverlust unterschiedlichen Ausmaßes interviewt. In der Auswertung wurden Kernthemen formuliert, die dann einigen Teilnehmern zur Beurteilung vorgelegt wurden. Ein Kernthema war zum Beispiel „Bewegen“, geprägt durch Angst und Furcht, wechselnde Gefühle, Mut inmitten des Wechsels und eine andere Lebensperspektive. Hierdurch erhält der Außenstehende eine genaue Schilderung, was es heißt, mit einem Hörverlust zu leben. Pflegende lernen auf diese Weise die Lebenswelt von Pflegebedürftigen mit einem Verlust des Gehörs besser verstehen und können so ihre Maßnahmen besser an die Bedürfnisse des Betroffenen anpassen.

Grounded Theory

Die Absicht einer Untersuchung mittels **Grounded Theory** ist, sozial-psychologische Prozesse zu entdecken. Die Grounded Theory wurde von *Glaser* und *Strauss* um 1960 entwickelt.

Hauptmerkmale sind:

- Das theoretische Stichprobenverfahren und
- Die Methode des permanenten Vergleichens.

Das theoretische Stichprobenverfahren bezieht sich auf Entscheidungen über die Stichprobe, die während des gesamten Forschungsprozesses getroffen werden, in dem die Teilnehmer basierend auf ihrem Wissen über das Thema und basierend auf den gewonnen Erkenntnissen immer wieder neu ausgewählt werden.

Bei der Datenanalyse vergleichen die Forscher ständig das Vorkommen, Kategorien und Muster, die Gemeinsamkeiten und Unterschiede ausmachen, um eine Theorie zu entwickeln, die alle Variationen des Verhaltens mit einschließt.

Zur Datenerhebung werden meist Beobachtungen und Interviews genutzt.

Beispiel-Design Grounded Theory

Grounded Theory wurde genutzt, um sich der Frage „Wie wird ein neues Körperbild nach einer Veränderung von Aussehen oder Funktion des Körpers entwickelt?“ zu nähern. 28 Teilnehmer, die Veränderungen ihres Körperbildes durch eine deutliche Gewichtsveränderung, durch Amputationen oder Lähmungen von Körperteilen, durch Narben oder Verletzungen erfahren hatten, wurden in bestimmten Zeitabständen interviewt. Die neuen Erkenntnisse wurden in die nächsten Interviews eingearbeitet. Durch ständige Vergleiche der neu gewonnenen mit den vorhandenen Daten wurde eine Theorie entwickelt, die die Entwicklung des neuen Körperbildes in drei Phasen beschreibt:

- Zerstörung des Körperbildes
- Wunsch nach Wiederherstellung
- Entwicklung eines neuen Körperbildes.

Mit dem Wissen über diese Phasen können Pflegende die Betroffenen besser verstehen und in den einzelnen Phasen gezielt unterstützen.

Ethnographie

Die **Ethnographie** wird verwendet, um etwas über eine Kultur von den Menschen zu erfahren, die gerade in dieser Kultur leben. Die Ethnographie hat ihre Wurzeln in der kulturellen Anthropologie, die darauf abzielt, Werte, Glaube und Handlungen von Kulturen zu beschreiben, wobei unter Kulturen auch Gesellschaften, Gemeinschaften und Organisationen verstanden werden.

Die Ethnographie ist charakterisiert durch eine intensive, andauernde Verbindung mit den Teilnehmern der untersuchten Kultur sowie durch die Teilnahme in ihrer Umgebung und sozialen Welt. Die Daten werden durch Beobachtung gesammelt und durch Interviews vertieft.

Literaturtipp

LoBiondo-Wood, G.; Haber, J.: Pflegeforschung. Urban & Fischer Verlag, München 1996

Beispiel-Design Ethnographie

Ein ethnographischer Ansatz wurde gewählt, um sich der Frage zu nähern, wie es ist, ein junger Amerikaner afrikanischer Abstammung zu sein, der mindestens eine AIDS-Erkrankung in seiner Familie hat. Es wurden von sechs jungen Leuten vier Jahre lang telefonisch, in persönlichen Interviews und durch Beobachtung Daten gewonnen. Danach konnte eindrucksvoll gezeigt werden, wie die Kultur, in der die Jugendlichen überleben mussten, so befremdend war, dass sie absichtlich den Kontakt mit HIV gesucht hatten. Diese Untersuchung war gut geeignet, um zu zeigen, wie wichtig die Einflüsse vom Leben in Randgruppen, gefühlloser gesellschaftlicher Politik und der geforderten Verantwortung auf das Leben der Jugendlichen waren.

Wiederholungsfragen

1. Was versteht man unter Akademisierung der Pflege? (☞ 2.1)
2. Welche Studiengänge zur Pflegewissenschaft gibt es an deutschen Universitäten und Fachhochschulen? (☞ 2.1)
3. Von welchen Faktoren wird ein individuelles Pflegeverständnis beeinflusst? (☞ 2.2.1)
4. Was beinhaltet ein Pflegeleitbild? (☞ 2.2.2)
5. Was ist ein Pflegestandard? (☞ 2.2.3)
6. Worin unterscheiden sich Struktur-, Prozess- und Ergebnisstandards? (☞ 2.2.3)
7. Weshalb wird der Alten- bzw. Krankenpflegeberuf eher den Semi-Professionen als den Professionen zugerechnet? (☞ 2.3.1)
8. Was unterscheidet (nach Patricia Benner) einen Pflegeneuling von einer PflegeexpertIn? (☞ 2.3.2)
9. Was ist ein Metaparadigma? (☞ 2.4.1)
10. Was versteht man unter einem „Konzeptuellen Modell"? (☞ 2.4.2)
11. Welche konzeptuellen Modelle und Theorien haben die Pflege im deutschsprachigen Raum besonders beeinflusst? (☞ 2.5)
12. Worauf legte Florence Nightingale in ihrem Konzept der „Modernen Krankenpflege" besonderen Wert? (☞ 2.6.1)
13. Welche Bedeutung hatte Virginia Henderson für den eigenständigen Aufgabenbereich der Pflege? (☞ 2.6.3)
14. Was versteht Dorothea Orem unter Selbstpflege und wann entsteht ein Selbstpflegedefizit? (☞ 2.6.4)
15. Warum nannte Nancy Roper die Grundbedürfnisse eines Menschen „Lebensaktivitäten"? (☞ 2.6.5)
16. Was meint Monika Krohwinkel mit „existenziellen Erfahrungen"? (☞ 2.6.6)
17. Welche Schritte gehören nach der Definition der WHO zu einem Pflegeprozess? (☞ 2.7)
18. Welche Bedeutung hat die Pflegeforschung für die Pflegepraxis? (☞ 2.8)

3. Das konzeptuelle Modell professioneller Altenpflege

3.1 Konzeptuelle Modelle für die tägliche Altenpflegepraxis

Konzeptuelle Pflegemodelle (☞ 2.4.2) bilden den Rahmen für das Pflegehandeln. Je nach Praxisfeld, in dem ein Pflegemodell eingesetzt wird, muss es auf die konkreten Bedingungen zugeschnitten und konkretisiert werden. Orems Selbstpflege-Defizit-Theorie (☞ 2.6.4) hat beispielsweise in seiner Anwendung auf die geburtshilfliche Pflege ganz andere Schwerpunkte als in der Altenpflege. Beide Pflegebereiche benötigen Pflegemodelle und nutzen u.a. dieses Modell. Es ist ein wichtiges Fundament in der Altenpflege, um der Herausforderungen nach wissenschaftlich fundierter Pflege gerecht zu werden und damit die Gleichwertigkeit und -berechtigung aller Pflegeprofessionen deutlich zu machen.

An Bedürfnissen alter Menschen orientiert

Grundanliegen jedes Pflegemodells sollte es sein, die gefestigte Lebensweise eines zu pflegenden Menschen möglichst wenig zu durchbrechen (☞ Abb. 3.1).

Professionelle Altenpflege orientiert sich am Wesentlichen, am alten Menschen, seinen Bedürfnissen und seinem Befinden. Erklärtes Ziel ist es deshalb, den alten Menschen mit seinen Bezugspersonen in den Mittelpunkt eines konzeptuellen Modells zu stellen und dies nicht nur so zu definieren, sondern auch durch klare Leistungsangebote in diesem Sinne zu untermauern.

Abb. 3.1: Pflege soll darin unterstützen, den eigenen Lebensstil und Gewohnheiten auch im Alter beizubehalten. Dazu gehört auch, auf die Lieblingsbeschäftigung, z.B. im Garten Blumen zu betreuen und zu pflücken, nicht verzichten zu müssen. [M221]

Brückenschlag zwischen Theorie und Praxis

Die Auseinandersetzung über pflegewissenschaftliche Grundlagen zur Professionalisierung der Altenpflege ist von raschen Entwicklungen geprägt. Zur Verbesserung der Pflegequalität wurde Mitte der 60er-Jahre das Konzept des **Pflegeprozesses** (☞ 2.7) als Kernstück der pflegerischen Praxis entwickelt. Erst in den 80er-Jahren wurde der Pflegeprozess verstärkt in Deutschland diskutiert und bekam auch für die Altenpflege Gültigkeit.

Pflegemodelle als Orientierungs- und Handlungshilfe

Die Einführung des Pflegeprozesses in die tägliche Pflegepraxis war mit erheblichen Schwierigkeiten verbunden, denn AltenpflegerInnen sollten von einem Tag auf den anderen

- Alte Menschen einschätzen, ohne dass klar war, was genau eingeschätzt werden sollte
- Pflege planen, ohne zu wissen, wie sie konkret dabei vorgehen, weil einheitliche Strukturen und Begriffe fehlten
- Pflegemaßnahmen angemessen durchführen, ohne zu wissen, wann und wie sie eingreifen sollten
- Ihre geleistete Arbeit beurteilen, ohne Hinweise zu haben, wie und wann diese Beurteilung stattfinden sollte.

Deshalb bemühte man sich in Fachkreisen der Pflege gleichzeitig mit der Einführung des Pflegeprozesses, **Pflegemodelle** als Orientierungs- und Handlungshilfen im Rahmen des Pflegeprozess zu integrieren. Inzwischen ist die aktuelle Situation zu Theorien und Modellen der Pflege für nicht wissenschaftlich tätige Pflegende jedoch immer schwerer überschaubar (☞ 2.4). Doch professionelle Altenpflegepraxis braucht pflegewissenschaftliche Fundamente in Form von Modellen der Pflege, um Pflege vergleichbar, planbar und abrechenbar zu machen.

☑ Pflegemodelle sind der Versuch, die Wirklichkeit der Pflege in ein überschaubares und praktikables Konzept zu bringen.

Pflegemodell in die Praxis einführen

Die Einführung eines Pflegemodells in die Praxis bedarf gründlicher Vorarbeit durch spezielle Planungsgruppen (☞ Abb. 3.2, Tab. 3.3).

Die Integration eines Pflegemodells in die Praxis bedeutet für eine Altenpflegeeinrichtung z.B.

- Betriebs- und Pflegeziele der Einrichtung zu benennen
- Eine „Planungsgruppe Pflegemodell" zu schaffen
- Pflegemodelle auf ihre Gültigkeit und Anwendbarkeit unter den vorliegenden Bedingungen auszuwerten

Abb. 3.2: Die Integration eines Pflegemodells in die Pflegepraxis erfordert umfangreiche Vorarbeit durch Planungsgruppen. [M221]

- Ein Pflegemodell als Grundlage für eine professionelle Pflegepraxis der Einrichtung auszuwählen
- Ein Pflegeleitbild (☞ 2.2.2) auf der Basis des gewählten Pflegemodells zu entwickeln, mit dem sich alle, die mit Pflege und Betreuung befasst sind, identifizieren
- Die Schritte des Pflegeprozesses in Anlehnung an dieses Modell zu benennen
- Die praktische Umsetzung des Pflegemodells in Rahmen der Pflegeplanung zu organisieren
- Die erste Phase der Umsetzung für die Pflegebereiche zu unterstützen durch
  - Fortbildung von MitarbeiterInnen in Schlüsselpositionen zur Umsetzung des Pflegemodells, z.B. Qualitätsbeauftragte, Bereichsleitungen
  - Entwicklung von Pilotprojekten in ausgewählten Abteilungen
  - Begleitung von Pilotprojekten durch BeraterInnen vor Ort
  - Fortbildungen zum Projekt in allen Abteilungen
  - Entwicklung von Plänen für die Umsetzung in allen Bereichen unter besonderer Berücksichtigung einer einheitlichen Pflegedokumentation
  - Integration des Modells in die praktische und theoretische Ausbildung.

Gleichberechtigter Platz im therapeutischen Team

AltenpflegerInnen, denen es mit der Professionalisierung und Autonomie ihres Berufsstandes ernst ist, haben die berufspolitischen und berufsstrategischen Bedingungen geschaffen, damit der Pflegeprozess und Pflegemodelle überhaupt in die Praxis umgesetzt wer-

Checkliste zur möglichen Anwendung eines konzeptuellen Modells in der Praxis
1. Stimmen die inhaltlichen Aussagen überein mit • Gesellschaftlichen Vorstellungen von Gesundheit, Krankheit und Altenpflege? • Den Anforderungen des Gesundheits- und Sozialwesens? • Den ethischen Grundprinzipien der Altenpflege?
2. Sind die inhaltlichen Aussagen akzeptabel für die MitarbeiterInnen, die nach dem Modell arbeiten sollen?
3. Betont das Modell die eigenständigen Aufgabenbereiche der Altenpflege (☞ Abb. 3.4)?
4. Gibt es realistische Entwicklungsmöglichkeiten für die Auffassung von Pflege unter den Bedingungen des Modells oder sind bereits Ansätze dafür vorhanden?
5. Kann die theoretische und praktische Ausbildung nach dem Modell durchgeführt werden?
6. Sind die beschriebenen Aufgaben und Ziele der Pflege und Betreuung in Berufsalltag möglich und umsetzbar?
7. Sind ablauforganisatorisch notwendige Entscheidungen möglich bzw. schon durchgesetzt? Beispielsweise: • Mitarbeiterbesprechungen • Ausreichend Zeit für Übergabe und Kontakt zu Bezugspersonen • Fortbildungen • Bezugspersonensysteme innerhalb des Pflegeteams.
8. Sind notwendige organisatorische Instrumente vorhanden oder geplant? Beispielsweise: • Pflegeprozess • Pflegedokumentation • Pflegediagnosen • Pflegestandards.
9. Kann die Einrichtung die notwendige Anpassung des Modells an Belange der täglichen Praxis leisten? Beispielsweise durch: • Fortbildung der MitarbeiterInnen • Planungsgruppe • Kontinuierliche Begleitung der MitarbeiterInnen • Kontinuierliche Evaluation.

Tab. 3.3: Checkliste zur Anwendung eines Pflegemodells (in Anlehnung an Hilde Steppe, 1990).

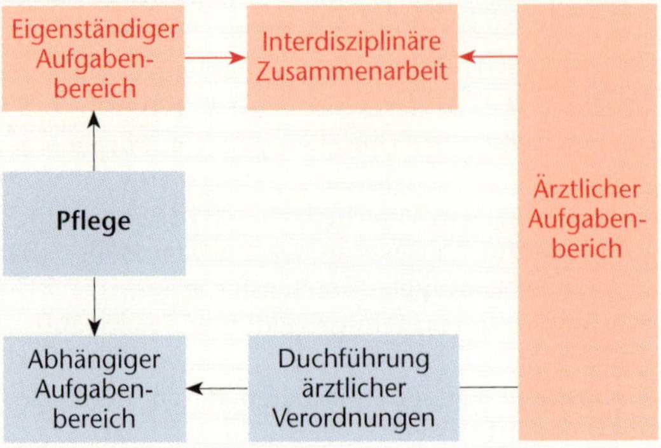

Abb. 3.4: Aufgabenbereiche der Pflege.

den können. Professionelle Altenpflege bedeutet, einen eigenständigen, qualifizierten Platz im **therapeutischen Team des Gesundheitswesens** einzunehmen. Diese interdisziplinäre Zusammenarbeit wird zunehmend thematisiert.

Abhängiger und unabhängiger Aufgabenbereich

Der Aufgabenbereich der Pflegeberufe wird in einen (von ÄrztInnen) **abhängigen** und einen **eigenständigen** Aufgabenbereich unterteilt. Während der abhängige Bereich der Altenpflege einigermaßen klar erscheint, ist der eigenständige für viele noch ziemlich diffus. Doch gerade in der ambulanten, teilstationären und stationären Altenpflege hat der eigenständige Aufgabenbereich ein Ausmaß, dessen Bedeutung vielerorts unterschätzt wird. Altenpflege wird mit zunehmender Professionalisierung zu einer Tätigkeit, für die die Pflegenden selbst Verantwortung tragen.

☑ Die interdisziplinäre Zusammenarbeit geht v.a. aus dem eigenständigen Aufgabenbereich der Altenpflege hervor (☞ Abb. 3.4). Nur „altenpflegeeigenes" Fachwissen ermöglicht es, interdisziplinär gleichberechtigt mit anderen Gesundheitsberufen zusammen zu arbeiten.

Diagnose und Therapie sind keine „arzttypischen" Begriffe

Diagnose *(unterscheidende Beurteilung, Erkenntnis)*: Umfasst das

- *Erkennen* einer Krankheit oder Störung durch Sammeln und Bewerten von Informationen (Diagnostik) und
- *Benennen* dieser Erkrankung oder Störung.

Therapie *(griechisch therapeia: Dienst, Pflege, Heilung)*: präventive (vorbeugende), kurative (heilende), rehabilitative (trotz Funktionsstörung wiedereingliedernde) und palliative (lindernde) Behandlungsmaßnahmen.

Begriffe wie **Diagnose** und **Therapie**, die von anderen medizinischen Disziplinen ganz selbstverständlich benutzt werden, beispielsweise von ÄrztInnen, PhysiotherapeutInnen oder LogopädInnen, lassen sich auch auf das Fachgebiet der Altenpflege anwenden. Durch eine eigene Fachsprache, eigene Pflegediagnosen und eigene pflegetherapeutische Maßnahmen werden die Voraussetzungen geschaffen, die der Altenpflege einen gleichberechtigten Platz neben anderen Gesundheitsfachberufen im multiprofessionellen Team sichern.

Das modellhafte Konzept professioneller Altenpflege in „Altenpflege konkret"

„Altenpflege konkret" bringt AltenpflegerInnen eine modellhafte Struktur für professionelle Altenpflege näher. Sie dient als theoretische Grundlage und praktische Richtschnur bei der Anwendung des Pflegeprozesses.

Ziel des konzeptuellen Modells in „Altenpflege konkret" ist es,

- AltenpflegerInnen in der schwer überschaubaren Diskussion zu Pflegetheorien und -modellen Orientierung zu geben und das Bewusstsein für die **Inhalte** und die **Ausrichtung** der Pflege zu fördern
- Ein Pflegemodell zu integrieren, das von der Fähigkeit alter Menschen zur **Selbstpflege** ausgeht und **vorbeugende Gesundheitspflege** sowie Unterstützung bei **Selbstpflegedefiziten** berücksichtigt
- Dass Pflege in **Übereinkunft** zwischen AltenpflegerInnen und alten Menschen stattfindet
- Eine **einheitliche Pflegesprache und -struktur** zu vermitteln, die gleichzeitig der Strukturierung des Pflegeprozesses dient
- Die praktische **Gestaltung des Pflegeprozesses** auf der Basis von **Pflegediagnosen** zu vereinheitlichen und zu erleichtern
- Die Arbeit in **multiprofessionellen Teams** durch klare Begrifflichkeiten und Strukturen der Pflege und Betreuung zu fördern
- Ein Konzept für professionelle **Altenpflegeausbildung** (☞ Abb. 3.5) anzubieten.

Altenpflege ist eine gleichberechtigte Profession neben anderen Professionen des Gesundheitswesens mit eigenen, **selbstverantworteten** pflegerischen und sozialpflegerischen Aufgaben und Tätigkeiten, die in Übereinkunft mit betreuungs- und pflegebedürftigen alten Menschen sowie mit ihren Angehörigen geschieht.

Struktur der Kapitel 4–13

Der strukturelle Aufbau von „Altenpflege konkret – Pflegetheorie und -praxis" basiert auf dem Grundgedanken konzeptueller Pflege, deren Pflegeverständnis

Abb. 3.5: Die Zukunft professioneller Altenpflege braucht konzeptuelle Modelle, die bereits in die Ausbildung integriert werden. Diese jungen Auszubildenden in der Altenpflegeausbildung haben die Chance, mit dem ersten Tag ihrer Ausbildung auf pflegewissenschaftlicher Basis ausgebildet zu werden. [M221]

auf **bedürfnisorientierten Pflegemodellen** beruht, in denen **Selbstpflege** ein wichtiges Kriterium ist. Es werden **10 Lebensbereiche** voneinander unterschieden (☞ Abb. 3.7).

Der **Pflegeprozess** beginnt in jedem dieser Lebensbereiche nach eingehender pflegerischer Diagnostik mit der Erstellung einer **Pflegediagnose** (☞ 3.2.1).

Zu jeder Pflegediagnose wird eine **exemparische Pflegeplanung** vorgestellt, die nur beispielhaft und unvollständig dargestellt werden kann, weil in jeder Pflegeplanung in der Praxis die individuellen Bedürfnisse, Erfahrungen und Ressourcen eines alten Menschen einbezogen werden. Jede exemplarische Pflegeplanung enthält:

- **Pflegediagnose (PD):** Zur Pflegediagnose gehört auch die Ursache, die zur Pflegediagnose geführt hat, um die richtigen pflegetherapeutischen Maßnahmen auswählen zu können. So erfordern z.B. Schlafstörungen (= Pflegediagnose) aufgrund von Schmerzen (= Ursache) eine andere Pflegetherapie als Schlafstörungen aufgrund von Ängsten
- **Ressourcen (R):** Zu den Ressourcen gehören innere und äußere Kraftquellen, die bei der Pflegetherapie genutzt werden können, um das angestrebte Pflegeziel zu erreichen. Bei einem Pflegebedürftigen, der seine Atmung trainieren muss und gerne singt, ist z.B. die Freude am Singen eine Ressource, da Singen die Atmung trainiert
- **Gewohnheiten (G):** Gewohnheiten eines Menschen haben sich über einen längeren Zeitraum herausgebildet. Sie auch unter veränderten Bedingungen, z.B. beim Einzug in eine stationäre Altenpflegeeinrichtung, beizubehalten, kann erheblich zum Wohlbefinden beitragen
- **Erfahrungen (E):** Erfahrungen, die ein alter Mensch in einem Lebensbereich gemacht hat, können bei der Planung der Pflege sinnvoll genutzt werden. Haben einem alten Menschen zum Beispiel bei Einschlafstörungen immer ein Glas lauwarme Milch und leise Musik geholfen, können diese Erfahrungen in der Pflege genutzt werden
- **Aktuelle Bedürfnisse (AB):** Aktuelle Bedürfnisse ergeben sich aus der momentanen Situation. Sie können von den sonst üblichen Bedürfnissen abweichen. So kann es z.B. während eines Schnupfens gewünscht sein, mit erhöhtem Oberkörper zu schlafen, auch wenn das Bett sonst immer ganz flach gestellt wurde.

Die **Pflegeziele** (☞ 3.2.2) werden möglichst gemeinsam mit dem Pflegebedürftigen gesteckt und so konkret wie möglich formuliert, damit die Wirksamkeit des pflegetherapeutischen Handelns überprüfbar ist (Evaluation).

Die Planung der **pflegetherapeutischen Maßnahmen,** mit deren Hilfe das angestrebte Pflegeziel erreicht werden soll, zeigt, dass Altenpflege ein **mehrdimensionales Pflegehandeln** erfordert.

Zum **lehrenden Pflegehandeln** gehören

- **Information (I),** z.B. zu Möglichkeiten, wie sich der Pflegebedürftige vor Verletzungen bei erhöhter Blutungsneigung durch Koagulantientherapie schützen kann
- **Beratung (B),** z.B. über Hilfsmittel bei Bewegungseinschränkungen
- **Motivation (M),** z.B. zur Teilnahme an Beschäftigungsangeboten in einer stationären Altenpflegeeinrichtung

- **Anleitung (A),** z. B. zu Techniken selbstständigen An- und Auskleidens bei Halbseitenlähmung nach einem Schlaganfall

Zum **unterstützenden Pflegehandeln** gehören die

- **Beaufsichtigung (Bf),** z. B. bei selbstständiger Ganzkörperwäsche am Waschbecken, wenn erhöhte Sturzgefahr bei körperlicher Schwäche besteht.
- **Teilweise Übernahme (tÜ)** von Tätigkeiten durch die AltenpflegerInnen, z. B. wenn sich ein alter Mensch Gesicht und Oberkörper selbstständig waschen kann, aber Unterstützung bei der Reinigung von Intimbereich und Unterkörper benötigt
- **Vollständige Übernahme (vÜ)** von Tätigkeiten durch AltenpflegerInnen, z. B. wenn die Haare eines bettlägerigen alten Menschen ohne dessen Beteiligung von einer AltenpflegerIn gewaschen werden müssen.

Altenpflege als eigenständiger Aufgabenbereich

In „Altenpflege konkret" wird die vollständige **Verantwortung für Pflege** durch AltenpflegerInnen festgeschrieben. AltenpflegerInnen stellen aufgrund exakter Beobachtung und gesammelter Informationen eigenverantwortlich eine Pflegediagnose, leiten alle weiteren Schritte der Pflegetherapie in Form von entsprechenden Maßnahmen ein und führen diese selbstständig durch. Ebenso gehört die Evaluierung der Maßnahmen einschließlich vollständiger Dokumentation zu ihrem Verantwortungsbereich.

Im konzeptuellen Modell dieses Buches wird im Gegensatz zu vielen Pflegemodellen der Krankenpflege die **sozialpflegerischen Aspekte der Altenpflege** in besonderer Weise hervorgehoben und berücksichtigt.

Die Vorteile des konzeptuellen Modells

- **Pflegediagnosen** erübrigen die bisherige mühsame Problemformulierung, sie erleichtern die Verständigung untereinander und unterstützen den Weg zu einer **einheitlichen Pflegefachsprache.** Pflegeprobleme, die bisher von jedem anders bezeichnet und erläutert wurden, werden in Anlehnung an NANDA Pflegediagnosen (☞ Tab. 3.10) zu einheitlichen Pflegeproblemen zusammengefasst und als Pflegediagnosen formuliert
- Dazu gehört auch die Verwendung allgemeingültiger Begriffe wie Diagnose und Therapie, deren **Integration in die Fachsprache anderer Gesundheitsberufe,** wie beispielsweise der Physiotherapie, seit langem selbstverständlich ist
- Die immer gleiche Struktur der Pflegekapitel zur Erläuterung einer Pflegediagnose einschließlich Angeboten für die **Pflegetherapie,** kann als **modellhaftes Konzept für praktische Altenpflege** dienen
- Zur Planung der **Pflegetherapie** bei Selbstpflegedefiziten werden eine Fülle von Möglichkeiten angeboten und erläutert, aus denen AltenpflegerInnen auswählen und in Übereinkunft mit dem alten Menschen **individuelle Maßnahmen** planen können
- Zu jeder Pflegediagnose wird eine **exemplarische Pflegeplanung** vorgestellt.

☑ Das konzeptionelle Modell von „Altenpflege konkret" steht für professionelle Altenpflege in der Ganzheit des Pflegeprozesses unter Berücksichtigung bedürfnisorientierter Pflegemodelle.

Pflegemodelle nach Orem und Krohwinkel als Basis

Das modellhafte Konzept professioneller Altenpflege, das in „Altenpflege konkret" vorgestellt wird (☞ Abb. 3.6), fußt auf einem wissenschaftlich fundiertem Pflegeverständnis mit der Ausrichtung auf die täglichen Anforderungen der Pflegepraxis. Diese Zielsetzung wird im Pflegeverständnis und in der Pflegekonzeption der einzelnen Kapitel dieses Buches deutlich.

Zur Erarbeitung der Pflegekapitel wurden das Selbstpflegemodell von **Dorothea E. Orem** und das Pflegemodell von **Monika Krohwinkel** auf der Grundlage von Nancy Ropers Modell für die Altenpflege modifiziert.

Orem (☞ 2.6.4) versucht mit ihrem Modell, die Autonomie und Fähigkeiten der Menschen zur Selbstversorgung zu wahren. Sie entspricht damit den Erwartungen unserer Gesellschaft an Erwachsene, dass sie für sich selbst und für ihr Wohlbefinden Verantwortung übernehmen. Ihr Modell wird als Bedürfnis-, Interaktions- und Pflegeergebnismodell klassifiziert. Das Modell ist von Pflegenden besser aufgenommen worden als die Arbeiten vieler anderer TheoretikerInnen. Der Grund mag darin liegen, dass ihr umfassendes Verständniss von Pflege als Anleitung für professionelle Pflegehandlungen dienen kann. Ihr Konzept der Selbstfürsorge wird in unterschiedlichsten Bereichen der Pflegepraxis verwendet. Beispielsweise ist es in der Arbeit mit jugendlichen Alkoholikern ebenso eingesetzt worden wie bei Rheumatikern.

Der Denkansatz der Selbstfürsorge ist ebenso für Altenpflege interessant und findet deshalb Eingang in das konzeptuelle Modell dieses Buches. Orem sieht den Grund dafür, dass Menschen Pflege benötigen, in einer Einschränkung der Fähigkeiten, für sich selbst zu sorgen. Dieser Gedanke findet im Konzept von „Altenpflege konkret" seinen Ausdruck in **Selbstversorgungsdefiziten,** die als **Pflegediagnosen** formuliert werden.

Krohwinkel hat sich das Modell von Roper zur Grundlage ihrer Weiterentwicklung gemacht. Monika Krohwinkel ist Krankenschwester und Hebamme und seit Mitte der 60er-Jahre als Altenpflegerin tätig gewesen. Seit 1993 ist sie Professorin für Pflege-

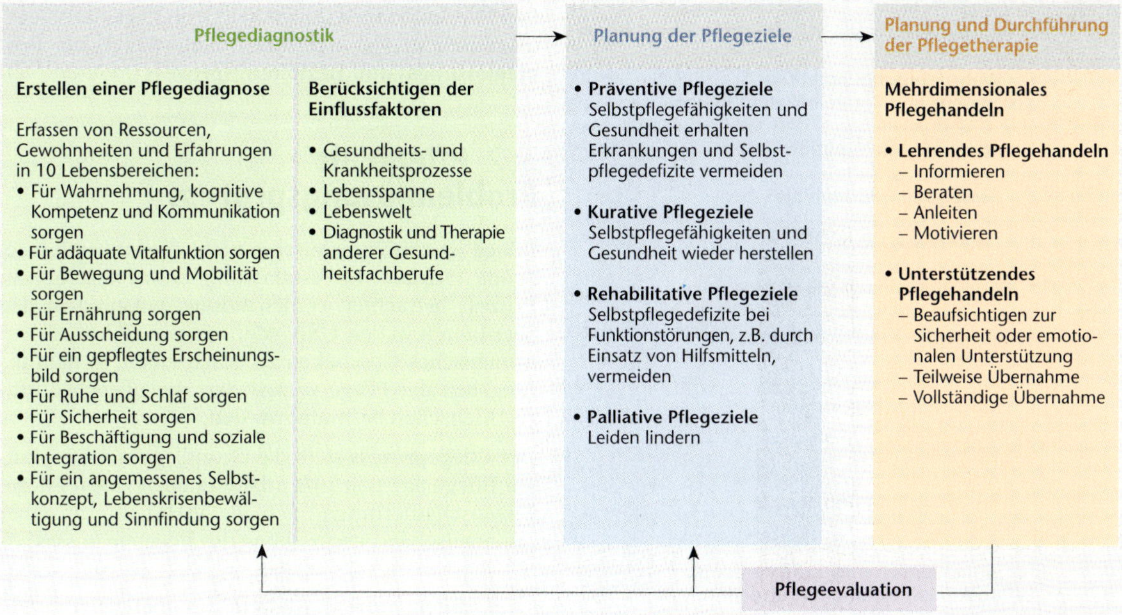

Abb. 3.6: Altenpflege als konzeptuelles Modell.

wissenschaft an der Evangelischen Fachhochschule Darmstadt. Mit ihrer Beschreibung der Aktivitäten und existenziellen Erfahrungen des Lebens *(AEDL)* erweitert sie die zwölf Lebensaktivitäten *(LA)* bei Roper, indem sie aus der 12. LA „Sterben" die beiden AEDL „Soziale Bereiche des Lebens sichern" und „Mit existenziellen Erfahrungen des Lebens umgehen" entwickelt. AEDL ist ein bedürfnisorientiertes Pflegemodell. Es ist aus der Pflegepraxis der Altenpflege heraus konkretisiert worden und wird deshalb auch besonders dort als umsetzbar empfunden, denn mit der Entwicklung dieser 12. und 13. AEDL macht Krohwinkel zwei Lebensbereiche transparent, die für Altenpflege vorzugsweise von Bedeutung sind. In ihrem Modell findet Berücksichtigung, dass die Langzeitbetreuung innerhalb eines ganzen Lebensabschnittes alter Menschen im Gegensatz zu meist kurzen Krankenhausaufenthalten in der Krankenpflege spezielle Pflegeintervention erforderlich machen.

Monika Krohwinkel entwickelte das Modell der AEDL, weil sie beobachtete, dass bei alten Menschen Leben und Gesundheit nicht nur davon abhängen, wie sie mit ihren Lebensaktivitäten umgehen können, sondern welche existenziellen Erfahrungen sie machen und wie sie beispielsweise mit dem Abhängigwerden fertig werden. Damit bringt sie auch den bisher häufig vernachlässigten sozialpflegerischen Gesichtspunkt der Altenpflege in ein Modell ein.

Berücksichtigung sozialpflegerischer Aspekte der Altenpflege

Im konzeptuellen Modell von „Altenpflege konkret" sind alle Pflegekapitel nach **Lebensbereichen** auf der Grundlage von **Selbstpflegeerfordernissen** in Anlehnung an Orem und Krohwinkel unterteilt. Die Lebensbereiche sind in Form von 10 **Selbstpflegeaktivitäten** formuliert und dargestellt (☞ Abb. 3.7). Die schwierige und teilweise willkürliche theoretische Einteilung menschlichen Lebens in Bereiche dient lediglich der besseren Überschaubarkeit der Pflegekapitel. Es ist immer wieder erforderlich, darauf hinzuweisen, dass Lebensbereiche nicht unabhängig voneinander existieren und vielfältig miteinander verknüpft sind.

Die Einteilung menschlichen Lebens in einzelne Selbstpflegeerfordernisse oder Lebensbereiche dient lediglich der besseren Überschaubarkeit von Pflege- und Betreuungserfordernissen. Sie stellt einen theoretischen Rahmen dar zum Erfassen des alten Menschen in seiner **Ganzheit** von Körper, Psyche und sozialem Umfeld sowie der Umwelteinflüsse, die darauf Einfluss haben. Praktische Pflege und Betreuung wird nicht nach Lebensbereichen gestaltet. Die eigentliche Kunst der Pflege besteht darin, sich mit dem Rüstzeug einer modellhaften Sichtweise nach den Erfordernissen und Bedürfnissen des alten Menschen in seiner Individualität auszurichten.

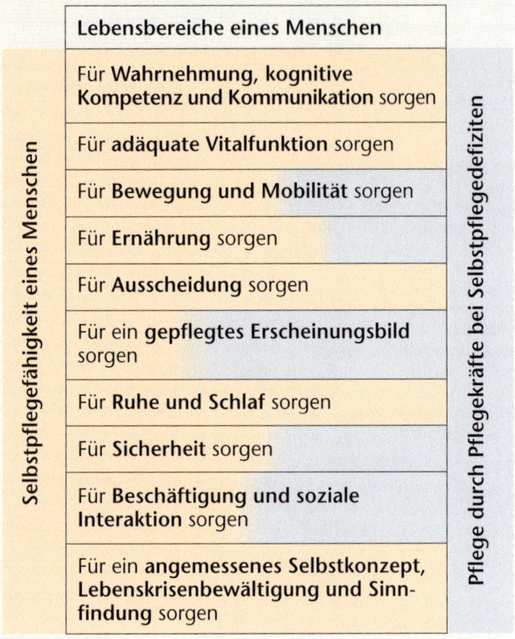

Abb. 3.7: Das modellhafte Konzept professioneller Altenpflege von „Altenpflege konkret" berücksichtigt innerhalb der Lebensbereiche alter Menschen zwei Gesichtspunkte der Versorgung zum Leben: Selbstpflege eines alten Menschen und Pflege durch Pflegekräfte bei Selbstpflegedefiziten.

Professionelle Pflege und Betreuung alter Menschen kann den **sozialpflegerischen Aspekt** nicht außer Acht lassen. Dieser Gesichtspunkt ist deshalb in der Beschreibung aller Lebensbereiche wiederzufinden.

Für alle **Lebensbereiche** werden **Einflussfaktoren** erläutert, die in diesem Rahmen wirksam sein können. Hierzu gehören Gesundheits- und Krankheitsprozesse, Lebensspanne, Lebenswelt, Diagnostik und Therapie anderer Gesundheitsberufe.

Die Formulierung der Lebensbereiche macht eine Doppelbedeutung anschaulich. Es werden mit den Formulierungen der Lebensbereiche als „Sorge für …" (☞ Abb. 3.7) zwei Gesichtspunkte der Versorgung zum Leben ausgedrückt:

- Die **Selbstpflegeaktivität,** die die Unabhängigkeit des alten Menschen von Pflege deutlich macht
- Der Einsatz von Pflege bei **Selbstpflegedefiziten,** wenn diese von Pflegenden diagnostiziert werden (Pflegediagnosen).

Pflege wird nach diesem Konzept umfassend und eigenverantwortlich von AltenpflegerInnen geplant und durchgeführt. Die Formulierung von Pflegediagnosen macht folgerichtig die Festsetzung der **Pflegetherapie** erforderlich. Damit wird die Eigenständigkeit von AltenpflegerInnen für Pflege untermauert. Sämtliche Schritte des Pflegeprozesses werden von Pflegenden verantwortlich organisiert und gestaltet. Der Pflegeprozess wird auf der Grundlage der Pflegediagnosen in vier Schritten (nach WHO) als **Problemlösungs- und Beziehungsprozess** erläutert.

3.2 Pflege als Problemlösungsprozess

Pflege ist eine dynamische, nicht für immer feststehende Tätigkeit. Die Auffassung, dass Pflege als ein **Prozess** betrachtet werden könne, entstand in den 50er-Jahren in den USA. Man begann, Pflege als ein dynamisches Geschehen zu beschreiben, in dem die Aufgaben der Pflege vom Bedarf des pflegebedürftigen Menschen bestimmt werden.

Der **Pflegeprozess** stellt die Grundlage einer **geplanten Pflege** dar. Seit 1974 arbeitet neben vielen PflegewissenschaftlerInnen auch die WHO u.a. an einer systematischen Beschreibung des Pflegeprozesses.

Pflegeprozess: Summe von überlegten logischen Aktivitäten, mittels derer die pflegerische Arbeit systematisch durchgeführt wird. Er ist Problemlösungs- und Beziehungsprozess.

Aktuelle Definitionen fasste die **WHO** 1987 zusammen und beschrieb danach **vier Schritte des Pflegeprozesses:**

- Beurteilung von Pflegebedarf und Ressourcen (Informationssammlung)
- Planung der Pflegeaktivitäten
- Durchführung des Plans
- Auswertung und Feedback.

Im Sinne eines Regelkreises enthalten diese Schritte einen Rückkopplungseffekt, der in Form von Beurteilung (Evaluation) und Neuanpassung der Pflegemaßnahmen den Problemlösungskreis fortsetzt.

Mit dem Begriff Prozess ist ausgedrückt, dass individuelle Pflege ständigen Veränderungen unterliegt. Dabei geschieht Altenpflege nicht gefühlsmäßig oder intuitiv, sondern sie ist zielgerichteter Prozess von **Problemlösungen** einerseits und andererseits gleichzeitig **Beziehungsprozess** (☞ Abb. 3.8). Auf der Beziehungsebene werden Informationen zwischen den alten Menschen und AltenpflegerInnen ausgetauscht, die die Pflege und Betreuung wesentlich bestimmen.

Altenpflege als Problemlösungsprozess hat zum Ziel, auf systematische Art und Weise der Erfordernis nach Pflege und Betreuung bei Selbstpflegedefiziten alter Menschen zu entsprechen. Der Prozess besteht aus einer Reihe von logischen, voneinander unabhängigen Überlegungs-, Entscheidungs-, und Handlungsschritten, die auf eine **Problemlösung,** also auf ein Ziel hin ausgerichtet sind.

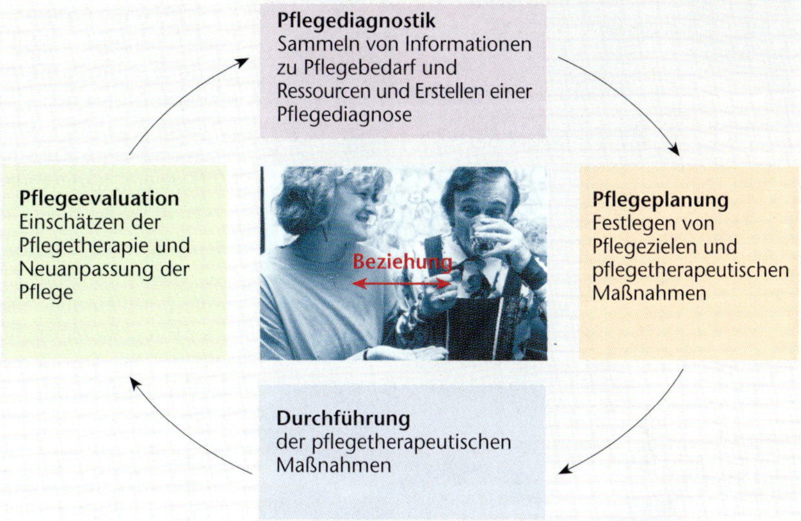

Abb. 3.8: Professionelle Altenpflege als Problemlösungs- und Beziehungsprozess. [Foto: O134]

Die Schritte des Problemlösungsprozesses werden in „Altenpflege konkret“ beschrieben als

- Pflegediagnostik
- Pflegeplanung (Pflegeziele und Pflegetherapie)
- Durchführung der pflegetherapeutischen Maßnahmen
- Pflegeevaluierung.

3.2.1 Pflegediagnostik

Pflegediagnostik: Informationssammlung und -bewertung bezüglich eines alten Menschen auf der Grundlage von Gesprächen, Beobachtungen und Durchsicht vorhandener Unterlagen. Individuelle Ursachen von Selbstpflegedefiziten und Einflussfaktoren auf die Gesundheit und das Leben des alten Menschen werden hierbei berücksichtigt. **Ziel** der Informationssammlung ist es, eine **Pflegediagnose** zu erstellen.

Der Weg zur Pflegediagnose

Im Rahmen der Pflegediagnostik werden Informationen zum alten Menschen gesammelt und bewertet. Hierzu gehören **Informationen über**

- Lebensbereiche, in denen Unabhängigkeit von pflegetherapeutischen Maßnahmen bestehen und erhalten werden können
- Lebensbereiche, in denen Selbstversorgungsdefizite und Gefährdungen bestehen
  - Art, Umfang und Anzeichen der Selbstversorgungsdefizite
  - Folgen von Selbstversorgungsdefiziten
  - Risikofaktoren und Gefahren
- Unterstützungsbedarf
- Gefühle, Bedürfnisse und Wünsche
- Gewohnheiten, Erfahrungen und Ressourcen.

Im Rahmen der Pflegediagnostik kann oft schon das Erkennen und Beseitigen von Ursachen für Störungen weitere pflegetherapeutische Maßnahmen überflüssig machen. Beispielsweise können unruhige Fußbodenmuster oder Linien im Teppich für alte Menschen, die an Morbus Parkinson erkrankt sind, zu unüberwindlichen Hindernissen beim Gehen werden. Das Erkennen und Beseitigen solcher Hindernisse kann dazu führen, dass diesen Menschen möglicherweise wieder frei und selbstständig im Raum gehen können.

Die Informationen werden zusammengestellt durch

- Das **Gespräch** mit dem pflegebedürftigen alten Menschen, seinen Bezugspersonen und Angehörigen sowie mit KollegInnen und MitarbeiterInnen anderer Gesundheitsfachberufe
- Die **Beobachtungen** und Wahrnehmungen durch die AltenpflegerInnen
- Die **Durchsicht** aller zur Verfügung stehender Dokumente, die den alten Menschen betreffen.

Im Rahmen jedes Lebensbereiches sind spezielle Fragen, die zur Klärung von Unabhängigkeit bzw. Abhängigkeit des alten Menschen von Pflege und Betreuung dienen, erforderlich. So werden nicht nur Probleme, sondern auch Ressourcen, Gewohnheiten und Erfahrungen erfasst.

Abb. 3.9: Auch lebenslange Gewohnheiten, z. B. bei der Ernährung, gehören zu Einflussfaktoren, die in unterschiedlichsten Lebensbereichen wirksam werden können. Informationen hierüber gehören zu einer professionellen Pflegediagnostik. [M221]

Zur Pflegediagnostik gehört ebenso das Erkennen und Bewerten von **Ursachen** für Pflege- und Betreuungsbedarf.

Zusätzlich ist es erforderlich, **Einflussfaktoren** auf einen Lebensbereich zu erkennen (☞ Abb. 3.9). Solche Faktoren, die einen Lebensbereich beeinflussen, können körperlicher, psychischer oder sozialer Natur sein oder im Bereich der Lebensumwelt wirksam werden. Beispielsweise ist es möglich, dass im Bereich „Für Ruhe und Schlaf sorgen" die **Lebenseinstellung** mit sehr unterschiedlichen Aufsteh- und Schlafenszeiten ein wichtiger, zu berücksichtigender Einflussfaktor gerade bei älteren Menschen sein kann. Einflussfaktoren, die für jeden Lebensbereich im Rahmen der Pflegediagnostik berücksichtigt werden, sind:

- Gesundheits- und Krankheitsprozesse
- Lebensspanne
- Lebenswelt
- Diagnostik und Therapie anderer Gesundheitsfachberufe.

Einsatz von Pflegediagnosen

Pflegediagnose: Formulierung der Art, des Umfanges und der Ursachen eines Selbstpflegedefizites.

Pflegediagnosen sind Teil des Pflegeprozesses. Sie schaffen die Grundlage für Problemlösungen und dafür, Probleme voneinander abzugrenzen. Sie geben jedoch keine Auskunft über Pflegemodelle, das bestehende Menschenbild oder Hintergründe der Pflege. Deshalb ist Wert darauf zu legen, dass Pflegediagnosen immer im Zusammenhang mit der Definition von Pflege gesehen werden, um den Hintergrund zu erfassen, in dem Pflege stattfindet.

Entscheidend für den **Nutzen** von Pflegediagnosen ist es, dass diese eine Zusammenfassung von Informationen und Beobachtungen zu einem einheitlichen, in der Pflegefachsprache gültigen und bekannten Begriff darstellen. Seit ihrer Einführung in die amerikanischen Fachliteratur 1953 durch Virginia Fry sind bereits über vierzig Jahre vergangen.

Inzwischen finden Pflegediagnosen weltweites Interesse und haben auch im deutschsprachigen Raum Einzug gehalten. Der Begriff „Diagnose" wurde bisher fast ausschließlich in der Medizin verwendet, um ein Gesundheitsproblem zu benennen. Er diente dazu, Erkrankungen aufgrund vom Symptomen zu erkennen. Der Gebrauch des Diagnosebegriffes auch in der Pflege ist logisch, wenn es darum geht, „Pflegeprobleme" und deren Ursachen zu beurteilen und zusammenfassend exakt zu benennen. Während in den USA schon seit über 20 Jahren in der Pflege selbstverständlich mit dem Diagnosebegriff gearbeitet wird, begann das Nachdenken darüber in Deutschland erst Mitte der 90er Jahre.

Eine Fülle von **internationalen Vereinigungen** beschäftigen sich regelmäßig mit der Formulierung von Pflegediagnosen sowie deren Zuordnung zu bestimmten Lebensbereichen und einer möglichst internationalen Klassifzierung (☞ Tab. 3.10). Diese Pflegexperten sind sich einig darüber, dass die Fachsprache der Pflege auf der Basis von Pflegediagnosen vereinheitlicht werden kann und muss.

Die **NANDA** (☞ Tab. 3.10) hat inzwischen den Versuch unternommen, ausgewählte Pflegediagnosen im internationalen Klassifikationssystem der Krankheiten *(ICD-10)* bei der Weltgesundheitsorganisation *(World Health Organization, WHO)* mit aufnehmen zu lassen.

Pflegediagnose *(nach NANDA):* Eine Pflegediagnose ist die klinische Beurteilung der Reaktion von Einzelpersonen, Familien oder Gruppen auf aktuelle oder potenzielle Probleme der Gesundheit oder im Lebensprozess.

Die NANDA-Klassifikation von Pflegediagnosen stellt für die europäischen Pflegenden eine Diskussionsgrundlage zur Weiterentwicklung des Pflegeprozesses auf der Basis von Pflegediagnosen dar. Die Pflegeforschung in Deutschland arbeitet intensiv an

Internationale Pflegediagnoseverbände		
Abkürzung	**Name**	**Aufgabe**
ANA	American Nursing Association	Amerikanischer Pflegeverband
NANDA	North American Nursing Diagnosis Association	Nordamerikanische Pflegediagnosenvereinigung. Die NANDA ist von der ANA autorisiert, Pflegediagnosen zu • entwickeln • prüfen • klassifizieren • verbreiten. Ziel der NANDA ist es, eine verbindliche internationale Taxonometrie (Klassifikation) zu schaffen
ICN	International Council of Nurses	Internationale Pflegvereinigung. Innerhalb des ICN gibt es das Programm zur Klassifikation der Pflegepraxis
ENDA	European Nursing Diagnosis Association	Europäische Pflegediagnosevereinigung mit Beteiligung von 15 europäischen Nationen zur Entwicklung von Pflegediagnosen
ACENDIO	Association for Common European Nursing Diagnosis, Interventions and Outcome	Europäische Vereinigung für Pflegediagnosen mit dem Ziel, eine Klassifikation der europäischen Pflegediagnosen zu erarbeiten.

Tab.3.10: Internationale Pflegeorganisationen, die sich mit Pflegediagnosen befassen.

der Formulierung von Pflegdiagnosen sowie ihrer Durchsetzung in der Praxis. Die vollständige unkritische Übernahme der NANDA-Diagnosen für Pflege im europäischen Raum wird von vielen PflegeexpertInnen abgelehnt, weil entscheidende kulturelle Einflüsse auf einen Menschen dann keine Berücksichtigung fänden. Doch die in den USA etablierten Pflegediagnosen und das entsprechende Klassifikationssystem werden auf ihre Anwendbarkeit in unserem Gesundheitssystem überprüft und entsprechend modifiziert. So verwendet beispielsweise auch Krohwinkel den Begriff Pflegediagnose im Rahmen von Pflegebedarfserhebungen.

Pflegediagnosen *(nach Krohwinkel):* Erkennen und Beschreiben pflegerelevanter Probleme und Fähigkeiten des pflegebedürftigen Menschen im Hinblick auf Aktivitäten und existenzielle Erfahrungen *(AEDL)* in ihren Auswirkungen auf den Gesundungs- und Lebensprozess sowie die Abschätzung der zu Grunde liegenden Ursachen (Krankheiten oder Umwelteinflüsse).

Vorteile von Pflegediagnosen

Der Bedarf an professioneller Pflege ist in den vergangenen zehn Jahren erheblich gestiegen. Doch „ohne eigene Fachsprache bleibt Pflege unsichtbar"; dieser Satz, vom **ICN** (☞ Tab. 3.10), 1994 veröffentlicht, hat nichts an seiner Gültigkeit verloren.

Auch AltenpflegerInnen können ihre Aufgaben nur dann bewältigen und nach außen hin deutlich begründen, wenn Pflege ihren eigentlichen Aufgaben nachkommt. Hierzu gehört, die Dokumentation und Kommunikation der pflegerischen Arbeit nicht nur exakter, sondern auch effektiver zu gestalten. Bisher werden mehr als 20 % der Arbeitszeit von AltenpflegerInnen für Dokumentationsaufgaben verwendet. Das ist Zeit, die der Pflege und Betreuung alter Menschen verloren geht. Über die **Vorteile** der Einführung von Pflegediagnosen sind sich die PflegewissenschaftlerInnen trotz vieler unterschiedlicher Auffassungen zu einzelnen Formulierungen und Klassifikationen einig. Pflegediagnosen

- Ermöglichen eine einheitliche Pflegefachsprache
- Sind ein Element zur Professionalisierung der Pflege
- Helfen, Pflegewissen zu strukturieren und Pflegemaßnahmen zu standardisieren
- Stellen wissenschaftlich fundiertes Wissen im Rahmen von Pflege dar
- Ermöglichen Ausbildung und Professionalisierung der Pflege auf der Basis einer gemeinsamen Fachsprache und Struktur
- Schaffen objektive, vergleichbare Daten
- Gewährleisten auch bei Verlegungen in andere Einrichtungen die Kontinuität der Pflege
- Ermöglichen gleiche Rahmenbedingungen für die Anwendung des Pflegeprozesses
- Grenzen den pflegeeigenen Bereich und die Rolle der Pflegenden von anderen Gesundheitsberufen ab.

Literaturtipp
Autorenteam: Pflegediagnosen. Was leisten sie – was leisten sie nicht? Ergebnisband des 1. dezentralen Kolloquiums des DV Pflegewissenschaften an der Alice-Salomon-Fachhochschule Berlin am 26. 8. 1998. Mabuse Verlag, Frankfurt, 1999

Klassifikation von Pflegediagnosen

Pflegediagnosen sind zur besseren Anwendbarkeit durch unterschiedliche Klassifikationssysteme zu Komplexen zusammengefasst und geordnet worden.

Literaturtipp
Doenges, Marilynn; Moorouse, Mary Frances: Pflegediagnosen und Maßnahmen. Verlag Hans Huber , Bern, Göttingen, Toronto, Seattle, 2. ergänzte Auflage 1994

In den USA werden durch die **NANDA** vier Formen von Pflegediagnosen voneinander abgegrenzt (☞ Tab. 3.11). Im Rahmen der internationalen Entwicklung von Pflegediagnosen ist unter Leitung des **ICN** (☞ Tab. 3.10) an einem Klassifikationssystem gearbeitet worden, wobei

- Pflegediagnose
- Pflegeintervention
- Pflegeergebnis

als „Internationale Klassifikation der pflegerischen Praxis" (ICNP) zusammengefasst werden. Zur Differenzierung der Pflegediagnosen wurden im Rahmen des ICNP *fünf Kategorien* entwickelt:

- Physiologische Pflegediagnosen, nach körperlichen Bedürfnissen orientiert
- Psychosoziale Pflegediagnosen, orientiert an psychischer Verfassung, Prozessen oder Fähigkeiten
- Soziale Pflegediagnosen, orientiert an Beziehungen zu anderen Menschen (☞ Abb. 3.12)
- Verhaltensbezogene Pflegediagnosen, orientiert an Verhaltensweisen, die die Gesundheit beeinflussen
- Umweltbezogene Pflegediagnosen, orientiert an Umweltfaktoren, die die Gesundheit beeinflussen.

Abb. 3.12: Die Pflegediagnose bei dieser ambulant betreuten Frau lautete „Soziale Isolation". Inwischen hat sie begonnen, einen Hund aus dem Tierheim zu betreuen. Die täglichen Kontakte zu anderen Tierfreunden helfen ihr, die Isolation zu überwinden. [M221]

Ein anderes Klassifikationssystem von **Majory Gordon,** USA, fasst Pflegediagnosen nach elf funktionellen Verhaltensmustern zusammen, zu denen beispielsweise Selbstwahrnehmung und Selbstkonzept gehören. Die Verhaltensmuster gelten nicht nur für einen einzelnen Menschen, sondern auch für Familien und Gemeinschaften.

Pflegediagnosen	Erläuterung	Beispiel
Aktuelle Pflegediagnosen	Durch Existenz von Hauptsymptomen nachweisbar und überprüfbar	**Obstipation** in Verbindung mit…
Hochrisiko- oder Gefährdungsdiagnosen	Im Gegensatz zu potenziellen Pflegeproblemen werden nur einzelne, besonders gefährdete oder anfällige Menschen berücksichtigt, für die eine Gefährdung in besonderer Weise vorhanden ist	**Infektionsgefahr** in Verbindung mit…
Syndrom-Pflegediagnosen	Bündelungen von aktuellen und Hoch-Risiko-Pflegediagnosen	**Inaktivitätssyndrom** mit verschiedenen einzelnen Pflegediagnosen zu denen u.a. gehören • Obstipationsgefahr • Gefahr eines beeinträchtigten Hautzustandes • Infektionsgefahr
Wellness-Pflegediagnosen	Einsatz in der Gesundheitsförderung. Sie haben zum Ziel, dem gesunden Menschen ein höheres gesundheitliches Wohlbefinden (*Wellness*) zu verschaffen.	Möglichkeit eines verbesserten Ernährungsverhaltens

Tab. 3.11: Klassifikation der NANDA-Pflegediagnosen.

Literaturtipp
Gordon, Majory: Handbuch Pflegediagnosen. Ullstein Medical Verlagsgesellschaft mbH & Co., Wiesbaden 1998

Die in **„Altenpflege konkret“** erstellten Pflegediagnosen wurden auf der Basis vorhandenener Klassifikationssysteme für die Altenpflege modifiziert (☞ Abb. 3.13).

Struktur von Pflegediagnosen

Die Pflegediagnosen in „Altenpflege konkret“ sind in den einzelnen Lebensbereichen in der Regel als **Selbstpflegedefizite** oder als Beeinträchtigung, Störung bzw. Gefahr definiert. Es handelt sich um mehrteilige diagnostische Aussagen.

Zur Diagnose können gehören:

- Titel der Diagnose
- Individuelle Merkmale beim Betroffenen in Form von
  - Anzeichen (Symptomen)
  - Ursachen und Einflussfaktoren
  - Umfang oder Ausmaß.

Der **Titel** stellt in knapper Form, genau und treffend die Kennzeichen einer Pflegediagnose dar. Beispielsweise „Selbstversorgungsdefizit bei der Körperpflege“ oder „Sturz- und Verletzungsgefahr“. Die **Anzeichen** (Symptome), **Ursachen** und das **Ausmaß** sind individuell unterschiedlich. Sie werden ebenso knapp benannt. Nach Möglichkeit erfolgt eine genaue Kennzeichnung durch Begriffe wie beispielsweise

- Defizit, Selbstpflegedefizit, Gefahr, Unfähigkeit, Einschränkung
- Verändert, unzureichend
- Verstärkt, hochgradig, gering, erhöht
- Ineffektiv, gestört, selbstgefährdend.

Fallbeispiel
Diese Struktur macht beispielsweise folgende Pflegediagnose deutlich: **Hochgradige** (Ausmaß) **Infektionsgefahr** (Diagnosetitel) **der trockenen Gangrän an rechter Großzehe** (Anzeichen) aufgrund **diabetischer Gefäßschäden** (Ursache).

Pflegediagnosen in der Altenpflege

Die Anwendung von Pflegediagnosen für den Pflegeprozess der Altenpflege bietet viele **Vorteile.** Pflegediagnosen können

- Zur Begriffsbildung und Entwicklung der Fachsprache in der Altenpflege beitragen
- Gleichstellung von Altenpflege innerhalb der Gesundheitsprofessionen durch Hinwendung zu gleichen Sprache dokumentieren
- Die Kommunikation und Dokumentation innerhalb der Betreuungseinrichtungen erleichtern
- Die Unterscheidung von medizinischen und pflegerischen Problemen erleichtern
- Die Weitergaben von Informationen zwischen MitarbeiterInnen der Berufsgruppe Altenpflege und anderen Berufgruppen des Gesundheits- und Sozialwesens erleichtern
- Altenpflege gegenüber Berufsfremden, Sozialämtern und Krankenkassen transparenter und abrechenbarer machen
- Die Mess- und Abrechenbarkeit der Pflege durch objektiv vergleichbare Daten unterstützen
- Nationale und internationale Vergleiche von Altenpflege ermöglichen.

Abb.3.13: Gruppen von Pflegediagnosen, die für die Altenpflege Gültigkeit haben und in diesem Buch verwendet werden. [Foto: M221]

3.2.2 Pflegeplanung

Pflegeplanung: Planung der Pflegeziele und der pflegetherapeutischen Maßnahmen.

Planung der Pflegeziele

Für geplante Pflege von alten Menschen ist die Festlegung von Pflegezielen unverzichtbar. Diese

- Beschreiben, welche Erfolge durch die Pflege und Betreuung alter Menschen angestrebt werden
- Vereinheitlichen die Absicht von Pflege und machen sie transparent
- Geben die Richtung der pflegerischen Aktivität auf der Basis individueller Bedürfnisse des alten Menschen an
- Schließen die Selbstpflegefähigkeit der alten Menschen in Form von Ressourcen und Gewohnheiten ein
- Werden auf der Basis einer umfassenden Informationssammlung und zusammenfassenden Pflegediagnose entwickelt
- Werden mit dem betroffenen alten Menschen, seinen Angehörigen und Bezugspersonen festgelegt
- Bieten die Möglichkeit, im Rahmen der **Pflegeevaluation** festzustellen, ob die angestrebten Maßnahmen ihren Zweck erfüllt haben.

Pflegeziele: Ergebnis, das AltenpflegerInnen und der alte Mensch gemeinsam auf eine Pflegediagnose bezogen erreichen wollen.

Arten von Pflegezielen

Pflegeziele können nach den allgemein üblichen Begriffen im therapeutischen Team des Gesundheitswesens gegliedert werden:

- **Präventive Ziele** dienen dazu, die Selbstpflegefähigkeit und die Gesundheit zu erhalten, sowie Pflegebedürftigkeit und Gesundheitsstörungen zu vermeiden. Beispielsweise kann das Ziel bei dauerhafter Sturzgefahr sein, Sicherheit beim Gehen mit dem Rollator zu erreichen
- **Kurative Ziele** dienen dazu, die Selbstpflegefähigkeit und Gesundheit wiederherzustellen. Beispielsweise kann das Ziel bei „Ein- und Durchschlafstörungen aufgrund von Ängsten" sein, dass der zu Pflegende „äußert, angstfrei eingeschlafen zu sein und durchgeschlafen zu haben"
- **Rehabilitative Ziele** sollen psychische, physische und soziale Folgen von Störungen sowie Selbstpflegedefizite verhindern bzw. auf ein Minimum reduzieren. Beispielsweise wäre bei Funktionsstörungen ein Ziel, mit Hilfsmitteln so umgehen zu können, dass negative Folgen reduziert werden (☞ Abb. 3.14)
- **Palliative Ziele** dienen dazu, Leiden zu lindern. Beispielsweise wäre ein Ziel bei „Infektionsgefahr durch Durchblutungstörung mit Gangrän an den Zehen", den alten Menschen vor Wundinfektionen an den Zehen und Verletzungen des Fußes zu schützen und dadurch sein Leiden zu lindern.

Pflegeziele entwickeln

Pflegeziele sind **sinnvoll.** Damit Pflegeziele nicht an den Ursachen einer Pflegediagnose „vorbeizielen", werden sie im Team und mit dem alten Menschen besprochen und festgelegt. Um ein zweckmäßiges Ziel festlegen zu können, ist es wichtig, Informationen zu sammeln und genau zu prüfen, was entscheidende Ursachen und Einflussfaktoren für eine individuelle Pflegediagnose sind.

Fallbeispiel

Herr Munter ist während der Einnahme seiner Mahlzeiten im Speisesaal regelmäßig durch so viele Dinge abgelenkt, dass er Essen und Trinken entweder vergisst oder nur wenig davon probiert, denn kalte Mahlzeiten und Getränke schmecken ihm nicht. Er ist sehr aufmerksam und hilfsbereit und steht mehrfach auf, um Dinge heranzuholen oder wegzubringen, versorgt andere mit Getränken oder unterstützt sie beim Essen. Im vergangenen Vierteljahr hat er stark abgenommen.

- Die Altenpflegerin Anja schließt aus dem Verhalten von Herrn Munter, dass er keinen Appetit hat. Ihr Ziel ist es, seinen Appetit zu fördern durch viel Bewegung an der frischen Luft
- Altenpfleger Bernd hat sich das Ziel gesetzt, eine Gewichtszunahme zu erreichen. Er reicht Herrn Munter gefüllte Löffel oder die Tasse zum Trinken an und lässt ihn erst dann den Speisesaal verlassen, wenn dieser mindestens die Hälfte seiner Mahlzeit gegessen hat
- Altenpflegerin Susanne sieht das Ziel darin, die Ursache des Gewichtsverlustes zu klären und eine Anordnung des Hausarztes für eine Magen-Darm-Untersuchung einzuholen.

Pflegeziele müssen **ursachenorientiert** sein.

Es reicht nicht, sich eine Liste von Maßnahmen zu überlegen, ohne zu klären

- **Was** sind die Ursachen und Einflussfaktoren der Diagnose?
- **Was** soll erreicht werden?

Weniger erfolgreich sind Pflegeziele, die **symptomorientiert** sind. Sie führen wie im Fall von Herrn Munter häufig zu einer unzureichenden oder unvollständigen Lösung des Problems. Im Fallbeispiel hätte bereits der Austausch von Beobachtungen und das Gespräch mit dem alten Herrn die Spur zur **Ursache** des Gewichtsverlustes führen können. Ist die Ursache

Abb. 3.14: Rehabilitatives Ziel in der Betreuung dieses an Atemnot leidenden Mannes war es, seine Beweglichkeit an der frischen Luft zu erhalten. Deshalb lernte er, mit Hilfe des Rollators kleine Spaziergänge zu machen. [M221]

erkannt als *Ablenkung durch eigene Unruhe oder Unruhe im Raum*, kann es **Ziel** sein, für eine störungsfreie Umgebung während der Mahlzeiten zu sorgen. Im Falle von Herrn Munter reicht möglicherweise eine andere Sitzordnung und die Bitte sowie Unterstützung für ihn, erst selbst in Ruhe zu essen, bevor er andere unterstützt.

Pflegeziele formulieren

Das Formulieren von Pflegezielen macht vielen AltenpflegerInnen Probleme, weil sie diese häufig nicht von Maßnahmen trennen. Eine Unterscheidung von Zielen und Maßnahmen ergibt sich jedoch leicht, wenn sich AltenpflegerInnen an zwei Fragen orientieren:

- Die Frage **WAS** wollen wir erreichen, weist auf das **Ziel** hin
- Die Frage **WIE** können wir es erreichen, weist auf die **Maßnahmen** hin.

Pflegeziele werden so formuliert, dass sie

- Konkret
- Realistisch
- Überprüfbar sind.

Diese drei Forderungen an Pflegeziele sind erforderlich, um Ergebnisse im Rahmen der Evaluation auch prüfen zu können. Unklare Ziele erschweren den Weg (☞ Abb. 3.15).

Es ist oft üblich, **Nahziele und Fernziele** zu formulieren. Doch in der Altenpflege steht die Formulierung von **Nahzielen** im Vordergrund (☞ Abb. 3.16), weil die Dokumentation ständig aktualisiert wird. Ein realistisches Fernziel zu formulieren ist schwierig, weil damit immer eine Prognose für den weiteren Pflegeverlauf verbunden ist. Dies ist in den meisten Fällen schwer möglich, weil zu viele Einflussfaktoren und individuelle Gegebenheiten im Pflegeverlauf alter Menschen wirksam werden. **Fernziele** beschreiben den Zustand, der nach Ablauf des gesamten Pflegeprozesses erreicht werden soll. Die Krankenpflege kann eher mit planbaren Fernzielen arbeiten, weil beispielsweise davon ausgegangen werden kann, dass eine Wunde nach Blinddarmoperation innerhalb von 7 Tagen so verheilt ist, dass der Patient entlassen werden kann. Fernziele in der Altenpflege sind eher spekulativ. Sie haben lediglich den Sinn, die Richtung für einen eingeschlagenen Weg zu markieren. Realistischer ist es, regelmäßig die Erreichbarkeit von Nahzielen zu überprüfen und diese zu aktualisieren.

Planung der Pflegetherapie

Pflegetherapeutische Maßnahmen werden nach Festlegung der angestrebten Pflegeziele geplant. Es handelt sich also um Tätigkeiten, die dem Erreichen der Ziele dienen.

Abb. 3.15: Der beste Kompass würde diesem 79-jährigen Steuermann nichts nützen, wenn er nicht das genaue Ziel kennen würde, an das er seine Fahrgäste bringen soll. Ähnlich verhält es sich mit Pflegezielen. [M221]

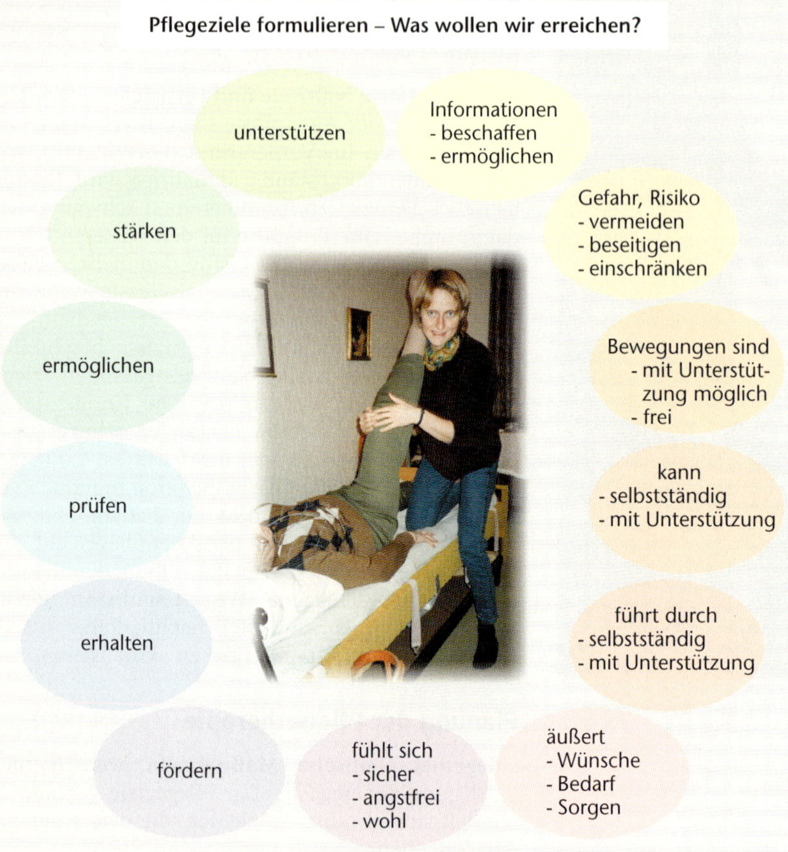

Abb. 3.16: Häufig verwendete Formulierungen von sinnvollen, konkreten, realistischen und überprüfbaren Pflegezielen. [Foto: M221]

Pflegetherapie: Abfolge von Aktivitäten, an der AltenpflegerInnen **beteiligt** sind, um alte Menschen auf dem Weg zum Ziel zu unterstützen.

Fallbeispiel

Wenn Frau Müde von der Altenpflegerin Anne geweckt wurde, stellte ihr diese das Waschwasser zur Körperpflege ans Bett. Altenpflegerin Bettina jedoch half der Frau dabei, zum Waschbecken zu gehen und wusch ihr dort den Rücken. Pfleger Carsten unterstützte Frau Müde beim Aufstehen und stellte ihr die Waschutensilien zurecht. Bei einer späteren Pflegeplanung stellten die MitarbeiterInnen fest, dass Frau Müde sich gern in Ruhe allein am Waschbecken waschen wollte und dies auch konnte. Frau Müde erklärte, sie brauche früh nur etwas Zeit zum Wachwerden und Hilfe beim Ausziehen des Nachthemdes. Sie sei ein höflicher Mensch und habe sich nach den Vorstellungen der AltenpflegerInnen richten wollen. Deshalb habe sie immer ja gesagt, egal, was die Pflegenden ihr an Unterstützung anboten.

Aus dem Fallbeispiel wird deutlich, wie wichtig es ist, Maßnahmen

- Gemeinsam zu planen, abzustimmen und zu dokumentieren
- Ressourcen, Gewohnheiten und Bedürfnisse des alten Menschen einzubeziehen.

Wird die Pflege im Team geplant, ist es leichter möglich, unterschiedliche Sichtweisen, Meinungen und Erfahrungen zu erfassen, um Lösungen zu finden. Außerdem ist die Akzeptanz der festgelegten Ziele und Maßnahmen höher. Eigene Vorstellungen von Pflege können überprüft und die Pflegekompetenz erhöht werden (☞ Abb. 3.17).

Mit Hilfe eines vorliegenden Pflegeplanes wird es möglich, die Pflegequalität zu verbessern, weil eine einheitliche, kontinuierliche Pflege gewährleistet wird.

Die Praxis zeigt, dass das Alltägliche, das die Pflege ausmacht, in der Planung oft nicht berücksichtigt wird. Es erscheint zu selbstverständlich oder zu banal, dies zu erwähnen. Doch für alte Menschen sind gerade diese Alltäglichkeiten von großer Wichtigkeit. Beispielweise scheint eine Maßnahme wie *morgens für Tageszeitung sorgen* nicht pflegebezogen oder zu

Abb. 3.17: Pflegeplanung durch eine Pflegegruppe erhöht die Pflegekompetenz, weil Meinungen und Erfahrungen ausgetauscht und Ziele und Maßnahmen gemeinsam festgelegt werden, so dass sie von allen akzeptiert werden. [M221]

banal. Doch für den betroffenen alten Menschen kann das Lesen der Tagespresse ein wichtiges Morgenritual sein, das sein Wohlbefinden erheblich fördert und deshalb in die Pflegeplanung gehört.

Zur Planung von pflegetherapeutischen Maßnahmen gehören neben rein praktisch orientierten Dingen auch solche, die gefühlsbezogen sind. Gerade **„Gefühlsarbeit“** hat in der Altenpflege einen hohen Stellenwert, der jedoch selten angemessen anerkannt wird. Hierzu gehören beispielsweise das Eingehen auf

- Trauer
- Freude
- Verluste
- Ängste
- Zuneigung.

Gefühlsarbeit oder auch Validation® (☞ 4.11.2) sind jedoch nicht selbstverständliche Leistungen des Pflegepersonals und von diesen nebenbei zu erledigen. Diese Arbeit gehört in besonderer Weise zum Anliegen professioneller Altenpflege und kann in Zusammenarbeit mit anderen Diensten auch auf Verordnung durchgeführt werden. Wichtig ist es, dass AltenpflegerInnen diese Aktivitäten ebenfalls

- Planen
- Dokumentieren
- Organisieren
- Werten und
- Den Maßnahmenplan verantworten.

☑ Professionelle Altenpflege berücksichtig in besonderer Weise bei der Pflegeplanung auch die Gefühle alter Menschen. Darum gehört es zur Verantwortung von AltenpflegerInnen, die Zusammenarbeit mit anderen Berufsgruppen wie beispielsweise TherapeutInnen oder auch SeelsorgerInnen zu suchen und zu fördern.

Pflegetherapeutische Maßnahmen formulieren

Pflegemaßnahmen werden konkret und eindeutig sowie individuell auf einen alten Menschen bezogen formuliert. Pflegestandards (☞ 3.2.3) können Formulierungen zu individuellen Maßnahmen ergänzen, aber nicht ersetzen.

Die Art der Pflegeintervention wird kurz, aber für alle verständlich ausgedrückt (☞ Tab. 3.18). Durch die Formulierung von Maßnahmen wird beispielsweise deutlich:

- **Was** wird getan?
- **Womit** wird es getan?
- **Wann** ist es zu tun?
- **Wie oft** ist es zu tun?
- **Wer** tut es?

Klare Maßnahmenformulierung	Unklare Maßnahmenformulierung
2-stündlicher Lagerungswechsel nach Bobath (Rücken- und Seitenlage nach Standard)	Dekubitusprophylaxe 3x täglich
Vollständige Übernahme der Intimwäsche morgens am Waschbecken bei der Ganzkörperwäsche	Hilfe beim Waschen
Während der nächsten zwei Wochen führt Altenpflegerin Katrin Informationsgespräche mit Herrn Prell und klärt seine Interessen und Betätigungsmöglichkeiten ab, informiert ihn über Beschäftigungsangebote und motiviert ihn, sich für ein Angebot zu entscheiden und daran regelmäßig teilzunehmen	Unterstützung durch Beschäftigungsangebote

Tab. 3.18: Formulierungsbeispiele.

3.2.3 Durchführung der Pflegetherapie

Altenpflege findet im Team statt, in dem alle die gleichen Maßnahmen ausführen, denn diese sind **geplant**, **dokumentiert** und **überprüfbar**. Durch diese Möglichkeit zur bewussten Pflege werden Routinetätigkeiten vermindert. Pflegehandeln in der Altenpflege kann als mehrdimensionales Handeln gesehen werden (☞ Abb. 3.6). Es besteht aus **lehrendem Pflegehandeln,** zu dem die Grundformen pädagogischen Handelns nach Giseke (☞ Literaturtipp) gehören:

- Informieren
- Beraten
- Motivieren
- Anleiten.

Zum anderen gehört zur Pflegetherapie **unterstützendes Pflegehandeln.** Unterstützung kann

- Beaufsichtigend
- Teilweise kompensierend
- Vollständig kompensierend sein.

Literaturtipp
Gisecke, H.: Pädagogik als Beruf. Grundformen pädagogischen Handeln. 4. Auflage. Juventa Verlag, Weinheim, München 1993

Pflegestandards

Zum Begriff **Pflegestandard** (☞ 2.2.3, Abb. 2.6) gibt es verschiedene Definitionen, aus denen folgt, dass Standards keine reinen Ablaufbeschreibungen sind, sondern durch Vorgabe von Zielen auch Erfolgskontrolle (Evaluation) ermöglichen.

Pflegestandards beschreiben, wie in einem jeweiligen Umfeld optimale Altenpflege geschieht. Dabei werden die örtlichen Möglichkeiten und die Zielgruppe der Pflege, also die alten Menschen in besonderer Weise berücksichtigt. Pflegestandards sind nicht allgemeingültig, sondern werden in jeder Einrichtung nach den jeweiligen Bedingungen entwickelt oder auf der Grundlage bestehender Standards modifiziert. Häufig ist dies die Aufgabe von **Qualitätsbeauftragten.** Die Vorgaben von Arbeitsabläufen sorgen für Vereinheitlichung und Kontinuität der Pflege innerhalb einer Einrichtung und wirken sich positiv auf die Pflegequalität aus.

Ein Arbeitskreis im Studiengang Pflege- und Gesundheitsmanagement an der Fachhochschule Osnabrück hat folgende **Richtlinien für die Erarbeitung von Pflegestandards** entwickelt:

- Standards werden auf der Grundlage des Pflegeprozesses festgelegt
- Standards sind sinnvoll, verständlich, nützlich, messbar, überwachbar und praktisch durchführbar
- Die Differenz zwischen Ideal und Wirklichkeit darf nicht zu groß sein
- Die Festlegung eines Standards wird unter drei Aspekten gesehen:
  - Struktur
  - Prozess
  - Resultat
- Das Resultat ist am schwierigsten zu bestimmen, ist aber der wichtigste Aspekt
- Zur Entwicklung von Standards werden Arbeitsgruppen unter Einbeziehung von Praktikern gebildet
- Die Abstimmung mit anderen Berufsgruppen ist erforderlich
- Die Hauptverantwortung für Standards trägt die Berufsgruppe selbst.

3.2.4 Pflegeevaluation

Evaluation *(lat.: Bewertung, Beurteilung):* Erfolgskontrolle durch Beurteilung und Bewertung der Wirksamkeit der Pflege anhand der Ziele.

Evaluation ist nur auf der Basis einer genauen Dokumentation der Absichten (Ziele) möglich. Die Wirksamkeit pflegerischer Therapie zeigt sich darin, ob die Ziele erreicht wurden. Aus der Evaluierung ergeben sich für den weiteren Pflegeprozess folgende Möglichkeiten:

- Wird durch die Beurteilung der Pflegewirkung deutlich, dass **Pflegeziele erreicht** wurden, können neue Pflegeziele angestrebt werden
- Wird deutlich, dass **Ziele nicht erreicht** wurden, ist eine Korrektur nötig, die sich auf alle Schritte des Pflegeprozesses beziehen kann.

Evaluation dient *nicht* der Kontrolle der AltenpflegerInnen. Sie kontrolliert Entscheidungen innerhalb der Pflegeplanung sowie das Ergebnis der durchgeführten pflegetherapeutischen Maßnahmen. Die Arbeitsmethode der Bewertung ist ein unverzichtbarer Bestandteil des Pflegeprozesses.

Evaluation ist eine Arbeitsmethode, die im Rahmen von Dienstübergaben, Fallbesprechungen und Pflegevisiten stattfinden kann.

Häufig werden durch diesen letzten Schritt im Problemlösungsprozess Fehlerquellen aufgedeckt, die ihre Ursache innnerhalb aller Schritte des Pflegeprozesses haben können. Solche Ursachen können sein:

- Informationslücken im Rahmen der Pflegediagnostik
- Pflegediagnosen und Probleme wurden nicht zutreffend oder falsch eingeschätzt
- Ressourcen werden falsch eingeschätzt
- Formulierungen sind unklar
- Ziele können zu hoch oder fachlich falsch sein
- Einzelne Maßnahmen sind der Diagnose und den Zielen nicht angemessen
- Pflegetherapeutische Maßnahmen werden inkonsequent oder unsachgemäß durchgeführt
- Unvorhersehbare Ereignisse beeinflussen die Pflegewirkung und haben veränderte Ziele zur Folge.

Im Fallbeispiel von Frau Müde (☞ 3.2.2) wurde erst im Rahmen der Evaluation deutlich, welche Unterstützung sie tatsächlich benötigte. Die Maßnahmenformulierung „Unterstützung bei der Körperpflege“ war aufgrund von Informationsdefiziten falsch und außerdem unklar, weil nicht eindeutig formuliert war, welche Unterstützung notwendig war.

Evaluation sollte die Erreichbarkeit von Zielen überprüfen und diese aktualisieren sowie sicherstellen, dass Informationen nicht verloren gehen.

Es werden rein praktische Ziele ebenso überprüft wie solche, die die Gefühlswelt der alten Menschen betreffen. Es ist sicherlich schwierig, Wohlbefinden zu messen, doch gemeinsam mit dem alten Menschen ist beispielsweise klärbar, ob ereicht werden konnte, dass dieser sich besser fühlt.

3.3 Pflege als Beziehungsprozess

Der Pflegeprozess in seiner Gesamtheit als **Problemlösungs- und Beziehungsprozess**, stellt die Grundlage geplanter Pflege dar. Das bedeutet, dass die Beziehung zwischen AltenpflegerInnen und alten Menschen nicht zufällig entsteht, sondern weil beide ein Stück Lebensweg gemeinsam gehen, um ein Ziel zu erreichen.

Pflege als Beziehungsprozess *(nach Fiechter & Meier):* Pflege ist ein zwischenmenschlicher Beziehungsprozess, bei dem zwei Personen (Pflegender und Gepflegter) zueinander in Kontakt treten, um ein gemeinsames Ziel zu erreichen.

Weitaus mehr als vor einigen Jahren wird der Pflegeprozess als **Interaktion zwischen Pflegenden und Pflegebedürftigen** betont. Die Verständigung ist ein wesentlicher Faktor der Zusammenarbeit. Der Pflegeprozess als Interaktion zwischen AltenpflegerInnen und alten Menschen führt nur dann erfolgreich an ein angestrebtes Ziel, wenn er in partnerschaftlicher Kooperation stattfindet.

Die Fähigkeit, alte Menschen zu respektieren, spiegelt sich z.B. wider in

- Anerkennung
- Interesse
- Geduld
- Wahren der Intim- und Privatsphäre
- Vertrauen
- Ermutigung
- Trost.

Es ist von großer Bedeutung, dass AltenpflegerInnen in ihren Äußerungen **echt** sind. Das bedeutet, sich selbst in einen Beziehungsprozess einzubringen **als Persönlichkeit** mit Gefühlen, Fähigkeiten, Kenntnissen und Schwächen (☞ Abb. 3.19).

AltenpflegerInnen benötigen deshalb:

- Ein hohes Maß an Bewusstsein über die eigene Person und die Fähigkeit sowie Möglichkeit zur Selbstreflektion. Supervisionen und Beratungen innerhalb des Teams bieten hierfür eine wichtige Grundlage
- Klarheit über die eigene Motivation zum Helfen
- Persönliches soziales Engagement
- Ein ethisch-moralisches Fundament für das Engagement in der Altenpflege

Abb. 3.19: Echt sein bedeutet auch, eigene Gefühle so zeigen zu können, dass die betreute Frau gern auch einmal die Rolle der aufmerksamen Ratgeberin übernimmt. [M221]

- Eine Grundhaltung, die bedingungslos die Gefühle der alten Menschen akzeptiert.

Den Weg zu einer partnerschaftlichen Beziehung können nur die AltenpflegerInnen selbst ebnen. Voraussetzung dafür ist, dass sie alten Menschen das Gefühl vermitteln können, als ganzer Mensch angenommen und gefordert zu sein.

Das Ziel, persönliche Beziehungen zu pflegebedürftigen alten Menschen zu schaffen, hat auch **organisatorische Konsequenzen.** Nur bei Pflegeorganisationsformen, die mit Bezugspflege (☞ 1.5.2) arbeiten, ist es möglich, persönliche Beziehungen aufzubauen. Ständig wechselndes Personal, bei dem ein pflegebedürftiger alter Mensch sich kaum an die Namen der wechselnden Betreuer erinnert, ist für den Aufbau stabiler, vertrauensvoller Beziehungen nicht geeignet.

Die besondere Beziehung zu demenzkranken alten Menschen

Besondere Schwierigkeiten ergeben sich häufig im echten Umgang mit demenzkranken alten Menschen. Doch gerade hier sind Echtheit und validiertes Verhalten (☞ 4.11.2) gefordert. Denn besonders diese Menschen leiden am Verlust ihrer Autorität und haben einen sehr unsicheren Gegenwartsbezug.

Verhaltensregeln im Umgang mit Dementen

- Die Kompetenz der Bertroffenen erhalten und fördern
- Die imaginäre Welt, in der sich die Pflegebedürftigen befinden, akzeptieren und in echten Gesprächen darauf eingehen. Dazu gehört, dass **Worte und Taten** übereinstimmen. Wenn diese beispielsweise ebenfalls den imaginären Löwen unter dem Bett einer Demenzkranken sehen, haben sie auch alles zu tun, um diesen zu „vertreiben"

- Dafür Sorge tragen, dass Demenzkranken persönliche **Symbole** nicht verloren gehen bzw. sie diese immer wiederfinden. Für viele alte Menschen sind Schlüssel und Geldbörse solche lebenswichtigen Symbole. Diese immer bei sich zu haben bedeutet vielen dementen Menschen sehr viel. Es kann den Beziehungsprozess stark belasten, wenn das Verständnis für die Bedeutung derartiger Symbole bei AltenpflegerInnen fehlt
- Empfindungen und Gefühle, die der alte Mensch äußert, ernst nehmen. Sie dürfen niemals verneint werden. Beispielsweise kann niemand Angst wegreden, es ist lediglich möglich, darüber zu reden und **Verständnis** dafür zu zeigen.

Für das **Sprechen** mit demenzkranken Menschen sind folgende Regeln hilfreich für einen guten Kontakt:

- In kurzen Sätzen reden, lange Sätze werden nicht verstanden. Pausen zwischen den Sätzen einlegen und den Satz, wenn erforderlich, wiederholen
- Besser in tiefen Tonlagen reden, hohe, schnelle Sprechweise macht leichter aggressiv
- Die Stimme modulieren, klangvoll sprechen, freundlich sprechen
- Die Stimme am Ende eines Satzes möglichst heben
- Schlüsselworte finden, die sich aus biografischen Bezügen ergeben, z.B. die Namen der Eltern und Geschwister kennen und diese in Gespräche einbeziehen
- Konkret reden, Mehrdeutigkeiten vermeiden
- Nicht tadeln, sondern loben.

Auch die **nonverbale Kommunikation** ist Ausdruck des Beziehungsprozesses zwischen AltenpflegerInnen und dementen Menschen:

- Positive Gefühle zeigen und Bestätigung geben durch **Lächeln und Nicken**, häufig fühlen sich verwirrte Menschen dadurch besser angenommen und sind entspannter
- Sich nicht beim Gespräch zu sitzenden Dementen von oben herunterbeugen, das wirkt **bedrohlich.** Günstiger ist es, eine gleiche Ebene zu suchen und sich neben ihn zu setzen oder auch mal kurz in die Knie zu gehen
- **Sanfte Bewegungen** wirken freundlich und kontaktfördernd im Gegensatz zu hektischem Hantieren
- Auch bei alten Menschen ist die Haut das größte Sinnesorgan. **Sanftes Berühren** bedeutet für viele Menschen mehr als jedes Gespräch. Es liegt in der Fachkompetenz der AltenpflegerInnen, hierbei das Gefühl für angemessenen Nähe und Distanz zu behalten.

Viele Faktoren, die den Beziehungsprozess zwischen AltenpflegerInnen und alten Menschen beeinflussen und prägen, sind eng an das Berufsverständniss der Pflegenden geknüpft. Professionelle Pflege bedeutet demnach auch, ein Pflegeleitbild (☞ 2.2.2) zu entwickeln und zu vertreten, das konkrete Ausagen zum eigenen Verständnis von Altenpflege als Problemlösungs- und Beziehungsprozesss macht und das die Vielschichtigkeit von Altenpflege in der Interaktion mit alten Menschen verdeutlicht.

Wiederholungsfragen

1. Was muss eine Altenpflegeeinrichtung bedenken und prüfen, wenn sie ein Pflegemodell einführen will? (☞ 3.1)
2. Was bedeuten die Begriffe Diagnose und Therapie? (☞ 3.1)
3. Was umfasst der Begriff mehrdimensionales Pflegehandeln? (☞ 3.1)
4. Wie wird der Pflegeprozess definiert und welche Schritte des Pflegeprozesses beschreibt die WHO? (☞ 3.2)
5. Aus welchen Quellen erhält eine AltenpflegerIn Informationen im Rahmen der Pflegediagnostik? (☞ 3.2.1
6. Was versteht man unter einer Pflegediagnose? (☞ 3.2.1)
7. Welche Vorteile hat das Arbeiten mit Pflegediagnosen? (☞ 3.2.1)
8. Welche Arten von Pflegezielen gibt es? (☞ 3.2.2)
9. Mit welcher Frage lassen sich Pflegeziele von pflegetherapeutischen Maßnahmen abgrenzen? (☞ 3.2.2)
10. Was ist bei der Formulierung pflegetherapeutischer Maßnahmen zu beachten? (☞ 3.2.2)
11. Warum sind Pflegestandards eine sinnvolle Hilfe bei der Planung der Pflegetherapie? (☞ 3.2.2)
12. Was bedeutet Pflegeevaluation? (☞ 3.2.4)
13. Was ist damit gemeint, dass Pflege auch ein Beziehungsprozess ist? (☞ 3.3)
14. Welche Verhaltensregeln helfen, die Beziehung zu Demenzkranken zu gestalten? (☞ 3.3)

4. Für Wahrnehmung, kognitive Kompetenz und Kommunikation sorgen

4.1 Bedeutung und Einflussfaktoren

„Für Wahrnehmung, Kommunikation und kognitive Kompetenz sorgen“: Lebens- und Kompetenzbereich, der die Kontaktaufnahme mit sich selbst und der Umwelt, die sprachliche Ausdrucksfähigkeit sowie die Denkinhalte und -prozesse eines Menschen umfasst.

Der Begriff **Wahrnehmung** *(Sinneswahrnehmung, Perzeption)* umfasst die Aufnahme und Verarbeitung von Reizen (Informationen) aus der Umwelt oder aus dem eigenen Inneren durch die **Sinnesorgane** sowie die Weiterleitung der Reize in Form von **Nervenimpulsen** an das **Gehirn,** das sie in subjektive **Empfindungen** umsetzt. Dabei begreift jeder Mensch seine Umwelt anders als andere Menschen, denn die Wahrnehmung ist immer eine subjektive Interpretation von Reizen, die zum einen von der Funktionsfähigkeit und dem Zusammenspiel der Sinnesorgane, zum anderen aber auch von inneren Einstellungen, Erfahrungen, Vorurteilen und Selbstwertgefühlen gelenkt wird.

Kommunikation (lat. *communicare*) bedeutet Verständigung untereinander und meint die Fähigkeit,

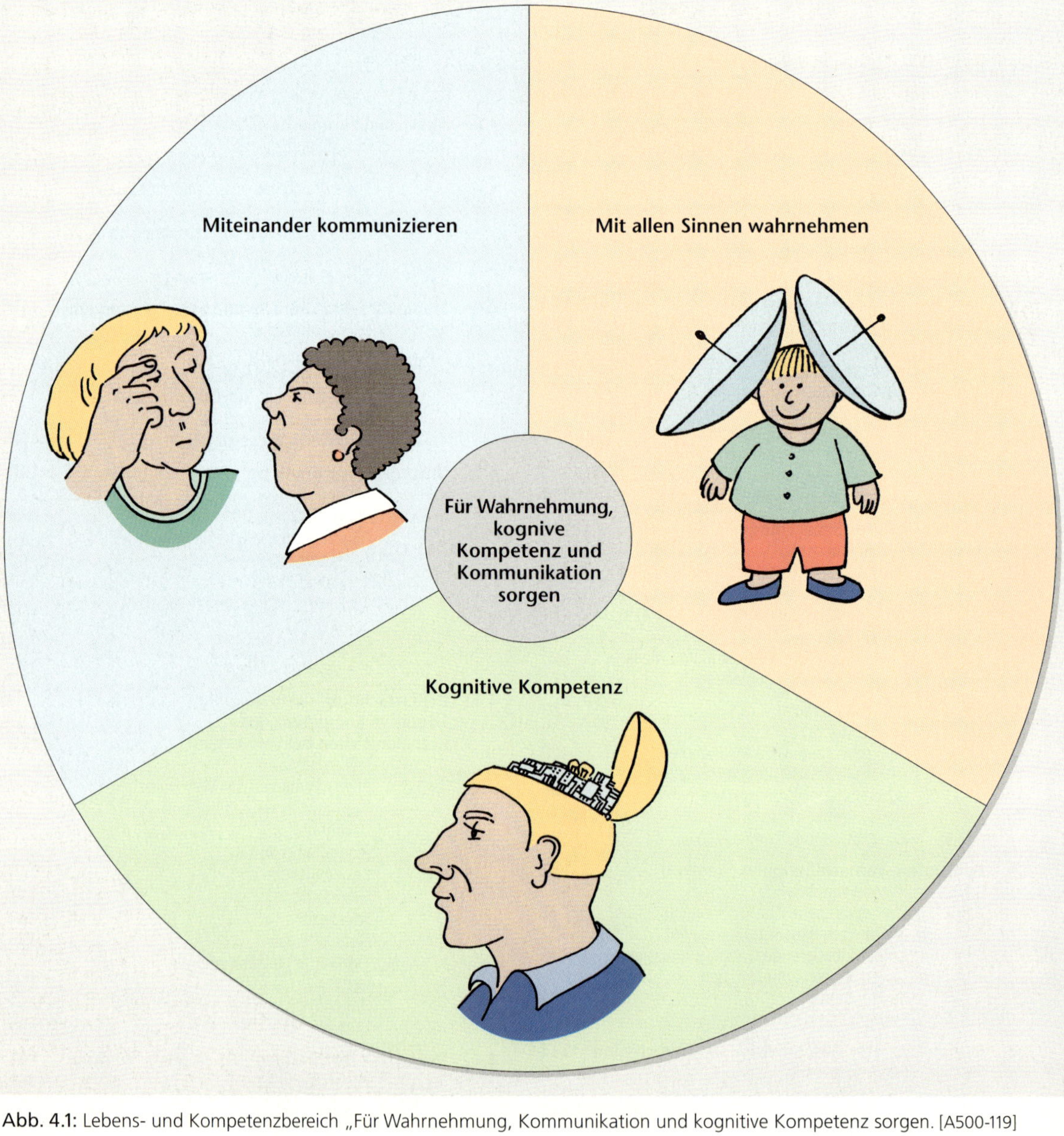

Abb. 4.1: Lebens- und Kompetenzbereich „Für Wahrnehmung, Kommunikation und kognitive Kompetenz sorgen. [A500-119]

etwas ausdrücken, mitteilen und signalisieren und dabei gleichzeitig Nachrichten und Signale anderer empfangen, interpretieren und darauf reagieren zu können. Voraussetzung für Kommunikation ist das Beteiligtsein von mindestens zwei Personen, die in irgendeiner Weise miteinander agieren, bewusst oder unbewusst. Dabei ist die Sprache das deutlichste und umfassendste Mittel **(verbale Kommunikation).** Sie kann jedoch mit dem Körper durch Mimik und Gestik unterstützt, manchmal sogar ersetzt werden **(nonverbale Kommunikation).**

Kognitive Kompetenz beinhaltet die Prozesse der Wahrnehmung, des **Gedächtnisses** und des **Denkens.** Wahrnehmung wird hier nicht nur als sensorische Verarbeitung von Reizen verstanden, sondern darüber hinaus als Beurteilung und Einordnung des Wahrgenommenen in Bedeutungszusammenhänge. Dazu ist das Gedächtnis unmittelbare Voraussetzung, denn wenn neue Reize aufgenommen werden, müssen sie, damit sie eine Bedeutung erhalten, mit bereits bekannten und verarbeiteten Gedächtnisinhalten abgeglichen und in diese integriert werden. Dieser Vorgang wird als Denken bezeichnet.

☑ Der Begriff **„kognitiv"** kommt aus dem Lateinischen und bedeutet „die Erkenntnis betreffend, verstandes- oder erkenntnisbezogen". **Kognition** meint den Bewusstseinsinhalt, der in Bezug zu einer Sinneserfahrung steht oder aus einem Denkprozess erwachsen ist.

Die **Wahrnehmungs- und Kommunikationsfähigkeit** liegen sehr eng beieinander. Ohne Reize und Informationen wahrnehmen zu können, ist der Mensch praktisch nicht in der Lage, mit sich oder anderen zu kommunizieren. Voraussetzung für Kommunikation ist aber auch, dass der Mensch überhaupt sich selbst und die andere Person getrennt voneinander wahrnehmen kann. Es reicht nicht, sich selbst und die Umwelt zu verstehen und sich ein Bild von beidem zu machen. Darüber hinaus strebt jeder Mensch an, soziale Erfahrungen zu machen, zu sprechen, sich auszudrücken und Reize und Informationen an andere weiter zu geben. In diesem Sinne sind Wahrnehmung und Kommunikation untrennbar miteinander verbunden.

Kognitive Kompetenz wiederum nimmt Einfluss auf die Art und Weise der äußeren und inneren Wahrnehmung und der Kommunikationsfähigkeit eines Menschen. Störungen der kognitiven Kompetenz, z. B. bei dementen Menschen, lassen beides nicht mehr nach logischen und realitätsbezogenen Gesetzen ablaufen. Es bedarf anderer Mittel und Wege, sich einem verwirrten Menschen zu nähern und ihm damit Kommunikation und Wahrnehmung zu ermöglichen. Bei der Pflege verwirrter alter Menschen stellt die Gestaltung eines für beide Seiten befriedigenden Beziehungsprozesses hohe Anforderungen an AltenpflegerInnen (☞ 3.3).

Gesundheits- und Krankheitsprozesse

Sinneswahrnehmung

Sinneseindrücke werden über die **Sinnesorgane** vermittelt, die dafür mit speziellen Rezeptoren ausgestattet sind. Teilt man die Sinne nach ihren Organen ein, gibt es fünf Sinnesorgane mit den dazugehörigen **Sinnesfunktionen.**

Sinnesorgan	Sinnesfunktion
Augen	Visuelle (optische) Wahrnehmung (Sehen)
Ohren	Akustische (auditive) Wahrnehmung (Hören)
Nase	Olfaktorische Wahrnehmung (Riechen)
Zunge	Gustatorische Wahrnehmung (Schmecken)
Haut	Taktile (haptische) Wahrnehmung (Fühlen, Tasten, Berühren)

Tab. 4.2: Einteilung der Sinneswahrnehmungen nach den Organen.

Teilt man die Sinne jedoch nach ihren **Rezeptoren** (*Zellen, welche die Reize aufnehmen; „Empfangseinrichtung"*) ein, so gibt es acht **Sinnessysteme.**

Rezeptortyp	Sinnessystem
Photorezeptoren	Gesichtsinn (Hell-, Dunkel-, Farbensehen)
Thermorezeptoren	Temperatursinn
Mechanorezeptoren	• Mechanischer Sinn der Haut für Berührung und Druck • Gehörsinn (Tonhöhen) • Statokinetischer Sinn (Körperlage, Körperbewegung und Kraftempfindung)
Chemorezeptoren	• Geruchssinn • Geschmackssinn
Nozizeptoren	Schmerzsinn

Tab. 4.3: Einteilung der Sinneswahrnehmungen nach den Rezeptoren.

Bei der **Sinneswahrnehmung** werden zunächst die Reize aus der Umwelt von den Rezeptoren der Sinnesorgane aufgenommen und in Erregungsimpulse umgesetzt. Über die Nerven werden sie an das zentrale Nervensystem weitergeleitet. Teilweise werden die Impulse bereits im Rückenmark verarbeitet, so dass sofortige Reflexe möglich sind, z. B. das Zurückziehen der Hand bei Berührung eines heißen Gegenstandes. Im Thalamus im Zwischenhirn werden die eintreffenden Nervenimpulse gefiltert. Sie gelangen erst dann in die Großhirnrinde und werden bewusst wahrgenommen, wenn sie vom Gehirn als wichtig eingestuft werden (☞ Abb. 4.4).

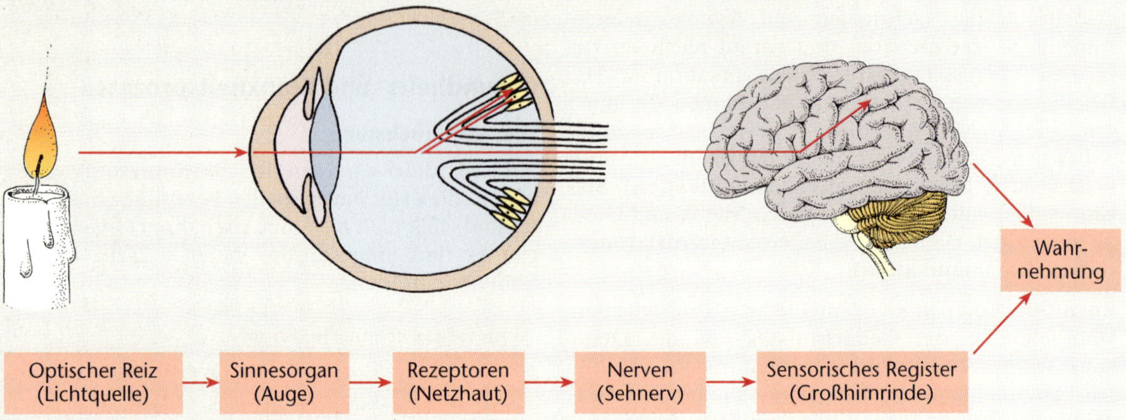

Abb. 4.4: An der Wahrnehmung, hier am Beispiel des Sehens, sind viele Instanzen beteiligt. [A400]

Voraussetzungen erfolgreicher Kommunikation

Kommunikation ist das Aussenden, Empfangen und darauf Reagieren, der Austausch von Signalen. Voraussetzungen für eine funktionierende **Kommunikation** sind Fähigkeiten zum

- Senden von Signalen, z. B. sprechen
- Empfangen von Signalen, mit den Sinnen wahrnehmen, z. B. hören
- Verarbeiten von Signalen, z. B. verstehen.

Typische Fähigkeiten des Menschen zum **Senden** von Signalen sind:

- Lautsprache (Sprechen)
- Schriftsprache (Schreiben)
- Körpersprache (Gestik, Mimik, Haltung, Berühren).

Typische Fähigkeiten des Menschen zum **Empfangen** von Signalen aus der Umwelt sind:

- Hören
- Sehen
- Fühlen
- Riechen
- Schmecken.

Für die Kommunikation reicht es aber nicht aus, Signale „physiologisch korrekt" zu senden und zu empfangen. Erst durch Vergleichen mit früher gemachten Erfahrungen, durch Einordnung des Wahrgenommenen in Sinnzusammenhänge, durch Urteilsfähigkeit und Fähigkeit zum logischen Denken entsteht ein aufeinander bezogenes und sich gegenseitig beeinflussendes Verhalten.

> ☑ Kommunikation setzt Wahrnehmungs- und kognitive Kompetenzen voraus.

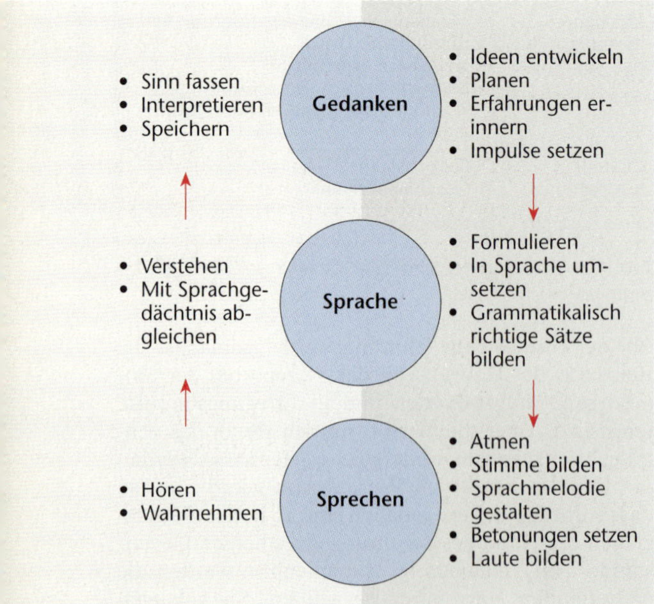

Abb. 4.5: Sprachliche Kommunikation ist ein komplexer Vorgang. Von der Idee bis zur sprachlichen Äußerung werden drei Ebenen durchschritten. [A400]

Verbale und nonverbale Kommunikation

Die **verbale** *(sprachliche)* Kommunikation ist in erster Linie von den Fähigkeiten eines Menschen abhängig, hören und sprechen (Muttersprache, Sprachschatz, intakte Sprechorgane) zu können. Ist eine verbale Kommunikation nicht möglich, tritt die **nonverbale** Kommunikation in den Vordergrund (☞ Abb. 4.6). Die nonverbale Kommunikation ist in erster Linie von den Fähigkeiten eines Menschen abhängig, sehen sowie Mimik, Gestik und Berührungen wahrnehmen und ausführen zu können.

Beide Kommunikationsformen werden beeinflusst von

- Geistigen Fähigkeiten, z. B. Denken können, Lernfähigkeit
- Psychischen Faktoren wie Stimmungen, Gefühle

- Orientierungsvermögen, sowohl zeitlich, räumlich, situativ und personell
- Auffassungsgabe und Konzentrationsvermögen
- Merkfähigkeit, der Fähigkeit, Informationen zu speichern und gezielt wieder abrufen zu können
- Bewusstseinslage.

Fehlt nur eine der genannten Fähigkeiten, ist die normale Kommunikation gestört. Ist ein Mensch z. B. nach einem Schlaganfall mit Gehirnschädigungen nicht sprechfähig oder spracheingeschränkt, sind seine kommunikativen Möglichkeiten stark beeinträchtigt.

Krankheitsprozesse

Zu den Ursachen von **eingeschränktem Wahrnehmungsvermögen** gehören:

- Beeinträchtigtes Hörvermögen (☞ 4.3)
- Beeinträchtigtes Sehvermögen (☞ 4.4)
- Beeinträchtigter Tastsinn (☞ 4.5)
- Halbseitige Vernachlässigung (Neglect, ☞ 4.6)
- Beeinträchtigter Geschmacks- und Geruchssinn (☞ 4.7)
- Akute und chronische Schmerzen (☞ 4.8)
- Bewusstseinsstörungen (☞ 4.12).

Häufigste Ursache für **kognitive Beeinträchtigungen** ist in der Altenpflege die Verwirrtheit (☞ 4.11) mit Orientierungs-, Konzentrations-, Merkfähigkeits- und Denkstörungen.

Zu den Ursachen einer **eingeschränkten Kommunikationsfähigkeit** gehören darüber hinaus:

- Sprach- und Sprechstörungen (☞ 4.9)
- Unzureichende deutsche Sprachkenntnisse (☞ 4.10)
- Bewusstseinsstörungen (☞ 4.12).

Diese Ursachen können durch körperliche oder psychische, angeborene oder im Laufe des Lebens erworbene Erkrankungen zurückzuführen sein. Aber auch Nebenwirkungen von Medikamenten können Wahrnehmung, Kommunikation und kognitive Kompetenz beeinträchtigen.

> Treten Störungen der Wahrnehmung, Kognition und Kommunikation bei einem alten Menschen auf, bei dem derartige Beeinträchtigungen bisher nicht bekannt waren, muss die ÄrztIn benachrichtigt werden, da sie Anzeichen einer ernsten Erkrankung sein können.

Lebensspanne

Im Laufe des Lebens verändern sich die Schwerpunkte des Wahrnehmens, der Kognition und der Kommunikation: Im **Säuglingsalter** sind vorwiegend Berührungen und Sättigung für das emotionale Wohlbefinden wichtig. Kommunikation läuft über das hungrige Schreien oder zufriedene Lächeln des Kindes und z. B. über die liebevolle oder angespannte Stimmführung der Eltern. Was gesagt wird, kann noch nicht richtig eingeordnet und verarbeitet werden, das „Wie“ ist entscheidend.

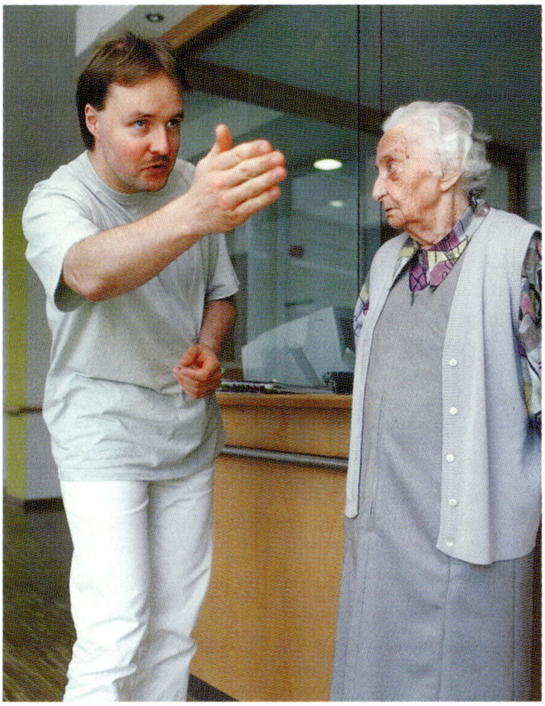

Abb. 4.6: Auch mit Gesten und Mimik kann der Altenpfleger der alten Frau verständlich machen, dass sie ihm folgen möchte. [K157]

Mit zunehmendem Alter wird der Mensch immer mehr zum „Verstandesmensch“, der Informationen sinnvoll einordnen und darauf reagieren kann. Die Sprache und die visuelle Darstellung von Informationen werden zum wichtigsten Kommunikationsmittel, insbesondere im **Ausbildungs- und Berufsleben.** Dazu bedarf es der gesunden Entwicklung und vollen Funktionsfähigkeit der Sinnesorgane sowie der kognitiven Kompetenz.

> ☑ Im **Erwachsenenalter** werden, vor allem in hoch industrialisierten Informationsgesellschaften, kognitive Fähigkeiten und Intelligenz als Merkmale einer hohen Leistungsfähigkeit oft höher eingestuft als das Verständnis und die Vermittlung von Gefühlen.

Physiologische Altersveränderungen der Sinnesorgane

Mit zunehmendem **Alter** setzt, wie auch an anderen Organen und Regulationssystemen des Körpers, ein **physiologischer Alterungsprozess** der Sinnesorgane ein. Viele alte Menschen sehen und hören, schmecken und riechen nicht mehr so gut. Krankheiten, z. B. ein Diabetes mellitus, der nach langem Krankheitsverlauf zur Erblindung führen kann, und Unfälle im Laufe des Lebens wirken sich zusätzlich beeinträchtigend aus.

Sehvermögen

Etwa ab dem 45. Lebensjahr beginnt die sogenannte **Altersweitsichtigkeit,** bei der Gegenstände in der Nähe zunehmend unscharf gesehen werden. Die Augenlinse verliert ihre Elastizität und besitzt deshalb nicht mehr genug Brechkraft, Dinge, die nahe vor dem Auge sind, scharf auf der Netzhaut abzubilden. Diese Altersweitsichtigkeit lässt sich jedoch gut durch eine Brille oder Kontaktlinsen ausgleichen.

Bei vielen Menschen verringert sich das Sehvermögen jedoch zusätzlich durch andere Altersveränderungen des Auges, z. B. durch Netzhautveränderungen, die nicht durch Sehhilfen ausgeglichen werden können.

> ☑ Bei Abnahme der Sehfähigkeit nimmt als Ausgleich besonders die Funktion des Tastsinnes zu. Pflegekräfte können diese Fähigkeiten als Ressource nutzen.

Hörvermögen

Bereits ab dem 30. Lebensjahr lässt sich bei den meisten Menschen eine messbare Verschlechterung des Hörvermögens feststellen. Von einer auffälligen **Altersschwerhörigkeit** kann jedoch im Normalfall erst ab dem 65. Lebensjahr gesprochen werden. Dies betrifft vor allem die Wahrnehmung hoher Töne. Durch zunehmenden Lärmstress im öffentlichen und privaten Leben, z. B. durch Autoverkehr, Discoaufenthalte oder den bei vielen Jugendlichen beliebten Walkman, wird eine Altersschwerhörigkeit zunehmend in jüngeren Jahren eintreten.

> ☑ Schwerhörigkeit wird häufig im abfälligen Sinne mit Alter und geistigem Abbau verbunden. Deswegen versuchen viele Menschen, sie so lange wie möglich zu verbergen.

Veränderung kognitiver Funktionen im Alter

Lange Zeit hat die Forschung im Sinne des Defizit-Modells argumentiert, wonach sich alle kognitiven Fähigkeiten eines Menschen nach dem 30. Lebensjahr stetig und automatisch abbauen. Heute werden diese Fähigkeiten jedoch wesentlich differenzierter betrachtet. Es wird von kristallisierten und flüssigen Funktionen gesprochen:

- **Kristallisierte Funktionen** sind abhängig vom Bildungsgrad und können durch gezielte Übung erhalten und sogar noch gesteigert werden, z. B. Wortschatz oder Sprachgewandtheit
- **Flüssige Funktionen** sind inhaltsübergreifend. Sie beziehen sich auf die Geschwindigkeit des Denkens und die flexible Informationsverarbeitung. Hier kann von einem deutlichen Abbau der Leistungen im Alter eines Menschen gesprochen werden. Ältere Menschen beklagen auch häufig einen damit einhergehenden zunehmenden Verlust ihrer Gedächtnisleistungen. Auch flüssige Funktionen lassen sich durch gezieltes Training, z. B. durch Gedächtnistraining und Biografiearbeit (☞ 4.11.2), beeinflussen.

> ☑ **Verwirrtheit und Demenz sind nicht physiologisch**
> Geringfügige Vergesslichkeit im Alter wird von alten Menschen leicht ausgeglichen, indem sie sich z. B. wichtige Dinge auf Zettel notieren. Erstes Anzeichen einer ernsten Erkrankung, z. B. einer Demenz, kann die Vergesslichkeit sein, wenn sie im Laufe der Zeit zunimmt. Verwirrtheit und Demenz sind keine normalen Alterserscheinungen, sondern eine Erkrankung und damit behandlungsbedürfig.

Lebenswelt

Die **Lebenswelt** eines Menschen, d.h. seine Lebensverhältnisse, sein Familienstand, sein soziales Umfeld mit Verwandten und Freunden, haben einen starken Einfluss auf seine Fähigkeiten wahrzunehmen, zu denken und zu kommunizieren.

Lebenseinstellung

Kommunikation und die dazu notwendige Wahrnehmungsfähigkeit und kognitive Kompetenz sind die Basis für die **Sozialisation** eines Menschen. Sein Verhalten wird im Wesentlichen geprägt durch seine höchstpersönlichen Erfahrungen mit der Umwelt. Jeder Mensch nimmt die Dinge um sich herum anders wahr als andere Menschen.

Manche Menschen legen Wert auf einen aktiven und engagierten Lebensstil, auf bewusstes Hinsehen und Hinhören sowie Mitdenken und Mitgestalten, z. B. am Arbeitsplatz oder am politischen und gesellschaftlichen Geschehen. Andere Menschen fühlen sich sicherer, wenn sie einem eher routinierten und mit weniger Reizen besetzten Tagesablauf gegenüber stehen. Wahrnehmungsfähigkeit und kognitive Kompetenz eines Menschen sind also keine immer gleich ausgeprägte Körperfunktionen, sondern erheblichen Einflüssen ausgesetzt wie z. B. Bildung, Sozialverhalten, Motivation und räumlicher Umgebung.

Bildungsgrad

Der **Bildungsgrad** eines Menschen nimmt eher weniger Einfluss z. B. auf seine Seh- und Hörfähigkeit. Umgekehrt kann man jedoch davon ausgehen, dass eine nicht-kompensierte Einschränkung der Hör-

Abb. 4.7: Die geistigen Anforderungen an einen jungen Menschen wirken sich auch auf seine kognitive Kompetenz im Alter aus. [J660]

und Sehfähigkeit die Aufnahme und Verarbeitung von Bildungsinhalten wesentlich erschwert.

Bedeutenden Einfluss nimmt der Bildungsgrad jedoch auf die kognitiven Kompetenzen eines Menschen (☞ Abb. 4.7). Hat er im Laufe seines Lebens vorwiegend kognitive Arbeit geleistet, kann eher davon ausgegangen werden, das er die entsprechenden Fähigkeiten auch bis ins hohe Alter erhält, sofern diese nicht durch eine Erkrankung, z. B. Demenz, beeinträchtigt werden.

Sozialverhalten

Stimulierend für die Wahrnehmung, Kommunikation und kognitive Kompetenz ist die gehäufte **Interaktion mit anderen Menschen.** Gespräche sind in der Regel intensive Übungen für diesen Bereich. Aber auch Berührungen und Körperkontakt lassen Menschen einander verstehen und sich näher kommen. **Soziale Isolation** (☞ 12.4) ist häufig mit einer starken Reizarmut verbunden, so dass die Wahrnehmungs- und Kommunikationfähigkeit regelrecht „verwahrlost" und im Alter nur schwer wieder zu aktivieren ist. Unter einer fehlenden Auseinandersetzung mit anderen Menschen leidet meist auch die kognitive Kompetenz. Das Denken entwickelt sich einseitig und wird in seiner Flexibilität weniger gefordert.

Motivation

Für einen möglichst langfristigen Erhalt der Wahrnehmungs- und Kommunikationsfähigkeit sowie der kognitiven Kompetenz sind auch **psycho-soziale Motive** verantwortlich. Durch z. B. Leistungswillen, Durchsetzungsvermögen, Ehrgeiz und Anerkennung ist das Training dieses Lebensbereiches auch bei einer massiven Störung, z. B. Aphasie bei Schlaganfall, schneller wieder möglich. Menschen, in deren Leben Erfolgserlebnisse eine geringere Rolle gespielt haben bzw. deren Erfolge bei anderen Menschen nur wenig Würdigung erfahren haben, finden sich leichter mit der Einschränkung ab und wenden weniger Wollen und Energie auf, diese zu beheben oder zu kompensieren. Hier spielt auch die Sinnhaftigkeit (☞ Kap. 13) des eigenen Lebens eine große Rolle. AltenpflegerInnen können z. B. durch eine intensive Angehörigenarbeit (☞ 4.11.2) oder eine effektive Gesprächsführung (☞ 12.4.2) einen großen Teil dazu betragen, dass der alte Mensch seinen Lebensmut zurückerhält.

Räumliche Umgebung

Unabhängig davon, ober der alte Mensch in seiner eigenen Wohnung oder in einer stationären Einrichtung lebt, die **räumliche Umgebung,** der er täglich ausgesetzt ist, hat starken Einfluss auf das Wahrnehmungs- und Kommunikationsverhalten sowie auf das Denken. Bedeutend ist dabei, ob sie reizarm oder anregend ist, ob sie dem alten Menschen vertraut oder fremd ist, ob er sich darin wohl fühlt oder nicht.

Von einer **sensorischen Deprivation** (auch: *Hospitalismus*) wird gesprochen, wenn nahezu alle möglichen Sinneseindrücke stark reduziert werden. Gefährdet sind vor allem bettlägerige BewohnerInnen stationärer Einrichtungen, die in Einzelzimmern leben und wenig Besuch erhalten (Hospitalismusprophylaxe, ☞ 6.4.2).

Lebt der alte Mensch noch in seiner eigenen Wohnung, kann er sich die Auswahl der Wahrnehmungsreize selbst schaffen. Hier ist auch noch weitestgehend seine **Selbstständigkeit** gefragt. Muss er seinen Haushalt und sein Leben selbst organisieren, setzt das kognitive Kompetenz und die bestmögliche Kompensation von Sinneseinschränkungen wie z. B. der Schwerhörigkeit voraus. Durch ihre tagtägliche Nutzung werden die Sinnesfunktionen trainiert und bleiben besser erhalten.

Altersverwirrte Menschen benötigen jedoch je nach dem Grad ihrer Erkrankung Unterstützung rund um die Uhr, was häufig nur in stationären Einrichtungen gewährleistet werden kann. Aber auch hier sollten sie noch möglichst viele Erledigungen selbstständig durchführen und einen abwechslungsreichen Tag erleben.

Diagnostik und Therapie anderer Gesundheitsfachberufe

Zeigen sich bei Pflegebedürftigen Beeinträchtigungen im Lebensbereich Wahrnehmung, Kognition und Kommunikation, können Alten- und KrankenpflegerInnen mit verschiedenen anderen Gesundheitsfachberufen zusammenarbeiten.

Medizin

Die **Psychiatrie** ist ein Fachgebiet der Medizin, das sich mit der Prophylaxe, Diagnose und nichtoperativen Therapie psychischer Erkrankungen einschließlich der Rehabilitation des psychisch kranken Menschen befasst. FachärztInnen der Psychiatrie verfügen vor allem über Kenntnisse der Psychotherapie und der Neurologie. Die **Gerontopsychiatrie,** die Lehre von den psychischen Erkrankungen im Alter, ist ein Spezialgebiet der Psychiatrie. Im Gegensatz zu früheren Annahmen, dass psychischen Erkrankungen im Alter ein nicht zu beeinflussender Abbauprozess zu Grunde liegt, berücksichtigt die Gerontopsychiatrie heute die körperlichen, sozialen und lebensgeschichtlichen Einflussfaktoren, die den Verlauf psychischer Erkrankungen beeinflussen. Die Gerontopsychiatrie bezieht auch den Gesundheitszustand und die Interessen der Angehörigen in die Diagnose, Behandlung und Versorgung mit ein.

FachärztInnen der Allgemeinmedizin, Hals-Nasen-Ohrenheilkunde und Augenheilkunde sind gefragt, wenn es um Erkrankungen der Sinnesorgane oder Erkrankungen, die die Sinnesorgane beeinträchtigen, geht.

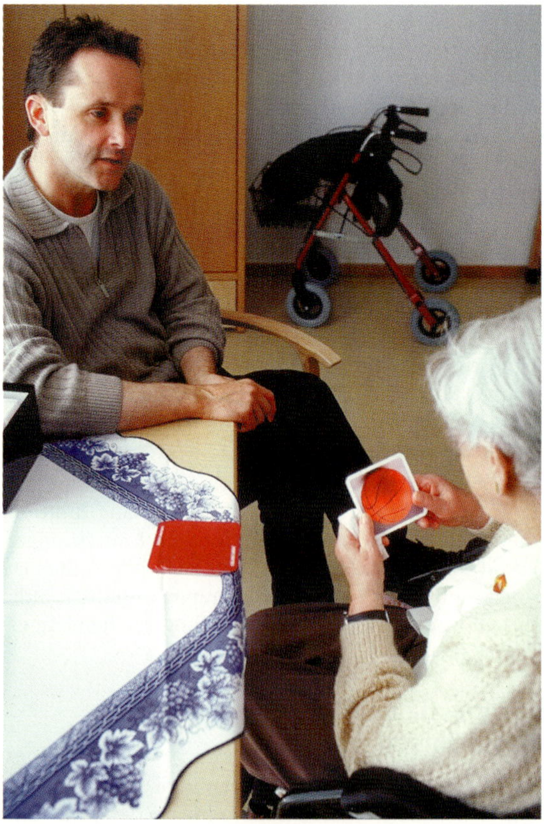

Abb. 4.8: Ein Logopäde bei der Arbeit. [K157]

Andere Gesundheitsfachberufe

LogopädInnen (☞ Abb. 4.8) führen sprachtherapeutische Maßnahmen durch, wobei sie medizinische, pädagogische und psychologische Fachkenntnisse anwenden. Zielsetzung der Logopädie ist es, den alten Menschen mit Hilfe seiner sprachlichen Fähigkeiten wieder in seine soziale Umwelt zu integrieren. LogopädInnen arbeiten deshalb bevorzugt in Teams mit anderen Rehabilitationsberufen. Neben der Wiederherstellung der sprachlichen Ausdrucksmöglichkeiten geht es auch um den Erhalt oder eine Verzögerung des Abbaus kommunikativer Fähigkeiten insgesamt.

Weitere beteiligte Berufsgruppen sind z. B.

- **AugenoptikerInnen,** die die Sehfähigkeit bestimmen und Sehhilfen anpassen
- **HörgeräteakustikerInnen,** die zu verschiedenen Hörhilfen beraten und Hörgeräte anpassen
- **PsychologInnen,** die in Lebenskrisen beraten und bei Bedarf Psychotherapie anbieten
- **ErgotherapeutInnen,** die mit geeigneten therapeutischen Angeboten die Konzentration, Kommunikation, Kontaktfähigkeit und Selbstständigkeit fördern (☞ auch 12.1)
- **SozialarbeiterInnen und -pädagogInnen,** die bei Behördengängen und Planung der Wohn- und Lebenssituation helfen, finanzielle Angelegenheiten klären und nach Rehabilitationsmöglichkeiten suchen.

☑ Nur über die **Kooperation** der verschiedenen Professionen kann eine optimale Betreuung des alten Menschen mit Einschränkungen der Wahrnehmung, kognitiven Kompetenz und Kommunikation gewährleistet werden. Beispielsweise führen einige Medikamente, die in der Gerontopsychiatrie eingesetzt werden, zu Wahrnehmungsstörungen. Nur wenn alle an der Betreuung des Pflegebedürftigen beteiligten Berufsgruppen von diesen Wechselwirkungen wissen, kann darauf angemessen reagiert werden.

Konsequenzen für die AltenpflegerIn

Die Sorge für ausreichende Kompetenzen und Möglichkeiten der Wahrnehmung, Kognition und Kommunikation ist für den Menschen von großer Bedeutung. Für die AltenpflegerIn bedeutet dies:

- **Individuelle Lebensgewohnheiten,** Bedürfnisse, Einschränkungen und Ressourcen eines jeden Pflegebedürftigen zu erfassen und zu berücksichtigen
- Bei Einschränkungen nach den **Ursachen** zu forschen und entsprechend zu behandeln, dabei unbedingt die ÄrztIn hinzuziehen und in einem multiprofessionellen Team arbeiten

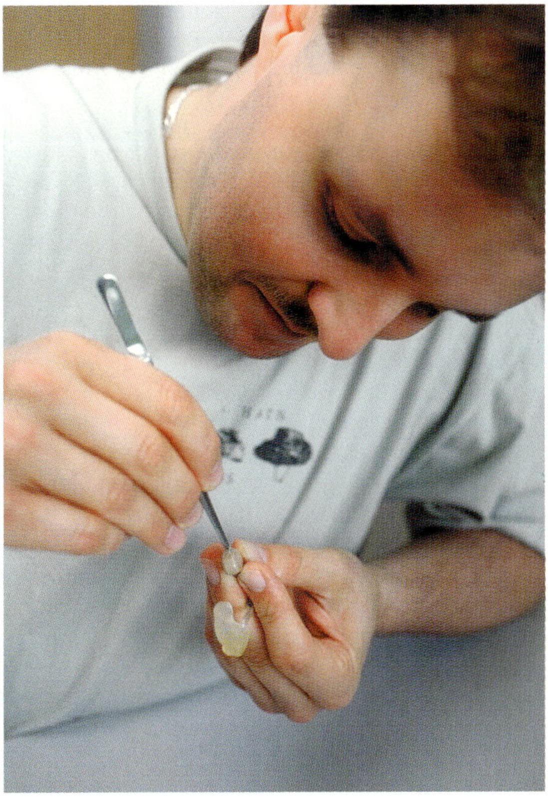

Abb. 4.9: AltenpflegerInnen dürfen keine Scheu vor technischen Geräten, hier einem Hörgerät, haben. Allerdings müssen sie ihre Grenzen kennen und im Zweifelsfall einen Fachmann zu Rate ziehen. [K157]

- Durch geeignete **pflegetherapeutische Maßnahmen** Beeinträchtigungen zu verhindern, zu kurieren, zu vermindern bzw. rehabilitativ auf sie einzuwirken
- Eigene **Grenzen** zu erkennen, sich selbst nicht zu überfordern, Versagens- und Schuldgefühle, z. B. in der Supervision, zu reflektieren
- Schwerpunkte evtl. auch auf andere **Wahrnehmungs- und Ausdrucksmöglichkeiten** als die Sprache zu richten, z. B. Berührungen als Ausdruck von Gefühlen
- **Biografie** und den Krankheitsverlauf des alten Menschen zu kennen und in den täglichen Umgang mit ihm einzubeziehen
- Eigene Art des Wahrnehmens und Denkens nicht zum **Maßstab** für eine korrekte Wahrnehmung zu erheben, sondern auch andere Verhaltensweisen und Interpretationen der Wirklichkeit zuzulassen
- Den alten Menschen trotz seiner Einschränkungen ernst zu nehmen und nicht mit einem oberflächlichen **Etikett** zu stigmatisieren
- Offen zu sein im Umgang mit **technischen Hilfsmitteln** (☞ Abb. 4.9).

4.2 Der Weg zur Pflegediagnose

Durchsicht der Unterlagen

- Sind Beeinträchtigungen der Sinnesorgane bekannt?
- Liegen medizinische Diagnosen und Symptome vor, die die Wahrnehmung, Kognition oder Kommunikation beeinflussen können, z. B. Augen- und Ohrenerkrankungen, Demenz, Kehlkopferkrankungen, chronische Schmerzen?
- Werden medizinische Therapien durchgeführt, die die Wahrnehmung, Kognition oder Kommunikation beeinflussen können, z. B. Medikamente oder Bettruhe?
- Besteht ein starker Unterstützungsbedarf? In welchen Bereichen? Ständig? Manchmal? Seit wann? Warum?
- Werden bereits Therapieformen durchgeführt, z. B. Psycho-, Ergo- oder Logotherapie?

Fragen an den Pflegebedürftigen oder die Angehörigen

Zu vielen Fragen innerhalb der Pflegediagnostik kann ein alter Mensch selbst erschöpfend Auskunft geben. Anders verhält es sich z. B. bei der Einschränkung kognitiver Kompetenzen, z. B. bei Verwirrten. Der Pflegebedürftige kann auf Fragen nicht folgerichtig und logisch antworten. Vor allem in Fragen zur Biografie erschweren Erinnerungslücken das Gespräch. In den Anfangsstadien der Erkrankung betrifft der Gedächtnisverlust vor allem die kürzere, später auch die frühe Vergangenheit. Hier sind die Angehörigen eine wichtige Informationsquelle sowohl hinsichtlich der Probleme und Ressourcen des Betroffenen als auch hinsichtlich seiner Gewohnheiten, Erfahrungen und aktuellen Bedürfnisse.

Probleme und Ressourcen

In Bezug auf das **Hören**

- Können Sie alles gut hören? Oder verstehen Sie manche Fragen erst bei wiederholtem Nachfragen? Haben Sie Hörprobleme beim Telefonieren? Können Sie Fernseher und Radio verstehen, wenn andere die Lautstärke eingestellt haben?
- Besitzen Sie ein Hörgerät? Tragen Sie es? Kommen Sie alleine mit der Technik zurecht?
- Wann waren Sie das letzte Mal beim Hals-Nasen-Ohrenarzt bzw. beim Hörgeräteakustiker?
- Benutzen Sie zum Hören noch andere Hilfsmittel? Beherrschen Sie die Gebärdensprache?
- Wie sehen Ihre sozialen Kontakte aus? Bei Schwerhörigkeit: Haben Sie Ihre Kontakte zu Freunden und Familienmitgliedern eingeschränkt, weil sie nicht hören, was gesprochen wird?

In Bezug auf das **Sehen**

- Können Sie alles gut sehen oder müssen Sie an manche Gegenstände sehr nahe herangehen, um sie zu erkennen?
- Haben Sie eine Brille oder eine andere Sehhilfe und benutzen Sie diese? Sehen Sie mit Brille bzw. Sehhilfe besser als ohne?
- Wenn Sie nicht gut sehen können: War das schon immer so oder erst in jüngster Zeit? Wann waren Sie das letzte Mal beim Augenarzt?
- Stoßen Sie gelegentlich irgendwo an, z. B. an der Tischkante, weil sie diese nicht rechtzeitig gesehen haben?
- Bei Augenprothese: Können Sie die Prothese selbstständig entfernen, reinigen und wieder einsetzen?

In Bezug auf **Riechen, Schmecken, Tasten**

- Gibt es Veränderungen des Tastempfindens? Können Sie z. B. warme und kalte Gegenstände voneinander unterscheiden?
- Schmecken und riechen Sie gut? Müssen Sie Ihr Essen nachwürzen, weil es sonst fade schmeckt?
- Wie ist Ihr Appetit? Haben Sie in letzter Zeit an Gewicht verloren?

In Bezug auf die **Schmerzen**

- Leiden Sie an akuten oder chronischen Schmerzen?
- Wenn ja, an welcher Stelle und in welcher Häufigkeit? Führen Sie ein Schmerztagebuch?

In Bezug auf die **kognitive Kompetenz**

- Vergessen Sie häufiger Dinge?
- Müssen Sie sich wichtige Dinge aufschreiben, um sie nicht zu vergessen?
- Verlegen Sie Gegenstände, die Sie nicht wiederfinden?
- Kommt es vor, dass Sie sich im Umfeld nicht zurechtfinden, obwohl es vertraut ist?
- Erkennen Sie Ihre Bekannten, Freunde und Angehörigen oder wissen Sie manchmal auf Anhieb nicht, wer da vor Ihnen steht?

Fragen, die evtl. nur **von Angehörigen** beantwortet werden können:

- Vernachlässigt der Pflegebedürftige nach einem Schlaganfall eine Körperhälfte vollständig, weil er sie gar nicht wahrnimmt?
- Leidet der Pflegebedürftige an Sprachstörungen, z. B. infolge einer Aphasie oder Dysarthrie? Benutzt er zum Kommunizieren irgendwelche Hilfsmittel?
- Beherrscht der Pflegebedürftige die deutsche Sprache in Wort und Schrift? Wenn nicht, wie umfangreich sind seine Sprachkenntnisse? Kann ein deutschsprachiger Angehöriger regelmäßig zur Verfügung stehen?
- Gibt es Anzeichen für eine akute oder chronische Verwirrtheit, z. B. leidet der Pflegebedürftige an Konzentrations-, Orientierungs-, Gedächtnis- oder Denkstörungen?

> Pflegebedürftige nicht grundsätzlich von der Befragung ausschließen. Wenn möglich, sich vorher vergewissern, dass der Pflegebedürftige mit der Befragung der Angehörigen einverstanden ist.

Gewohnheiten und Erfahrungen

- Gelingt es Ihnen, Einschränkungen auszugleichen? Wenn ja, wie?
- Verfügen Sie über viele soziale Kontakte oder leben Sie eher zurückgezogen?
- Wie sieht Ihr Tagesablauf aus?
- Seit wann bestehen die Einschränkungen und welche Einstellung haben Sie dazu?
- Können Sie ihre Hobbys trotz ihrer Einschränkungen noch ausüben? Wenn ja, welche Hilfsmittel benutzen Sie, z. B. eine Lupe beim Lesen?
- Welches sind Ihre Lieblingsspeisen?
- Wie sind Sie bisher mit Ihren Schmerzen umgegangen, z. B. Spaziergänge, Entspannung, Medikamente?
- Welche biografischen Ereignisse sind von besonderer Bedeutung gewesen?

Aktuelle Bedürfnisse

- Haben in jüngster Vergangenheit einschneidende Ereignisse stattgefunden, die Ihre Lebensbedingungen entscheidend verändert haben?
- In welcher psychischen Verfassung befinden Sie sich?
- Wie beurteilen Sie Ihre Zukunft?
- Was möchten Sie am liebsten erleben und erfahren?

Beobachtung

In mancher Hinsicht kann der Pflegebedürftige keine Angaben zu Einschränkungen machen, da sie ihm nicht bewusst sind. So hat er z. B. möglicherweise selbst nicht festgestellt, dass er schwerhörig ist, weil er sich nach und nach an eine bestimmte Lautstärke, z. B. beim Radio hören, gewöhnt hat und diese als normal ansieht. Verwirrten fällt es besonders schwer, Fragen zu beantworten. In diesen Fällen hilft eine gezielte Beobachtung, Einschränkungen, Ressourcen und aktuelle Bedürfnisse zu erkennen, z. B.

- Wie geht der alte Mensch mit evtl. vorhandenen Wahrnehmungsstörungen um? Kann er sie akzeptieren oder reagiert er ungeduldig? Kann er sie kompensieren? Versucht er, sie zu verbergen?
- Sucht der Pflegebedürftige Kontakte oder zieht er sich zurück?
- Handelt es sich wirklich um eine chronische Verwirrtheit oder hat der Pflegebedürftige auch klare

Momente. Wenn ja, wie häufig und wann treten sie auf?

- Wie gehen die MitbewohnerInnen oder die Angehörigen mit der Einschränkung der Pflegebedürftigen um? Verhalten sie sich angemessen, fühlen sie sich gestört?

4.3 Beeinträchtigtes Hörvermögen

Beeinträchtigtes Hörvermögen: eingeschränkte (= Schwerhörigkeit) oder fehlende (= Taubheit) Hörfähigkeit durch Störungen der Schallleitung zum Innenohr oder durch eine Störung der Hörempfindung.

Presbyakusis: Altersschwerhörigkeit

Das Ohr ist ein kompliziert aufgebautes Organ (☞ Abb. 4.10). Es dient nicht nur dem Hören, sondern ist am **Gleichgewichtssinn** und somit an der **Bewegungsbildung** beteiligt. Neben dem Ohr müssen das Gehirn als Hörreize verarbeitende Instanz sowie die entsprechenden Nerven intakt sein.

Der **Hörsinn** ermöglicht, Informationen über Ereignisse in der nahen und fernen Umgebung wahrzunehmen. Mit Schwerhörigkeit und Taubheit verbunden sind Einschränkungen der

- Kommunikationsfunktion
- Alarmierungsfunktion
- Orientierungsfunktion
- Emotional-ästhetischen Funktion (angenehme und unangenehme Geräusche).

4.3.1 Pflegediagnostik

Ursachen und Einflussfaktoren

- Altersschwerhörigkeit: mit zunehmendem Alter werden hohe Töne sowie Laute und Geräusche in niedriger Lautstärke schwächer wahrgenommen
- Ohrschmalzpfropf (Zeruminalpfropf)
- Entzündungen des Gehörgangs
- Nach Verletzungen, z. B. des Trommelfells
- Nach Hörsturz
- Lärmschädigungen, z. B. durch den Beruf oder Freizeitgewohnheiten wie lautes Musik hören
- Durchblutungsstörungen
- Neurologische Erkrankungen, z. B. Hörnervenstörung bei Multipler Sklerose, durch Tumoren
- Nebenwirkungen von Medikamenten, z. B. einige Antibiotika
- Psychisch bedingte Hörverweigerung.

Entwickelt sich eine Schwerhörigkeit langsam, wie z. B. eine Altersschwerhörigkeit, wird sie von den Betroffenen oft gar nicht bemerkt, weil sie genügend Zeit haben, sich der Einschränkung anzupassen.

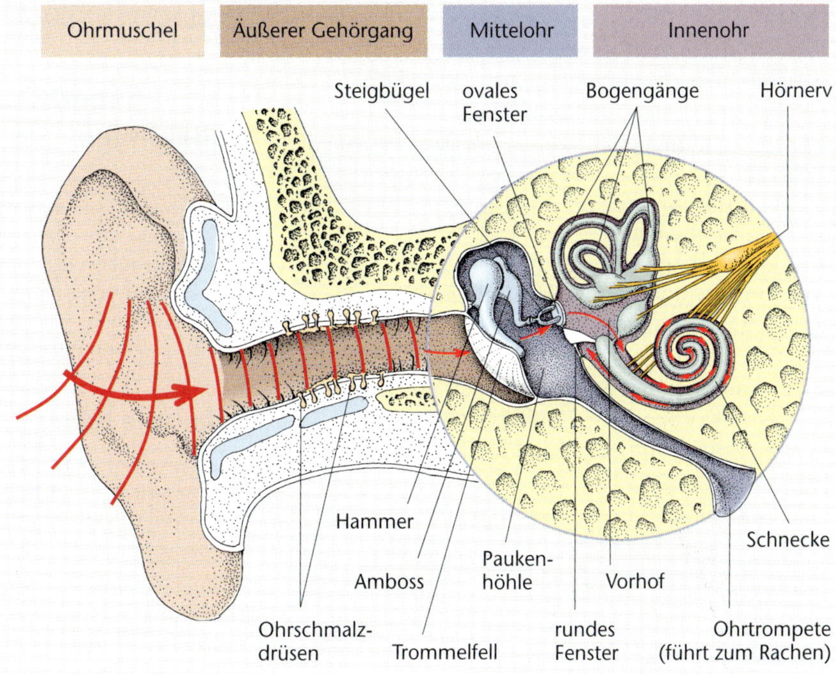

Abb. 4.10: Der Teil des Ohres, der äußerlich sichtbar ist, hat eine eher unscheinbare Gestalt. Seine inneren Anteile sind kompliziert aufgebaut und sehr empfindlich. Sie liegen gut geschützt in der Felsenbeinpyramide des Schläfenbeins. Die roten Pfeile zeigen den Weg der Schallwellen zu den Sinneszellen. [A400]

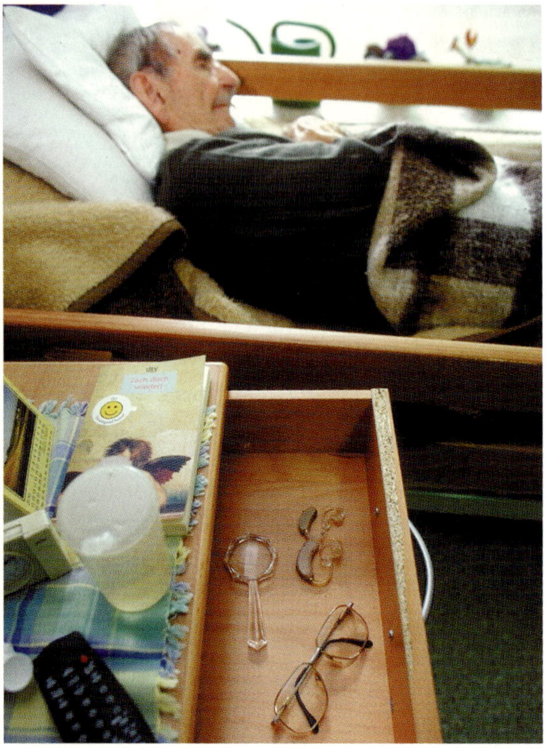

Abb. 4.11: Liegen Hilfsmittel wie Brille, Lupe oder Hörgerät verstaubt in der Nachttischschublade, nützen sie dem Pflegebedürftigen wenig. Ist die mangelnde Funktionstüchtigkeit oder die fehlende Übung in der Bedienung des Gerätes die Ursache, muss schnellstmöglich Abhilfe geschaffen werden. [K157]

Anzeichen und Ausmaß

Der Pflegebedürftige

- Äußert die Schwerhörigkeit
- Äußert, dass der Gesprächspartner nuschelt
- Klagt über Hintergrundgeräusche
- Fragt wiederholt nach, weil er etwas nicht verstanden hat
- Nähert sich dem Gesprächspartner, um besser verstehen zu können
- Wendet den Kopf beim Zuhören immer in eine Richtung (Hinweis auf einseitige Schwerhörigkeit)
- Legt Hand hinter die Ohrmuschel, um besser verstehen zu können
- Gibt unpassende Antworten (auch ein mögliches Anzeichen veränderter Denkprozesse)
- Vermeidet Telefonate
- Spricht zu laut oder zu leise
- Stellt Radio oder Fernseher zu laut ein.

☑ Die meisten Menschen mit angeborener Taubheit können nicht sprechen, weil sie nicht gelernt haben, ihre Stimme – die sie selbst nie gehört haben – zu kontrollieren.

Folgen

Eine leichte Schwerhörigkeit gleichen die meisten alten Menschen durch die anderen Sinne, vor allem den **Sehsinn,** und mit Hilfe **kognitiver Kompetenzen** aus. Darüber hinaus kompensieren viele Pflegebedürftige den Wegfall hörbetonter Medien wie das Radio durch verstärktes Lesen oder in jüngster Zeit auch durch die Nutzung des Internets.

Eine nicht kompensierte Schwerhörigkeit kann zu vielfältigen psychischen, sozialen und körperlichen Beeinträchtigungen führen:

- Vereinsamung und soziale Isolation (☞ 12.4): Die Beziehung zu Verwandten, Freunden und Bekannten wird durch die Schwerhörigkeit erschwert, weil Gespräche für alle Beteiligten anstrengend sind
- Misstrauen bis hin zu Wahnvorstellungen. Die Betroffenen haben das Gefühl, es wird *über* sie gesprochen oder sie werden ausgelacht
- Psychosomatische Beschwerden, Depressionen und Selbstwertkrisen
- Sicherheitsgefahren, wenn z. B. das herannahende Auto beim Überqueren einer Straße oder eine Fahrradklingel nicht gehört werden
- Durch den Entzug von Umweltreizen auf den Hörsinn kommt es vermutlich langfristig zur sensorischen Deprivation (☞ auch „Hospitalismusprophylaxe“ in 6.4.2) und Veränderungen des eigenen Körperbildes (☞ 13.4).

Häufen sich „falsche“ Antworten auf Fragen oder reagieren alte Menschen in Gesprächssituationen nicht adäquat, besteht die Gefahr, dass ihr Verhalten als Verwirrtheit fehlgedeutet wird.

4.3.2 Pflegetherapeutische Maßnahmen

Wann immer eine Schwerhörigkeit vermutet wird, mit dem Pflegebedürftigen über die medizinischen, technischen und pflegetherapeutischen Maßnahmen sprechen und zur medizinischen Untersuchung durch den Hals-Nasen-Ohren-Arzt motivieren.

Technische Hilfen

Eine bestehende Schwerhörigkeit kann mit vielfältigen **technischen Hilfsmitteln** kompensiert werden. Viele der Hilfsmittel werden von den Kassen finanziell bezuschusst.

Normalerweise erlernt ein schwerhöriger Mensch die Bedienung technischer Hilfen und erwirbt damit erforderliche Selbstpflegefähigkeiten. Ist ein Pflegebedürftiger nicht dazu in der Lage, bedarf er der Un-

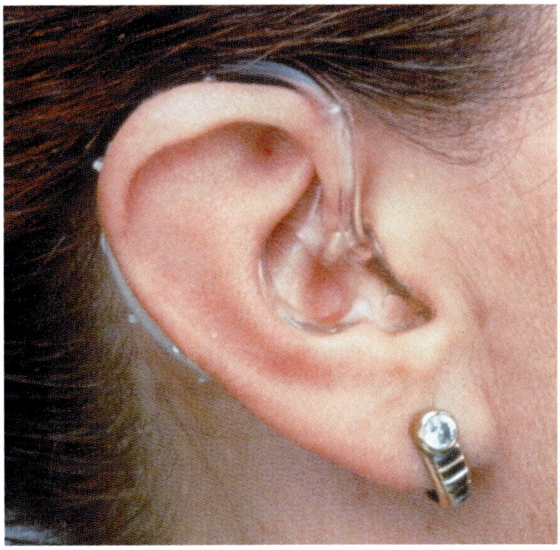

Abb. 4.12: Das HdO-Gerät wird zur Zeit noch am häufigsten gebraucht. [V137]

terstützung durch Angehörige oder AltenpflegerInnen.

Oft werden Hilfsmittel von älteren Menschen jedoch aus Unwissen nicht genutzt. Daher gehört nicht nur die **Unterstützung** älterer Menschen bei der Bedienung technischer Hilfen zu den Aufgaben einer AltenpflegerIn, sondern auch die

- **Information** über verschiedene Hilfsmittel
- **Motivation** zur Nutzung der Hilfen, auch wenn sie anfänglich ungewohnt sind
- **Organisation** des Besuches bei einer HNO-ÄrztIn bzw. bei einer HögeräteakustikerIn
- **Anleitung** zum Benutzen der technischen Hilfen.

Da die Folgen einer Schwerhörigkeit schwerwiegend sein können, möglichst schnell die Ursache für eine **ablehnende Haltung** gegenüber technischen Hilfen herausfinden (☞ Abb. 4.11).

Hörgeräte

Es gibt vier verschiedene Arten von **Hörgeräten:**

- Hinter-dem-Ohr-Gerät (HdO-Gerät, ☞ Abb. 4.12)
- Im-Ohr-Gerät (IO-Gerät, ☞ Abb. 4.13)
- Hörbrille (HB, ☞ Abb. 4.14)
- Taschengerät (TG).

Alle Hörgeräte werden nach entsprechender medizinischer Indikation von der **HNO-ÄrztIn** verordnet. Die individuelle Anpassung des Hörgerätes wird anschließend durch **HörgeräteakustikerInnen** vorgenommen. Diese stellen auch fest, mit welchem Gerät sich die Hörstörung optimal korrigieren lässt.

☑ Hörgeräte sollten so früh wie möglich angepasst werden. Geschieht das, wie bei vielen Schwerhörigen, zu spät, muss das Hören zunächst mühselig wieder erlernt werden.

Die **Bedienung** (☞ Abb. 4.15) eines Hörgerätes sollte jeder Schwerhörige möglichst ohne fremde Hilfe beherrschen. Bereits beim Anpassen des Hörgerätes wird der Betroffene durch die HörgeräteakustikerIn in die Benutzung des Gerätes eingewiesen. Gerade bei alten Menschen reicht eine einmalige Anleitung aber häufig nicht aus.

Darüber hinaus muss der alte Mensch wissen, dass er Geduld braucht und eine längere **Eingewöhnungszeit** normal ist. Mitunter kann es Wochen oder gar Monate dauern, bis sich der Schwerhörige an das Hörgerät gewöhnt hat.

Anfänglich kann es sinnvoll sein, das Hörgerät mehrmals am Tag nur für kurze Zeit zu tragen, weil die Geräusche für den alten Menschen recht ungewohnt sind. Allmählich lässt sich die **Tragezeit** Schritt für Schritt ausdehnen, bis das Gerät gut toleriert wird.

Reichen die vorhandenen Ressourcen eines Pflegebedürftigen nicht aus, so ist es Aufgabe der AltenpflegerIn, die Funktionsprüfung, das Einsetzen, die Inbetriebnahme und die regelmäßige Reinigung und Wartung des Hörgerätes, z. B. das Auswechseln der Batterien, teilweise oder vollständig zu übernehmen.

Einsetzen des HdO-Gerätes
Zum Einsetzen des Hörgerätes den Pflegebedürftigen an einen Tisch setzen lassen und einen Spiegel, mög-

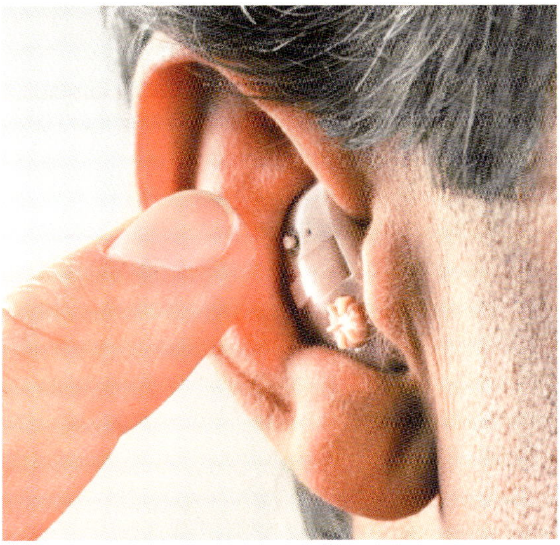

Abb. 4.13: Das IO-Gerät ist das kleinste Hörgerät und nahezu unsichtbar. Es gibt IO-Geräte mit Bedienungselementen und vollautomatische IO-Geräte. Die sehr kleinen Bedienungselemente setzen ein hohes Maß an Fingerfertigkeit voraus. [V137]

lichst einen Vergrößerungsspiegel, aufstellen. Am Tisch können die Ellenbogen aufgestützt werden, so dass die Hände ruhig und ohne, dass die Arme kräfteraubend oben gehalten werden müssen, geführt werden.

- Hörgerät ausschalten oder auf minimale Lautstärke stellen, um unangenehme Pfeiftöne zu vermeiden
- Ohrpassstück entsprechend der Form in die Ohrmuschel einlegen, auf richtigen Abschluss achten
- Hörgerät am unteren Ende anfassen und von oben hinter das Ohr legen. Dabei darf der Schallschlauch nicht abknicken, da der Pflegebedürftige sonst nichts hört
- Das Hörgerät einschalten bzw. die **Lautstärke regeln.** Um das Gerät einzuschalten, muss der Betriebsschalter je nach Gerätetyp von Position „0" oder „–" auf „M" (Mikrofon) oder „+" gestellt werden. Durch Drehen am Lautstärkeregler kann die richtige Lautstärke eingestellt werden. Die Lautstärke ist dann optimal eingestellt, wenn der Schwerhörige seine eigene Stimme als angenehm empfindet.

☑ Das Ohrpassstück muss genau zum Ohr passen. Bei Gewichtsabnahme verringert sich auch das subkutane Fettgewebe um den Gehörgang. Dadurch wird der Gehörgang weiter und das Ohrpassstück schließt nicht mehr richtig ab.

Das **Herausnehmen** des Hörgerätes erfolgt in umgekehrter Reihenfolge. Es ist darauf zu achten, dass zuerst die Lautstärke reduziert und dann das Hörgerät ausgeschaltet wird, damit es nicht pfeift. Bei längerer Nichtbenutzung des Hörgerätes müssen die Batterien herausgenommen werden.

Für die **Reinigung** des Ohrpassstücks gibt es spezielle Reinigungsmittel, z. B. O-Purgat®-Reinigungstabletten. Um das Gerät zu entfeuchten, wird es über Nacht in einen „Trockenbeutel" gelegt. Nähere Angaben enthält die mit dem Gerät gelieferte Gebrauchsanleitung.

Abb. 4.14: Bei der Hörbrille (HB) sind die Hörgeräte in die Brillenbügel eingebaut. [K157]

Vorsicht!

Hörgeräte

- Dürfen nicht in Nassräumen, z. B. beim Baden oder Duschen getragen werden
- Müssen bei Röntgen- und Strahlenbehandlungen entfernt werden
- Sind empfindlich, deswegen nicht mit Haarspray oder Hitze, z. B. beim Fönen, in Berührung bringen und vor mechanischen Schäden, z. B. durch Herunterfallen, schützen.

Bei Störungen sollte eine **Funktionsprüfung** durchgeführt werden (☞ Abb. 4.16). Um zu vermeiden, dass der Schwerhörige wegen einer leeren Batterie plötzlich nicht mehr hören und nur noch eingeschränkt am gesellschaftlichen Leben teilnehmen kann, sollte immer eine Ersatzbatterie vorrätig sein.

Ein **Hörtraining** bietet den Schwerhörigen die Möglichkeit, von LogopädInnen den richtigen Umgang mit dem Hörgerät und das Hören wieder zu erlernen.

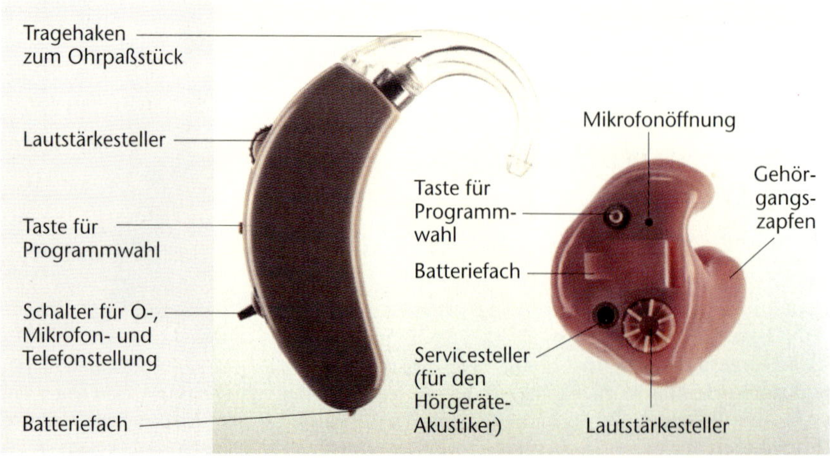

Abb. 4.15: Die Bedienungslemente eines HdO-Gerätes (links) ohne das zugehörige Ohrpassstück und eines für jeden Pflegebedürftigen individuell angefertigten IO-Gerätes (rechts). [V137]

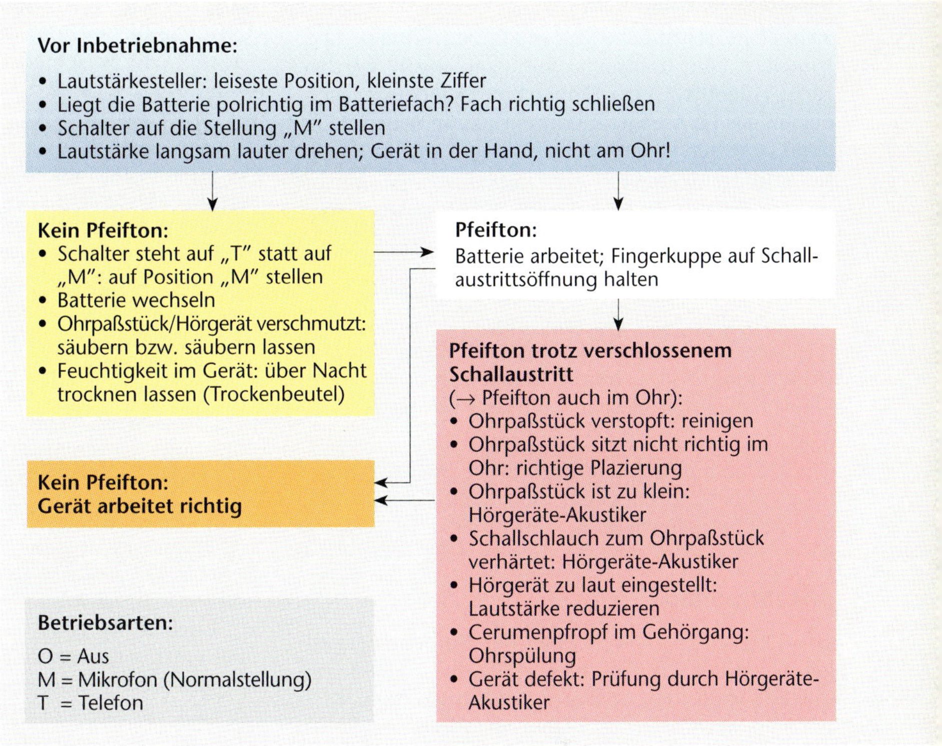

Abb. 4.16: Schema zur Funktionsprüfung eines HdO-Gerätes. [A400]

Darüber hinaus kann der Schwerhörige in Hörtrainingskursen Informationen über zusätzliche technische Hilfsmittel erhalten und mit anderen Betroffenen Erfahrungen austauschen.

Lichtklingel, Telefonklingel

Werden Wohnungsklingel und Telefon nicht mehr gehört, kann ein **Lichtsignalgerät** Abhilfe schaffen. Dieses wird von der Wohnungsklingel angesteuert und gibt über eine Wandlampe Lichtsignale ab. Damit auch das Telefon Lichtsignale abgeben kann, wird ein zusätzliches Relais (beim Fernmeldeamt zu beantragen) an das Lichtsignalgerät gekoppelt. Es gibt verdrahtete und drahtlose Ausführungen. Erstere müssen von Fachleuten installiert werden, letztere sind einfach über die Steckdose anzuschließen.

Lichtwecker, Vibrationskissen

Für schwerhörige und ertaubte Menschen, die nicht verschlafen wollen, gibt es **Lichtwecker**, die wie ein akustischer Wecker Lichtsignale abgeben, oder Vibrationskissen, die den schlafenden Menschen „wach rütteln".

Telefonverstärker

Drei Arten von **Telefonverstärkern** stehen zur Verfügung:

- Telefonhörer, die die Sprachlaute verstärken
- Batteriebetriebene Hörverstärker, die auf jeden Telefonhörer aufgesetzt werden können
- Telefonhörer für Hörgeräteträger, die ein Magnetfeld erzeugen. Dadurch kann der Schwerhörige über die Telefonspule des Hörgerätes die Sprachlaute empfangen.

Schreibtelefon, FAX und PC

Für hochgradig schwerhörige und ertaubte Menschen können **Schreibtelefone** eine Hilfe sein. Ein Schreibtelefon wird als Zusatzgerät zum herkömmlichen Telefon angeschlossen. Der Gesprächspartner muss allerdings ebenfalls ein solches Schreibtelefon besitzen.

Einfacher und kostengünstiger sind **Faxgeräte** und **Personal Computer** (PC) mit Email- und Internet-Funktion. Dafür wird ein Modem bzw. ISDN-Anschluss benötigt. Viele Geräte und Programme sind heute sehr einfach zu bedienen und deshalb auch für ältere Menschen geeignet, die häufig eher „technikscheu" sind.

Zusatzgeräte für Rundfunk- und Fernsehgeräte

Hörgeräteträger, die wegen der Nebengeräusche im Raum und dem Nachhall Schwierigkeiten haben, über die normalen Lautsprecher des Rundfunk- oder Fernsehgerätes die Sprache zu verstehen, können Zusatzgeräte verwenden. Die einfachste Lösung sind **Kopfhörer.** Funk- oder Infrarot-Kopfhörer sind vorteilhaft, weil sie drahtlos funktionieren und so die Mobilität nicht einschränken.

Videotext, Bildschirmtext

Zahlreiche schriftliche Informationen können über Videotext und Bildschirmtext empfangen werden. Beim **Videotext** ist der Einbau eines Videotext-Decoders in das Fernsehgerät erforderlich, in neueren Geräten ist er bereits enthalten.

Beim **Bildschirmtext** ist ein Telefonanschluss mit zusätzlichem Decoder erforderlich. Der Fernseher dient als Bildschirm.

Induktions- und Infrarotanlagen

In vielen öffentlichen Einrichtungen, z. B. in Kirchen oder im Theater, befinden sich Induktionsanlagen (Ringleitung) oder Infrarotanlagen, über die der Schwerhörige das Geschehen besser verfolgen kann.

☑ Damit eine AltenpflegerIn die Pflegebedürftigen über Hilfsmöglichkeiten beraten kann, ist einschlägige Fortbildung notwendig.

Absehtraining

Das Erkennen und Verstehen der **Sprechbewegungen** („von den Lippen ablesen") kann in Seminaren mit LogopädInnen erlernt und geübt werden. Kleinere Übungen lassen sich aber auch in die täglichen Pflegehandlungen integrieren, z. B. das Ablesen zunächst einfacher, kurzer Wörter und Sätze. Wichtig ist, dass der Sprechende die Begriffe mit dem Mund deutlich artikuliert und der Schwerhörige den Mund des Sprechers gut sehen kann. Dafür ist eine gute Beleuchtung ohne Blendungseffekte erforderlich. Anfänglich kann es hilfreich sein, die gesprochenen Worte zusätzlich aufzuschreiben, um Missverständnisse zu vermeiden.

Die bereits erlernten Absehfähigkeiten kontinuierlich dokumentieren. Bei nachlassender Motivation können dem alten Menschen anhand der Aufzeichnungen seine bisherigen Fortschritte aufgezeigt werden, so dass ein Motivationstief schnell überwunden werden kann.

Nonverbale Kommunikation

Gestik, Mimik und Körperhaltung ergänzen das gesprochene Wort und können es teilweise auch ersetzen. AltenpflegerInnen, die Schwerhörige oder Taube betreuen, brauchen und entwickeln ein geschärftes Gespür für die Körpersignale der Pflegebedürftigen und setzen ihre eigene Körpersprache bewusst ein. Ein Mittel der **nonverbalen Kommunikation** stellt auch die **Gebärdensprache** dar (☞ unten).

Ist neben dem Gehörsinn auch der Sehsinn stark eingeschränkt, werden **Berührungen** zum wichtigsten Kommunikationsmittel. So können sich ganz spezielle, körperbetonte Begrüßungsrituale entwickeln. Berichtet wird z. B. von einer taubstummen Bewohnerin, die die einzelnen Pflegekräfte durch Ertasten, vor allem der verschiedenen Ohrringe, erkennt.

Handzeichensysteme, Gebärdensprache

Pflegebedürftige, die schon von Geburt an schwerhörig oder taub sind oder es schon als junge Erwachsene wurden, beherrschen meistens die **Gebärdensprache** (☞ Abb. 4.18). Das trifft in der Regel ebenfalls auf ihre nächsten Angehörigen und Bekannten zu, nicht jedoch auf die BewohnerInnen und Pflegekräfte eines Altenpflegeheimes. Sie können mit dem Schwerhörigen Handzeichen zur Verständigung vereinbaren. Besser ist es jedoch, die Gebärdensprache zu erlernen, besonders wenn mehrere stark Schwerhörige oder Taube zu versorgen sind. Volkshochschulen bieten regelmäßig solche **Kurse** an und kommen auf Anfrage auch in die Einrichtung.

Gebärdensprache kann auch in **Veranstaltungen** im Rahmen der sozialen Betreuung genutzt werden. So können z. B. schwerhörige oder taube Ehrenamtliche zu Buchlesungen in Gebärdensprache eingeladen oder entsprechende Videofilme mit gut lesbaren Untertiteln gekauft oder entliehen werden. Bezugsquellen gibt es z. B. über den Deutschen Gehörlosen-Bund (Adresse ☞ unten).

Abb. 4.17: Mit FAX und PC stehen Schwerhörigen und Ertaubten heute moderne und praktische Kommunikations- und Informationsmittel zur Verfügung. Allerdings müssen beim alten Menschen auch der Wille zum Erlernen der neuen Technik und kognitive Kompetenzen vorhanden sein, um diese Hilfen auch nutzen zu können. [J660]

☑ **Informationen zum Erlernen der Gebärdensprache** gibt es bei:

Universität Hamburg
Zentrum für Deutsche Gebärdensprache und Kommunikation Gehörloser
Binderstraße 34
20146 Hamburg
Tel.: 0 40/41-23 32 40, Fax: 0 40/41 23 61 09
(bringt zudem die Zeitschrift „Das Zeichen" heraus)

Oder bei der

Bundesarbeitsgemeinschaft der GebärdenkursleiterInnen
Weberstraße 17
48268 Greven
Tel.: 0 25 71/46 82, Fax: 0 25 71/5 48 75

Abb. 4.18: Die Gebärdensprache erlaubt eine direkte, schnelle Verständigung. [K157]

Spezielle Umgangsformen von und mit Schwerhörigen

Normal hörende Menschen, die mit einem Schwerhörigen kurzzeitig zusammentreffen, reagieren anfänglich häufig mit viel Verständnis. Bei länger dauerndem Umgang oder beim Zusammenleben mit einem Schwerhörigen wird aus dem anfänglichen Verständnis schnell Ungeduld. Informationen über den Umgang mit Schwerhörigen und Ertaubten helfen, Frustrationen auf beiden Seiten zu vermeiden.

In einer stationären Altenpflegeeinrichtung können die Regeln für alle gut lesbar als Aushang angebracht werden. So können sich auch MitbewohnerInnen über den richtigen Umgang mit Schwerhörigen informieren und immer wieder einmal nachlesen.

Empfehlungen für Normalhörende im Umgang mit Schwerhörigen

Die nachfolgenden Empfehlungen hat der **Deutsche Schwerhörigenbund e.V.** für Normalhörende herausgegeben:

- Einem Schwerhörigen nicht von hinten nähern, er hört die Person nicht und erschrickt
- Zum Schwerhörigen sprechen, damit er vom Mund ablesen kann. Dabei auf eine gute Beleuchtung des eigenen Gesichts achten
- Während eines Gesprächs mit einem Schwerhörigen Radio- und Fernsehgeräte abstellen, da die lauten Nebengeräusche irritieren
- Ruhig und nicht zu schnell sprechen und deutlich artikulieren. Nicht mit Zigarette, Pfeife oder Zigarre im Mund sprechen. Nicht die Hand vor den Mund halten
- Den Schwerhörigen nicht anschreien. Das verzerrt den Ton und verursacht bei schlechtem Gehör oft Schmerzen
- Geduldig bleiben, wenn ein Satz wiederholt werden muss
- Den Schwerhörigen nicht auslachen, wenn er falsche Antworten gibt oder falsch verstanden hat, lieber erzählen, was daran so komisch war
- Dafür sorgen, dass der Schwerhörige in einer Gesellschaft auch mitsprechen und -lachen kann. Am Gespräch teilnehmen lassen und von Zeit zu Zeit über den Gesprächsverlauf informieren.

Empfehlungen für Schwerhörige im Umgang mit Normalhörenden

Schwerhörige können ihre Situation erheblich erleichtern, wenn sie in der Begegnung mit Normalhörenden einige Regeln beachten. Der **Deutsche Schwerhörigenbund e.V.** hat hierzu Empfehlungen herausgegeben, die AltenpflegerInnen den schwerhörigen Pflegebedürftigen vermitteln können:

Abb. 4.19: Die Integration des Schwerhörigen in das soziale Leben ist ein wichtiges Pflegeziel. [K157]

- Gesprächspartner auf eigene Hörbehinderung und den Umgang damit hinweisen
- Technische Hilfsmittel anwenden, um den Umgang mit den Mitmenschen zu erleichtern
- Hörgerät immer tragen und nicht verstecken
- Wenn die Lautstärke nicht ausreicht, erst kontrollieren, ob das Hörgerät richtig eingestellt ist oder ob eine neue Batterie eingesetzt werden muss. Durch die richtige Benutzung des Hörgerätes wird Ärger und Irritation des Gesprächspartners vermieden
- Geduldig bleiben und den anderen um Wiederholung bitten, wenn etwas nicht verstanden wurde
- Nicht vortäuschen, etwas verstanden zu haben, wenn das nicht der Fall ist, da sonst viele Missverständnisse auftreten können
- Bei mangelndem Wunsch, an Geburtstagsfeiern oder anderen geselligen Veranstaltungen teilzunehmen, vorher Bescheid sagen, keiner wird das übel nehmen
- Das Ablesen vom Mund üben und dabei immer darauf achten Sie, dass das Gesicht des Gegenübers deutlich im Licht zu sehen ist.

☑ **Informationen für Betroffene bei:**
Deutscher Gehörlosen-Bund e.V. (DGB)
Paradeplatz 3
24768 Rendsburg
Tel. 0 43 31/58 97 22, Fax 0 43 31/58 97 45
Internet: www.Gehoerlosen-Bund.de
oder bei
Deutscher Schwerhörigenbund e.V.
Breite Straße 3
Tel. 030/47 54 11 14, Fax 030/47 54 11 16
Internet: www.Schwerhoerigkeit.de

Literaturtipp
Deutsche Gehörlosen-Zeitung, Postfach 340231, 45074 Essen, Tel. 0201/774660, Fax 0201/721963

4.3.3 Exemplarische Pflegeplanung

Pflegediagnose mit Ursache (PD), Ressourcen (R), Gewohnheiten (G), Erfahrungen (E), aktuelle Bedürfnisse (AB)	**Pflegeziele**	**Pflegetherapie** Information (I), Beratung (B), Motivation (M), Anleitung (A), Beaufsichtigung (Bf), teilweise Übernahme (tÜ), vollständige Übernahme (vÜ)
PD: Beeinträchtigtes Hörvermögen aufgrund von Ablehnung eines Hörgerätes **R:** • Durch Brille gutes Sehvermögen • Ist geistig rege • War früher sehr kontaktfreudig **AB:** Möchte gerne mit Gleichaltrigen Karten spielen	Akzeptiert und nutzt das Hörgerät Kann selbstständig mit Hörgerät umgehen Ist ins Heimleben integriert und hat befriedigende soziale Kontakte	**M:** Zum Besuch bei HNO-ÄrztIn und HörgeräteaktustikerIn motivieren. Termine vereinbaren und begleiten **A, I, M:** Wiederholt zur Benutzung des Hörgerätes anleiten und zum Benutzen motivieren. Über lange Eingewöhnungszeit informieren. Allmähliche Gewöhnung an das Hörgerät anstreben, Tragezeit schrittweise verlängern **vÜ:** Kontakt zu anderen HörgeräteträgerInnen herstellen **M:** Zu Gesprächen, Spielerunden und Kontakten ermutigen, ggf. begleiten **I:** Angehörige und MitbewohnerInnen mit Einverständnis des Pflegebedürftigen über Schwerhörigkeit und über Umgang damit informieren

Tab. 4.20: Beispiel einer Pflegeplanung bei beeinträchtigtem Hörvermögen.

4.4 Beeinträchtigtes Sehvermögen

Beeinträchtigtes Sehvermögen: Herabgesetzte (Sehschwäche) oder fehlende (Blindheit) Sehleistung durch Störungen am Sehorgan, dem Auge, oder durch Störungen der reizverarbeitenden Strukturen wie Nervenbahnen oder Gehirn. Beeinträchtigt können die Sehschärfe (Visus), das Wahrnehmungsfeld des Auges (Gesichtsfeld), das Farben- und Dunkelsehen sein.

Sehen erfüllt drei **Funktionen,** es dient
- Der räumlichen Orientierung
- Erkennen von Handlungsmöglichkeiten, auch in Gefahrensituationen und Handlungshemmnissen
- Verbindung von visueller (das Sehen betreffende, optische) Wahrnehmung und Handlung.

Während leichte Beeinträchtigungen durch Sehhilfen wie z. B. eine Brille (☞ unten) ausgeglichen werden können, so dass die Funktion des Sehens weitgehend erhalten bleibt, führt hochgradige Sehschwäche beider Augen oder Blindheit zum Verlust der räumlichen Orientierung und schränken die Handlungsfähigkeit des Betroffenen stark ein.

4.4.1 Pflegediagnostik

Ursachen und Einflussfaktoren

- Angeborene Kurz- oder Weitsichtigkeit (☞ Abb. 4.21)
- Altersweitsichtigkeit (Presbyopie, ☞ Abb. 4.21)

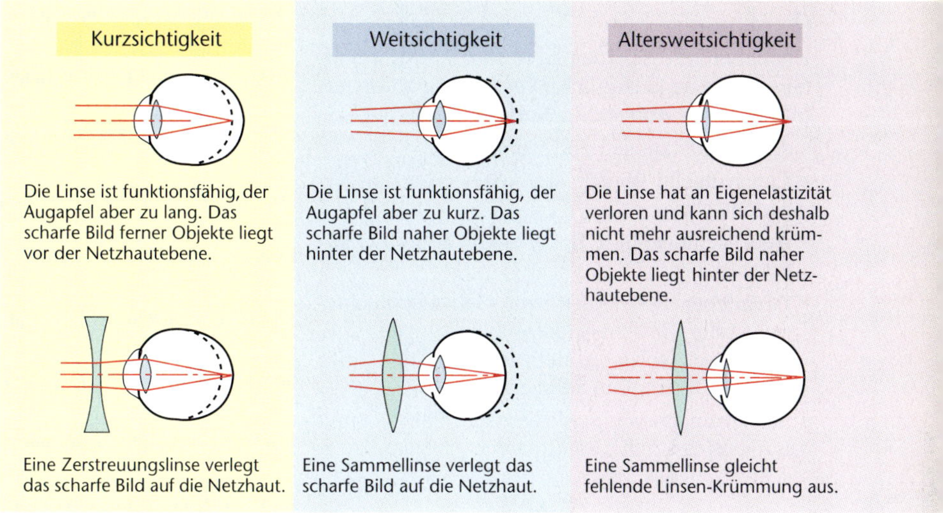

Abb. 4.21: Kurz- oder Weitsichtigkeit ist häufig eine angeborene, die Altersweitsichtigkeit hingegen eine erworbene Einschränkung des Sehvermögens. [A400]

- Augenerkrankungen, z. B.
  - Grauer Star (Katarakt): Eintrübung der Linse
  - Grüner Star (Glaukom): erhöhter Augeninnendruck mit Schädigung des Sehnerven
  - Netzhauterkrankungen wie Durchblutungsstörungen, Netzhautablösung, senile Makuladegeneration: Degeneration der Macula lutea (Stelle des scharfen Sehens, gelber Fleck)
  - Infektionen, Tumoren, Verletzungen
- Allgemeinerkrankungen, die zu Sehstörungen oder Erblindungen führen können, z. B.
  - Netzhautveränderungen bei lange bestehendem Diabetes mellitus
  - Hypertonie
  - Sehnervenschädigung, z. B. bei Multipler Sklerose
  - Schlaganfall
  - Hirntumoren
- Medikamentennebenwirkung, z. B. Thrombose der Netzhautvene durch Hormonpräparate.

☑ In der hoch zivilisierten Industriegesellschaft erblinden Erwachsene am häufigsten durch
- Netzhautveränderungen, vor allem durch Makuladegeneration, wobei keine absolute Blindheit eintritt, sondern die Orientierung im Raum erhalten bleibt
- Augeninnendruckerhöhung beim Grünen Star (Glaukom)
- Diabetische Netzhautschäden
- Durchblutungsstörungen der Netzhaut, vor allem Verschluss der Netzhautarterie durch eine Embolie oder der Netzhautvene durch eine Thrombose.

Anzeichen

Typische Anzeichen einer Sehschwäche finden sich vor allem im **Verhalten** des alten Menschen, z. B. wenn der Pflegebedürftige
- Angestrengt und lange auf einen Gegenstand, z. B. ein Formular, schaut
- Sehr nahe an den Gesprächspartner herangeht, um ihn erkennen zu können
- In unbekannten Räumen unsicher auftritt und sich beim Laufen vorsichtig vorwärts tastet, sich dabei möglichst immer festhält, z. B. am Tisch, an der Wand
- Sich nicht richtig auf den vor ihm stehenden Stuhl setzt
- Am angebotenen Kugelschreiber vorbeigreift oder den Kaffee verschüttet
- Unangemessen reagiert, weil Situationen und Zusammenhänge nicht richtig erfasst werden
- Alle Unterlagen, auch einzelne und kurze Informationen, mit nach Hause bzw. ins Zimmer nehmen und erst dort lesen will
- Andere darum bittet, ihm z. B. den Inhalt eines Formulars oder des Speiseplans zu erzählen
- Sich anderen Menschen wegen einseitiger Sehschwäche bzw. Gesichtsfeldeinschränkung immer in einem bestimmten Winkel zuwendet.

Bei Verhaltensänderungen von Pflegebedürftigen immer auch an Augenerkrankungen denken, diagnostisch abklären lassen und den Pflegebedürftigen zu möglichen Hilfsmitteln und Verhaltensstrategien beraten.

Vorsicht!
Um dauerhafte Schäden zu vermeiden ist in Notfällen eine augenärztliche Versorgung sofort erforderlich (☞ Abb. 4.22). **Notfälle** sind
- Augenverletzungen und -verätzungen
- Entzündliche Rötung des Auges oder der Augenumgebung
- Augenschmerzen, z. B. bei einem akuten Glaukomanfall
- Plötzlicher Sehverlust bzw. Sehverschlechterung oder Gesichtsfeldeinschränkungen, z. B. ein grauer Vorhang, der sich „vor das Auge schiebt", auch ohne Schmerzen
- Sehstörungen wie Schleiersehen, Farben- und Ringesehen um Lichtquellen herum, verschwommenes Sehen.

Folgen

Sehstörungen können leichter oder ausgeprägter Natur sein und rechts, links oder beidseitig auftreten. Nach dem Ausmaß der Sehstörungen richten sich die **Folgen** für den betroffenen alten Menschen:

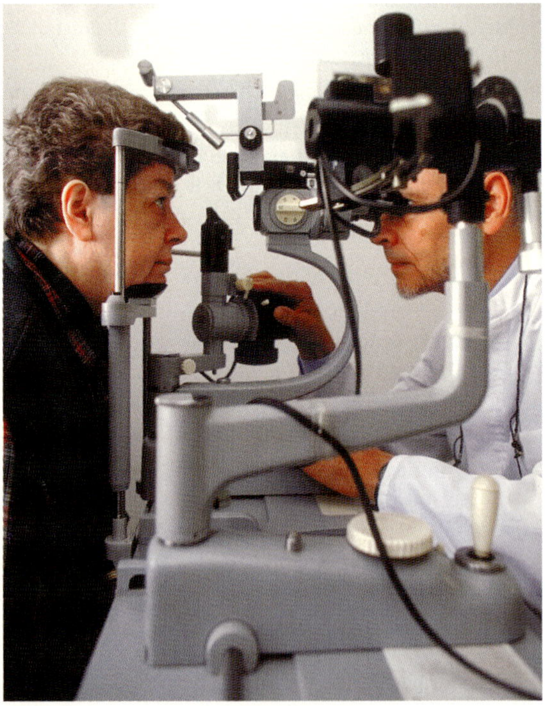

Abb. 4.22: Der Augenarzt kann mit speziellen Untersuchungsgeräten die einzelnen Strukturen des Auges beurteilen und schnell eine gezielte Behandlung einleiten. Viele schwerwiegende Augenerkrankungen verlaufen schmerzlos und sind von außen kaum zu erkennen. Im Zweifelsfall sollte deshalb eine augenärztliche Untersuchung lieber einmal zu viel als zu wenig veranlasst werden. [K157]

- Gefahren werden nicht rechtzeitig erkannt, es kommt zu Unfällen mit ihren Folgeerscheinungen wie z. B. Immobilität (☞ 6.4), Dekubitus (☞ 5.8), Pneumonie (☞ 5.5)
- Ängstlichkeit, Gangunsicherheit und Sturzgefahr (☞ 11.3)
- Missverständnisse und Auseinandersetzungen, weil der Pflegebedürftige etwas anderes sieht als sein Gesprächspartner oder die Mimik des Partners nicht richtig erkennt und dessen Verhalten falsch einschätzt
- Sozialer Rückzug und Isolation
- Psychosomatische Beschwerden, Depressionen und Selbstwertkrisen
- Vermutung, dass es durch diesen für die Kommunikation wesentlichen Wahrnehmungsverlust zur sensorischen Deprivation (☞ auch unter „Hospitalismusprophylaxe" in Kap. 6.4.2) kommen kann.

☑ Grundsätzlich gilt, dass sich alte Menschen an eine allmähliche Sehverschlechterung über einen langen Zeitraum besser anpassen als an einen plötzlichen Sehverlust, weil Kompensationsmechanismen erlernt werden können.

4.4.2 Pflegetherapeutische Maßnahmen

Wenn eine Sehschwäche vermutet wird, mit dem Pflegebedürftigen über die medizinischen und technischen Möglichkeiten zum Ausgleich bzw. zur Linderung sprechen und zur weitergehenden augenärztlichen Untersuchung motivieren.

Je nach Ausprägung und Art kann eine Sehbeeinträchtigung ausgeglichen (kompensiert) oder nicht ausgeglichen werden. Die **Kompensation** kann sowohl durch eigene Ressourcen, als auch durch den Gebrauch von Hilfsmitteln und/oder pflegerische und medizinische Behandlung (medikamentös, operativ) erfolgen.

Selbstpflegerische Ressourcen aktivieren

Der objektive Grad der Sehbeeinträchtigung sagt nichts darüber aus, wie ein Mensch damit leben kann. So kann bei manchen Menschen bereits eine relativ geringgradige Sehverschlechterungen zur Unselbstständigkeit führen, weil sie sich unsicher fühlen und sich nichts mehr zutrauen. Andere dagegen nutzen ihre **selbstpflegerischen Ressourcen,** um ihren Alltag trotz des schlechten Sehvermögens zu bewältigen. Ihnen helfen z. B. gewohnte, „ritualisierte" Handlungen, eine vertraute, sichere Umgebung, der verstärkte

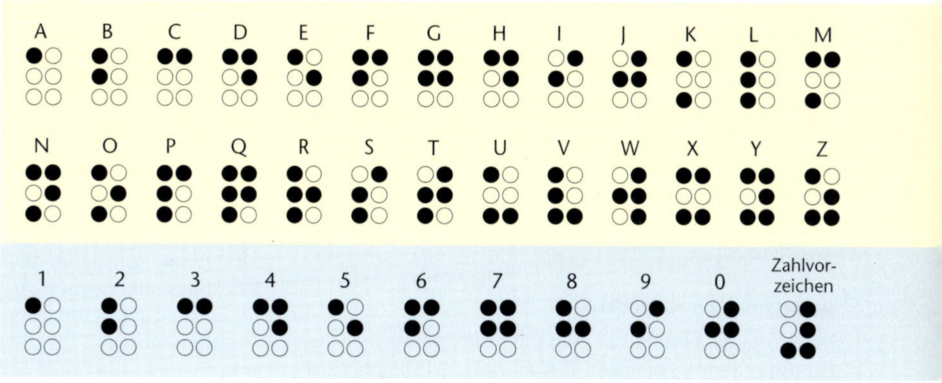

Abb. 4.23: Die internationale Blindenschrift (Brailleschrift) kann durch Abtasten der erhabenen, hier schwarz dargestellten Punkte gelesen werden. Um Ziffern von Buchstaben zu unterscheiden, wird vor einer Zahl ein Zahlenvorzeichen gesetzt. [A400]

Einsatz der anderen, verbliebenen Sinne und die Einordnung von Reizinformationen mit Hilfe kognitiver Kompetenzen bei der Orientierung.

Kompensation durch andere Sinnesorgane

Ist ein Sinnesorgan in seiner Funktion stark beeinträchtigt, schärft der Organismus automatisch die anderen Sinne. Beispielsweise können sich Blinde durch **Hören** und **Tasten** relativ sicher im Raum und z. B. auch im Straßenverkehr orientieren. Deshalb ist es wichtig, dass bei eingschränktem Sehvermögen das Hörvermögen durch eine HNO-ÄrztIn und Hörgeräteakustiker überprüft wird, damit, evtl. mit technischen Hilfen, eine optimale Hörfähigkeit erreicht wird (☞ 4.3.2).

Geschmacks- und Geruchssinn schützen seheingeschränkte Menschen z. B. vor dem Genuss verdorbener Lebensmittel, das **Temperaturempfinden** vor dem Anfassen heißer Herdplatten. In komplexen und ungewohnten Situationen wie im Straßenverkehr können sie zusätzlich technische Hilfen wie Blindenstöcke nutzen (☞ unten).

Kognitive Kompetenzen

Um das verringerte Sehvermögen kompensieren zu können, ist ein gewisses Maß **kognitiver Kompetenz** notwendig. Fehlt diese, z. B. bei fortgeschrittener Demenz, wird es schwierig, den Verlust des Sehvermögens auszugleichen. So wissen Demente wegen fehlender räumlicher Orientierung häufig nicht, wo sie sich gerade befinden. Gedächtniseinbußen führen dazu, dass auch ein wiederholt gegangener Heimweg nicht in Erinnerung bleibt und sie nicht zurück finden. Darüber hinaus vergessen sie, dass sie z. B. eine Brille besitzen.

Kognitiv gesunde alte Menschen können sich trotz eingeschränkter Sehleistung mit Hilfe des **Gedächtnisses,** ihrer **Erfahrung** und anderer Sinnesorgane gut in ihrem Alltag zurechtfinden.

Kommunikative Kompetenzen

Wollen stark Sehbeeinträchtigte beispielsweise mit einem bestimmten Bus fahren und wissen nicht, welcher Bus gerade an der Haltestelle vorfährt, bitten sie umstehende Passanten um Auskunft. In der Regel werden sie eine Antwort erhalten. Ähnlich verhält es sich, wenn sie eine Straße überqueren wollen, die stark lärmbelastet ist, so dass sie herannahende Fahrzeuge nicht hören und lokalisieren können und sich deswegen unsicher sind. Die meisten Sehbehinderten haben dann keine Scheu, jemanden um Begleitung zu bitten.

Damit Sehbehinderte ihr Leben weitgehend selbstständig bewältigen können, benötigen sie die volle Funktionstüchtigkeit der anderen Sinnesleistungen. AltenpflegerInnen können die individuellen Ressourcen fördern, z. B. durch

- Gestaltung und Erhaltung einer für den Pflegebedürftigen vertrauten Umgebung, in der er sich z. B. durch Tasten zurechtfindet
- Anregung eines Besuches bei der ÄrztIn, um mögliche Beeinträchtigungen anderer Sinnesleistungen, z. B. Hörstörungen, zu beheben
- Gemeinsame „Tastübungen“, um Gegenstände zu erkennen
- Ermunterung, Bedürfnisse und Unterstützungsbedarf zu äußern
- Übungen, die die kognitive Kompetenz fördern, z. B. Gedächtnistraining (☞ 4.11.2)
- Information und Beratung über den Einsatz verschiedener Sinnesleistungen zur Kompensation der Sehbeeinträchtigung und über Hilfsmittel (☞ unten).

Technische Hilfsmittel

Zu den **technischen Hilfsmitteln** gehören **traditionelle** Hilfen für Sehgeschädigte wie Brille, Blindenstock und Brailleschrift (☞ Abb. 4.23), aber zunehmend auch moderne **elektronische** Möglichkeiten zum Umgang mit der Beeinträchtigung wie z. B. ein Sprachcomputer. Vielen Sehbehinderten ist die Vielzahl der Hilfsmittel gar nicht bekannt.

Um die Pflegebedürftigen über verschiedene Hilfsmittel und ihre Anwendung beraten zu können, müssen entsprechende Fortbildungsangebote genutzt werden. Gerade im Bereich moderner, elektronischer Medien gibt es durch die rasanten Fortschritte der Technik immer neue und verbesserte Hilfsmittel für sehschwache und blinde Menschen.

Anpassung der Hilfsmittel

Vorhandene Hilfsmittel müssen regelmäßig auf ihre Eignung geprüft werden. Bei manchen Pflegebedürftigen „passt" z. B. die Brille nach einigen Jahren nicht mehr, weil sich die Sehleistung verändert hat. Sie sehen mit der Brille verschwommen, bekommen evtl. dadurch Kopfschmerzen und tragen die Brille dann lieber gar nicht mehr. Manche geistig beeinträchtigten älteren Menschen, z. B. Demente, vergessen, dass sie eine Brille haben und setzen sie deswegen nicht auf. Es ist also immer wichtig herauszufinden, ob jemand eine Sehhilfe benötigt, evtl. schon eine hat, sie nur nicht in Gebrauch hat und warum nicht. So setzen z. B. manche Ältere in Pflegeheimen ihre Brille bewusst nicht auf, um den Anblick der bettlägerigen, schwerkranken Bettnachbarin nicht mehr so deutlich vor Augen zu haben.

Anleitung und Motivation

Normalerweise erlernt ein sehgeschwächter Mensch den Umgang mit technischen Hilfsmitteln und erwirbt damit die erforderlichen Selbstpflegefähigkeiten. Ist der Pflegebedürftige dazu nicht (mehr) in der Lage, benötigt er die teilweise Unterstützung oder vollständige Übernahme durch Angehörige bzw. professionell Pflegende.

Zur pflegerischen Betreuung gehört neben der Information über verschiedene Hilfsmittel auch die Motivation und Anleitung, diese zu benutzen.

Brille

Eine **Brille** gleicht Kurz-, Weit- oder Alterssichtigkeit aus, indem durch das „vorgeschaltete" Glas der Brennpunkt künstlich in den optimalen physiologischen Brennpunkt verlagert wird. Brillen gibt es in unendlich verschiedenen Modellen, viele Menschen nutzen sie auch als modisches Accessoire.

Zur **Pflege** einer Brille gehört ihre regelmäßige Reinigung. Zumeist reichen dafür heißes Wasser und Seife aus. Es können auch alkoholgetränkte Tupfer verwendet werden, diese sind in Apotheken und Drogerien erhältlich. Ist der Pflegebedürftige dazu selbst nicht mehr in der Lage, müssen die Pflegekräfte das Auf- und Absetzen der Brille übernehmen, sie sicher aufbewahren, die Gläser sauber halten und auf Schäden an der Brille achten.

Kontaktlinsen (Haftschalen)

Vor allem jüngere Menschen tragen zum Ausgleich von Brechungsfehlern statt der traditionellen Brille häufig **Kontaktlinsen.** Kontaktlinsen sind kleine Haftschalen aus lichtbrechendem Kunststoff, die zur Kompensation von Brechungsfehlern direkt auf der Hornhaut getragen werden. AugenärztInnen verschreiben sie je nach Augenfunktionen und -physiologie. Bei den heute alten Menschen sind sie kaum in Benutzung, weil sie einerseits die Brille seit vielen Jahren gewohnt sind, andererseits die Verwendung von Kontaktlinsen hohe Anforderungen an die Fingerfertigkeiten stellt (☞ Abb. 4.24).

Es gibt **harte** und **weiche** Kontaktlinsen. Sie können unterschiedlich lange getragen werden – harte etwa acht Stunden, weiche Linsen zwölf Stunden – und bedürfen unterschiedlicher **Pflege.** Reinigungs- und Aufbewahrungssets sind in Apotheken und Drogerien erhältlich. Sie sind gemäß der mitgelieferten Anleitung zu benutzen.

☑ Kontaktlinsen dürfen nicht austrocknen, also immer in der dafür vorgesehenen Flüssigkeit aufbewahren.

Einsetzen einer Kontaktlinse

- Hände waschen und desinfizieren
- Die Linse aus der Reinigungs- bzw. Aufbewahrflüssigkeit herausnehmen und abspülen. Für den Fall, dass die Linse dabei herunterfallen könnte, den Abfluss schließen und ein weiches Tuch unterlegen

Abb. 4.24: Kontaktlinsen haben gegenüber einer Brille einige Vorteile. Kosmetische Gesichtspunkte spielen im Alter weniger eine Rolle, aber manche Sehstörungen lassen sich durch Kontaktlinsen besser ausgleichen als durch eine Brille. Andererseits ist ihre Handhabung gerade für alte Menschen nicht einfach. [K157]

- Die Linse mit der konvexen Seite locker auf eine Fingerkuppe der Führungshand legen
- Den Pflegebedürftigen bitten, den Kopf nach unten zu neigen
- Den Finger mit der Linse zum Auge führen, die Linse vorsichtig auf die Hornhaut setzen
- Pflegebedürftige für einen Moment das Auge schließen lassen, damit sich die Linse richtig ansaugen kann.

Herausnehmen einer Kontaktlinse

- Hände waschen und desinfizieren
- Den Pflegebedürftigen bitten, nach innen, also zur Nase hin zu schauen; die Linse fällt dann oft von allein heraus. Eine weiche Unterlage zum Auffangen der Linse benutzen
- Eventuell durch die Benutzung eines „Saugstöpsels" nachhelfen. Dazu muss der alte Mensch mit offenen Augen geradeaus schauen. Dann den Stöpsel vorsichtig auf die Linse aufsetzen und diese abziehen
- Die Linse abspülen und wie vorgeschrieben in die Reinigungsflüssigkeit legen.

> **Vorsicht!**
> Bei Schmerzen, Rötung und verstärktem Fremdkörpergefühl Kontaktlinsen entfernen und AugenärztIn aufsuchen, da Kontaktlinsen dem Auge auch schaden können. Für diesen Fall muss immer eine gut angepasste Brille bereit liegen.

Ersatz der Linsenbrechkraft nach einer Staroperation

Bei einem grauen Star wird die eingetrübte Linse des Auges durch eine Operation entfernt. Wenn keine anderen Augenerkrankungen dagegen sprechen, bekommt der Betroffene gleichzeitig eine künstliche **Intraokularlinse** an die Stelle der entfernten Linse eingepflanzt. Mit dieser Linse kann der alte Mensch wieder alles wie mit der natürlichen Linse sehen, sofern keine weiteren Augenerkrankungen vorliegen. Evtl. benötigt er zusätzlich eine ganz „normale" Brille zum Lesen. Alte Menschen mit einer Intraokularlinse müssen regelmäßig Augentropfen einträufeln, die die Pupille verengen, damit die künstliche Linse im Auge nicht verrutscht.

Ist es aus medizinischen Gründen nicht möglich, eine Intraokularlinse einzupflanzen, kann eine **Kontaktlinse** den Brechkraftverlust ausgleichen. Aber nicht alle Menschen vertragen Kontaktlinsen und gerade ältere Pflegebedürftige haben Schwierigkeiten mit den Einsetzen und Herausnehmen sowie der Pflege. Inzwischen gibt es auch **Dauertragelinsen,** die jedoch regelmäßig augenärztlich kontrolliert und gewechselt werden müssen.

Kommen weder Intraokularlinse noch Kontaktlinse in Betracht, kann eine **Starbrille** die fehlende Linsenbrechkraft ausgleichen. Sie kann allerdings nur ver-

Abb. 4.25: Moderne Starbrillen sind nicht mehr so schwer und unbequem wie alte Modelle, weil sie statt aus Glas aus Kunststoffmaterial gefertigt werden. Aber auch mit einer modernen Starbrille muss sich der Betroffene erst langsam an das veränderte Sehen gewöhnen. [K157]

wendet werden, wenn beide Augen staroperiert sind. Das Starglas vergrößert das Bild um etwa 20–30 %. Beidseitiges Sehen ist nicht möglich, wenn Gegenstände mit einem Auge vergrößert, mit dem anderen normal abgebildet werden, weil das Gehirn die unterschiedlichen Bildgrößen nicht zu einem Bild verschmelzen kann. Wurden beide Augen operiert und mit Stargläsern versorgt, kann sich der alte Mensch allmählich an das vergrößerte Sehen gewöhnen. Allerdings kann der Pflegebedürftige nur durch die Mitte der Brille scharf sehen. Diese Gesichtsfeldeinschränkung erhöht die Sturzgefahr. Zudem sind die Gläser älterer Modelle recht stark, groß und schwer und damit unbequem. Inzwischen werden leichtere, hoch brechende Kunststoffmaterialien mit speziellem Schliff verwendet (☞ Abb. 4.25).

> **Vorsicht!**
> Aufgrund des veränderten Sehens benötigen alte Menschen besonders in den ersten Wochen nach der Verordnung einer Starbrille Begleitung, Ermutigung und Maßnahmen zur Sturzprophylaxe (☞ 11.3).

Manuelle Vergrößerungsmöglichkeiten

Lupen (☞ Abb. 4.26) dienen der Vergrößerung naher Gegenstände. Sie werden zumeist als Handlupen z. B.

Abb. 4.26: Manuelle Vergrößerungsmittel werden von vielen alten Menschen genutzt, z. B. zum Zeitunglesen. [K157]

für das Lesen von Zeitungen und Büchern oder die Betrachtung von Fotos benutzt. Darüber hinaus gibt es **Lupenbrillen,** bei deren Verwendung die Hände zum Umblättern oder für Handarbeiten frei bleiben können.

Fernrohre und **Ferngläser** für die Hand oder als **Fernrohrbrille** holen – wie das Teleobjektiv einer Kamera – ferne Gegenstände näher heran. Sie werden von stark Sehgeschädigten häufig zum Fernsehen und zur Orientierung im Straßenverkehr verwendet. Problematisch und sicherheitsgefährdend ist die starke Gesichtsfeldeinschränkung.

Medien und elektronische Hilfsmittel

Telefone, Diktiergeräte, Spiele, Tonbücher (Hörkassetten) und **Großdruck-Bücher** mit großer Schrift und höherem Zeilenabstand sind schon viele Jahre auf dem Markt, aufgrund ihrer geringen Auflage aber in der Regel sehr teuer. Ähnliches gilt für **Bücher in Blindenschrift** (☞ Abb. 4.23).

Elektronische Bildschirmlesegeräte und **Textlesesysteme,** bei denen Bücher in Normalschrift unter ein Lesegerät gelegt werden und die Texte stark vergrößert auf dem Computerbildschirm erscheinen, können diesem Problem abhelfen und den pflegebedürftigen ein breiteres Literaturspektrum erschließen. Dazu muss allerdings noch ein gewisses Sehvermögen vorhanden sein.

Elektronische Systeme wie **Computer** mit großem Monitor und großer Tastatur sowie Internet halten immer mehr Einzug in die Altenhilfe und auch in Altenheime und Bewohnerzimmer.

Für Blinde und sehr stark Sehbehinderte stehen **Sprachcomputer** zur Verfügung. Bei ihnen werden Texte und Buchstaben durch eine synthetische Stimme mit individuell einstellbarer Geschwindigkeit vorgelesen. Zukünftig werden sie „auf Kosten" einiger traditioneller Hilfsmittel wie der Brailleschrift sicherlich vermehrt Anwendung finden.

Zu den elektronischen Hilfen zählen ebenfalls Fernsehsysteme mit vergrößertem Bildschirm, **Audio-Deskriptives-Fernsehen** (Fernsehen, bei dem die Filme laufend durch eine Stimme anschaulich geschildert werden) und **BIT-Tele-Service.** Hier können sehschwache und blinde Menschen mit ihrer Stimme durch gesprochene Video-Textseiten blättern. Ferner nennt der BIT-Tele-Service ihnen die aktuellen Radioprogramme und Fernsehfilme in Audio-Deskription, politische und gesellschaftliche Informationen wie in einer Tageszeitung oder Nachrichtensendung. Dieser Service wird z. B. vom Bayrischen Blindenbund e.V. angeboten.

Inzwischen haben sich auch computergesteuerte **Vorleseangebote** von diversen Tageszeitungen etabliert.

☑ Bayrischer Blindenbund e.V.
Landesgeschäftsstelle
Arnulfstr. 22
80335 München
Tel: 089/55 98 80
Fax: 089/55 988-266

Dort gibt es u. a. Informationen zu

- Audio-Deskription-Fernsehen
- BIT-Tele-Service
- Bücher als Hörkassetten, in Blinden- und Großschrift
- Sozialleistungen
- Selbstständigkeitstraining für Sehbehinderte (kommen auch in die Heime).

Hilfen zur Orientierung im Verkehr

Traditionelle Hilfsmittel wie **Blindenstock, Blindenhund** und die **gelbe Armbinde** mit drei schwarzen Punkten werden sicherlich weiter zum Einsatz kommen.

Ergänzt werden sie durch **akustische Hilfen,** die mittels eines Pieptons Hindernisse vorhersagen oder auch durch **computergesteuertes Autofahren,** das zwar noch „Zukunftsmusik" ist, derzeit aber auf breiter Basis getestet wird.

Augenpflege

Augentropfen und Augensalbe verabreichen

Viele alte Menschen bekommen von der AugenärztIn Augentropfen oder -salbe verordnet, z. B.

- Nach einer Augenoperation

- Bei erhöhtem Augeninnendruck (grüner Star, Glaukom)
- Bei entzündlichen Augenerkrankungen
- Bei unvollständigem oder fehlenden Lidschluss, z. B. nach einem Schlaganfall mit Gesichtsnervenlähmung oder bei Pflegebedürftigen im Wachkoma (Apallisches Syndrom, ☞ 4.12), damit das Auge nicht austrocknet.

Benötigt der Pflegebedürftige Augensalbe und -tropfen zur gleichen Zeit, zuerst die Tropfen verabreichen. Benötigt er zwei verschiedene Augentropfen zur gleichen Zeit, eine Warte- und Einwirkzeit von fünf Minuten zwischen den Applikationen einhalten.

Durchführung

- Pflegebedürftigen informieren
- Pflegebedürftigen auf den Rücken legen oder auf einen Stuhl sitzen und Kopf nach hinten neigen lassen
- Hände waschen und desinfizieren
- Pflegebedürftigen auffordern, nach oben zu sehen
- Das untere Lid des Pflegebedürftigen mit einem Tupfer leicht nach unten ziehen
- Hand mit dem Tropfenfläschchen oder der Salbentube auf der Stirn des Pflegebedürftigen abstützen und einen etwa einen 0,5–1 cm langen Salbenstrang vom inneren zum äußeren Augenwinkel geben oder verordnete Augentropfenzahl in den Bindehautsack (nicht direkt auf die Hornhaut) tropfen (☞ Abb. 4.27)
- Augen schließen lassen, damit sich der Wirkstoff verteilt
- Überschüssige Tropfen oder Salbe vorsichtig mit einem Tupfer abtupfen (nicht reiben)
- Hände desinfizieren.

Vorsicht!
Unmittelbar nach Salbenapplikation sieht der Pflegebedürftige nur verschwommen, so dass **Sturzgefahr** besteht.

Immer beachten:

- Jeder Pflegebedürftige hat seine eigenen Fläschchen und Tuben (Hygiene)
- Die Fläschchen und Tuben dürfen nicht das Auge berühren. Sonst drohen Verletzungen sowie Infektionen durch anhaftende Keime (Kontamination)
- Haltbarkeitsdatum angebrochener Augentropfenflaschen und Salbentuben beachten. In der Regel dürfen sie höchstens 6 Wochen nach Anbruch verwendet werden.

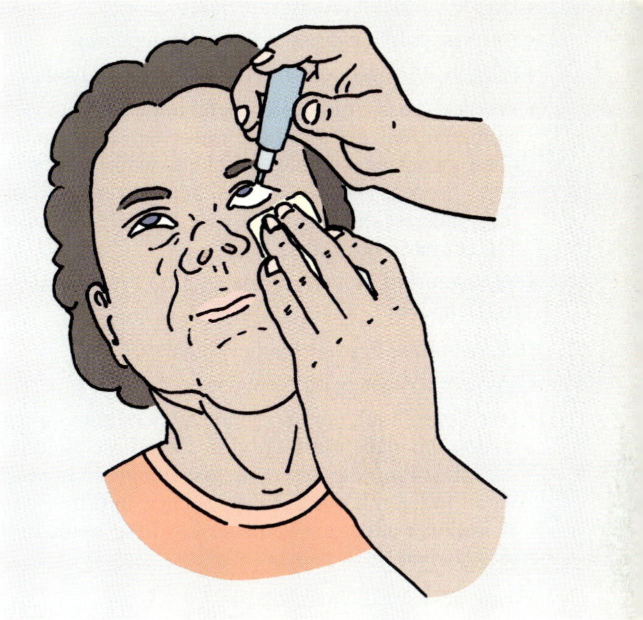

Abb. 4.27: Verabreichen von Augentropfen. [A500-119]

In der ersten Zeit nach der Operation muss der Pflegebedürftige nachts evtl. einen **Salbenverband** tragen, damit er sich im Schlaf nicht versehentlich das Auge reibt und verletzt. Hierfür auf die Verordnung des Arztes achten. Evtl. sollte der behandelnde Hausarzt den ersten Verband anlegen und die Pflegekräfte in die Handhabung einweisen.

Augenprothesen

Infolge von Verletzungen, schweren Augeninfektionen oder bei Tumoren des Auges muss evtl. der Augapfel operativ entfernt werden. **Augenprothesen** (*Glasaugen*, ☞ Abb. 4.28) können die Funktion des Auges nicht ersetzen, sind aber ein wichtiges kosmetisches und damit soziales Hilfsmittel. Ist der alte Mensch dazu selbst (evtl. unter Anleitung) nicht in der Lage, muss die Pflegekraft das Einsetzen, Herausnehmen und die Pflege des künstlichen Auges übernehmen.

Grundsätzlich Einsetzen, Herausnehmen und Pflege des Glasauges über einer **weichen Unterlage** durchführen, damit es nicht herunterfallen und zerbrechen kann.

Einsetzen des künstlichen Auges

- Pflegebedürftigen informieren
- Pflegebedürftigen auf den Rücken legen oder auf einen Stuhl sitzen und Kopf nach hinten neigen lassen

- Hände waschen und desinfizieren
- Prothese mit lauwarmem Wasser anfeuchten
- Pflegebedürftigen auffordern, nach oben zu sehen
- Prothese an der breitesten Seite anfassen und den stumpfen Teil der Prothese unter das leicht nach oben gezogene Oberlid schieben, wobei der größere, breitere Teil des künstlichen Auges in Richtung äußerer Augenwinkel, der kleinere, spitzere Teil zur Nase hin zeigt
- Das Unterlid ein wenig abziehen und Prothese richtig platzieren.

Herausnahme des künstlichen Auges:

- Vorbereiten wie beim Einsetzen
- Das Unterlid mit dem Zeigefinger leicht nach unten ziehen, bis der untere Rand der Prothese sichtbar wird. Die Prothese fällt dann fast von allein heraus. Wenn nötig, mit einem Glasstäbchen und mit dem Zeigefinger unter den Rand der Prothese fassen und sie anheben.

Pflege des künstlichen Auges

- Für etwa zehn Minuten in lauwarmes Wasser, bei stärkeren Verkrustungen in 0,9%ige NaCl-Lösung legen, damit sich Schmutz- und Salbenreste ablösen können
- Abspülen
- Mit einem trockenen, weichen Tuch (Baumwollkompresse) trocknen, wieder einsetzen oder weich und trocken einwickeln und lagern.

Die Prothese sollte in der Regel einmal täglich gereinigt werden. Bei leichten Entzündungen der Augenhöhle helfen milde Augensalben oder spezielles Prothesenöl (Arztanordnung).

> **Vorsicht!**
> Augenprothese nicht längere Zeit, z. B. über Nacht, in Wasser liegen lassen, um Kalkablagerungen zu vermeiden.

Umgang mit sehbeeinträchtigten Menschen

Ziel aller pflegerischen Maßnahmen ist es, dass der Pflegebedürftige seine Ressourcen und Hilfsmittel kennt und selbstständig einsetzt. Die Versuchung ist groß, schnell für den sehbehinderten alten Menschen etwas zu erledigen. Diese Hilfe nützt ihm wenig, weil er so auf Dauer von der Hilfe anderer abhängig bleibt. Deshalb nur so viel Unterstützung wie nötig anbieten und den sehschwachen oder blinden alten Menschen nicht überversorgen.

Kommunikation

- Den alten sehbehinderten Menschen direkt und mit Namen ansprechen, nicht über seine Begleitperson
- Den eigenen Namen beim Begrüßen nennen

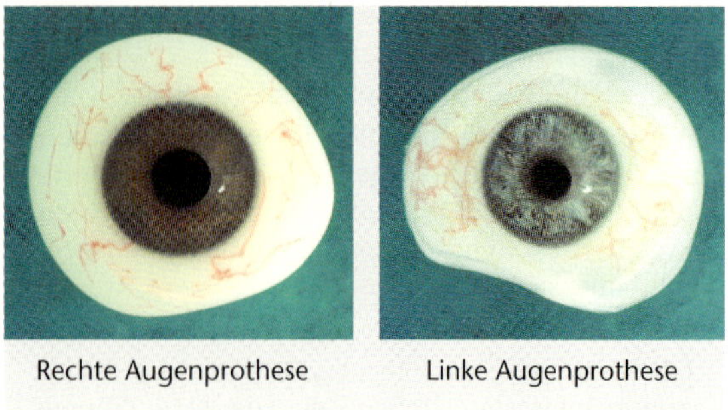

Abb. 4.28: Glasaugen werden für jeden Menschen individuell angefertigt, so dass der Unterschied zum gesunden Auge optisch kaum zu erkennen ist. Heute alte Menschen haben ein künstliches Auge häufig infolge einer Kriegsverletzung. [V102]

- Sich immer beim Weggehen, z. B. beim Verlassen des Zimmers, verabschieden
- Kontakte schaffen, MitbewohnerInnen und andere Personen vorstellen. Bei Betreten des Zimmers auf Anwesende und ihre Tätigkeiten hinweisen
- Tätigkeiten, die im Zimmer, am Bett oder am Pflegebedürftigen verrichtet werden, ankündigen, damit dieser sich nicht durch ungewohnte Geräusche oder unerwartete Berührungen erschreckt
- Pflegebedürftigen Gegenstände und Menschen (mit deren Einverständnis) ertasten lassen.

Mobilität

- Sehgeschädigte oder blinde Menschen bei Neuaufnahme in eine stationäre Einrichtung ausführlich und in Ruhe durch die für ihn relevanten Räume führen, diese abgehen und abtasten lassen
- Sobald sich der Pflegebedürftige in der Einrichtung etwas auskennt, ihn so viel wie möglich selbst machen lassen. Das bringt Erfolgserlebnisse, stärkt das Selbstbewusstsein und motiviert zu weiteren Aktivitäten
- Dem Sehbehinderten bei Besuch unbekannter Orte einen Arm anbieten und einen halben Schritt vorausgehen
- Zum Hinsetzen Stuhl zurechtrücken. Bei körperlich mobilen Sehbehinderten genügt es, dessen Hand auf die Sitzlehne zu legen, dann kann er sich in der Regel selbstständig setzen.

Gestaltung der Umgebung

- Die Ordnung im Bewohnerzimmer und in den persönlichen Sachen des Pflegebedürftigen möglichst nicht verändern bzw. Veränderungen mitteilen
- Wege, Anordnung von Möbeln und Gegenständen beschreiben und Pflegebedürftigen ertasten lassen
- Orientierungshilfen geben, die ertastet werden können
- Toilette, Spülung und Papierhalterung erklären und ertasten lassen

- Türen entweder ganz offen oder ganz geschlossen halten. Bei halb geöffneten Türen besteht Verletzungsgefahr
- Darauf achten, dass nichts auf dem Boden liegt, worüber der Pflegebedürftige stolpern könnte
- Tische möglichst leer lassen, z. B. keine Blumenvase auf den Tisch stellen, damit nichts umgeworfen wird.

Essen und Trinken

- Mahlzeiten, die die Pflegebedürftige erhält, beschreiben, z. B. was es gibt und wo sich was auf dem Teller befindet, z. B. nach dem „Uhrzeigersystem": Fleisch bei sechs Uhr, Gemüse bei neun Uhr
- Gerichte vor dem Essen riechen lassen
- Gläser und Tassen nicht zu voll füllen, damit nichts verschüttet wird. Teller mit erhöhtem Rand anbieten
- Geschirr immer gleich anordnen.

Beschäftigen

- Spezielle Spiele, Karten und Hörbücher für Blinde oder Großdruck-Bücher für Sehschwache beschaffen, z. B. in Hörbibliotheken ausleihen
- Zur Bedienung elektronischer Medien anleiten, alte Menschen sind mit Kassettenrekordern, Fax oder Computer in der Regel nicht vertraut
- Zu Spaziergängen begleiten, Natur erschnuppern, Sonnenwärme oder Wind spüren lassen.

Abb. 4.29: Auf unbekannten Wegen hilft ein angebotener Arm, sich sicher zu fühlen. Auf bekannten Wegen kann sich ein blinder Mensch meistens alleine zurechtfinden, wenn er körperlich mobil ist. [K157]

☑ Materialien zum Umgang mit Sehbeeinträchtigten und Blinden beim:

Deutschen Blindenverband e.V.
Bismarckallee 30, 53173 Bonn
Tel. 02 28/35 40 37, Fax 02 28/35 77 19
e-mail: dbvbonn@t-online.de
Internet: www.dbv.org

Bringt auch die Broschüre „Siehste ?!? – Eine Brücke zu sehbehinderten und blinden Menschen" heraus.

Literaturtipp

Schäfer, Karl Mathias: Erblindung im Alter. Reihe *vorgestellt*, Band 62 (Hrsg.: Kuratorium Deutsche Altershilfe), Köln 1997.

Hermann van Dyck: Nicht so sondern so. Kleiner Ratgeber für einen guten Umgang mit Blinden. Zu beziehen über den Deutschen Blindenverband e.V. (Adresse ☞ oben).

4.4.3 Exemplarische Pflegeplanung

Pflegediagnose mit Ursache (PD), Ressourcen (R), Gewohnheiten (G), Erfahrungen (E), aktuelle Bedürfnisse (AB)	**Pflegeziele**	**Pflegetherapie** Information (I), Beratung (B), Motivation (M), Anleitung (A), Beaufsichtigung (Bf), teilweise Übernahme (tÜ), vollständige Übernahme (vÜ)
PD: Beeinträchtigtes Sehvermögen aufgrund diabetischer Netzhautschädigung **R:** • Kann eigene Ängste und Unsicherheit benennen • Ist körperlich mobil • Ist kontaktfreudig **G:** Hat früher gerne und viel gelesen	Kennt und nutzt Hilfsmittel und kann gut mit ihnen umgehen Kann sich in der Umgebung sicher und selbstständig bewegen und orientieren Ist im Heimleben integriert, hat befriedigende soziale Kontakte und fühlt sich wohl	**I:** Über Umgang und Kompensationsmöglichkeiten sowie zu Hilfsmitteln informieren **A:** Zum Umgang mit Hilfsmitteln anleiten **vÜ:** Kontakt zu Hilfsorganisationen herstellen **tÜ:** Korrespondenz übernehmen **M:** Zu Aktivitäten motivieren **vÜ:** Orientierungstraining: Begleitung beim Abgehen unbekannter Räumlichkeiten, bei Bedarf auch in bekannten Räumen **tÜ:** Gemeinsam mit Pflegebedürftigen hindernisarme Gestaltung seines Zimmers

Tab. 4.30: Beispiel einer Pflegeplanung bei beeinträchtigtem Sehvermögen.

4.5 Beeinträchtigter Tastsinn

Beeinträchtigter Tastsinn *(taktile Wahrnehmungsstörung):* veränderte, eingeschränkte oder fehlende Fähigkeit, Tastreize über die Haut wahrzunehmen und mit einer vom Gehirn ausgelösten Reaktion entsprechend zu beantworten.

Zu den **Hautsinnen** zählt das Gefühl für
- Berührung und Druck, das über Mechanorezeptoren vermittelt wird
- Wärme und Kälte, das über Thermorezeptoren vermittelt wird
- Schmerzen, die über Schmerzrezeptoren (Nozizeptoren) vermittelt werden.

Grundsätzlich ist die gesamte Hautfläche ein **Tastorgan,** weil die verschiedenen Rezeptoren über die gesamte Haut des Körpers verteilt sind (☞ Abb. 4.31). Je nach Erfordernissen sind sie allerdings nicht an allen Körperstellen gleich dicht gesät. So kommen z. B. Mechanorezeptoren besonders dicht an Fingerspitzen, Hand- und Fußsohlen, Augenlidern, Lippen und äußeren Genitalien vor. Deswegen wird das Tasten vor allem über Finger und Hände ausgeführt.

Der Tastsinn erfüllt zwei wichtige Funktionen: Zum einen alarmiert die Wahrnehmung von Druck, Temperatur und Schmerzen den Körper, so dass er sich von körperschädigenden Auslösern fernhalten kann. Damit hat der Tastsinn eine **Schutzfunktion.** Zum anderen hat er eine **emotional-ästhetische Funktion,** indem Berührungen als angenehm oder unangenehm empfunden werden können.

4.5.1 Pflegediagnostik

Ursachen und Einflussfaktoren

Störungen des Tastsinnes entstehen durch
- Schädigung der Rezeptoren in der Haut
- Störung der Weiterleitung der Erregungen zum Gehirn über sensible Nerven
- Beeinträchtigte Verarbeitung der Reize im Gehirn.

Diese Störungen treten z. B. auf bei
- Hauterkrankungen sowie nach Verletzungen, z. B. Verbrennungen der Haut
- Durchblutungsstörungen der Haut, z. B. bei peripherer arterieller Verschlusskrankheit (pAVK) oder Unterkühlung, bei der die Haut ebenfalls schlecht durchblutet wird
- Erkrankungen des peripheren Nervensystems wie Polyneuropathien, z. B. aufgrund von
  - Alkohol oder Medikamenten wie z. B. Zytostatika zur Krebsbehandlung
  - Diabetes mellitus
  - Bösartigen Tumorerkrankungen, z. B. beim Bronchialkarzinom
  - Mangel- oder Fehlernährung, z. B. bei Vitamin B_{12}- oder Folsäuremangel
  - Chronischer Niereninsuffizienz
- Erkrankungen des Zentralen Nervensystems, z. B. Schlaganfall (Apoplexie), Multiple Sklerose, Durchblutungsstörungen des Gehirns, Querschnittslähmung, Tumoren.

Psychiatrische Erkrankungen können dazu führen, dass
- Wahnvorstellungen nicht-reale Tastempfindungen suggerieren, auf die der Erkrankte dann real reagiert, z. B. zurückzuckt
- Die Wahrnehmung realer Tastobjekte so weit beeinflusst wird, dass diese nicht wahrgenommen werden, z. B. ein zu heißer Kochtopf.

Menschen, die über einen langen Zeitraum wenig Berührung erfahren und ausüben können, verarmen in der Wahrnehmung taktiler Reize.

Anzeichen

Ein gestörtes Empfinden von Tastreizen kann sich in **„Plus"-Symptomen** im Sinne von verstärkter Wahrnehmung bei geringen oder fehlenden Reizen äußern. Dazu gehören z. B. Brennen oder Kribbeln. Oder es treten **„Minus"-Symptome** auf, d. h. vorhandene Reize werden vermindert oder gar nicht wahrgenommen.

Es werden folgende **Formen** unterschieden:
- *Hypästhesie* oder *Hyperästhesie:* herabgesetzte bzw. erhöhte Berührungsempfindung
- *Hypalgesie* oder *Hyperalgesie:* herabgesetzte oder gesteigerte Schmerzempfindung

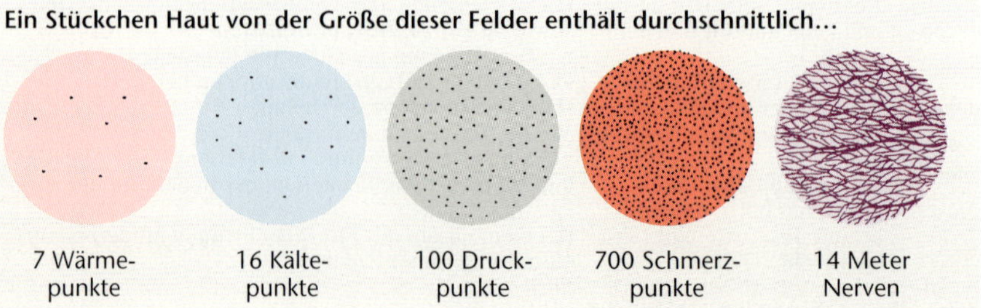

Abb. 4.31: Es gibt unterschiedliche Hautrezeptoren, die jeweils auf bestimmte Reizarten spezialisiert und je nach Erfordernis in unterschiedlicher Dichte an der Körperoberfläche verteilt sind. [A400]

- *Dysästhesie:* andersartige Wahrnehmung eines Reizes, z. B. Schmerzempfindung bei leichter Berührung
- *Parästhesie:* Missempfindungen wie z. B. Ameisenlaufen ohne adäquaten äußerlichen Reiz.

Die **Anzeichen** eines gestörten Tastempfindens sind eher diffus und schwer auf einen gestörten Tastsinn zurückzuführen. Hinweise können z. B. sein:

- Häufig kleinere Verletzungen, z. B. blutende Finger, weil z. B. Dinge nicht als spitz wahrgenommen und deren zu starke Berührung nicht gemieden wird, z. B. Nadeln, Scherben
- Zu hartes Anfassen von Dingen, die dann zerdrückt oder zerbrochen werden
- Unfähigkeit, Wärme und Kälte adäquat zu empfinden
- Brandblasen an den Fingern, deren Ursache nicht benannt werden kann
- Äußerungen des Pflegebedürftigen über Taubheit und Kribbeln z. B. in den Fingern.

Folgen

Durch die mangelnde oder fehlende Schutzfunktion sind die Betroffenen besonders **verletzungsgefährdet.** Kann der Körper nicht zwischen schädlichen und gut verträglichen Temperaturen unterscheiden, dann besteht die Gefahr von **Verbrennungen** oder **Verbrühungen,** z. B. durch heißes Wasser, Heizdecken oder -kissen, Herdplatten oder Kerzen oder aber die Gefahr von lokalen **Erfrierungen.**

Auch **Verletzungen durch spitze oder scharfe Gegenstände** werden nicht als schmerzhaft wahrgenommen. Gerade bei kleineren Verletzungen, die kaum bluten, fehlt wegen mangelndem Schmerz die Einsicht, dass diese möglicherweise behandelt werden müssen. Dadurch kommt es gehäuft zu Entzündungen und Eiterungen der Wunden.

Darüber hinaus hat ein beeinträchtigter Tastsinn nicht nur körperliche, sondern auch **psychische und soziale Folgen.** Da verschiedene Berührungsreize nicht voneinander unterschieden werden können, entstehen z. B.

- Missverständnisse mit anderen Menschen
- Unsicherheit, Ängste, evtl. Aggressionen
- Sozialer Rückzug und Isolation.

4.5.2 Pflegetherapeutische Maßnahmen

Einem beeinträchtigten Tastsinn liegen in der überwiegenden Zahl der Fälle körperliche Erkrankungen zu Grunde (☞ oben). Deshalb wird die Pflegetherapie parallel zur **medizinisch-ärztlichen Behandlung** durchgeführt.

Abb. 4.32: Berührungen von Nadeln oder Scherben werden von Menschen mit taktilen Wahrnehmungsstörungen nicht als unangenehm empfunden, was häufig zu Verletzungen führt. [J660]

Selbstpflegerische Ressourcen aktivieren

Information

Durch **Informationen,** z. B. über die Auswirkungen einer Erkrankung auf den Tastsinn, über die Wirkungen von Wärme und Kälte und über die Folgen taktiler Wahrnehmungsstörungen kann der Pflegebedürftige in die Lage versetzt werden, seine Situation aktiv zu gestalten und zu verbessern. Typisches Beispiel für erfolgreiche Information und Beratung sind z. B. die Diabetiker-Schulungen, bei denen Zuckerkranke eine eigenverantwortliche Lebensführung mit ihrer Erkrankung erlernen. Erfolgsfaktoren dafür sind die **Motivation** und die **kognitiven Fähigkeiten** des Betroffenen, d. h. das geistige Vermögen, die Ressourcen zu erfassen und zu nutzen. Psychiatrisch Erkrankte haben diese Möglichkeit nur sehr eingeschränkt.

Beratung und Information sind notwendig zu
- Verhaltensweisen zum Schutz vor Verletzungen
- Möglichkeiten zur Selbststimulation des Tastsinnes
- Erhaltung der selbstständigen Lebensführung.

Kompensation

Die taktile Wahrnehmungsstörung kann teilweise durch andere Sinne kompensiert werden, besonders durch den **Sehsinn** (☞ Abb. 4.33). So können z. B. spitze Gegenstände nicht gefühlt, aber mit den Augen wahrgenommen oder die Wassertemperatur von einem Thermometer abgelesen werden. Die **Kompensation** durch andere Sinnesorgane erfordert vom Betroffenen Aufmerksamkeit und geduldiges Üben, bis sie automatisch funktioniert und er sich auf diese Weise vor Verletzungen schützen kann.

☑ Technische Hilfsmittel können einen beeinträchtigten Tastsinn nicht ersetzen, aber die Kompensation durch andere Sinne unterstützen, z. B. eine Brille das Sehen.

Durchblutungsfördernde Maßnahmen

Durchblutungsfördernde Maßnahmen verbessern das Tastempfinden auch dann, wenn Durchblutungsstörungen nicht Ursache des beeinträchtigten Tastsinnes sind, z. B.:

- Kneipp-Anwendungen mit wechselweise warmem und kaltem Wasser
- Belebende Waschungen (☞ 10.5.2)
- Einreibungen mit Salben mit durchblutungsfördernden Inhaltsstoffen, z. B. Rosmarin
- Massagen, Fango-Packungen
- Mobilisation: Bewegung und Training fördern die Funktionsfähigkeit der Finger und des Tastsinns sowie die Durchblutung allgemein (☞ 6.3.2).

Vorsicht!
Durchblutungsfördernde Maßnahmen mit der ÄrztIn absprechen. So können z. B. Salben, die die Hautdurchblutung verbessern, bei chronischen Durchblutungsstörungen der Extremitäten kontraindiziert sein, weil das Blut verstärkt in die durch die Salbeninhaltsstoffe erweiterten Hautgefäße fließt. Dadurch wird das Blut den tiefer liegenden Blutgefäßen entzogen und die Durchblutung weiter verschlechtert.

Taktile Stimulation

Für eine **taktile Stimulation** können dem Pflegebedürftigen Gegenstände gereicht werden, die er ertastet. Dabei werden Erinnerungen wach gerufen, die es dem Pflegebedürftigen ermöglichen, das Ertastete mit im Gedächtnis vorhandenen Informationen abzugleichen, in bekannte Zusammenhänge einzuordnen und die Gegenstände zu erkennen. Dagegen können Gegenstände, die dem Pflegebedürftigen fremd sind, eher seine Rückzugstendenzen steigern.

Möglichkeiten der taktilen Stimulation sind z. B.:

- Basale Stimulation (☞ 4.11.2)
- Snoezelen (☞ 10.4.2)
- Stimulationsangebote, z. B. Tastübungen mit Kirschkernsäckchen oder Igelbällen, um das Berührungsempfinden zu trainieren.

Abb.4.33: Teilweise können taktile Einschränkungen durch das Training anderer Sinne ausgeglichen werden, z. B. können dampfende und brodelnde Speisen im Kochtopf signalisieren, dass der Topf sehr heiß ist. [O148]

Fallbeispiel
Der Tastsinn kann durch einfache Übungen trainiert werden, z. B. durch einen **Fühlkasten:**

- In mehrere leere Kartons mit Deckel jeweils faustgroße Löcher schneiden
- Öffnungen mit einem Tuch abdecken, so dass der Inhalt nicht gesehen werden kann
- In jede Schachtel einen anderen Gegenstand legen
- Pflegebedürftigen bitten, die Gegenstände mit der Hand zu betasten.

Ziel der Übung ist es, dass der Pflegebedürftige die Gegenstände durch Fühlen erkennt, ohne sie zu sehen.

Bei Halbseitengelähmten ist die Stimulation der taktilen Wahrnehmung der gelähmten Seite Bestandteil des Bobath-Konzeptes. Dabei werden alle Verrichtungen von der Seite des beeinträchtigten Körperteils her vorgenommen (☞ 6.3.2)
Bei der Körperpflege immer von wahrnehmungsgesunden zu wahrnehmungsbeeinträchtigten Körperteilen hin berühren, um die Wahrnehmungsgrenze zu „verschieben“ und die gesunden Areale auszudehnen. Dabei immer rauhe Materialien, z. B. Waschlappen und Handtücher, verwenden.

4.5.3 Exemplarische Pflegeplanung

Pflegediagnose mit Ursache (PD), Ressourcen (R), Gewohnheiten (G), Erfahrungen (E), aktuelle Bedürfnisse (AB)	**Pflegeziele**	**Pflegetherapie** Information (I), Beratung (B), Motivation (M), Anleitung (A), Beaufsichtigung (Bf), teilweise Übernahme (tÜ), vollständige Übernahme (vÜ)
PD: Beeinträchtigter Tastsinn aufgrund von Durchblutungsstörungen bei peripherer arterieller Verschlusskrankheit **R:** • Geistig klar • Motiviert, an der Verbesserung der Situation aktiv mitzuarbeiten • Ist kontaktfreudig **G:** Geht täglich nachmittags spazieren	Erleidet keine Verletzungen Äußert, dass er Tastreize besser wahrnimmt Ist über Ursachen und Behandlungsmöglichkeiten informiert und beteiligt sich aktiv an der Verbesserung der Situation	**A:** zu Kneipp-Anwendungen anleiten: täglich Extremitäten abwechselnd mit warmem und kaltem Wasser abduschen, letzter Guss kalt **tÜ:** täglich Hautpflege mit rückfettenden und durchblutungsfördernden Salben **M:** Zum täglichen Spaziergang mit der Zimmernachbarin oder Angehörigen motivieren **A:** Aufmerksamkeit anderer Sinne, v. a. des Sehsinnes, trainieren **vÜ:** Augenarzttermin vereinbaren, um Sehkraft zu überprüfen und ggf. zu korrigieren

Tab. 4.34: Beispiel einer Pflegeplanung bei beeinträchtigtem Tastsinn.

4.6 Halbseitige Vernachlässigung (Neglect)

Halbseitige Vernachlässigung (*Halbseitenunaufmerksamkeit, Neglect,* engl.: vernachlässigen, nicht beachten): Wahrnehmungsstörung der Reize einer Körperhälfte durch Schädigung einer Hirnhälfte bei intakten Sinnesorganen, wobei die Funktionseinbußen vom Betroffenen selbst nicht bemerkt und deshalb geleugnet werden (fehlende Krankheitseinsicht, *Anosognosie*).

Fallbeispiel

Oliver Sacks beschreibt in seinem Buch (☞ Literaturtipp) eine intelligente Frau, die sich nach einen Schlaganfall bei den Schwestern beschwerte, weil diese ihr keinen Nachtisch aufs Tablett gestellt hätten. Den Hinweis, er steht doch links von ihrem Teller, schien sie nicht zu verstehen. Wenn man ihr den Kopf sanft nach links drehte, so dass das Gewünschte in der intakten rechten Hälfte ihres Gesichtsfeldes erschien, sagte sie: „Ach da ist es ja, aber eben war es noch nicht da." Sie hatte den Begriff links vollständig verloren. Manchmal beklagte sie sich, dass ihre Portionen zu klein seien, weil sie nur von der rechten Hälfte des Tellers aß. Wenn sie ihr Gesicht schminkte, trug sie Lippenstift und Make-up nur auf die rechte Seite ihres Gesichts auf. Nicht erlernbar war für sie, ihren Teller so zu drehen, dass auch die andere Hälfte für sie sichtbar wurde. Sie löste das Problem, indem sie sich einen Rollstuhl besorgte, der sich um seine Achse drehte. Wenn sie jetzt etwas suchte, das eigentlich vorhanden sein müsste, fuhr sie nur um ihre eigene Achse herum, bis es im Blickfeld erschien.

Das Neglect-Phänomen tritt überwiegend bei Schädigung der rechten Hemisphäre auf. Weil die entsprechenden Nervenbahnen vom Gehirn zum Körper kreuzen, wird bei Schädigung der rechten Hirnhälfte die linke Körperhälfte vernachlässigt. Bei rund 40 % der Pflegebedürftigen mit Schädigung der rechten Hirnhemisphäre wird die linke Körperseite ignoriert. Dagegen tritt die Vernachlässigung der rechten Kör-

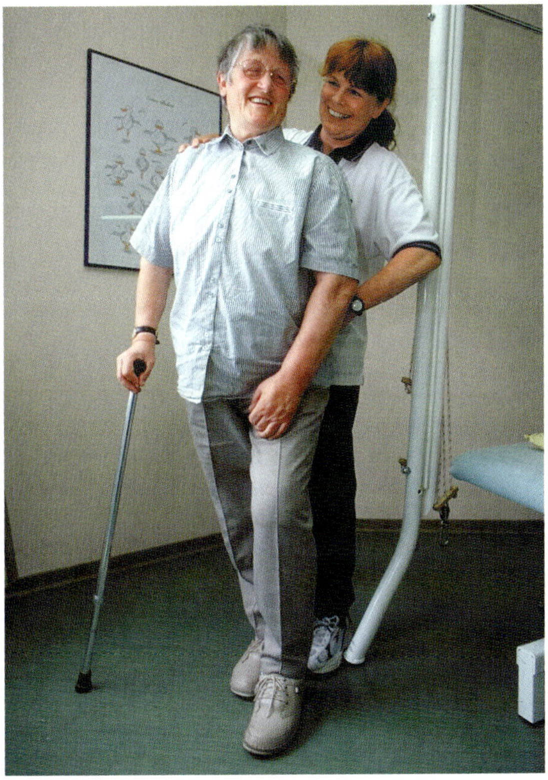

Abb. 4.35: Nach einem Schlaganfall kann es passieren, dass eine Körperhälfte vollständig vernachlässigt wird. Der Betroffene nimmt dann Reize auf dieser Seite nicht wahr und reagiert auch nicht darauf, obwohl keine motorischen Defizite und Störungen der Sinnesorgane vorliegen. Die Wahrnehmungsreize können im Gehirn nicht verarbeitet werden. [K157]

perhälfte nur bei ca. 5 % der Pflegebedürftigen mit Linkshirnschädigung auf.

Literaturtipp
Sacks, Oliver: Der Mann, der seine Frau mit einem Hut verwechselte. Rowohlt Taschenbuch Verlag, Reinbek 1990.

4.6.1 Pflegediagnostik

Ursachen

Am häufigsten tritt das Neglect-Phänomen in der Altenpflege bei alten Menschen nach einem **Schlaganfall** *(Apoplexie)* auf. Grundsätzlich können aber alle hirnorganischen Erkrankungen zu einer halbseitigen Vernachlässigung führen, wenn sie die entsprechenden Hirnregionen (Parietallappen) schädigen, z. B. Hirntumoren oder Schädel-Hirn-Traumen.

Anzeichen und Ausmaß

Es können die visuelle, akustische oder sensorische Wahrnehmung betroffen sein. Dabei funktionieren die Sinnesorgane weiter, gestört ist die Verarbeitung der Sinnesreize im Gehirn. Je nach Ausmaß der Ausfälle spricht man vom **mono- oder multimodalen** Neglect.

Visueller Neglect

- Ausrichtung von Augen und Kopf auf die intakte Seite, fehlende oder unzureichende Beachtung visueller Reize von der betroffenen Seite
- Unfähigkeit, Dinge und Personen, die sich auf der betroffenen Seite befinden, zu sehen
- Verzehren der Nahrung von nur einer Tellerhälfte, häufige Klagen über zu kleine Portionen (☞ Fallbeispiel)
- Vernachlässigung der betroffene Seite beim Lesen, Schreiben und Zeichnen, d.h. die eine Hälfte der Buchseite wird nicht wahrgenommen, das Blatt nur halb beschrieben, die Zeichnung nur halb angefertigt.

Akustischer Neglect

- Unfähigkeit, von der betroffenen Seite kommende Geräusche wahrzunehmen
- Fehlende Reaktion auf Ansprache
- Wahrnehmung herannahender Autos u.a. Geräusch- und Gefahrenquellen erst, wenn sie den akustischen Wahrnehmungsbereich der gesunden Seite erreichen.

Sensorischer Neglect

Der Pflegebedürftige kann die betroffene Seite nicht erkennen und wahrnehmen, deswegen aktiviert er diese nicht, z. B.

- Nur eine Körperseite wird gewaschen, gekämmt und rasiert
- Im Extremfall wird die Körperhälfte als Fremdkörper betrachtet und abgelehnt, was zu Äußerungen wie „Nehmen Sie bitte den Arm dort mit, Schwester, den hat hier jemand liegen lassen."

☑ Der Betroffene sieht z. B. den vernachlässigten Arm, kann aber keine Verbindung damit herstellen. Das Empfinden für Berührung, Schmerz, Temperatur und für die Lage des Körpers geht verloren.

Häufig ist die halbseitige Vernachlässigung mit einem **Pusher-Syndrom** (engl. *to push:* drücken, schieben) verbunden, bei dem sich die Körperachse des Betroffenen zur vernachlässigten Körperhälfte hin verschiebt, weshalb er mit der gesunden Seite in Richtung vernachlässigter Körperhälfte drückt.

Folgen

Da die Betroffenen ihre massiven Störungen selbst nicht als solche empfinden und ihre Fähigkeiten stark überschätzen, weil sie z. B. meinen, alles wahrzunehmen und jederzeit alleine aufstehen und laufen zu können, sind sie hochgradig **verletzungsgefährdet.**

Darüber hinaus sind Pflegebedürftige mit halbseitiger Vernachlässigung stark **dekubitus- und kontrakturgefährdet.**

Die **Folgeerscheinungen** betreffen auch psychische und soziale Bereiche:

- Körperbildstörung mit Beeinträchtigung des Ich-Gefühls und der Identität (☞ 13.4)
- Psychische Reaktionen wie Unsicherheit, Angst, Aggressionen
- Soziale Isolation durch „sonderbares" Verhalten.

4.6.2 Pflegetherapeutische Maßnahmen

Pflege nach dem Bobath-Konzept

Pflegebedürftige mit einer halbseitigen Vernachlässigung werden nach dem **Bobath-Konzept** gepflegt, das im Kap. 6.3.2 ausführlich erläutert wird.

Immer gleich verlaufende Handlungen erlauben es dem Betroffenen, diese neu zu erlernen und nach einiger Zeit auch selbst auszuführen. Die AltenpflegerIn kann unterstützen, indem sie

- Den Pflegebedürftigen auffordert und motiviert, die vernachlässigte Körperhälfte zu gebrauchen
- Bei jeder Handlung zuerst die betroffene Seite in den Arbeitsprozess einbezieht, z. B. beim Greifen einer Tasse.
- Die betroffene Hand führt, damit sich der Pflegebedürftige die richtigen Bewegungsabläufe einprägt

• Den Pflegebedürftigen ermuntert, alte Gewohnheiten und Beschäftigungen wieder aufzunehmen.

Vorsicht!
Frustrationen durch Überforderung vermeiden. Nur schrittweise in Absprache mit dem Betroffenen vorgehen. Es hat keinen Zweck, dem Pflegebedürftigen das Vorhandensein der vernachlässigten Körperseite beweisen zu wollen, das führt nur zu Unsicherheit und Verzweiflung, weil der Betroffene sie nicht wahrnehmen kann.

Körperorientierende Ganzkörperwaschung

Die **körperorientierende Ganzkörperwaschung** gehört zum Konzept der basalen Stimulation® nach Bienstein und Fröhlich (☞ 4.11.2). Grundprinzip der orientierenden Waschung ist es, von der gesunden Körperhälfte den Bezug zur wahrnehmungsbeeinträchtigten Körperseite herzustellen (☞ Abb. 4.36):

- Von der gesunden Seite über die Mittellinie hin zur beeinträchtigten Seite waschen
- Waschung mit Druck und einem rauhen Waschlappen durchführen, damit der Erkrankte den Vorgang besser spüren kann
- Waschung an der gesunden Hand beginnen und ohne Unterbrechung der Berührung über die kranke Seite bis hin zur wahrnehmungsschwachen Hand fortsetzen. Nach dem gleichen Prinzip Brust, Beine, Füße und Rücken waschen, zuletzt das Gesicht.

Zeitpunkt und Ausmaß der Waschungen auf die Bedürfnisse des Pflegebedürftigen abstimmen. Dabei Gewohnheiten der Körperpflege, soweit möglich, berücksichtigen.

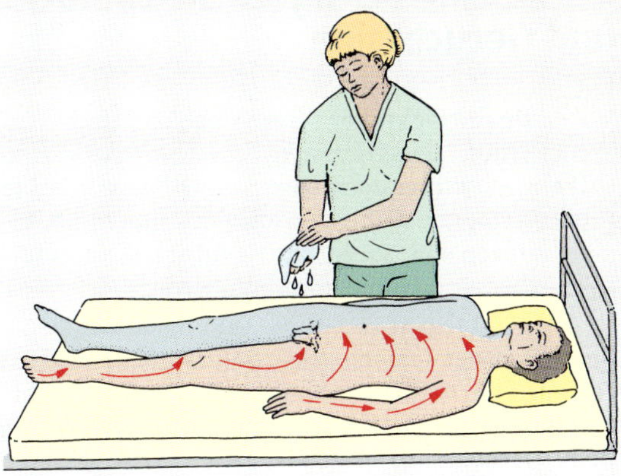

Abb. 4.36: Körperorientierende Waschung: Es wird von der gesunden zur kranken Seite hin gewaschen. [A300-157]

Verletzungen vermeiden und Prophylaxen durchführen

- Da die Betroffenen besonders verletzungsgefährdet sind, müssen Maßnahmen zur Vermeidung von Verletzungen und Stürzen durchgeführt werden (☞ 11.3.2)
- Vermeidung von Kontrakturen, ☞ 6.4.2
- Prophylaxe eines Dekubitus, ☞ 5.8.2.

Vorsicht!
Alle Gegenstände sollen so gelagert werden, dass der Pflegebedürftige sie nur über die betroffene Seite erreichen kann (☞ Gestaltung der Umgebung nach dem Bobath-Konzept im Kap. 6.3.2). Dabei ist eine Ausnahme zu beachten: Die **Klingel** muss auf der **gesunden Seite** angebracht werden, da der Pflegebedürftige sie im Notfall auf der kranken Seite weder vermuten noch finden würde.

4.6.3 Exemplarische Pflegeplanung

Pflegediagnose mit Ursache (PD), Ressourcen (R), Gewohnheiten (G), Erfahrungen (E), aktuelle Bedürfnisse (AB)	**Pflegeziele**	**Pflegetherapie** Information (I), Beratung (B), Motivation (M), Anleitung (A), Beaufsichtigung (Bf), teilweise Übernahme (tÜ), vollständige Übernahme (vÜ)
PD: Halbseitige Vernachlässigung der linken Körperseite (Neglect) aufgrund eines Apoplex **R:** • Rechte Körperhälfte ist funktionsfähig • Sinnesorgane sind nicht beeinträchtigt **G:** Pflegebedürftiger hat früher jeden Morgen die Zeitung gelesen	Nimmt linke Körperhälfte wahr Kann sich selbstständig versorgen Keine abnorme Bewegungs- und Haltungsmuster Keine Verletzungen und Folgeschäden wie Dekubitus oder Kontrakturen	**I:** Pflegebedürftigen und Angehörige über den Neglect und seine Behandlungsmöglichkeiten informieren **vÜ:** Zimmer entsprechend dem Bobath-Konzept gestalten **vÜ:** Pflege nach dem Bobath-Konzept siehe Standard **vÜ:** Physio- und Ergotherapie organisieren **vÜ:** 1x täglich körperorientierende Ganzkörperwaschung durchführen **tÜ:** Gemeinsam mit Pflegebedürftigen Zeitung lesen, Angehörige bitten, diese Aufgabe zu übernehmen

Tab. 4.37: Beispiel einer Pflegeplanung bei halbseitiger Vernachlässigung.

4.7 Beeinträchtigter Geschmacks- und Geruchssinn

Beeinträchtigter Geschmacks- und Geruchssinn *(gustatorische und olfaktorische Wahrnehmungsstörungen):* Eingeschränkte oder fehlende Fähigkeit, die vier Geschmacksrichtungen süß, sauer, bitter und salzig zu unterscheiden und Gerüche wahrzunehmen.

Störungen des Geschmacks- und Geruchssinns hängen eng miteinander zusammen. Beide Sinnesqualitäten werden über **Chemorezeptoren** aufgenommen. Beim **Geruchssinn** strömen die Geruchsstoffe mit der eingeatmeten Luft an den Riechsinneszellen im oberen Nasenbereich vorbei und lösen eine Erregung aus, die zum Gehirn geleitet und dort wahrgenommen wird. Die Chemorezeptoren liegen in den **Geschmacksknospen** der Zunge, der Mundschleimhaut, des Rachens und des Kehldeckels. Der menschliche Geschmacksinn kann die vier **Geschmacksrichtungen** süß, sauer, bitter und salzig unterscheiden (☞ Abb. 4.38). Dagegen können über den Geruchssinn etwa 4000 verschiedene Gerüche unterschieden werden.

☑ Geschmacks- und Geruchssinn hängen eng zusammen, sowohl räumlich als auch funktionell. Ohne funktionierenden Geruchssinn können Geschmacksstoffe kaum voneinander unterschieden werden. Diese Erfahrung hat jeder Mensch bereits bei einem Schnupfen gemacht. Durch die geschwollene Nasenschleimhaut ist neben dem Geruchssinn auch der Geschmack beeinträchtigt.

Funktionen des Geruchs- und Geschmackssinnes sind:

- Warn- und Schutzfunktion vor verdorbenen Lebensmitteln oder schädlichen Gasen, bedeutsam z. B. bei ausströmendem Stadtgas
- Bedeutung im zwischenmenschlichen Miteinander durch erst in jüngster Vergangenheit entdeckte Riechstoffe, die das Verhalten beeinflussen (Pheromone)
- Nahrungsmittelorientierung, Anregung der Verdauungsdrüsensekretion und des Appetits
- Teil der Lebensqualität, weil die Umwelt – dem einzelnen oft kaum bewusst – nicht nur über Augen und Ohren, sondern auch wesentlich über den Geruchssinn wahrgenommen wird
- Umweltorientierung, z. B. lässt sich der Speisesaal leicht finden, weil es dort nach Mittagessen riecht
- Starke Verknüpfung von Gerüchen mit Emotionen.

☑ Gerüche sind die stärksten Verbindungen zum Gedächtnis, die ein Mensch hat.

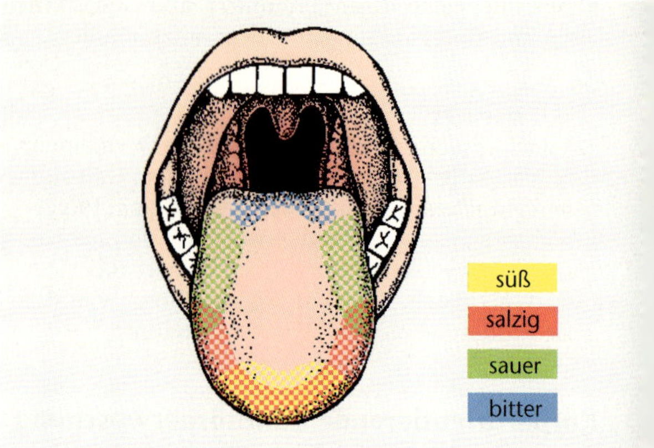

Abb. 4.38: Rezeptorverteilung für die vier Geschmacksrichtungen auf der Zunge. [A400-190]

4.7.1 Pflegediagnostik

Es wird vermutet, dass über die Hälfte der 60–80jährigen und mehr als zwei Drittel der über 80jährigen von Geruchs- und Geschmacksstörungen betroffen sind.

Ursachen und Einflussfaktoren

- Physiologische Altersveränderungen, z. B. verminderte Regenerationsfähigkeit der Riechzellen, verminderte Speichelproduktion
- Virusinfektionen
- Schädliche Umwelteinflüsse wie Stäube, z. B. Zement- oder Holzstaub, und Rauchen
- Erkrankungen, Verletzungen oder Tumoren im Nasen-Rachen-Raum oder im Bereich des Gehirns
- Nebenwirkungen von Medikamenten, z. B. einige Medikamente zur Behandlung eines Bluthochdruckes (ACE-Hemmer)
- Tracheostoma, weil die Luft nicht über die Nase eingeatmet wird
- Neurologische Erkrankungen, z. B. häufig bei Morbus Parkinson (mehr als die Hälfte haben Riechstörungen) oder bei Demenz
- Diabetes mellitus durch die verminderte Durchblutung der Nasenschleimhaut
- Auch ein schlechter Allgemeinzustand bei schweren Erkrankungen mit Bettlägerigkeit reduziert den Geruchs- und Geschmackssinn
- Vorübergehende Beeinträchtigungen durch Erkältung und grippale Infekte.

☑ Junge Menschen verkraften kurzzeitige schädigende Einflüsse meist ohne bleibende Schäden, weil sich die Riechschleimhaut regenerieren kann. Im Alter kumulieren schädigende Ursachen. Gleichzeitig können sich die geschädigten Zellen nicht mehr so leicht erneuern.

Anzeichen

- Starkes Nachwürzen von Speisen oder der Pflegebedürftige äußert, dass alles „gleich" schmeckt
- Verwenden starker Geruchsstoffe
- Nichtbemerken oder Verkennen von Geschmacks- und Geruchsreizen, z. B. von angebranntem Essen
- Appetitlosigkeit und Gewichtsabnahme, häufig aber auch Gewichtszunahme (☞ unten)
- Den Mahlzeiten wird keinerlei Bedeutung beigemessen, weil sie ohne Genuss gegessen werden. Es kommt nur auf das Sättigungsgefühl an, egal, mit welchen Nahrungsmitteln
- Lieblose Zubereitung von Mahlzeiten bei alten Menschen, die zu Hause leben und früher gerne gekocht haben
- Sozialer Rückzug und Isolation, weil ein Essen in geselliger Runde nicht genossen werden kann.

☑ Die vier Geschmacksqualitäten sind häufig in unterschiedlichem Ausmaß beeinträchtigt. Süßes können viele alte Menschen mit Geschmacksstörungen besser schmecken als Saures. Deshalb meiden viele Obst und Gemüse und bevorzugen **süße** und auch **fette Speisen** und werden übergewichtig.

Folgen

Folgen des beeinträchtigten Geruchs- und Geschmackssinnes können z. B. sein:

- Lebensmittelvergiftungen durch den Genuss verdorbener Speisen mit Übelkeit, Erbrechen und Durchfällen
- Gefahr von Gasvergiftungen durch Gasherde oder Gasheizungen, weil der Geruch des ausströmenden Gases nicht wahrgenommen wird
- Der fehlende Geschmacksreiz führt zu Appetitlosigkeit, unzureichender Nahrungsaufnahme und zu Mangel- und Unterernährung mit deren Folgeerkrankungen (☞ 7.6) oder aber durch die Bevorzugung süßer Speisen zu Übergewicht (☞ 7.5) und Obstipation (☞ 8.6)
- Eingeschränkte Lebensfreude und soziale Beeinträchtigungen
- Soziale Isolierung und Rückzug, besonders stark bei alten Menschen, bei denen noch andere Sinnesfunktionen beeinträchtigt sind.

☑ Aufgrund von Geschmacks- und Geruchsbeeinträchtigungen essen und trinken alte Menschen oft zu wenig, oder sie ernähren sich ungesund. Das ist besonders für Immungeschwächte, insulinpflichtige DiabetikerInnen und kachektische Pflegebedürftige gefährlich.

Abb. 4.39: Dauerhafter Appetitmangel beeinrächtigt die Lebensfreude und die Lebensqualität eines Menschen erheblich. [K157]

4.7.2 Pflegetherapeutische Maßnahmen

Selbstpflegerische Ressourcen aktivieren

Da meistens nicht alle vier Geschmacksrichtungen gleich stark betroffen sind, stehen bei Störungen des Geschmackssinnes **Kompensationsmöglichkeiten** zur Verfügung:

- Nach **Essenwünschen** fragen und **Mahlzeiten optisch ansprechend** gestalten, um auf diesem Wege den Appetit anzuregen, z. B.
  - Geschirr und Besteck nach dem Geschmack des Pflegebedürftigen, Besteck hübsch anordnen, Serviette bereit legen
  - Brötchen und Brot „mit Liebe" belegen und mit Gurken- oder Tomatenvierteln, Kresse, Petersilie u. ä. dekorieren
- Wenn keine orale oder feste Nahrung aufgenommen werden kann, können Geschmacks- und Geruchsempfindungen gefördert werden durch zeitweiliges Einbringen von **Geschmacksträgern** in den Mund des Betroffenen, z. B. Gummibärchen in einen Gazeschlauch einhängen
- Vorsicht bei der Vorliebe für süße Speisen. Hier können **Information und Beratung** helfen, dass der Pflegebedürftige den Konsum süßer Speisen einschränkt, weil er um die Ursachen seines süßen Appetits und die Folgen weiß. Bei den süßen Nahrungsmitteln süßes Obst und fettarme Süßigkeiten wie z. B. Gummibärchen bevorzugen
- **Fortbildungsmaßnahmen** wie z. B. Vorträge oder Kochkurse unterstützen und Pflegebedürftigen motivieren, daran teilzunehmen
- Schädliche Umwelteinflüsse auf die Nasenschleimhaut meiden, z. B. Raucher zur **Raucherentwöhnung** motivieren (☞ 5.3.2), evtl. **Grippeschutz-**

impfung anregen, um viralen Infektionen vorzubeugen

- Gründliche **Zahn- und Mundpflege** (☞ 9.3.2): Speisereste, die bakteriell zersetzt werden, beeinträchtigen die Wahrnehmungsfunktion der Geschmacksrezeptoren.

☑ Auch Flüssignahrung (Zusatzkost) sollte immer angenehm und nicht neutral schmecken.

Training des Geschmacks- und Geruchssinns

Ein **Training** des Geschmacks- und Geruchssinnes kann mit Hilfe verschiedener ausgewählter, bewusst dosierter und wahrgenommener Reize durchgeführt werden. Zur besseren Identifizierung sollte jeweils nur eine Reizquelle, d.h. keine Geschmacks- oder Geruchsmischungen aus mehreren Komponenten gleichzeitig verwendet werden. Auch individuelle Vorlieben und Abneigungen des Pflegebedürftigen sind zu berücksichtigen.

Als **Reizquellen** sind beispielsweise geeignet:

- Lebensmittel in rohem und verarbeiteten Zustand
- Duftstoffe z. B. in Parfums, Cremes
- Verwendung von Stoffen unterschiedlicher Konsistenz (flüssige, breiige, feste Stoffe) zur Identifizierung (☞ unten bei „Basale Stimulation®")
- Aromatherapie (☞ 4.11.2)
- Snoezelen (☞ 10.4.2).

Beachten:

- Eine Stimulation des Geruchs- und Geschmackssinns nicht vornehmen, wenn der Pflegebedürftige müde und erschöpft ist
- Nie mehr als zwei bis drei Geruchsstoffe nacheinander reichen, da sie sonst nicht mehr wahrgenommen werden können
- Niemals gewaltsam in den Mund eindringen.

Orale Wahrnehmung durch Basale Stimulation® steigern

Voraussetzung für eine **orale Stimulation** ist eine **intakte Mundhöhle,** da Saures bei entzündetem Zahnfleisch und Schleimhautläsionen schmerzt. Zusätzlich ist es wichtig, dass **keine nasale Sonde** liegt, da bei einer nasalen Sonde der Rachen möglichst wenig wahrnehmen soll, um keinen Brechreiz auszulösen. Wenn gleichzeitig stimuliert wird, ist dies ein Widerspruch. Aus diesem Grund darf bei alten Menschen mit Sonden nur das Riechzentrum bzw. der vordere Mundbereich stimuliert werden. Das Riechzentrum lässt sich z. B. durch Düfte, beispielsweise die eigene Seife, bei der Körperpflege stimulieren.

Abb. 4.40: Eine optisch ansprechende Gestaltung der Mahlzeit kann den beeinträchtigten Appetit anregen. [J660]

Günstig ist es, die orale Stimulation mit der Mundpflege zu verbinden.

Vorbereitung

- **Pflegebedürftiger:** Bei alten Menschen mit z. B. einer Kehldeckellähmung und Schluckstörungen (☞ 7.7) den Oberkörper hochlagern. Sollte dieses nicht möglich sein Seitenlagerung durchführen, um zu verhindern, dass Flüssigkeit in den Rachen läuft. Vor der Stimulation den Mund reinigen, z. B. Borken entfernen, so dass der Mund wahrnehmungsfähig wird
- **AltenpflegerIn:** Einmalhandschuhe bzw. einen Fingerling anziehen
- **Material**
  - Mundpflegematerialien (☞ 9.3.2)
  - Geschmacksstoffe: alle positiven und gewohnten Geschmacksrichtungen, die den alten Menschen neugierig machen, z. B. Butter, Maggi, Gummibärchen, Kaffee, Schokolade, Kakao. Die „Mundpflegemittel" in eine angefeuchtete Kompresse geben.

Durchführung

Es gelingt häufig, den Mund zu öffnen, indem man die Lippen mit einer angenehmen Flüssigkeit bestreicht. Kompresse mit dem Geschmacksstoff vor den Mund halten. Unter Umständen beginnt dann der Pflegebedürftige, an der Kompresse zu saugen, so dass die Mundpflege durchgeführt werden kann.

Weitere Möglichkeiten der oralen Stimulation, die allerdings **nicht bei Aspirationsgefahr** (☞ 5.4) durchgeführt werden dürfen, sind:

- 5–6 trockene Erbsen oder etwas Reis in einer doppellagigen Kompresse in den Mund legen. Pflegebedürftiger soll die Formen mit der Zunge ertasten

- Einen Paprikachip in die Wangentasche legen, um die Zungenaktivität zu steigern. Die Zunge sucht und fühlt, was sich in der Wangentasche befindet
- Kombination von Geruch und Geschmack, z. B. löst Kaffee bei vielen alten Menschen Interesse aus.

Zunge als Temperaturfühler

Da die **Zunge** auch eines der „Fühler" für die Temperatur von Speisen ist, müssen bei Beeinträchtigungen geeignete Ausgleichsmaßnahmen ergriffen werden, um Verbrennungen und Verbrühungen der Speiseröhre zu vermeiden:

- Mit dem Tastsinn kompensieren, d.h. mit der Fingerspitze die Temperatur prüfen
- Auf aufsteigende (Hitze-) Dämpfe achten
- Thermometer für Speisen
- Schauen, ob evtl. MitbewohnerInnen ihr (gleich temperiertes) Essen begonnen haben
- Grundsätzlich mit dem Beginn des Essens zwei Minuten warten.

4.7.3 Exemplarische Pflegeplanung

Pflegediagnose mit Ursache (PD), Ressourcen (R), Gewohnheiten (G), Erfahrungen (E), aktuelle Bedürfnisse (AB)	**Pflegeziele**	**Pflegetherapie** Information (I), Beratung (B), Motivation (M), Anleitung (A), Beaufsichtigung (Bf), teilweise Übernahme (tÜ), vollständige Übernahme (vÜ)
PD: Beeinträchtigter Geschmacks- und Geruchssinn aufgrund alters-physiologischer Veränderungen **R:** • Positive Lebenseinstellung • Geistig klar • Hat früher gerne in geselliger Runde gegessen und dafür mehrgängige Menüs zubereitet • Normales Körpergewicht **G:** • Raucht täglich 1 Schachtel Zigaretten • Ißt gerne Pudding	Hat Appetit und ernährt sich gesund Nimmt weder an Gewicht zu noch ab Fühlt sich wohl und nimmt an Geselligkeiten teil	**I:** Über Ursachen und Folgen des beeinträchtigten Geruchs- und Geschmackssinnes informieren **B:** Über Auswahl gesunder und trotzdem schmeckender Nahrungsmittel beraten. Essensvorlieben erfragen und Wünsche erfüllen. Nach Alternativen suchen, z. B. statt Pudding Fruchtjoghurt **vÜ:** Mahlzeiten nett dekorieren und appetitlich anrichten **A:** Zu Übungen, die den Geschmacks- und Geruchssinn anregen, anleiten **M:** Zur Teilnahme an hauswirtschaftlichen Beschäftigungsangeboten wie Kochen und Backen motivieren (☞ 12.3.2) **M, B, I:** Über Folgen des Rauchens informieren und über Raucherentwöhnung beraten und dazu motivieren (☞ 5.3.2)

Tab. 4.41: Beispiel einer Pflegeplanung bei beeinträchtigtem Geschmacks- und Geruchssinn.

4.8 Akute und chronische Schmerzen

Schmerz: Im physiologischen Sinne Sinneswahrnehmung von Verletzungen und Funktionsstörungen des Körpers und im psychischen Sinne unangenehmes bis qualvolles Ereignis, das subjektiv von jedem Menschen anders empfunden und bewertet wird, wobei individuelle Erfahrungen, biografische Hintergründe und soziale und kulturelle Einflüsse eine wichtige Rolle für das Schmerzerleben spielen.

Schmerzen entstehen bei Reizung der in der gesamten Hautfläche, aber auch im Inneren des Körpers liegenden **Schmerzrezeptoren** *(Nozizeptoren)*. Schmerzrezeptoren sind Chemorezeptoren. Sie reagieren auf chemische Stoffe, die bei Gewebezerstörung oder bei verändertem Gewebestoffwechsel, z. B. bei Entzündungen, entstehen. Die Schmerzsignale werden von den Rezeptoren über Nervenbahnen an das Rückenmark und von dort an das Gehirn weitergeleitet. Erst jetzt wird der Schmerz bewusst wahrgenommen, wenn er nicht durch hemmende Mechanismen, z. B. in akuten Gefahrensituationen, in denen es ums Überleben geht, blockiert wird (☞ Abb. 4.42).

☑ Wie kaum eine andere Sinneswahrnehmung wird das Schmerzempfinden durch die **Psyche** beeinflusst. So kann z. B. Angst Schmerzen erheblich verstärken, während Freude und Entspannung den Schmerz dämpfen.

Akute Schmerzen können durch fast alle Erkrankungen ausgelöst werden. Sie verschwinden entweder nach Abklingen der Ursache von alleine oder werden durch ärztliche Behandlungsmaßnahmen, z. B. durch Medikamente, gedämpft, bis die schmerzauslösende Erkrankung oder Verletzung z. B. durch eine Operation oder andere Therapiemaßnahmen beseitigt ist.

☑ Akute Schmerzen sind keine Krankheit, sondern Symptom einer Störung des Körpers und haben damit eine wichtige **Warnfunktion.**

Als **chronische Schmerzen** werden solche bezeichnet, die über einen Zeitraum von mehr als 6 Monaten häufig oder ständig auftreten. Sie beeinträchtigen die Lebensqualität der Betroffenen stark. In Deutschland leiden etwa 10 Millionen Menschen an chronischen Schmerzen.

Die Gefahr von länger anhaltenden Schmerzen besteht darin, dass sich das Schmerzgeschehen von der Schmerz auslösenden Ursache abkoppelt und ein „Eigenleben" führt, also zu einem **eigenständigen Krankheitsbild** wird. Die körperlichen Ursachen für die Schmerzen sind dann längst abgeklungen oder nur gering ausgeprägt, so dass sie die andauernden Schmerzen nicht erklären. Dieses Phänomen lässt sich mit neurologischen Messmethoden nachweisen.

☑ Viele ältere Menschen sind stolz darauf, dass sie nicht gleich bei jeder Kleinigkeit Medikamente einnehmen. Das ist prinzipiell auch nicht falsch. Bei starken Schmerzen sollte jedoch schnellstmöglich eine wirksame Behandlung eingeleitet werden, damit sich der Schmerz nicht verselbstständigt und chronisch wird.

4.8.1 Pflegediagnostik

Ursachen und Einflussfaktoren

Die Ursachen von **akuten Schmerzen** sind so zahlreich, dass sie nicht alle genannt werden können. Sie reichen von Zahnschmerzen und Kopfschmerzen über Blinddarmentzündung und Koliken bis hin zu Verletzungen. Grundsätzlich können fast alle Erkrankungen und Verletzungen Schmerzen auslösen. Darüber hinaus entstehen Schmerzen auch bei medizinischer Diagnostik und Therapie, z. B. nach Operationen.

☑ Sehr alte Menschen haben häufig ein verringertes Schmerzempfinden. Das kann gefährlich sein, weil eine wichtige Warnfunktion „entschärft" wird. Während z. B. bei Kindern eine akute Blinddarmentzündung mit stärksten Schmerzen einhergeht und den Arztbesuch erzwingt, geben alte Menschen bei dem gleichen akuten Krankheitsbild nur „etwas Bauchschmerzen" an.

Zu den häufigsten Verursachern **chronischer Schmerzen** gehören:

- Kopfschmerzen, z. B. Migräne oder Spannungskopfschmerz
- Neuralgien (Nervenschmerzen), z. B. die Trigeminusneuralgie (Gesichtsnervenschmerzen) oder Polyneuropathien, z. B. bei Diabetikern
- Phantomschmerz nach Amputation
- Psychische oder psychosomatische Ursachen wie Dauerstress, Überforderung, ungelöste Konflikte
- Rückenschmerzen, z. B. bei Bandscheibenerkrankungen
- Gelenkverschleiß (Arthrose) oder entzündliche Gelenkerkrankungen (chronische Polyarthritis, Gicht)
- Krebserkrankungen (Tumorschmerzen)
- Herpes zoster (Gürtelrose).

Anzeichen und Ausmaß

Schmerzen können verbal oder nonverbal geäußert werden. Sagt ein Pflegebedürftiger, dass er Schmerzen hat oder fragt nach Schmerzmedikamenten, kann eine Behandlung schnell eingeleitet werden. Schwieriger ist das bei Pflegebedürftigen, die verwirrt sind oder Sprachprobleme haben. Dann ist es besonders wichtig, auf nonverbale Anzeichen sowie Schmerzäußerungen wie Stöhnen, Schreien oder Weinen zu achten:

- **Körperliche Anzeichen**
  - Sichtbare Gewebeschäden, z. B. Verletzungen oder Entzündungen, bei Entzündungen auch Temperaturerhöhung
  - Schmerzverzerrtes Gesicht
  - Schonhaltung der betroffenen Körperpartie
  - Verkrampfte Körperhaltung
  - Veränderte Bewegungsabläufe
  - Vegetative Reaktionen bei starken Schmerzen wie Schwitzen, Erhöhung von Blutdruck und Pulsfrequenz, erweiterte Pupillen, erhöhte Atemfrequenz und flache Atmung
  - Appetitlosigkeit, evtl. Übelkeit und Erbrechen, Gewichtsabnahme bis zur Kachexie
- **Psychische Anzeichen**
  - Angst, Verzweiflung, Depressionen
  - Schlafprobleme
  - Unruhe, Reizbarkeit, Konzentrationsstörungen
  - Ungewöhnliche Aggressivität
  - Verwirrtheit
- **Soziale Anzeichen**
  - Starker Rückzug auf sich selbst
  - Interessenverlust an der Umgebung

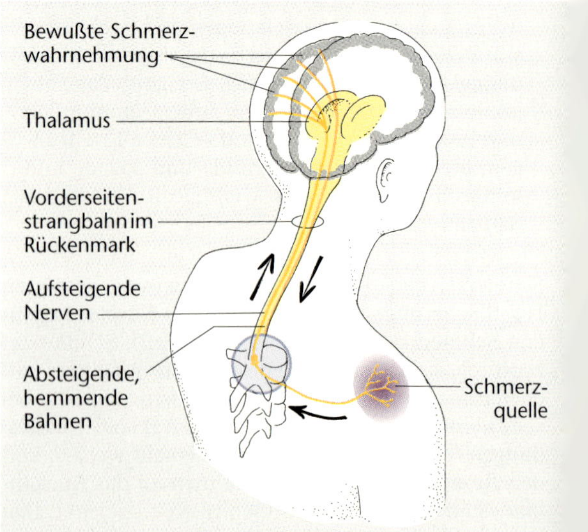

Abb. 4.42: Vom Ort seiner Entstehung wird der Schmerzreiz über das Rückenmark zum Gehirn geleitet. Erst, wenn er dort angekommen ist, wird er bewusst wahrgenommen. [A400-190]

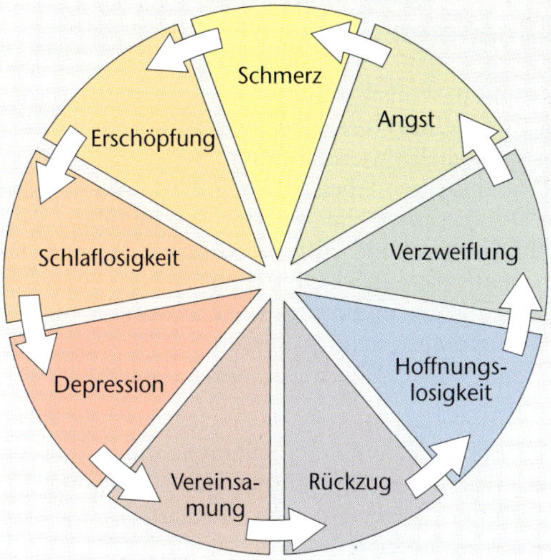

Abb. 4.43: Chronische Schmerzen setzen eine Reihe psychischer, körperlicher und sozialer Störungen in Gang, die den Schmerz weiter verstärken. Ohne Hilfe können die Betroffenen diese Schmerzspirale kaum unterbrechen. [V227]

- Veränderte Wahrnehmung der Zeit
- Teilnahmslosigkeit.

Vorsicht!
Bei Schmerzanzeichen immer ÄrztIn informieren.

Folgen

Schmerzen beeinträchtigen alle Lebensbereiche eines Menschen. Chronische Schmerzen führen zu:

- Persönlichkeitsveränderungen
- Verhaltensänderungen, z. B. Passivität, Apathie, Aggressionen
- Sozialem Rückzug und Isolation
- Eingeschränkter Mobilität bis hin zum Immobilisationssyndrom (☞ 6.4) mit den entsprechenden Folgen, z. B. erhöhte Thrombose-, Pneumonie-, Kontraktur- und Dekubitusgefahr.

Können lang anhaltende Schmerzen nicht unterbrochen werden, entsteht eine Spirale, die den Schmerz weiter verstärkt (☞ Abb. 4.43).

Andauernder Schmerz zermürbt den Menschen und kann zur Suizidgefahr (☞ 11.8) werden.

☑ Folge und Ursache von Schmerzen sind nicht immer deutlich zu trennen, z. B. kann Immobilität zu Gewebeveränderungen und dadurch zu Schmerzen führen. Andererseits können Schmerzen auch Ursache von Immobilität sein.

Schmerzanamnese

Da sich Schmerzen nicht objektiv messen lassen wie z. B. die Körpertemperatur oder der Blutdruck, gibt ein Gespräch mit dem alten Menschen über Art, Umfang und Qualität des Schmerzes, die sog. **Schmerzanamnese,** Hinweise auf die Ursache und Behandlungsmöglichkeiten. Gleichzeitig liefern die erhobenen Sachverhalte wichtige diagnostische Anhaltspunkte und therapeutische Ansätze für die ÄrztIn. Gefragt wird:

- **Wo** treten Schmerzen auf? (Schmerzlokalisation): z. B. in einem eng begrenzten Bereich oder diffus, eher oberflächlich oder in der Tiefe, lokal begrenzt oder ausstrahlend
- **Wie stark** sind die Schmerzen? (Schmerzintensität): Pflegebedürftigen bitten, anhand einer Skala von 0 (keine Schmerzen) bis 100 (unerträgliche Schmerzen) einzuschätzen, wie stark die Schmerzen sind. Es gibt verschiedene Skalen, z. B. Einteilung von 0–10, oder für Verwirrte anhand von Smileys (☞ Abb. 4.44)
- **Wie** sind die Schmerzen? (Schmerzqualität): z. B. stechend, schneidend, reißend, ziehend, drückend, klopfend, hämmernd, brennend, krampfartig, wellenförmig, kolikartig
- **Wann** und **wie lange** treten die Schmerzen auf? (Schmerzverlauf): z. B. morgens, abends, in Ruhe, bei körperlicher Anstrengung, nach dem Essen; er dauert nur wenige Minuten oder mehrere Stunden, geht über mehrere Tage kontinuierlich oder mit Unterbrechungen
- Gibt es **Schmerzauslöser** wie z. B. kalte Witterung, psychische Belastungen, bestimmte Haltungen und Lagerungen?

Abb. 4.44: Die Schmerz-Smileys-Skala (nach Wong/Baker) erlaubt auch kognitiv oder sprecheingeschränkten Menschen die Darstellung ihres momentanen Schmerzempfindens. [A400-190]

Schmerztagebuch **1. Woche**

Datum		1. Tag ▶	28.08.99			
			morgens	mittags	abends	nachts
Uhrzeit		◷	8.00	12.30	20.00	23.20
Medikamenteneinnahme						
Präparat	Dosierung					
Schmerzmittel	2X1 Tabl.	Anz.	1		1	
Abführmittle	3x2 Eßl.	Anz.	2	2	2	
Herzmittel	3x20 Tro.	Anz.	20	20	20	
		Anz.				
Schmerzstärke		▶	2	2	3	1
Sonstiges Befinden an diesem Tage		Stuhlgang	Schlaf	Wohlbefinden		
Bemerkungen		▶	Kann wieder schlafen			

Abb. 4.45: Beispiel aus einem Schmerztagebuch. [U223]

Während der Schmerzanamnese sollte auch nach persönlichen **Erfahrungen** mit dem Schmerz gefragt werden, z. B. welche Maßnahmen bisher immer Linderung verschafften oder ob der alte Mensch lieber alleine sein möchte, wenn er starke Schmerzen hat, oder eher in Gesellschaft, die ihn ablenkt.

Darüber hinaus ist es wichtig, durch Befragung oder auch Beobachtung zu erfahren,

- Welche Lebensaktivitäten durch den Schmerz eingeschränkt werden
- Ob der Betroffene evtl. Vorteile wie mehr Zuwendung durch Angehörige und Pflegepersonal durch seine Schmerzen hat
- Wie die verabreichten Medikamente wirken
- Welche eigenen Ressourcen der alte Mensch einbringen kann.

Schmerzprotokoll und Schmerztagebuch

Bei chronischen Schmerzen ist es sinnvoll, dass der alte Mensch ein **Schmerzprotokoll** (☞ auch Abb. 13.64) oder **Schmerztagebuch** (☞ Abb. 4.45) führt. Es ist ein Mittel der Pflegediagnostik und Grundlage der Erstellung und Kontrolle einer effektiven Schmerzbehandlung. Es

- Schult die Selbstwahrnehmung
- Deckt Zusammenhänge zwischen Verhaltensweisen oder äußeren Einflüssen und Schmerz auf
- Zeigt die Wirkung der Medikamente auf.

Der alte Mensch soll mehrmals täglich die Intensität seiner Schmerzen aufschreiben, dazu die eingenommenen Medikamente und ihre Wirkung und Begleitumstände wie psychisches Befinden, Schlaf, Belastungen und selbst angewendete Maßnahmen zur Linderung der Schmerzen.

4.8.2 Pflegetherapeutische Maßnahmen

Die wirkungsvollste Schmerztherapie ist die Beseitigung der Schmerzursache. Dies ist allerdings nicht immer möglich. Muss ein alter Mensch mit chronischen Schmerzen leben, dann sind die Maßnahmen aller Professionen im **multiprofessionellen Team** darauf auszurichten, **Hilfe zur Selbsthilfe** zu leisten. Nur wenn alle „an einem Strang ziehen", kann der Pflegebedürftige in die Lage versetzt werden, alle ihm zur Verfügung stehenden Ressourcen für eine selbstbestimmte Lebensführung zu nutzen.

☑ Eine effiziente Schmerzbehandlung erfordert Teamarbeit von Pflegekräften, PhysiotherapeutInnen, Allgemein- und FachärztInnen sowie PsychologInnen.

Eigenes Schmerzmanagement des alten Menschen unterstützen

Als eigenes **Schmerzmanagement** (engl.: *pain self-management*) wird die Fähigkeit eines Menschen bezeichnet, alle Ressourcen zur Bewältigung des Schmerzes selbstständig einzusetzen. Dabei kann die Pflegekraft den alten Menschen unterstützen:

- Angenehme Atmosphäre schaffen, z. B. durch Raumgestaltung und Musik nach Wünschen des Pflegebedürftigen
- Gefühl von Sicherheit und Geborgenheit vermitteln und auf Wünsche und Bedürfnisse eingehen
- Gesprächsbereitschaft über Ängste, Probleme und über den Schmerz, seine Ursachen und Möglichkeiten der Behandlung signalisieren
- Zur (Wieder-)Aufnahme von Hobbys motivieren
- Beruhigende Waschungen und Einreibungen (☞ 10.4.2) durchführen
- Je nach Ursache druckentlastende Lagerung durchführen, z. B. Tief- oder Weichlagerung.
- Alternative Pflegemethoden wie z. B. Aromatherapie (☞ 4.11.2) einsetzen, wenn sie vom Pflegebedürftigen gewünscht und als hilfreich empfunden werden
- Über die Möglichkeiten von Naturheilmitteln und Akupunktur als ergänzende Schmerzbehandlung beraten
- Entspannungsübungen wie Autogenes Training, Yoga, Feldenkrais, Tai Chi, Qigong, Meditation, Muskelentspannung nach Jacobsen und Atemübungen empfehlen, Kurse vermitteln oder bei ausreichenden eigenen Fachkenntnissen Pflegebedürftigen dazu anleiten (☞ auch 10.4.2).

Alle Maßnahmen, die das körperliche, psychische und soziale Wohlbefinden des schmerzleidenden Menschen steigern, dienen gleichzeitig der Schmerzlinderung. Dabei reicht es nicht aus, *nur* das körperliche, *nur* das seelische oder *nur* das soziale Wohl zu fördern. Erst die Kombination vieler verschiedener Maßnahmen entspricht der Ganzheit des Menschen und ist ein Erfolg versprechender Weg. Dabei entscheidet der Pflegebedürftige, welche Maßnahmen er anwenden möchte oder welche ihm wenig helfen.

Vorsicht!

Zuwendung ist wichtiger Bestandteil der Schmerzbehandlung. Aber Vorsicht: Zu viel Zuwendung von Pflegenden und Angehörigen, die den Betroffenen in die Passivität drängt, trägt zur Chronifizierung von Schmerzen bei. Besser ist es, wenn der alte Mensch in einem Klima emotionaler Geborgenheit seine Schmerzen aktiv mit von ihm selbst gewählten und angewendeten Maßnahmen beeinflusst.

Medikamentöse Schmerzbehandlung

Die Verordnung von Schmerzmedikamenten ist eine ärztliche, die korrekte Durchführung eine pflegerische Aufgabe.

Schmerzmedikamente *(Analgetika)* greifen in die Schmerzentstehung oder in die Schmerzwahrnehmung ein.

Es werden Nicht-Opioid-Analgetika und Opioid-Analgetika unterschieden:

- **Nicht-Opioid-Analgetika** sind schwach bis mittelstark wirksame Analgetika, die in der Körperperipherie wirken und oft gleichzeitig eine fiebersenkende (antipyretische) und entzündungshemmende (antiphlogistische) Wirkung haben. Beispiele sind Azetylsalizylsäure (ASS, z. B. Aspirin®), Paracetamol (z. B. ben-u-ron®), Metamizol (z. B. Novalgin®), Diclofenac (z. B. Voltaren®)
- **Opioid-Analgetika** sind stark wirksame Analgetika, die zentral im ZNS wirken. Ihre Verschreibung unterliegt dem Betäubungsmittelgesetz. Beispiel für ein schwach wirksames Opioid-Analgetikum ist Tramadol (z. B. Tramal®), für ein stark wirksames Opioid-Analgetikum Morphin (z. B. MST®, Sevredol®).

Die Suchtgefahr durch Opioid-Analgetika ist lange Zeit überschätzt worden. Das hat dazu geführt, dass viel Schmerzpatienten unzureichend mit diesen stark wirksamen Schmerzmitteln versorgt wurden.

Für die Schmerztherapie hat sich das **3-Stufen-Schema der WHO,** das in erster Linie für die Schmerzbehandlung von krebskranken Menschen entwickelt wurde, bewährt:

- **1. Stufe:** Nicht-Opioid-Analgetika
- **2. Stufe:** zusätzlich zum Nicht-Opioid-Analgetikum schwach wirksame Opioid-Analgetika
- **3. Stufe:** zusätzlich zum Nicht-Opioid-Analgetikum stark wirksame Opioid-Analgetika.

Um eine optimale Wirkung mit möglichst wenig unerwünschten Nebenwirkungen zu erreichen, werden zusätzlich z. B. Psychopharmaka wie Antidepressiva oder Neuroleptika verordnet. Sie wirken gegen psychische Schmerzverstärker wie z. B. Angst und bekämpfen auf diese Weise den Schmerz.

Oft sind wegen der Nebenwirkungen von Schmerzmitteln **Begleitmedikamente** notwendig, z. B.

- Medikamente gegen die durch Opioide ausgelöste Übelkeit (Antiemetika)
- Medikamente gegen eine durch Opioide ausgelöste Obstipation (Laxantien).

Für die Therapie chronischer Schmerzen ist es wichtig, die Medikamente **nicht nach Bedarf** zu nehmen, also wenn die Wirkung der letzten Tablette nachlässt und sich erneut Schmerzen einstellen, sondern kontinuierlich in einem **festen Rhythmus.** Dadurch lassen sich Schmerzspitzen vermeiden und der Medikamentenbedarf verringern.

Physikalische Maßnahmen

Je nach Ursache und Art der Schmerzen können verschiedene Methoden zum Einsatz kommen, z. B.:

- **Wärmeanwendung** bei chronischen Schmerzen, wenn die Muskulatur beteiligt ist, z. B. Verspannungen und Muskelschmerzen: Bäder, Wickel, Packungen und Umschläge haben bei großflächiger Anwendung eine intensive Wirkung, belasten jedoch Herz und Kreislauf
- **Kälteanwendung** bei akutem Schmerz, z. B. Entzündungen, Prellungen und Verstauchungen: Eiswickel oder gekühlten Gelbeutel großflächig auf die betroffenen Stellen legen, Pflegebedürftigen beobachten
- **Transkutane elektrische Nevenstimulation** *(TENS):* Bei dieser Methode überlagern Stromreize die Schmerzen und unterbrechen die Weiterleitung der Schmerzreize zum Gehirn
- **Krankengymnastik** zur Kräftigung der Muskulatur und zum Einüben richtiger Bewegungsmuster
- **Massagen** fördern die Durchblutung und den Abtransport von schmerzverursachenden Stoffwechselprodukten und lockern verkrampfte Muskulatur.

☑ Ambulante und stationäre Schmerztherapien werden von Schmerzpraxen, -ambulanzen und -kliniken durchgeführt.
Adressen von SchmerztherapeutInnen und Selbsthilfegruppen vermittelt die Deutsche Schmerzliga e.V., Hainstr. 2, 61476 Kronberg/Ts., Tel.: 069/299 880 88.

Literaturtipp
Über die Deutsche Schmerzliga e.V. kann das Buch „Gemeinsam gegen den Schmerz" bezogen werden
Carstensen, Friedmar: Therapie chronischer Schmerzen bei alten Menschen. Kuratorium Deutsche Altershilfe (Herausgeber), Köln 1999

4.8.3 Exemplarische Pflegeplanung

Pflegediagnose mit Ursache (PD), Ressourcen (R), Gewohnheiten (G), Erfahrungen (E), aktuelle Bedürfnisse (AB)	**Pflegeziele**	**Pflegetherapie** Information (I), Beratung (B), Motivation (M), Anleitung (A), Beaufsichtigung (Bf), teilweise Übernahme (tÜ), vollständige Übernahme (vÜ)
PD: Chronische Schmerzen aufgrund eines fortgeschrittenen Mamma-Karzinoms **R:** • Ist früher sehr kontaktfreudig gewesen • Tochter kümmert sich und kommt täglich zu Besuch **G:** Ging früher regelmäßig wandern und bis vor kurzem immer mit einer anderen Bewohnerin in den Speisesaal **E:** Ist gegenüber alternativen Pflegemethoden aufgeschlossen, hat sie selbst früher bei ihren Kindern angewandt und ist von deren Wirksamkeit überzeugt **AB:** Möchte sich bei starken Schmerzen zurückziehen können	Äußert, dass die Schmerzen erträglich sind Nimmt am gesellschaftlichen Leben der Einrichtung teil und hat befriedigende Sozialkontakte Kennt schmerzlindernde Maßnahmen und wendet sie selbstständig an	**B, M:** Über die Wirkung von Schmerzmedikamenten informieren und zur regelmäßigen Einnahme nach Arztanordnung motivieren **A:** Tochter in die Pflege einbeziehen und anleiten **vÜ:** Gespräche über Ängste in Bezug auf Schmerzen, Krankheit, Sterben und Tod, wenn gewünscht **A:** Zu aktiven Bewegungsübungen anleiten, PhysiotherapeutIn hinzuziehen **M:** Zur Teilnahme an hauseigenen Tanzveranstaltungen motivieren **Bf:** Täglich 10-minütiger Spaziergang in Begleitung eines Angehörigen oder einer Pflegekraft, außerdem zum Mittagessen in den Speisesaal abholen **A:** Anleitung zu Entspannungsübungen (☞ 10.4.2) **vÜ:** Bei starken Schmerzen Rückzug ermöglichen, Essen auf das Zimmer bringen, je nach Wünschen leise Musik, Aromalampe. Bei Bettlägerigkeit Prophylaxen durchführen und Unterstützung nach Bedarf **vÜ:** Zur Nacht warme Milch mit Honig, Baldriantropfen bereitstellen

Tab. 4.46: Beispiel einer Pflegeplanung bei chronischen Schmerzen.

4.9 Eingeschränktes Sprach- und Sprechvermögen

Eingeschränktes Sprach- und Sprechvermögen: eingeschränkte oder fehlende Fähigkeit, Sprache geistig zu verarbeiten und zu verstehen und/oder sie (sinnvoll) einzusetzen, obwohl keine kulturellen Sprachunterschiede oder Hörstörungen vorliegen.

Die wichtigsten Störungen der **verbalen Kommunikation** sind die Aphasie und die Dysarthrie:

- **Aphasie** *(griechisch phasis = sprechen):* Sprachstörung durch Schädigung des Sprachzentrums im Gehirn nach abgeschlossener Sprachentwicklung, wobei die Sprechwerkzeuge (Motorik) intakt sind. Aphasien gehören zu den sog. *Werkzeugstörungen*, bei denen die höheren Hirnleistungen wie komplexe Gedankengänge und Handlungen, oft auch sprachnahe Fähigkeiten wie Lesen und Schreiben, beeinträchtigt sind
- **Dysarthrie** *(giechisch arthroun = artikulieren):* zentralnervös bedingte Sprechstörungen durch Störung der an der Sprachmotorik beteiligten nervalen Strukturen. Sprachverständnis, Wortfindung und Satzbau sind intakt, d.h. der Betroffene versteht, was sein Gegenüber sagt. Er kann allerdings seine eigenen Gedanken nicht oder nicht verständlich aussprechen.

Menschen mit **Tracheostoma** (☞ 5.6) können ebenfalls als sprechgestört bezeichnet werden, da ihnen eine normale Tonbildung nicht möglich ist.

4.9.1 Pflegediagnostik

Ursachen

Ursache für Sprach- und Sprechstörungen ist eine Schädigung des Sprachzentrums im Gehirn, z.B. durch

- Apoplexie
- Schädel-Hirn-Verletzungen
- Hirntumoren
- Hirndurchblutungsstörungen
- Akute und chronische Verwirrtheit

Abb. 4.47: Für Gespräche mit Sprach- und Sprechgestörten muss Zeit eingeplant werden. Ungeduld spürt der Betroffene und gibt frustriert auf. [K151]

- Morbus Parkinson
- Multiple Sklerose.

Weitere Ursachen sind z. B.:

- Erkrankungen der sprachbildenden Organe, z. B. Tumor mit Entfernung des Kehlkopfes, schwere Verletzungen des Kehlkopfes, Stenosen und Langzeitbeatmung
- Drogen, Nebenwirkung von Medikamenten, Vergiftungen.

Anzeichen und Ausmaß

Es gibt verschiedene **Formen der Aphasie,** für die unterschiedliche Anzeichen typisch sind:

- **Amnestische Aphasie** *(Amnesie = Erinnerungslücke):* leichte Störung des Sprachverständnisses, flüssiges Sprechen. Pflegebedürftiger leidet jedoch unter schweren Wortfindungsstörungen, so dass er gesuchte Begriffe umschreiben muss, z. B. „Woraus man den Kaffee trinkt" für den Begriff „Tasse"
- **Motorische Aphasie** *(Broca-Aphasie):* weitgehend intaktes Sprachverständnis, Pflegebedürftiger hat jedoch große Probleme zu sprechen, ringt buchstäblich um jedes Wort, spricht (deswegen) nur telegrammstilartig und häufig mit gequältem Gesichtsausdruck
- **Sensorische Aphasie** *(Wernicke-Aphasie):* gestörtes Sprachverständnis, Pflegebedürftiger kann aber deutlich und flüssig sprechen. Die Sprechinhalte sind jedoch in der Regel sinnlos und beziehen sich nicht auf das vorher Gesagte, so dass das Gesprochene zusammenhanglos ist und nicht verstanden werden kann
- **Globale** oder **totale Aphasie:** Sprachverständnis und Sprachproduktion sind schwer beeinträchtigt. Viele Betroffene sprechen nur einzelne Worte und wiederholen diese häufig.

Für die **Dysarthrie** sind folgende Anzeichen typisch:

- Pflegebedürftiger wagt immer weniger Sprechversuche, da es für ihn frustrierend ist, auf sein Gegenüber sprachlich unzureichend oder gar nicht reagieren zu können
- Häufige Missverständnisse zwischen Pflegebedürftigem und seinem Kommunikationspartner
- Schreibfähigkeit ist erhalten
- Lebhafte Gestik beim „Ringen um Worte"
- Weitgehende Übereinstimmung von verbalen und nonverbalen Signalen.

Folgen

Die **Folgen der gestörten Kommunikation** sind:

- Unsicherheit, Ängste, Aggressionen und Trauer
- Misstrauen
- Rückzug und soziale Isolation
- Depressive Verstimmungen bis hin zu schweren Depressionen.

Folgen eines **Tracheostomas,** ☞ 5.6.

☑ Sprach- und Sprechstörungen treffen den Menschen meistens unvorbereitet, z. B. nach einem Schlaganfall, und führen zu großen **Ängsten** oder auch **Aggressionen**, da ihnen – zumindest für einige Zeit – das wichtigste Verständigungsmittel genommen ist. Sie fühlen sich hilflos und abhängig.

4.9.2 Pflegetherapeutische Maßnahmen

Die therapeutischen Erfolge bei Sprach- und Sprechstörungen sind am größten, wenn die Behandlung so früh wie möglich mit Hilfe einer LogopädIn beginnt. Sie leitet den Pflegebedürftigen zu verschiedenen Sprach- und Sprechübungen an. Wie alle Übungen sind sie aber nur erfolgreich, wenn der Pflegebedürftige regelmäßig übt, auch wenn die LogopädIn nicht dabei ist. Auch AltenpflegerInnen können die Übungen, nach Anleitung durch die LogopädIn, mit dem alten Menschen durchführen. Manche lassen sich in andere Pflegemaßnahmen integrieren, so dass sie trotz Zeitknappheit durchgeführt werden können.

Zu den wichtigsten Aufgaben der AltenpflegerIn bei sprach- und sprechgestörten Pflegebedürftige gehört es, ihn immer wieder zu loben, zu motivieren und auf Erreichtes hinzuweisen, wenn kleine Misserfolge eintreten, die Fähigkeiten sich nicht zu bessern scheinen oder der alte Mensch mutlos wird.

Verbale Kommunikation

- Ängste der Pflegebedürftigen ansprechen, damit er sich ernst genommen und verstanden fühlt
- Zeitdruck verstärkt die Sprachstörung, deshalb Geduld, Zeit, Ruhe und Aufmerksamkeit mitbringen
- Sprechfehler nicht belächeln oder kritisieren
- Jeden Sprechversuch und auch kleinste Erfolge loben und dadurch motivieren
- Selbst in kurzen, leicht verständlichen Sätzen sprechen
- Fragen stellen, die mit ja oder nein beantwortet werden können. Alle w-Fragen (z. B. warum, wo, wer) erfordern längere Ausführungen, die den Pflegebedürftigen, zumindest anfänglich, überfordern
- Ist man selbst unsicher, ob man den Pflegebedürftigen richtig verstanden hat, sein Gesprochenes wiederholen, um Missverständnissen vorzubeugen, z. B.: „Habe ich Sie richtig verstanden, Sie möchten etwas trinken?"
- Berührung bei Ansprache suchen
- Selbstständigkeit des alten Menschen fördern.

Vorsicht!
Auch wenn mit dem Pflegebedürftigen in kurzen, verständlichen Sätzen gesprochen werden soll, die Kleinkindersprache ist für einen alten Menschen entwürdigend. Außerdem verhindert sie, dass er die richtigen Worte wieder erlernt.

Amnestische Aphasiker

- Anfangsbuchstaben oder -silben von gesuchten Wörtern nennen
- Zusammen mit dem Pflegebedürftigen Wortketten aus zusammengesetzten Wörtern bilden, z. B. Tintenfass, Fassbutter, Butter- ...
- Pflegebedürftigen motivieren, Wortreihen zu bilden, z. B. die Wochentage aufzuzählen u. ä.
- Pflegebedürftigen motivieren, ein Erinnerungsbuch anzulegen.

Motorische Aphasiker

- Zur Benutzung von Schreibtafel und -block motivieren und diese bereitlegen
- Bei nicht verständlichen Wörtern nach einigen Versuchen mehrere Begriffe anbieten. Vorher mit dem Pflegebedürftigen ein Zustimmungszeichen für das richtige Wort vereinbaren
- Pflegebedürftigen Wortreihen wie die Wochentage sprechen lassen
- Lesestoff, Radio und Fernsehen anbieten.

Sensorische Aphasiker

- Pflegebedürftigen Alltagsgegenstände benennen lassen
- Durch biografiebezogene Bilder den vorhandenen Sprachschatz reaktivieren
- Nach Ressourcen, z. B. erhaltenes Lesevermögen, suchen und diese nutzen
- Verstandenes wiederholen.

Globale Aphasiker

- Mit Pflegebedürftigen einfache Zeichen verabreden, z. B. Lidschlag oder Händedruck als Zustimmung, geschlossene Augen als Ablehnung
- Auf nonverbale Zeichen wie Mimik achten
- Nonverbale Zeichen anwenden, um die eigene verbale Kommunikation zu verdeutlichen
- Unterhaltung durch Radio und Fernsehen anbieten.

☑ Aphasiker und Menschen mit Dysarthrie sind nicht dement. Sie denken und fühlen in der Regel genauso gut wie vor der Erkrankung.

Nicht-sprachgebundene Hilfsmittel

Die **nonverbale Kommunikation** spielt eine wichtige Rolle in der Kompensation der verbalen Ausdrucksschwierigkeiten. Hier bieten sich verschiedene **Hilfsmittel** an.

Schreibtafel, Schreibblock und Stift

Die einfachsten Hilfsmittel sind **Schreibtafel** oder **Block** und **Stifte,** die der schreibfähige Pflegebedürftige ständig bei sich hat und mit deren Hilfe er kommuniziert. Das Geschriebene kann er zusätzlich durch Gestik und Mimik unterstützen.

Sprechtafel

Die **Sprechtafel** ist ein Karton, auf dem verschiedene Bilder, Symbole und Zahlen abgebildet sind. Daneben gibt es weiße Felder, die vom Erkrankten mit eigenen, selbst haftenden Zeichen beklebt werden kön-

Abb. 4.48: Ist bei dem Pflegebeduftigen lediglich das Sprechen eingeschränkt, ist das Aufschreiben eine relativ unkomplizierte Methode der Kommunikation. [J666]

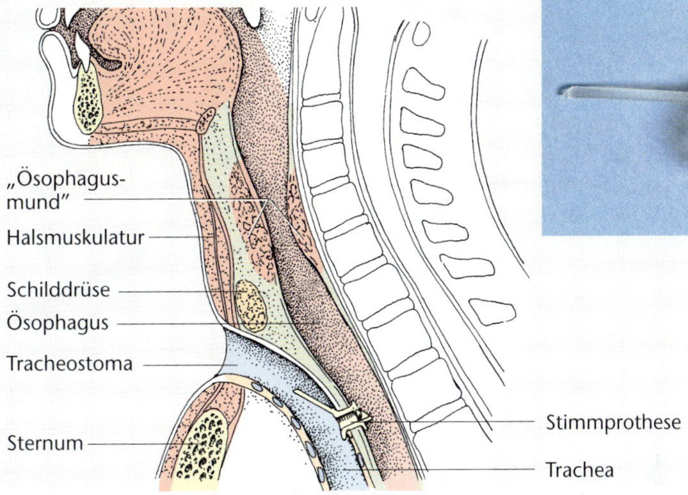

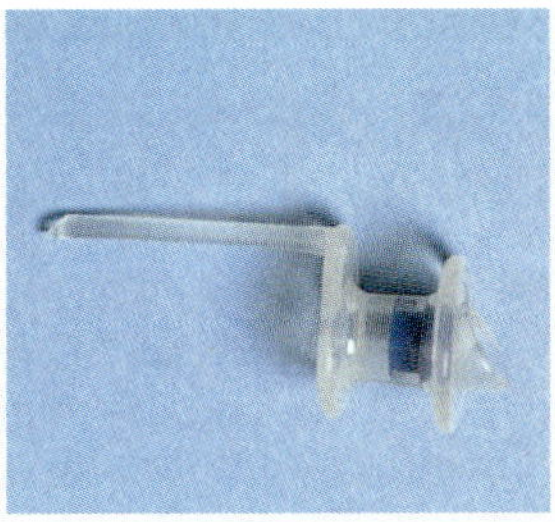

Abb. 4.49 und 4.50: Die operativ eingesetzte Stimmprothese (hier: Provox®-Prothese) ist eine ventilartige Verbindung zwischen Luft- und Speiseröhre. [V156]

nen. Die Sprechtafel dient der Verdeutlichung des Gesprochenen für den Betroffenen, die Pflegekräfte und das sonstige Umfeld. Sie soll das Sprechen nicht ersetzen, sondern ergänzen. Diese und andere Funktionen können auch entsprechende Computerprogramme übernehmen. Für viele alte Pflegebedürftige sind sie jedoch aufgrund eingeschränkter kognitiver und körperlicher Fähigkeiten keine wirkliche Alternative.

Kommunikationsbuch

Im **Kommunikationsbuch** befindet sich auf der linken Hälfte jeder Seite z. B. eine Zeichnung oder ein Foto, auf der rechten Hälfte das dazugehörige geschriebene Wort. Es fördert sowohl die situationsbedingte Kommunikation, als auch das richtige Zuordnen von Bild und Schrift sowie das Lesen.

Literaturtipp
Schnelle, Petra: Zurück zur Sprache – zurück ins Leben. Bildgestützte Kommunikation und Sprachtherapie bei Aphasie. Urban & Fischer Verlag, München 2000

Kommunikator

Der **Kommunikator** ist eine Art Schreibmaschine in Miniaturformat. Er kann am Handgelenk getragen werden. Das Gerät besitzt eine Tastatur, auf der der Stimmlose seine Mitteilungen eintippen kann und die auf einem Papierband ausgedruckt und vom Ansprechpartner gelesen werden können. Neuere Ausführungen sind computergestützt und arbeiten mit einem Display, auf dem die Mitteilung als Fließtext erscheint. Die Tasten der Geräte liegen so weit auseinander, dass auch motorisch beeinträchtigte Menschen sie gut bedienen können.

Alltalk

Alltalk ist ein computergesteuertes Gerät, das mit verschiedenen Programmen gespeist werden kann. Es imitiert quasi die menschliche Stimme seines Besitzers.

Kommunikation über das Internet

Für Sprechgestörte, die schreiben können und geistig fit sind, gibt es eine moderne, bisher vorwiegend von jungen Menschen genutzte Kommunikationsmöglichkeit über das **Internet,** das sog. **Chatten.** Mit dieser Methode können sich Menschen, die gleichzeitig an verschiedenen Orten am PC sitzen, schriftlich „unterhalten“. Die Übertragung der geschriebenen Sätze dauert nur wenige Sekunden, egal an welchen Ort die Botschaften geschickt werden. In wenigen Sekunden bekommt der Absender eine schriftliche Antwort auf sein Geschriebenes, so dass längere „Gespräche“ möglich sind. Nachteil ist, dass der Pflegebedürftige für diese Art der Kommunikation an einem PC mit Internetanschluss sitzen muss und seinen Gesprächspartner nicht kennt. Auf der anderen Seite hat er so die Möglichkeit, sich mit Menschen in der ganzen Welt, Fremdsprachenkenntnisse vorausgesetzt, auszutauschen.

☑ Die meisten Chat-Angebote im Internet werden von jungen Menschen genutzt. Es gibt aber auch schon Chat-Runden speziell für Senioren.

Flüstersprache

Mit **Flüsterstimme** sprechen Menschen, wenn sie z. B. infolge einer starken Erkältung heiser sind. Für viele Menschen ohne Kehlkopf wird sie zur normalen Sprache, da sie Laute nur stimmlos bilden können. Das erfordert Geduld und Übung, eine ruhige Umgebung und ein gut funktionierendes Gehör beim Gegenüber.

Stimmrehabilitation bei Tracheostoma

Sprechkanüle ☞ 5.6.2, Abb. 5.60

Pflege bei Tracheostoma ☞ 5.6.2

Stimmprothese

Einige Zeit nach der Operation kann in einem zweiten Eingriff eine **Stimmprothese** zwischen dem Stumpf der Luftröhre und dem oberen Abschnitt der Speiseröhre eingesetzt werden (☞ Abb. 4.49–4.50). Durch dieses Ventil aus körpereigenem Material oder Kunststoff kann der Betroffene die Lungenluft zur Stimmbildung benutzen. Diese Ersatzsprache ist für jüngere Menschen recht schnell zu erlernen, viele Ältere haben jedoch Probleme mit der Umstellung, besonders Demente können aufgrund ihrer kognitiven Einschränkungen nicht darauf zurückgreifen.

Ösophagus-Ersatzsprache

Die **Ösophagus-Ersatzsprache** *(Ruktus-Stimme)* wird mit der **Speiseröhre** *(Ösophagus)* gebildet. Die zur Stimmbildung benötigte Luft wird über die Mundhöhle durch Ansaugen in die Speiseröhre befördert. Mit dem ringförmigen Muskel im oberen Speiseröhrenbereich, dem „Ösophagusmund" (☞ Abb. 4.49), können nach einigem Training Laute gebildet werden. Das Erlernen erfordert viel Geduld und Disziplin sowie kognitive Fähigkeiten. Für viele Pflegebedürftige ist das Erlernen dieser Sprache noch schwieriger als das Sprechen mit einer Stimmprothese. Hinzu kommt, dass durch die Ersatzsprache die Stimme wesentlich tiefer wird als vorher. Manche Frauen haben damit Probleme und lehnen diesen Weg deswegen ab.

Elektronische Sprechhilfe

Eine weitere Möglichkeit stellt die **elektronische Sprechhilfe** dar, eine Gerätestimme, die ohne Luft auskommt und sich wie eine „Roboterstimme" anhört (☞ Abb. 4.51). Das Gerät wird während der normalen (unhörbaren) Sprechbewegungen an den Mundboden gehalten. Die so übertragenden Schallschwingungen „übersetzt" das Gerät automatisch in eine gut verständliche Sprache. Das Atmen erfolgt davon unabhängig durch das Tracheostoma.

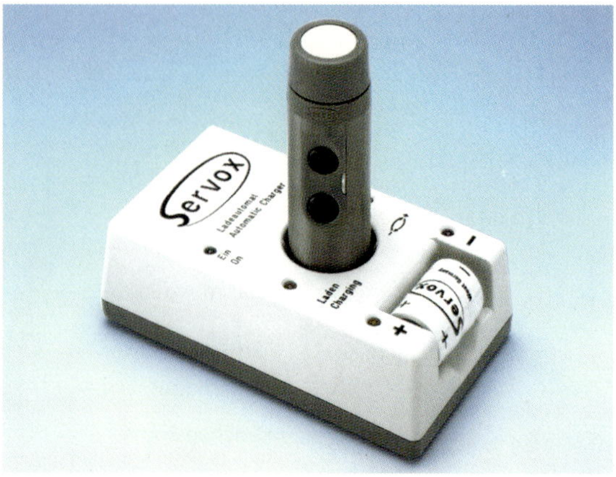

Abb. 4.51: Servox Inton®-Sprechhilfe mit Ladegerät. Die weiße Fläche wird am Mundboden angesetzt. Der von ihr erzeugte Ton wird über die Weichteile des Mundbodens in den Mundraum übertragen und dort in Sprache umgewandelt. [V156]

☑ Weitere Informationen und Tipps über:
- Bundesverband der Kehlkopflosen e.V., Obererle 65, 45897 Gelsenkirchen-Buer, Tel. 0209/592282
- Deutsche Krebshilfe, Thomas-Mann-Str. 40, 53111 Bonn, Tel. 0228/72990-72
- IRL-Institut für Rehabilitation Laryngektomierter GmbH, Servatiusstr. 69d, 51109 Köln, Tel. 0221/895635.

4.9.3 Exemplarische Pflegeplanung

Pflegediagnose mit Ursache (PD), Ressourcen (R), Gewohnheiten (G), Erfahrungen (E), aktuelle Bedürfnisse (AB)	**Pflegeziele**	**Pflegetherapie** Information (I), Beratung (B), Motivation (M), Anleitung (A), Beaufsichtigung (Bf), teilweise Übernahme (tÜ), vollständige Übernahme (vÜ)
PD: Sprechstörungen aufgrund eines Schlaganfalls **R:** • Versteht Sprache • Besitzt einen Kommunikator • Versteht sich gut mit seinem Mitbewohner • Angehörige kommen zweimal wöchentlich zu Besuch **AB:** Möchte wieder Skat spielen, hat aber Angst, den anderen Mitspielern zur Last zu fallen	Erlernt Lautbildung und Sprache durch Stimmrehabilitation Nutzt Kommunikator Hat befriedigende Sozialkontakte	**vÜ:** Kontakt zur LogopädIn organisieren und gemeinsam mit Pflegebedürftigen nach Anleitung durch LogopädIn Übungen durchführen **A:** Zum Umgang mit Kommunikator anleiten und diesen benutzen **vÜ:** Dem Pflegebedürftigen möglichst nur Fragen stellen, die er mit „ja" oder „nein" beantworten kann; einfache, kurze Sätze sprechen **M:** Nach ersten Fortschritten Pflegebedürftigen regelmäßig zum Erzählen auffordern, um das spontane, flüssige und sinnvolle Sprechen zu üben **I, M:** Über Beschäftigungsangebote informieren und beraten, zur Teilnahme an der hauseigenen Skatrunde motivieren **I, M:** Mitbewohner und Angehörige über die Sprachprobleme informieren (Einverständnis erforderlich) und motivieren, täglich mit dem Erkrankten zu sprechen

Tab. 4.52: Beispiel einer Pflegeplanung bei Sprechstörungen.

4.10 Unzureichende deutsche Sprachkenntnisse

Unzureichende deutsche Sprachkenntnisse: eingeschränkte oder fehlende Fähigkeit, sich in deutscher Sprache verständlich zu machen und diese Sprache zu verstehen.

Die Einschränkung dieser Art von Verständigungsfähigkeit ist immer nur situationsbezogen und kein Defizit an sich. Unzureichende deutsche Sprachkenntnisse wären beispielsweise in einer spanischen Pflegeeinrichtung vollkommen unbedeutend, ja würden noch nicht einmal bekannt werden.

Die Altenhilfe in Deutschland muss sich aber zunehmend auf pflegebedürftige alte **MigrantInnen** und **AussiedlerInnen** einstellen. Diese Menschen kommen aus unterschiedlichen Kulturen mit unterschiedlichen Hygienevorschriften, Ernährungsgewohnheiten und Esstabus und mit verschiedenen Grenzen körperlicher Berührung in deutsche ambulante Pflegedienste und Heime. Mittelfristig werden vorwiegend TürkInnen, ItalienerInnen und SpanierInnen mit oft unzureichenden deutschen Sprachkenntnissen in deutsche Altenheime einziehen. Dabei wird es Probleme geben, z. B. bei Fragen zur Anamnese bei der Heimaufnahme, bei akuten Gesundheitsproblemen und auch bei psychischen Problemen. Hier müssen die übereinstimmenden Sprachkenntnisse beider Gesprächspartner so gut sein, dass sie sich eindeutig verstehen können. In Notfällen sind eine dritte, vermittelnde Person **(DolmetscherIn)** oder andere Hilfen notwendig.

4.10.1 Pflegediagnostik

Ursachen und Einflussfaktoren

- Der alte Mensch ist als GastarbeiterIn nach Deutschland gekommen und hat nie ausreichend Deutsch gelernt
- Frauen der ersten und zweiten Generation der MigrantInnen sind oftmals kaum aus dem Haus und damit auch kaum in deutschsprachige Kreise gekommen
- Im Alter fällt es immer schwerer, Sprachen neu zu lernen
- Ein Teil des bereits erworbenen Wortschatzes wird im Alter wieder vergessen, besonders wenn sich die Pflegebedürftigen fast ausschließlich im eigenen Sprach- und Kulturkreis bewegen
- Störungen des Seh-, Hör- und Sprechvermögens machen das Erlernen der Sprache fast unmöglich
- Kognitive Einschränkungen, z. B. durch eine Demenz.

Anzeichen und Ausmaß

- Pflegebedürftige sprechen Pflegekräfte von sich aus nicht an oder nur mit dem „Nötigsten" und dann in wenigen, „geradebrechten" Worten
- Pflegebedürftige ziehen sich zurück, sprechen wenig bis kaum, suchen keinen Kontakt zu Pflegepersonal und MitbewohnerInnen
- Ausdruck von scheinbar „wirrem Zeug"
- Pflegebedürftige bringen dritte Personen mit zum Gespräch und lassen diese für sich sprechen. Sie selbst sitzen nur dabei oder ziehen sich ganz zurück, d.h. sie schicken die andere Person vor.

Folgen

Folgen mangelnder Kommunikation zwischen MigrantInnen und deutschen Pflegekräften sind z. B.:

- Starkes Heimweh
- Gefühl, erneut entwurzelt worden zu sein
- Angst vor Diskriminierung
- Unsicherheiten über Konventionen und Verhaltensweisen im „deutschen Altenheim"
- Missverständnisse und in der Folge gegenseitige Aggressionen und Vorwürfe
- Depressionen, psychosomatische Beschwerden
- Bei Erkrankungen evtl. schwerer Krankheitsverlauf, weil Anzeichen negativer gesundheitlicher Entwicklungen den Pflegekräften nicht rechtzeitig bekannt wird, Pflegeanamnese, Pflegeplanung und Pflegedokumentation mangelhaft sind und die Pflegebedürftigen nicht rechtzeitig behandelt werden
- Soziale Isolation.

☑ Besondere Probleme ergeben sich mit **gerontopsychiatrisch** erkrankten MigrantInnen: Sie sind noch schwerer zu verstehen. Hilflosigkeit und Aggressionen auf beiden Seiten sind oft die Folgen.

4.10.2 Pflegetherapeutische Maßnahmen

Eine Grundvoraussetzung befriedigender Beziehung zwischen deutschen Pflegekräften und pflegebedürftigen MigrantInnen ist **Vertrauen.** Vertrauen wird stark über Kommunikation, gegenseitigen Austausch und psychisches Wohlbefinden aufgebaut. Ist dieses aufgrund mangelhafter deutscher Sprachkenntnisse nicht möglich, kann die AltenpflegerIn auf verschiedene **Kommunikations- und Kontakthilfen** zurückgreifen.

Hilfsmittel der verbalen Kommunikation

- Reden „mit Händen und Füßen" und lebendiger, deutlicher Gestik und Mimik
- Gemeinsame Drittsprache
- Sprechtafel, Kommunikationsbuch und zweisprachiger Kommunikator bzw. Alltalk (☞ auch 4.9.2)
- Zweisprachige Wörterbücher und zweisprachige Listen der häufig gebrauchten Wörter und Sätze in

Abb. 4.53: Info-Broschüre des Interkulturellen Sozialdienstes Hannover. [W219]

greifbarer Nähe, z. B. im Bewohnerzimmer und im Dienstzimmer

- Piktogramme an den wichtigen Türen und Wegweisern, z. B. für Damen- und Herrentoiletten, den Speisesaal, das Dienstzimmer, die Pflegebedürftigen und ihre Angehörigen in deren Bedeutung einweisen
- Evtl. Sprachkurse für die pflegebedürftigen MigrantInnen, deutsche MitbewohnerInnen und Pflegekräfte.

DolmetscherInnen

Als **DolmetscherInnen** sind am besten Angehörige, FreundInnen oder NachbarInnen des Pflegebedürftigen geeignet, da sie seine Lebenssituation kennen. Es gibt auch die Möglichkeit, hauseigene nichtdeutschstämmige MitarbeiterInnen, z. B. aus dem Reinigungsdienst, um Übersetzung zu bitten. In vielen Krankenhäusern gibt es z. B. Dolmetscherlisten für die verschiedenen Sprachen, die auf allen Stationen ausliegen. Zumindest in der teilstationären und ambulanten Pflege werden Dolmetscherdienste von einigen Krankenkassen finanziert. Dazu kann die AltenpflegerIn Kontakt zum örtlichen Ausländerbeirat, nationalen Vereinen und Clubs u.ä. Institutionen aufnehmen, d.h. Vernetzung und gegenseitige Beratung mit anderen Institutionen anstreben.

Broschüren und Info-Blätter

Häuft sich die Versorgung von MigrantInnen in einer Einrichtung, lohnen sich zweisprachige und muttersprachliche **Broschüren** und **Info-Blätter** für die MigrantInnen und deren Angehörige, z. B. mit Informationen über

- Gesetzliche Grundlagen der Pflegeversicherung und des BSHG als Finanzierungsmöglichkeiten
- Grunderkrankungen der BewohnerInnen und den Umgang damit.

Noch offene Fragen kann die AltenpflegerIn zusammen mit dem Pflegebedürftigen und einer DolmetscherIn besprechen.

☑ Mehrjährige Erfahrungen mit der Pflege von MigrantInnen haben:

Multikulturelles Seniorenzentrum „Haus am Sandberg“
Kirchstr. 28g
47198 Duisburg
Tel. 0 20 66/9 97 00
Fax 0 20 66/9 97 07 00

sowie der ambulante Interkulturelle Sozialdienst Hannover (☞ Abb. 4.53)
Erderstr. 29
30451 Hannover
Tel. 05 11/2 10 10 44

Angehörigenarbeit

In allen Phasen des Heimaufenthaltes sollten von Anfang an auch die Angehörigen in die Betreuung einbezogen werden. Die meisten MigrantInnen der zweiten oder dritten Generation (Kinder und Enkel der Pflegebedürftigen) sprechen gut bis sehr gut Deutsch. Voraussetzung für eine funktionierende **Angehörigenarbeit** ist die Bereitschaft zur partnerschaftlichen Zusammenarbeit zwischen Angehörigen, Pflegebedürftigen und Pflegekräften. Maßnahmen der Angehörigenarbeit sind

- **Information und Beratung,** z. B. über Pflegeleitbild- und Konzept, Gesundheitszustand des Pflegebedürftigen und die entsprechenden Pflegemaßnahmen
- **Praktische Anleitung,** z. B. Umgang mit Hilfsmitteln, Pflegetechniken.

Vorsicht!
Der Pflegebedürftige kann durch das Verhalten der Angehörigen über- oder unterfordert werden. In Gesprächen mit der Pflegekraft können Beziehungsprobleme erkannt und nach Lösungen gesucht werden.

Sinnvoll ist eine **biografie- und kulturbasierte Anamnese** und **Pflegeplanung:** nach kulturellen und individuellen Besonderheiten fragen, z. B. hinsichtlich der Ernährung, der Körperpflege und Religiosität. Viele MigrantInnen möchten bei der Körperpflege und Toilettengängen nur von Pflegekräften ihres Geschlechts begleitet werden. Manche Kulturen und Individuen haben einen anderen Umgang z. B. mit Gefühlsäußerungen, Schmerzen, Scham und Sterben.

Mit deutschsprachigen Angehörigen verabreden, dass in den ersten Wochen nach Einzug jeden Tag einer von ihnen den Pflegebedürftigen besucht und sich bei den Pflegekräften meldet, um anfallende offene Fragen zu besprechen.

Darauf achten, dass Gespräche und Entscheidungen nicht über den Pflegebedürftigen hinweg stattfinden, sondern dass er informiert und seine Vorstellungen einbezogen werden.

Fortbildungen zur Kultur und Sprache des Herkunftslandes der Pflegebedürftigen besuchen.

Soziale Integration

Maßnahmen, den Pflegebedürftigen in die soziale Gemeinschaft in der Einrichtung zu integrieren, können sein psychisches Wohlbefinden steigern, z. B.:

- Körperkontakt herstellen, er vermittelt ein Gefühl von Wärme, Geborgenheit und Sicherheit, tröstet, baut Ängste ab und überwindet Isolation
- Ernährungsgewohnheiten berücksichtigen, z. B. landesübliche Gewürze zur Verfügung stellen
- Einen „türkischen Tag" oder eine „italienische Woche" im Heim organisieren, z. B. mit landestypischer Küche, Musikveranstaltungen, Diavorführungen; bei der Vorbereitung MigrantInnen und Deutsche einbeziehen
- Hausführungen durchführen, dabei auf alle wichtigen Orte hinweisen, z. B. Speisesaal, Gemeinschaftsräume, Toiletten und Bäder, Führungen von Zeit zu Zeit wiederholen
- Gemeinschaftsräume teilweise mit Bildern und Gegenständen aus dem anderen Kulturkreis ausstatten
- Zimmer des Pflegebedürftigen nach dessen Geschmack einrichten
- Religiöse Gebräuche, Handlungen und Tabus des Pflegebedürftigen akzeptieren, d. h. nicht belächeln oder sogar verbieten. Nach der Bedeutung verschiedener Handlungen fragen, das bezeugt Interesse und „bricht das Eis" zwischen den Kulturen
- Falls mehr als eine pflegebedürftige MigrantIn derselben Nationalität im Heim lebt, den Kontakt zwischen beiden fördern. Auch bei unterschiedlichen Nationalitäten kann ein gegenseitiger Austausch über die besonderen Bedingungen des Heimlebens als Nichtdeutscher hilfreich sein.

Spezielle Umgangsformen mit nicht ausreichend deutschsprachigen Pflegebedürftigen

- Verständnis zeigen, Geduld und Ruhe bewahren; freundlich bleiben
- Langsam, deutlich und ohne Dialekt sprechen
- Überlegen, ob es zwischen der deutschen Sprache und der Sprache des Pflegebedürftigen ähnliche Wörter gibt. So ähnelt die deutsche Aussprache von „Toilette" dem entsprechenden Wort vieler anderer Sprachen, Abkürzung wie z. B. „WC" nutzen, auch Begriffe wie z. B. „Kommunikation" haben in anderen Sprachen ähnliche Inhalten (englisch „communicate", spanisch und Italienisch „communicare")
- Einfache Sprache und kurze Sätze verwenden, aber keine „Babysprache" oder Formulierungen wie „Du sein Ausländer?"
- Sich im Gespräch immer wieder vergewissern, ob das bisher Gesagte verstanden wurde. Wenn nicht, mit anderen, einfacheren Worten versuchen.

4.10.3 Exemplarische Pflegeplanung

Pflegediagnose mit Ursache (PD), Ressourcen (R), Gewohnheiten (G), Erfahrungen (E), aktuelle Bedürfnisse (AB)	**Pflegeziele**	**Pflegetherapie** Information (I), Beratung (B), Motivation (M), Anleitung (A), Beaufsichtigung (Bf), teilweise Übernahme (tÜ), vollständige Übernahme (vÜ)
PD: unzureichende deutsche Sprachkenntnisse (ItalienerIn) **R:** deutschsprachige Angehörige kommen häufig zu Besuch **G und E:** Pflegebedürftige ist die italienische Küche gewöhnt	Kann sich ausreichend verständlich machen Fühlt sich wohl Ist sozial integriert	**M:** Pflegebedürftigen durch Lob zur Nutzung der Hilfsmittel der verbalen Kommunikation motivieren **vÜ:** langsam, deutlich und in einfachen Begriffen sprechen (aber keine Kindersprache), Gesagtes mit Mimik und Gestik verstärken **vÜ:** biografischen Ansatz anwenden **vÜ:** täglich zum Mittagessen in den Speisesaal sowie zu Diavorführungen u. a. Veranstaltungen begleiten, Angehörige einbeziehen **M:** Zu Beschäftigungsangeboten motivieren, die nicht sprachintensiv sind, z. B. Gymnastik, kreatives Gestalten **vÜ:** Aromatherapie mit vertrauten, heimatlichen Düften wie z. B. Zitrusfrüchten anbieten

Tab.4.54: Beispiel einer Pflegeplanung bei unzureichenden deutschen Sprachkenntnissen.

4.11 Beeinträchtigte Wahrnehmung, kognitive Kompetenz und Kommunikation bei Verwirrtheit

Verwirrtheit: eingeschränkte und fehlende Fähigkeit, alltägliche Handlungen aufgrund eines plötzlichen oder zunehmenden Verlustes intellektueller Fähigkeiten zu bewältigen.

- **Akute Verwirrtheit:** plötzlicher Eintritt von Verwirrtheit, die einige Stunden bis Tage anhält, aber grundsätzlich behandelbar und vollständig rückbildungsfähig ist
- **Chronische Verwirrtheit:** allmählich eintretende Verwirrtheit, die kontinuierlich fortschreitet und nach etwa 8–10 Jahren zum Tod führt.

Am häufigsten kommt chronische Verwirrtheit bei **Demenz** vor. Nach Schätzungen sind 7 % der über 65-jährigen und 30 % der über 80-jährigen Menschen von einer Demenz betroffen. Damit ist sie die häufigste Einzelursache für Pflegebedürftigkeit im Alter.

4.11.1 Pflegediagnostik

Ursachen und Einflussfaktoren für akute Verwirrtheit

- Sauerstoffmangel im Gehirn durch mangelnde Pumpleistung des Herzens, z. B. bei Herzinfarkt, Herzinsuffizienz, Atemwegserkrankungen mit Luftnot, Hypotonie
- Stoffwechselstörungen, z. B. bei Flüssigkeitsdefizit (☞ 7.4), Hypoglykämie, bei Leberversagen, bei chronischer Niereninsuffizienz
- Hormonstörungen, z. B. bei Funktionsstörungen der Schilddrüse
- Hirnerkrankungen, z. B. Hirntumoren, Hirnentzündung oder nach Schädel-Hirn-Verletzungen

Abb. 4.55: Verwirrtheit kann dazu führen, dass alte Menschen sich für Kinder halten und sich dementsprechend auch verhalten. [K225]

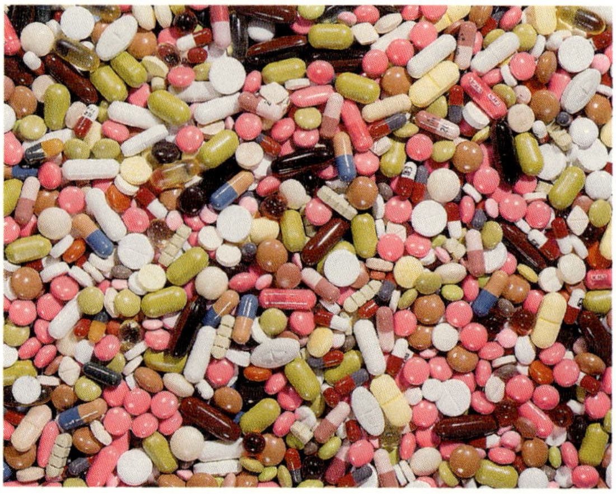

Abb. 4.56: Auch die Einnahme von Medikamenten kann zu akuter Verwirrtheit führen, vor allem, wenn sich die Wirkungen vieler Medikamente, die eingenommen werden müssen, überlagern. [J660]

- Nebenwirkung oder Entzug von Drogen oder Medikamenten
- Starke Schmerzen, Juckreiz, Schlafstörungen
- Nicht kompensierte Schwerhörigkeit mit daraus entstehenden Missverständnissen und Fehldeutungen
- Soziale Ursachen wie z. B. Verlust eines nahestehenden Menschen, Heimeinzug oder andere Gewohnheitsänderungen
- Reizarmes oder -reiches Umfeld, z. B. akustische oder optische Reizüberflutung.

Ursachen und Einflussfaktoren einer Demenz

Degenerativer Abbau des Gehirns

60 % aller Dementen leiden an einer **Alzheimer-Demenz,** deren Ursache und Entstehung nicht genau geklärt ist. Tatsache ist, dass das Gehirn im Verlauf der Krankheit durch degenerative Prozesse schrumpft.

Seltener wird der degenerative Abbau der Hirnmasse auch durch andere gerontopsychiatrische Erkrankungen ausgelöst, z. B. durch Morbus Parkinson, Chorea Huntington (Veitstanz) oder Picksche Stirnhirnatrophie.

Chronische Durchblutungsstörungen des Gehirns

Bei etwa 25 % der Dementen entsteht die Hirnschädigung durch Durchblutungsstörungen des Gehirns, die zu multiplen Hirninfarkten führen. Diese **Multiinfarkt-Demenz** ist Spätfolge einer ausgeprägten Arteriosklerose der Hirngefäße, die durch langjähriges Rauchen, Diabetes mellitus, Bluthochdruck und Übergewicht begünstigt wird. Im Gegensatz zur Alzheimer-Demenz verläuft hier die Erkrankung wechselhafter (☞ Tab. 4.57). Schübe als Folge einer erneuten Phase der Mangeldurchblutung sind häufig mit einer Verschlechterung der kognitiven Kompetenz verbunden.

Demenz als Folge einer anderen Erkrankung

- Chronischer Sauerstoffmangel des Gehirns, z. B. bei mangelnder Pumpleistung des Herzens oder chronischen Atemwegs- und Lungenerkrankungen, so dass die Sauerstoffversorgung des Gehirns nicht ausreicht
- Fehlende Entgiftungsfunktion des Körpers bei Leber- und Nierenversagen
- Langjähriger Alkohol- und Drogenmissbrauch
- Hirnerkrankungen und -verletzungen, z. B. Hirntumor.

Nicht alle Demenzen sind eindeutig auf eine Ursache zurückzuführen. Es gibt auch Mischformen.

Anzeichen

Verwirrtheit kommt mit mindestens einer der folgenden **„klassischen Symptome“** zum Ausdruck:

- **Konzentrationsstörungen:** Störung der Fähigkeit, über längere Zeit bei einem Teil der Gesamtwahrnehmung oder beim Gesamterleben gedanklich zu verweilen
- **Orientierungsstörungen** *(Desorientiertheit):* Störung der Fähigkeit, sich zeitlich, örtlich, personal und situativ zu orientieren (☞ Tab. 4.58)
- **Gedächtnisstörungen:** fehlende oder eingeschränkte Fähigkeit, sich Wahrnehmungen und Empfindungen zu merken und später daran zu erinnern.
- **Denkstörungen:** eingeschränkte oder fehlende Fähigkeit, Gedankengänge zu Ende zu führen *(formale Denkstörungen)* oder die Gedankeninhalte angemessen zu beurteilen *(inhaltliche Denkstörungen).*

Neben diesen „klassischen Symptomen“ fallen **akut Verwirrte** durch folgende Verhaltensweisen auf:

- Motorische Unruhe, z. B. Weglaufen
- Unfähigkeit, einfache Anweisungen und Anleitungen zu befolgen
- Verlangsamte Reaktion auf Fragen und andere Reize
- Leichte Ablenkbarkeit durch vorübergehende Menschen, Geräusche u. a. Reize
- Sprunghaftes Denken und Sprache
- Unfähigkeit zur sinnvollen Kommunikation
- Misstrauen bzw. Aggressivität
- Körperliche Symptome, z. B. Schwitzen, Schwindel, Umkehr des Schlaf-Wach-Rhythmus.

Für **chronisch Verwirrte** sind darüber hinaus folgende Verhaltensweisen typisch:

- Anfänglich vor allem Störungen des Kurzzeitgedächtnisses, später auch des Langzeitgedächtnisses
- Störungen der Konzentration und der Urteilsvermögens
- Veränderungen des Sozialverhaltens
- Verfall der Persönlichkeit
- Interessenlosigkeit
- Aggression, Regression
- Weglauftendenz
- Monotones Singen oder Rufen
- Im Spätstadium Sprach-, Schluck- und Gehstörungen, Inkontinenz.

In der Regel werden neuere Gedächtnisinhalte früher „gelöscht“ als ältere, komplizierte Sachverhalte werden schneller vergessen als einfache, Ungewohntes geht schneller verloren als lange Jahre eingeübte Abläufe.

	Alzheimer-Demenz	**Multi-Infarkt-Demenz**
Häufigkeit	6–10 % aller Älteren	3–5 % aller Älteren
Familiäre Häufung	Erblich bei jedem Zehnten	Apoplexie in der Familie
Beginn	Schleichend	Akut, plötzlich
Verlauf	Stetig, langsam fortschreitend	Schreitet schubweise fort mit Besserungen und Stillständen
Wichtige Symtome	• Betroffener finden Worte nicht, leidet nicht darunter • Bagatellisiert Versagen • Antwortet fehlerhaft • Beschuldigt andere	• Motorische Aphasie • Reizbar, unzufrieden • Schämt sich • Beschuldigt sich selbst
Stimmung	Launisch	Reagiert traurig
Wahnideen	z. B. Bestehlungswahn	Selten Wahn in Bezug auf andere Menschen
Blutdruck	Normal	Bei 80 % erhöht
Computertomographie	Hirnatrophie	Viele kleine Infarktherde

Tab.4.57: Unterschiede zwischen der Alzheimer- und der Multi-Infarkt-Demenz.

Störung der...	Beschreibung	Anzeichen
zeitlichen Orientierung	Nichtwissen von Datum, Tag, Monat, Jahr, Jahreszeit	Pflegebedürftiger sagt, es sei der erste Januar, tatsächlich aber ist es Hochsommer
örtlichen Orientierung	Nichtwissen des Ortes, an dem man sich aufhält, z. B. eigene Wohnung, stationäre Pflegeeinrichtung	Pflegebedürftiger meint, er sei zu Hause und verhält sich auch so, obwohl er in der Pflegeeinrichtung ist
situativen Orientierung	Nichtwissen der Situation, in der man sich befindet, z. B. BewohnerIn einer stationären Pflegeeinrichtung zu sein	Pflegebedürftiger glaubt, man wolle ihm seine Kleidung stehlen. Er erkennt nicht, dass er sich für eine ärztliche Untersuchung auskleiden soll
personellen Orientierung	Nichtwissen, wer man ist, z. B. Name, Geburtsdatum oder Nichterkennen von engen Familienangehörigen	Pflegebedürftiger weiß nur noch seinen Vornamen, erkennt Angehörige nicht oder hält Altenpflegerin für eigene Tochter

Tab. 4.58: Formen der Desorientiertheit.

Dementiell erkrankte Menschen sind trotz schwerer Verwirrtheit auch im Endstadium nicht kommunikationsunfähig. Statt auf verbale Ansprache reagieren sie auf Berührungen, Tonfall, Gestik und Mimik ihrer Mitmenschen.

Folgen

- Missverständnisse
- Ablehnung durch das Umfeld und soziale Isolation
- Unsicherheit, Angst, Aggressionen
- Verlust von sinnvollen Aktivitäten und sozialen Funktionen
- Verletzungsgefahr aufgrund der Verkennung von Gefahren
- Weglauftendenz mit Gefahr des Verlaufens
- Im späteren Stadium emotionale Heiterkeit und intensive Anhänglichkeit, deswegen häufig Nähe-Distanz-Probleme mit Personen aus dem Umfeld
- Selbst- und Fremdgefährdung.

☑ Demenz verläuft kontinuierlich oder in Schüben fortschreitend, bis der Erkrankte völlig verwirrt ist. Er nimmt die Sprache akustisch wahr, versteht sie aber nicht mehr. Vertraute Menschen sind ihm unbekannt. Nach und nach ist er in allen Lebensbereichen auf pflegerische Versorgung angewiesen.

Vorsicht!
Andere psychiatrische Erkrankungen, z. B. eine Depression, werden in Altenhilfeeinrichtungen oft nicht als solche erkannt, sondern einer Demenz zugeschrieben. Dadurch unterbleibt eine notwendige psychiatrische Therapie, die Lebensqualität des Betroffenen wird unnötig stark eingeschränkt.

4.11.2 Pflegetherapeutische Maßnahmen

Akute Verwirrtheit lässt sich in der Regel durch ärztliche Therapie der zu Grunde liegenden Ursache beseitigen. Die **Pflegetherapie** bei chronischer Verwirrtheit bezieht zum einem die Grunderkrankung ein, zum anderen orientiert sie sich an den Anzeichen und den vorhandenen bzw. reaktivierbaren Ressourcen des verwirrten Menschen. Im Mittelpunkt des Pflege steht dessen Eigenständigkeit und Würde. Jeder demente Mensch bleibt trotz seiner Persönlichkeitsveränderungen ein **Individuum** und wird daher auch nach seinen individuellen Bedürfnissen unterstützt.

☑ Im Folgenden werden die Maßnahmen aufgeführt, die die gestörte Wahrnehmung, kognitive Kompetenz und Kommunikation beeinflussen. Da im Spätstadium der chronischen Verwirrtheit alle Lebens- und Kompetenzbereiche beeinträchtigt sind, finden sich entsprechende Pflegemaßnahmen und Hinweise auch in den anderen Kapiteln, z. B. Schlafstörungen in Kap. 10.4, Inkontinenz im Kap. 8.4, Weglaufgefahr in Kap. 11.6.

Realitätsorientierungstraining (ROT)

Bei Orientierungsstörungen, die auf Demenzen zurückzuführen sind, kann ein **Realitätsorientierungstraining** *(ROT)* sinnvoll sein. Das Training verfolgt nicht das Ziel, den Verwirrten um jeden Preis in die Realität der „Normalen" zurück zu führen. ROT kann dem Verwirrten aber eine Hilfe sein, sich in der realen Welt orientieren zu können. Die Methode ist eine Möglichkeit, relative Selbstständigkeit und Autonomie trotz der Verwirrtheit aufrecht zu erhalten.

ROT führt jedoch nur zum Erfolg, wenn es regelmäßig angewendet wird und den verwirrten Menschen nicht überfordert. Sollte das Training auf Ablehnung stoßen, muss der Rückzug immer möglich sein, denn ROT ist weder eine Pflichtübung noch eine Methode, um „Defizite" deutlich zu machen.

Bei der Durchführung von ROT wird davon ausgegangen, dass in ihrer Orientierung eingeschränkte oder gänzlich desorientierte Menschen **Orientierungshilfen** benötigen, um ihr Leben aufrecht erhalten zu können. Entsprechend den Einschränkungen lassen sich die Orientierungshilfen in zeitliche, örtliche, situative und personale aufteilen.

Orientierungshilfen dem Pflegebedürftigen schon vor einer voll ausgeprägten Demenz anbieten, weil ihm das Training bei geringerer Verwirrtheit leichter fällt und er die Orientierungshilfen nutzen kann, wenn die Erkrankung fortschreitet.

Zeitliche Orientierungshilfen

- Orientierungstafel mit Wochen- und Tagesstrukturierung anbringen
- Gut lesbare Uhren und Kalender an sichtbaren Stellen aufhängen
- Jahreszeitliches Training, z. B. Feste, Dekoration, Musik (☞ Tab. 4.59)
- Tagesstrukturierende Maßnahmen: routinierter Tagesablauf mit Einbindung des Verwirrten in verschiedene Tätigkeiten (☞ Tab. 4.60).

Örtliche Orientierungshilfen

- Fotos, Abbildungen oder Symbole an bestimmten Türen, z. B. der eigenen Zimmertür, dem WC, dabei aber keine Reizüberflutung
- An zu Hause erinnernde Umgebung gestalten, z. B. mit eigenen Tischdecken, Pflanzen
- Farblich unterschiedliche Gestaltung der Umgebung, z. B. Farbleitsystem auf den Fußböden (☞ Abb. 4.61)

Frühling	• Spaziergang zum Ausschlagen der Bäume • Osterschmuck basteln, Eier färben • Fischgericht an Karfreitag • Osterfest mit Angehörigen • Aufstellung eines Maibaumes
Sommer	• Zoobesuch • Erzählcafé zum Thema „Reisen“ • Erdbeerbowlenfest • Sommerfest mit benachbarten Kindergärten • Tagesausflüge
Herbst	• Kartoffelfest • Besuch eines Freiland- oder Heimatmuseums • Erzählcafé zum Thema „Ernte“ • Martinsgans zubreiten • Collagen-Nachmittag zum Thema „Herbst“
Winter	• Adventsfeier • Plätzchen backen • Weihnachtsgeschichten-Nachmittag • Erzählcafé zum Thema „Weihnachten feiern – früher und heute“ • Weihnachtsfeier • Silvester-Party

Tab.4.59: Beschäftigungsplan zur jahreszeitlichen Orientierung.

Zeitplan	Aktivitäten
7 Uhr	Wecken, bei Bedarf Hilfestellung beim Aufstehen, Waschen und Kleiden
8 Uhr	Frühstück, anschließend Ruhepause, z. B. zum Lesen der Tageszeitung
9 Uhr	Aktivierungsprogramm, z. B. Einzeltherapie, Biografiearbeit, Validationsgruppe. Vorher bei Bedarf Toilettengang ermöglichen
10 Uhr	Ruhepause, dazu Zwischenmahlzeit und Getränke ermöglichen
11 Uhr	Zeit zur freien Gestaltung, bei Bedarf Unterstützung
12 Uhr	Mittagessen, vorher bei Bedarf Toilettengang ermöglichen
Bis 14 Uhr	Mittagsruhe, bei Bedarf Unterstützung beim Hinlegen, Aufstehen, Toilettengang
14 Uhr	Nachmittagskaffee
15 Uhr	Gemeinsame Aktivitäten, z. B. Basteln, Gesellschaftsspiele, Spaziergänge, Einzeltherapie
16 Uhr	Ruhepause, Zeit zur freien Gestaltung, dazu Getränke anbieten
17 Uhr	Abendessen, vorher bei Bedarf Toilettengang ermöglichen
18 Uhr	Gemeinsame Aktivität anbieten, z. B. Geschichte erzählen
19 Uhr	Zeit zur freien Gestaltung, z. B. Lesen, Musik hören, Fernsehen
Ab 20 Uhr	Unterstützung bei der Vorbereitung zur Nachtruhe

Tab. 4.60: Beispiel eines strukturierten Tagesplanes.

- Gute Beleuchtung
- Zimmer und Plätze des Pflegebedürftigen in Gemeinschaftsräumen wie dem Speisesaal nicht verändern.

Situative Orientierungshilfen

- Pflegemaßnahmen immer wieder erklären
- Feste Plätze für z. B. Geld einrichten
- Fester Sitzplatz z. B. im Speisesaal oder bei Gruppenangeboten
- Pinnwände für Erinnerungsnotizen
- Klare Kommunikation: kurze Sätze, deutliche Aussagen und Anweisungen, Wiederholungen
- Wiederholtes Darstellen der Situation, der beteiligten Personen, des Vorgehens und der Ziele
- Rituale einhalten.

☑ Demente weisen spezielle, z. T. stark auffällige Verhaltensweisen auf. Sie haben besondere Bedürfnisse und stellen für andere Pflegebedürftige manchmal eine starke Belastung dar. Deswegen bauen viele Altenhilfeeinrichtungen spezielle Wohngruppen und Betreuungsangebote für Demente auf.

Personale Orientierungshilfen

- Pflegebedürftige immer mit ihrem Namen ansprechen; auch sich selbst immer wieder mit Namen vorstellen
- Fotos der Pflegebedürftigen an ihrer Zimmertür
- Regelmäßiges Anschauen von Fotos und Benennen der Personen.

Vom Pflegebedürftigen als zu hoch empfundene Anforderungen an ihn verstärken seine Einschränkungen. Daher täglich und situativ neu überprüfen, in welcher Verfassung sich der alte Mensch befindet.

Validation®

Die **Validation®**, zuerst entwickelt von der US-Amerikanerin *Naomi Feil*, stützt sich auf die Grundlage der unbedingten Wertschätzung, Annahme und Akzeptanz von verwirrten alten Menschen durch ihr Umfeld (☞ Abb. 4.62). Anwendung findet die Methode vor allem bei aufgrund einer Demenz orientierungseingeschränkten, verwirrten alten Menschen.

Abb. 4.61: Örtliche Orientierungshilfen für demente Menschen.

Abb. 4.62: Naomi Feil ist in der Betreuung dementer Menschen neue Wege gegangen. [Foto: K157]

Ziele

Validieren® heißt,

- Verwirrte Menschen ohne Vorbehalte zu akzeptieren
- Verwirrte Menschen nicht verändern zu wollen
- Die Gefühle der Verwirrten zu erkennen und sie in einer bestimmten Weise zu bestätigen
- Den Dementen in seiner Realität zu belassen.

Alte desorientierte Personen verhalten sich gemäß ihrer eigenen Welt, ihrer Auffassung von Zeit, Ort, Situation und Person. Sie ziehen sich z. B. wie eine Dreißigjährige an und wollen ihre (in Wirklichkeit längst verstorbene) Mutter besuchen gehen. Die Methode der Validation® akzeptiert die **Sichtweise der Dementen.**

Mit Validation® begibt man sich in die Realität des Verwirrten und versucht nicht, sie in die „normale" Welt zurückzuholen.

Ziele von Validation® sind z. B.

- Steigerung des Selbstwertgefühls
- Bedingungslose Akzeptanz des gelebten Lebens und der jetzigen Lebenssituation
- Verbesserung der verbalen und nonverbalen Kommunikation
- Vermeidung eines Rückzugs in die „innere Welt"
- Schaffen einer Atmosphäre, in der sich der Pflegebedürftige emotional geborgen fühlt.

Techniken

Validation® ist in speziellen Fortbildungsveranstaltungen erlernbar. Zu den **Techniken** der Validation®

gehören einfache, nichtwertende Fragen mit wer, was, wann oder wo, die die Dementen zum Agieren und Sprechen auffordern. Verhaltensspiegelungen oder spezielle Berührungen sollen zur nonverbalen Kommunikation anregen.

Wer in dieser Form Kontakt zu dem Dementen aufnehmen will, muss vorab das Stadium der Demenz einschätzen, in dem sich der Pflegebedürftige momentan befindet.

Naomi Feil unterscheidet vier Stadien:

- **Stadium 1:** unglücklich, orientiert
- **Stadium 2:** zeitverwirrt
- **Stadium 3:** sich wiederholende Bewegungen
- **Stadium 4:** vegetieren.

Beispiele für die Anwendung von Validation® im **Stadium 1:**

- W-Fragen stellen, aber kein Warum. Fakten erforschen
- Aussagen mit Schlüsselwörtern. Worte, die mit anderer Stimmhöhe betont werden, wiederholen
- Nach Extremen fragen, z. B. alter Mensch: „Sie stehlen mir meine Unterwäsche!", ValidationsanwenderIn: „Wie oft? Nehmen sie alles?"
- Bevorzugtes Sinnesorgan beachten, minimale Berührung.

Beispiele für die Anwendung von Validation® im **Stadium 2:**

- W-Fragen, kein Warum. Aussagen wiederholen
- Berührungen. Menschen benötigen Körper- und Blickkontakt
- Gefühle des alten Menschen beachten und durch eigene Körpersprache spiegeln
- Zusammenhänge für Verhalten und Bedürfnisse suchen.

Beispiele für die Anwendung von Validation® im **Stadium 3:**

- Validation® mit Berührung beginnen, z. B. leichte, kreisförmige Bewegungen mit der flachen Hand an der Wange
- Sich an die Gefühlswelt des alten Menschen anpassen, Gefühle aussprechen und spiegeln
- Körperbewegungen des alten Menschen spiegeln.

Beispiele für die Anwendung von Validation® im **Stadium 4:**

- Blickkontakt aufbauen
- Aufrichtige, fürsorgliche Stimmlage, mehrdeutige Personalpronomen verwenden
- Stimulation des bevorzugten Sinnesorgans, Musik verwenden.

☑ Ein ausgefeiltes Konzept für die Herangehensweise an einen dementen Menschen möchte Validation® bewusst nicht anbieten.

Wer Validation® im Umgang mit Dementen anwenden will, muss entsprechende Fortbildungsveranstaltungen besuchen, um die Technik zu erlernen.

Biografischer Ansatz

Biografie heißt Lebensbeschreibung oder Lebensgeschichte. Sie bringt den individuellen Reifungsprozess eines Menschen, der von verschiedenen Einflüssen wie z. B. Familie, Beruf und soziales Umfeld geprägt wird, zum Ausdruck. Erfolgt die Pflege und Betreuung des alten Menschen nach dem **biografischen Ansatz,** werden die individuellen Lebenserfahrungen und Potenziale des Pflegebedürftigen berücksichtigt. Voraussetzung sind Grundkenntnisse der Pflegekraft über den **Lebenslauf** und die **Lebenseinstellung** sowie bedeutende historische Kenntnisse aus der Generation des Pflegebedürftigen.

Pflegekräfte, die nach dem biografischen Ansatz arbeiten, müssen sich zuvor mit ihrer eigenen Biografie auseinandersetzen und mit dem Altern und Sterben beschäftigen.

Ziele von Biografiearbeit

- Unterstützung bei der Sinnfindung, Selbsterkenntnis und Suche nach neuen Lebenszielen nach der Beendigung eines Lebensabschnitts
- Überwindung von Einsamkeits- und Minderwertigkeitsgefühlen
- Förderung von Interessen.

Techniken

- Einzelgespräche mit Einbeziehung von Angehörigen oder Freunden
- Themenbezogene Gespräche: Pflegebedürftiger beschäftigt sich mit bestimmtem Thema, zeigt ein Fotoalbum, hört Musik
- Bei aktueller Krisenbewältigung nach Strategien der Krisenbewältigung aus der Vergangenheit fragen und hinterfragen
- Gruppengespräche (☞ Tab. 4.63) zu verschiedenen Ereignissen, z. B. Jahreszeiten, Geburtstage, Feste, Verabschiedung von verstorbenen MitbewohnerInnen
- Pflegerische und aktivierende Maßnahmen auf Gewohnheiten und Neigungen der Pflegebedürftigen überprüfen, z. B. Fragen, wie es früher war oder welche früheren Neigungen es gab
- Im Anschluss an die Gespräche reflektieren, z. B.
  - Bewältigungsstrategien für Krankheits- und Krisensituationen herausarbeiten
  - Höhen und Tiefen aus der Biografie herausarbeiten
  - Bezugspersonen und Gleichgesinnte ausfindig machen

- Gespräche in Form von Gedächtnisprotokollen dokumentieren, dabei auch persönlichen Eindruck berücksichtigen.

Durch **Milieugestaltung** kann Biografiearbeit unterstützt werden. Ziel ist es, eine Atmosphäre zu schaffen, in der sich der Pflegebedürftige wohl und zu Hause fühlt. Zum einen ist dazu eine **intakte Beziehung** zwischen Pflegekraft und Pflegebedürftigem notwendig. Zum anderen trägt auch die Gestaltung der **Umgebung** dazu bei, dass der Pflegebedürftige einen Bezug zu seiner eigenen Biografie findet, z. B. indem er Platz für eigene Gegenstände hat und sein Zimmer entsprechend seinem Geschmack einrichten und dekorieren kann.

Vorsicht!

- Aufdringliche Neugierde oder „Verhöre" vermeiden. Langsam und behutsam vorgehen, manchmal sind Erinnerungen für die Betroffenen schmerzlich
- Datenschutz einhalten.

Basale Stimulation®

Nach Christel Bienstein, die das Konzept der **basalen Stimulation®** u. a. auf die Anwendung bei verwirrten und auch bei bewusstlosen Menschen übertragen hat, kann eine reduzierte Wahrnehmungs-, Bewegungs- und Kommunikationsfähigkeit durch gezielte Stimulation verschiedener Wahrnehmungsbereiche angeregt und aktiviert werden (☞ Tab. 4.64).

Ziele der basalen Stimulation®

- Genesungsprozess im psychischen und physischen Bereich steigern
- Selbstwahrnehmung verbessern
- Orientierungsmöglichkeiten anbieten
- Interaktion und Kontakt nach außen ermöglichen
- Akzeptanz und Verständnis vermitteln
- Eigenaktivität steigern
- Wahrnehmung der Körperschemas unterstützen.

Somatische Wahrnehmung über die Haut steigern

Die **Haut** als größtes Wahrnehmungsorgan wird bei jeder pflegerischen Maßnahme stimuliert. Bei der basalen Stimulation®, z. B. bei der Ganzkörperwaschung (☞ 9.3.2), kommt es auf die Art und Weise der Berührung durch die Hände an. **Technik:**

- Von der Körpermitte zur Peripherie hin arbeiten, Symmetrie herstellen, eindeutige Informationen bieten
- Wechsel der Hände zu neuem Ausgangspunkt nacheinander von der Körpermitte aus vornehmen. Nie beide Hände gleichzeitig vom Körper lösen, auch bei Stellungswechsel immer eine Hand am Körper lassen
- Pflegemaßnahmen so planen und vorbereiten, dass der Pflegebedürftige nicht verlassen werden muss
- Möglichst ganze Hand flächig aufdrücken, um Berührungsqualität zu steigern.

Beachten:

- Ablehnung bestimmter Berührungen unbedingt akzeptieren
- Bei Berührungen keine Handschuhe benutzen
- Zu leichte und oberflächliche Berührungen vermeiden, da sie eher Abwehr hervorrufen, als dass sie als angenehm empfunden werden.

Thema	Meine Familie
Dauer	30–60 Min., 6–8 Settings
Teilnehmerzahl	Maximal 6 Personen, z. B. Tischgemeinschaft
Ziele	• Rollenidentifikation durch Erkennen häufig wiederkehrender Situationen, z. B. Helfer-, Opfer-, Führungsrolle • Bearbeiten noch schmerzender Erinnerungen durch verbales Betrachten in verständnisvoller, schützender Gruppensituation • Verbesserung der Stimmungslage durch gemeinsames Lachen über froh machende Ereignisse, angenehme Beziehungsebene in der Gruppensituation, Verminderung von Einsamkeitsgefühlen • Gemeinsames Betrachten der Zeitereignisse, z. B. Fortschritt: Stromversorgung, Telefon, Autos, Kriege, Aufbau, Drittes Reich, Währungsreform • Motivation, noch offene Fragen in Familienbeziehungen zu klären • Förderung der Kommunikation
Vorbereitung	• Gliederung der Themen für einzelne Settings, z. B. anhand der Entwicklungsschritte des Lebens • Differenzierte Planung der Maßnahmen: Information des zu Betreuenden, Benennung der Bezugsperson im Team, personelle Ressourcen, Zeitpunkt der Durchführung, Räumlichkeit • Milieugestaltung
Durchführung	• Motivierender Einstieg als Hinführung zum Thema, z. B. zum Thema passende Kurzgeschichte, Gedicht, Märchen vorlesen, Musik aus der Zeit, Fotos • TeilnehmerInnen erzählen Erinnerungen zum vereinbarten Thema, dabei Zielsetzung beachten • Befinden der TeilnehmerInnen beobachten • Entsprechend den Regeln der Gesprächsführung (☞ 12.4.2)

Tab. 4.63: Beispiel für Biografiearbeit in der Gruppe.

Bereich	Definition	Möglichkeit der Stimulation
Vibratorischer Bereich	Wahrnehmung von Schwingungen, körperliches Spüren von akustischen Signalen über somatische und vestibuläre Kanäle	Vibration erzeugt wache Aufmerksamkeit. Einsatz von Vibrationsgeräten, z. B. Massagegerät, menschliche Stimme, Lautsprecher
Vestibulärer Bereich	Wahrnehmung der Schwerkraft, des Gleichgewichts, der Raumlage und Beschleunigungskraft	Erhaltung bzw. Wiedererlangen des Körpergefühls durch Wipp-, Dreh-, Schaukel-, Auf- und Abwärtsbewegungen
Somatischer Bereich	Wahrnehmung von Haut als größtes Sinnesorgan, Muskel, Berührung	Hauptbestandteil der basal-stimulierenden Pflege durch Ganzkörperwaschung, atemstimulierende Einreibung, Massage
Geruch und Geschmack	Wahrnehmung von Geruch und Geschmack (wesentliche Erinnerungsauslöser)	Angebot individuell bevorzugter Nahrung und Duftrichtung, Mundbeschaffenheit und Schluckstörung berücksichtigen
Auditiver Bereich	Akustische Wahrnehmung	Hörangebote (Geräusch, Stimme, Musik), die der Pflegebedürftige zuordnen kann, Zuordnung eindeutiger Information, Ansprache mit körperstammnaher Berührung kombinieren
Taktil-haptischer Bereich	Wahrnehmen durch Tastsinn, „Begreifen der Welt" v. a. durch Hände, Mund und Fußinnenflächen	Materialien, die z. B. bei Pflegehandlungen verwendet werden, vorab (be)greifen lassen, Angebot eines „Tastsbretts"
Autostimulation	• Immer monoton, häufig selbstschädigend • Somatisch, z. B. Nesteln an Bettdecke, Kleidung, Reiben, Kratzen • Vibratorisch: z. B. Brummen, Zähneknirschen • Vestibulär: Schaukelbewegung mit Oberkörper	Autostimulation ist Information des Pflegebedürftigen, dass er etwas braucht. Sinnvolle Stimulation anbieten

Tab. 4.64: Stimulation verschiedener Wahrnehmungsbereiche bei der basalen Stimulation.

Je nach gewünschter Wirkung und angestrebtem Ziel gibt es verschiedene **Arten** der Stimulation über die Haut, z. B.

- Soll die Waschung belebend wirken, *entgegen* der Haarwuchsrichtung (belebende Ganzkörperwaschung, ☞ 10.4.2), soll sie eher beruhigen, *in* Haarwuchsrichtung streichen (beruhigende Ganzkörperwaschung, ☞ 10.5.2)
- Bei Halbseitenlähmung und insbesondere bei halbseitiger Vernachlässigung (Neglect) wird eine körperorientierende Ganzkörperwaschung (☞ 4.6.2, Abb. 4.36) durchgeführt. Dabei nicht von der Körpermitte zur Peripherie, sondern von der wahrnehmungsgesunden zur wahrnehmungseingeschränkten Seite hin waschen
- Die atemstimulierende Einreibung (☞ 5.5.2) fördert die Eigenwahrnehmung von Atemrhythmus und Atemtiefe und dient gleichzeitig der Pneumonieprophylaxe
- Ähnlich wie eine Ganzkörperwaschung kann auch eine Massage des ganzen Körpers oder von Teilbereichen, z. B. Fuß- oder Beinmassage, die Wahrnehmung fördern. Verwendet wird eine W/O-Lotion oder ein Hautöl. Wie bei den Waschungen wirken sie entweder belebend oder beruhigend, je nachdem, ob gegen oder in Haarwuchsrichtung massiert wird.

Vorsicht!
Bei unruhigen Verwirrten keine belebenden Waschungen und Massagen durchführen, da sie die Unruhe möglicherweise verstärken.

Gedächtnistraining

Typisches Symptom einer Demenz ist der Verlust des Gedächtnisses im Laufe der Erkrankung. Zuerst zeigen sich vor allem Lücken im **Kurzzeitgedächtnis.** Der Betroffene vergisst, was er gerade sagen wollte, welche Frage gerade an ihn gestellt wurde oder was er in dem Schrank sucht, den er gerade geöffnet hat. Anfänglich funktioniert das **Langzeitgedächtnis** noch recht gut, im fortgeschrittenen Stadium werden aber auch Dinge aus der früheren Biografie vergessen.

Gedächtnistraining dient in erster Linie der Vorbeugung und weniger der Heilung, kann aber erste Symptome einer Demenz kompensieren und den fortschreitenden Gedächtnisverlust verzögern. Bei bereits vorhandenen Gedächtnislücken können mit Hilfe des Gedächtnistrainings kognitive Restfunktionen gefördert und ausgebaut werden. Darüber hinaus wirkt das Training gegen soziale Isolation, da es in geselliger Runde durchgeführt werden kann.

Ziele

- Erhalt und Ausbau kognitiver Fähigkeiten
- Erlebnis von Freude und Spaß
- Möglichkeit von Erfolgserlebnissen
- Erfahrung von Geselligkeit
- (Wieder)erlernen von sozialem Verhalten
- Verbesserung der sprachlichen Ausdrucksfähigkeit
- Verbesserung der Blut- und Sauerstoffzufuhr des Gehirns.

Technik

- Für die Übungen sinnvolles Trainingsmaterial auswählen, das für den Pflegebedürftigen eine persönliche Bedeutung hat, z. B. Begriffe aus seinem früheren Berufsbereich
- Einseitiges Training nur bestimmter Hirnfunktionen, z. B. immer nur die Reproduktion von Zahlen, Begriffen oder Buchstaben, vermeiden
- Mit den Übungen nicht nur den Geist, sondern auch die Gefühle ansprechen, z. B. mit Fragen nach Lieblingsstars und -musik in der Jugend
- Neugierde der Pflegebedürftigen wecken
- Nicht die richtigen Antworten sind entscheidend, sondern das Nachdenken über die Fragen.

☑ Gedächtnistraining erfordert Geduld und Ausdauer der Pflegekräfte und führt nur zum Erfolg, wenn es ohne eigene oder fremde Leistungsanforderungen und Konkurrenzdruck praktiziert wird. Stress begünstigt Gedankenblockaden.

Beispiele

Das Gedächtnistraining kann in Einzel- oder Gruppenarbeit, schriftlich oder mündlich durchgeführt werden. Folgende Spiele eignen sich besonders gut:

- Kartenspiele wie Memory oder Schwarzer Peter
- Sprichwörter ergänzen, z. B. „Morgenstund hat…“
- Rätselraten
- Kim-Spiele. Dabei müssen sich die TeilnehmerInnen z. B. 10 Gegenstände einprägen, die sie für kurze Zeit gezeigt bekommen. Anschließend sollen sie aufzählen, welche Gegenstände sie sich gemerkt haben
- Stadt, Land, Fluss
- Kreuzworträtsel.

Literaturtipp

Stengel, Franziska: Gedächtnis spielend trainieren. memo verlag Hedwig Ladner, Stuttgart 1993.

Stengel, Franziska: Heitere Gedächtnisspiele 1 und 2, jeweils Spielmappe und Spielleiterband mit Ton-Kassette (nur zu Bd. 1). memo verlag Hedwig Ladner, Stuttgart 1997.

Dunkhorst, Heike: Gedächtnistraining. Vincentz Verlag, Hannover 1994

Snoezelen

Methode des Snoezelens ☞ 10.4.2

Snoezelen gehört zu den nicht medikamentösen Behandlungsmöglichkeiten der Demenz. Es kann im Rahmen eines mehrdimensionalen Ansatzes angewendet werden, um die Lebensqualität von dementen Menschen zu erhöhen.

Snoezelen fördert bei verwirrten Menschen die Wahrnehmung auf spielerische Weise. Wohlfühlen, Entspannung und Freude an der Sinneswahrnehmung stehen im Vordergrund. Snoezelenräume können mit relativ einfachen Mitteln in jeder Altenpflegeeinrichtung eingerichtet werden (☞ 10.4.2).

In einem Snoezelenraum gibt es Angebote entsprechend den fünf Sinnesorganen für das Schmecken und Riechen, Fühlen, Sehen und Hören:

- Reize für die **Geruchswahrnehmung** werden in einem Snozelenraum über Duftverbreiter, z. B. eine Duftlampe, erzeugt (Aromatherapie, ☞ unten)
- Über intensiv schmeckende Nahrungsmittel kann der **Geschmackssinn** stimuliert werden
- **Akustische Reize** produziert z. B. eine Musikanlage, die im Snoezlenraum nicht sichtbar ist. Musikstücke können vom Besucher des Raumes gewählt werden
- Die **taktile Wahrnehmung** kann z. B. durch Tastsäulen, Tastbretter oder Fühlwände angeregt werden, auf die Materialien wie Schwämme, Leder oder Kies befestigt werden
- Für die **visuelle Wahrnehmung** sind Licht und Farben besonders wichtig. Farben prägen Stimmungen und können Menschen beeinflussen. Rot ist z. B. eine aktivierende Farbe, während blau eher eine beruhigende Wirkung ausstrahlt.

Oberstes Prinzip des Snoezelens ist es, dass derjenige, der snoezelt, die Art und die Einwirkzeit der Reize selbst bestimmt. Er kann beim Snoezelen also nach individuellen Vorlieben und Bedürfnissen verschiedene Sinneserfahrungen machen.

Vorsicht!
Eine **Reizüberflutung** verunsichert den alten Menschen und verstärkt eher die Verwirrung. Deshalb sollten nicht alle Reize gleichzeitig auf den Pflegebedürftigen einströmen, sondern einzelne Sinne gezielt angesprochen und deren Wahrnehmung vertieft werden.

Abb. 4.65: Gedächtnistraining. [K157]

Ätherisches Öl	Wirkung
Zitrusöle	körperlich belebend und erfrischend sowie seelisch stimulierend, stimmungsaufhellend und aktivierend
Thymian	gibt Energie bei geistiger und körperlicher Schwäche, gegen Müdigkeit und Lethargie, fördert die Konzentrationsfähigkeit und regt allgemein die Gehirntätigkeit an
Birkenholz	bei seelischer Anspannung und nervlicher Erschöpfung, regt psychisch an, gleicht innerlich aus, entspannt körperlich und wirkt somit auch Schlaf fördernd.

Tab.4.66: Wirkung ausgewählter ätherischer Öle.

Aromatherapie

Ätherische Öle können in vielfältiger Weise für die **Aromatherapie** eingesetzt werden, z. B. als Parfum, als Zusatz im Waschwasser oder Vollbad, als Massageöl oder zum Verdampfen in der Duftlampe. Die Duftstoffe können auch auf Kleidungsstücke oder auf das Kopfkissen aufgetragen werden und ähnliches mehr.

Aromalampe: Die einfachste Art der Anwendung ätherischer Öle in der Aromatherapie ist das Verdampfen in der Duftlampe. Man gibt einige Tropfen des Öles in eine mit Wasser gefüllte Schale der Aromalampe und entzündet die sich darunter befindende Teekerze. Durch das Verdampfen in der Hitze verteilt sich der Duft des Öles im Raum.

Die *Dosierung* hängt davon ab, ob das Öl z. B. flüchtig oder hoch konzentriert ist. In der Regel nimmt man 5–10 Tropfen für einen Raum mittlerer Größe. Bei einigen Aromastoffen genügen auch 1–2 Tropfen, da der Pflegebedürftige bei hoch konzentrierten Ölen mit Kopfschmerzen oder Übelkeit reagieren könnte.

☑ Gerüche nicht permanent verdampfen lassen, da sie ansonsten nicht mehr wahrgenommen werden können.

Massageöl: Als Trägerstoffe der ätherischen Öle in Massageölen eignen sich besonders gut Jojoba- oder Mandelöl, möglich sind aber auch normales Sonnenblumen- oder Olivenöl. Mandelöl eignet sich für jeden Hauttyp, es pflegt empfindliche Haut besonders gut. Wegen der Gefahr von Unverträglichkeiten sind nur zwei bis drei Tropfen des ätherischen Öles auf 100 ml Trägeröl zu geben. Tab. 4.66 zeigt beispielhaft einige Anwendungsmöglichkeiten ätherischer Öle. Im Kapitel 10, Tab. 10.25, werden einige Aromastoffe mit beruhigender Wirkung vorgestellt.

Vorsicht!
Es wird unterschieden zwischen natürlichen und naturidentischen ätherischen Ölen verschiedener Qualitätsstufen. Viele sind nur verdünnt und zur äußeren Anwendung geeignet, wenige für die innere Anwendung. Alle Öle können allergische Reaktionen hervorrufen. Bei **Allergiezeichen** wie z. B. Hautrötung, Bläschenbildung oder Atemnot Anwendung sofort abbrechen, Ölreste entfernen und ÄrztIn verständigen.

Psychische Stabilität und Wohlbefinden fördern

Die Pflegebedürftigen leiden aufgrund ihrer körperlichen und sozialen Einschränkungen häufig unter Unsicherheit, Ängsten, Traurigkeit, depressiven Verstimmungen, sind entweder eher lethargisch oder aggressiv. Bei einigen kommt es auch zu psychosomatischen Erkrankungen. Hier können Maßnahmen, die die **psychische Stabilität** und das **Wohlbefinden** fördern, sehr hilfreich sein. Dazu gehören

- Beruhigende Ganzkörper- oder Teilwaschungen (☞ 10.5.2) oder beruhigende Ganzkörper- oder Teileinreibungen, die nach demselben Prinzip wie beruhigende Waschungen funktionieren. Es können Cremes oder Öle verwendet und verschiedene Stoffe zugesetzt werden (Aromatherapie, ☞ oben)
- Entspannungsübungen (☞ 10.4.2 und 6.5.2)
- Musiktherapie (☞ 10.4.2)
- „10-Minuten-Aktivierung“ (☞ 12.3.2).

Umgang mit chronisch Verwirrten

Kommunikationsregeln

Für den Umgang mit Dementen können folgende **Kommunikationsregeln** sowohl für den Betroffenen als auch die Pflegekraft hilfreich sein:

- Für eine ruhige, angenehme Gesprächsatmosphäre in einem reizarmen Umfeld sorgen
- Nur wenige Themen ansprechen, kurze Gespräche führen
- Klare und unmissverständlich formulierte Fragen stellen
- In einfachen und kurzen Sätzen sprechen
- Geduldig sein
- Sich fürsorglich, aber bestimmt verhalten
- Wichtige Informationen wiederholen
- Anschuldigungen überhören
- Sinnlose Diskussionen vermeiden, lieber für richtiges Reagieren loben und belohnen
- Nicht nur verbal, sondern auch nonverbal kommunizieren
- Behutsam zum Thema zurückführen
- Viel Zeit zum Antworten lassen
- Das Denken in der Vergangenheit akzeptieren und davon ausgehend versuchen, aktuelle Dinge anzusprechen.

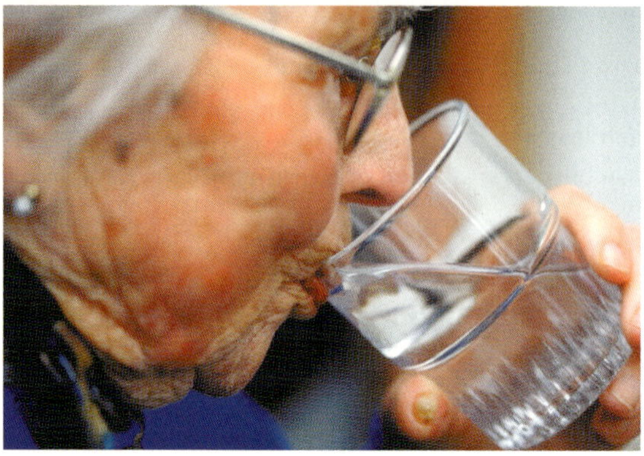

Abb. 4.67: Demente vergessen häufig zu trinken. Das kann ihre Verwirrtheit noch verstärken. [K157]

Praktische Tipps im Umgang mit Dementen

- Einfache Regeln und feste Gewohnheiten einführen
- Auf einen beständigen, routinierten Tagesablauf sowie eine strukturierte und verlässliche Umgebung achten. Beides vermittelt Sicherheit und beugt Reizüberflutungen vor
- Nicht überfordern – für Reize sorgen, aber individuelle Grenzen beachten
- Sinnvolle und selbstständige Tätigkeiten des Dementen fördern
- Auf eine regelmäßige und ausgewogene Ernährung achten, da die Erkrankten häufig zu viel, zu wenig oder wahllos essen und trinken
- Auf Körperhygiene achten, auch diese wird häufig vergessen oder unzureichend durchgeführt
- Urin- und Stuhlinkontinenz (☞ 8.4, 8.5) durch Beobachtung individueller Gewohnheiten, z. B. Stuhlgang meist nach den Mahlzeiten, und entsprechend rechtzeitigem Handeln auf ein Minimum reduzieren
- Auf körperliche Bewegung, z. B. Spaziergänge in bekannter Umgebung, achten
- Bei Weglaufgefahr (☞ 11.6) dafür sorgen, dass Name, Adresse des Pflegebedürftigen und die Telefonnummer des Altenheims bzw. Pflegedienstes in der Kleidung oder in den Taschen zu finden sind
- Bei Unterkühlungsgefahr (☞ 5.9) durch Weglaufen im Winter für jahreszeitlich angemessene Kleidung sorgen
- Den natürlichen Schlaf-Wach-Rhythmus fördern durch Aktivierung am Tag und Zubettgeh-Rituale, ggf. leichte Nachtmedikation, evtl. Nachtkaffee anbieten (☞ 10.4.2.).

Literaturtipp

Müller, Dagmar: Intervention für verwirrte, ältere Menschen in Institutionen. Kuratorium Deutsche Altershilfe, Köln 1994

☑ Die **Deutsche Alzheimer Gesellschaft** bringt u. a. eine umfangreiche Schriftenreihe zu verschiedenen Fragen der Alzheimer-Thematik heraus. Sie wendet sich an Angehörige von Alzheimer-PatientInnen sowie professionelle und ehrenamtliche HelferInnen.

Informationen zu Veranstaltungen und Gesprächsgruppen, auch für Angehörige, gibt es über:

Deutsche Alzheimer-Gesellschaft e.V.
Kantstraße 152,
0623 Berlin
Tel. 0 30/31 50 57 33, Fax: 0 30/31 50 57 35
e-mail: deutsche.alzheimer.ges@t-online.de

4.11.3 Exemplarische Pflegeplanung

Pflegediagnose mit Ursache (PD), Ressourcen (R), Gewohnheiten (G), Erfahrungen (E), aktuelle Bedürfnisse (AB)	Pflegeziele	Pflegetherapie Information (I), Beratung (B), Motivation (M), Anleitung (A), Beaufsichtigung (Bf), teilweise Übernahme (tÜ), vollständige Übernahme (vÜ)
PD: Chronische Verwirrtheit aufgrund einer Demenz **R:** • Bekommt zwei- bis dreimal wöchentlich Besuch • Ist meistens gut gelaunt • Liebt Musik, vor allem Mozart **AB:** Möchte sich viel bewegen und umherlaufen	Ist in ihrem sozialen Umfeld orientiert Fühlt sich wohl und geborgen	**vÜ:** Täglich kurze Gespräche anbieten, validierende Gesprächshaltung **M, vÜ:** 3x wöchentlich zum Gedächtnistraining motivieren und durchführen (Pflegekräfte, Begleitender Dienst), dabei individuelle Interessen entsprechend Biografie berücksichtigen. Zimmer orientierend gestalten: Großen Kalender mit jahreszeitlichen Bildern und Uhr aufhängen, Zimmer entsprechend dekorieren **vÜ:** ROT durchführen, vor allem Wege zum Speisesaal, zur Toilette üben **vÜ:** Abends beruhigende Ganzkörperwaschung durchführen **Bf:** Wenn gewünscht zum Snoezelen-Raum begleiten **vÜ:** Musiktherapie anbieten. Angehörige bitten, Lieblingsmusik zu besorgen und mitzubringen **Bf:** Täglich zur Teilnahme am Sitztanz begleiten, täglich Spaziergänge mit Pflegekraft oder Angehörigen

Tab.4.68: Beispiel einer Pflegeplanung bei chronischer Verwirrtheit.

4.12 Bewusstseinsstörungen – Apallisches Syndrom

Bewusstsein: Gesamtheit aller kognitiven, emotionalen und Wahrnehmungsvorgänge verbunden mit dem Wissen um das eigene Ich und um die Subjektivität dieser Vorgänge. Bei einer **Bewusstseinsstörung** ist diese Gesamtheit gestört

Es wird zwischen qualitativen und quantitativen Bewusstseinsstörungen unterschieden. Bei **qualitativen Bewusstseinsstörungen** sind die *Bewusstseinsinhalte* verändert, ohne dass der Betroffene dabei an Wachheit einbüßt. Sie kommen bei psychiatrischen Erkrankungen, z. B. bei Schizophrenie, vor. Den Betroffenen ist entweder nur ein Teil des Gesamterlebens bewusst, neben diesem Ausschnitt werden andere Anteile fast nicht wahrgenommen *(Bewusstseinseinengung)*. Oder das Bewusstsein verschiebt sich in eine „andere Welt" *(Bewusstseinsverschiebung)*.

In diesem Kapitel werden nicht die qualitativen, sondern die **quantitativen Bewusstseinsstörungen** *(Vigilanzstörung, Minderung der Wachheit)* besprochen. Sie sind gekennzeichnet durch eine veränderte Bewusstseinshelligkeit. Der Betroffene ist je nach Schwere der Bewusstseinsstörung (☞ unten) schläfrig bzw. bei Bewusstlosigkeit tief betäubt (Koma).

☑ Ein **Koma** wird heute nicht mehr nur als rein „organisch bedingte" Bewusstlosigkeit durch Ausfall von Bewusstseinsfunktionen, sondern auch als seelische Reaktion eines Menschen auf eine schwere Gewalteinwirkung im weitesten Sinne verstanden.

Eine besondere Form der Bewusstlosigkeit ist das **Apallische Syndrom** *(Wachkoma)*, bei dem das Selbstbewusstsein und die Kontaktfähigkeit zur Außenwelt erlischt. Da die Verbindung vom Hirnstamm zum Großhirn durch eine Schädigung im Bereich von Mittel- und Zwischenhirn blockiert ist, wird das Großhirn als Verarbeitungsstelle von Sinneseindrücken und Sitz des Bewusstseins funktionell abgekoppelt (☞ Abb. 4.69). Lebensnotwendige Funktionen wie Atmung und Kreislauf sind von der Hirnschädigung meist nicht betroffen, da sie in Gehirnregionen unterhalb der Schädigung reguliert werden.

4.12.1 Pflegediagnostik

Ursachen und Einflussfaktoren

Bewusstseinsstörungen mit verminderter Bewusstseinshelligkeit sind keine eigenständige Krankheit, sondern Symptom hirnfunktionsstörender Erkrankungen:

- Erkrankungen und Verletzungen des Gehirns wie z. B. Durchblutungsstörungen, Hirnblutung, Gehirnentzündung, Hirntumor oder Schädel-Hirn-Trauma
- Herz-Kreislauf-Erkrankungen, die die Durchblutung des Gehirns beeinträchtigen, z. B. bei Blutdruckabfall oder Pumpschwäche des Herzens (Herzinsuffizienz)
- Schwere Atemstörungen, so dass das Gehirn einen Sauerstoffmangel erleidet
- Stoffwechselstörungen wie Blutzuckerveränderungen, Leber- und Nierenfunktionsstörungen, hohes Fieber
- Vergiftungen, z. B. durch Medikamente oder Alkohol.

Ein **Apallisches Syndrom** kann verursacht werden durch

- Ein schweres Schädel-Hirn-Trauma, häufig nach Verkehrsunfällen
- Sauerstoffmangel im Gehirn, z. B. infolge eines Narkosezwischenfalls oder nach einer Wiederbelebungsmaßnahme.

Anzeichen einer quantitativen Bewusstseinsstörung

Stadium 1: Die **Benommenheit** ist das leichteste Stadium der Bewusstseinstrübung. Kennzeichen sind

- Leichte Schläfrigkeit, gestörte Aufmerksamkeit
- Verzögerte Reaktionen
- Verwaschene Sprache, Lallen
- Denkverlangsamung und -einengung, erschwerte Auffassung und psychomotorische Verlangsamung.

Stadium 2: Nächst tieferes Stadium der Bewusstseinstrübung ist die **Somnolenz**. Typisch sind

- Deutliche Schläfrigkeit
- Schleppende, kloßige Sprache
- Auffassung gestört, eine Verständigung ist schwer möglich
- Orientierungsstörungen.

Stadium 3: Der **Sopor** ist ein tiefschlafähnlicher Zustand, aus dem der Betroffene nur durch stärkere Reize, nur teilweise und kurzzeitig erweckbar ist. Auf Reize wie Kneifen reagiert er mit Abwehrbewegungen, evtl. mit lallenden Lauten. Die Schutzreflexe sind eingeschränkt, Primitivreflexe wie Schmatz- und Greifreflexe sind erhalten.

Stadium 4: Das **Koma** ist der stärkste Grad der Bewusstseinstrübung. Es ist gekennzeichnet durch eine tiefe Bewusstlosigkeit mit Bewegungs- und Reaktionslosigkeit, aus der der Bewusstlose auch durch (Schmerz-)Reize wie Kneifen nicht erweckt werden kann. Hinzu kommen Atemstörungen sowie ein Kontrollverlust über Darm und Blase. Bei einem Koma besteht Lebensgefahr.

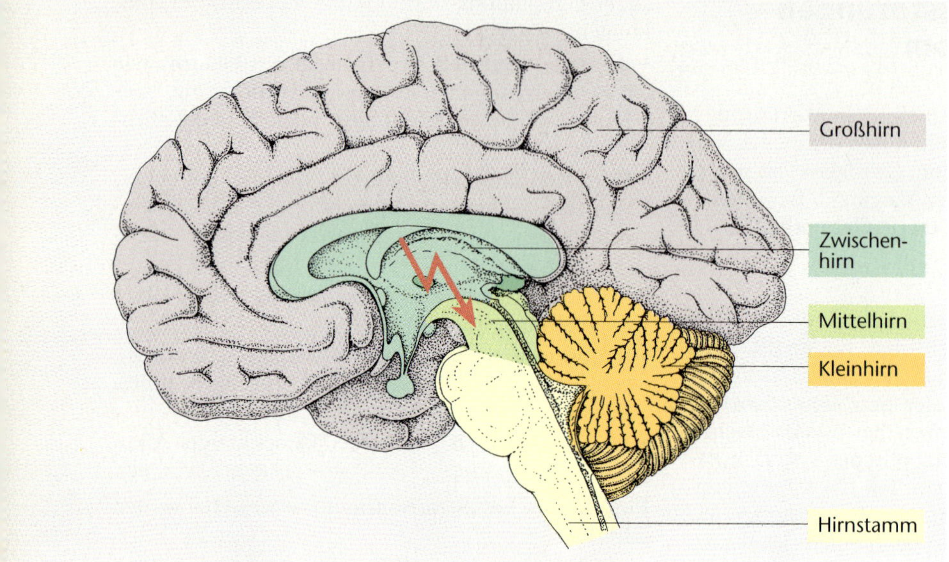

Abb. 4.69: Bei einem Apallischen Syndrom ist die Verbindung zwischen Hirnstamm und Großhirn gestört. [A400]

Vorsicht!
Bei **akuten Bewusstseinsstörungen**
- NotärztIn rufen
- Vitalzeichen (Puls, Blutdruck, Atmung) kontrollieren
- Alten Menschen in stabile Seitenlage bringen
- Bei Herz-Kreislauf-Stillstand Wiederbelebungsmaßnahmen (Reanimation) einleiten.

Keine Nahrung und Flüssigkeit verabreichen. Es besteht Erstickungsgefahr durch Aspiration.

Anzeichen bei Apallischem Syndrom
- Erhaltene Spontanatmung
- Normaler Schlaf-Wach-Rhythmus
- In den Wachphasen werden die Augen geöffnet, blicken aber „ins Leere" und fixieren nichts
- Keine äußerlich erkennbare Reaktion auf Reize von außen wie Ansprache oder Berührung
- Keine erkennbare Kontaktaufnahme zur Außenwelt
- Erhöhter Muskeltonus (Spastik)
- Vegetative Symptome wie Schwitzen, Speichelfluss, Tachykardie und Blutdruck-Anstieg
- Harn- und Stuhlinkontinenz.

4.12.2 Pflegetherapeutische Maßnahmen bei Apallischem Syndrom

Während früher nur wenige Menschen aus einem Wachkoma wieder erwacht sind, ist das Apallische Syndrom heute für viele der Betroffenen ein vorübergehender Zustand. Sehr selten kommt es zu einem Spontanerwachen, in den meisten Fällen ist die verbesserte Prognose auf eine intensive, mehrdimensionale Behandlung über Wochen und Monate, mitunter sogar Jahre zurückzuführen.

☑ Menschen mit Wachkoma sind nicht scheintod. Sie sind schwersthirngestört und benötigen eine intensive und langfristige Therapie, damit sie den Zustand des Wachkomas überwinden.

Bei der Behandlung ist die Zusammenarbeit in einem **multiprofessionellen Team** unabdingbar. Pflegekräfte, ErgotherapeutInnen, KrankengymnastInnen, ÄrztInnen, MusiktherapeutInnen und SchwerstbehindertenpädagogInnen arbeiten eng zusammen, um den Betroffenen zu rehabilitieren.

Eine überaus wichtige Aufgabe haben **Familienangehörige.** Nur sie kennen die individuellen Vorlieben ihres wachkomatösen Familienmitgliedes und können deshalb seine Wahrnehmung mit für ihn vertrauten Reizen stimulieren und mit ihm in eine zwischenmenschliche Beziehung treten. Neuere Forschungen haben gezeigt, dass Menschen im Wachkoma zwar nicht äußerlich für jeden sichtbar auf Ansprache durch enge Familienmitglieder reagieren, dass aber die mit dem EEG (Elektroenzaphalographie) aufgezeichneten Hirnströme und Veränderungen von Blutdruck und Puls dafür sprechen, dass der Pflegebedürftige seine Angehörigen wahrnimmt. Nach längerer Zeit, in der der Pflegebedürftige scheinbar nicht reagiert, bemerken meistens zuerst die Angehörigen kleinste Regungen, die Antwort auf emotionale Zuwendung und spezifische Reize sind.

Auch ein Mensch, der scheinbar auf nichts reagiert, weil er bewusstlos ist, nimmt mit hoher Wahrscheinlichkeit Sprache, Wärme und Berührung wahr. Deshalb sind jegliche negativen Äußerungen im Hinblick auf den Zustand des Bewusstlosen in seiner Gegenwart zu unterlassen.

Zu den **pflegerischen Grundsätzen und Maßnahmen** bei der Betreuung von Menschen im Wachkoma gehören:

- Die Methode der „Aktivierenden Pflege" anwenden (☞ 6.4.2)
- Um die Wahrnehmung zu fördern, Basale Stimulation® anwenden (☞ 11.4.2), z. B. bei der Körperpflege
- Die Wahrnehmung über alle Wahrnehmungskanäle fördern, z. B.
  - Optische Reize: ausgewählte Fernsehsendungen, Fotos von Menschen, zu denen ein gutes Verhältnis besteht, Gegenstände, die dem Pflegebedürftigen etwas bedeuten, als angenehm empfundene Farben auf Bildern, in Tapeten und Wandfarben
  - Akustische Reize, z. B. durch Musik, die der Betroffene liebt. Ihn grundsätzlich bei Pflegemaßnahmen informieren und mit ihm sprechen
  - Taktile Reize durch Berührung, basal stimulierende Körperpflege
  - Anregung von Geschmacks- und Geruchssinn, z. B. mit Aromalampen oder Verwendung von ätherischen Ölen bei der Körperpflege
- Den Gefahren der Bettlägerigkeit wie Kontrakturen, Pneumonie, Thrombose, Intertrigo und Dekubitus durch prophylaktische Maßnahmen vorbeugen (☞ auch 6.4.2)
- Der Pflegebedürftige benötigt Unterstützung in allen Lebensbereichen, z. B. bei der Ernährung über eine Sonde (☞ 7.3), bei der Ausscheidung (Harninkontinenz, ☞ 8.4, Stuhlinkontinenz, ☞ 8.5) und bei der Körperpflege (☞ 9.3)
- Angehörige intensiv in die Betreuung ihres Familienmitgliedes einbinden und anleiten, den Pflegebedürftigen über alle Sinne zu stimulieren. Manchmal müssen Angehörige auch Mut zugesprochen bekommen, wenn sie die Zuversicht verlieren.

Grundsätzlich nur positive Reize zur Förderung der Wahrnehmung verwenden, damit es sich für den wachkomatösen Menschen „lohnt", wieder ins Leben zurück zu kehren.

Geduld ist ein wichtiger Therapiebegleiter, denn Erfolge sind nicht in kurzer Zeit zu erwarten. Reizangebote, auf die der Pflegebedürftige, wenn auch nur minimal, reagiert, müssen immer wieder ausprobiert und wiederholt werden.

Niemand kann Aussagen über die **Prognose** machen. Manche Menschen erwachen aus einem Wachkoma und können sogar wieder beruflich und sozial integriert werden. Bei vielen anderen gelingt dies nicht. Vielleicht gelingt es aber, den Betroffenen ein Stück aus seiner inneren Welt zu holen und sich mit ihm auf einfache Art zu verständigen.

☑ Je frühzeitiger die Behandlung beginnt und je intensiver die Kommunikation und emotionale Zuwendung über einen langen Zeitraum ist, umso größer sind die Chancen, dass der Betroffene trotz verbleibender Schäden zu einer, wenn auch einfachen, sprachlichen Verständigung findet.

☑ Informationen und Hilfen, auch für Angehörige, gibt es über:

Verein Patienten im Wachkoma e.V. (PiW)
Am Heshahn 4
51702 Bergneustadt
Tel. 02261/94 94 44

oder

Schädel-Hirn-Patienten in Not e.V.
Bayreuther Str. 33
92224 Amberg
Tel. 09621/64 800

Dieser Selbsthilfeverband gibt auch das Fachmagazin „Wachkoma – und danach" heraus.

4.12.3 Pflegeplanung

Auf die Darstellung einer exemplarischen Pflegeplanung wird an dieser Stelle verzichtet. Sie sollte gemeinsam mit den anderen Professionen und vor allem gemeinsam mit den Angehörigen gemacht werden. Für die Stimulation der Wahrnehmung von Menschen mit einem Apallischen Syndrom können keine „fertigen Rezepte" vorgeschlagen werden.

Pflegemaßnahmen werden auch bei Pflegebedürftigen ohne Bewusstseinsstörungen individuell ausgewählt. Bei einem konkreten Krankheitsbild gibt es aber stets Pflegemaßnahmen, die bei allen Menschen mit dieser Erkrankung gleich oder zumindest ähnlich durchgeführt werden.

Die Stimulation der Wahrnehmung bei einem wachkomatösen Menschen gelingt dagegen nur mit Stimulationsangeboten, die speziell auf diesen einen Menschen zugeschnittenen sind. So werden beispielsweise die Angehörigen nach Stimuli befragt, die dem Pflegebedürftigen aus seiner Biografie in angenehmer Weise vertraut sind. Reaktionen auf ausgetestete Stimuli werden festgehalten und ergeben letztendlich einen individuellen Pflegeplan.

Wiederholungsfragen

1. In welcher Beziehung stehen Wahrnehmungsfähigkeit, Kommunikationsfähigkeit und kognitive Kompetenz eines Menschen? (☞ 4.1)
2. Was bedeutet kognitiv? (☞ 4.1)
3. Welche Sinnesorgane gibt es und wie lautet die entsprechende Sinnesfunktion? (☞ 4.1)
4. Was ist der Unterschied zwischen verbaler und nonverbaler Kommunikation? (☞ 4.1)
5. Welche Ursachen können Wahrnehmungsstörungen, kognitive Beeinträchtigungen und eine eingeschränkte Kommunikationsfähigkeit haben? (☞ 4.1)
6. Welche Sinnesorgane und -funktionen verändern sich im Alterungsprozess eines Menschen? (☞ 4.1)
7. Welchen Einfluss hat die räumliche Umgebung auf die Wahrnehmungs- und Kommunikationsfähigkeit sowie die kognitive Kompetenz eines Menschen? (☞ 4.1)
8. Mit welchen anderen Fachberufen arbeiten AltenpflegerInnen im Lebens- und Kompetenzbereich „Wahrnehmung, Kommunikation und kognitive Kompetenz“ zusammen? (☞ 4.1)
9. Was ist eine LogopädIn? (☞ 4.1)
10. Welche anderen Wahrnehmungs- und Ausdrucksmöglichkeiten als die Sprache spielen im Altenpflegeberuf eine wichtige Rolle? (☞ 4.1)
11. Welche Informationen über den Pflegebedürftigen benötigt eine AltenpflegerIn zum Erstellen einer Pflegediagnose im Lebens- und Kompetenzbereich „Wahrnehmung, Kommunikation und kognitive Kompetenz“?(☞ 4.2)
12. Welche Ursachen führen zu einem eingeschränktem Hörvermögen? (☞ 4.3.1)
13. Welche technischen Hilfsmittel können ein eingeschränktes Hörvermögen kompensieren? (☞ 4.3.2)
14. Was ist eine Gebärdensprache? (☞ 4.3.2)
15. An welchen Verhaltensauffälligkeiten ist bei einem älteren Menschen ein eingeschränktes Sehvermögen erkennbar? (☞ 4.4.1)
16. Welche technischen Hilfen können bei einem beeinträchtigten Sehvermögen helfen? (☞ 4.4.2)
17. Wie wird eine Augenprothese eingesetzt? (☞ 4.4.2)
18. Was ist im Umgang mit sehbeeinträchtigten Menschen zu beachten? (☞ 4.4.2).
19. Was sind taktile Wahrnehmungsstörungen und wodurch werden sie verursacht? (☞ 4.5)
20. Was ist ein Neglect? (☞ 4.6)
21. Wie werden Menschen mit einem Neglect gepflegt? (☞ 4.6.2)
22. Welche Funktionen haben Geruchs- und Geschmackssinn? (☞ 4.7)
23. Wie kann der Geruchs- und Geschmackssinn trainiert werden? (☞ 4.7.2)
24. Welches sind die häufigsten Ursachen für chronische Schmerzen? (☞ 4.8.1)
25. Wonach wird der Pflegebedürftige bei der Schmerzanamnese gefragt? (☞ 4.8.1)
26. Was ist ein Schmerztagebuch? (☞ 4.8.1)
27. Welche pflegetherapeutischen Maßnahmen werden bei chronischen Schmerzen durchgeführt? (☞ 4.8.2)
28. Was ist der Unterschied zwischen einer Aphasie und einer Dysathrie (☞ 4.9)?
29. Welche pflegetherapeutischen Maßnahmen können bei Sprach- und Sprechstörungen angewendet werden ? (☞ 4.9.2)
30. Was versteht man unter Stimmrehabilitation bei Tracheostoma und welche Möglichkeiten der Stimmrehabilitation gibt es? (☞ 4.9.2)
31. Welche Folgen haben für eine BewohnerIn in einer deutschen Pflegeeinrichtung unzureichende deutsche Sprachkenntnisse? (☞ 4.10.1)
32. Wie verhält sich eine AltenpflegerIn gegenüber einer Pflegebedürftigen mit unzureichenden deutschen Sprachkenntnissen? (☞ 4.10.2)
33. Welche Ursachen hat eine chronische, welche eine akute Verwirrtheit? (☞ 4.11.1)
34. Was heißt ROT und was beinhaltet es? (☞ 4.11.2)
35. Wie wird Biografiearbeit mit Verwirrten durchgeführt? (☞ 4.11.2)
36. Wie kann die Wahrnehmung über die Haut mit Hilfe der Basalen Stimulation® gefördert werden? (☞ 4.11.2)
37. Welche Ziele verfolgt das Gedächtnistraining? (☞ 4.11.2)
38. Welche Umgangsformen sind mit Dementen sinnvoll? (☞ 4.11.2)
39. Was ist ein Apallisches Syndrom? (☞ 4.12.2)
40. Welche Rolle spielen die Angehörigen bei der Pflege ihres wachkomatösen Familienmitgliedes? (☞ 4.12.2)

5. Für adäquate Vitalfunktionen sorgen

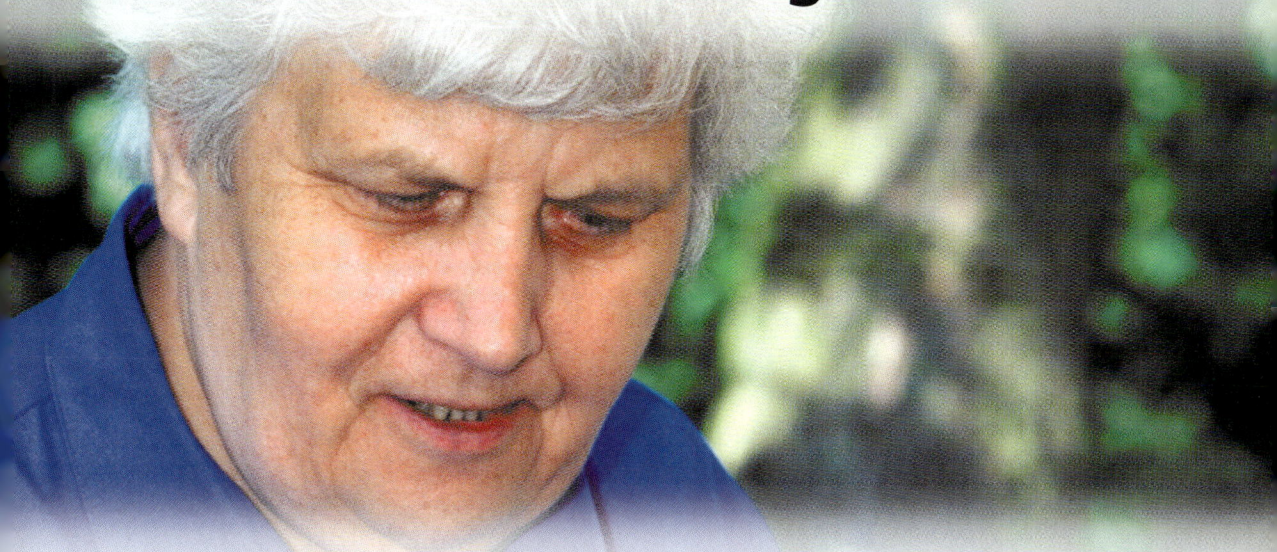

5.1 Bedeutung und Einflussfaktoren

„Für adäquate Vitalfunktionen sorgen“: Lebensbereich, der alle Selbstpflegeerfordernisse beinhaltet, die die Regulierung der Atmung, des Herz-Kreislaufsystems und der Körpertemperatur zum Ziel haben, um das für alle Stoffwechselvorgänge notwendige innere Milieu des Organismus zu sichern.

Adäquate Vitalfunktionen sind unabdingbar für die Erhaltung des Lebens. Ohne ausreichende Atmung, ohne ein funktionierendes Herz-Kreislaufsystem und ohne die Regulierung der Körpertemperatur ist menschliches Leben nicht möglich.

Akute und massive Störungen der Vitalfunktionen führen zu lebensbedrohlichen Notfällen, die sofortiger Erste-Hilfe-Maßnahmen bedürfen (☞ Literaturtipp).

Chronische bzw. weniger akute Beeinträchtigungen der Vitalfunktionen vermindern die Leistungsfähig-

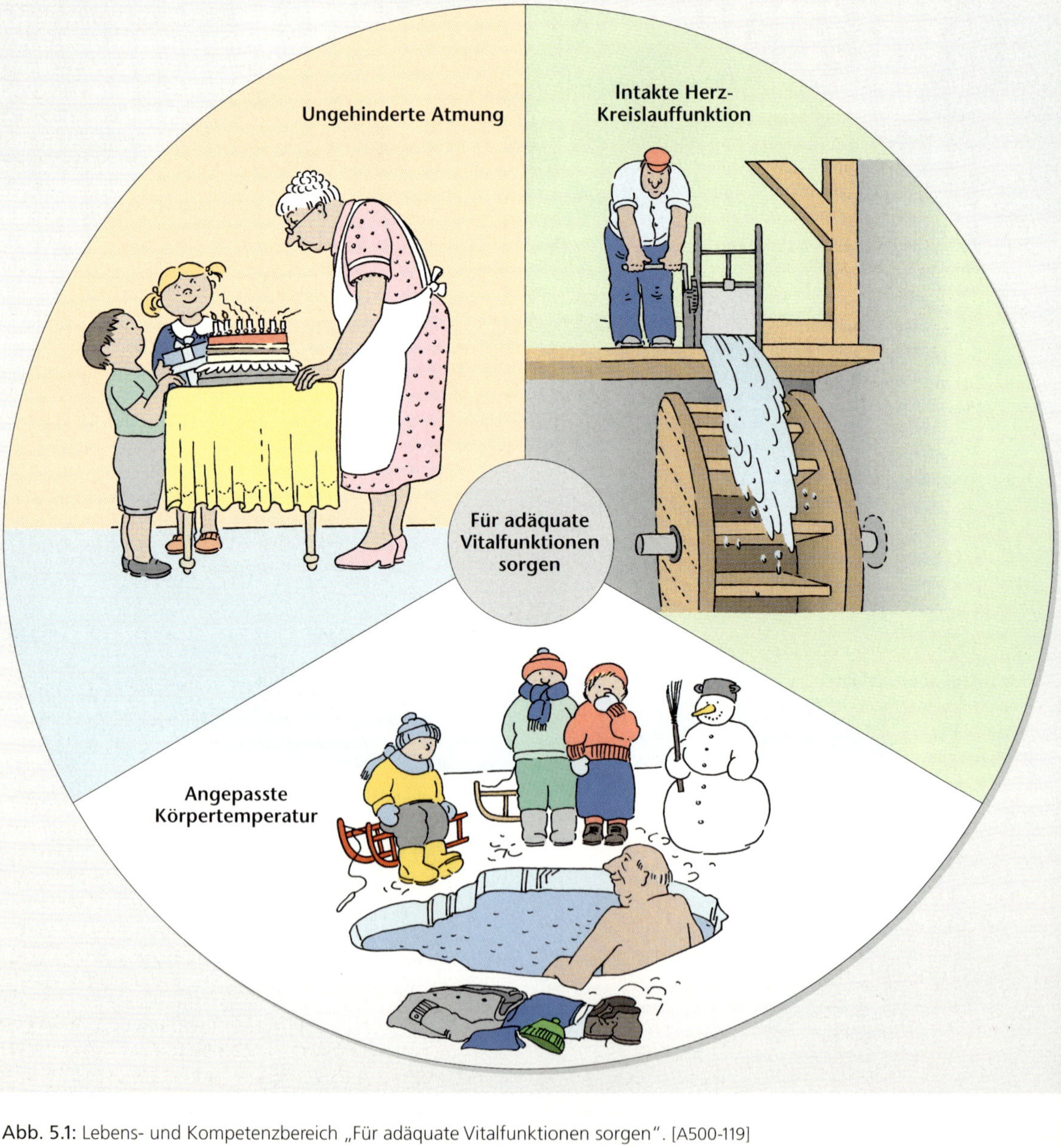

Abb. 5.1: Lebens- und Kompetenzbereich „Für adäquate Vitalfunktionen sorgen“. [A500-119]

keit eines Menschen erheblich und beeinträchtigen deshalb in besonderem Maße alle anderen Lebensaktivitäten und somit die Lebensqualität. Häufig sind Interesse und Sorge der Betroffenen so stark auf die Defizite gerichtet, dass gesunde Anteile kaum wahrgenommen werden können.

Wegen der mitunter akut lebensbedrohlichen Folgen, der verminderten Leistungsfähigkeit und Vitalität der Betroffenen sowie der massiven Beeinflussung aller anderen Lebensbereiche kommt der **Prophylaxe** von Vitalfunktionsstörungen besondere Bedeutung zu.

Literaturtipp
Altenpflege konkret: Gesundheits- und Krankheitslehre. Urban & Fischer Verlag. München 1999

Gesundheits- und Krankheitsprozesse

Anatomisch-physiologische Grundlagen

Atmung

Atmen bedeutet Gasaustausch. Bei der **äußeren Atmung** *(Lungenatmung)* wird während der **Einatmung** *(Inspiration)* Sauerstoff aus der Umgebung in die Lunge und von dort ins Blut aufgenommen (☞ Abb. 5.2). Während der **Ausatmung** *(Exspiration)* wird Kohlendioxid aus dem Blut in die Lunge und damit an die Umgebung abgegeben. Beim Einatmen dehnt sich die Lunge durch Absenken des Zwerchfells aus, beim Ausatmen zieht sie sich durch ihre Eigenelastizität wieder zusammen.

☑ Beim **Asthmaanfall** ist durch eine Verkrampfung der Bronchialmuskulatur und durch die Produktion von zähem Schleim vor allem die Ausatmung erschwert. Die Eigenelastizität der Lunge reicht nicht aus, um den erhöhten Ausatemwiderstand zu überwinden. Deshalb wird zusätzlich die Atemhilfsmuskulatur eingesetzt.

Der gesamte Vorgang der Ein- und Ausatmung heißt **Respiration.** Beteiligte Organe sind im

- Oberen Respirationstrakt (obere Luftwege): Nase, Nasennebenhöhlen und Rachenraum
- Unteren Respirationstrakt (untere Luftwege): Kehlkopf, Luftröhre (Trachea), Bronchien sowie die Lunge.

Im Gegensatz zur äußeren Atmung werden bei der **inneren Atmung** *(Gewebeatmung)* die Nährstoffe in den Körperzellen unter Verwendung von Sauerstoff verbrannt. Dabei entsteht Kohlendioxid (☞ Abb. 5.2).

Die Steuerung der Atmung geschieht unwillkürlich über das **Atemzentrum** im verlängerten Mark (Medulla oblongata) zwischen Rückenmark und Hirnstamm.

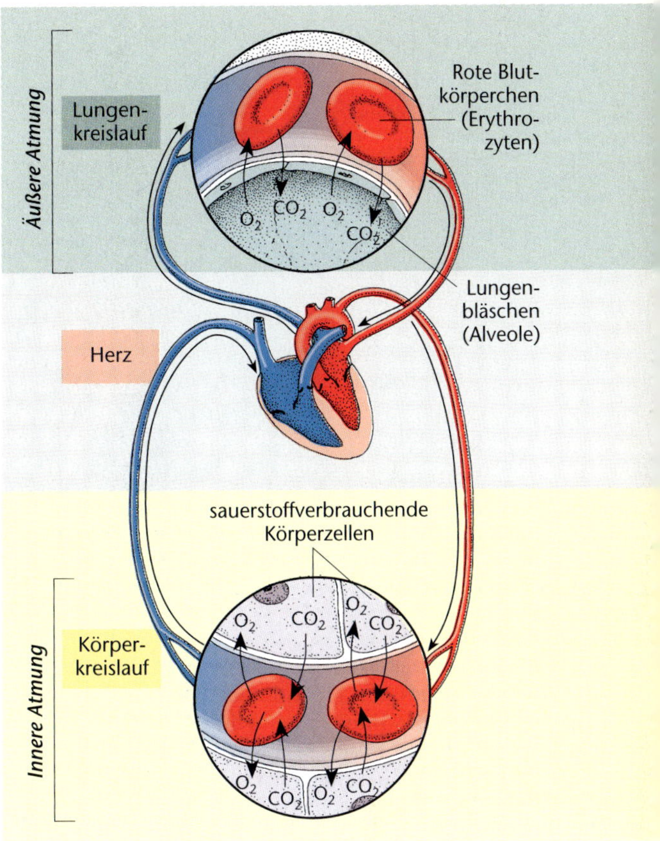

Abb. 5.2: Schematische Darstellung des Gasaustausches bei der äußeren und inneren Atmung. [A400]

Herz-Kreislauf-System

Zum **Herz-Kreislauf-System** *(Kardiovaskuläres System)* gehören das Herz als zentrales Pumporgan (☞ Abb. 5.3) und die Blutgefäße, die den Körperkreislauf und den Lungenkreislauf bilden (☞ Abb. 5.4).

Das **Herz** ist ein Hohlmuskel, der durch die Herzscheidewand in eine rechte und eine linke Hälfte geteilt wird. Beide Hälften bestehen jeweils aus einem kleinen, muskelschwachen Vorhof und einer größeren, muskelstärkeren Kammer. Zwischen Vorhöfen und Kammern und ebenso zwischen Kammern und Gefäßen befinden sich Klappen, die sich im Rhythmus des Herzzyklus öffnen und schließen und die Fließverhältnisse des Blutes mitbestimmen.

Das Herz arbeitet nach dem Prinzip einer *Druck-Saug-Pumpe*. Kontraktionsphase *(Systole)* und Entspannungsphase *(Diastole)* wechseln einander ab. Vorhöfe und Kammern haben zu verschiedenen Zeiten Kontraktions- und Entspannungsphasen.

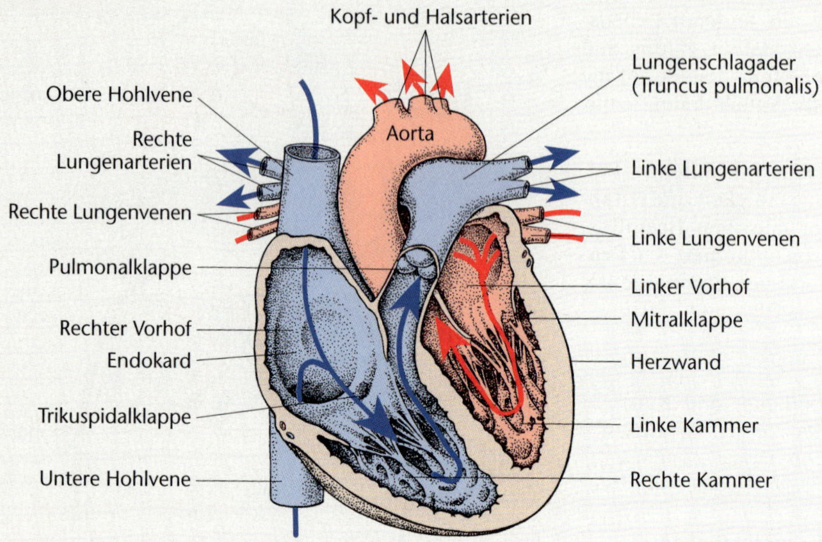

Abb. 5.3: Längsschnitt durch das Herz. Die Pfeile zeigen die Strömungsrichtung des Blutes. Sauerstoffarmes Blut (blaue Pfeile) gelangt über obere und untere Hohlvene in den rechten Vorhof, in die rechte Kammer und dann in die Lunge. Von dort strömt das jetzt sauerstoffangereicherte Blut (rote Pfeile) über die Lungenvenen in den linken Vorhof, dann in die linke Kammer und über die Aorta in den Körperkreislauf. [A400-190]

☑ Bei der **Blutdruckmessung** entspricht der erste gemessene (systolische) Wert dem Druck, mit dem das Blut während der Kammerkontraktion in den Körperkreislauf gepresst wird, der zweite (diastolische) Wert dem Druck im Gefäß während der Kammerentspannung. Richtwerte des Blutdrucks bei gesunden alten Menschen: Systole 120–160 mmHg; Diastole 60–95 mmHg.

Der **Herzrhythmus** (Kontraktion und Erschlaffung der Herzmuskulatur) wird durch den im Herzen befindlichen Sinusknoten festgelegt. Das vegetative Nervensystem hat nur einen regulierenden Einfluss und sorgt dafür, dass die Herzleistung an die verschiedenen Erfordernisse angepasst wird, z. B. steigt die Herzfrequenz bei körperlicher Belastung.

Die Herzfrequenz (Anzahl der Herzschläge pro Min.) kann über die **Pulsfrequenz** (Anzahl des Anstoßes der Blut- oder Druckwelle an der Arterienwand) gemessen werden, da sie normalerweise identisch sind. Der Richtwert liegt zwischen 60–80 pro Min.

Die **Blutgefäße** unterscheiden sich in Arterien, Venen und Kapillaren.

- **Arterien** führen das Blut vom Herzen weg. Im Körperkreislauf enthalten sie sauerstoffreiches, hellrotes Blut, im Lungenkreislauf sauerstoffarmes, dunkelrotes Blut. In Arterien herrscht ein hoher Druck, die Arterienwand ist durch eine kräftige Muskelschicht verstärkt
- **Venen** leiten das Blut zum Herzen zurück. Im Körperkreislauf enthalten sie sauerstoffarmes, kohlendioxidreiches, dunkelrotes Blut, im Lungenkreislauf sauerstoffreiches, hellrotes Blut. In Venen ist der Druck niedrig, die Venenwand hat eine dünne Muskelschicht. Darüber hinaus haben kleine und mittelgroße Venen **Klappen,** die das Blut ventilartig in Richtung Herz strömen lassen und einen Rückfluss verhindern
- In den **Kapillaren** findet der Austausch von arte-

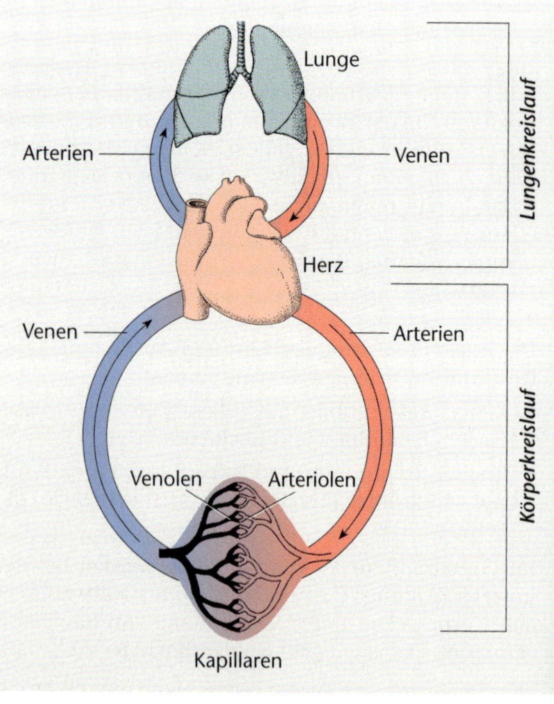

Abb. 5.4: Herz-Kreislauf-System. [A400-190]

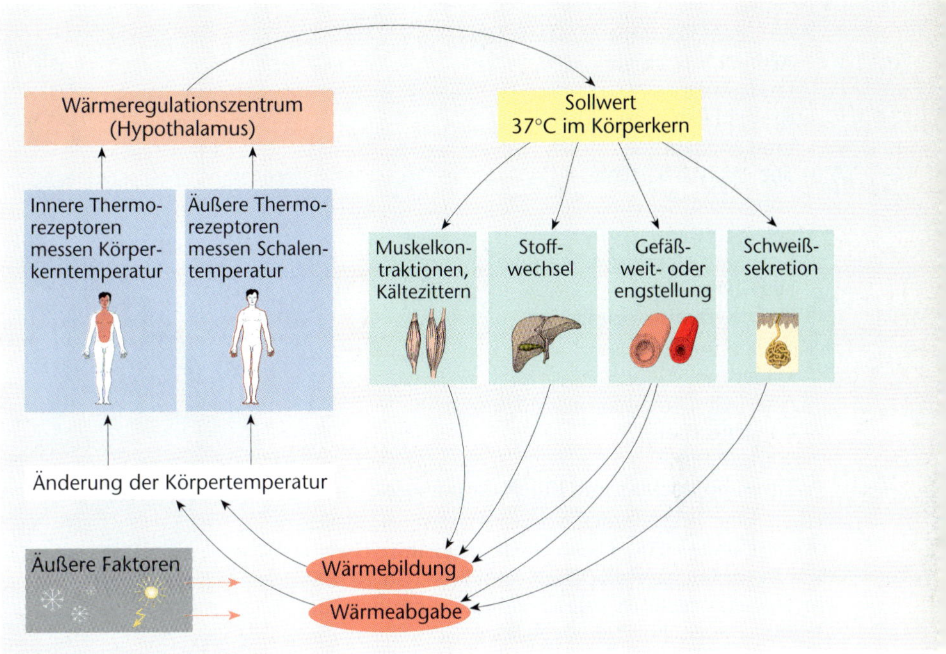

Abb. 5.5: Regelkreis der Körpertemperatur. Thermorezeptoren messen die Körpertemperatur und übermitteln sie an das Gehirn. Hier werden Ist- und Sollwert miteinander verglichen. Von dort werden verschiedene Mechanismen eingeleitet, durch die Wärme gebildet oder an die Umgebung abgegeben wird. [A400]

riellem und venösem Blut statt. Sie bilden ein über den ganzen Körper verteiltes dichtes Netz. Die Verbindung zwischen den Arterien und den Kapillaren sind die **Arteriolen** *(kleinste Arterien)*, zwischen den Kapillaren und den Venen die **Venolen** *(kleinste Venen)*.

Körpertemperatur

Der menschliche Körper ist, wie der aller Säugetiere und Warmblüter, in der Lage seine Körpertemperatur von 37 °C trotz Schwankungen der Außentemperatur konstant zu halten. Sinkt die Temperatur unter 35 °C, funktionieren viele Stoffwechselprozesse nicht mehr richtig. Ab einer Temperatur von 41,5 °C werden die Eiweiße im Körper zerstört.

Die **Kerntemperatur** im Körperinnern (innere Organe, zentrales Nervensystem) ist mit 36,3–37,4 °C deutlich höher als die **Schalentemperatur** an der Körperoberfläche (z. B. Haut und Extremitäten), die je nach Region zwischen ca. 23 und 33 °C beträgt.

Gesteuert wird die permanente Temperaturanpassung des Körpers über das **Wärmeregulationszentrum** des Hypothalamus, einem Teil des Zwischenhirns. Hier wird ein Soll-Wert festgelegt. Der Ist-Wert wird von **Thermorezeptoren** im Körperinnern, der Haut und dem Rückenmark erfasst und an das Wärmeregulationszentrum weitergeleitet. Abweichungen zwischen Soll-Wert und Ist-Wert werden durch Wärmebildung oder Wärmeabgabe ausgeglichen (☞ Abb.5.5).

Die **Wärmebildung** im Körper geschieht durch Stoffwechselvorgänge – etwas mehr als die Hälfte der Wärme wird *in Ruhe* in der Leber gebildet – und Muskelarbeit *(Muskelkontraktionen)*. Bei erhöhtem Wärmebedarf, z. B. bei kalten Außentemperaturen, erhöht sich der Muskeltonus (Spannungszustand der Muskeln) bis hin zu unwillkürlichen Muskelkontraktionen, die sich in Form von Kältezittern und „Zähneklappern" äußern.

Die **Wärmeabgabe** erfolgt überwiegend über die Haut (90 %) sowie über die Atmung und die Ausscheidung von Harn und Stuhl.

Die Haut kann auf drei verschiedene Arten Wärme an die Umgebung abgeben:

- Durch **Wärmestrahlung:** Der Körper strahlt ähnlich wie ein Heizkörper Wärme ab
- Durch **Wärmeströmung** *(Konvektion):* Die Luftschicht, die in unmittelbarem Kontakt zur Haut steht, wird erwärmt. Wird sie weggeblasen, z. B. bei Zugluft oder Bewegung, geht Wärme verloren
- Durch **Verdunsten** von Schweiß entsteht Verdunstungskälte.

Erkrankungen mit Einschränkungen der Vitalfunktionen

Beeinträchtigungen der Vitalfunktionen werden von allen Erkrankungen ausgelöst, die die Organsysteme und Regelkreise betreffen, die für eine funktionierende Atmung, einen ungestörten Blutfluss im Herz-Kreislaufsystem und eine normale Körpertemperatur sorgen. Im Alter erkranken häufig gleich mehrere Organsysteme und beeinträchtigen sich gegenseitig (Multimorbidität).

Zu den **häufigsten Alterskrankheiten** gehören z. B. im Bereich

- Atmung
  - Akute und chronische Bronchitis
  - Asthma bronchiale
  - Pneumonie
  - Bronchialkarzinom
  - Lungenödem
  - Tbc
  - Lungenemphysem
- Herz
  - Koronare Herzkrankheit und Herzinfarkt
  - Herzinsuffizienz
  - Herzrhythmusstörungen
- Kreislauf und Gefäße
  - Hypertonie
  - Arterielle Durchblutungsstörungen
  - Lungenembolie
  - Varikosis
  - Thrombophlebitis und Phlebothrombose.

Neben den Erkrankungen von Atemwegen, Herz, Kreislauf und Gefäßen beeinträchtigen zahlreiche andere Erkrankungen die Vitalfunktionen. So ist z. B. ein Diabetes mellitus primär keine Erkrankung der Gefäße. Dennoch treten als Spätfolge des über Jahre erhöhten Blutzuckerspiegels Gefäßveränderungen an kleineren und größeren Blutgefäßen auf, die zu Durchblutungsstörungen z. B. im Gehirn, am Herzen, an den Nieren und der Körperperipherie, z. B. den Füßen, führen.

Abb. 5.7: Langjährige Raucher haben ein hohes Risiko, im Alter unter Lungen- und Atemwegserkrankungen zu leiden. [K151]

Lebensspanne

Über die **Lebensspanne** sind die Vitalfunktionen einem natürlichen Wandel unterworfen. Die gerontologische und geriatrische Forschung spricht von einem **physiologischen Alterungsprozess.** Insgesamt kommt es zu einer Abnahme der Leistungsfähigkeit, verbunden mit einer Verlangsamung biologischer und biochemischer Prozesse. Charakteristisch dafür sind z. B.:

- Umstellung des Hormonsystems
- Veränderung von Stoffwechselprozessen
- Rückbildung von Organen und Geweben (☞ Tab. 5.6)

Masse bzw. Funktion	Sinkt um (nach Sloane 1992)	Daraus resultierende mögliche Probleme
Gehirndurchblutung	20 %	Geringere Reserven, z. B. bei Operationen
Nervenleitungsgeschwindigkeit	10 %	Herabsetzen der Reaktionsfähigkeit
Maximaler Pulsschlag	25 %	Geringere körperliche Leistungsfähigkeit
Herzschlagvolumen in Ruhe	30 %	Geringere körperliche Leistungsfähigkeit
Maximale Sauerstoff-Aufnahme des Blutes	60 %	Geringere Leistungsreserven z. B. in Höhenlagen
Vitalkapazität	44 %	Geringere Reserven, z. B. Einschränkung bei der Operationsfähigkeit
Muskelmasse	30 %	Geringere körperliche Leistungskraft
Maximale körperliche Dauerleistung	30 %	Geringere körperliche Leistungsfähigkeit

Tab. 5.6: Übersicht über die Abnahme von Masse und Funktionen einzelner Organe.

☑ Der physiologische Alterungsprozess führt u. a. zu erheblichen Einschränkungen an Masse und Funktion von Organen und Organsystemen. Trotzdem kann ein alter Mensch damit gut leben, solange keine zusätzlichen Belastungen hinzukommen.

Alterungsvorgänge der Atmungsorgane

Mit zunehmendem Alter nimmt die **Leistungsfähigkeit** der Atmungsorgane ab. Der Brustkorb wird weniger beweglich und die Atembewegungen verringern sich, so dass das Atemvolumen kleiner wird.

Das Lungengewebe verliert an Elastizität, die Zwischenwände zwischen den einzelnen Lungenbläschen gehen verloren. Dadurch verkleinert sich die Fläche für den Gasaustausch und **weniger Sauerstoff** kann auf- und weniger Kohlendioxid abgegeben werden. Zusätzlich lassen wichtige **Schutzmechanismen** nach:

- Die Anzahl der *Flimmerhärchen* in den Atemwegen verringert sich, so dass Staub aus der Einatemluft weniger effektiv wieder nach außen befördert wird und in die Lunge gelangt
- Gleichzeitig verringert sich die Intensität des *Hustenreflexes,* der den Bronchialbaum von Schmutzpartikeln reinigt.

Nachlassende Schutzmechanismen erhöhen zusammen mit anderen Risikofaktoren, z. B. einer beeinträchtigten körperlichen Mobilität (☞ 6.3), die Gefahr einer Lungenentzündung.

☑ Durch die enorme **Leistungsreserve** der Lungen und die allmähliche Anpassung des Organismus an die veränderte Atemsituation im Alter können sonst gesunde alte Menschen mit der geringeren Lungenfunktion gut leben.

Da aber kaum noch Reserven für erhöhte Belastungen vorhanden sind, ist die **Gefahr einer Erkrankung der Atemwege** bei zusätzlicher Lungengewebsschädigung, z. B. durch Rauchen oder langjährige Staubbelastung im Beruf, deutlich höher als bei jungen Menschen.

Alterungsvorgänge des Herz-Kreislauf-Systems

Bereits ab dem 30. Lebensjahr verändert sich der Aufbau der **Gefäßwände.** Mikroskopisch lassen sich arteriosklerotische Veränderungen nachweisen, im fortgeschrittenen Stadium sind die arteriosklerotischen Plaques z. B. vom Gefäßchirurgen bei einer Gefäßoperation auch mit bloßem Auge sichtbar. Die Gefäßwände verhärten und verdicken sich und verlieren ihre Elastizität. Das Gefäßlumen engt sich ein. Das Herz- und Kreislaufsystem muss Mehrarbeit leisten, der Blutdruck steigt an.

Die **Kreislaufreflexe** sind durch die unelastisch gewordenen Gefäße verzögert. Dies erklärt plötzliche Blutdruckabfälle beim Aufrichten aber auch bei längerem Stehen.

Mit fortschreitendem Alter lässt die **Leistungsfähigkeit des Herzens** nach. Herzkraft, Schlagvolumen und Herz-Minuten-Volumen sinken. Die Einschränkung des Herzschlagvolumens und der Widerstand der geschädigten großen Blutgefäße zieht eine Frequenzsteigerung nach sich. Als Folge davon kommt es häufig zu einer Herzmuskelhypertrophie (Vergrößerung des Herzmuskels). Ein größerer Muskel wiederum braucht eine stärkere Gefäßversorgung, die jedoch nur beschränkt gesteigert werden kann: Das System erschöpft sich mit der Zeit und endet im Herz-Kreislaufversagen.

Alterungsvorgänge, die die Regulierung der Körpertemperatur beeinflussen

Im Alter nimmt die **Temperaturwahrnehmung** deutlich ab. Die Körpertemperatur von über 65-jährigen kann ohne Kältegefühl auf unter 35,5 °C absinken, so dass die Gefahr der Unterkühlung besteht.

Die physiologische Abnahme der Muskelmasse und -kraft, weniger Bewegung und das Nachlassen der Stoffwechselvorgänge führt zu einer **Verminderung der Wärmebildung.**

Zu höheren **Wärmeverlusten** kann es besonders bei leichtgewichtigen und kachektischen Menschen kommen, weil ihnen die isolierende Fettgewebsschicht fehlt.

☑ Alt zu sein bedeutet nicht automatisch, krank zu sein. Allerdings nimmt durch den körperlichen Abbau die Anpassungsfähigkeit an Umweltreize wie Tempo, Lärm, Hitze oder Stress ab, so dass die Erkrankungswahrscheinlichkeit steigt.

Lebenswelt

Lebensverhältnisse

Die **Lebensverhältnisse** sind von einer Vielzahl gesellschaftlicher und persönlicher Bedingungen ab-

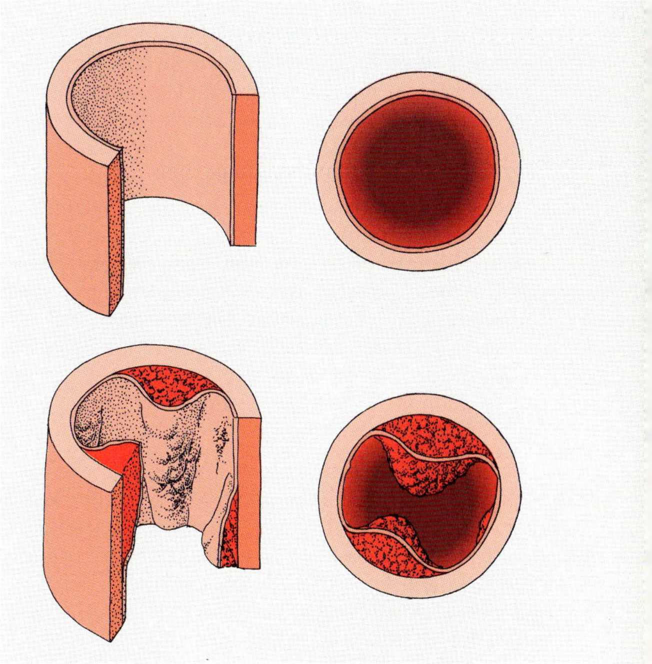

Abb. 5.8: Gesunde und arteriosklerotisch veränderte Arterie im Längs- und Querschnitt: Im Vergleich zu einer gesunden Arterie (oben) engt sich das Gefäßlumen durch Plaques im Inneren der Arterie ein, die Gefäßwände verdicken und verhärten sich. [A400]

hängig, z. B. vom Einkommen, dem Arbeits- und Wohnumfeld, der Bildung und der Kultur. Sie haben einen erheblichen Einfluss auf die Gesundheit des Menschen. Langjährig schlechte und gesundheitsschädigende Arbeitsbedingungen (z. B. in Bergbau und Industrie) und Wohnverhältnisse (z. B. kalt, feucht, dunkel) ließen z. B. in früheren Zeiten die Lebenserwartung deutlich sinken.

Heute haben sich die Lebensverhältnisse der Menschen in den Industrieländern eher angeglichen. Dafür hat sich aber eine Vielzahl von **Lebensstilen** ausgeprägt. Das bedeutet, dass Menschen mit ähnlichen Lebensverhältnissen sehr unterschiedliche Stile ihrer Lebensführung entwickeln, die auch Einfluss auf ein gesundheitsbewusstes Verhalten haben (☞ Abb. 5.9).

Fallbeispiel

Beispielhaft seien der kettenrauchende, dauergestresste und sich mit Fastfood ernährende im Gegensatz zum Sport treibenden, nicht rauchenden und sich vegetarisch ernährenden „Manager-Typ" genannt. Die Lebensverhältnisse beider ähneln sich, das Gesundheitsverhalten wie z. B. Genussmittelgebrauch, Ernährung, Bewegung sowie der Umgang mit Stress unterscheiden sich entsprechend der unterschiedlichen Lebensstile.

Abb. 5.9: Stress lässt sich nicht immer vermeiden. Wird als Ausgleich nicht auf Entspannung und gesunde Lebensweise geachtet, drohen auf Dauer schwerwiegende Gesundheitsschäden. [K157]

Folgen einer gesundheitsschädigenden Lebensweise sind Herz- und Kreislauferkrankungen sowie Lungen- und Atemwegserkrankungen. In den Industrieländern stehen Herz- und Kreislauferkrankungen an der Spitze der Todesursachenstatistik.

Der Einfluss der räumlichen Umgebung

Auch das **Wohnumfeld** eines Menschen hat Einfluss auf seine Gesundheit. So ist z. B. bekannt, dass feuchte Räume mit Schimmelpilzbefall der Wände zu chronischen Lungen- und Atemwegserkrankungen führen können. Auch **giftige Chemikalien,** z. B. bestimmte Holzschutzmittel oder Formalin, und andere Giftstoffe, z. B. in Möbeln oder Teppichen, schädigen die Gesundheit auf unterschiedliche, zum Teil schwerwiegende Weise.

Positiv auf die Kondition und damit auf die Gesundheit kann sich eine **Treppe** im Wohnumfeld auswirken, die täglich bewältigt werden muss. Auch ein kleiner Garten, der noch bewirtschaftet wird, trainiert den Kreislauf und sorgt für ausreichende Frischluftzufuhr. So trägt er dazu bei, dass alte Menschen bis ins hohe Alter fit und gesund bleiben.

Andererseits können für alte Menschen mit eingeschränkten Vitalfunktionen, z. B. mit Atembeschwerden, Durchblutungsstörungen oder allgemeiner Schwäche, **lange Wege und Treppen** zu einer „Mobilitätsfalle" werden. Besonders dann, wenn kurze Spaziergänge im nahe gelegenen Park und kleinere Einkaufsstrecken noch bewältigt werden könnten, hindert möglicherweise eine steile Treppe den alten Menschen daran, seine Wohnung zu verlassen.

Diagnostik und Therapie anderer Gesundheitsfachberufe

Medizin

Der Lebensbereich „Für adäquate Vitalfunktionen sorgen" hat besonders enge Berührungspunkte zur Medizin. Beeinträchtigungen der Vitalfunktionen entwickeln sich in der Regel über einen längeren Zeitraum. Sie können aber auch akut auftreten und lebensbedrohlich sein. Deshalb sind Pflegebedürftige mit Störungen der Vitalfunktionen besonders auf die gemeinsame Fürsorge und enge Zusammenarbeit zwischen MedizinerInnen und Pflegenden angewiesen.

Es gibt eine ganze Reihe **medizinischer Fachgebiete,** die sich auf die Diagnostik und Therapie von Atemwegs- und Lungenerkrankungen sowie Herz- und Gefäßerkrankungen spezialisiert haben (☞ Tab. 5.10).

Medizinische Fachgebiete		
Organsystem	*Teilgebiet der Inneren Medizin (nichtoperatives Fachgebiet)*	*Teilgebiet der Chirurgie (operatives Fachgebiet)*
Herzerkrankungen	Kardiologie	Herzchirurgie
Gefäßerkrankungen	Angiologie, Phlebologie	Gefäßchirurgie
Lungen- und Atemwegserkrankungen	Pulmologie	Thoraxchirurgie

Tab. 5.10: Es haben sich zahlreiche ärztliche Fachgebiete herausgebildet, die sich auf die Diagnostik und Therapie von Vitalfunktionsstörungen spezialisiert haben.

Akut lebensbedrohliche Störungen müssen evtl. in einer **Intensivmedizinischen Abteilung** eines Krankenhauses überwacht und behandelt werden.

Bei der Diagnostik und Therapie von Vitalfunktionsstörungen lassen sich medizinische und pflegerische Aufgaben in der Praxis zum Teil schwer trennen. In den **ärztlichen Aufgabenbereich** gehören Untersuchungen, die Aufschluss über die Funktionstüchtigkeit der einzelnen Organe und auch ganzer Organsysteme geben können, sowie die konservative und operative Behandlung entsprechender Erkrankungen.

Pflegekräfte haben neben **ärztlichen Assistenztätigkeiten,** z. B. Überwachung von Puls, Blutdruck und Temperatur als Teil ärztlicher Diagnostik, auch eine ganze Palette eigener **pflegediagnostischer und -therapeutischer Methoden** zur Verfügung, mit denen sie Störungen der Vitalfunktionen oder das Risiko einer Störung erkennen und behandeln.

Physiotherapie

PhysiotherapeutInnen werden nach ärztlicher Verordnung in der ambulanten, aber auch in der stationären Altenpflege aktiv. Sie können z. B. bei **Lungen- und Atemwegserkrankungen** die Pflegebedürftigen zur Atemgymnastik und zum Umgang mit Atemhilfsmitteln, z. B. Atemtrainern, anleiten (☞ Abb. 5.11). Vereinzelt gibt es speziell ausgebildete **AtemtherapeutInnen,** die sich ausschließlich auf die Behandlung von Lungen- und Atemwegserkrankungen spezialisiert haben.

Für **Erkrankungen von Herz, Kreislauf und Gefäßen** bieten PhysiotherapeutInnen Behandlungsmethoden an, die vor allem die körperliche Ausdauer trainieren, z. B. das **Gefäßtraining.** So werden z. B. durch Wandern, Schwimmen, Tanzen oder Gymnastik die Herzleistung, die Atemtiefe und -frequenz, die Durchblutung und dadurch das allgemeine Wohlbefinden gesteigert und der Blutdruck gesenkt.

Ernährungsberatung

Erkrankungen der Gefäße, z. B. durch Arteriosklerose, mit nachfolgenden Beeinträchtigungen und Erkrankungen vieler Organsysteme, z. B. Herzinfarkt, Schlaganfall oder Durchblutungsstörungen, werden durch eine **jahrelange ungesunde Ernährung** zumindest mitverursacht. Auch **Übergewicht** *(Adipositas)* wirkt sich negativ auf die Vitalfunktionen aus. Für eine Umstellung der Ernährung auf gesunde Vollwertkost und eine sanfte Gewichtsreduktion ist es nie zu spät. Die Ernährungsberatung kann in vielen Fällen auch von Pflegekräften übernommen werden, in schwierigeren Fällen stehen dafür auch ausgebildete **ErnährungsberaterInnen** oder **DiätassistentInnen** zur Verfügung.

Psychotherapie

Vitalfunktionsstörungen haben nicht nur körperliche, sondern auch **psychische Auswirkungen:** Atemnot und Kreislaufinstabilität machen Angst, verringern den Lebensradius und schränken die Lebensqualität massiv ein. Bei psychischen Problemen können **PsychotherapeutInnen** den Betroffenen helfen, mit ihrer Krankheit umzugehen und angepasst damit leben zu lernen.

Sozialarbeit

SozialarbeiterInnen können dann aktiv werden, wenn Angehörige sich nicht um den alten Menschen kümmern können und eingeschränkte Vitalfunktionen z. B. eine **Wohnraumanpassung** erforderlich machen, damit der Pflegebedürftige in seiner Wohnung bleiben kann. Auch der Anschluss an eine **Hausnotrufzentrale** kann eine sinnvolle Maßnahme sein, die Heimunterbringung zu vermeiden. SozialarbeiterInnen haben beratende Funktion, vermitteln den Kontakt zum Medizinischen Dienst der Krankenkassen und sind beim Ausfüllen der Anträge behilflich. Lässt sich der **Umzug** in ein Pflegeheim nicht mehr verhindern, helfen SozialarbeiterInnen dem Betroffenen bei der Eingliederung in das neue Wohnumfeld.

Abb. 5.11: Eine Physiotherapeutin leitet einen älteren Mann zur Atemgymnastik mit einem Mediflow® an. Dabei muss der rote Ball möglichst weit nach oben geatmet werden, damit auch die unteren Lungenabschnitte gut belüftet werden. [U182]

Konsequenzen für die AltenpflegerIn

Angemessene Vitalfunktionen sind lebensnotwendig, Störungen möglicherweise lebensbedrohlich. Teamfähigkeit von AltenpflegerInnen ist eine wesentliche Voraussetzung, um beeinträchtigte Vitalfunktionen im therapeutischen Team gemeinsam mit ÄrztInnen und Angehörigen anderer Gesundheitsfachberufe erfolgreich behandeln zu können. Dabei trägt die Pflege eigene Behandlungsmethoden zur Linderung oder möglicherweise Heilung bei. Zu den Aufgaben von AltenpflegerInnen gehört es,

- Vitalzeichen zu beobachten bzw. zu prüfen und sorgfältig zu dokumentieren
- Den Pflegebedürftigen über schädigende Einflüsse wie z. B. Rauchen, ungesunde Ernährung, Bewegungsmangel und übermäßigen Stress zu informieren
- Über Möglichkeiten einer veränderten Lebensführung zu beraten
- Zu Übungen, die z. B. die Kondition und damit den Gesundheitszustand verbessern, anzuleiten
- Gespräche anzubieten und den Pflegebedürftigen bei der Bewältigung oder Akzeptanz seiner Erkrankung zu unterstützen
- Ressourcen zu erkennen und zu fördern.

Gewohnheiten sind hartnäckig
Gesundheitsschädigende Verhaltensweisen sind in der Regel über Jahre oder Jahrzehnte zur Gewohnheit geworden. Eine abrupte Umstellung der Lebensgewohnheiten ist oft gar nicht möglich und wird vom Pflegebedürftigen meist auch nicht akzeptiert, so dass „Umerziehungsversuche" scheitern. Aber auch die „Strategie der kleinen Schritte" kann schon helfen, Gesundheitsrisiken zu reduzieren, indem z. B. ein geringerer Zigarettenkonsum angestrebt, die Ernährung über einen längeren Zeitraum langsam umgestellt und mehr Bewegung in des Tagesablauf eingebaut wird.

5.2 Der Weg zur Pflegediagnose

Durchsicht der Unterlagen

- Liegen medizinische Diagnosen und Symptome vor, die die Vitalfunktionen beeinflussen können, z. B. chronisch obstruktive Bronchitis, Angina pectoris oder Herzinsuffizienz?
- Werden medizinische, z. B. medikamentöse, Therapien durchgeführt, die die Vitalfunktionen beeinflussen?
- Sind Störungen der Vitalfunktionen bekannt? Werden diese ärztlich behandelt und wenn ja, wie?
- Bestehen Einschränkungen der Lebensaktivität? Ständig? Seit wann? Warum? In welchem Ausmaß?
- Sind in den Unterlagen individuelle Risikofaktoren dokumentiert?

Fragen an den Pflegebedürftigen oder die Angehörigen

Probleme und Ressourcen

Atmung

- Liegt eine Erkrankung vor, die die Atmung beeinflusst?
- Haben Sie Probleme beim Atmen? Wenn ja, seit wann und welche?
  - Atemnot? Wenn ja, bei Belastung? In Ruhe? Tagsüber oder nachts?
  - Husten? Seit wann? Auswurf?
  - Atemgeräusche wie Ziehen, Pfeifen o.ä.?
  - Schmerzen beim Atmen?
- Wie verliefen bzw. verlaufen etwaige Atemnotzustände? Haben Sie Angstgefühle im Zusammenhang mit Atembeschwerden?
- Gibt es Probleme, die auf Ihre berufliche Tätigkeit zurückzuführen sind, z. B. durch starke Staubbelastung?
- Sind Sie auf bestimmte Substanzen allergisch und reagieren darauf mit Luftnot? Welche Substanzen sind das?

Herz und Kreislauf

- Sind Herz- oder Kreislauferkrankungen bekannt? Wenn ja, welche?
- Haben Sie Herz- oder Kreislaufbeschwerden? Wenn ja, welche?
- Haben Sie Druck- oder Beklemmungsgefühle bzw. Schmerzen im Brustkorb oder in der Herzgegend? Wie ist dieser Schmerz? Strahlt er in eine andere Körperregion aus?
- Haben Sie die Schmerzen bei Belastung, z. B. beim Gehen, oder auch in Ruhe?
- Hatten oder haben Sie Probleme beim Laufen? Wenn ja, welche? Wie weit können Sie ohne Probleme laufen?
- Schränken die Beschwerden Ihre Aktivitäten ein?
- Haben Sie Schlafprobleme? Wachen Sie nachts wegen Atemnot auf?
- Können Sie flach schlafen oder nur mit erhöhtem Oberkörper?
- Können Sie sich nachts im Bett alleine umdrehen, wenn Ihnen Ihre Lage unbequem wird?
- Müssen Sie nachts häufig auf die Toilette ?
- Sind Ihre Fußknöchel besonders abends angeschwollen und fühlen sich schwer an ?
- Haben Sie manchmal das Gefühl, Ihr Herz schlägt unregelmäßig ?
- Wird Ihnen schwarz vor Augen, wenn Sie schnell aufstehen ?

Temperaturregulation

- Frieren oder schwitzen Sie leicht?
- Bekommen Sie leicht Erkältungen in der kalten Jahreszeit?
- Bekommen Sie leicht Fieber, z. B. bei Infektionskrankheiten?
- Haben Sie große Wunden?

Gewohnheiten und Erfahrungen

- Rauchen Sie oder haben Sie geraucht? Seit wann? Bis wann? Wieviel am Tag?
- Werden Sie rasch kurzatmig? Müssen Sie sich häufiger ausruhen?
- Was hilft Ihnen bei Atemnot?
- Wie planen Sie Ihre zu erledigenden Wege, mit oder ohne Pausen?
- Kennen Sie kreislauf- oder atemunterstützende Maßnahmen? Wenn ja, welche?
- In welcher Lage bzw. Körperposition schlafen Sie? Unterstützen Sie Ihre Schlafposition durch Hilfsmittel? Wenn ja, welche?
- Was hilft Ihnen, wenn Sie frieren bzw. schwitzen?
- Ziehen Sie sich eher warm an oder kleiden Sie sich eher dünn?
- Halten Sie sich eher in Räumen mit geschlossenem oder offenem Fenster auf?
- Bei welcher Zimmertemperatur fühlen Sie sich wohl?

Aktuelle Bedürfnisse

Haben Sie zur Zeit Wünsche hinsichtlich Ihrer Herz-, Kreislauf- und Atemtätigkeit sowie Ihres Wärme- und Kälteempfindens, die anders sind, als Sie es bisher gewohnt waren?

Beobachtung der Vitalfunktionen

Bei jedem **Notfall,** das heißt in jeder akut lebensbedrohlichen Situation, in der die Vitalfunktionen akut gestört sind oder eine solche Störung unmittelbar droht, müssen die Vitalfunktionen engmaschig geprüft werden. Geprüft bzw. gemessen werden

- Bewusstsein
- Atmung
- Puls
- Blutdruck.

Die notfallmäßige Überprüfung dieser lebensnotwendigen Körperfunktionen sowie entsprechende Erstmaßnahmen werden in Büchern und Kapiteln zur Ersten Hilfe erklärt.

Literaturtipp

Altenpflege konkret: Gesundheits- und Krankheitslehre. Urban & Fischer Verlag. München 1999

Vitalfunktionen werden aber auch dann beobachtet, wenn kein Notfall vorliegt. Sie geben Auskunft darüber, ob der Organismus in der Lage ist, ein für alle Stoffwechselvorgänge notwendiges inneres Milieu zu sichern. Anzeichen für eine Störung lassen sich erkennen durch die

- Beobachtung der Atmung einschließlich Husten und Sputum
- Beobachtung von Puls und Blutdruck
- Beobachtung der Körpertemperatur.

Beobachtungen und Messungen der Vitalfunktionen immer mit Datum und Zeitangabe dokumentieren. Verlaufsbeobachtungen, also wiederholte Beobachtungen über einen längeren Zeitraum, immer unter den gleichen Bedingungen und mit denselben Geräten durchführen.

Atmung beobachten

Die **normale Atmung** *(Eupnoe)* ist regelmäßig, gleichmäßig tief und geräuscharm. Die Ausatemluft ist geruchlos. Der Atemantrieb nimmt bei sinkendem Sauerstoffgehalt und steigendem Kohlendioxidgehalt im Blut zu, bei steigendem Sauerstoffgehalt und sinkendem Kohlendioxidgehalt im Blut ab.

Die Beobachtung der Atmung umfasst (☞ Tab. 5.12):

- Atemfrequenz
- Atemintensität
- Atemrhythmus
- Atemgeräusche
- Atemgeruch
- Atembeschwerden (Dyspnoe, ☞ 5.3).

Husten und Sputum beobachten

Husten: Plötzlicher, heftiger Ausatemstoß zur Entfernung von Sputum, Staub, Fremdkörpern und schädlichen Gasen. Gehört zu den Schutzreflexen des Körpers.

Sputum *(Auswurf):* ausgehustetes Bronchialsekret.

Husten

Beim **trockenen Reizhusten,** der sehr anstrengend und erschöpfend sein kann, wird kein Sekret abgehustet. Ursachen können z. B. eine Reizung der Schleimhäute durch Rauch, Staub oder Gase, auch eine allergische Reaktion auf eingeatmete Fremdstoffe, eine beginnende Bronchitis oder Kehlkopfentzündung sein. Trockener Husten kann auch Symptom einer beginnenden Linksherzinsuffizienz oder einer Lungenkrebserkrankung sein. Gelegentlich kommt es vor, dass sich hinter einem chronischen Reizhusten keine organische Ursache, sondern der Wunsch nach mehr Zuwendung verbirgt.

Normalbefund	Abweichungen	Vorkommen
Atemfrequenz = Anzahl Atemzüge pro Minute in Ruhe Ein Atemzug = eine Ein- und Ausatmung Normal beim Erwachsenen: ca. 16 bis 20 Atemzüge pro Minute	**Tachypnoe:** beschleunigte Atmung (>20 Atemzüge pro Minute)	• *Physiologisch* bei körperlicher Anstrengung, psychischer Erregung oder bei sehr warmer Umgebung • *Pathologisch* bei Schmerzen, Fieber, Lungen-, Atemwegs- und Herzerkrankungen, bei Blutarmut (Anämie) oder Schock z. B. durch Blutverlust
	Bradypnoe: verlangsamte Atmung (<12 Atemzüge pro Minute)	• *Physiologisch* im Schlaf oder bei tiefer Entspannung • *Pathologisch* bei Gehirnerkrankungen, Vergiftungen, Stoffwechselerkrankungen, z. B. Schilddrüsenunterfunktion
	Apnoe: Atemstillstand. Akute Lebensgefahr, sofortige Wiederbelebungsmaßnahmen erforderlich	• Verlegung der Atemwege • Lähmung des Atemzentrums • Lähmung der Atemmuskulatur
Atemintensität Beim Gesunden passt sich die Atemintensität dem Sauerstoffbedarf des Körpers an	**Hyperventilation:** gesteigerte Atemtätigkeit, führt zu einer Senkung des Kohlendioxids im Blut. Kompensatorischer Vorgang, bei dem der Körper versucht, z. B. einen Sauerstoffmangel oder eine Übersäuerung des Blutes auszugleichen. Ausnahme: psychisch bedingte Hyperventilation.	• Psychisch, z. B. bei Angst, Erregung: über die Bedürfnisse des Körpers hinausgehende gesteigerte Atemtätigkeit. Dabei wird zu viel Kohlendioxid abgeatmet und die Kalziumionen im Blut werden vermehrt gebunden. Es kommt wie bei einem Kalziummangel zu Muskelkrämpfen (Tetanie) mit typischer Pfötchenstellung der Hände. Gegenmaßnahme: Betroffenen in eine Plastiktüte atmen lassen, so dass Kohlendioxid wieder eingeatmet wird • Stoffwechselstörungen • Erkrankungen des ZNS • Herz- und Lungenerkrankungen • Bei Fieber
	Hypoventilation: verminderte Atemtätigkeit mit unzureichender Belüftung der Lungen (Pneumoniegefahr) und vermindertem Sauersoff- und erhöhtem Kohlendioxidgehalt im Blut	• Schonatmung wegen Bauch- oder Brustschmerzen, z. B. nach Operationen • Behinderung der Atmung durch Störungen des Atemzentrums, der Atemmuskulatur, der Atemwege bzw. Lunge • Allgemeine Schwäche durch Erkrankung oder hohes Lebensalter
Atemrhythmus Regelmäßige Abfolge etwa gleich tiefer Atemzüge. Ausatmung dauert etwa doppelt so lange wie Einatmung	**Kussmaul-Atmung** (Azidose-Atmung): regelmäßige, aber stark vertiefte Atmung 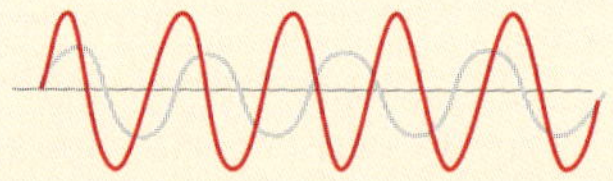	Durch verstärkte Kohlendioxid-Abatmung versucht der Körper, der stoffwechselbedingten Übersäuerung des Blutes (metabolische Azidose) entgegenzuwirken, z. B. beim • Diabetischen Koma • Urämischen Koma (Nierenversagen)
	Cheyne-Stokes-Atmung: periodisches An- und Abschwellen der Atmung mit Pausen dazwischen 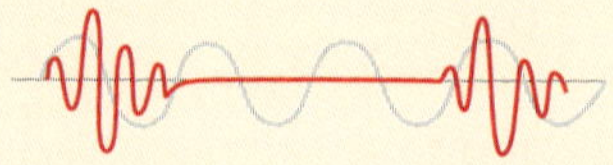	• Schädigung des Atemzentrums • Herzerkrankungen mit verlangsamtem Blutfluss • Vergiftungen • Im Schlaf, vor allem bei sehr alten Menschen
	Schnappatmung: einzelne schnappende Atemzüge mit langen Pausen dazwischen 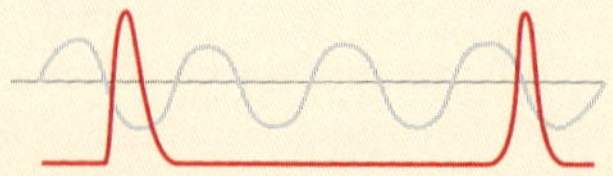	• Schwere Schädigung des Atemzentrums • Kurz vor dem Tod
	Biot-Atmung: mehrere gleichmäßig tiefe Atemzüge und regelmäßige Atempausen wechseln sich ab 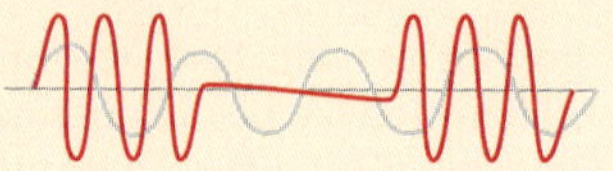	• *Normal* bei Neugeborenen • *Pathologisch* bei Erwachsenen, z. B. bei Hirndrucksteigerung durch Hirnhautentzündung (Meningitis) oder nach Schädel-Hirn-Verletzungen

Atemgeräusche Eine gesunde Atmung ist geräuschlos	**Schnarchen:** ensteht durch ein flatterndes Gaumensegel beim Schlafen. Meist harmlos. Bei einigen Betroffenen Schlaf-Apnoe-Syndrom mit Atempausen >10 Sekunden und Gefahr eines Sauerstoffmangels (Folge: Bluthochdruck)	• Bei vielen Gesunden, vor allem in Rückenlage • Häufig bei Übergewichtigen • Behinderte Nasenatmung, z. B. bei Schnupfen, Nasenpolypen
	Stridor: pfeifendes, zischendes Atemgeräusch	• Geräusch bei der Einatmung *(inspiratorischer Stridor):* v.a. bei verengten oder durch Schleim oder Fremdkörper verlegten Atemwegen • Geräusch bei der Ausatmung *(exspiratorischer Stridor):* v.a. bei verengten Bronchien, z. B. bei Asthma bronchiale, chronisch obstruktiver Bronchitis
	Rasselgeräusche: mittels Auskultation („Abhören") feststellbare Geräusche • Trockene Rasselgeräusche wie Giemen, Brummen, Pfeifen entstehen durch schwingende Schleimfäden in den Atemwegen • Feuchte Rasselgeräusche entstehen, wenn die Atemluft durch Flüssigkeitsansammlungen in Lunge oder Atemwegen strömt („Blasenblubbern"). Können feinperlig bis brodelnd sein	• Bei Asthma bronchiale oder chronisch obstruktiver Bronchitis trockene Rasselgeräusche • Bei Pneumonie mit Flüssigkeitsansammlung feuchte Rasselgeräusche • Bei Lungenödem: brodelnde Atemgeräusche (Trachealrasseln) mit Luftnot und schaumigblutigem Sputum. Ist ein Notfall: ÄrztIn rufen, Oberkörper hoch, Beine tief lagern
	Schluckauf *(Singultus):* Durch Reizung der Zwerchfellnerven ausgelöste Zwerchfellkontraktionen, die zum plötzlichen, geräuschvollen Einströmen der Atemluft führt	• Spontan ohne Krankheitswert • Bei Reizung des Nerven z. B. durch Luftverschlucken (Luftblase im Magen drückt auf den Nerv), nach Genuss sehr kalter Getränke, nach Operationen im Oberbauch oder Entzündung der Bauchorgane • Bei Gehirnentzündungen oder -verletzungen
Atemgeruch Atemluft normalerweise geruchlos	Übler Mundgeruch *(Foetor ex ore)*	• Bei mangelhafter Mundhygiene durch bakteriellen Zerfall der Nahrungsreste • Erkrankungen der Mundhöhle, Karies
	Azetongeruch (nach fauligen Äpfeln)	• Diabetisches Koma • Lang andauernder Hunger
	Ammoniakgeruch (nach faulen Eiern)	Schwere Lebererkrankungen, so dass das beim Eiweißzerfall entstehende Ammoniak nicht mehr abgebaut werden kann
	Lebergeruch (nach frischer Erde)	Massiver Zerfall von Lebergewebe, z. B. bei schwerer Hepatitis, bei Vergiftungen
	Fäulnisgeruch (jauchig stinkend)	Zerfall von Lungengewebe, z. B. bei Bronchialkarzinom
	Eitergeruch (süßlich-fade)	Eitrige Atemwegserkrankungen, z. B. bakterielle Bronchitis oder Pneumonie
	Urinöser Geruch (nach Urin)	Im Endstadium des Nierenversagens (Urämie)

Tab. 5.12: Beobachtung der Atmung.

Beim **produktiven Husten** wird Sputum ausgehustet. Er ist Begleitsymptom bei Entzündungen und Erkrankungen der Atemwege.

Hustengeräusche

- Kurze, „abgehackt" klingende Hustengeräusche kommen bei Keuchhusten vor, an dem nicht nur Kinder, sondern auch alte Menschen erkranken können
- Zur Schmerzvermeidung wird der Husten häufig unterdrückt. Solche unterbrochenen Hustenattacken sind typisch bei Erkrankungen des Bauchraumes, Rippenfellentzündung, Wirbelsäulenerkrankungen oder Rippenbrüchen
- Bellend und rauh klingt Husten bei Kehlkopfentzündungen oder Diphtherie.

Mögliche Auslöser

- Hat sich ein alter Mensch erkältet oder war Rauch oder Staub ausgesetzt, dann ist der Zusammenhang zum Husten recht eindeutig
- Weniger klar ist der Auslöser, wenn der Betroffene auf eine Substanz allergisch reagiert. Dann kann neben einer Allergietestung bei der ÄrztIn dedektivischer Spürsinn erforderlich sein, um die allergieauslösende Substanz, z. B. Haarspray oder andere Pflegeprodukte, zu finden
- Eine dem Husten zu Grunde liegende Erkrankung, z. B. eine akute oder chronische Bronchitis oder Lungenkrebs, kann nur ärztlich diagnostiziert werden.

Zeitpunkt und Dauer

- Morgendliches Husten mit Auswurf ist typisch bei chronischen Bronchialerkrankungen und langjährigen Rauchern
- Nächtlicher Husten kommt bei Erkältungen vor, kann aber auch Anzeichen einer Herzerkrankung sein.

Plötzlich auftretender Husten bei akuten Erkrankungen und bei Allergien klingt in der Regel mit den anderen Symptomen wieder ab.

Chronischer Husten, der länger als 3–4 Wochen ohne bekannte Ursache, wie z. B. eine chronische Bronchitis, anhält, kann erstes Anzeichen von Lungenkrebs sein und muss ärztlich abgeklärt werden.

Sputum

Mit Ausnahme von geringen Mengen klaren, glasigen Morgensputums bei alten Menschen ist Auswurf immer Anzeichen einer Erkrankung. Um Sputum beurteilen zu können, wird es in einem Sputumbecher aufgefangen (☞ Abb. 5.13).

- **Beimengungen,** z. B. Nahrungsreste, Eiter, Blut, Fremdkörper
- **Farbe und Konsistenz**
  - *Blutig-rotes bis rostbraunes Sputum* oder Blutbeimengungen *(Hämoptyse)* können sich bei einer schweren Bronchitis oder einer Pneumonie finden. Bei alten Menschen ist blutiges Sputum häufig Anzeichen einer schweren Lungenerkrankung wie Lungenkrebs, -tuberkulose oder Lungenembolie. Werden große Blutmengen ausgehustet *(Hämoptoe),* muss sofort die NotärztIn benachrichtigt werden
  - *Eitrig-gelbgrün* sieht Sputum bei Atemwegsinfekten wie z. B. bei einer Bronchitis aus. Bei Bronchiektasen (sackartige Erweiterung der Bronchien) ist es typischerweise dreischichtig: In einem Sputumbehälter setzt sich unten der Eiter ab, die mittlere Schicht besteht aus trübem gelblich-grünen Sekret und oben befindet sich eine schaumige Schicht
  - *Zähes, glasiges und fadenziehendes Sputum* ist typisch für Asthma bronchiale
  - *Hellrot, schaumig* und *dünnflüssig* ist Sputum bei einem akuten Lungenödem
- **Geruch:** Sputum riecht faulig-jauchig bei Zerfall von Lungengewebe, süßlich-fade bei eitrigen Atemwegserkrankungen
- **Menge:** Bei einfachen Erkältungskrankheiten oder langjährigen Rauchern wird nur wenig Sputum ausgeworfen, bei schweren Lungenerkrankungen können es bis zu 2 l Sputum sein. Diese Menge muss in der Flüssigkeitsbilanzierung (☞ 8.2) berücksichtigt werden.

Sputum ist grundsätzlich als **infektiös** anzusehen, deshalb

- Beim Umgang mit Sputum Handschuhe tragen
- Sich selbst, Angehörige und MitbewohnerInnen vor Anhusten schützen
- Mit Sputum in Berührung gekommene Haut und Flächen desinfizieren
- Sputumbecher mehrmals täglich leeren, und täglich wechseln, um ihn zu desinfizieren und zu sterilisieren.

Puls kontrollieren

Puls: Anstoßen der Druckwelle des Blutstromes an den Arterienwänden, die sich an oberflächlichen Arterien, die gegen ein knöchernes oder muskuläres Widerlager gedrückt werden, ertasten lässt (☞ Abb. 5.14).

Pulsfrequenz: Anzahl der Pulsschläge pro Min.

Es wird zwischen **zentralem Puls** an großen herznahen Arterien, z. B. der Halsschlagader, der mit dem Stethoskop abgehört werden kann, und dem **peripheren Puls** an den herzfernen Arterien, z. B. am Handgelenk oder Fußrücken, unterschieden. Beim Gesunden entspricht der periphere dem zentralen Puls. Ist der Puls peripher nicht tastbar, z. B. bei niedrigem Blutdruck, muss er zentral gemessen werden.

An den Füßen ist der Puls bei alten Menschen wegen häufig vorkommender Durchblutungsstörungen der Beine schlecht tastbar. Deshalb ist der Fußpuls zu einer routinemäßigen Kreislaufkontrolle weniger geeignet. Fußpulse werden aber dann (im Seitenvergleich) kontrolliert, wenn es darum geht, die Durchblutungssituation der Füße zu beurteilen.

Puls tasten

Der Puls wird in der Regel am Handgelenk (A. radialis, ☞ Abb. 5.14) getastet.

Dazu

- Pflegebedürftigen entspannt mit unterstütztem Unterarm und leicht gebeugtem Handgelenk lagern
- Mit den Kuppen des Zeige-, Mittel- und Ringfingers leicht gegen die Arterie drücken. Nicht den eigenen Daumen zum Pulstasten nehmen, da die eigene Pulswelle die des Pflegebedürftigen überlagert
- Pulswelle mit Hilfe einer speziellen *Pulsuhr* oder einer Uhr mit Sekundenzeiger 15 Sek. lang zählen, wobei mit „0“ begonnen wird. Ergebnis mit 4 multiplizieren, um auf einen Minutenwert zu kommen. Bei Erstmessung, Herzkrankheiten oder unregel-

Abb. 5.13: Sputumbecher. Damit das Sputum besser beurteilt werden kann, sollte er aus durchsichtigem Kunststoff sein. [A500-119]

mäßigem Rhythmus den Puls eine volle Min. auszählen
- Neben dem Auszählen auf Pulsqualität und -rhythmus (☞ unten) achten
- Pulswert und Besonderheiten dokumentieren.

Vorsicht!
Bei Veränderungen des Pulses, die bei einem Pflegebedürftigen bisher nicht bekannt waren, unverzüglich ÄrztIn informieren und Blutdruck messen.

Kann der Puls am Handgelenk nicht getastet werden, z. B. bei bewusstlosen Pflegebedürftigen, wird er an der Halsschlagader *(A. carotis communis)* gemessen. Dabei darf der Puls aber nicht an beiden Halsschlagadern gleichzeitig ertastet werden.

Pulsfrequenz

Bei einem gesunden Erwachsenen beträgt die normale Pulsfrequenz etwa 60–80 Schläge pro Min. Bei sehr alten Menschen wird, bedingt durch das arteriosklerotisch veränderte Gefäßsystem, auch noch ein Puls von 85 als normal angesehen.

Eine erhöhte Pulsfrequenz von mehr als 100 Schlägen pro Min. wird als **Tachykardie** bezeichnet. Sie tritt *physiologisch* bei körperlicher Anstrengung, psychischer Erregung, bei Sauerstoffmangel, z. B. in großen Höhen, oder nach Nikotin- oder Koffeingenuss auf. Eine *pathologische* Tachykardie kommt vor bei
- Herzerkrankungen
- Schilddrüsenüberfunktion
- Fieber
- Flüssigkeitsdefizit (☞ 7.4)
- Schock
- Als Medikamentennebenwirkung.

Eine erniedrigte Pulsfrequenz von weniger als 60 Schlägen pro Min. wird als **Bradykardie** bezeichnet. Sie tritt *physiologisch* auf bei durchtrainierten Sportlern, in entspannter Ruhe und beim Schlafen. Eine *pathologische* Bradykardie kommt vor bei
- Herzerkrankungen mit Störungen der Reizleitung im Herzen
- Erhöhtem Hirndruck, z. B. nach einem Schlaganfall, bei Hirnhautentzündung
- Schilddrüsenunterfunktion
- Unterkühlung
- Als Nebenwirkung von Medikamenten, z. B. β-Blocker, Schmerz-, Schlaf- und Beruhigungsmedikamente.

Wird an peripheren Gefäßen eine Bradykardie festgestellt, muss der zentrale Puls mit einem Stethoskop ermittelt werden, weil es sein kann, dass keine echte Bradykardie vorliegt, sondern die Pulswelle nicht „unten ankommt“. Die Differenz zwischen zentralem und peripherem Puls wird als **Pulsdefizit** bezeichnet.

Pulsqualität

Mit der Pulsqualität sind Spannung und Füllung des getasteten Gefäßes gemeint. In der Praxis wird die Pulsqualität eher selten beurteilt, weil die Blutdruck-Messung (☞ unten) genauere Auskünfte gibt. Trotzdem kann die Beurteilung der Pulsqualität wichtige Hinweise auf Abweichungen geben. Normalerweise ist der Puls gut gefüllt. Abweichengen sind:
- *Harter* Puls bei Arteriosklerose, hohem Blutdruck
- *Weicher, flacher* Puls bei niedrigem Blutdruck, Herzinsuffizienz, Fieber
- *Fadenförmiger,* weicher, schneller Puls bei Kreislaufkollaps, Schock.

Bei Abweichungen der Pulsqualität immer den Blutdruck messen.

Pulsrhythmus

Die Pulswellen folgen bei einem gesunden Menschen in regelmäßigen Abständen aufeinander.

Bei der **Arrhythmie** sind die Zeitabstände zwischen den Herzkontraktionen unterschiedlich. Unregelmäßigkeiten können auch im Zusammenhang mit einer

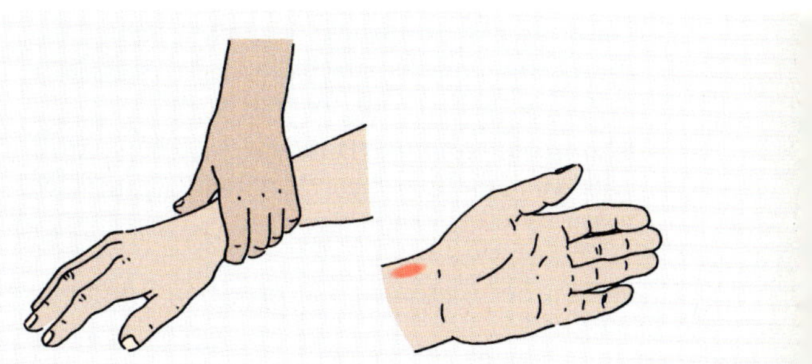

Abb. 5.14: Radialispuls tasten. [A400-190]

Tachykardie *(Tachyarrhythmie)* oder Bradykardie *(Bradyarrhythmie)* auftreten.

Arrhythmien treten z. B. auf bei

- Herzerkrankungen
- Schilddrüsenfunktionsstörungen
- Elektrolytverschiebungen im Blut.

Bei Vorhofflimmern, z. B. bei einem Herzinfarkt, kann eine *absolute Arrhythmie* auftreten, bei der die Herzschlagfolge völlig unregelmäßig ist.

Extrasystolen sind einzelne, zusätzlich zum normalen Herzrhythmus auftretende Herzschläge. Vereinzelte Extrasystolen sind harmlos und kommen z. B. bei Rauchern vor. Gehäuft findet man sie bei einem Herzinfarkt oder bei Herzinsuffizienz.

Typisch für den **Zwillingspuls** *(Bigeminus)* sind die regelmäßigen Doppelschläge. Er ist Anzeichen einer Überdosierung mit Digitalis, einem Medikament, das viele alte Menschen mit Herzinsuffizienz einnehmen.

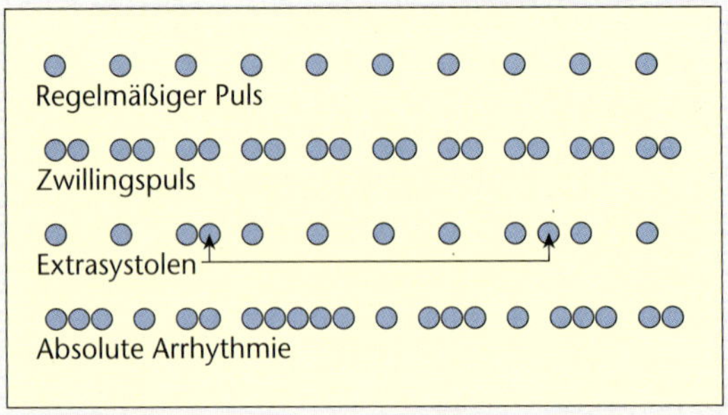

Abb. 5.15: Pulsrhythmus. [V227]

Blutdruck messen

Blutdruck: Druck des Blutes in den peripheren Arterien, in der Regel gemessen in Millimeter Quecksilbersäule (mmHg), selten auch in Kilopascal (kPa). 7,5 mmHg = 1 kPa

Systolischer Blutdruck: Maximaler Druck des Blutes während der Kontraktion der Herzkammern. Normalwert: 90–145 mmHg.

Diastolischer Blutdruck: Minimaler Druck des Blutes während der Erschlaffung der Herzkammern. Normalwert: 60–90 mmHg.

Blutdruckamplitude: Differenz zwischen systolischem und diastolischem Wert. Beträgt normalerweise 40–60 mmHg.

Die Höhe des Blutdrucks ist von vielen Faktoren abhängig, z. B.

- Herzleistung
- Blutvolumen
- Elastizität der Gefäße
- Alter, Gewicht, Konstitution und Körperlage.

Der Blutdruck kann gemessen werden durch

- Indirekte *(unblutige)* Messmethoden
- Direkte *(blutige)* Messverfahren im Gefäßsystem.

Indirekte Messmethoden sind:

- Die elektronische Messung mit entsprechenden Messgeräten
- Die Messung mit *Blutdruckmessgeräten* nach Riva-Rocci (Blutdruckgerät mit Quecksilbersäule. „RR", die Abkürzung für Blutdruck, geht auf den Namen des Arztes Riva-Rocci zurück) oder Recklinghausen (Manschette und Manometer, ☞ Abb. 5.16).
  - *Auskultatorisch* unter Zuhilfenahme eines Stethoskops, so dass systolischer und diastolischer Wert gehört werden
  - *Palpatorisch* durch Tasten des Pulses zur Ermittlung des systolischen Blutdrucks während der Kontraktionsphase der Herzkammern. Der diastolische Wert kann nicht ertastet werden.

Blutdruck-Kontrollen werden ärztlich angeordnet, z. B. bei Bluthochdruck (Hypertonie) oder niedrigem Blutdruck (Hypotonie). Darüber hinaus wird der Blutdruck gemessen

- Bei Heimaufnahme eines Pflegebedürftigen
- Viertelstündlich bei Bluthochdruck-Krisen
- Bei Blutdruckschwankungen
- Bei Unruhe und akuter Verwirrtheit
- Bei Kopfschmerzen
- Vor der Mobilisation
- In Notfallsituationen.

Um vergleichbare Werte zu erhalten, immer unter gleichen Bedingungen Blutdruck messen:

- Nicht im Anschluss an körperliche Belastungen oder psychische Aufregung
- Jede Messung in der gleichen Position, z. B. immer sitzend oder immer liegend
- Am gleichen Arm.

Bei der Erstmessung Blutdruck an beiden Seiten messen, bei einer Differenz von mehr als 20 mmHg ÄrztIn informieren.

Vorbereitung

- Durch leichtes Klopfen auf die Stethoskop-Membran überprüfen, ob diese funktionstüchtig ist
- Manschette entsprechend des Oberarmumfangs auswählen (☞ Abb. 5.17), ansonsten werden falsche Werte gemessen
- Für Ruhe sorgen, z. B. Radio ausstellen
- Pflegebedürftigen informieren, entspannt lagern, so

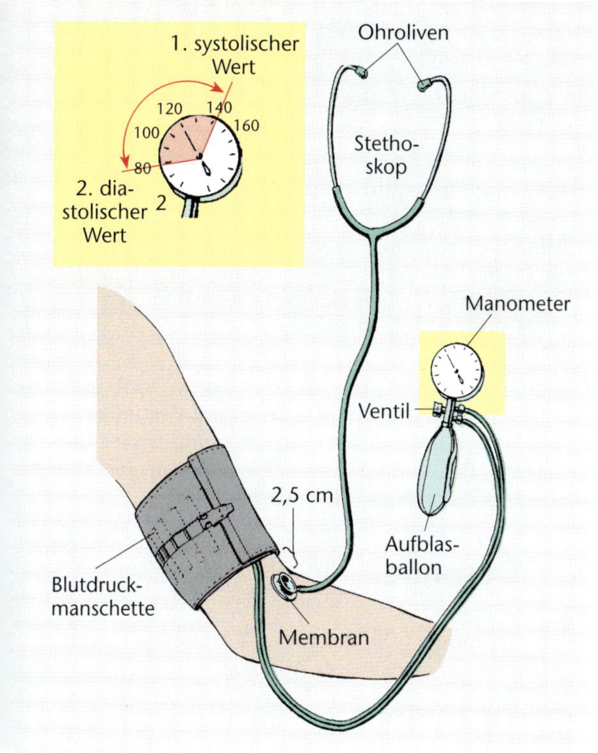

Abb. 5.16: Auswahl der richtigen Manschettengröße zum Blutdruckmessen. Bei großem Oberarmumfang muss die Manschette breiter sein. [A400]

dass die Messstelle am Arm etwa in Herzhöhe liegt. Unterarm evtl. mit einem Kissen abstützen.

Durchführung

- Luftleere Blutdruckmanschette am von Kleidung befreiten Oberarm etwa 2–3 cm oberhalb der Ellenbeuge faltenfrei anlegen (☞ Abb. 5.17). Darauf achten, dass die Kleidung nicht einschnürt. Schläuche nicht unmittelbar über der Ellenbeuge platzieren, um Störgeräusche zu vermeiden
- Oliven des Stethoskopes in die Ohren stecken und Membran in die Ellenbeuge legen
- Ventil schließen, Puls tasten und Manschette aufpumpen. Wenn Puls nicht mehr tastbar ist, weitere 30 mmHg aufpumpen
- Ventil langsam öffnen, so dass Blutdruck etwa um 3–5 mmHg pro Sek. sinkt
- Wert beim ersten hörbaren Ton ist systolischer Wert, letzter hörbarer Ton ist diastolischer Wert.

Nachbereitung

- Ermittelte Werte und Besonderheiten dokumentieren
- Ohroliven und Stethoskop-Membran desinfizieren
- Bei starken Abweichungen von den sonst für einen Pflegebedürftigen üblichen Werten ÄrztIn informieren.

(!) Blutdruck nicht messen an einem Arm mit

- Venenzugang
- Fistel (Shunt) bei Dialysepatienten
- Lymphödem.

Körpertemperatur beobachten

Eine veränderte **Körpertemperatur** kann man in viele Fällen

- *Sehen,* z. B. wenn die Haut bei Fieber schweißnass, gerötet oder die Augen glasig sind. Auch Schüttelfrost, die Phase des Temperaturanstieges, in der der Betroffene friert, ist auf den ersten Blick zu erkennen. Unterkühlte Haut sieht dagegen blass oder bläulich aus
- *Fühlen:* Die Haut kann sich warm oder kalt, feucht oder trocken anfühlen.

Objektive Messwerte können durch unterschiedliche Messmethoden ermittelt werden:

- **Axillar:** in der Achselhöhle
- **Rektal:** im Mastdarm
- **Sublingual:** unter der Zunge
- Im **Gehörgang**
- Selten wird auch **inguinal** (in der Leistenbeuge) oder **vaginal** (in der Scheide) gemessen.

Der sublinguale und der axillare Wert liegen etwa 0,5 °C unter dem rektalen Wert.

Für die Temperaturmessung stehen verschiedene **Thermometer** zur Auswahl (☞ Abb. 5.18–5.20):

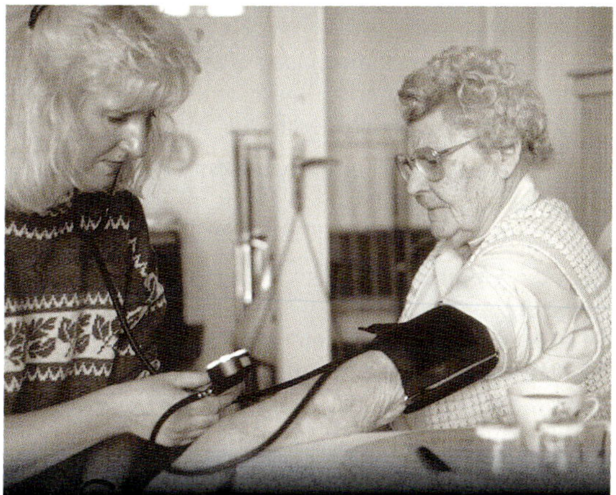

Oberarmumfang in cm	Manschettengröße in cm
Bis 33	12 x 24
33 bis 40	15 x 30
Ab 40	18 x 36

Abb. 5.17: Blutdruck messen mit dem Messgerät nach Recklinghausen. [Foto: O134]

- *Quecksilberthermometer:* Werden nicht mehr häufig benutzt, weil sie, wenn sie zerbrechen, giftige Quecksilberdämpfe freisetzen. Sollte ein Quecksilberthermometer zerbrechen, verschüttetes Quecksilber nicht anfassen, sondern mit einem Blatt Papier, Schaufel und Besen oder mit speziellem Entsorgungsset aufnehmen, luftdicht einschließen und in der Apotheke entsorgen lassen
- *Digitalthermometer:* Wird mit einer Batterie betrieben, der gemessener Wert wird digital angezeigt
- *Infrarot-Ohrthermometer*: Das akkubetriebene Gerät misst die Wärmestrahlung des Trommelfells. Das Trommelfell hat wegen seiner guten Durchblutung die gleiche Temperatur wie der Körperkern
- *Elektronische Thermometer:* Messsonden mit rotem (für rektale Messung) und blauem (für sublinguale Messung) Griff sind mit einem Messgerät verbunden.

Vor dem Gebrauch eines Thermometers die Gebrauchsanweisung lesen, denn es gibt unterschiedliche Ausführungen von verschiedenen Herstellern

Körpertemperatur messen

Vorbereitung

- Funktionstüchtigkeit des verwendeten Thermometers prüfen
- Pflegebedürftigen informieren, ggf. Intimsphäre schützen, v.a. bei rektaler Messung
- Thermometer abspülen oder in entsprechende Einmalschutzhüllen stecken, damit Desinfektionsmittelrückstände nicht die Haut oder Schleimhaut reizen
- Quecksilberthermometer auf etwa 35 °C herunterschütteln, die anderen Thermometer je nach Gebrauchsanweisung vorbereiten

Axillare Messung: Thermometer trocknen und in die trockene Achselhöhle legen, Oberarm muss dicht am Oberkörper bleiben, Unterarm über die Brust legen

Rektale Messung: Feuchte Thermometerspitze mit leicht drehender Bewegung in den Darm einführen. Bei Verwirrten Thermometer gut festhalten. Die rektale Messung verletzt die Intimsphäre, außerdem besteht die Gefahr der Keimverschleppung. Pflegebedürftige mit Problemen im Enddarmbereich, z. B. nach Operationen, nicht rektal messen

Sublinguale Messung: Thermometer unter die Zunge legen, Mund schließen lassen

- Verwirrte Pflegebedürftige nicht sublingual messen wegen Verletzungs- und Vergiftungsgefahr, wenn das Thermometer zerbissen wird
- Keine heißen oder kalten Getränken vor einer sublingualen Temperaturmessung geben, um den Wert nicht zu verfälschen
- Eignet sich nicht für Menschen mit einer Fazialisparese, da der Mund nicht geschlossen gehalten werden kann und auskühlt

Im-Ohr-Messung: Sehr schnelle Messung innerhalb von 1 Sek.

Die Temperatur kann bei Quecksilbertermometern axillar nach 8–10 Min., rektal nach 3–5 Min. und sublingual nach 5–8 Min. auf der Skala abgelesen werden. Elektronische und digitale Thermometer zeigen das Ende der Messung optisch und/oder akustisch an.

Nachbereitung: Pflegebedürftigen lagern, evtl. beim Ankleiden unterstützen. Messwert und Besonderheiten dokumentieren. Thermometer reinigen und desinfizieren. Bei starken Abweichungen von der Normaltemperatur ÄrztIn informieren.

5.3 Dyspnoe

Dyspnoe: Subjektives Empfinden von Atemnot bei erschwerter Atmung.

Belastungsdyspnoe: Atemnot bei körperlicher Belastung.

Ruhedyspnoe: Atemnot in Ruhe.

Orthopnoe: Schwerste Atemnot, bei der der Betroffene aufrecht sitzend (ortho = aufrecht) nach Luft ringt.

Apnoe: Atemstillstand. Sofortige Wiederbelebungsmaßnahmen erforderlich.

5.3.1 Pflegediagnostik

Ursachen, Risiko- und Einflussfaktoren

Einer Dyspnoe können viele verschiedene Ursachen zu Grunde liegen:

- **Mechanische Einengung der Atemwege,** z. B. bei
  - Allergisch oder durch Infekte bedingter anfallsartiger Atemnot *bei Asthma bronchiale* durch Verkrampfung der Bronchialmuskulatur (Bronchospasmus), Schwellung der Bronchialschleimhaut, Ablagerung zäher Schleimmassen
  - *Aspiration* (☞ 5.4)
  - *Chronisch obstruktiver Bronchitis* mit Einengung der Atemwege durch Bronchospasmus und Schleimhautschwellung, häufig bei langjährigen Rauchern oder nach vielen Infekten der Atemwege. Ausgeprägte Atemnot vor allem im Spätstadium bei *Bronchiektasen,* einer dauerhaft sackartigen Ausweitung der Bronchien, und beim *Emphysem,* bei dem die Wände der Lungenbläschen durch die dauerhafte Überblähung einreißen, so dass sich die Gasaustauschfläche verringert

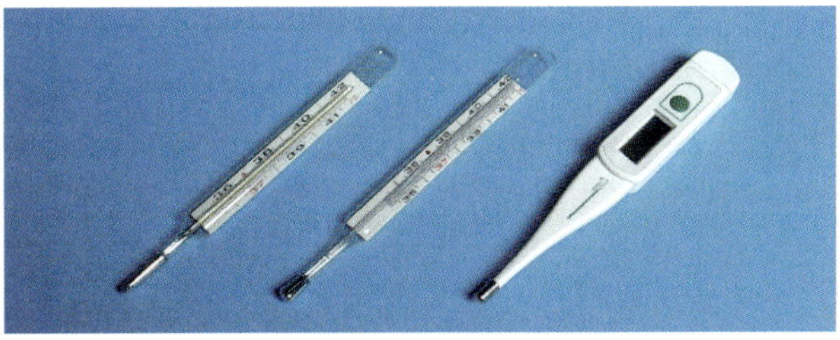

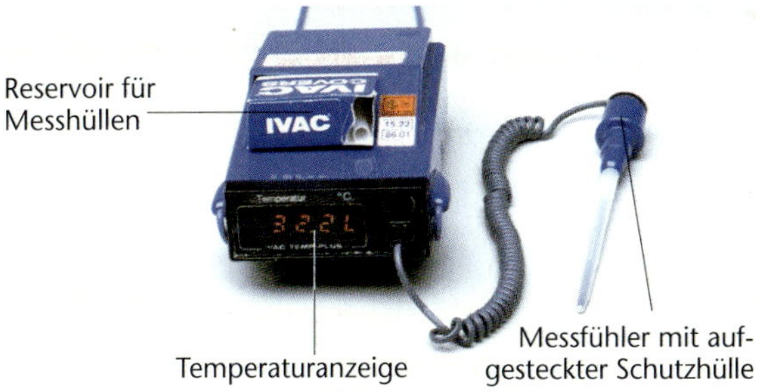

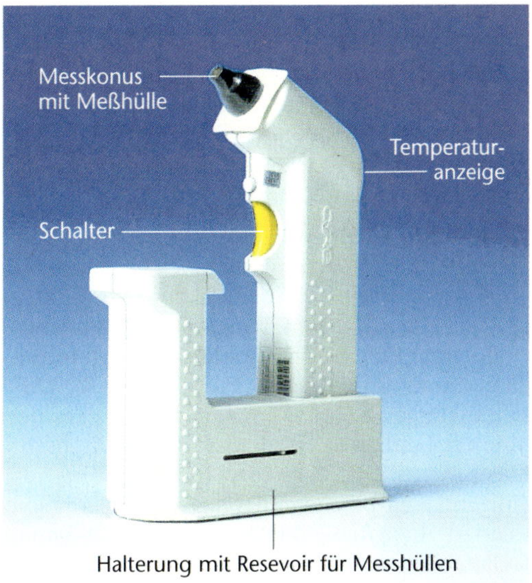

Abb. 5.18 (oben): Links: Quecksilberthermometer mit gerader Spitze für axillare Messung. Mitte: Quecksilberthermometer mit rundlicher Spitze für rektale Messung. Rechts: Digitalthermometer. [K183]. **Abb. 5.19 (unten):** Elektronisches Thermometer von IVAC. [K183]. **Abb. 5.20 (rechts):** Infrarot-Ohrthermometer. [V179]

- Vergrößerter Schilddrüse, die die Luftröhre von außen einengt
- **Atemwegs- und Lungenerkrankungen,** z. B.
  - Lungenentzündung (Pneumonie, ☞ 5.5, Tuberkulose)
  - Lungenkrebs (Bronchialkarzinom)
  - Flüssigkeitsansammlungen, z. B. bei einem Erguss oder bei einem Lungenödem
  - Störungen der Lungendurchblutung, z. B. durch ein in die Lungengefäße geschwemmtes Blutgerinnsel (Embolie)
  - Verletzungen
- **Herzerkrankungen,** z. B. akute Rechtsherzinsuffizienz nach einem Herzinfarkt mit Blutrückstau in die Lunge und Lungenödem
- **Stoffwechselstörungen,** z. B. bei diabetischem Koma, Nierenversagen oder Schock
- **Schädigung des Atemzentrums** im Gehirn, z. B. bei Schlaganfall, Hirntumor oder Entzündungen.

Anzeichen und Ausmaß

Je nach Schweregrad (☞ Tab 5.21) sind die Anzeichen einer Atemnot subjektiv und objektiv unterschiedlich.

Nicht immer ist eine Altenpflegerin bei Atemnot vor Ort, vor allem in der ambulanten Altenpflege oder wenn die Atemnot nur selten und nur mäßig ausgeprägt auftritt. In diesen **„leichteren Fällen"** kann es sein, dass sich der Pflegebedürftige oder Angehörige zu Atemproblemen äußert, z. B. über

- Beschwerden beim Atmen, Luftnot, Beklemmungsgefühl oder Schmerzen bei Ein- oder Ausatmen
- Kurzatmigkeit oder geringe körperliche Belastbarkeit, z. B. dass beim Treppensteigen Pausen einlegt werden müssen
- Erschwerte Ein- oder Ausatmung.

Bei **schwerer Atemnot** sind die Anzeichen auf den ersten Blick zu erkennen:

- Erstickungsgefühl, angstvoller Gesichtsausdruck, auch Todesangst
- Einnehmen einer typischen Körperhaltung, z. B. aufrechter Oberkörper, Abstützen mit den Armen
- Einsatz der Atemhilfsmuskulatur (☞ Abb. 5.22)
- Zyanose, v.a. an Lippen und Fingernägeln (☞ 9.1, Abb. 9.5)
- Atemgeräusche wie Pfeifen bei erschwerter Einatmung *(inspiratorischer Stridor)* oder Brummen, Giemen bei erschwerter Ausatmung *(exspiratorischer Stridor)* oder Rasselgeräusche (☞ Tab. 5.12)
- Husten, Auswurf.

Belastungsdyspnoe	I	Atemnot bei großer körperlicher Anstrengung, z. B. schnelles Gehen, Treppensteigen
	II	Atemnot bei mäßiger körperlicher Anstrengung, z. B. beim langsamen Gehen auf ebener Strecke
	III	Atemnot bei geringster körperlicher Anstrengung, z. B. beim An- und Auskleiden
Ruhedyspnoe	IV	Atemnot in Ruhe ohne körperliche Anstrengung

Tab. 5.21: Schweregrade der Dyspnoe.

Folgen

Je nach Ausmaß der Atemnot können die Folgen unterschiedlich sein. So beeinträchtigt eine geringfügige und selten auftretende Atemnot die Lebensqualität eines alten Menschen nur wenig. Meistens vermeidet er große Anstrengungen und kommt mit dieser Einschränkung gut zurecht.

Chronische Erkrankungen mit Atemnot führen andererseits häufig dazu, dass die Betroffenen anfangs größere, nach und nach auch geringe körperliche Anstrengungen vermeiden. Langfristig beeinträchtigt der eingeschränkte Aktivitätsradius die **Mobilität** mit allen damit verbundenen Folgen (☞ 6.3). Die Einschränkungen können so weit gehen, dass der alte Mensch bettlägerig wird und nur noch bestimmte Lagerungen, z. B. Oberkörperhochlagerung, die ein einigermaßen beschwerdefreies Atmen ermöglichen, toleriert. Langfristig Bettlägerigen droht immer die Gefahr eines Immobilisationssyndromes (☞ 6.4).

Zusätzlich werden die Betroffenen durch den **Sauerstoffmangel des Gehirns** zunehmend verwirrt und desorientiert.

Alte Menschen mit Atemnot schränken die **verbale Kommunikation** ein, weil sie zu viel Kraft kostet und die Atmung zusätzlich erschwert. Auch Beschäftigungsangebote werden nicht oder nur selten wahr genommen, so dass **Rückzug** und soziale Isolation (☞ 12.4) die Folgen sind.

Akute Atemnot ist häufig lebensbedrohlich und bedarf sofortiger notärztlicher Versorgung.

5.3.2 Pflegetherapeutische Maßnahmen

Pflegetherapeutische Maßnahmen richten sich danach, ob ein Pflegebedürftiger akute oder chronische Atemnot hat. Im Folgenden werden zuerst die Maßnahmen bei akuter Atemnot beschrieben.

Dosierte Lippenbremse

Die **dosierte Lippenbremse** ist eine Atemübung, die bei akuter Atemnot, besonders bei einem Asthmaanfall, eingesetzt wird.

Die Luft wird gegen den Widerstand der locker aufeinander liegenden Lippen ausgeatmet (☞ Abb. 5.23). Dadurch fällt der Druck in den Atemwegen nur langsam ab und verhindert, dass die Lungenbläschen kollabieren.

Damit der Pflegebedürftige die Methode im Ernstfall beherrscht, sollte sie frühzeitig und nicht erst bei akuter Atemnot eingeübt werden.

Durchführung: Pflegebedürftigen anleiten

- Einen gleichmäßigen, ruhigen Rhythmus von Ein- und Ausatmung zu finden
- Bei geschlossenem Mund durch die Nase einzuatmen
- Langsam, gleichmäßig und ohne zu pressen gegen die locker aufeinander liegenden Lippen auszuatmen.

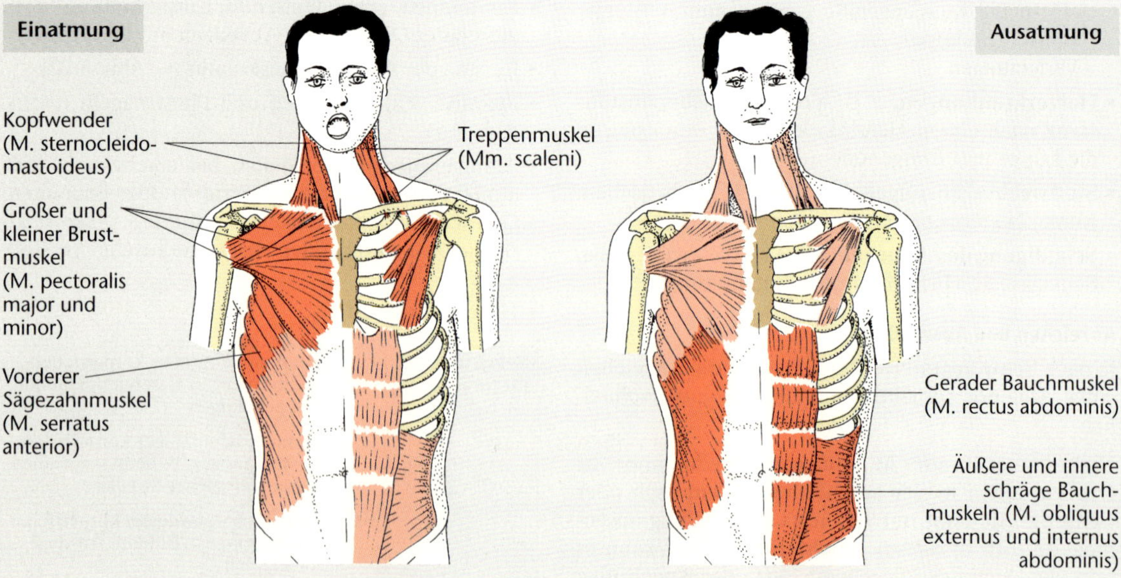

Abb. 5.22: Atemhilfsmuskulatur, die zur Verstärkung von Ein- und Ausatmung bei Atemnot eingesetzt werden kann. Die Atemhilfsmuskulatur zur Einatmung bewegt normalerweise den Schultergürtel. Den Atemvorgang können sie nur unterstützen, wenn der Schultergürtel durch Abstützen der Arme fixiert wird. [A400-190]

Wer diese Technik beherrscht, kann nicht nur akuter Atemnot entgegenwirken, sondern sie auch bei verstärkter körperlicher Belastung verhindern bzw. verringern.

Sauerstoffgabe

Ein niedriger Sauerstoffgehalt des Blutes kann durch Sauerstoffgabe erhöht werden, z. B. bei

- Akuter Atemnot
- Lungenerkrankungen wie z. B. Lungenödem oder Pneumonie
- Herzerkrankungen, z. B. Herzinsuffizienz
- Vergiftungen
- Schock
- Anämie
- Nach Operationen.

Die Verabreichung von Sauerstoff (O_2) muss **von der ÄrztIn angeordnet** werden. Sie ordnet

- Menge
- Art und Weise der Verabreichung
- Dauer der Therapie an.

Bei einem **Notfall** kann die AltenpflegerIn 2 Liter Sauerstoff pro Min. verabreichen, bis die ÄrztIn eintrifft. Während der Verabreichung müssen das Bewusstsein, der korrekte Sitz der Sonde bzw. des Verabreichungssystems und die Atmung engmaschig überwacht werden.

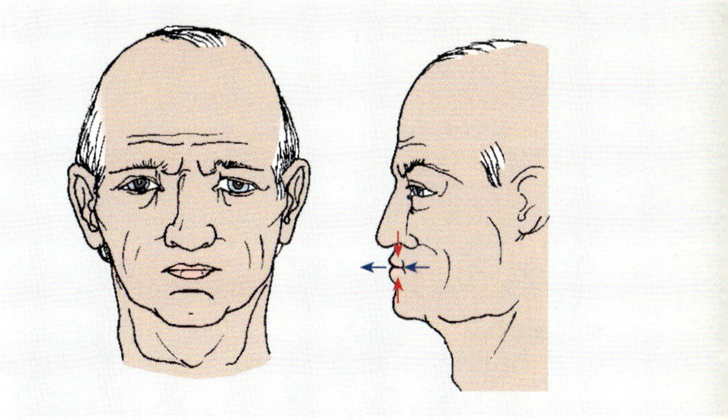

Abb. 5.23: Bei der Lippenbremse die Lippen aufeinander legen, aber nicht zusammenpressen und dosiert gegen die geschlossenen Lippen ausatmen. [A300-119]

Vorsicht!

Gefahr der Atemlähmung
Bei allen alten Menschen mit chronisch obstruktiven Lungenerkrankungen wie Asthma bronchiale, Lungenemphysem oder chronischer Bronchitis hat sich das Atemzentrum an die erhöhte Kohlendioxid-Konzentration im Blut gewöhnt. Der Atemantrieb wird durch den verminderten Sauerstoffgehalt des Blutes aufrecht erhalten. Bei Sauerstoffgabe wird der Atemanreiz aufgehoben, es kann zum Atemstillstand kommen.

Sauerstoffaufbewahrung

Im Krankenhaus ist Sauerstoff über ein **zentrales Reservoir** mit einen Wandanschluss in allen Zimmern

Erstmaßnahmen bei akuter Atemnot

- Pflegebedürftigen nicht alleine lassen und Hilfe, z. B. durch Klingeln, herbeirufen
- ÄrztIn oder bei schwerer Atemnot NotärztIn rufen (lassen)
- Fenster öffnen
- Beengende Kleidungsstücke öffnen oder ausziehen
- Oberkörper hochlagern, evtl. atemerleichternde Lagerung nach Wunsch des Pflegebedürftigen, z. B. Arme auf den Nachttisch abstützen lassen oder Kutschersitz (☞ Abb. 5.24)
- Zum Ausatmen mit dosierter Lippenbremse anleiten (☞ unten)
- Erfahrungen des Pflegebedürftigen zu hilfreichen Maßnahmen bei Atemnot berücksichtigen
- Evtl. Bedarfsmedikamente geben, z. B. Dosieraerosol, Zäpfchen
- Evtl. Sauerstoff geben oder absaugen (☞ unten)
- Atmung, Puls, Blutdruck und Hautfarbe beobachten
- Pflegebedürftigen psychisch betreuen, da Angst die Atemnot verschlimmert:
  - Angst nehmen durch Blickkontakt, beruhigende Worte und Berührungen sowie verständnisvolle Zuwendung
  - Selbst Ruhe ausstrahlen überträgt sich in vielen Fällen auf den alten Menschen
  - Wenn gewünscht leise Musik anstellen
  - Ablenkende Gespräche über Themen, die dem Pflegebedürftigen angenehm sind und ihn beruhigen, wobei der Pflegebedürftige selbst wenig spricht
- Bei Atemstillstand sofort mit Wiederbelebungsmaßnahmen beginnen.

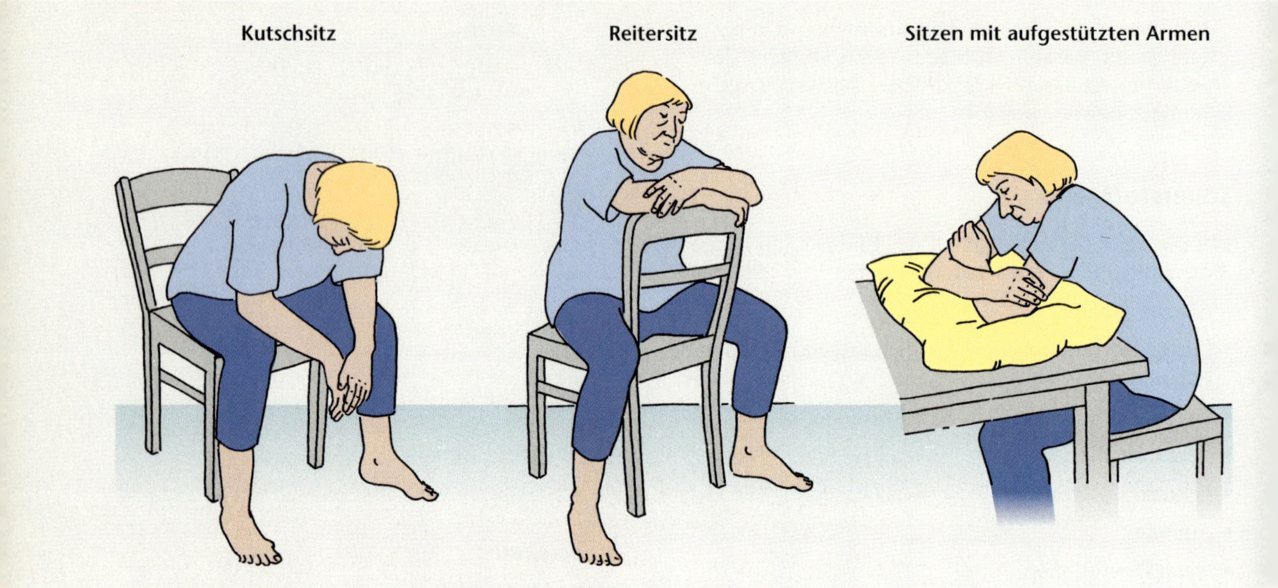

Abb. 5.24: Atemerleichternde Sitzpositionen bei akuter Atemnot. Durch das Abstützen der Arme wird der Schultergürtel fixiert, so dass die Atemhilfsmuskulatur zur Unterstützung der Ausatmung eingesetzt werden kann. [A500-119]

vorrätig. In stationären Altenpflegeeinrichtungen bzw. in der häuslichen Pflege wird er mit Hilfe einer **Sauerstoffflasche** (☞ Abb. 5.25) verabreicht. Sauerstoffflaschen enthalten bis zu 50 l komprimierten reinen Sauerstoff. Der Druck in der vollen Flasche beträgt 150 bis 200 bar. Dieser Druck kann an einem Manometer abgelesen werden. Mit Hilfe eines Druckminderers wird die abgegebene Sauerstoffmenge reguliert.

Es gibt auch elektrisch betriebene Geräte, die den Sauerstoff aus der Luft isolieren und konzentrieren. Dieser **Sauerstoffkonzentrator** ist besonders benutzerfreundlich und deshalb vor allem für die häusliche Pflege geeignet.

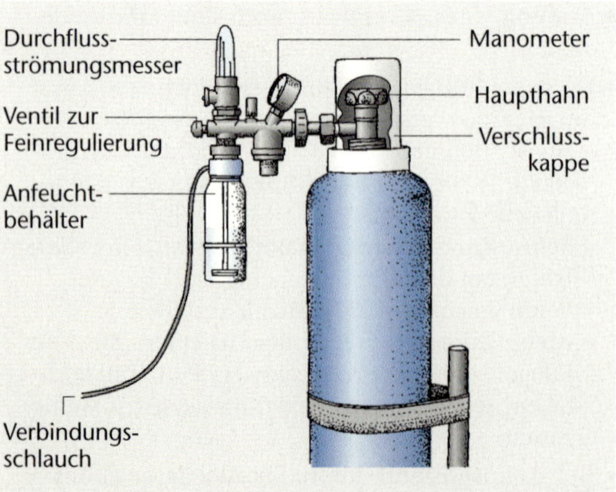

Abb. 5.25: Sauerstoffgerät. Sauerstoffflaschen sind immer blau. [A300-119]

Sicherheitsvorschriften beim Umgang mit Sauerstoff

Da beim Umgang mit Sauerstoffflaschen **Explosionsgefahr** besteht, ist es sehr wichtig die Sicherheitsvorschriften genau einzuhalten:

- In allen Räumen, in denen Sauerstoff verwendet bzw. gelagert wird, besteht Rauchverbot. Zusätzlich darf kein offenes Licht und Feuer benutzt werden
- Sauerstoffflaschen vor Umfallen, Schlag, Erwärmung (Heizkörper, Sonneneinstrahlung) schützen und nicht mit Fett oder Öl berühren
- Möglichst hohe Luftfeuchtigkeit im Raum einhalten, da bei trockener Luft die Explosionsgefahr steigt
- Sauerstoff darf nur in blauen Flaschen mit weißer Kappe gelagert werden
- Sauerstoff darf nicht zur Verbesserung der Raumluft verwendet werden
- In leeren Stahlflaschen muss ein Restdruck von mindestens 0,5 bar belassen werden, da die Flasche mit einer Folie ausgekleidet ist, die ohne Druck zusammenfällt
- Volle und leere Flaschen getrennt lagern
- Sauerstoffflaschen nur mit geschlossenem Ventil und Schutzkappe transportieren.
- Sauerstoffflaschen nie im Zimmer des alten Menschen wechseln
- Keine Gewalt und keine Werkzeuge beim Öffnen und Schließen anwenden („Raketenstart")
- Bei Störungen und Defekten an den Lieferanten zurückgeben, nicht selbst reparieren
- Sauerstoffflaschen vor dem Gebrauch kontrollieren (Farbe, Druck).

☑ Restinhalt einer Flasche berechnen

Flascheninhalt in l (steht auf der Flasche) x auf dem Manometer angezeigter Druck in bar = noch vorhandene Sauerstoffmenge in l

Beispiel: 10 l x 90 bar = 900 l Restinhalt

Berechnung, wie lange der Restinhalt reicht

$$\frac{\text{Restinhalt}}{\text{Dosis in l/Min.}} = \text{Restzeit}$$

Beispiel:

$$\frac{\text{900 l Restinhalt}}{\text{2 l/Min.}} = \text{450 Min.}$$

(geteilt durch 60 Min. = 7 Std. 30 Min.)

Der Restinhalt von 900 l reicht bei einem Verbrauch von 2 l pro Min. noch 450 Min. bzw. 7½ Std.

Verabreichungsformen

Sauerstoff kann mit verschiedenen Insufflationssystemen verabreicht werden (☞ Tab. 5.26).

Allgemeines zur Sauerstofftherapie

- Sauerstoff in der Flasche ist trocken und muss immer mit Aqua dest. angefeuchtet werden, um Schleimhautschäden zu vermeiden. Aqua dest.-Behälter täglich wechseln, außer Einmalbehälter wie AquaPack®, die verwendet werden, bis sie leer sind
- Bei der Verabreichung von Sauerstoff aseptisch arbeiten, um Infektionen zu vermeiden
- Ab einer Dosierung von 6 Litern/Minute den Sauerstoff anwärmen, um Atemstörungen zu vermeiden
- Medizinischer Sauerstoff ist ein Medikament, d.h. das Verfalldatum muss beachtet werden (steht auf der Flasche)
- Bei einer länger andauernden Sauerstofftherapie ist eine regelmäßige Mund- und Nasenpflege notwendig (mindestens 3 x täglich), um die Schleimhäute vor Austrocknen zu schützen (☞ 7.8.2). Bei Sauerstoffsonden regelmäßig zwischen rechtem und linkem Nasenloch wechseln.

Sauerstoff verabreichen

Vorbereitung

- Material:
  - Sauerstoffflasche und Anfeuchtbehälter (steriles Aqua dest. und steriler Behälter oder Einmalbehälter, z. B. AquaPack®)
  - Steril verpacktes Insufflationssystem, z. B. Sauerstoffsonde
  - Pflaster
  - Händedesinfektionsmittel
  - Zellstoff.
- AltenpflegerIn: Hände desinfizieren. Steriles Gefäß mit sterilem Aqua dest. füllen oder Einmalbehälter anschrauben

Nasensonde mit Schaumstoffpolsterung	Sauerstoffbrille mit Schaumstoffpolsterung	Sauerstoffmaske
Sonde 1 cm in das Nasenloch einführen und mit Schaumstoffpolster und evtl. zusätzlich seitlich mit Pflaster fixieren	2 schaumstoffummantelte Plastikstutzen in die Nasenlöcher einführen Schläuche wie Brillenbügel hinter die Ohren klemmen	Einfache Maske, Maske mit Ventil oder mit Reservoirbeutel auf Mund und Nase aufsetzen und mit Gummiband am Hinterkopf fixieren
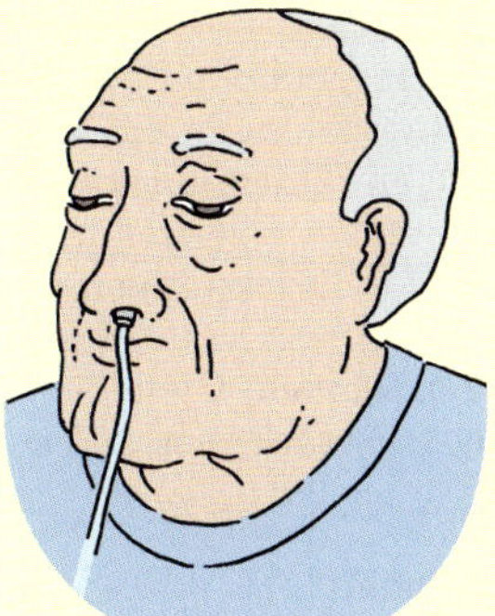	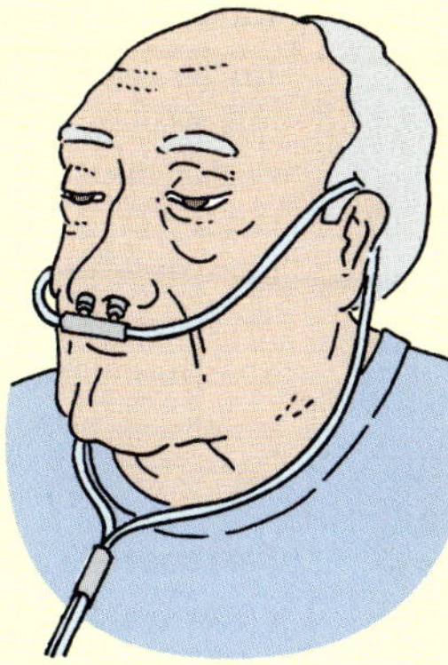	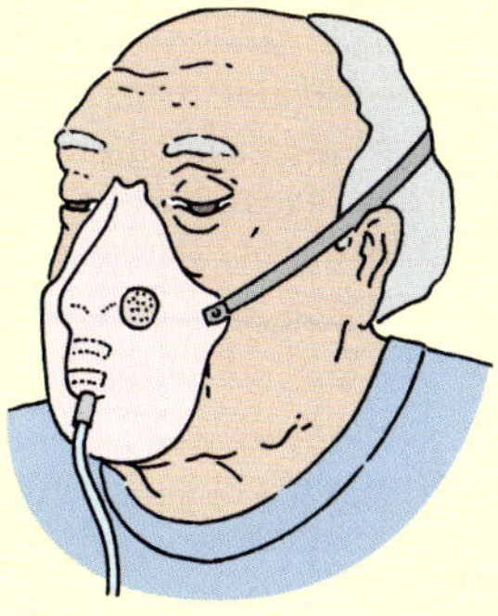
Nachteile • Gefahr von Reizungen und Verletzungen der Nasenschleimhaut • Bei Mundatmung wenig wirksam • Gefahr von Druckstellen • Rutscht häufig raus	Nachteile • Stört beim Essen und Sprechen • Bei Mundatmung wenig wirksam • Gefahr von Druckstellen	Nachteile • Löst oft Beklemmungsgefühl aus • Zu niedrige O_2-Zufuhr kann evtl. zu einem Kohlendioxid-Stau in der Maske führen • Essen und Trinken nicht möglich • Kommunikation stark eingeschränkt

Tab. 5.26: Verschiedene Insufflationssysteme zur Verabreichung von Sauerstoff. [A500-119]

- Alten Menschen informieren und den Oberkörper zur Erleichterung der Atmung hoch lagern. Atemwege frei machen, z. B. abhusten lassen, Nase putzen lassen, Nase säubern, evtl. absaugen (☞ unten).

Durchführung

- Insufflationssystem anbringen und evtl. mit Pflaster fixieren
- Insufflationsschlauch mit Sauerstoffflaschen-Schlauch verbinden
- Sauerstoffflasche öffnen und den Druck am Manometer ablesen und dokumentieren. Vorsicht: **Nicht mit fettigen Händen** Hahn aufdrehen, Explosionsgefahr!
- Angeordnete Literzahl mit Feinregler einstellen
- Bei einigen Geräten muss der Sprudler geöffnet werden.

Nachbereitung

- Insufflationssystem entfernen und Hauptventil schließen. Druckminderer zudrehen, wenn er auf „0" abgefallen ist
- Alten Menschen in erhöhter Oberkörperlagerung belassen und evtl. Mund- und Nasenpflege durchführen
- Einmalmaterial verwerfen. Sauerstoffgerät mit Kappe verschließen und aus dem Zimmer entfernen
- Aqua-dest.-Flasche entleeren bzw. Einmalflasche verwerfen
- Dokumentation im entsprechenden Dokumentationssystem.

Überwachung

Um Komplikationen auszuschließen, müssen folgende Bereiche regelmäßig überwacht werden:

- **Alter Mensch:** Bewusstsein, Vitalfunktionen, Hautfarbe, Allgemeinzustand, Befinden, Nasen- und Mundschleimhaut auf Feuchtigkeit und Verletzungen, Fixierung der Sonde (Druckstellen?), Sondenlage (Abknickungen?)
- **Sauerstoffflasche:** Durchgängigkeit, Sauerstoffvorrat, Dosis, Füllung des Aqua dest.-Behälters.

Vorsicht: Schläfrigkeit kann ein Anzeichen dafür sein, dass es dem Pflegebedürftigen besser geht, aber auch für eine beginnende Atemlähmung (☞ oben).

Absaugen

Absaugen: Entfernung von Atemwegssekreten oder aspirierten Stoffen aus den Atemwegen mittels Sog.

Durch **Absaugen** werden die Atemwege frei gemacht, so dass die Atmung erleichtert und die Lungen besser belüftet werden. So lässt sich vermeiden, dass sich größere Sekretmengen ansammeln und durch Keimbesiedlung zu einer Pneumonie führen. Abgesaugt werden Pflegebedürftige, die selbst nicht in der Lage sind, das Sekret abzuhusten, z. B. bei

- Zähem Sekret
- Körperlicher Schwäche
- Fehlendem oder schwachem Hustenreflex
- Schluckstörungen
- Bewusstlosigkeit.

Auch in die Speiseröhre verschluckte und in die Atemwege aspirierte Fremdkörper, z. B. Nahrungsreste, aber auch Erbrochenes und Schleim lassen sich durch Absaugen entfernen.

Durch die Manipulation an der Schleimhaut beim Absaugen wird die Sekretbildung angeregt. Daher kurz, effektiv und schonend absaugen.

Abgesaugt werden kann durch:

- Die Nase oder den Mund („blindes Absaugen", orales bzw. nasales Absaugen)
- Ein Tracheostoma bzw. den Endotrachealtubus („endotracheales Absaugen", ☞ auch 5.6.2)
- Ein Bronchoskop durch ÄrztIn.

Absaugen ist eine ärztliches Tätigkeit, die an examiniertes Altenpflegepersonal delegiert werden kann. Es muss schriftlich angordnet werden. Im **Notfall** dürfen AltenpflegerInnen auch ohne ärztliche Anordnung absaugen.

Absauggeräte

Im Krankenhaus werden Absauggeräte mit dem Sog aus einem zentralen Vakuumanschluss, in der Altenpflege fahrbare Absauggeräte mit Druck-Sogwandler einer Gasflasche oder Elektropumpe verwendet. Es gibt auch kleine Absauggeräte mit Elektropumpe für Tracheostomaträger. Damit können sie sich selbst von anfallendem Atemwegssekret befreien. Diese Geräte lassen sich problemlos zu Hause verwenden und aufbewahren (☞ Abb. 5.27).

Bestandteile einer „Absaug-Einheit"

- **Zentraler Vakuumanschluss** oder **Druck-Sog-Wandler** oder **Elektropumpe**
- **Vakuumschlauch** vom Vakuumanschluss oder Druck-Sog-Wandler in die
  - Wiederverwendbare **Sekretflasche,** die mit Aqua dest. oder Desinfektionslösung (etwa 40 ml) gefüllt wird. Die Lösung verhindert Antrocknen des Sekrets und Bakterienwachstum in der Sekretflasche. Alternativ

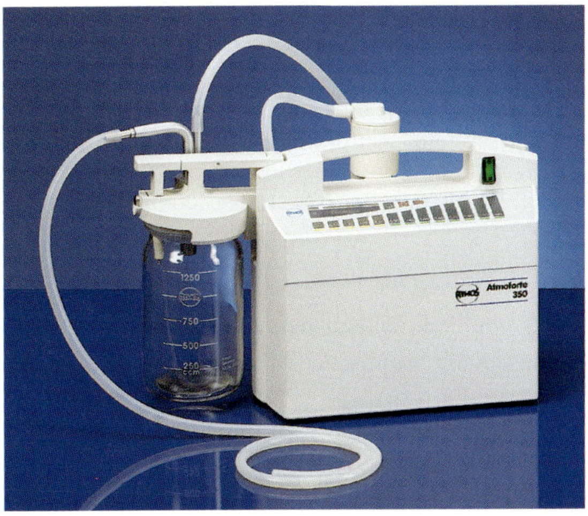

Abb. 5.27: Tragbares Absauggerät, das sich auch für die häusliche Pflege eignet. [V105]

 - Einmalsekretflasche, die samt Inhalt nach dem Absaugen verworfen wird
- **Saugschlauch** von der Sekretflasche „in Richtung Pflegebedürftiger“
- **Zwischenstück,** mit dem Saugschlauch und Absaugkatheter verbunden werden. Dieses Zwischenstück gibt es mit oder ohne Öffnung (Fingertip). Je nach Art des Absaugschlauches wird mitunter auch gar kein Zwischenstück benötigt
- **Absaugkatheter,** mit dem im Rachen des Pflegebedürftigen abgesaugt wird, gibt es in unterschiedlicher Stärke und Ausführung:
  - Mit fest angebrachtem Zwischenstück und Fingertip (dann entfällt oben genanntes Zwischenstück)
  - Ohne Zwischenstück und Fingertip
  - Größen: für orales Absaugen 14–20 Charrière, für nasales Absaugen 12–14 Charrière, für endotracheales Absaugen 12–16 Charrière
- Separater **Behälter mit Spülflüssigkeit,** z. B. Aqua dest. oder Desinfektionslösung zum Durchspülen von Absaugkatheter und Saugschlauch.

☑ Es gibt zahlreiche Ausführungen von Absauggeräten und Kathetern, deshalb immer Herstellerhinweise beachten.

Vorbereitung

Material

- Auf Funktionstüchtigkeit überprüfte und mit allen Schläuchen (außer Zwischenstück und Absaugkatheter) verbundene „Absaug-Einheit“ (☞ oben). Sie muss einen Sog von mindestens –0,6 bar herstellen können
- Zwischenstück mit Öffnung („Fingertip“), wenn dieses sich nicht bereits am Absaugkatheter befindet
- Mehrere steril verpackte, verschieden große Absaugkatheter (☞ Abb. 5.28)
- Steriler Handschuh, unsteriler Handschuh
- Gleitmittel: für nasales Absaugen z. B. Bepanthen® Salbe, für orales Absaugen Aqua dest.
- Händedesinfektionsmittel
- Mund- oder Nasenpflegeset
- Abwurf.

Raum: Andere Personen aus dem Raum bitten. Wenn das nicht möglich ist, Sichtschutz aufstellen.

Pflegebedürftiger

- Informieren, da das Absaugen sehr unangenehm ist und Angst, Hustenanfälle, Erstickungsgefühl und Würgereflexe auslösen kann. Auch bewusstlose alte Menschen informieren
- Mund- und Nasenpflege durchführen (☞ 9.3.2), um Verschleppung von Keimen, Sekret und Borken aus dem Mund bzw. der Nase in die Atemwege zu vermeiden. Sollte eine normale Mund- und Nasenpflege nicht möglich sein, Mund und Nase absaugen. Die dafür verwendeten Materialien komplett verwerfen
- Oberkörper hochlagern, um eine Aspiration zu vermeiden, dabei den Kopf bequem lagern. Bewusstlose alte Menschen in eine stabile Seitenlage bringen
- Wenn möglich alten Menschen auffordern, mehrmals tief einzuatmen, um den Körper vor dem Absaugen gut mit Sauerstoff zu versorgen.

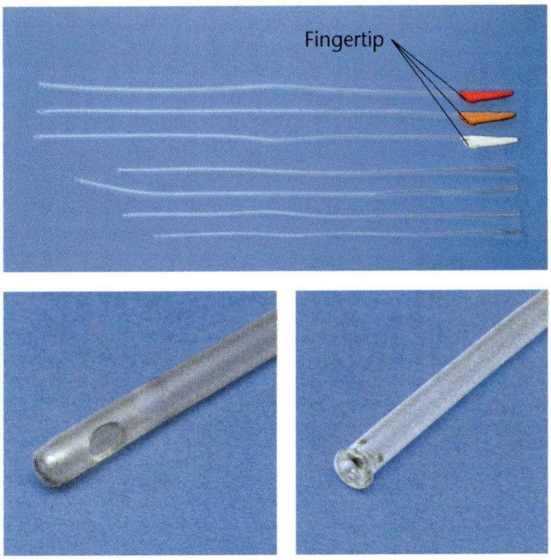

Abb. 5.28: Absaugkatheter. Oben: Bei den oberen drei Kathetern gehört der Fingertip bereits zum Katheter, die darunter liegenden benötigen ein extra Zwischenstück mit Fingertip. Unten: Spitze eines normalen (links) und eines atraumatischen (rechts) Katheters. Letzterer saugt sich durch seine spezielle Öffnung weniger an der Schleimhaut fest. [K183]

AltenpflegerIn

- AssistentIn zur Hilfe bitten. Sie kann benötigte Materialien anreichen, die Hände des Pflegebedürftigen halten und während des Absaugvorganges den alten Menschen beruhigen
- Hände desinfizieren
- Sterilen Handschuh an die absaugende Hand, unsterilen Handschuh an die andere Hand anziehen.

Blindes Absaugen durch die Nase bzw. den Mund

- AssistentIn: öffnet steriles Aqua dest. und Katheterhülle, bringt Zwischenstück am Saugschlauch an und steckt den sterilen Absaugkatheter an das Zwischenstück, dabei bleibt der Absaugkatheter in der geöffneten Verpackung
- Absaugkatheter mit der sterilen Hand aus der Verpackung nehmen
- Spitze des Absaugkatheters mit sterilem Aqua dest. oder Bepanthen® Salbe gleitfähig machen
- Absaugkatheter vorsichtig ohne Sog (Fingertip offen lassen) einführen: durch die Nase etwa 10–12 cm (entsprechend Abstand Nasenspitze – Ohrläppchen), durch den Mund etwa 3–5 cm. Absaugkatheter mit Sog (Fingertip verschließen) und leicht drehenden Bewegungen zurückziehen, dabei die Atmung des alten Menschen beobachten. **Nicht länger als 15 Sek. absaugen.** Um ein Festsaugen des Absaugkatheters an der Schleimhaut zu verhindern, den Sog durch Loslassen und Zuhalten des Fingertips immer wieder unterbrechen
- Absaugkatheter vollständig aus Mund oder Nase ziehen und mit Aqua dest. durchspülen
- Absaugkatheter vom Zwischenstück lösen (nur bei separatem Zwischenstück), um die Hand wickeln und in den Handschuh stülpen und verwerfen
- Saugschlauch mit Spülflüssigkeit durchspülen
- Sollte ein weiteres Absaugen erforderlich sein, dem alten Menschen eine Pause von mindestens 1 Min. lassen, um sich zu erholen. Hautfarbe beobachten. Für ein erneutes Absaugen neue sterile Materialien (Handschuhe, Absaugkatheter) verwenden.

> Wenn es sich nicht um einen Notfall handelt, ist es ratsam, vor dem Absaugen sekretlösende Maßnahmen durchzuführen (☞ 5.5.2).
>
> Höchstens mit einem Druck von –0,2 bar absaugen.

Nachbereitung

- **AltenpflegerIn:** Hände desinfizieren
- **Pflegebedürftiger:** Mund- und Nasenpflege durchführen. Evtl. lagern, Ruhe ermöglichen
- **Material:** Einmalmaterial verwerfen, die Sekretflasche mindestens einmal täglich bzw. nach Bedarf entleeren und desinfizieren, Einmalflasche verwerfen. Zwischenstück und Saugschlauch desinfizieren. Einmal täglich Gerät reinigen und desinfizieren
- **Dokumentation** in das entsprechende Dokumentationssystem: Zeitpunkt und Häufigkeit des Absaugens, Reaktionen des Pflegebedürftigen, Menge und Farbe des Sekrets, aufgetretene Komplikationen.

Komplikationen

Um Komplikationen zu vermeiden

- Konsequent aseptische Arbeitsweise (Infektionsgefahr)
- Absaugkatheter nicht gegen Widerstand weiterschieben (Verletzungsgefahr)
- Frühestens 30 Minuten nach dem Essen absaugen (Aspirationsgefahr).

Einen Überblick über Komplikationen beim Absaugen und erforderliche Maßnahmen zeigt Tab. 5.29.

Komplikation	Ursache	Maßnahme
Infektion der Atemwege	• Unsteriles Arbeiten • Unsteriles Material • Keimverschleppung von Mund oder Nase in die tieferen Atemwege durch falsche Arbeitsweise	• ÄrztIn informieren • Medikamentöse Behandlung der Infektion nach Arztanordnung
Verletzungen (Schleimhautverletzung, Perforation) und Blutung	Einführen des Absaugkatheters gegen Widerstand	ÄrztIn informieren
• Bradykardie • Herzrhythmusstörungen • Erbrechen (Aspirationsgefahr)	Reizung des Vagusnerven	• ÄrztIn informieren • Evtl. Wiederbelebungsmaßnahmen • Engmaschig Vitalzeichen kontrollieren • Ruhe vermitteln
• Zyanose • Unruhe	Sauerstoffmangel durch zu langes Absaugen	Zügig, maximal 15 Sek., absaugen

Tab. 5.29: Komplikationen beim Absaugen

Maßnahmen bei chronischen Atemwegserkrankungen

Atembeschwerden bei chronischen Erkrankungen der Atemwege und häufige Infekte, die das Krankheitsbild verschlimmern, können langfristig vermieden, zumindest aber gelindert werden, wenn der alte Mensch bereit ist, seine Lebensgewohnheiten zu überdenken und ggf. umzustellen. Dazu benötigt er Information und Anleitung durch die AltenpflegerIn zu geeigneten Maßnahmen.

Raucherentwöhnung

Dass **Rauchen** die Atemwege, die Gefäße und damit das gesamte Herz-Kreislaufsystem schädigt und darüber hinaus Hauptverursacher vieler Krebserkrankungen ist, wissen die meisten Raucher (☞ Abb. 5.30). Dass sie dennoch nicht mit dem Rauchen aufhören, ist weniger auf ein Wissensdefizit als vielmehr auf die körperliche und psychische **Abhängigkeit** vom im Tabak enthaltenen Nikotin zurückzuführen. Die überwiegende Zahl der Raucher würde, wenn sie könnte, lieber Nichtraucher sein. Sich das Rauchen abzugewöhnen ist auch im Alter sinnvoll.

Es gibt verschiedene **Methoden der Raucherentwöhnung:**

- Die meisten Menschen, die sich zu diesem Schritt entschließen, versuchen es mit der **„Schlusspunkt"-Methode,** indem sie ab einem von ihnen gewählten Zeitpunkt keine Zigarette mehr anfassen. Manchen gelingt das auch, statistisch ist dies aber die Methode mit den meisten Rückfällen
- Eine andere Methode ist die Verwendung von **Nikotinpflastern** oder **Nikotinkaugummis,** die dem Körper das Nikotin ohne Zigarette zur Verfügung stellen und so Entzugserscheinungen mildern
- Durch **verhaltenstherapeutische Maßnahmen** unter Anleitung einer PsychologIn lernen Menschen, die
  - Zur *Stressbewältigung* rauchen, neue Verhaltensweisen einzuüben, um mit Stresssituationen besser umgehen zu können
  - Aus *Genuss* rauchen, den Genuss durch andere Beschäftigungen zu erreichen, z. B. Spazierengehen, ein Hobby ausüben, Sport treiben
  - Aus *Gewohnheit* z. B. immer bei Alkoholgenuss oder beim Kaffeetrinken rauchen, diese Verknüpfung Alkohol – Nikotin oder Kaffee – Nikotin zu durchbrechen, indem auslösende Situationen gemieden oder durch andere, z. B. Tee statt Kaffee, ersetzt werden
- Auch alternative Heilmethoden wie **Akkupunktur** oder **Hypnose** können Erfolge bringen, sind allerdings recht teuer
- Neu zugelassen, aber noch nicht auf Krankenkassenkosten erhältlich, ist das nikotinfreie **Medikament Zyban.** Es soll Entzugserscheinungen mildern, indem die Ausschüttung von Botenstoffen im Gehirn gebremst wird.

Viele alte Menschen sind trotz Information und Beratung nicht bereit, das Rauchen aufzugeben. Dann kann versucht werden, einen Kompromiss auszuhandeln, indem der Pflegebedürftige sich vielleicht dazu entschließt, höchstens 5 Zigaretten am Tag zu rauchen.

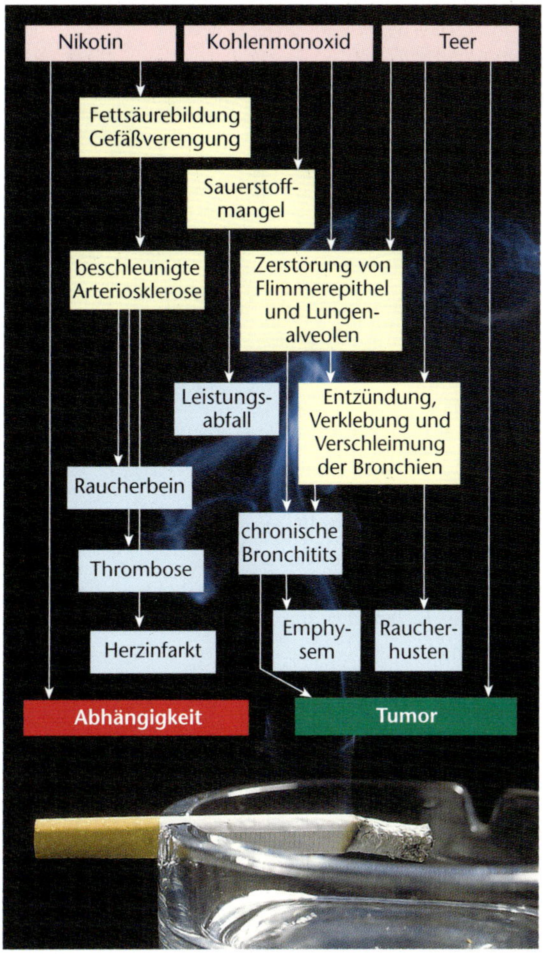

Abb. 5.30: Die Wirkung der drei bedeutsamsten Inhaltsstoffe des Tabakrauchs. Insgesamt enthält er aber mehr als 5000 schädliche Substanzen. [Foto: J660]

Antiobstruktive Dauertherapie

Um die im Krankheitsverlauf zunehmende Verengung der Atemwege (Obstruktion) zu verzögern, die Infektanfälligkeit zu senken und die Häufigkeit akuter Atemnotanfälle zu reduzieren, verordnet die ÄrztIn eine **antiobstruktive Dauertherapie.** Je nach Schweregrad kommen verschiedene **Bronchospasmolytika,** die die Bronchien erweitern, und entzündungshemmende **Glukokortikoide** in Form eines **Dosieraerosol-Sprays** (☞ Abb. 5.31), dessen Wirkstoffnebel eingeatmet wird, zum Einsatz.

Dosieraerosol-Sprays haben den Vorteil, dass die Wirkstoffe direkt in die Atemwege gelangen und den gesamten Organismus kaum belasten. Das ist z. B. bei Glukokortikoiden wichtig, die bei langfristiger oraler Anwendung zahlreiche Nebenwirkungen haben.

Hilfreich und wirksam ist diese Therapie allerdings nur, wenn der Pflegebedürftige zur richtigen **Anwendung des Dosieraerosols** angeleitet wird:

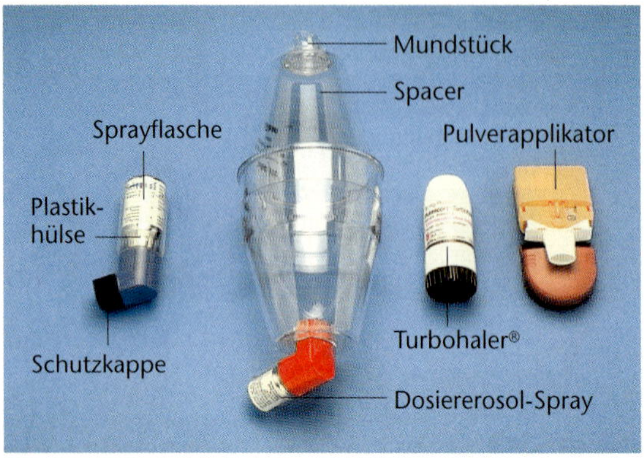

Abb. 5.31: Von links nach rechts: Dosieraerosol-Spray, Dosieraerosolspray mit aufgesetztem Spacer, Turbohaler® und Pulverapplikator. [K183]

- Sprayflasche schütteln
- Schutzkappe entfernen
- Spray zwischen Daumen und Zeigefinger halten, so dass der Boden der Sprayflasche nach oben zeigt
- Ausatmen
- Mundstück mit den Lippen umschließen
- Tief und langsam einatmen, dabei auf den Boden des Sprayfläschchens drücken (= 1 Hub)
- Luft anhalten, damit sich der eingeatmete Wirkstoff gut verteilen kann
- Mundstück aus dem Mund nehmen und langsam durch die Nase ausatmen.

☑ Es gibt Inhalationshilfen, z. B. den **Spacer,** der die Anwendung von Dosieraerosolen erleichtert, weil Sprühstoß und Einatmung nicht so exakt koordiniert werden müssen.
- Spacer auf das Mundstück des Dosieraerosols stecken
- Schutzkappe auf das Mundstück des Spacers stecken
- Hub in den Spacer sprühen
- Wirkstoffnebel nach Entfernen der Schutzkappe über das Spacer-Mundstück inhalieren (☞ Abb. 5.32).

Vermeidung von Sekretansammlungen

Da sich bei allen chronischen Atemwegserkrankungen Sekret ansammelt und bei Keimbesiedlung die Gefahr einer Pneumonie besteht, sind regelmäßig alle sekretverflüssigenden, -lösenden und -entleerenden Maßnahmen sowie Atemübungen zur Pneumonieprophylaxe (☞ 5.5.2) anzuwenden.

Auslöser von akuter Atemnot meiden

Besonders bei Asthmakranken lösen verschiedene Einflüsse akute Atemnotanfälle (Asthmaanfall) aus:

- Beim **allergisch bedingten Asthma** sind das z. B. Hausstaub, Blütenpollen, Tierhaare oder Nahrungsmittel (☞ Abb. 5.32)
- Beim **nicht allergisch bedingten Asthma** verursachen Infekte, körperliche Belastung wie schnelles Gehen, aber auch intensives Lachen, feuchtkalte Luft oder psychische Faktoren wie Stress oder Angst die Atemnotanfälle.

Um die Auslöser weitgehend meiden zu können, müssen sie bekannt sein. Eine ärztlich durchgeführte **Allergiediagnostik** (☞ Abb. 5.34) deckt in den meisten Fällen den oder die „Übeltäter" auf. Ist jemand auf bestimmte Nahrungsmittel allergisch, ist es je nach Nahrungsmittel relativ leicht, diese zu meiden. Reagiert der Körper z. B. auf Tomaten mit Atemnot, dann werden Tomaten und Tomatenprodukte, z. B. Ketchup, vom Speiseplan gestrichen. Schwieriger ist

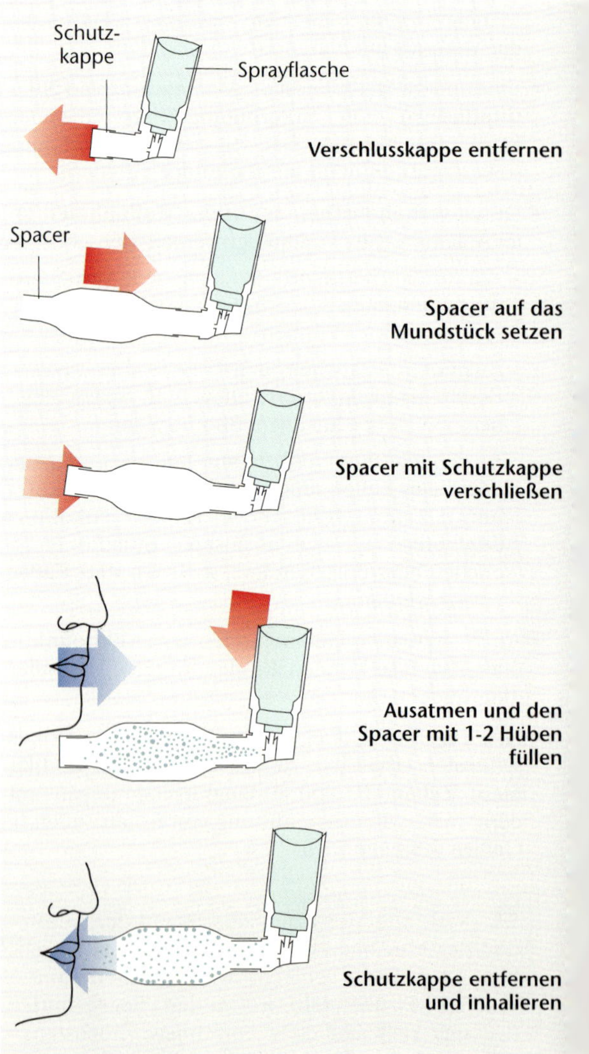

Abb. 5.32: Anwendung des Spacers. [A400]

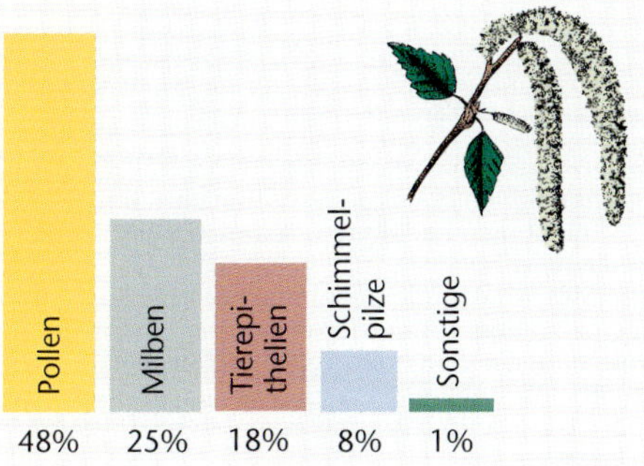

Abb. 5.33: Die häufigsten eingeatmeten Allergieauslöser. [A400]

das z. B. bei einer Hühnereiweißallergie. Dieser Stoff kann in vielen Fertigprodukten enthalten sein. Hier hilft nur ein genaues Studium der Zutaten.

Vorsicht!

Allergiker reagieren auf viele Medikamente mit akuter Atemnot und anderen lebensbedrohlichen Symptomen. Außerdem dürfen Asthmatiker grundsätzlich keine Azetylsalizylsäurepräparate, z. B. Aspirin®, einnehmen, da diese Substanz Asthmaanfälle auslösen kann.

Ein **Allergiepass,** den der Betroffene bei sich trägt oder der im Dokumentationssystem aufbewahrt wird, gibt im Notfall darüber Auskunft, welche Medikamente nicht verabreicht werden dürfen

Auslöser wie feuchtkalte Luft, Stress oder Infekte lassen sich nicht ganz ausschalten, aber ihre Wirkung auf den Körper reduzieren, z. B. durch

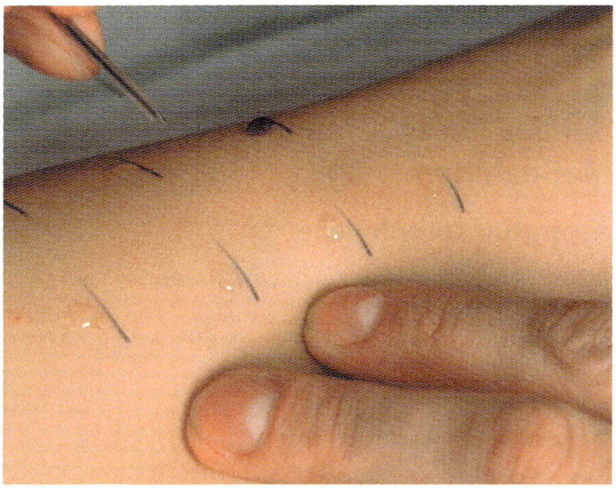

Abb. 5.34: Zur Allergiediagnostik werden verschiedene Substanzen je nach Methode auf die Haut aufgetragen oder eingespritzt. Rötung und Blasenbildung sprechen für eine Allergie auf den entsprechenden Stoff. [K165]

Abb. 5.35: Auch einfache Maßnahmen wie Anwendung von Wasser können – regelmäßig angewendet – eine große Wirkung erzielen. [K157]

- Abhärtende Maßnahmen wie Wechselduschen oder Wassertreten (☞ Abb. 5.35)
- Sanften Ausdauersport zur Stärkung des Immunsystems, z. B. Schwimmen, Spazierengehen
- Entspannungsübungen zum Stressabbau bzw. zum richtigen Umgang mit belastenden Situationen.

☑ Informationen gibt z. B. über: „Allergiker- und Asthmatikerbund e.V.“, Hindenburgstr. 110, 41061 Mönchengladbach. Selbsthilfegruppen zum Austausch mit Gleichgesinnten findet man über die Arbeitsgemeinschaft Selbsthilfegruppen e.V., Friedrichstraße 28, 35392 Gießen.

Pflege bei schwerer chronischer Atemnot

Bei schweren chronische Atemwegserkrankungen, z. B. bei einem ausgeprägten Lungenemphysem, ist die Atmung so stark beeinträchtigt, dass der Pflegebedürftige in fast allen Lebensbereichen eingeschränkt ist.

Neben der medikamentösen Behandlung, atemerleichternder Lagerung und sekretverflüssigenden, -lösenden und -entleerenden Maßnahmen zur Pneumonieprophylaxe (☞ 5.5.2) ist Unterstützung in fast allen Lebensbereichen notwendig, z. B. bei der Körperpflege, beim Essen oder beim Ausscheiden.

Es gilt genau abzuwägen, wie viel Hilfe der Betroffene benötigt, um ihn nicht zu unter- bzw. überfordern. Während eine Unterforderung die Abhängigkeit fördert und das Gefühl der Machtlosigkeit (☞ 13.8) auslöst, steigert eine Überforderung in vielen Fällen die Atemnot.

5.3.3 Exemplarische Pflegeplanung

Pflegediagnose mit Ursache (PD), Ressourcen (R), Gewohnheiten (G), Erfahrungen (E), aktuelle Bedürfnisse (AB)	Pflegeziele	Pflegetherapie Information (I), Beratung (B), Motivation (M), Anleitung (A), Beaufsichtigung (Bf), teilweise Übernahme (tÜ), vollständige Übernahme (vÜ)
PD: Belastungsdyspnoe aufgrund eines bekannten Asthma bronchiale **R:** • Ist durch ÄrztIn optimal medikamentös eingestellt • Kennt Atemübungen • Singt gerne • Raucht, kennt aber Schädlichkeit des Rauchens **E:** • Kaffeetrinken hilft bei leichter Atemnot • Feuchtkaltes, nebliges Wetter löst gehäuft Asthmaanfälle aus	Hat nur selten Asthmaanfälle Kann zwischen den Atemnotanfällen ohne Beschwerden atmen Hört mit dem Rauchen auf	**vÜ:** Sofortmaßnahmen bei akutem Asthmaanfall nach Standard „Maßnahmen bei akutem Asthmaanfall" Außerhalb eines Anfalls: **Bf:** Regelmäßige Medikamenteneinnahme überwachen **A:** Richtigen Umgang mit Dosier-Aerosolen erklären **M:** Zur Teilnahme an dem hauseigenen Chor motivieren (Singen ist eine Atemübung) **M:** Motivieren, 1 x täglich Atemübungen durchzuführen, ggf. unterstützen **I:** Über verschiedene Möglichkeiten der Raucherentwöhnung informieren, ggf. ÄrztIn einschalten **tÜ:** Täglich zum Spazierengehen begleiten, außer bei nasskaltem Wetter **tÜ:** Bei Bedarf Kaffee anbieten

Tab. 5.36: Beispielhafte Pflegeplanung bei Dyspnoe.

5.4 Aspirationsgefahr

Aspiration: Ansaugen von Fremdstoffen, Nahrung, Schleim oder Erbrochenem in die Luftröhre während der Einatmung mit teilweiser oder vollständiger Verlegung der Atemwege.

5.4.1 Pflegediagnostik

Ursachen und Risikofaktoren

Gefährdet sind vor allem Menschen mit

- Bewusstseinsstörungen
- Schluckstörungen (☞ 7.7)
- Ausgeprägter körperlicher Schwäche
- Nahrungsaufnahme im Liegen
- Ausgeprägter Verwirrtheit, bei der sich die alten Menschen verschiedene Gegenstände in den Mund stecken, z. B. Geldstücke, Knöpfe
- Erkrankungen, die mit häufigem Erbrechen einhergehen.

Typische Situationen, die zu einer Aspiration führen sind:

- Während der Nahrungsaufnahme oder beim Trinken. Besonders gefährlich sind Stresssituationen, z. B. wenn nicht genügend Zeit für das Anreichen der Mahlzeit zur Verfügung steht und sich der Pflegebedürftige gedrängt fühlt, sich „zu beeilen"
- Erbrechen
- Bei der Mundpflege, wenn ein zu stark getränkter, tropfender Tupfer in den Mund eingeführt wird.

Anzeichen einer Aspiration

Anzeichen einer Aspiration sind

- Quälender, unproduktiver Husten
- Würgen
- Atemnot mit Erstickungsgefühl
- Todesangst
- Hörbares pfeifendes Atemgeräusch bei der Einatmung (inspiratorischer Stridor)
- Zyanose.

Fällt eine Aspiration weniger dramatisch aus, weil nur kleine Mengen aspiriert werden, die nicht zu akuter Atemnot führen, weisen z. B. gehäufte bronchiale Infekte, rezidivierende Pneumonien oder ein auffälliger, rauher, gurgelnder oder heiserer Stimmklang auf eine stattgehabte Aspiration hin.

Folgen einer Aspiration

Eine Aspiration mit größeren Teilen, die nicht ausgehustet werden können, führt zur Verlegung der Luftröhre und, wenn keine Hilfe kommt, zu **Herz-Kreislauf-Stillstand** und akutem **Erstickungstod.**

Kleinere Teile können bis in die Lunge gelangen und das Lungengewebe schädigen, das sich als Reaktion auf die Reizung entzündet **(Aspirationspneumonie).** Besonders verheerend sind die Schäden, wenn die Lunge mit Erbrochenem in Berührung kommt, weil Verdauungsenzyme und Salzsäure aus dem Magen das Gewebe andauen.

5.4.2 Pflegetherapeutische Maßnahmen

Aspirationsprophylaxe

Aspirationsprophylaxe bei bewusstlosen Pflegebedürftigen

- Weder Flüssigkeit noch feste Nahrung oder Medikamente oral verabreichen
- Reinigende (☞ 9.3.2) oder spezielle (☞ 7.8.2) Mundpflege durch Auswischen mit Tupfern durchführen. Dabei darauf achten, dass der Tupfer, mit dem die Mundhöhle ausgewischt wird, nicht tropfnass ist. Besser ein zweites Mal auswischen
- Pflegebedürftigen auf der Seite lagern
- Hilfestellung beim Erbrechen (☞ 7.9.2)

- Bei Bedarf absaugen (☞ 5.3.2)
- Bei Ernährung über eine PEG-Sonde (☞ 7.3.2) muss die Einlaufgeschwindigkeit permanent überprüft und darauf geachtet werden, dass der bewusstlose alte Mensch in Seitenlage liegt.

Aspirationsprophylaxe bei bewusstseinsklaren Pflegebedürftigen

- Prothesensitz vor der Nahrungsaufnahme überprüfen. Bei gefährdeten Personen evtl. kleinere Protheseteile nach der Nahrungsaufnahme, möglichst in Absprache mit dem Pflegebedürftigen, entfernen
- Oberkörper zur Nahrungs- und Getränkeaufnahme hoch lagern, mit Lagerungshilfsmittel unterstützen. Nach der Nahrungsaufnahme noch ca. 20–30 Min. in Oberkörperhochlagerung belassen
- Bei Schluckstörungen: Vor der Nahrungs- bzw. Flüssigkeitsgabe Schluckreflex überprüfen und bei fehlendem Schluckreflex Schlucktraining durchführen. Bei vorhandenem Schluckreflex Ess- und Trinktraining durchführen (☞ 7.7.2).
- Feste Nahrung mit einem kleinem Löffel anreichen
- Getränke langsam verabreichen
- Dem Pflegebedürftigen Zeit zum Schlucken lassen
- Beim Essen nicht alleine lassen
- Bei gefährdeten Menschen (☞ oben) immer ein Absauggerät in greifbare Nähe stellen und bei Bedarf absaugen (☞ 5.3.2)
- Nach der Nahrungsaufnahme Mundpflege durchführen. Verbliebene Speisereste können zu einer Aspiration führen (reinigende Mundpflege, ☞ 9.3.2, spezielle Mundpflege, ☞ 7.8.2)
- Hilfestellung beim Erbrechen (☞ 7.9.2)
- Verflüssigung, Lösung und Entleerung von Atemwegssekreten (☞ 5.5.2)
- Bei schwerer chronischer Verwirrtheit keine kleinen, verschluckbaren Gegenstände in greifbarer Nähe liegen lassen.

Erste Hilfe bei einer Aspiration

Kommt es zu einer Aspiration, **sofort**

- NotärztIn rufen lassen
- Den Pflegebedürftigen durch kräftiges **Klopfen zwischen den Schulterblättern** beim Aushusten unterstützen, wobei sich der Betroffene nach vorne beugt (☞ Abb. 5.37)
- Mundhöhle inspizieren und wenn Fremdkörper im Rachen sichtbar ist, mit dem Zeigefinger in den Mund fahren und versuchen, den Fremdkörper zu entfernen
- Absaugen (☞ 5.3.2)
- **Heimlich-Handgriff**: (☞ Abb. 5.38). Mit Hilfe dieses Griffs wird beim liegenden bzw. stehenden Menschen versucht, durch eine Druckerhöhung im Bronchialsystem und der Luftröhre den Fremdkörper aus den Atemwegen nach draußen zu befördern.

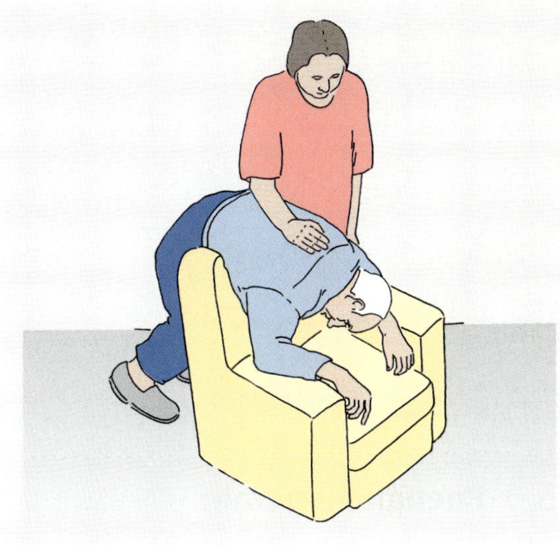

Abb. 5.37: Durch Klopfen auf den Rücken Pflegebedürftigen beim Aushusten eines Fremdkörpers unterstützen. [A500-119]

Vorsicht!
Der Heimlich-Handgriff kann zu erheblichen inneren Verletzungen führen und sollte deshalb nur angewandt werden, wenn alle anderen Maßnahmen nicht erfolgreich waren und der Pflegebedürftige bis zum Eintreffen der ÄrztIn ersticken würde. ÄrztIn Bescheid geben, wenn der Heimlich-Handgriff angewandt wurde, damit Pflegebedürftiger anschließend gründlich untersucht und beobachtet werden kann.

5.4.3 Exemplarische Pflegeplanung

Pflegediagnose mit Ursache (PD), Ressourcen (R), Gewohnheiten (G), Erfahrungen (E), aktuelle Bedürfnisse (AB)	Pflegeziele	Pflegetherapie Information (I), Beratung (B), Motivation (M), Anleitung (A), Beaufsichtigung (Bf), teilweise Übernahme (tÜ), vollständige Übernahme (vÜ)
PD: Aspirationsgefahr aufgrund körperlicher Schwäche und Bettlägerigkeit **R:** Keine Bewusstseinseinschränkungen	Keine Aspiration	Pflegemaßnahmen nach Standard „Aspirationsprophylaxe bei bewusstseinsklaren Pflegebedürftigen“ durchführen

Tab. 5.39: Beispielhafte Pflegeplanung bei Aspirationsgefahr. Die einzelnen Maßnahmen müssen nicht noch einmal in der Pflegeplanung genannt werden, wenn sie in einem Pflegestandard zusammengefasst sind.

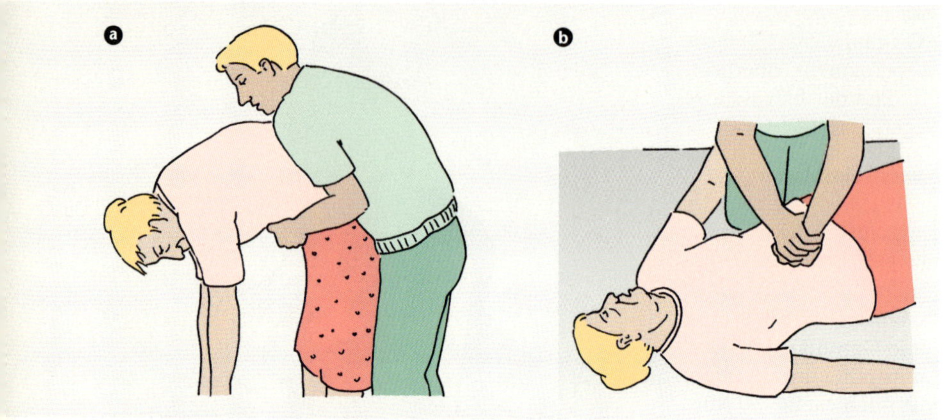

Abb. 5.38: Heimlich Handgriff am stehenden und liegenden Pflegebedürftigen.
a) Arme von hinten um den Pflegebedürftigen, dessen Oberkörper vornüber gebeugt ist, schlingen. Mit der Faust, die von der anderen Hand umfasst wird, mehrmals ruckartig in die Magengrube in Richtung Zwerchfell drücken.
b) Sich in Hüfthöhe neben den liegenden Pflegebedürftigen knien. Faust mit Unterstützung der anderen Hand kräftig mehrmals in die Magengrube Richtung Zwerchfell drücken. [A500-119]

5.5 Pneumoniegefahr

Pneumonie *(Lungenentzündung):* Akute oder chronische Entzündung des Lungengewebes entweder durch verschiedene Krankheitserreger wie Bakterien, Viren oder Pilze oder durch Aspiration von lungenschädigenden Stoffen (☞ 5.4), z. B. Erbrochenes.

Sie kann als **primäre** Pneumonie bei zuvor Gesunden oder als **sekundäre Pneumonie** bei Menschen mit Vorerkrankungen wie Herzinsuffizienz, Lungenkrebs oder chronischen Atemwegserkrankungen auftreten.

5.5.1 Pflegediagnostik

Ursachen und Risikofaktoren

Besonders **gefährdet** sind **alte Menschen** bei:

- Immobilität, z. B. bei Bettlägerigkeit oder durch therapeutische Maßnahmen wie Gipsbehandlung oder Infusionstherapie
- Atemstörungen, z. B. durch
  - Vorschädigung des Atmungssystems bei chronischen Atemwegserkrankungen
  - Oberflächliche Atmung bei Schmerzen, Angst, Depression oder durch Medikamente
  - Mangelnde natürlichen Reinigung der Atemwege, z. B. bei Tracheostoma
  - Falsche Lagerung, die die natürlichen Bewegungen des Brustkorbs bei der Atmung einschränken
- Herzerkrankungen
- Zerstörung der natürlichen Mundflora durch falsche oder mangelnde Mundpflege
- Abwehrschwäche.

Anzeichen einer Pneumonie

Eine Pneumonie äußert sich durch

- Erhebliches Krankheitsgefühl mit hohem Fieber
- Tachypnoe: schnelle, flache Atmung, evtl. Bewegung der Nasenflügel beim Atmen (typisches „Nasenflügeln")
- Husten: anfangs unproduktiv, später mit eitrigem, evtl. auch blutigem Auswurf
- Tachykardie
- Schmerzen beim Atmen
- Zyanose
- Mundgeruch.

Im Alter sind die Symptome häufig trotz schwerer Pneumonie weniger stark ausgeprägt. Viele alte Menschen haben z. B. kein Fieber. Deshalb werden die Symptome häufig als Erkältung oder Grippe fehlgedeutet und die Diagnose sehr spät gestellt.

Alarmzeichen für eine Pneumonie bei alten Menschen sind z. B.:

- Abgeschlagenheit
- Appetitlosigkeit
- Atemabhängige Schmerzen
- Evtl. Abhusten von Sputum.

Ausmaß

Zum Einschätzen der Pneumoniegefährdung hat sich die Atemskala nach Christel Bienstein (☞ Abb. 5.40) bewährt. Je mehr Punkte bei einem Pflegebedürftigen gezählt werden, um so höher ist die Pneumoniegefahr.

Folgen

Besonders bei bettlägerigen alten Menschen ist eine Pneumonie sehr gefürchtet, da die Betroffenen häufig daran sterben. Deshalb ist die Pneumonieprophylaxe eine wichtige Maßnahme bei allen gefährdeten Pflegebedürftigen.

5.5.2 Pflegetherapeutische Maßnahmen

Pneumonieprophylaxe ist eine multiprofessionelle Aufgabe. Einige Maßnahmen wie z. B. Inhalationen

		Punkte
Bereitschaft zur Mitarbeit	**0** Kontinuierliche Mitarbeit **1** Mitarbeit nach Aufforderung **2** Nur nach Aufforderung **3** Keine	
Vorliegende Atemwegserkrankungen	**0** Keine **1** Leichter Infekt im Nasen-/Rachenraum **2** Bronchialinfekt **3** Lungenerkrankung	
Frühere Lungenerkrankungen	**0** Keine **1** Leichte, z.B. bronchopulmonale grippale Infekte **2** Schwere Verläufe **3** Schwere Lungenerkrankung mit bleibender Atemfunktionseinschränkung	
Immunschwäche	**0** Keine **1** Leicht (z.B. lokale Infektion) **2** Erhöht **3** Völlig	
Raucher/ Passivraucher	**0** Nichtraucher, geringfügiges Passivrauchen **1** Pro Tag 6 Zigaretten mit niedrigem Teer/Kondensatgehalt ≤ 10 mg oder regelmäßiges Passivrauchen **2** Pro Tag 6 Zigaretten mit 10–13 mg Teer-/Kondensat oder regelmäßiges Passivrauchen (z.B. bei Rauchen des Partners) **3** Intensives Rauchen, mehr als 6 Zigaretten mit ≥ 15 mg Teer/ Kondensat, ständiger passiver Rauchkonsum	
Schmerzen	**0** Keine **1** Leichte Schmerzen, Dauerschmerzen **2** Mäßige atmungsbeeinflussende Schmerzen **3** Starke atmungsbeeinflussende Schmerzen	
Schluckstörungen	**0** Keine **1** Bei flüssiger Nahrung **2** Bei breiiger Nahrung **3** Komplette Schluckstörungen, auch beim Schlucken von Speichel	
Manipulative oro-tracheale Maßnahmen	**0** Keine **1** Pflegemaßnahmen, z.B. Nasen- und Mundpflege **2** Oro-nasale Absaugung **3** Orale/nasale/endotracheale Absaugung ohne oder mit liegendem Tubus	
Mobilitätseinschränkung	**0** Keine **1** Eingeschränkte Mobilität, durch Gehhilfen kompensierbar **2** Hauptsächlich Bettruhe **3** Völlige Einschränkung	
Beruf	**0** Kein lungengefährdender **1** Arbeit in lungengefährdendem Beruf für 1 – 2 Jahre **2** Für 2 – 10 Jahre **3** > 10 Jahre	
Intubationsnarkose, Beatmung	**0** In den letzten drei Wochen keine **1** Kurze Intubationsnarkose (bis 2 Stunden) **2** Lang dauernde Intubationsnarkose (> 2 Stunden) **3** Mehrere Intubationsnarkosen oder > 12 Stunden Beatmung	
Bewusstseinslage	**0** Keine Einschränkung **1** Leichte Einschränkung (reagiert auf Ansprache folgerichtig) **2** Reagiert auf Ansprache nicht folgerichtig **3** Keine Reaktion	
Atemanstrengung	**0** Zwerchfell- und Thoraxatmung ohne Anstrengung **1** Zwerchfell- oder Thoraxatmung mit Anstrengung **2** Zwerchfell- oder Thoraxatmung mit großer Hilfestellung **3** Keine Zwerchfell- oder Thoraxatmung möglich	
Atemfrequenz	**0** 14 – 20 Atemzüge/ Min. **1** Unregelmäßige Atmung **2** Regelmäßige bradypnoische oder tachypnoische Atmung **3** Regelmäßige, sehr tiefe oder auch oberflächliche Atemzüge oder zwischen tachypnoisch und bradypnoisch wechselnde Atmung	
Atemdepressive Medikamente	**0** Keine **1** Unregelmäßige Einnahme, geringe Atemdepression **2** Regelmäßige Einnahme, mäßige Atemdepression **3** Regelmäßige Einnahme spezifisch atemdepressiver Medikamente (z.B. Opiate, Barbiturate)	
Bewertung: **0 – 6** Punkte = Nicht gefährdet **7 – 15** Punkte = Gefährdet **16 – 45** Punkte = Hochgradig gefährdet, manifeste Atemstörung	Summe	

Abb. 5.40: Atemskala zur Einschätzung der Pneumoniegefahr nach Christel Bienstein. [A400]

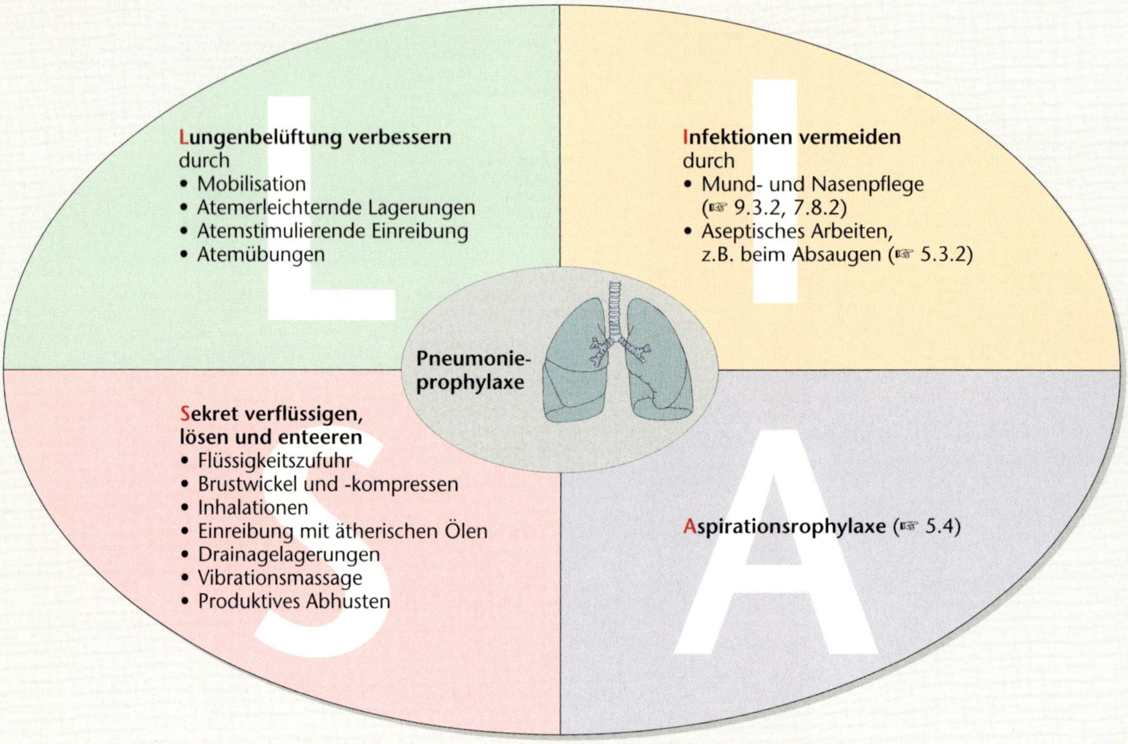

Abb. 5.41: „LISA"-Ziele und Maßnahmen zur Pneumonieprophylaxe im Überblick.

mit Medikamenten, Sauerstoffgabe, Absaugen und Einreibungen müssen ärztlich verordnet werden. KrankengymnastInnen und ErgotherapeutInnen bieten spezielle Atemübungen und Mobilisation an. Ganz wesentliche Anteile der Pneumonieprophylaxe werden jedoch von AltenpflegerInnen durchgeführt.

Alle Maßnahmen verfolgen die vier „LISA"-Ziele (☞ Abb. 5.41)

- **L**ungenbelüftung verbessern
- **I**nfektion vermeiden
- **S**ekret verflüssigen, lösen und entleeren
- **A**spiration vermeiden (☞ 5.4).

Absaugen von Atemwegssekret und Sauerstoffgabe ☞ 5.3.2.

Mobilisation

Eine einfache Möglichkeit der Pneumonieprophylaxe ist die körperliche **Mobilisation** (☞ 6.3). Jede Form der Bewegung verstärkt und vertieft die Atmung und belüftet alle Lungenabschnitte. Das ist wichtig, weil nicht gut belüftete Lungenabschnitte während körperlicher Ruhe auch schlechter durchblutet sind. Schlecht belüftete *und* schlecht durchblutete Lungenabschnitte sind ideale Voraussetzung für Keimbesiedlung und -wachstum. Mit der körperlichen Aktivität werden gleichzeitig die Sekretlösung und der Transport des Bronchialschleimes gefördert.

> Die Pneumoniegefahr bei bettlägerigen, immobilen Pflegebedürftigen lässt sich verringern, wenn sie regelmäßig nach Plan gelagert werden, damit nach und nach verschiedene Lungenabschnitte belüftet und gut durchblutet werden.

Atemerleichternde Lagerungen

Die in Tabelle 5.42 beschriebenen atemerleichternden Lagerungen unterstützen die Belüftung und Entlastung der Lunge. Alle Lagerungen werden mehrmals täglich durchgeführt. Bei allen Lagerungen darf der Pflegebedürftige keine Schmerzen verspüren. Besonders Dehnlagerungen werden häufig von alten Menschen nicht lange toleriert, dann genügt es, wenn sie für etwa 5–10 Min. beibehalten wird.

Atemstimulierende Einreibung

Die **atemstimulierende Einreibung** hilft dem Pflegebedürftigen, gleichmäßig ruhig und tief zu atmen. Sie wirkt beruhigend und fördert die Eigenwahrnehmung.

Lagerung	Wirkung	Beschreibung
Oberkörperhochlagerung 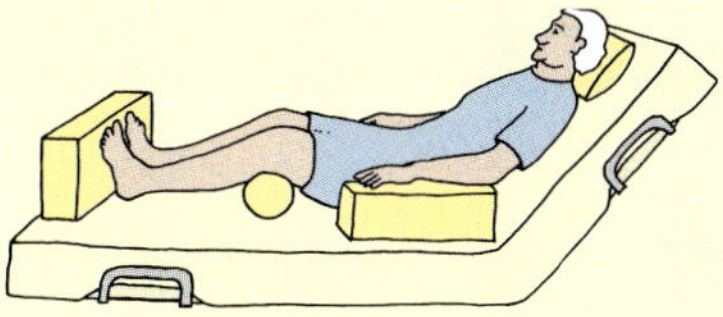	Erleichtert Atmung, deshalb anwenden bei Dypnoe (☞ 5.3)	• Oberkörper erhöht lagern • Evtl. zusätzlich die Arme abstützen zur Unterstützung der Atemhilfsmuskulatur • Evtl. Einsatz einer Knierolle zur Entspannung der Bauchmuskulatur (Achtung: verleitet zur Immobilität, Kontrakturgefahr) Beachten • Dekubitusgefahr durch Scherkräfte, wenn Pflegebedürftiger nach unten rutscht sowie im Steißbeinbereich • Lagerung regelmäßig wechseln, da schlechte Belüftung der unteren Lungenabschnitte
Seitenlagerung 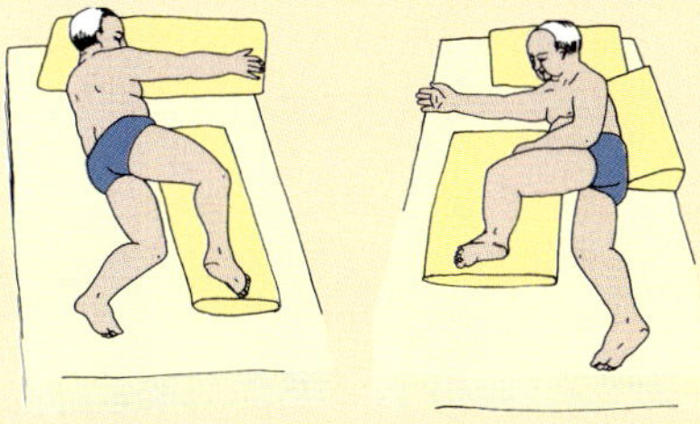	• Verhindert Sekretansammlung • Gute Belüftung des oben liegenden Lungensegmentes • Erleichtert Abhusten von Sekret	• Pflegebedürftigen auf der Seite lagern • Evt. oben liegendes Bein anwinkeln lassen • Unten liegenden Arm ausstrecken • Evtl. Lagerungshilfsmittel verwenden • Seitenlagerung 2-stdl. wechseln, damit alle Lungensegmente belüftet werden Beachten • Hohe Druckbelastung, deshalb bei Dekubitusgefährdung nach 30 Min. Lagerungswechsel • Die Effektivität lässt sich steigern, wenn der obere Arm ebenfallls nach vorne und oben gelagert wird, so dass der Brustkorb zusätzlich gedehnt wird
Halbmondlagerung 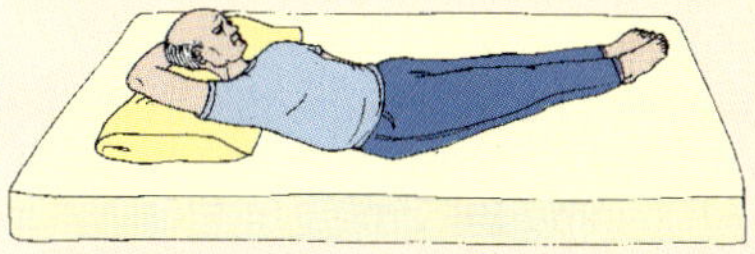	Gute Belüftung der Lunge auf der gedehnten Seite durch Vergrößerung der Atemfläche	• Rückenlage: Eine Hand des Pflegebedürftigen unter den Kopf legen, die andere Hand und die gestreckten und geschlossenen Beine bewegen sich aufeinander zu • Lagerung so lange, wie es der Pflegebedürftige toleriert, etwa 5–10 Min.
Dreh-Dehnlage 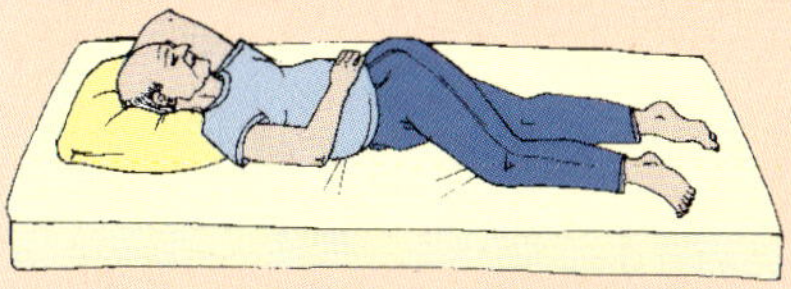	• Erleichtert Atmung • Vergrößert Atemfläche	• Pflegebedürftigen in Seitenlage lagern • Oben liegenden Arm unter den Kopf legen • Oberkörper so weit wie möglich auf den Rücken drehen, Beine bleiben in Seitenlagerung Beachten • Wird von alten Menschen häufig nicht gut toleriert, nur 5–10 Min. anwenden • Nicht anwenden, wenn Pflegebedürftiger Schmerzen hat, bei Wirbelsäulenerkrankungen, Arthrose, Osteoporose
A-Schiffchen-Lagerung 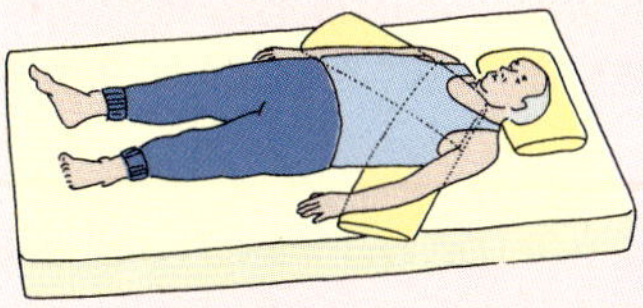	• Belüftet obere Lungenabschnitte (Lungenspitzen) • Entlastet Steißbein	• Jeweils 2 leichte Kissen zu Schiffchen formen • Schiffchen wie ein A unter den Rücken, so dass die Spitze etwa in Höhe des Nackens endet • Wirbelsäule liegt frei, Arme auf den Kissen • Zusätzliches Kissen unter den Kopf legen • 2–3 mal täglich für ca. 30 Min.
V-Schiffchen-Lagerung 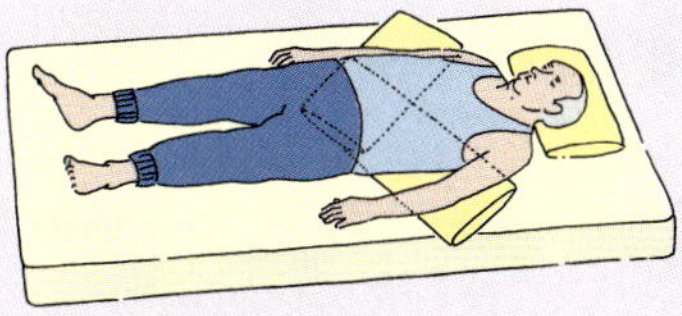	Belüftet Flanken	• Jeweils 2 leichte Kissen zu Schiffchen formen • Schiffchen wie ein V unter den Rücken, so dass die Spitze etwa in Höhe des Steißbeines endet • Zusätzliches Kissen unter den Kopf legen • 2–3 mal täglich für ca. 30 Min. Beachten: Wegen hoher Druckbelastung im Steißbeinbereich nicht bei Dekubitusgefahr anwenden
T-Lagerung 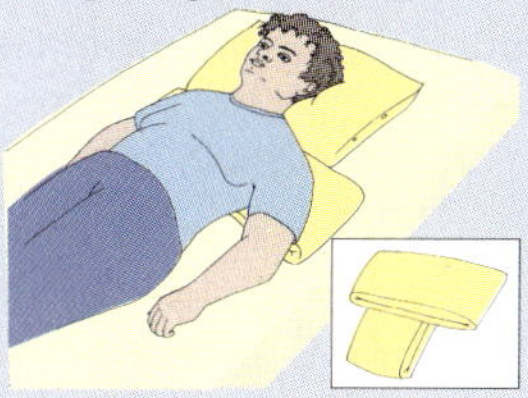	• Dehnt Brustkorb und vergrößert Atemfläche • Stützt Wirbelsäule und Schultern	• 2 leichte Kissen als Schiffchen formen • Pflegebedürftigen in Rückenlage bzw. Oberkörperhochlagerung bringen • Schiffchen in T-Form unter den Rücken des Pflegebedürftigen legen, so dass die Wirbelsäule und die Schultern unterstützt sind. Die Rippen liegen frei zur besseren Belüftung der Lunge. • Zusätzliches Kissen unter den Kopf legen

Tab. 5.42: Atemerleichternde Lagerungen zur besseren Belüftung verschiedener Lungenabschnitte. [A500-119]

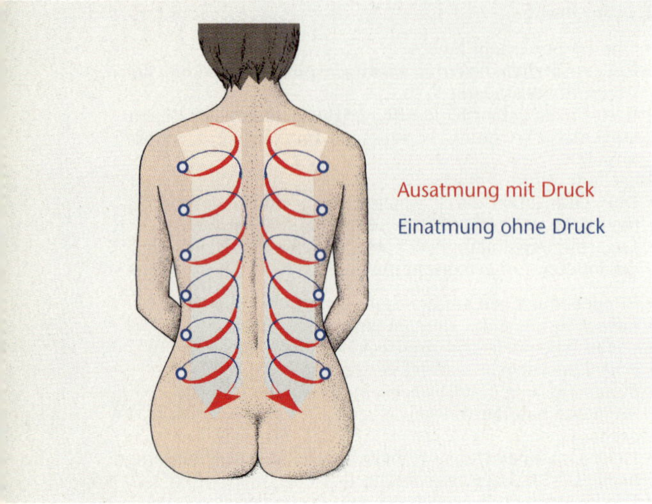

Abb. 5.43: Atemstimulierende, rhythmische Einreibung. [A300-119]

Vorbereitung

- **AltenpflegerIn:** Schmuck und Uhr ablegen, Hände waschen und anwärmen; möglichst ohne Handschuhe arbeiten
- **Raum:** evtl. lüften, für angenehme Raumtemperatur und Ruhe sorgen, evtl. Schild „Bitte nicht stören" anbringen
- **Pflegebedürftiger:** informieren und bequem nach Wunsch lagern, z. B. sitzend, in Bauch- oder Seitenlage. Rücken frei machen
- **Material:** angewärmte unparfümierte Körperlotion, Massageöl.

Durchführung

- Lotion oder Öl in die Hände geben und auf den Rücken vom Nacken bis zum Steiß auftragen
- Mit beiden Händen in Kreisen unter leichtem Druck von den Schultern bis zum Steiß einreiben, dabei die Wirbelsäule aussparen.
- Abwärtsstreichen mit Druck während der Ausatmung, Kreise schließen ohne Druck während der Einatmung (☞ Abb. 5.43)
- AltenpflegerIn gibt Atemrhythmus vor (ca. 17 pro Min.), wobei die Ausatmung etwa doppelt so lange dauern soll wie die Einatmung. Angestrebt wird, dass Pflegebdürftiger diesen Atemrhythmus übernimmt
- Sind die Hände am Steiß angekommen, nicht beide Hände gleichzeitig loslassen, sondern Körperkontakt halten, indem die Hände einzeln nacheinander wieder zur Schulter geführt werden
- Etwa 5–8 Wiederholungen, dann Rücken von oben nach unten gerade ausstreichen
- Pflegebedürftigen nachruhen lassen.

Die Wirkung der atemstimulierenden Einreibung lässt sich, wenn es der Pflegebedürftige toleriert, durch Verwendung ätherischer Öle, z. B. Ravensara, erhöhen.

Flüssigkeitszufuhr

Eine ausreichende **Flüssigkeitszufuhr** ist für alte Menschen in vielerlei Hinsicht wichtig (☞ Kap. 7). Wasser ist u. a. Hauptbestandteil aller Schleimstoffe im Körper. Ein Flüssigkeitsdefizit ist deshalb zuerst am Austrocknen der Schleimhäute des Körpers sichtbar, z. B. ein trockener Mund, trockene Augen und trockene Nasenschleimhaut.

Bei Wassermangel wird dem Schleim Feuchtigkeit entzogen, er wird zäh und klebrig. Das geschieht auch an den nicht sichtbaren Schleimhäuten und Sekreten der Atemwege. Folge der **klebrigen, zähen Konsistenz** ist, dass das Sekret nur noch schlecht aus den Atemwegen entfernt werden kann. Während seiner langen Verweildauer im Körper bietet es Keimen einen idealen Nährboden zur Vermehrung.

Aus diesem Grund ist es für die Pneumonieprophylaxe wichtig, dass der Pflegebedürftige mindestens 1,5–2 l Flüssigkeit zu sich nimmt. Bei erhöhten Flüssigkeitsverlusten durch z. B. Fieber, Durchfall oder Erbrechen können auch deutlich größere Flüssigkeitsmengen nötig sein, um den Schleim in den Atemwegen zu verflüssigen, damit er leichter abgehustet werden kann. Maßnahmen bei Flüssigkeitsdefizit ☞ 7.4.

Die Wirkung der Flüssigkeitszufuhr zur Sekretverflüssigung kann noch gesteigert werden, wenn **schleimlösende Teesorten** wie z. B. Huflattich-, Spitzwegerich- oder Fencheltee verabreicht werden. Dazu 1 Esslöffel der Kräuter mit ¼ l kochendem Wasser überbrühen, 10 Min. ziehen lassen und abseihen.

Vorsicht!
Bei Herz- und Nierenkranken Flüssigkeitszufuhr immer mit ÄrztIn absprechen.

Brustwickel und -kompressen

Feuchtwarme Wickel wirken entspannend und beruhigend. Sie fördern die Durchblutung und lösen den Schleim.

Kartoffelkompresse

Der **Brustwickel mit Kartoffeln** ist ein altbekanntes, wirksames Hausmittel. Kartoffeln halten für lange Zeit die Wärme und wirken schleimlösend, schmerzlindernd und krampflösend.

Vorbereitung

- **Material:** 4–6 mit sauberer Schale gekochte Kartoffeln, Innentuch und Zwischentuch aus Leinen oder Baumwolle, Wolldecke, Pflaster

- **Pflegebedürftigen** informieren, bequem lagern.

Durchführung

- Gekochte Kartoffeln auf das Innentuch legen, die Ränder des Tuchs von allen Seiten darüber legen und Kartoffeln zerdrücken
- Diese Kompresse mit einem Pflaster verschließen und ca. 5–10 Min. abkühlen lassen. Temperatur der Kartoffelkompresse an der Innenseite des Unterarms oder an der Wange überprüfen
- Kompresse mit dem Zwischentuch umwickeln und auf die Brust des Pflegebedürftigen legen. Nachfragen, ob die Kompresse zu heiß ist
- Pflegebedürftigen mit der Wolldecke zudecken
- Den Wickel solange auf der Haut belassen, bis er ausgekühlt ist, bei Bedarf kann er mit einer Wärmflasche länger warm gehalten werden.

Nachbereitung: Wickel entfernen, Haut eincremen und Kartoffeln verwerfen.

> **Vorsicht!**
> Temperatur des Wickels vor der Auflage unbedingt überprüfen, da ein zu heißer Wickel zu Verbrennungen führen kann.

Brustwickel mit Thymian

Thymian ist ebenfalls ein altes Hausmittel. Es hemmt das Bakterienwachstum, löst Verkrampfungen der Bronchien und fördert die Sekretlösung.

Vorbereitung

- **Material**: Thymiantee kochen. Dazu 2 Esslöffel Thymiankraut mit ½ l kochendem Wasser übergießen, einige Minuten ziehen lassen und abseihen. Außerdem werden benötigt: Frottiertuch, Innentuch, Zwischentuch, Wolltuch, Waschschüssel, Wärmflasche, Befestigungsmaterial
- **Pflegebedürftigen** informieren, bequem lagern.

Durchführung

- Wärmflasche füllen und das Zwischentuch darauf legen
- Frottiertuch über die Waschschüssel legen
- Auf das Frottiertuch das von beiden Seiten aufgerollte Innentuch legen
- Innentuch mit heißem Thymiantee übergießen
- Innentuch mit Hilfe des Frottiertuches gut auswringen
- Innentuch und anschließend trockenes Zwischentuch um die Brust des Pflegebedürftigen wickeln. Evtl. Wärmflasche auflegen. Als abschließende „Schicht" Wolltuch um die Brust wickeln und Pflegebedürftigen zudecken
- Wickel ca. 30 Minuten auf der Brust des Pflegebedürftigen belassen und entfernen, bevor er ausgekühlt ist.

Nachbereitung: Wickel entfernen, Haut evtl. abtrocknen und dem Pflegebedürftigen Ruhe ermöglichen.

Einreibungen mit ätherischen Ölen

Die Aromatherapie arbeitet mit pflanzlichen Duftstoffen, die auch zur Unterstützung der Atmung (z. B. Eukalyptus, Thymian) eingesetzt werden können. Sie finden Verwendung in Bädern und Waschungen, bei Einreibungen und Wickeln sowie in Duftlampen.

> **Vorsicht!**
> - Vor der Verwendung von pflanzlichen Duftstoffen Pflegebedürftigen nach Allergien befragen
> - Bei Allergiesymptomen wie Juckreiz, Bläschen oder Rötung Anwendung sofort abbrechen und ÄrztIn informieren
> - Ätherische Öle nur auf intakter Haut anwenden
> - Pflanzliche Duftstoffe eignen sich zur Pneumonieprophylaxe, werden aber bei obstruktiven Lungenerkrankungen, z. B. Bronchitis, häufig nicht vertragen und verschlechtern die Symptome.

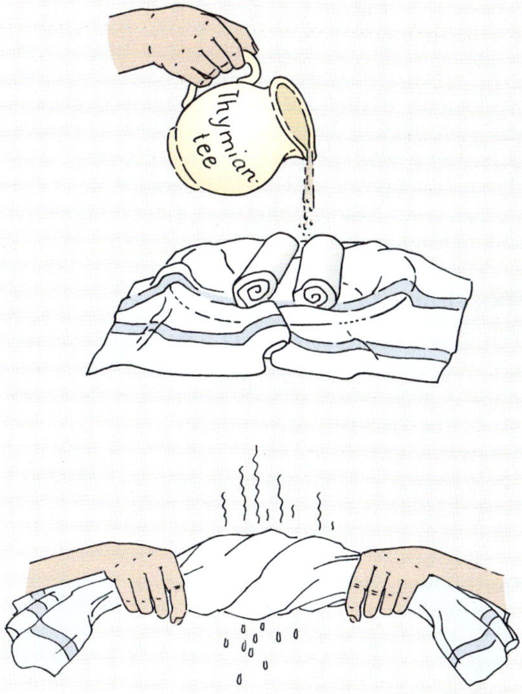

Abb. 5.44: Thymianwickel vorbereiten: Heißen Tee auf das Innentuch gießen und zusammen mit dem Frottiertuch auswringen. [A500-119]

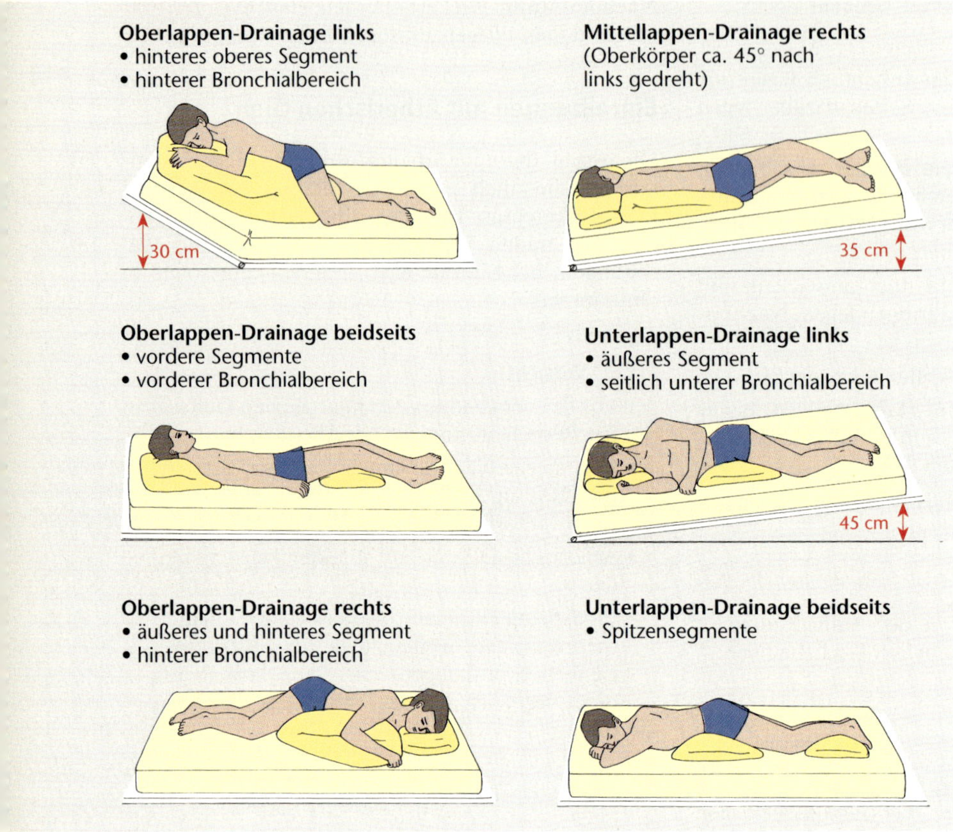

Abb. 5.45: Durch Drainagelagerungen kann das angestaute Sekret entsprechend der Schwerkraft abfließen. [A400-215]

Ätherische Öle wie z. B. Eukalyptus oder Thymian und Salben, die ätherische Öle enthalten, z. B. Bronchoforton®, werden auf die Brust und/oder den Rücken aufgebracht. Die Öle werden über die Haut aufgenommen und gleichzeitig inhaliert. Sie wirken durchblutungssteigernd und schleimlösend. Gleichzeitig kann die Einreibung an sich das Wohlbefinden unterstützen.

Vibrationsmassage

Die **Vibrationsmassage** wirkt durch die Schwingungen, die im Brustkorb erzeugt werden. Sekret wird dadurch gelöst, in die großen Bronchien transportiert und kann abgehustet werden.

Kontraindikationen: Herzinfarkt, Lungenembolie, Thrombose, erhöhte Blutungsneigung, Metastasen oder Tumore im Bereich der Wirbelsäule, Osteoporose, Rippenbrüche, Kopfverletzungen.

Durchführung des manuellen Vibrierens

- Pflegebedürftigen auf der Seite lagern
  - Linksseitenlage, um in der rechten Lunge den Schleim zu lösen
  - Rechtsseitenlage, um in der linken Lunge den Schleim zu lösen
- Während der gesamten Maßnahme Hautkontakt mit dem Pflegebedürftigen behalten
- Leichten vibrierenden Druck mit dem Handballen ausüben.
- Nieren und Wirbelsäule auslassen, da diese Bereiche schmerzempfindlich sind
- Dauer der Maßnahme: ca. 5 Minuten
- Den Pflegebedürftigen in bereitgelegten Zellstoff abhusten lassen.

Damit das Sekret nach draußen und nicht tiefer befördert wird
- Von unten nach oben
- Von außen nach innen
- Nur in der Ausatemphase vibrieren.

Die Vibrationsmassage kann auch mit einem **Vibrationsgerät,** z. B. Vibrax® oder Vibramat®, durchgeführt werden. Bei medizinischen Geräten ist immer eine Unterweisung nach der Medizingeräteverordnung notwendig.

Die Vibrationsmassage muss unter Anleitung einer PhysiotherapeutIn erlernt werden, zielloses Abklopfen und Abklatschen richtet mehr Schaden an, als dass es hilft.

Drainagelagerungen

Zur Unterstützung der Sekretentleerung können verschiedene **Drainagelagerungen** eingesetzt werden. Entscheidend dafür, welche Lagerung angewandt wird, ist, in welchem Teil der Lunge sich das Sekret befindet. Diese Lagerungen sind nur in Absprache mit der ÄrztIn anzuwenden. Nicht alle Lagerungen sind für jeden Pflegebedürftigen, z. B. beim Vorliegen von Herzerkrankungen, geeignet. Die Abb. 5.45 gibt einen Überblick über die verschiedenen Lagerungsmöglichkeiten.

Zum produktiven Abhusten anleiten

Beim **produktiven Husten** soll Sekret abgehustet werden. Dafür

- Zellstoff und Sputumbecher bereitstellen
- Pflegebedürftigen bitten, sich aufrecht zu setzen, durch die Nase einzuatmen und nur wenig Luft auszuatmen
- Anschließend sollte er Knie und Gesäß zusammendrücken und mit kurzen kräftigen Hustenstößen husten
- Bei schwachen Pflegebedürftigen kann der Hustenvorgang durch leichten Druck auf den Bauchraum verstärkt werden
- Vorgang so lange wiederholen, bis genügend Sekret abgehustet wurde
- Im Anschluss reinigende Mundpflege (☞ 9.3.2) durchführen.

> Abhusten ist nur sinnvoll, wenn genug gelöstes Sekret vorliegt, das abgehustet werden kann. Evtl. vorab sekretverflüssigende und -lösende Maßnahmen durchführen.
>
> Sich selbst und Dritte vor dem Anhusten schützen.

Inhalationen

> **Inhalation:** Einatmen von Gasen, Dämpfen, Aerosolen (zu Nebel zerstäubte Heilmittel) und Stäuben, die so direkt in die Atmungsorgane gelangen.

Inhalationen bedürfen ärztlicher Anordnung. Sie werden verwendet zum

- Anfeuchten der Atemwege
- Therapie bei Lungenerkrankungen (z. B. Bronchitis) und Atemwegsinfektionen
- Pneumonieprophylaxe (Lockerung von Sekret).

Sie haben den großen Vorteil, dass die Wirkstoffe direkt dorthin appliziert werden, wo sie wirken sollen, ohne den gesamten Organismus zu belasten.

Je nach **Tröpfchengröße** gelangen sie unterschiedlich tief in die Atemwege:

- **Dampf** gelangt nur bis in den Rachenraum. Deshalb werden Dampfinhalationen vor allem bei Infektionen der oberen Luftwege wie Erkältungen angewandt
- **Aerosole** gelangen über die Luftröhre bis in die Bronchien. Viele alte Menschen mit chronisch obstruktiven Atemwegserkrankungen erhalten über Dosieraerosole eine antiobstruktive Dauertherapie (☞ 5.3.2)
- **Nebel** besteht aus feinsten Tröpfchen, die bis in die Lungenbläschen vordringen und die Atemwege anfeuchten.

Allgemeine Vor- und Nachbereitung

- **Pflegebedürftigen**
  - Informieren und bitten, die Nase zu schneuzen und zu husten
  - Evtl. Haare und Brust mit einem Handtuch schützen
  - Zum ordnungsgemäßen Gebrauch des Inhalationsgerätes anleiten und die Technik überwachen
  - Den Pflegebedürftigen bitten, tief zu atmen, damit die Wirkstoffe bis zu ihrem Bestimmungsort vordringen können
- **Material**
  - Einweisung nach der Medizingeräteverordnung
  - Frische Zubehörteile
  - Handtuch
  - Angeordnete Inhalationslösung (z. B. NaCl 0,9 %) bzw. Medikamente
  - Taschentücher bzw. Zellstoff in Reichweite legen.

Nachbereitung

- **Pflegebedürftigen** abtrocknen, zum produktiven Abhusten anleiten (☞ oben), Hautpflege, nachruhen lassen
- **Material:** Geräte täglich reinigen und desinfizieren, Schlauchsystem nach jeder Anwendung wechseln, um ein Bakterienwachstum zu vermeiden
- **Dokumentation** in das entsprechende Dokumentationssystem.

> Nicht direkt vor bzw. nach dem Essen inhalieren, da dies zu Übelkeit und Erbrechen führen kann.

Inhalation mit dem Ultraschallvernebler

Mit Hilfe eines **Ultraschallverneblers** wird steriles, kaltes Wasser oder 0,9%ige NaCl-Lösung, evtl. unter Zusatz von Medikamenten, mit Hilfe von Ultraschallwellen in feinste Tröpfchen zerstäubt. Ein Gebläse bläst den kalten Nebel über einen Schlauch nach außen.

Der Ultraschallverneblerschlauch wird meistens 3 x täglich für 20 Min. ca. 10–20 cm vor das Gesicht bzw.

den Mund des Pflegebedürftigen gebracht. Während der Einatmung gelangt der Nebel tief in die Atemwege und befeuchtet sie.

Gelegentlich empfinden Pflegebedürftige, vor allem Demente, den kalten Nebel als unangenehm. Mitunter kann es erforderlich sein, dass der Pflegebedürftige während der Anwendung überwacht wird.

Da es zahlreiche Geräte unterschiedlicher Hersteller gibt, ist es wenig sinnvoll, eine einheitliche Vorgehensweise zu beschreiben. Vielmehr ist es notwendig, vor der Inbetriebnahme die Bedienungsanleitung zu beachten.

Alle Ultraschallvernebler können, da sie nicht mit heißem, sondern kaltem Wasser betrieben werden, zu einem Keimreservoir werden, wenn die Zubehörteile wie Schläuche und Behälter nicht sorgfältig gereinigt, desinfiziert bzw. sterilisiert werden. In jedem Fall sind die Herstellerangaben zu beachten.

Gesichtsdampfbad oder Inhaliergeräte

Das **Dampfbad** ist eine sehr alte Inhalationsmethode. Die Handhabung ist einfach und wird aus diesem Grund bei Erkältungen und Infektionen der oberen Atemwege häufig zu Hause durchgeführt.

Material

- Topf oder Schale mit heißem, dampfendem Wasser bzw. Kamillentee. Dem Wasser können nach Rücksprache mit dem Pflegebedürftigen auch wenige Tropfen ätherischer Öle wie z. B. Eukalyptus zugesetzt werden
- Großes Frotteehandtuch.

☑ Für das Gesichtsdampfbad gibt es in Apotheken auch **einfache Inhaliergeräte,** die aus einem Flüssigkeitsbehälter und einer daran befestigten Gesichtsmaske bestehen. In den Flüssigkeitsbehälter wird heißes Wasser gefüllt und ähnlich wie mit einer Wasserschüssel über die Gesichtsmaske inhaliert. Bei **elektrischen Inhaliergeräten** wird kaltes Wasser eingefüllt und elektrisch erhitzt, bis es verdampft. Meistens wird der Dampf bei elekrischen Inhaliergeräten über ein Mundstück eingeatmet.

Durchführung

- Der Pflegebedürftige beugt sein Gesicht über den Wasserdampf. Damit der Dampf nicht entweichen kann, wird ein Handtuch über den Kopf gelegt
- Den Abstand zum Wasserdampf nach Wünschen und Verträglichkeit des Pflegebedürftigen auswählen lassen
- Pflegebedürftigen auffordern, tief und gleichmäßig durch die Nase ein- und den Mund auszuatmen
- Die Inhalation sollte etwa 10 Minuten andauern.

Vorsicht!

- Bei allen Dampfbädern, egal ob mit Schüssel oder Inhaliergeräten, besteht im Gegensatz zu Ultraschallverneblern Verbrühungsgefahr, deswegen vor allem nicht bei verwirrten Pflegebedürftigen durchführen
- Auch bei nicht verwirrten alten Menschen Einverständnis einholen. Bei manchen Menschen löst der heiße Dampf unter dem Handtuch bei der Schüssel-Methode Angst aus.

Aerosolapparat

Aerosolapparate arbeiten nach dem Zerstäuberprinzip. Mit Hilfe eines Ventils, das bei der Einatmung betätigt wird, wird Wasser mit Luft aufgewirbelt und gelangt so in die Trachea und die Bronchien. Anleitung zur richtigen Anwendung von Dosieraerosolen ☞ 5.3.2.

Atemübungen

Atemübungen, auch *Atemgymnastik* genannt, helfen, vor allem wenn sie regelmäßig über einen längeren Zeitraum angewandt werden, alle Lungenabschnitte gut zu belüften und eine richtige Atemtechnik, auch über die eigentliche Übungszeit hinaus, anzuwenden. Darüber hinaus aktivieren sie die natürlichen Selbstreinigungsmechanismen der Atemwege.

Bei **chronischen Atemwegserkrankungen** wie Asthma oder Bronchitis kann der Betroffene aktiv etwas für seine Gesundheit tun, indem er die Übungen selbstständig durchführt und muss sich nicht ausschließlich passiv behandeln lassen.

Atemübungen müssen je nach Technik durch eine **KrankengymnastIn** oder speziell ausgebildete **AtemtherapeutIn** angeleitet werden und können dann vom Pflegepersonal unterstützt und überwacht werden. Eine Vielzahl einfacher Übungen lassen sich gut im Rahmen anderer Pflegemaßnahmen, z. B. während der Körperpflege, durchführen.

Alle Atemübungen sollten je nach Zustand des Pflegebedürftigen **mehrmals täglich** wiederholt werden.

Atemübungen entfalten, wie andere gymnastische Übungen auch, ihre Wirkung nur, wenn sie über einen längeren Zeitraum regelmäßig durchgeführt werden. Deshalb ist es eine wichtige Aufgabe der AltenpflegerIn, den Pflegebedürftigen immer wieder dazu zu motivieren.

Tiefe Ein- und Ausatmung

Eine **tiefe Ein- und Ausatmung** garantiert die Belüftung aller Lungenbläschen. Bei mobilen Menschen geschieht dies automatisch durch körperliche Aktivität, aber auch durch Gähnen. Bettlägerige Pflegebedürftige müssen zum richtigen Atmen motiviert werden, indem sie immer wieder aufgefordert werden, mehrmals täglich 3–5 mal tief und langsam ein- und ausatmen. Damit auch genügend Sauerstoff in die Lungen gelangen kann, ist vor den Atemübungen das Zimmer zu lüften.

Das tiefe Ein- und Ausatmen kann durch einen **Kältereiz,** z. B. durch Abklopfen bzw. Abreiben mit *Franzbranntwein,* unterstützt werden, wobei der Pflegebedürftige mit geschlossenem Mund durch die Nase langsam ein- und durch den Mund langsam ausatmen soll (☞ Abb. 5.46).

Allerdings tritt dieser Durchatemeffekt nicht bei allen Pflegebedürftigen ein. Manche alte Menschen erschrecken und verkrampfen sich, so dass der Kältereiz eher das Gegenteil bewirkt, die Atmung wird flach und oberflächlich. Deshalb sollte Franzbranntwein nicht routinemäßig eingesetzt werden.

> Franzbranntwein und andere alkoholische Lösungen entfetten die Haut, deshalb sind sie in Verruf gekommen. Sollten sie dennoch verwendet werden, muss die Haut gut rückgefettet werden. Bei sehr trockener Haut nicht anwenden.

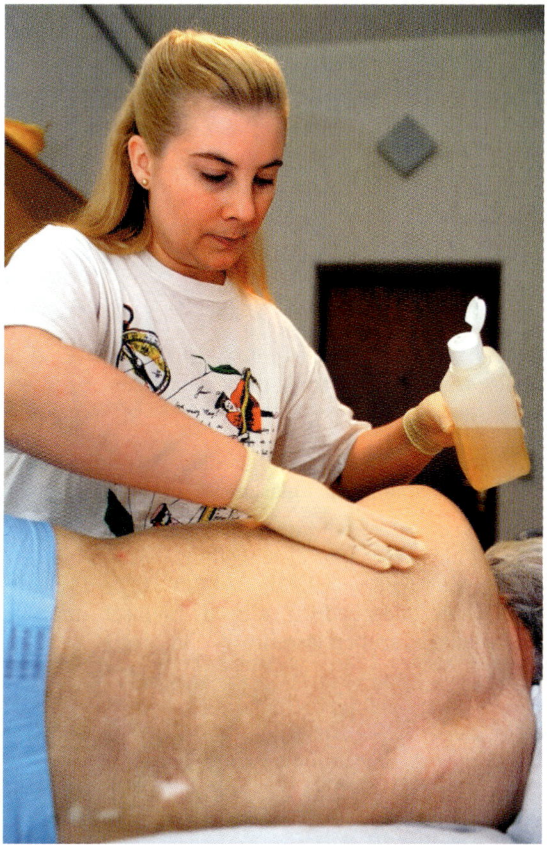

Abb. 5.46: „Abklatschen" mit Franzbranntwein kann zum tiefen Durchatmen anregen, aber auch „den Atem stocken" lassen. Deshalb muss bei jedem Pflegebedürftigen individuell abgewägt werden, ob Franzbranntwein oder andere kühlende alkoholische Lösungen angewendet werden oder nicht. [K157]

Kontaktatmung

Bei der **Kontaktatmung** atmet der Pflegebedürftige gegen den Widerstand von auf Brust oder Bauch aufgelegten Händen. Diese Übung bewirkt, dass der Pflegebedürftige seine Atmung besser wahrnimmt und tief durchatmet.

Dazu die eigenen Hände (ohne Handschuhe) auf den Körper des Pflegebedürftigen legen (☞ Abb. 5.47). Bei der

- Bauchatmung auf den Bauch
- Flankenatmung auf die Basis der Lungenflügel seitlich am Brustkorb
- Brustatmung auf den Brustkorb.

Der Pflegebedürftige drückt während der Einatmung durch den sich weitenden Brustkorb und sich vorwölbenden Bauch die Hände weg. Während der Ausatmung durch leichten Druck das Absenken des Brustkorbes und Einziehen des Bauches unterstützen. Diese Übung für etwa 10 Atemzüge und mehrmals täglich durchführen. Kooperative alte Menschen können diese Übung nach einigen Wiederholungen auch selbstständig ohne Händeauflegen durchführen.

Atmen gegen einen Widerstand

Das Ausatmen gegen einen Widerstand führt zu einer vertieften Atmung, weil der Pflegebedürftige, um genügend Kraft für die Ausatmung zu haben, vorher intensiv einatmen muss.

> **Vorsicht!**
> Diese Übung darf **nicht bei Lungenemphysem** durchgeführt werden, weil der Überdruck in den Lungen zum Platzen weiterer Lungenbläschen führt, so dass die Gasaustauschfläche weiter verkleinert wird. Platzen große Emphysemblasen, kann die Luft in den Spalt zwischen beide Brustfellblätter gelangen und zu einem Pneumothorax führen, bei dem der betroffene Lungenflügel kollabiert und nicht mehr zum Atmen zur Verfügung steht (Notfall).

Diese Übung lässt sich ganz einfach durchführen, indem der Pflegebedürftige z. B. gebeten wird,

- Einen Luftballon aufzublasen
- Wattebällchen wegzupusten (☞ Abb. 5.48)
- In einem Wasserglas mit einem Strohhalm Blasenblubbern zu erzeugen

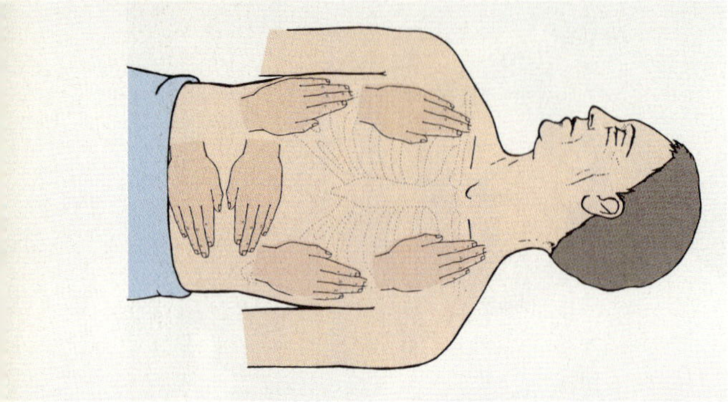

Abb. 5.47: Auflegen der Hände bei der Kontaktatmung. [A300-119]

- Einen Gegenstand, der über dem Bett aufgehängt ist, z. B. Papier, wegzublasen.

Werden diese Atemübungen zu intensiv und zu schnell hintereinander durchgeführt, besteht die Gefahr einer Hyperventilation (☞ Tab. 5.12). Deshalb sehr eifrige Pflegebedürftige etwas bremsen und immer wieder ausruhen lassen.

Diese Übungen eignen sich besonders gut für **demente Menschen,** mit denen ein kontinuierliches Atemtraining kaum durchgeführt werden kann. Mit solchen und ähnlichen Übungen, z. B. Tierstimmen nachahmen, singen, lachen oder Heißes kaltpusten lassen, wird die Atmung spielerisch ohne „Trainingsstress" den ganzen Tag über immer wieder trainiert.

Giebelrohr

Durch die Anwendung des **Giebelrohres** wird der physiologische Totraum vergrößert. Die Luft im Totraum (Kehlkopf, Luftröhre und Bronchien) ist nicht am Gasaustausch beteiligt. Wird der Totraum durch das Giebelrohr künstlich vergrößert, wird ein Teil der ausgeatmeten CO_2-haltigen Luft erneut eingeatmet. Der erhöhte CO_2-Gehalt im Blut stimuliert den Atemreflex, die Atmung wird schneller und tiefer.

Kontraindikationen sind z. B. Lungenemphysem, Asthma bronchiale, Herzinsuffizienz und Atemnot.

Die Anwendung von Atemtrainern wie z. B. des Giebelrohres bedarf ärztlicher Anordnung. Der AltenpflegerIn obliegt die Unterstützung und Überwachung des Pflegebedürftigen.

Das Giebelrohr besteht aus einzelnen zusammensteckbaren Segmenten. Sie sind jeweils 20 cm lang und fassen 100 ml, das Mundstück 50 ml. Maximal 10 Segmente werden zusammengesetzt. Erwachsene beginnen mit dem Mundstück und zwei Segmenten (250 ml).

Durchführung

- Pflegebedürftigen informieren und sitzend lagern oder in Oberkörperhochlagerung bringen
- Nase mit einer Nasenklemme verschließen, um die Nasenatmung auszuschließen und die Effektivität der Übung zu gewährleisten. Wird die Nasenklemme nicht toleriert, kann sich der Pflegebedürftige die Nase auch selbst zuhalten
- Pflegebedürftigen bitten, das Giebelrohr in den Mund zu nehmen und mit den Lippen fest zu umschließen
- 15–20 mal wird durch das Giebelrohr ein- und ausgeatmet
- Die Übung mehrmals täglich wiederholen
- Im Anschluss an die Übung den Pflegebedürftigen unterstützen, wenn er Sekret abhusten muss (☞ oben).

Vorsicht!
Während der Übung Atemfrequenz und Hautfarbe des Pflegebedürftigen überwachen. Steigt die Atemfrequenz auf über 24 Atemzüge pro Min. an, verfärbt sich die Haut bläulich oder fühlt sich der alte Mensch nicht wohl, muss die Übung sofort abgebrochen und die ÄrztIn informiert werden.

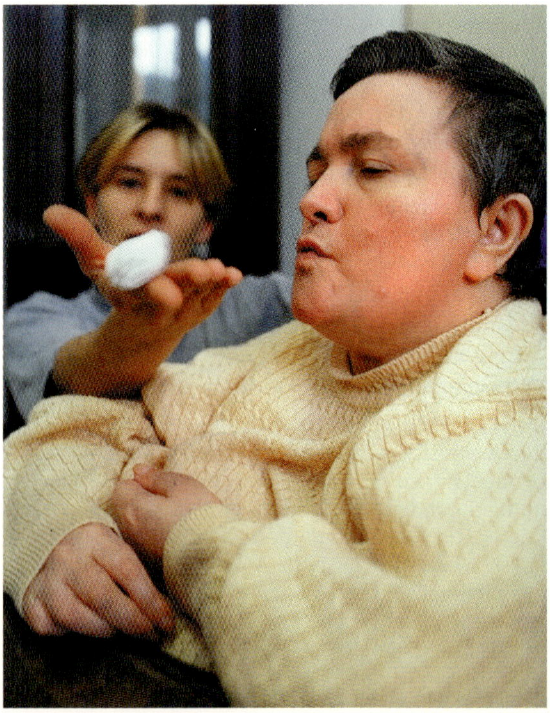

Abb. 5.48: Spielerische Atemübungen mit einem Watteballchen. [K157]

SMI-Atemtrainer

Effektiver und weniger risikoreich als das Giebelrohr sind Atemtrainer, die eine langsame und vertiefte Einatmung üben (***S**ustained **M**aximal **I**nspiration Trainer*). Es stehen Flow-orientierte und Volumen-orientierte Geräte zur Verfügung.

Beim **Flow-orientierten** Gerät müssen durch die Strömungsgeschwindigkeit der Luft beim Einatmen ein (Mediflow®) oder mehrere (Triflow®) Bälle innerhalb des Gerätes in der Schwebe gehalten werden (☞ Abb. 5.49). Beim **Volumen-orientierten Gerät** ist das zu erreichende Ziel optisch markiert.

> Die Anwendung von Atemtrainern verlangt gute Anleitung (☞ Abb. 5.11) sowie die Überwachung des Pflegebedürftigen.
>
> Atemtrainer werden jeweils nur von einer Person benutzt.

Durchführung einer Atemübung mit einem Flow-orientierten Gerät:

- Pflegebedürftigen informieren und bitten, sich zu setzen
- Die Nase mit einer Nasenklemme verschließen, damit nicht durch die Nase eingeatmet werden kann. Wenn die Nasenklemme nicht toleriert wird, kann sich der Pflegebedürftige die Nase auch selbst zuhalten
- Pflegebedürftiger soll ausatmen
- Das Mundstück mit den Lippen fest umschließen
- Langsam und gleichmäßig einatmen, so dass der Ball steigt
- Den Ball 2–3 Sek. halten
- Luft kurz anhalten
- Gerät absetzen

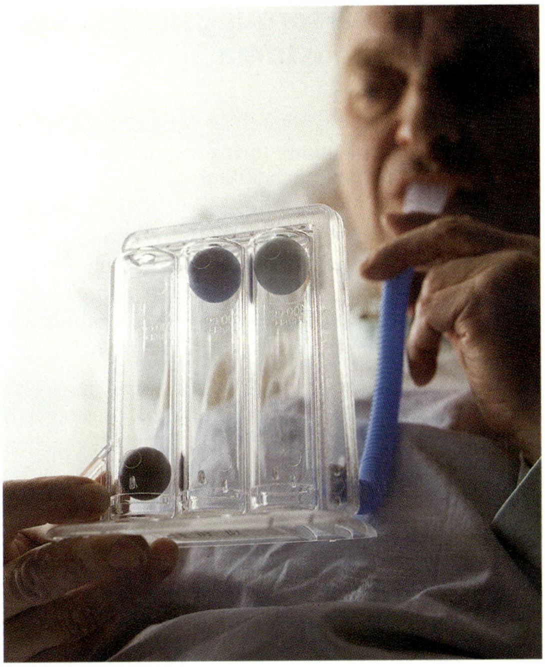

Abb. 5.49: Atemtrainer. [K225]

- Langsam ausatmen
- 8–10 mal wiederholen, mehrmals täglich durchführen
- Pflegebedürftigen beim Abhusten von Sekret unterstützen (☞ oben).

> ☑ Geräte wie der Mediflow® trainiereren die Atmung sehr effektiv, können aber nur von relativ kooperativen und leistungsfähigen alten Menschen angewendet werden.

5.5.3 Exemplarische Pflegeplanung

Pflegediagnose mit Ursache (PD), Ressourcen (R), Gewohnheiten (G), Erfahrungen (E), aktuelle Bedürfnisse (AB)	Pflegeziele	Pflegetherapie Information (I), Beratung (B), Motivation (M), Anleitung (A), Beaufsichtigung (Bf), teilweise Übernahme (tÜ), vollständige Übernahme (vÜ)
PD: Pneumoniegefahr aufgrund Bettlägerigkeit durch akuten Infekt bei chronischer Bronchitis **R:** • Ist motiviert, an seiner Gesundung aktiv mitzuwirken • Hat früher viel Sport getrieben **E:** Hat früher in ähnlichen Situationen immer mit Kamillenaufgüssen Kopfdampfbäder gemacht	Bekommt keine Pneumonie Lungen sind ausreichend belüftet, Sekret ist flüssig und wird abgehustet Fühlt sich wohl und hat keine Atembeschwerden	**tÜ:** 3 x täglich atemerleichternde Lagerungen für jeweils 30 Min. **M:** Zum Trinken von täglich 2 l Flüssigkeit motivieren und Getränke bereitstellen, Vorlieben erfragen **vÜ:** Abends vor dem Einschlafen Kartoffelkompresse auflegen **A, Bf:** 2 x täglich für 10 Min. Dampfinhalation mit Kamillentee **A, M:** Zu Atemübungen anleiten und dazu motivieren. Dabei auf frühere sportliche Erfolge durch Ausdauer hinweisen **A, tÜ:** Zum produktiven Abhusten anleiten und dabei unterstützen **tÜ:** Ärztlich verordnete Medikamente verabreichen

Tab. 5.50: Exemplarische Pflegeplanung

5.6 Selbstversorgungsdefizit bei einem Tracheostoma

Tracheostoma: Durch einen Luftröhrenschnitt (Tracheotomie) operativ angelegte Öffnung der Luftröhre nach außen.

Eine Tracheotomie kann als **Notfallmaßnahme** bei Verlegung der oberen Luftwege, z. B. durch Fremdkörperaspiration oder Schleimhautschwellung (z. B. nach Insektenstich), oder zur Langzeitbeatmung von Krankenhauspatienten durchgeführt werden.

Als **Dauerlösung** wird ein Tracheostoma bei Kehlkopfentfernung, z. B. bei Kehlkopfkrebs, angelegt. In der Altenpflege werden relativ häufig alte Menschen mit einem Tracheostoma betreut.

Nach der Tracheotomie muss das Tracheostoma durch eine Trachealkanüle offen gehalten werden. Später vernarbt der Rand der Öffnung, so dass das Tracheostoma auch ohne Kanüle offen bleibt (☞ Abb. 5.51).

5.6.1 Pflegediagnostik

Ursachen für ein Selbsversorgungsdefizit bei der Tracheostoma-Versorgung

Viele alte Menschen lernen schon bald nach der Operation mit ihrem Tracheostoma umzugehen, es richtig zu pflegen und die Trachealkanüle selbstständig zu entfernen, zu reinigen und wieder einzusetzen. Ein Selbstversorgungsdefizit kann durch verschiedene Erkrankungen und Beeinträchtigungen eintreten, z. B. bei

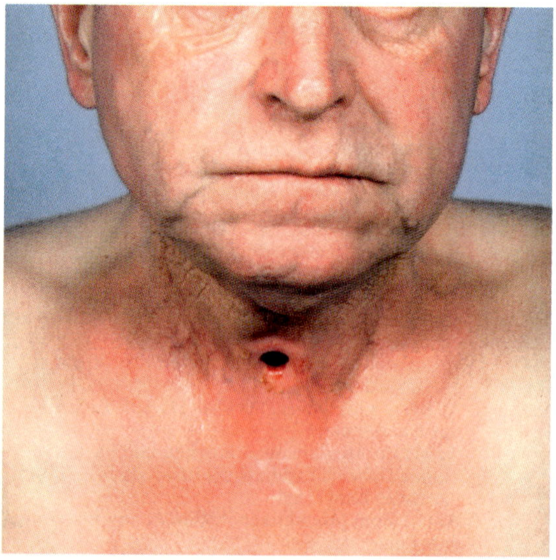

Abb. 5.51: Kehlkopfoperierter alter Mann mit Tracheostoma, das bereits so vernarbt ist, dass es auch ohne Trachealkanüle offen bleibt. [M117]

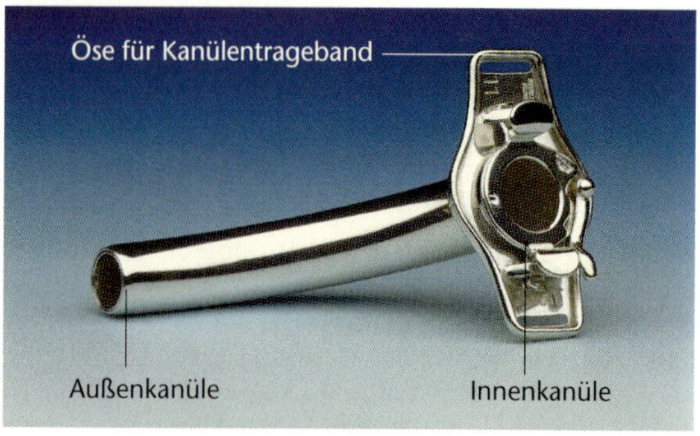

Abb. 5.52: Trachealkanüle mit eingesetzter Innenkanüle aus Silber. [V156]

- Körperlicher Schwäche
- Bewegungsstörungen, z. B. nach einem Schlaganfall, durch Morbus Parkinson oder Multiple Sklerose, bei Gelenkdeformitäten der Hände z. B. durch rheumatische Erkrankungen
- Chronischer Verwirrtheit bei Dementen
- Depression
- Sehstörungen.

Liegt die operative Anlage des Tracheostomas erst kurze Zeit zurück, hat der Pflegebedürftige möglicherweise noch nicht gelernt, mit seinem Tracheostoma selbstständig umzugehen. Auch das kann ein Grund für das Selbstversorgungsdefizit sein.

Anzeichen für ein Selbsversorgungsdefizit bei der Tracheostoma-Versorgung

Anzeichen für ein Selbstversorgungsdefizit sind:

- Der Betroffene oder auch Angehörige äußern, dass sie mit der Pflege überfordert sind
- Verschleimungen und Verkrustungen
- Atemnot, weil Schleim, der die Öffnung verlegt, nicht entfernt wird
- Übler Geruch.

Folgen eines Selbsversorgungsdefizites

Wird das Selbstversorgungsdefizit nicht rechtzeitig erkannt, drohen dem alten Menschen schwerwiegende Folgen wie

- Infektionen der Haut und Schleimhaut in der Umgebung des Tracheostomas
- Infektionen und Entzündungen der Luftröhre (Tracheitis)
- Leistungseinschränkung und Mobilitätsverlust durch Atemnot
- Rückzug und soziale Isolation
- Plötzlich auftretende Atemnot durch Verlegung des Tracheostomas mit krustigen Borken oder Schleim kann zum akuten Erstickungstod führen.

5.6.2 Pflegetherapeutische Maßnahmen

Trachealkanülen

Um die Tracheaöffnung offen zu halten, wird eine **Trachealkanüle** eingesetzt, die es in unterschiedlichen Materialien und Ausführungen gibt.

Alle Kanülen besitzen ein **Kanülenschild,** das bei eingeführter Kanüle auf der Haut liegt. Rechts und links am Kanülenschild ist eine Öffnung, an der das **Kanülenbändchen** angebracht wird, mit dem sich die Kanüle im Nacken befestigen lässt. Die meisten Kanülen besitzen eine zusätzliche **Innenkanüle** („Seele"), die gesondert gereinigt werden kann, damit nicht bei jeder Kanülenreinigung auch an der Schleimhaut manipuliert werden muss.

AltenpflegerInnen kommen überwiegend mit Kanülen aus Silber oder Kunststoff in Berührung.

Silberkanülen

Silberkanülen (☞ Abb. 5.52) besitzen im Gegensatz zu Kunststoffkanülen eine dünnere Wandstärke. Aus diesem Grund ist bei gleichem Außendurchmesser das Lumen größer. Silberkanülen sind sehr stabil, deswegen halten sie die Luftröhre auch dann offen, wenn narbige Schrumpfung das Tracheostoma oder Stenosen die Luftröhre einzuengen drohen. Allerdings ist die Gefahr von Druckstellen bei Silberkanülen erhöht, außerdem muss bei längerer Tragezeit überprüft werden, ob sich feine Risse gebildet haben, die zu Schleimhautirritationen an der Trachea führen können.

Kunststoffkanülen

Kunstoffkanülen (☞ Abb. 5.53) sind gewebefreundlicher, leichter, elastischer und durchlässig für Röntgenstrahlen. Aus diesem Grund müssen alte Menschen mit einer Strahlenbehandlung immer Kunstoffkanülen tragen, sonst würden bei einer Strahlenbehandlung im Rahmen der Krebstherapie die energiereichen Strahlen gestreut. Die Folge wäre eine Zerstörung von Zellen, die aber erhalten bleiben sollen. Da Kunststoffkanülen verformbar sind, können sie als Dauerlösung erst eingesetzt werden, wenn die Tracheostomaöffnung nicht mehr narbig schrumpft.

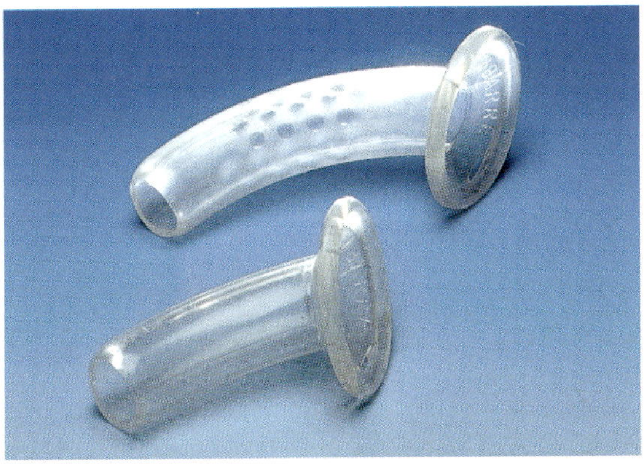

Abb. 5.53: Kurze Trachealkanülen aus Kunststoff als Dauerkanüle zum Offenhalten eines Tracheostomas. [V156]

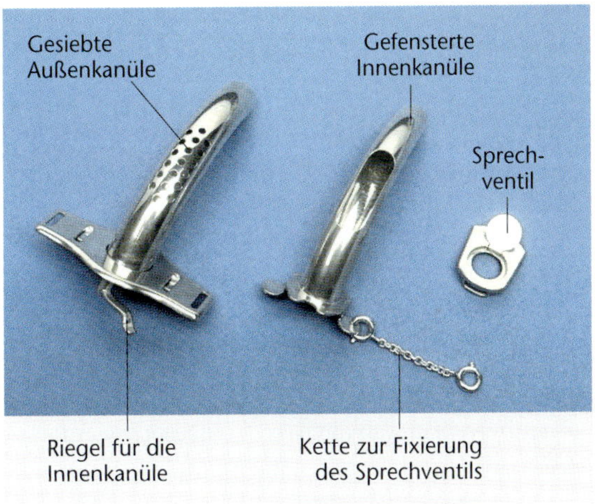

Abb. 5.54: Sprechventilkanüle aus Silber. [K183]

Sprechkanülen und Sprechventilkanülen

Sprechkanülen und **Sprechventilkanülen** (☞ Abb. 5.54) gibt es aus Silber oder aus Kunststoff. Sie besitzen eine Innenkanüle mit einer Aussparung („Fenster") und eine Außenkanüle mit siebartigen Löchern. Voraussetzung für das Sprechen mit einer Sprechkanüle ist, dass der Kehlkopf operativ nicht entfernt wurde. Während der Ausatmung gelangt die Ausatemluft durch das Sieb in den Kehlkopf und kann zur Stimmbildung benutzt werden. Dazu muss die vordere Öffnung bei der Ausatmung mit einem Finger verschlossen werden.

Es gibt auch spezielle Ventile, die sich beim Ausatmen von selbst schließen, so dass die Öffnung nicht manuell verschlossen werden muss. Während der Einatmung kann nicht gesprochen werden, da sich dann das Ventil öffnet, damit die Atemluft in die Luftröhre gelangen kann.

Stomabutton

Bei einigen alten Menschen bleibt das vernarbte Tracheostoma so stabil und verzieht sich kaum noch, dass keine Trachealkanüle mehr getragen werden muss. Zum Offenhalten wird lediglich eine kurze, spezielle Kunststoffhülse, das **Stomabutton,** eingesetzt.

Wechsel einer Trachealkanüle und Pflege des Tracheostomas

Die komplette Trachealkanüle (Innen- und Außenkanüle) wird mindestens einmal, bei starker Sekretbildung mehrmals täglich gewechselt. Die Innenkanüle wird mehrmals täglich gereinigt, damit sie nicht verstopft.

Vorsicht!
Im **Notfall** bei akuter Atemnot durch Verlegung der Trachealkanüle sofort handeln, damit der Pflegebedürftige nicht erstickt:

- Bei einer Trachealkanüle mit Innen- und Außenkanüle sofort die Innenkanüle entfernen
- Bei einer einteiligen Trachealkanüle diese entfernen und eine kleinere einsetzen. Das geht einfacher und schneller. Die andere kann später in Ruhe durch die ÄrztIn eingesetzt werden.

Das setzt voraus, dass immer eine zusätzliche Kanüle griffbereit vorrätig ist.

Vorbereitung

- **Material**
  - Desinfizierte Trachealkanüle
  - Evtl. neues Kanülenfixationsband
  - Abdecktuch
  - Händedesinfektionsmittel, 2 Paar Einmalhandschuhe
  - Metalline oder saugfähige Schlitzkompresse, sterile Tupfer oder Kompressen
  - NaCl 0,9 % oder Aqua dest.
  - Evtl. Stomaöl® oder Silikonspray
  - Kanülenreinigungslösung, evtl. Kanülenreinigungsbürste
  - Zellstoff, Abwurfschale
  - Evtl. Material zum Absaugen (☞ 5.3.2)
- **Pflegebedürftigen** informieren und den Oberkörper hoch lagern
- **AltenpflegerIn:** Hände desinfizieren und Einmalhandschuhe anziehen. Dem Pflegebedürftigen erklären, dass sie wegen der Infektionsgefahr Handschuhe anzieht

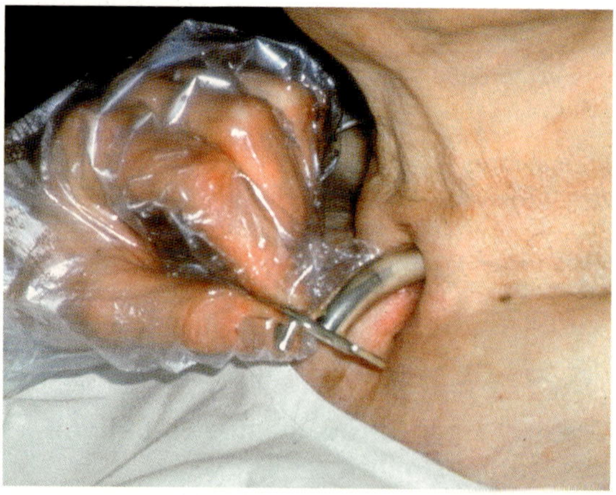

Abb. 5.55: Einsetzen einer Silberaußenkanüle in das Tracheostoma. [T195]

- **Raum:** Wenn möglich andere Personen aus dem Zimmer bitten.

Pflegebedürftigen zum Tracheostomawechsel anleiten

Jeder alte Mensch mit einem Tracheostoma wird in der Regel schon im Krankenhaus, sobald es der Zustand erlaubt, angeleitet, die Pflege des Tracheostomas und den Wechsel der Trachealkanüle selbst zu übernehmen, damit er schnellstmöglich seine Selbstständigkeit wiedererlangt.

Hat der alte Mensch diese Fähigkeiten und Fertigkeiten im Krankenhaus noch nicht erlernt, wird das unter Anleitung der AltenpflegerIn nachgeholt.

Zunächst informiert die Altenpflegerin den alten Menschen über die einzelnen Schritte der Versorgung und lässt ihn die Tracheostomaversorgung mit einem Spiegel beobachten. Nach und nach leitet sie ihn schrittweise zur selbstständigen Versorgung des Tracheostomas an, indem der alte Mensch z. B. bei der Reinigung der Innenkanüle hilft, in einem nächsten Schritt die Innenkanüle selbstständig entfernt und schließlich unter Aufsicht der AltenpflegerIn die komplette Versorgung ohne Hilfe durchführt.

Durchführung bei vollständiger Übernahme durch AltenpflegerIn

Beim Wechsel der Trachealkanüle streng aseptisch arbeiten.

- Schlitzkompresse entfernen und grobe Verschmutzungen mit einer Kompresse entfernen
- Innenkanüle am Ansatz anfassen und herausziehen
- Innenkanüle mit steriler Kompresse außen reinigen und ggf. in Reinigungslösung einlegen, anschließend gut mit Wasser abspülen. Kanülenreinigungsbürste zur inneren Reinigung nur verwenden, wenn sich Sekretreste nicht von selbst lösen, da sie die Oberfläche aufrauht. Ggf. Beipackzettel lesen
- Neue Handschuhe anziehen
- Bei Kunststoffkanülen Innenkanüle nach dem Trocknen zur besseren Gleitfähigkeit dünn mit Stomaöl® oder Silikonspray einreiben bzw. einsprühen. Außerdem bleiben an einer glatten und gleitfähigen Innenwand Borken- und Schleim schlechter haften
- Kanülentrageband lösen, Außenkanüle herausnehmen (bei Unsicherheiten Rücksprache mit erfahrener KollegIn oder ÄrztIn)
- Haut mit einer sterilen feuchten Kompresse oder Tupfer vorsichtig reinigen und trocknen. Keine Seife (reizt) oder Watte (fusselt) verwenden. Dabei darauf achten, dass keine Flüssigkeit in das Tracheostoma gelangt. Evtl. dazu das Tracheostoma mit einer Kompresse abdecken. Entzündete Haut nach Artztabsprache dünn mit Panthenol- oder Zinksalbe abdecken

- Schlitzkompresse so an die Außenkanüle anlegen, dass sie beim Einführen der Außenkanüle zwischen Haut und Kanüle zu liegen kommt. Bei Verwendung von Metallinekompressen soll die silberne Seite der Haut anliegen (antibakteriell, entzündungshemmend)
- Außenkanüle einführen (☞ Abb. 5.55) und mit Kanülenbändchen fixieren, so dass sich noch zwei Finger hineinschieben lassen. Das Kanülenband so fixieren, dass es im Notfall schnell geöffnet werden kann, z. B. einhaken
- Innenkanüle einsetzen
- Dünnes Abdecktuch anbringen, um das Tracheostoma vor Fremdkörpern und Staub zu schützen und es optisch zu verdecken. Außerdem fängt das Tuch abgesonderten Schleim auf, wärmt die Einatemluft vor und verringert die Austrocknung der Luftröhre.

Vorsicht!
Keinesfalls dürfen Öl oder andere Hautpflegesalben in die Tracheostomaöffnung gelangen, da sie zu einer schweren Ölpneumonie führen können.

Nachbereitung

- Hände desinfizieren
- Material aufräumen, beim vollständigen Trachealkanülenwechsel diese desinfizieren bzw. in der ambulanten Pflege ¼ Std. auskochen
- Alten Menschen bei Bedarf bequem lagern
- Dokumentation in das entsprechende Dokumentationssystem.

Wird die Kanüle desinfiziert, muss sie anschließend gut mit klarem Wasser gespült werden, da Rückstände des Desinfektionsmittels die Schleimhaut reizen.

Allgemeine Pflegemaßnahmen

☑ Bei einem endgültigen Tracheostoma kann der Betroffene nicht mehr normal sprechen. Möglichkeiten der Stimmrehabilitation werden in Kap. 4.9.2 beschrieben.

Da der Pflegebedürftige durch eine künstlich angelegte Öffnung atmet, entfallen wichtige Funktionen von Nase, Mund und Rachen. Die durch ein Tracheostoma eingeatmete Luft wird **nicht**

- Durch die feinen Flimmerhärchen in der Nase gefiltert und dadurch von eingedrungenem Staub und Bakterien **gereinigt**
- Durch die schleimproduzierenden Zellen in der Nasenschleimhaut **angefeuchtet**

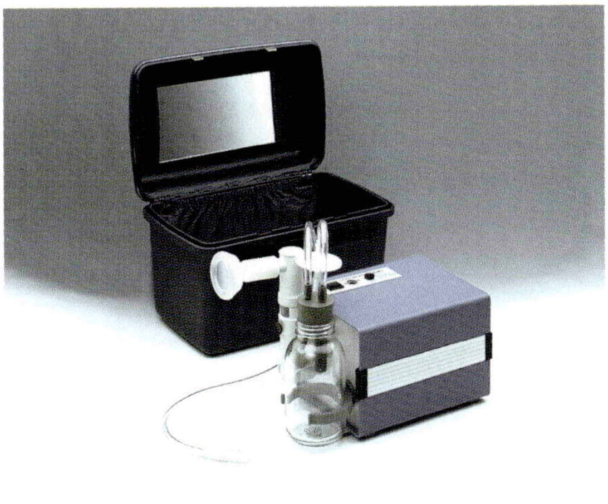

Abb. 5.56: Kombiniertes Inhalier- und Absauggerät mit in den Transportkoffer eingebautem Spiegel. [V156]

- Durch die gut durchblutete Nasenschleimhaut **angewärmt.**

☑ Durch den Wegfall dieser wichtigen Schutzfunktionen werden die Schleimhäute der Atemwege durch die über das Tracheostoma aufgenommene Luft stark strapaziert. Sie werden gereizt, entzünden sich leicht und produzieren vermehrt Schleim. Da die eingeatmete Luft nicht angefeuchtet wird, ist der Schleim zäh und bildet Borken.

Sekretabsaugung

Der vor allem in den ersten Wochen und Monaten nach der Operation vermehrt produzierte Schleim kann nicht abgehustet oder geschluckt werden. Er muss anfänglich mehrmals täglich, später seltener und nur bei Bedarf abgesaugt werden (☞ 5.3.2). Dazu wird der Absaugschlauch aber nicht über Mund oder Nase, sondern über die Tracheostomaöffnung eingeführt **(endotracheales Absaugen),** bis ein leichter Widerstand spürbar ist. Von da aus den Absaugschlauch unter drehender Bewegung zurückziehen. Höchstens 10–15 Sek. absaugen. Selbstständige alte Menschen können dies nach Anleitung mit Hilfe eines Spiegels durchführen (☞ Abb. 5.56).

Schleimhautbefeuchtung

Um die Schleimhaut anzufeuchten und Borkenbildung zu vermeiden, muss die Schleimhaut mit speziellen **Inhaliergeräten** oder einer **„künstlichen Nase“,** die auf das Tracheostoma aufgesteckt wird, befeuchtet werden. Künstliche Nasen können nur bei alten Menschen angewendet werden, die wenig oder keinen Schleim produzieren, da sie durch Schleim sofort verstopfen. Wird eine „künstliche Nase“ aufgesteckt, muss diese mindestens 1 x täglich gewechselt werden.

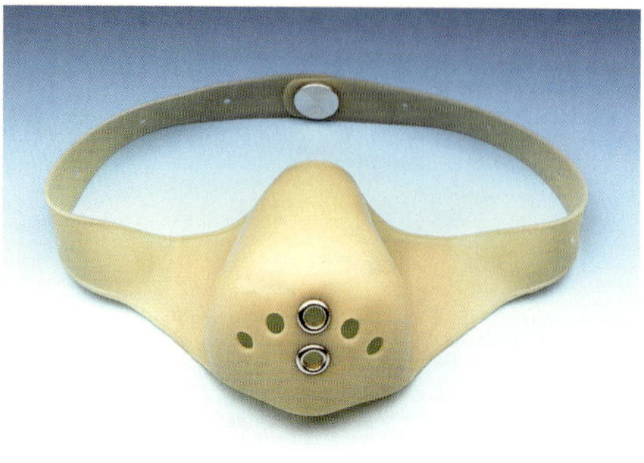

Abb. 5.57: Ein Duschschutz, der über dem Tracheostoma fixiert wird, verhindert, dass Wasser in die Luftröhre gelangt. [V156]

Die Zimmerluft sollte immer einen Feuchtigkeitsgehalt von 50–60 % besitzen, um die Bildung von Borken zu verhindern. Gut zur Befeuchtung der Luft sind spezielle **Luftbefeuchter** geeignet.

Manche Menschen passen sich nach einiger Zeit der veränderten Atemsituation so gut an, dass sie auch ohne ständige Luftbefeuchtung auskommen.

Körperpflege

Baden und Duschen: Bei der Körperpflege muss streng darauf geachtet werden, dass weder Wasser noch Fremdkörper in das Tracheostoma gelangen. Der alte Mensch sollte deshalb nur in der Badewanne sitzen und nicht liegen und beim Duschen den Duschkopf in die Hand nehmen. Um das Tracheostoma beim Duschen oder Baden zu schützen, gibt es einen speziellen Duschschutz, der auf dem Tracheostoma befestigt werden kann (☞ Abb. 5.57).

Rasieren: Männer sollten sich nass rasieren, da bei der Trockenrasur Bartstoppel in das Tracheostoma gelangen können. Sie sollten dabei immer vom Stoma weg rasieren.

Ernährung

Heiße Speisen können nicht mehr durch **Pusten oder Schlürfen** gekühlt werden. Der alte Mensch sollte informiert werden, dass er die Temperatur der Speisen durch Fühlen mit den Lippen oder Kontrolle an der Handgelenkinnenseite kontrollieren sollte, um Verbrennungen zu vermeiden.

Da die eingeatmete Luft nicht mehr an den Riechzellen in der Nase vorbeiströmt, kann ein Tracheostomaträger nichts riechen. Fällt der **Geruchssinn** aus, dann bemerkt der Betroffene nicht so leicht, dass er möglicherweise verdorbene Lebensmittel zu sich nimmt und muss bei der Lagereung und beim Verzehr von Lebensmitteln besonders aufmerksam sein.

Darüber hinaus muss für **weichen Stuhlgang** gesorgt werden, da die Fähigkeit zum Pressen eingeschränkt ist (Obstipationsprophylaxe, ☞ 8.6.2).

Besonderheiten beim Husten

Nach Anlage eines Tracheostomas ist nur noch ein **leichtes Husten** möglich. Der alte Mensch sollte bei Husten seine Hand (evtl. mit Zellstoff) auf das Tracheostoma legen und nicht mehr auf den Mund.

Psychische Situation

Die Anlage eines Tracheostomas ist eine schwere **psychische Belastung.** Der alte Mensch hat gleichzeitig mehrere Probleme zu bewältigen, wobei jedes für sich genommen schon schwerwiegend ist. Er muss sich auseinander setzen mit

- Dem veränderten Körperbild (☞ 13.4)
- Der veränderten Sprache bzw. mit dem Einüben einer neuen Sprache (☞ 4.9.2)
- Der Beeinträchtigung der Atmung und einer damit verbundenen Erstickungsangst
- Dem Verlust des Geruchs- und zum Teil auch des Geschmackssinns (☞ 4.7)
- Der Einschränkung des gesellschaftlichen Lebens durch plötzliche Hustenanfälle mit verstärktem Auswurf
- Mit der auslösenden Krankheit und damit mit dem Sterben.

Diese vielen Probleme führen häufig dazu, dass der alte Mensch seine sozialen Kontakte einschränkt und

Abb. 5.58: Viele Tracheostomaträger waren vor der Kehlkopfentfernung starke Raucher, und es fällt ihnen schwer, das Rauchen aufzugeben. [K157]

sich isoliert. Nur eine einfühlsame Betreuung kann dem alten Menschen helfen, dass er sein Leben wieder als lebenswert und sinnvoll empfindet. Sehr hilfreich kann der Austausch mit Gleichgesinnten sein. Deshalb sollte angestrebt werden, den Betroffenen zur Teilnahme an einer Selbsthilfegruppe zu motivieren.

☑ **Informationen und Hilfe** bekommen Betroffene über

- Bundesverband der Kehlkopflosen e.V., Oberer1e 65, 45897 Gelsenkirchen-Buer, Tel. 0209/592282
- Deutsche Krebshilfe, Thomas-Mann-Straße 40, 53111 Bonn, Tel. 0228/72990-72
- IRL– Institut für Rehabilitation Laryngektomierter GmbH, Servatiusstr. 69 d, 51109 Köln, Tel. 0221/895635.

Tracheostoma und Rauchen

Nicht bei allen, aber bei sehr vielen Betroffenen musste das dauerhafte Tracheostoma wegen der Kehlkopfentfernung aufgrund von Kehlkopfkrebs angelegt werden. Kehlkopfkrebs ist eine relativ häufige Krebserkrankung mit einem Altersgipfel um das 60. Lebensjahr, wobei Männer etwa neunmal häufiger erkranken als Frauen. Hauptrisikofaktoren für den Kehlkopfkrebs sind hoher Alkohol- und Zigarettenkonsum.

Das erklärt, warum viele Tracheostomaträger rauchen, wegen ihrer körperlichen und psychischen Abhängigkeit auch noch nach der Operation. Sie nehmen die Zigarette nicht in den Mund, sondern halten sie an die Öffnung der Trachealkanüle (☞ Abb. 5.58). Viele Menschen reagieren, wenn sie das sehen, mit Unverständnis oder Entrüstung.

Diese Reaktion treibt rauchende Tracheostomaträger in eine Art Trotzreaktion: „Jetzt ist es sowieso egal, ob ich rauche". Manche reagieren auch mit Sätzen wie: „Unkraut vergeht nicht".

Verbote, strafende Blicke oder entrüstetes Abwenden helfen dem alten Menschen nicht weiter. Viele sind im Grunde ihres Herzens verzweifelt darüber, wie sehr ihre Sucht ihre Gesundheit geschädigt hat und dass sie sich auch jetzt nicht von ihr befreien können.

Durch verständnisvolle Zuwendung, einfühlsame Gespräche (☞ Gespräche führen, in Kap. 12.4.2) und Beratung zu Möglichkeiten der Raucherentwöhnung (☞ 5.3.2) fühlt sich der Betroffene ernst genommen, so dass es vielleicht gelingt, ihn dazu zu motivieren, das Rauchen aus eigenem Willen aufzugeben.

Raucher sollten sachlich und ohne eigene emotionale Entrüstung darüber informiert werden, dass sie die Schleimhaut der Luftröhre schädigen und verbrennen, wenn sie eine Zigarette über die Kanüle rauchen. Darüber hinaus besteht Aspirationsgefahr, wenn kleine Tabakkrümel eingesogen werden.

Komplikationen

Einen Überblick über mögliche Komplikationen bei Tracheostoma gibt Tab. 5.59.

Vorsicht!
Bei **Notfällen** muss eine Beatmung mit dem Ambubeutel bzw. eine Sauerstoffverabreichung immer durch das Tracheostoma erfolgen. Mund-zu-Mund- bzw. Mund-zu-Nase-Beatmungen sind erfolglos.

Komplikation	Ursache	Hilfestellung
• Schleimhautverletzungen • Druckstellen • Blutungen • Evtl. Stenose	• Schlecht sitzende Trachealkanülen • Falsche Größe, Länge bzw. Form der Trachealkanüle	• ÄrztIn informieren • Versorgung nach ärztlicher Anordnung • Prophylaktisch sorgfältige und regelmäßige Tracheostomapflege durchführen
• Starke, evtl. eitrige Schleimbildung • Borken- und Krustenbildung • Entzündungen der Luftröhre, Bronchitis, Pneumonie	• Austrocknen der Luftröhrenschleimhaut durch zu geringe Luftfeuchtigkeit • Infektion	• ÄrztIn informieren • Schleimhautbefeuchtung (☞ oben) • Viel Flüssigkeit trinken • Atemstimulierende Einreibung und atemerleichternde Lagerung (☞ 5.5.2) • Nach Arztanordnung Inhalationen und medikamentöse Therapie
Luftnot	Verlegung der Trachealkanüle durch Borken	• Innenkanüle entfernen und reinigen • Abhusten (lassen) bzw. absaugen • Beim vollständigem Wechsel der Trachealkanüle hustet der alte Mensch die Borken oft aus • Kann keine Besserung erreicht werden ÄrztIn informieren, bei akuter Atemnot NotärztIn
Herausfallen oder Tieferrutschen der Kanüle	Falsche Kanülengröße	ÄrztIn informieren, Neuanpassung der Trachealkanüle erforderlich

Tab. 5.59: Komplikationen bei Tracheostoma.

5.6.3 Exemplarische Pflegeplanung

Pflegediagnose mit Ursache (PD), Ressourcen (R), Gewohnheiten (G), Erfahrungen (E), aktuelle Bedürfnisse (AB)	Pflegeziele	Pflegetherapie Information (I), Beratung (B), Motivation (M), Anleitung (A), Beaufsichtigung (Bf), teilweise Übernahme (tÜ), vollständige Übernahme (vÜ)
PD: Selbstversorgungsdefizit bei der Versorgung des Tracheostomas aufgrund starker Sekretbildung. Operation (Kehlkopfentfernung bei Kehlkopfkrebs) liegt erst kurze Zeit zurück **R:** • Ist bewusstseinsklar und orientiert • Hat keine Bewegungseinschränkung • Ist motiviert, die Versorgung zu erlernen und selbstständig durchzuführen **G:** Ging früher gerne ins Theater und in die Oper	Kann sein Tracheostoma selbstständig versorgen Bekommt keine Komplikationen Hat befriedigende soziale Kontakte	**A, M:** Schrittweises und behutsames Anleiten zur Selbstversorgung. Immer wieder zur Selbstständigkeit motivieren und Fortschritte loben. Versorgung des Tracheostomas (Kanülenwechsel) nach Standard **vÜ:** Raumluft anfeuchten (60 % Luftfeuchtigkeit) **vÜ, A:** 3 x täglich, bei Bedarf häufiger absaugen. Zum selbstständigen Absaugen anleiten **vÜ:** Rücksprache mit dem Arzt zwecks sekretlindernder Maßnahmen **I:** Über verschiedene Hilfsmittel informieren, z. B. Abdecktuch, Duschschutz, künstliche Nase, Inhalier- und Absauggerät **B, M:** Zu Beschäftigungsmöglichkeiten in der Einrichtung beraten, zur Teilnahme motivieren **vÜ:** Wenn gewünscht Kontakt zu Selbsthilfegruppe herstellen **vÜ:** Veranstaltungspläne des örtlichen Theater besorgen **M:** Zum Arztbesuch (regelmäßigen Kontrolluntersuchungen) motivieren Gesprächsbereitschaft signalisieren Maßnahmen zur Stimmrehabilitation ☞ 4.9.2

Tab. 5.60: Beispielhafte Pflegeplanung bei einem Selbstversorgungsdefizit des Tracheostomas.

5.7 Thrombosegefahr

Thrombose (Blutpfropfbildung): Bildung eines Thrombus (Blutgerinnsel, Blutpfropf) in einem Blutgefäß durch lokale Gerinnung.

Es werden arterielle und venöse Thrombosen unterschieden. Im Folgenden werden nur die venösen Thrombosen besprochen. Es wird unterschieden zwischen

- **Thrombophlebitis:** Entzündung oberflächlicher Venen. An den Beinen entsteht sie meist durch einen Thrombus in oberflächlichen Beinvenen oder durch kleinere Verletzungen bei Krampfadern. An den Armen entsteht eine Thrombophlebitis durch venöse Zugänge bzw. durch Reizung der Venenwand durch venös zugeführte Medikamente
- **Phlebothrombose** *(tiefe Beinvenenthrombose):* Verschluss einer tiefen Bein- und/oder Beckenvene durch einen Thrombus.

☑ Während die Thrombophlebitis relativ harmlos ist, kann eine Phlebothrombose gravierende, evtl. tödliche Folgen haben (☞ unten). Daher ist mit dem Begriff Thromboseprophylaxe immer die Vermeidung einer tiefen Beinvenenthrombose gemeint.

5.7.1 Pflegediagnostik

Ursachen Risiko- und Einflussfaktoren

Zum Entstehen einer Thrombose können drei Faktoren führen, die nach dem Berliner Pathologen *Rudolf Virchow,* der diese Zusammenhänge im letzten Jahrhundert beschrieb, als **Virchowsche Trias** bezeichnet werden:

- *Schäden an der inneren Gefäßwand,* z. B. durch Entzündungen der Venenwand, altersbedingte Veränderungen der Venen, z. B. bei Krampfadern, durch Verletzungen oder nach Operationen an den Gefäßen. Außerdem ist die Venenwand bei allen geschädigt, die bereits eine Thrombose hatten
- *Erhöhung der Gerinnungsneigung,* z. B. durch Flüssigkeitsmangel (☞ 7.4), so dass das Blut „eindickt", durch Medikamente wie Diuretika oder Kortisonpräparate, durch Östrogene (bei Frauen nach der Menopause Hormonersatztherapie), durch Rauchen, durch Freisetzung körpereigener, gerinnungsfördernder Substanzen z. B. nach Operationen, durch angeborene Gerinnungsstörungen
- *Verringerte Fließgeschwindigkeit des Blutes,* z. B. durch
  - Bettruhe
  - Lähmungen
  - Ruhigstellung von Extremitäten, z. B. durch Gips oder Schienung
  - Herzinsuffizienz durch das mangelnde Pumpvermögen des Herzens
  - Chronisch venöse Insuffizienz (Venenklappenschwäche, ☞ Abb. 5.61, 5.62)
  - Starke Krampfadern (☞ Abb. 5.62).

Anzeichen einer Phlebothrombose

Folgende Anzeichen sind typisch für eine Phlebothrombose:

- Einseitiges Schwere- und Spannungsgefühl

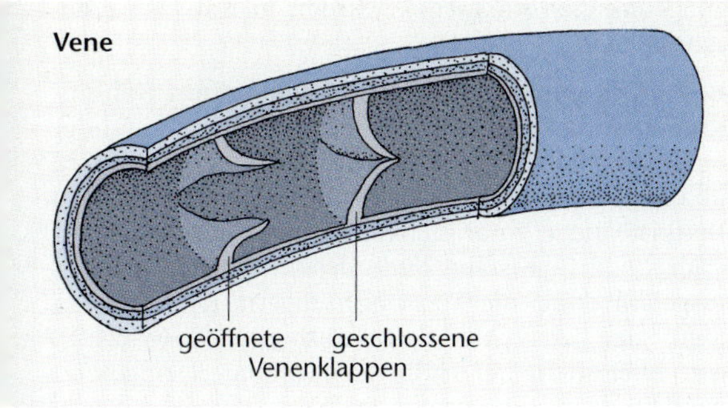

Abb. 5.61: Venenklappen sind Segel der inneren Venenwand mit Ventilfunktion. Sie schließen sich passiv und rhythmisch, so dass das Blut nur in Richtung Herz und nicht zurück fließen kann. [A400-190]

- Die betroffene Extremität fühlt sich heiß an
- Schwellung
- Schmerzen, v.a. in der Wade, die sich verstärken, wenn der Fuß in Richtung Fußrücken gezogen wird, bei Druck auf die Wade sowie beim Husten und Niesen
- Bläulich-rote Hautfarbe der betroffenen Extremität
- Tachykardie
- Evtl. leichtes Fieber.

☑ **„Stumme" Phlebothrombose**
Gerade ältere Menschen bemerken die Symptome mitunter nicht oder deuten sie fehl, weil z. B. wegen Bettlägerigkeit das Schweregefühl gar nicht wahrgenommen wird. Auch das Schmerzempfinden ist bei alten Menschen häufig geringer ausgeprägt.

Vorsicht!
Bei jedem Verdacht auf eine Phlebothrombose sofort ÄrztIn verständigen und Pflegebedürftigen absolute Bettruhe einhalten lassen.

Folgen einer Phlebothrombose

Die größte Gefahr einer Phlebothrombose ist die **Lungenembolie:** Löst sich das Blutgerinnsel von der Venenwand, wird es mit dem Blutstrom in die Lungenarterie gespült und verlegt diese. Eine Lungenembolie kann tödlich enden.

Anzeichen für eine Lungenembolie sind:

- Plötzlich einsetzende Atemnot, schnelle, flache Atmung
- Brustschmerzen, v.a. bei der Einatmung
- Husten, evtl. blutiger Auswurf
- Gestaute Halsvenen
- Tachykardie, Blutdruckabfall
- Zyanose und Schweißausbruch, evtl. Schock
- Unruhe, Angst.

Vorsicht!
Eine Lungenembolie ist ein **Notfall.** Bereits bei Verdacht sofort NotärztIn rufen (lassen), absolute Bettruhe, Oberkörperhochlagerung, evtl. Sauerstoff verabreichen (☞ 5.3.2), Vitalzeichen kontrollieren, Pflegebedürftigen nicht alleine lassen und beruhigen.

Häufige Spätkomplikation einer tiefen Beinvenenthrombose ist das **Postthrombotische Syndrom:** Die Zerstörung der Venenklappen *(chronisch venöse In-*

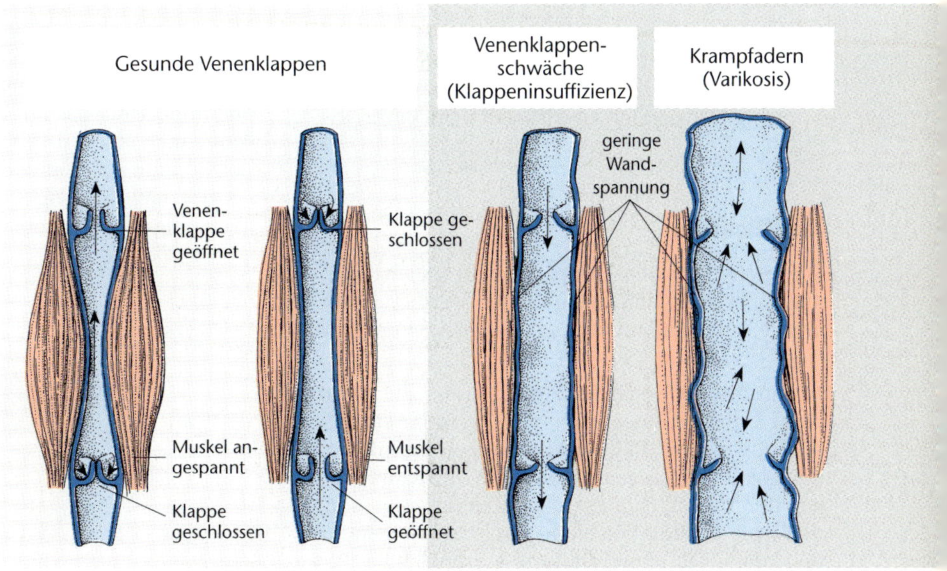

Abb. 5.62: Drei Mechanismen sorgen für den Blutfluss in den Venen entgegen der Schwerkraft: die Muskelpumpe der Beine, intakte Venenklappen und der Sog, der vom Herzen während der Füllungsphase ausgeht. Bei Venenklappenschwäche und Krampfadern strömt das Blut zum Teil auch rückwärts, so dass sich der Blutstrom verlangsamt und sich leicht Thromben bilden können. [A400-190]

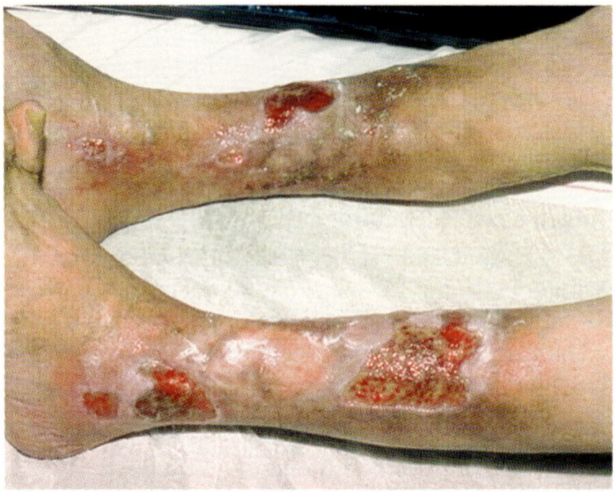

Abb. 5.63: Ulcus cruris. Die Wunden heilen sehr langsam vom Wundrand her. Zu erkennen ist auch die typische Braunfärbung der Haut. [T195]

suffizienz) führt zur Abflussbehinderung des Blutes mit Krampfadern, Unterschenkelödem, bräunlicher Hautverfärbung und evtl. chronischem Unterschenkelgeschwür (Ulcus cruris, „offenes Bein", ☞ Abb. 5.63). Pflegemaßnahmen bei der Wundversorgung ☞ 11.4.5.

5.7.2 Pflegetherapeutische Maßnahmen

Durch pflegerische Maßnahmen im Rahmen der **Thromboseprophylaxe** kann v.a. der verlangsamten Fließgeschwindigkeit entgegengewirkt werden. Da alle Maßnahmen nur während ihrer Anwendung den venösen Rückfluss fördern, müssen sie mehrmals täglich wiederholt werden. Günstig ist es, wenn der Pflegebedürftige dazu angeleitet wird, so dass er die Maßnahmen selbstständig durchführen kann.

Damit der Pflegebedürftige zur Durchführung der Maßnahmen motiviert ist, muss er ausreichend über Sinn und Zweck informiert werden.

Mobilisation

Die beste Thromboseprophylaxe ist gleichzeitig die natürlichste: **Gehen.** Beim Gehen werden die Beinmuskeln angespannt und so die Muskelpumpe aktiviert.

Ist ein alter Mensch bettlägerig, muss die Muskelpumpe durch Übungen aktiviert werden. Dazu sind schon einfache **Bewegungsübungen** im Bett wirkungsvoll. Im Liegen ausgeführte Bewegungen haben den Vorteil, dass das Blut nicht wie bei Übungen im Sitzen oder Stehen entgegen der Schwerkraft fließen muss. Die Durchführung verschiedener Bewegungsübungen im Liegen werden in Kap. 6.3.2 beschrieben.

Besonders wirksam ist das **Erzeugen eines Sohlendrucks,** indem der Fußrücken 3–4 x hintereinander mehrmals täglich zum Schienbein hin gedrückt wird (☞ 6.3.2) oder durch den Einsatz einer gepolsterten Bettkiste oder einer Bettverkürzung, gegen die der Pflegebedürftige seine Füße drückt. Wegen Dekubitusgefahr dabei die Ferse hohl lagern. Diese Übung dient gleichzeitig der Spitzfußprophylaxe (☞ 6.4.2), darf aber nicht bei Halbseitengelähmten eingesetzt werden, da sie die Spastik fördert.

Für Herzinsuffiziente können Bewegungsübungen belastend sein. Deswegen Auswahl der Übungen mit ÄrztIn abstimmen.

Hochlagern der Beine

Eine einfache, aber sehr effektive Maßnahme ist das **Hochlagern der Beine** (☞ Abb. 5.64). Schon ein leichtes Anheben der Beine von etwa 15–20° bewirkt einen schnelleren Blutfluss infolge des Gefälles zum Herzen hin.

Kontraindiziert ist diese Maßnahme bei arteriellen Durchblutungsstörungen, da die Sauerstoffversorgung des Gewebes durch Hochlagern weiter verschlechtert wird.

Bei der **Lagerung** muss darauf geachtet werden, dass das gestreckte Bein (Kniegelenk aber nicht überstrecken) in der Hüfte leicht gebeugt wird. „Viel hilft viel" ist hier nicht angebracht, weil ein zu starkes „Abknicken" in der Hüfte den Blutrückfluss eher behindert und das Herz-Kreislaufsystem belastet. Gleichzeitig muss darauf geachtet werden, dass der Pflegebedürftige nicht im Bereich der Brustwirbelsäule abknickt.

Zum Hochlagern der Beine ein in der Mitte gefaltetes Kissen unter das gesamte Bein vom Oberschenkel bis zum Fuß legen und ein zweites, kleineres Kissen in Fußhöhe unter das lange Kissen schieben. Alternativ kann auch ein Keil verwendet werden. Keil oder Kissen können auch unter der Matratze platziert werden. Es gibt auch spezielle Venenkissen, die eine optimale Lagerung ermöglichen.

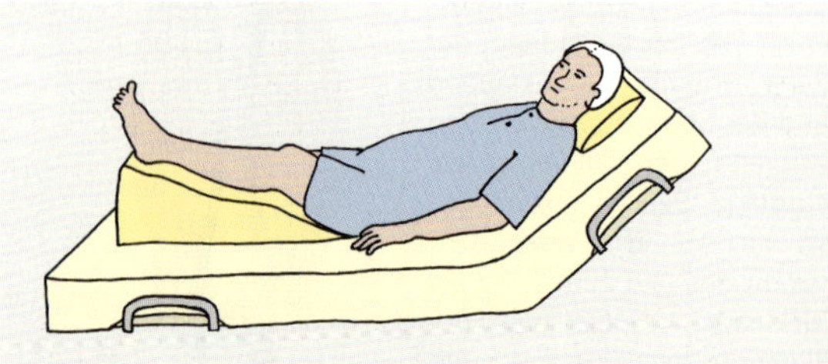

Abb. 5.64: Hochlagerung eines oder beider Beine zur Thromboseprophylaxe. [A300-119]

Da die Hochlagerung der Beine in Rückenlage durchgeführt wird, muss auf eine mögliche Dekubitusentwicklung im Steißbereich und an den Fersen geachtet werden.

Maßnahmen zur Venenkompression

Bei der Kompressionsbehandlung fördern zwei Mechanismen den Blutrückstrom zum Herzen:

- Durch *Kompression der oberflächlichen Venen* wird das Blut in die tiefen Beinvenen gedrückt, so dass sich das Volumen in den tiefen Beinvenen erhöht und damit die Fließgeschwindigkeit steigt
- Durch *Bildung eines elastischen Widerlagers,* so dass die durch Bewegung kontrahierten Muskeln verstärkt gegen die Venen gedrückt werden. Dieser Mechanismus funktioniert allerdings nur bei mobilen alten Menschen.

Alle Maßnahmen zur Venenkompression müssen ärztlich verordnet werden.

Kontraindikationen für die Kompressionsbehandlung sind z. B.

- Starke Herzinsuffizienz
- Hochgradige arterielle Durchblutungsstörungen an den Beinen
- Verletzungen am Fuß.

Vorsicht!
Alle Maßnahmen, die den venösen Rückstrom fördern, können bei Herzinsuffizienz dazu führen, dass das Herz die erhöhte Blutzufuhr aus dem Körper nicht bewältigen kann. Deshalb alle Maßnahmen zur Thromboseprophylaxe bei herzinsuffizienten alten Menschen mit der ÄrztIn abstimmen.

Antithrombosestrümpfe (ATS) und Kompressionsstrümpfe

Antithrombose- und Kompressionsstrümpfe unterscheiden sich in der Höhe des Druckes, den sie ausüben.

- **Antithrombosestrümpfe** (weiß) komprimieren die Venen weniger als Kompressionsstrümpfe. Deshalb eignen sie sich nur bei Bettlägerigkeit. Kann der Pflegebedürftige laufen, ist der Druck der Wadenmuskulatur auf die Venen höher als die Druckwirkung der Strümpfe, so dass sie nutzlos sind. Antithrombosestrümpfe sollen *tagsüber und nachts* getragen werden
- **Kompressionsstrümpfe** (meistens braun) üben einen hohen Druck aus, der auch den Druck der Wadenmuskulatur auf die Venen beim Gehen übersteigt. Deshalb sollen sie immer vor dem Aufstehen angezogen werde. Kompressionsstrümpfe werden *nur tagsüber* getragen. Es gibt sie in **verschiedenen Abstufungen,** von I = leichte Kompression bis IV = extra kräftige Kompression.

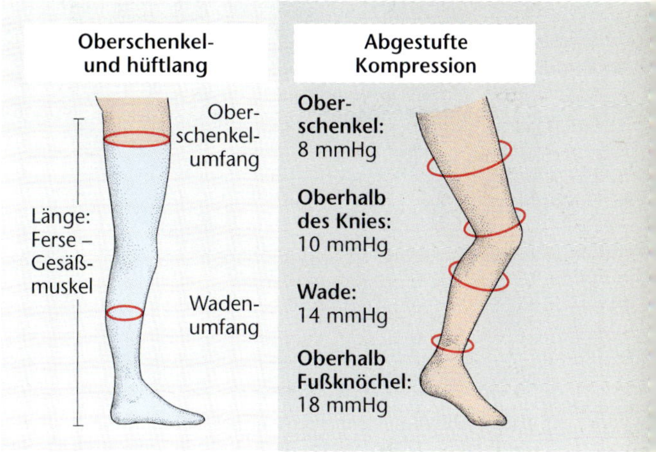

Abb. 5.65: Messpunkte zur Anpassung von Antithrombosestrümpfen. [A300]

Antithrombosestrümpfe gibt es in verschiedenen Größen im Handel. Damit die passenden ausgewählt werden, müssen Mitarbeiter eines Sanitätshauses oder die AltenpflegerIn die Umfänge des Beines messen (☞ Abb. 5.65). Auch Kompressionsstrümpfe gibt es in festen Größen. Sie können aber auch im Sanitätshaus ausgemessen und individuell angefertigt werden.

Der Druck der Strümpfe nimmt vom Fuß zum Oberschenkel hin kontinuierlich ab (abgestufte Kompression, ☞ Abb. 5.65).

Entstauung der Venen

Vor dem Anziehen der Strümpfe müssen die Venen entstaut werden, z. B. durch

- Hochlagern der Beine für 10–15 Min. (☞ oben)
- **Ausstreichen der Venen:** Beine im Liegen anwinkeln lassen und mit beiden Händen vom Knie zur Leiste hin mit Druck über den Oberschenkel streichen. Danach Unterschenkel anheben (lassen) und den Unterschenkel vom Fuß bis zum Knie und abschließend nochmals den Oberschenkel ausstreichen.
  Werden die Venen während der Körperpflege entstaut, kann für das Streichen ein Waschhandschuh benutzt werden. Ansonsten eignet sich auch Körperlotion.
  Ist der Betroffene mobil, so kann er nach kurzer Anleitung diese Maßnahme selbstständig durchführen.

Beim Ausstreichen der Venen zur Leiste hin Intimsphäre wahren. Evtl. den Pflegebedürftigen den Oberschenkel selbst ausstreichen lassen.

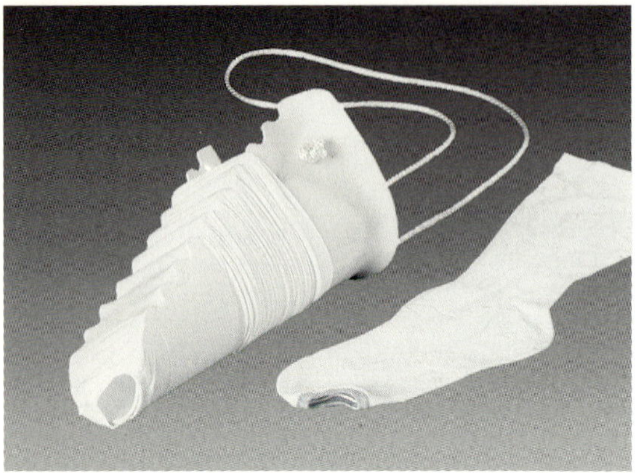

Abb. 5.66: Anziehhilfe für Antithrombose- oder Kompressionsstrümpfe. Strümpfe über die Anziehhilfe stülpen, den Fuß in die Hülse schieben und an der Kordel zum Oberschenkel hin ziehen. [V143]

Anziehen von Antithrombosestrümpfen

- Pflegebedürftigen informieren und auf dem Rücken lagern
- Venen wie oben beschrieben entstauen
- Innenseite des Strumpfes nach außen stülpen
- Strumpf über Fuß und Ferse bis zum Knöchel dem Betroffenen anziehen
- Der Rest des Strumpfes kontinuierlich und ohne Falten bis zum Oberschenkel hoch ziehen. Darauf achten, dass die Kniefelderung etwa 3 cm unterhalb der Kniekehle beginnt.

Im Handel gibt es auch Hilfsmittel zum Anziehen von Antithrombose- und Kompressionsstrümpfen (☞ Abb. 5.66).

Verhaltensregeln

Damit die Strümpfe eine Thrombose sicher verhindern,

- Müssen sie täglich (und Antithrombosestrümpfe auch nachts) getragen und alle 2–3 Tage gewechselt werden. Besonders an warmen Tagen ist es manchmal schwierig, den Pflegebedürftigen zu motivieren, seine Strümpfe anzuziehen, weil er in ihnen schwitzt. Hier gilt es, Einfühlungsvermögen zu zeigen. Haut gut beobachten und pflegen
- Müssen sie Ihre volle Elastizität besitzen. Nach mehrmaligem Waschen büßen die Strümpfe, auch wenn sie nur lauwarm gewaschen werden, an Elastizität ein. In diesem Fall mit der ÄrztIn Rücksprache wegen eines neuen Rezeptes halten.

Kompressionsverband

Der Wirkmechanismus ist der gleiche wie bei den Kompressionsstrümpfen. Der Druck von außen wird bei dieser Methode durch das Umwickeln der Beine mit elastischen Binden erreicht. Er kann auch bei individuellen Besonderheiten wie deformierten, dicken oder sehr dünnen Beinen angelegt werden, bei denen Strümpfe nicht passen.

Elastische Kurzzugbinden in drei Größen bereit legen. Es gelten folgende Richtwerte:

- Fuß 6–8 cm Breite
- Unterschenkel 8–12 cm Breite
- Oberschenkel 10–14 cm Breite.

Für einen Unterschenkelverband werden zwei, für einen Verband bis zur Leistenbeuge drei Binden benötigt.

Prinzipien

- Ferse und Fuß miteinwickeln, Zehen freilassen, um die Hautdurchblutung beurteilen zu können: ½ Std. nach Anlegen des Verbandes Zehen kontrollieren. Sind sie kalt und bläulich, Verband abnehmen und nach ca. 20 Min. weniger straff anwickeln
- Die einzelnen Touren um die Hälfte überlappend wickeln, sonst besteht die Gefahr eines Fensterödems
- Faltenfrei wickeln, damit keine Druckstellen entstehen
- Fuß im 90°-Winkel, Knie in gebeugter Stellung wickeln
- Verwendete Binden nach mehrmaligem Waschen auf Elastizität überprüfen und ggf. auswechseln
- Es gibt zahlreiche Wickeltechniken, die zum Teil spezielle Eigennamen haben. Im Folgenden wird eine von vielen Möglichkeiten beschrieben.

Wickeltechnik bei Anlegen eines Kompressionsverbandes (☞ Abb. 5.67)

- Vor dem Anlegen eines Kompressionsverbandes Venen entstauen (☞ oben)
- Erste Wickeltour mit schmalster Binde am Zehengrundgelenk beginnen, wobei der Fuß im 90°-Winkel zum Schienbein steht
- 2–3 spiralförmige Kreistouren, dann Ferse einbeziehen
- Diese Fersentour durch zwei Achtertouren fixieren
- Spiralförmige Kreistouren mit 2. Binden bis zum (gebeugten) Knie wickeln
- Knietour wie die Ferse durch zwei Achtertouren fixieren
- Ab dem Knie mit breiter Binde spiralförmig Oberschenkel bis zur Leiste wickeln.

Es gibt auch sehr komplizierte Wickeltechniken, z. B. den Pütterverband. Diese müssen aber sehr gut beherrscht werden, sonst kommt es zu ungünstigen Druckverhältnissen. Besser eine einfache Technik richtig als eine komplizierte falsch anwenden. Wichtig ist, dass der Druck kontinuierlich zum Oberschenkel hin abnimmt.

Intermittierende Venenkompression

Bei Pflegebedürftigen, bei denen die oben beschriebenen Maßnahmen nicht angewandt werden können, kann durch eine **intermittierende Venenkompression** der venöse Rückfluss gefördert werden (Arztabsprache erforderlich). Das ist eine relativ zeitintensive Methode. Außerdem steht das dazu benötigte Material nur in wenigen Einrichtungen zur Verfügung.

Dazu wird eine spezielle Kunststoffmanschette vom Fußknöchel bis zur Leiste um das Bein (oder beide) gelegt, wobei das Kniegelenk frei bleibt. Anschließend werden die einzelnen Kammern zuerst an den Füßen, dann aufsteigend in Richtung Oberschenkel aufgepumpt. Danach wird die Luft abgelassen, so dass sich das Venensystem innerhalb von 1 Min. wieder auffüllt. Insgesamt soll die Behandlung 3 x täglich für 10 Min. durchgeführt werden.

Atmung

Durch **tiefes Atmen** entsteht ein Unterdruck im gesamten Thoraxraum, also auch in der großen Hohlvene. In Folge dessen entwickelt sich in diesem Gefäß ein Sog, der sich bis in die tiefen Beinvenen fortsetzt und so die Fließgeschwindigkeit erhöht.

Pflegebedürftigen mindestens 4 x täglich auffordern, hintereinander 4–5 mal tief durchzuatmen. Diese Prophylaxe erfordert keinerlei weitere Hilfsmittel und lässt sich sehr gut in andere pflegerische Handlungen integrieren.

Nach einer kurzen Anleitung kann der alte Mensch die Atemübungen auch selbstständig durchführen. Beschreibung von Atemübungen mit und ohne Atemtrainer, ☞ 5.5.2.

> Atemübungen unterstützen die Thromboseprophylaxe, als alleinige Maßnahme sind sie nicht ausreichend.

Ernährung und Lebensweise

- Durch ausreichende **Flüssigkeitszufuhr** wird sicher gestellt, dass das physiologische Verhältnis von Flüssigkeit und festen Blutbestandteilen erhalten bleibt. Die **Viskosität** *(Zähigkeit, Klebrigkeit)* und damit die Fließeigenschaft des Blutes bleibt durch eine ausreichende Versorgung des Körpers mit Flüssigkeit niedrig. Flüssigkeitsdefizite (☞ 7.4) dicken das Blut ein, so dass die Thrombosegefahr steigt
- Ebenso bedeutsam ist die **Obstipationsprophylaxe** (☞ 8.6), damit der venöse Rückfluss im Becken nicht zusätzlich durch Stuhlverstopfung erschwert wird
- Bei sehr übergewichtigen alten Menschen eine langsame **Gewichtsreduktion** anstreben. Übergewicht erhöht den Druck im Bauchraum, so dass die Muskelpumpe diesen erhöhten Druck überwinden muss, damit das Blut zum Herzen strömen kann
- **Alkohol** stellt die Gefäße weit, so dass der venöse Rückstrom stark beeinträchtigt ist
- **Nikotin** ist ein Gefäßgift, deshalb Pflegebedürftige mit Thromboserisiko über Möglichkeiten der Raucherentwöhnung informieren (☞ 5.3.2)
- Grundsätzlich sind bei allen Beschäftigungen **Liegen oder Laufen** gegenüber Sitzen und Stehen zu bevorzugen.

Physikalische Therapie

Besonders die Anwendung von **Kälte** führt zu einer Engstellung der Gefäße und somit zu einer Erhöhung der Strömungsgeschwindigkeit. Wechselbäder üben einen starken äußerlichen Reiz aus und dienen somit der Thromboseprophylaxe. Sie eignen sich eher im Sinne einer Langzeitprophylaxe bei Venenklappeninsuffizienz und Krampfadern und können auch nur von alten Menschen durchgeführt werden, die körperlich mobil und kreislaufstabil sind.

Medikamentöse Gerinnungshemmung

In bestimmten Fällen kann der Blutgerinnung medikamentös entgegengewirkt werden **(Antikoagulation).** Zur Thromboseprohylaxe verordnet die ÄrztIn in der Regel eine **Low-Dose-Heparinisierung,** die in in regelmäßigen Abständen, z. B. alle 8 oder 12 Std. subkutan injiziert wird. Dafür gibt es spezielle Fertigspritzen mit einer sehr kurzen Kanüle (12 mm), die im 90°-Winkel zur Haut eingestochen wird. Wird das Heparin mit einer üblichen Spritze verabreicht, wird der Spritzwinkel je nach Kanülenlänge

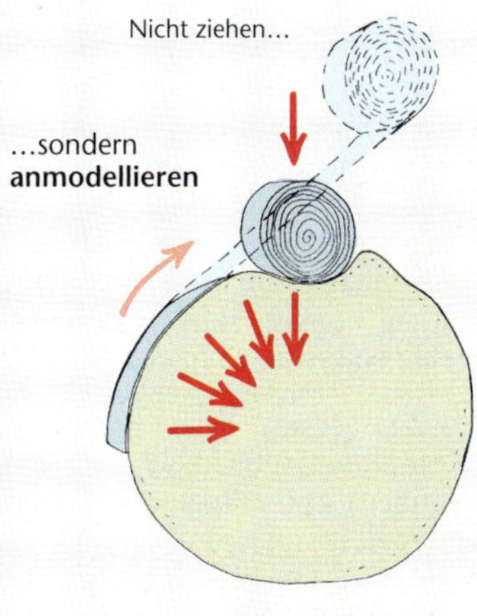

Abb. 5.67: Beim Wickeln eines Kompressionsverbandes nicht an der Bindenrolle ziehen, sondern die Binde eng am Bein entlang führen. [A400-119]

gewählt: bei 12 mm langer Kanüle 90°, bei 30–40 mm langer Kanüle 45°. Fertigspritzen enthalten eine Luftblase, die nicht entfernt werden darf, damit die gesamte Dosis verabreicht wird. Die Luftblase verbleibt in der Kanüle. Durchführung subkutaner Injektionen ☞ 11.4.3.

Im Gegensatz zur prophylaktischen Heparinisierung wird eine frische Phlebothrombose ggf. mit hohen Dosen Heparin, der sog. **High-Dose-Heparinisierung**, behandelt.

Zur langfristigen, meist lebenslangen Hemmung der Blutgerinnung, z. B. nach Thrombosen oder Infarkten, werden **Cumarinderivate** (z. B. Marcumar®) oder auch **Azetylsalizylsäure** (ASS, Aspirin®) in Tablettenform eingenommen.

Alte Menschen, deren Blutgerinnung medikamentös beeinflusst wird, haben eine erhöhte Blutungsgefahr (☞ 11.5).

5.7.3 Exemplarische Pflegeplanung

Pflegediagnose mit Ursache (PD), Ressourcen (R), Gewohnheiten (G), Erfahrungen (E), aktuelle Bedürfnisse (AB)	**Pflegeziele**	**Pflegetherapie** Information (I), Beratung (B), Motivation (M), Anleitung (A), Beaufsichtigung (Bf), teilweise Übernahme (tÜ), vollständige Übernahme (vÜ)
PD: Thrombosegefahr durch Immobilität bei fortgeschrittener chronischer Polyarthritis **R:** • Ist bewusstseinsklar und motiviert • Intaktes Herz-Kreislaufsystem **AB:** Möchte und kann bei Gelenkschmerzen im akuten Schub keine Bewegungsübungen machen	Bekommt keine Thrombose	**vÜ:** Verordnete Kompressionsstrümpfe fachgerecht morgens an- und abends ausziehen **A, M:** 3 x täglich zum tiefen Durchatmen anleiten und motivieren **vÜ:** 2 x täglich (morgens und abends) Beine für ca. 30 Min hochlagern **vÜ:** Bewegungsübungen mit Physiotherapeutin absprechen und im schubfreien Intervallen 2 x täglich durchführen **vÜ:** Im akuten Schub statt aktiver Bewegungsübungen während der Körperpflege Fußsohlendruck erzeugen und gepolsterte Bettkiste 2 x täglich für 1 Std. ins Bett stellen (Ferse hohl lagern) **M:** Motivieren, täglich 2 l Flüssigkeit zu trinken

Tab. 5.68: Beispielhafte Pflegeplanung bei Thrombosegefahr.

5.8 Dekubitusgefahr

Dekubitus *(Druckgeschwür, Wundliegegeschwür, Durchliegegeschwür):* Schlecht heilende Wunde durch Mangelversorgung des Gewebes mit Sauerstoff aufgrund einer Druckeinwirkung.

Die **Entstehung eines Dekubitus** hängt unmittelbar mit der Minderdurchblutung der Haut zusammen. Übersteigt der Druck auf die Haut den Blutdruck in den kleinsten Hautgefäßen (Kapillaren), werden diese komprimiert, so dass die Sauerstoffversorgung des Gewebes gestört ist. Wenn es nach ca. 2 Std. (bei Risikofaktoren auch schon früher, ☞ unten) zu keiner Druckentlastung kommt, sterben Gewebezellen ab, es entsteht eine Nekrose.

Ein Dekubitus ist nicht auf „schlechte Hautpflege“, sondern auf **mangelnde Druckentlastung** über einen bestimmten Zeitraum zurückzuführen (☞ Abb. 5.69). Wie lange es dauert, bis sich ein Dekubitus durch Druckeinwirkung entwickelt, hängt von individuellen Risikofaktoren ab.

5.8.1 Pflegediagnostik

Risiko- und Einflussfaktoren

Besonders dekubitusgefährdet sind:

- Alte Menschen, die ihre Lage nicht wechseln können, z. B. bei
  - Immobilität und Bettlägerigkeit
  - Ruhigstellung durch Medikamente
- Alte Menschen, die Druck und Schmerzen nicht oder nur eingeschränkt wahrnehmen, z. B. bei
  - Schlaganfall
  - Diabetes mellitus (durch Nervenschädigung)
  - Multipler Sklerose
- Alte Menschen mit Durchblutungsstörungen
  - Chronische periphere Durchblutungsstörungen aufgrund Arteriosklerose
  - Herz-Kreislauf-Erkrankungen, z. B. Herzinsuffizienz mit Ödemen
  - Chronisch venöse Insuffizienz
  - Anämie
  - Diabetes mellitus (durch Schädigung kleinster Gefäße)
- Alte Menschen mit vorgeschädigter Haut durch
  - Schwitzen, z. B. bei Fieber, oder Feuchtigkeit bei Inkontinenz
  - Altersveränderungen der Haut wie Verdünnung,

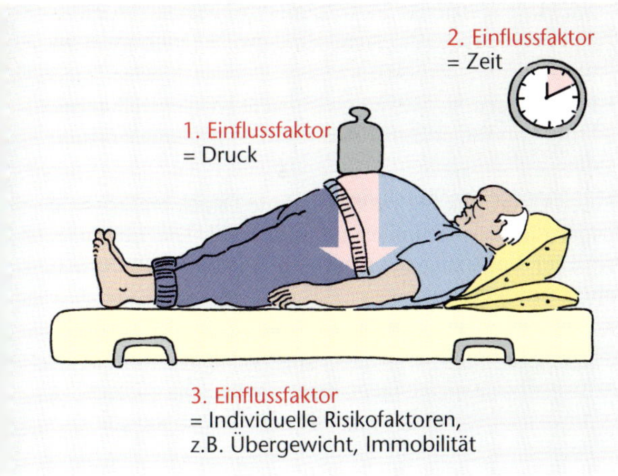

Abb. 5.69: Ein Dekubitus entsteht aus dem Zusammenwirken dreier Einflussfaktoren: Druck, Zeit und individuelle Risikofaktoren. [A500-119]

Elastizitätsverlust, Falten, Austrocknung, Abnahme der Wahrnehmungsempfindung
- Chronische Hauterkrankungen

- Alte Menschen, auf die längere Zeit Druck einwirkt, z. B.
  - Von außen durch Falten, Krümel, Pflegehilfsmittel wie Katheter- und Sondenschläuche, Schienen und Gipsverbände, aber auch durch Adipositas. Gefährlich sind auch Scherkräfte, die z. B. entstehen, wenn ein Pflegebedürftiger in Oberkörperhochlagerung „nach unten wegrutscht"
  - Von innen durch Knochen, die nicht oder wenig durch Muskeln- und Fettpolster bedeckt sind, z. B. bei Kachexie
- Alte Menschen mit Abwehrschwäche und schlechtem Allgemeinzustand.

Schweregrad	Beschreibung
1. Grades	Hautrötung, die nach Druckentlastung länger als 2–3 Min. anhält
2. Grades	Blasenbildung bis Defekt der Lederhaut, Schmerzen, Infektionsgefahr. Bei Hornhaut, z. B. an der Ferse, evtl. schlecht erkennbare Blasenbildung in der Tiefe
3. Grades	Gewebedefekte bis zum Knochen. Zerstörung von Haut, Muskeln, Sehnen und Bändern. Gelblicher Belag, Schmerzen, Infektionsgefahr, Allgemeinbefinden beeinträchtigt
4. Grades	Gewebedefekte mit Knochenbeteiligung, z. B. Knochenmarkentzündung und -eiterung. Dunkelblau-schwarze Nekrosen (Gewebstod), evtl. Taschenbildung in tieferen Geweben. Starke Schmerzen und Entzündungzeichen. Gefahr: Nieren- und Leberschädigung, Blutbildveränderung, Blutvergiftung (Sepsis)

Tab. 5.70: Schweregradeinteilung des Dekubitus

Anzeichen und Ausmaß

Erste **Anzeichen** für einen Dekubitus werden durch regelmäßige Kontrolle der Haut festgestellt: Bei einem beginnenden Dekubitus (Grad 1) verschwindet eine Hautrötung nach Druckentlastung nicht innerhalb von 2–3 Minuten von selbst. Je nach Anzahl der beteiligten Gewebeschichten wird das **Ausmaß eines Dekubitus** in 4 (je nach Lehrmeinung auch in 5) Schweregrade eingeteilt (☞ Tab. 5.70).

Druckgefährdete Körperstellen finden sich insbesondere an Knochenvorsprüngen (☞ Abb. 5.71). Zwischen Haut und darunter liegenden Knochen gibt es keine oder wenig Muskulatur und kaum ein Fettpolster. Die Knochenvorsprünge üben auf relativ kleine Hautareale großen Druck aus.

Prinzipiell kann ein Pflegebedürftiger je nach Lagerung an *allen* Knochenvorsprüngen einen Dekubitus bekommen. Besonders häufig sind folgende Körperstellen betroffen:

- In Rückenlage: Kreuzbein und Ferse
- In Seitenlage: Trochanter major (großer Rollhügel)
- Im Sitzen: Sitzbeinhöcker.

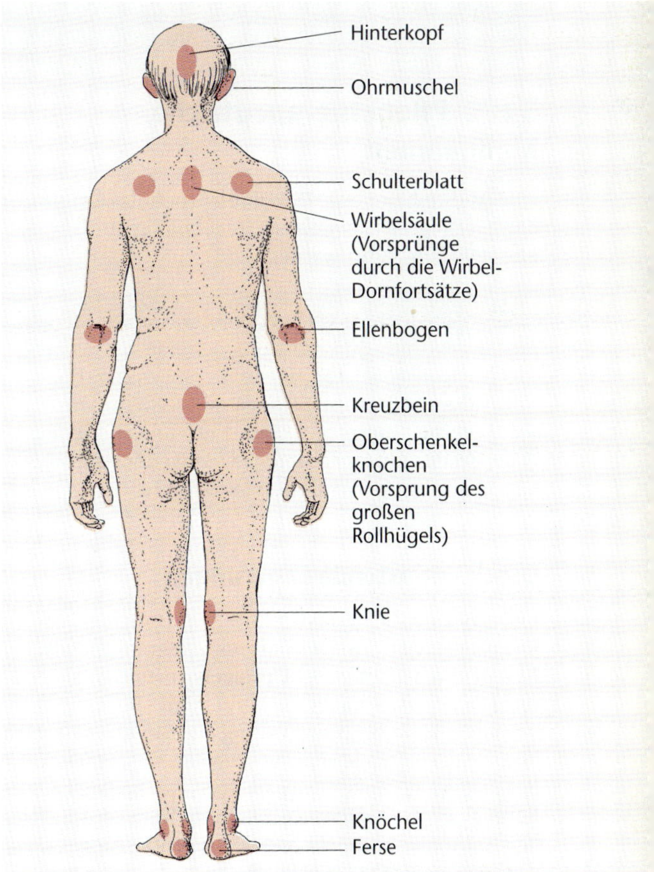

Abb. 5.71: Druckgefährdete Körperstellen in Rücken- und 90°-Seitenlage. [A400-190]

Ausmaß der Dekubitusgefährdung einschätzen

Die individuelle Dekubitusgefährdung eines Menschen kann mit Hilfe von verschiedenen Skalen eingeschätzt werden. Bewährt hat sich v. a. die **erweiterte Norton-Skala,** die ursprünglich von der englischen Krankenschwester *Doreen Norton* entwickelt wurde. Anhand von 9 Faktoren werden Punkte von 1–4 vergeben und addiert (☞ Tab. 5.72). Erreicht der Pflegebedürftige nur 25 Punkte oder weniger, ist er dekubitusgefährdet.

Folgen

Unterbleiben prophylaktische Maßnahmen, weil die Dekubitusgefahr nicht erkannt wurde, kann sich in relativ kurzer Zeit ein ausgeprägtes Geschwür mit großflächigen Nekrosen entwickeln, das chirurgisch behandelt werden muss. Werden die Erreger der infizierten Wunde in die Blutbahn gestreut, kann es zu einer lebensbedrohlichen Allgemeininfektion, einer **Blutvergiftung** *(Sepsis)* mit hoher Sterblichkeit kommen.

> Ein Dekubitus muss unverzüglich der ÄrztIn gemeldet werden. Die Behandlung wird auf ärztliche Anweisung hin durchgeführt.

5.8.2 Pflegetherapeutische Maßnahmen

Alle Maßnahmen zur Dekubitusprophylaxe sind nur dann erfolgreich, wenn sie regelmäßig und konsequent durchgeführt werden.

> Eine lückenlose Dokumentation der Pflegeplanung und -durchführung schützt vor rechtlichen Konsequenzen, wenn trotz exakter Beobachtung und prophylaktischer Maßnahmen ein Dekubitus entsteht. Eine Fotodokumentation bedarf des Einverständnisses, entweder vom Pflegebedürftigen oder dessen BetreuerIn.

Druck entlastende Lagerungen

Das „A und O“ jeder Dekubitusprophylaxe ist die Druckentlastung. Sie wird durch zweistündliches, bei Bedarf auch häufigeres **Umlagern** erreicht, so dass die Druckverweildauer verkürzt wird. So kann z. B. bei einer Dekubitusgefährdung im Steißbeinbereich alle 2 Std. folgendermaßen umgelagert werden: 30°-Schräglage auf linker Körperseite – Rückenlage – 30°-Schräglage auf rechter Körperseite. Kann durch Umlagern keine ausreichende Druckentlastung erzielt werden, kommen zusätzlich spezielle Lagerungen hinzu:

- **Weichlagerung** und **Superweichlagerung,** bei der mit Hilfe spezieller Matratzen oder Matratzenauflagen der Auflagedruck auf eine große Fläche verteilt wird
- **Hohllagerung,** bei der gefährdete Körperstellen mit Hilfe von Lagerungshilfsmitteln so gelagert werden, dass auf ihnen kein Druck lagert.

Einen Überblick über verschiedene Druck entlastende Lagerungsmöglichkeiten gibt Tab. 5.73. Die Effektivität aller Lagerungsmaßnahmen muss kontinuierlich überprüft werden.

> Die 90°-Seitenlagerung ist zur Dekubitusprophylaxe nicht geeignet, weil dabei ein zu großer Druck auf den großen Rollhügel ausgeübt wird.

Lagerungshilfsmittel

Es gibt eine große Auswahl verschiedener **Lagerungshilfsmittel**, die sich speziell für die Lagerung bei Dekubitusgefährdung eignen. Sie werden entsprechend den individuellen Erfordernissen eines Pflegebedürftigen ausgewählt. Bei einigen muss die Gebrauchsanweisung berücksichtigt werden.

> Werden zu viele Lagerungshilfsmittel zusätzlich zu oftmals sehr teuren Spezialmatratzen eingesetzt, z. B. Felle, kann die Matratze ihre volle Wirkung nicht entfalten.
>
> Zur Lagerung keine Gummiringe, keine Gummiunterlagen auf Antidekubitusmatratzen und keine Wasserkissen verwenden.

Einen Überblick über verschiedene Lagerungshilfsmittel zur Dekubitusprophylaxe zeigt Tab. 5.74.

Allgemeine Maßnahmen zur Dekubitusprophylaxe

Mobilisation

Mobilisation ist die beste Dekubitusprophylaxe, vor allem, wenn sie nicht nur im, sondern auch außerhalb des Bettes, z. B. Gehen, durchgeführt wird. Aber auch Bewegungsübungen im Bett verbessern die Beweglichkeit, trainieren das Herz-Kreislaufsystem, steigern die Durchblutung und vertiefen die Atmung und damit die Sauerstoffsättigung des Blutes. Sind Pflegebedürftige trotz Bettlägerigkeit ausreichend mobil und können selbstständig entlastende Bewegungen ausführen, müssen sie über die Wichtigkeit informiert und ggf. angeleitet werden (☞ 6.3.2).

Immobilisationssyndrom vermeiden

Immobilität über einen kurzen Zeitraum, z. B. wegen Bettlägerigkeit bei einem akuten Infekt der Atemwege, verkraftet ein alter Mensch ohne größere Schäden, wenn alle prophylaktischen Maßnahmen, auch

	4 Punkte	3 Punkte	2 Punkte	1 Punkt	Individuelle Punktzahl
Körperlicher Zustand	Gut	Leidlich	Schlecht	Sehr schlecht	2
Bewusstseinslage	Klar	Apathisch, teilnahmslos	Verwirrt	Stuporös, stumpfsinnig	2
Inkontinenz	Keine	Manchmal	Meistens Urin	Urin und Stuhl	1
Aktivität	Geht ohne Hilfe	Geht mit Hilfe	Rollstuhlbedürftig	Bettlägerig	1
Beweglichkeit	Voll	Kaum eingeschränkt	Sehr eingeschränkt	Voll eingeschränkt	2
Kooperation, Motivation	Voll	Wenig	Teilweise	Keine	2
Alter	< 10	< 30	< 60	> 60	1
Hautzustand	Normal	Schuppig-trocken	Feucht	Allergie, Risse	3
Zusatzerkrankungen	Keine	• Fieber • Diabetes mellitus • Anämie	• Multiple Sklerose • Krebs • Kachexie • Adipositas	• Koma • Lähmung	2 16

Tab. 5.72: Erweiterte Norton-Skala. Alte Skala unter 14, die erweiterte unter 25 Punkte
16 P.

die Dekubitusprophylaxe, gewissenhaft angewendet werden und er anschließend schnellstmöglich mobilisiert werden kann.

Gefährlich wird es jedoch, wenn der Pflegebedürftige die Bettlägerigkeit nicht überwindet und ein **Immobilisationssyndrom** (☞ 6.4) entwickelt. Dann steigt die Dekubitusgefahr sprunghaft an. Maßnahmen zur Vermeidung eines Immobilisationssyndromes ☞ 6.4.2.

Hautpflege, Betten, Kleiden

Die **Haut** eines dekubitusgefährdeten Pflegebedürftigen muss regelmäßig, je nach Gefährdung 1x täglich oder häufiger, beobachtet werden, um Veränderungen (☞ Tab. 5.70) sofort zu erkennen.

Bei der **Hautpflege** kommt es vor allem auf den Schutz der Haut vor Nässe und Austrocknung an. Die Pflege richtet sich nach dem Hauttyp (☞ 9.1) und nach individuellen Erfordernissen, z. B. danach, wie häufig der Pflegebedürftige gewaschen werden muss, ob Inkontinenz besteht, ob der Pflegebedürftige leicht schwitzt oder die Haut vorgeschädigt ist (z. B. Intertrigo).

Zum Schutz der Haut sollte sie nicht häufiger gewaschen werden als nötig. Dazu eignen sich pH-neutrale Waschemulsionen, zur anschließenden Haupflege W/O-Produkte (☞ Tab 9.32).

Für besonders **druckgefährdete Hautbezirke** bieten sich medizinische Hautpflegemittel wie z. B. Mitosyl® oder Vita-Merfen® an. Gefärbte Mittel haben den Nachteil, dass Veränderungen der Haut nicht beobachtet werden können, deshalb sollten sie nicht benutzt werden. Auch Melkfett sollte nicht zur Rückfettung verwendet werden. Es verstopft die Poren und kann Allergien auslösen.

> Inkontinenz gefährdet die Haut besonders, da die Feuchtigkeit die Haut aufweicht. Toilettentraining (☞ 8.4.2) wirkt dreifach positiv bei Dekubitusgefahr, es
> - Schützt die Haut, da Feuchtigkeit durch Inkontinenz vermieden wird
> - Wirkt Druck entlastend, weil sich der Pflegebedürftige dazu selbst „umlagert"
> - Fördert die Mobilität, weil der Pflegebedürftige sich dazu bewegen muss.

Beim **Betten und Kleiden** muss darauf geachtet werden, dass eine zusätzliche Druckgefährdung durch z. B. Krümel, Falten, Knöpfe oder Schläuche vermieden wird. Pflegehilfsmittel wie Schläuche oder Katheter müssen, wenn sie auf der Haut liegen, abgepolstert werden. Darauf achten, dass bei der Lagerung keine Scherkräfte auf die Haut des Pflegebedürftigen wirken.

Flüssigkeitszufuhr und Ernährung

Gegen Elastizitätsverlust und Austrocknung der Haut hilft eine ausreichende **Flüssigkeitszufuhr:** mindestens 1,5 l täglich durch Getränke und zusätzlich ca. 1 l durch Nahrungszufuhr. Maßnahmen bei Flüssigkeitsdefizit ☞ 7.4.2.

> Flüssigkeitszufuhr mit ÄrztIn absprechen, da bei einigen Erkrankungen, z. B. Herz- oder Niereninsuffizienz, die Trinkmenge begrenzt werden muss.

Eiweiß- und vitaminreiche Ernährung unterstützen die Hautfunktionen. Risikofaktoren wie Adipositas oder starkes Untergewicht können durch entsprechende Ernährung reduziert werden (☞ 7.5, 7.6).

Bezeichnung	Lagerung	Wirkung (W) und Nebenwirkung (NW)
Weichlagerung	• Großflächig: zweite Matratze, Kissenschicht, Antidekubitusmatratze, Wasserbett • Lokal: Kissen, Schaumstoff, Spezialkissen, z. B. mit Gelfüllung, Fell (☞ Tab. 5.74)	• W: Druckentlastung durch Vergrößerung der Auflagefläche • NW: Mobilitätseinschränkung, Verlust des Körpergefühls (bei Knochenmetastasen erwünscht) • Effektivität überprüfen, evtl. zusätzlich zweistdl. umlagern
Superweichlagerung	15 cm dicke Schaumstoffmatratze, spezielle Antidekubitusmatratzen oder doppelte Schicht superweicher Kissen auf normaler Matratze	• W: Druckentlastung, Verhinderung der Mangeldurchblutung • NW: Mobilitätseinschränkung, Verlust des Körpergefühls (bei Knochenmetastasen erwünscht) • Effektivität überprüfen, evtl. zusätzlich zweistdl. umlagern
Schräglage durch schiefe Ebene 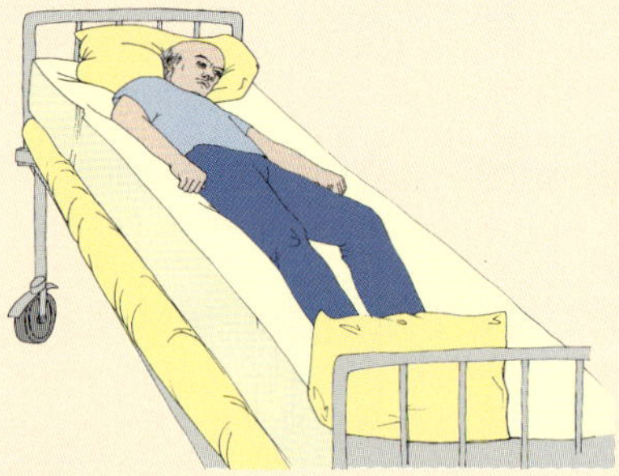	• Matratzenlängsseite durch Unterschieben von Lagerungshilfsmitteln unter die gesamte Länge um 15 bis 20° kippen • Im zweistdl. Wechsel rechte und linke Matratzenseite kippen • Lagerungshilfsmittel: zusammengerollte Decke, formstabile Kissen, Schaumstoff, Textilien (fest, dick, lang)	• W: Druckverteilung auf die Weichteile der aufliegenden Körperseite, andere Körperseite wird weitgehend druckentlastet. Bei Atemnot mit leicht erhöhtem Oberkörper möglich • evtl. Bettgitter anbringen • Fersen besonders beobachten
30°- Schräglage 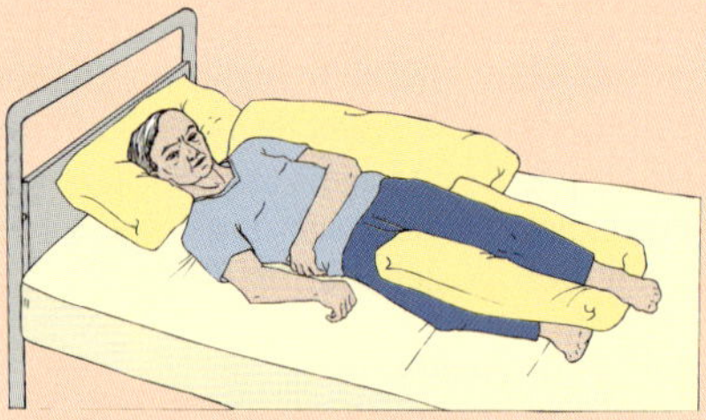	• Schiffchenförmiges Kissen oder 2 Kissen oder gerollte Decke unter Rücken-Gesäßbereich einer Körperseite • Zusätzliches Kissen zwischen die Beine • Aufliegende Schulter nach vorne ziehen	• W: Verteilung des Drucks auf die Weichteile der aufliegenden Körperseite, Druckentlastung der anderen Seite • 2 stdl. Wechseln: Rückenlage – linke Seite – rechte Seite • Fersen besonders beobachten
135°- Lagerung° 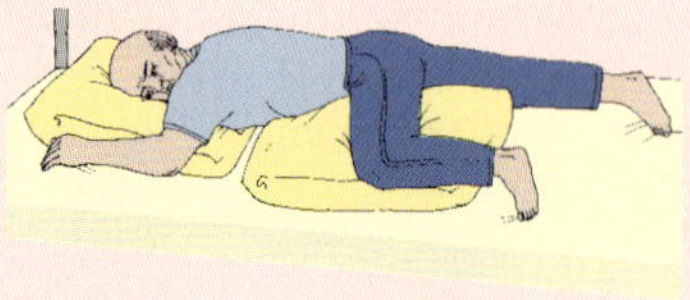	• Bauchlage mit einseitig angewinkeltem und durch Kissen unterstütztem Arm und Bein • Lagerungshilfsmittel: Kopfkissen und großes Kissenschiffchen	• W: Druckentlastung der Rückenseite, optimale Entlastung bei bestehendem Dekubitus • Kann alternativ zur Rückenlagerung bei zweistündlichem Umlagerhythmus eingesetzt werden • NW.: Druck auf den Brustkorb (Atmung beeinträchtigt), Einengung des Blickfeldes

Bezeichnung	Lagerung	Wirkung (W) und Nebenwirkung (NW)
Hohllagerung mit 5 Kissen 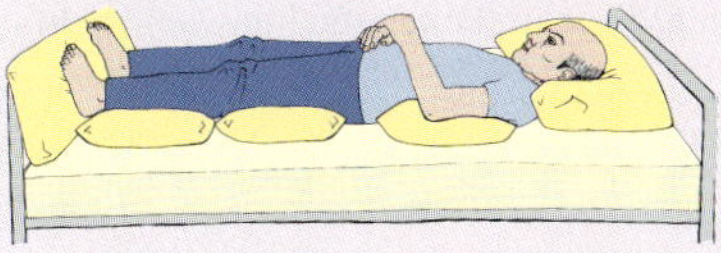	• Kissen unter den Kopf • Kissen unterhalb der Schulterblätter • Kissen unterhalb des Kreuzbeins bis Kniekehlen • Kissen Unterschenkel bis Fußknöchel • Kissen aufgestellt zwischen Füßen und Bettende	Entlastung druckgefährdeter Regionen in Rückenlage: Schulterblätter, Kreuzbeinregion, Fersen, Ellbogen gepolstert
Hohllagerung mittels A- oder V-Schiffchenlagerung 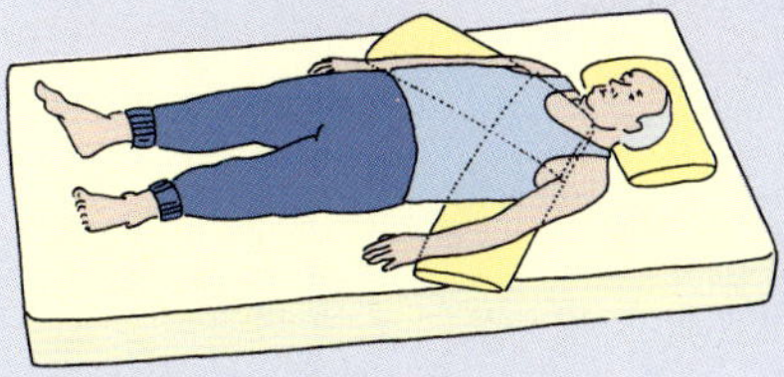 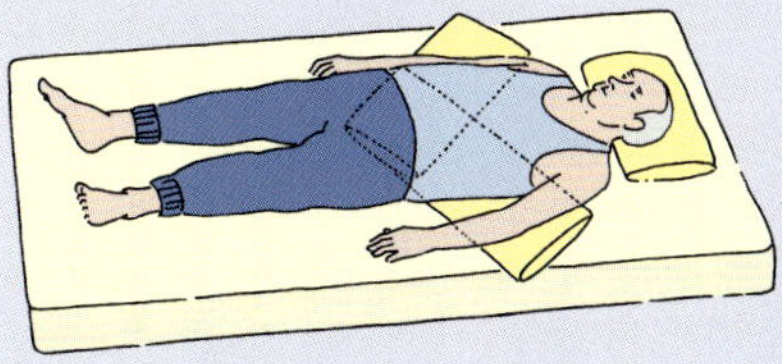	• A-Lagerung: Jeweils 2 leichte Kissen als Schiffchen wie ein A unter den Rücken, so dass die Spitze etwa in Höhe des Nackens endet. Zusätzliches Kissen unter den Kopf legen • V-Lagerung: Wie A-Lagerung, aber Spitze endet am Steißbein. Zusätzliches Kissen unter den Kopf legen	• W: Druckfreiheit an den Dornfortsätzen der Wirbelsäule • V-Lagerung nicht bei Dekubitusgefahr im Steißbeinbereich anwenden • Ist auch zur Pneumonieprophylaxe geeignet
Hohllagerung mittels T-Lagerung 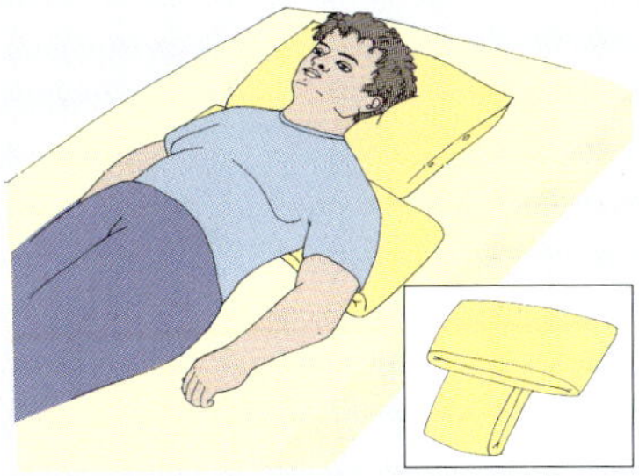	2 Schiffchen in T- Form unter den Rücken des Pflegebedürftigen legen, so dass die Wirbelsäule und die Schultern unterstützt sind. Zusätzliches Kissen unter den Kopf legen	• W: Druckfreiheit an den Schulterblattspitzen und am unteren Rippenrand • Ist auch zur Pneumonieprophylaxe geeignet
Hohllagerung der Fersen 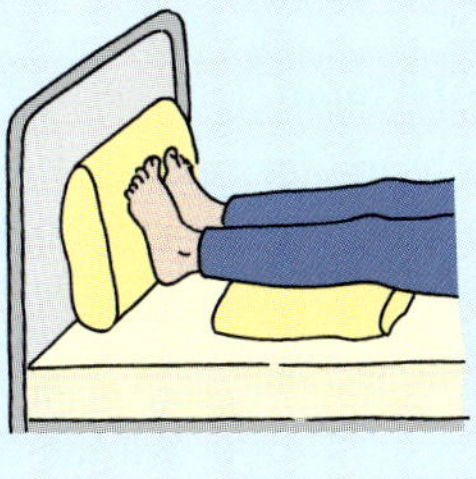	Unterschenkel und Kniekehlen mittels Schaumstoff oder Kissen höher lagern, so dass Ferse frei liegt	W: Druckentlastung bis Druckfreiheit für Ferse

Tab. 5.73: Überblick zu druckentlastenden Lagerungen. [A500-119]

Lagerungshilfsmittel	Wirkweise, Vor- und Nachteile
Federkissen	• Weichlagerung • Nachteil: wenig stabil
Lagerungskissen	• Druckentlastung • Vorteile: gute Luftzirkulation, Temperaturausgleich, Feuchtigkeitsaufnahme, angenehm, gut zu pflegen
Schaumstoff	• Weich- und Hohllagerung gleichzeitig durch einfache Formveränderung. Nicht beziehen! • Vorteil: preisgünstig • Nachteil: Kanten können Druckstellen verursachen
Antidekubitusmatratze	• Druckentlastung, Durchblutung gewährleistet, lokale Hohllagerung • Verwendung nach Herstellerhinweis • Schutzbezug und Laken nicht straff ziehen und einstecken • Nachteil: Mobilität und Körperwahrnehmung werden beeinträchtigt
Wechseldruckmatratze (Luftkammersystem mit elektrischer Wechseldruckpumpe)	• Alle Hautregionen werden immer wieder für eine gewisse Zeit entlastet • Nachteile: relativ teuer, regelmäßige Wartung erforderlich
Gelkissen mit Silikonfüllung	• Lokale Druckentlastung bei Gewichtsverlagerung, lokaler Auflagedruck wird gleichmäßig verteilt • Nachteile: Obermaterial kann Falten bekommen, teuer und schwer
Felle	• Aufliegedruck wird verteilt, nur unterstützend einsetzbar • Vorteile: Luftzirkulation, Feuchtigkeitsaufnahme, knitterfrei, rutschfest, angenehm, unterschiedliche Formate • Hinweis: Synthetische Felle sind wesentlich weniger effektiv als echte Lammfelle, aber besser zu reinigen

Tab. 5.74: Lagerungshilfsmittel für die Dekubitusprophylaxe.

5.8.3 Exemplarische Pflegeplanung

Pflegediagnose mit Ursache (PD), Ressourcen (R), Gewohnheiten (G), Erfahrungen (E), aktuelle Bedürfnisse (AB)	Pflegeziele	Pflegetherapie Information (I), Beratung (B), Motivation (M), Anleitung (A), Beaufsichtigung (Bf), teilweise Übernahme (tÜ), vollständige Übernahme (vÜ)
PD: Dekubitusgefahr aufgrund von Bettlägerigkeit nach einem Sturz mit Oberschenkelhalsfraktur **R:** • Ist bewusstseinsklar und versteht Informationen • Kann mit Unterstützung des gesunden Beines Bewegungsübungen im Bett selbstständig durchführen • Ist kontinent	Intakte Haut Entwickelt keinen Dekubitus	**I:** Über Ursachen eines Dekubitus und Maßnahmen zur Vermeidung informieren **vÜ:** Haut täglich morgens und abends bei der Körperpflege auf Druckstellen beobachten. Mit pH-neutraler Waschemulsion waschen und mit W/O-Salbe eincremen **vÜ:** Nach Plan zweistdl. mittels schiefer Ebene umlagern. Bei Hautrötung zusätzlich Weichlagerung **A, tÜ:** 3 x täglich zu Bewegungsübungen anleiten und dabei unterstützen **vÜ:** Täglich für 1,5 l Trinkflüssigkeit sorgen und greifbar bereit stellen **VÜ:** Beim Betten und Lagern darauf achten, dass keine Krümel oder Falten im Bett sind

Tab. 5.75: Beispielhafte Pflegeplanung bei Dekubitusgefahr.

5.9 Unterkühlungsgefahr

Unterkühlung *(Untertemperatur, Hypothermie):* Absinken der Körperkerntemperatur konstant unter 35 °C.

Eine **Unterkühlung** betrifft den gesamten Organismus. Im Gegensatz dazu sind **Erfrierungen** lokal auf bestimmte Körperareale begrenzt, z. B. auf die Zehen, Finger, Ohren oder Nasenspitze.

5.9.1 Pflegediagnostik

Ursachen und Einflussfaktoren

- Unterkühlung durch unangemessene Kleidung bei langem Aufenthalt im Freien besonders bei nasser Kleidung, kalten Außentemperaturen und Wind und mangelnder Bewegung, z. B. bei Verwirrten, nach Sturz, nach Alkoholgenuss (Alkohol stellt die Gefäße weit, so dass der Körper Wärme verliert)
- Mangelhafte Anpassung der Körpertemperatur an Außentemperatur durch

- Nachlassende Regulationsmechanismen im Alter
- Gestörtes Temperaturempfinden, z. B. bei Morbus Parkinson, Apoplexie, Diabetes mellitus
- Schädigung des Wärmeregulationszentrums, z. B. bei Hirntumoren

• Stoffwechselverlangsamung, z. B. bei
  - Unterernährung, Kachexie, schlechtem Allgemeinzustand
  - Schilddrüsenunterfunktion
  - Medikamente, z. B. Beruhigungsmittel
  - Körperliche Inaktivität
  - Bewusstlosigkeit
• Durchblutungsstörungen, z. B. bei Gefäßerkrankungen, bei Medikamenten, die die Gefäße eng stellen, bei Flüssigkeitsdefizit, akut bei starkem Blutverlust und/oder Schock.

Anzeichen und Ausmaß

Zur Vermeidung weiterer Wärmeverluste stellt der Körper die Gefäße in der Peripherie (Extremitäten, Haut) eng, um die Funktionstüchtigkeit lebenswichtiger Organe sicherzustellen. Typische **Anzeichen einer Unterkühlung** sind:

• Blasse, kalte Haut
• Schläfrigkeit, Apathie, Verwirrtheit
• Langsamer Herzschlag (Bradykardie)
• Verminderte Schmerzempfindlichkeit.

Bei Absenkung der Körperkerntemperatur auf etwa 30 °C wird der Betroffene bewusstlos, bei weniger als 27 °C kommt es zu Kammerflimmern und Herzstillstand.

Das **Ausmaß** der Unterkühlung wird in 3 Stadien eingeteilt.

Stadium	Körper-temperatur	Anzeichen
I	37–34 °C	Muskelzittern, Schmerzen, blasse, kalte Haut, Bewusstsein erhalten
II	34–30 °C	Schläfrigkeit, Apathie, Verwirrtheit, keine Schmerzen, kein Muskelzittern, niedriger Puls und Blutdruck
III	30–27 °C	Koma (Scheintod) mit nicht tastbarem Puls und minimaler Atmung, Gefahr von Herz-Kreislauf- und Atemstillstand

Tab. 5.76: Stadien der Unterkühlung.

Anzeichen und Ausmaß einer Erfrierung lassen sich ebenfalls in verschiedene Schweregrade einteilen:

Grad 1: Anfänglich ist die Haut des betroffenen Hautbezirkes weiß, kalt und gefühllos. Bei Wiedererwärmung Rötung und kribbelnde Schmerzen

Grad 2: Schmerzhafte Schwellung und Blasenbildung (sog. „Frostbeulen“) nach 1 Tag

Grad 3: Schwarzblaue Verfärbung des abgestorbenen, nekrotischen Gewebes (nach etwa 1 Woche)

Grad 4: Totalvereisung.

Folgen

Gelingt es nicht, das Absinken der Körpertemperatur bei einer Unterkühlung zu stoppen, stirbt der Mensch. Lokale Erfrierungen müssen ggf. chirurgisch behandelt werden.

5.9.2 Pflegetherapeutische Maßnahmen

Erstmaßnahmen bei Unterkühlung

Bei **bewusstlosen Pflegebedürftigen**

• NotärztIn rufen (lassen)
• Pflegebedürftigen, wenn möglich, in einen 26–29 °C warmen Raum bringen
• Nasse Kleidung entfernen und Pflegebedürftigen mit Decken langsam (nicht mehr als 1 °C pro Std.) erwärmen
• Betroffenen nur wenig bewegen, damit kaltes Blut aus der Körperperipherie nicht in den Körperkern strömt und diesen weiter abkühlt
• Warme Packungen nahe in die Achselhöhlen und Leisten. Hier wird Blut in großen Gefäßen und damit der Körperkern erwärmt
• Vitalzeichen engmaschig überwachen
• Bei Herz-Kreislauf-Stillstand lebensrettende Sofortmaßnahmen durchführen.

Bei **erhaltenem Bewusstsein** zusätzlich warme gezuckerte Getränke anreichen.

Vorsicht!

• Keine Erwärmung der Körperperipherie, z. B. Arme und Beine, durch Wärmflaschen oder Heizdecken: Erhöht Stoffwechsel und Sauerstoffbedarf der Zellen, ohne dass diese ausreichend versorgt werden können
• Keinen Alkohol zur „Erwärmung“ anbieten. Dieser bewirkt eine Gefäßweitstellung, so dass Wärme an die Umgebung abgegeben wird.

Dokumentation: Häufigkeit und Ergebnisse der Vitalzeichenkontrolle und alle durchgeführten Maßnahmen exakt mit Datum und Uhrzeit dokumentieren.

Maßnahmen zur Vermeidung von Unterkühlung und Erfrierungen

Gestaltung der Umgebung

Im Winter sind, besonders in stationären Pflegeeinrichtungen, die **Räume** häufig überheizt. Dementsprechend wird eher leichtere Kleidung bevorzugt.

Beim Hinausgehen ins Freie ist der Temperaturunterschied dann sehr groß. Zusätzliche Erkrankungen, z. B. Durchblutungsstörungen an den Extremitäten oder Demenz und Bewegungsmangel führen schnell zu Unterkühlung. Information zu **jahreszeitlich angemessener Bekleidung** helfen, Erkältungskrankheiten durch Unterkühlung z. B. bei Spaziergängen zu vermeiden.

Da sich alte Menschen vor allem dann massiv unterkühlen können, wenn sie von niemandem bemerkt stürzen und lange entweder im Freien oder nur leicht bekleidet in der kühlen Wohnung liegen, sind bei Sturzgefährdeten Maßnahmen zur **Sturzprophylaxe** (☞ 11.3.2) angezeigt.

Verwirrte haben oft die zeitliche Orientierung verloren, so dass sie nicht wissen, welche Jahreszeit gerade ist. Dann helfen regelmäßige Information, entsprechende Zimmergestaltung, z. B. mit Kalendern und entsprechend jahreszeitlichen Bildern wie ein tief verschneiter Winterwald, damit der Pflegebedürftige warme Kleidung anzieht, wenn er das Haus verlassen möchte. Maßnahmen bei Weglaufgefahr, ☞ 11.6.2.

Information des Pförtners und ein aktuelles Foto eines besonders gefährdeten „Ausreißers" an der Rezeption eines Heimes kann so manchen dementen Bewohner davor schützen, im Winter leicht bekleidet nach draußen zu gehen.

Training des Temperaturempfindens

Aktivierung und **Mobilisation** (☞ 6.3.2) trainieren das Gefäßsystem, regen Stoffwechsel und Wärmeproduktion an und beeinflussen das Temperaturempfinden langfristig positiv. Wann immer möglich, sollen sich Pflegebedürftige, gut bekleidet auch bei kühlem Wetter, an der **frischen Luft** aufhalten, z. B. zu Spaziergängen oder Beschäftigungsangeboten im Freien wie Gartenarbeit. Dabei kommt es darauf an, dass sie sich selbst bewegen und nicht nur stehen und anderen bei der Bewegung zusehen.

Kalte Wasseranwendungen, Wechselduschen, Wassertreten oder Schwimmen trainieren die Gefäße und bringen den Kreislauf in Schwung. Regelmäßige **Saunagänge** härten, regelmäßig durchgeführt, langfristig ab. Sie eignen sich allerdings eher für alte Menschen, die keine Probleme mit Herz und Gefäßen haben.

Vorsicht!

Kalte und warme Wasseranwendungen und Saunabesuche müssen unbedingt vorher mit der ÄrztIn abgeklärt werden, da sie sehr Kreislauf belastend und bei einigen Erkrankungen kontraindiziert sind, z. B. Wärme bei Venenerkrankungen, Kälte bei Durchblutungsstörungen, Sauna bei Herzinsuffizienz.

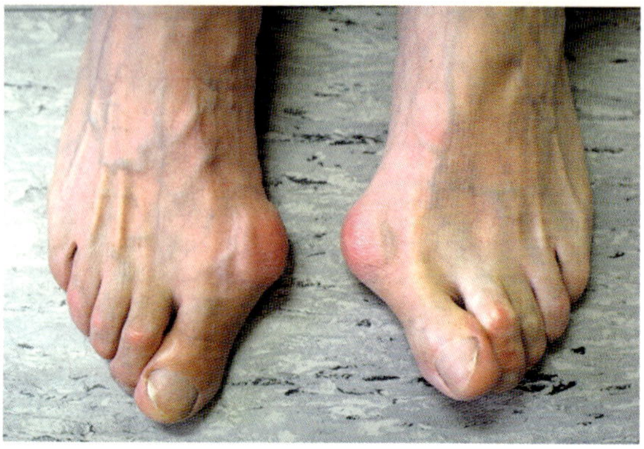

Abb. 5.77: Die „Ausbuchtungen" beim Hallux valgus werden im Volksmund häufig als „Frostbeulen" bezeichnet, da sie im Winter für Erfrierungen prädestiniert sind. [M158]

Ernährung und Flüssigkeitszufuhr

Unterernährte Menschen frieren wegen mangelndem, isolierendem Fettgewebe schnell und unterkühlen sich leicht. Maßnahmen bei Unterernährung, ☞ 7.6.2.

Bei einem Flüssigkeitsdefizit dickt das Blut ein, so dass sich die Durchblutung vor allem in der Körperperipherie verschlechtert. Deshalb ist eine **Flüssigkeitszufuhr** von mindestens 1,5 l auch wichtig, um einer Unterkühlung schlecht durchbluteter Hautbezirke vorzubeugen. Maßnahmen bei Flüssigkeitsdefizit, ☞ 7.4.2.

Besonders gefährlich im Zusammenhang mit Kälte ist **Alkohol.** Wer Alkohol getrunken hat, dem wird schnell warm, weil Alkohol die Gefäße weit stellt. Um so größer sind die Wärmeverluste, wenn der Betroffene leicht bekleidet in die Kälte geht.

Lokale Erfrierung an den Füßen vermeiden

Viele alte Menschen, meistens Frauen, haben **deformierte Füße,** besonders häufig einen Hallux valgus, bei dem die Großzehe in Richtung Fußaußenseite abweicht (☞ Abb. 5.77). Die „Ausbuchtungen" sind besonders kälteempfindlich **(„Frostbeulen"),** weil

- Alte Menschen häufig Durchblutungsstörungen der Füße haben
- Handelsübliche Schuhe viel zu eng sind und die kleinen Blutgefäße abdrücken
- Die Deformität selbst die Durchblutung verschlechtert.

Um lokale Erfrierungen zu vermeiden, sollte mit der ÄrztIn über Therapiemöglichkeiten Rücksprache gehalten werden. In jedem Fall sind entsprechend weite Schuhe auszuwählen, die den Füßen genügend Platz lassen.

5.9.3 Exemplarische Pflegeplanung

Pflegediagnose mit Ursache (PD), Ressourcen (R), Gewohnheiten (G), Erfahrungen (E), aktuelle Bedürfnisse (AB)	**Pflegeziele**	**Pflegetherapie** Information (I), Beratung (B), Motivation (M), Anleitung (A), Beaufsichtigung (Bf), teilweise Übernahme (tÜ), vollständige Übernahme (vÜ)
PD: Unterkühlungsgefahr wegen zeitlicher und situativer Desorientierung bei Verwirrtheit. Verlässt das Heim, ohne sich der Jahreszeit entsprechend zu kleiden **R:** Angehörige, die ihn häufig besuchen **G:** Ging früher gern und oft spazieren	Alter Mensch unterkühlt sich nicht Äußert Wohlbefinden, da er in Begleitung Spaziergänge unternehmen kann Angemessene Bekleidung	**I:** Angehörige informieren über Bewegungsdrang und Bekleidungsproblem ansprechen; Pförtner aktuelles Foto aushändigen und über Problematik informieren **vÜ:** Alten Menschen beobachten, bei aufkommendem Bewegungsdrang Bewegungsmöglichkeiten anbieten **Bf:** 1 x täglich auf einem 20-minütigen Spaziergang begleiten, Angehörige einbeziehen **tÜ:** Bei Auswahl und Ankleiden angemessener Bekleidung unterstützen

Tab. 5.78: Beispielhafte Pflegeplanung bei Unterkühlungsgefahr.

5.10 Fieber

Fieber: Auf über 38 °C erhöhte Körperkerntemperatur durch eine krankheitsbedingte Sollwertverschiebung im Wärmeregulationszentrum des Gehirns (☞ 5.1).

Fieber ist bei manchen Erkrankungen, z. B. Infektionen, eine sinnvolle Abwehrmaßnahme des Körpers, da er sich bei der erhöhten Temperatur besser gegen die Krank machenden Keime zur Wehr setzen kann.

Im Gegensatz zum Fieber ist bei einer **Hyperthermie** der Sollwert nicht nach oben verschoben. Der Körper versucht, den normalen Temperaturwert zu halten, kann aber seine überschüssige Wärme nicht nach außen abgeben, z. B. durch zu warme und luftdichte Kleidung bei hohen Außentemperaturen. Es kommt zum Wärmestau.

5.10.1 Pflegediagnostik

Ursachen und Einflussfaktoren

- **Infektiöses Fieber:** Durch Bakterien, Viren und Pilze entstehen Toxine (Gifte), z. B. bei Pneumonie, Sepsis
- **Resorptionsfieber:** Nach schweren Traumen, Operationen oder bei großen offenen Wunden, z. B. bei großflächigem und tiefen Dekubitus, entsteht ein leichtes Fieber durch Abbau von Zelltrümmern
- **Zentrales Fieber:** Bei Schädigungen des Wärmeregulationszentrums im Gehirn, z. B. durch Hirnblutungen oder bei Sterbenden, kommt es zu einer Dysregulation der Körpertemperatur
- **Systemerkrankungen** wie z. B. rheumatoide Arthritis können im akuten Schub zu einem Anstieg der Körpertemperatur führen
- **Durstfieber** bei schweren Flüssigkeitsdefiziten.

Anzeichen und Ausmaß

Je nach Höhe der Körpertemperatur werden unterschieden:

- 36,3 °C–37,4 °C: physiologischer Bereich, Normaltemperatur
- 37,5 °C–8,0 °C: subfebrile Temperatur
- 38,1 °C–38,5 °C: leichtes Fieber
- 38,6 °C–39,0 °C: mäßiges Fieber
- 39,1 °C–39,9 °C: hohes Fieber
- 40,0 °C–42,0 °C: sehr hohes Fieber.

Je nach Stadium des Fiebers bzw. der Fieberentwicklung stehen verschiedene **Anzeichen** im Vordergrund (☞ Tab. 5.79).

In allen Stadien fühlt sich der Kranke müde und abgeschlagen. Der Kreislauf wird in erheblichem Maße in Mitleidenschaft gezogen.

Folgen

Bei Fieber muss der Pflegebedürftige wegen der hohen Kreislaufbelastung Bettruhe einhalten. In der Regel fühlt sich der alte Mensch auch gar nicht in der Lage aufzustehen. Die Bettlägerigkeit erfordert alle Prophylaxen, um Folgeschäden zu vermeiden (☞ 6.4.2).

Eine Körpertemperatur über 42 °C ist nicht mehr mit dem Leben vereinbar, es kommt zur Denaturierung der Eiweiße im Organismus, der Mensch stirbt.

5.10.2 Pflegetherapeutische Maßnahmen

Erhöhte Temperatur (subfebrile Werte) bis mäßiges Fieber müssen beobachtet und dokumentiert, aber nicht sofort gesenkt werden, da Fieber ein natürlicher Abwehrmechanismus des Körpers ist. Durch die Erhöhung der Körpertemperatur wird der gesamte Stoffwechsel stark beschleunigt und vermehrt Makrophagen (sogenannte Fresszellen) in das Blut abgegeben.

Phasen des Fiebers	Anzeichen
1. Phase: Fieber-anstieg	Körper versucht, durch Wärmeproduktion den nach oben verstellten Sollwert zu erreichen: • Subjektives Kältegefühl (Frösteln) • Schüttelfrost: Schnell aufeinanderfolgende Muskelkontraktionen und Schütteln des ganzen Körpers • Blasse Hautfarbe durch Engstellung der Gefäße
2. Phase: Fieberhöhe	Höhepunkt des Fiebers, gekennzeichnet durch: • Hitzegefühl, Durst • Heiße, rote Haut • Unruhe, Angst, Unbehagen • Tachykardie, Tachypnoe • Kopf- und Gliederschmerzen durch Muskelverspannungen und Bakterientoxine
3. Phase: Fieber-abfall	Temperatur sinkt entweder sehr schnell innerhalb weniger Std. (= Krisis) oder langsam über mehrere Tage (= Lysis). Typisch für diese Phase sind • Starker, warmer, großperliger Schweißausbruch • Vor allem bei schnellem Fieberabfall droht Kreislaufkollpas (kleinperliger, kalter Schweiß) • Evtl. Durstgefühl • Rote Haut
4. Phase: Erschöp-fung	• Der alte Mensch ist erschöpft und ruhebedürftig • Evtl. Durstgefühl • Kreislauf stabilisiert sich

Tab. 5.79: Phasen des Fiebers.

Hohes Fieber und Fieber bei Pflegebedürftigen mit Risikoerkrankungen, z. B. Herzinsuffizienz, muss sofort gesenkt werden.

Bei Fieber

- ÄrztIn verständigen
- Fieber senkende physikalische Maßnahmen (☞ unten) und Medikamente *(Antipyretika)* wie z. B. Azetylsalizylsäure (Aspirin®) und Parazetamol (Ben-u-ron®) grundsätzlich nur nach ärztlicher Anordnung verabreichen bzw. durchführen.

Pflege entsprechend den Fieberphasen

Fiebernde Pflegebedürftige brauchen viel Zuspruch und einfühlsame Aufmerksamkeit. Sie sollten möglichst nicht allein gelassen werden. Die pflegetherapeutischen Maßnahmen bei Fieber richten sich nach dem Fieberverlauf (☞ Tab. 5.79):

Phase des Fieberanstiegs: Wärmebildung durch eine warme Umgebung, wärmende Decken, Wärmflaschen und das Verabreichen warmer Flüssigkeiten unterstützen.

Phase der Fieberhöhe: Wärmespender entfernen. Herz, Kreislauf, Temperatur, Aussehen und Bewusstseinslage regelmäßig kontrollieren. Kühle Getränke anbieten bzw. anreichen. Fieber senkende Waschungen (☞ unten) unterstützen die Wärmeabgabe. Bei Fieber über 39,0 °C können nach Arztabsprachen Wadenwickel (☞ unten) angelegt werden.

☑ Bei sehr hohem Fieber kann sich ein **Fieberdelirium** mit Desorientierung und Halluzinationen entwickeln.

Phase des Fieberabfalls: Pflegebedürftigen wegen Kreislaufbelastung mit Kollapsgefahr gut beobachten. Blässe und kalter Schweiß deuten auf einen Kreislaufkollaps hin. Verschwitze Kleidung wechseln, beim An- und Auskleiden unterstützen.

Fieber senkende Waschung

Die **Fieber senkende Waschung** kann je nach Zustand des Pflegebedürftigen und Belastbarkeit des Kreislaufs als Ganzkörperwaschung oder als Teilwaschung durchgeführt werden (Ganzkörperwaschung und Teilwaschung, ☞ 9.3.2).

Material

- Wasser etwa 10 °C unter Körpertemperatur
- Mögliche Zusätze:
  - Pfefferminztee: auf 4 l Wasser 1 l Tee zugeben
  - Essig
  - Zitronensaft.

Durchführung: Pflegebedürftigen informieren. Ganz- oder Teilwaschung entlang der Wuchsrichtung der Körperhaare. Pflegebedürftigen nicht abtrocknen, sondern mit einem Tuch zudecken. Die Waschung zügig durchführen und bei Bedarf halbstündig wiederholen.

Wadenwickel

Wadenwickel (☞ Abb. 5.80) werden bei Temperaturen über 39 °C und nach Arztanordnung angelegt. **Kontraindikationen** sind arterielle Durchblutungsstörungen, Sensibilitätsstörungen, kalte Füße, instabiler Kreislauf.

Vorbereitung

- Material
  - Gummituch
  - Stecklaken
  - 2 Leinen oder Frottierhandtücher oder alternativ Baumwollkniestrümpfe
  - 2 Woll- oder Frottiertücher oder alternativ Wollkniestrümpfe
  - Wasser 8–10 °C unter der Körpertemperatur (kein Eiswasser oder Alkoholwasser)
  - Evtl. Essig oder Zitronensaft, um die kühlende Wirkung zu unterstützen.
- Pflegebedürftigen
  - Informieren

- Unterschenkel und Füße inspizieren und anfassen, da blasse und kalte Extremitäten auf Durchblutungsstörungen schließen lassen
- Temperatur messen.

Durchführung

- Die Bettdecke des Pflegebedürftigen bis zu den Knien hochschlagen. Ein Gummituch und das Stecklaken als Nässeschutz unter die Beine einspannen
- Die Handtücher auf eine Breite von etwa 30 cm falten, mit Wasser anfeuchten und auswringen, so dass sie nicht mehr tropfen
- Die feuchten Tücher so um den Unterschenkel legen, dass dieser vom Knöchel bis unterhalb des Knies bedeckt ist. Dabei das Handtuch faltenfrei und locker auflegen. Es darf allerdings nicht zu locker aufliegen, dass eine gute Wärmeleitung möglich ist. Ein Frottiertuch über das feuchte Tuch wickeln
- Alternativ können feuchte Kniestrümpfe angezogen werden, die mit Wollkniestrümpfen bedeckt werden
- Wadenwickel nach etwa 10 Min. wechseln, damit kein Wärmestau entsteht
- Wadenwickel ca. 3–4 x wechseln, dann ein Pause einlegen, um den Kreislauf durch Temperaturabsenkung nicht zu stark zu belasten
- Temperaturkontrolle. Die Temperatursenkung sollte pro Std. nicht mehr als 1 °C betragen.

Nachbereitung

- Regelmäßige Kontrolle der Vitalzeichen, der Hautdurchblutung und der Temperatur, da der Wärmeentzug belastend auf den Kreislauf wirkt
- Dokumentation der Maßnahmen und der Kreislauf- und Temperaturwerte während und nach der Behandlung.

Maßnahme abbrechen, wenn der Pflegebedürftige Unwohlsein äußert oder Kreislaufprobleme auftreten.

Ein zu kurzer Kältereiz regt den Körper zur Wiedererwärmung an, deshalb muss der Wadenwickel mehrmals erneuert werden.

Keine Plastiktücher verwenden, da es sonst zum Wärmestau kommt.

Ernährung

Meist ist der Appetit gering, daher empfiehlt es sich, eine **leicht verdauliche, fettarme, eiweiß- und kohlenhydratreiche Kost,** z. B. Obst, Joghurt oder Quark, anzubieten. Flüssigkeits- und Mineralstoffverlust müssen durch ausreichende Flüssigkeitszufuhr ausgeglichen werden, weil

- Der Körper durch Schwitzen sehr viel Flüssigkeit verliert (Gefahr der Dehydratation, ☞ 7.4)
- Eine Obstipation droht

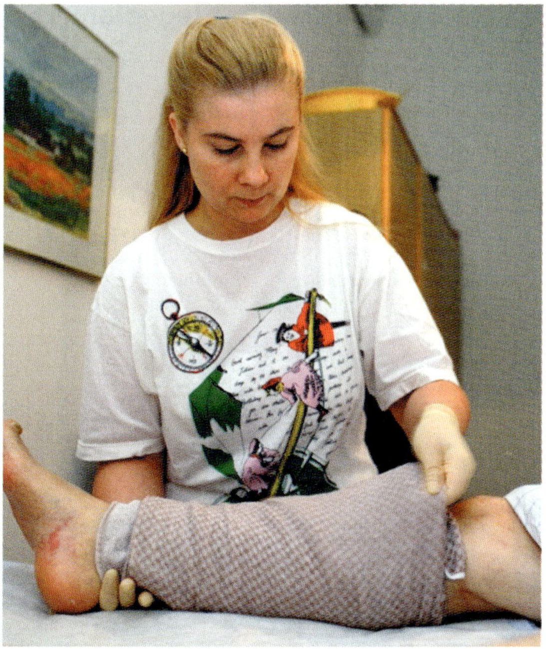

Abb. 5.80: Wadenwickel. [K157]

- Die Viskosität des Blutes erhöht ist und die Thrombosegefahr steigt (☞ 5.7).

Geeignete Getränke sind Mineralwasser, verdünnter Saft, Tee, evtl. Fieber senkende Tees wie z. B. Lindenblüten- und Stechpalmentee, sowie Gemüse- oder Fleischbrühe. Evtl. Flüssigkeitsbilanz erstellen (☞ 8.2).

Zimmer und Umgebung

Fieber ist für alte Menschen sehr belastend und erfordert Bettruhe. Das Zimmer sollte immer gut gelüftet werden, die Raumtemperatur dem Wunsch des Pflegebedürftigen entsprechen. Zugluft auf jeden Fall vermeiden.

Grelles Licht wird oft als unangenehm empfunden. Auf Wunsch kann das Zimmer leicht abgedunkelt werden.

Unterstützung in allen Lebensbereichen

Durch Fieber geschwächte Pflegebedürftige brauchen vorübergehend mehr pflegerische Unterstützung, z. B. bei der Körperpflege, beim Ausscheiden und bei der Nahrungsaufnahme. Ist Bettruhe erforderlich, sind folgende Prophylaxen erforderlich:

- Pneumonieprophylaxe, ☞ 5.5.2
- Obstipationsprophylaxe, ☞ 7.6.2
- Intertrigoprophylaxe, ☞ 9.4.2
- Dekubitusprophylaxe, ☞ 5.8.2
- Spezielle Mundpflege, ☞ 7.8.2
- Thromboseprohylaxe, ☞ 5.7.2.

5.10.3 Exemplarische Pflegeplanung

Pflegediagnose mit Ursache (PD), Ressourcen (R), Gewohnheiten (G), Erfahrungen (E), aktuelle Bedürfnisse (AB)	**Pflegeziele**	**Pflegetherapie** Information (I), Beratung (B), Motivation (M), Anleitung (A), Beaufsichtigung (Bf), teilweise Übernahme (tÜ), vollständige Übernahme (vÜ)
PD: Fieber aufgrund eines grippalen Infekts **R:** Ist orientiert, möchte schnell wieder „auf die Beine kommen" **E:** Kennt Wadenwickel und hat sie früher selbst angewandt **AB:** Licht blendet, möchte Ruhe in einem abgedunkelten Zimmer	Äußert Wohlbefinden Hat keine Folgeschäden Hat kein Flüssigkeitsdefizit	**vÜ:** Nach Arztrücksprache früh, mittags und nachmittags Fieber senkende Teilwaschung und abends bei hohem Fieber Wadenwickel **vÜ:** Tagsüber zweistdl. Vitalfunktionen kontrollieren, nachts nach Arztrücksprache **tÜ:** Bei Bedarf Unterstützung bei der Körperpflege, beim Essen, beim Ausscheiden **M, tÜ:** Zum Trinken motivieren, Getränk in erreichbare Nähe stellen, beim Trinken unterstützen. Lieblingsgetränke und Teesorten erfragen und anbieten **vÜ:** Alle Prohylaxen bei Bettlägerigkeit nach Standard **tÜ:** Wunschkost anbieten und bei der Nahrungsaufnahme unterstützen **vÜ:** Verschwitzte Wäsche sofort wechseln

Tab: 5.81: Beispielhafte Pflegeplanung bei Fieber.

Wiederholungsfragen

1. Was gehört zu den Vitalfunktionen? (☞ 5.1)
2. Welche im Alter häufig auftretende Erkrankungen beeinflussen die Vitalfunktionen? (☞ 5.1)
3. Inwieweit beeinflussen physiologische Alterungsprozesse die Vitalfunktionen? (☞ 5.1)
4. Welchen Einfluss hat die Lebenswelt auf die Vitalfunktionen? (☞ 5.1)
5. Welche medizinischen Fachgebiete behandeln Erkrankungen des Herz-Kreislaufsystems und der Atemwege? (☞ 5.1)
6. Worauf ist bei der Beobachtung der Atmung alles zu achten? (☞ Tab. 5.12)
7. Was kann bei Husten und Sputum beobachtet werden? (☞ 5.2)
8. Welche Veränderungen des Pulses lassen sich durch Pulstasten feststellen? (☞ 5.2)
9. Wie misst man den Blutdruck? (☞ 5.2)
10. Welche Möglichkeiten gibt es, die Körpertemperatur zu bestimmen? (☞ 5.2)
11. Welche Ursachen kann Dyspnoe haben? (☞ 5.3.1)
12. Welche Maßnahmen sind bei akuter Atemnot notwendig? (☞ 5.3.2)
13. Welche Gefahr besteht bei alten Menschen mit chronisch obstruktiven Lungenerkrankungen, wenn ihnen Sauerstoff verabreicht wird? (☞ 5.3.2)
14. Beschreiben Sie bitte die Durchführung des Absaugens! (☞ 5.3.2)
15. Welche pflegetherapeutischen Maßnahmen sind bei chronischen Atemwegserkrankungen angezeigt? (☞ 5.3.2)
16. Welche alten Menschen sind besonders aspirationsgefährdet und in welchen Situationen? (☞ 5.4.1)
17. Was gehört zur Aspirationsprophylaxe bei bewusstlosen und was bei bewusstseinsklaren alten Menschen? (☞ 5.4.2)
18. Welche alten Menschen sind besonders pneumoniegefährdet? (☞ 5.5.1)
19. Was gehört alles zur Pneumonieprophylaxe? (☞ 5.5.2)
20. Wie wird eine Trachealkanüle gewechselt? (☞ 5.6.2)
21. Welche Maßnahmen sind bei Tracheostomaträgern angezeigt? (☞ 5.6.2)
22. Welche Anzeichen sind typisch für eine Phlebothrombose und welche Folgen kann sie haben? (☞ 5.7.1)
23. Nennen sie bitte Maßnahmen zur Thromboseprophylaxe! (☞ 5.7.2)
24. Wodurch entsteht ein Dekubitus? (☞ 5.8)
25. Welche alten Menschen sind dekubitusgefährdet? (☞ 5.8.1)
26. Beschreiben Sie bitte die Schweregrade eines Dekubitus! (☞ 5.8.1)
27. Mit welchem Instrument lässt sich die Dekubitusgefahr eines Menschen einschätzen? (☞ Tab. 5.72)
28. Welche Druck entlastenden Lagerungen können zur Dekubitusprophylaxe eingesetzt werden? (☞ Tab. 5.73)
29. Welche Maßnahmen, außer die Druck entlastenden Lagerungen, helfen einem Dekubitus vorzubeugen? (☞ 5.8.2)
30. Welche Ursachen kann eine Unterkühlung haben und welche Anzeichen deuten darauf hin? (☞ 5.9.1)
31. Welche Erstmaßnahmen sind bei einer Unterkühlung notwendig? (☞ 5.9.2)
32. Welche Maßnahmen helfen, einer Unterkühlung bei alten Menschen vorzubeugen? (☞ 5.9.2)
33. Beschreiben Sie bitte die 4 Phasen des Fiebers! (☞ Tab. 5.79)
34. Wie wird ein alter Mensch mit Fieber gepflegt? (☞ 5.10.2)
35. Wie werden Wadenwickel angelegt? (☞ 5.10.2)

6. Für Bewegung und Mobilität sorgen

6.1 Bedeutung und Einflussfaktoren

> **„Für Bewegung und Mobilität sorgen“:** Lebensbereich, der alle Selbstpflegeerfordernisse umfasst, die eine individuellen Bedürfnissen entprechende Bewegung und Mobilität ermöglichen.

Bewegung ist elementar für das Leben. Sie ist Voraussetzung für die inneren Prozesse und Funktionen wie Zellteilung, Atmung, Verdauung, Herz- und Kreislauftätigkeit. Ohne Bewegung ist kein Leben möglich.

Durch Bewegung ist der Mensch in der Lage zu sitzen, zu stehen, zu laufen und zu liegen. Die Fähigkeit zur Bewegung ermöglicht es ihm, einen gewünschten Aufenthaltsort aufzusuchen bzw. ihn zu wechseln.

> ☑ Beweglich zu sein bedeutet, Autonomie und Freiheit für die Lebensführung zu besitzen.

Bewegung ermöglicht Wahrnehmung

Auch die **Sinnesorgane** (☞ Kap. 4) arbeiten nur vermittels Bewegung. *Sehen* ist ohne Lidschlag und ohne ständige Feinabstimmung der Augäpfel nicht möglich. Geräusche werden nur durch Schwingungen an den Gehörknöchelchen Hammer, Amboss und Steigbügel *gehört. Tasten* benötigt die Bewegung der Hände und zum *Riechen* bewegen sich die Härchen in der Nase durch die einströmende Atemluft. *Schmecken* kommt nur über die Bewegung der Zunge zu Stande.

Geistige Beweglichkeit

Beweglich sein meint oft nicht allein die körperliche Bewegung durch muskuläre Aktivität, sondern auch die **geistige Fähigkeit,** Neues in die Gedanken mit einzubeziehen, die Fähigkeit zum Mitdenken, Umdenken, Weiterdenken. Bei körperlich bedingten Bewegungseinschränkungen im Alter kann die geistige Beweglichkeit eine wichtige Ressource sein, um mit anderen Menschen in Kontakt zu bleiben.

Abb. 6.1: Mobiler Rollstuhlfahrer. [J666]

Mobilität durch Bewegung

Mobilität ist eine Fähigkeit, die durch Bewegung erreicht wird. Alle Lebensaktivitäten können frei ausgeübt werden. Damit ist der Zugang zur Außenwelt gewährleistet, das Zugehen auf andere Menschen und gemeinsame Unternehmungen, wenn sich individuelle Bedürfnisse und Interessen decken. Mangelnde Bewegungsfähigkeit schränkt die Kontakte zur Außenwelt ein und hat oft Einsamkeit und soziale Isolation (☞ 12.4) zur Folge.

> ☑ Mobil zu sein bedeutet oftmals Schutz vor dem Alleinsein.

Allerdings müssen Einschränkungen in der Bewegungsfähigkeit nicht zwangsläufig auch zu Einschränkungen der Mobilität führen. So gibt es beispielsweise auch Rollstuhlfahrer, die trotz ihrer Körperbehinderung völlig selbstständig einen Beruf ausüben und im Urlaub verreisen (☞ Abb.6.1). Damit wird deutlich, dass Mobilität für jeden Menschen etwas anderes bedeutet, Mobilität ist relativ.

Bewegung als Ausdruck seelischer Stimmung

An der Art und Weise, wie sich ein Mensch bewegt, lassen sich häufig Rückschlüsse auf seine momentane Stimmung und **innere Befindlichkeit** ziehen. Vor allem der Bewegungswillen wird durch die seelische Verfassung beeinflusst: Schleppt sich ein Mensch mit hängendem Kopf und hängenden Schultern langsam und mühsam den Flur entlang, liegt die Vermutung nahe, dass er nicht gerade glücklich, sondern eher traurig oder deprimiert ist. Ein fröhlicher Mensch bringt diese Fröhlichkeit auch durch Bewegungen wie z. B. Tanzen und Springen zum Ausdruck. Damit ist Bewegung ein Teil der **nonverbalen Kommunikation** (☞ auch 4.9).

Allerdings lässt der **Bewegungsdrang** mit zunehmendem Lebensalter nach. Während Kinder z. B. bei einer frohen Botschaft wild gestikulierend herumspringen, reagiert ein älterer Mensch in einer ähnlichen Situation meist weniger überschäumend.

Die deutsche Sprache kennt zahlreiche Redewendungen über den Zusammenhang von Bewegung und innerer Verfassung, z. B. „vor Freude in die Luft springen“, „den Kopf hängen lassen“, „weiche Knie haben“, „mit beiden Füßen auf dem Boden stehen“. Die Verknüpfung von Bewegung und Gefühl findet sich auch in Begriffen wie **„Zuwendung“, „bewegt“** oder **„angerührt“** sein.

Gesundheits- und Krankheitsprozesse

Anatomisch-physiologische Grundlagen

Zum **Bewegungsapparat** gehören alle **Knochen** *(Skelett)* einschließlich der Gelenke und deren Kapsel mit dazugehörenden Bändern sowie **Sehnen und Muskeln** *(quer gestreifte Muskulatur)*. Er erlaubt dem Menschen den aufrechten Gang und die Bewegung einzelner Körperteile. Die Körperbewegungen finden an den Verbindungsstellen zwischen den Knochen, den **Gelenken,** statt.

Gesteuert werden diese anatomischen Strukturen durch das Zentrale Nervensystem (ZNS), insbesondere durch das **Gehirn.** Über motorische Nerven werden Bewegungsimpulse vom Gehirn zu den Muskeln geleitet und ermöglichen willkürliche Bewegungen. Gleichzeitig melden Sinnesorgane wie Augen und Gleichgewichtsorgan ständig Informationen zur aktuellen Körperhaltung über sensible Nerven an das Gehirn. Nur über das komplexe Zusammenspiel verschiedener komplizierter Strukturen kommt eine koordinierte Bewegung zu Stande. Dies erklärt auch, warum auch Erkrankungen des Gehirns und des Nervensystems große Auswirkungen auf den Bewegungsapparat und die Mobilität eines Menschen haben.

☑ **Use it or lose it**

Gebrauch es oder Du wirst es verlieren, dieses Sprichwort bringt es auf den Punkt: Alle Bewegungsmöglichkeiten bleiben nur erhalten, wenn sie regelmäßig ausgeübt werden. Wird der Bewegungsumfang auf ein Minimum reduziert, das Gelenk also z. B. ruhig gestellt, so drohen Versteifung (Kontraktur, ☞ 6.4.2) und dauerhafte Bewegungseinschränkungen.

Bewegungsrichtungen der Gelenke

Die Bewegungsmöglichkeiten der einzelnen Gelenke sind verschieden. Es sind acht Bewegungsrichtungen möglich (☞ Abb. 6.4).

- Beugung und Streckung (Flexion und Extension)
- Abspreizung und Heranziehen (Abduktion und Adduktion)
- Einwärts- und Auswärtsdrehung (Innenrotation und Außenrotation). An Händen und Füßen wird die Einwärtsdrehung Pronation, die Auswärtsdrehung Supination genannt (☞ Abb. 6.5)
- Nach vorne und nach hinten wenden (Anteversion und Retroversion).

Gangbild

Gehen ist ein sehr komplexer Bewegungsablauf, an dem zahlreiche Muskelgruppen, Nerven, Knochen und Gelenke fein abgestimmt zusammenwirken. Das **Gangbild,** also die typische Art und Weise des gesam-

Abb. 6.2 und 6.3: Mimik als Ausdrucksbewegung des Gesichtes und Gestik als Ausdrucksbewegung von Armen und Händen verraten etwas über die Befindlichkeit eines Menschen und auch über zwischenmenschliche Beziehungen. Mit großer Treffsicherheit lässt sich aus dem zum Partner gewendeten Blick und dem offenen Lächeln in der Abb. 6.2 auf eine harmonische Stimmung schließen. Ganz anders in Abb. 6.3: Finsterer Gesichtsausdruck, voneinander abgewandte Haltung und trotzig verschränkte Arme verdeutlichen: Hier gibt es Unstimmigkeiten! [K157]

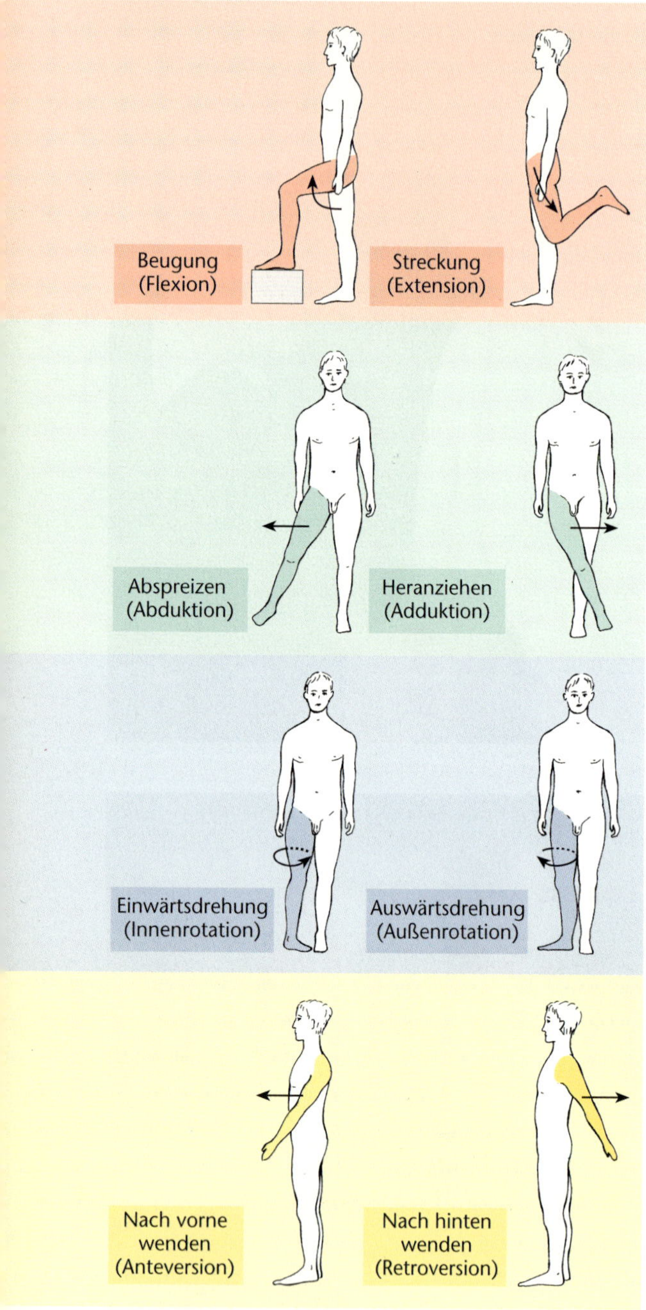

Abb. 6.4: Bewegungsrichtungen der Gelenke am Beispiel des Hüft- bzw. Schultergelenks. [A400-190]

ten Bewegungsablaufes, kann sehr unterschiedlich sein. Zum einen ist es *individuell* verschieden. Das heißt, dass es bei jedem Menschen etwas anders aussieht, wenn er läuft. So erkennt man einen in weiter Entfernung laufenden guten Bekannten häufig auch dann, wenn das Gesicht oder andere Details nicht identifiziert werden können. Allein die Art, wie er sich bewegt, reicht aus, ihn trotzdem zu erkennen.

Zum anderen ist das Gangbild eines jeden Menschen nicht immer gleich. Es ist ebenso *stimmungsabhängig* wie andere Bewegungen auch, der federnde, beschwingte Schritt des Erleichterten, das sportlich energische Voranschreiten des Entschlossenen oder das kraftlose, müde Schleichen des Enttäuschten. Alle diese Unterschiede sind nicht Ausdruck einer Erkrankung, sondern einer großen Bandbreite physiologischer Gangbilder.

Haltung

Mit **Haltung** ist weniger ein Bewegungsablauf, sondern eher das statische Erscheinungsbild des Körpers gemeint. Sie setzt ein fein abgestimmtes Zusammenspiel von Sinnesorganen, Nerven, Muskeln und Gelenken voraus. In jeder Position, im Stehen, Sitzen oder in geringerem Maße auch im Liegen zeigt ein Mensch eine bestimmte Haltung.

Ähnlich wie das Gangbild ist auch die körperliche Haltung eines Menschen zum einen *individuell* verschieden, zum anderen von *psychischen Einflüssen* abhängig. Während ein selbstbewusster, erfolgreicher Mensch auch durch seine aufrechte, stolze Haltung sein psychisches Gleichgewicht demonstriert, vermutet man hinter einer schlaffen, müden Haltung eher einen wenig tatkräftigen Menschen. Wie eng die körperliche Haltung eines Menschen mit seiner seelischen Verfassung verknüpft ist, zeigt auch die deutsche Sprache. So kann mit dem Begriff Haltung sowohl die **körperliche Haltung** im Raum, aber auch die Einstellung eines Menschen, **die innere Haltung,** gemeint sein.

☑ **Gesunde Bewegungen**

- Sind uneingeschränkt in allen physiologischen Richtungen möglich
- Werden bei einer normalen Muskelspannung (Muskeltonus) durchgeführt
- Sind koordiniert und wirken dadurch flüssig
- Werden vom Körper selbst kontrolliert, so dass die Körperhaltung im Raum den Bewegungen angepasst werden kann.

Erkrankungen mit Einschränkungen von Bewegung und Mobilität

Die Beweglichkeit und körperliche Mobilität kann durch akute oder chronische Erkrankungen des Bewegunsapparates selbst, durch Erkrankungen des Nervensystems oder durch Erkrankungen anderer Organsysteme beeinträchtigt sein.

Zu den Erkrankungen des **Bewegungsapparates** gehören z. B.

- Arthrose (degenerative Gelenkzerstörung)
- Osteoporose (☞ unten)
- Entzündliche Gelenkerkrankungen, z. B. chroni-

sche Polyarthritis („Rheuma"), Morbus Bechterew (fortschreitende entzündliche Wirbelsäulenversteifung)
- Gelenkzerstörung durch Ablagerung von Harnsäurekristallen in den Gelenken bei Gicht
- Verletzungen, z. B. Frakturen, Prellungen, Zerrungen
- Amputationen.

Erkrankungen des **Nervensystems,** die die Mobilität beeinrächtigen sind z. B.
- Lähmungen, z. B. durch Schlaganfall, bei Hirntumoren
- Morbus Parkinson. Die Erkrankung führt durch einen Mangel des Gehirnbotenstoffes Dopamin u. a. zu Muskelsteifigkeit, Zittern der Hände (Tremor) und zu einer Verarmung der Gesamtbeweglichkeit mit einem für diese Krankheit typischem Gangbild (☞ Abb. 6.6)
- Depression und Demenz
- Multiple Sklerose: zahlreiche Entzündungsherde in Gehirn und Rückenmark führen zu verschiedenen Symptomen, z. B. Lähmungen
- Schädigung mehrerer Nerven (Polyneuropathie), häufig bei Diabetes mellitus
- Rückenmarkschädigung, z. B. Querschnittslähmung

Erkrankungen, die nicht primär den Bewegungsapparat betreffen, werden häufig nicht als Ursache einer eingeschränkten Mobilität erkannt und können im schlimmsten Fall zu einem Immobilisationssyndrom (☞ 6.4) führen, z. B.
- Alle Erkrankungen, die mit Schmerzen einhergehen
- Erkrankungen, die den Körper schwächen, z. B. Infektionen mit Fieber
- Erkrankungen mit Atemnot
- Chronische Durchblutungsstörungen der Beine
- Schwindel

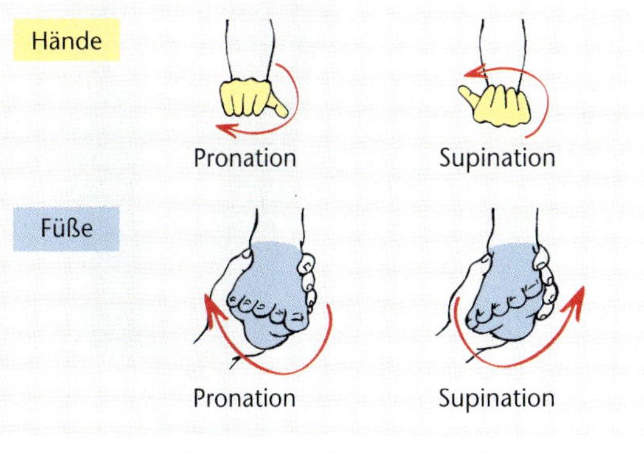

Abb. 6.5: Ein- und Auswärtsdrehung an Händen und Füßen. [A400-190]

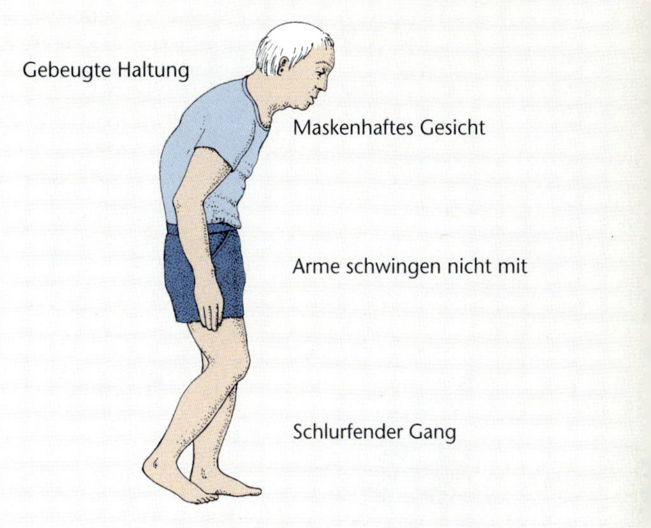

Abb. 6.6: Typisches Gangbild bei Morbus Parkinson: Kleinschrittiger, schlurfender Gang mit vornüber gebeugtem Oberkörper. Die Arme schwingen nicht mit. Durch verminderte Aktivität der mimischen Muskulatur wirkt das Gesicht wie eine Maske und wenig lebendig. [A400-190]

- Bewusstseinseinschränkungen
- Starkes Über- oder Untergewicht
- Schilddrüsenfunktionsstörungen.

Lebensspanne

Vom Erlernen koordinierter Bewegungsabläufe hängt für den Menschen die Selbstständigkeit, die Organisation des Lebens, der Kontakt zu seiner Umwelt und seine Handlungsweise ab. Die herausragende Rolle in der menschlichen Bewegungsfähigkeit spielt der **aufrechte Gang.** Er ist dem Menschen als einzigem Lebewesen eigen. Der aufrechte Gang wird durch zweierlei „erkauft":
- Mit der ständigen Anstrengung, sich im **Gleichgewicht** halten zu müssen. Diese Leistung wird, gemeinsam mit visuellen (Auge) und kinästhetischen (Oberflächen-, Tiefensensibilität) Mechanismen, vom Gleichgewichtsorgan im Innenohr und dem Kleinhirn erbracht
- Mit hohen **Belastungen** für die unteren Extremitäten, die allein das Körpergewicht tragen. Durch den aufrechten Gang ist die obere Extremität als Fortbewegungsinstrument überflüssig geworden.

☑ Beine und Hüften sind den Anforderungen oftmals nicht ein ganzes Leben lang gewachsen. So leidet ein sehr großer Teil der alten Menschen unter **Verschleißerkrankungen** der Gelenke (Arthrose, ☞ unten), besonders des Hüft- oder Kniegelenks.

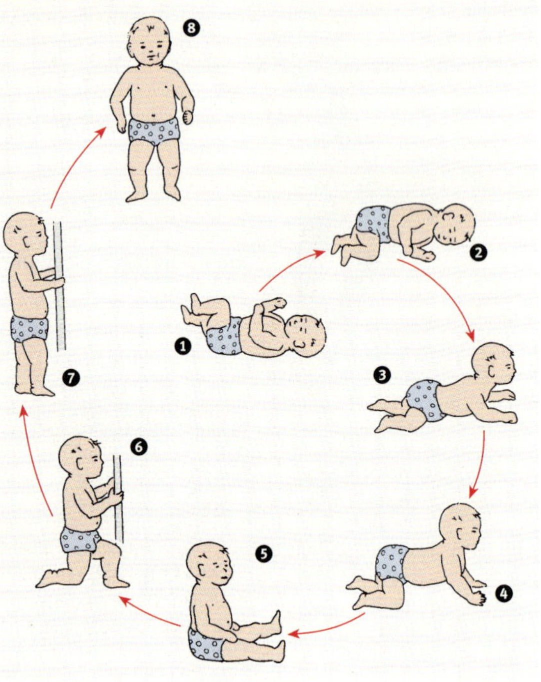

Abb. 6.7: Die Grundpositionen, die vom Liegen in den aufrechten Gang führen. Ein Baby bringt sich jeweils durch eine Drehbewegung von der Rückenlage in die Bauchlage, in die „Krabbelposition", in den Sitz und über den Stand auf einem Fuß in die aufrechte Position. [A300-157]

Die Fähigkeit zum aufrechten Gang ist nicht von Geburt an vorhanden, sondern wird am Ende der Säuglingszeit im Alter von etwa einem Jahr erworben. Durch ständiges Üben gelingt es dem **Kleinkind** schließlich, die Balance zu halten und aufrecht zu gehen. Beobachtet man, wie ein Baby aus der Rückenlage in den aufrechten Gang kommt (☞ Abb. 6.7), so findet man die Grundpositionen menschlicher Bewegung, die sich auch das Kinästhetik-Konzept in der Pflege (☞ 6.3.2) zunutze macht.

Ist das Laufen erst einmal erlernt, werden die Bewegungen mit jedem Lebensjahr sicherer und koordinierter, die Muskeln festigen sich, der Bewegungsdrang ist nicht zu bremsen. Zum Ende der **Pubertät** hat der Körper seine volle Größe erreicht, die Wachstumsfugen der Knochen verknöchern, das Längenwachstum ist beendet, und die Muskeln sind voll ausgebildet. Zu diesem Zeitpunkt erreicht der Mensch seine höchste Bewegungsfähigkeit, die bis in die mittleren **Erwachsenenjahre** anhält. Ohne sportliche Aktivitäten nimmt jedoch die Muskelmasse ab der Lebensmitte kontinuierlich ab und wird durch Fettgewebe ersetzt, Kraft und Ausdauer lassen nach. Mit 80 besitzt der Mensch nur noch etwa ¼ der Muskelmasse eines 40-jährigen. Zusätzlich sind die Muskeln im Alter immer weniger dehn- und reißfest, so dass die Verletzungsgefahr steigt. Dazu kommen

- Eine beeinträchtigte **Sehfähigkeit** (☞ 4.4), so dass Bewegungen vorsichtiger und zögerlicher ausgeführt werden
- Verzögerte **Kreislaufreflexe** (☞ 5.1) durch unelastisch gewordene Gefäße, so dass vor allem das morgendliche Aufstehen oder längeres Stehen durch Blutdruckschwankungen bzw. Blutdruckabfall erschwert ist
- Nachlassender Gleichgewichtssinn, so dass es alten Menschen schwerer fällt, die Balance zu halten.

Gefahr durch Osteoporose

Aufgrund all dieser Veränderungen trauen sich alte Menschen immer weniger zu und werden vorsichtiger, weil sie Angst haben, sich zu verletzen. Und diese Angst ist nicht ganz unbegründet: Nach den Wechseljahren droht 25% aller Frauen **Osteoporose** *(Knochenschwund)*. Die Knochen, besonders der Wirbelsäule und Hüfte, werden porös (durchlässig) und instabil. Die Knochenform selbst bleibt erhalten, aber durch den Verlust der stabilisierenden Knochenbälkchen verringert sich die Knochenmasse (☞ Abb. 6.8). Die *Ursachen* hierfür sind

- Abnahme des weiblichen Geschlechtshormons Östrogen nach den Wechseljahren

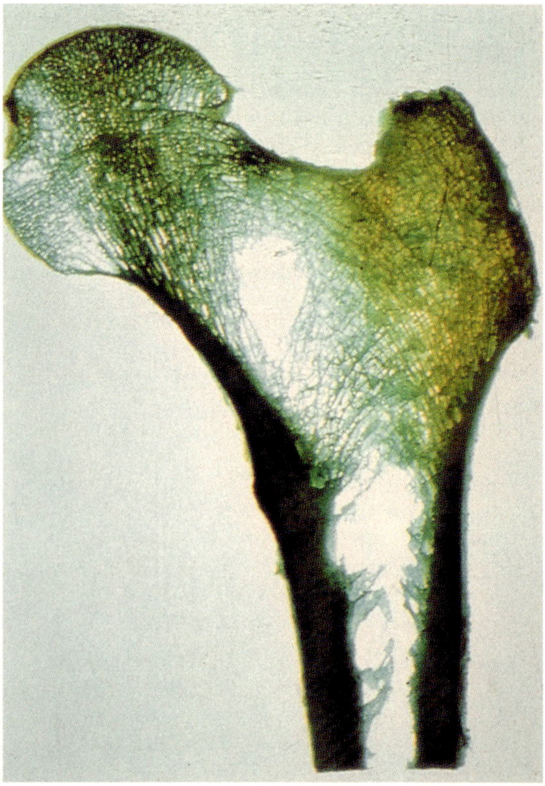

Abb. 6.8: Aufgesägter Oberschenkelknochen mit massivem Verlust der Knochenmasse. Schenkelhalsfrakturen treten bei einem verhältnismäßig leichten Sturz auf die Hüfte im Bereich des „löchrigen" Schenkelhalses auf. [O136]

- Mangelnde Kalziumzufuhr, auch schon in jüngeren Jahren
- Bewegungsmangel
- Erkrankungen, z. B. Diabetes mellitus, Schilddrüsenüberfunktion
- Langzeiteinnahme von Glukokortikoiden, z. B. Kortison®.

☑ Der schleichende Knochenschwund wird oft erst bemerkt, wenn ein relativ leichter Sturz auf die Hüfte zu einem Knochenbruch, meist einem **Schenkelhalsbruch,** führt. Die Folgen sind schwerwiegend: Häufig können die Betroffenen nach dem Krankenhausaufenthalt nicht in ihr häusliches Umfeld zurückkehren und müssen unfreiwillig in eine stationäre Altenpflegeeinrichtung aufgenommen werden.

Arthrose – schmerzhafter Gelenkverschleiß

Mit zunehmendem Alter wird auch die Knorpelschicht der **Gelenke** dünner und unelastischer. Sie verliert ihre Glattheit an stark belasteten Stellen und schmerzt, anfänglich nur zu Beginn einer Belastung („Anlaufschmerz"), später auch in Ruhe. Im Laufe der Zeit wird das betroffene Gelenk durch die fortschreitenden Entzündungs- und Umbauprozesse steif. Diese als **Arthrose** bezeichnete chronische Gelenkerkrankung kann bei kleinsten Überbeanspruchungen zu einer entzündlichen Reizung der Gelenkinnenhaut mit massiven Schmerzen, Schwellung und entzündlicher Überwärmung des Gelenkes führen **(Arthritis).**

Am häufigsten sind **Hüft- und Kniegelenke** *(Cox- bzw. Gonarthrose)* von der Arthrose betroffen. Eine unmittelbare **Ursache** für die Arthrose ist meist nicht feststellbar, Risikofaktoren sind Übergewicht und Sportarten bzw. berufliche Tätigkeit, die die entsprechenden Gelenke ein Leben lang stark belastet haben, oder Fehlbelastungen.

☑ Physiologische Veränderungen im Alter und verschiedene Krankheiten schränken den Bewegungsradius und die Bewegungsintensität alter Menschen ein. Aus Angst vor Stürzen und Verletzungen werden die Bewegungen nur vorsichtig und nicht im vollen Umfang ausgeführt. Diese „prophylaktische" Bewegungsarmut verschlimmert das Problem jedoch, weil nicht gebrauchte Muskeln, Gelenke und Knochen noch schwächer werden. So entsteht ein Teufelskreis, den es zu durchbrechen gilt.

Lebenswelt

In der Beurteilung der eigenen Mobilität spielen **Lebensgewohnheiten** eine wichtige Rolle. So fühlt sich z. B. eine alte Bäuerin, die ihr Leben lang Haus und

Abb. 6.9: Solange diese Frau ihren Garten, in dem sie in den letzten Jahren den größten Teil ihrer Zeit verbracht hat, ohne größere Probleme aufsuchen kann, misst sie ihrer eingeschränkten Mobilität wenig Bedeutung bei. [K157]

Hof nur selten verlassen hat, fast vollständig mobil, wenn sie sich auch im Alter noch im gewohnten Umkreis bewegen kann. Erst wenn z. B. eine zu steile Treppe den täglichen Gartenbesuch verhindert, klagt sie über mangelnde Mobilität (☞ Abb. 6.9).

Dagegen kann sich ein alter Mensch, der lebenslang vielfältige kulturelle Ereignisse in der nahe gelegenen Großstadt besucht und dort zahlreiche Freundschaften geknüpft hat, bereits dann in seiner Mobilität eingeschränkt fühlen, wenn die Verkehrsverbindungen unzureichend sind oder nicht mehr genutzt werden können.

Kinder und junge Erwachsene bewegen sich im Laufe des Tages viel häufiger als alte Menschen, die einen geringeren **Bewegungsdrang** haben. Zusätzlich wird der **Bewegungswille** im Laufe des Lebens durch viele äußere und innere Faktoren beeinflusst.

Äußere Faktoren in der Umgebung des Menschen:

- Die Ausstattung der häuslichen Umgebung bzw. des Pflegeheims
- Die Versorgung mit und der Gebrauch von Hilfsmitteln

- Das Angebot an bewegungsfördernden Tätigkeiten oder Veranstaltungen in einem Heim. Seniorengymnastik und Seniorentanz sind beispielsweise Aktivitäten, die in Gemeinschaft Freude an der Bewegung vermitteln (☞ 12.3.2)
- Das Zusammenarbeiten mit anderen Berufsgruppen in Pflegeheimen: Der regelmäßige Besuch von KrankengymnastInnen und auch BeschäftigungstherapeutInnen verhelfen zu mehr altersgerechter körperlicher Aktivität
- Die Organisation der Pflege: Aktivierende Pflege, konsequent und professionell durchgeführt, stellt einen großen Teil der „Mobilisationsarbeit" dar. Dazu gehört, den Pflegebedürftigen zu alltäglichen Handlungen, die er selbstständig durchführen kann, zu motivieren und ihn ggf. anzuleiten (☞ 6.4.2)
- Im Umgang mit Hilfsmitteln zur Mobilisation entsprechend geschultes Personal.

Innere Faktoren, die aus dem alten Menschen selbst resultieren:

- Erkrankungen (☞ oben unter Krankheitsprozesse) mindern den Bewegungsdrang
- Die persönliche Einstellung eines Menschen zur Frage der Mobilisation beeinflusst seine Freude oder auch seinen Widerwillen gegenüber Bewegung. Ein Mensch, der sein Leben lang sportlich aktiv war und entsprechende Hobbys pflegte, hat auch im Alter größeren Spaß an Bewegung
- Die innere Haltung des alten Menschen zum Einsatz von Hilfsmitteln. Durch Scham werden angeschaffte Mittel nicht eingesetzt, die zur Erleichterung und Unterstützung von Bewegung dienen könnten.

Einfluss der räumlichen Umgebung

Manche Mobilitätseinschränkung muss der ältere Mensch nur deshalb hinnehmen, weil sein Umfeld nicht behindertengerecht ausgestattet ist. Die Hindernisse sind für ihn unüberwindbar und die Verletzungsgefahr zu groß (☞ auch 11.3). Die Mobilität bei Bewegungseinschränkungen wird eingeschränkt z. B. durch:

- Ungenügende Haltevorrichtungen an Betten, Toilette, Waschbecken
- Ungenügende Sicherungen im Bad
- Unüberwindlich steile Treppen
- Teppichränder als Stolperquellen
- Keine Bänke zum Ausruhen in Parkanlagen
- Zu hohe Treppen beim Einstieg in Nahverkehrsmittel
- Ungünstige architektonische Verhältnisse, z. B. enge Badezimmer, die den Einsatz von Rollstühlen evtl. unmöglich machen
- Schlecht zu fassende Gegenstände, z. B. Besteck mit dünnem Griff bei Halbseitenlähmung nach einem Schlaganfall.

Diagnostik und Therapie anderer Gesundheitsfachberufe

In Hinblick auf Mobilisation und Bewegung steht eine Menge an diagnostischen und therapeutischen Verfahren zur Auswahl, die von unterschiedlichen Berufsgruppen wahrgenommen werden.

Medizin

Für Diagnostik und Therpie von Erkrankungen des Bewegungsapparates ist überwiegend das Fachgebiet der **Orthopädie,** bei akuten Verletzungen das Fachgebiet der **Traumatologie** (Unfallchirurgie) zuständig, wobei sich Zuständigkeiten häufig überschneiden. Das Fachgebiet der **Radiologie** trägt durch Röntgen- und andere Apparate zur Diagnostik der Erkrankungen und Verletzungen bei. **NeurologInnen** und **PsychiaterInnen** diagnostizieren und therapieren Erkrankungen des Nervensystems und der Psyche wie Lähmungen, Morbus Parkinson, Depression und Demenz. Eine Spezialrichtung der Medizin, die **Rheumatologie,** hat sich auf die zahlreichen Erkrankungen des rheumatischen Formenkreises spezialisiert.

Die **HausärztIn** und das Fachgebiet der **Inneren Medizin** sind gefragt, wenn Erkrankungen den Körper schwächen und so zu Einschränkungen von Mobilität und Bewegung führen.

So wirksam die Medizin auch viele Erkrankungen erkennen und behandeln kann, ihre Maßnahmen sind mitunter auch „daran Schuld", dass sich ein Mensch nicht bewegen kann. So zwingen z. B. **therapeutische Ruhigstellungen** durch Verbände und Gips oder eine Infusionstherapie den Behandelten ins Bett, obwohl er vielleicht sonst noch recht agil ist.

Andere Gesundheitsfachberufe

Für Erkrankungen des Bewegungsapparates ist vor allem die **Physiotherapie** zuständig (☞ Abb. 6.10). Sie verwendet verschiedene Methoden, um die Mobilität eines alten Menschen zu erhöhen.

- **Wärme- und Kälteanwendungen**
  - Besonders bei Gelenkentzündungen wird Kälte als wohltuend empfunden. Kälteanwendungen können lokal, d.h. auf einzelne Gelenke begrenzt oder auch global, d.h. der Betroffene sitzt für kurze Zeit in einer so genannten Kältekammer, angewandt werden
  - Wärme kann mit verschiedenen Hilfsmitteln appliziert werden. Besonders Fango und Heilschlamm wird in der physikalischen Therapie verwendet, um schmerzhafte Muskelverspannungen zu lockern, die Durchblutung zu verbessern und so eine Massage effektiver zu gestalten
- **Elektrotherapie:** Durch verschiedene Stromformen lassen sich ein erhöhter Muskeltonus reduzieren, Schmerzen lindern und Muskeln kräftigen
- **Massagen:** Sie dienen der Lockerung von Muskelverspannungen, fördern die Entfernung von Stoff-

wechselprodukten und steigern die Hautdurchblutung

- **Bäder:** Die Tragfähigkeit des Wassers unterstützt den Stützapparat, die Gelenke können mit weniger Belastung bewegt werden. Verschiedene Badezusätze fördern die Durchblutung der Haut
- **Bewegungstherapie:** Je nach den speziellen Erfordernissen werden Bewegungen in verschiedenen Schwierigkeitsgraden durchgeführt. Sie reichen vom passiven Durchbewegen (d. h. der Betroffene setzt keine eigene Muskelkraft ein) über aktive Bewegung bis hin zur Aktion gegen einen von außen ausgeübten Widerstand.
  Eine Besonderheit stellt die **Gangschule** dar: Es soll durch Erlernen physiologischer Bewegungsmuster und den richtigen Gebrauch und Einsatz von Hilfsmitteln ein möglichst „normales" Gangbild (wieder-) erlangt werden.

Weitere Gesundheitsfachberufe, die zur Behandlung von Bewegungsstörungen hinzugezogen werden können, sind z. B.

- **OrthopädietechnikerInnen,** die bei verschiedenen Krankheitsbildern des Bewegungsapparates entsprechendes Schuhwerk und Hilfsmittel individuell anfertigen
- **ErnährungsberaterInnen,** wenn z. B. bei starkem Übergewicht die Gelenke zu sehr belastet werden und Folgeschäden zu erwarten oder bereits eingetreten sind
- **OptikerInnen** (und AugenärztInnen), die die Sehfähigkeit möglichst so weit wiederherstellen, dass keine Gangunsicherheiten aus der Sehschwäche resultieren.

Konsequenzen für die AltenpflegerIn

Bewegung ist zentraler Bestandteil des Lebens und die Hauptsäule vieler prophylaktischer Maßnahmen. Sie ist Ausdruck von Lebensfreude, trägt zur Gesunderhaltung und Selbstständigkeit des alten Menschen bei. All diese positiven Wirkungen machen es zwingend notwendig, die Mobilität eines Menschen zu erhalten. Dazu ist es erforderlich, Informationen zur „Bewegungsbiografie" eines alten Menschen zu sammeln und seine körperliche Aktivität entsprechend individuell zu fördern.

In Zusammenarbeit mit anderen Berufsgruppen fällt der AltenpflegerIn die anspruchsvolle Rolle zu, immer wieder neu zur Bewegung zu motivieren, auch wenn Schmerzen alte Menschen eher zum „Sich-gehen-Lassen" verleiten und sie die Notwendigkeit der physikalischen Therapie in Frage stellen.

Um diesen Anforderungen gerecht werden zu können, ist es notwendig, sich selbst immer wieder die Bedeutung von Bewegung bewusst zu machen. Nur so wird die Bewegungsförderung einen festen Bestandteil der täglichen Pflege und somit der täglichen Mobilisation ausmachen.

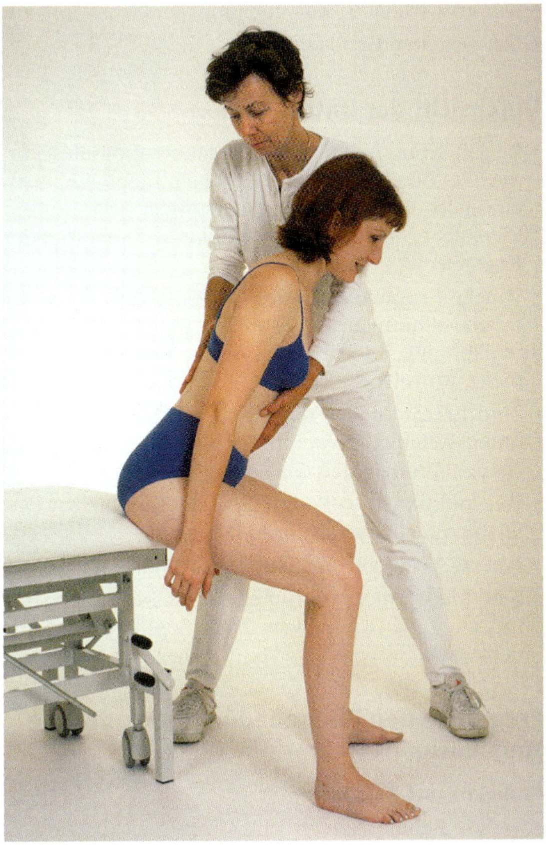

Abb. 6.10: PhysiotherapeutInnen sind Experten, wenn es um die Beweglichkeit bei jungen und alten Menschen geht. [K104]

Für Bewegung und Mobilität sorgen bedeutet nicht, einen alten Menschen zu sportlichen Hochleistungen zu bringen. Es sind die häufigen, täglich wiederkehrenden Kleinigkeiten wie z. B. sich das Gesicht selbst waschen oder sich allein kämmen, die Bewegung im Alter ausmachen. Ziel der Bewegungsförderung ist, die Selbstständigkeit des alten Menschen zu erhalten oder wiederherzustellen.

6.2 Der Weg zur Pflegediagnose

Um zu einer Pflegediagnose zu kommen, werden Informationen über aktuelle oder potenzielle Probleme, Ressourcen, Erfahrungen und Gewohnheiten sowie zu den aktuellen Bedürfnissen des Pflegebedürftigen gesammelt. Die Informationen werden gewonnen aus

- Den vorhandenen Unterlagen
- Der Befragung des Pflegebedürftigen oder der Angehörigen

- Der körperlichen Untersuchung
- Der gezielten Beobachtung.

Durchsicht der Unterlagen

- Liegen Krankheiten des Bewegungsapparates vor, die die Bewegungsfähigkeit beeinträchtigen, z. B. chronische Polyarthritis, Arthrose, Frakturen, künstliche, implantierte Gelenke, z. B. Hüft- oder Kniegelenk?
- Welche Erkrankungen des Nervensystems oder der Psyche schränken die Mobilität ein, z. B. Halbseitenlähmung, Morbus Parkinson, Depression, Demenz, Morbus Alzheimer?
- Sind Erkrankungen des Herz-, Kreislauf- oder Atmungssystems bekannt, z. B. Herzinsuffizienz, Asthma bronchiale?
- Wie funktionstüchtig sind die Sinnesorgane zur Unterstützung der gefahrlosen Bewegung?
- Welche Medikamente sind angeordnet?
- Sind Medikamente darunter, die die Motorik beeinflussen, z. B. Tranquilizer, Neuroleptika und Antidepressiva?

Fragen an den Pflegebedürftigen oder die Angehörigen

Probleme und Ressourcen

- Treten Schmerzen zu einer Tageszeit besonders häufig auf?
- Benötigen Sie morgens eine gewisse „Anlaufzeit", um sich ausreichend bewegen zu können?
- Sind Schmerzen in Ruhe und Bewegung gleich?
- Gibt es Phasen (Wochen, Tage), in denen Schmerzen geringer sind?
- Haben Sie Probleme mit Ihrer Schmerzmedikation (z. B. Magenbeschwerden)?
- Fühlen Sie sich ausreichend versorgt mit Schmerzmedikamenten?
- Haben Sie die Motivation sich zu bewegen, haben Sie Spaß an der Bewegung?
- Wollen Sie sich so weit wie möglich allein versorgen?
- Fühlen Sie sich beim Gehen unsicher, weil Sie schlecht sehen?
- Können Sie sich allein im Bett drehen oder zur Toilette gehen?
- Wurden in der Vergangenheit besonders morgens rote Stellen an dekubitusgefährdeten Stellen beobachtet?
- Sind Sie ausreichend mit Hilfsmitteln (Gehstock, aber auch Brille) versorgt und kommen Sie damit zurecht?
- Benötigen Sie Begleitpersonen, um das Haus zu verlassen?
- Sind Sie in der Vergangenheit oft gestürzt und haben Sie Angst vor weiteren Stürzen?
- Wie ist Ihre momentane psychische Verfassung? Fühlen Sie sich „wie gelähmt" oder „könnten Sie Bäume ausreißen"?
- Ist die Umgebung behindertengerecht (z. B. Haltegriffe, Beleuchtung)?
- Sind Sie eingeschränkt in der Ausübung Ihrer Hobbys?

Gewohnheiten und Erfahrung

- Hatten Sie früher Spaß an der Bewegung? Hatten Sie Hobbys, die bewegungsintensiv sind oder waren?
- Welche Tätigkeiten des Alltags haben Sie bisher ohne Hilfestellung selbstständig durchführen können?
- Mit welchen Medikamenten zur Schmerzstillung haben Sie gute Erfahrungen gemacht?
- Haben Wärme- oder Kälteanwendungen zur Schmerzbewältigung geholfen? Wenn ja, welche? Welche Applikationsart (z. B. Wärmflasche, Bäder)?
- Welche Hilfsmittel zur Unterstützung des Gehens bzw. der Mobilität haben Sie in der Vergangenheit schon angewendet? Fühlten Sie sich damit sicher?
- Waren Sie bisher eher morgens oder abends körperlich aktiv oder war Bewegung für Sie von der Tageszeit unabhängig?

Aktuelle Bedürfnisse

- Haben Sie momentan Schmerzen in Gelenken oder Muskeln?
- Fühlen Sie sich in Hinblick auf Gehen unsicher und haben Angst vor Stürzen?

Körperliche Untersuchung

- Wie ist der Händedruck: kräftig, gezielt oder kraftlos?
- Gibt es Auffälligkeiten beim vorsichtigen Durchbewegen der großen Gelenke: Knackgeräusche, Knirschen oder ist die physiologische Beweglichkeit nicht mehr möglich? Ist ein muskulärer Widerstand beim Durchbewegen zu verspüren?
- Wie sehen die Gelenke aus: physiologisch oder sind Rötungen, Schwellungen oder Verformungen zu beobachten bzw. zu ertasten?
- Sind Versteifungen an den Extremitäten zu sehen oder werden beim Bewegen deutlich?
- Wie sieht die Haltung der Extremitäten aus: Bestehen Beuge- oder Streckkontrakturen (z. B. Spitzfuß)?
- Sind Muskeln oder ganze Muskelgruppen hart und verspannt?

- Ist ein Zittern zu beobachten? Nimmt das Zittern in Ruhe zu oder verschwindet es bei zielgerichteten Bewegungen?
- Können Gegenstände fest und zielsicher angefasst werden?
- Wie kommt der alte Mensch in das Zimmer: Geht er alleine oder in Begleitung? Werden Gehstöcke o. Ä. eingesetzt? Benötigt er einen Rollstuhl? Wird er darin gefahren oder kann er ihn allein bewegen?

Beobachtung

Eine genaue **Beobachtung** erfordert ein großes Fachwissen seitens der Pflegekraft, um gezielt physiologische und pathologische Bewegungen und Bewegungsmuster zu unterscheiden. Wie auch bei der körperlichen Untersuchung ist die Beobachtung bei verwirrten Menschen eine nicht zu unterschätzende Quelle von Informationen. Sie sollte behutsam und diskret durchgeführt werden. Die Wahrung der Intimsphäre gehört ebenso dazu wie ein ruhiger, abgeschiedener Raum.

Besonders vorteilhaft ist es, dass sich die Beobachtung der Mobilität nicht auf eine kurze Zeitspannne beschränken muss, sondern den ganzen Tag und auch nachts möglich ist. Denn selbst wenn ein Mensch im Bett liegt, so stehen ihm dennoch mannigfaltige Bewegungsmöglichkeiten zur Verfügung. Zur Beobachtung hat die AltenpflegerIn also 24 Stunden Zeit.

Die folgenden Anhaltspunkte stellen eine Hilfe dar:

- Wie sieht der **Gang** aus: sicher, unsicher, schlurfend, schwankend, neigt sich auf eine Seite, trippelnd, zittrig, mit Hilfsmitteln
- Wie ist die **körperliche Verfassung** zu bezeichnen: gute oder schlechte Kondition, köperliche Schwäche?
- Besteht **Über- oder Untergewicht**?
- Liegen **Amputationen** oder **Lähmungen** vor?
- **Hautfarbe:** Wird das Gesicht blass oder bläulich oder rötet es sich bei Anstrengung?
- Welche **Anforderungen** können bewältigt werden:
  - Im Bett allein drehen?
  - Allein auf die Toilette gehen?
  - Sich allein waschen und anziehen?
  - Allein vom Bett in den Sessel kommen?
  - Treppen steigen?
  - Sich allein versorgen (kochen, einkaufen)?
- **Wie** werden die Bewegungen durchgeführt: unter Schmerzen, unkoordiniert, in Schonhaltung, zielgerichtet?

Mit Tabelle 6.11 können die Eigenständigkeit und der Unterstützungsbedarf bei einzelnen Bewegungsabläufen ermittelt werden.

6.3 Beeinträchtigte körperliche Mobilität

Beeinträchtigte körperliche Mobilität: Unfähigkeit, sich den individuellen Bedürfnissen entsprechend frei und selbstständig in der Umgebung zu bewegen.

6.3.1 Pflegediagnostik

Ursachen und Einflussfaktoren

Die körperliche Mobilität kann durch folgende Ursachen beeinträchtigt sein:

- Gelenkversteifungen (Kontrakturen, ☞ 6.4.2), Frakturen, Lähmungen
- Schmerzen bei der Bewegung durch z. B. Arthrose, Gelenkentzündung (Arthritis), Gicht

Bewegung	Beeinträchtigung Grad 1–6					
	1: ist unabhängig, keine Unterstützung nötig	2: braucht Hilfsmittel	3: braucht personelle Unterstützung	4: braucht personelle Unterstützung und Hilfsmittel	5: ist vollständig abhängig	6: hat sich verschlechtert in letzter Zeit
Gehen						
Anziehen						
Treppen steigen						
Sich im Bett umdrehen						
Vom Stuhl ins Bett gehen und umgekehrt						
Baden						
Toilette benutzen						
Haushalt versorgen						

Tab. 6.11: Ermittlung von Eigenständigkeit und Unterstützungsbedarf bei verschiedenen Bewegungsabläufen.

- Körperliche Schwäche und Atembeschwerden, z. B. schwere Herzinsuffizienz mit Dyspnoe bei der Bewegung
- Chronische Durchblutungsstörungen mit Schmerzen beim Gehen
- Angeborene, krankheits- oder altersbedingte Sehstörungen
- Erkrankungen des Nervensystems, z. B. Halbseitenlähmung, Morbus Parkinson
- Erkrankungen der Muskeln, z. B. Muskelschwund (Muskeldystrophie).

Anzeichen und Ausmaß

Anzeichen für eine beeinträchtigte körperliche Mobilität können sein

- Schmerzäußerungen oder -anzeichen, z. B. Schonhaltung der schmerzenden Körperregion, Hinken
- Eingeschränkte Gelenkbeweglichkeit
- Unkoordinierte Bewegungen, z. B. besonders beim Loslaufen kleine, trippelnde Schritte bei Morbus Parkinson
- Fehlende Freude des alten Menschen, sich zu bewegen, muss seitens der Pflegekraft dazu aufgefordert werden
- Dyspnoe bei Bewegungsausübung
- Blässe, Zyanose oder Gesichtsröte bei körperlicher Anstrengung
- Bewegungsabläufe werden nicht verstanden, z. B. bei Demenz.

Um das **Ausmaß** der Beeinträchtigung beurteilen zu können, müssen der Schweregrad der zu Grunde liegenden Erkrankung festgestellt und die vorhandenen Ressourcen berücksichtigt werden.

Die Einschätzung des Schweregrades (☞ Tab. 6.11) ist besonders bei chronisch progressiven (fortschreitenden) Erkrankungen wichtig, um den alten Menschen durch überhöhte Anforderungen nicht zu überfordern und damit zu frustrieren.

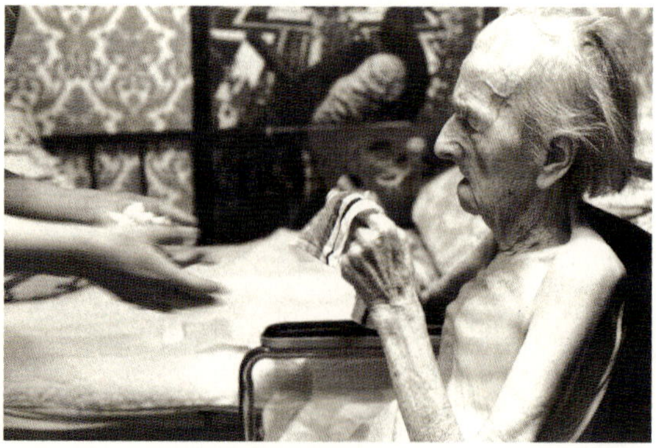

Abb. 6.12: Bei fortschreitenden Erkrankungen, z. B. bei Demenz, gehört geduldiges Motivieren zu den Aufgaben der AltenpflegerIn, damit die Mobilität so lange wie möglich zumindest teilweise erhalten bleibt. [O134]

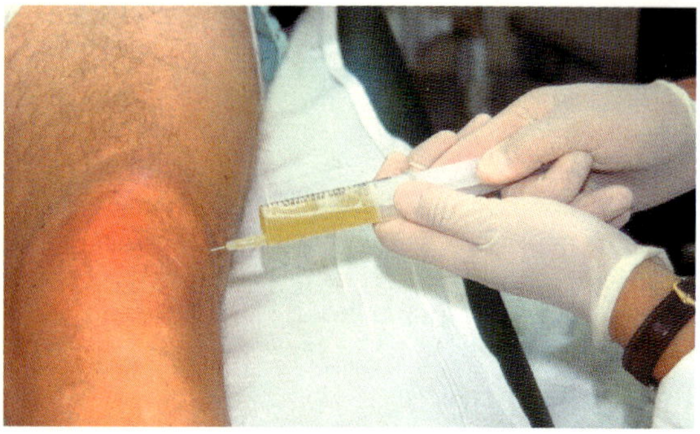

Abb. 6.13: Eine Gelenkentzündung ist ein akutes Krankheitsbild, das ärztlich behandelt werden muss und absoluter Ruhigstellung bedarf. Klingt die Entzündung ab, kann nach Arztanordnung wieder mit der Mobilisation des Betroffenen begonnen werden. [M114]

Fallbeispiel

Exemplarisch für solch eine progressive Erkrankung sei die **Demenz vom Alzheimer-Typ** erwähnt. Zu Beginn der Erkrankung kann der Betroffene sich in der Regel noch selbst versorgen, vergisst vielleicht Namen u. Ä. Im Laufe der Zeit nehmen die Selbstpflegefähigkeiten ab, der Betroffene führt jedoch nach Aufforderung bestimmte Tätigkeiten noch selbst durch, z. B. wäscht er sich alleine, wenn er dazu motiviert wird (☞ Abb. 6.12). Nach und nach nimmt die Notwendigkeit zum Motivieren, Anleiten und Beaufsichtigen und zur teilweise oder vollständigen Übernahme zu, die Anzahl der selbstständig ausgeführten Tätigkeiten ab.

Mit fortschreitender Erkrankung klafft die Schere zwischen dem, was der Betroffene selbst durchführt und dem, was notwendig wäre. Das Ausmaß der beeinträchtigten körperlichen Mobilität ändert sich im Krankheitsverlauf. In regelmäßigen Abständen muss daher erneut eingeschätzt werden, welchen Unterstützungsbedarf der Pflegebedürftige hat, z. B.

- Der Pflegebedürftige braucht einen „Motivationsschub", um an Veranstaltungen teilzunehmen
- Der Pflegebedürftige benötigt Aufforderung bzw. Anleitung, um Bewegungsabläufe richtig durchzuführen, z. B. um die korrekte Reihenfolge beim Anziehen (☞ 9.5) einzuhalten
- Der Pflegebedürftige benötigt Beaufsichtigung, damit seine Sicherheit gewährleistet ist
- Der Pflegebedürftige braucht teilweise oder vollständige Übernahme durch die AltenpflegerIn beim
  - Drehen im Bett
  - Aufstehen
  - Toilettengang

- Treppensteigen
- Einkäufe erledigen
- Essen oder Essen zubereiten
- An- und Auskleiden
- Sich beschäftigen
- Pflegen von Kontakten zu Mitmenschen oder Angehörigen.

Vorsicht!
Je nach zu Grunde liegender Ursache muss eine eingeschränkte Mobilität nicht zwangsläufig einen kontinuierlich zunehmenden Unterstützungsbedarf nach sich ziehen. Der akute Schub, z. B. eine akute Gelenkentzündung bei Arthrose (☞ Abb. 6.13), kann einen vorübergehend hohen Unterstützungsbedarf erfordern. Klingen die Beschwerden ab, muss engmaschig erneut eingeschätzt werden, welche Tätigkeiten der Pflegebedürftige erst mit teilweiser Unterstützung, dann wieder alleine ausführen kann. Wird aus Zeitgründen z. B. die Ganzkörperwäsche weiterhin vollständig von AltenpflegerInnen übernommen, droht ein Immobilisationssyndrom (☞ 6.4).

Folgen

Infolge einer eingeschränkten körperlichen Mobilität drohen soziale Isolation (☞ 12.4) und das Gefühl der Machtlosigkeit (☞ 13.8) sowie eine Depression. Wird die beeinträchtigte körperliche Mobilität nicht durch pflegetherapeutische Maßnahmen, z. B. durch Anleiten zum Umgang mit Hilfsmitteln oder durch Bewegungsübungen, ausgeglichen, so dass sich der alte Mensch trotz Einschränkungen ausreichend bewegt, kann der alte Mensch vollständig immobil werden (☞ 6.4).

6.3.2 Pflegetherapeutische Maßnahmen

Eine eingeschränkte Mobilität zieht viele Komplikationen nach sich und ist pflegerisch behandlungspflichtig.

In einem schöpferischen Pflegeprozess werden entsprechend dem Ausmaß der Einschränkungen realistische Ziele und geeignete Maßnahmen ausgewählt, die zum einen die Schwere der zu Grunde liegenden Ursache, zum anderen die Fähigkeiten des Pflegebedürftigen berücksichtigen.

Gestaltung der Umgebung

Bei eingeschränkter Mobilität sind besonders im **Badezimmer** Umgestaltungen notwendig, damit die Bewegungseinschränkung nicht zu einem Selbstversorgungsdefizit bei der Körperpflege (☞ 9.3) führt und sich die Sturz- und Verletzungsgefahr (☞ 11.3) erhöht. Deshalb muss das Badezimmer so ausgestattet sein, dass die Körperpflege gefahrlos und möglichst ohne fremde Hilfe möglich ist. Dazu gehören

- Eine Dusche ohne Einstieg mit installiertem Stuhl (☞ 9.3.2)
- Genügend Haltevorrichtungen in der Badewanne und ein Badewannensitz (☞ Abb. 6.14)
- Eine Toilette mit erhöhtem Sitz und Armgriffen (☞ Abb. 11.27) nimmt die Angst vor dem „Sich-fallen-Lassen“ und „Nicht-wieder-Hochkommen“. Dies ist vor allem in der ambulanten Pflege eine wirkungsvolle Maßnahme
- Durchgehende Stange vertikal vor der Badewanne.
- Weitere Anpassungen der Umgebung ☞ Sturz- und Verletzungsgefahr im Kap. 11.3.

Technische Hilfen verwenden

Mancher Verlust an Kraft, nachlassender Feinmotorik und Wendigkeit im Alter lässt sich durch technische Hilfsmittel ausgleichen.

- Sessel oder Stühle, die durch einfachen Tastendruck das Aufstehen und Hinsetzen erleichtern (☞ Abb. 6.15)
- Geeignete Seh- und Hörhilfen lösen oft schon viele Probleme der Unsicherheit, sich im Alltag zu bewegen (☞ 4.3.2, 4.4.2)
- Einfache, aber äußerst wirkungsvolle Hilfsmittel erleichtern das selbstständige Anziehen, z. B. Zuknöpfhilfen (☞ Abb. 9.51) oder Strumpfanzieher
- Bestecke, Geschirr, Trinkgläser, die die Selbstständigkeit des Betroffenen unterstützen (☞ Abb. 7.22)

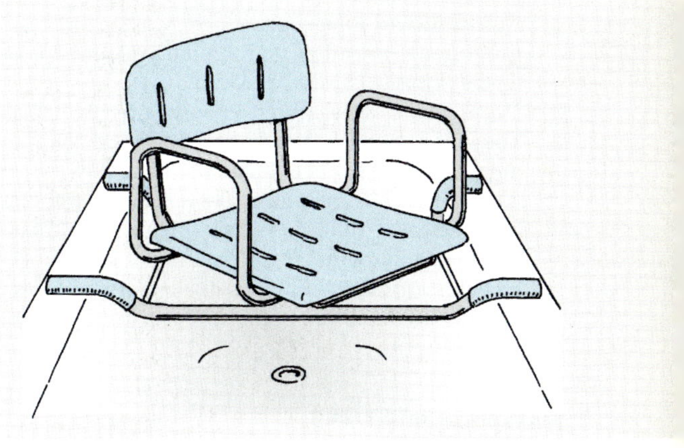

Abb. 6.14: Wannensitz mit Griffen und schwenkbarer Sitzfläche ermöglicht das Baden auch bei eingeschränkter Mobilität, weil der Kraftakt des Ein- und Aussteigens in die Wanne entfällt. [A300-119]

Abb. 6.15: Sessel, bei dem kaum Kraftanstrengung nötig ist, um sich zu setzen oder aufzustehen. Per Knopfdruck hebt bzw. senkt sich die Sitzfläche. [V143]

- Transport- und Transferhilfen erleichtern die Pflege Schwerstpflegebedürftiger, z. B.
  - Hebe- und Tragelifter: Pflegebedürftiger wird durch Gurte und Tücher angehoben und transportiert
  - Aufrichtlifter: Pflegebedürftiger wird durch gepolsterten Gurt unter den Armen angehoben, so dass er umgesetzt werden kann
  - Drehscheibe, Rutschbrett, Gleitmatte: Hilft bei Transfer z. B. vom Bett in den Rollstuhl. Dürfen nicht bei Halbseitengelähmten eingesetzt werden, weil sie die Wahrnehmung des Bewegungsablaufes „täuschen" und der richtige Bewegungsablauf nicht eingeübt wird (☞ unten, Bobath-Konzept)
  - Hebekissen: Luftgefülltes Naturgummikissen mit seitlichem Metallstab zum Anheben des Pflegebedürftigen.

Gehhilfen einsetzen

Gehhilfen sind in verschiedensten Ausführungen erhältlich. Neben rein **funktionellen** Kriterien entsprechend den individuellen Einschränkungen eines alten Menschen sind auch **psychische** Gesichtspunkte zu beachten, damit der Betroffene die Gehhilfe auch tatsächlich benutzt: Gehhilfen sind unmittelbar für die Umwelt zu sehen, gelten daher schnell als Synonym für Alter und Gebrechlichkeit. Deshalb werden sie häufig abgelehnt, obwohl sie dringend nötig wären, um vor Stürzen zu schützen. Gründliche Beratung und ein vertrauensvolles Gespräch mit dem Betroffenen vor der Anschaffung einer Gehhilfe helfen, die richtige Wahl zu treffen.

Darüber hinaus sollte in jedem Fall der **Rat von Fachleuten,** z. B. KrankengymnastInnen oder ÄrztInnen, eingeholt werden, um Fehlbelastungen durch z. B. Gewichtsverlagerung auf andere Gelenke oder Unfälle durch komplizierte Handhabung zu vermeiden.

Grundsätzlich müssen alle Gehhilfen, egal ob es sich um einen Gehstock oder einen motorisierten Rollstuhl handelt, stets auf ihre **Funktionstüchtigkeit** überprüft werden. Dies gilt vor allem für die Bodenhaftung, weil die Sicherheit sonst gefährdet ist, wenn z. B. die Gummikapsel am Gehstock nicht intakt ist.

Durch Forschung und Entwicklung z. B. neuer Materialien werden ständig neue und bessere Modelle auf den Markt gebracht. Für eine umfassende Beratung des alten Menschen ist es deshalb erforderlich, sich selbst durch **Fortbildung,** Messebesuche u. Ä. auf dem Laufenden zu halten und sich zu informieren.

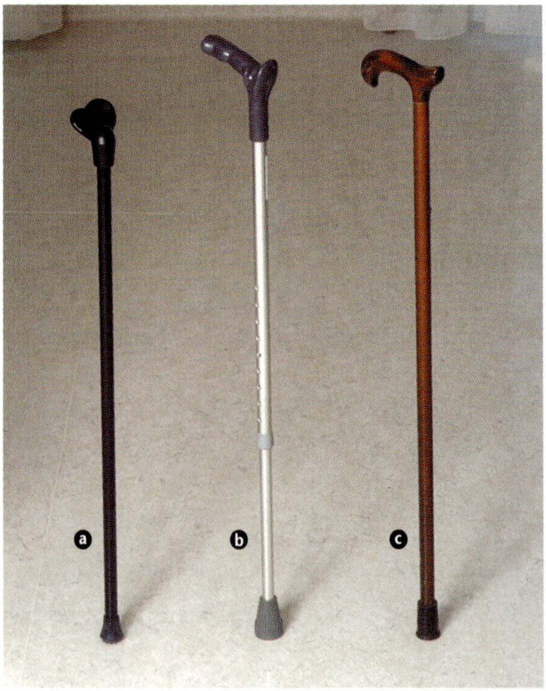

Abb. 6.16: Verschiedene Gehstöcke: a) Fischer-Gehstock mit breitem Handgriff, gibt es für Rechts- und Linkshänder, b) höhenverstellbarer Gehstock, c) Holzstock. [K183]

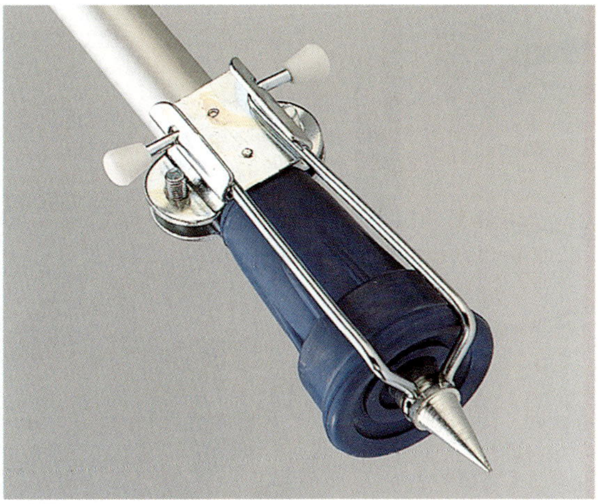

Abb. 6.17: Für alle Gehstöcke gibt es Eis-Spitzen, die über eine Manschette unten am Gehstock befestigt werden und so vor Stürzen im Winter bei Schnee und Eisglätte schützen. [V121]

Häufig verwendete Gehilfen in der Altenpflege sind z. B.

- **Gehstöcke** (Fritz- oder Derby-Stock): unterstützen ein physiologisches Gangbild. Die Griffe sind anatomisch geformt. Die Stöcke werden von einem Fachmann der individuellen Körpergröße angepasst: Holzstöcke können entsprechend abgesägt, höhenverstellbare Modelle verlängert oder verkürzt werden (☞ Abb. 6.16). Ist der Stock zu kurz, kommt es zur Gewichtsverlagerungen auf eine Körperhälfte. Die Folge ist eine übermäßige Belastung der Gelenke mit evtl. Schmerzen, Abnutzungserscheinungen bis hin zur Arthrose an den Gelenkflächen
- Der **Fischer-Gehstock** hat einen sehr breiten Handgriff, so dass die ganze Hand bequem aufgestützt werden kann (☞ Abb. 6.16). Er ist v. a. bei Gelenkproblemen der Hände erste Wahl
- **Unterarmgehstützen** dienen der Entlastung der unteren Extremitäten, z. B. in der Mobilisierungsphase nach Oberschenkelhalsbruch. Sie können ein- oder beidseitig benutzt werden. Die Armbügel und Griffe sollten gut gepolstert sein, damit keine Druckstellen entstehen (☞ Abb. 6.18)
- Der **Gehstock mit Vierfuß** ist stabiler als die Unterarmstütze, aber auch schwerfälliger (☞ Abb. 6.19)
- Die **Arthritis-Gehstütze** hat am Handgriff noch eine Manschette für den Unterarm zur Ruhigstellung (☞ Abb. 6.20). Sie ist geeignet für ältere Menschen mit Rheuma oder Arthritis
- **Gehgestelle** gibt es in starrer oder beweglicher Ausführung (☞ Abb. 6.21). Bei den beweglichen Gehgestellen wird abwechselnd die eine und die andere Seite vorgeschoben. Geeignet für alte Menschen mit sehr wenig Muskelkraft in den Beinen
- **Fahrbare Gehgestelle** gibt es in verschiedenen Ausführungen (☞ Abb. 6.22).

Bei allen Gehhilfen muss der alte Mensch zur richtigen Benutzung **angeleitet** werden und das Gehen mit der Gehilfe **einüben.** Falsch eingestellte oder angewandte Gehhilfen können dazu führen, dass Gelenke fehlbelastet werden und die Mobilität weiter eingeschränkt wird.

Rollstühle

Elektrische Rollstühle

Elektrische Rollstühle (☞ Abb. 6.23, 6.24) sind für ältere Menschen geeignet, die

- Im vollen Besitz ihrer geistigen Kräfte sind
- Ein gutes Reaktionsvermögen besitzen
- Sich im Straßenverkehr auskennen
- Eine voll funktionsfähige Hand zum Bedienen des Rollstuhls haben.

Elektrische Rollstühle haben ein einfaches **elektronisches Bediensystem.** Sie sind batteriebetrieben, deswegen muss gleichzeitig ein Ladegerät vorhanden sein. Sie fahren bis zu 10 km mit einer Ladung. Nicht alle sind zusammenklappbar. Werden sie im Außenbereich genutzt, müssen sie unbedingt mit Beleuchtung ausgestattet sein.

Es gibt verschiedene **Ausführungen** in Bezug auf Seitenlehnen, Sitzpolsterung oder Höhe der Rückenlehne. Außerdem unterscheiden sich verschiedene Modelle in Stabilität und Wendigkeit. In Zusammenarbeit mit dem entsprechenden Fachgeschäft muss die geeignete Version herausgefunden werden.

Citymobile

Citymobile (oder Scooter) sind für Menschen geeignet, die eine Gehbehinderung haben und über unein-

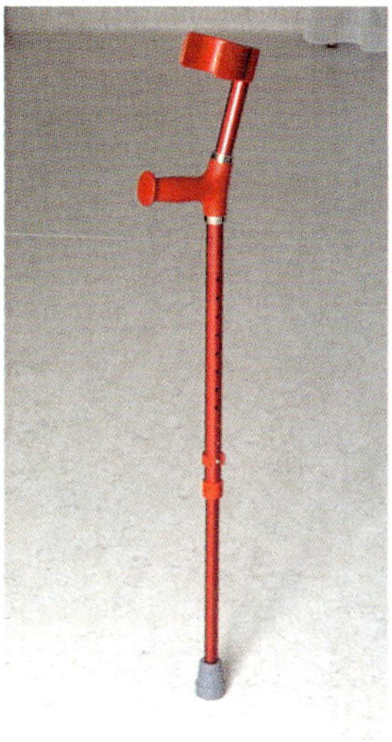

Abb. 6.18: Unterarmgehstütze. [K183]

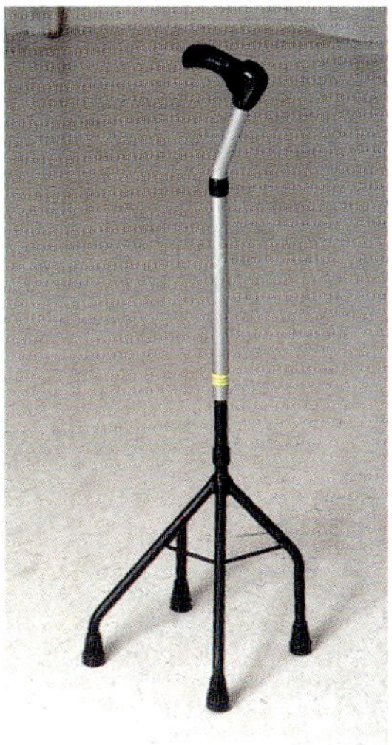

Abb.6.19: Gehstock mit Vierfuß. [K183]

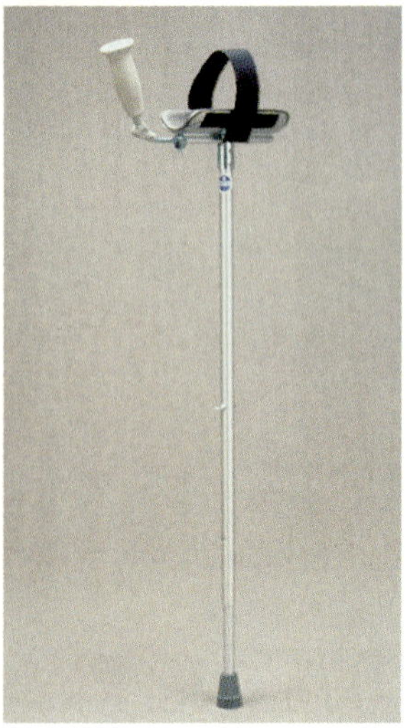

Abb. 6.20: Die Arthritis-Gehstütze eignet sich besonders für alte Menschen mit einem steifen Handgelenk. [V121]

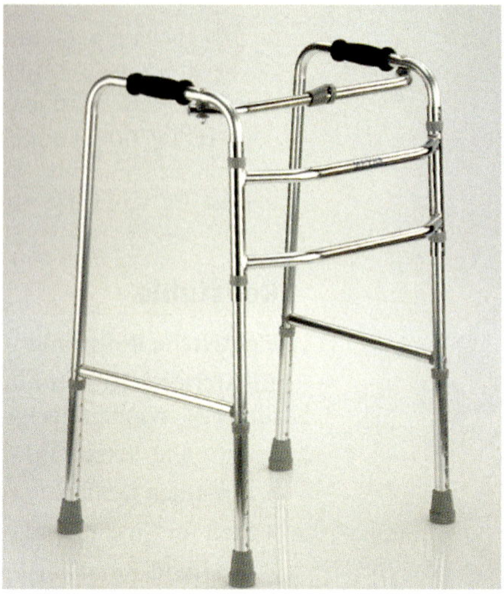

Abb. 6.21: Das bewegliche Gehgestell ist so konstruiert, dass immer entweder die rechten oder die linken beiden Stützen auf dem Boden bleiben. Es ist breit genug, dass es auch bei der Toilettenbenutzung Sicherheit bietet. Für unterwegs lässt es sich leicht zusammenlegen und verstauen. [V121]

Abb. 6.22: Fahrbare Gehgestelle gibt es in zahlreichen Varianten. Praktisch sind die Ablageflächen und Körbchen, in denen persönliche Utensilien oder kleinere Einkäufe Platz finden. [V121]

geschränkte Beweglichkeit der Arme und Hände verfügen. Es gibt sie in drei- oder vierrädriger Ausführung. Sie verfügen über Motor- und Trommelbremsen, Beleuchtung mit zusätzlichen Reflektoren und haben eine Streckenreichweite von 40–45 km. Citymobile werden in aller Regel nicht von den Krankenkassen bezahlt.

Manuelle Rollstühle

Manuelle Rollstühle (☞ Abb. 6.25) können meistens im Baukastensystem an alle Bedürfnisse eines alten Menschen angepasst werden.

- Es gibt je nach individuellen Erfordernissen leichtere und beweglichere oder schwerere und stabilere Ausführungen
- Für **Beinamputierte** wird der Schwerpunkt weiter nach hinten verlegt
- Je nach Beweglichkeit des älteren Menschen kann die **Polsterung** ausgewählt werden
- Für Angehörige können **Brems- und Antriebshilfen** installiert werden
- Für **Schwerstbehinderte** gibt es hohe Rückenlehnen und Beinschienen. Eine Kippung in flache Rückenlage ist möglich
- **Kopfstützen** oder **Halterungen,** um Gehstöcke mit zu transportieren, können als Zubehör ergänzt werden.

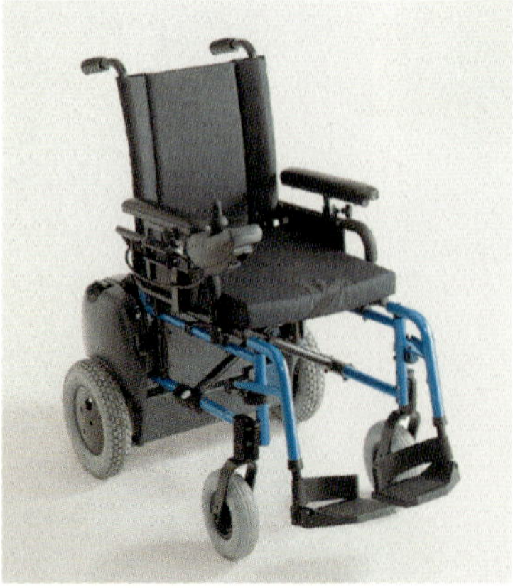

Abb. 6.23: Faltbarer elektrischer Rollstuhl. [V106]

Abb. 6.24: Elektrischer Rollstuhl, der auch „geländegängig" ist. [V106]

Abb. 6.25: Manueller Rollstuhl mit Brems- und Antriebshilfe für Angehörige. [V106]

Besonders wenn ein manueller Rollstuhl vom Betroffenen selbst fortbewegt und gesteuert wird, ist es wichtig, den **Luftdruck** in den Reifen regelmäßig überprüfen zu lassen. Durch zu wenig Luftfüllung werden Fortbewegung und Lenkung außerordentlich erschwert und evtl. sogar unmöglich gemacht. Die Motivation, sich weiterhin mit einem Rollstuhl zu bewegen, sinkt.

Sportrollstühle

Sportrollstühle sind sehr leichtgängig, mit kurzer Rückenstütze und abnehmbaren Seitenstützen gebaut. Sie setzen ein hohes Maß an Mobilität im Oberkörper und an den oberen Extremitäten voraus. Sie sind sicher nicht die am häufigsten genutzten Rollstühle in der Altenpflege.

Pflegebett

Gute **Pflegebetten** sollen eine elektronisch verstellbare Liegefläche haben, so dass der Pflegebedürftige trotz eingeschränkter Beweglichkeit selbstständig seine Liege- oder Sitzposition bestimmen kann. Die elektrische Höhenverstellbarkeit ermöglicht es dem Pflegebedürftigen, alleine und ohne große Kraftanstrengung aufzustehen und zu Bett zu gehen. Bettbügel oder Bettleiter erleichtern das Aufrichten im Bett.

Anforderungen an ein Pflegebett ☞ 10.3.2 und Abb. 10.13.

Vorsicht!
Bettbügel und Bettleiter dürfen nicht als Aufrichthilfen für Halbseitengelähmte eingesetzt werden, da sie die Spastik fördern.

Das Kinästhetik-Programm in der Pflege

Kinästhetik *(griech.: kinesis = Bewegung, aisthesis = Empfindung):* Bewegungskonzept, das auf der Lehre von der Bewegungsempfindung bzw. Bewegungswahrnehmung beruht.

Aus der **Kinästhetik** können Pflegende Anregungen für einen humanen, respektvollen und schonenden Umgang mit sich selbst und mit den Pflegebedürftigen bekommen.

Das Konzept der Kinästhetik wurde von den Amerikanern *Frank Hatch* und *Lenny Maietta* entwickelt. Frank Hatch ist ausgebildeter Tänzer und Experte im Bereich der Kybernetik, der Wissenschaft, die sich mit Gesetzmäßigkeiten im Ablauf von Steuerungs- und Regelungsvorgängen in Technik, Biologie und Soziologie befasst. Lenny Maietta ist Psychologin. Viele Jahre beschäftigten sie sich mit den „menschlichen Steuerungsvorgängen" und entwickelten das Kinästhetik-Konzept. Pflegende haben dieses Konzept für ihre Aufgaben kompatibel, d.h. nutzbar gemacht. Durch die Zusammenarbeit von Christel Bienstein und Suzanne Schmidt mit Hatch und Maietta entstand das Programm **Kinästhetik in der Pflege.** Zu den Grundlagen dieses Programmes gehören die Interaktion und funktionelle Anatomie.

Interaktion

Jede Bewegung benötigt einen bestimmten **Raum,** geschieht in einer bestimmter **Zeit** und mit einer gewissen **Anstrengung.** Diese Faktoren sind in jeder Interaktion (= aufeinander bezogenes Handeln) vorhanden.

Fallbeispiel
Will z. B. eine AltenpflegerIn einen älteren Menschen schnell aus einem Sessel in den Stand heben, so braucht sie vielleicht wenig Zeit, aber viel Kraft, vielleicht macht sich der ältere Mensch steif, weil es ihm zu schnell geht. Das kostet noch mehr Kraft. Wird nun die Mobilisation vom Sessel in den Stand langsamer vorgenommen und mit Veränderung des Raumes, indem man den älteren Menschen erst langsam auf dem Sessel nach vorn rutschen lässt, so lässt sich die Anstrengung verringern. In dieser Weise können Pflegende lernen, ihre täglichen Handlungen zu analysieren und zu verändern.

Bei dem hier gewählten Beispiel spielt auch eine große Rolle, welche Form der Interaktion gewählt wird. **Einseitige Interaktionen** sind nur richtig, wenn der alte Mensch nicht reagiert. Im Pflegealltag ist die **Schritt-nach-Schritt-Interaktion** angemessen. Die AltenpflegerIn sagt etwas zum Pflegebedürftigen, dieser reagiert, darauf reagiert wiederum die AltenpflegerIn. Oder die zu pflegende Person will etwas von der AltenpflegerIn und bittet sie darum, diese erfüllt die Bitte. Bei dieser Form des Umgangs kann der ältere Mensch seine Ressourcen einbringen.

Am allerwichtigsten für die Mobilisation ist die **gleichzeitig-gemeinsame Interaktion**. Über klare Berührung bei der Unterstützung werden am schnellsten Informationen ausgetauscht und durch den Tastsinn wahrgenommen.

Funktionelle Anatomie

Nach der kinästhetischen Lehre wird der menschliche Bewegungsapparat in Knochen und Muskeln unterteilt.

- **Knochen** sind unflexibel, tragen das Gewicht, auch bei Lähmungen, und geben es an die „Unterlage" weiter

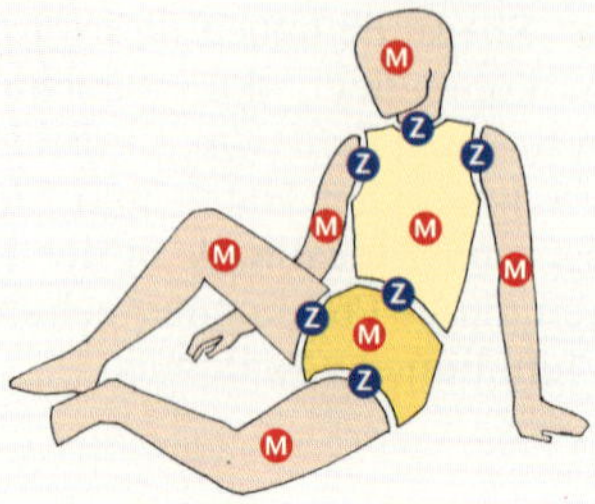

Abb. 6.26: Die Massen und Zwischenräume. [A400-215]

- **Muskeln** sind flexibel und können nur wenig Gewicht tragen. Sie bringen die Knochen in die richtige Stellung zueinander, so dass diese ihre gewichtstragende Funktion optimal erfüllen können.

> ☑ Aus dem Verständnis der Funktionen von Muskeln und Knochen entsteht das Prinzip: Über knöcherne Strukturen führen, nicht tragen.

Die Kinästhetik unterscheidet am menschlichen Körper **sieben Massen** und **sechs Zwischenräume** (☞ Abb. 6.26).

- Die Massen sind Kopf, Brustkorb, Becken, Arme und Beine.
- Die Zwischenräume sind Halsbereich, Schultergelenke, Taille, Hüftgelenke.

Massen sind hart, schwer und beweglich. Zwischenräume sind weicher, leicht und unbeweglich. Sie können aber die **Bewegung** von einer Masse auf die nächste weiterleiten.

Für das oben genannte Fallbeispiel bedeutet diese Erkenntnis: Die Pflegende muss den alten Menschen nicht als „ein Stück" mit vollem Gewicht tragen, sondern leitet ihn an, sich „in Teilen" (Massen) zu bewegen. Dabei gibt es zwei Möglichkeiten:

- **Zweidimensionale Bewegung** *(Parallelbewegung):* Bewegung in einer Bewegungsachse, z. B. vor – zurück, hoch – runter. Am Beispiel des Aufstehens aus einem Sessel beugt sich die Pflegebedürf-

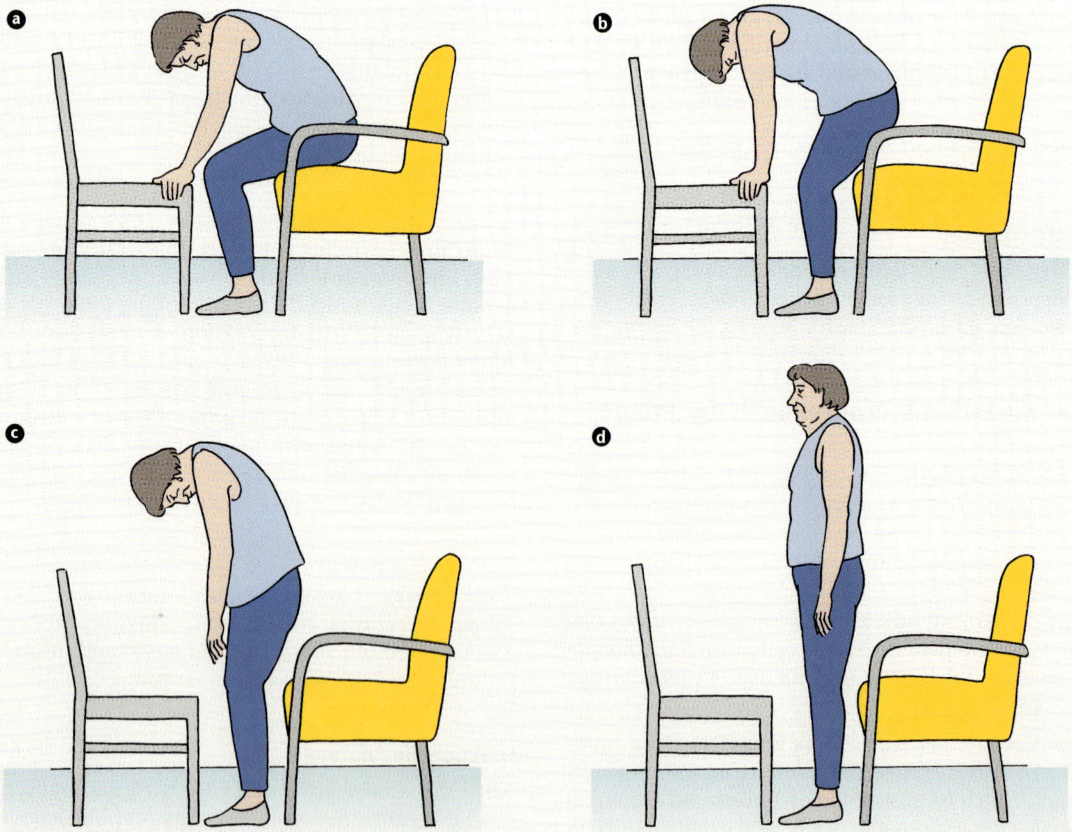

Abb. 6.27: Zweidimensionales Aufstehen aus dem Sessel: a) Von der vorderen Sesselkante lässt Pflegebedürftiger seinen Oberkörper langsam nach vorne fallen und b) hebt das Becken an und stützt sich dabei auf einem Stuhl ab. c) Er lässt den Stuhl los, richtet den Oberkörper langsam auf und streckt die Knie, bis er d) aufrecht steht. [A500-119]

tige der Schwerkraft des Oberkörpers folgend nach vorne, stützt sich auf einem Stuhl ab, hebt das Becken vom Sessel an und richtet dann den Oberkörper auf (☞ Abb. 6.27)

- **Dreidimensionale Bewegung** *(Spiralbewegung):* Der Pflegebedürftige stützt sich seitlich am Sessel, dreht dann das Becken beim Anheben und richtet sich auf (☞ Abb. 6.28).

Kinästhetik ist ein Konzept **ohne fertige Grifftechniken,** das sich den Ressourcen eines Menschen anpasst und Bewegungen entsprechend seinen individuellen Fähigkeiten ermöglicht. Außerdem schont es die Wirbelsäule der Pflegenden.

Die Kenntnis von Massen und Zwischenräumen ermöglicht außerdem **professionelle Berührung.** Professionelle Berührung bedeutet Eindeutigkeit und sorgt dafür, dass die notwendige Distanz von der Pflegenden zum älteren Menschen erhalten bleibt, so dass ihre Handlungen nicht als Übergriff in die Intimsphäre empfunden werden.

Die zu Pflegenden werden an den harten Massen angefasst. Will man jemanden vom Sitzen zum Stehen bringen, so zieht man langsam an den Handgelenken, geht selbst Stück für Stück zurück und dreht beim Aufstehen die Hände langsam nach oben. Das ist schonender und für den Pflegebedürftigen wesentlich angenehmer, als unter die Arme in die Achselhöhlen zu greifen.

Vorsicht!
Diese Art des Hochziehens darf **nicht bei Halbseitenlähmung** nach einem Schlaganfall durchgeführt werden. Durch den fehlenden muskulären Widerstand im Schultergelenk entstehen Mikrotraumen im Gelenk und es kommt zu starken Schmerzen in dem betroffenen Arm.

Die **Hände** als Kontaktstelle zwischen AltenpflegerIn und Pflegebedürftigem haben in der Kinästhetik

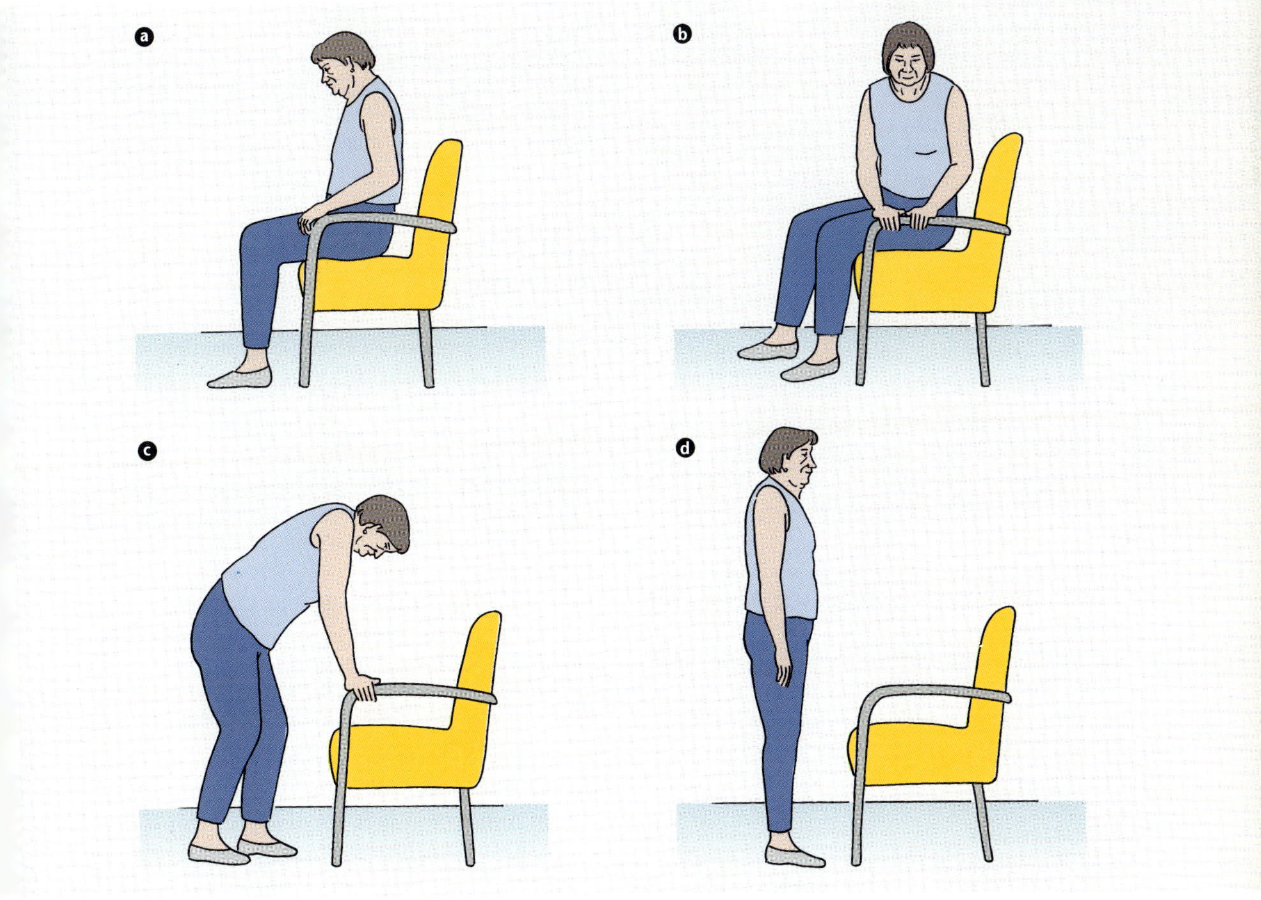

Abb. 6.28: Dreidimensionales Aufstehen aus dem Sessel: a) Pflegebedürftiger sitzt auf der vorderen Sesselkante. b) Er stützt sich seitlich auf die Sessellehne und bringt das rechte Bein nach vorn und c) hebt das Becken in einer Drehbewegung hoch. d) Der Pflegebedürftige richtet den Oberkörper auf, bis er sicher steht. [A500-119]

große Bedeutung. Durch feste sichere Bewegungen können die Hände eine **beruhigende** und eine **führende** Wirkung haben, indem sie Impulse geben oder Ausstreichen. Zwei Beispiele:

- Die linke Hand liegt am Brustkorb auf, die rechte am Schultergürtel. Die linke Hand streicht mit leichtem Druck nach oben Richtung Kopf = **Impuls zum Aufrichten des Kopfes.** Die rechte Hand streicht mit etwas stärkerem Druck nach unten = **Impuls zum Aufrichten des Körpers.** Dabei geben die Hände die Richtung oben – unten an
- Die Pflegende steht vor dem sitzenden älteren Menschen. Sie legt ihre Hände mit leichtem Druck auf die Schultergelenke des zu Pflegenden und streicht langsam unter Beibehaltung des Drucks an den Armen entlang über die Oberschenkel, Kniegelenke, Unterschenkel, Füße aus = **Impuls zum Aufstehen.**

Viele alte Menschen spüren ihren Körper aus verschiedenen Gründen nicht mehr oder nicht mehr richtig (☞ Kap 4.5). Die Informationsvermittlung läuft bei diesen beiden kinästhetischen Übungen über den **Tast-Spürsinn.** Sie kann helfen, dass alte Menschen wieder ein Gefühl für ihren Körper und seine Grenzen bekommen. Diese Übungen dienen außerdem der Vorbereitung jeder weiteren Mobilisation.

Beide Übungen sind sehr einfach, wirkungsvoll, gefahrlos und vielfältig anwendbar. Sie lassen sich durch Ausprobieren untereinander erlernen.

Das komplette Programm der Kinästhetik kann nur in einem entsprechenden Kurs oder einer Unterrichtseinheit erlernt und geübt werden, da die Selbsterfahrung unerläßlich ist.

Die beiden oben genannten Beispiele eignen sich für eine erste Beschäftigung mit kinästhetischen Methoden und geben Anregungen für die tägliche Praxis oder sie helfen nach einem Kurs als Gedächtnisstütze.

Informationen über **Kinästhetik-Kurse** sind erhältlich bei

- Institut für Kinästhetik, Rain 34, CH-5000 Aarau (Tel. 062823/1112)
- Institut für Kinästhetik, Marktplatz 9, D-79539 Lörrach (Tel. 07621/23497

Literaturtipp

Hatch, F.; Maietta, L.; Schmidt, S.: Kinästhetik. Interaktion durch Berührung und Bewegung in der Krankenpflege. DBfK Verlag, Eschborn 4. Auflage 1996.

Bobath-Konzept bei Halbseitenlähmung

Bobath-Konzept: Derzeit erfolgreichstes Rund-um-die-Uhr-Behandlungskonzept von Menschen mit Lähmungen (Plegie, Parese), erhöhtem Muskeltonus (Spastik) und gestörter Körperwahrnehmung durch Hirnschädigung, z. B. nach Schlaganfall oder bei Multipler Sklerose mit dem Ziel

- Gestörte oder verloren gegangene Bewegungsabläufe wieder zu erlernen
- Den Muskeltonus zu normalisieren
- Die Körperwahrnehmung zu verbessern.

Entwickelt wurde dieses Konzept von *Hertha* und *Karl Bobath*, einer Krankengymnastin und einem Neurologen. Es ist das Resultat aus vielen Beobachtungen spastisch gelähmter Kinder, deren Muskelspannung sich je nach Lagerung positiv oder negativ veränderte. Erst im Laufe der Jahre erkannte man, dass diese Beobachtungen auch für Erwachsene Gültigkeit haben.

So entstand ein umfassendes Konzept, das auf viele Belange des täglichen Lebens, z. B. Waschen, Ankleiden oder Lagern, Einfluss hat. In diesem Kapitel „Für Bewegung und Mobilität sorgen" werden die Grundzüge des Bobath-Konzeptes sowie die richtige Lagerung und Mobilisation vorgestellt. Das Bobath-Konzept findet sich aber auch in den anderen Kapiteln des Buches, z. B. im Kapitel „Für ein gepflegtes Erscheinungsbild sorgen" (☞ Kap. 9) oder „Für Ernährung sorgen" (☞ Kap. 7) wieder.

Wiedererlernen statt Kompensation

Das Neue am Bobath-Konzept war, dass erstmals nicht mehr oberste Priorität der Behandlung war, die eingeschränkte Beweglichkeit der gelähmten Körperseite durch Hilfsmittel und die „gesunde" Körperseite zu kompensieren, sondern dass gestörte Bewegungsabläufe der gelähmten Seite neu erlernt werden können.

Durch ständiges Üben sollen die betroffenen Hirnzellen reaktiviert werden. Ist dies nicht mehr möglich, können ausgefallene Funktionen z. T. von anderen Teilen des Gehirns ersetzt werden. Diese Fähigkeit des Gehirns wird als **Plastizität des Gehirns** bezeichnet.

Bewegungsabläufe können aber nur dann erneut richtig gelernt werden, wenn

- Von Anfang an (nicht erst nach Abschluss der akuten Krankheitsphase) normale *beidseitige* Bewegungsabläufe trainiert werden
- Sich die Hirnzellen von Anfang an durch *wiederholtes Üben* die *richtigen* Bewegungsabläufe einprägen

Abb. 6.29: Zimmergestaltung nach dem Bobath-Konzept für einen Pflegebedürftigen, dessen rechte Körperhälfte gelähmt ist. [A300-119]

- Das Konzept *rund um die Uhr bei allen Lebensaktivitäten* angewandt wird
- Alle Berufsgruppen im *interdisziplinären Team*, z. B. ÄrztInnen, Pflegekräfte, Physio-, ErgotherapeutInnen und LogopädInnen, das Bobath-Konzept anwenden.

☑ Im Folgenden wird der Einfachheit halber von der betroffenen (gelähmten) und der nicht betroffenen (gesunden) Körperseite gesprochen. Ist z. B. die linke Hirnhälfte vom Schlaganfall betroffen, ist die rechte Körperhälfte gelähmt, weil die Nervenbahnen von der linken Hirnhälfte zur rechten Körperseite kreuzen. Ein Teil der Nervenfasern kreuzt jedoch nicht, so dass auch die als „gesund" bezeichnete Körperhälfte beeinträchtigt ist.

Gestaltung der räumlichen Umgebung nach dem Bobath-Konzept

Die Wahrnehmung über die gelähmte Körperhälfte kann gefördert werden, indem die Umgebung, d.h. das Zimmer, in dem der alte Mensch seinen Tag und die Nacht verbringt, so gestaltet wird, dass alle **Sinnesreize von der betroffenen Seite** ausgehen und diese stimulieren (☞ Abb. 6.29):

- Gelähmte Körperhälfte liegt zur Zimmermitte, gesunde zur Wand hin
- Nachttisch und alle wichtigen Utensilien wie z. B. Brille oder Telefon auf gelähmte Seite stellen, damit sich der Pflegebedürftige alle Gegenstände über die gelähmte Seite holen muss
- Fernsehgerät, Radioapparat, Wandbilder sowie alle sonstigen Geräte und Gegenstände, von denen Sinnesreize ausgehen, auf der betroffenen Körperseite anordnen. Auch die Zimmertür und, wenn es die Räumlichkeiten erlauben, das Fenster sollten von der gelähmten Seite aus einsehbar sein
- Zur zeitlichen Orientierungshilfe eine große Zeigeruhr und einen gut sichtbaren Kalender aufhängen. Das Zimmer entsprechend der Jahreszeit schmücken, z. B. zu Ostern mit einem Osterstrauß, zu Weihnachten mit einem Weihnachtsgesteck
- Angehörige und Besucher dazu anhalten, den Pflegebedürftigen von der gelähmten Körperseite aus anzusprechen und sich mit dem Stuhl auf diese Seite zu setzen.

Vorsicht!
Die Klingel darf bei einem Halbseitengelähmten mit Halbseitenvernachlässigung (Neglect, ☞ 4.6) **nicht** auf der betroffenen, sondern muss an der nicht betroffenen Seite befestigt werden, da er sie bei dringendem Hilfebedarf gar nicht auf der vernachlässigten Seite suchen und wahrnehmen würde.

Lagerung nach dem Bobath-Konzept

Durch regelmäßiges und immer gleichartiges **Lagern** rund um die Uhr wird/werden

- Die Wahrnehmung der betroffenen Körperhälfte gefördert
- Der Spastik entgegengewirkt
- Physiologische Bewegungsabläufe angebahnt („vorbereitet")
- Schmerzhaften Komplikationen vor allem in der betroffenen Schulter und der betroffenen Hand vorgebeugt
- Komplikationen der Bettlägerigkeit wie Kontrakturen, Dekubitus, Pneumonie, Thrombose vorgebeugt.

Vorsicht!
Bei der Lagerung besondere Vorsicht im Umgang mit dem Arm der pflegischen Seite:

- Nicht am Handgelenk zerren
- Arm an zwei Gelenken anfassen und lagern
- Schulter durch Zug unter dem Schulterblatt und gleichzeitigem Druck auf das Sternum in die richtige Lage bringen.

1. Im Stuhl an einem Tisch sitzen (☞ Abb. 6.30)

Diese Art der Lagerung ist allen anderen vorzuziehen, da sie, vor allem zur **Spitzfußprophylaxe,** am wirksamsten ist. Am besten eignet sich ein Stuhl mit Armlehnen, nicht federnder, durchgehender Rückenlehne und gerader Sitzfläche. Ein Rollstuhl erfüllt diese Kriterien nicht so gut. Muss er aber dennoch (vorübergehend) für die Sitzlagerung verwendet werden, dann müssen die Bremsen fest gestellt werden.

- Füße fest und parallel auf den Boden stellen, Knie im 90°-Winkel gebeugt

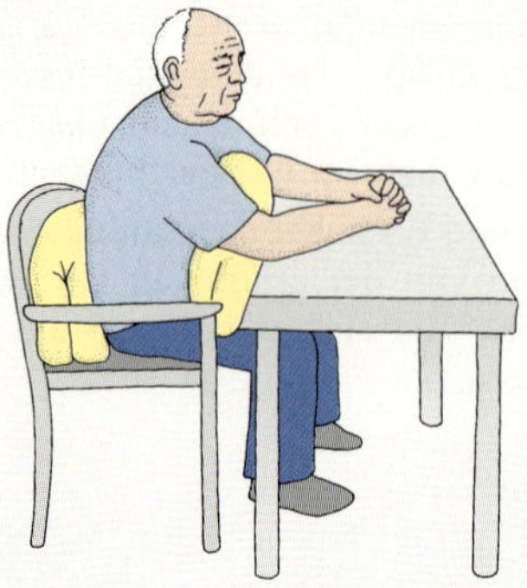

Abb. 6.30: Mit einem Stuhl am Tisch sitzen. [A300-157]

- Unterarme auf den Tisch legen, dabei Hände „einfädeln“, wenn sie nicht für eine Tätigkeit gebraucht werden (☞ Abb. 6.34)
- 2 Kissen zum Polstern: eins zwischen Brust und Tischkante, eins zwischen Lendenwirbelsäule und Stuhllehne.

2. Auf der betroffenen Seite liegen (☞ Abb. 6.31 oben)

Bett flach stellen und als Ausgangslage die 90°-Seitenlage auf der betroffenen Seite.

- Kopf auf kleines Kissen legen
- Betroffenen Arm vor dem Oberkörper so strecken, dass die Handfläche nach oben zeigt und Schulter vorziehen
- Betroffenes Bein in der Hüfte strecken und im Knie leicht beugen
- Nicht gelähmtes Bein beugen und mit einem Kissen unterpolstern
- Kissen in den Rücken legen, um Zurückrollen zu verhindern.

> Die Lagerung auf der gelähmten Seite ist für den Pflegebedürftigen oft unangenehm und mit Unsicherheit und Ängsten verbunden, weil er diese Seite nicht spürt und das Gefühl hat zu fallen. Information über Sinn und Zweck und eine verständnisvolle Haltung helfen dem Pflegebedürftigen, Vertrauen zu fassen und diese Lagerung zu tolerieren.

3. Auf der nicht betroffenen Seite liegen (☞ Abb. 6.31 unten)

Bett flach stellen und als Ausgangslage die 90°-Seitenlage auf der nicht betroffenen Seite.

- Kopf und ausgestreckter betroffener Arm auf einem Kissen lagern, Hand öffnen, Schulter nach vorn
- Nicht betroffener Arm liegt gebeugt vor dem Oberkörper
- Betroffenes Bein leicht in Hüfte und Kniegelenk gebeugt auf einem Kissen lagern
- Nicht betroffenes Bein liegt im Hüftgelenk gerade und im Kniegelenk leicht gebeugt auf der Matratze.

4. Im Bett sitzen (☞ Abb. 6.32)

Das Sitzen im Bett fördert zwar die Wahrnehmung der Umwelt, verringert aber die Spastizität wesentlich geringer als das Sitzen im Stuhl. Deswegen soll der

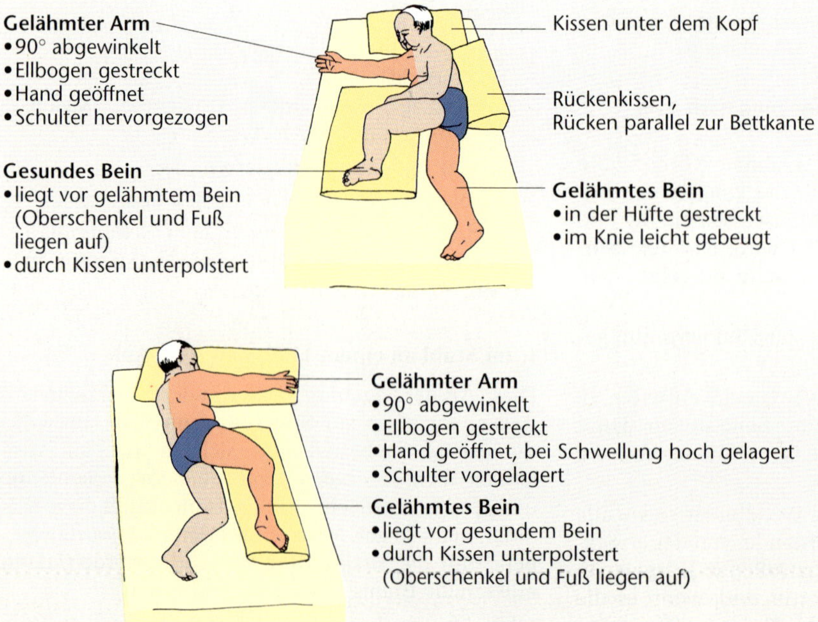

Abb. 6.31: Lagerung auf der gelähmten (oben) und auf der nicht gelähmten (unten) Seite. [A500-119]

Pflegebedürftige möglichst nur kurzzeitig, z. B. zum Essen und Trinken, in diese Lage gebracht werden.

- Pflegebedürftiger sitzt mit geradem Rücken aufrecht im Bett
- Kopfteil des Bettes fast senkrecht hoch stellen
- Kissen zwischen Lendenwirbelsäule und Rückenteil. Darauf achten, dass der Pflegebedürftige nicht mit dem Gesäß nach vorne wegrutscht
- Betroffenen Arm ausgestreckt so auf einem Kissen lagern, dass die Handinnenfläche nach unten zeigt.

5. Auf dem Rücken liegen

Die Rückenlage ist von allen Lagerungsarten des Bobath-Konzeptes die ungünstigste Variante. Sie fördert eher die Spastik, als dass sie sie verhindert und sollte deshalb nur in Ausnahmefällen und nur kurzfristig angewandt werden.

- Das Kopfteil des Bettes ganz flach stellen, unter den Kopf ein kleines Kissen legen
- Betroffene Schulter und Arm gestreckt mit geöffneter Handfläche nach unten auf einem Kissen lagern
- Hüftgelenke strecken, Hüftgelenk und Oberschenkel des betroffenen Beines mit einem Kissen unterpolstern. Einen Zipfel des Kissens zwischen die Beine ziehen, damit das Bein nicht nach innen „wegdreht" (Spastik fördernd).

Vorsicht!
Spastik und Kontrakturen vermeiden

- Keine Bälle, Bindenrollen o. Ä. in die betroffene Hand geben
- Keine Bettbügel und ähnliche Aufrichthilfen verwenden
- Keine Kissen, Keile, Bettbretter o. Ä. zur Spitzfußprophylaxe gegen die Fußsohlen legen. Die beste **Spitzfußprophylaxe bei Hemiplegie** ist das Sitzen am Tisch. Kann der Pflegebedürftige nur im Bett liegen, dann hilft es, das Becken etwa 5 x täglich anzuheben, damit die Fußflächen gegen die Matratze gedrückt werden (☞ Abb. 6.35).

Mobilisation nach dem Bobath-Konzept

Bei allen Umlagerungen im Bett besteht die Gefahr, dass der gelähmte Arm, v. a. die Schulter, verletzt wird, weil er vom Pflegebedürftigen nicht rechtzeitig „in Sicherheit gebracht" werden kann oder falsch belastet wird. Deshalb immer die **bilaterale Armführung** anwenden, bei der der gesunde Arm den gelähmten greift und in einem symmetrischen Bewegungsmuster mitführt. Dazu werden die Hände wie in Abb. 6.34 eingefädelt, so dass der gelähmte Daumen oben liegt. Alternativ kann auch die gesunde Hand die gelähmte umfassen, auch dabei muss der gelähmte Daumen oben liegen. Gelingt auch das nicht, kann die gesunde Hand den gelähmten Unterarm in Höhe des Handgelenks umfassen und so bei den Bewegungen mitführen.

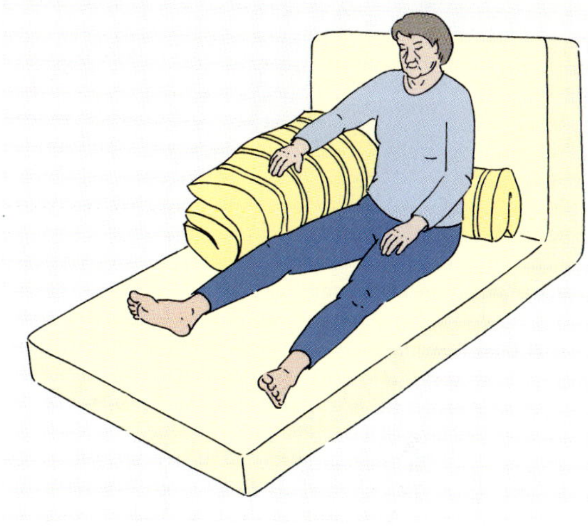

Abb. 6.32: Im Bett sitzen bei Halbseitenlähmung. [A500-119]

Rücken schonend arbeiten

- Betthöhe vor jeder Mobilisation auf Arbeitshöhe einstellen
- Körper des Halbseitengelähmten nie tragen, sondern durch Gewichtsverlagerungen und Zug bewegen (☞ auch oben „Das Programm Kinästhetik in der Pflege")
- Beim Ziehen und Schieben immer mit gestreckten Armen arbeiten und das Gewicht über die Beine nach vorne oder hinten verlagern
- Sich mit Knien oder Händen an der Bettkante abstützen, damit das Gewicht des Pflegebedürftigen nicht auf dem eigenen Rücken lastet.

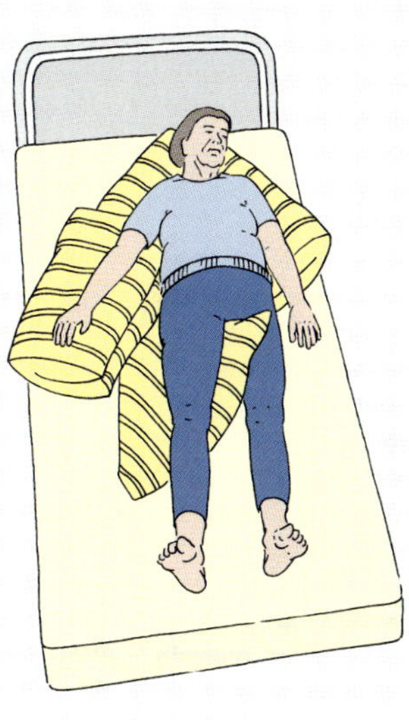

Abb. 6.33: Rückenlagerung bei Halbseitenlähmung. [A500-119]

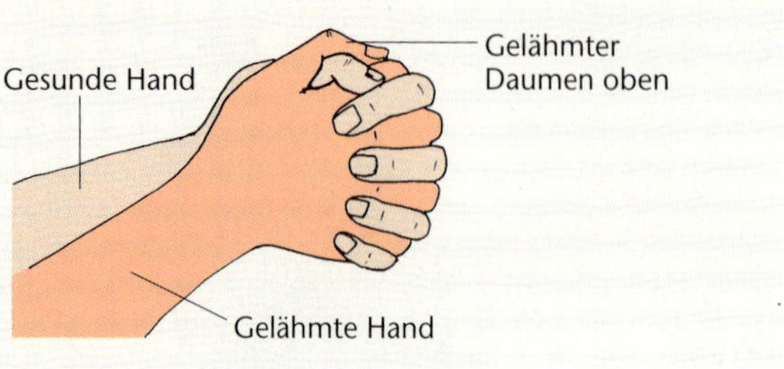

Abb. 6.34: Hände einfädeln. [A300-215]

1. Im Bett bewegen

Damit ein Pflegebedürftiger im Bett bewegt werden kann, z. B. zum Lagerungswechsel, muss er in einem ersten Schritt das **Becken anheben.** Außerdem ist das Beckenheben die wirkungsvollste Spitzfußprophylaxe bei Halbseitengelähmten.

- Auf die gelähmte Körperseite stellen
- Nicht betroffenen Fuß an das Gesäß ziehen lassen
- Gelähmten Fuß am Fußrücken umfassen, die andere Hand führt den Oberschenkel oberhalb der Kniekehle beim Schieben des Unterschenkels in Richtung Gesäß
- Diese Stellung wie in Abb. 6.35 gezeigt fixieren, durch Druck in Richtung Ferse, Zug in Richtung Knie und Kommando das selbstständige Beckenanheben unterstützen.

Zum **Hochrutschen** in Richtung Kopfende den Pflegebedürftigen

- Becken wie oben beschrieben anheben lassen, dabei gelähmten Fuß fixieren, evtl. auch den anderen Fuß festhalten, wenn der Pflegebedürftige wegrutscht
- Auf das Kommando „Kopf hoch und nach oben drücken" drückt sich der Pflegebedürftige in Richtung Kopfende. Evtl. eine Handfläche unter das Schulterblatt legen, damit sich die Schulter auch nach oben schiebt und nicht nach unten auf die Matratze drückt.

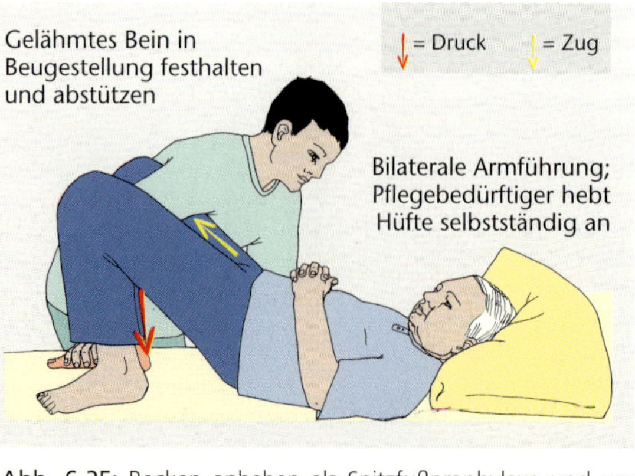

Abb. 6.35: Becken anheben als Spitzfußprophylaxe und um den Pflegebedürftigen im Bett zu bewegen. [A300-215]

Um den Pflegebedürftigen **an den seitlichen Bettrand zu bewegen,**

- Ihn unter bilateraler Armführung (☞ oben) in Seitenlage bringen. Je nachdem, ob er an die rücken- oder bauchwärts gerichtete Bettseite gebracht werden soll
  - Mit den Händen von vorne rechte und linke Schulter umfassen und Pflegebedürftigen mit ausgestreckten Armen durch Gewichtsverlagerung der Beine nach vorne ziehen bzw.
  - Sich hinter den Pflegebedürftigen stellen, mit einer Hand oben um den Brustkorb fassen, andere unter die unten liegende Schulter legen und Pflegebedürftigen zu sich hin ziehen.

2. Vom Liegen zum Sitzen im Bett

Pflegebedürftiger liegt auf dem Rücken und hat die Hände eingefädelt. Sich selbst seitlich neben das Bett stellen. Schultern des Pflegebedürftigen von vorne und oben umfassen und mit gestreckten Armen zu sich hochziehen, sich dabei mit einem Knie auf der Matratze abstützen und das eigene Körpergewicht nach hinten in Richtung Fußteil des Bettes verlagern.

3. Aufsitzen an der Bettkante

An gelähmte Seite des Pflegebedürftigen stellen und alten Menschen zu sich in die 90°-Seitenlage drehen.

- Beide Unterschenkel über den Bettrand hängen lassen, das gesunde Bein schiebt das gelähmte
- Pflegebedürftigen auffordern, sich mit dem gesunden Arm in Brusthöhe auf der Matratze abzustützen
- Gelähmten Arm mit dem eigenen stützen, mit dem zweiten Arm um die gesunde Schulter fassen und Pflegebedürftigen aufrichten.

4. Transfer vom Bett in den Stuhl (☞ Abb. 6.36)

Stuhl neben das Bett (neben gelähmte Körperseite) stellen. Bei einem Rollstuhl Seitenlehne herausnehmen, Fußrasten entfernen oder zur Seite klappen und die Bremsen feststellen.

- Alten Menschen wie oben beschrieben auf die Bettkante setzen und mit Unterstützung nach vorne rutschen lassen, so dass beide Füße parallel auf dem Fußboden stehen
- Hände des Pflegebedürftigen einfädeln und bilateral in Richtung gesunde Körperhälfte führen
- Vor den Pflegebedürftigen stellen, mit den eigenen Knien das betroffene oder auch beide Knie von außen abstützen
- Mit der einen Hand unter der Achsel hinduch das gesunde Schulterblatt fassen, mit der anderen Hand unter die betroffene Gesäßhälfte fassen
- Den Pflegebedürftigen durch eigene Gewichtsverlagerung (nach hinten und unten) zu sich ziehen, dabei sein Gesäß anheben und ihn über die gelähmte Körperseite zum Stuhl hin drehen.

5. Gehen

Erste Gehversuche werden durch eine PhysiotherapeutIn angeleitet, später können auch AltenpflegerInnen mit dem Pflegebedürftigen üben. Dabei:

- Sich neben die gelähmte Seite des alten Menschen stellen und seine Hüfte wie in Abb. 6.37 gezeigt umfassen und stützen
- Das Gewicht auf das gelähmte Bein verlagern und ersten Schritt durch gesundes Bein ausführen lassen. Dabei evtl. das Knie der gelähmten Seite mit dem eigenen Knie unterstützend fixieren
- Gewicht auf das gesunde Bein verlagern und gelähmtes nach vorne schwingen lassen.

Voraussetzung ist, dass der alte Mensch wieder ein Gleichgewichtsgefühl hat und das betroffene Bein belasten kann.

Anleiten und führen

Um die Wahrnehmung der gelähmten Körperseite zu fördern und damit der Pflegebedürftige die richtigen Bewegungsabläufe wieder erlernt und sich einprägt, wird der gelähmte Arm bei allen Aktivitäten geführt. Das bedeutet, dass der Pflegebedürftige Gegenstände in seine Hand nimmt, die AltenpflegerIn ihn dabei durch die Kraft ihres Armes unterstützt (☞ Abb. 6.38).

Informationen und Kurse zum Bobath-Konzept

Das Bobath-Konzept muss in einem speziellen Kurs erlernt und immer wieder geübt werden. Nur so sind auch tatsächlich Erfolge im Sinne von sinkender Spastizität und Erlernen von Bewegungsabläufen zu erwarten.

☑ **Informationen** über Kursangebote gibt es über den Verein „Bobath-Initiative für Kranken- und Altenpflege (BIKA) e.V.“. Ansprechpartnerin ist Frau Gabriele Jacobs, Wikingerstr. 28, 76307 Karlsbad-Langensteinbach (Tel. 07202/1431).

Literaturtipp
Urbas, Lothar: Die Pflege eines Menschen mit Hemiplegie nach dem Bobath-Konzept. Thieme Verlag, Stuttgart, 2. Auflage 1996

Mobilisation durch Bewegungsübungen im Bett

Bewegung hat viele positive Eigenschaften auf den gesamten Organismus und beugt zahlreichen Erkrankungen vor. Bei Bettlägerigkeit hilft sie, schwerwiegende Komplikationen wie z. B. Pneumonie, Thrombose, Kontrakturen oder Dekubitus, die Folge einer Immobilität sein können, zu vermeiden.

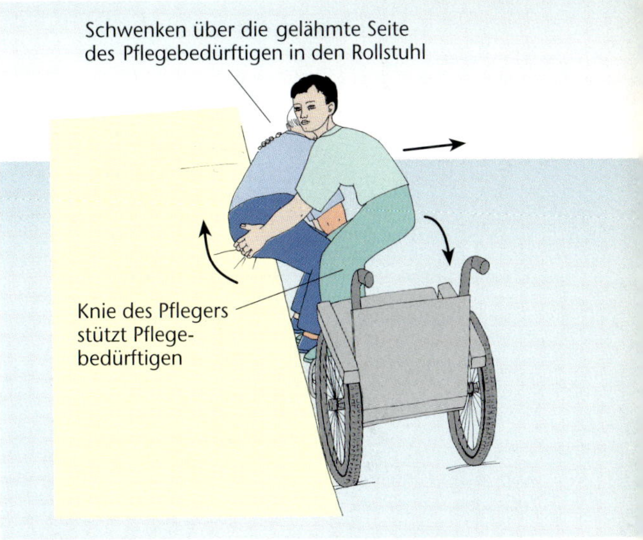

Abb. 6.36: Transfer vom Bett in einen Rollstuhl über die gelähmte Körperseite. [A300-215]

Bewegungsübungen

- Fördern die Durchblutung und verbessern so den Abtransport von Stoffwechselprodukten
- Verstärken die Produktion der Synovialflüssigkeit („Gelenkschmiere“)
- Kräftigen die Muskulatur und beugen so einer Muskelatrophie vor
- Steigern den venösen Rückfluss
- Trainieren die Atmung
- Sorgen für einen guten Schlaf
- Machen dem Betroffenen die Grenzen seines Körpers bewusst.

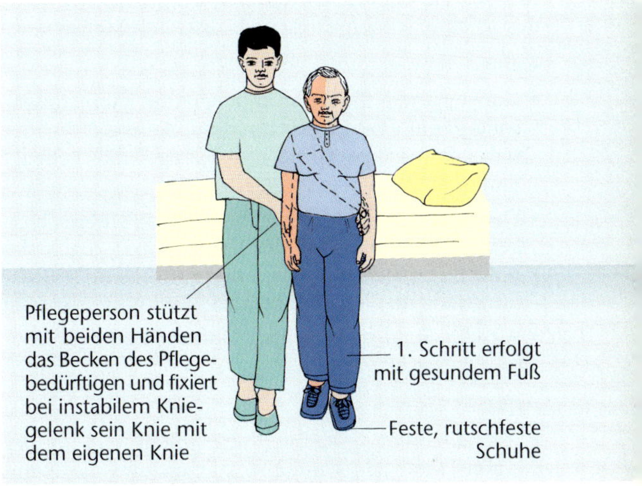

Abb. 6.37: Gehen mit einem halbseitengelähmten Pflegebedürftigen. [A300-215]

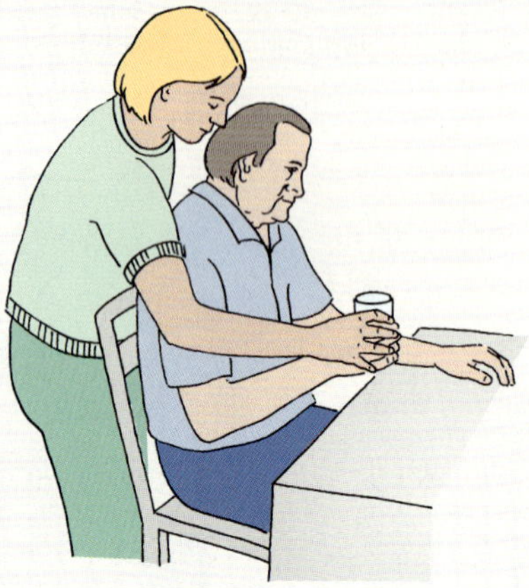

Abb. 6.38: Führen der gelähmten Hand, um dem Gehirn die „richtigen Signale" zu senden. [A500-119]

Beobachtung
Bei allen Bewegungsübungen Vitalzeichen beobachten und bei Schwindel, Unwohlsein, Schmerzen, Schwäche oder Müdigkeit sofort die Übung beenden.

Passive Bewegungsübungen

Bei **passiven Bewegungsübungen** (auch als „Durchbewegen der Gelenke" bezeichnet) werden die Bewegungen durch die AltenpflegerIn ohne aktive Muskelarbeit des Pflegebedürftigen erzeugt. Sie werden bei Bettlägerigen und schwachen alten Menschen möglichst 2 x täglich angewandt, um eine gewisses Bewegungsausmaß zu ermöglichen und Kontrakturen (☞ 6.4.2) vorzubeugen. Alle Bewegungen müssen mit großer Vorsicht ausgeführt werden, damit es nicht zu Verletzungen, z. B. Zerrungen, kommt. Eine Hand führt die Bewegung aus, die andere stützt das Gewicht des zu bewegenden Körperteils des alten Menschen.

Beine

- Nacheinander die Beine anheben und leicht außenrotiert zum Oberkörper hin anwinkeln und wieder strecken, so dass Hüfte und Kniegelenke gebeugt und gestreckt werden
- Das Bein bei leicht gebeugtem Knie am Unterschenkel anheben und mit der freien Hand gegen die Fußsohle drücken, so dass der Fußrücken in Richtung Schienbein gedrückt wird
- Anschließend in derselben Haltung den Fuß kreisend bewegen.

Arme

- Nacheinander am rechten und linken Arm mit der einen Hand den Unterarm stützen und die Hand des Pflegebedürftigen auf- und abbewegen
- In derselben Haltung die Hand kreisend bewegen
- In derselben Haltung die Finger einzeln leicht auf- und abbewegen (☞ Abb. 6.39)
- Arme im Ellenbogengelenk beugen und strecken
- Eine Hand flach unter das Schulterblatt legen, mit der anderen die Schulter umgreifen und das Schultergelenk leicht lockern.

Abschließend Arme und Beine vorsichtig ausschütteln, Muskeln leicht massieren (Lockerungseffekt).

Kopf und Hals

Diese Übung kann Angst auslösen. Deswegen nur durchführen, wenn sie toleriert wird: Sich an das Kopfende des Bettes stellen, den Kopf zwischen die Hände nehmen und ihn vorsichtig nach rechts und links schieben, soweit es ohne Schmerz toleriert wird (Dehnübung).

Bei Schmerzen die Bewegung nicht erzwingen, das richtet größeren Schaden an als es nutzt.

Isometrische Spannungsübungen

Bei **isometrischen Spannungsübungen** wird der Muskeltonus durch Anspannen erhöht, der Muskel verkürzt sich jedoch nicht. Die Muskeln oder ganze Muskelgruppen arbeiten gegen einen gedachten oder tatsächlich vorhandenen Widerstand. Es wird also statische (unbewegliche) Muskelarbeit geleistet wie z. B. beim Tragen einer Einkaufstasche.

Diese Übungen haben den **Vorteil,** dass sie ohne Materialaufwand gut im Liegen oder Sitzen ausgeübt werden können und den Kreislauf wenig belasten, dabei aber ähnlich positive Effekte wie alle Bewegungsübungen (☞ oben) haben. Allerdings setzen isometrische Übungen voraus, dass der Pflegebedürftige die Anweisungen versteht und aktiv mitarbeiten kann.

Vorsicht: Da isometrische Übungen den Blutdruck erhöhen, vor allem wenn die Atmung während der Anspannung angehalten wird, dürfen sie nur nach Rücksprache mit der ÄrztIn durchgeführt werden bei

- Herzkranken
- Bluthochdruck.

Außerdem steigern isometrische Übungen den Muskeltonus und dürfen deswegen nicht angewendet werden bei

- Morbus Parkinson
- Multipler Sklerose
- Spastischen Lähmungen, z. B. nach Schlaganfall.

Durchführung

Nacheinander einzelne Muskelgruppen anspannen lassen, ohne Bewegung auszuüben. Dabei Pflegebedürftigen auffordern, ruhig weiter zu atmen und die Atmung auf keinen Fall anzuhalten.

Die Spannung für ca. 2–3 Sekunden halten lassen, entspannen, anschließend für einige Sekunden pausieren und erneut anspannen. Jede Anspannung höchstens 10 x wiederholen, um eine Überlastung zu vermeiden.

- Der Kopf gegen die Matratze und das Kinn dabei in Richtung Brust drücken lassen
- Fingerspitzen der rechten und linken Hand vor der Brust gegeneinander pressen lassen
- Die Fußsohle des einen Fußes auf den Fußrücken des anderen Fußes legen und so beide Füße gegeneinander pressen lassen
- In Rückenlage beide ausgestreckten Arme mit geöffneten Händen neben den Körper legen und nach unten gegen die Matratze drücken lassen.

Damit der Pflegebedürftige beim Anspannen nicht das Atmen „vergisst“, ihn auffordern, laut zu zählen, z. B. „1 – 2 – hal – ten 1 – 2 – Pau – se“. Wer spricht muss atmen.

Assistive Bewegungsübungen

Die **assistiven** Bewegungsübungen werden vom älteren Menschen mit Unterstützung der AltenpflegerIn ausgeführt.

- Die AltenpflegerIn hält die Beine oder Arme, die Bewegungen (kreisend, auf und ab) an Händen und Füßen werden eigenständig unter Anleitung durchgeführt
- Zehen einkrallen und spreizen im Wechsel
- Pflegebedürftigen auffordern, den Kopf in nickender Bewegung langsam von links nach rechts und zurück zu drehen.

Aktive Bewegungsübungen

Aktive Bewegungsübungen werden vom älteren Menschen selbstständig unter Anleitung durchgeführt:

- Oben genannte (assistive) Übungen werden allein durchgeführt. Füße sollen möglichst 30 Sekunden in der Luft auf und ab bewegt werden (Thromboseprophylaxe)
- Füße angewinkelt aufstellen lassen, Beckenboden anspannen, Becken langsam heben, möglichst soweit, dass nur noch die Schultern die Auflagefläche bilden. Diese Haltung soll einige Sekunden beibehalten werden, danach wird langsam „Wirbel für Wirbel“ wieder die Rückenlage eingenommen
- Beine am Körper aufstellen lassen und zusammen mit dem Becken vorsichtig zu einer Seite kippen, danach zurück in die Mittelstellung gehen und zur anderen Seite kippen (Dehnung).

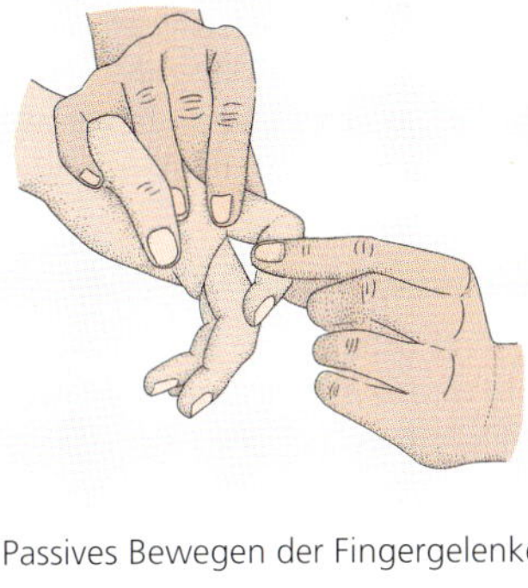

Abb. 6.39: Passives Bewegen der Fingergelenke. [A300-157]

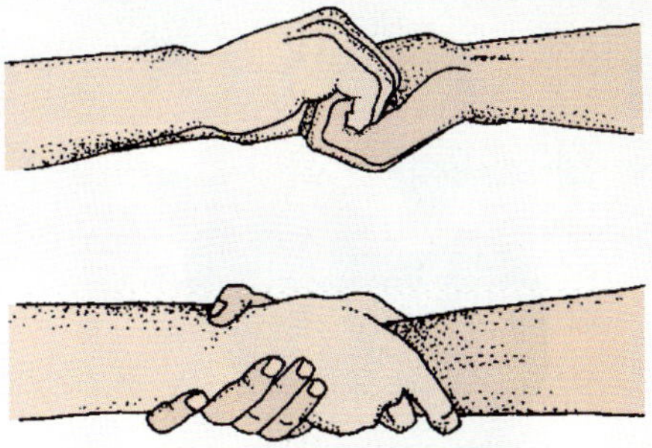

Abb. 6.40: Haken- und Australiagriff. [A500-119]

Zwischen den Übungen genügend Zeit lassen. Zum tiefen Durchatmen und zum langen Ausatmen anhalten. Gegebenenfalls Puls und Blutdruck kontrollieren. Für gute Belüftung im Zimmer sorgen.

Pflegebedürftigen im Bett bewegen

Vom Rücken auf die Seite drehen

Um den Pflegebedürftigen auf die Seite zu drehen, wenn er das nicht selbst kann,

- Sich mit gegrätschten Beinen vor das Bett stellen
- Pflegebedürftigen bitten, Beine an das Gesäß zu ziehen und die Arme auf der Brust gekreuzt zu halten
- Mit einer Hand gegenüberliegende Hüfte fassen und Pflegebedürftigen zu sich herumziehen, dabei mit der anderen Hand die unten liegende Schulter stützen.

Im Bett zum Kopfende bewegen

Je nachdem, ob eine oder zwei AltenpflegerInnen den Pflegebedürftigen nach oben zum Kopfende bewegen:

- **Eine AltenpflegerIn:** Pflegebedürftigen wie oben beschrieben in Seitenlage und seinen Rücken nahe an die Bettkante bringen. Sich so neben das Bett stellen, dass man in Richtung der Füße des Pflegebedürftigen steht, Hüfte schräg nach oben zu sich heranziehen. Anschließend einen Schritt zurück gehen und Oberkörper in Brusthöhe umfassen und ebenfalls nach oben ziehen.
- **Zwei AltenpflegerInnen:** Je rechts und links neben das Bett stellen und sich unter dem Gesäß des Pflegebedürftigen im Haken- oder Australiagriff anfas-

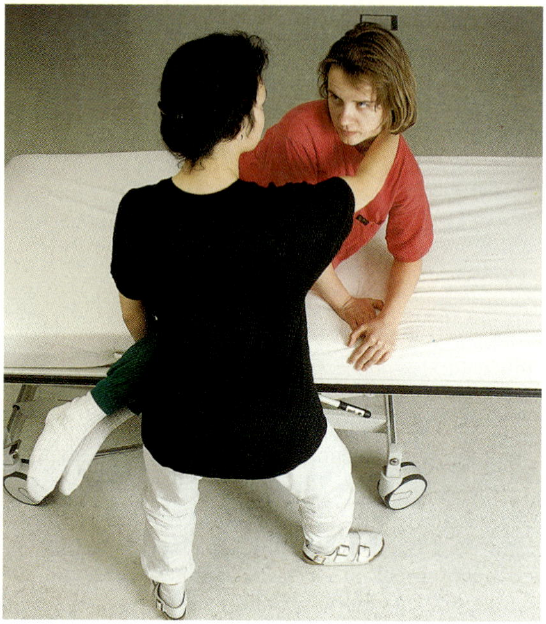

Abb. 6.41: Zwei AltenpflegeschülerInnen demonstrieren, wie ein Pflegebedürftiger auf die Bettkante gesetzt wird. [K183]

sen (☞ Abb. 6.40) und auf Kommando Pflegebedürftigen nach oben bringen. Wenn der Kopf nicht alleine gehalten werden kann, dann mit einer Hand den Kopf abstützen. Zur Erleichterung kann auch eine Gleitmatte eingesetzt werden.

Kann der Pflegebedürftige beim Hochrutschen selbst aktiv werden, dann Pflegebedürftigen auffordern, seine Beine an das Gesäß zu ziehen und aufzustellen, die Aufrichthilfe zu fassen und auf Kommando mit Unterstützung der AltenpflegerIn nach oben zu rutschen.

Im Bett aufsetzen

Um den Pflegebedürftigen im Bett aufzusetzen

- Sich so in Schrittstellung an die Seite des Bettes stellen, dass man in Richtung Kopfende blickt
- Mit beiden Händen über die Schultern fassen und Pflegebedürftigen zu sich ziehen, dabei das eigene Gewicht vom vorderen Bein auf das hintere verlagern
- Ist der Oberkörper in Sitzstellung, dann mit einer Hand das Kopfende des Bettes aufrichten
- Kissen wie in Abb. 6.32 zwischen Lendenwirbelsäule und Rückenlehne legen.

Auf die Bettkante setzen

Um den Pflegebedürftigen auf einen (Roll-)Stuhl zu setzen oder zum Aufstehen muss er vorab auf die Bettkante gesetzt werden.

- Pflegebedürftigen wie oben beschrieben möglichst nahe an die bauchwärts gerichtete Bettkante in die Seitenlage bringen
- Angewinkelte Beine über die Bettkante schieben (lassen)
- Oberkörper mit Unterstützung eines Armes, den der Pflegebedürftige vor seine Brust auf der Matratze abstützt, aufrichten (☞ Abb. 6.41).

Nicht von der Rückenlage aus die Beine über die seitliche Bettkante schieben (lassen), weil diese Biegung die Wirbelsäule stark belastet. Immer über die Seitenlage zum Sitzen kommen.

Transfer vom Bett in den Rollstuhl

Beim Transfer vom Bett in den Stuhl oder in den Rollstuhl sind die gleichen Handlungsschritte erforderlich wie bei halbseitengelähmten Menschen (☞ Abb. 6.36).

Von der Bettkante aufstehen

Pflegebedürftigen wie oben beschrieben auf die Bettkante setzen und so weit nach vorne rutschen lassen, dass die Füße festen Bodenkontakt haben und nur noch knapp die Hälfte der Oberschenkellänge auf der Matratze aufliegt. Evtl. Füße massieren zur Verbesserung des Körpergefühls. Pflegebedürftigen dann unter eigener Gewichtsverlagerung im Haken- oder Australiagriff (☞ Abb. 6.40) zu sich ziehen. Alternativ den Brustkorb umfassen und ebenfalls unter eigener Gewichtsverlagerung zu sich und hochziehen.

Vorsicht!
Halbseitengelähmte dürfen nicht an den Armen in den Stand gezogen werden (☞ Bobath-Konzept).

Wenn ein alter Mensch längere Zeit ausschließlich im Bett bleiben musste, z. B. nach einem fiebrigen Infekt, ist besondere Vorsicht beim Aufstehen geboten, da sich die Kreislaufreflexe erst langsam wieder an das Stehen gewöhnen müssen (Kollapsgefahr). Die Sitzphase auf der Bettkante für eine Pause zum Ausruhen und Durchatmen nutzen lassen. **Beobachten:** Auf Gesichtsfarbe (Blässe?), Schweißausbruch und die Mimik des alten Menschen achten und nach dem Wohlbefinden fragen (Schwindel?).

Gehen

Zum **Gehen** steht die AltenpflegerIn neben der zu pflegenden Person und legt von hinten die Hand auf die Hüfte (☞ Abb. 6.37). Wenn auf technische Hilfsmittel (☞ oben) zurückgegriffen wird, vorher Funktionsfähigkeit prüfen. Nach längerer Bettlägerigkeit fühlt sich ein Pflegebedürftiger sicherer, wenn er z. B. bei längeren Spaziergängen begleitet wird (☞ Abb. 6.42).

Treppe gehen mit Gehstock:

- *Abwärts:* Zuerst Stock eine Stufe tiefer stellen, erster Schritt mit dem weniger funktionstüchtigen Bein
- *Aufwärts:* Zuerst Stock eine Stufe höher setzen, dann mit dem funktionstüchtigeren Bein den ersten Schritt nach oben ausführen.

Abb. 6.42: Ein Arm, der einen alten Menschen nach längerer Bettlägerigkeit stützt, vermittelt Sicherheit bei den ersten Gehversuchen. [A300-119)]

Bewegungsorientierte Beschäftigungen anbieten

☞ *auch „Bewegungsorientierte Beschäftigungsangebote" in Kap. 12.3.2*

Viele Tätigkeiten, die alte Menschen früher gerne ausgeübt haben, z. B. Tanzen, Gartenarbeit und selbst die ganz normale Hausarbeit, waren elementar mit Bewegung verbunden. Solange der alte Mensch zu Hause lebt und sich selbst versorgen kann, gehören sie einfach zu seinem Leben.

Schwieriger, weil an organisatorische Strukturen gebunden, gestaltet sich bewegungsorientierte Beschäftigung in einem Pflegeheim. Es gibt z. B. nur wenige Heime, die über einen eigenen (Gemüse-)Garten verfügen. Und wenn, wird dieser häufig von eigens dafür eingestelltem Personal gepflegt.

Es gilt also, nach **alternativen Beschäftigungsmöglichkeiten** zu suchen, die möglichst an die Biografie alter Menschen anknüpfen und Spaß machen. Das hat den Vorteil, dass sich der alte Mensch bewegt, ohne das Gefühl zu haben, er trainiert seine Beweglichkeit. Dadurch bleibt die Motivation zur Bewegung erhalten. Deshalb lohnt es sich, alt eingefahrene Strukturen in einem Pflegeheim zu überdenken und den Mut zu haben, sie zu ändern. Bei entsprechender Kreativität sind verschiedene Angebote gut realisierbar, z. B.

- Bewegung kann z. B. durch altersgerechte **Gymnastikgruppen** zu einem festen Zeitpunkt täglich oder wöchentlich ermöglicht und gefördert werden. Ggf. kann die Leitung auch von einem alten, noch rüstigen Menschen selbst übernommen werden
- Eine weitere Möglichkeit sind **Tanzveranstaltungen,** die in einem Heim angeboten werden. Neben der Bewegung bieten sie auch Gelegenheit zu Sozialkontakten, insbesondere dann, wenn auch SeniorInnen teilnehmen, die nicht im Heim leben
- Je nach materieller und räumlicher Ausstattung können **Schwimmtage** mit Wassergymnastik oder **Kegelnachmittage** veranstaltet werden

Um bewegungsorientierte Beschäftigungsangebote auch so zu gestalten, dass sie den Fähigkeiten der alten Menschen entsprechen, ist es empfehlenswert, sich mit einer PhysiotherapeutIn und einer ErgotherapeutIn in Verbindung zu setzen und gemeinsam Beschäftigungsangebote auszuwählen.

6.3.3 Exemplarische Pflegeplanung

Pflegediagnose mit Ursache (PD), Ressourcen (R), Gewohnheiten (G) und Erfahrungen (E), aktuelle Bedürfnisse (AB)	**Pflegeziele**	**Pflegetherapie** Information (I), Beratung (B), Motivation (M), Anleitung (A), Beaufsichtigung (Bf), teilweise Übernahme (tÜ), vollständige Übernahme (vÜ)
PD: Beeinträchtigte körperliche Mobilität aufgrund von Schmerzen im rechten Knie durch Arthrose **R:** Ist orientiert und hat früher viel im Garten gearbeitet **G:** Ist früher jeden Tag mit ihrem Hund spazieren gegangen **E:** Wärme hilft gegen die Schmerzen	Ist mobil und bewegt sich jeden Tag mit Gehhilfe	**I:** Über die Bedeutung von Bewegung trotz Schmerzen und über bewegungsorientierte Beschäftigungsangebote informieren **M:** Dazu motivieren, sich an der Pflege der Zimmerpflanzen zu beteiligen und z. B. 1 x wöchentlich das Gießen zu übernehmen. Außerdem zur Teilnahme an der Gymnastikgruppe (1 x wöchentlich) motivieren **B, A:** Über Hilfsmittel (z. B. Gehstock) beraten und zum Umgang damit anleiten, v. a. Treppen steigen. 1 x im Monat Funktionstüchtigkeit des Gehstockes überprüfen (Gummistopfen defekt?) **Bf:** 1 x täglich zu einem 20-minütigen Spaziergang begleiten, bis der Umgang mit dem Gehstock sicher beherrscht wird **tÜ:** Bei starken Schmerzen vor dem Einschlafen warmes Bad anbieten und dabei unterstützen

Tab. 6.43: Beispiel einer Pflegeplanung bei eingeschränkter Mobilität.

6.4 Gefahr eines Immobilisationssyndromes

Immobilisationssyndrom: Komplex aus physischen und psychischen Schädigungen durch vollständige körperliche Inaktivität und Bettlägerigkeit mit der Gefahr schwerwiegender Folgekrankheiten wie Dekubitus, Pneumonie, Thrombose und Lungenembolie, die häufig zum Tod führen.

Das **Immobilisationssyndrom** entsteht durch eine Spirale aus Bewegungsarmut, z. B. durch eingeschränkte Beweglichkeit der Beine, Muskelabbau und dadurch weiter zunehmende eingeschränkte Beweglichkeit. Auf diese Weise wird der Aktionsradius des Betroffenen immer kleiner, bis er das Zimmer und schließlich auch das Bett nicht mehr verlässt, wenn es nicht gelingt, den Teufelskreis zunehmender Bewegungsarmut zu durchbrechen. Besonders Menschen, die durch eine Erkrankung langfristig oder für immer bettlägerig sind, drohen ohne pflegerische Maßnahmen schwere körperliche und psychische Schäden durch die Immobilisation.

6.4.1 Pflegediagnostik

Ursachen und Einflussfaktoren

- Erkrankungen und Störungen mit beeinträchtigter körperliche Mobilität (☞ 6.3.1)
- Erkrankungen, die eine vorübergehende Bettlägerigkeit zur Folge haben, z. B.
  - durch Ruhigstellung von Körperteilen (Gipsverband)
  - bei Fieber
  - bei körperlicher Schwäche (z. B. bei fortgeschrittenen Krebserkrankungen)
- Erkrankungen mit länger anhaltenden Bewusstseinsstörungen (Koma), z. B. Apallisches Syndrom („Wachkoma“, ☞ 4.12).
- Psychiatrische Erkrankungen mit fehlendem Antrieb, z. B. Depressionen, Verwirrtheit
- Psychische Ursachen wie z. B. soziale Isolation, unbewältigte Trauer, Sinnkrisen
- Fehlende Anregung der Wahrnehmungsorgane (☞ Kap. 4) bei Bettlägerigkeit.

Anzeichen

Der Pflegebedürftige

- Braucht Unterstützung in allen Lebensaktivitäten. Handlungen müssen anfangs teilweise, bei einem kompletten Immobilisationssyndrom vollständig durch AltenpflegerInnen übernommen werden
- Verharrt aus Angst vor Schmerzen fast regungslos in einer für ihn erträglichen Haltung
- Verändert seine Lage nicht aktiv selbstständig im Bett, er wird passiv gelagert
- Ist extrem schwach und kraftlos
- Hat steife, nicht voll bewegliche Gelenke (Kontrakturen)
- Hat eine hoffnungslose, depressive Stimmung, will sterben
- Nimmt keinen Anteil an dem, was um ihn passiert, ist apathisch und kommuniziert nur stark eingeschränkt
- Evtl. Bewusstseinsstörungen.

Folgen

Die Folgen vollständiger Bettlägerigkeit und körperlicher Inaktivität sind vielfältig und schwerwiegend (☞ Abb. 6.44). Komplikationen wie Kontrakturen, Obstipation (☞ 8.6), Pneumonie (☞ 5.5), Dekubitus (☞ 5.8), Thrombose (☞ 5.8) sowie intellektueller Abbau, Selbstversorgungsdefizite in allen Lebensbereichen und Depressionen treten in Kombination auf und verschlechtern den Zustand des pflegebedürftigen alten Menschen.

6.4.2 Pflegetherapeutische Maßnahmen

Aktivierende Pflege

Aktivierende Pflege: Hilfe zur Selbsthilfe leisten, indem der alte Mensch zu Aktivitäten motiviert, angeleitet und dabei (anfänglich) beaufsichtigt wird, so dass er sie schnellstmöglich wieder selbstständig ausführen kann.

Aktivierende Pflege ist eine **ganzheitliche Auffassung von Pflege** und widerspricht häufig der Laienvorstellung, wie ein „schwacher, alter Mensch“ betreut werden sollte. Nicht ihm alles abzunehmen und Dinge für ihn zu erledigen bedeutet wirklich Hilfe für ihn. Übernimmt die AltenpflegerIn alle „anstrengenden“ Handlungen: „Ach, bleiben Sie ruhig sitzen, ich hebe Ihnen das auf“, wird die Abhängigkeit von der Pflege immer größer und die körperliche Inaktivität Schritt für Schritt gefördert.

Alte Menschen, die aktivierend gepflegt werden, fühlen sich nicht von der Pflege abhängig, sondern durch Pflege begleitet.

In allen Lebensbereichen aktivierend pflegen

Aktivierende Pflege beschränkt sich nicht auf Pflegemaßnahmen, die die körperliche Mobilität verbessern sollen. In **allen Lebensbereichen** ist der Hilfe zur Selbsthilfe der Vorrang einzuräumen, um die Selbstpflegefähigkeiten zu stärken. Es gilt,

Abb. 6.44: Immobilität hat zahlreiche körperliche, psychische und soziale Auswirkungen. ↑ bedeutet Erhöhung, ↓ bedeutet Verminderung oder Verschlechterung. [K157]

- Von der vollständig kompensierenden Pflege (etwas *für* den Pflegebedürftigen erledigen) über die
- Teilweise kompensierende Pflege (nur *Teile* einer Handlung *für* den Pflegebedürftigen erledigen) zur
- Selbstständigen Übernahme der Handlungen durch den Pflegebedürftigen zu kommen (☞ 2.6.4 und Abb. 2.15).

Aktivierende Pflege ist also kein Training zu sportlichen Höchstleistungen, sondern hat das Ziel, dass auch kleine, alltägliche Bewegungsabläufe wieder selbstständig durchgeführt werden können.

Ressourcen einbeziehen

Sämtliche **Ressourcen** *(innere und äußere Kraftquellen)*, die ein alter Mensch hat, werden in die Pflege einbezogen, um seine körperliche Aktivität zu steigern. Sie sind eine wichtige Stütze, um Pflegeziele zu erreichen.

- *Innere Ressourcen* sind z. B. die Lebenseinstellung, Gewohnheiten und Erfahrungen aus der Biografie oder eine hohe Motivation, z. B. wenn ein alter Mensch unbedingt wieder so fit werden will, dass er einen guten Bekannten besuchen kann
- *Äußere Ressourcen* ergeben sich aus dem Umfeld, z. B. der Ehepartner eines Pflegebedürftigen, der die Aktivierung körperlicher Kräfte aktiv unterstützt.

Zeitbedarf

Die **Zeitnot** in der Altenpflege verleitet dazu, etwas „schnell selbst zu tun". Motivation, Anleitung und Beaufsichtigung benötigen in der Regel viel mehr Zeit und sind mühseliger, sowohl für die AltenpflegerIn, als auch für den Pflegebedürftigen. Langfristig wird aber eher Zeit eingespart, denn nach der zeitaufwendigen Lernphase kann sich der Pflegebedürftige wieder selbst helfen. Aufwendige Prophylaxen, die bei körperlicher Inaktivität und Immobilität notwendig wären, können entfallen (☞ Abb. 6.45).

Aktivieren um jeden Preis?

In Ausnahmenfällen ist es nicht sinnvoll und für den Pflegebedürftigen sehr belastend, wenn aktivierend gepflegt wird. Ein tumorkranker Mensch im weit fortgeschrittenen Stadium muss alle Pflegemaßnahmen erhalten, die notwendig sind, seine Leiden zu lindern und die verhindern, dass neue hinzukommen. Dann ist Fingerspitzengefühl gefordert, um herauszufinden,

Zeitbedarf aktivierender Pflege

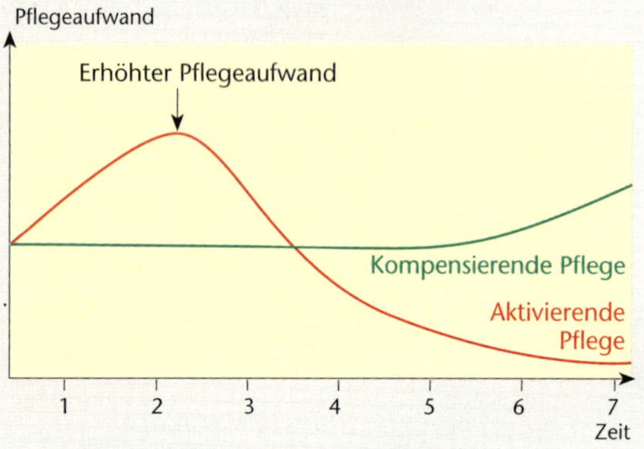

Abb. 6.45: Anfänglich ist der Zeitbedarf für aktivierende Pflege deutlich höher als für kompensierende Pflege. Langfristig verringert sie aber den Pflegeaufwand, weil Immobilität vermieden wird. Ist ein alter Mensch immobil, benötigt er dagegen einen sehr hohen Pflegebedarf, weil z. B. zahlreiche Prophylaxen durchzuführen sind. [A400]

welche Maßnahmen der Pflegebedürftige wirklich wünscht, und welche ihn nur belasten, ohne dass Fortschritte zu erwarten sind.

Eine gezielte **Beobachtung** hilft, Abwehrreaktionen oder Zustimmung zu erkennen, auch wenn sie der Pflegebedürftige nicht verbal äußert.

Ablehnung oder Zustimmung werden z. B. gezeigt durch:

- Mimik (schmerzverzerrt, mürrisch oder lächelnd)
- Bestimmte Laute
- Gezielte oder ungezielte Abwehrbewegungen (Hand vor das Gesicht, wegschieben)
- Kopf wegdrehen und Augen schließen („Laßt mich in Ruhe") oder Augenbewegungen, die interessiert alles verfolgen.

Hospitalismusprophylaxe

Psychischer Hospitalismus *(auch: Deprivationssyndrom von lat. deprivare = berauben)*: Psychische Schädigung infolge unzureichender körperlicher und emotionaler Zuwendung bei Langzeitpflege, an der die Betroffenen letztendlich sterben.

Psychischer Hospitalismus tritt vor allem bei alten, pflegebedürftigen Menschen auf, die wenig soziale Kontakte, kaum geistige Anregungen und keine Beschäftigungsmöglichkeiten haben. Deshalb sind immobile Menschen besonders gefährdet. Psychischer Hospitalismus äußert sich durch

- Regressives Verhalten: Um Zuwendung zu bekommen, „erzwingt" der Pflegebedürftige Mensch sie, indem er sich (unbewusst) wie ein Kleinkind verhält (lässt sich z. B. „füttern")
- Apathie: Vollständiges Desinteresse an der Umwelt, Teilnahmslosigkeit, reagiert kaum auf Ansprache
- Erhöhte Krankheitsanfälligkeit, vor allem Infekte
- Vernachlässigung des eigenen Körpers
- Nahrungsverweigerung
- Angst, tiefe Depression
- Inkontinenz ohne organische Ursachen.

Psychischer Hospitalismus ist kein unabänderliches Schicksal in der Langzeitpflege. Er kann durch liebevolle Zuwendung, aktivierende Pflege, Anregung der Wahrnehmung und individuelle Beschäftigungsangebote vermieden werden.

Gestaltung der Umgebung

Die vielfältigen Eindrücke, die durch die Umwelt auf einen mobilen Menschen einströmen und sein Gehirn ständig aktivieren, entfallen bei einem bettlägerigen Menschen. Er lebt tagein tagaus in ein und demselben Zimmer. Ist das Zimmer langweilig und reizarm, z. B. durch kahle weiße Wände, dann verwundert es nicht, dass sich der Pflegebedürftige immer weiter in sich zurückzieht und völlig apathisch wird. Um den Rückzug zu verhindern und das Gehirn zur Aktivität anzuregen,

- Das Zimmer interessant gestalten, z. B. durch Farben: Anstrich einer Wand mit der Lieblingsfarbe des alten Menschen, farbige Gardinen und Vorhänge, Teppiche, Bettwäsche
- Bilder eines vom Pflegebedürftigen geschätzten Malers aufhängen. Evtl. auch Bilder an die Decke hängen, da sonst in Rückenlage nur die weiße Decke angeschaut werden kann
- Fotos anbringen oder auf dem Nachttisch aufstellen, so dass der Pflegebedürftige sich an Vergangenes erinnern kann, z. B. Urlaubsfotos, Fotos von Familienfeierlichkeiten wie Hochzeit o. Ä.
- Gegenstände, die dem Betroffenen etwas bedeuten (z. B. Sportgeräte) aufstellen
- Pflegebett so aufstellen, dass der Pflegebedürftige aus dem Fenster sehen kann und die Tür im Blick hat, so dass er mit den Augen verfolgen kann, wenn jemand das Zimmer betritt
- Fernseher, Radio und Telefon helfen, den Kontakt und das Interesse an der Außenwelt aufrecht zu erhalten. Wenn die Zeitung nicht selbstständig gelesen werden kann, dann hilft, wenn gewünscht, das Vorlesen
- Zimmergestaltung bei Halbseitengelähmten nach dem Bobath-Konzept (☞ 6.3.2).

Mobiles Snoezelen
Um die Wahrnehmung zu aktivieren, kann Snoezelen (☞ 10.4.2) eine wertvolle Hilfe sein. Da aber bettlägerige alte Menschen nicht in der Lage sind, einen Snoezelen-Raum aufzusuchen, können einige Snoezelen-Utensilien auch auf einem Wagen in das Zimmer des Pflegebedürftigen gebracht und installiert werden.

Basale Stimulation®

☞ *auch 4.11.2*

Die Basale Stimulation® beruht auf der Annahme, dass dem Menschen nie alle Kanäle der Wahrnehmung verschlossen sind, selbst wenn er nach außen hin zu keinerlei Kommunikation fähig erscheint, also auch bei Bewusstlosigkeit. Die Wahrnehmung immobiler Menschen kann basal stimuliert werden durch

- Visuelle (optische) Reize, z. B. Bilder (☞ oben „Gestaltung der Umgebung“)
- Olfaktorische (den Geruchsinn betreffende) Reize, z. B. Aromalampen aufstellen (nicht permanent verwenden, Geruch wird sonst nicht mehr wahrgenommen, Allergiegefahr beachten), Verwendung von Parfums und Waschzusätzen
- Akustische (den Hörsinn betreffend) Reize, z. B. ein Musikstück, Ansprache. Besondere Lieblingsstücke des alten Menschen abspielen (CD, Tonkassette), bestimmte Radiosendungen, die eine Musikrichtung spielen, für eine gewisse Zeit einschalten (keine Dauerbeschallung)
- Taktil-sensorische (durch Berührung) Reize, z. B. durch belebende Ganzkörperwaschung
- Gustatorische (geschmackliche) Reize: z. B. Mundpflege mit einer im Geschmack angenehmen Flüssigkeit (Saft, Bier).

Ist der Pflegebedürftige nicht in der Lage, sich verbal zu seinen Vorlieben zu äußern, dann hilft der Kontakt mit den Angehörigen, Ehepartnern und Freunden, die richtigen Anregungen herauszufinden.

Literaturtipp
Bienstein, Ch., Fröhlich, A.: Basale Stimmulation. Verlag Selbstbestimmtes Leben, Düsseldorf 1993

Beschäftigung anbieten

- An Biografie orientierte Beschäftigung anbieten, die sich auch bei Bettlägerigkeit eignet und dem Pflegebedürftigen Spaß macht (☞ 12.3.2).
- Beschäftigungsangebote helfen auch, einen endlos lang scheinenden Tag zu strukturieren, vor allem dann, wenn sich der Pflegebedürftige darauf freut
- Angehörige mit einbeziehen, so dass auch soziale Kontakte gefördert werden und der alte Mensch Anteil an der Außenwelt nimmt.

Kontrakturenprophylaxe

Kontraktur: Irreversible Bewegungseinschränkung eines Gelenkes durch Schrumpfung und Verkürzung von Sehnen, Bändern, Gelenkkapsel und Muskulatur bis hin zur vollständigen Gelenkversteifung. Es gibt Beuge- und Streckkontrakturen. Der Spitzfuß ist die häufigste Kontraktur in der Altenpflege.

Spitzfuß: Kontraktur im oberen Sprunggelenk in Streckstellung (Plantarflexion des Fußes). Entsteht in der Altenpflge meistens bei bettlägerigen Patienten durch den Druck der Bettdecke auf den Fußrücken (☞ 6.46).

Kontrakturen verhindern die vollständige aktive und passive Beweglichkeit eines Gelenkes, verursachen Schmerzen und führen zur Zwangshaltung. Die Schädigung ist irreversibel (nicht rückbildungsfähig) und schränkt die Beweglichkeit des betroffenen Gelenkes dauerhaft ein.

Bei einem **Spitzfuß** ist der Fuß nach unten fixiert, so dass das Bein „zu lang“ wirkt und der Pflegebedürftige nur mit den Zehenspitzen den Boden berührt. Abrollen über die gesamte Fußsohle ist nicht möglich (☞ Abb. 6.47).

Gezielte **Beobachtung** mit folgenden Fragestellungen geben Hilfe bei der Einschätzung der Kontrakturgefahr:

- Schmerzen bei der Bewegung?
- Bewegungsabläufe harmonisch oder hölzern und steif?
- Bewegungseinschränkungen sichtbar?
- Schonhaltungen?
- Vermeidet der Bewohner bestimmte Bewegungsabläufe?

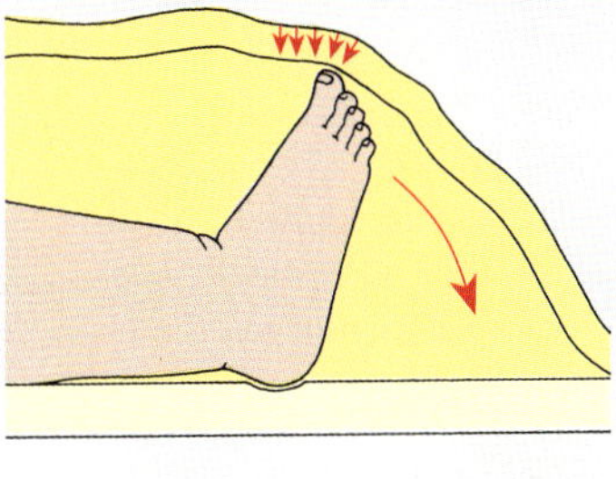

Abb. 6.46: Eigengewicht des Fußes und Bettdecke drücken den Fuß nach unten. [A400-157]

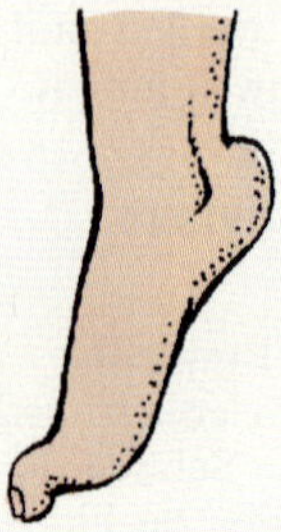

Abb. 6.47: Spitzfuß. [A400-190]

Ziel der Kontrakturenprophylaxe ist es, die normale Stellung und Beweglichkeit der Gelenke zu erhalten bzw. wieder herzustellen und Bewegungseinschränkungen vorzubeugen.

☑ Wie jede Prophylaxe hat auch die Kontrakturenprophylaxe nur Sinn, wenn sie regelmäßig ausgeführt wird.

Häufiges Umlagern

Bei Bettlägerigkeit muss der Pflegebedürftige im zweistündlichen Rhythmus umgelagert werden. Gelenke abwechselnd in Streck-, Mittel- und Beugestellung (☞ Abb. 6.48 und 6.49) lagern.

Lagerung in physiologischer Mittelstellung

Sind Streck- und Beugelagerung nicht möglich oder werden vom alten Menschen nicht toleriert, kann auch überwiegend in **physiologischer Mittelstellung** gelagert werden (☞ Abb. 6.49). Diese Lagerung ermöglicht dem Pflegebedürftigen bei einer Versteifung der Gelenke keinen idealen, aber zumindest einen tolerablen Bewegungsumfang.

Bei der physiologischen Mittelstellung entspricht die Gelenkstellung etwa der Haltung im Stehen.

- Rückenlagerung, Kopf in die Mitte legen, mit Kissen unterstützen
- Oberarm um ca. 30° abspreizen, Unterarm im Winkel von ca. 100° zum Oberarm und leicht erhöht lagern
- Hände sind einwärts gedreht (Pronation), Finger in Schalenstellung bringen (leicht gebeugt), Daumen in Opposition dazu
- Hüftgelenke gerade
- Kniegelenke gerade, keine Rolle unterlegen
- Füße aufgestellt, Fußspitzen zeigen zur Zimmerdecke, weiches Kissen gegen die Fußsohlen.

Spitzfußprophylaxe bei Bettlägerigkeit

- Weiche Fußstütze, z. B. Kissen, so gegen die Fußsohlen legen, dass Fußspitzen zur Decke zeigen (☞ Abb. 6.49)
- Bettbogen (Tunnel) verwenden, damit die Bettdecke nicht auf die Füße drückt. Es ist auch möglich, die Bettdecke über ein erhöhtes Bettfußteil zu legen
- Ferse weich und hohl lagern
- Bewegungsübungen des Fußes:
  - Bei angehobenem Unterschenkel Fuß in Richtung Schienbein drücken und
  - Bei angehobenem Unterschenkel und gebeugtem Knie Ferse nach vorne ziehen, dabei das Knie strecken.

Vorsicht!
Bei Halbseitenlähmung darf Spitzfußprophylaxe nicht durch Druck gegen die Fußsohle durchgeführt werden (☞ Bobath-Konzept im Kap. 6.3.2).

Bewegungsübungen im Bett

Mit passiven Bewegungsübungen wird jedes Gelenk mindestens 2 x täglich in allen Bewegungsrichtungen nach Plan durchbewegt. Noch wirkungsvoller als passive sind assistive und aktive Bewegungsübungen. Alle Übungen können mit der Körperpflege kombiniert werden. Durchführung, ☞ 6.3.2.

Zeit der Körperpflege zur Mobilisation nutzen

- Belebende Waschzusätze verwenden und Düfte, die den älteren Menschen anregen
- Beim Waschen im Bett ist gleichzeitiges Durchbewegen der Gelenke (☞ 6.3.2), Massieren oder Entspannung nach Jakobson (☞ unten) möglich
- Zur Selbstständigkeit motivieren und anleiten, z. B. das Gesicht und die Hände waschen.

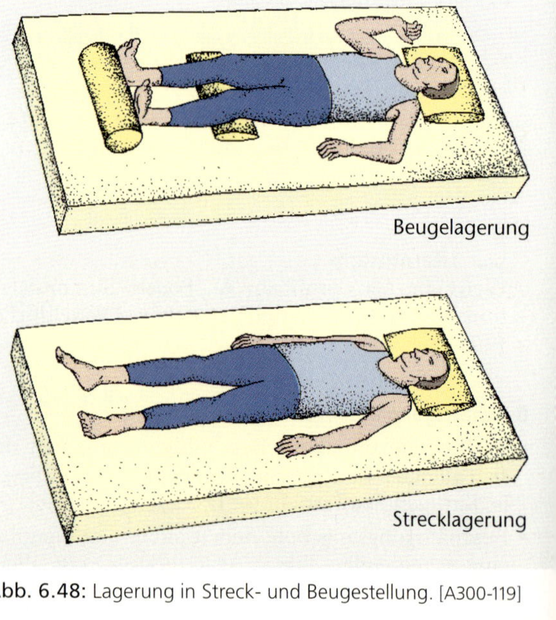

Abb. 6.48: Lagerung in Streck- und Beugestellung. [A300-119]

Stürze in der Nacht vermeiden

Für die Nacht sind evtl. besondere Vorkehrungen zu treffen, um (lebensgefährliche) Stürze zu vermeiden (☞ 11.3). Es muss darauf geachtet werden, dass die Klingel erreichbar ist, evtl. Nachtstuhl ans Bett stellen. Wenn es nötig ist, soll mit dem älteren Menschen besprochen werden, dass er nicht allein aufsteht.

Progressive Muskelsentspannung nach Jakobson

Viele ältere Menschen verkrampfen und verspannen sich aus Angst vor Stürzen bei der Bewegung oder weil bestimmte Bewegungsabläufe schmerzhaft sind. Körperliche Verspannung erhöht den Muskeltonus (Spannungszustand der Muskeln), die Blutgefäße verengen sich, Adrenalin wird ausgeschüttet, der Atem angehalten. Dadurch wird die Sauerstoffversorgung an den schmerzhaften Muskeln vermindert, der Schmerz nimmt zu.

Entspannungsübungen verhelfen zu einer tiefen, ruhigen Atmung und guten Durchblutung und können so das Wohlbefinden steigern. Sie eignen sich gut zur Vorbereitung auf die Mobilisierung.

Methode

Die Methode der **progressiven Muskelentspannung nach Jakobson** ist leichter anwendbar und besser in die Pflegehandlungen integrierbar als viele andere Entspannungsmethoden. Außerdem können je nach verfügbarer Zeit einzelne Teile des Programms ausgeführt werden.

Der schwedische Arzt *Edmund Jakobson* entwickelte die Methode der progressiven Muskelentspannung Anfang dieses Jahrhunderts. Jakobson fand heraus, dass durch Anspannung und Lösen der Muskelgruppen Entspannung möglich ist.

Durchführung

Um eine entspannende Wirkung zu erreichen, sollen Störungen für 45 Minuten vermieden werden, z. B. durch ein „Bitte nicht Stören"-Schild an der Tür.

Pflegebedürftiger liegt auf dem Rücken, schließt die Augen und wird gebeten, langsam zur Ruhe zu kommen. Nacheinander werden die einzelnen Muskelgruppen im Körper jeweils zweimal angespannt. Die Spannung einige Sekunden halten, dann lösen und Entspannung genießen. Die Entspannungsphase soll etwa zwei Minuten dauern.

Füße

- Zehen mit aller Kraft zur Fußsohle hinbiegen - Spannung halten - lösen
- Zehen in Richtung Fußrücken ziehen, kräftig abspreizen - Spannung halten - lösen.

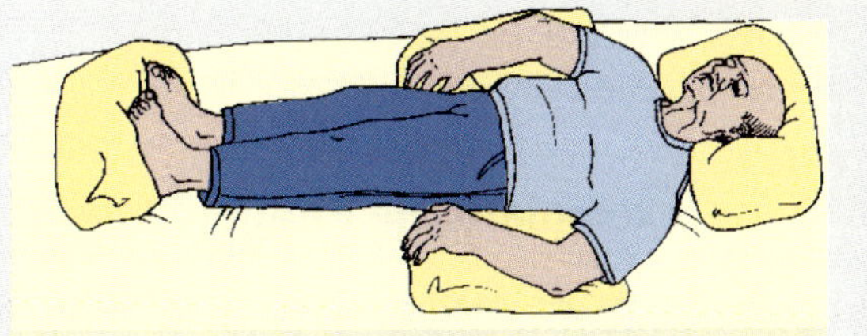

Abb. 6.49: Lagerung in physiologischer Mittelstellung. [A300-215]

Beine

- Ferse kräftig auf die Unterlage drücken – Spannung halten – lösen
- Knie durchdrücken, Beine etwas von der Unterlage abheben – Spannung halten – lösen
- Knie durchdrücken, Waden gegen die Unterlage drücken – Spannung halten – lösen.

Becken: Gesäßmuskeln anspannen, Schließmuskel von Darm und Blase anspannen – Spannung halten – lösen.

Bauch

- Bauch so weit wie möglich vorwölben – Spannung halten – lösen
- Bauch kräftig nach innen ziehen – Spannung halten – lösen.

Schultern

- Schultern so weit wie möglich nach vorne ziehen – Spannung halten – lösen
- Schulterblätter nach oben ziehen, als ob man die Ohren erreichen will – Spannung halten – lösen.

Arme: Hände zu Fäusten ballen, zu den Oberarmen ziehen und kräftig anspannen – Spannung halten – lösen.

Gesicht: Augen fest zukneifen, Mund zu einem schmalen Strich anspannen (Mundwinkel Richtung Ohren) – Spannung halten – lösen.

Vorsicht!
Entstehen bei irgendeiner Anspannung Schmerzen, muss sie sofort gelöst werden. Wenn die Schmerzen anhalten, ÄrztIn informieren.

Folgekrankheiten durch Prophylaxen vermeiden

Bettlägerige sind aufgrund der körperlichen Inaktivität gefährdet, an Folgekrankheiten zu erkranken und daran zu sterben (☞ Abb. 6.44). Deshalb sind außer der Kontrakturenprophylaxe zahlreiche weitere prophylaktische Maßnahmen erforderlich:

- Dekubitusprophylaxe (☞ 5.8.2)
- Intertrigoprophylaxe (☞ 9.4.2)
- Pneumonieprophylaxe (☞ 5.5.2)
- Thromboseprophylaxe (☞ 5.7.2)
- Obstipationsprophylaxe (☞ 8.6.2)
- Soor- und Parotitisprophylaxe (☞ 7.8.2).

6.4.3 Exemplarische Pflegeplanung

Pflegediagnose mit Ursache (PD), Ressourcen (R), Gewohnheiten (G) und Erfahrungen (E), aktuelle Bedürfnisse (AB)	**Pflegeziele**	**Pflegetherapie** Information (I), Beratung (B), Motivation (M), Anleitung (A), Beaufsichtigung (Bf), teilweise Übernahme (tÜ), vollständige Übernahme (vÜ)
PD: Gefahr eines Immobilisationssyndroms aufgrund körperlicher Schwäche nach einem fieberhaften Infekt mit Bettlägerigkeit **R:** Ehefrau kommt jeden Tag zu Besuch **G:** Hat bis vor der Erkrankung jeden Tag die Zeitung gelesen	Vermeidung eines Immobilisationssyndroms Es treten keine Folgeschäden auf	**I, M:** Über die Gefahr der dauerhaften Bettlägerigkeit informieren und zur allmählichen Mobilisation motivieren **vÜ:** In allen Lebensbereichen unterstützen, dabei aktivierend pflegen und Pflegebedürftigen zur Selbstständigkeit anleiten **A:** Ehefrau anleiten, sich an der Mobilisation zu beteiligen **vÜ**: 3 x täglich alle Gelenke passiv durchbewegen, Spitzfußprophylaxe **vÜ:** zweistündliche Umlagern nach Plan Wahrnehmung fördern durch Aromalampen, Bilder, Fotos, Musik Vertraute Gegenstände von Ehefrau mitbringen lassen Ehefrau bitten, aus der Zeitung vorzulesen Snoezelen anbieten Alle Prophylaxen laut Plan durchführen

Tab. 6.50: Beispiel einer Pflegeplanung bei der Gefahr eines Immobilisationssyndromes.

Wiederholungsfragen

1. Worin besteht der Unterschied zwischen Bewegung und Mobilität? (☞ 6.1)
2. Welche anatomischen Strukturen gehören zum Bewegungsapparat und wie werden seine Bewegungen gesteuert? (☞ 6.1)
3. Welche Bewegungsrichtungen haben die Gelenke? (☞ Abb. 6.4, 6.5)
4. Welche Erkrankungen können Bewegung und Mobilität beeinträchtigen? (☞ 6.1)
5. Welche Altersveränderungen am Bewegungsapparat, insbesondere bei Frauen, erhöhen die Gefahr von Frakturen? (☞ 6.1)
6. Was ist eine Arthrose? (☞ 6.1)
7. Welchen Einfluss hat die räumliche Umgebung auf die Mobilität eines Menschen? (☞ 6.1)
8. Welche Gesundheitsfachberufe bemühen sich darum, die Bewegungsfähigkeit alter Menschen zu erhalten und zu fördern? (☞ 6.1)
9. Wonach muss bei der Durchsicht der Unterlagen und der Befragung des Pflegebedürftigen gefragt werden, um Einschränkungen der körperlichen Mobilität zu erkennen? (☞ 6.2)
10. Worauf ist bei der körperlichen Untersuchung und bei der Beobachtung zu achten, um Einschränkungen der körperlichen Mobilität zu erkennen? (☞ 6.2)
11. Welche Ursachen kann eine beeinträchtigte körperliche Mobilität haben? (☞ 6.3.1)
12. Welche Folgen kann eine beeinträchtigte körperliche Mobilität für einen alten Menschen haben? (☞ 6.3.1)
13. Welche technischen Hilfsmittel gibt es, die den Transfer schwerstpflegebedürftiger alter Menschen erleichtern? (☞ 6.3.2)
14. Welche Gehhilfen gibt es, die es dem alten Menschen ermöglichen, trotz Bewegungseinschränkungen mobil zu bleiben? (☞ 6.3.2)
15. Was bedeutet das kinästhetische Verständnis des Bewegungsapparates (Massen und Zwischenräume) für die Pflege? (☞ 6.3.2)
16. Welche Ziele verfolgt das Bobath-Konzept und worin unterscheidet es sich von anderen Behandlungskonzepten für halbseitengelähmte Menschen? (☞ 6.3.2)
17. Welche Maßnahme ist die wirkungsvollste Spitzfußprophylaxe bei Halbseitenlähmung? (☞ 6.3.2)
18. Welche Bewegungsübungen können auch im Bett durchgeführt werden? (☞ 6.3.2)
19. Was versteht man unter einem Immobilisationssyndrom und welche Menschen sind besonders gefährdet? (☞ 6.4)
20. Welche Anzeichen sprechen für ein beginnendes Immobilisationssyndrom? (☞ 6.4)
21. Was ist mit „aktivierender Pflege" gemeint? (☞ 6.4.2)
22. Wie kann ein psychischer Hospitalismus vermieden werden? (☞ 6.4.2)
23. Wie wird eine Kontrakturenprophylaxe durchgeführt? (☞ 6.4.2)

7. Für Ernährung sorgen

7.1 Bedeutung und Einflussfaktoren

> **„Für Ernährung sorgen“:** Lebens- und Kompetenzbereich, der alle Selbstpflegefähigkeiten umfasst, mit deren Hilfe dem Organismus Nährstoffe und Wasser zugeführt werden, die er zum Erhalt des Lebens benötigt.

Die Zufuhr von **Nährstoffen** (Kohlenhydrate, Fette, Eiweiße, Vitamine, Mineralstoffe, Spurenelemente) und **Wasser** ermöglicht das Überleben des Organismus, weil Nährstoffe und Wasser dazu benötigt werden,

- Körperliche Strukturen wie Zellen und Gewebe aufzubauen, die nach einer gewissen Lebensdauer absterben und ersetzt werden müssen
- Energie für den Energiebedarf des Körpers in Ruhe, z. B. zum Atmen und zur Verdauung und für körperliche Aktivität zu liefern
- Den Körper durch aufeinander abgestimmte Regulationsmechanismen in einem inneren Gleichgewicht (Homöostase) zu halten.

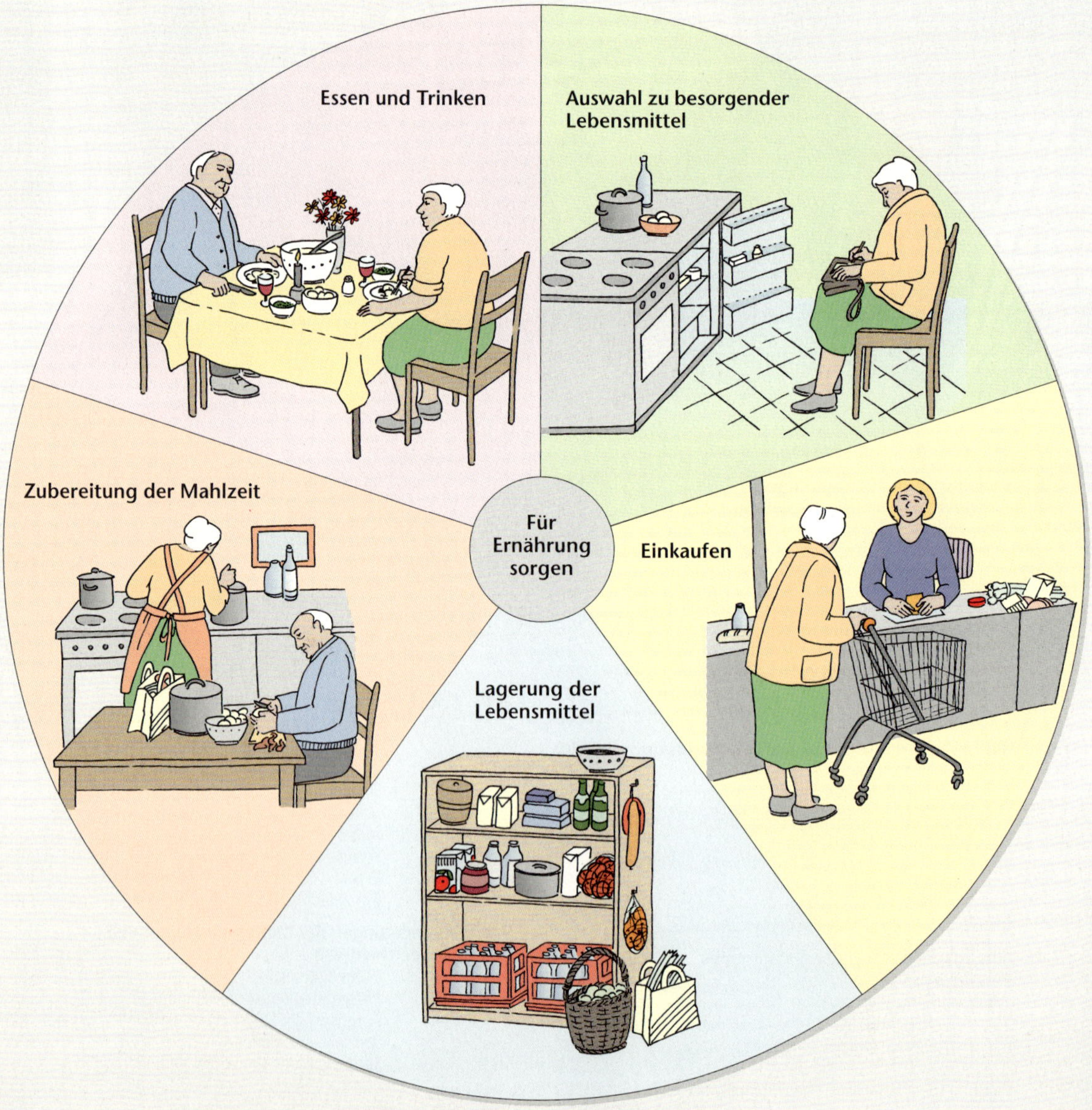

Abb. 7.1: Lebens- und Kompetenzbereich „Für Ernährung sorgen“. [A500-119]

Für Ernährung zu sorgen ist aber mehr als nur der Vorgang des Essens und Trinkens. Auswahl und Beschaffung von Lebensmitteln gehören ebenso dazu wie die Aufbewahrung der Zutaten und die Zubereitung einer Mahlzeit (☞ Abb. 7.1).

Gesunde Ernährung – nicht immer in aller Munde

Die Lebensmittel, von denen man sich überwiegend ein Leben lang ernährt, haben einen großen Einfluss darauf, wie gesund oder krank ein Mensch im Alter wird. Zwar gibt es auch immer wieder die Einzelfälle, die sich trotz reichlich Bier und Schokolade auch noch mit 90 Jahren bester Gesundheit erfreuen, die Statistik spricht aber andere Zahlen. Zu viel tierische Fette, Zucker, Weißmehlprodukte und Alkohol und zu wenig frisches Obst und Gemüse und ballaststoffreiche Vollkornprodukte erhöhen das Risiko für zahlreiche Erkrankungen, z. B.

- Arteriosklerose
- Herz- und Kreislauferkrankungen
- Schlaganfall
- Bluthochdruck
- Diabetes mellitus
- Gicht
- Übergewicht
- Einige Krebserkrankungen.

☑ Pillen gleichen den Mangel an gesunden Nährstoffen nur unzureichend aus, denn die Wirkung der Vitamine und Mineralien in Obst, Gemüse und Vollkornprodukten wird durch ein zum Teil noch unerforschtes Gemisch aus verschiedenen Pflanzenwirkstoffen erreicht.

Mehr als nur „Treibstoff" tanken

Würde es bei der Ernährung aber ausschließlich darum gehen, dem Körper die lebensnotwendigen Stoffe zur Verfügung zu stellen, gäbe es keine Feinschmecker-Restaurants, gemütliche Kaffee-Kränzchen oder fröhliche Grill-Partys. Essen und Trinken ist **Genuss** und weit mehr als „den Tank auffüllen". Es hat wie kaum eine andere Lebensaktivität auch **psychologische und soziale Bedeutung.**

Für die Vorbereitung (einkaufen, evtl. ernten) und Zubereitung von Mahlzeiten und für das Essen und Trinken selbst wird im Laufe eines Tages relativ viel Zeit verwendet. Viele Menschen erleben durch Frühstück, Mittag, Abendbrot und Zwischenmahlzeiten eine feste **Tagesstruktur,** an der sie sich ein Leben lang orientieren. Hat sich der Aktivitätsradius älterer Menschen eingeschränkt, können die Mahlzeiten eine willkommene Abwechslung im täglichen Tagesablauf sein.

Darüber hinaus werden Mahlzeiten meistens lieber **mit anderen Menschen,** sei es die Familie oder

Abb. 7.2: Mit Familienangehörigen oder Freunden zusammen zu essen lässt die Mahlzeit zu einem kommunikativen Erlebnis werden. [J660]

Freunde, als alleine verbracht. „In Gesellschaft schmeckt's am besten" drückt es aus: Der Genuss beim Essen und Trinken erhöht sich für die meisten Menschen um ein Vielfaches, wenn Mahlzeiten in geselliger Runde eingenommen werden (☞ Abb. 7.2).

☑ Alte Menschen, die einsam sind, haben häufig keinen Appetit und keine Lust zum Essen und manchmal nicht einmal mehr Hunger. Ihnen fehlt die sinnstiftende Aufgabe, für andere Menschen Mahlzeiten zuzubereiten, und die Geselligkeit während der Mahlzeiten.

Probleme „schlagen auf den Magen"

Sich mit froher Erwartung an einen Tisch setzen und mit Appetit essen zu können ist ein **Zeichen inneren Wohlbefindens.** Das „Erlebnis Essen" können Menschen in der Regel nur dann wirklich genießen, wenn sie innerlich ausgeglichen und zufrieden sind. Leicht schwindet der Appetit, wenn **psychische Probleme** wie Angst, Einsamkeit, Sorgen oder übermäßiger Stress auf einem Menschen lasten.

Das Auge isst mit

Für den Genuss an Essen und Trinken spielt die **Wahrnehmung** (☞ Kap. 4) eine große Rolle. Das Sprichwort „Das Auge isst mit" meint, dass appetitlich angerichtete Speisen die Lust am Essen steigern. Aber nicht nur das Sehen, auch andere Sinneswahrnehmungen beeinflussen den Appetit, besonders der Geschmack, der Geruch und in geringerem Maße auch das Gehör, wenn z. B. eine „blubbernde" Kaffeemaschine die gemütliche Kaffeerunde ankündigt.

☑ Wenn Wahrnehmungsfunktionen im Alter eingeschränkt sind, dann können verschiedene Speisen und Getränke nicht mehr so gut voneinander unterschieden werden. Alles schmeckt irgendwie gleich. Anfänglich versuchen die Betroffenen, den Verlust auszugleichen, indem sie nachwürzen. Später sinkt der Appetit, das Essen wird zum „notwendigen Übel".

Gesundheits- und Krankheitsprozesse

Appetit, Hunger und Durst

Hunger ist ein physiologisches Verlangen des Menschen nach Nahrung, der u. a. durch das Absinken des Blutzuckerspiegels entsteht und dem Körper zu verstehen gibt, dass er wieder Nährstoffe benötigt.

Durst reguliert den Wasserhaushalt im Körper. Das Durstgefühl wird beeinflusst von der Flüssigkeitsausscheidung sowie von Temperatur und Luftfeuchtigkeit. Im Alter ist das Durstgefühl häufig vermindert.

Appetit hingegen basiert eher auf dem Gefühl der Lust auf Essen. Die Lust wird durch optische Reize, Gerüche, die Umgebung und den emotionalen Zustand bestimmt. Appetit kann aber auch unabhängig von Hunger entstehen, häufig ein Problem Übergewichtiger.

Heißhunger, d. h. ein ausgeprägtes Bedürfnis nach einem bestimmten Nahrungsmittel, tritt in besonderen Lebenslagen auf, z. B. in der Schwangerschaft, Stillzeit, nach einem Nahrungsverzicht (Nahrungskarenz) und bei bestimmten Stoffwechselerkrankungen, z. B. Diabetes mellitus. Der unstillbare Heißhunger auf Süßes kann auch eine Ersatzbefriedigung für mangelnde Zuwendung und Anerkennung sein.

Energie liefernde Nährstoffe

Die Energie, die der Körper zum Leben braucht, erhält er aus den **Energie liefernden Nährstoffen.** Dazu gehören Kohlenhydrate, Fette und Eiweiß.

Kohlenhydrate kommen vorwiegend in pflanzlicher Nahrung vor, etwa in Getreideprodukten, Kartoffeln oder Hülsenfrüchten, sind aber auch in tierischen Produkten wie z. B. Milcherzeugnissen enthalten. Sie sind ein schnell verfügbarer Energielieferant für den Körper. Kohlenhydrate unterscheiden sich durch die Anzahl ihrer Zuckermoleküle:

- *Monosaccharide (Einfachzucker):* einfache Zuckermoleküle, z. B.
  - Glukose (Traubenzucker, Dextrose)
  - Fruktose (Fruchtzucker)
  - Galaktose
- *Disaccharide (Zweifachzucker):* Bestehen aus zwei Einfachzuckern, z. B.
  - Saccharose (Rohr- und Rübenzucker), bestehend aus Glukose und Fruktose

Abb. 7.3: Kohlenhydrate sind die Basis der Ernährung. Sie kommen neben Kartoffeln, Reis und Nudeln besonders im Brot vor. Vollkornmehlprodukte sind um ein Vielfaches wertvoller als Weißmehlprodukte. [W177]

  - Laktose (Milchzucker) aus Glukose und Galaktose
- *Polysaccharide (Mehrfachzucker, Vielfachzucker):* Große Zuckermoleküle, z. B. Stärke (Amylose, Amylopektin), die z. B. in Kartoffeln, Mais und Weizen vorkommen.

Enzyme im Verdauungskanal spalten Di- und Polysaccharide zu Monosacchariden, vor allem zu Glukose, dem Brennstoff für die Zellen. Die Glukosemoleküle gelangen vom Dünndarm aus in das Blut und von dort mit Hilfe des Hormons Insulin in die Zellen, wo sie unter Sauerstoffverbrauch „verbrannt" wird. Kleinere Mengen von Glukose werden auch zum Baustoffwechsel, z. B. von Bestandteilen des Bindegewebes und verschiedenen Sekreten, weiterverarbeitet.

Fette *(Lipide):* enthalten Energie in konzentrierter Form. Zu den Fetten gehören

- *Triglyzeride (Neutralfette)* als größte Gruppe. Sie sind aus Fettsäuren (je nach chemischer Struktur gesättigt, einfach oder mehrfach ungesättigt) und Glyzerin aufgebaut. Mehrfach ungesättigte Fettsäuren sind *essenziell,* d. h. sie müssen mit der Nahrung aufgenommen werden. Sie sind z. B. in Maiskeim-, Distel- oder Sojaöl enthalten
- *Cholesterin:* wird vom Körper selbst hergestellt und über tierische Nahrungsmittel aufgenommen. Cho-

lesterin ist wichtiger Bestandteil der Zellmembranen, Grundstoff zur Hormonproduktion und Vorläufer der Gallensäuren. Zu hohe Cholesterinwerte im Blut erhöhen das Risiko für Arteriosklerose („Gefäßverkalkung") und damit für Herzinfarkt und Schlaganfall.

- *Phospholipide* besitzen große Bedeutung beim Aufbau der Zellmembran. Der bekannteste Vertreter ist das Lecithin.

Nach ihrem Vorkommen unterscheidet man tierische und pflanzliche Fette. Tierische Fette sind z. B. in Sahne, Butter und Schweineschmalz, pflanzliche Fette z. B. in Sonnenblumen-, Oliven-, Weizenkeimöl und Kokosfett enthalten.

Fette erfüllen wichtige Funktionen im Organismus. Sie sind z. B.

- Organschutz, z. B. die Nieren umgebendes Polster
- Energiereserve
- Wärmeisolation
- Wichtig für den Aufbau von Körperstrukturen
- Unerlässlich für die Aufnahme fettlöslicher Vitamine
- Geschmacksträger und Auslöser des Sättigungsgefühls.

Eiweiße *(Proteine)* sind große Moleküle, die aus einzelnen *Aminosäuren* aufgebaut sind. Der Körper benötigt Aminosäuren vorwiegend als Bausteine für Enzyme, Hormone, Antikörper, Bindegewebe und Muskelfasern. Es gibt 20 verschiedene Aminosäuren, von denen 8 für den Körper essenziell sind, d. h. er kann sie nicht selber synthetisieren, sondern muss sie mit der Nahrung zu sich nehmen.

Tierisches und pflanzliches Eiweiß enthält unterschiedliche Anteile der einzelnen Aminosäuren. Stimmen die Aminosäuren im Nahrungseiweiß genau mit denen des Körpereiweißes überein, so kann das Nahrungseiweiß sehr gut vom Körper verwertet werden (hohe **biologische Wertigkeit**).

Tierisches Eiweiß hat eine höhere biologische Wertigkeit als pflanzliches. Nimmt der Mensch tierisches und pflanzliches Eiweiß im Verhältnis von 30 : 70 auf, ist der Körper mit allen essenziellen Aminosäuren gut versorgt. Dabei decken nicht nur Fleisch und Fisch den Bedarf an tierischem Eiweiß, sondern auch Milchprodukte und Eier.

Vorsicht!
Die Zufuhr von Eiweiß muss bei schweren Nieren- und Lebererkrankungen und bei Gicht kontrolliert werden.

Nicht Energie liefernde Nährstoffe

Der Körper benötigt neben Kohlenhydraten, Fetten und Eiweißen auch **nicht Energie liefernde Nährstoffe,** um gesund und funktionstüchtig zu bleiben.

Vitamine (☞ Tab. 7.4) sind lebensnotwendige Verbindungen, die der Körper nicht oder nur in unzurei-

Vitamin	Funktion	Vorkommen	Tagesbedarf
A (Retinol)	Einfluss auf den Sehvorgang, Eiweißstoffwechsel	Gemüse, Innereien, Fischöl, Milch	1,0–1,5 mg
D (Calciferol)	Knochenbildung, Aufnahme von Kalzium und Phosphaten	Fisch, Eier*	0,05 mg
E (Tokopherol)	Schutz der Nahrungs- und Körperfette	Fette, Öle	15 mg (geschätzt)
K	Förderung der Blutgerinnung	Gemüse*	1 mg
B_1 (Thiamin)	Einfluss auf Abbau der Kohlenhydrate, Herzfunktion und Nerventätigkeit	Getreide, Fleisch	1–2 mg
B_2 (Riboflavin)	Einfluss auf den gesamten Stoffwechsel und die Hormonproduktion	Milchprodukte	1,5–2 mg
Niazin	Zentrale Stellung im Stoffwechsel, Leberfunktion	Nüsse, Innereien, Milchprodukte*	15–20 mg
B_6 (Pyridoxin)	Einfluss auf den Stoffwechsel	Getreide, Gemüse, Innereien	2 mg
B_{12} (Cobalamin)	Bildung der roten Blutkörperchen, Einfluss auf den Eiweißstoffwechsel	Fleisch, Innereien	5–10 µg
Folsäure	Aufbau von Nukleinsäuren und roten Blutkörperchen	Gemüse, Obst*	0,1 mg (geschätzt)
Pantothensäure	Zentrale Stellung im Stoffwechsel	Milch, Fleisch, Fisch, Eier	10 mg
Bioton (Vitamin H)	Beteiligung am Stoffwechsel	Getreide, Gemüse, Fisch	2 mg
Vitamin C (Ascorbinsäure)	Beteiligung am Aufbau von Bindegewebe, Hormonen, Wundheilung	Kartoffeln, Gemüse, Obst	75 mg
* Erhebliche Anteile werden auch im Körper selbst gebildet.			

Tab. 7.4: Vitamine: Funktionen, Vorkommen und Bedarf. Die gelb markierten Vitamine sind fettlöslich, die anderen wasserlöslich.

chender Menge selbst herstellen kann. Deshalb ist eine regelmäßige Zufuhr notwendig. Aufgrund ihrer Löslichkeit unterscheidet man wasserlösliche und fettlösliche Vitamine.

- *Wasserlösliche Vitamine* scheidet der Körper über den Urin aus. Da er sie nicht speichern kann, treten bei fehlender Zufuhr relativ rasch Mangelerscheinungen auf, z. B. bei Vitamin C
- *Fettlösliche Vitamine* benötigen Fett zur Resorption. Sie werden gespeichert, deshalb können hohe Gaben z. B. der Vitamine A und D Hypervitaminosen verursachen.

Vitamine kommen hauptsächlich in Obst, Gemüse, Getreideprodukten, Fleisch und Fisch vor. Der Vitamingehalt der Lebensmittel wird von der Zubereitung beeinflusst. Viele Vitamine werden durch Hitze, z. B. beim Kochen, zerstört.

Die durchschnittlich zusammengesetzte Nahrung, wie sie in den Industriestaaten normalerweise gegessen wird, enthält von allen Vitaminen ausreichende Mengen. *Zusätzliche Vitamine* (☞ Abb. 7.5) sind nur erforderlich, wenn:

- Die Vitaminzufuhr ungenügend ist, z. B. bei einseitiger oder nicht ausreichender Ernährung
- Der Vitaminbedarf erhöht ist, z. B. während der Schwangerschaft, in der Stillzeit und bei Erkrankungen
- Die Vitaminresorption vermindert ist.

Abb. 7.5: Viele ältere Menschen versorgen sich zusätzlich mit Vitaminpräparaten. In den seltensten Fällen ist das notwendig, denn eine vitaminreiche Ernährung reicht aus, um den Bedarf eines gesunden älteren Menschen zu decken. [J610]

Mineralstoffe und Spurenelemente sind Salze von chemischen Elementen, die der Körper in vergleichsweise großen (Mineralstoffe) oder kleinen (Spurenelemente) Mengen enthält und benötigt. Sie sind für die Aufrechterhaltung des inneren Milieus und die regelrechte Zusammensetzung des Blutes wichtig, werden aber auch für den Aufbau von Enzymen, Geweben (etwa der Knochen) und für alle Stoffwechselvorgänge benötigt.

Zu den **Mineralstoffen** gehören Natrium, Kalium, Kalzium, Chlor, Phosphor, Schwefel und Magnesium. Für die Ernährung des Menschen sind zwei Mengenelemente von besonderer Bedeutung:

- Bei *Kalzium* entsteht eine Unterversorgung, wenn entweder der Bedarf erhöht (z. B. Schwangerschaft, Säuglingsalter) oder zu wenig kalziumreiche Lebensmittel wie z. B. Milch, Milchprodukte, Fisch, Blatt- und Wurzelgemüse gegessen werden. Kalziummangel ist eine Ursache der Osteoporose (☞ 6.1)
- *Natrium-Chlorid (NaCl, Kochsalz)* hingegen wird in den Industriestaaten zu viel aufgenommen. Durch salzhaltige Speisen nimmt der Mensch im Durchschnitt das 3–5-fache der erforderlichen Menge von 3 g auf. Bei genetisch entsprechend vorbelasteten Menschen kann dies die Ausbildung eines erhöhten Blutdrucks begünstigen.

Spurenelemente werden nur in Kleinstmengen in der täglichen Nahrung benötigt. Zu den *essenziellen* Spurenelementen gehören:

- *Eisen* als Bestandteil des Blutfarbstoffs Hämoglobin
- *Kobalt* als Bestandteil von Vitamin B_{12}
- *Chrom, Kupfer, Mangan, Molybdän, Selen und Zink,* die in Zell-Enzymen enthalten sind
- *Jod* für den Aufbau der Schilddrüsenhormone
- *Fluor* für einen harten, widerstandsfähigen Zahnschmelz.

Ballaststoffe sind unverdauliche, pflanzliche Fasern, z. B. Zellulose, Pektin, Lignin, die positive, krankheitsverhütende Wirkungen haben (☞ Abb. 7.6).

Chemisch gehören Ballaststoffe zu den Kohlenhydraten, sie können aber im Darm nur in geringen Mengen aufgespalten und resorbiert werden. Daher tragen sie zwar nicht zur Energieversorgung bei, binden aber Wasser und führen dadurch zu einer besseren Darmfüllung sowie einer Anregung von Darmbewegung und -entleerung (Obstipationsprophylaxe, ☞ 8.6.2). Außerdem verringert eine ausreichende Ballaststoffzufuhr das Risiko, an Dickdarmdivertikeln, Dickdarmkrebs oder Fettstoffwechselstörungen zu erkranken.

Als Mindestmenge an Ballaststoffen werden 30 g täglich in Form von Vollkornprodukten, Gemüse oder Obst empfohlen. Wegen ihres Quellvermögens benötigen sie eine ausreichende Zufuhr an Flüssigkeit, sonst wirken sie eher stopfend.

Abb. 7.6: Ballaststoffe beugen einer Obstipation vor und verhindern, dass die Darmwand lange mit toxischen Stoffen aus der Nahrung Kontakt hat. Dadurch beugen sie zahlreichen Krankheiten vor. [W178]

Lebenselexier Wasser

Die Zellen des menschlichen Körpers bestehen zu rund 60 % aus **Wasser** *(intrazelluläres Wasser)*. Die Flüssigkeit, welche die Zellen umgibt *(extrazelluläres Wasser)*, enthält sogar zu über 90 % Wasser.

Im Organismus spielen sich alle chemischen Reaktionen und damit alle Lebensvorgänge in einem wässrigen Milieu ab. Wasser

- Ist ein ausgezeichnetes Lösungsmittel
- Isoliert, indem es Wärme relativ langsam auf- und abgibt
- Ist ein Hauptbestandteil von Schleimstoffen und dient dadurch als Schmiermittel.

Wasser wird dem Körper direkt durch Getränke (oder über Infusionen) und indirekt über wasserhaltige feste Nahrungsmittel zugeführt. Im Durchschnitt nimmt ein nicht körperlich arbeitender Gesunder 1,5 l täglich durch Getränke und 600 ml durch feste Nahrung zu sich. Zu diesen 2,1 l kommen noch etwa 400 ml Oxidationswasser, die bei der „Verbrennung" von Kohlenhydraten frei werden.

Über den Urin scheidet der Gesunde täglich etwa 1,5 l, über den Stuhl 200 ml, über die Haut (Schwitzen) 300 ml und über die befeuchtete Ausatemluft 500 ml Wasser aus.

> ☑ Um den ganz normalen Verlust an Wasser auszugleichen, muss ein Mensch täglich mindestens 1,5 l trinken. Bei warmen Außentemperaturen, bei Wasserverlusten, z. B. durch Erbrechen oder Durchfall, kann auch erheblich mehr notwendig sein.

Eine **mangelhafte Wasserzufuhr** schädigt den Organismus auf vielfache Weise, z. B.:

- Das Blut dickt ein und gerinnt leichter, so dass sich Thrombosen bilden (☞ 5.7)
- Die Urinproduktion nimmt ab, das Auftreten von Harnwegsinfekten sowie Steinen in den ableitenden Harnwegen wird begünstigt
- Größerer Wasserentzug stört die Stoffwechselbedingungen in allen Zellen, Leistungsabfall, Konzentrationsschwierigkeiten bis hin zu Koma und Tod durch Verdursten sind die Folge.

> Wann immer ein alter Mensch nicht selbst in der Lage ist, das Gleichgewicht zwischen Flüssigkeitszufuhr und -verlust sicherzustellen, muss die Flüssigkeitszu- und ausfuhr von der AltenpflegerIn protokolliert und bilanziert werden (☞ 8.2).

Empfehlenswerte Getränke sind z. B.:

- Mineral- oder Leitungswasser
- Verdünnte Obstsäfte (außer bei DiabetikerInnen)
- Tee (wechselnde Sorten, schwarzer Tee nur in geringerem Maße).

Bedingt empfehlenswerte oder **ungeeignete Getränke** sind z. B.:

- *Milch* ist eher ein Nahrungsmittel als ein Getränk: 0,5 l Milch decken bereits ⅙ des Kalorienbedarfs einer nicht körperlich arbeitenden Frau. Positiv dagegen, insbesondere bei älteren Menschen, ist der hohe Kalziumgehalt der Milch, weshalb nicht übergewichtige ältere Menschen durchaus zum Milchtrinken motiviert werden sollten
- *Kaffee* in größeren Mengen erhöht den Puls- und Blutdruck und hat durch seinen Harn treibenden Effekt eher eine entwässernde Wirkung. Aus diesem Grund wird in einigen Ländern ein Glas Wasser zum Kaffee gereicht
- *Alkoholhaltige Getränke* haben ebenfalls eine Harn treibende Wirkung und entwässern den Körper. Abgesehen davon schädigen größere Mengen Alkohol den menschlichen Organismus auf vielfache Weise.

Energiebedarf und Nährstoffzusammensetzung

Um den Körper am Leben zu halten, verbraucht er ständig Energie. Der **Energieverbrauch** setzt sich aus dem Grundumsatz und Leistungsumsatz zusammen:

- *Grundumsatz:* Energiemenge, die ein Körper etwa bei 28 °C in Ruhe, z. B. im Liegen, für den Erhalt der Organfunktionen benötigt
- *Leistungsumsatz:* Energiemenge, die der Körper über den Grundumsatz hinaus für Verdauung und Muskelarbeit benötigt.

Die **Energie liefernden Nährstoffe** sorgen für die für Grund- und Leistungsumsatz benötigte Energie:

- Kohlenhydrate und Eiweiße liefern pro Gramm 4,1 kcal (17,2 kJ)
- Fette liefern mit 9,3 kcal (38,9 kJ) pro Gramm mehr als die doppelte Energiemenge wie Kohlenhydrate und Eiweiße.

Tätigkeit	Mann (70 kg) Kcal/Tag (kJ/Tag)	Frau (60 kg) Kcal/Tag (kJ/Tag)
Leichte Tätigkeit (z. B. Büroarbeit)	2500 (10400)	2100 (8800)
Mittelschwere Tätigkeit (z. B. AltenpflegerIn)	3000 (12500)	2600 (10800)
Schwerarbeit (z. B. Bauarbeiter)	3600 (15000)	3500 (15000)
Schwerstarbeit oder Ausdauerleistungssport	Bis weit über 4000 (17 000)	Bis weit über 4000 (17 000)

Tab. 7.7: Kalorienbedarf in Abhängigkeit von der körperlichen Aktivität.

Um das Energiegleichgewicht, und damit das Körpergewicht, konstant zu halten, muss ein Mensch etwa so viel Energie über die Nahrung zuführen wie er verbraucht. Überschüssige Energie wird als Fettgewebe gespeichert.

Richtwerte für den Energiebedarf (Kalorienbedarf) werden in **Kalorientabellen** (☞ Tab. 7.7) angegeben. Diese sollten neben dem Körpergewicht Lebensalter, Geschlecht und besondere Lebensumstände berücksichtigen.

Manche Menschen essen (wesentlich) mehr, als in solchen Tabellen angegeben ist und trotzdem werden sie nicht dick, ihr Organismus ist offenbar ein schlechter „Futterverwerter": Er kann die Extrakalorien nur schlecht in Fett umwandeln und produziert statt dessen mehr Wärme.

ErnährungswissenschaftlerInnen empfehlen für gesunde Erwachsene eine **Nährstoffzusammensetzung** von 55 % Kohlenhydrate, ca. 15 % Eiweiß und maximal 30 % Fett (☞ Abb. 7.8).

Überernährung, Fehlernährung, Unterernährung

Nahrungsmittel stehen den Menschen der Industriestaaten in reichlichem und vielfältigem Angebot zur Verfügung. Die Folge ist, dass viele Menschen **überernährt** oder durch falsche Auswahl der Lebensmittel **fehlernährt** sind.

Übergewicht bei älteren Menschen lässt sich meist nur schwer beeinflussen, da die Bereitschaft, Ernährungsgewohnheiten wegen einer Gewichtsreduktion zu ändern, meist nicht vorhanden ist. Übergewicht aber geht einher mit verschiedenen Risiken, die die Lebensqualität, z. B. durch Einschränkung der Beweglichkeit oder Kurzatmigkeit, und unter Umständen die Lebensdauer, z. B. durch Herz-Kreislauferkrankungen, entscheidend mindern können.

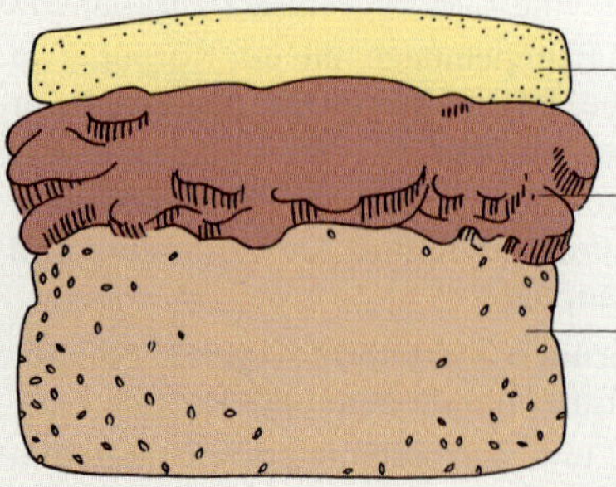

Abb. 7.8: Das „Kohlenhydrat-Fett-Eiweiß-Sandwich". So soll die Nahrung etwa zusammengesetzt sein: 55% Kohlenhydrate, 30 % Fett und 15 % Eiweiß. [A500-119]

Studien haben gezeigt, dass eine Gewichtsreduktion im Alter nicht immer den gewünschten Erfolg bringt. Vielfach wird daher das sogenannte **„Wohlfühlgewicht"** angestrebt, wobei es sich um eine rein subjektive Einschätzung handelt.

Der sich verändernde Bedarf an verschiedenen Nährstoffen im Alter kann bei unzureichender Anpassung der Ernährungsgewohnheiten leicht zu einer **Fehlernährung** führen. Eine Fehlernährung, d. h. die einseitige Zufuhr bestimmter Nahrungsstoffe, meist Kohlenhydrate und Fette, kann Übergewicht und, trotz Normal- oder Übergewicht, Mangelerscheinungen zur Folge haben. Dadurch wird der Kräfteabbau beschleunigt und die Widerstandsfähigkeit gegen Erkrankungen herabgesetzt. Relativ häufig bei älteren Menschen ist ein **Vitaminmangel,** weil aus verschiedenen Gründen nicht genügend Obst und Gemüse gegessen wird.

Ebenso bedenklich ist eine **mangelnde Eiweißzufuhr.** Eiweiße aber sind wichtig für die Zellerneuerung. **Kalzium** ist für den Knochenaufbau wichtig, da insbesondere ältere Frauen immer auch gefährdet sind, an einer Osteoporose (☞ 6.1) zu erkranken.

Untergewicht durch **Unterernährung** ist im Alter eher selten und ist durch einfache Maßnahmen zu beheben. Häufiger ist das Untergewicht auf **Erkrankungen,** z. B. Krebserkrankungen, zurückzuführen, die den Körper auszehren **(Kachexie).**

Auswirkungen altersbedingter Veränderungen auf die Ernährung

Eine Vielfalt von Veränderungen und Störungen im Alter haben einen Einfluss auf die Ernährung (☞ Abb. 7.9).

Der Körper verfügt über **Kontrollmechanismen** wie Hunger, Appetit auf notwendige Nahrungsmittel und Durst, die im Alter weniger gut funktionieren. Daher ist die Gefahr der Fehlernährung und besonders der unzureichenden Flüssigkeitszufuhr erhöht.

Die Anzahl der **Geschmacksknospen** reduziert sich im Alter um ca. 65 %. Das Essen schmeckt fade und der alte Mensch verliert die „Lust am Essen", Appetitlosigkeit ist die Folge. Wird das Essen zu stark nachgewürzt, kann z. B. zu viel Salz Bluthochdruck oder Ödeme begünstigen.

☑ Eine gut funktionierende Wahrnehmung warnt vor dem Verzehr verdorbener und giftiger Stoffe. Nachlassender Geschmacks- und Geruchssinn sowie ein beeinträchtigtes Sehvermögen erhöhen dagegen die **Gefahr von Vergiftungen und Verätzungen.**

Ein **Zahnverlust** wird durch **Zahnprothesen** ausgeglichen, die sich jedoch im Laufe der Jahre lockern, weil sich der Kiefer zurückbildet. Die Folge kann, ebenso wie bei **schlechten Zähnen,** ein unzureichender Biss oder schmerzhafte Verletzungen an der Mundschleimhaut sein, wodurch der alte Mensch nicht mehr alle Nahrungsmittel essen kann. Dadurch steigt die Gefahr der Fehlernährung, z. B. weil Weißbrot, Suppen und Desserts bevorzugt werden. Oder der alte Mensch reduziert seine Nahrungszufuhr freiwillig mit der Gefahr der Unterernährung. Das unzureichende Zerkauen der Nahrung kann zudem Verdauungsstörungen auslösen.

Fermentgehalt und Menge der Verdauungssäfte, z. B. von Speichel und Magensaft, verringern sich im Alter. Dadurch können die Nahrungsbestandteile nicht mehr in ausreichendem Maße aufgeschlüsselt werden. Folge ist eine geringere Ausnutzung der Nährstoffe und vor allem ein gehäuftes Auftreten von Nahrungsmittelunverträglichkeiten, z. B. bei Kohlsorten, Hülsenfrüchten, Obstschalen oder frischem Brot.

Eine **Verstopfung** *(Obstipation)* bei älteren Menschen kann einerseits durch mangelnde körperliche Bewegung, verminderte Flüssigkeitszufuhr oder ballaststoffarme Ernährung, andererseits durch eine physiologische Veränderung der Darmflora und Reduktion der Verdauungssäfte verursacht werden. Vielfach führt sie dazu, dass die Nahrungszufuhr eingeschränkt wird.

Die **Leistungsfähigkeit der Leber** nimmt im Alter ab. Daher haben alte Menschen eine verminderte Toleranz gegenüber Alkohol. Außerdem können manche

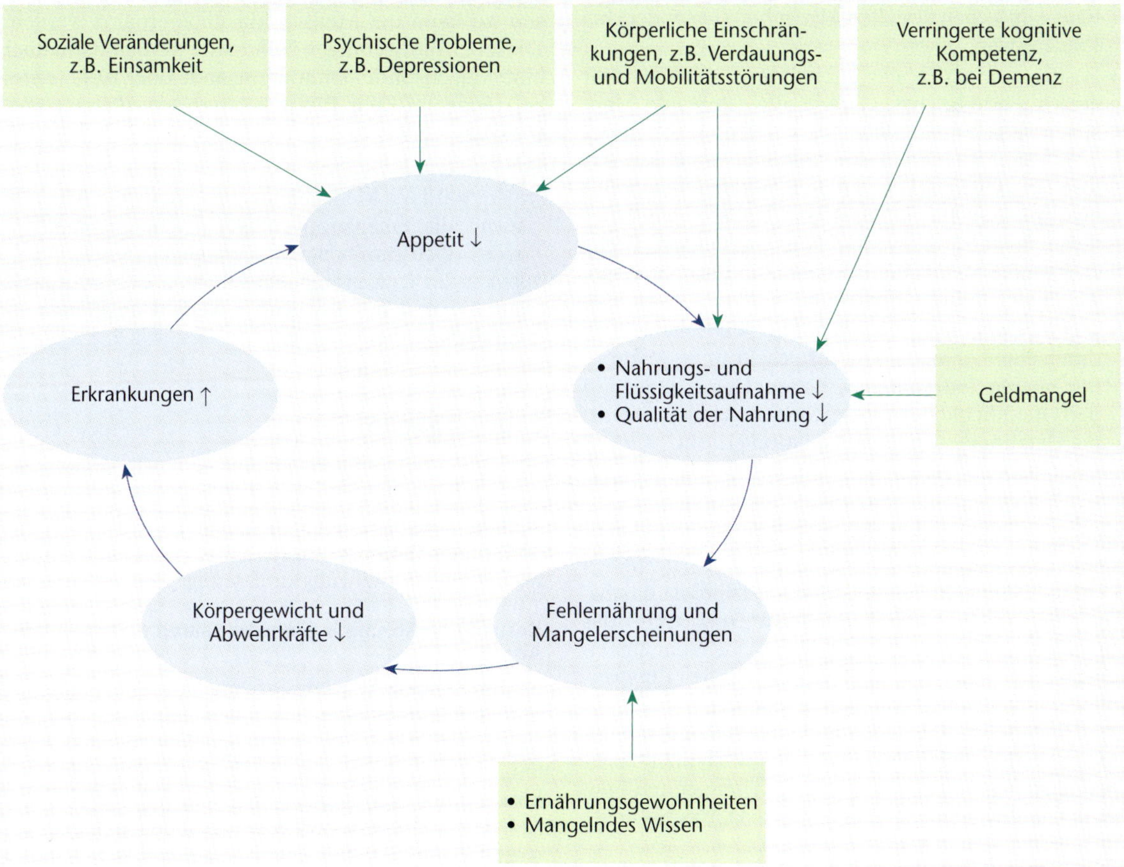

Abb. 7.9: Auswirkungen verschiedener Altersveränderungen auf die Ernährung.

Medikamente schlechter abgebaut werden, so dass die Wirkstoffkonzentration im Blut steigt.

Durch eine **Funktionsminderung der Bauchspeicheldrüse** kann es im Alter zum Anstieg des Blutzuckers *(Altersdiabetes)* kommen.

Schluckstörungen (☞ 7.7) können die Nahrungszufuhr auf natürlichem Wege verhindern oder erschweren.

Verdauungsstörungen, z. B. Sodbrennen, Völlegefühl, Obstipation oder Diarrhoe, können den Appetit, die Nährstoffverwertung und die Ausscheidung beeinflussen.

Zunehmende **Mobilitätseinschränkungen** (☞ 6.3) können dazu führen, dass der alte Mensch seine Nahrungsmittel nicht mehr selbstständig einkaufen, zubereiten und zuführen kann. Diese Abhängigkeit kann sich sowohl positiv als auch negativ auf die Ernährung älterer Menschen auswirken:

- Negativ, wenn Bedürfnisse und Gewohnheiten von Helfern nur unzureichend berücksichtigt werden. Die Folge kann Appetitlosigkeit bis hin zur Nahrungsverweigerung sein
- Negativ, wenn das Zubereiten der Mahlzeiten und das Essen eine wichtige und Sinn gebende Beschäftigung im Leben des alten Menschen (besonders bei Frauen) war
- Positiv, wenn sich der ältere Mensch bisher sehr einseitig ernährt hat. Gerade alleinstehende Menschen neigen dazu, selten zu kochen, weil sich der „Aufwand" nicht lohnt und der Spaß am Essen verloren gegangen ist. Die Folge ist vielfach eine Fehlernährung (z. B. viel Brot und Süßes, wenig Gemüse, Salat, eiweißhaltige Nahrungsmittel). Fertig zubereitete Mahlzeiten sorgen dann für eine ausgewogenere, gesunde Ernährung
- Viele bewegungseingeschränkte Menschen, z. B. durch eine Lähmung oder fortgeschrittene Arthrose der oberen Extremitäten, haben Hemmungen, in der Öffentlichkeit zu essen und zu trinken. So ist die Gefahr einer sozialen Isolation erhöht.

Die Nahrungsaufnahme kann auch von der **emotionalen Verfassung** beeinflusst werden. Allerdings reagiert jeder Mensch individuell verschieden. Die einen essen und trinken z. B. bei Stress und Traurigkeit kaum, die anderen vermehrt. Für Letztere ist das Essen und Trinken vielfach auch ein Trost, wenn das Bedürfnis nach Geborgenheit und Liebe nicht ausreichend befriedigt wird, oder eine Form der Entspannung. Anderen wiederum vermittelt Essen und Trinken Sicherheit. *Depressionen*, *Hoffnungslosigkeit*, *Machtlosigkeit* und *Resignation* können auch zu einer Nahrungsverweigerung führen. Hier geraten Pflegende häufig in ein ethisches Dilemma, das bis heute noch nicht befriedigend gelöst wurde.

Eine **Demenz** hingegen löst ab einem gewissen Grad die völlige Unfähigkeit aus, für eine adäquate Nahrungsaufnahme zu sorgen. Viele der nicht an einer Demenz erkrankten älteren Menschen stören sich dann am Anblick der teilweise unästhetischen Nahrungsaufnahme.

Krankheit und Nährstoffbedarf

Ein kranker alter Mensch kann vorübergehend einen **erhöhten Nährstoffbedarf** haben:

- Es sollte z. B. immer darauf geachtet werden, dass während einer Wundheilung, z. B. bei Dekubitus, eiweißreiche Nahrung zugeführt wird, damit der Gewebeaufbau beschleunigt wird
- Die zusätzliche Aufnahme von Vitaminen und Mineralstoffen können während einer Krankheit und in der Genesungsphase für eine Stärkung der Abwehrkräfte sorgen
- Bei schwachen und unterernährten alten Menschen ist die Zufuhr von Energielieferanten (hochkalorische Nahrungsmittel) notwendig, damit sie wieder zu Kräften kommen.

Künstliche Ernährung

Ist eine Ernährung auf dem natürlichen Wege, über das Verdauungssystem, nicht möglich, z. B. bei Bewusstseinsstörungen, Schluckstörungen oder Psychosen, so kann der Mensch künstlich ernährt werden. Die lebensnotwendigen Nährstoffe werden dann über eine Magensonde, Dünndarmsonde oder PEG (*enteral*) oder auf dem Blutwege (*parenteral*) zugeführt (☞ 7.3.2).

> Wird ein Mensch künstlich ernährt, erhält er zwar alle lebensnotwendigen Stoffe exakt dosiert, doch durch den Verlust aller anderen Aspekte der Ernährung geht künstliche Ernährung mit einem schwerwiegenden **Verlust an Lebensqualität** einher.

Lebensspanne

Richtige Ernährung, d. h. eine abwechslungsreiche und ausgewogene Kost, ist in jeder Lebensphase wichtig. Aufgrund der sich im Laufe des Lebens verändernden Anforderungen bedarf es jedoch immer wieder einer Ernährungsanpassung, so auch im Alter.

Gesunde Ernährung in jüngeren Jahren verzögert das Altern

Der natürliche Alterungsprozess lässt sich durch die beste Ernährung nicht verhindern, durchaus aber verlangsamen. Wer sich ein Leben lang vitaminreich, fett- und zuckerarm ernährt, Obst, Gemüse und Vollkornprodukte bevorzugt und Alkohol meidet und sich darüber hinaus noch viel an der frischen Luft bewegt, dessen Chancen steigen, auch im Alter vital und fit zu sein. Langjährige **Ernährungsfehler** summieren sich mit der Zeit und machen sich im Alter in Form von **Zivilisationskrankheiten** wie z. B. Arteriosklerose, Herzerkrankungen, Schlaganfall, Bluthochdruck, Durchblutungsstörungen, Übergewicht, Gicht oder Diabetes mellitus bemerkbar. Ungesunde Ernährung wird auch für einige Krebserkrankungen, z. B. Darmkrebs, verantwortlich gemacht.

Veränderter Bedarf im Alter

Während **Kinder und Jugendliche** einen sehr hohen Bedarf an energiereichen Nährstoffen haben, weil sie sich noch im Wachstum befinden und durch Schule, Freizeitaktivitäten, vor allem Sport, und Ausbildung stark gefordert werden, nimmt der Energiebedarf **im Alter** ab. Im Laufe der Jahre werden aktive Zellen, z. B. Muskelzellen, durch inaktive, aber füllende, Fettzellen ersetzt. Das Körpergewicht ändert sich dadurch kaum. Der Umbau hat allerdings die Konsequenz, dass der Leistungsumsatz und in geringerem Maße auch der Grundumsatz (☞ oben) älterer Menschen und damit ihr Energiebedarf sinkt.

> ☑ Regelmäßige **sportliche Betätigung** verlangsamt den Muskelabbau und kann verloren gegangene Muskelmasse zum Teil wieder ersetzen. Dazu bedarf es keines Hochleistungssportes, schon mit 20 Minuten Gymnastik 2–3 x wöchentlich kann dieser Effekt erreicht werden.

Mit zunehmendem Alter ist es deshalb erforderlich, die Ernährungsgewohnheiten zu überprüfen und den aktuellen Erfordernissen anzupassen:

- Der Kalorienbedarf eines 75-jährigen entspricht rund 70 % des Kalorienbedarfs eines Zwanzigjährigen
- Der Bedarf an Kohlenhydraten und Fetten sinkt um 40–50 %
- Der Bedarf an Eiweiß, Vitaminen und Mineralstoffen bleibt gleich.

Die **Nahrungszusammensetzung** älterer Menschen muss daher besonders hochwertig sein. Die Speisen müssen weniger Energielieferanten wie Kohlenhydrate und Fette enthalten, also kalorienarm sein, und dabei denselben Bedarf wie bei einem jüngeren Menschen an Eiweiß, Vitaminen und Mineralstoffen decken, damit es nicht zu Mangelerscheinungen kommt. Die Bedeutung der Ballaststoffe nimmt wegen der Obstipationsneigung im Alter zu.

Frauen haben in jüngeren Jahren einen niedrigeren Energiebedarf als **Männer,** weil sie von Natur aus weniger Muskel- und mehr Fettgewebe haben. Deshalb können Männer auch mehr Kalorien zu sich nehmen, ohne dabei an Gewicht zuzunehmen. Im Alter verlieren sowohl Männer als auch Frauen an Muskelmasse, so dass geschlechtlich bedingte Unterschiede im Energiebedarf bei sehr alten Menschen geringer werden.

Flüssigkeitsbedarf

Der **Flüssigkeitsbedarf** älterer Menschen erhöht sich gegenüber jüngeren Menschen nur geringfügig. Besonders durch das nachlassende Durstgefühl ist jedoch das Risiko eines Flüssigkeitsdefizits bei älteren Menschen besonders hoch. Daher wird die Bedeutung der Flüssigkeitszufuhr immer wieder hervorgehoben. Ein gesunder alter Mensch sollte zusätzlich zur Nahrung mindestens 1,5 l Flüssigkeit am Tag trinken.

> ☑ Das Essen sollte auch im Alter bleiben, was es ist, nämlich ein genussvolles Vergnügen. Das persönliche Wohlbefinden ist als Schiedsrichter unbestechlich.

Schleichender oder akuter Unterstützungsbedarf

Durch verschiedene Störungen und Einschränkungen tritt bei vielen Menschen irgendwann der Zeitpunkt ein, an dem sie Unterstützung benötigen, um ihre Ernährung sicherzustellen. Der Bedarf an Hilfe kann langsam und schleichend oder aber akut eintreten.

Bei einer **schleichenden Veränderung** der Lebenssituation beginnt der Pflegebedarf in der Regel im Bereich der hauswirtschaftlichen Versorgung, weil der ältere Mensch seine Nahrungsmittel nicht mehr selbst besorgen und möglicherweise nicht mehr zubereiten kann. Dann hat aber eine AltenpflegerIn genügend Zeit, die Bedürfnisse und Wünsche in Erfahrung zu bringen und weitestgehend zu erfüllen.

Bei einer **akuten Veränderung** der Lebenssituation, z. B. durch eine Erkrankung, können Vorlieben und Wünsche im Akutstadium erst einmal wenig berücksichtigt werden, da die medizinische Behandlung im Vordergrund steht. Ist die akute Gefahr gebannt, dann darf es nicht in Vergessenheit geraten, beim Pflegebedürftigen selbst oder bei den Angehörigen Vorlieben und Gewohnheiten in Erfahrung zu bringen.

Lebenswelt

Hausfrauen- und Ernährer-Rolle

Eine regelmäßige und gesunde Nahrungszubereitung und -aufnahme ist auch von den theoretischen und praktischen Fähigkeiten des Menschen abhängig. Männern war noch vor etwa 30 Jahren ausschließlich die Rolle des **Ernährers** ihrer Familie zugedacht, der das Geld verdient, sich aber an der Essensauswahl und -zubereitung nicht beteiligt hat. Diese Tätigkeiten lagen einzig und alleine im Verantwortungsbereich der **Hausfrauen.**

Diese Rollenverteilung bringt Männern im Alter erhebliche Nachteile: Wird die Frau krank oder stirbt, können sie weder den Haushalt versorgen noch ko-

Abb. 7.10: Wer sich Zeit zum Zuhören nimmt, kann sich von einem alten Menschen so manchen Trick ablauschen. [K151]

chen. Unter- oder Fehlernährung lassen dann häufig nicht lange auf sich warten.

Für Frauen ist die Rollenverteilung dann ein Problem, wenn die Kinder das Haus verlassen haben und der Ehemann stirbt, so dass sie für niemanden mehr einkaufen und kochen können. Fällt diese zentrale Aufgabe ihres Lebens weg, dann macht es ihnen oft keinen Spaß mehr, für sich alleine zu kochen.

Ältere Frauen kennen zahlreiche Kniffe und Tricks im Haushalt, die der heute jungen Frauengeneration durch Berufstätigkeit und einer großen Auswahl an Fertiggerichten verloren gegangen sind. Es kann sich aber durchaus lohnen, den Rat einer erfahrenen alten Hausfrau einzuholen und ihre Erfahrungen als Ressource zu nutzen.

Gemeinsam statt einsam

Studien haben gezeigt, dass allein stehende Menschen weniger essen als Menschen in der Familie. Gemeinsame Mahlzeiten werden vielfach genutzt, um sich zu unterhalten und über die alltäglichen Geschehnisse zu berichten. Essen und Trinken ist also nicht nur für die Lebenserhaltung notwendig: Es kann für den älteren Menschen sehr wichtig sein, durch die Mahlzeiten Gemeinsamkeit mit Angehörigen und Freunden zu erleben.

Dabei sind die **Gewohnheiten** unterschiedlich. Manche Menschen schwärmen heute noch von großen Festessen mit zahlreichen Gästen zu vielfältigen Familienanlässen. Ihnen haben Mahlzeiten in großer Runde immer besonders viel bedeutet. Andere dagegen haben ihre Mahlzeiten eher im kleineren Familienkreis eingenommen. Gesellige „Partys" gehörten dagegen zu den sehr seltenen Höhepunkten in ihrem Leben. Egal, ob große oder kleine Tischrunde, auf Dauer isst fast niemand gerne allein.

☑ Bewegungseingeschränkte Menschen können oft nicht wie in früheren Jahren für die gewohnte Gastlichkeit sorgen, indem sie z. B. ein Getränk oder eine kleine Mahlzeit anbieten, wenn Besuch kommt. Manchen ist das so unangenehm, dass sie aus diesem Grund vermeiden, Besuche zu empfangen. Auch das kann ein Grund für soziale Isolation (☞ 12.4) sein.

Die „gute Butter"

Der heute alte Mensch hat durch Kriege **Zeiten der Entbehrung** durchlebt. Aus diesem Grunde sind Nahrungsmittel für viele Menschen der älteren Generation, anders als für die meisten Überflussverwöhnten heute, noch immer etwas **Kostbares.** Es gilt z. B. unter ihnen als ein Zeichen des Wohlstandes, wenn „gute Butter" am Essen ist.

Weil der älteren Generation die Nahrungsmittel so wertvoll waren, wird man auch heute nur selten einen alten Menschen finden, der z. B. ein Stückchen Brot oder Wurst einfach wegschmeißt, nur weil es nicht mehr ganz frisch ist. Nicht selten wird selbst Verschimmeltes etwas „zurechtgeschnitten" und gegessen, obwohl inzwischen bekannt ist, dass Schimmelpilze in Lebensmitteln giftig sind und Krankheiten verursachen.

Ernährung und wirtschaftlicher Status

Gesunde Ernährung ist nicht immer billig. Hochwertige Nahrungsmittel wie Obst und Gemüse, fettarme Wurst- und Fleischwaren oder magerer Fisch sind in der Regel teurer als fettreiche Fleisch- und Wurstsorten oder Fertiggerichte.

Viele ältere Menschen, insbesondere Witwen, haben ein sehr **niedriges Einkommen.** Sie kaufen mit dem wenigen zur Verfügung stehenden Geld bevorzugt Nahrungsmittel, die für wenig Geld ein hohes Sättigungsgefühl garantieren. Dadurch steigt das Risiko einer einseitigen, qualitativ minderwertigen Ernährung.

Der Einfluss der räumlichen Umgebung

Auch die **Umgebung** wirkt sich auf die Ernährung älterer Menschen aus. Der Überfluss an Nahrungsmitteln in den hoch entwickelten Industriestaaten steht nicht unbedingt auch den alten Menschen uneingeschränkt zur Verfügung.

Häusliche Umgebung

(Scheinbar) unüberwindbare Treppen und große Entfernungen zwischen Wohnung und Einkaufsmöglichkeit steigern die Abhängigkeit älterer Menschen von äußerer Hilfe. Eine Versorgung mit technischen Hilfen, die die Unabhängigkeit fördern würde, lehnen

Abb. 7.11: Viele allein lebende Menschen freuen sich, wenn einmal täglich ein freundlicher junger Mensch ihnen das Essen bringt. Danach folgt allerdings eine recht einsame Mahlzeit. [K157]

viele ältere Menschen ab, weil sie sich auf der Straße nicht mit Gehwagen oder Rollstuhl zeigen mögen. Gerade aber technische Hilfen erleichtern nicht nur das Gehen, sondern helfen oftmals auch beim Tragen, z. B. ein Einkaufskorb am Gehwagen (☞ 6.3.2). Durch entsprechende Ausstattung der Küche kann auch die Zubereitung der Mahlzeiten erleichtert werden.

Hilfreich sind **Menü-Bringdienste** *(Essen auf Rädern)*, die das Essen fertig zubereitet und warm ins Haus bringen. Nicht immer treffen sie jedoch den Geschmack älterer Menschen. Lebt der alte Mensch nicht im Kreis seiner Angehörigen, so ist er gezwungen, diese Mahlzeit auch noch alleine zu essen, so dass der Appetit darauf von Mal zu Mal sinkt (☞ Abb. 7.11).

Stationäre Umgebung

Wer in einer stationären Altenpflegeeinrichtung lebt, braucht sich um die Beschaffung und Zubereitung der Mahlzeiten keine Gedanken zu machen. Das kann ein Vorteil sein:

- Manche alte Frau ist froh, dass sie sich nach lebenslanger Sorge für die Familie nun selbst einmal an einen gedeckten Tisch setzen kann und Zeit hat, sich mit anderen Dingen zu beschäftigen
- Männer, die alleine mit der Essenszubereitung überfordert wären, werden hier mit Essen versorgt wie früher von der Ehefrau.

Andererseits bieten nicht alle Pflegeheime verschiedene Menüs zum Auswählen und einen flexiblen Zeitrahmen für die Mahlzeiten an. Und manche Frauen, denen die Aufgabe des Kochens fehlt, fühlen sich recht nutzlos, wenn sie sich nicht an den Vorbereitungen beteiligen können (☞ 7.12).

In allen Heimen gibt es einen **Speisesaal,** in dem, abhängig vom Grad der Mobilität, die BewohnerInnen die Mahlzeiten gemeinsam mit anderen einnehmen können. Auf der einen Seite bieten die gemeinsamen Mahlzeiten eine gute Gelegenheit, neue Kontakte zu knüpfen, sofern die Sitzordnung auch mal flexibel gehandhabt wird. Einige möchten jedoch lieber alleine essen, manche ekeln sich vor den anderen, insbesondere wenn am Tisch sitzende BewohnerInnen Probleme haben, Mahlzeiten angemessen zu sich zu nehmen

Religiöse und kulturelle Faktoren

Verschiedene Kulturen haben unterschiedliche Essformen, z. B. das Essen mit Messer und Gabel, mit Stäbchen oder mit den Fingern. Unangemessenes und ungewohntes Essverhalten wird in der Gesellschaft oft negativ bewertet. Menschen, die nicht in das gewohnte Bild passen, lösen Mitleid, Scham, Abwendung oder auch Ärger in ihrem Umfeld aus.

Für einen alten Menschen ist es sehr wichtig, dass auf seine religiösen Bräuche und Riten Rücksicht genommen wird, auch wenn er pflegebedürftig ist. So dürfen beispielsweise Muslime und Juden kein Schweinefleisch essen. Manche halten regelmäßig Fastenzeiten ein, z. B. der Fastenmonat „Ramadan" im Islam oder die Fastenzeit der Christen von Aschermittwoch bis Ostersamstag.

Abb. 7.12: Viele ältere Frauen helfen auch im Altenheim gerne beim Tisch decken, da es früher zu ihren täglichen Aufgaben im Haushalt gehört hat. [K157]

Diagnostik und Therapie anderer Gesundheitsfachberufe

Wann immer Störungen im Lebensbereich „Für Ernährung sorgen" auftreten, empfiehlt sich eine interdisziplinäre Zusammenarbeit.

Medizin

ZahnärztInnen sind Ansprechpartner, wenn es um die Zahngesundheit oder Probleme mit der Zahnprothese geht. Die **HausärztIn** wird bei akuten Erkrankungen des Magen-Darm-Traktes hinzugezogen. Sie kümmert sich aber auch um die Langzeitbehandlung chronisch Kranker, z. B. bei Diabetes mellitus, und berät bei Gewichtsproblemen.

Wird ein stationärer Aufenthalt in einem Krankenhaus notwendig, hat sich innerhalb der Inneren Medizin das Fachgebiet der **Gastroenterologie** auf Erkrankungen spezialisiert, die mit Ernährung und Verdauung im Zusammenhang stehen. Die **Endokrinologie** ist das Teilgebiet der Inneren Medizin, das sich mit Störungen des Stoffwechsels, z. B. beim Diabetes mellitus, beschäftigt.

Viszeralchirurgen werden hinzugezogen, wenn ein alter Mensch an den Bauch-, insbesondere den Verdauungsorganen, operiert werden muss. (☞ Abb. 7.13).

Gesundheitsfachberufe

Mehrere Gesundheitsfachberufe sorgen sich außer der AltenpflegerIn ebenfalls um die Ernährung, z. B.

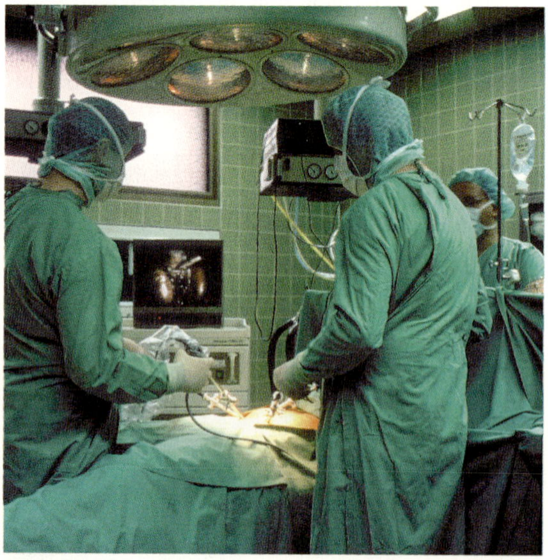

Abb. 7.13: Bei vielen Operationen im Bauchraum, hier die Entfernung einer Gallenblase, entfallen durch moderne Instrumente (Endoskop) große Schnitte in die Bauchwand. Diese Art der Operation ist schonender als herkömmliche Methoden, so dass auch sehr alte Menschen operiert werden können. [K150]

- Die **ErnährungsberaterIn** oder **DiätassistentIn,** z. B. im Krankenhaus oder einer Firma, die Sondenkost vertreibt. Sie sind speziell für die Lösung der Ernährungsprobleme ausgebildet
- Die **DiabetesberaterIn** bei der Lösung spezifischer Probleme von DiabetikerInnen
- Der **ErgotherapeutIn,** die durch individuelle Beratung und Training die Selbstständigkeit mobilitätsbeeinträchtigter Menschen fördern kann
- Die **LogopädIn,** zu deren Aufgabenbereich die Behandlung von Schluckstörungen (☞ 7.7) gehört
- Die **SozialarbeiterIn,** wenn es z. B. um staatliche Hilfen für sehr arme alte Menschen geht.

Konsequenzen für die AltenpflegerIn

Der Lebensbereich „Für Ernährung sorgen" ist wichtig für die Aufrechterhaltung menschlichen Lebens und Wohlbefindens. Viele Faktoren beeinflussen die Ernährungsgewohnheiten des Einzelnen. Zusätzlich kommen im Alter Veränderungen hinzu, die es zu berücksichtigen gilt. Daher ist es besonders wichtig:

- Die individuellen Probleme, Ressourcen, Gewohnheiten und aktuellen Bedürfnisse des alten Menschen in diesem Lebensbereich festzustellen
- Den alten Menschen in die individuelle Pflegeplanung einzubeziehen
- Den alten Menschen umfassend über die besonderen Veränderungen des Alters und eine ausgewogene und altersgerechte Ernährung zu beraten, aber auch Wünsche zu akzeptieren
- Bei auftretenden Problemen interdisziplinär zusammenzuarbeiten.

7.2 Der Weg zur Pflegediagnose

Durchsicht der Unterlagen

- Liegen medizinische Diagnosen vor, die die Ernährung beeinflussen können, z. B. Diabetes mellitus, Erkrankungen des Verdauungstraktes, Herz- und Niereninsuffizienz?
- Werden medizinische Therapien durchgeführt, die die Selbstpflege bei der Ernährung beeinflussen, z. B. bei verordneter Bettruhe?
- Gibt es ärztlich verordnete Einschränkungen der Nahrungsaufnahme, z. B. salzarme Diät bei Hypertonus, Niereninsuffizienz oder Neigung zu Ödemen; Nahrungskarenz oder Beschränkung der Flüssigkeitszufuhr?
- Müssen Medikamente eingenommen werden? Muss der Zeitpunkt der Medikamenteneinnahme beachtet werden, z. B. vor, während, nach oder zwischen den Mahlzeiten?

Befragung des Pflegebedürftigen oder der Angehörigen

Probleme und Ressourcen

- Haben Sie Probleme bei der Nahrungsmittelbeschaffung? Welche? Seit wann haben Sie diese Probleme? Was wurde bisher dagegen unternommen? Welche Hilfe benötigen Sie?
- Haben Sie Probleme bei der Nahrungszubereitung? Welche? Seit wann haben Sie diese Probleme? Was wurde bisher dagegen unternommen? Welche Hilfe benötigen Sie?
- Haben Sie Probleme bei der Nahrungsaufnahme? Welche? Seit wann haben Sie diese Probleme? Was wurde bisher dagegen unternommen? Welche Hilfe benötigen Sie?
  - Hunger, Appetit, Heißhunger?
  - Wie viel haben Sie bisher getrunken? Wenn Sie Ihr Durstgefühl in der letzten Zeit beschreiben sollten, haben Sie eher kein, nur ein geringes oder ein großes bzw. häufiges Durstgefühl?
  - Zustand des Gebisses und der Mundhöhle?
  - Schluckstörungen, Schmerzen, Sodbrennen, Übelkeit, Völlegefühl, Erbrechen?
  - Mobilität: Essen am Tisch, in der Küche, im Speisesaal, im Bett?
  - Benötigte Ess- und Trinkhilfen?
  - Benötigte personelle Hilfen?
- Wie groß sind Sie? Was wiegen Sie? Fühlen Sie sich mit Ihrem Gewicht wohl? Gibt es ein Gewicht, bei dem Sie sich am wohlsten fühlen?
- Ist Ihre Ernährung nach Ihrer Einschätzung eher abwechslungsreich oder eher einseitig?
- Wie schätzen Sie Ihr Wissen über die Bedeutung gesunder Ernährung im Alter ein?
- Bei Bedarf: Hätten Sie Interesse, etwas über gesunde Ernährung im Alter zu erfahren? Wären Sie bereit, Ihre Ernährung etwas umzustellen?

Gewohnheiten und Erfahrungen

- Wie viele Mahlzeiten haben sie bisher eingenommen? Haben Sie festgelegte Uhrzeiten?
- Haben Sie besondere Gewohnheiten vor und nach den Mahlzeiten, z. B. Hände waschen, Zahn-, Zahnprothesenpflege?
- Gibt es Speisen, die Sie bevorzugen?
- Welche Getränke bevorzugen Sie?
- Vertragen Sie alle Speisen? Wenn nicht, welche nicht und warum nicht? Sind Nahrungsmittelallergien bekannt?

> Ist der Pflegebedürftige nicht Tage zuvor akut erkrankt, kann es hilfreich sein, ihn nach den zuletzt eingenommenen Speisen (1–3 Tage) zu fragen oder zu bitten, ein Tagesprotokoll zu führen.

Aktuelle Bedürfnisse

- Haben Sie zur Zeit Wünsche, die von Ihren Gewohnheiten abweichen?
- Bei Aufenthalt in einer stationären Altenpflegeeinrichtung: Möchten Sie lieber alleine oder im Speisesaal essen? Oder: Welche Mahlzeiten möchten Sie lieber alleine und welche im Speisesaal essen?

Weitere zu erhebende Daten

- Aktuell notwendige *Kostform*, z. B. Normal-, Voll-, Vollwert-, Schonkost, vegetarische Kost, religiöse und kulturelle Besonderheiten, Diät
- Aktuelle notwendige *Konsistenz*, z. B. fest, breiig, flüssig.

Beobachtung

Beobachtung von Körpergröße und -gewicht

Um überhaupt einen konkreten Ausgangswert für die Pflegeplanung und spätere Verlaufskontrollen (Pflegeevaluierung) zu haben, ist es sinnvoll, bei Aufnahme oder Erstkontakt sowohl **Körpergewicht** als auch **Körpergröße** festzustellen und zu dokumentieren. Die Bestimmung sollte auf jeden Fall durchgeführt werden bei:

- Sichtbarem Unter- oder Übergewicht
- Herz- oder Niereninsuffizienz wegen der Gefahr eines Flüssigkeitsüberschusses. Sind Krankheitsbilder nicht bekannt, ist die ärztliche Verordnung eines entwässernden Medikamentes (Diuretika, z. B. Furosemid®, Lasix®) ein Hinweis darauf, dass der Betroffene evtl. zu Ödemen (☞ 9.1) neigt
- Tumorerkrankungen
- Diabetes mellitus
- Pflegebedürftigen mit einer Reduktionskost
- Pflegebedürftigen mit bekannten Essstörungen.

Um die Ernährungssituation umfassend einzuschätzen, ist es wichtig, nicht nur Körpergewicht und -größe, sondern auch die **Körperproportionen** (Muskelmasse, Fettgewebe und Wasserhaushalt) einzuschätzen.

Die Körpergröße wird anhand eines Zentimetermaßes oder eines Zollstocks gemessen. Kann der Pflegebedürftige stehen, stellt er sich ohne Schuhe dicht und gerade an die Wand.

Für die Bestimmung des Körpergewichts stehen verschiedene Waagen zu Verfügung und werden je nach Zustand des Pflegebedürftigen ausgewählt:

- Die **Stehwaage,** wie sie in fast jedem Haushalt vorhanden ist: Die Pflegebedürftige muss ohne Schuhe *frei* darauf stehen können
- Die **Sitzwaage,** üblich im stationären Bereich, ist fahrbar und mit Bremsen versehen. Der Pflegebedürftige kann während der Messung darauf (ohne Schuhe) sitzen (☞ Abb. 7.14)
- Die **Bettwaage** als Bettuntergestell (selten).

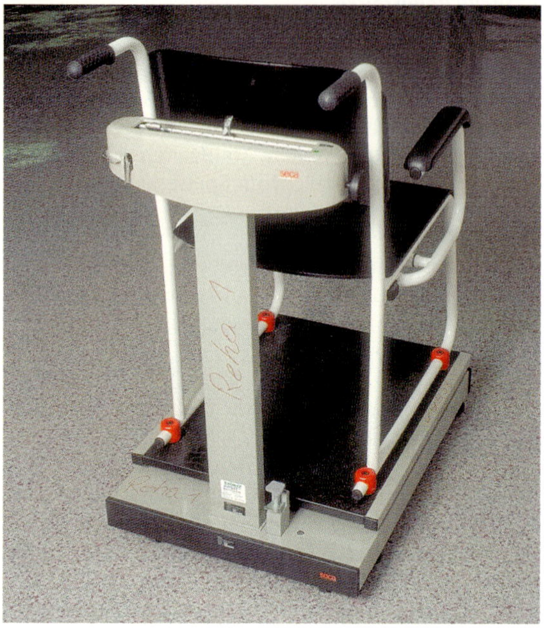

Abb. 7.14: Mechanische Sitzwaage. [K183]

Vorbereitung

Die Sitzwaage muss vorbereitet werden:

- Funktion und letzte Eichung der Waage überprüfen
- Bremsen feststellen, damit sie beim Hinsetzen nicht wegrutscht
- Sitzfläche und -lehne mit einem Tuch, z. B. Stecklaken, abdecken
- Waage justieren, d. h. genau auf „0 kg" einstellen.

Durchführung

Pflegebedürftiger setzt sich weit nach hinten, Schuhe werden ausgezogen und die Füße auf dem Trittbrett abgestellt. Sobald der Pflegebedürftige ruhig sitzt, kann das Körpergewicht eingestellt und abgelesen werden.

Auswertung der Messergebnisse

Zur Einschätzung, ob sich das Gewicht des Pflegebedürftigen im Normbereich bewegt, dient die **Broca-Formel** oder der **Body-Mass-Index** *(BMI)*. Berechnung ☞ Tab. 7.15. Zum BMI gibt es auch noch ein Nomogramm (☞ Abb. 7.16), an dem man ablesen kann, ob ein Mensch normal-, über- oder untergewichtig (☞ 7.5, 7.6) ist.

☑ Das Körpergewicht wird häufig von der ÄrztIn nachgefragt, um Medikamente genau dosieren zu können.

Beobachtung bei Kommunikationsproblemen

Zu beobachten sind außerdem die Probleme, Ressourcen, Gewohnheiten und aktuellen Bedürfnisse des alten Menschen, wenn er die o. g. Fragen nicht oder nur bedingt beantworten kann (z. B. bei Störungen der verbalen Kommunikation, Demenz) und auch Angehörige nicht zur Beantwortung der Fragen zur Verfügung stehen.

Beobachtet wird dann,

- Ob der Pflegebedürftige mit Appetit oder Widerwillen isst
- Was er gerne, was weniger gerne zu essen und zu trinken scheint?
- Ob er kleine, mittlere oder große Portionen isst und trinkt.

Die **Dokumentation** dieser Beobachtungen ist besonders wichtig, damit alle an der Pflege Beteiligten eine geeignete Ernährung sicherstellen können.

Sicherheit einschätzen

Bei Bedarf, z. B. bei Merkfähigkeitsstörung, Orientierungsstörungen oder psychiatrischen Erkrankungen sind in der häuslichen Umgebung auch die **Sicherheitsgefahren** einzuschätzen, z. B.:

- Bei der selbstständigen Zubereitung der Mahlzeiten
- Beim Umgang mit elektrischen Geräten und dem Herd
- Bei der Lagerung von Lebensmitteln und der Berücksichtigung von Haltbarkeitsdaten.

Ernährungsprotokoll

In einigen Situationen kann das Führen eines **Ernährungs-** bzw. **Einfuhrprotokolls** (☞ Tab. 7.17) wichtig oder sinnvoll sein, z. B. bei:

- Unter- oder Übergewicht (☞ 7.5, 7.6)

	Broca-Formel	**Body-Mass-Index (BMI)**
Formel	Normalgewicht (kg) = Körpergröße (cm) – 100	BMI [kg/m^2] = Gewicht [kg] / (Größe [m] x Größe [m])
Beispiel	165cm – 100 = 65 kg	Bei einer Körpergröße von 1,65 m und einem Gewicht von 60 kg lautet die Formel: 60 : (1,65x1,65) = 22,05. Der betreffende Mensch ist normalgewichtig (☞ Abb. 7.16)

Tab. 7.15: Berechnung des Normalgewichts bzw. des BMI.

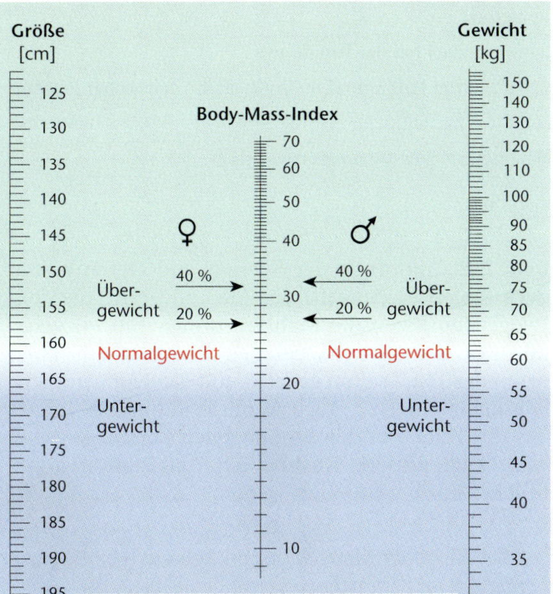

Body-Mass-Index (BMI)	
Normal	• BMI < 25
Übergewicht (Adipositas Grad I)	• BMI > 25 - 29,9
Behandlungs-bedürftige Adipositas	• BMI > 30 oder • BMI 25 - 30 *und* zusätzliche Risikofaktoren (z.B. durch Übergewicht hervorgerufene oder sich verschlimmernde Erkrankungen) oder psychosozialer Leidensdruck

Abb. 7.16: Nomogramm zum Body-Mass-Index. Eine Linie zwischen Körpergröße und Gewicht zeigt den BMI auf der mittleren Skala an. [A400]

- Ernährungsproblemen
- Diäten, Reduktionskost
- Gefahr eines Flüssigkeitsdefizits (☞ 7.4) oder Ödemen (☞ 9.1)
- Beeinträchtigter Kommunikation
- Enteraler Ernährung
- Kostaufbau.

Datum/ Uhrzeit	Einfuhr (gesamte Ernährung oder nur Flüssigkeit)	Bemerkungen (z. B. Reaktion)

Tab. 7.17: In einem Ernährungsprotokoll (Einfuhrprotokoll) werden alle zugeführten Nahrungsmittel, auch Getränke, sorgfältig mit Angabe der Menge über einen oder mehrere Tage aufgeschrieben.

7.3 Selbstversorgungsdefizit bei der Ernährung

Selbstversorgungsdefizit bei der Ernährung: Eingeschränkte Fähigkeit, für die Ernährung zu sorgen.

7.3.1 Pflegediagnostik

Ursachen und Einflussfaktoren

Faktoren, die zu einem Selbstversorgungsdefizit bei der Ernährung führen können, sind insbesondere:

- Beeinträchtigte körperliche Mobilität (☞ 6.3)
- Bewusstseinsstörungen, Merkfähigkeits- und Orientierungsstörungen (☞ 4.11, 4.12)
- Bettruhe oder Ruhigstellung von Körperteilen, z. B. durch Gips
- Medizinische Therapie, z. B. parenterale oder enterale Ernährung.

Anzeichen und Ausmaß

Der Unterstützungsbedarf kann sich in verschiedenen **Bereichen** zeigen, z. B.

- Bei der Zubereitung der Mahlzeiten
- Beim Bereitstellen der Speisen und Getränke
- Bei der Überwachung der Nahrungs- und Flüssigkeitszufuhr
- Bei der Unterstützung oder Anleitung zur Nahrungsaufnahme, enteralen Ernährung.

Das **Ausmaß** des Unterstützungsbedarfes lässt sich in 4 Schweregrade einteilen (☞ Tab. 7.18).

Folgen

Ein Selbstversorgungsdefizit bei der Ernährung führt zu unzureichender oder einseitiger Nahrungs- und Flüssigkeitszufuhr. Flüssigkeitsdefizite (☞ 7.4) und Unterernährung (☞ 7.6) sind die Folge.

Das Gefühl der **Macht- und Hilflosigkeit** (☞ 13.8) kann auftreten, wenn ein Pflegebedürftiger vollständig von der Unterstützung anderer Personen abhängig ist. Bleiben dann individuelle Wünsche unberücksichtigt und werden die Mahlzeiten unter Zeitdruck angereicht, so empfindet sich der Pflegebedürftige nur noch als eine Belastung für die Umgebung. Essen und Trinken macht ihm keinen Spaß mehr, sondern bezweckt nur noch die Aufrechterhaltung seiner Körperfunktionen.

Vermutet wird, auch wenn es noch nicht ausreichend erforscht ist, dass diese psychische Situation ein Grund für die **Nahrungsverweigerung** eines alten Menschen sein könnte.

Grad	Bezeichnung	Unterstützungsbedarf
0	Selbstständig	Kein Unterstützungsbedarf bei der Ernährung
1	Leichte Einschränkungen	Die Ernährung wird durch Hilfsmittel und/oder mehr Zeit sicher gestellt
2	Mittelmäßige Einschränkungen	Teilweise personelle Unterstützung erforderlich
3	Unselbstständig	Vollständige personelle Unterstützung erforderlich

Tab. 7.18: Schweregrade eines Selbstversorgungsdefizites bei der Ernährung.

Für einen bettlägerigen, allein stehenden, in vielen Lebensbereichen abhängigen Pflegebedürftigen bedeutet das einfühlsame und geduldige Anreichen der Mahlzeiten und Getränke sehr viel mehr, als sich ein gesunder und unabhängiger Mensch vorzustellen vermag.

7.3.2 Pflegetherapeutische Maßnahmen

Gestaltung der Umgebung

Appetit anregen

Lassen die physiologischen Warnsignale Hunger und Durst nach, so kann es möglicherweise gelingen, den Pflegebedürftigen zum Essen und Trinken zu motivieren, wenn Speisen und Getränke **appetitlich aussehen.** Das Anordnen der Speisen und Getränke auf dem Tablett ist Aufgabe der AltenpflegerIn, die dem Pflegebedürftigen die Mahlzeit bringt. Ein Pflegebedürftiger isst trotz mangelndem Hungergefühl eher, wenn der Tisch schön gedeckt und das Essen appetitlich angerichtet ist, auch wenn es auf einem Tablett aus der Küche in den Wohnbereich kommt (☞ Abb. 7.19). Auch pürierte Kost (☞ Tab. 7.21) kann in appetitlicher Form präsentiert werden.

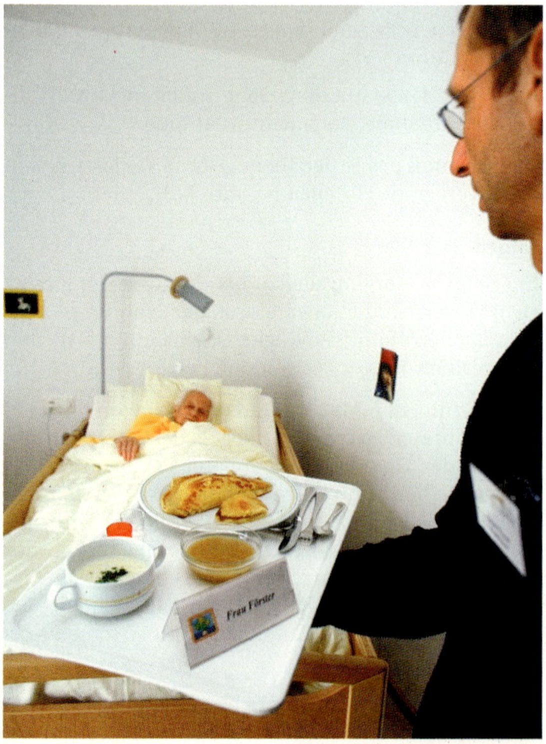

Abb. 7.19: Das Auge isst mit, auch wenn das Essen auf einem Tablett im Bett eingenommen werden muss. [K157]

Wie jeder Mensch freuen sich auch bettlägerige Pflegebedürftige, wenn das Essen an Geburts- oder anderen Feiertagen etwas Besonderes ist.

Auch über den **Geruch** lässt sich der Appetit beeinflussen. Unangenehme Gerüche lösen eher Ekel und Appetitlosigkeit, angenehme hingegen Freude und, wenn es wohlige Düfte aus der Küche sind, Appetit aus. Bei unangenehmen Gerüchen ist es deshalb wichtig, das Zimmer, den Wohnbereich oder die Wohnung gründlich zu lüften.

Pflegebedürftige, denen die Nahrung angereicht werden muss, benötigen eine geduldige und **ruhige Atmosphäre.** Manche haben ein schnelles Esstempo, andere wiederum benötigen sehr viel Zeit. Es ist wichtig, dass sich die Umgebung auf individuelle Zeitbedürfnisse beim Essen einstellt. Ablenkungen durch Radio oder Fernsehen sollten vermieden werden, sind aber bei ausdrücklichem Wunsch zu tolerieren.

Müssen **Getränke** bereitgestellt werden, ist es besser, häufiger kleinere Mengen als eine ganze Tages- oder Wochenration auf den Tisch zu stellen. Der alte Mensch, der sowieso häufig nur wenig Durst verspürt, gibt dann möglicherweise beim Anblick der großen Mengen, die er zu bewältigen hat, mutlos auf.

Wann immer möglich, sollte ein Pflegebedürftiger **am Tisch** essen können. Bei halbseitengelähmten Menschen ist das Sitzen am Tisch zudem die beste Spitzfußprophylaxe (☞ 6.3.2). Auf ausdrücklichen Wunsch kann aber eine Ausnahme gemacht werden, wenn der Pflegebedürftige seine Mahlzeit unbedingt im Bett einnehmen möchte.

Im **Speisesaal** eines Heimes trägt eine angenehme, freundliche und warme Atmosphäre, die den Bedürfnissen der heute älteren Generation entspricht, dazu bei, dass sich die alten Menschen dort auch wohl fühlen (☞ Abb. 7.20). Immerhin verbringen sie bis zu vier sehr wichtige Tageszeiten dort. Bei der innenarchitektonischen Gestaltung oder Renovierung eines Speisesaals ist es daher ratsam, die BewohnerInnen in die Gestaltung einzubeziehen, z. B. über den Heimbeirat.

Für die meisten Menschen sind die Mahlzeiten auch gleichzeitig **tagesstrukturierende Maßnahmen,** an denen sie sich orientieren können. Manchen ist es sehr wichtig, dass die Zeiten pünktlich eingehalten werden, anderen wieder ist es eher eine Last, sie würden etwas flexiblere Zeiten bevorzugen. Nach Möglichkeit sollte diesen individuellen Wünschen entsprochen werden. Häufig lassen sich mit ein wenig gutem Willen Kompromisse finden. Viele Privathaushalte oder Einrichtungen verfügen mittlerweile über eine Mikrowelle, mit deren Hilfe auch eine warme Mahlzeit zu einem späteren Zeitpunkt bereitgestellt oder angereicht werden kann, ohne dass ihre Qualität durch erneutes Erwärmen oder langes Warmhalten gelitten hat.

Abb. 7.20: Ist der Speisesaal eines Pflegeheims wohnlich eingerichtet, fühlen sich die alten Menschen auch zu Hause. [K157]

Auswahl der geeigneten Kostform

Kostform und Konsistenz werden bei Bedarf in Absprache mit der ÄrztIn ausgewählt (☞ Tab. 7.21). Die AltenpflegerIn hat die Aufgabe, regelmäßig zu über-

Kostform	*Merkmal*	*Indikationen*
Vollkost	Normale Kost mit normalem Kaloriengehalt	Pflegebedürftiger, der alles essen darf
Pürierte Kost	Alle festen Speisen sind püriert	Eingeschränktes Kau- und Schluckvermögen
Schonkost	• Leicht verdaulich • Nicht blähend • Zubereitung ohne Backen, Braten und scharfes Würzen • Fettarm • Evtl. ballaststoffarm	• Verdauungsstörungen • Erkrankungen im Magen-Darm-Bereich
Wunschkost	Kost wird nach den Wünschen der Pflegebedürftigen zusammengestellt	Schwerkranke Pflegebedürftige, z. B. Tumorkranke
Reduktionskost	Reduzierter Kaloriengehalt je nach individuellen Anforderungen	• Behandlungsbedürftiges Übergewicht • Gewichtsreduzierung auf Wunsch des Pflegebedürftigen
Kalorienreiche Kost	Kalorienreich und hochwertig	• Untergewicht • Kachexie • Tumorkranke
Aufbaukost	Kost wird nach einem Schema aufgebaut: 1. Schluckweise Tee 2. Tee und Zwieback 3. Schleimsuppe 4. Passierte Kost 5. Schonkost	• Nach Operationen im Magen-Darm-Bereich • Nach langer Nahrungskarenz • Steigerung je nach Verträglichkeit
Eiweiß- und elektrolytdefinierte Diäten	Eiweiß- oder Kochsalzgehalt ist z. B. reduziert	• Einige Nieren- und Lebererkrankungen • Hypertonie • Ödeme
Diabetesdiät	Individuelle Anpassung der Kohlenhydratzufuhr	Diabetes mellitus
Fettarme Diät	Fettarm	Fettstoffwechselstörungen, z. B. erhöhter Cholesterinspiegel im Blut
Purinarme Kost	• Wenig Fleisch und Fisch • Keine Hülsenfrüchte, Spinat und Pilze • Wenig Kaffee	Gicht
Sterile, keimarme Kost	• Kein frisches Obst, Gemüse (wegen der Keimbesiedelung) • Nur Gekochtes	Schwer abwehrgeschwächte Patienten, z. B. • Nach Transplantationen • HIV-Infizierte

Tab. 7.21: Verschiedene Kostformen.

Abb. 7.22: Verschiedene Ess- und Trinkhilfen. [A500-119]

Ess- bzw. Trinkhilfe	Funktion
Teller mit erhöhtem Rand bzw. Telleraufsatz	Verhindert, dass die Speisen über den Tellerrand geschoben werden
Einhandbesteck bzw. Besteckhalter	Ermöglicht Essen mit nur einer Hand
Klammergabel	Die Gabel wird mit Hilfe einer Klammer am Tellerrand befestigt und fixiert somit das Schneidegut (z. B. die Wurst). Das Schneidegut kann mit einer Hand geschnitten werden
Kombinationsbesteck	Besteck, das gleichzeitig die Funktion von Messer und Gabel bzw. Messer und Löffel übernimmt
Eierbecher mit Saugfuß	Verhindert das Wegrutschen des Bechers
Matten, Saugnäpfe	Verhindern das Verrutschen des Geschirrs
Schneidebrett mit Nägeln	Das Brot wird durch die Nägel fixiert, rutscht dadurch nicht weg und ermöglicht so das einhändige Schneiden und Bestreichen der Scheibe Brot
Aufsteckbarer Besteckgriff bzw. -halter	Ermöglicht das Halten des Bestecks mit wenig Kraft bzw. eine Fixierung des Bestecks
Gewinkelte Löffel	Geeignet bei begrenzter Beweglichkeit in den Arm-, Schulter- und Handgelenken
Gewinkelte Messer	Geeignet bei begrenzter Beweglichkeit in den Händen, Handgelenken
Aufsteckbare Griffvorrichtungen für Becher und Gläser	Trinkhilfe
Röhrchen, Strohhalm	Durch dieses Hilfsmittel kann der Pflegebedürftige weiter alleine aus dem Glas trinken. Dabei kann er das Tempo selbst bestimmen
Schnabelbecher, Schnabeltasse mit großer und kleiner Trinköffnung	Trinkhilfe, geeignet auch für Bettlägerige und Demente
Babyflasche mit und ohne Haltegriff und Sauger oder großer und kleiner Trinköffnung	Alternative zum Schnabelbecher, Schnabeltasse. Entscheidend ist, ob der alte Mensch diese Trinkhilfe annimmt

Tab. 7.23: Ess- und Trinkhilfen und ihre Funktion.

prüfen, ob die gewählte Kostform noch die geeignete ist.

Die Sorge um die geeignete Kostform und Konsistenz ist eine wichtige Aufgabe der AltenpflegerIn bei einem Selbstversorgungsdefizit bei der Ernährung.

Bei Diabetikern müssen Zwischenmahlzeiten berücksichtigt werden.

Vorsicht!
Reduktionsdiäten bei Übergewichtigen lassen den Harnsäuregehalt im Blut ansteigen, so dass Gichtanfälle ausgelöst werden. Bei bekannter Gicht deshalb sehr langsame Gewichtsreduktion anstreben.

Technische Hilfsmittel

Ess- und Trinkhilfen (☞ Abb. 7.22) können eine selbstständige Nahrungsaufnahme ermöglichen. Die Tabelle 7.23 gibt einen Überblick über die wichtigsten Hilfsmittel und ihre Funktionen.

Es ist wichtig, Ess- und Trinkhilfen immer **individuell auszuwählen,** z. B.

- Kommen viele Pflegebedürftige, insbesondere Demente, mit einer normalen Tasse bzw. einem Trinkglas wesentlich besser zurecht als mit einem Schnabelbecher
- Sollten farbige Gläser bei Sehstörungen verwendet werden, weil das durchsichtige Glas nicht gesehen und so schneller umgestoßen werden kann.

Werden Ess- und Trinkhilfen eingesetzt, so ist eine **Anleitung** der Pflegebedürftigen im Umgang mit dem Hilfsmittel erforderlich, ggf. in Zusammenarbeit mit einer ErgotherapeutIn. Soll mit den Hilfsmitteln die Selbstständigkeit zurückgewonnen werden, so ist es manchmal auch notwendig, den alten Menschen zu **motivieren.** Wie viele jüngere auch, mögen es manche sehr, die fertig zubereitete Scheibe Brot serviert zu bekommen.

Unterstützung bei der Nahrungsaufnahme im Bett

Die notwendigen Hilfestellungen bei der Nahrungsaufnahme sind abhängig von dem individuellen Zustand des alten Menschen. Viele alte Menschen können gezielt sagen, welche Hilfe sie brauchen, viele alte Menschen aber auch nicht. Grundsätzlich sollte man dem alten Menschen nur so viel Hilfe geben, wie er benötigt und ihn dabei nicht unter- bzw. überfordern. Es erfordert ein gewisses Maß an Einfühlungsvermögen, Geduld und Geschick, um das notwendige Maß an Hilfe zu erkennen. Es ist oft leichter und schneller, dem alten Menschen das Essen anzureichen, als ihn so zu unterstützen, dass er weitgehend selbstständig essen kann. Gibt man ihm trotzdem das Essen ein, nimmt man ihm ein Stück Selbstständigkeit und Selbstbestimmung und damit Lebensqualität (aktivierende Pflege, ☞ 6.4.2).

Vorbereitung

- **Raum** lüften, evtl. den Nachttisch in die richtige Höhe bringen, so dass der alte Mensch seine Arme aufstützen kann
- **AltenpflegerIn:** Hände waschen
- **Material**
  - Serviette und bei Bedarf Hilfsmittel bereitlegen
  - Das Besteck und das Glas richtig positionieren. Die Position ist abhängig davon, ob der alte Mensch Rechts- oder Linkshänder ist, z. B. stellen Rechtshänder meistens das Glas auf die rechte Seite. Flaches Geschirr nach vorne stellen, hohes nach hinten, damit nichts umgestoßen wird
  - Überprüfen, ob die Kostform der Mahlzeit die richtige ist. Warmes Essen muss noch warm sein. Evtl. muss es nochmals aufgewärmt werden bzw. bei langsam essenden alten Menschen müssen spezielle Warmhalteteller benutzt werden
- Alten Menschen im Bett hoch rutschen (lassen) und dann das Kopfteil des Bettes hochstellen, so dass der alte Mensch aufrecht im Bett sitzt (☞ 6.4.2). Dabei muss der „Knick" im Hüft- und nicht im Brustbereich sein. Ein Kissen oder eine Rolle an den Füßen verhindert das Verrutschen im Bett
- Die Kleidung des alten Menschen durch eine Serviette schützen
- Medikamente, die vor der Mahlzeit eingenommen müssen, verabreichen
- Evtl. Zahnprothese einsetzen.

Schamgefühl des alten Menschen respektieren

- Begriffe wie **Lätzchen oder Esslatz** anstatt Serviette sind entwürdigend
- Ausdruck **„füttern"** streng vermeiden, da nur Tiere oder Babys gefüttert werden
- Für die zwischenzeitliche Reinigung des Mundes Serviette, nicht Löffel oder Zellstoff wie bei Kleinkindern benutzen.

Durchführung

Bei der Durchführung muss sich die AltenpflegerIn immer an den vorhandenen Ressourcen des Pflegebedürftigen und dem angestrebten Pflegeziel orientieren.

Teilweise Übernahme: Die Mahlzeit bereitstellen und so weit vorbereiten, dass der Pflegebedürftige weitestgehend alleine essen und trinken kann.

Anleitung: Der Pflegebedürftige, abhängig von den ursächlichen Problemen, z. B. Hemiplegie oder Blindheit, Schritt für Schritt zur Nahrungsaufnahme und ggf. im Umgang mit den Hilfsmitteln anleiten. Soweit es erforderlich ist, die Hand führen.

Vollständige Übernahme: Jeder Schritt wird vollständig von der AltenpflegerIn ausgeführt.

Eine gehetzte AltenpflegerIn verdirbt den Appetit

Es ist es wichtig, dass die AltenpflegerIn sehr einfühlsam und geduldig ist. Nur wenn sie selbst zur Ruhe kommt und sich setzt, bekommt der alte Mensch das Gefühl, sie hat Zeit für ihn.

- Sofern möglich, sollte der Pflegebedürftige die Nahrungsmittel betrachten können, ansonsten beschreiben, was auf dem Teller ist
- Sich nach mitgeteilten Wünschen richten und in den gewohnten Rhythmus des Pflegebedürftigen einfühlen
- Regeln vereinbaren, wenn der Pflegebedürftige nicht sprechen kann, z. B. nonverbale Zeichen festlegen wie
  - „Nein" oder „ich bin satt" bzw. „ich mag das nicht mehr" = z. B. Augen länger schließen, Mund verschließen, Kopf wegdrehen, Kopf verneinend schütteln
  - „Ja" oder „es kann weitergehen" = Kopfnicken, Mund öffnen, mit den Augen blinzeln, Hand anheben
- Bei schwerkranken alten Menschen sich vor dem ersten Bissen vergewissern, ob der Schluckreflex erhalten ist (☞ 7.7.2)

Vorsicht!

Bei Pflegebedürftigen mit Bewusstseins- und Schluckstörungen besteht **Aspirationsgefahr.**

Der Pflegebedürftige bestimmt nun, was er essen möchte.

- Den Löffel im vorderen Drittel füllen und vorsichtig in den Mund einführen, beim Herausziehen des Löffels die Nahrung an der Oberlippe abstreifen *oder*
- Die Gabel so an den Mund heranführen, dass der Pflegebedürftige die Nahrung mit dem Mund abnehmen kann, ohne den Kopf anzuheben.

Die auf dem Teller liegenden Nahrungsmittel **abwechselnd** eingeben, also nicht zuerst alle Kartoffeln, dann das Gemüse. Dem Pflegebedürftigen zwischendurch immer etwas **zu trinken anbieten.** Genügend **Zeit zum Essen** lassen und Unterbrechungen vermeiden, z. B. nicht zwischen den Bissen schnell noch bei einem zweiten Pflegebedürftigen das Essen anreichen oder andere Dinge erledigen.

Sobald der Pflegebedürftige signalisiert, dass er satt ist oder etwas nicht mehr weiter essen mag, ist diesem Wunsch auch zu entsprechen, wenn nicht gravierende zusätzliche Probleme eine **Motivation** zum Weiteressen und -trinken erfordern, z. B. ausgeprägte Depression, Hoffnungslosigkeit, Resignation.

Auf keinen Fall das Essen mit Gewalt eingeben, z. B. „Nase zuhalten" oder ähnliche „Tricks", die ein Gefühl der Machtlosigkeit vermitteln.

Appetitverlust oder sogar Nahrungsverweigerung können auch durch Erkrankungen der Mundhöhle verursacht sein, deshalb bei Nahrungsverweigerung die Mundhöhle inspizieren und ggf. ÄrztIn informieren.

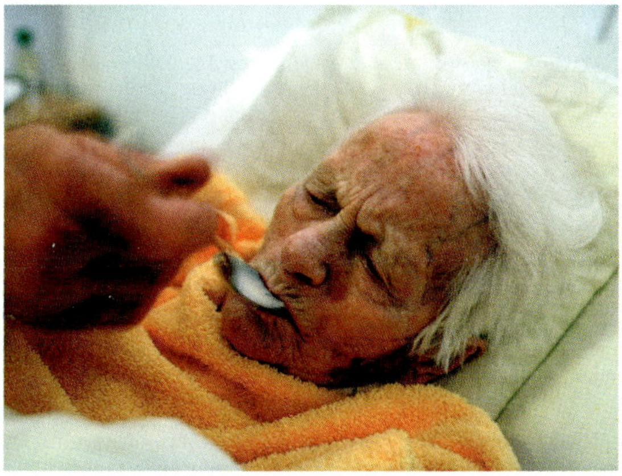

Abb. 7.24: Essenanreichen im Bett. [K157]

Nachbereitung

- **Pflegebedürftiger:** Serviette entfernen und die Möglichkeit zur Mund- und Handreinigung geben und bei Bedarf lagern
- **AltenpflegerIn:** Hände waschen
- **Material:**
  - Verschmutzte Servietten in die Wäsche geben
  - Das Tablett bzw. den Teller abräumen und überprüfen, ob der alte Mensch etwas oder genug gegessen hat. Die Frage: „Hat es Ihnen geschmeckt?" gibt Auskunft über die Befindlichkeit des Pflegebedürftigen. Befanden sich auch Medikamente auf dem Tablett, kontrollieren, ob sie eingenommen wurden.

Zwischen den Mahlzeiten trinken
Alten Menschen nicht nur zu den Mahlzeiten etwas zu trinken anbieten, sondern auch im Anschluss an eine Mahlzeit ein Getränk bereitstellen.

Beeinträchtigte verbale Kommunikation und Essenanreichen

Ein häufiges Problem beim Essenanreichen ist die **beeinträchtigte verbale Kommunikation.** Ein ziemlich eindeutiges Zeichen, dass die Pflegebedürftige das Essen nicht ablehnt, ist das **Mundöffnen,** auch wenn es kein 100 %-ig sicheres Zeichen ist, dass der Pflegebedürftige auch wirklich essen mag.

Hält der Pflegebedürftige jedoch den **Mund verschlossen,** so kann das zwar ein Zeichen für Nahrungsverweigerung sein, muss es aber nicht. Ebenso kann es sein, dass die informierenden und erklärenden Worte der AltenpflegerIn entweder nicht verstanden wurden oder aber das Gehörte nicht praktisch umgesetzt werden kann, z. B. den Mund zu öffnen. In diesem Falle kann es hilfreich sein, auf **nonverbale Weise** anzuzeigen, dass es Essen gibt. Z. B. kann versucht werden, mit einem angenehmen Nahrungsmittel vorsichtig die Lippen, den vorderen Mund und die Zungenspitze zu bestreichen (orale Stimulation, ☞ 4.7.2). Manche öffnen dann den Mund.

Solche Situationen sind immer sehr schwierig und führen vielfach in einen **ethischen Konflikt,** wenn der Pflegebedürftige dann immer noch nicht den Mund öffnet. Handelt es sich um Nahrungsverweigerung und wenn ja, warum und was ist zu tun? Eine allgemein gültige Antwort kann es darauf nicht geben. Immer ist das weitere Vorgehen individuell abzuwägen. Um ein einheitliches Vorgehen aller Pflegenden zu garantieren, sind Absprachen im Team notwendig.

Weitere Maßnahmen bei häufig auftretenden Störungen ☞ Tab. 7.25.

Getränke anreichen

Getränke werden entsprechend den vorhandenen Fähigkeiten und Wünschen bereit gestellt. Ist der Pflegebedürftige nicht mehr in der Lage, selbstständig zu trinken, wird er dabei unterstützt:

- Bei Bedarf Serviette verwenden
- Je nach Getränk und persönlichen Wünschen und Fähigkeiten des Pflegebedürftigen ein normales Glas, eine Tasse oder ein spezielles Hilfsmittel, z. B. Strohhalm, auswählen
- Bei heißen Getränken zuerst die Temperatur des Getränkes an der Innenseite des Armes testen
- Falls erforderlich, den Hinterkopf des Pflegebedürftigen etwas stützen
- Das Trinkgefäß in die Hand des Pflegebedürftigen geben und, sofern erforderlich, zum Mund führen. Bei warmen Getränken zunächst vorsichtig probieren lassen
- Entsprechend den Wünschen und Fähigkeiten des Pflegebedürftigen in kleinen oder großen Schlucken trinken lassen. Trinkt der Pflegebedürftige zu hastig, nach jedem Schluck absetzen, da ansonsten Aspirationsgefahr besteht.

Problem	Maßnahme
Ärztlich angeordnete Nahrungskarenz	• Den alten Menschen über die medizinische Notwendigkeit der Nahrungskarenz, z. B. vor einer Untersuchung, informieren und ggf. motivieren • Mehrfach die Möglichkeit geben, den Mund auszuspülen
Das Essen im Altenheim oder des Menü-Bringdienstes schmeckt dem alten Menschen nicht	• Angehörige bitten, Essen von zu Hause mitzubringen • Mobile alte Menschen bei der Nahrungszubereitung helfen lassen • Wünsche berücksichtigen • Menü-Bringdienst wechseln
Sodbrennen	• Milch anbieten • Säurehaltige Nahrungsmittel, z. B. Zitrusfrüchte, Süßspeisen, gesüßte Getränke vermeiden • Mit erhöhtem Oberkörper lagern
Aufstoßen von Luft	• Kohlensäurehaltige Getränke vermeiden • In kleinen Schlucken trinken lassen, um Luftschlucken zu vermeiden • Essen gründlich kauen lassen
Blähungen	• Blähende Nahrungsmittel, z. B. Zwiebeln, Kohl und Hülsenfrüchte sowie kohlensäurehaltige Getränke vermeiden • Nahrungsmittel langsam essen und gut kauen • Wärmflasche oder Bauchwickel auflegen (☞ auch 8.6.2) • Baucheinreibung mit Kümmel-Anis-Salbe • Tee anbieten, z. B. Kümmel, Anis, Fenchel • Nach ärztlicher Anordnung Medikamente geben, ein Darmrohr legen bzw. einen Einlauf durchführen (☞ 8.6.2)
Völlegefühl	• 5–6 kleinere Mahlzeiten anbieten • Zu den Mahlzeiten Flüssigkeitszufuhr reduzieren, zwischen den Mahlzeiten Getränke anbieten • Bewegung ermöglichen • Bei bestehender Obstipation evtl. Stuhl anregende Maßnahmen (☞ 8.6.2)
Übelkeit	• Ursache abklären • Ruhig und tief durchatmen lassen, Fenster öffnen • Aufsetzen lassen • Nach ärztlicher Anordnung Nahrungskarenz einhalten lassen bzw. Tee und Zwieback verabreichen • Unbekömmliche Nahrungsmittel weglassen • Evtl. Arztinformation
Schluckstörungen	• Schluckversuch, Schlucktraining und Ess- und Trinktraining durchführen (☞ 7.7.2) • Aspirationsprophylaxe (☞ 5.4)
Sehstörungen bzw. Blindheit	• Rutschfeste Teller mit erhöhtem Rand verwenden • Erklären, was es zu essen gibt; evtl. das Essen riechen lassen • Besteck, Teller, Tasse, Glas bei jeder Mahlzeit gleich anordnen, erklären und ertasten lassen • Gläser und Tassen nur halb füllen, damit nichts verschüttet wird • Information über Platzierung der Speisen, z. B. Teller als Zifferblatt, die Anordnung der Speisen im Uhrzeigersinn beschreiben • Evtl. Fleisch schneiden • Bei Sehstörungen farbige Gläser benutzen
Eingeschränktes Greifvermögen z. B. bei rheumatischen Erkrankungen Starkes Zittern	• Verwendung von technischen Hilfsmitteln • Anleitung im Umgang mit den Hilfsmitteln • Anleitung im Sitzen am Tisch durchführen • Pausen ermöglichen
Halbseitenlähmung	• Verwendung von technischen Hilfsmitteln • Anleitung im Umgang mit den Hilfsmitteln • Anleitung im Sitzen am Tisch durchführen • Sehstörungen, insbesondere Blickfeldbeeinträchtigungen berücksichtigen • Bei Bedarf Schlucktraining (☞ 7.7.2) • In der Anfangsphase nur wenig Nahrung auf den Löffel nehmen • Die Nahrungsaufnahme mit beiden Händen durchführen lassen: die gesunde Hand führt die gelähmte Hand (☞ Bobath-Konzept, 6.3.2)
Psychiatrische Erkrankungen, z. B. Verwirrtheit, der alte Mensch weiß nicht, was er mit dem Essen machen soll	• Information, gezielte und schrittweise Anleitung sowie Beaufsichtigung ist erforderlich • Ess- und Trinktraining • An das Essen erinnern • Ein- und Ausfuhr kontrollieren • Bei Vergiftungsängsten Sicherheit vermitteln, evtl. ablenken
Die Zahnprothese sitzt nicht richtig oder drückt	• Zahnprothesensitz prüfen • Evtl. Haftcreme verwenden (☞ 9.3.1) • Zum Zahnarztbesuch motivieren und ggf. einen Zahnarzttermin vereinbaren • Evtl. bestimmte Nahrungsmittel, die Probleme bereiten, nach Rücksprache mit der Pflegebedürftigen weglassen

Tab. 7.25: Probleme und Maßnahmen bei der Nahrungsaufnahme.

Fremdwort	Übersetzung	Vorkommen
enteral	Enteron = Darm	z. B. enterale Ernährung
parenteral	para = neben	z. B. parenterale Ernährung
Gastr(o)- als Wortteil	von Gaster = Magen	z. B. Gastroduodenalsonden, nasogastrale Sonde
Duodenum	Zwölffingerdarm, erster Abschnitt des Dünndarmes	z. B. Gastroduodenalsonden
Jejunum	Leerdarm, mittlerer Abschnitt des Dünndarmes	z. B. perkutane endoskopische Jejunostomie, nasojejunale Sonde
perkutan	per = durch, kutan von Kutis = Haut	z. B. perkutane endoskopische Gastrostomie
endoskopisch	von Endoskop = röhrenförmiges Instrument zur Betrachtung von Körperhöhlen	z. B. perkutane endoskopische Jejunostomie, perkutane endoskopische Gastrostomie
-stomie	von Stoma = operativ hergestellte Öffnung eines Hohlorgans, -stomie = operativ hergestellte Einmündung in ein Hohlorgan	z. B. Gastrostomie, Jejunostomie

Tab. 7.26: Häufige Fremdwörter im Zusammenhang mit künstlicher Ernährung und ihre Übersetzung.

Enterale Ernährung

Fremdwörterübersicht ☞ Tab. 7.26

Was ist künstliche Ernährung?

Um eine ausreichende Versorgung mit lebensnotwendigen Nährstoffen sicherzustellen, kann es notwendig sein, dass ein Mensch **künstlich ernährt** wird, weil er nicht essen

- Kann, z. B. bei Schluckstörungen oder Bewusstlosigkeit
- Darf, z. B. vor oder nach einer Operation, oder
- Will, z. B. bei schweren psychischen Erkrankungen.

Dem alten Menschen entgeht durch die Sondenernährung der Genuss, Geschmack und die Freude am Essen. Aus diesem Grund immer wieder vergewissern, ob eine ausschließliche Ernährung mit einer Sonde notwendig oder eine zusätzliche orale Zufuhr von breiigen oder flüssigen Speisen möglich bzw. erlaubt ist.

Es werden **zwei Formen** der künstlichen Ernährung unterschieden, die

- Enterale Ernährung
- Parenterale Ernährung.

Enterale Ernährung: Künstliche Ernährungsform, bei der die Nährstoffe in Form spezieller Sondenkost über einen flexiblen Kunststoffschlauch (Sonde) direkt in den Magen oder Dünndarm verabreicht werden.

Parenterale Ernährung: Künstliche Ernährungsform, bei der die Nährstoffe in Form von Infusionslöungen unter Umgehung des Magen-Darm-Kanals intravenös in die Blutbahn infundiert werden.

In der Altenpflege wird vor allem die enterale Ernährung zur künstlichen Ernährung des alten Menschen eingesetzt, da sie im Vergleich zur parenteralen Ernährung

- Der normalen Ernährung ähnlicher ist
- Die Verdauungsfunktion erhält und
- Komplikationsärmer ist.

Als **Ernährungssonde** für die künstliche enterale Ernährung werden zwei Sondenarten verwendet (☞ Abb. 7.27):

- Die **Gastroduodenalsonde** *(kurz: Magensonde)* wird über den Mund oder die Nase in den Magen *(nasogastrale Sonde)* oder Dünndarm *(nasojejunale Sonde)* eingeführt
- Die **PEG-Sonde** *(PEG = **p**erkutane **e**ndoskopische **G**astrostomie)* wird operativ durch die Bauchdecke in den Magen, die **PEJ-Sonde** *(PEJ = **p**erkutane **e**ndoskopische **J**ejunostomie)* in den Dünndarm gelegt.

Ernährung über eine Gastroduodenalsonde

Gastroduodenalsonden für die enterale Ernährung haben eine Länge von 75–120 cm und einen Durch-

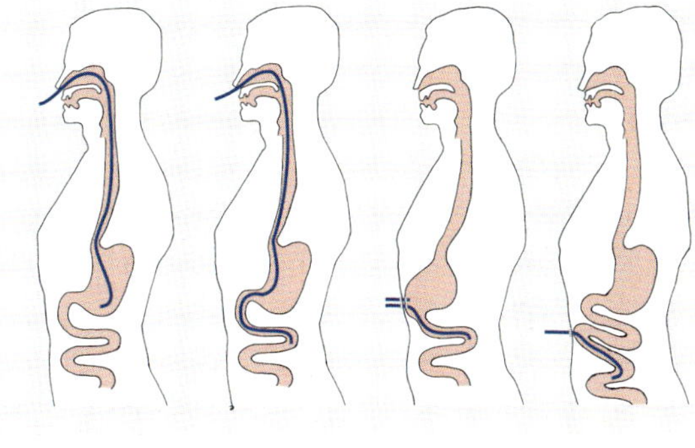

Abb. 7.27: Sondenlage bei verschiedenen Formen der künstlichen enteralen Ernährung. [A400-215]

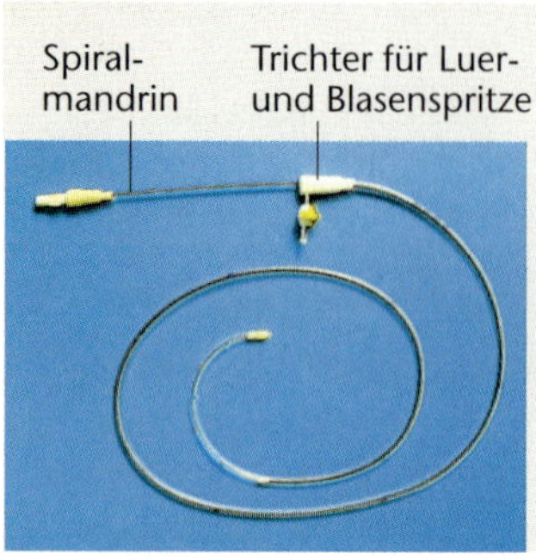

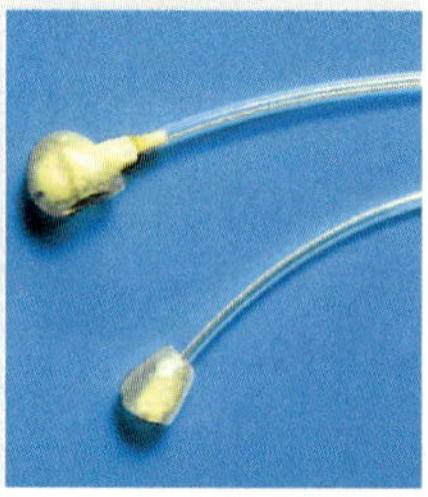

Abb. 7.28 (links): Ernährungssonde aus Polyurethan mit Führungsstab (Spiralmandrin). [U222]

Abb. 7.29 (rechts): Die Nasenolive wird für jeden alten Menschen individuell angefertigt. In der Ernährungspause kann die Sonde vorgeschoben und in der Nase fixiert werden. So ist sie kaum sichtbar, und mobilere Menschen können ungestörter ihren täglichen Verrichtungen nachgehen. [U222]

messer von 8–12 Charrière (1 Ch = ⅓ mm). Gastroduodenalsonden bestehen meistens aus Polyurethan oder Silikonkautschuk. Diese Materialien sind säurebeständig, gewebsverträglich und behalten ihre Flexibilität auch nach längerem Tragen (☞ Abb. 7.28).

Die Sonde kann über die **Nase,** in Ausnahmefällen auch über den **Mund,** z. B. bei Verletzungen der Nase, eingeführt werden. Der Zugang über die Nase ist zu bevorzugen, da Nasensonden

- Den Pflegebedürftigen nicht beim Sprechen stören
- Die Mundpflege nicht behindern
- Keinen ständigen Würge- und Brechreiz verursachen.

Gasroduodenalsonden zur Ernährung gibt es mit und ohne **Nasenolive** (☞ Abb. 7.29).

Das Legen der Sonde ist eine ärztlich Aufgabe, die an eine qualifizierte AltenpflegerIn delegiert werden kann. **Durchführung** ☞ Tab. 7.30. Die AltenpflegerIn ist in jedem Fall für die Verabreichung der Sondenkost und die Pflege der Magensonde zuständig.

Beim Legen der Sonde darauf achten:

- Beim Passieren des Rachenraumes tritt häufig ein Würgereflex auf

Vorbereitung	
Raum	• Andere Personen aus dem Raum bitten • Evtl. Sichtschutz aufstellen bzw. Untersuchungszimmer benutzen
Material 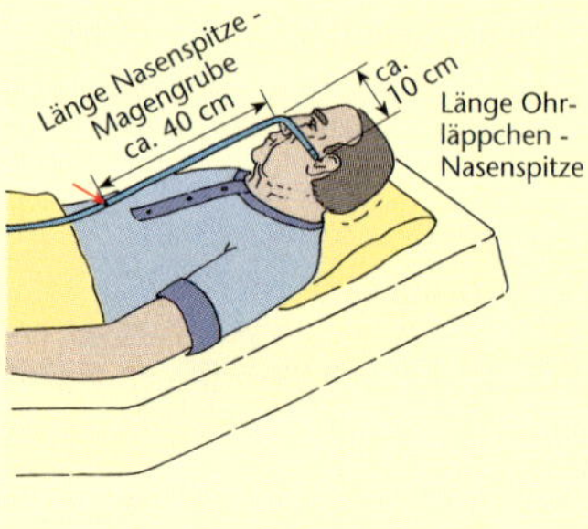	• Geeignete Sonde (evtl. gekühlt oder mit Mandrin, da sie dann fester ist und sich leichter einführen lässt) • Evtl. Verschlussstöpsel zum Verschließen der Sonde • Schleimhautanästhetikum als Spray für die Anästhesie • Gleitmittel: anästhesierendes Gel oder Silikonspray • Evtl. abschwellende Nasentropfen zur Vermeidung von Verletzungen an der Nasenschleimhaut • Wasserunlöslicher Stift zur Markierung der Sondenlänge • Evtl. Glas mit Wasser oder Tee zur Erleichterung des Schluckens • Nierenschale mit Zellstoff • Schutztuch • Evtl. Zahnprothesendose • Einmalhandschuhe • Stethoskop und 20-ml-Spritze oder Indikatorpapier zur Lagekontrolle • Klemme zum Abklemmern der Sonde • Holzspatel und Taschenlampe zur Inspektion des Mundraumes • Tupfer mit Alkohol zum Entfetten der Nase • Fixationsmaterial: fertige Fixierung oder hautfreundliches Pflaster, Schere • *Abmessen der geeigneten Sondenlänge:* Die Strecke von der Nasenspitze über das Ohr bis zur Magengrube abmessen. Diese Stelle mit einem wasserunlöslichen Stift markieren (☞ Abb. links) • Gleitmittel auf Sonde anbringen
AltenpflegerIn	Einmalhandschuhe anziehen
Pflegebedürftiger 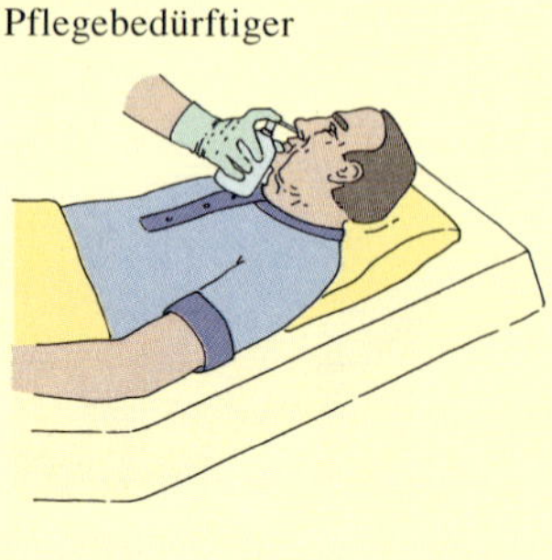	• Informieren und bitten, falls möglich mitzuhelfen • Zahnprothese entfernen (lassen) • *Lagerung:* sofern keine Gegenindikationen bestehen, Pflegebedürftigen hinsetzen lassen bzw. den Oberkörper leicht erhöht lagern. Bewusstlose alte Menschen in Seitenlage bringen • Evtl. Nasentropfen verabreichen • Falls möglich die Nase bzw. die Mundhöhle reinigen (lassen). Dazu sollte der Pflegebedürftige schnäuzen. Um das geeignete Nasenloch und die Durchgängigkeit festzustellen sollte der Pflegebedürftige beim Schnäuzen jeweils ein Nasenloch zuhalten. Dabei kann die AltenpflegerIn die Ein- und Ausatmung durch das andere Nasenloch beobachten. Es wird das Nasenloch benutzt, das leichter durchgängig ist • Den Oberkörper des Pflegebedürftigen mit einem Schutztuch abdecken • Schleimhautanästhetikum in das vorgesehene Nasenloch applizieren (☞ Abb. links) und Einwirkzeit beachten • Schutztuch vor den Oberkörper legen

- Bei Anzeichen einer Zyanose oder starkem Husten die Sonde bis oberhalb des Gaumensegels zurückziehen und erneut sondieren. Vor der erneuten Sondierung dem alten Menschen eine Pause ermöglichen
- Im Alter hat der Magensaft nicht immer einen sauren pH-Wert
- Tritt ein Widerstand auf, die Sonde zurückziehen und unter drehenden Bewegungen versuchen erneut zu sondieren. Die Sonde nie gegen einen Widerstand einführen
- Bewusstlose alte Menschen haben keinen Hustenreflex. Deshalb die Sonde mit einem Laryngoskop durch ÄrztIn legen lassen.

Komplikationen

- Via falsa („falscher Weg"): Die Sonde wurde gegen einen Widerstand eingeführt und sucht sich einen neuen anatomisch nicht vorgeformten Weg, z. B. die Sonde reißt die Schleimhaut auf und wird unter der Schleimhaut weitergeschoben
- Nasenbluten durch Mikroverletzungen
- Ösophagus und Magenulzerationen durch lange Liegedauer, äußert sich in
  - Druck- und Völlegefühl nach den Mahlzeiten
  - Sodbrennen
  - Evtl. Teerstuhl
  - Schmerzen im Oberbauch
- Ösophagus- und Magenperforationen bei vorgeschädigten Organen, z. B. durch ein Karzinom. Äußert sich in
  - Schocksymptomatik
  - Schmerzen
  - Bretharter Bauch
- Bradykardie und Herzstillstand durch einen vom Nervus vagus ausgelösten Reflex
- Fehllage in der Luftröhre (Trachea) durch Fehlsondierung. Äußert sich durch
  - Starken Husten
  - Zyanose
  - Atmung durch die Sonde
- Aufrollen der Sondenspitze auf dem Zungengrund bei Fehlsondierung.

Durchführung	
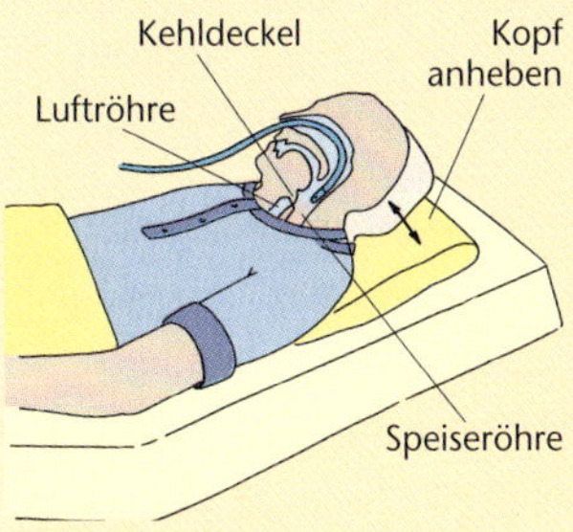 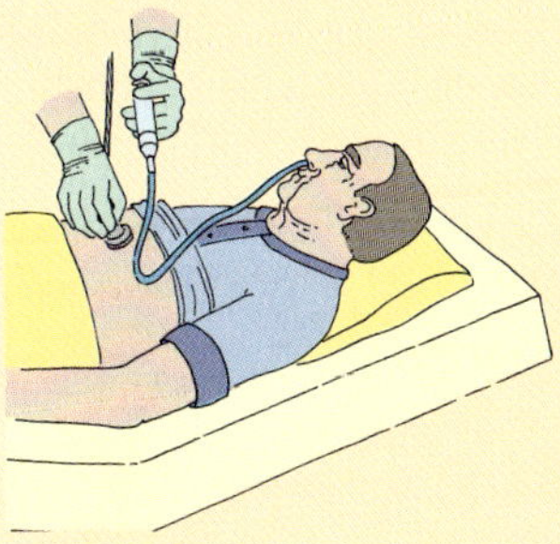	• Pflegebedürftigen entspannen lassen und bitten, gleichmäßig durch den Mund zu atmen • Die ersten ca. 10 cm geradlinig **über die Nase** einführen. Dann Pflegebedürftigen bitten, den Kopf leicht nach vorne zu neigen, damit sich das Gaumensegel über die Luftröhre legt und die Sonde nicht in die Luftröhre gelangt. Mehrmals schlucken lassen (Ausnahme: Bewusstlose). Evtl. kann das Schlucken mit Hilfe eines kleinen Schlucks Tee oder Wasser unterstützt werden. Immer wenn Pflegebedürftiger schluckt, die Sonde zügig ein Stück vorschieben, bis die Markierung auf der Sonde (etwa 50 cm) erreicht ist • Den Mund- und Rachenraum mit einem Spatel und einer Taschenlampe kontrollieren, ob sich die Sonde aufgerollt hat • Einführen der Sonde **über den Mund:** Pflegebedürftiger öffnet den Mund und streckt die Zunge etwas heraus. Die AltenpflegerIn legt die Sonde hinten im Mund auf den Zungengrund. Wichtig ist dabei, dass das Zäpfchen nicht berührt wird, da der Würgereflex bei einer solchen Berührung stärker ausgeprägt ist. Das weitere Vorgehen entspricht dem Legen durch die Nase • Die Lage überprüfen: - Aspiration von Magensekret und Nachweis des pH-Wertes mit dem Indikatorpapier (Magensekret hat einen pH-Wert von 2–5, Duodenalsekret von etwa 7) oder - Luft mit einer 20-ml-Spritze in die Sonde insufflieren und mit dem Stethoskop das entstehende „blubbernde" Geräusch unter der Brustbeinspitze abhören (☞ Abb. links) - Im Zweifelsfall wenn möglich Röntgenkontrolle durchführen. Die meisten Sonden haben an der Seite einen röntgendichten Streifen. • Die Ernährungssonde an der Nase, Stirn oder Wange mit hautfreundlichem Pflaster oder mit einer speziellen Fixierung festkleben. Dazu muss die Haut sauber und fettfrei sein, deshalb die Haut vorher mit einem Alkoholtupfer entfetten. Bei der Befestigung darauf achten, dass die Sonde keinen Druck auf den Nasenflügel ausübt • Die Ernährungssonde verschließen bzw. Sondenkost nach ärztlicher Anordnung verabreichen
Nachbereitung	
Pflegebedürftiger	• Den Mund ausspülen lassen und die Zahnprothese reichen • Evtl. lagern • Über die Sonde und den Umgang mit ihr informieren
Material	• Entsorgen, dabei den Kontakt mit dem Sekret vermeiden, da Infektionsgefahr besteht
AltenpflegerIn	• Handschuhe ausziehen und die Hände desinfizieren • Dokumentation

Tab. 7.30: Legen einer Ernährungssonde. [A500-119]

Das Aufrollen der Sonde auf dem Zungengrund kann durch die Benutzung eines Mandrins vermieden werden.

Beim sitzenden alten Menschen verhindert das Nachvornbeugen des Kopfes ein Vorschieben in die Luftröhre.

Entfernen und Wechseln der Ernährungssonde

- Die Sonde mit Wasser oder Tee spülen, damit sich kein Duodenalsaft in der Sonde befindet. Dieser kann beim Herausziehen der Sonde zu Schleimhautreizungen führen
- Sondenfixierung lösen
- Einmalhandschuhe anziehen
- Die Sonde abklemmen, zum Einatmen und anschließend zum Ausatmen auffordern, dabei die Sonde gleichmäßig in einem Zug herausziehen, in den Handschuh stülpen und wegwerfen. Es besteht beim Entfernen der Sonde Infektionsgefahr
- Den Mund ausspülen (lassen)
- Nasenpflege durchführen und Pflasterreste entfernen.

Moderne Sonden werden nur noch gewechselt, wenn sie verstopft, herausgerutscht oder unansehnlich geworden sind oder wenn sie vom Pflegebedürftigen selbst herausgezogen wurden. Werden noch Kunststoffsonden auc PVC verwendet, müssen diese wegen des enthaltenen Weichmachers regelmäßig gewechselt werden.

Kontrolle der Sonde
Die korrekte Lage der Sonde muss regelmäßig überprüft werden. Dabei die Markierung auf der Sonde berücksichtigen und überprüfen, ob die Sonde noch in der korrekten Länge eingeführt ist. Bei unruhigen Pflegebedürftigen oder Beschwerden ist die richtige Lage zusätzlich vor jeder Mahlzeit per Luftinjektion oder Magensaftaspiration (☞ Tab. 7.30) zu prüfen.

Wechseln der Fixierung

- Erforderliches **Material:** Wundbenzin, Tupfer, hautfreundliches Pflaster oder Fertigfixierung, evtl. Schere
- **Durchführung:**
  - Das Pflaster entfernen und dabei die Sonde gut festhalten. Sie darf nicht herausrutschen oder hineingeschoben werden (an Markierung orientieren)
  - Pflasterreste mit Benzin entfernen. Während der Reinigung mit Benzin Pflegebedürftigen wegen Gefahr der Augenreizung bitten, die Augen geschlossen zu halten und, wenn möglich, nicht oder nur durch den Mund zu atmen

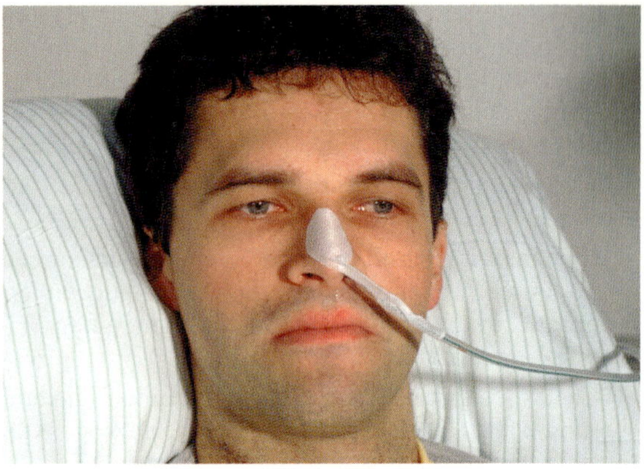

Abb. 7.31: Die Sonde mit einem Klebeverband so über je einen Steg an der Nase und an der Sonde fixieren, dass keine Druckstellen entstehen. [K183]

  - Die Nase und die Sonde reinigen
  - Die Sonde an einer anderen Stelle mit Pflaster oder Fertigfixierung fixieren (☞ Abb. 7.31).

Ernährungssonde spülen

Eine Nährsonde muss regelmäßig gespült werden, da das in der Sondenkost enthaltene Eiweiß gerinnt und auch die Verabreichung von Medikamenten zu einer Sondenverstopfung führen kann. Je dünner die Sonde ist, umso größer ist das Verstopfungsrisiko. Die Sonde spülen:

- 3–6 x täglich bei der Ernährung mittels Dauertropf
- Bei jeder Unterbrechung der Verabreichung
- Vor und nach Medikamentenverabreichung
- **Vorbereitung** des Materials: 50-ml-Spritze, Tee oder stilles Wasser
- **Durchführung:** Die Spritze mit etwa 40 ml Tee oder Wasser an den Ansatzkonektor stecken und injizieren. Wenn über das Zuspritzteil des Überleitungsteils gespült wird, vorher die Rollklemme schließen, so dass die Flüssigkeit nicht in Richtung Sondenkost gespritzt wird.

Vorsicht!

- Keine gesüßten Tees zum Spülen verwenden (Verklebungsgefahr), ebenso keine Obstsäfte und Früchtetees (Gefahr des Ausflockens von Nahrungsbestandteilen)
- Wegen fehlender Kautätigkeit Gefahr von Soor der Mundschleimhaut (Pilzinfektion) und einer Parotitis (Entzündung der Ohrspeicheldrüse), daher immer Soor- und Parotitisprophylaxe durchgeführen (☞ 7.8.2)
- Einige Menschen mit einer nasalen oder oralen Magensonde neigen zu einer Schonatmung. In diesem Fall ist es notwendig, eine konsequente Pneumonieprophylaxe durchzuführen (☞ 5.5.2).

PEG- und PEJ-Ernährungssonde

PEG *(perkutane endoskopische Gastrostomie, ☞ Tab. 7.26):* Ernährungssonde wird operativ durch die Bauchdecke direkt in den Magen eingelegt und durch eine innere Halte- und äußere Fixierplatte fixiert (☞ Abb. 7.32).

PEJ *(perkutane endoskopische Jejunostomie, ☞ Tab. 7.26):* Ernährungssonde wird operativ durch die Bauchdecke direkt in den Dünndarm eingelegt und fixiert. Seltener als PEG.

Diese Form der Sonde wird bei einer längerfristigen enteralen Ernährung oder zu einer kontinuierlichen Ableitung von Magensaft eingesetzt. Die Sonde ist unter der Kleidung verborgen und erhöht somit die Lebensqualität des betroffenen Menschen (☞ Abb. 7.33). Das Legen der Sonde ist ausschließlich Arztaufgabe.

Indikationen sind z. B.:

- Neurologisch bedingte Schluckstörungen, z. B. nach Schädel-Hirn-Trauma, Schlaganfall
- Verbrennungen und Verätzungen im Kopf-, Mund oder Speiseröhrenbereich
- Geriatrische Erkrankungen, z. B. chronische Verwirrtheit bei Morbus Alzheimer
- Tumorkachexie.

Kontraindikationen sind z. B.:

- Gerinnungsstörungen
- Entzündliche Erkrankungen im Bauchraum wie z. B. Bauchfellentzündung (Peritonitis) oder entzündliche Darmerkrankungen
- Bauchwassersucht (Aszites), z. B. bei Leberzirrhose
- Blutreinigung bei Ausfall der Nierenfunktion über das Bauchfell (Peritonealdialyse).

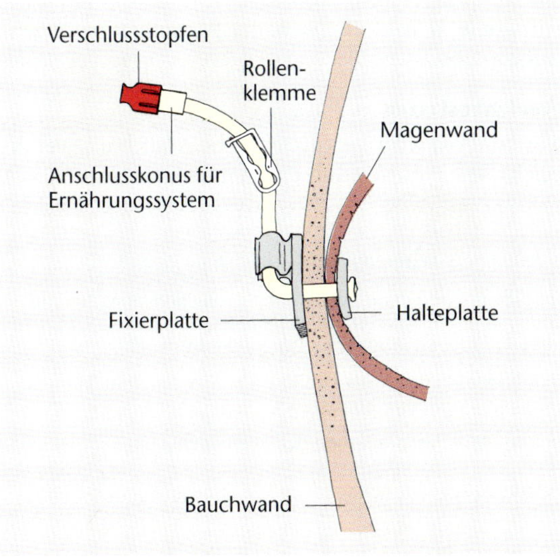

Abb. 7.32: Schematisch dargestellte PEG. [A400-215]

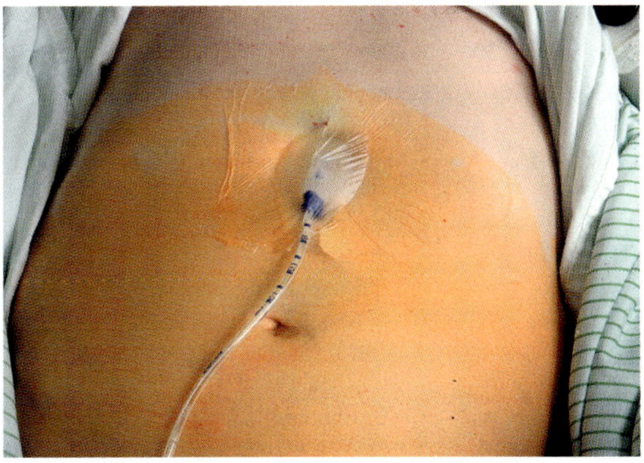

Abb. 7.33: Die PEG-Sonde kann zwischen den Mahlzeiten zugestöpselt und unter der Kleidung verborgen werden. [K183]

Umgang mit der PEG

Am Morgen nach dem Legen der Sonde kann zum ersten Mal Tee bzw. Sondenkost verabreicht werden (Kostaufbau ☞ unten bei „Sondenkost"). Pflegebedürftigen eine halb sitzende Lage einnehmen lassen, um zu vermeiden, dass Mageninhalt in die Speiseröhre fließt (Reflux).

Spülung: Die PEG muss wegen Verstopfungsgefahr mit 50 ml Tee gespült werden:

- Vor der Nahrungsaufnahme
- Bei der Unterbrechung der Nahrungszufuhr
- Bei kontinuierlicher Zufuhr alle 2 Std.
- Vor- und nach der Medikamenteneinnahme.

Orale Ernährung: Da der Schluckakt erhalten bleibt, ist es möglich, trotz Sonde Schlucktraining (☞ 7.7.2) durchzuführen.

Körperpflege: Der Pflegebedürftige kann nach etwa einer Woche wieder duschen oder baden. Duschen ist wegen geringerer Wundinfektionsgefahr dem Baden vorzuziehen. Nach dem Duschen muss der Verband gewechselt werden.

Verbandwechsel: Aseptischer Verbandwechsel (☞ 11.4.5) in der ersten Woche täglich, im weiteren Verlauf 1–2 x wöchentlich und nach Bedarf.

- *Material:* Sterile und unsterile Handschuhe, sterile Kompressen, sterile Schlitzkompressen, Filzschreiber, Hautdesinfektionsmittel, Fixationsmaterial wie z. B. Pflaster oder Verbandset, Abwurf
- *Durchführung*
  - Den alten Verband mit unsterilen Handschuhen entfernen und die Handschuhe ausziehen
  - Die Hände desinfizieren
  - Die Sonde an der Austrittsstelle mit einem Filzschreiber markieren
  - Die Halteplatte lockern und einige Zentimeter zurückziehen
  - Sterile Handschuhe anziehen
  - Mit einer sterilen Kompresse und Desinfektions-

	Niedermolekulare Sondenkost („Astronautenkost“)	Hochmolekulare Sondenkost
Beispiele für Produkte	• Survimed® instant • Precitene® MCT 50	• Fresubin® plus Sonde • Fresubin® flüssig
Nährstoffe	• Nährstoffe sind in den einfachsten Bausteinen enthalten (z. B. Kohlenhydrate als Mono-. Di- und Polysaccharide)	• Nährstoffe in ihrer ursprünglichen Form
Herstellung	• Industriell: vollbilanziert (☞ Tab. 7.35, Diäten für bes. Stoffwechselsituationen)	• Industriell: voll bilanziert • In der Küche möglich
Anwendung	• Verabreichung meist als Sondenkost im Dünndarm	• Verabreichung als Sondenkost in den Magen bzw. Dünndarm • Trinknahrung
Indikationen	• z. B. Entzündliche Darmerkrankungen • Vorbereitung auf Darmoperationen und Untersuchungen • Schwere Verdauungsstörungen	Alte Menschen mit einer ungestörten bzw. wenig beeinträchtigten Verdauungsleistung, z. B. bei • Schluckstörungen • Kachexie • Lang andauernde Appetitlosigkeit
Verwertung	• Rückstandslos • Resorption ohne eigene Verdauungsleistung	• Zur Resorption ist eigene Verdauungsleistung notwendig
Stuhlhäufigkeit	Reduziert	• Reduziert oder normal, je nachdem, ob ballaststoffarmes oder -reiches Produkt verwendet wird

Tab. 7.34: Hoch- und niedermolekulare Sondenkostarten.

mittel den Wundbereich von der Austrittsstelle weg im Halbkreis reinigen
- Die Unterseite der Halteplatte reinigen
- Eine sterile Schlitzkompresse zwischen die Haut und die Halteplatte um die Sonde legen
- Die Sonde bis zur Markierung anziehen
- Die Halteplatte auf die Austrittsstelle zurückschieben und mit einer Kompresse abdecken
- Die Kompresse fixieren.

Zusätzliche Maßnahmen

- In den ersten 10 Tagen die Sonde leicht an der Bauchdecke anziehen, so dass die Magenwand und die Bauchdecke verwachsen und sich ein fester Kanal bildet, um eine Fehllage zu vermeiden
- Den Fixierungsriegel regelmäßig kontrollieren, dass er ohne Druck auf der Haut liegt (Dekubitusgefahr)
- Den äußeren Teil der Sonde mit einer milden Seife und Wasser regelmäßig reinigen
- Den Konnektor zweimal die Woche mit Wasser und Wattestäbchen reinigen.

Sonde knickfrei verbinden, um Komplikationen zu vermeiden.

Zum Spülen der Sonde keine Obstsäfte und Früchtetees verwenden, da Fruchtsäure Nahrungsbestandteile zum Ausflocken bringt.

Pflegebedürftigen bzw. die Angehörigen über den Umgang mit der Sonde informieren und ggf. anleiten.

Komplikationen

Komplikationen treten selten auf: Übelkeit, Erbrechen, Aspiration vor allem bei Bewusstlosen, Rückfluss von Mageninhalt in die Speiseröhre (Reflux) mit Entzündung (Refluxösophagitis), Infektion der Eintrittsstelle. Je nach Schwere der Komplikation ÄrztIn informieren.

Sondenkostarten

Sondenkost wird nur auf ärztliche Anordnung verabreicht. Die ÄrztIn wählt die Sondenkost aus und legt

Produkt	Einsatz	Inhaltsstoffe	Wirkung
Fresubin® diabetes	Diabetes mellitus	• Fruktose und verstoffwechselte Stärke • Ballaststoffreich	• Verstoffwechselung teilweise ohne Insulin • Verzögerung der Glukoseaufnahme im Darm • Verringerter Blutzuckeranstieg
Survimed renal®	Nierenerkrankungen, z. B. Niereninsuffizienz	• Eiweiß- und elektrolytarm • Hochkalorisch	Ausgleich von krankheitsbedingtem Mangel oder Überangebot
Fresubin Hepa®	Lebererkrankungen, z. B. Leberinsuffizienz	• Verzweigtkettige Aminosäuren • Flüssigkeitsreduziert • Natriumarm • Hochkalorisch	Verbesserung der Stoffwechsellage

Tab. 7.35: Diätetische Sondenkostarten für DiabetikerInnen, Nieren- oder Leberkranke.

Zufuhr	Vorteile	Nachteile
Halbkontinuierliche oder portionsweise Zufuhr	• Weniger Einschränkung für mobile alte Menschen • „Physiologische" Mahlzeiten	• Größerer Arbeitsaufwand • Erhöhte Gefahr bakterieller Verunreinigungen und Unverträglichkeiten • Ungenauer Verabreichungszeitraum
Kontinuierliche Zufuhr	• Gesenktes Risiko der bakteriellen Verunreinigung • Geringer Arbeitsaufwand • Optimale Einstellung der Verabreichungsgeschwindigkeit	• Unphysiologische Gabe, da der Magen nie richtig gefüllt und nie richtig leer ist (Hunger) • Einschränkung des alten Menschen

Tab. 7.36: Vor- und Nachteile verschiedener Verabreichungsarten von Sondenkost.

die Nährstoff- und Flüssigkeitsmenge fest. Die AltenpflegerIn legt die Menge pro Mahlzeit, die Zeitintervalle und die Anzahl der Mahlzeiten fest.

Anforderungen an Sondenkost

- Ausgewogene Zusammensetzung
- Bedarfsdeckender Gehalt an lebensnotwendigen Nährstoffen
- Osmolarität: Menge der gelösten Teile pro Liter von 300–400 mosm/l entsprechend der physiologischen Konzentration
- Gebrauchsfertige, gut fließende Zubereitung
- Keine unerwünschten Inhaltsstoffe wie z. B. Milchzucker.

Je nachdem, ob der alte Mensch noch eine eigene Verdauungsleistung hat, also die Nährstoffe selbst mittels Enzymen spalten kann, so dass sie resorbiert werden können, wählt die ÄrztIn zwischen **hoch-** oder **niedermolekularer Sondenkost** aus (☞ Tab. 7.34).

Für spezielle Stoffechsel-Situationen, z. B. für DiabetikerInnen gibt es verschiedene **diätetische Sondenkostarten** (☞ Tab. 7.35). Diese Diäten sind hochmolekular und voll bilanziert, d. h. sie enthalten bei Zufuhr der durch den Hersteller angegebenen Menge die Tagesdosis an Hauptnährstoffen, Vitaminen und Mineralstoffen.

Nährstoffkonzentrate enthalten Einzelkomponenten an Nährstoffen, z. B. Eiweiß, und werden bei Mangel des Nährstoffes gegeben. Sie können ebenso getrunken werden.

Zusätzlich zur Sondenkost wird **Flüssigkeit** in Form von Wasser oder ungezuckertem Tee zugeführt.

Methoden der Sondenkostverabreichung

Bei der Verabreichung der Sondenkost mit einer **Spritze** wird die Sondenkost *portionsweise*, bei der Verabreichung mit Hilfe der **Schwerkraft** wird sie *halbkontinuierlich* mit Hilfe eines Überleitungssystems verabreicht. Bei diesen beiden Verabreichungsformen wird immer eine Mahlzeit verabreicht und anschließend bis zur nächsten Mahlzeit pausiert und die Sonde abgestöpselt. Bei der Verabreichung mit der **Pumpe** wird die Nahrung *kontinuierlich* ohne Pausen verabreicht. Vor- und Nachteile der verschiedenen Methoden, ☞ Tab. 7.36.

Liegt die Sondenspitze im Dünndarm, muss die Sondenkost kontinuierlich verabreicht werden, da die Speicherfunktion des Magens entfällt. Bei einer Schwerkraft- bzw. Pumpenapplikation immer die empfohlene Sondengröße verwenden.

Nahrungsaufbau und Verabreichungsgeschwindigkeit

Die Sondenkost wird besser vertragen, wenn der **Nahrungsaufbau** mit kleinen Mengen von etwa 30–50 ml begonnen wird. Treten innerhalb 24 Std. keine Beschwerden auf, wird die Menge der Portionen jeweils um 50 ml bis auf maximal 500 ml pro Mahlzeit erhöht. Insgesamt sind 6–8 Mahlzeiten in 2–3 Std. Abstand empfehlenswert. Bei Unverträglichkeitsreaktionen wie z. B. Erbrechen und Durchfall die Nahrungsmenge senken bzw. das Produkt wechseln.

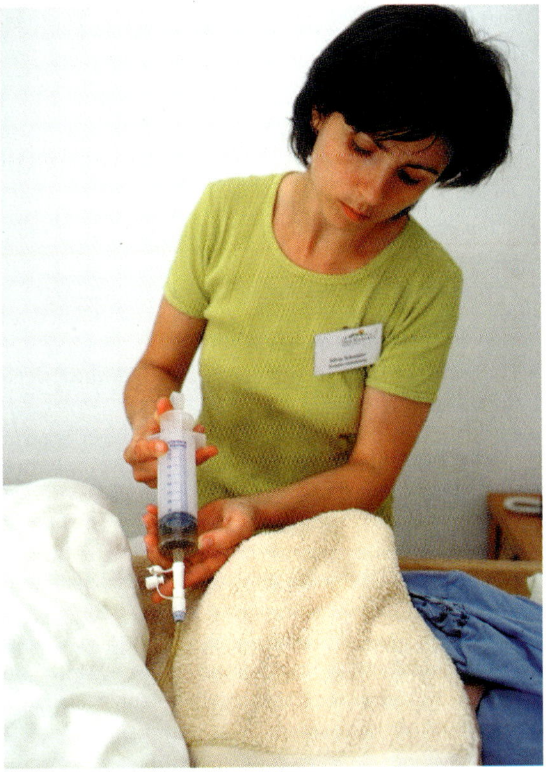

Abb. 7.37: Sondenkost mit der Spritze verabreichen. [K157]

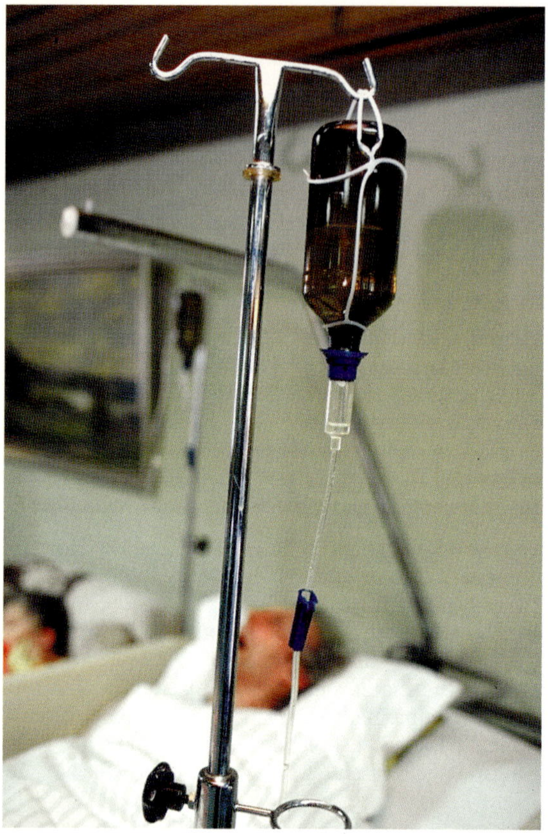

Abb. 7.38: Sondenkost mit Hilfe der Schwerkraft verabreichen. [K157]

Die **Verabreichungsgeschwindigkeit** wird der Verträglichkeit angepasst. Sie beträgt mit Hilfe der

- *Spritze* (☞ Abb. 7.37): maximal 100 ml in 5–10 Minuten
- *Schwerkraft* (☞ Abb. 7.38): 100 ml in ca. 10–15 Minuten
- *Pumpe* (☞ Abb. 7.39): 100 ml in ca. 60 Minuten.

Sondenkostverabreichung vorbereiten

- Pflegebedürftigen informieren und Mundpflege durchführen (lassen)
- *Lagerung:* mit leicht erhöhtem Oberkörper lagern, um Völlegefühl und Rückfließen des Mageninhaltes in die Speiseröhre zu vermeiden. Bei Bewusstseinsstörungen Pflegebedürftigen in Seitenlage bringen
- Material bereitlegen: Zellstoff, Material zur Mundpflege (☞ 9.3.2), Tee oder Wasser zum Nachspülen, evtl. fein zermörserte Medikamente
- Sondenkost im Wasserbad auf ca. 30 °C erwärmen, Temperaturen über 40 °C zerstören das Eiweiß. Die Temperatur mit dem Handrücken zur Sicherheit nochmals überprüfen
- Die Lage der Magensonde kontrollieren (☞ Tab. 7.30). Sonde öffnen und in der Anfangsphase der Verabreichung von Sondenkost den Nahrungstransport durch Ansaugen von Nahrungsresten aus dem Magen kontrollieren. Bei einem Mageninhalt von mehr als 100 ml 1–2stündige Verabreichungspause einhalten und den Mageninhalt erneut kontrollieren
- AltenpflegerIn: Hände desinfizieren.

Sondenkost als Bolus mit der Spritze verabreichen

Vorbereitung

- Material: 50- oder 100-ml-Spritze, Glas, Trichteradapter
- Die angewärmte (nicht kalte) Sondenkost in ein Glas füllen und mit der Spritze aufziehen
- Dabei Sondenkost auf Aussehen, Farbe und Temperatur überprüfen.

Durchführung

- Den Trichteradapter mit der Spritze verbinden und die Sondenkost langsam ohne starken Druck einlaufen lassen
- Evtl. mit Flüssigkeit vermischte Medikamente einspritzen und gut nachspülen
- Die Sonde mit 50 ml Tee oder Wasser spülen. Vermeiden, dass zu viel Luft eindringt (Gefahr von Blähungen).

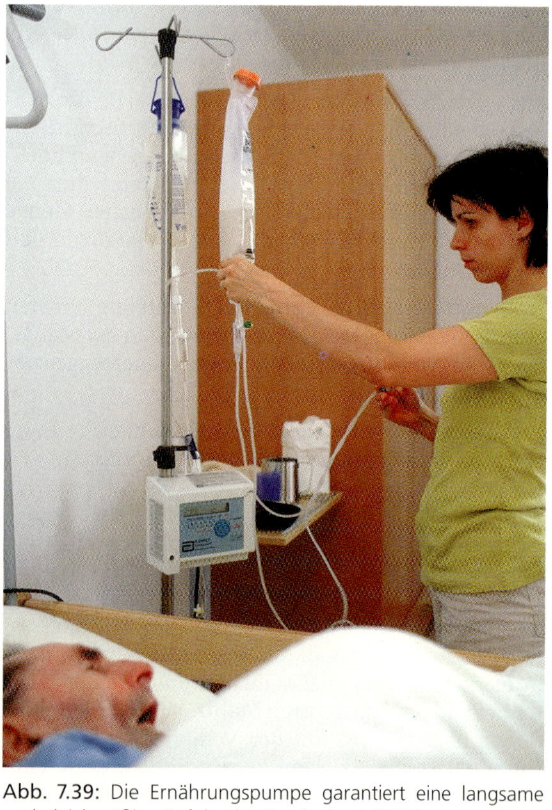

Abb. 7.39: Die Ernährungspumpe garantiert eine langsame und gleichmäßige Zufuhr der Sondenkost. [K157]

Sondenkost mit Hilfe der Schwerkraft verabreichen

Vorbereitung

- Material: Überleitungssystem, Infusionsständer, Aufhängegerät für die Sondenkost
- Aufhängegerät über die Flasche mit der Sondenkost stülpen
- Flasche hinstellen und Überleitungssystem auf die Flasche schrauben oder hineinstecken
- Rollklemme schließen
- Flasche am Infusionsständer aufhängen
- Tropfkammer zweimal zusammendrücken und zu einem Drittel füllen
- Rollklemme öffnen und das System luftleer machen
- Rollklemme schließen.

Durchführung

- Überleitungssystem mit der Sonde verbinden
- Rollklemme öffnen und die Geschwindigkeit einstellen
- Sondenkost einlaufen lassen
- Sonde spülen und verschließen.

Sondenkost mit einer Ernährungspumpe verabreichen

Vorbereitung: Überleitungssystem, Ernährungspumpe, evtl. Ernährungsbeutel, Infusionsständer bereitstellen.

Durchführung

Die Vorgehensweise bei der Verwendung einer Ernährungspumpe ist unterschiedlich je nach Fabrikat. Vor Verwendung einer Ernährungspumpe ist eine Einweisung des Personals nach der Medizinischen Geräteverordnung (MedGV) notwendig.

☑ Für mobile alte Menschen gibt es Ernährungspumpen, mit denen sie sich frei bewegen können, z. B. eine Umhängetasche, in die der Nahrungsbeutel mit Pumpe eingelegt werden kann bzw. Ernährungsweste mit Einlegetaschen für den Ernährungsbeutel mit Pumpe. Die Pumpe kann mit Hilfe eines Akkus 15–48 Stunden betrieben werden.

Beachten:

- Überleitungsgeräte alle 24 Stunden auswechseln, da Infektionsgefahr besteht
- Angebrochene Flaschen mit Sondenkost innerhalb von 8 Std. verbrauchen oder im Kühlschrank lagern und innerhalb von 24 Std. verbrauchen
- Wird angebrochene, gekühlte Sondenkost mit einer Spritze verabreicht, muss diese auf Zimmertemperatur erwärmt werden, da sonst die Gefahr von Durchfall besteht. Bei einer pumpengesteuerten Anwendung ist dies nicht notwendig
- Selbst zubereitete Sondenkost wegen Gefahr der bakteriellen Verunreinigung sofort verbrauchen.

Sondenkostverabreichung nachbereiten

- Pflegebedürftigen mindestens 30 Min. in Oberkörperhochlage belassen, da sonst die Gefahr besteht, dass Nahrung herausläuft
- Material aufräumen und reinigen, evtl. verwerfen
- AltenpflegerIn: Hände desinfizieren

Komplikation	Ursache	Maßnahmen
Magen-Darm-Störungen, z. B. Erbrechen, Durchfall, Blähungen, Bauchschmerzen	• Unverträglichkeit der Sondenkost • Evtl. Laktose-Unverträglichkeit	• Evtl. Umstellung der Sondenkost • Die Sondenkost kontinuierlich zuführen bzw. die Menge pro Mahlzeit bzw. die Zeiträume bei Bolusgabe verringern • Nur industriell hergestellte Sondennahrung verwenden • ErnährungsberaterIn hinzuziehen
Sondenverstopfung und -fehllage	• Nicht oder nicht ausreichendes Spülen der Sonde nach Verabreichung von Sondenkost und Medikamenten • Veränderung der Lage beim Pflasterwechsel • Manipulationen des alten Menschen	• Sonde nach Verabreichen von Sondenkost bzw. Medikamenten mit etwa 50 ml Wasser oder Tee spülen • Vor dem Verabreichen von Sondenkost Lage der Sonde überprüfen • Korrekter Pflasterwechsel • Information und Anleitung zum Umgang mit der Sonde
Flüssigkeitsmangel	Zu geringe Flüssigkeitsergänzung	Bilanz erstellen (☞ 8.2)
Ödeme	Zu hohe Flüssigkeitszufuhr	Bilanz erstellen (☞ 8.2)
Durchfall, Fieber und Erbrechen	Bakterielle Verunreinigung der Sondenkost durch Hygienefehler	• Vor dem Umgang mit Sondenkost hygienische Händedesinfektion durchführen • Angebrochene Flaschen gut verschlossen im Kühlschrank aufbewahren und innerhalb 24 Stunden verbrauchen
Aspirationspneumonie	Falsche Lagerung des alten Menschen bei der Verabreichung der Sondenkost	• Pflegebedürftigen zur Verabreichung von Sondenkost mit erhöhtem Operkörper lagern (sofern keine Kontraindikationen bestehen) • Ggf. Menge der Sondenkost verringern • Sorgfältige Überwachung

Tab. 7.40: Übersicht über Komplikationen bei der enteralen Ernährung, ihre Ursachen und zu ergreifende Maßnahmen.

- Durchführung und Besonderheiten dokumentieren.

Komplikationen

Die Verabreichung von Sondenkost ist in der Regel gut durchführbar und wird in den allermeisten Fällen vom Pflegebedürftigen gut toleriert. Trotzdem kann es zu Komplikationen kommen. Ursachen und Maßnahmen bei Komplikationen, ☞ Tab. 7.40.

7.3.3 Exemplarische Pflegeplanung

Pflegediagnose mit Ursache (PD), Ressourcen (R), Gewohnheiten (G), Erfahrungen (E), aktuelle Bedürfnisse (AB)	**Pflegeziele**	**Pflegetherapie** Information (I), Beratung (B), Motivation (M), Anleitung (A), Beaufsichtigung (Bf), teilweise Übernahme (tÜ), vollständige Übernahme (vÜ)
Pflegeplanung 1		
PD: Selbstversorgungsdefizit bei der Ernährung Grad 3 aufgrund beeinträchtigter körperlicher Mobilität und PEG **R:** kann etwas Jogurt essen, kann Wünsche äußern	Vorhandene Ressourcen bleiben erhalten	**vÜ:** Enterale Ernährung nach ärztlicher Anordnung **tÜ:** 4 x tägl. Becher Jogurt mit Lieblingsgeschmack (vorher erfragen) anreichen, anschließend Mundpflege **vÜ:** Bei Bedarf Verbandwechsel PEG **vÜ:** Bei Bedarf zusätzl. Getränke bereitstellen
Pflegeplanung 2		
PD: Selbstversorgungsdefizit bei der Ernährung Grad 2 aufgrund Hemiplegie **R:** Meldet sich und kann mit personeller Unterstützung Mahlzeiten und Getränke einnehmen; adäquate Hilfsmittel vorhanden; kann am Tisch essen	Vorhandene Ressourcen verbessern Selbstständigkeit bei der Nahrungszufuhr	**A:** 4 x tägl. und bei Bedarf Anleitung zur Zubereitung der Mahlzeiten und Nahrungs- und Flüssigkeitszufuhr **vÜ:** Ernährungsprotokoll führen
Pflegeplanung 3		
PD: Selbstversorgungsdefizit bei der Ernährung Grad 3 aufgrund PEG seit drei Wochen **R:** Ist motiviert, die PEG-Versorgung und enterale Ernährung selbstständig durchführen; Angehörige wollen unterstützen	Kann selbstständig mit der PEG umgehen und sich ohne fremde Hilfe ernähren	**A, B, Bf:** 2 x tägl. und bei Bedarf Beratung und Anleitung des Pflegebedürftigen und der Angehörigen bei der PEG-Versorgung und enteralen Ernährung

Tab. 7.41: Exemplarische Pflegeplanungen bei einem Selbstversorgungsdefizit bei der Ernährung.

7.4 Flüssigkeitsdefizit oder Gefahr eines Flüssigkeitsdefizits

Flüssigkeitsdefizit *(Dehydratation, „negative Flüssigkeitsbilanz“):* Flüssigkeitsmangel des Körpers durch ein Ungleichgewicht zwischen Flüssigkeitszufuhr und -ausscheidung, wenn entweder zu wenig Flüssigkeit zugeführt und/oder zu viel Flüssigkeit ausgeschieden wird (☞ Abb. 7.42).

Flüssigkeitsbilanz: Erfassen aller Flüssigkeitsmengen in einem festgelegten Zeitraum (meist 24 Stunden), die dem Körper z. B. über Getränke oder Infusion zugeführt **(Einfuhr)** und die vom Körper ausgeschieden werden **(Ausfuhr)** wie z. B. Urin, Stuhl, Erbrochenes, Schweiß oder Wundsekret (Durchführung ☞ 8.2).

Für eine adäquate ärztliche Behandlung ist die Unterscheidung der Dehydratation in drei Formen wichtig.

- Bei der **hypotonen Dehydratation** geht mit dem Wasserverlust ein überdurchschnittlich hoher Verlust an Natrium-Ionen einher, z. B. beim Schwitzen oder bei großflächigen Verbrennungen
- Bei der **isotonen Dehydratation** ist der Verlust von Wasser und Natrium-Ionen ausgeglichen, z. B. bei Erbrechen, Durchfall oder mangelnder Flüssigkeitszufuhr
- Von **hypertoner Dehydratation** wird bei reinen Wasserverlusten (ohne Natrium-Ionen) gesprochen, z. B. bei Diabetes mellitus.

☑ Nur die hypertone Dehydratation kann auch als **Exsikkose** bezeichnet werden. In der Praxis wird jedoch häufig jede Form der Austrocknung Exsikkose genannt.

7.4.1 Pflegediagnostik

Ursachen, Risiko- und Einflussfaktoren

- Mangelndes Durstgefühl im Alter
- Selbstversorgungsdefizit bei der Ernährung (☞ 7.3)
- Merkfähigkeitsstörungen, Verwirrtheit (☞ 4.11)
- Mangelndes Wissen über die Wichtigkeit einer ausreichenden Flüssigkeitszufuhr

kein Flüssigkeitsdefizit

Flüssigkeitsdefizit durch hohe Verluste, z.B. bei Durchfall

Flüssigkeitsdefizit durch zu geringe Zufuhr, z.B. bei mangelndem Durstgefühl

Flüssigkeitsdefizit durch geringe Zufuhr und hohe Verluste

Abb. 7.42: Entstehung eines Flüssigkeitsdefizites. [A500-119]

- Übermäßige Flüssigkeitsverluste, z. B. durch
  - Entwässernde Medikamente (Diuretika)
  - Diarrhoe (Durchfall)
  - Massives Erbrechen
  - Abführmittel, die dem Körper Wasser entziehen
  - Starkes Schwitzen, z. B. bei Fieber
  - Über Drainagen, Sonden
  - Blutungen, großflächige und/oder extrem nässende Wunden
  - Stoffwechselstörung, z. B. unbehandelter Diabetes mellitus
  - Mangelnde Wasserrückresorption in der Niere (Diabetes insipidus).

Anzeichen

Deutliche Anzeichen sind:

- Extremer, plötzlicher Gewichtsverlust
- Konzentrierter Urin, verminderte Urinausscheidung
- Evtl. Durst
- Verminderter Hautturgor (☞ Abb. 7.43)
- Trockene Schleimhäute, z. B. rissige Zunge
- Mundgeruch
- Verminderte Venenfüllung.

Mögliche Anzeichen können sein:

- Erhöhter Puls, verminderter Pulsfüllungsdruck
- Niedriger Blutdruck
- Erhöhte Körpertemperatur
- Körperliche Schwäche
- Bewusstseinseintrübung
- Verwirrtheitszustände.

Folgen

Krankenhauseinweisungen aufgrund eines **akuten Flüssigkeitsdefizites** sind bei älteren Menschen sehr häufig und könnten vielfach durch eine adäquate Überwachung der Flüssigkeitszufuhr vermieden werden. Eine akute Dehydration ist ein **lebensbedrohlicher Zustand,** der zum Tode führen kann. Durch eine Dehydratation dickt zudem das Blut ein, so dass die Thrombosegefahr (☞ 5.7) steigt.

Ein **chronischer Flüssigkeitsmangel** kann zu chronischen Schmerzen und Beschwerden wie z. B. Verdauungs- und Darmbeschwerden, Obstipation, Schmerzen bei rheumatoider Arthritis, Herzbeschwerden,

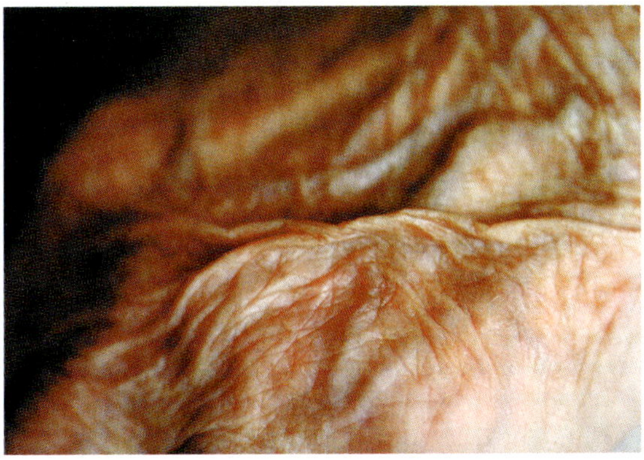

Abb. 7.43: Verminderter Hautturgor bei einem ausgeprägten Flüssigkeitsdefizit. Eine abgehobene Hautfalte verstreicht bei einem Gesunden sofort, bei einem Flüssigkeitsdefizit nur langsam. [K157]

Abb. 7.44: Wer keinen Durst verspürt, der wird beim Anblick der großen „Flüssigkeitsberge", die an einem Tag bewältigt werden sollen, eher mutlos. [W173]

Schmerzen im unteren Rücken, Schmerzen in den Beinen beim Laufen und Kopfschmerzen führen.

7.4.2 Pflegetherapeutische Maßnahmen

Bei einem massiven Flüssigkeitsverlust z. B. durch Erbrechen oder Diarrhoe ist in der Regel eine Krankenhauseinweisung und eine ärztliche Behandlung erforderlich. Die Pflegetherapie setzt eher bei der **Vermeidung einer unzureichenden Flüssigkeitszufuhr** an.

Ein alter Mensch benötigt täglich ca. **1,5–2,5 l Flüssigkeit,** bei Herz- und Niereninsuffizienz ist Absprache mit der ÄrztIn erforderlich.

☑ Liegen Risikofaktoren vor oder besteht ein Verdacht auf ein Flüssigkeitsdefizit, so ist in jedem Falle ein **Einfuhrprotokoll** (☞ Tab. 7.17) zu führen.

Bei Bedarf werden darüber hinaus regelmäßig Vitalzeichen, Bilanz (Ein- und Ausfuhr), Körpergewicht, Körpertemperatur, Zustand von Haut und Schleimhäuten geprüft.

Ist eine orale Flüssigkeitsgabe nicht möglich, erlaubt oder ausreichend, muss die **Flüssigkeit auf ärztliche Anordnung** entweder

- Enteral über eine Sonde oder eine rektale Infusion oder
- Parenteral über einen intravenösen oder subkutanen Zugang verabreicht werden.

Gestaltung der Umgebung

Wird das Flüssigkeitsdefizit durch mangelnden Durst oder eine Merkfähigkeitsstörung verursacht, so kann die Umgebung entsprechend gestaltet werden:

- Hilfreich ist es, wenn der Pflegebedürftige ein Formular für ein **Einfuhrprotokoll** (☞ Tab. 7.17) auf den Tisch oder neben das Bett bekommt, das er selbst nach Anleitung führen kann (erhöht Motivation zum Trinken)
- Bei der **Auswahl der Getränke** die Vorlieben und Gewohnheiten des Pflegebedürftigen berücksichtigen, sofern sie nicht schädlich sind. Geeignete Getränke sind Wasser, Tee und verdünnte Fruchtsäfte. Ungeeignete Getränke sind Kaffee, schwarzer Tee in großen Mengen und Alkohol (☞ 7.1)
- Dafür sorgen, dass Getränk sowie Trinkgefäße und Trinkhilfen entsprechend den Fähigkeiten und Gewohnheiten des Pflegebedürftigen **in erreichbarer Nähe** stehen
- Um die Motivation zum Trinken zu verbessern, lieber kleine statt große Mengen bereitstellen (☞ Abb. 7.44)
- Pflegebedürftigen **mehrfach täglich** und nicht nur zu den Mahlzeiten an das Trinken erinnern oder dazu motivieren. Je geringer die Menge, die mit einem Mal „geschafft" wird, umso häufiger am Tag muss getrunken werden
- Besteht ein Selbstversorgungsdefizit bei der Ernährung, so ist es eine wichtige Aufgabe der AltenpflegerIn, für eine adäquate Flüssigkeitszufuhr zu sorgen.

Information und Beratung

Vielen älteren Menschen ist es gar nicht bewusst, dass sie zu wenig trinken. Sie haben zunächst einmal einen **Informationsbedarf** über die Gefahren und Folgen unzureichender Flüssigkeitszufuhr.

Abb. 7.45: Wasser ist das natürlichste und gesündeste Getränk der Welt. [J660]

Viele alte Menschen trinken aus **Angst vor Harninkontinenz** viel zu wenig. Dann ist es wichtig, ihnen zu erklären, dass sie damit evtl. sogar eine Harninkontinenz hervorrufen. Ein sehr konzentrierter Urin kann die Blasenwand reizen und in der Folge entsteht eine Dranginkontinenz (☞ 8.4) oder aber das Gefühl, ständig Wasser lassen zu müssen. Die Gefahr einer Harnwegsinfektion steigt. Das **nächtliche Wasserlassen** *(Nykturie)* kann durch eine Reduktion der Flüssigkeitszufuhr tagsüber nur bedingt beeinflusst werden, weil die Ursache für die Nykturie eine Herzinsuffizienz ist. Dennoch kann versucht werden, das Trinken der erforderlichen Flüssigkeit eher in die Tagesstunden zu legen und gegen Abend zu reduzieren.

Auch die **Vorteile des Wassertrinkens,** egal ob Mineral- oder Leitungswasser, sind nicht allen alten Menschen bewusst. Wasser gibt dem Menschen die benötigte Flüssigkeit und wichtige Mineralien ohne überflüssige oder schädliche Zusatzstoffe wie Zucker oder Farbstoffe.

Um die notwendige Flüssigkeitszufuhr von etwa 2 l sicherzustellen, können auch **wasserhaltige Speisen** gegessen werden, z. B.:

- Gemüse und Obst mit hohem Wasseranteil, z. B. Melone
- Herzhafte Suppen, Milchsuppen, Gemüse- oder Fleischbrühe.

Wenn es dem Pflegebedürftigen schwer fällt, Flüssigkeit zu schlucken: Götterspeise besteht fast ausschließlich aus Wasser.

7.4.3 Exemplarische Pflegeplanung

Pflegediagnose mit Ursache (PD), Ressourcen (R), Gewohnheiten (G), Erfahrungen (E), aktuelle Bedürfnisse (AB)	**Pflegeziele**	**Pflegetherapie** Information (I), Beratung (B), Motivation (M), Anleitung (A), Beaufsichtigung (Bf), teilweise Übernahme (tÜ), vollständige Übernahme (vÜ)
PD: Gefahr eines Flüssigkeitsdefizits aufgrund mangelnden Durstgefühls und Merkfähigkeitsstörungen **R:** Kann bereitgestellte Getränke selbstständig trinken, kann Wünsche äußern **G:** Isst seit Jahren fast jeden Nachmittag etwas Obst	Nimmt täglich 2 l Flüssigkeit zu sich Erhaltung vorhandener Ressourcen	**tÜ:** 4 x täglich und bei Bedarf Getränke nach Wunsch bereitstellen **I:** Über die Bedeutung des Wassertrinkens informieren **A:** Anleiten, selbstständig ein Einfuhrprotokoll zu führen **M:** Auch zwischen den Mahlzeiten an das Trinken erinnern oder zum Trinken motivieren **vÜ:** 1 x wässriges Obst, z. B. Melone, zum Nachmittag bereitstellen

Tab. 7.46: Beispiel einer Pflegeplanung bei der Gefahr eines Flüssigkeitsdefizites.

7.5 Überernährung

Überernährung: Zustand, bei dem der Mensch mehr Nahrung aufnimmt als sein Körper benötigt mit der Folge von Übergewicht (Adipositas).

7.5.1 Pflegediagnostik

Ursachen, Risiko- und Einflussfaktoren

- Erbliche Veranlagung
- Gleichzeitiges Essen während anderer Aktivitäten
- Essen als Belohnung oder Trost bei Einsamkeit, Stress, Angst
- Nahrungszufuhr hauptsächlich am Abend
- Bevorzugung kalorienreicher und ballaststoffarmer Nahrungsmittel (Fehlernährung)
- Abnahme der gewohnten Aktivität, z. B. durch eine beeinträchtigte Mobilität oder durch eine bisher ungewohnte bewegungsarme, z. B. sitzende Tätigkeit.

Anzeichen und Ausmaß

Das **Ausmaß** der Überernährung lässt sich anhand eines tageweise geführten Ernährungsprotokolls bestimmen (☞ Tab. 7.17). Die tatsächlich zugeführten Kalorien können berechnet und dem geschätzten Kalorienverbrauch gegenübergestellt werden. Liegt bereits Übergewicht vor, so lässt sich das Ausmaß anhand des Körpergewichts und der Körpergröße bestimmen (☞ Tab. 7.15, Abb. 7.16).

Die Festlegungen, ab wann ein Mensch als übergewichtig gilt, sind unterschiedlich. Nach der *Broca-Formel* (☞ Tab. 7.15) gibt es folgende Orientierungswerte:

- **Übergewicht:** Körpergewicht 10–20 % über dem Normalgewicht nach Broca
- **Adipositas** (*Fettleibigkeit, Fettsucht*): Körpergewicht mehr als 20 % über dem Normalgewicht nach Broca.

Bei einer Orientierung an dem *Body-Mass-Index* (BMI, ☞ Tab. 7.15, Abb. 7.16) wird Übergewicht in drei verschiedene Schweregrade eingeteilt.

Ausprägungsgrad	**BMI**
Übergewicht (Adipositas Grad 1)	25–29,9
Adipositas (Adipositas Grad 2)	30–39,9
Extreme Adipositas (Adipositas Grad 3)	>40

Tab. 7.47: Einteilung des Übergewichts nach dem BMI.

In der Pflege alter Menschen wird als Ziel weniger ein ideales Körpergewicht nach verschiedenen Berechnungsformeln angestrebt, sondern das individuelle **Wohlfühlgewicht,** weil

- Massive Gewichtsreduktion auch mit Gefahren für die Gesundheit verbunden sein kann
- Verschiedene Erkrankungen und Mobilitätseinschränkungen die Möglichkeiten körperlicher Aktivität begrenzen
- Die Motivation des Pflegebedürftigen, ein Idealgewicht zu erreichen, niedrig ist.

Folgen

Überernährung und Übergewicht haben zahlreiche Gesundheitsgefahren zur Folge, insbesondere im Alter. Neben **Zivilisationserkrankungen** wie z. B. Arterienverkalkung, Arthrose der Gelenke, Herz-Kreislauf-Erkrankungen, Fettstoffwechselstörungen und Diabetes mellitus ist es vor allem die **beeinträchtigte körperliche Mobilität** (☞ 6.3), die im Alter schnell zu einem Pflegebedarf in vielen Lebensbereichen führen kann. Die meisten Übergewichtigen fühlen sich nicht wohl „in ihrer Haut", sind unzufrieden und ausgesprochen inaktiv.

> **Vorsicht!**
> Übergewicht ist zwar in den meisten Fällen, aber nicht immer auf Überernährung zurückzuführen. In seltenen Fällen können auch Erkrankungen, z. B. eine Schilddrüsenunterfunktion, die Ursache sein.

7.5.2 Pflegetherapeutische Maßnahmen

Die Maßnahmen bei einer Überernährung sind nur effektiv, wenn sie zusammen mit dem alten Menschen aufgestellt werden. Der beste Diätplan nützt nichts, wenn der alte Mensch nicht abnehmen will und nach den Kalorien reduzierten Mahlzeiten zum Kiosk geht und seinen Hunger z. B. mit Süßigkeiten stillt.

Information, Beratung und Motivation

An erster Stelle steht die Aufgabe, den Pflegebedürftigen über die Folgen des Übergewichts und die Möglichkeiten der Gewichtsreduktion zu informieren, zu beraten und ggf. zu motivieren. Mit Bevormundung wird dem alten Menschen ein erhebliches Stück Selbstbestimmung und damit Lebensqualität genommen.

> Maßstab für die Beratung des alten Menschen darf nicht die eigene Vorstellung vom Idealgewicht, sondern das Wohlfühlgewicht des alten Menschen sein.

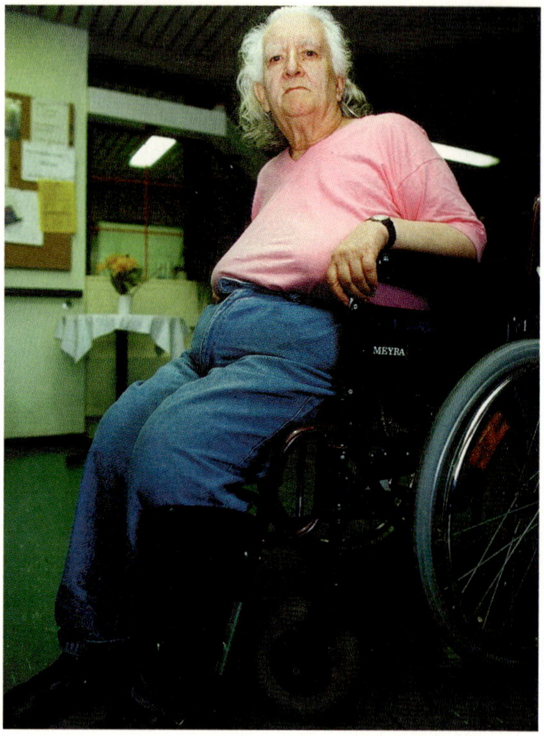

Abb. 7.48: Alte Menschen müssen nicht dem gängigen Schlankheitsideal entsprechen, ihr Gewicht sollte aber nicht zu einer Mobilitätseinschränkung führen. [K157]

Kalorien reduzierte Ernährung

Eine Überernährung zu verhindern gelingt ausschließlich durch eine Angleichung von Kalorienverbrauch und Kalorienzufuhr. Der Kalorienbedarf muss individuell auf die Erfordernisse und Bedürfnisse des alten Menschen abgestimmt werden.

Das Gewicht geht bei einer Reduktionskost nicht immer kontinuierlich nach unten, sondern hat Höhen und Tiefen. Oft entmutigen Stillstände, Zeiten, in denen das Gewicht trotz Diät nicht sinkt, die Abnahmewilligen. Die Gewichtsabnahme ist auf jeden Fall ein sehr langwieriger Prozess, das angestrebte Gewicht kann nicht von heute auf morgen erreicht werden. Wird der alte Mensch darüber informiert, dann ist er eher zum Durchhalten motiviert.

> ☑ Eine Reduktionsdiät muss im Alter immer mit der ÄrztIn besprochen werden.

Langsam abnehmen

Am Anfang einer Diät, etwa in den ersten 4–5 Tagen, nimmt zwar das Körpergewicht recht schnell ab, der Gewichtsverlust stammt aber überwiegend aus Flüssigkeit. Erst danach werden die Fettreserven zur Energiegewinnung herangezogen. Zusätzlich spart der Körper Energie, indem sich der Stoffwechsel verlangsamt und nach etwa 3 Wochen seinen Grundumsatz (☞ 6.1) absenkt. Der Körper verbraucht dann noch weniger Energie. Nach Beendigung der Diät bleibt der Grundumsatz niedrig, zugeführte Nahrung wird schnell in Fettgewebe umgesetzt, das Gewicht steigt wieder. Diese als **JoJo-Effekt** bezeichnete Gewichtszunahme nach der Diät lässt sich nur vermeiden, wenn sich der Körper sehr langsam auf die verringerte Kalorienzufuhr einstellen kann.

Die Gewichtsabnahme sollte **500 g pro Woche** nicht überschreiten, damit der Grundumsatz nicht absinkt.

Maßnahmen zur Reduktion von Körpergewicht

- Reduktion der Kalorienzufuhr auf etwa 1500 Kalorien pro Tag je nach körperlicher Betätigung (☞ Tab. 7.7)
- Fett- und kohlehydratarme, eiweiß-, mineralstoff- und vitaminreiche Kost. Tab. 7.49 zeigt den Nährstoff- und Energiegehalt einiger typischer Nahrungsmittel
- Viele Ballaststoffe zu sich nehmen, da sie schnell ein Sättigungsgefühl hervorrufen, ohne vom Körper verwertet zu werden
- Viel Flüssigkeit, nach Möglichkeit Wasser oder ungesüßten Früchtetee, trinken
- Vermeidung bzw. Einschränkung von Alkohol und Süßigkeiten
- Langsam essen und Mahlzeit genießen.

100 g enthalten	Eiweiß (g)	Fett (g)	Kohlenhydrate (g)	Energiegehalt (kcal)
Hühnerfleisch	20	12	Spuren	200
Milch 1,5 %	3,4	1,6	4,7	50
Vollkornbrot	7,8	1,1	46	231
Nudeln	14	2,4	69	362
Äpfel	0,4	-	14	59
Blumenkohl	2,5	-	4	27
Kartoffeln	2,1	0,1	17	84
Schokolade	7	22	65	500
Bier	0,5	-	4,8	45

Tab. 7.49: Energiegehalt verschiedener Nahrungsmittel.

Vorsicht!
Radikale Abmagerungskuren („Crash"-Diäten) bringen langfristig nie den gewünschten Erfolg. Für einen alten Menschen bergen sie sogar **erhebliche Gesundheitsgefahren** in sich, indem sie z. B. Gichtanfälle provozieren. Darüber hinaus zeigen neuere Studien, dass dauerhaft Übergewichtige länger leben als Menschen, bei denen das Gewicht ständig Berg- und Talbahn fährt.

Hat sich der alte Mensch zum Abnehmen und zu einer Kalorien reduzierten Ernährung entschlossen,

Abb. 7.50: Bewegung im Wasser schont die Gelenke, deswegen ist diese Form für alte Menschen, auch übergewichtige, besonders geeignet. [J666]

dann kann er in seinem Vorhaben **unterstützt** werden, indem er zum „Durchhalten" motiviert wird, regelmäßig Gelegenheit zum Gespräch bekommt, ihm Mut zugesprochen wird und kleine Erfolge Anerkennung finden. Hilfreich dabei sind insbesondere

- Das Führen eines Ernährungsprotokolls (☞ 7.17)
- Regelmäßige Kontrolle des Körpergewichts (☞ 7.2)
- Anerkennung, wenn der Pflegebedürftige ein aktiveres, lebhafteres Verhalten zeigt.

Bewegung

Nach Rücksprache mit der ÄrztIn und sofern es der Zustand des alten Menschen erlaubt, kann der Kalorienverbrauch durch regelmäßige **körperliche Betätigung** gesteigert werden. Besonders geeignet sind Bewegungs- und Sportarten, die den Energieverbrauch mäßig, aber lang anhaltend steigern, ohne dabei Herz und Kreislauf und die Gelenke zu überlasten. Empfehlenswert sind z. B. Spaziergänge, Gymnastik, Schwimmen oder Aquagymnastik (☞ Abb. 7.50). Vielen macht die körperliche Betätigung alleine keinen Spaß, so dass sie schnell wieder aufgegeben. Aus diesem Grund ist es günstig, sich einer Gruppe, z. B. in einem Verein, anzuschließen (☞ 12.3.2).

Lebensgewohnheiten

Mit sämtlichen kurzfristig angelegten Maßnahmen kann das Gewicht höchstens vorübergehend, nicht aber dauerhaft reduziert werden. Erfolg versprechend ist nur eine gezielte **Umstellung der Lebensgewohnheiten.** Manchen hilft dabei die Unterstützung durch Gruppen von anderen übergewichtigen Menschen, z. B. „Weight Watchers".

Lebensgewohnheiten zu ändern ist immer ein schwieriges Unterfangen, umso mehr, wenn sie sich bei einem alten Menschen über viele Jahre oder gar Jahrzehnte „eingeschliffen" haben. Trotzdem ist es sinnvoll, nach und nach einzelne Gewohnheiten genauer unter die Lupe zu nehmen und durch neue, gesündere zu ersetzen.

Fallbeispiel
Knabbert ein Übergewichtiger z. B. Kartoffelchips beim Fernsehen, dann könnte er alternativ entweder auf das Fernsehen verzichten oder aber sich angewöhnen, stattdessen frisches, kalorienarmes Obst zu essen.

Manchmal isst ein alter Mensch auch nur aus Einsamkeit und Langerweile. Dann können interessante **Beschäftigungsangebote** (☞ 12.3) helfen, dem Essen einen weniger wichtigen Stellenwert einzuräumen.

Wer ein spannendes Buch liest, Handarbeiten macht oder Spaziergänge unternimmt, der muss keine „innere Leere" mit Essen ausfüllen.

7.5.3 Exemplarische Pflegeplanung

Pflegediagnose mit Ursache (PD), Ressourcen (R), Gewohnheiten (G), Erfahrungen (E), aktuelle Bedürfnisse (AB)	Pflegeziele	Pflegetherapie Information (I), Beratung (B), Motivation (M), Anleitung (A), Beaufsichtigung (Bf), teilweise Übernahme (tÜ), vollständige Übernahme (vÜ)
PD: Überernährung (seit 4 Wochen 5 kg Gewichtszunahme) aufgrund von Bewegungsmangel und Wissensdefizit **G:** Isst sehr gerne Süßes und ballaststoffarme Normalkost	Kennt die Ursachen und Gefahren einer Überernährung Keine weitere Gewichtszunahme	**I, B:** über Ursachen und Gefahren der Gewichtszunahme informieren **I, B, M:** zur ballaststoffreichen Normalkost und regelmäßigen Bewegung informieren, beraten und ggf. motivieren **A:** Anleiten, ein Ernährungsprotokoll zu führen **vÜ:** 1 x wöchentlich Gewichtskontrolle ErnährungsberaterIn hinzuziehen

Tab. 7.51: Exemplarische Pflegeplanung bei Überernährung.

7.6 Unterernährung

Unterernährung: Zustand, bei dem der Mensch weniger Nahrung aufnimmt, als sein Körper benötigt.

Von **Untergewicht** spricht man, wenn
- Das Körpergewicht um mehr als 20 % niedriger ist als das Normalgewicht nach *Broca* oder
- Der *Body-Mass-Index* bei 15–19 liegt (☞ Tab. 7.15, Abb. 7.16).

7.6.1 Pflegediagnostik

Ursachen, Risiko- und Einflussfaktoren

- Selbstversorgungsdefizit bei der Ernährung (☞ 7.3)
- Einsamkeit, Trauer, Stress
- Appetitlosigkeit
- Abneigung gegen das Essen
- Veränderter Geschmacks- und Geruchssinn
- Fehlendes Interesse am Essen
- Schluckstörungen (☞ 7.7)
- Verdauungsstörungen, Bauchschmerzen
- Erbrechen
- Erkrankungen, die zu einem höheren Kalorienbedarf führen, z. B. einige Tumorerkrankungen.

Anzeichen und Ausmaß

Das **Ausmaß** der Unterernährung lässt sich anhand eines tageweise geführten Ernährungsprotokolls bestimmen (☞ Tab. 7.17). Die tatsächlich zugeführten Kalorien werden berechnet und dem geschätzten Kalorienverbrauch gegenübergestellt. Liegt bereits Untergewicht vor, so lässt sich dieses anhand des Körpergewichts und der Körpergröße bestimmen.

Abb. 7.52: Kachektischer alter Mensch. [O134]

Anzeichen sind

- Stark reduzierte Fettposter
- Tief liegende Augen
- Dünne Extremitäten, feingliedrige Finger
- Stärker hervortretende Knochen im Gesicht, am Becken, an der Wirbelsäule und an den Rippen
- Schlaffe Haut
- Leistungsminderung
- Müdigkeit und Mattigkeit.

Von **Kachexie** *(Auszehrung, hochgradige Abmagerung)* spricht man, wenn das Körpergewicht 75 % niedriger als das Normalgewicht nach Broca oder der Body-Mass-Index niedriger als 15 ist. Zeichen einer Kachexie (☞ Abb. 7.52) sind

- Eingefallene Wangenhaut
- Reduzierter Hautturgor (Hautspannung)
- Starker Kräfteverfall.

Folgen

Unterernährung und Untergewicht gehen mit körperlicher Schwäche, Kräfteverfall und Abwehrschwäche einher. Das Wohlbefinden ist deutlich gemindert, der Allgemeinzustand eher schlecht. Folgen können Kreislaufstörungen, Wundheilungsstörungen, bei eingeschränkter körperlicher Mobilität Dekubitusgefährdung (☞ 5.8) und erhöhte Sturzgefahr (☞ 11.3) sein.

Beobachtung

Unterernährung und Untergewicht gefährden die Gesundheit. Um Gefährdungen rechtzeitig zu erkennen, ist regelmäßige Beobachtung erforderlich:

- Vitalzeichen (☞ 5.2)
- Haut (☞ 9.2)
- Körpergewicht (☞ 7.2)
- Ausscheidung (☞ 8.2).

7.6.2 Pflegetherapeutische Maßnahmen

Um wirkungsvolle Maßnahmen treffen zu können, müssen die Ursachen der Unterernährung geklärt werden. Eine interdisziplinäre Zusammenarbeit mit der ÄrztIn und einer ErnährungsberaterIn ist anzustreben.

Kalorien- und nährstoffreiche Ernährung

Bei der Ernährung eines Pflegebedürftigen mit Untergewicht oder drohender Unterernährung muss ein individueller **Ernährungsplan** aufgestellt werden, in dem die individuellen Vorlieben der Pflegebedürftigen Berücksichtigung finden. Nahrungsmittel, gegen die eine Abneigung besteht, sind grundsätzlich zu vermeiden. Gut ist es, wenn der Pflegebedürftige motiviert werden kann, **nährstoff- und kalorienreiche Nahrungsmittel** zu essen und zu trinken. Darüber hinaus sind folgende Maßnahmen hilfreich:

- Häufige kleine anstatt drei große Mahlzeiten
- Wunschkost, evtl. Nahrungsmittel von den Angehörigen mitbringen lassen
- Zusätzliche orale Gabe von Sondenkost in verschiedenen Geschmacksrichtungen (☞ 7.3.2)
- Lebensmittel mit geringem Ballaststoffgehalt bevorzugen, damit das Sättigungsgefühl nicht zu zeitig ausgelöst wird
- Getränke (z. B. Tee) mit Honig oder Zucker süßen
- Abneigungen gegen bestimmte Nahrungsmittel und Gerüche berücksichtigen
- Lebensmittel vermeiden, die häufig unangenehme Nebenwirkungen verursachen, z. B. Kohl, Hülsenfrüchte, Knoblauch
- Mindestens 2 l Flüssigkeit anbieten. Evtl. die Flüssigkeitszufuhr vor den Hauptmahlzeiten einschränken, um ein Sättigungsgefühl durch die Flüssigkeit zu vermeiden
- Nur kleine und appetitliche Portionen anbieten, da ein übervoller Teller die Lust am Essen hemmen kann.

Bei einer Unterernährung immer ein **Ernährungsprotokoll** (☞ Tab. 7.17) führen.

Mit ÄrztIn besprechen:

- Evtl. Appetit anregen, z. B. mit Pepsinwein vor dem Essen
- Alternative Medikamente, wenn verordnete Medikamente einen Appetitsverlust verursachen
- Notwendigkeit einer ergänzenden künstlichen enteralen Ernährung (☞ 7.3.2), wenn alle anderen Maßnahmen versagen.

Veränderungen im sozialen Umfeld

Psychische Probleme können den Appetit vollständig erlöschen lassen. Während überernährte Menschen diesen Zustand über einen kurzen Zeitraum ohne gesundheitliche Schäden tolerieren, kann ein normalgewichtiger alter Mensch schnell unterernährt sein. Durch Zuwendung und Gesprächsangebote in einem **harmonischen und freundlichen Umfeld** können möglicherweise drückende Sorgen genommen, zumindest aber abgemildert werden, so dass der alte Mensch ausreichend isst.

Unterbrechungen der Mahlzeit durch Pflegemaßnahmen wie z. B. Verbandwechsel können den ohnehin geringen Appetit eines unterernährten alten Menschen vollständig vertreiben. Deshalb für eine ungestörte Mahlzeit sorgen.

Essen in Gemeinschaft weckt Appetit und die Vorfreude auf die nächste Mahlzeit. Wann immer möglich dafür sorgen, dass der alte Mensch nicht alleine essen muss, sondern seine Mahlzeiten in einer für ihn angenehmen **Tischgemeinschaft** einnimmt. Leider kann das bei vielen alten Menschen, die alleine leben, nicht verwirklicht werden.

Wenn das Geld nicht für eine Versorgung mit Lebensmitteln ausreicht, dann lohnt es sich, eine **SozialarbeiterIn** einzuschalten. Die meisten alten Menschen kennen die staatlichen Hilfen nicht, oder aber sie scheuen sich, diese in Anspruch zu nehmen.

Ist das Selbstversorgungsdefizit bei der Ernährung Ursache für die Unterernährung, dann gilt es, die Ursachen mangelnder Selbversorgung mit geeigneten Maßnahmen (☞ 7.3.2) zu beseitigen.

7.6.3 Exemplarische Pflegeplanung

Pflegediagnose mit Ursache (PD), Ressourcen (R), Gewohnheiten (G), Erfahrungen (E), aktuelle Bedürfnisse (AB)	**Pflegeziele**	**Pflegetherapie** Information (I), Beratung (B), Motivation (M), Anleitung (A), Beaufsichtigung (Bf), teilweise Übernahme (tÜ), vollständige Übernahme (vÜ).
Pflegeplanung 1		
PD: Unterernährung aufgrund einer Tumorerkrankung, Kachexie **R:** Isst und trinkt gerne Süßes, Milch und Milchprodukte	Verlangsamung der Gewichtsabnahme Wohlbefinden	**vÜ:** Wunschkost, 7 x täglich kleine Portionen, 2 x täglich hochkalorische Sondenkost nach Wunsch entsprechend Standard **vÜ:** Vorlieben bei Süßigkeiten und Milchprodukten erfragen und anbieten **M:** Zwischendurch kalorienhaltige Getränke anbieten, ggf. motivieren **tÜ:** Ernährungsprotokoll führen **vÜ:** 1 x wö. Gewichtskontrolle.
Pflegeplanung 2		
PD: Gefahr der Unterernährung aufgrund von Appetitlosigkeit **AB:** Möchte nicht alleine essen, hat keine besonderen Vorlieben	Kennt die Gefahren einer Unterernährung Keine Gewichtsabnahme	**vÜ:** Ernährungsprotokoll führen **I:** über Gefahren einer Unterernährung informieren **M:** 4 x täglich zum Essen motivieren, Mahlzeiten appetitlich anrichten **vÜ:** Tischgemeinschaft ermöglichen **vÜ:** 1 x wö. Gewichtskontrolle.

Tab. 7.53: Beispielhafte Pflegeplanungen bei Unterernährung.

7.7 Schluckstörungen

Schluckstörungen: Störungen des Transportes von Flüssigkeit und/oder fester Nahrung vom Mund in den Magen durch einen unphysiologischen Schluckvorgang.

Physiologischer Schluckvorgang

Bevor der Nahrungsbissen in die Speiseröhre gelangt, wird er zerkleinert, mit Speichel vermischt und mit der Zunge in den Rachen geschoben. Reflektorisch (ohne den Willen) wird der **Schluckreflex** ausgelöst, wobei sich der Kehldeckel über die Luftröhre legt und diese verschließt, damit die Nahrung nicht aspiriert (eingeatmet) wird. Durch Erschlaffen des **oberen Schließmuskels** der Speiseröhre gelangt die Nahrung vom Rachen in die Speiseröhre, hier wird sie durch wellenförmige Kontraktionen **(Peristaltik)** abwärts und durch den erschlafften **unteren Speiseröhrenschließmuskel** in den Magen befördert.

Diese fein aufeinander abgestimmten Muskelkontraktionen werden durch Nerven gesteuert.

7.7.1 Pflegediagnostik

Ursachen und Einflussfaktoren

- Neuromuskuläre Störung durch z. B. Schlaganfall (Apoplexie), Morbus Parkinson, Multiple Sklerose, Fazialislähmung mit
  - Vermindertem oder fehlendem Schluckreflex
  - Verminderter Kraft der Kau- und Schluckmuskulatur
  - Vermindertem Empfindungsvermögen in der Mundhöhle durch Ausfall sensibler Nerven
- Bewusstseinsstörungen
- Erschöpfung, Müdigkeit
- Entzündungen im Mund- und Rachenraum
- Mechanische Verengungen durch z. B. Ödeme oder Tumoren
- Verletzungen der Speiseröhre
- Nasale oder orale Magensonde, trachealer Tubus zur Beatmung. .

Anzeichen

Anzeichen für eine Schluckstörung können sein:

- Nahrungsmittel sammeln sich in der Mundhöhle an

- Husten, Würgen, aber auch Ausbleiben von Husten und Würgereflex
- Wiederholtes Schlucken
- Nahrung fließt wieder aus dem Mund oder wird wieder aus dem Mund geschoben
- Beim Schlucken tritt Flüssigkeit aus der Nase
- Auftreten primitiver Reflexe, die normalerweise nur in den ersten Lebensmonaten bestehen, z. B. Such-, Saug-, Schluck- oder Beißreflex
- Gesteigerter Speichelfluss
- Geräusche beim Schlucken
- Blauwerden bei der Nahrungsaufnahme, Aspiration.

Folgen

Die lebensbedrohliche **Folge** einer Schluckstörung ist die **Aspiration** (☞ 5.4). Die eingeatmete Flüssigkeit oder Nahrung kann zu einer Aspirationspneumonie führen, die besonders im Alter eine Gefahr für das Leben darstellt. An einer massiven Aspiration kann der Pflegebedürftige ersticken. Daher ist es eine wichtige Aufgabe der AltenpflegerIn, eine Schluckstörung rechtzeitig zu erkennen und eine Aspiration zu verhindern.

7.7.2 Pflegetherapeutische Maßnahmen

Stimulation des Schluckreflexes durch Schlucktraining

Mit dem **Schlucktraining** soll ein physiologischer Schluckreflex stimuliert werden, der Voraussetzung für das Ess- und Trinktraining (☞ unten) ist.

> ☑ Beim Schlucktraining ist die Zusammenarbeit mit einer LogopädIn anzustreben.

Voraussetzungen

Bevor ein Schlucktraining durchgeführt wird, muss der Husten- und Schluckreflex überprüft werden.

- **Schluckreflex prüfen:** Zeige- und Ringfinger leicht auf den Kehlkopf legen und Pflegebedürftigen bitten zu schlucken. Kehlkopfbewegung mit den Fingern spüren und mit den Augen beobachten (☞ Abb. 7.54)
- **Hustenreflex prüfen:** Pflegebedürftigen auffordern zu husten oder beobachten, ob er spontan hustet. Die Unfähigkeit zu husten kann auf eine vollständige oder teilweise Kehldeckellähmung hinweisen. Bei einer vollständigen Lähmung kann der alte Mensch zusätzlich nicht weinen und schreien. Diese Menschen sind stark aspirationsgefährdet.

Bei fehlendem Schluckreflex wird versucht, diesen durch die Reizung des vorderen Gaumens mit mechanischen oder thermischen Reizen auszulösen.

Vorbereitung

- **Raum:** Für Ruhe sorgen, um Pflegebedürftigen nicht abzulenken. Evtl. anwesende Personen bitten, das Zimmer zu verlassen. Störquellen wie z. B. Radio oder Fernsehgerät nach Rücksprache mit dem Pflegebedürftigen ausschalten
- **Material:** Zahnspiegel und Becher mit Eiswasser
- **Pflegebedürftiger**
  - Sorgfältige *Mundpflege* (☞ 9.3.2), damit die Mundregion für die neuen Reize empfänglich ist
  - Für sicheren Sitz der Zahnprothese sorgen, evtl. Haftcreme auftragen (☞ Abb. 9.25) oder Prothese entfernen
  - *Lagerung:* Pflegebedürftigen aufrecht und gerade an einen Tisch setzen (lassen). Kopf leicht nach vorne neigen lassen, da die Speisen bei rückwärts geneigtem Kopf unkontrolliert in den Rachen gelangen. Die Beine stehen fest auf dem Boden, die Arme liegen angewinkelt auf dem Tisch. Bei mangelnder Rumpf- oder Kopfkontrolle muss der Pflegebedürftige gestützt werden.
  - Beim *Schlucktraining im Bett* das Kopfteil senkrecht stellen und Sitzlagerung evtl. mit Hilfsmitteln unterstützen
- **AltenpflegerIn:** Hände waschen.

Durchführung

Einen Zahnspiegel für etwa 10 Sekunden in Eiswasser tauchen. Anschließend mit der Rückseite der Spiegelfläche 5–10 x an dem vorderen Teil des harten Gaumens tippen (☞ Abb. 7.55). Zur erneuten Stimulation den Spiegel wieder in Eiswasser tauchen. Diesen Vorgang 5 x täglich etwa 5 Minuten lang abwechselnd an jeder Gaumenseite wiederholen. Der

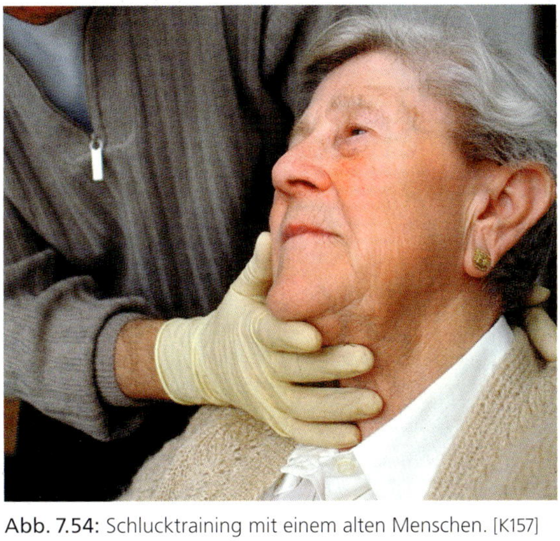

Abb. 7.54: Schlucktraining mit einem alten Menschen. [K157]

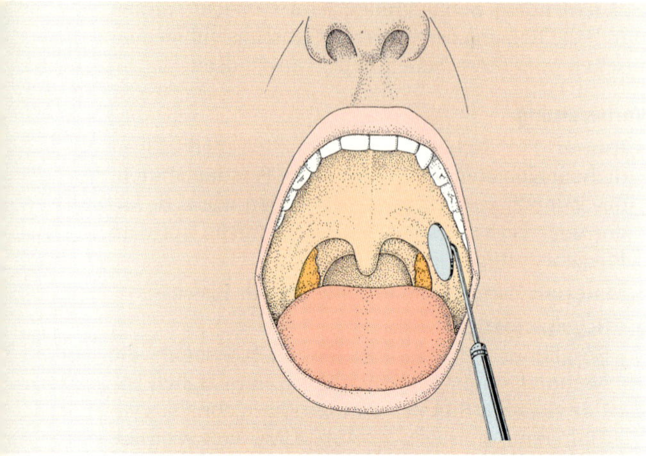

Abb. 7.55: Stimulation des Schluckreflex. [A400-190]

Schluckreflex kann nach Tagen oder auch nach Wochen wieder einsetzen.

Ist ein Schluck- und Hustenreflex vorhanden, so kann mit dem Ess- und Trinktraining (☞ unten) begonnen werden.

Stimulation des Gesichts- und Mundbereiches

Eine **Stimulation** des Gesichts- und Mundbereiches ist notwendig, wenn der Pflegebedürftige aufgrund von Lähmungen der Gesichts-, Kau- und Zungenmuskulatur nicht mehr in der Lage ist, die motorischen Bewegungen korrekt auszuführen bzw. Wahrnehmungs- und Sensibilitätsstörungen in diesem Bereich bestehen.

Diese Übungen erleichtern, fördern und bahnen im besonderen Maße **Kau- und Schluckbewegungen.** Dabei werden die verschiedenen Muskelgruppen im Mund- und Gesichtsbereich, z. B. die Muskeln für Kiefer und Zunge, je nach Grundtonus gedehnt oder gelockert, entspannt oder angespannt und in ihrem Lageempfinden stimuliert.

Einfache **Übungen,** die der Pflegebedürftige selbstständig durchführen kann, sind:

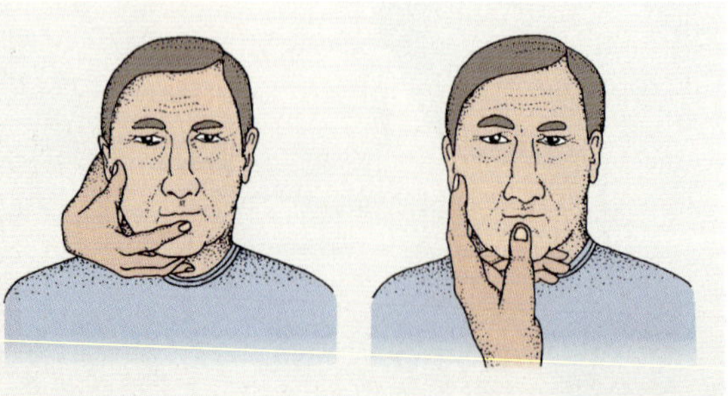

Abb. 7.56: Kieferkontrollgriff von vorn und seitlich. [A500-119]

- Grimassen schneiden
- Stirn runzeln
- Zungenspitze zur Nase und zum Kinn strecken oder Lippen ablecken
- Die Unterlippe über die Oberlippe stülpen und umgekehrt
- „Kußmund" machen.

Anbahnung eines physiologischen Schluckvorgangs durch Fazilitation

Fazilitation: Anbahnung normaler Haltungs- und Bewegungsmuster durch spezielle Übungen.

Ziele

- Verbesserung der Kaubewegungen
- Selbstständige Nahrungsaufnahme
- Unterstützung der Selbstwahrnehmung
- Vermeidung pathologischer Bewegungsmuster
- Verbesserung der Aussprache
- Verbesserung der Mimik.

Fazilitation des Kiefers

Zur **Fazilitation** des Kiefers wird der Kieferkontrollgriff verwendet (☞ Abb. 7.56 links). Er unterstützt den Bereich des Mundbodens und den Mundlippenschluss. Gleichzeitig kann die Pflegebedürftige den Unterkiefer beim Kauen führen und dadurch das Schlucken fördern. Folgende Bewegungen, die mit Hilfe des Kieferkontrollgriffes eingeübt werden, unterstützen die Bewegungen des Unterkiefers:

- Auf- und Abwärtsbewegungen
- Seitliches Verschieben
- Vor- und Zurückschieben.

Diese Bewegungsabläufe werden immer wieder geübt. Schrittweise werden die Hilfestellungen geringer, bis der Pflegebedürftige zur selbstständigen Durchführung der Bewegungen in der Lage ist.

Stimulation der Wangen- und Mundmuskulatur

- Mehrmals mit mittelfestem Druck streichen (☞ Abb. 7.57)
  - von der Nase zur Oberlippe
  - von der Kinnspitze zur Unterlippe
  - vom Jochbein zum Mundwinkel.
- Mit den Fingerspitzen zur Lockerung die Wangenmuskulatur beklopfen
- Mit einem feuchten Finger die Umrisse des Mundes nachzeichnen.

Stimulation des Mundinnenraumes

Im Unterschied zur oralen Wahrnehmungsförderung durch Basale Stimulation® (☞ 4.7.2) wird mit dieser Art der Stimulation vor allem das Schlucken angeregt.

Abb. 7.57: Stimulation der Wangenmuskulatur (links) und des Mundinnenraumes (rechts). [A500-119]

- Unter Verwendung des Kieferkontrollgriffes (☞ Abb. 7.56) mit einem angefeuchteten kleinen Finger oder Zeigefinger kräftig von der Mitte der oberen Zahnreihe entlang des Zahnfleisches nach hinten streichen (☞ Abb. 7.57 rechts)
- Anschließend den Finger drehen und die Wangen innen mit kreisförmigen Bewegungen ausstreichen
- Diese Übung auf jeder Seite 3 x wiederholen und an der unteren Zahnreihe genauso durchführen
- Nach jeder Seite den Finger aus dem Mund nehmen und dem Pflegebedürftigen die Möglichkeit zum Schlucken geben.

Klappt das selbstständige Schlucken nicht, kann versucht werden, es durch ausstreichende Bewegungen des Mittelfingers vom Kinn in Richtung Kehlkopf anzuregen.

Vorsicht!
Bei einer falschen Durchführung bzw. Anleitung der oben genannten Übungen können beim alten Menschen gegenteilige Bewegungen oder pathologische Bewegungsmuster angebahnt werden. Diese erschweren die Nahrungszufuhr zusätzlich. Deshalb **interdisziplinäre Zusammenarbeit** mit einer LogopädIn anstreben und Übungen zur Fazilitation nur nach gründlicher Anleitung bzw. Weiterbildung durch- bzw. weiterführen.

Ess- und Trinktraining

Vorsicht!
Vor dem Ess- und Trinktraining den Schluck- und Hustenreflex überprüfen (☞ oben). Nur wenn beide Reflexe vorhanden sind, kann mit dem Ess- und Trinktraining begonnen werden, da ansonsten die Gefahr einer Aspiration (☞ 5.4) besteht.

Auswahl der Speisen und Getränke

- Persönliche Wünsche berücksichtigen
- Keine Gemische aus flüssiger und halb fester Nahrung, da sie unterschiedliche Schluckgeschwindigkeiten besitzen und deshalb die Gefahr des Verschluckens besteht
- Dickflüssige Getränke, z. B. Säfte und Milch, sind leichter zu schlucken, da die Schluckgeschwindigkeit langsamer ist
- Keine kohlensäurehaltigen Getränke wie Mineralwasser oder Limonade zu trinken geben
- Zu Beginn des Trainings feste Nahrung, z. B. Kartoffeln und Gemüse, anbieten, da diese Nahrung im Mund besser kontrolliert werden kann und die Gefahr einer Aspiration geringer ist als bei Flüssigkeiten. Sollte der Pflegebedürftige noch nicht in der Lage sein, feste Nahrung zu essen, mit dickflüssiger Kost, z. B. Kartoffelbrei oder Quark, beginnen
- Salzige und säurehaltige Speisen fördern den Speichelfluss und erleichtern das Schlucken, dürfen aber auf keinen Fall aspiriert werden, da sie das Lungengewebe besonders schädigen.

Vorsicht!
Temperatur der Speisen und Getränke überprüfen, da bei Schluckstörungen häufig Sensibilitätsstörungen bestehen (Verbrennungsgefahr).

Vorbereitung

- **Pflegebedürftiger:** ☞ oben unter „Schlucktraining"
- **Material:** Das Geschirr und Besteck muss bissfest sein, da der Pflegebedürftige evtl. versehentlich auf das Geschirr oder Besteck beißt:
  - Trinkgefäß mit leicht nach außen gewölbtem Rand und einer Aussparung für die Nase, so dass der alte Mensch beim Trinken den Kopf nicht überstrecken muss. Ermöglicht außerdem Beobachtung des Schluckens (☞ Abb. 7.58)
  - Metalllöffel, klein, flach und vorne abgerundet.

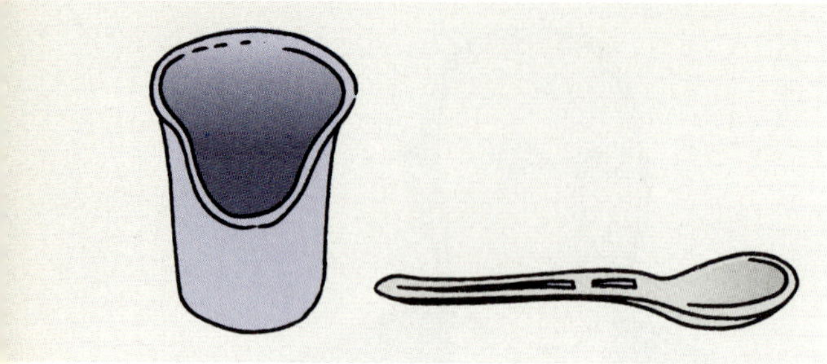

Abb. 7.58: Trinkgefäß mit Rand und Aussparung für das Trinktraining. Kleiner, flacher Löffel für das Esstraining. [A500-119]

Durchführung des Esstrainings

Für das **Esstraining** muss sich die AltenpflegerIn genügend Zeit nehmen, der Pflegebedürftige darf nicht gedrängt werden.

Während des Trainings immer wieder die Sitzposition des Pflegebedürftigen kontrollieren und gegebenenfalls korrigieren. Mund nicht zu häufig von Speiseresten säubern, da damit krankhafte Bewegungsmuster aktiviert werden. Zum Säubern ein feuchtes Tuch verwenden und den Mund mit kräftigem Druck abtupfen.

- Zuerst Pflegebedürftigen bitten, den Speichel zu schlucken, um das Kauen anzuregen
- Zu Beginn des Esstrainings Löffel nur wenig füllen oder eine kleine Menge auf die Rückseite des Löffels geben
- Sofern erforderlich: Um den Mund zu öffnen, die Lippen mit einer angenehmen Flüssigkeit bestreichen
- Anschließend den Löffel gerade von vorne in den Mund einführen und das vordere Zungendrittel herunterdrücken, damit die Zunge den Löffel nicht wegstößt. Dabei die Unterkieferzähne und die Oberlippe möglichst nicht berühren, da ein Beißreflex ausgelöst werden kann
- Die Nahrung auf die Mitte des vorderen Teils der Zunge legen, damit sie nicht zu schnell unzerkaut in den Rachenraum gleitet
- Das Schlucken kann mit Hilfe des Kieferkontrollgriffes unterstützt werden (☞ Abb. 7.56) oder Pflegebedürftiger nickt in dem Augenblick, in dem sich der Mund bzw. die Zahnreihen schließen, mit dem Kopf nach vorne
- Den nächsten Löffel mit Nahrung erst geben, wenn Pflegebedürftiger geschluckt hat. Während des Schluckens soll Pflegebedürftiger nicht sprechen, um sich nicht zu verschlucken
- Wenn die Pflegebedürftige dickflüssige Speisen schlucken kann, darf mit dem Trinktraining begonnen werden.

Durchführung des Trinktrainings

Das **Trinktraining** ist in der Regel wegen zusätzlicher Probleme, z. B. mangelndem Mundschluss, schwieriger als das Esstraining. Begonnen wird mit **dickflüssigen Getränken.** Erst wenn der Pflegebedürftige diese problemlos schlucken kann, dürfen dünnflüssige Getränke gegeben werden.

Prinzipiell wird wie beim Esstraining vorgegangen:

- Mit einen halben Teelöffel voll beginnen. Die Menge ganz langsam steigern, bis Pflegebedürftiger aus einem Becher trinken kann, der zur Hälfte gefüllt ist
- Den Becher an die Unterlippe ansetzen und so heben, dass die Flüssigkeit dicht an die Oberlippe reicht und der Pflegebedürftige die Flüssigkeit selbst ansaugen kann. Dabei mit dem Becher die Zähne nicht berühren, da sonst der Beißreflex ausgelöst wird. Die Flüssigkeit bei geschlossenem Mund schlucken lassen
- Immer nur einen Schluck zu trinken geben und die Möglichkeit geben, nachzuschlucken
- In der Anfangsphase bereitet häufig das Trinken aus dem Becher oder die Gabe mit einem Löffel Schwierigkeiten. Problemloser funktioniert die Gabe von Flüssigkeit mit einer Pipette oder das Aufsaugen der Flüssigkeit vom Finger.
- Komplikationen und Maßnahmen ☞ Tab. 7.59

Komplikation	Ursache	Maßnahme
Verschlucken	• Falsche Lagerung z. B. mit rückenwärts geneigtem Kopf • Pflegebedürftiger spricht während des Schluckens • Falsche Kost	• Pflegebedürftigen nach vorne beugen und auf das Brustbein klopfen zur Unterstützung des Hustenreflexes • Esstraining erklären • Evtl. Kost umstellen • Evtl. Rücksprache mit ÄrztIn bzw. LogopädIn • Aspirationsprophylaxe (☞ 5.4)
Ständiges Husten während des Esstrainings	Erschlaffte Schluckmuskulatur	• Unterbrechung der Nahrungszufuhr • Aspirationsprophylaxe (☞ 5.4) • Rücksprache mit ÄrztIn
Aspiration	• Schluckstörung • Falsche Lagerung	• Kräftiges Klopfen auf den Rücken • Heimlich-Handgriff (☞ 5.4.2)

Tab. 7.59: Komplikationen und Maßnahmen beim Ess- und Trinktraining.

Nach erfolgreichem Trinktraining ist das Trinken mit einem Strohhalm eine Alternative zum Trinken aus dem Becher bzw. Schnabelbecher.

Nachbereitung

- **Pflegebedürftiger:** Etwa 20 Min. in Oberkörperhochlagerung belassen, da Reflux- und Aspirationsgefahr besteht. Nach dem Esstraining Mundpflege (☞ 9.3.2) durchführen, da alte Menschen mit Lähmungen der Gesichtsnerven die Speisereste nicht spüren und möglicherweise aspirieren. Außerdem führen Speisereste zu Mundschleimhautentzündungen
- **AltenpflegerIn:** Hände waschen, Material aufräumen und Durchführung und Besonderheiten dokumentieren.

7.7.3 Exemplarische Pflegeplanung

Pflegediagnose mit Ursache (PD), Ressourcen (R), Gewohnheiten (G), Erfahrungen (E), aktuelle Bedürfnisse (AB)	**Pflegeziele**	**Pflegetherapie** Information (I), Beratung (B), Motivation (M), Anleitung (A), Beaufsichtigung (Bf), teilweise Übernahme (tÜ), vollständige Übernahme (vÜ)
Pflegeplanung 1		
PD: Schluckstörung aufgrund Hemiparese **R:** Schluck- und Hustenreflex vorhanden, PEG	Orale Nahrungsaufnahme breiiger Speisen	• **vÜ:** 3 x täglich Esstraining • **vÜ:** PEG-Versorgung und Kostverabreichung (☞ 7.3.2)
Pflegeplanung 3		
PD: Schluckstörung aufgrund Hemiparese **R:** kann breiige Speisen schlucken	Orale Nahrungsaufnahme von Getränken	• **vÜ:** Verabreichung breiiger Speisen nach Plan • **vÜ:** 3 x täglich Trinktraining

Tab. 7.60: Beispielpflegeplanungen bei Schluckstörung.

7.8 Veränderungen der Mundschleimhaut und Ohrspeicheldrüse

7.8.1 Pflegediagnostik

Ursachen, Risiko- und Einflussfaktoren

Folgende Faktoren bzw. Erkrankungen begünstigen das Auftreten von Mundschleimhautveränderungen:

- Verminderung der Abwehrkraft
- Mangelerscheinungen, z. B. Vitaminmangel
- Mangelnde bzw. fehlende Kau- und Schlucktätigkeit, z. B. bei Bewusstlosigkeit und Schluckstörungen
- Verminderte oder keine Speichelproduktion
- Nahrungs- und Flüssigkeitskarenz
- Dehydration, Unterernährung, Fehlernährung
- Virus-, Bakterien- oder Pilzbefall
- Sauerstofftherapie, Mundatmung
- Einnahme von bestimmten Medikamenten, z. B. Antibiotika, Zytostatika
- Unzureichende Mundhygiene
- Unzureichend sanierte Zähne oder schlecht sitzende Zahnprothese
- Erkrankungen der Mundhöhle, Bestrahlungen, operative Eingriffe
- Orale Magensonde, endotrachealer Tubus zur Beatmung.

Anzeichen und Ausmaß

Je nach Schwere haben die Betroffenen leichte oder erhebliche Beschwerden wie

- Schmerzen im Mund
- Mundtrockenheit, kein oder verminderter Speichelfluss, belegte Zunge
- Rötung, Blutungen, Bläschen, Belege
- Mundgeruch
- Läsionen, Geschwüre
- Ödeme.

7.8.2 Pflegetherapeutische Maßnahmen

Pflegetherapeutische Maßnahmen haben das Ziel, Mundschleimhaut und Ohrspeicheldrüse (Glandula parotis) intakt zu erhalten bzw. Veränderungen gezielt zu behandeln.

In der Praxis wird häufig der Begriff **Soor- und Parotitisprophylaxe** verwendet, wobei unter der *Soorprophylaxe* Maßnahmen zu verstehen sind, die darauf abzielen, einen Pilzbefall der Mundschleimhaut zu verhindern. Die *Parotitisprophylaxe* bezweckt hingegen die Verhinderung einer sehr schmerzhaften Entzündung der Ohrspeicheldrüse (Parotitis).

Bei allen o. g. Risikofaktoren reicht eine normale Mundpflege (☞ 9.3.2) nicht mehr aus. Daher ist eine **spezielle Mundpflege** erforderlich. Sie wird nicht im-

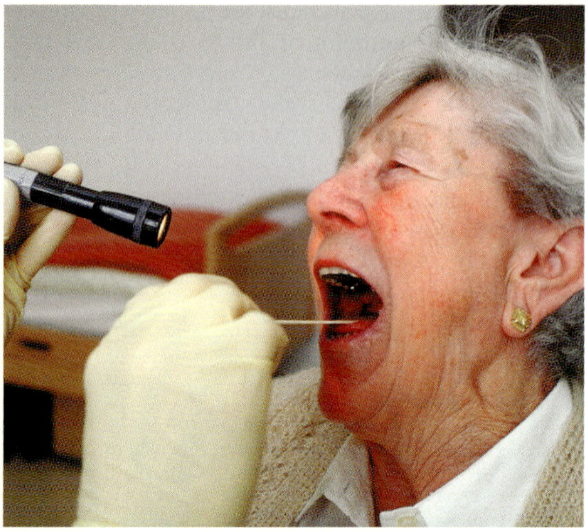

Abb. 7.61: Kontrolle der Mundhöhle mit Spatel und Taschenlampe. [K157]

mer als angenehm erlebt, daher ist in jedem Einzelfall genau abzuwägen, ob und mit welchen Mitteln sie notwendig ist.

Die spezielle Mundpflege muss häufiger als die normale Mundpflege, **mindestens alle zwei Std.,** durchgeführt werden.

> Die Mundhöhle sollte täglich mit einer Taschenlampe auf Veränderungen kontrolliert werden (☞ Abb. 7.61). Dabei muss sehr vorsichtig vorgegangen werden, damit Pflegebedürftiger das Mundöffnen nicht verweigert.

Anregung der Speichelproduktion

Um eine Entzündung der Ohrspeicheldrüse (Parotitis) zu verhindern und die physiologische Beschaffenheit des Mundhöhle zu erhalten, muss die Speichelproduktion angeregt werden, z. B. durch:

- Kauen von Kaugummi, Brotrinde, trockenem Brot oder Dörrobst
- Massage der Ausführungsgänge der Speicheldrüse (☞ Abb. 7.62)
- Aufträufeln einiger Tropfen Zitrone auf die Zunge
- Riechen an einer aufgeschnittenen Zitrone
- Lutschen von zerstoßenem Eiswürfel mit Zitrone
- Imitierte Kaubewegungen, z. B. bei Nahrungskarenz oder Schluckstörungen
- Ausreichende Flüssigkeitszufuhr.

> ☑ Für Zahnprothesenträger gibt es spezielle Kaugummi.

Spezielle Mundpflege

Soll einer Munderkrankung vorgebeugt werden, kann die spezielle Mundpflege mit **allen Getränken** durchgeführt werden, die der Pflegebedürftige mag. Die Mundhöhle muss nicht alle zwei Stunden *gereinigt* werden, sondern es geht um das *Anfeuchten* und *Stimulieren* der Mundschleimhaut.

Eine permanente Mundpflege mit **nicht schmackhaften Lösungen** führt häufig zu einer Verweigerung des Pflegebedürftigen, daher sollte sie nur auf die Male begrenzt werden, die sie wirklich erforderlich ist, auch bei bereits bestehenden Schäden der Mundschleimhaut.

Mundpflege daher auch mit ganz gewöhnlichen, den Vorlieben des Pflegebedürftigen entsprechenden Getränken durchführen.

Vorbereitung

- **Raum:** Anwesende Personen bitten, das Zimmer zu verlassen oder Sichtschutz aufstellen
- **Pflegebedürftigen** informieren und die Mundhöhle inspizieren(☞ Abb. 7.61). Anschließend ein Handtuch auf den Oberkörper legen, um die Kleidung zu schützen
- **AltenpflegerIn:** Evtl. Einmalhandschuhe anziehen
- **Material**
  - Pean-Klemme
  - Kleine Kompressen in einem abgedeckten Becher
  - Becher mit geeigneter Lösung füllen (☞ Mundpflegemittel in Tab. 7.63)
  - Einmalspritze

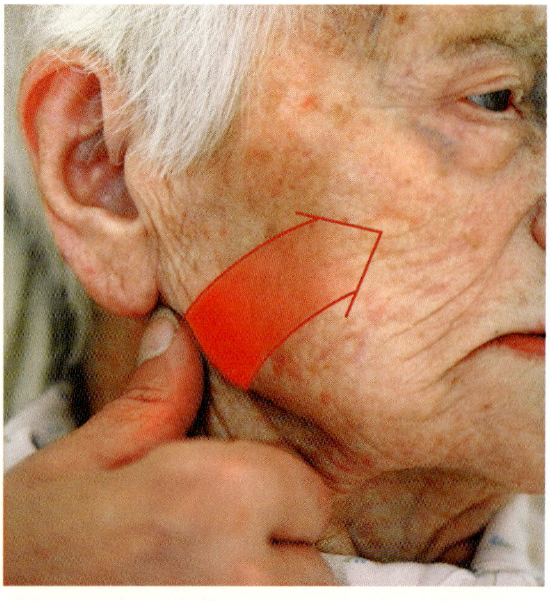

Abb. 7.62: Ohrspeicheldrüse 3–5 x täglich für einige Minuten massieren, um die Speichelproduktion anzuregen. [K157]

- Handtuch
- Zellstoff
- Spatel
- Taschenlampe
- Abwurfbeutel
- Nierenschale
- Salbe für die Lippen (z. B. Bepanthen®-Salbe, Fettstift)
- Handschuhe
- Evtl. Material für die Zahnpflege (☞ 9.3.2).

Mittel	Indikation	Wirkung	Anwendung	Hinweise
Butter	Borken auf der Zunge	Aufweichen und Ablösung von Borken	Auf die Zunge streichen	Bei Aspirationsgefährdeten nicht anwenden, da durch Fettaspiration eine Fettpneumonie entstehen kann
Kamille Wirkstoffe: ätherische Öle, Chamazulen, Kumarine, Muzine	• Mundpflege • Erkrankungen der Mundhöhle	• Antiphlogistisch • Mild bakterizid • Fungizid	• Lösung • Tee	• Kamille schmeckt angenehm • Heilende Wirkung • Austrocknende Wirkung (Lösung enthält Alkohol; nicht für Alkoholkranke geeignet)
Künstlicher Speichel, z. B. Glandosane®	Mundtrockenheit	Anfeuchtung des Mundraums	In den Mund sprühen	• Manche alte Menschen mögen den Geschmack nicht • Ersetzt keine Mundpflege • Steht in dem Ruf, die Mundtrockenheit zu verstärken (möglicherweise wird die physiologische Speichelproduktion damit noch weiter verhindert)
Mittel zur Desinfektion, z. B. Hexoral® Doreperol® Wirkstoff: Chlorhexidin	Erkrankungen der Mundhöhle	Desinfektion des Mund- und Rachenraumes	Unverdünnt zum Aussprühen, Ausspülen oder Auswischen	• Scharfer, für die meisten Menschen unangenehmer Geschmack • Medikament enthält Alkohol, deshalb nicht im Delir und bei alkoholkranken Menschen anwenden
Myrrhe Wirkstoffzusammensetzung ist sehr komplex und nur zum Teil bekannt	• Mundpflege • Erkrankungen der Mundhöhle	• Granulationsförderung • Desinfektion (ätherisches Öl)	• Tee • Tinktur	Tinktur bei Pinselung unverdünnt, zur Mundspülung 50–100-fach verdünnt anwenden
Pagavit® Wirkstoffe: Glyzerin, Zitronensäure, Limonenextrakt	Erfrischung	Erfrischung	Päckchen mit 3 gebrauchsfertig getränkten Wattetupfern	Zur speziellen Mundpflege kaum effektiv. Außerdem: • Abfallproblematik • Austrocknende Wirkung auf die Mundschleimhaut • Greift den Zahnschmelz an
Panthenolsalbe, z. B. Bepanthen®, Bepanthen®-Lösung Wirkstoff: Dexapanthenol	• Behandlung von Borken • Lippenpflege • Schleimhautverletzungen	• Aufweichen von Borken • Geschmeidighalten von Lippen • Heilende Wirkung	• Auftragen auf die Borken bzw. die Lippen • Bei Schleimhautverletzungen aufpinseln, aufsprühen, spülen	• Kein Mittel zur normalen Mundpflege • Unangenehmer Geschmack
Salbei Wirkstoffe: ätherisches Öl, Cineol, Gerb- und Bitterstoffe	Mundpflege bei Gefahr von Mundschleimhauterkrankungen	• Lokal antiphlogistisch • Bakteriostatisch • Adstringierend • Schutz der Schleimhaut gegen bakterielle, chemische und mechanische Einflüsse	• Tee • Tinktur	• Bitterer Geschmack • Tinktur bei Pinselung unverdünnt, zur Mundspülung 20-fach verdünnt anwenden
Wasserstoffsuperoxyd Wirkstoff: Oxidationsmittel	Erkrankungen der Mundhöhle	• Desinfektions- und Bleichmittel • Ablösen von Belägen und Speiseresten • Granulationsförderung, aber gleichzeitig Zerstörung frischer Granulation	Unverdünnt (einprozentig) jeden bzw. jeden zweiten Tag	Reizung der Zunge und Mundschleimhaut, deshalb den Mundraum nach der Anwendung mit Wasser spülen

Tab. 7.63: Übersicht Mundpflegemittel.

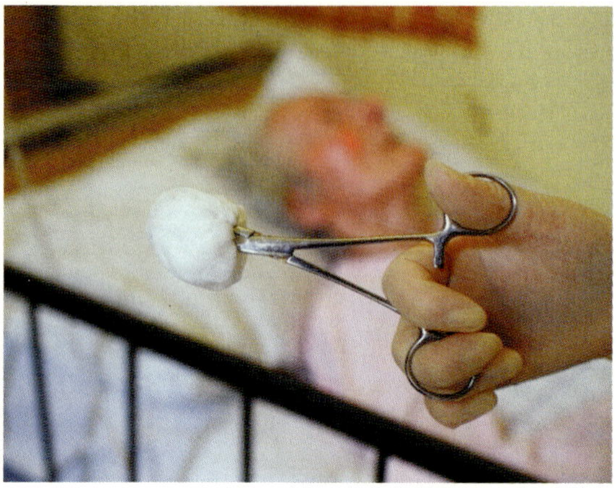

Abb. 7.64: Mundpflegelösung mit Einwegspritze aufziehen und auf einen mit einer Klemme gehaltenen Tupfer träufeln. Der Tupfer muss über die Spitze der Klemme ragen, damit die Mundschleimhaut nicht verletzt wird. [K157]

Durchführung

- Den Tupfer auf der Klemme fixieren, so dass die Spitze der Klemme vollständig bedeckt ist, damit sie nicht die Mundschleimhaut verletzt (☞ Abb. 7.64)
- Alternativ kann der Tupfer um einen Finger gewickelt werden. Dabei besteht zwar die Gefahr von Bissverletzungen, auf der anderen Seite kann die AltenpflegerIn das Auswischen der Mundhöhle mit mehr Gefühl durchführen, so dass die Gefahr der schmerzhaften Berührung für den Pflegebedürftigen geringer ist
- Mundpflegelösung mit einer Spritze auf den Tupfer anbringen. Der Tupfer sollte dabei nicht zu nass sein, damit der Pflegebedürftige die Flüssigkeit nicht aspirieren kann
- Den Tupfer vorsichtig in den Mund einführen
- Die Mundhöhle, Zähne, Wangeninnenfläche, Wan-

Veränderung	Anzeichen	Maßnahmen und Medikamente nach ärztliche Anordnung
Aphthen (Mundausschlag)	Rundliche, flache Erosionen der Schleimhaut an Wangen-, Gaumen, Zahnfleisch und Zunge	• Betupfen, z. B. mit Myrrhentinktur oder Rosenhonig • Ausspülen des Mundes, z. B. mit Kamillosan®
Herpes labialis (Lippenherpes)	• Zunächst kleine schmerzhafte Erhebung an der Mundschleimhaut oder an den Lippen, die in Bläschen übergehen, Bläschen platzen auf, Borkenbildung • Evtl. Jucken und Brennen	• Verschwinden in der Regel von selbst • Evtl. Behandlung mit Zovirax®-Creme • Eigenen Kontakt mit der Bläschenflüssigkeit vermeiden (ist infektiös)
Parotitis (Ohrspeicheldrüsenentzündung)	• Schwellung, Rötung und Druckempfindlichkeit vor und unter dem Ohr • Spannungsschmerz beim Kauen • Evtl. Kieferklemme • Abstehende Ohrläppchen	• Antibiotika • Speichelproduktion anregen (☞ Text)
Rhaghaden	Schmerzhafte Einrisse an Mund- und Nasenwinkel	• Eincremen, z. B. mit Bepanthen®-Salbe • Gabe von Eisen und Vitaminen
Soor (Pilzbefall mit Candida albicans)	Grauweißer, fleckiger, haftender Belag, lässt sich streifenförmig abziehen	Bepinselung, z. B. mit Moronal®
Stomatitis (Entzündung der Mundschleimhaut)	• Gerötete, geschwollene Mundschleimhaut • Brennende Schmerzen, vor allem beim Kauen und Schlucken • Gefühl eines trockenen Mundes • Mundgeruch	• Spülung z. B. mit Kamillosan®, Salbeitee • Gabe von Lutschtabletten, z. B. Merfen® (nicht bei Schluckstörungen und Aspirationsgefahr)
Trockener Mund	Gefühl eines trockenen Mundes und fehlenden Speichels, das ausgelöst wurde z. B. durch • Medikamente (Atropin) • Mundatmung • Große Flüssigkeitsverluste • Fehlende Flüssigkeitszufuhr	• Wenn möglich und erlaubt trinken • Mundpflege • Mund ausspülen lassen • Einsatz künstlichen Speichels (Glandosane®) • Zuckerfreie Bonbons bzw. Eis lutschen lassen • Scharfe, saure und alkoholhaltige Speisen und Getränke vermeiden
Zäher Speichel	Zäher, fester Speichel	• Ausreichende Flüssigkeitszufuhr • Salzhaltige Zahnpasta • Stimulation der Parotitis • Gurgeln oder Auswischen des Mundes, z. B. mit Sprudel mit hohem Natriumgehalt
Zungenbelag	Graubrauner borkiger, fest haftender oder abziehbarer Belag	• Abstrich z. B. auf Soor oder andere Entzündungen • Mit Zitrone abreiben • Spülung mit z. B. Kamillosan® oder Salbeitee

Tab. 7.65: Überblick über Veränderungen und Maßnahmen bei Erkrankungen der Mundhöhle.

gentaschen, Zunge, unter der Zunge und um den harten Gaumen vorsichtig und sorgfältig auswischen. Dabei von hinten nach vorne wischen, um eine Keimverschleppung zu vermeiden. Bei jedem Wischvorgang neuen Tupfer verwenden. Den weichen Gaumen wegen Brechreizgefahr zuletzt auswischen
- Auf haftende Zungenbeläge hauchdünn Butter auftragen bzw. mit einer Zitronenscheibe abreiben, um die Beläge zu entfernen
- Sofern keine Aspirationsgefahr besteht, den Mund ausspülen lassen
- Die Lippen mit Salbe oder dem Fettstift eincremen.

Nachbereitung
- Pflegebedürftigen evtl. lagern
- Material: Gebrauchte Tupfer verwerfen und das Mundpflegeset täglich erneuern
- AltenpflegerIn: Hände waschen und Durchführung sowie Besonderheiten dokumentieren.

Spezielle Maßnahmen bei Veränderungen und Erkrankungen des Mundraumes

Verschiedene Veränderungen und Erkrankungen der Mundhöhle erfordern unterschiedliche Maßnahmen. Einen Überblick gibt Tab. 7.65.

7.8.3 Exemplarische Pflegeplanung

Pflegediagnose mit Ursache (PD), Ressourcen (R), Gewohnheiten (G), Erfahrungen (E), aktuelle Bedürfnisse (AB)	Pflegeziele	Pflegetherapie Information (I), Beratung (B), Motivation (M), Anleitung (A), Beaufsichtigung (Bf), teilweise Übernahme (tÜ), vollständige Übernahme (vÜ)
PD: Gefahr der Veränderung von Mundschleimhaut und Ohrspeicheldrüse aufgrund von Bewusstlosigkeit und parenteraler Ernährung **R:** mochte in der Vergangenheit gerne Kaffee, Cola, bevorzugte Süßes	Intakte Mundschleimhaut und Ohrspreicheldrüse Wohlbefinden durch Wahrnehmungsförderung steigern	**vÜ:** 5 x tägl. Massage der Ohrspeicheldrüsen **vÜ:** 2-stündlich spezielle Mundpflege nach Plan **vÜ:** Förderung der oralen Wahrnehmung durch Basale Stimulation mit Kaffee (☞ 4.7.2) **vÜ:** 1 x tägl. Kontrolle der Mundhöhle

Tab. 7.66: Beispielhafte Pflegeplanung bei Gefahr einer veränderten Mundschleimhaut und Ohrspreicheldrüsenerkrankung.

7.9 Erbrechen

Erbrechen *(Emesis, Vomitus):* Vorgang, bei dem der Mageninhalt durch Kontraktionen des Magens, des Zwerchfells und der Bauchmuskulatur durch die Speiseröhre und Mundhöhle nach außen befördert wird. Wird durch das Brechzentrum im Gehirn gesteuert.

7.9.1 Pflegediagnostik

Ursachen, Risiko- und Einflussfaktoren

Ausgehend von den Ursachen unterscheidet man verschiedene Arten des Erbrechens:
- **Habituelles Erbrechen** (gewohnheitsmäßig, wiederholt oder ständig) bei Säuglingen
- **Nervöses Erbrechen,** z. B. durch Angst, Ärger, Aufregung, Wahrnehmung (Riechen, Hören, Sehen) unangenehmer Dinge
- **Gastrisches Erbrechen** (Gaster = Magen) durch den Genuss von verdorbenen Lebensmitteln oder bei Gastritis (Magenschleimhautentzündung), Vergiftung, Magen- oder Zwölffingerdarmgeschwüren
- **Zerebrales Erbrechen** durch Irritation des Brechzentrums
- **Postoperatives Erbrechen,** meist durch Narkosemittel ausgelöst
- **Schwangerschaftserbrechen** (Emesis gravidarum).

Darüber hinaus kann es zum Erbrechen kommen durch:
- Reizungen des Gleichgewichtsorganes im Innenohr, z. B. bei einer Reise- oder Seekrankheit (Schaukeln) oder durch Erkrankungen des Innenohrs
- Migräne
- Medikamentenunverträglichkeit.

Anzeichen und Ausmaß

Abhängig von den Ursachen können auch **Anzeichen und Ausmaß** unterschiedlich sein, z. B.:
- Beim **nervösen** Erbrechen ist die Menge meist gering, die Ernährung wird dadurch nicht gestört
- Beim **gastrischen** Erbrechen kommt es vor dem Erbrechen meist zu Übelkeit und Magenschmerzen
- Beim **zerebralem** Erbrechen geht keine Übelkeit voraus, es besteht kein Zusammenhang zu den Mahlzeiten.

Die ÄrztIn kann aus Menge, Häufigkeit, Form, Zeitpunkt, Geruch und Beimengungen Rückschlüsse auf die Ursache ziehen. Deshalb **Beobachtung** dokumentieren und ÄrztIn informieren:
- **Art und Weise** des Erbrechens: explosionsartig, würgend oder fließend?
- **Zeitpunkt des Erbrechens:** Unmittelbar nach den Mahlzeiten oder später? Erbricht die Pflegebedürf-

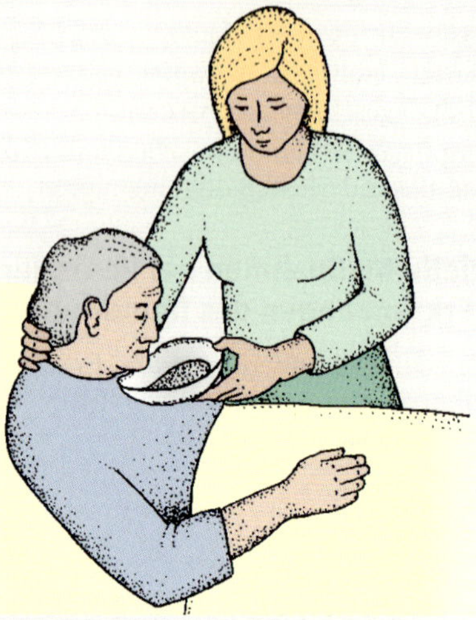

Abb. 7.67: Hilfestellung beim Erbrechen. [A500-119]

tige nach allen Mahlzeiten oder nur nach bestimmten Speisen oder auf nüchternen Magen?

- **Beimengungen**
  - Unverdaute Speisereste? Wenn ja, wann wurde diese Nahrung gegessen?
  - Schleim?
  - Gallenflüssigkeit (gelbgrün)?
  - Blut?
  - Fremdkörper?
  - Nicht gelöste Medikamente?
  - Stuhl (Miserere)?
- **Geruch:** sauer oder übel riechend?

Folgen

Tritt das Erbrechen wiederholt auf, entsteht ein Flüssigkeitsdefizit (☞ 7.4). Wird dann keine Flüssigkeit zugeführt (meistens parenteral), gerät der Betroffene in einen lebensbedrohlichen Zustand. Außerdem ist das Würgen schmerzhaft und das Erbrechen sehr unangenehm.

7.9.2 Pflegetherapeutische Maßnahmen

Beim Erbrechen kann die AltenpflegerIn den alten Menschen unterstützen und die Beschwerden lindern. Vorbereitungszeit entfällt, es muss spontan und zügig gehandelt werden.

- **Benötigtes Material:** Zellstoff, Moltex®, Nierenschale, Einmalhandschuhe, frische Bettwäsche und Kleidung, Materialien zur Körperreinigung und Zähne putzen (☞ 9.3.2), evtl. Materialien zum Absaugen (☞ 5.3.2)
- **AltenpflegerIn:** evtl. Handschuhe anziehen.

Durchführung

- Der alte Mensch klagt über Übelkeit und würgt
  - Kleidung und Bett abdecken
  - Nierenschale und Zellstoff bereitlegen
  - Handschuhe anziehen
  - Zahnprothese entfernen.
- Der alte Mensch liegt, ist unfähig, sich selbstständig aufzusetzen (Aspirationsgefahr)
  - Den alten Menschen in sitzende Position bringen
  - Kopfende hochstellen
  - Nacken und Rücken mit Kissen abstützen
  - Gelingt das nicht: Kopf zur Seite drehen und halten
- Der alte Mensch darf sich nicht aufsetzen
  - Seitenlage oder Kopf zur Seite drehen und halten
  - Aspirationsprophylaxe (☞ 5.4.2)
- Bei dem alten Menschen ist nur eine Rückenlage möglich, Seitenlage und Oberkörperhochlage sind kontraindiziert
  - Absaugen (☞ 5.3.2)
  - Zweite AltenpflegerIn zu Hilfe rufen
- Der alte Mensch erbricht
  - Nierenschale halten
  - Kopf des alten Menschen im Nacken unterstützen, evtl. die Stirn halten
  - Zum ruhigen und tiefen Einatmen anhalten
  - Beengte Kleidung öffnen, Frischluftzufuhr
  - Erbrochenes abdecken
  - Alten Menschen beruhigen.

Nachbereitung

- Den alten Menschen den Mund ausspülen und Zähne putzen lassen
- Gesicht, Nacken und Hände abwaschen
- Kleidung und Bettwäsche wechseln
- Zimmer lüften
- Material entsorgen und neues richten
- Zellstoff und Nierenschale griffbereit hinstellen
- Evtl. Nahrungs- und Flüssigkeitskarenz nach Arztanordnung
- Bei Auffälligkeiten Erbrochenes messen und dem Arzt zeigen.

Wenn die Ursache des Erbrechens unklar ist

- Vitalzeichen beobachten
- ÄrztIn informieren
- Evtl. nach Arztanordnung Antiemetika verabreichen
- Menge, Farbe, Geruch, Aussehen und Beimengungen dokumentieren.

Erbrochenes bei Auffälligkeiten aufheben und der ÄrztIn zeigen.

Wiederholungsfragen

1. Was gehört alles zum Lebens- und Kompetenzbereich „Für Ernährung sorgen“? (☞ Abb. 7.1)
2. Welche Bedeutung hat die Ernährung über die reine Versorgung des Körpers mit lebensnotwendigen Nährstoffen hinaus noch? (☞ 7.1)
3. Welche Nährstoffe liefern dem Körper Energie? (☞ 7.1)
4. Welche Nährstoffe benötigt der Körper, obwohl sie keine Energie liefern? (☞ 7.1)
5. Wie viel Energie (Kalorien) benötigt eine 60 kg schwere Frau mit geringer körperlicher Belastung durchschnittlich pro Tag? (☞ 7.1)
6. In welchem Verhältnis sollten Kohlenhydrate, Fette und Eiweiße aufgenommen werden? (☞ Abb. 7.8)
7. Wie wirken sich verschiedene Altersveränderungen und -störungen auf die Ernährung eines alten Menschen aus? (☞ Abb. 7.9)
8. Welche medizinischen Fachgebiete und Gesundheitsfachberufe können AltenpflegerInnen in einem interdisziplinären Team in Bezug auf die Ernährung unterstützen? (☞ 7.1)
9. Welche Informationen aus den Unterlagen und der Befragung des Pflegebedürftigen oder der Angehörigen weisen auf Einschränkungen im Bereich der Ernährung hin? (☞ 7.2)
10. Wie lässt sich feststellen, ob ein Mensch normal-, über- oder untergewichtig ist? (☞ 7.2)
11. Wann ist es sinnvoll, ein Ernährungsprotokoll zu führen? (☞ 7.2)
12. Welche pflegetherapeutische Maßnahmen können helfen, ein Selbstversorgungsdefizit bei der Ernährung auszugleichen? (☞ 7.3.2)
13. Welche verschiedenen Kostformen gibt es? (☞ Tab. 7.21)
14. Wie wird bei einem Bettlägerigen das Essen angereicht und was ist dabei zu beachten? (☞ 7.3.2)
15. Welche Formen der künstlichen Ernährung gibt es? (☞ 7.3.2)
16. Beschreiben Sie, wie eine Gastroduodenalsonde zur Ernährung gelegt wird! (☞ Tab. 7.30)
17. Was ist eine PEG und worauf muss im Umgang mit alten Menschen mit einer PEG geachtet werden? (☞ 7.3.2)
18. Mit welchen unterschiedlichen Methoden kann Sondenkost verabreicht werden und welche Vor- bzw. Nachteile haben die verschiedenen Methoden? (☞ 7.3.2 und Tab. 7.36)
19. Welche Komplikationen können bei der enteralen Ernährung auftreten und was ist dagegen zu tun? (☞ Tab. 7.40)
20. Wie kann ein Flüssigkeitsdefizit entstehen und welche Maßnahmen helfen, ein Flüssigkeitsdefizit zu vermeiden? (☞ 7.4)
21. Wann gilt ein Mensch als übergewichtig und welche Maßnahmen helfen, Übergewicht zu reduzieren? (☞ 7.5)
22. Ab wann ist ein Mensch untergewichtig und welche Maßnahmen sind bei einem untergewichtigen alten Menschen angezeigt? (☞ 7.6)
23. Mit welchen Maßnahmen kann bei Menschen mit Schluckstörungen der Schluckreflex stimuliert werden? (☞ 7.7.2)
24. Was ist beim Ess- und Trinktraining zu beachten und wie wird es durchgeführt? (☞ 7.7.2)
25. Bei welchen alten Menschen ist eine spezielle Mundpflege erforderlich? (☞ 7.8.1)
26. Wie wird die spezielle Mundpflege durchgeführt? (☞ 7.8.2)
27. Was ist beim Erbrechen zu beobachten und zu dokumentieren und ggf. der ÄrztIn mitzuteilen? (☞ 7.9.1)

8. Für Ausscheidung sorgen

8.1 Bedeutung und Einflussfaktoren

Obwohl Körpersekrete wie Schweiß, Speichel, Sputum, Erbrochenes, Wundsekrete, Sondensekrete oder vaginaler Ausfluss über mehrere Wege aus dem Körper ausgeschieden werden, stehen in diesem Kapitel „Für Ausscheidung sorgen“ die Blasen- und Darmentleerung im Vordergrund.

„Für Ausscheidung sorgen“: Lebens- und Kompetenzbereich, der alle Selbstpflegeerfordernisse umfasst, die im Zusammenhang mit der Blasen- und Darmentleerung stehen.

Die **Ausscheidung** ist ein lebenswichtiger Vorgang. Mit der Blasen- und Darmentleerung werden unverdauliche Nahrungsbestandteile, z. B. Ballaststoffe und vom Körper nicht weiter verwertbare Stoffwechselendprodukte, z. B. Harnstoff, und Wasser ausgeschieden.

Obwohl es sich um einen sehr natürlichen Vorgang handelt, geht das Ausscheiden für die meisten Menschen mit einem ausgeprägten **Schamgefühl** einher. Fast niemand spricht gerne über diese Themen und fast alle Menschen bevorzugen eine ungestörte und unbeobachtete Umgebung für die Blasen- und Darmentleerung. Viele entwickeln im Laufe ihres Lebens bestimmte **Gewohnheiten** und **Rituale** zur Darmentleerung, wie z. B. eine feste Tageszeit, Kaffee trinken, Zigarette rauchen, Zeitung lesen.

Gesundheits- und Krankheitsprozesse

Anatomisch-physiologische Grundlagen

Der **Harn** *(Urin)* wird in den Nieren produziert und über die Harnleiter an die Harnblase, einem aus glatter Muskulatur bestehenden Hohlorgan, weitergeleitet und hier gesammelt. Über die Harnröhre wird der Harn ausgeschieden (☞ Abb. 8.1).

Die **Entleerung der Harnblase** *(Miktion, Harnlassen)* ist ein willkürlich ausgelöster, dann aber reflektorisch ablaufender Prozess, der über das vegetative Nervensystem gesteuert wird (☞ 8.4, Abb. 8.46).

Das **Fassungsvermögen der Harnblase** beträgt ca. 750–1000 ml, das Gefühl eines Harndrangs wird aber bereits bei ca. 350 ml ausgelöst. Frequenz und Menge der Harnausscheidung wird beim Gesunden von der Flüssigkeitszufuhr und anderen Ausscheidungsvorgängen im Körper, z. B. Stuhl, Erbrechen und Schweiß sowie seelischen Faktoren wie z. B. Stress beeinflusst.

Harnbestandteile: Der Harn besteht aus:

- 95 % Wasser
- Stickstoffhaltigen Endprodukten des Eiweißstoffwechsels, z. B. Harnstoff, Harnsäure
- Harnfarbstoff
- Organischen und anorganischen Salzen wie Kochsalz, Phosphor, Schwefelsäure, Zitronen- und Oxalsäure
- Sexualhormonen.

Normalerweise ist der Harn klar und geruchsneutral, erst bei längerem Stehen wird er trübe und entwickelt einen stechenden Geruch. Die Farbe des Urins hängt von der Konzentration ab und schwankt zwischen hell- bis dunkelgelb. Je weniger Harn produziert wird, umso dunkler ist er.

Die Miktion ist beim Gesunden schmerzlos, der Strahl kräftig und ununterbrochen. Es werden in 4–6 Miktionen ca. 1–2,5 l Urin pro 24 Stunden ausgeschieden.

Der **Stuhl** *(Kot, Fäzes, Exkremente)* ist das Ausscheidungsprodukt des **Darmes.** Der Nahrungsbrei gelangt vom Magen über den Zwölffingerdarm *(Duodenum)* und Dünndarm in den Dickdarm (☞ Abb. 8.2). Hier wird er durch Flüssigkeitsentzug zu Stuhl eingedickt. Die **Darmperistaltik** (wellenförmige Bewegungen des Darms) wird über das vegetative Nervensystem gesteuert, sie bezweckt die Durchmischung des Darminhalts sowie die Weiterbeförderung in Richtung Enddarm *(Mastdarm, Rektum).* In der Ampulle wird der Stuhl gesammelt. Die Stuhlentleerung ist ein reflektorisch ablaufender, aber willentlich beeinflussbarer Vorgang. Bei ausreichender Füllung werden Im-

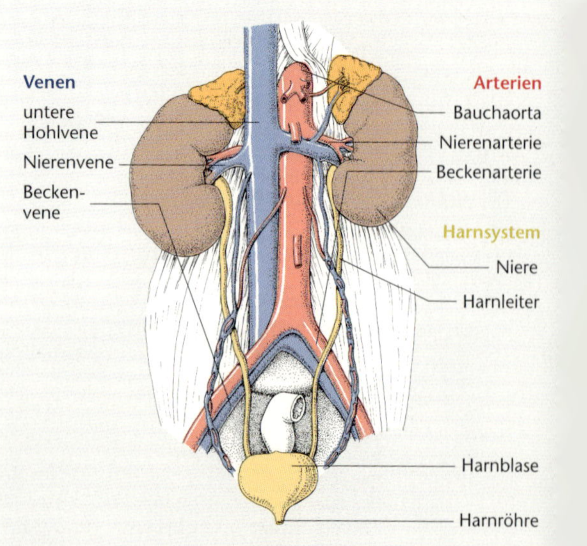

Abb. 8.1: Das Harnsystem besteht aus linker und rechter Niere, den beiden Harnleitern, der Harnblase und der Harnröhre. [A400]

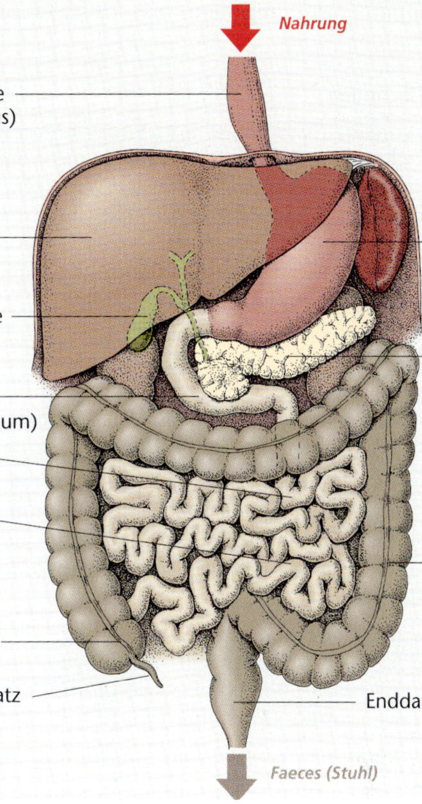

Abb. 8.2: Übersicht über die Verdauungsorgane. [A400]

pulse über afferente Nervenfasern an das Großhirn und zum Defäkationszentrum im Sakralmark geleitet. Vom Defäkationszentrum aus werden die Impulse an den inneren Schließmuskel und zur Muskulatur des Enddarms weitergeleitet. Der innere Schließmuskel erschlafft und es kommt zu Kontraktionen des Enddarms, die den Darminhalt nach außen treiben. Der äußere Schließmuskel kann jedoch willentlich kontrahiert (zusammengezogen) werden, so dass der **Vorgang der Stuhlentleerung** *(Defäkation)* auch verhindert werden kann.

☑ Der Reiz zur Darmentleerung tritt jeweils nur kurz auf, er kann auch wieder vergehen. Wird der Reiz häufig unterdrückt, kann es zur Verstopfung *(Obstipation)* kommen.

Stuhlbestandteile: Der Stuhl besteht aus:

- 70 bis 75 % Wasser
- Ballaststoffen, Schleim, Fäulnis- und Gärungsprodukten, Fermentresten, Zellen des Darmepithels, Mineralstoffen, Bakterien, Leukozyten und Farbstoffen.

Frequenz, Stuhlmenge und Konsistenz sind von der aufgenommenen Nahrung abhängig. Normalerweise werden innerhalb von 24 Stunden 100 bis 300 g Stuhl als geformte Masse ausgeschieden. Die Farbe ist durch den Farbstoff Sterkobilin (umgewandelter Gallenfarbstoff Bilirubin) braun. Manche Nahrungsmittel können den Stuhl aber auch farblich verändern, z. B. Spinat oder rote Rüben. Der Geruch ist das Ergebnis der Eiweißfäulnis und der Kohlenhydratgärung. Meist sind keine Beimengungen sichtbar, hin und wieder können sich jedoch unverdaute Nahrungsmittel im Stuhl befinden.

Ernährung und Bewegung

Die Ernährung und die Bewegung haben einen wichtigen Einfluss auf die Ausscheidungsvorgänge, z. B.:

- Durch eine zu geringe Flüssigkeitszufuhr wird zu wenig Harn gebildet, der Urin ist dunkel und konzentriert. Meist ist auch eine Obstipation die Folge, weil der Stuhl im Darm stärker eingedickt wird, um Flüssigkeit zu sparen
- Menge und Art der festen Nahrungsbestandteile beeinflussen vor allem die Stuhlproduktion. Eine ausgewogene und ballaststoffreiche Ernährung (☞ 7.1) ist wichtig, um Ausscheidungsprobleme zu vermeiden. Bei älteren Menschen, die nicht mehr viel Nahrung zu sich nehmen, wird auch die Stuhlausscheidung geringer

- Körperliche Bewegung regt die Motorik des Darms an, mangelnde Bewegung kann zur Obstipation führen.

Psychisches Befinden

Psychische Vorgänge wie Angst und Stress können die Ausscheidungsvorgänge beschleunigen *(erhöhte Miktionsfrequenz, Durchfall)*. Werden hingegen Schamgefühle und Gewohnheiten nicht beachtet oder Rituale gestört, z. B. durch unregelmäßige Arbeitszeiten oder einen Krankenhausaufenthalt, kommt es häufig zu einer Obstipation.

Krankheitsprozesse

Erkrankungen können *direkt* oder auch *indirekt* Probleme in dem Lebensbereich „Für Ausscheidung sorgen“ auslösen. Zu den direkten gehören

- Erkrankungen des Magen-Darm-Traktes, z. B. Entzündungen oder Tumoren der Verdauungsorgane, Darmverschluss, Erkrankungen der Analregion mit schmerzhafter Defäkation, z. B. bei Hämorrhoiden oder Analfissuren
- Erkrankungen der Nieren und der ableitenden Harnwege, z. B. durch Harnwegsinfektionen, Nierensteine, chronische Niereninsuffizienz und Vergrößerung der Prostata (Vorsteherdrüse).

Zu den Erkrankungen, die die Ausscheidung indirekt beeinflussen, gehören diejenigen, die sich z. B. auf die Ernährung, die Bewegung oder das psychische Befinden auswirken und damit die normalen Ausscheidungsvorgänge beeinträchtigen.

Lebensspanne

Im **Säuglings- und Kleinkindalter** wird die Blasen- und Darmentleerung zunächst reflektorisch gesteuert, ausgeschieden wird, wenn sich eine entsprechende Menge Harn in der Blase und Stuhl im Enddarm angesammelt hat. Nach und nach lernt das Kleinkind, die Blasen- und Darmentleerung willentlich zu beeinflussen. Es spürt rechtzeitig den Harn- bzw. Stuhldrang, um die Toilette aufzusuchen. Im Alter von 3 Jahren kann das Kind die Toilette meist alleine oder mit nur geringer Unterstützung der Eltern benutzen, im Alter von **4 Jahren** sind Kinder in der Regel in Bezug auf die Ausscheidung selbstständig. Probleme bei der willentlichen Kontrolle der Blasen- und Darmentleerung (Harn- und Stuhlinkontinenz) treten ab diesem Alter nur noch durch die Ausscheidung beeinflussende Erkrankungen und Behinderungen oder psychische Störungen auf.

Für viele **alte Menschen** werden Harn- und/oder Stuhlinkontinenz zu einem schwerwiegenden Problem (☞ 8.4, 8.5), das sich erheblich auf die Lebensqualität auswirkt. Die Obstipation (☞ 8.6) gehört zu den häufigsten Beschwerden alter Menschen.

Lebenswelt

Kulturelle Faktoren und die Erziehung prägen das Ausscheidungsverhalten, sowohl Schamgefühl als auch Gewohnheiten und Rituale werden davon beeinflusst.

Auch die **Umgebung** beeinflusst das Ausscheidungsverhalten: Ist die Umgebung fremd oder sogar ungemütlich, z. B. kalt oder verschmutzt, werden Harn- und Stuhldrang meist unterdrückt, die Blasen- und Darmentleerung so lange wie möglich hinausgezögert. Während dieses bei der Blasenentleerung nur begrenzt gelingt, kann der Stuhldrang so weit unterdrückt werden, dass er für Tage vollständig verschwindet und eine Obstipation zur Folge hat.

Die Umgebung kann sich auch auf die Abhängigkeit bzw. Unabhängigkeit eines alten Menschen beim Ausscheiden auswirken. Bei einer körperlich beeinträchtigten Mobilität (☞ 6.3) kann z. B. durch die Gestaltung einer behindertengerechten Umgebung oder durch Hilfsmittel die Selbstständigkeit aufrechterhalten bzw. wiederhergestellt werden.

Diagnostik und Therapie anderer Gesundheitsfachberufe

Medizin

Auf die Erkrankungen der Verdauungs- und Ausscheidungsorgane haben sich verschiedene medizinische Fachdisziplinen spezialisiert. Die **Gastroenterologie,** Teilgebiet der Inneren Medizin, diagnostiziert und behandelt Erkrankungen des Verdauungskanals auf konservativem Wege, d. h. ohne Operation. Für operative Eingriffe ist die Abteilung der **Viszeralchirurgie** an Krankenhäusern zuständig. Das Fachgebiet der **Proktologie** hat sich auf die Erkrankungen des Mastdarmes spezialisiert.

Die **Nephrologie** als Teilgebiet der Inneren Medizin befasst sich mit Nierenerkrankungen, die konservativ behandelt werden können. Dagegen ist die **Urologie** eher das Fachgebiet, das Erkrankungen der Harnorgane auf operativem Weg behandelt.

Andererseits können medizinische Diagnostik und Therapie auch erst Ausscheidungsprobleme bzw. einen Pflegebedarf bei der Ausscheidung verursachen, z. B. durch einen Blasenverweilkatheter oder ein Stoma (☞ 8.3.2). Auch viele medikamentöse Therapien gehen mit Nebenwirkungen auf die Blasen- und Darmentleerung einher.

Andere Gesundheitsfachberufe

- **PhysiotherapeutInnen** beteiligen sich an der Behandlung bestimmter Formen der Inkontinenz (☞ 8.4)
- **StomatherapeutInnen** beraten, leiten an und begleiten Menschen mit einem Entero- oder Urostoma (☞ 9.3.2), auch noch nach dem Krankenhausaufenthalt

- Manche Firmen, die Inkontinenzprodukte herstellen und vertreiben, beschäftigen **InkontinenzberaterInnen,** welche kostenlos zur Schulung und individuellen Beratung in die Einrichtungen kommen
- **ErnährungsberaterInnen** können alte Menschen anleiten, ihre Ernährung entsprechend den Erfordernissen, z. B. um eine Obstipation zu vermeiden, umzustellen.

Konsequenzen für die AltenpflegerIn

Für die AltenpflegerIn ergeben sich aus der Bedeutung und den Einflussfaktoren Leitlinien für den Umgang mit dem pflegebedürftigen alten Menschen:

- Gespräche in Bezug auf die Blasen- und Darmentleerung einfühlsam und diskret führen
- Für eine individuelle Pflege Gewohnheiten und Rituale, über die ein Mensch normalerweise nicht gerne spricht, mit Fingerspitzengefühl erfragen
- Auch das psychische Befinden beobachten, da es einen wichtigen Einfluss auf eine ungestörte Ausscheidung haben kann
- Für eine angenehme Atmosphäre und ungestörte Umgebung sorgen
- Intimsphäre des alten Menschen schützen
- Bei Störungen der Blasen- und Darmentleerung interdisziplinäre Zusammenarbeit anstreben.

8.2 Der Weg zur Pflegediagnose

Durchsicht der Unterlagen

- Liegen medizinische Diagnosen vor, die die Selbstpflege bei der Blasen- und Darmentleerung beeinflussen können?
- Werden medizinische Therapien durchgeführt, die die Selbstpflege bei der Blasen- und Darmentleerung beeinflussen, z. B. Medikamente, Bettruhe, Stoma, Blasenkatheter?

Befragung des Pflegebedürftigen oder der Angehörigen

Probleme und Ressourcen

- Wie häufig lassen Sie Urin am Tag? In der Nacht? Wie groß ist die jeweilige Urinmenge?
- Wann haben Sie zum letzten Mal Urin gelassen? Wann hatten Sie zum letzten Mal Stuhlgang?
- Sind in der letzten Zeit Veränderungen aufgetreten?
- Gibt es Probleme mit der Blasenentleerung (dem Wasserlassen), z. B. Schmerzen, Inkontinenz, Harnverhalt?
- Gibt es Probleme mit der Darmentleerung (dem Stuhlgang), z. B. Schmerzen, Inkontinenz, Obstipation, Durchfall? Leiden Sie unter Hämorrhoiden?
- Bei Bedarf: Sind Sie mit Ihrem Problem bereits in ärztlicher Betreuung? Wenn ja, wurde bereits eine medizinische Diagnostik und Therapie zum Feststellen bzw. Lösen der Probleme eingeleitet?
- Benötigen Sie Hilfe beim Ausscheiden? Wenn ja, welche?

Gewohnheiten und Erfahrungen

- Wie häufig haben Sie normalerweise Stuhlgang? Zu welcher Tageszeit? Haben Sie persönliche Gewohnheiten?
- Nehmen Sie Abführmedikamente ein? Wie oft? Welche?
- Bei Störungen: Wie sind Ihre Erfahrungen? Was haben Sie bisher dagegen gemacht? Sind Sie mit der Lösung Ihres Problems zufrieden?

Aktuelle Bedürfnisse

- Haben Sie zur Zeit Wünsche, die von Ihren Gewohnheiten abweichen?
- Was können wir tun, damit Sie sich wohl fühlen?
- Benötigen Sie etwas, das Sie sich im Moment nicht alleine besorgen können?

Beobachtung

Da viele alte Menschen Probleme im Zusammenhang mit der Ausscheidung aus Scham nicht ansprechen, müssen die Fähigkeiten, für eine ausreichende Blasen- und Darmentleerung zu sorgen, diskret beobachtet werden. Das gilt insbesondere für demente alte Menschen, die aufgrund von Orientierungsstörungen und kognitiven Einbußen nicht selbstständig für ihre Ausscheidung sorgen können.

Bei Inkontinenz stellt die Beobachtung eine wichtige pflegediagnostische Methode dar. Ggf. sollte der alte Mensch in einem vertrauensvollen und diskreten Gespräch auf die Problematik angesprochen werden.

Die Beobachtung von Urin und Stuhl wird nur bei Bedarf durchgeführt, d. h. wenn Hinweise auf medizinische oder pflegerische Probleme vorliegen oder wenn Urin und Stuhl durch die AltenpflegerIn entsorgt werden. Zeigen sich Hinweise auf eine Krankheit, so ist die ÄrztIn zu verständigen.

Ein Überblick über Veränderungen der Blasenentleerung gibt Tab. 8.3, über Veränderungen bei der Stuhlausscheidung Tab. 8.4.

Ausfuhr kontrollieren und Flüssigkeitsbilanz erstellen

Um eine **Flüssigkeitsbilanz** zu erstellen, muss über 24 Std. neben der zugeführten auch die vom Körper ausgeschiedene Flüssigkeit gemessen werden. Dazu

- Ein Bilanzblatt mit Namen des Pflegebedürftigen und Datum beschriften

Veränderungen der Blasenentleerung und mögliche Ursachen	
Mengenabweichungen	*Ursachen*
Erhöhte Urinmenge (Polyurie): mehr als 3000 ml/24 Std.	• Normal bei erhöhter Flüssigkeitszufuhr oder nach Alkoholkonsum • Hohe Blutzuckerwerte bei unbehandeltem oder entgleistem Diabetes mellitus (Zuckerharnruhr) • Mangelnde Wasserrückresorption in den Nieren durch Hormonstörung beim Diabetes insipidus (Wasserharnruhr) • Medikamente, v. a. Diuretika zur Ausschwemmung von Wasseransammlungen im Gewebe (Ödeme) • Bestimmte Phase beim akuten Nierenversagen
Verminderte Urinmenge • Oligurie: weniger als 500 ml/24 Std. • Anurie: weniger als 100 ml/24 Std.	• Flüssigkeitsdefizit (☞ 7.4) durch verminderte Flüssigkeitszufuhr oder erhöhte Flüssigkeitsverluste, z. B. bei Durchfall, Erbrechen, Fieber und starkem Schwitzen • Nierenerkrankungen oder Erkrankungen der ableitenden Harnwege • Herzinsuffizienz • Schock • Mechanische Abflussbehinderung der Harnwege • Akutes Nierenversagen (Lebensgefahr)
Beimengungen	*Ursachen*
Trüber, flockiger Urin durch Eiweiß, Schleim, Eiter	• Nieren- oder Harnwegsinfektion • Vaginale Infektion (in diesem Fall sind die Beimengungen im Urin nicht nachweisbar, wenn der Urin mittels Katheter gewonnen wird) • Ejakulat (bei Katheterurin nicht nachweisbar)
Farbveränderungen	*Ursachen*
Hellgelber bis dunkelgelber Urin	Farbabweichungen abhängig von der zugeführten Flüssigkeitsmenge. Je mehr Flüssigkeit zugeführt wird, umso heller der Urin. Konzentrierter Urin ist eher dunkelgelb.
Rotbrauner, fleischfarbener, trüber Urin (Hämaturie)	Bei Blutungen im Harntrakt, z. B. durch Steine, Entzündungen oder Tumoren
Bierbrauner Urin mit gelbem Schaum	• Störungen der Leberfunktion • Abflussbehinderung in den Gallengängen
Rotbrauner, braungrüner bis schwarzer Urin	• Medikamente • Nahrungsmittel, z. B. rote Beete
Geruch	*Ursachen*
Übelriechender Urin	• Tumoren im Harntrakt • Entzündungen • Infektionen • Nahrungsmittel, z. B. Spargel, Kaffee
Azetongeruch	• Nicht behandelter oder entgleister Diabetes mellitus • Massiver Hunger
Miktionsstörungen	*Ursachen*
Unfreiwillige, unwillkürliche Blasenentleerung (Inkontinenz)	☞ 8.4
Harnverhalt (Harnretention): Unvermögen, bei gefüllter Blase Harn zu lassen	• Abflussbehinderung, z. B. häufig bei Vergrößerung der Prostata • Psychische Gründe
Dysurie: erschwertes, unangenehmes bis schmerzhaftes Wasserlassen	• Harnwegsinfektionen • Mechanische Abflussbehinderungen, z. B. durch Prostatavergrößerung
Pollakisurie: gehäuftes Wasserlassen kleiner Mengen, häufig mit Dysurie einhergehend	• Harnwegsinfektionen • Harnblasensteine, Harnblasentumor • Mechanische Abflussbehinderung, z. B. bei Prostatavergrößerung • Psychisch bedingt durch Angst, Nervosität, Stress
Strangurie: schmerzhafter Drang zum Wasserlassen	• Harnwegsinfektionen • Tumoren • Nach Harnwegsoperationen
Nykturie: nächtliches Wasserlassen	Nächtliches Ausschwemmen von Ödemen bei Herzinsuffizienz

Tab. 8.3: Beobachtung von Veränderungen bei der Blasenentleerung.

Veränderungen der Darmentleerung und mögliche Ursachen	
Veränderungen der Stuhlmenge und Häufigkeit der Darmentleerung	*Ursachen*
Erhöhte Stuhlmenge und Häufigkeit der Darmentleerung	• Normal bei erhöhter Nahrungszufuhr, insbesondere bei hohem Anteil kohlenhydrat- und ballaststoffreicher Nahrung • Diarrhoe (Durchfall, ☞ 8.7) • Gestörte Fettverdauung durch Erkrankungen der Bauchspeicheldrüse • Resorptionsstörungen, z. B. Malabsorption, Sprue
Verminderte Stuhlmenge und Häufigkeit der Darmentleerung	• Normal bei geringer Nahrungszufuhr, überwiegend eiweißreicher Ernährung • Obstipation (☞ 8.6) • Darmverschluss (Ileus) durch - Mechanische Entleerungsbehinderungen, z. B. durch Tumoren, Stenosen - Darmlähmung, z. B. durch Entzündungen, Vergiftungen
Veränderungen der Konsistenz	*Ursachen*
Voluminöser, weicher Stuhl	Ballaststoffreiche Ernährung
Harter, trockener Stuhl, im Extremfall „Kotsteine"	• Obstipation (☞ 8.6) • Geringe Nahrungszufuhr • Flüssigkeitsdefizit (☞ 7.4)
Breiig-wässriger Stuhl	Durchfall (Diarrhoe, ☞ 8.7)
Bleistiftförmiger Stuhl	Mechanische Verengung des Darmes, z. B. bei Dickdarmkarzinom, bei Entzündungen
Geruchsveränderungen	*Ursachen*
Faulig-jauchig stinkender Stuhl	• Zersetzung unverdauter Nahrungsbestandteile durch Bakterien im Darm • Tumoren des Darmes
Farbveränderungen	*Ursachen*
Weißlicher Stuhl	• Nach Einnahme von Bariumbrei (Röntgenkontrastmittel) • Gallengangsverschluss
Schwarzer Stuhl	• Normal bei Eisentabletten, Wismut, Spinat, Kohle • Blutung im Magen oder oberen Darmabschnitt (Melaena, Pech- oder Teerstuhl)
Braunschwarzer Stuhl	Normal bei überwiegender Fleischernährung
Rötlichbrauner oder schwarzbraun-grünlicher Stuhl	Normal bei Blaubeeren, Rotwein, rote Beeren, rote Rüben
Grünlicher Stuhl	Schwere Durchfälle, z. B. durch Antibiotikatherapie ausgelöst
Stuhl mit rotem Blut vermischt	• Blutung in den unteren Darmabschnitten • Hämorrhoiden (eher als Blutaflagerung)
Gelb-weißlicher Stuhl, lehmfarbener Stuhl	• Überwiegende Milchernährung • Leber- und Gallenerkrankungen
Gräulich-glänzender Stuhl	Fettresorptionsstörungen
Beimengungen	*Ursachen*
Unverdaute Nahrungsmittel	• Hastiges Essen, unzureichendes Zerkleinern der Nahrung durch Kauen • Mangel an Verdauungsenzymen • Durchfall
Blut	• Hämorrhoiden • Tumoren
Schleim	• Entzündungen der Darmschleimhaut, z. B. Colitis ulcerosa
Eiter	• Bakterien • Schwere Darmentzündungen • Abszesse
Flockige Beimengungen	• Schleimhautfetzen • Eiweiß bei Entzündungen der Darmschleimhaut
Parasiten	z. B. Madenwürmer, Spulwürmer, Bandwürmer
Darmentleerungsstörungen	*Ursachen*
Inkontinenz (unfreiwillige, unwillkürliche Darmentleerung)	☞ 8.5
Verstopfung (Obstipation)	☞ 8.6
Durchfall (Diarrhoe)	☞ 8.7
Schmerzhafter Stuhldrang (Tenesmus)	• Krampf des Schließmuskels, z. B. bei Analfissuren • Entzündliche Reizung des Enddarmes
Völlegefühl, Blähungen (Meteorismus)	• Verzehr blähender Nahrungsmittel, z. B. Hülsenfrüchte, Kohl • Nahrungsmittelunverträglichkeiten • Luft verschlucken • Erkrankungen im Magen-Darm-Trakt sowie von Galle, Leber

Tab. 8.4: Beobachtung von Abweichungen bei der Stuhlentleerung.

- Pflegebedürftige bitten, die Harnblase zu entleeren. Diese Urinmenge verwerfen und nicht mit berechnen
- Ab diesem Zeitpunkt
  - Zugeführte Flüssigkeitsmengen **(Einfuhr)** aufschreiben (☞ auch Einfuhrprotokoll, Tab. 7.17). Nur die tatsächlich zugeführten Flüssigkeitsmengen aufschreiben, Reste in Gläsern oder Tassen entsprechend abziehen. Auch Flüssigkeiten, die z. B. über eine Infusion zugeführt werden, erfassen.
  - Ausgeschiedene Flüssigkeitsmengen **(Ausfuhr)** messen und dokumentieren (☞ auch Miktionsprotokoll, Tab. 8.50). Auch Flüssigkeitsverluste über Sonden oder bei starkem Schwitzen (z. B. ca. 500–1000 ml pro Tag bei Fieber) erfassen.
- Zum Ende der Bilanz Pflegebedürftigen bitten, Wasser zu lassen. Diese Urinmenge als letzte Ausfuhr in der Bilanz erfassen.

Vorsicht!
Wenn genauso viel messbare Flüssigkeit zugeführt wie ausgeschieden wird, entsteht auf Dauer eine negative Flüssigkeitsbilanz (Flüssigkeitsdefizit, ☞ 7.4), weil nicht messbare Flüssigkeiten z. B. über Haut und Lunge ausgeschieden und im Stoffwechsel als Oxidationswasser gebildet werden. Da mehr „unsichtbares" Wasser ausgeschieden als im Körper gebildet wird, muss die messbare Einfuhr etwa 200–400 ml größer sein als die messbare Ausfuhr, damit die Bilanz ausgeglichen ist.

8.3 Selbstversorgungsdefizit beim Ausscheiden

Selbstversorgungsdefizit beim Ausscheiden: Eingeschränkte Fähigkeit, für die Blasen- und Darmentleerung zu sorgen.

8.3.1 Pflegediagnostik

Ursachen und Einflussfaktoren

Faktoren, die zu einem Selbstversorgungsdefizit beim Ausscheiden führen können, sind insbesondere:

- Eine nicht behindertengerechte Umgebung, z. B. enges Bad, zu hohe Türschwellen, zu niedrige oder zu hohe Toilette, keine Haltegriffe
- Beeinträchtigte körperliche Mobilität (☞ 6.3)
- Bewusstseinsstörungen (☞ 4.12)
- Verwirrtheit, Merkfähigkeits- und Orientierungsstörungen (☞ 4.11)
- Harninkontinenz (☞ 8.4)
- Stuhlinkontinenz (☞ 8.5)
- Medizinische Diagnostik und Therapie, z. B. transurethrale oder suprapubische Harnableitung (☞ unten), künstlicher Darmausgang (Enterostoma, ☞ unten) oder künstliche Urinableitung (Urostoma, ☞ unten).

Anzeichen und Ausmaß

Der **Hilfebedarf** kann **in verschiedenen Bereichen** erforderlich werden:

- Beim Toilettengang
- Bei der Benutzung des Toilettenstuhls
- Bei der Benutzung von Hilfsmitteln zur Ausscheidung im Bett
- Bei der Versorgung des Blasenverweilkatheters
- Bei der Stomaversorgung.

Je nach Ausmaß des Unterstützungsbedarfes werden verschiedene Schweregrade unterschieden.

Grad	Unterstützungsbedarf
0: Selbstständig	Kein Unterstützungsbedarf beim Ausscheiden
1: Leichte Einschränkungen	Die Ausscheidung ist durch Hilfsmittel und/oder mehr Zeit sichergestellt
2: Mittelmäßige Einschränkungen	Benötigt Anleitung, Begleitung, Beaufsichtigung oder teilweise personelle Unterstützung
3: Unselbstständig	Vollständige personelle Unterstützung erforderlich

Tab. 8.5: Ausmaß des Unterstützungsbedarfs beim Ausscheiden.

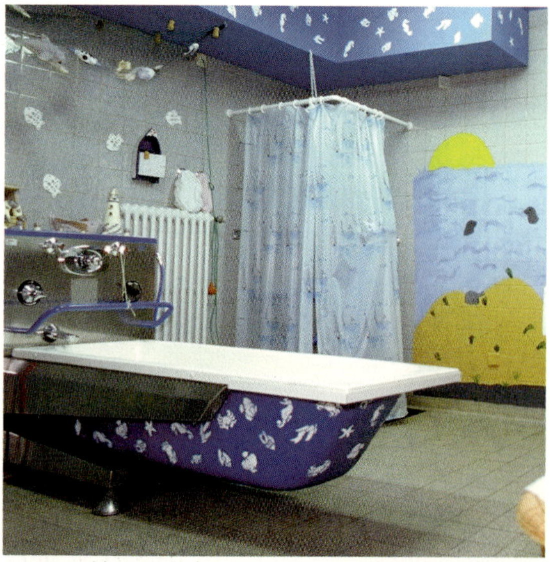

Abb. 8.6: Ganz so wohnlich müssen Bad oder Toilette nicht unbedingt sein. Aber in einer warmen und „gemütlichen" Toilette fühlt sich jeder Mensch wohler und nicht so gedrängt, „seine Geschäfte" schnellstmöglich hinter sich zu bringen. [K157]

Abb. 8.7: Urinflasche für den Mann mit Deckel und Halterung. [K183]

Folgen

Folgen eines Selbstversorgungsdefizits können **Blasen- und Darmentleerungsstörungen** sein, insbesondere die Obstipation und, zumindest vorübergehend, auch der Harnverhalt, d. h. das Zurückhalten der Ausscheidung aufgrund von Schamgefühlen. Viele ältere Menschen haben Ängste oder Hemmungen, fremde Personen um Unterstützung zu bitten und melden sich erst spät. Erhalten sie dann nicht unverzüglich Hilfe, kann es zur unfreiwilligen Blasen- oder Darmentleerung *(Inkontinenz)* kommen. Oft werden ältere Menschen dann vorschnell als dauerhaft inkontinent eingestuft.

8.3.2 Pflegetherapeutische Möglichkeiten

Gestaltung der Umgebung

Die Blasen- und Darmentleerung im Bett, im Zimmer oder in der unmittelbaren, hör- oder sichtbaren Nähe anderer ist für die meisten alten Menschen sehr unangenehm. Es ist daher wichtig, für eine angenehme, die **Intimsphäre wahrende Atmosphäre** zu sorgen. Wann immer möglich, ist dem alten Menschen Gelegenheit zu geben, die Toilette aufzusuchen. Das ist z. B. auch möglich, indem ein fahrbarer Toilettenstuhl über die Toilette geschoben wird.

Der Toilettenraum sollte sauber, warm und freundlich sein (☞ Abb. 8.6)

Damit sich der alte Mensch sicher fühlt, muss dafür gesorgt werden, dass die **Klingel** in erreichbarer Nähe angebracht ist. In der häuslichen Umgebung kann ein möglicher **Rufkontakt** dem alten Menschen ein Sicherheitsgefühl vermitteln.

Ist die Blasen- und Darmentleerung ausschließlich **im Zimmer** möglich, helfen folgende Maßnahmen, die Intimsphäre weitestgehend zu wahren:

- Anwesende Personen wenn möglich aus dem Zimmer bitten
- Den alten Menschen nach Möglichkeit alleine lassen
- Sichtschutz aufstellen.

Kann der alte Mensch trotz dieser Maßnahmen Blase oder Darm nicht entleeren, können möglicherweise folgende „Tricks“ die Entleerung erleichtern:

- Wasserhahn aufdrehen: Das strömende Wasser löst einen Miktionsreiz aus. Möglicherweise hilft aber auch einfach die Geräuschkulisse
- Einen warmen Waschlappen auf die Blasenregion legen (entspannt den Blasenschließmuskel)
- Eine Hand des alten Menschen in warmes Wasser tauchen.

Technische Hilfsmittel zur Ausscheidung

Es gibt eine Reihe von Möglichkeiten, die Toilette den körperlichen Einschränkungen des alten Menschen anzupassen, z. B.

- **Toilettensitzerhöhungen** bei zu niedrigen Toiletten mit und ohne Armlehnen (☞ Abb. 11.27)
- **Haltegriffe** in der Umgebung der Toilette, die einen weitestgehend selbstständigen und sicheren Transfer ermöglichen (☞ Abb. 9.18).

Für die Blasen- und Darmentleerung im Bett werden folgende **Hilfsmittel benötigt:**

- **Urinflasche** aus Kunststoff oder Glas für den Mann (☞ Abb. 8.7) bzw. **„Schiffchen“** mit einer breiteren

Abb. 8.8: Steckbecken aus Metall. [K183]

und flacheren Öffnung für die Frau zur Urinausscheidung

- **Steckbecken** *(Bettschüssel)* aus Kunststoff oder Metall für die Frau zur Urin- und Stuhlausscheidung, für den Mann zur Stuhlausscheidung (☞ Abb. 8.8)
- **Toilettenstuhl** *(Nachtstuhl)*: fahrbar oder feststehend (☞ Abb. 8.9).

Ist der alte Mensch mit den Hilfsmitteln nicht vertraut, so muss er zum Umgang mit ihnen angeleitet werden.

Blasen- und Darmentleerung im Bett

Vorbereitung

- Raum: Fenster schließen und anwesende Personen wenn möglich vor die Tür bitten
- Alten Menschen informieren und nur so weit wie nötig aufdecken
- AltenpflegerIn: Handschuhe anziehen, da Infektionsgefahr besteht
- Material
  - Jeder alte Mensch, der Unterstützung bei der Ausscheidung im Bett benötigt, erhält ein eigenes Steckbecken, das unter dem Nachttisch untergebracht wird. Zusätzlich erhalten Männer eine Urinflasche. Bei Verwendung eines Steckbeckens aus Metall dieses vor der Anwendung mit warmem Wasser ausspülen, da das Metall unangenehm kalt ist
  - Die Urinflasche mit Deckel in erreichbarer Nähe des alten Menschen mit einer Haltevorrichtung aufhängen.

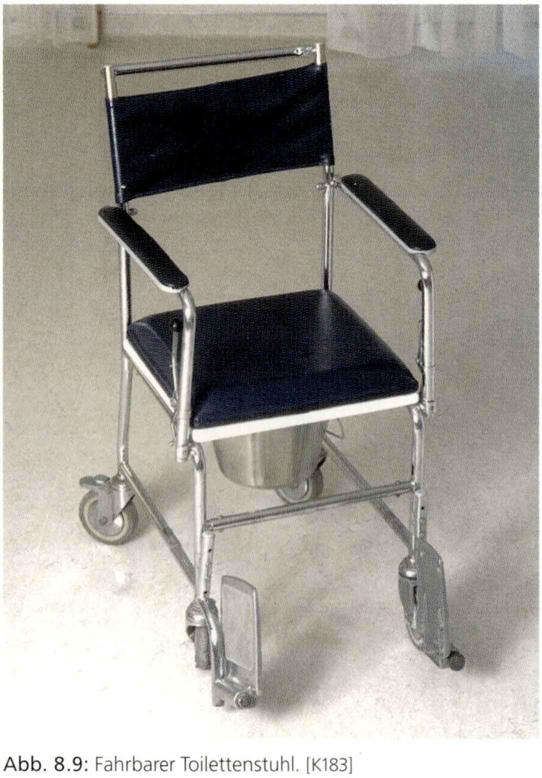

Abb. 8.9: Fahrbarer Toilettenstuhl. [K183]

Benutzung einer Urinflasche

Den Penis an seiner Wurzel anfassen und in die Flaschenöffnung einführen. Die Urinflasche so ins Bett legen, dass kein Druck auf die Hoden ausgeübt wird und bei großer Menge kein Urin auslaufen kann. Nach der Blasenentleerung den Penis mit Zellstoff abtupfen.

Benutzung eines Steckbeckens

- **1. Möglichkeit:** Der alte Mensch winkelt in Rückenlage die Beine an und hebt das Gesäß hoch. Danach wird das Steckbecken von der gesunden Seite untergeschoben. Nur nach einem Schlaganfall wird das Steckbecken von der betroffenen Seite eingeschoben, damit der Pflegebedürftige sie wahrnehmen lernt (Bobath-Konzept, ☞ 6.3.2). Ggf. dabei den Beckenbereich stützen. Der obere Steckbeckenrand soll sich in Kreuzbeinhöhe befinden
- **2. Möglichkeit:** Der alte Mensch dreht sich zur Seite. Das Steckbecken wird mit einer Hand gehalten. Mit der anderen Hand wird der alte Mensch auf das Steckbecken zurückgedreht (☞ Abb. 8.10). Diese Möglichkeit wird bei alten Menschen angewendet, die nicht in der Lage sind, alleine das Becken anzuheben
- Nach Möglichkeit den alten Menschen im Bett aufsetzen lassen, Kopfteil hochstellen, da das Ausscheiden im Liegen unphysiologisch und schwieriger ist
- Bei Männern gleichzeitig die Urinflasche anlegen, bei Frauen die Beine strecken (lassen) da sonst der Urin ins Bett läuft.

Vorsicht!
Wegen der Gefahr eines Dekubitus die Urinflasche nicht dauernd angelegt lassen. Außerdem „verlernt" ein Pflegebedürftiger auf diese Weise seine Kontinenz.

Entfernen des Steckbeckens

- Handschuhe anziehen
- Den alten Menschen auf die Seite drehen (lassen) und dabei das Steckbecken waagerecht am Griff halten, um zu verhindern, dass Urin oder Stuhl ins Bett läuft
- Das Steckbecken entfernen

- Bei Frauen die äußeren Genitale, bei Männern die Harnröhrenöffnung mit Zellstoff oder Toilettenpapier säubern. Nach einer Darmentleerung Intimpflege (☞ 9.3.2) durchführen
- Den Zellstoff nach Gebrauch auf den Steckbeckenrand legen oder in einen Abwurfsack entsorgen.

Nachbereitung

- Material
  - Urinflasche entleeren, desinfizieren und zurück ins Zimmer bringen
  - Steckbecken in der Topfspüle entleeren, desinfizieren, abtrocknen und zurückbringen. Den Zellstoff in den Abfallsack im Fäkalienraum werfen.
- Alten Menschen lagern und zudecken
- Raum: evtl. das Zimmer lüften
- AltenpflegerIn: Hände desinfizieren.

☑ Das Steckbecken aus hygienischen Gründen nicht auf den Boden oder den Nachttisch stellen. Stattdessen lieber einen Stuhl verwenden oder das Steckbecken im Bett am Fußende abstellen.

Bei einer Flüssigkeitsbilanzierung (☞ 8.2) die Urinmenge messen und auf das Bilanzblatt eintragen. In diesem Fall unbedingt darauf achten, dass kein Zellstoff in den Urin gelangt, um eine Verfälschung der Messergebnisse zu verhindern.

Kein Zellstoff in die Topfspüle werfen, da Verstopfungsgefahr besteht.

Blasen- und Darmentleerung auf dem Toilettenstuhl

Vorbereitung

- Toilettenstuhl neben das Bett stellen, Bremsen feststellen (Sturzgefahr) und die Abdeckung entfernen
- Toilettenpapier oder Zellstoff bereit legen
- Bei Bedarf Sichtschutz aufstellen.

Durchführung

- Den alten Menschen, falls erforderlich, beim Transfer Bett-Toilettenstuhl (☞ Abb. 6.36), beim Ankleiden eines Morgenmantels und beim Auskleiden des Unterkörpers (☞ 9.5.2) unterstützen oder anleiten
- Nach Möglichkeit den Toilettenstuhl über die Toilette fahren
- Je nach Gesundheitszustand, z. B. bei Sturzgefahr, den alten Menschen beaufsichtigen oder alleine lassen. Immer darauf achten, dass Intimsphäre und Sicherheit größtmöglich gewahrt bleiben. Bleibt der alte Mensch alleine, Klingel in erreichbarer Nähe bereit legen
- Nach der Ausscheidung je nach Bedarf bei der Reinigung des Intimbereichs (☞ 9.3.2) und beim Ankleiden (☞ 9.5.2) unterstützen oder anleiten.

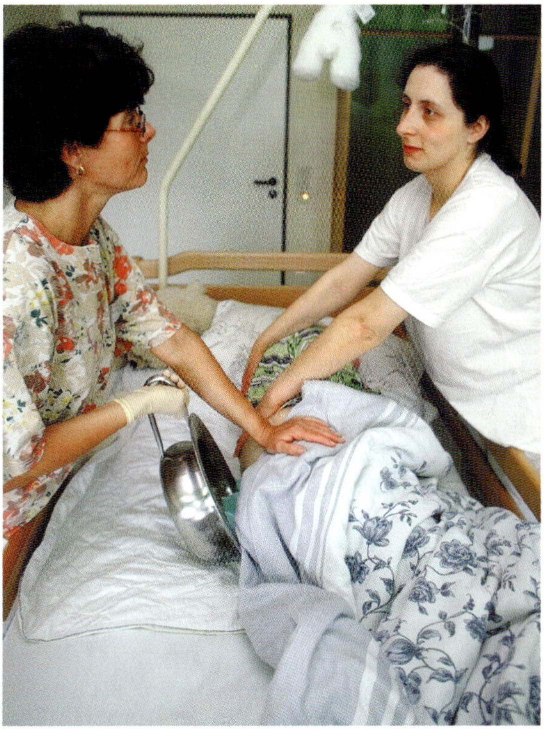

Abb. 8.10: Pflegebedürftigen auf die Seite drehen, Steckbecken positionieren und alten Menschen zurückdrehen. [K157]

Nachbereitung

- Topf entleeren, desinfizieren
- Nachtstuhl reinigen und Sitzfläche desinfizieren.

Transurethrale Harnableitung

Transurethrale Harnableitung: Künstliche Urinableitung mit einem von außen durch die Harnröhre *(transurethral)* in die Harnblase eingeführten Katheter (Schlauch).

Die transurethrale Harnableitung ist eine häufige medizinische Maßnahme bei älteren, kranken oder behinderten Menschen (Indikationen, ☞ Tab. 8.11). Die Indikationsstellung und Anordnung ist eine ärztliche Aufgabe, die Durchführung kann an examiniertes Pflegepersonal delegiert werden.

☑ Harninkontinenz (☞ 8.4) ist keine medizinische Indikation für eine transurethrale Harnableitung.

Katheterarten

Transurethrale Blasenkatheter werden nach dem Zweck der Harnableitung, dem Geschlecht der zu katheterisierenden Person sowie der voraussichtlichen Liegezeit unterschieden.

Medizinische Diagnostik	Medizinische Therapie
• Sterile Uringewinnung für bakteriologische Untersuchungen • Bestimmung der nach Blasenentleerung in der Harnblase verbleibenden Restharnmenge, wenn die Ultraschalluntersuchung nicht ausreicht • Untersuchung der unteren Harnwege, z. B. Röntgenkontrastaufnahme der Harnröhre *(Urethrographie)* • Überwachung der Flüssigkeitsbilanz	• Bei Harnverhalt (☞ Tab. 8.3), z. B. nach Operationen, durch Prostatavergrößerungen, Tumoren der Harnröhre oder Harnblase, Bandscheibenvorfall zur Blasenentleerung • Zur Blasenentleerung z. B. vor Operationen im kleinen Becken oder vor lang andauernden Operationen • Zur Blasenspülung • Zur Instillation von Medikamenten in die Blase (☞ unten), z. B. Antibiotika • Zur kontinuierlichen Nierenfunktionskontrolle, z. B. bei Bewusstlosen

Tab. 8.11: Indikationen zur transurethralen Harnableitung.

Abhängig vom **Zweck** der Harnableitung werden Einmalkatheter, Blasenverweilkatheter oder Spezialkatheter verwendet (☞ Abb. 8.12).

- **Einmalkatheter** sind einläufig und werden hauptsächlich zur medizinischen Diagnostik verwendet
- **Blasenverweilkatheter** *(Dauerkatheter, Ballonkatheter)* sind zweiläufig, d. h. sie besitzen einen Auffüllkanal, durch den ein Ballon zum Fixieren des Katheters in der Blase gefüllt wird, und einen Kanal, um den Urin abzuleiten
- **Spezialkatheter** werden bei urologischen Spezialindikationen verwendet:
  - Der *Mercier-Katheter* für den Mann hat eine besondere Spitzenform und eignet sich zum Ableiten von blutigem Urin
  - *Spülkatheter* sind dreiläufig. Ein Kanal mit einem Ballon dient der Fixierung, der zweite Kanal der Harnableitung und über den dritten Kanal kann die Spülflüssigkeit zugeführt werden.

Abhängig vom **Geschlecht** werden Frauen- und Männerkatheter unterschieden:

- Für den **Mann** werden **Tiemann-Katheter** mit einer gebogenen Spitze verwendet
- Für die **Frau,** seltener auch für den Mann, werden **Nelaton-Katheter** mit einer geraden Spitze verwendet.

Tiemann- und Nelaton-Katheter stehen als Einmalkatheter und Blasenverweilkatheter zur Verfügung.

Die **Katheterstärke** wird durch den Durchmesser bestimmt. Der Katheterdurchmesser wird in Charrière (Ch) angegeben. 1 Charrière = ⅓ mm. Übliche Katheterstärken bei nicht verengter Harnröhre sind:

- Für Frauen: 12–14 Ch
- Für Männer 14–18 Ch.

Kathetermaterialien

Kathetermaterialien müssen hohen Anforderungen gerecht werden und trotz ständigem Kontakt mit Urin und anderen Sekreten geschmeidig und borkenfrei bleiben. Sie dürfen die Schleimhäute weder mechanisch noch durch Abgabe chemischer Substanzen wie Weichmacher oder Stabilisatoren reizen.

- *Einmalkatheter* bestehen aus PVC-Kunststoff
- *Blasenverweilkatheter* für die kontinuierliche Harnableitung bestehen aus
  - Silikon-Latex für die **Kurzzeitableitung,** weil sich auf ihrer rauhen Oberfläche Bakterien festsetzen. Sie müssen nach ca. 5–7 Tagen gewechselt werden
  - Silikon für die **Langzeitableitung.** Einige Katheter sind mit Teflon oder Hydrogel beschichtet, so dass auf ihrer glatten Oberfläche keine Bakterien haften können. Außerdem reizen sie das Gewebe

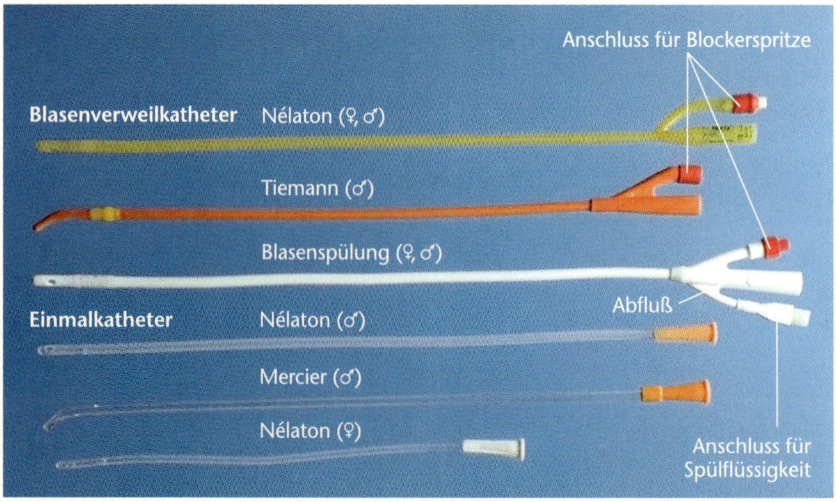

Abb. 8.12: Verschiedene Katheterarten zur transurethralen Harnableitung für Frauen und Männer. [D200]

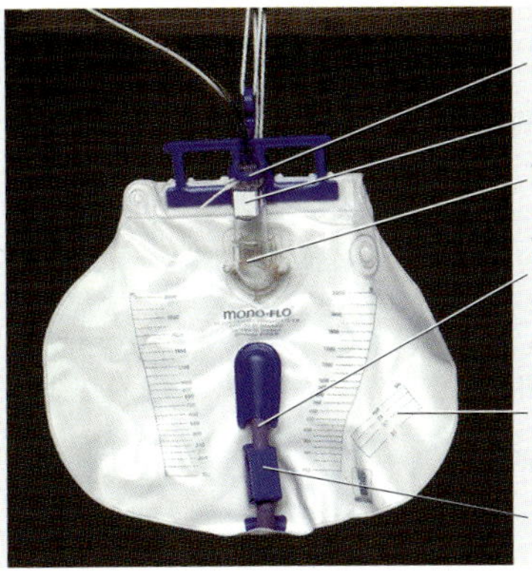

Abb. 8.13: Geschlossenes Urinauffangsystem mit Rücklaufsperre und Tropfkammer, so dass Bakterien nicht in die ableitenden Harnwege eindringen können. [K183]

nicht und müssen, da keine Weichmacher enthalten sind, nur etwa alle 3 Wochen gewechselt werden.

Harnableitungssysteme

Um die Gefahr einer Harnwegsinfektion *(Entzündung der Harnwege)* zu minimieren, ist es wichtig, dass **Harnableitungssysteme** für die transurethrale Harnableitung geschlossen, mit einem Rücklaufventil ausgestattet und steril verpackt sind (☞ Abb. 8.13).

- *Geschlossen* bedeutet, dass Katheter und Harnableitungssystem nicht voneinander getrennt werden. Am tiefsten Punkt des Auffangbeutels befindet sich ein Ablasshahn, über den der Urin vollständig abgelassen werden kann
- Die Ausstattung mit einem *Rücklaufsperre* verhindert, dass der Urin in die Harnblase zurückläuft, z. B. beim Transport
- Durch die *sterile* Verpackung wird ein Übertragen von Krankheitserregern beim Verbinden des Blasenverweilkatheters mit dem Harnableitungssystem vermieden.

Die Urinprobeentnahmestelle muss nahe der Verbindungsstelle zum Katheter liegen.

Harnableitungssysteme für die kontinuierliche Nierenfunktionskontrolle sind zudem mit einem *Urimeter* ausgestattet, damit die Harnmenge regelmäßig, z. B. stündlich, kontrolliert werden kann.

Im Handel gibt es Harnableitungssysteme mit einer Aufhängevorrichtung für das Bett, Beinbeutel und kombinierte Systeme:

- Harnableitungssysteme mit einer **Aufhängevorrichtung für das Bett** sind für bettlägerige Personen geeignet. Sie haben meist ein Fassungsvermögen von 2000 ml
- Für mobile Personen sind **Beinbeutel** zweckmäßiger, die am Bein befestigt werden können. Sie haben ein Fassungsvermögen von 500 bis 1000 ml und müssen häufiger entleert werden (☞ Abb. 8.14).

Technik der Katheterisierens

Ein Blasenkatheter zur transurethralen Harnableitung kann ausschließlich auf ärztliche Anordnung gelegt werden.

Materialien

Alle Materialien müssen wegen der hohen Infektionsgefahr steril sein. Die Gegenstände werden auf einen Wagen oder einem Tablett gerichtet. In der Regel werden **Kathetersets** verwendet, die vom Handel fertig angeboten oder hausintern erstellt werden. Sie ermöglichen die sterile Bereitstellung der Materialien und eine systematische Vorgehensweise. Es ist allerdings sehr wichtig, dass sie zweckmäßig zusammengestellt sind, da bei unterschiedlichen Methoden unterschiedliche Mittel benötigt werden, z. B. bei der „3-Handschuh-Methode“ oder bei der Katheterisierung mit Hilfe der Pinzette. Die richtige Auswahl im Vorfeld vermeidet Abfall.

Ein **steriles Katheterset** enthält:

- 1 flüssigkeitsundurchlässige Arbeitsunterlage
- 1 Lochtuch zum Abdecken der Genitale
- 1 Paar Handschuhe
- 1 anatomische Pinzette
- 6 pflaumengroße Mulltupfer oder 4 pflaumengroße Mulltupfer und 2 Kompressen zur antiseptischen Reinigung der Harnröhrenöffnung und des umgebenden Bereichs der Harnröhre
- 1 Auffangschale für den Urin, mindestens 700 ml Volumen (dreigeteilt oder zwei Schalen)
- 1 Unterlegtuch.

Das Set kann zusätzliche Materialien wie anästhesierendes Gel, 30 ml Schleimhautdesinfektionsmittel, Spritze mit 10 ml Aqua destillata und einen zusätzlichen Handschuh enthalten (☞ Abb. 8.15).

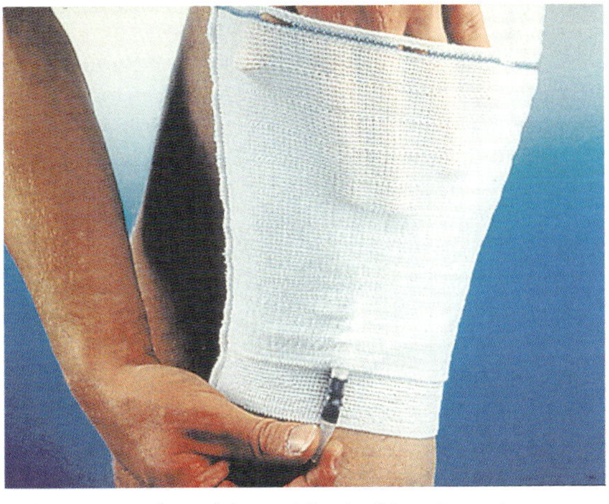

Abb. 8.14: Beinbeutel für mobile alte Menschen mit transurethraler Harnableitung. Er kann tagsüber am Bein, nachts am Bett befestigt werden. [U223]

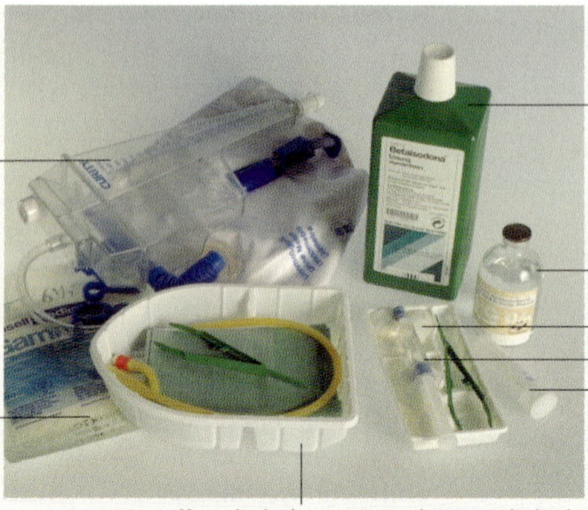

Abb. 8.15: Set zum Legen eines transurethralen Verweilkatheters. [D200]

Je nachdem, wie das Katheterset bestückt ist, müssen **ggf. noch folgende Materialien** ergänzt werden:

- 2 geeignete Katheter, einer davon als Reserve
- Zusätzlicher Handschuh bei „3-Handschuh-Methode"
- Schleimhautdesinfektionsmittel, z. B. Braunol®
- Anästhesierendes Gel, z. B. Instillagel®
- Abwurfbehälter
- Steriles Urinauffanggefäß
- Evtl. Urobox oder Laborröhrchen
- Evtl. Schutzkittel, Mundschutz.

Zusätzlich zum Legen eines **Verweilkatheters:**

- 1 Einwegspritze mit 10 ml Aqua destillata zum Blocken
- Geschlossenes Harnableitungssystem mit gegebenenfalls Stundenurimeter und entsprechender Halterung.

☑ Als Flüssigkeit zum Blocken nur Aqua destillata benutzen, da Kochsalzlösung im Ballonkanal kristallisieren und den Kanal verstopfen kann. Für die normale Harndrainage reichen 5–10 ml Aqua destillata aus. Das Fassungsvermögen des Ballons ist auf dem Katheteransatz vermerkt, in der Regel sind es 5–15 ml. Größere Mengen reizen durch die größere Kontaktfläche zur Blasenschleimhaut stärker und können z. B. Blasenkrämpfe auslösen.

Vorbereitung

- Raum
  - Fenster schließen
  - Intimsphäre der pflegebedürftigen Person schützen, z. B. Sichtschutz aufstellen, evtl. anwesende Personen aus dem Zimmer schicken, Untersuchungszimmer benutzen
- Pflegebedürftigen
  - Ausführlich und umfassend informieren
  - Genitalbereich inspizieren und ggf. Intimpflege (☞ 9.3.2) durchführen. Über Auffälligkeiten wie Ausfluss, Schleimhautreizungen oder Vorhautverengung ÄrztIn informieren.
- AltenpflegerIn
  - Wenn möglich, besonders bei verwirrten Menschen, immer eine zweite AltenpflegerIn zur Assistenz bitten, weil steriles Arbeiten zu zweit leichter möglich ist. Die AssistentIn kann das Lagern und die Intimpflege des Pflegebedürftigen übernehmen und während des Katheterisierens die benötigten Materialien steril anreichen
  - Bei einer infektiösen Erkrankung des Pflegebedürftigen, z. B. Hepatitis oder AIDS, einen Schutzkittel oder eine flüssigkeitsundurchlässige Schürze, Mundschutz und Haube anlegen
  - Hände desinfizieren.

Durchführung (☞ Tab. 8.17 und Abb. 8.16 und 8.18)

Es gibt verschiedene Möglichkeiten zum Legen eines Blasenkatheters:

- Kombination Handschuhe mit einer Pinzette
- „3-Handschuh-Methode".

Für die Durchführung ist eine gute Vorbereitung und systematische Arbeitsweise Voraussetzung. Adipositas, Erkrankungen, Versteifungen der Gelenke und Verwirrtheit können das Legen eines Blasenkatheters erschweren.

Grundsätzlich beachten

- Bei Harnverhalt mit überfüllter Blase den Urinfluss durch Zusammendrücken des Katheters drosseln und nicht die gesamte Urinmenge auf einmal ablassen, da die Gefahr von Blasenblutungen und -kollaps besteht. Nach ca. 500 ml Urin den Katheter abklemmen und etwa 30 Minuten Zeit zum Ausgleich der Druckverhältnisse lassen

- Beim Legen eines transurethralen Blasenverweilkatheters ist aufgrund der Gefahr eines Harnwegsinfektes absolut sterile Vorgehensweise notwendig
- Wegen der Gefahr von Verletzungen keine Gewalt und Kraft beim Einführen eines Blasenkatheters anwenden
- Bei alten Menschen, die blutgerinnungshemmende Medikamente *(Antikoagulantien)* einnehmen, besteht Blutungsgefahr. Deshalb ist eine besonders vorsichtige Durchführung und eine engmaschige Beobachtung erforderlich
- Schmerzäußerungen des alten Menschen immer erst nehmen
- Bei verwirrten Blasenverweilkatheterträgern, die sich den Katheter oft selbst entfernen, den Ballon nur schwach blocken. Auch ein stark geblockter Ballon macht das Ziehen nicht unmöglich, die Gefahr von Harnröhren- und *Schließmuskelverletzungen (Sphinkterverletzungen)* ist jedoch sehr hoch.

Beim Katheterisieren des Mannes beachten:

- Das Strecken und Absenken des Gliedes ist deshalb so wichtig, um 2 physiologische Krümmungen mit dem Katheter zu passieren
- Die Vorhaut immer über die Eichel streifen, ansonsten Gefahr einer Paraphimose
- Zum Ableiten von Urin immer sterile Behälter verwenden, nie unsterile Behälter, wie z. B. Urinflasche, Steckbecken.

> **Vorsicht!**
> Kann ein Widerstand beim Einführen des Katheters nicht durch Strecken oder Senken des Penis beseitigt werden, Katheterisieren abbrechen und ÄrztIn informieren.

Nachbereitung

- Pflegebedürftiger: Möglichkeit zur Intimtoilette geben (durchführen), ankleiden und evtl. lagern
- Material
  - Benutzte Materialien entsorgen
  - Die Urinprobe für den Transport ins Labor vorbereiten und den Untersuchungszettel ausfüllen
- AltenpflegerIn: Hände desinfizieren.

Pflegetherapeutische Maßnahmen bei Blasenverweilkatheter

Beobachtung

Um durch den Blasenverweilkatheter drohende Erkrankungen frühzeitig zu erkennen, ist eine kontinuierliche Beobachtung notwendig:

- Schmerzen, Temperatur
- Urin: Geruch, Farbe, Menge, Aussehen; ggf. Ausfuhrprotokoll, Flüssigkeitsbilanzierung (☞ 8.2)
- Beim Mann: Penis auf schmerzhaftes Ödem der Vorhaut *(Paraphimose)* beobachten.

Intim- und Katheterpflege

- Vor allen Pflegemaßnahmen Hände desinfizieren
- Regelmäßig prüfen, ob Katheter durchgängig ist
- 2 x täglich Intimbereich und Katheterschlauch mit Waschemulsion reinigen
- Bei Sekretabsonderungen und Verkrustungen 2 x täglich Eintrittsstelle des Katheters in die Harnröhre desinfizieren, z. B. mit Betaisodona®.

Umgang mit dem Harnableitungssystem

- Das Harnableitungssystem immer geschlossen halten, um Infektionen vorzubeugen. Sollte dennoch eine Unterbrechung der Ableitung erforderlich sein, muss das Harnableitungssystem nach jeder Unterbrechung der Ableitung gewechselt werden
- Den Urinbeutel nie über Blasenniveau heben, da der Urin in die Blase zurücklaufen kann. Neuere Systeme besitzen meistens eine Rückflusssperre. Den Schlauch des Harnableitungssystems nicht abknicken oder durchhängen lassen. Dies führt zur Harnstauung und zur Keimvermehrung. Katheter nur nach ärztlicher Anordnung abklemmen
- Bei der Befestigung des Harnableitungssystems immer darauf achten, dass es zu keiner Berührung mit dem Fußboden kommt und dass der Ablasshahn immer in der Lasche steckt
- Den Urinbeutel bei Bedarf mittels Ventil entleeren. Bei der Entleerung wegen der Infektionsgefahr Handschuhe tragen. Das Ventil erst schließen, wenn das System ganz leer ist. Das Ablassventil nach dem Leeren mit alkoholischem Desinfektionsmittel absprühen
- Urin wird bei liegendem Blasenverweilkatheter nach sorgfältiger Desinfektion und unter Berücksichtigung der Einwirkzeit mittels steriler Monovette und steriler Kanüle entnommen. Es wird dabei das Harnableitungssystem an der dafür vorgesehenen Einstichstelle punktiert (☞ Abb. 8.19)
- Maßnahmen bei Komplikationen, ☞ Tab. 8.20.

> **Vorsicht!**
> Das früher durchgeführte **Abklemmen** zum Zwecke eines Blasentrainings ist unnötig, da der gewünschte Effekt nicht erzielt wird, weil die Blasengröße flexibel ist. Doch kann es durch das Abklemmen leicht zu Verletzungen durch Überdehnung der Blasenwand kommen, auch ist die Infektionsgefahr durch den Harnstau erhöht. Ausnahmen sind eine unwillkürliche Blasenentleerung nach Rückenmarkschädigung *(Reflexblase)* und eine neurogene Erschlaffung der Blasenmuskulatur mit Restharnbildung und Verlust des Harndrangempfindens *(Atonische Blase)*.

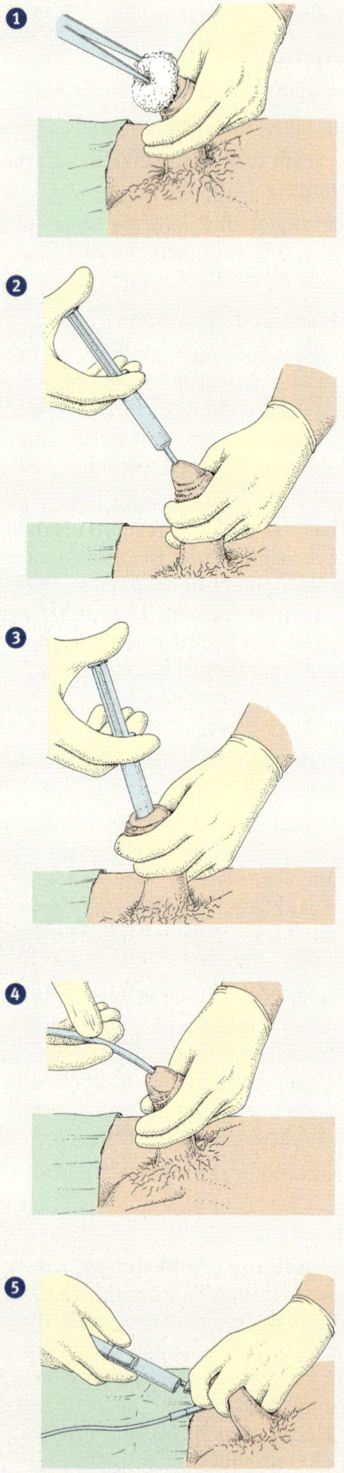

Abb. 8.16: Schematische Darstellung des Katheterisierens beim Mann. [A400-190]

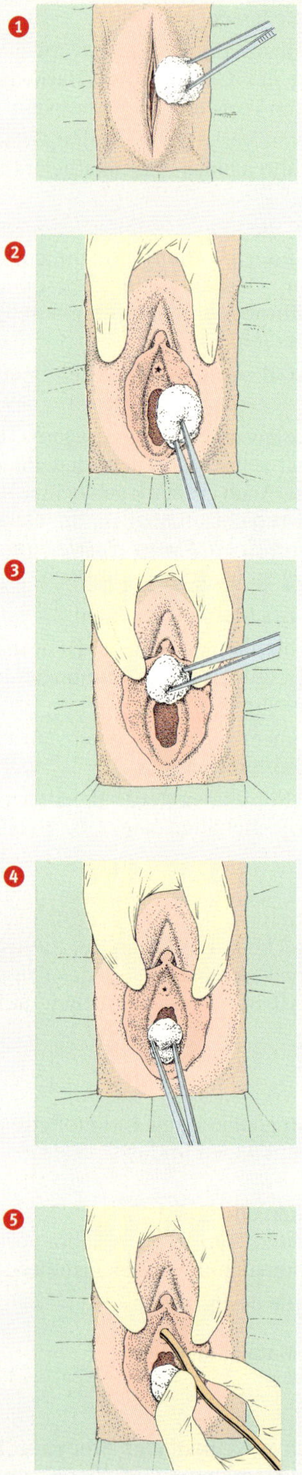

Abb. 8.17: Schematische Darstellung des Katheterisierens bei der Frau. [A400-190]

<table>
<tr><th>Mann</th><th>Frau</th></tr>
<tr><td colspan="2">• Die Materialien in erreichbarer Nähe bereitstellen
• Die Arbeitsfläche, normalerweise den Nachttisch, richtig positionieren und eine ausreichend große Arbeitsfläche herstellen. Auf der Arbeitsfläche eine sterile Fläche schaffen (durch Auseinanderfalten der Katheterset-Verpackung, die innen steril ist)
• Steril eingepackte Materialien unter aseptischen Bedingungen öffnen und auf die sterile Arbeitsfläche fallen lassen
• Desinfektionslösung in das entsprechende Gefäß gießen</td></tr>
<tr><td>Den Mann in flache Rückenlage legen (lassen), dabei die Beine ausstrecken und leicht spreizen lassen</td><td>• Die Frau in flache Rückenlage legen (lassen), dabei das Gesäß mit einem kleinem Kissen, einer Rolle oder einem zusammengelegten Badehandtuch unterstützen. Dabei soll sie die Beine anwinkeln und spreizen
• Bei Bedarf unterstützen und mit Lagerungshilfsmitteln absichern</td></tr>
<tr><td colspan="2">• Urinauffanggefäß zwischen die Beine des Pflegebedürftigen stellen
• Schutztuch und Schlitztuch aus dem Katheterset entnehmen, ohne andere Utensilien zu berühren</td></tr>
<tr><td>Lochtuch so auflegen, dass der Penis frei bleibt oder Tuch ohne Loch auf Oberschenkel legen</td><td>Schutzunterlage unterlegen und Lochtuch so auflegen, dass Genitale gut zugänglich bleiben</td></tr>
<tr><td colspan="2">• Hände desinfizieren, sterile Handschuhe anziehen
• Eventuell sterile Materialien zurechtrücken
• Gleitmittel öffnen</td></tr>
<tr><td>Vorhaut bis hinter die Furche der Eichel (Glans penis) zurückziehen.
Den Penis zwischen Ring- und Mittelfinger der linken Hand fassen, dabei die Harnröhrenöffnung mit Daumen und Zeigefinger leicht zusammendrücken und so spreizen. Rechte Hand: Mit einem in die Pinzette eingeklemmten Tupfer die Harnröhrenöffnung desinfizieren, dabei für jeden Wischvorgang einen neuen Tupfer benutzen und die benutzten Tupfer in das Abwurfgefäß werfen:
• 1. und 2. Tupfer: Eichel links und rechts
• 3. Tupfer: Harnröhrenöffnung, dabei von der Harnröhre wegwischen
(☞ Abb. 8.16 ❶)</td><td>Äußere Genitalien desinfizieren, dabei spreizt die linke Hand die Schamlippen kontinuierlich bis zum Abschluss des Katheterisierens. Die rechte Hand desinfiziert mit einer Pinzette und einem Tupfer von der Symphyse analwärts (von vorne nach hinten). Für jeden Wischvorgang einen neuen Tupfer verwenden und die benutzten Tupfer in das Abwurfgefäß werfen:
• 1. und 2. Tupfer: große Schamlippen links und rechts
• 3. und 4. Tupfer: kleine Schamlippen links und rechts
• 5. Tupfer: Harnröhrenöffnung
• 6. Tupfer vor Vaginaeingang legen. Er verhindert Fehlsondierungen und dass Sekret in den sauberen Bereich gelangt
(☞ Abb. 8.17 ❶–❹)</td></tr>
<tr><td colspan="2">• Einwirkzeit des Schleimhautdesinfektionsmittels abwarten (ca. 30 Sekunden)
• Bei 3-Handschuh-Methode jetzt von AssistentIn neuen Handschuh auf die rechte Hand streifen lassen oder, wenn vorab gleich 2 sterile Handschuhe auf die rechte Hand gezogen wurden, jetzt den oberen abstreifen</td></tr>
<tr><td>• Mit der rechten Hand Gleitmittel von der Arbeitsfläche entnehmen
• Einige Tropfen des Gleitmittels auf den Harnröhreneingang träufeln (☞ Abb. 8.16 ❷)
• Den Konus der Gleitmittelspritze auf den Harnröhreneingang aufsetzen und etwa 10 ml Gleitmittel langsam in die Harnröhre instillieren (☞ Abb. 8.16 ❸)
Gegebenenfalls ein Gleitmittel mit Schleimhautanästhetikum benutzen. Die Einwirkzeit laut Beipackzettel beachten: etwa 1 Minute (die volle Wirkung wird z. B. bei Instillagel® erst nach 5–10 Minuten erreicht)</td><td>Gleitmittel auf Katheterspitze geben und den Katheter von der Arbeitsfläche entnehmen</td></tr>
<tr><td>• Katheter von der Arbeitsfläche entnehmen
• Den Katheter ca. 5 cm unterhalb der Spitze mit Daumen und Zeigefinger oder mit 2. steriler Pinzette fassen, dabei das Katheterende zwischen Ring- und Kleinfinger klemmen, damit dieser Teil beim Legen nicht unsteril wird. Beim Tiemann-Katheter zeigt das gebogene Ende nach oben
• Den Penis mit der linken Hand gerade nach oben strecken, um die vordere physiologische Krümmung der Harnröhre auszugleichen (☞ Abb. 8.16 ❹)
• Den Katheter einführen, bis nach ca. 10 cm ein Widerstand am äußeren Schließmuskel gespürt wird (hintere physiologische Krümmung der Harnröhre). Dann den Penis fußwärts senken und den Katheter weiterschieben, bis Urin abfließt</td><td>Den Katheter in die Harnröhre einführen (ca. 5–6 cm) und, sobald Urin fließt, nicht mehr weiterschieben (☞ Abb. 8.17 ❺)</td></tr>
<tr><td colspan="2">• Den Urin in ein Auffanggefäß, ggf. auch in ein Laborröhrchen, ableiten
• Bei Einmalkatheter: Das Katheterende mit dem Zeigefinger verschließen, gleichmäßig zurückziehen und entfernen
• Bei Verweilkatheter: Katheter noch etwas weiter vorschieben und dann mit 5–10 ml Aqua destillata blocken (☞ Abb. 8.16 ❺). Katheter vorsichtig zurückziehen, bis ein leichter Widerstand spürbar ist und an das Harnableitungssystem anschließen</td></tr>
<tr><td>Die Vorhaut (Präputium) wieder über die Eichel vorschieben</td><td>Tupfer aus dem Vaginaeingang entfernen</td></tr>
<tr><td colspan="2">Die Handschuhe ausziehen und die Unterlage entfernen</td></tr>
</table>

Tab. 8.18: Legen eines Blasenkatheters beim Mann und bei der Frau.

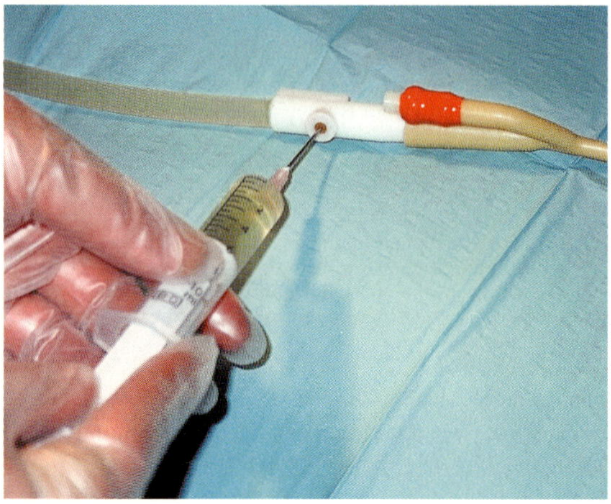

Abb. 8.19: Urin unter sterilen Bedingungen aus dem geschlossenen System entnehmen. [O149]

Entfernen des Blasenverweilkatheters

Um das Risiko für eine Harnwegsinfektion zu senken, wird ein Blasenverweilkatheter entfernt, sobald die Indikation nicht mehr gegeben ist. Er wird gewechselt, wenn Inkrustierungen im Harnableitungssystem auf Ablagerungen schließen lassen bzw. durch Reizung der Harnröhrenschleimhaut ein Katheter mit kleinerem Charrière angezeigt ist. Das routinemäßige Wechselintervall wird individuell bestimmt, in der Regel zwischen 2–6 Wochen, je nach Arztanordnung.

Durchführung

- Pflegebedürftigen informieren und flach auf den Rücken lagern, Bettschutz unterlegen
- Eine Nierenschale zwischen die Beine stellen
- Hände desinfizieren und Einmalhandschuhe anziehen
- Über das Ballonzuleitungsventil die Blockflüssigkeit mit 20-ml-Spritze vollständig entfernen

Komplikation	Mögliche Ursachen	Maßnahmen nach Eintritt der Komplikation
Harnwegsinfektion	• Nicht aseptische Vorgehensweise beim Legen des Katheters • Unterbrechung des geschlossenen Harnableitungssystems • Falsche Handhabung des Materials • Harnableitungssystem höher als Harnblase gehängt • Langzeitableitung • Urologische Ursachen • Reduzierter Allgemeinzustand	• ÄrztIn informieren • Urinuntersuchung nach ärztlicher Anordnung • Medikamente nach ärztlicher Anordnung
Es fließt kein Urin ab	• Bei Frauen falsche Lage des Katheters in der Scheide • Blasenverweilkatheter oder Harnableitungssystem sind abgeklemmt oder verstopft	• Lage des Blasenverweilkatheters überprüfen • Wenn der Blasenverweilkatheter in der Scheide liegt, alten Katheter belassen und neuen Katheter legen. Erst nach korrekter Lage alten Katheter entfernen • Blasenverweilkatheter und Harnableitungssystem auf Abknickung, Abklemmung kontrollieren • Evtl. Katheterschlauch „melken" (durchkneten) • Ggf. Arztinformation, auf ärztliche Anordnung Blasenverweilkatheter anspülen (☞ unten)
Blutungen der Harnröhrenschleimhaut	• Falsche Größe des Katheters • Verletzung beim Katheterisieren • Urologische Erkrankungen • Infektionen	• ÄrztIn informieren • Nach ärztlicher Anordnung erneut einen Blasenverweilkatheter in der richtigen Größe legen; evtl. Katheter entfernen und das Abheilen der Verletzung abwarten
Ungenügender Urinfluss	• Knick im Abflussschlauch • Verstopfter Abflussschlauch, z. B. durch Blut und Auskristallisierungen	• Blasenverweilkatheter gerade strecken • Katheterschlauch und Harnableitungssystem „melken", um die Rückstände zu entfernen • Wenn erfolglos, ÄrztIn informieren
Paraphimose	Vorhaut nicht wieder zurückgezogen	ÄrztIn informieren
Krustenbildung am Harnröhreneingang	Infektion	Bei Bedarf mehrfach täglich Intim- und Katheterpflege
Abweichungen der Urinfarbe und des Uringeruchs	☞ Tab. 8.3	• ÄrztIn informieren • Maßnahmen je nach Ursache
Druckstellen	Falsche Position des Katheterschlauches	Katheterschlauch und Schlauch des Harnableitungssystems oberhalb des Knies legen.

Tab. 8.20: Die häufigsten Komplikationen beim Blasenverweilkatheter.

Komplikation	Ursache	Maßnahme
Dysurie (erschwerte, meist schmerzhafte Harnentleerung)	Entzündung der Urethraschleimhaut	• Selbstspülung durch ausreichende Flüssigkeit, soweit keine Kontraindikationen vorhanden sind • Pflegebedürftigen informieren, dass die Beschwerden zur Zeit normal sind und dass sie nach mehrmaligem Urinlassen verschwinden • Bei längeren Beschwerden ÄrztIn informieren.
Harnverhalt	Evtl. psychologische Ursache	• Flüssigkeitszufuhr • Bei längeren Beschwerden ÄrztIn informieren • Klopfmassage, Wasser laufen lassen, Pflegebedürftigen alleine lassen
Harnwegsinfektion	☞ Text	• Flüssigkeitszufuhr • ÄrztIn informieren • Urinuntersuchung • Medikamente nach Arztinformation verabreichen.

Tab. 8.21: Komplikationen nach Entfernen des Blasenverweilkatheters.

- Den Katheter durch leichten Zug entfernen, in den Handschuh stülpen und wegwerfen
- Bei Schwierigkeiten ÄrztIn informieren
- Intimpflege durchführen (☞ 9.3.2)
- Die Spontanmiktion überprüfen oder neuen Katheter nach ärztlicher Anordnung legen
- Maßnahmen bei Komplikationen, ☞ Tab. 8.21.

Lässt sich der Ballon nicht entleeren, kann er, nach ärztlicher Anordnung, mit einigen ml Waschäther aufgelöst werden. Bei Blutungen aus der Harnröhre den Urologen hinzuziehen.

Prophylaxe einer Harnwegsinfektion

Die Gefahr einer **Harnwegsinfektion** ist durch den transurethralen Blasenverweilkatheter sehr hoch (☞ Abb. 8.22). Durch geringe Verletzungen der Blasenschleimhaut dringen Keime in die Blutbahn mit der Folge einer *Sepsis*, die vor allem bei abwehrgeschwächten alten Menschen zum Tod führen kann. Weitere Folgen können schwere entzündliche Veränderungen der Blasenwand mit Wandstarre, Verlust der Elastizität und der Schließmuskelfunktion sein.

Ursachen

- Es werden Keime von außen eingeschleppt
- Der Blasenschließmuskel schützt vor aufsteigenden Keimen, diese Barriere wird durch den Katheter durchbrochen
- Die beim normalen Wasserlassen ausgespülten Keime verbleiben in den Harnwegen
- Selbstinfektion des Pflegebedürftigen mit Escherichia coli (Fäkalkeimen)
- Keimverschleppung durch die Hände der AltenpflegerIn
- Ablagerung Harnstein bildender Substanzen des Urins am Blasenkatheter *(Inkrustationen)* als idealer Nährboden für Bakterien.

Maßnahmen zur Prophylaxe

Um die Gefahr einer Harnwegsinfektion zu minimieren, sind folgende Maßnahmen notwendig:

- Die Katheteroberfläche stellt wegen ihrer rauhen Beschaffenheit eine ideale Haftgrundlage für Bakterien dar. Deswegen sind ab einer Liegedauer von 7 Tagen Silikonkatheter oder Katheter mit einer speziellen Beschichtung (z. B. Hydrogel) notwendig
- Vor jeder Katheterhandhabung Hände desinfizieren
- **Flüssigkeitszufuhr:** Blasenverweilkatheterträger zur Selbstspülung viel trinken lassen. Bei z. B. Nieren- oder Herzinsuffizienz vorher Arztrücksprache
- **Katheterpflege:** Zweimal täglich und bei Bedarf gründliche Intimpflege (☞ 9.3.2) durchführen und dabei Schmierinfektion vermeiden. Bei Frauen immer die Richtung Symphyse-Anus (vorne nach hinten) einhalten. Verschmutzungen mit Stuhl sofort säubern. Sekretabsonderungen und Verkrustungen immer in Richtung von der Harnröhre nach außen mit einem Schleimhautdesinfektionsmittel, z. B. Braunol®, entfernen
- Den Urinbeutel regelmäßig entleeren und niemals höher als Blasenniveau anbringen
- Blasenverweilkatheter nicht routinemäßig spülen und das Harnableitungssystem nicht abklemmen
- Urin für Untersuchungen nur an der dafür vorgesehenen Stelle nach vorheriger Desinfektion entnehmen
- Wenn möglich, Manipulationen des alten Menschen am Katheter verhindern, z. B. bei Unruhe oder Verwirrtheit. Den Katheterschlauch so legen, dass er nicht in Griffweite der Hände liegt.

Bis auf ein Harnableitungsgefäß keine Pflegeutensilien im Bett abstellen.

Suprapubische Harnableitung

Suprapubische Harnableitung *(supra = oberhalb, Os pubis = Schambein):* Kontinuierliche Ableitung des Urins aus der Harnblase über einen Katheter, der durch die Bauchdecke hindurch direkt in die Blase eingelegt wird.

Indikationen und Kontraindikationen

Die **Indikationen** der suprapubischen Harnableitung entsprechen den therapeutischen Indikationen zur transurethralen Harnableitung (☞ Tab. 8.11). Darüber hinaus wird diese Methode angewendet, wenn bei Harnröhrenverletzungen und -verengungen ein transurethraler Blasenkatheter nicht gelegt werden kann. Selten wird die Blase auch zur diagnostischen Urinentnahme punktiert.

Kontraindikationen sind Blutgerinnungsstörungen, Blasentumoren, nicht füllbare Blase und Schwangerschaft.

Vorteile

Ein suprapubischer Blasenkatheter hat gegenüber einem transurethralen Blasenkatheter erhebliche **Vorteile:**

- Die mechanische Verletzungsgefahr und das Infektionsrisiko für einen Harnwegsinfekt ist weit geringer als beim transurethralen Blasenkatheter
- Der Intimbereich bleibt unberührt, deswegen wird der suprapubische Blasenkatheter besser toleriert
- Das Blasen- und Toilettentraining wird durch den Katheter nicht behindert, d. h. der Betroffene kann trotz des suprapubischen Blasenkatheters normal Urin lassen. Daher ist auch eine Restharnbestimmung einfach durchzuführen
- Das System muss nur etwa alle 8 Wochen gewechselt werden.

Pflege bei einem suprapubischen Blasenverweilkatheter

- Alle 2–3 Tage bzw. bei Bedarf sterilen Verbandswechsel durchführen, dabei werden 2 Schlitzkompressen in gegensätzlicher Richtung übereinander fixiert. Verkrustungen lassen sich mit NaCl 0,9 % lösen und mit einer sterilen Pinzette entfernen
- Weiterer Umgang mit dem Katheter und dem Harn ableitenden System wie bei einem transurethralen Blasenverweilkatheter (☞ oben).

Entfernen des suprapubischen Blasenverweilkatheters

Der suprapubische Blasenverweilkatheter wird auf ärztliche Anordnung entfernt, dabei wie folgt vorgehen:

- **Blasentraining:** Vor Entfernen Katheter abklemmen. Sobald der Pflegebedürftige Drang verspürt, Urin zu lassen, lässt er normal Urin
- **Restharnbestimmung:** Unmittelbar, nachdem der Pflegebedürftige Urin gelassen hat, Katheter öffnen und in der Harnblase verbliebenen Restharn kontrollieren
- **Entfernen des Katheters:** Bei ca. 0–20 ml Restharn (ggf. ärztliche Rücksprache) Katheter entfernen. Dabei muss evtl. die Fixation mit einem Fadenmesser oder Skalpell entfernt bzw. der in der Harnblase liegende Ballon entleert werden

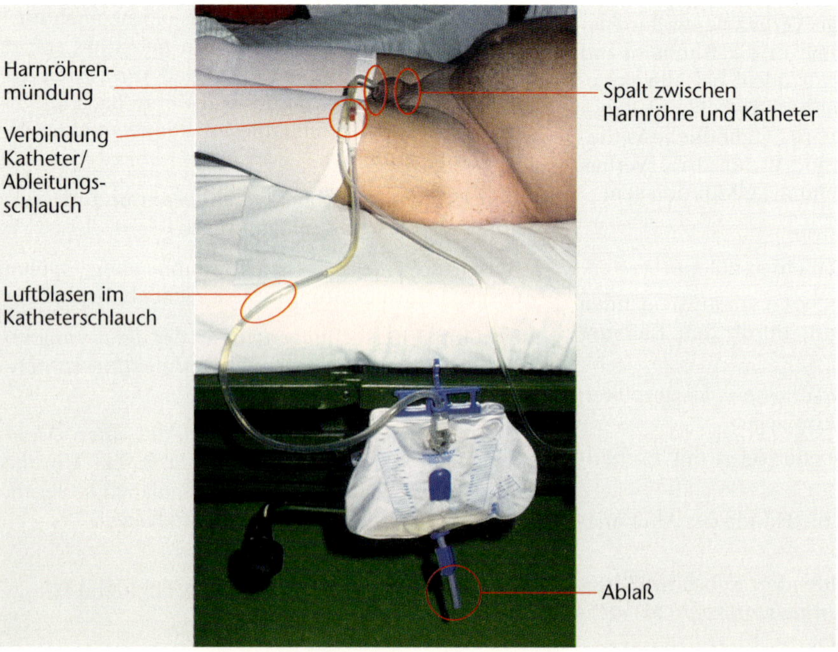

Abb. 8.22: Gefährdungsstellen für Harnwegsinfektion bei Blasenverweilkatheter. [K183]

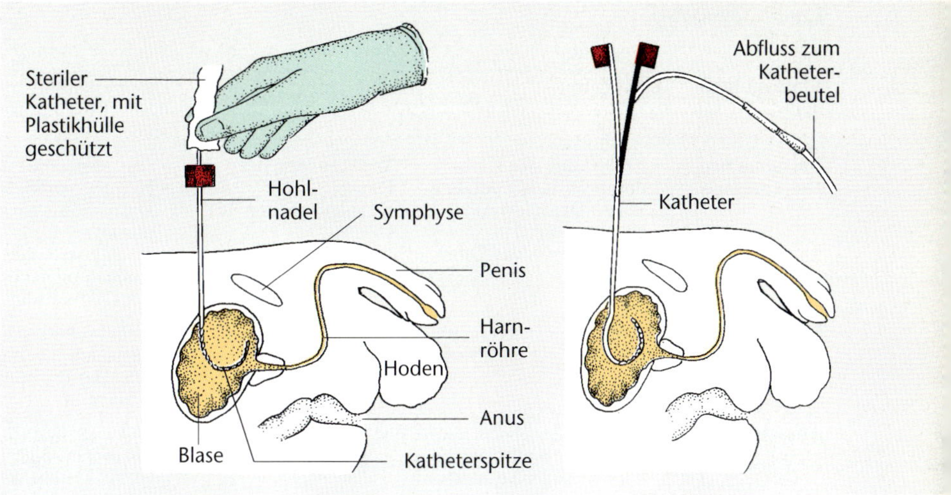

Abb. 8.23: Prinzip der suprapubischen Blasendrainage. Nach Punktion der Blase mit dem Trokar, einem speziellen Punktionsinstrument, wird der Katheter vorgeschoben und dann der Trokar gespalten und entfernt. [A400]

- **Verband anlegen:** Nach dem Entfernen des Katheters einen ausreichend dicken sterilen Verband über der Punktionsstelle anlegen, da sie oft nachnässt.

Wechsel des suprapubischen Blasenverweilkatheters

Der suprapubische Blasenverweilkatheter wird durch die ÄrztIn gewechselt:

- Routinemäßig alle 2 Monate
- Wenn er verstopft ist
- Wenn wegen einer Konsistenzänderung des Urins (z. B. durch Gries, Blut und Eiter) ein großlumigerer Katheter notwendig wird
- Ggf. bei Entzündung der Eintrittsstelle.

Blaseninstillation

Instillation *(lateinisch instillare = einträufeln):* Bei liegendem Blasenverweilkatheter wird eine Flüssigkeit (Medikament) steril in die Blase verabreicht.

Indikationen

Die Blaseninstillation wird nur *nach ärztlicher Anordnung* z. B. bei Blaseninfektionen mit Antibiotika oder beim Harnblasenkarzinom mit Zytostatika durchgeführt.

Vorbereitung

- **Material**
  - Das instillierfertige Medikament im Applikator in einem Wasserbad anwärmen
  - Einmalhandschuhe
  - Klemme
  - Neues Harnableitungssystem
  - Nierenschale
- **Pflegebedürftigen** informieren und entspannt in Rückenlage lagern
- **AltenpflegerIn:** Hände desinfizieren.

Durchführung

- Eine Nierenschale zwischen die Beine stellen und die Schlauchableitung lösen und abwerfen, dabei die Ansätze aseptisch halten
- Den Verschluss des Applikators abdrehen. Den Applikator ohne Kontamination mit dem Katheter verbinden. Das Medikament durch Zusammendrücken der Segmente instillieren
- Den Katheter nach ärztlicher Anordnung abklemmen, in der Regel für 30–60 Minuten, und mit einem neuem Harnableitungssystem verbinden.

Nachbereitung

- **Pflegebedürftiger:** evtl. lagern, auf Wirkung bzw. Nebenwirkungen beobachten
- **Material:** gebrauchte Materialien entsorgen bzw. wiederaufbereiten
- **AltenpflegerIn:** Hygienische Händedesinfektion durchführen. Durchführung und Besonderheiten dokumentieren.

Instillationsmenge beim Erstellen einer Flüssigkeitsbilanz (☞ 8.2) von der gemessenen Urinmenge abziehen.

Pflege bei einem Enterostoma

Enterostoma (*enteron:* Darm, *stoma:* Öffnung): Operativ angelegter, künstlicher Darmausgang durch die Bauchdecke zur Ableitung von Darminhalt. Veraltet auch als *Anus praeter naturalis* bezeichnet. In der Praxis wird in der Regel nur *die Kurzbezeichnung „Stoma“* verwendet, obwohl es auch andere Stomaarten gibt, z. B. Urostoma (☞ unten), Tracheostoma (☞ 5.6).

Enterostomaarten				
	Ileostoma	*Zökostoma (sehr selten)*	*Transversostoma*	*Sigmoidstoma*
Stomaanlageort	Dünndarm	Blinddarm	Querverlaufender Dickdarm (Colon transversum)	Enddarm (Colon sigmoideum)
Beispiele für Indikationen	• Entfernung des Dickdarms (z. B. bei entzündlichen Darmerkrankungen, Tumoren) • Verletzungen des Dünndarms	• Verletzungen des Darms • Strahlenschäden des Darms	• Darmverschluss • Heilung gefährdeter Darmnähte (Anastomosen) • Strahlenschäden • Entlastung nachfolgender Darmabschnitte	• Tumore im Sigma oder Rektum • Strahlenschäden im Sigma oder Rektum • Neurogen bedingte Stuhlinkontinenz
Lokalisation	Rechter oder linker Mittelbauch, 2–3 cm über Hautniveau	Rechter Unterbauch, 2–3 cm über Hautniveau	Rechter oder linker Oberbauch, Darmende flach oder leicht über Hautniveau	Linker Mittel- oder Unterbauch, Darmende flach oder leicht über Hautniveau
Ausscheidung	• Postoperativ: 1–2 l, später 300–750 ml wässrig dünnflüssiger Stuhl über den ganzen Tag verteilt, da die Stuhleindickung im Dickdarm fehlt • Aggressiver Stuhl mit reichlich Gallensäuren und Verdauungsenzymen	Wie bei Ileostoma	• 3–4 x täglich flüssig bis dickbreiiger bis geformter Stuhl. Konsistenz ist von der Länge des verbleibenden Darmanteils abhängig	• 1–3 x l täglich dickbreiiger bis geformter Stuhl. Konsistenz ist von der Länge des verbleibenden Darmanteils abhängig
Verwendeter Beutel	• Zweiteiliges System • Ausstreifbeutel	• Zweiteiliges System • Ausstreifbeutel	• Einteiliges System • Geschlossener Beutel • Bei flüssigem Stuhl zweiteiliges System mit Ausstreifbeutel	• Einteiliges System mit Aktivkohlefilter (Darmgasbildung) • Geschlossener Beutel

Tab. 8.24: Überblick über verschiedene Enterostomaarten.

Ein **Stoma** ist notwendig, wenn ein Teil des Darmes geschädigt, auf Dauer oder kurzfristig stillgelegt oder entfernt werden muss, z. B. bei Darmtumoren, Entzündungen von Dick- oder Dünndarm, Darmverletzungen oder Darmverschluss.

Ein Stoma kann

- Nur *vorübergehend* angelegt werden, z. B. zur Schonung gefährdeter Nähte nach Darmoperationen oder zur zeitweisen Darmschonung. Nach etwa 3 Monaten wird der Darm wieder zurückverlegt. Der Betroffene scheidet in dieser Zeit über den After Schleim und Stuhl aus
- *Auf Dauer* als endständigen Stomas angelegt sein, d. h. das Stoma verbleibt für immer, der After, Mastdarm und die Schließmuskelanlage werden verschlossen.

Tab. 8.24 und Abbildung 8.25 zeigen eine Übersicht über verschiedene Enterostomaarten.

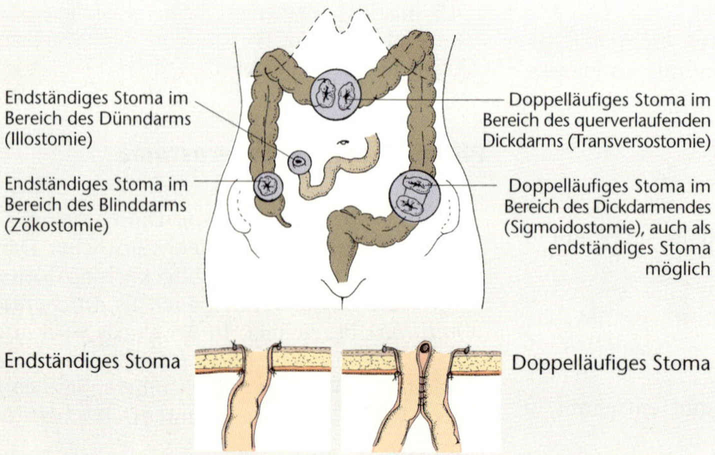

Abb. 8.25: Verschiedene Enterostomaarten und ihre typischen Platzierungen in der Bauchdecke. Unterer Abbildungsteil: endständiges und doppelläufiges Stoma im Querschnitt. [A400-190]

☑ Praktisch bedeutsam ist vor allem, ob es sich um ein **Ileosstoma,** also ein Stoma im Bereich des Dünndarms, oder **Kolostoma,** ein Stoma im Bereich des Dickdarmes handelt. Wird der Darminhalt aus einem Ileostoma ausgeleitet, entfällt die Stuhl eindickende Funktion des Dickdarms. Der Stuhl ist dünnflüssig und aggressiv gegenüber der Haut, da er viele Verdauungsenzyme enthält. Außerdem ist die Gefahr von Elektrolytverlusten, ähnlich wie bei andauerndem Durchfall, sehr hoch. Alte Menschen mit einem Ileostoma bedürfen meistens einer Krankenhausbehandlung und -betreuung. In der Altenpflege werden überwiegend Menschen mit einem Kolostoma betreut.

Neben den in Tab. 8.24 aufgeführten Stomaarten gibt es noch die Möglichkeit der operativ angelegten **kontinenten Ileo- oder Kolostomie.** Beispielsweise bei der kontinenten Ileostomie, dem sogenannten **Kock-Reservoir,** werden Dünndarmabschnitte zu einer Art „Tasche" umgeformt, die 3–4 x täglich mit Hilfe eines Katheters entleert wird. Der Stomaträger benötigt aus diesem Grund keine permanente Stomaversorgung.

Stomatherapie

Die **Stomatherapie** ist ein wichtiges Aufgabengebiet der Pflege. Ihr Ziel ist eine körperliche, psychische und gesellschaftliche Rehabilitation des betroffenen Menschen. Zusätzlich sollen Stomakomplikationen verhindert und adäquat behandelt werden. Um diese Ziele zu erreichen, ist eine gute interdisziplinäre Zusammenarbeit notwendig.

Material zur Stomaversorgung

Hautschutz

Adhäsiv-Produkte werden zum Teil aus natürlichen Bestandteilen, z. B. Pektin, Gelatine oder Zellulose, zum Teil aus chemischen Bestandteilen wie Polymere oder Weichmacher hergestellt. Sie enthalten Substanzen, die auf trockener und auch auf feuchter Haut haften. Die Platten können Feuchtigkeit aufnehmen, zerlaufen nicht und lassen sich leicht entfernen. Adhäsiv-Produkte sind als Platten, Ringe, Pasten oder Puder im Handel.

Karaya-Produkte bestehen aus Karaya, einem tropischen Baumharz, das mit Glyzerin und Konservierungsmitteln vermischt wird. Karaya ist stark feuchtigkeitsanziehend und nimmt aus diesem Grund Schweiß und Darmsekrete auf. Daher bleibt die Haut in der Stomaumgebung trocken. Ist die Flüssigkeitsaufnahmekapazität erschöpft, beginnt die Platte aufzuweichen und das Versorgungssystem wird undicht. Karayaprodukte sind als Platten, Ringe, Puder und Pasten im Handel.

Aus **synthetischem Gummi** werden Ringe und Platten eingesetzt, die Feuchtigkeit aufnehmen (weniger als Karaya). Aus diesem Grund zerlaufen sie nicht so schnell. Sie sind meist mit einer Klebefläche kombiniert.

Beachten:
- Adhäsive Pasten enthalten Alkohol als Lösungsmittel und können aus diesem Grund beim Hautkontakt brennen
- Karayaprodukte zweimal täglich wechseln, um ein sicheres Haften der Versorgung zu gewährleisten
- Karayaprodukte kühl lagern, da sie empfindlich auf Wärme reagieren.

Klebeflächen

Klebeflächen bestehen aus Zinkoxyd-Kleber (aggressiv gegenüber der Haut) oder Vlies (hautfreundlich).

Beutel (☞ Abb. 8.26–8.30)

Bei **einteiligen Versorgungen** sind die Beutel mit der Hautschutzplatte fest verbunden und müssen immer komplett gewechselt werden. Sie werden hauptsäch-

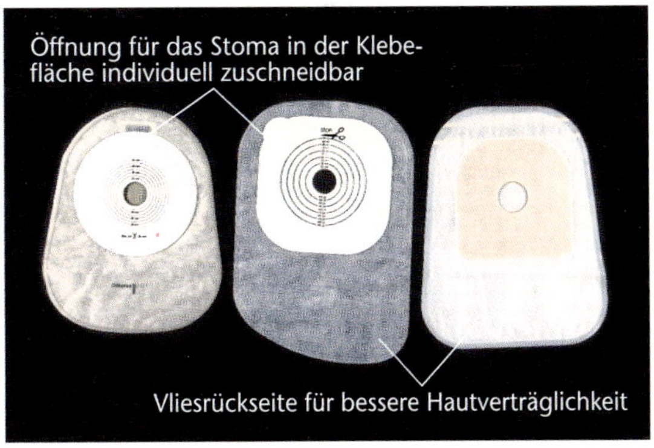

Abb. 8.26: Einteilige, geschlossene Stomabeutel, undurchsichtig mit Vliesrückseite zur Versorgung z. B. eines Sigmoidstomas. [M148]

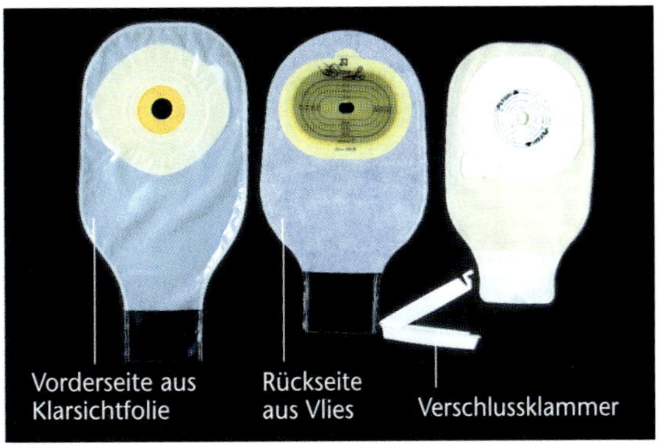

Abb. 8.27: Einteilige Ausstreifbeutel zur Versorgung z. B. eines Ileostomas. [M148]

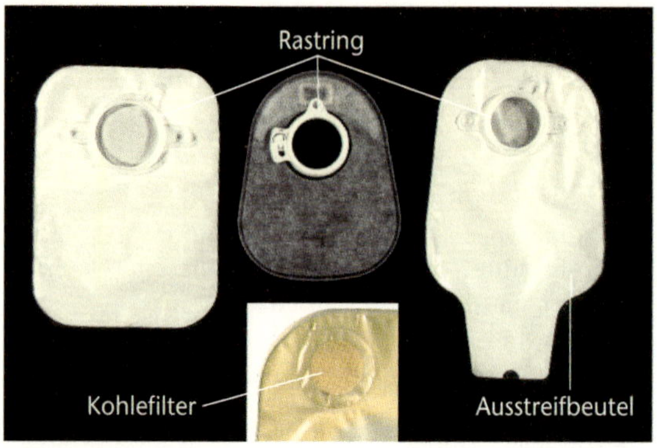

Abb. 8.28 und 8.29: Geschlossene und offene Stomabeutel mit Rastring zum Einrasten auf einer Basisplatte. Unten: Kohlefilter zur Geruchsvermeidung. [K183]

lich bei einem Sigmoidstoma eingesetzt, da sich die Stuhlausscheidung im Laufe der Zeit auf 1–2 x täglich breiig bis festen Stuhl einpendelt und die Haut nicht sehr strapaziert wird.

Bei **zweiteiligen Versorgungen** können die Hautschutzplatte und der Beutel getrennt gewechselt werden. Die Hautschutzplatten haben beschichtete Oberflächen oder Rastringe zum Anbringen der Beutel. Die Beutel unterscheiden sich in der Form, Farbe und Größe. Man unterscheidet geschlossene und offene Beutel *(Ausstreifbeutel)*.

- Der *Ausstreifbeutel* besitzt ein verlängertes offenes Ende, das mit einer Klemme verschlossen wird. Durch diese Öffnung kann der Stuhl entleert werden, ohne dass der Beutel gewechselt wird. Er wird verwendet bei dünnflüssigem bis breiigem Stuhl, z. B. postoperativ und bei einer Ileostomie, da bei einem ständigen Beutelwechsel die Haut stark strapaziert würde
- *Geschlossene Beutel* werden bei einem Transversostoma oder Sigmoidstoma verwendet, da es normalerweise bei diesen Stomaarten nicht zu mehr als 3 Ausscheidungen pro Tag kommt. Meistens besitzen diese Beutel eine Entlüftungsmöglichkeit, z. B. Kohlefilter, um Darmgase abzuleiten. Die Platte wird in der Regel alle 3–4 Tage, der Beutel bei Bedarf gewechselt.

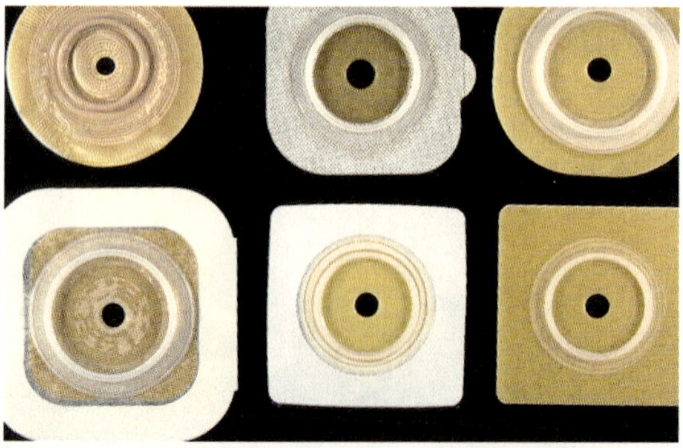

Abb. 8.30: Verschiedene Basisplatten mit Rastring für offene oder geschlossene Stomabeutel. Die Öffnung kann individuell zurechtgeschnitten werden. [M148]

Minibeutel sind als ein- oder zweiteilige Versorgung im Handel und werden zur kurzzeitigen Versorgung angewendet, z. B. nach einer Irrigation (☞ unten) und zum Schwimmen.

Diese Beutel gibt es als ein- oder zweiteilige Systeme in Kombination mit
- Adhäsivringen oder -platten
- Adhäsivringen und Klebeflächen
- Karayaringen bzw. -platten
- Karayaringen und Klebeflächen
- Klebeflächen.

Die **Auswahl der Stomabeutel** hängt ab von:
- Stomaart, Häufigkeit und Konsistenz des Stuhls
- Bedürfnissen des Stomaträgers: Alter, Kleidung, Hobbys, Geschick
- Hautempfindlichkeit und -unebenheiten, z. B. Narben.

Hilfsmittel

Es gibt eine Vielzahl von Hilfsmitteln zur Stomaversorgung. Einen Überblick gibt Tab. 8.31.

> Die Stomaversorgung individuell auswählen. Sie muss folgenden Anforderungen gerecht werden:
> - Geruchsdicht
> - Knisterarmes Material
> - Hautfreundlich
> - Problemlose Beschaffung
> - Sicherer Halt
> - Einfache Handhabung.

Versorgung eines Stomas

Vorbereitung

- Stomaträger
  - Informieren
  - Störende Kleidungsstücke entfernen
  - In der Anfangsphase den alten Menschen immer wieder bitten, sein Stoma anzusehen, um diese Hemmschwelle zu überwinden (☞ auch Körperbildstörungen in Kap. 13.4)
  - Bei mobilen alten Menschen die Versorgung im Stehen oder Sitzen vor einem Spiegel trainieren, um ihm eine selbstständige Versorgung des Stomas zu ermöglichen. Dazu den alten Menschen präzise und gezielt anleiten
  - Bettlägerige alte Menschen in Rückenlage bringen
- Raum
  - Andere Personen aus dem Raum bitten bzw. nach Rücksprache mit dem alten Menschen z. B. Angehörige an der Durchführung beteiligen bzw. anleiten

- Für eine angenehme Raumtemperatur sorgen
- AltenpflegerIn: Handschuhe zum Selbstschutz anziehen. Die AltenpflegerIn sollte sich aber überlegen, dass das Tragen von Handschuhen beim Stomaträger negative Gefühle in Bezug auf sein Stoma auslösen kann
- Material für die Reinigung des Stomas
  - Spiegel
  - Lauwarmes Wasser
  - pH-neutrale Seife
  - Unsterile Kompressen
  - Evtl. Wattestäbchen
  - Bettschutz
  - Abwurfsack
  - Einmalhandschuhe
- Material für die Anpassung der Stomaversorgung
  - Schablone
  - Stift
  - Schere
- Stomaversorgung
  - Stomaversorgungssystem
  - Evtl. Kohletabletten
  - Evtl. elektrischer Rasierer oder Einmalrasierer
  - Evtl. Fön
  - Evtl. Hilfsmittel zur Stomaversorgung (☞ Tab. 8.31).

Durchführung (☞ Abb. 8.33–8.38)

- Den gebrauchten Beutel vorsichtig entfernen und in den Abfallsack entsorgen
- Die Haut mit einer unsterilen Kompresse, Wasser und Seife säubern. Von außen nach innen (zum Stoma hin) reinigen, um eine Keimverschleppung zu vermeiden. Dabei die Seife gründlich entfernen und die Haut mit einer trockenen Kompresse trocknen, da Stomasysteme nur auf trockener Haut haften. Evtl. den Stomarand mit einem Wattestäbchen reinigen
- Haare in der Stomaumgebung mit einem Rasierapparat oder Einmalrasierer in Richtung vom Stoma weg entfernen, da die Haare sonst beim Versorgungswechsel ausgerissen werden und zu einer Haarbalgentzündung führen können. Außerdem haften die Versorgungssysteme bei starkem Haarwuchs schlecht

Hilfsmittel	Verwendung	Bemerkungen, Bewertung
Abdichtringe	Zusätzliche Abdichtung des Stomas zur Verbesserung der Dichtigkeit des Versorgungssystems	
Abdichtpasten und Puder	• Ausgleich von Unebenheiten • Zusätzliche Abdichtfunktion	Gut geeignet bei z. B. Hautunebenheiten und Narben, um eine sichere Beutelversorgung zu gewährleisten
Beutel-Schutzbezüge	Verhinderung einer Schweißansammlung unter der Beutelfolie und damit Schutz vor Hautentzündungen	Ermöglichen angenehmeren Tragekomfort des Beutels
Deodorantien und medizinische Kohle	Einbringen in den Beutel zur Geruchsdämmung von unangenehmen Gerüchen	Gute Wirksamkeit
Entsorgungsbeutel	Abwurf der gebrauchten Versorgungsartikel in einen gefärbten Müllbeutel	Unauffällige Entsorgungsmethode
Gürtel	Zusätzliche Befestigungsmöglichkeit des Beutels	Gibt dem Stomaträger zusätzliche Sicherheit
Hautschutzmittel	Pflege der stomaumgebenden Haut	• Nicht zu dick auftragen, da der Beutel sonst nicht gut haftet • Enthalten zum Teil Alkohol, der die Haut unnötig belastet • Einsatz kritisch prüfen
Klammer	Verschluss von Ausstreifbeuteln	
Kohlefilter	• Sind schon im Beutel eingebaut oder können nachträglich aufgeklebt werden • Absorption von Darmgasen	• Verlieren ihre Wirksamkeit beim Eindringen von Flüssigkeit, müssen nach spätestens 12 Std. gewechselt werden • Alternativ Kohlefilter mit speziellen Klebefolien verschließen • Wenn zu viele Darmgase entweichen, kann es zu einem Vakuum im Beutel kommen, deshalb evtl. den Filter verkleben
Pflasterentferner	Entfernen von schwer haftenden Stomaversorgungen	• Enthalten Alkohol, deswegen Hautreizung möglich • Meistens lassen sich die Reste beim nächsten Beutelwechsel entfernen
Schablone	Bestimmung der Stomagröße und evtl. damit Anpassung des Hautschutzes an die Stomagröße	
Stomakappe	Verschluss des Stomas nach einer Irrigation (☞ unten)	

Tab. 8.31: Überblick über verschiedene Hilfsmittel zur Stomaversorgung.

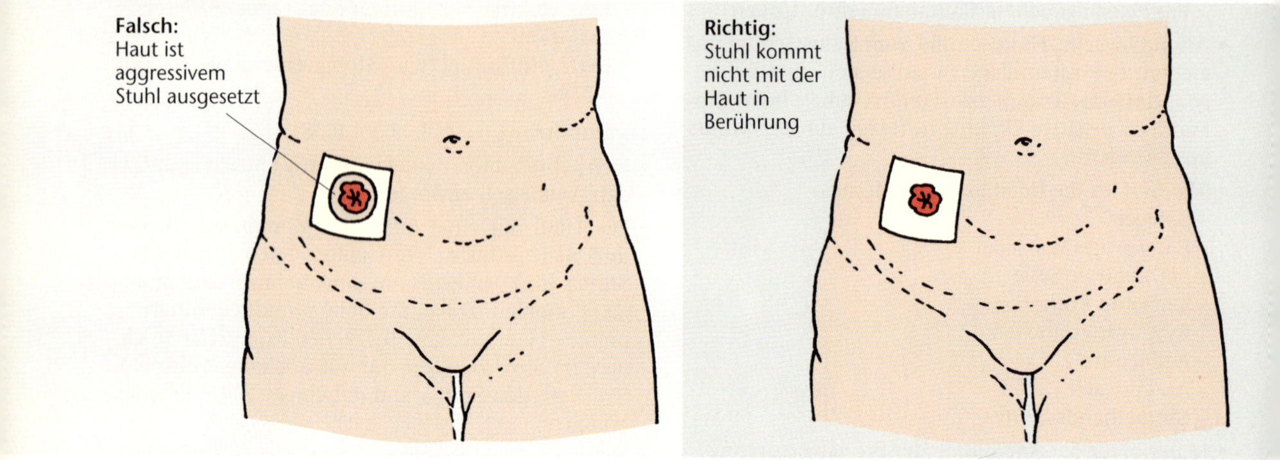

Abb. 8.32: Das Versorgungssystem muss mit einer Schere so zurechtgeschnitten werden, dass kein Stuhl auf die Haut um das Stoma gelangen kann. [A500-119]

- Größe des Stomas bestimmen, damit das Stomasystem exakt angepasst werden kann. Es ist zu beachten, dass das Stoma in der postoperativen Zeit um ca. 40 % kleiner wird. Das Versorgungssystem soll so anliegen, dass kein Stuhl auf die umliegende Haut kommt (Gefahr von Hautirritationen). Evtl. muss dazu das Versorgungssystem mit einer Schere ausgeschnitten werden (☞ Abb. 8.32)
- Narben und Hautunebenheiten mit Stomapaste ausgleichen
- Die Haftfläche zwischen den Händen oder mit einem Föhn kurz anwärmen, so dass sie weich und anschmiegsam wird
- Luft in den Beutel blasen, um ihn zu entfalten
- Evtl. medizinische Kohle zur Geruchsdämmung in den Beutel geben
- Klebeflächen entfernen und das Stomasystem von unten nach oben faltenfrei anlegen und anstreichen. Bei bettlägerigen alten Menschen den Beutel seitwärts, bei mobilen alten Menschen nach unten hängend anbringen.

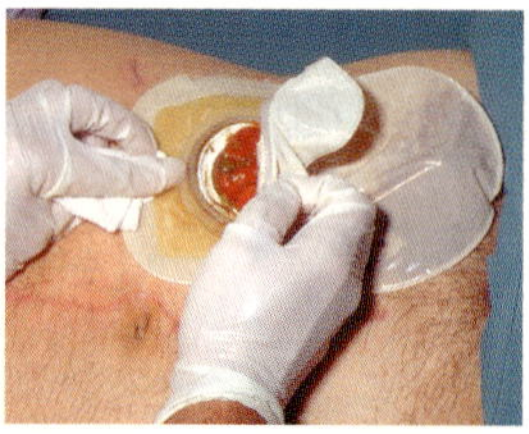

Abb. 8.33: Gebrauchten Stomabeutel von der Basisplatte lösen und entsorgen. [K183]

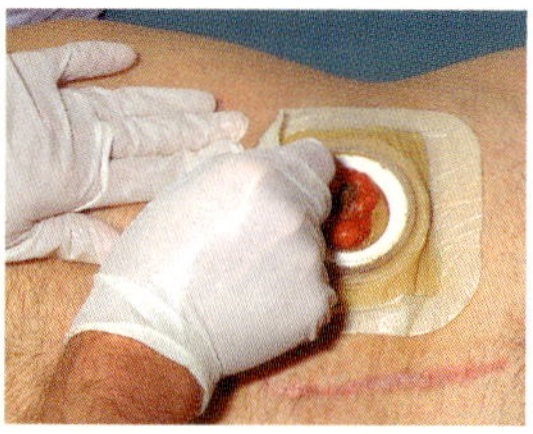

Abb. 8.34: Basisplatte vorsichtig von der Haut abziehen und entsorgen. [K183]

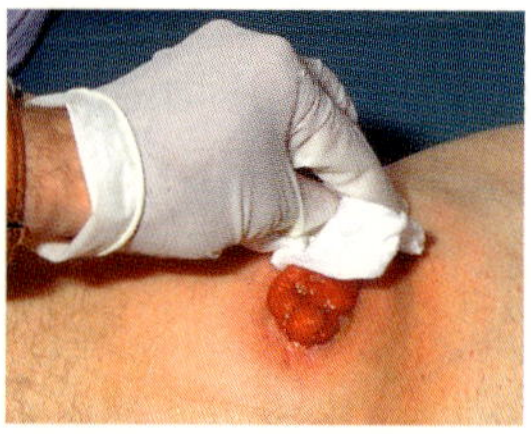

Abb. 8.35: Haut reinigen und trocknen. [K183]

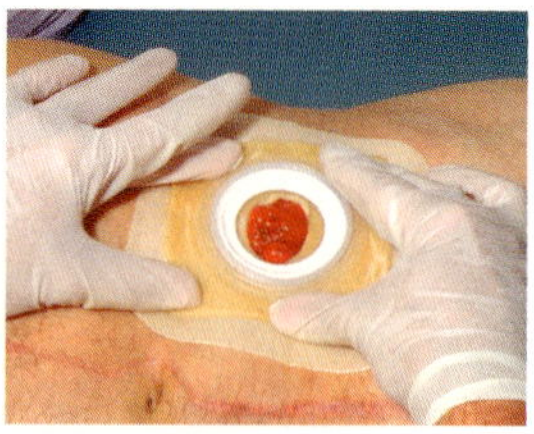

Abb. 8.36: Neue Basisplatte passgenau aufkleben. [K183]

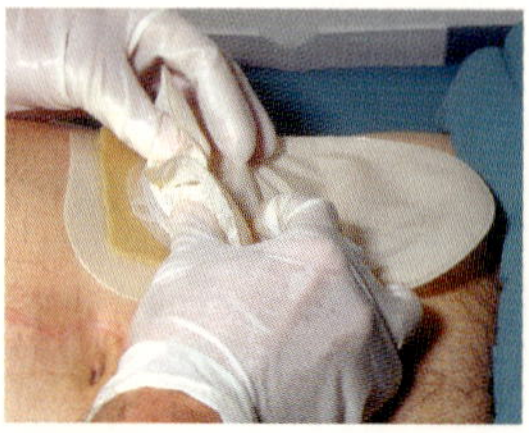

Abb. 8.37: Frischen Stomabeutel am Rastring einrasten. [K183]

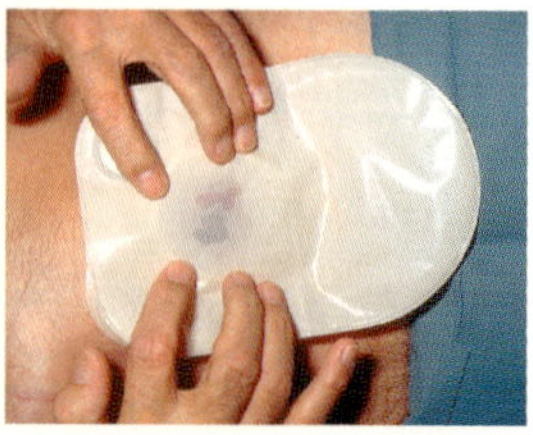

Abb. 8.38: Beutel andrücken. [K183]

Nachbereitung

- Stomaträger bei Bedarf lagern
- Material aufräumen und entsorgen
- Raum lüften
- AltenpflegerIn: Hände desinfizieren und Durchführung und Besonderheiten dokumentieren.

Bei der Versorgung eines Stomas möglichst nicht verwenden:

- Pflasterentferner, Reinigungslotionen, Enthaarungscremes können zu Allergien führen
- Äther und Benzin trocknen die Haut aus und führen zu einem starken Haften des Stomasystems. Es besteht deshalb die Gefahr von Hautirritationen
- Öle, Salben, Cremes und Lotionen sind rückfettend. Dadurch besteht die Gefahr, dass das Stomasystem nicht haftet
- Schwämme, Waschlappen und Handtücher sind Brutstätten für Bakterien und daher nicht zu verwenden.

Entleerung eines Ausstreifbeutels

☞ Abb. 8.39

- Gefüllten Beutel zum Entleeren anheben und das Beutelende festhalten
- Verschlussklammer öffnen und den Stuhl in ein Steckbecken oder in die Toilette entleeren
- Beutel ausstreifen, evtl. Zellstoff benutzen
- Beutelende mit Zellstoff oder einer Kompresse reinigen
- Innenteil der Spange in das gefaltete Beutelende legen und die Klammer verschließen.

Komplikationen bei einem Stoma

Vorsicht!
Sofort ÄrztIn informieren bei
- Blutungen aus dem Stoma
- Abszess (Eiteransammlung): Rötung, Schmerzen und Temperatur in der Stomaumgebung
- Stomaprolaps: Vorfall des Darmes (☞ Abb. 8.40)
- Nekrose der Stomaschleimhaut: schwärzliche Verfärbung des Stomas
- Zurückziehen des Darmes unter Hautniveau: Gefahr der Bauchfellentzündung
- Verengung des Stomas: Ausscheidung bleistiftdünner Stühle
- Darmverschluss oder Stomablockade (bei Ileostoma): keine Stuhlausscheidung, krampfartige Schmerzen.

Neben diesen lebensbedrohlichen Komplikationen gibt es eine Reihe anderer, die ebenfalls behandelt werden müssen:

Allergie: Rötung, Knötchen, Bläschen, Juckreiz, Schmerzen und Brennen der Haut durch Überempfindlichkeit gegen Versorgungs- oder Pflegeartikel. *Maßnahmen:* Umstellung der Versorgung, evtl. Beutelüberzug benutzen

Blähungen durch Nahrungsmittel. *Maßnahmen:*
- Kohlefilter verwenden
- Je nach verwendetem System kleines Loch mit Kanüle oder Nadel oben in den Beutel stechen und mit dafür vorgesehenem Klebepunkt verschließen
- Blähende Nahrungsmittel meiden.

Diarrhoe: Häufiger dünner Stuhlgang z. B. nach Ernährungsumstellung. *Maßnahmen:*
- Hautschutzplatte mit Ausstreifbeutel benutzen
- Ausscheidungsmenge messen, evtl. Flüssigkeits- und Elektrolytersatz
- Stopfende Nahrungsmittel bevorzugen
- Medikamente nach Arztverordnung.

Haarbalgentzündung *(Follikulitis):* Punktuelle Pusteln durch mechanische Reizung, wenn Härchen nicht regelmäßig entfernt werden und nachwachsen. *Maßnahmen:*
- Verwendung einer Hautschutzplatte, bis Entzündung abgeheilt ist
- Regelmäßige Entfernung der Haare durch Rasur.

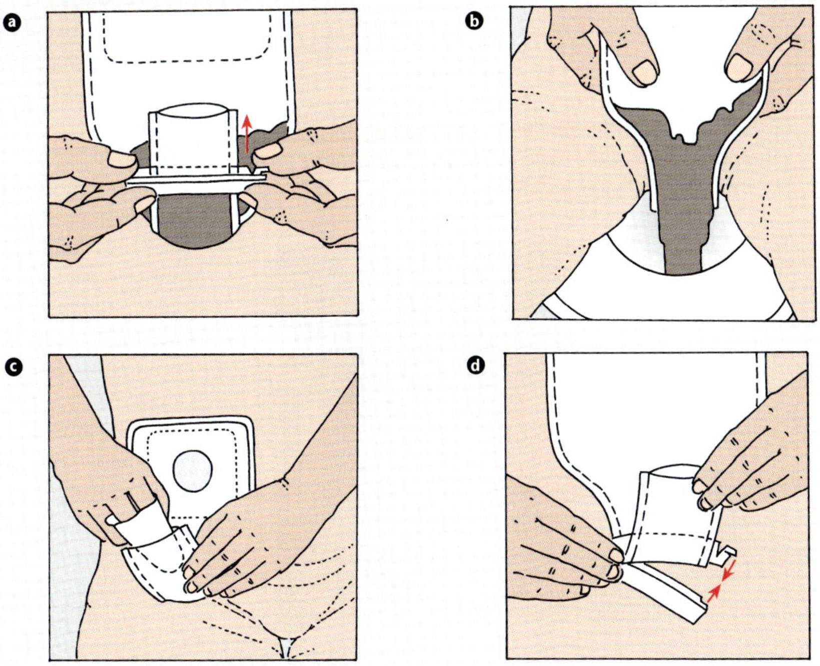

Abb. 8.39: Ausstreifbeutel entleeren: (a) Verschlussklammer öffnen (b) Beutel in die Toilette entleeren und ausstreifen (c) Beutelende mit Zellstoff oder Kompresse reinigen (d) Beutelende mit Klammer verschließen. [A500-119]

Hautirritation: gerötete Haut, nässende Hautablösung aufgrund falscher Größe des Versorgungssystems, mangelnder Hautpflege oder dauerndem Kontakt des Plastikbeutels mit der Haut. *Maßnahmen:*

- Zweiteiliges System verwenden und Ursache beseitigen
- Stoffüberzug für den Beutel verwenden
- Bei sehr starker Hautirritation evtl. für einige Tage auf ein Versorgungssystem verzichten, auf die geschädigte Haut z. B. panthenolhaltige Salbe mit Kompressen auftragen, Stuhlabgang mit Zellstoff, Moltex und einem Netzverband auffangen.

Bruch (parastomale Hernie): Vorwölbung der Bauchdecke um das Stoma. *Maßnahmen:*

- ÄrztIn informieren, muss meistens operiert werden. Früher übliche Bruchbänder, die den Bruch durch ihre elastischen Eigenschaften zurückdrängen, sind heute kaum noch üblich. Es gibt allerdings entsprechende Miederwaren, bei denen das Stoma ausgespart ist
- Pflegebedürftigen informieren, dass er keine schweren Lasten heben darf.

Pilzinfektion *(Mykose):* rötliche Bläschen, die sich ausbreiten, v. a. bei starkem Schwitzen, bei Diabetikern und Abwehrgeschwächten. *Maßnahme:* antimykotische Salbe auf Arztanordnung auftragen.

Schleimhautveränderungen: warzenähnliche Veränderungen auf der Stomaschleimhaut, die häufig sehr rasch bluten. Können Pseudopolypen oder ein Rezidiv der Grunderkrankung, z. B. erneutes Tumorwachstum, sein. *Maßnahme:* ÄrztIn informieren.

Irrigation

Irrigation: Spülung des Darms mit lauwarmem Wasser, so dass eine kontrollierte Darmausscheidung ermöglicht und eine Stuhlkontinenz für etwa 24–48 Std. erreicht wird.

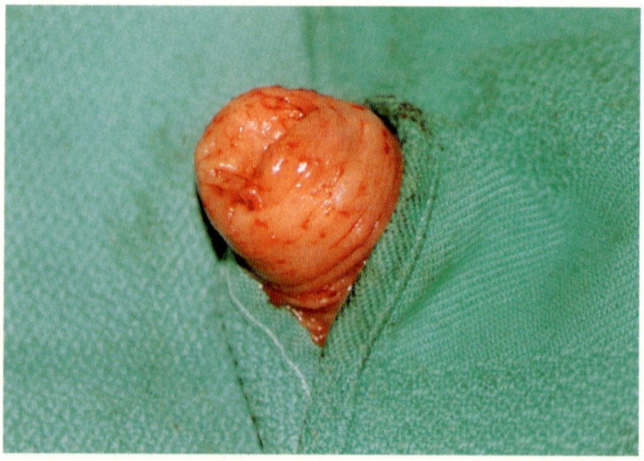

Abb. 8.40: Ein Stomaprolaps muss operativ versorgt werden. [O149]

Durch die Einspülung von maximal 1,5 l Wasser wird der Darm gedehnt, wodurch eine massive Darmentleerung ausgelöst wird. Gleichzeitig verflüssigt sich der Darminhalt, was die Stuhlausscheidung zusätzlich erleichtert.

Die Irrigation ist nur bei einer Sigmoidostomie möglich, bei der der größte Teil des Dickdarmes erhalten ist. Nach der Ausspülung des Darminhaltes durch die Irrigation braucht der Stuhl etwa 24 bis 48 Std., bis er erneut bis zum Stoma vorgedrungen ist.

Wer sich für diese Methode entscheidet, darf die Irrigation nicht sporadisch, sondern muss sie **regelmäßig** (1 x täglich oder aller 2 Tage) und immer zur gleichen Zeit durchführen. Der beste Zeitpunkt ist morgens bzw. der Zeitpunkt, an dem sich der Darm normalerweise entleert. Da der Darm „trainierbar“ ist, d. h. der trainierte Reflex erhalten bleibt, auch wenn der auslösende Reiz entfällt, muss die Irrigation in möglichst gleichmäßigem Rhythmus wiederholt werden.

Indikation und Kontraindikationen

Für welchen Stomaträger eine Irrigation in Frage kommt, entscheidet die ÄrztIn. Bei Stomakomplikationen (☞ oben), Entzündungen des Darmes und schlechtem Allgemeinzustand des alten Menschen kann eine Irrigation nicht durchgeführt werden. Für mobile Menschen mit einem komplikationslosen Stoma des Dickdarmes hat diese Methode jedoch große Vorteile, weil lange ausscheidungsfreie Zeiten dem Betroffenen einen normalen Alltag ermöglichen.

Eine Irrigation darf nur nach
- Ärztlicher **Anordnung** und nach
- **Anleitung** durch eine StomatherapeutIn bzw. die ÄrztIn durchgeführt werden.

Vorbereitung

- Bereitstellen des Irrigationssets (☞ Abb. 8.41)
  - Wasserbehälter mit Schlauchsystem, Durchlaufregler und Aufhängevorrichtung
  - Konus zum Einführen in das Stoma
  - Schlauchbeutel
  - Trägerplatte zum Befestigen des Schlauchbeutels
  - Gürtel zur Befestigung der Trägerplatte
  - Klemme
  - Reinigungsbürste
  - Minibeutel bzw. Stomakappe
  - Aufbewahrungstasche.
- Bereitstellen zusätzlicher Materialien
  - Aufhängemöglichkeit (im Pflegeheim z. B. Infusionsständer, Haken in der Toilette)
  - Nierenschale mit Zellstoff oder Toilettenpapier
  - Evtl. Einmalhandschuhe
  - Materialien zur Stomareinigung (☞ oben)

- Vorbereitung des Irrigationsmaterials
  - Durchflussregler schließen und den Wasserbehälter mit 1–1,5 l körperwarmem Wasser füllen
  - Schlauch luftleer machen
  - Wasserbehälter an einen Infusionsständer oder Haken hängen, so dass der untere Teil sich in Schulter-, maximal Kopfhöhe befindet. Nicht höher hängen, sonst läuft das Wasser mit zu großem Druck in den Darm
  - Trägerbeutel auf die Trägerplatte kleben
- Stomaträger
  - Zur Toilette begleiten
  - Ruhe ermöglichen, um ein Verkrampfen der Bauchmuskulatur zu verhindern
  - Die Irrigation kann im Sitzen oder Stehen durchgeführt werden
- AltenpflegerIn: Einmalhandschuhe anziehen.

Durchführung

Den Stomaträger sobald als möglich zur selbstständigen Irrigation **anleiten.** Dazu die einzelnen Schritte präzise erklären und überwachen:

- Handschuhe anziehen
- Stomakappe entfernen und das Stoma reinigen
- Vor der ersten Irrigation Darmverlauf mit einem mit Vaseline eingefettetem Mittel- bzw. Ringfinger austasten
- Trägerbeutel und Trägerplatte mit Hilfe eines Gürtels am Stoma fixieren, dabei das untere Ende des Schlauchbeutels in die Toilette hängen. Über das obere Ende den Konus behutsam in das Stoma einführen, bei engem Stoma dazu ein Gleitmittel verwenden. Der Konus muss dicht mit der Schleimhaut abschließen, darf aber nicht im Darm verschwinden
- Konus mit dem Wasserbeutel verbinden
- Anspülen mit 200–300 ml Wasser, um harten Stuhl zu lösen und die Darmperistaltik anzuregen. Dazu den Konus bei laufendem Wasser in das Stoma einführen und wieder zurückziehen (schwallartiges Einlaufen der Flüssigkeit)
- Den Konus einführen und die restliche Flüssigkeit in 3–10 Minuten in den Darm einlaufen lassen, dabei mit einer Hand den Konus festhalten
- Konus entfernen und den Irrigationsbeutel oben verschließen
- Nach der Hauptentleerung des Darmes den Beutel unten säubern und mit einer Klammer verschließen, da es noch zu Nachentleerungen kommt. Diese Zeit kann z. B. für die restliche Morgentoilette genutzt werden
- Hat sich der Darm vollständig entleert, in der Regel nach 30–60 Minuten, den Schlauchbeutel in die Toilette entleeren
- Trägerbeutel mit Schlauchbeutel entfernen

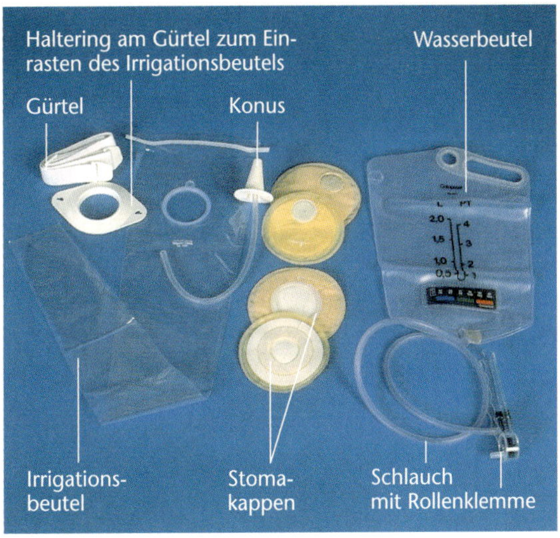

Abb. 8.41: Materialien zur Irrigation. [K183]

- Stoma reinigen
- Minibeutel bzw. Stomakappe aufkleben.

Nachbereitung

- Schlauchbeutel verwerfen
- Konus, Wasserbehälter und Trägerplatte reinigen und austrocknen.

Komplikationen bei der Irrigation und entsprechende Maßnahmen zeigt Tab. 8.42.

Information, Beratung und psychische Betreuung des Stomaträgers

Mit einem künstlichen Darmausgang leben zu müssen ist für fast alle Menschen eine schreckliche Vorstellung. Zum einen macht vielen Betroffenen die Erkrankung selbst Sorge, die Ursache für die Anlage des Stomas war z. B. eine Krebserkrankung.

Zum anderen ist ein Stoma für die Betroffenen psychisch überaus belastend. Nicht mehr kontinent zu sein, ständig mit seinen Ausscheidungen in Berührung zu kommen, sie „sichtbar" am Körper zu tragen und die Angst vor Geruchsbelästigung der Mitmenschen nimmt in der Anfangsphase fast jedem Betroffenen den Lebensmut und jegliche Lebensfreude.

Menschen mit einem künstlichen Darmausgang fühlen sich häufig wertlos, ihr Körperbild ist durch die sichtbaren Veränderungen stark gestört (☞ 13.4). Viele wollen sich mit ihrem veränderten Körper nicht auseinandersetzen, ihn weder ansehen noch berühren.

Aus Angst vor negativen Reaktionen ihrer Umwelt laufen Betroffene Gefahr, sich vollständig zu isolieren (☞ 12.4). In dieser Hinsicht trägt die AltenpflegerIn große Verantwortung, denn der Stomaträger beob-

Komplikation	Ursache	Maßnahme
Krämpfe	• Zu kaltes Wasser • Zu starker Wasserdruck	• Durchflussregler schließen • Ruhig und tief atmen • Behälter tiefer hängen • Körperwarmes Wasser verwenden
Darmverletzung (plötzlich massive Schmerzen)	Normales, vorne „spitzes" Darmrohr bohrt sich durch Darmwand	• Sofort ÄrztIn benachrichtigen • Prophylaxe: Nur Darmrohr mit Konus verwenden (☞ Abb. 8.41)
Spülflüssigkeit kommt nicht zurück	• Spülzeit liegt nicht synchron mit den Entleerungszeiten des Darmes • Geänderte Ernährungsgewohnheiten	• Urinausscheidung überprüfen, da die Flüssigkeit über den Darm resorbiert und über die Niere ausgeschieden wird • Spülzeitpunkt und Ernährung überprüfen
Wasser läuft nicht ein	• Falsche Richtung des Konus • Anspannen der Bauchdecke	• Konuslage überprüfen • Entspannte Körperhaltung
Stuhl läuft ins Schlauchsystem zurück	Wassermenge kann sich nicht so schnell im Darm verteilen und es kommt zum Rückstau	• Fließgeschwindigkeit senken • Evtl. Spülung kurz unterbrechen

Tab. 8.42: Komplikationen bei der Irrigation.

achtet genau, wie sie sich im Umgang mit ihm verhält und zieht daraus „seine Schlüsse". Einfühlungsvermögen, Geduld, Verständnis und Gesprächsbereitschaft werden als positive Reaktion auf den eigenen Körper erlebt und ebnen den Weg für weitere Kontakte.

Behutsam kann die AltenpflegerIn den alten Menschen im Umgang mit seinem Stoma anleiten, so dass er seinen Körper allmählich akzeptieren und zu versorgen lernt und schrittweise selbstständig mit seinem Stoma leben kann.

Bewährt hat sich ein **Stufenschema zum Selbstversorgungstraining:** Pflegebedürftigen bitten und anleiten

- Sein Stoma zu betrachten und bei der Versorgung zuzusehen, evtl. mit einem Spiegel
- Bei gereinigter Stomaumgebung einen frischen Beutel anzulegen
- Das Stoma zu reinigen und einen frischen Beutel anzulegen
- Den gefüllten Beutel zu entfernen, das Stoma zu reinigen und einen frischen Beutel anzulegen
- Sein Stoma selbstständig zu versorgen, wenn eine AltenpflegerIn dabei bleibt
- Sein Stoma vollständig alleine und ohne Beaufsichtigung zu versorgen.

Kann der Pflegebedürftige sein Stoma selbstständig versorgen, dann gilt es, eine Reihe weiterer Fragen zu besprechen:

- **Ernährungsberatung:** Betroffene sollten mindestens über 14 Tage ein Ernährungsprotokoll führen, um individuelle Reaktionen auf verschiedene Nahrungsmittel auszutesten. Nur so lässt sich herausfinden, welche Nahrungsmittel z. B. Durchfall, Blähungen oder Verstopfung hervorrufen (☞ Tab. 8.43). Letzte Mahlzeit nicht zu spät abends einnehmen, um eine größere nächtliche Stuhlausscheidung zu vermeiden. Bei einem Kolostoma für weichen Stuhlgang sorgen (☞ 8.6)
- Je nach Bedarf z. B. Fragen zu bestimmten Hobbys, sportlichen Aktivitäten oder auch Fragen zur Sexualität besprechen
- Informieren, dass nicht mehr als 10–15 kg gehoben werden dürfen, damit sich kein Bruch (Hernie) bildet
- Günstig ist es, dem Stomaträger **Aufklärungsmaterial** zu geben, z. B. Broschüren verschiedener Stomaversorgungsartikel-Hersteller, der ILCO (Selbsthilfegruppe der Stomaträger) und ein Blatt, auf dem die Versorgung erklärt wird. Zusätzlich sollte der Stomaträger wissen:
  - Bezugsquelle seiner Versorgungsmittel
  - Anschrift einer StomatherapeutIn
  - Kontaktadresse der ILCO, auf Wunsch sollte die AltenpflegerIn bei der ersten Kontaktaufnahme unterstützen (Kontaktadressen ☞ unter Urostoma).

Wirkung	Nahrungsmittel
Abführend	Alkohol, Bier, rohes Obst und Milch, Kaffee, stark gewürzte und fette Speisen, Sauerkraut
Stopfend	Schokolade, Rotwein, Weißbrot, Kartoffeln, Teigwaren
Geruchshemmend	Spinat, grüner Salat, Petersilie, Jogurt
Geruchserzeugend	Eier, Fleisch, Fisch, Zwiebel, Knoblauch, Käse
Blähend	Eier, Bier, Zwiebeln, Kohl, Sauerkraut, frisches Brot, kohlesäurehaltige Getränke
Blähungshemmend	Preiselbeeren, Jogurt

Tab. 8.43: Wirkung verschiedener Nahrungsmittel.

Pflege bei einem Urostoma

Urostoma *(lateinsch urina: Harn, stoma: Öffnung):* Operativ angelegte, künstliche Urinableitung durch die Bauchdecke.

Ein Urostoma wird operativ angelegt, wenn der Harn nicht auf natürlichem Weg von den Nieren in die Harnblase abfließen kann, z. B. bei bösartigen Blasentumoren, nach Bestrahlungen im Beckenbereich oder bei nicht mehr korrigierbaren Blasenschäden, z. B. in Verbindung mit Rückenmarkverletzungen, entzündlichen und degenerativen Nervenerkrankungen. Einen Überblick über die wichtigsten Urostomiearten gibt Tab. 8.44.

Material zur Versorgung eines Urostomas

Wie beim Enerostoma (☞ oben) gibt es einteilige und zweiteilige Versorgungssysteme. Spezielle Urostomieversorgungsmittel sind z. B.:

- Urinbeutel mit Rücklaufsperre und Bodenauslass
- Beinbeutel mit entsprechenden Beingürteln
- Nachtbeutel mit größerem Fassungsvermögen.

Besonderheiten bei der Versorgung eines Urostomas

Der Beutelwechsel wird ähnlich wie bei einem Enterostoma (☞ oben) durchgeführt. Bei einem Urostoma sind darüber hinaus einige Besonderheiten zu beachten:

- Versorgungssystem aus hygienischen Gründen alle 3 Tage wechseln. Es ist günstig, den Beutelwechsel morgens durchzuführen, da der Urinfluss wegen der nächtlichen Trinkpause am geringsten ist
- Vor dem Anlegen der neuen Versorgung darauf achten, dass das Stoma bis zum letzten Augenblick mit einer Kompresse abgedeckt ist und abgetupft wird, um die Haut vor austretendem Urin zu schützen
- Beim Anlegen der neuen Versorgung den Stomaträger auffordern, die Luft anzuhalten, oder das Stoma mit Haftspray besprühen, da so der Urinfluss für einige Sekunden gestoppt wird
- Beutel öfters entleeren, um einen Urinrückstau zu vermeiden. Außerdem löst sich das Versorgungssystem, wenn der Urinbeutel voll und schwer ist
- Ansatzstücke beim Wechseln mit Desinfektionsmittel absprühen
- Säuerlicher Urin stellt eine Barriere für aufsteigende Keime dar. Durch Nahrungsmittel kann der Urin angesäuert (pH-Wert) werden. Ansäuernde Lebensmittel sind z. B. Fisch, Fleisch, Eier, Spargel, Käse, Rotkohl, Preiselbeersaft
- Um Uringeruch zu beseitigen, Aspirintablette in den Beutel legen. Zudem verursacht z. B. Spargel einen unangenehmen Uringeruch, während z. B. Preiselbeersaft den Uringeruch bindet.

Bei zweiteiligen Systemen den Urinbeutel aus hygienischen Gründen täglich wechseln.

Komplikationen

Ursachen und begünstigende Faktoren für **Harnwegsinfektionen** können z. B. ein alkalischer Urin, seltener Wechsel des Stomasystems, fehlende Rücklaufsperre, mangelnde Flüssigkeitszufuhr, geschwächte Abwehrlage des betroffenen oder unsauberes Arbeiten sein. Maßnahmen zur **Prophylaxe einer Harnwegsinfektion bei Urostoma** sind:

- Ausreichend trinken, die tägliche Urinmenge soll mindestens 1,5 l betragen (Selbstspülung)
- Sofern keine Kontraindikationen vorliegen, den Urin auf Werte unter pH 6 mit Vitamin C ansäuern (1 g/Tag), da sich einige Keime im alkalischen Urin „wohler fühlen". Eine Ansäuerung mit Medikamenten darf nur auf Arztverordnung durchgeführt werden. Zusätzlich senken den pH-Wert des Urins z. B. folgende Getränke: säuernde Mineralwasser (kohlensärehaltig), Bier, Tee, Kaffee, Limonaden
- Alkalisierende Mineralwasser mit hohem Na-Gehalt, starkes Schwitzen, ausgedehntes Sonnenbaden einschränken.
- Stomaversorgung alle 3 Tage wechseln (Keimvermehrung)
- Ablagerung von Harnsalzen am Stoma und Auffangbeutel vermeiden, da sie infektionsbegünstigend sind.

Kristallbildung entsteht vor allem bei Harnwegsinfektionen und pH- Wert-Verschiebungen. Oft sind diese Kristalle mit dem Auge nicht sichtbar, sind aber an der stomaumgebenden Haut sehr schmerzhaft. *Maßnahmen:*

- Leichte Fälle: Mit essiggetränkten Kompressen entfernen (5%-igem Tafelessig), dazu die Kompressen 10 Minuten auf die Haut legen
- Schwere Fälle: Klebebeutel groß ausschneiden, damit die Haut in der Stomaumgebung freibleibt. 5%-igen Essig hineingeben, der alte Mensch legt sich hin und bewegt den Beutel. Damit wird die Haut und das Stoma gespült
- Zur *Prophylaxe:* Einmal wöchentlich Essigkompressen auflegen. Im Anschluss tritt eine vorübergehende weißliche Verfärbung der Schleimhaut auf. Diese Verfärbung hat keinerlei Auswirkungen

Ein häufiges Problem bei Urostomaträgern sind quälende **Wadenkrämpfe,** die durch Verschiebungen im Elektrolythaushalt entstehen. Auf ärztliche Anordnung wird der Elektrolytmangel durch entsprechende Zufuhr ausgeglichen.

Urostomieart	Beschreibung	Besonderheiten
Nierenfistel (Nephrostomie) 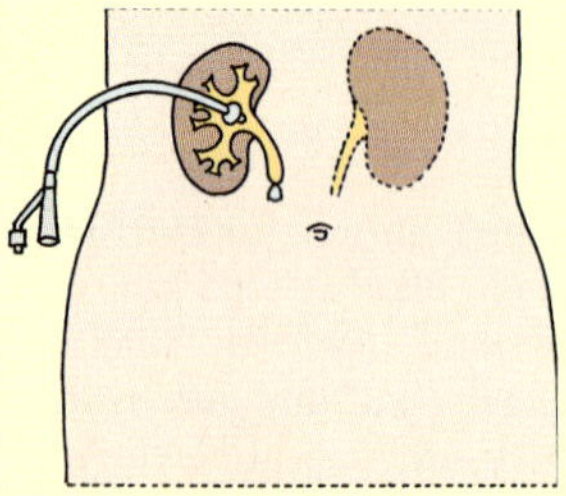	• Ableitung des Urins durch einen Katheter direkt aus dem Nierenbecken • Eine Niere ist dabei funktionslos oder entfernt • Stoma liegt auf dem Rücken oder der vorderen Bauchwand	Meist kann der Stomaträger die Nephrostomie nicht alleine versorgen.
Einläufige oder doppelläufige Harnleiter-Hautfistel (Ureterocutaneostomie) 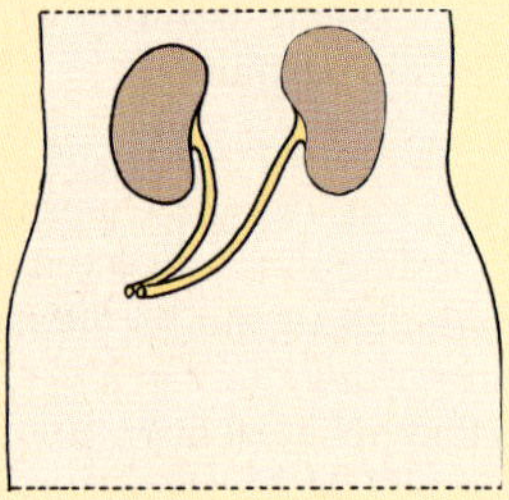	• Selten • Ausleitung des Harnleiters zur Bauchdecke • Neigt zur Verengung, deshalb wird ein dünnlumiger Katheter benötigt	Kann vom alten Menschen mit einem Stomabeutel versorgt werden
Darm-Conduit 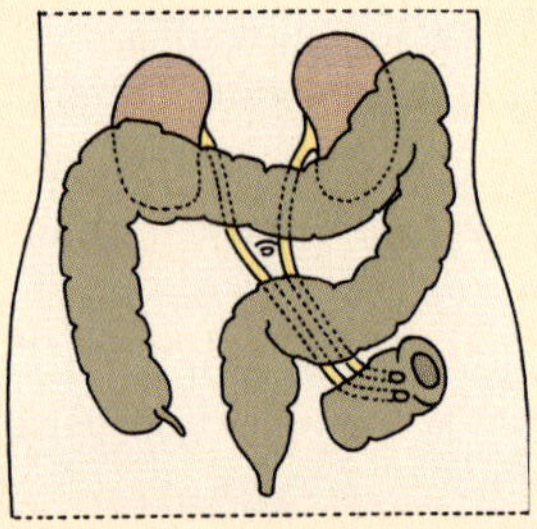	Beide Harnleiter werden in ein isoliertes Stück Dünn- oder Dickdarm eingepflanzt, das an geeigneter Stelle nippelartig in die Bauchhaut eingenäht wird	Harn kann ohne Kontakt mit der Haut in den Beutel geleitet werden
Ureterosigmoidostomie 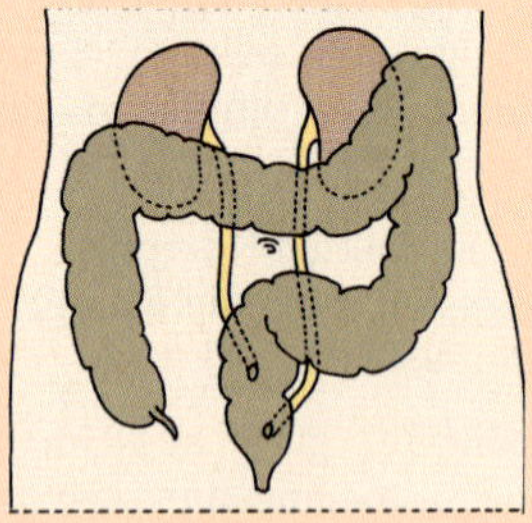	• Harnleiter (Ureter) werden in den Dickdarm (Sigma) eingenäht, so dass der Urin in den Darm abgeleitet wird • Harn und Stuhl werden gemeinsam über den After ausgeschieden • Kein Stoma vorhanden	Undichtigkeit des Afterschließmuskels im Schlaf Gefahren: • Aufsteigende Infektion aus dem Darm in die Nieren • Rückresorption des Urins durch die Darmwand
Blasenersatz, Harnreservoir, Pouch („Beutel") 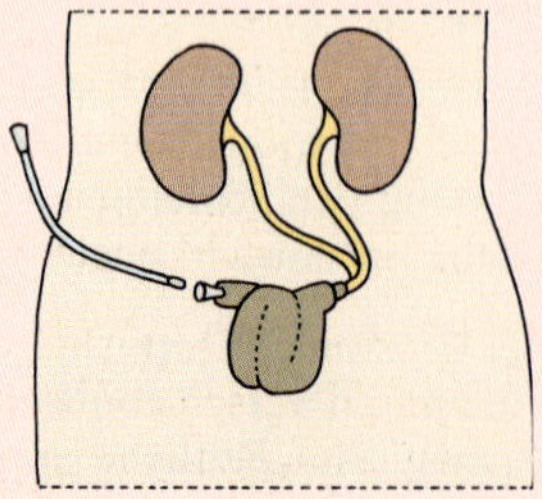	Bildung eines Reservoirs aus Darmgewebe, in das die Harnleiter eingenäht werden. Das Reservoir ist mit einem Hautstoma verbunden, z. B. im rechten Unterbauch oder Nabelbereich	Das Reservoir kann mehrmals am Tag mit einem Katheter entleert werden. Dadurch ist eine Stomabeutelversorgung nicht erforderlich.

Tab. 8.44: Überblick über verschiedene Urostomiearten. [A500-119]

Adressen, Literatur und Informationen, die weiterhelfen

- Betroffenen sollte der Kontakt zur **ILCO,** der Selbsthilfegruppe für Ileo-, Kolo- und Urostomieträger, vermittelt werden. Adresse: Deutsche ILCO e.V., Landshuter Str. 30, 85356 Freising, Tel. 0 81 61/93 43 01. Über diese Adresse lassen sich auch die hilfreichen Infomationsbroschüren der ILCO beziehen
- Für Pflegekräfte gibt es den Fachverband Stoma + Inkontinenz e.V. **(DVET),** Virchowstr. 14, 38642 Goslar, Tel: 0 53 21/5 10 80. In diesem Berufsverband haben sich Pflegekräfte, auch AltenpflegerInnen, zusammengeschlossen, die eine 2-jährige berufsbegleitende Weiterbildung zu Stoma und Inkontinenz absolviert haben. Der Verband gibt das Magazin Stoma + Inkontinenz heraus.
- Darüber hinaus gibt es mehrere Informationsbroschüren der Herstellerfirmen von Stomaversorgungsmitteln.

Surf-Tipp
Die ILCO findet man im Internet unter www.ilco.de, den Verband DVET unter www.dvet.pflegenet.com.

8.3.3 Exemplarische Pflegeplanung

Pflegediagnose mit Ursache (PD), Ressourcen (R), Gewohnheiten (G), Erfahrungen (E), aktuelle Bedürfnisse (AB)	**Pflegeziele**	**Pflegetherapie** Information (I), Beratung (B), Motivation (M), Anleitung (A), Beaufsichtigung (Bf), teilweise Übernahme (tÜ), vollständige Übernahme (vÜ)
Pflegeplanung 1		
PD: Selbstversorgungsdefizit beim Ausscheiden (Grad 3) aufgrund körperlich beeinträchtigter Mobilität und Blasenverweilkatheter **R:** • Keine Harn- und Stuhlinkontinenz • Angehörige möchten die Versorgung so weit wie möglich übernehmen	Vermeidung einer Harnwegsinfektionen Angehörige können mit dem Blasenverweilkatheter umgehen	**A:** Anleitung der Angehörigen zur: • Unterstützung beim Toilettengang oder alternativ bei der Benutzung des Toilettenstuhls • Zum fachgerechten Umgang mit dem Blasenverweilkatheter **I:** Angehörige über Ursachen und Risiko einer Harwegsinfektion bei Blasenverweilkatheter informieren **vÜ:** 1 x monatlich und bei Bedarf Wechsel des Blasenverweilkatheters auf ärztliche Anordnung nach Standard.
Pflegeplanung 2		
PD: Selbstversorgungsdefizit beim Ausscheiden (Grad 3) aufgrund eines Stomas seit drei Wochen **R:** Ist motiviert, die Stomaversorgung selbstständig durchführen **E:** Ist in seinem Leben schon mit vielen schwierigen Situationen fertig geworden	Akzeptiert das Stoma, ist über Umgang mit Stoma informiert und führt die Versorgung selbstständig durch Hat Kontakte zur Selbsthilfegruppe Hat soziale Kontakte Behält Lebensmut und Optimismus	**A, B:** Nach Stufenschema zur Selbstständigkeit bei der Stomaversorgung anleiten, anfangs vÜ, dann tÜ, später Bf bis Selbstständigkeit erreicht ist. Stomaversorgung und Beobachtung nach Standard **A, M:** Zum Führen eines Ernährungsprotokolls anleiten und dazu motivieren, verträgliche Nahrungsmittel herauszufinden **vÜ:** Kontakt zur ILCO vermitteln, Informationsbroschüren besorgen **I, M:** Über Beschäftigungsmöglichkeiten informieren, zur Teilnahme motivieren, um soziale Kontakte zu fördern

Tab. 8.45: Exemplarische Pflegeplanungen bei einem Selbstversorgungsdefizit bei der Ausscheidung. Wie ein Blasenverweilkatheter gewechselt oder ein Stoma versorgt wird, steht nicht in der Pflageplanung, sondern ist in einem Standard festgelegt.

8.4 Harninkontinenz

Störung der physiologischen Harnblasenentleerung

Die **Harnblasenentleerung** ist ein komplexer Vorgang, an dem Rezeptoren, Muskeln, Nerven und das Zentrale Nervensystem (ZNS) in einem komplizierten Zusammenspiel beteiligt sind. Füllt sich die Harnblase und dehnt sich dabei aus, leiten Dehnungsrezeptoren in der Harnblasenwand Impulse über das Rückenmark an das Gehirn. Erst durch die Verarbeitung im Gehirn wird die gefüllte Harnblase wahrgenommen und Harndrang ausgelöst. Hemmende Impulse verhindern, dass sich die Blase noch vor Erreichen der Toilette entleert.

Mit Beginn der Miktion kontrahiert sich die Blasenmuskulatur und drückt den Harn in Richtung Harnröhre. Durch die Kontraktion öffnet sich der **innere Blasenschließmuskel.** Senkt sich gleichzeitig die Beckenbodenmuskulatur und erschlafft, so öffnet sich auch der **äußere Blasenschließmuskel** (☞ Abb. 8.46).

Unterschiedliche Störungen können in das komplexe Geschehen der Harnblasenentleerung eingreifen und so zu einer Harninkontinenz führen.

Harninkontinenz: Eingeschränkte Fähigkeit, die Entleerung der Harnblase willkürlich zu kontrollieren.

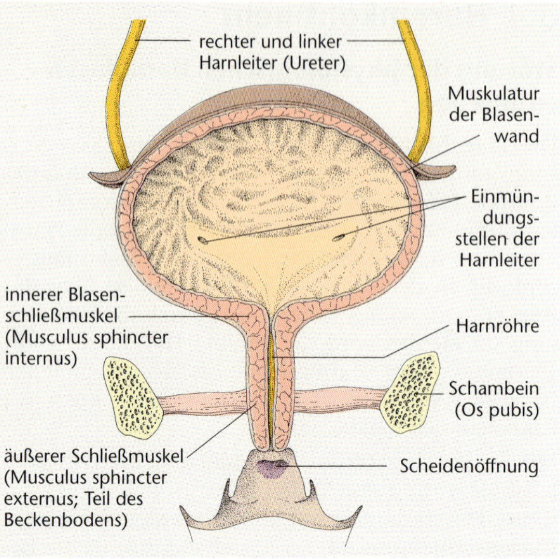

Abb. 8.46: Harnblase der Frau mit innerem und äußerem Schließmuskel. [A400]

Die **Harninkontinenz** gehört zu den häufigsten Störungen im Alter. Sie belastet die Betroffenen nicht nur körperlich, sondern in besonderem Maße auch psychisch und sozial.

Weil Inkontinenz ein **Tabuthema** ist, wird es in den meisten Fällen weder vom alten Menschen selbst noch von seinen Angehörigen angesprochen (☞ Abb. 8.47). Deshalb kann die Anzahl der inkontinenten Menschen nur geschätzt werden. Es wird davon ausgegangen, dass in Deutschland etwa **5 Millionen** Erwachsene mehr oder weniger inkontinent sind. Von den über 60-jährigen leidet etwa jeder 7. unter Harninkontinenz, von den über 80-jährigen jeder 2., wobei in jüngeren Jahren **Frauen 3 x häufiger als Männer** von der Inkontinenz betroffen sind. Im hohen Alter gibt es kaum noch zahlenmäßige Unterschiede zwischen beiden Geschlechtern.

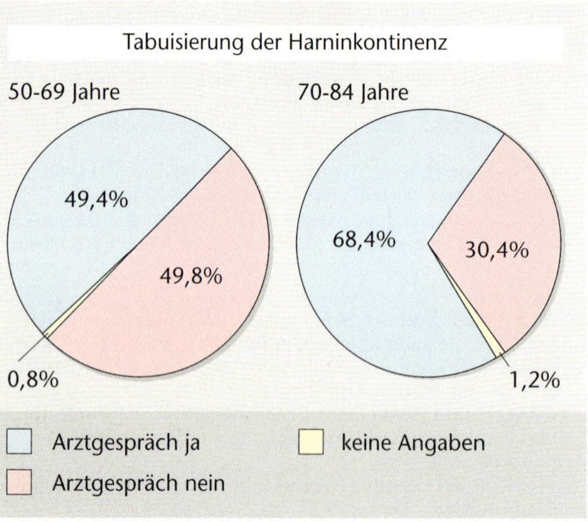

Abb. 8.47: Von den „jüngeren Alten" sprechen fast die Hälfte der Betroffenen nicht mit ihrer ÄrztIn über ihr Inkontinenzproblem. Nur wenn die Symptome im hohen Alter für den Betroffenen selbst oder seine Angehörigen belastender werden, wird medizinische Hilfe gesucht (Aus: Zeitschrift Pflege 2/1997).

Inkontinenzformen

Stressinkontinenz

Die **Stressinkontinenz** *(Belastungsinkontinenz, Druckinkontinenz)* entsteht durch unzureichenden Harnröhrenverschluss bei Belastungen wie Niesen, Lachen, Husten oder beim Tragen schwerer Lasten, die den Druck im Bauchraum erhöhen (☞ Abb. 8.48 b).

Von der Stressinkontinenz sind überwiegend **Frauen** betroffen. Ursachen und begünstigende Faktoren bei Frauen sind:

- Am häufigsten ein erschlaffter **Beckenboden.** Durch Verletzungen oder Überdehnungen, z. B. bei Geburten, verliert die Muskulatur langfristig ihre Spannung, so dass der Harnröhren-Verschlussmechanismus nicht mehr uneingeschränkt funktioniert
- Der **Östrogenmangel** in der Menopause begünstigt eine Stressinkontinenz, indem der Hormonmangel die Schließmuskelfunktion beeinträchtigt und darüber hinaus zu einer Atrophie der Schleimhäute führt
- Übergewicht belastet einen ohnehin schlaffen Beckenboden zusätzlich.

Die Stressinkontinenz bei **Männern** wird durch Operationen, z. B. nach vollständiger Prostataentfernung, hervorgerufen. Dadurch wird die Funktion des inneren Schließmuskels so stark beeinträchtigt, dass der äußere Schließmuskel allein die Kontinenz erhalten muss.

Typisch für die Stressinkontinenz ist, dass bei Belastungen kleine Urinmengen ohne Harndrang abgehen.

Dranginkontinenz

Im Gegensatz zur Stressinkontinenz ist bei der **Dranginkontinenz** *(Urgeinkontinenz, „ungehemmte Blase")* das Schließmuskelsystem der Harnröhre und Blase intakt (☞ Abb. 8.48 c). Es kommt zu einem Ungleichgewicht zwischen den Impulsen, die eine volle Blase an das Gehirn „melden" und den Impulsen, die die Blasenentleerung hemmen (☞ oben unter physiologische Blasenentleerung). Je nach auslösender Ursache werden zwei Formen unterschieden:

- Bei der **sensorischen Dranginkontinenz** führt eine Reizung der Blasenschleimhaut, z. B. durch Blasentumoren, Entzündungen oder nach Bestrahlungen, zu einer Überaktivität der Blasenmuskulatur und ständigem Harndrang. Mitunter kann diese Form der Inkontinenz auch psychische Ursachen haben
- Bei der **motorischen Dranginkontinenz** fallen durch Erkrankungen wie z. B. Schlaganfall, Demenz, Morbus Parkinson oder Multiple Sklerose

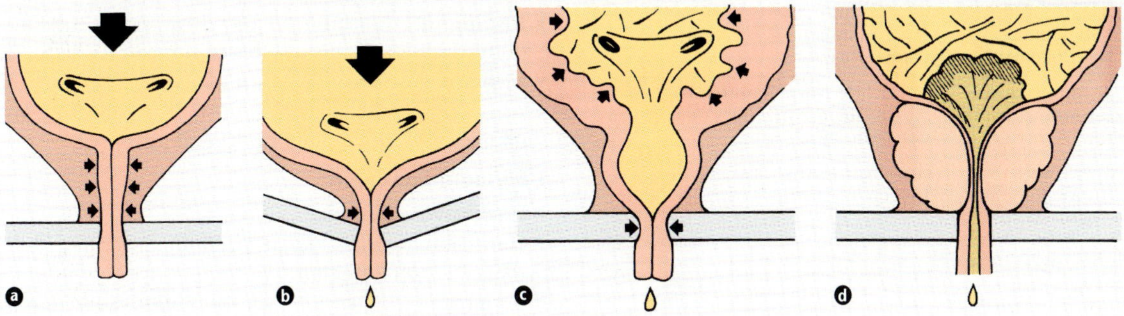

Abb. 8.48: Schematische Darstellung verschiedener Inkontinenzformen bei der Frau
a intakter Verschlussmechanismus der Harnblase
b Bei der Stressinkontinenz tritt die Blase tiefer, so dass die „Verschlusslänge" sich verkürzt und sich der Blasenhals öffnet
c Bei der Dranginkontinenz kontrahiert sich die Blasenmuskulatur ungehemmt
d Bei der Überlaufinkontinenz kann der Urin durch ein mechanisches Hindernis, hier die vergrößerte Prostata beim Mann, nicht ungehindert abfließen. Die Blase wird überdehnt und kann sich nicht mehr kontrahieren. Urin fließt ab, wenn der Druck in der Blase den Verschlussdruck übersteigt. [L117]

die hemmenden Impulse des Gehirns aus, so dass sich die Blasenmuskulatur ständig unwillkürlich kontrahiert.

Typisch für die Dranginkonzinenz sind ein quälender, nicht beherrschbarer Harndrang sowie häufiges Wasserlassen mit Brennen und Schmerzen und Nykturie.

☑ Häufig treten Stress- und Dranginkontinenz im Alter als **Mischform** auf.

Der im Alter so häufig auftretende **plötzliche Harndrang** kann möglicherweise der Beginn einer Dranginkontinenz sein, daher frühzeitig einen Urologen hinzuziehen.

Überlaufinkontinenz

Die **Überlaufinkontinenz** entsteht durch eine Urinabflussbehinderung unterhalb der Blase, z. B. bei Prostatavergrößerung oder Tumoren, so dass der Urin nicht abfließen kann und die Blase überdehnt wird (☞ Abb. 8.48 d). Wenn der Druck in der Blase den Druck des Schließmuskels übersteigt, tröpfelt Harn ab, bis der Druck in der Blase wieder geringer wird als der Schließmuskeldruck. Die Kontraktionskraft der Blasenmuskulatur reicht nicht aus, um die Blase vollständig zu entleeren.

Typisch für die Überlaufinkontinenz ist Harnträufeln ohne Harndrang bei prall gefüllter Harnblase.

Reflexinkontinenz

Die **Reflexinkontinenz** entsteht durch Schäden der auf- und absteigenden Nervenbahnen, z. B. bei Rückenmarkschädigungen (Querschnittlähmung), bei Bandscheibenvorfall, Multipler Sklerose oder Tumoren. Die Betroffenen haben keinen willkürlichen Einfluss auf die Blasenfunktion, die Blase wird nur noch reflektorisch entleert.

Typisch für die Reflexinkontinenz ist der unfreiwillige Harnabgang ohne Harndrang.

Extraurethrale Inkonztinenz

Der Vollständigkeit halber sei noch die **extraurethrale Inkontinenz** erwähnt, obwohl sie sehr selten vorkommt und eine **„Scheininkontinenz"** ist. Die Funktionen von Blase und Schließmechanismen sind intakt. Der Urin fließt unter Umgehung der natürlichen Abflusswege aufgrund angeborener Fehlbildungen, Entzündungen, z. B. beim Morbus Crohn, einer schweren Darmentzündung, oder nach Verletzungen der Blase über Fistelgänge ab.

8.4.1 Pflegediagnostik

Über die eigene Inkontinenz zu sprechen fällt den meisten Menschen sehr schwer. Zum einen, weil die Ausscheidung zu den intimsten Bereichen eines Menschen gehört, und zum anderen, weil sich die Betroffenen keine Hilfe erhoffen.

☑ Harninkontinenz ist entgegen landläufiger Meinung **keine normale Alterserscheinung** oder unabänderliches Schicksal.

Es gibt zahlreiche Behandlungsansätze, die eine Verbesserung der Inkontinenz erreichen oder sie sogar heilen. Daher ist es wichtig, in einem Gespräch über Ursachen und beeinflussende Faktoren zu sprechen, um geeignete Maßnahmen ergreifen zu können. Ein solches Gespräch gelingt nur, wenn der alte Mensch in einer ungestörten Atmosphäre Vertrauen fasst und über seine Probleme spricht (☞ auch „Gespräche führen" in Kapitel 12.4.2).

e1

Schweregrad	Merkmale
1: Leichte Harninkontinenz	Harntröpfeln oder gelegentlicher Harnverlust
2: Mittelschwere Harninkontinenz	Vermehrte Harninkontinenz beim Aufstehen aus sitzender oder liegender Position
3: Schwere Harninkontinenz	Ständiger Harnverlust, auch im Liegen

Tab. 8.49: Einteilung der Harninkontinenz nach Schweregrad (nach Grond 1993).

Ursachen und Einflussfaktoren

Die Ursachen und Einflussfaktoren unterscheiden sich je nach vorliegender Inkontinenzform.

Stress- oder Belastungsinkontinenz

- Schwäche der Beckenbodenmuskulatur nach Geburten oder durch altersbedingte Bindegewebsschwäche
- Östrogenmangel, z. B. bei Frauen im Klimakterium
- Obstipation, weil Kotballen zu einer Überdehnung des Beckenbodens führen können
- Übergewicht.

Motorische Drang- oder Urgeinkontinenz

- Hirnschädigung, z. B. durch ausgeprägte Demenz, Apoplexie, Parkinson, Multiple Sklerose, Hirntumor, Entzündungen
- Verminderte Blasenkapazität, z. B. bei alten Menschen, die aus Angst vor Inkontinenz häufig zur Toilette gehen
- Verminderte Wahrnehmung: das Druckempfinden lässt im Alter nach
- Medikamente, z. B. Sedativa, vermindern die Wahrnehmung
- Beeinträchtigte körperliche Mobilität (☞ 6.3), so dass die Toilette nicht rechtzeitig erreicht wird oder Toilette ist nicht der eingeschränkten Mobilität entsprechend gestaltet
- Defizite bei der Selbstversorgung beim Ausscheiden (☞ 8.3)
- Obstipation, weil Kotballen den Druck auf die Blase erhöhen.

Sensorische Drang- oder Urgeinkontinenz

- Reizung der Blasenwand bei chronischer Entzündung, Steinen, Tumoren, Bestrahlungen
- Medikamente wie z. B. Diuretika
- Atrophie der Blase und Urethra durch Östrogenmangel, z. B. bei Frauen im Klimakterium.

Überlaufinkontinenz

- Prostatavergrößerung
- Harnröhrenvernarbungen nach Operationen und Blasenverweilkatheter
- Verminderte Aktivität des Blasenmuskels durch neurogene Störungen.

☑ Viele alte Menschen werden erst im Krankenhaus inkontinent. Die Auslöser hierfür sind vielfältig und zum Teil behebbar, z. B. Erkrankungen, Medikamente, Immobilität, die fremde Umgebung, ein weiter Weg zur Toilette, die Toilette wird nicht rechtzeitig erreicht oder gefunden.

Anzeichen und Ausmaß

Zu den deutlichen **Anzeichen** gehören:

- Der Pflegebedürftige äußert, Probleme mit der willentlichen Entleerung der Harnblase zu haben, evtl. können auch Angehörige erste Hinweise geben
- Durchnässte Kleidung, nasse Bettwäsche
- Uringeruch.

Das **Ausmaß** wird in der Fachliteratur unterschiedlich eingeteilt. Eine Möglichkeit wird in Tabelle 8.49 dargestellt.

Zusätzlich zum Ausmaß lassen sich problemrelevante Ressourcen herausfinden, wie z. B.

- Gewohnheiten, Erfahrungen in der Vergangenheit
- Fähigkeit zur selbstständigen Inkontinenzversorgung.

Ein **Miktionsprotokoll** (☞ Tab. 8.50) kann konkrete Auskunft über Häufigkeit der Blasenentleerungen, zeitliche Abstände und Urinmenge geben. Darüber hinaus lassen sich auch Hinweise auf Ursachen und Einflussfaktoren feststellen. Wann immer eine Harninkontinenz festgestellt wird, muss zur weiteren

Datum	Uhrzeit	Getränke Menge und Art	Gemessene oder geschätzte (gewogene) Harnmenge	Mögliche Gründe für Inkontinenz

Tab. 8.50: Miktionsprotokoll bei Harninkontinenz

Abb. 8.51: Ein alter Mensch kann auch nur scheinbar inkontinent sein, wenn er z. B. in einer fremden Umgebung die Toilette nicht schnell genug findet. Gut sichtbare, große Symbole an der Toilettentür erleichtern das Zurechtfinden. [K157]

Abklärung und Planung der Pflegetherapie vorübergehend, mindestens über 7 Tage, ein Miktionsprotokoll geführt werden.

Folgen

Die **Folgen** einer Harninkontinenz können gravierend sein, z. B.:

- Körperliche Folgen: Gefahr von Hautschäden durch unzureichende Hygiene
- Psychische Folgen: Verlust des Selbstwertgefühls, Hoffnungslosigkeit, Depression
- Soziale Folgen: Gefahr freiwilliger Selbstisolation.

8.4.2 Pflegetherapeutische Maßnahmen

Bei der Harninkontinenz ist die **interdisziplinäre Zusammenarbeit** sehr wichtig. Eine umfassende medizinische Diagnostik, am besten durch einen Urologen, klärt Ursachen und öffnet so den Behandlungsweg in eine bestimmte Richtung. Wichtige Aufgabe der AltenpflegerIn ist es, den Pflegebedürftigen über die vielfältigen Möglichkeiten zu informieren und ggf. zum Aufsuchen der ÄrztIn zu motivieren.

Gestaltung der Umgebung

Die Toilette sollte für gehbehinderte alte Menschen in erreichbarer Nähe und behindertengerecht ausgestattet sein, so dass der alte Mensch sie schnell und möglichst alleine aufsuchen kann. Oft ist eine zusätzliche deutliche Kennzeichnung der Toilette, z. B. mit einem Bild, hilfreich (☞ Abb. 8.51).

Toilettentraining

Das Ziel des **Toilettentrainings** ist es, einen **individuellen Miktionsrhythmus** zu finden, so dass der Pflegebedürftige rechtzeitig die Toilette aufsucht. Die Intervalle richten sich nach den Gewohnheiten, der Trinkmenge und dem Grad und der Form der Inkontinenz. Man unterscheidet das schematische und das individuelle Toilettentraining:

- **Schematisches Toilettentraining:** Pflegebedürftigen auffordern, unabhängig vom Harndrang tagsüber alle 2 Stunden, nachts evtl. 2 x die Toilette bzw. den Toilettenstuhl aufzusuchen, ggf. dabei unterstützen. Alternativ wird die Urinflasche oder das Steckbecken gereicht. Sobald der Pflegebedürftige 10 Tage lang kontinent ist, das Intervall jeweils um ¼ Stunde verlängern
- Das **individuelle Toilettentraining** wird mit Hilfe des individuellen Miktionsprotokolls durchgeführt (☞ Tab. 8.50). Der Pflegebedürftige soll ¼ Stunde vor der erwarteten Miktion zur Toilette gehen oder wird dabei begleitet.

Wichtig:

- Werden die Intervalle beim schematischen Toilettentraining nicht verlängert, kann sich die Blasenkapazität vermindern und die motorische Dranginkontinenz wird gefördert
- Der Pflegebedürftige sollte 2–3 l Flüssigkeit zu sich nehmen, so dass die Harnblase gut gespült wird, da ein konzentrierter Urin den Harndrang verstärkt. Die Flüssigkeit sollte bis etwa 18 Uhr getrunken werden, so dass der letzte Toilettengang ca. um 22 Uhr erfolgen kann, damit die Nachtruhe des alten Menschen nicht unnötig gestört wird
- Diuretika morgens verabreichen, um eine vermehrte nächtliche Urinausscheidung zu vermeiden.

Blasentraining

Ist die Ursache der motorischen Dranginkontinenz eine verminderte Blasenkapazität, so ist das **Blasentraining** eine geeignete Methode, um das **Fassungsvermögen der Blase** zu vergrößern. Dem betroffenen Menschen wird wieder ein Gefühl für die Blase vermittelt.

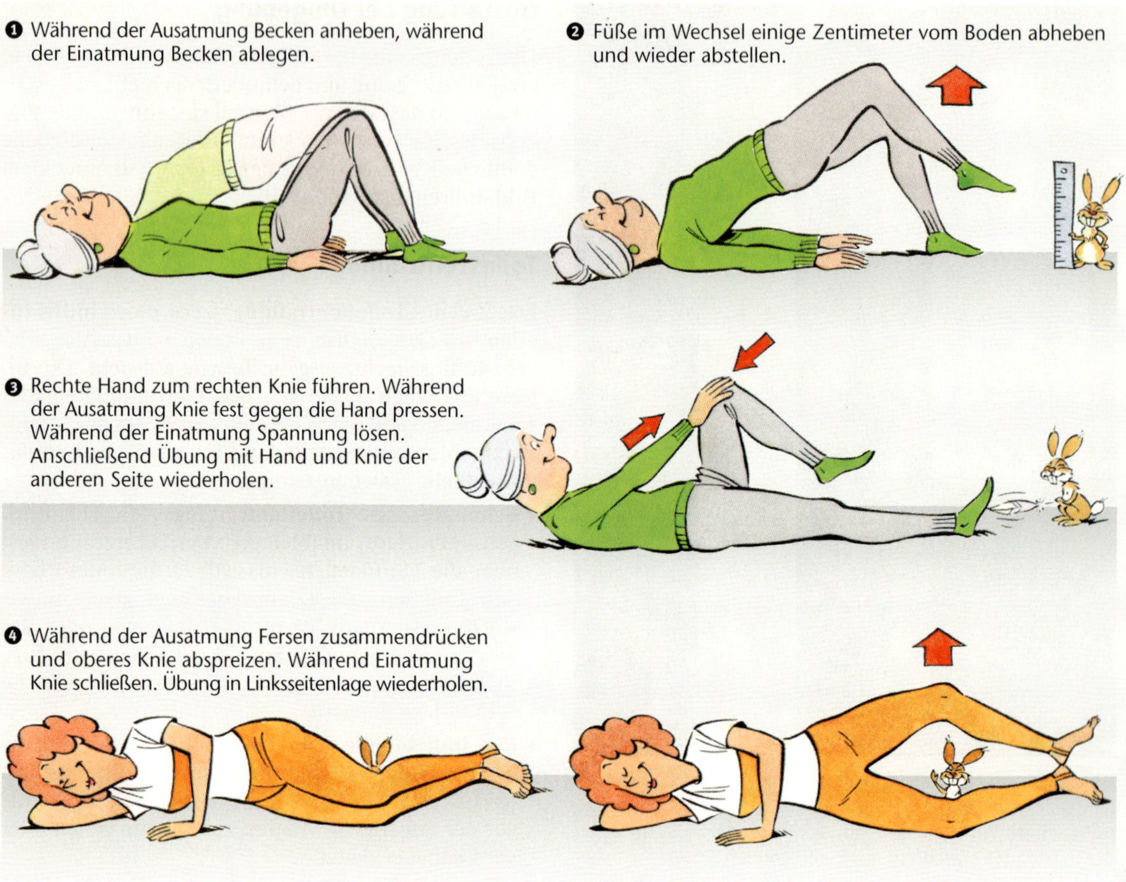

Abb. 8.52: Beckenbodenübungen. [U114]

Beim Blasentraining wird bei Harndrang die Blasenentleerung so lange wie möglich unterdrückt. Ziel ist es, die Intervalle zwischen der Toilettenbenutzung zu vergrößern. Je nach Ausmaß und Selbstvertrauen beginnt man bei 2 Min. bis hin zu Stunden. Zusätzliches Beckenbodentraining (☞ unten) ermöglicht dem alten Menschen, die Beckenbodenmuskulatur anzuspannen.

Ein Blasentraining muss oft wochen- bis monatelang durchgeführt werden, bis es Erfolg zeigt. Ein Miktionsprotokoll (☞ Tab. 8.50) und die zusätzliche Dokumentation der Unterdrückungszeiten zeigen auch kleine Erfolge auf und können deshalb motivierend wirken.

Beckenbodentraining

Die Beckenbodenmuskulatur liegt unter der Harnblase und ist die Begrenzung des Beckens nach unten. Sie trägt und unterstützt die inneren Organe und ist willkürlich beeinflussbar:

- Anspannung führt zum Blasenverschluss
- Erschlaffung zur Blasenentleerung.

Regelmäßiges, ausdauerndes, konsequentes und intensives **Beckenbodentraining** stärkt Beckenboden, Bauchdecken und Zwerchfellmuskulatur. Eingesetzt werden diese Übungen

- Bei der Stressinkontinenz
- Zur Unterstützung des Blasentrainings bei der Dranginkontinenz
- Bei der Kombination von Drang- und Stressinkontinenz.

Beispielübungen

Eine mögliche Übung ist die sogenannte **Kneifübung während der Blasenentleerung:**

Der Urinstrahl wird durch Muskelanspannung für 5–10 Sekunden unterbrochen. Dann wird die Blasenentleerung für einige Sekunden fortgesetzt und ein weiteres Mal unterbrochen; nach Möglichkeit dreimalige Unterbrechung während eines Toilettengangs. Je länger die Unterbrechungen sind, desto größer ist der Trainingseffekt für die Beckenbodenmuskulatur.

Weitere Übungen

Die Pflegebedürftige bitten,

- Eine bequeme Rückenlage einzunehmen

- Sich zu entspannen und die Beckenbodenmuskulatur zu spüren
- Während der Einatemphase zu entspannen und
- Während der Ausatemphase anzuspannen.

Übung A (nach Gotved): Beim Ausatmen After und Scheide nach innen ziehen. Diese Übung kann auch im Sitzen, Stehen und beim Gehen durchgeführt werden.

Übung B (nach Gotved): Beim Ausatmen angewinkelte Knie zusammendrücken und After, Scheide fest verschließen.

Übung C (nach Zimmermann): Die Beine übereinander kreuzen und Fußaußenkanten gegeneinander drücken.

Weitere Übungen, ☞ Abb. 8.52.

> ☑ **Bio-Feedback**
> Bei der Bio-Feedback-Methode werden die Kontraktionen der Beckenbodenmuskulatur durch einen Druckfühler, der in die Scheide eingelegt wird, gemessen. Druckschwankungen durch Anspannen der Beckenmuskulatur werden optisch oder akustisch angezeigt. So kann kontrolliert werden, ob die Übungen richtig durchgeführt werden.

Vaginaltampon

Ein **Vaginaltampon** soll ein passives Muskeltraining bezwecken und die Beckenbodenmuskulatur bei einer Stressinkontinenz durch „passiven Druck von außen" auf die Harnröhre unterstützen. Verwendet wurden normale oder speziell beschichtete Tampons aus dem Gesundheitsfachgeschäft, die in Wasser eingeweicht wurden. Ein ausreichender Effekt konnte nicht nachgewiesen werden: Daher und wegen eines erhöhten Risikos von Vaginalinfektionen wurde diese Methode wieder verlassen.

Würfeltampon

Der **Würfeltampon** aus Silikon wird bei durch Gebärmutter- und Scheidensenkung ausgelöster Stressinkontinenz nach Arztanordnung angewendet. Durch den Tampon werden die Blase und der Mastdarm nach hinten gezogen, gleichzeitig wird der Beckenboden beim Stehen und Gehen trainiert.

Durchführung: Der Tampon wird morgens eingeführt, abends entfernt und unter fließendem Wasser gereinigt.

Gewichtskonen

Ein **Gewichtskonen-Set,** z. B. Femcon® (☞ Abb. 8.53), besteht aus 5 Konen mit unterschiedlichem Gewicht (20–70 g). Wird mit ihnen regelmäßig geübt, kräftigt sich die Beckenbodenmuskulatur. *Wirkprinzip:* Wird ein Konus in die Scheide eingeführt, neigt er dazu herauszugleiten. Dieses Gefühl des Verlierens löst eine nervale Reaktion aus, die die Beckenbodenmuskulatur zum Zusammenziehen veranlasst, um das Herausgleiten zu verhindern und das Gewicht „festzuhalten".

Durchführung

- Den Konus mit dem geringsten Gewicht einführen (lassen) und für etwa 1 Min. halten lassen. Gelingt dies, wird der Vorgang mit dem nächst schwereren ausprobiert
- Beim nächsten Training wird mit dem Konus begonnen, der 1 Stufe unter dem liegt, der gerade noch gehalten werden konnte. Das Ziel ist es, diesen Konus unter normaler Belastung, z. B. bei der Hausarbeit, 15 Min. zu halten. Gelingt dies, wird das Training mit dem nächst schwereren Konus fortgeführt.

Bei vaginalen Entzündungen das Training unterbrechen, bis die Entzündung abgeheilt ist.

Harnröhreneinsatz

Eine weitere Möglichkeit ist der ärztlich anzuordnende **Harnröhreneinsatz:** Eine Art „sterilisierter Schlauch mit blockbarem Ballon" wird bei Frauen als Sperre in die Harnröhre eingesetzt und verhindert somit unfreiwilligen Urinabgang. Bei Urindrang wird der Harnröhreneinsatz entblockt und entfernt. Die maximale Tragedauer beträgt 6 Stunden. Anschließend muss ein neuer Einsatz eingeführt werden.

Hauptgefahr: Harnwegsinfektionen.

Elektrostimulation

Eine noch sehr selten durchgeführte Methode ist die Elektrostimulation. Die Muskulatur des Beckenbodens wird durch Elektroden gereizt. Je nach Ursache werden unterschiedliche Frequenzen verwendet. Die Ruhe- und Stimulationsphasen sind von unterschiedlicher Dauer und werden individuell angepasst. Bei 50 % der Betroffenen kommt es innerhalb von 2–8 Wochen zu einer Besserung. Durch die Elektrostimulation wird

- Das Bewusstsein für die Beckenbodenmuskulatur gefördert *(Kontinenzerhalt)*

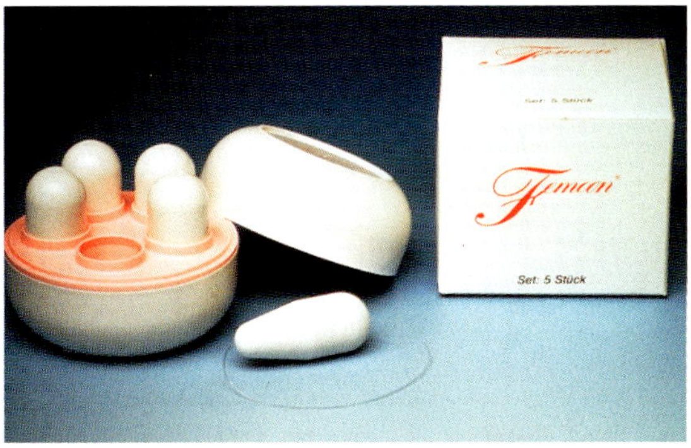

Abb. 8.53: Gewichtkonen-Set Femkon® für das Training der Beckenbodenmuskulatur. [T181]

- Die erschlaffte Beckenbodenmuskulatur und der Schließmuskel der Blase gekräftigt *(künstlicher Trainingseffekt der Muskulatur)*
- Die Miktionsfrequenz verringert
- Die Blasenkapazität vergrößert
- Der maximalen Verschlussdruck erhöht
- Die Restharnmenge verringert.

Kontraindikationen: Entzündungen der Harnwege und Scheide, Herzrhythmusstörungen, Herzschrittmacher, unvollständige Blasenentleerung mit Restharn.

☑ Zweimal wöchentlich muss wegen der Infektionsgefahr der Urin kontrolliert und im Falle einer Infektion die Anwendung unterbrochen werden.

Blasenklopftraining

Das **Blasenklopftraining** kann bei einer Reflexinkontinenz angewendet werden, d. h. wenn eine willentliche Steuerung der Blasenentleerung nicht mehr möglich ist, z. B. durch eine Querschnittslähmung oder bei Gehirnerkrankungen wie Multiple Sklerose. Das Blasenklopftraining setzt voraus, dass sich die Harnblase noch reflexartig zusammenziehen kann und ist daher bei schlaffer Blase nicht möglich.

Es ist erstrebenswert, den Pflegebedürftigen zum Blasenklopftraining anzuleiten, damit er es selbstständig durchführen kann.

Durchführung

- Zu Beginn des Trainings Pflegebedürftigen innerhalb von 10 Min. etwa ½ l Tee trinken lassen, damit sich die Harnblase schnell füllt

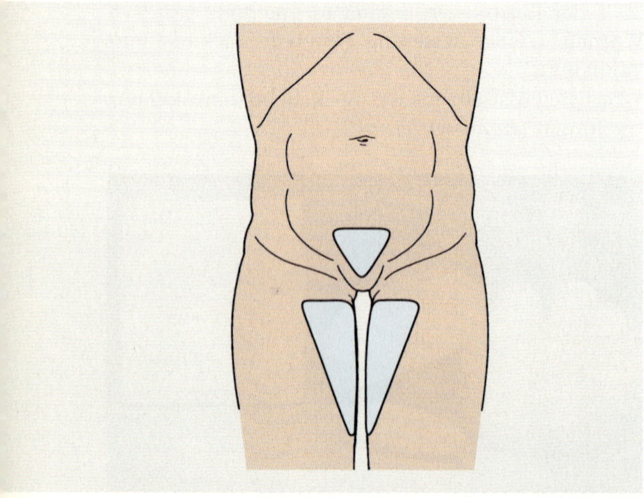

Abb. 8.54: Regionen, in denen bei einer Reflexinkontinenz durch Bestreichen und Beklopfen ein Blasenentleerungreflex ausgelöst werden kann. [V220]

- Um die Blase im Sitzen zu entleeren, muss der Pflegebedürftige auf die Toilette bzw. den Toilettenstuhl (hydrostatischer Druck und Einsatz der Bauchmuskulatur)
- Reflex auslösen (☞ Abb. 8.54):
  - Blasengegend (oberhalb der Symphyse) mit den Fingerspitzen oder der hohlen Hand beklopfen
  - Oberschenkelinnenseite bestreichen und klopfen. So wird ein Reflex ausgelöst, der bewirkt, dass sich die Blase selbstständig zusammenzieht
- Durch den Einsatz der Bauchpresse und das zusätzliche Ausstreichen mit der Hand kann die Urinentleerung unterstützt werden.

Nach dem Blasenklopftraining muss regelmäßig der Restharn kontrolliert werden, um sicherzustellen, dass sich die Blase vollständig entleert hat. Ziel ist es, dass der Pflegebedürftige zwischen den Entleerungszeiten kontinent ist.

Intermittierende Katheterisierung der Harnbase

Die Harnblase wird mehrmals täglich in individuell festgelegten Zeitintervallen katheterisiert (☞ 8.3.2), z. B. bei Querschnittslähmungen. Häufig übernehmen die Betroffenen das Katheterisieren selbstständig. Diese Methode kann bei aseptischer Vorgehensweise jahrelang durchgeführt werden. Allerdings stehen mittlerweile wesentlich geeignetere medizinische Verfahren zur Verfügung, so dass die intermittierende Katheterisierung in der Regel nur noch vorübergehend Anwendung findet.

Inkontinenzversorgung mit Hilfsmitteln

Lässt sich die Harninkontinenz nicht oder nicht kontinuierlich vermeiden, so ist eine **individuelle Versorgung mit Hilfsmitteln** nötig, damit der alte Mensch trotz Inkontinenz mit seiner Situation leben kann.

Die Auswahl des richtigen Inkontinenzversorgungssystems ist von verschiedenen Faktoren abhängig:

- Inkontinenzform
- Menge der Ausscheidung
- Mobilität
- Geistigem und körperlichem Zustand des Betroffenen
- Anatomische Voraussetzungen
- Hautbeschaffenheit (Hautprobleme verhindern, hautfreundliche Materialien)
- Tageszeit, an der Hilfsmittel benötigt wird
- Anforderungen an die Dichtigkeit gegen Ausscheidungen und Gerüche, Geräusche und Optik
- Selbstständigkeit des Betroffenen
- Sonstige Pflegetherapie, z. B. ob ein Toilettentraining durchgeführt wird.

Inkontinenzhilfsmittel werden in **ableitende** und **aufsaugende, absorbierende** Hilfsmittel eingeteilt. Immer ist eine individuelle Entscheidung notwendig. Ableitende sind aufsaugenden Hilfsmitteln, soweit möglich, vorzuziehen.

Harn ableitende Hilfsmittel

Ableitende Hilfsmittel sind Systeme, die den Urin auffangen und über einen Schlauch in einen Sammelbehälter führen. Dazu zählen Urinale, Kondomurinale für Männer und externe Urinableiter für Frauen. Diese Systeme werden als nichtinvasiv bezeichnet, da sie keine direkte Verbindung in die Körperhöhle besitzen. Im Gegensatz dazu versteht man unter invasiven Ableitungssystemen instrumentelle Harnableitungen (transurethrale oder suprapubische Harnableitung ☞ 8.3.2).

Kondomurinalversorgung bei Männern

Kondomurinale sind Gummi- oder Latexhülsen, die über den Penis gestülpt werden. Sie sind selbst haftend oder müssen mit einem Haftstreifen oder einem Hautkleber fixiert werden. Bei Verwendung eines Haftstreifens muss dieser **spiralförmig** festgeklebt werden, so dass es weder durch zirkuläres Kleben zu Abschnürungen kommt, noch Lücken entstehen, aus denen Urin auslaufen kann (☞ Abb. 8.55). Kondomurinale sind in verschiedenen Größen und Formen im Handel, z. B. Kurzform für den retrahierten Penis, so dass ein zuverlässiger Sitz gewährleistet ist. Die meisten Kondomurinale sind mit einer Rücklaufsperre ausgestattet, um den Urinrücklauf und somit Reizungen und Entzündungen der Haut zu verhindern.

Durchführung

- Vor der Verwendung eines Kondomurinals sollte der Intimbereich mit Einverständnis des Mannes rasiert werden, da sich die Haut sonst an den Haarbalgen entzünden kann (Follikulitis)
- Anschließend den Intimbereich reinigen und die Haut gut trocknen und keine fetthaltigen Cremes oder Lotionen verwenden, da ansonsten das Kondomurinal nicht hält
- *Anlegen:* Kondomurinal auf die Eichel setzen und leicht andrücken. Das Kondomurinal immer so anbringen, dass zwischen Harnröhrenmündung und Ablaufstutzen des Kondomurinals 1–2 cm Platz ist, um auch schwallartig entleerte Mengen von Urin aufnehmen zu können und eine Reizung bzw. Verletzung der Eichel *(Glans penis)* auszuschließen
- Das Kondomurinal so weit wie möglich abrollen, damit der verbleibende Restwulst des Kondomurinals nicht einschnürt
- Anschließend das Kondomurinal an einen Beinbeutel bzw. an einen Urinbeutel anschließen
- *Entfernen:* Das Kondomurinal wird durch langsames Abrollen ohne starken Zug entfernt, um Reizungen der Haut zu vermeiden und alle 24 Std. sowie bei Beschwerden gewechselt.

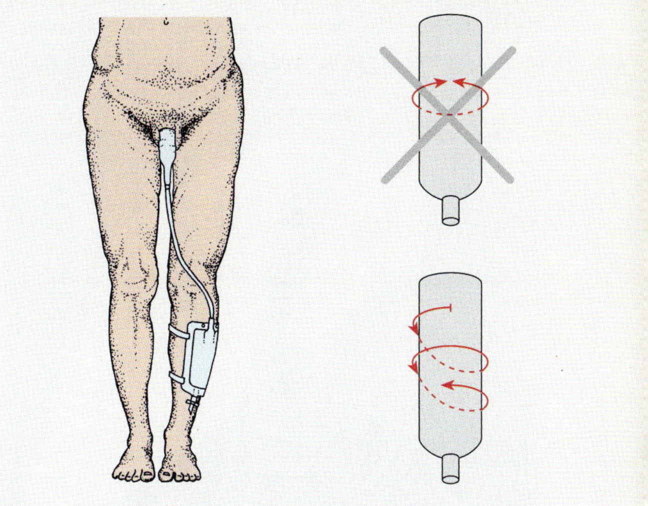

Abb. 8.55: Kondomurinal und Fixierung. Darauf achten, dass das Kondomurinal nicht zirkulär mit Haftstreifen fixiert wird, sondern spiralförmig, damit die Blutversorgung erhalten bleibt. [A300-119]

Wenn sich beim Abrollen des Kondomurinals viele Falten bilden, kleinere Größe wählen, um einen sicheren Sitz zu gewährleisten

Externe Urinableiter

Für die Harninkontinenz der Frau sind externe Urinableiter im Handel. Ein externer Urinableiter besteht aus einem Beutel mit einer Hautschutzklebeplatte, die die äußeren Schamlippen umschließt. Er wird wie das Kondomurinal für Männer mit einem Urinbeutel oder mit einem Beinbeutel verbunden. Die Methode hat sich in der Pflege alter Menschen bisher nicht durchsetzen können, weil sie weder eine optimale noch leicht zu handhabende Lösung ist.

Aufsaugende und absorbierende Hilfsmittel

Aufsaugende und **absorbierende Hilfsmittel** werden entsprechend dem Schweregrad der Inkontinenz ausgewählt. Sie müssen regelmäßig gewechselt werden. Da die Haut mit dem Urin in Kontakt ist, muss sie gut gepflegt werden. Man unterscheidet offene und geschlossene Inkontinenz- und Bettschutzsysteme.

Offene Inkontinenzsysteme

- **Tropfenfänger** sind kleine saugfähige Taschen (☞ Abb. 8.56), die über den Penis oder Penis und Hoden gestülpt werden und am sichersten mit einer Netzhose fixiert werden. Sie werden beim männlichen Harnträufeln bzw. beim Toilettentraining benutzt
- **Vorlagen oder Einlagen** (☞ Abb. 8.57, 8.58) werden in eine Netzhose oder die Unterhose gelegt und besitzen, je nach Hersteller, zusätzlich einen Haftstreifen zur Fixierung. Sie sind für die Frau und den

Abb. 8.56: Tropfenfänger (auch Penishüllen genannt) werden mit einer Netzhose fixiert. [U223]

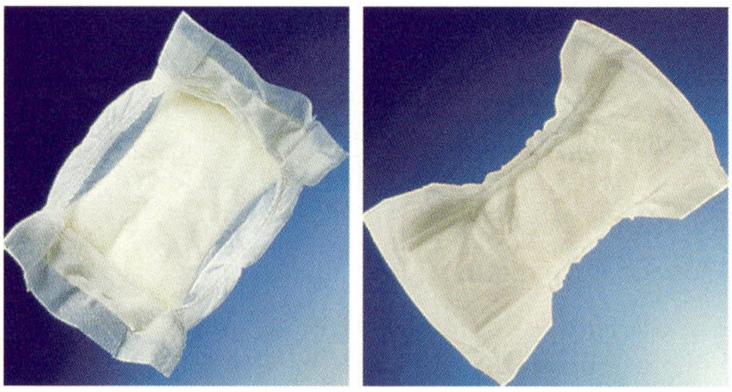

Abb. 8.57: Neue Materialien und Technologien ermöglichen eine hohe Saugfähigkeit moderner Vorlagen. [U223]

Mann geeignet, angenehmer zu tragen als geschlossene Inkontinenzsysteme und leichter zu wechseln. Das Fassungsvermögen offener Inkontinenzsysteme konnte erheblich gesteigert werden, so dass sie in der Regel für eine Harninkontinenz ausreichend sind. Es gibt sie in verschiedenen Größen und mit unterschiedlichem Fassungsvermögen. Daher können sie jeweils nach individuellem Inkontinenzausmaß ausgewählt werden. Beim Anlegen einer Vorlage ist auf die Hinweise des Herstellers zu achten.

Geschlossene Inkontinenzsysteme

Inkontinenzslips *(Inkontinenzhosen)* werden mit einem Klebestreifen verschlossen. Sie werden bei einer schweren Harn- *und* Stuhlinkontinenz und häufig bei der nächtlichen Versorgung eingesetzt. Inkontinenzslips gibt es als Tages- und Nachtprodukte in verschiedenen Größen und mit unterschiedlichem Fassungsvermögen. Teilweise sind die Inkontinenzslips mit einem Indikator versehen, so dass von außen sichtbar ist, wann sie zu wechseln sind. In der Regel besitzen sie wieder verschließbare Klebestreifen.

Ihr *Nachteil* ist die Luftundurchlässigkeit der rundum geschlossenen Hose, die zu Hitzestau und Hautschäden führen kann. Gleichzeitig wird die Selbstständigkeit des Pflegebedürftigen eingeschränkt, in der Regel muss das Anlegen bzw. Wechseln vollständig von der AltenpflegerIn übernommen werden (☞ Abb. 8.59).

Vorsicht!
Auch Vorlagen und Inkontinenzslips mit hoher Saugkraft müssen mehrmals täglich gewechselt werden.

Bettschutzsysteme

Mehrweg-Bettschutzsysteme sind aus Gummi oder aus Kunststoff und werden zum Schutz der Matratze unter das Laken ins Bett gelegt. Diese Gummis schützen das Bett vor Nässe, nehmen aber selbst keine Flüssigkeit auf. Darüber hinaus gibt es Bettschutzsysteme, die mit Baumwolle beschichtet sind und gewaschen werden können. Aber auch sie nehmen nur ein gewisses Maß an Flüssigkeit auf.

Um Flüssigkeit aufzufangen, werden meist Einmalprodukte auf Zellstoffbasis (z. B. Moltex®) verwendet.

Tipp
Unterlagen diagonal ins Bett legen, dann ist die Auflagefläche größer.

Information und Beratung über die Bekleidung bei Harninkontinenz

Für einen Menschen mit Inkontinenz ist die richtige Kleidung ganz besonders wichtig, da er mit der Kleidung seine Inkontinenzversorgung kaschieren muss. Deshalb sollte sie weit geschnitten und der Stoff nicht zu dünn sein, so dass die Hilfsmittel von anderen Menschen nicht bemerkt werden. Gut geeignet sind lange Pullis und Blusen, die über einer Hose oder einem Rock getragen werden und somit diese Region „verstecken". Ein Beinbeutel kann unter wadenlangen Röcken oder Hosen mit weiten Hosenbeinen un-

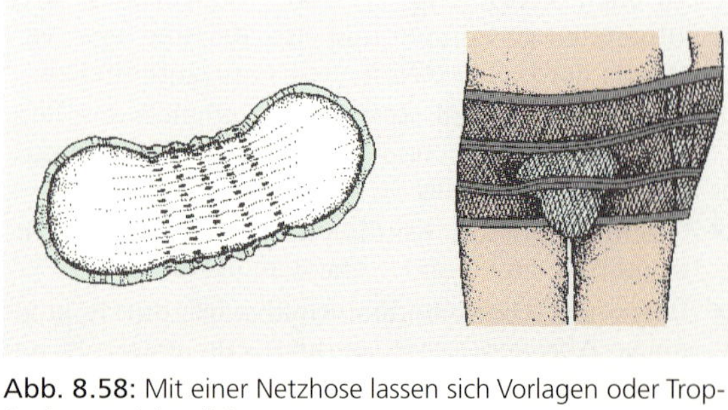

Abb. 8.58: Mit einer Netzhose lassen sich Vorlagen oder Tropfenfänger sicher fixieren. [A300-119]

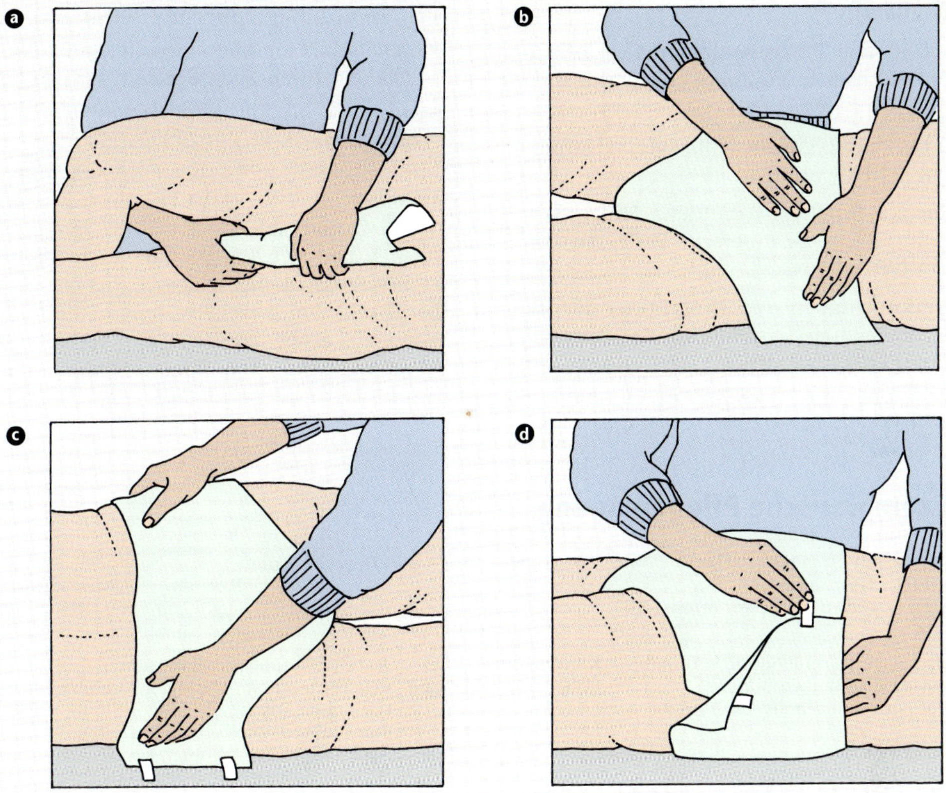

Abb. 8.59: Anlegen eines Inkontinenzslips bei einem Bettlägerigen. [A500-119]

sichtbar getragen werden (behindertengerechte Kleidung, ☞ Tab. 9.53).

Wird beim Pflegebedürftigen ein Toilettentraining durchgeführt, muss die Kleidung schnell ausgezogen werden können, aber auch wieder leicht anzuziehen sein. Gut geeignet ist dazu Kleidung mit einem Klettverschluss und Gummizügen.

Flüssigkeitszufuhr und Ernährung

Der Pflegebedürftige sollte eine ausgewogene **ballaststoffreiche Kost** zu sich nehmen, da eine Obstipation den Innendruck des Bauchraums verstärkt und somit eine Inkontinenz fördert.

Bei übergewichtigen alten Menschen ist eine allmähliche **Gewichtsreduktion** anzustreben (☞ 7.5), da durch Übergewicht zusätzlich ein großer Druck auf der Beckenbodenmuskulatur lastet.

Auf ausreichende **Flüssigkeitszufuhr** achten (☞ 7.4), weil viele alte Menschen aus Angst vor Inkontinenz das Trinken vermeiden. Die Flüssigkeitszufuhr ist aber wichtig für die Selbstspülung der Blase. Unter Umständen sind Trinkgewohnheiten zu ändern, z. B. nur noch bis 2 Std. vor dem Zubettgehen trinken.

Beratungsgespräche

Bei jedem Gespräch zum Thema Inkontinenz, egal ob zu Zwecken der Pflegediagnostik oder zur Beratung über Hilfsmittel und Therapiemöglichkeiten ist eine Vertrauensbasis zum alten Menschen zwingend erforderlich:

- Intimsphäre des alten Menschen wahren und sich diskret verhalten
- Geeignete Bezeichnungen für Inkontinenz und Inkontinenzhilfsmittel wählen. Die gewohnte Alltagssprache des alten Menschen verwenden, ohne dabei „vulgär" zu werden
- Interesse und Verständnis für die Inkontinenz zeigen
- Zeit für das Gespräch lassen
- Den alten Menschen zu Wort kommen lassen und seine Bedürfnisse ernst nehmen und akzeptieren
- Den alten Menschen über realisierbare Hilfsmöglichkeiten informieren. Informationsmaterial bereitlegen und verschiedene Hilfsmittel zeigen und erklären
- Das Wohlbefinden des alten Menschen steht im Mittelpunkt. Er entscheidet, welches Hilfsmittel er benutzen möchte.

Literaturtipp

Norton, Christine: Praxishandbuch Pflege bei Inkontinenz. Urban & Fischer Verlag, München 1999

Gotved, Helle: Erfolgreiche Hilfen gegen Harninkontinenz. TRIAS, Stuttgart 1999

Sachsenmaier, Brigitte: Inkontinenz. Hilfen, Versorgung und Pflege. Schlütersche Verlagsanstalt, Hannover 1991

Produktinformationen und Broschüren der Inkontinenzhilfsmittel-Hersteller können über Sanitätshäuser erfragt werden.

Selbsthilfegruppen für Betroffene

- Gesellschaft für Inkontinenzhilfe e.V., Geschäftsstelle, Friedrich-Ebert-Straße 124, 34119 Kassel
- Hilfe für inkontinente Personen (HFI e.V.), Blanckertzstr. 12, 40629 Düsseldorf

Für Pflegekräfte gibt es den Fachverband Stoma + Inkontinenz e.V. **(DVET),** Virchowstraße 14, 38642 Goslar, Tel: 0 53 21/5 10 80. In diesem Verband haben sich Pflegekräfte, auch AltenpflegerInnen, zusammengeschlossen, die eine 2-jährige berufsbegleitende Weiterbildung zu Stoma und Inkontinenz absolviert haben. Der Verband gibt das Magazin Stoma + Inkontinenz heraus.

8.4.3 Exemplarische Pflegeplanung

Pflegediagnose mit Ursache (PD), Ressourcen (R), Gewohnheiten (G), Erfahrungen (E), aktuelle Bedürfnisse (AB)	Pflegeziele	Pflegetherapie Information (I), Beratung (B), Motivation (M), Anleitung (A), Beaufsichtigung (Bf), teilweise Übernahme (tÜ), vollständige Übernahme (vÜ)
PD: Mittelschwere Harninkontinenz (kombinierte Stress- und Dranginkontinenz) **R:** Kann mit personeller Hilfe zur Toilette gehen **AB:** Möchte zur Sicherheit eine Einlage tragen	Kontinenz, Wohlbefinden und Sicherheit	**A, tÜ:** Miktionsprotokoll führen **vÜ:** Termin beim Urologen vereinbaren **tÜ:** Schematisches Toilettentraining nach Plan durchführen; zur Toilette begleiten **A:** 2 x täglich Anleitung zum Beckenbodentraining **tÜ:** Bei Bedarf Intimpflege und Vorlagenwechsel

Tab. 8.60: Beispiel einer Pflegeplanung bei Harninkontinenz.

8.5 Stuhlinkontinenz

Stuhlinkontinenz: Eingeschränkte Fähigkeit, die Darmentleerung willkürlich zu kontrollieren.

8.5.1 Pflegediagnostik

Ursachen und Einflussfaktoren

Entsprechend der Ursachen werden verschiedene Inkontinenzformen unterschieden:

- **Neurogene Stuhlinkontinenz:** Der Defäkationsreflex ist nicht mehr hemmbar, der Inkontinente kann die Entleerung nicht verhindern, z. B. nach einem Schlaganfall, bei Querschnittslähmung, Multipler Sklerose, diabetischer Neuropathie oder im Koma
- **Traumatische Stuhlinkontinenz,** z. B. nach einer Operation, Darmverletzung oder einem Dammriss (Gewebe zwischen Anus und Scheide gerissen)
- **Tumoröse Stuhlinkontinenz,** z. B. bei Anal- oder Rektum-Karzinom
- **Entzündliche Stuhlinkontinenz,** z. B. bei Colitis ulcerosa, Morbus Crohn, Divertikeln, Strahlenschäden, Rektumvorfall, Fisteln oder Hämorrhoiden
- **Funktionelle Stuhlinkontinenz,** z. B. bei Diarrhoe, Reizkolon, Nahrungsmittelvergiftung oder Malabsorption
- **Obstipationsbedingte Stuhlinkontinenz** *(Überlaufinkontinenz):* Schmierstühle, d. h. dünner Stuhl in geringen Mengen, können immer ein Hinweis auf eine Obstipation sein. Dabei fließt der dünnflüssigere Stuhl um die Kotsteine herum
- **Ischämische Stuhlinkontinenz:** Durchblutungsstörungen
- **Medikamentöse Stuhlinkontinenz,** vor allem durch Laxantien
- **Angeborene Stuhlinkontinenz,** z. B. durch Missbildungen
- **Psychisch bedingte Stuhlinkontinenz,** z. B. aus Angst, als Hilfeschrei, aus Trotz, als Machtmittel, aus Lust, als aggressive Reaktion (Grond 1993).

Auch die beeinträchtigte körperliche Mobilität (☞ 6.3) kann zur Stuhlinkontinenz führen, wenn der Pflegebedürftige bei Stuhldrang auf die Hilfe anderer angewiesen ist und zu lange warten muss, bis er zur Toilette gelangt.

Anzeichen und Ausmaß

Zu den deutlichen Anzeichen gehören:

- Der Pflegebedürftige äußert, Probleme mit der willentlichen Darmentleerung zu haben, evtl. können auch Angehörige erste Hinweise geben
- Verschmutzte Kleidung und Bettwäsche
- Geruch.

Das Ausmaß kann in drei Schweregrade eingeteilt werden.

Schweregrad	Beschreibung
1: Leichte Stuhlinkontinenz	Unkontrollierter Abgang von Winden z. B. beim Husten oder Lachen sowie Unfähigkeit, zwischen Abgang von Wind und dünnem Stuhl zu unterscheiden (= Stressinkontinenz)
2: Mittlere Stuhlinkontinenz	Unfähigkeit, Stuhldrang und unkontrollierten Abgang von Winden, dünnen und gelegentlich festem Stuhl zu unterscheiden (= Dranginkontinenz)
3: Schwere Stuhlinkontinenz	Fester Stuhl und Winde gehen völlig unkontrolliert ab

Tab. 8.61: Einteilung der Stuhlinkontinenz (nach Grond 1993).

Mit Hilfe eines Defäkationsprotokolls (☞ Tab. 8.62) können das Ausmaß, der Rhythmus und gleichzeitig auch die ursächlichen oder begünstigenden Faktoren festgestellt werden.

Folgen

Eine Stuhlinkontinenz geht immer mit der Gefahr sozialer Isolation einher. Ekelgefühle sind in der Regel stärker ausgeprägt als bei der Harninkontinenz. Der Pflegebedürftige kann seine Selbstachtung verlieren. Zudem besteht die Gefahr von Hautschäden.

8.5.2 Pflegetherapeutische Maßnahmen

Eine Stuhlinkontinenz im Alter ist nicht physiologisch. Daher sollte immer auch eine FachärztIn die Ursache abklären und ggf. medizinisch behandeln.

Ziel aller pflegetherapeutischen Maßnahmen ist es, die größtmögliche Selbstständigkeit des Pflegebedürftigen zu erhalten oder zu erreichen.

Gelegentlich kann der Stuhlinkontinenz eines alten Menschen auch der Wunsch nach Zuwendung zu Grunde liegen, wenn er den ganzen Tag ohne tagesstrukturierende Abwechslung und Beschäftigung im Bett liegt. Mit liebevoller Zuwendung und geeigneten Beschäftigungsangeboten (☞ 12.4.2) kann es gelingen, dass er wieder vollständig kontinent wird.

Toilettentraining

Das Ziel des **Toilettentrainings** ist es, einen regelmäßigen Entleerungsrhythmus zu erreichen. Daher sollte unbedingt nach früheren Gewohnheiten gefragt werden. Je nach Häufigkeit der Stuhlentleerung (Dafäkationsplan) muss die Toilette aufgesucht werden. Zu Beginn täglich, später auch individuell. In der Regel ist der geeignete Zeitpunkt morgens ½ Std. nach dem Frühstück und/oder jeweils ½ Std. nach den Mahlzeiten, da dann der natürliche Entleerungsreflex am ausgeprägtesten und die Darmperistaltik angeregt ist.

Kontinenztraining

Im Unterschied zum Toilettentraining wird beim **Kontinenztraining** in jedem Falle für eine Darmentleerung gesorgt. Das Ziel ist eine gründliche Entleerung des Enddarms. Mit ihr wird eine relative Kontinenz erreicht, weil es eine gewisse Zeit dauert, bis sich der Enddarm wieder füllt.

Entsprechend des Defäkationsprotokolls wird alle 1–3 Tage ein „Abführtag" eingeplant. Auch hier ist auf Regelmäßigkeit zu achten, am besten geeignet ist der Morgen. Es können verschiedene Methoden angewendet werden, die in jedem Falle mit der ÄrztIn abgesprochen werden müssen. Sie sind von vielen Faktoren abhängig:

Datum	Uhrzeit	Einfuhr Menge und Art	Stuhlentleerung K = kontinent I = inkontinent kM = kleine Menge mM = mittlere Menge gM = große Menge D = dünnflüssig N = normal H = hart	Bemerkungen

Tab. 8.62: Defäkationsprotokoll bei Stuhlinkontinenz.

- Bei Bedarf am Abend vorher Darm anregende Maßnahmen (☞ 8.6.2)
- Am Abführtag
  - Gewohnte Darm anregende Maßnahmen (☞ 8.6.2) oder, sofern keine Spontanentleerung erfolgt,
  - Ein Klistier oder Klysma (☞ 8.6.2) verabreichen oder eine Irrigation mit 800–1000 ml Wasser beim Sitzen auf der Toilette durchführen
  - Bei Bedarf oder zusätzlich digitale Ausräumung des Enddarms (☞ 8.6.2), bis der Enddarm vollständig entleert ist.

Obstipationsprophylaxe

Die Obstipationsprophylaxe (☞ 8.6) ist bei der Stuhlinkontinenz von herausragender Bedeutung, nicht nur bei der obstipationsbedingten. Durch eine regelmäßige Stuhlentleerung kann eine relative Kontinenz erreicht werden. Werden die Abführmaßnahmen unregelmäßig durchgeführt, geht der Überblick leicht verloren, so dass die Notwendigkeit zum Abführen falsch eingeschätzt wird. Nicht selten wird eine Stuhlinkontinenz bei immobilen Pflegebedürftigen durch medikamentöse Maßnahmen ausgelöst oder gefördert.

Ernährung

Bei einer Stuhlinkontinenz ist es wichtig, die Ernährung sorgfältig auszuwählen, weil man mit ihr die Konsistenz des Stuhls beeinflussen kann. Sowohl eine zu feste als auch eine zu dünne Konsistenz kann eine Stuhlinkontinenz auslösen oder fördern, daher sind Eintragungen zur Ernährung im Defäkationsprotokoll sehr wichtig.

Hinweise zur Ernährung ☞ bei Obstipation in Kap. 8.6.2 und Diarrhoe in Kap. 8.7.2.

Beckenbodentraining

Liegt der Stuhlinkontinenz eine Schwäche der Beckenbodenmuskulatur zu Grunde, kann **Beckenbodentraining** helfen (☞ auch 8.4.2). Da das Training seine Wirkung nicht sofort zeigt, ist es eine wichtige Aufgabe der AltenpflegerIn, den Pflegebedürftigen immer wieder zu motivieren und anzuleiten. Einfache Übungen können im Sitzen, Stehen und beim Gehen durchgeführt werden.

Durchführung: Beim Ausatmen After und Scheide nach innen ziehen, beim Einatmen entspannen. Im Sitzen das Becken nach vorne kippen, dann kann die Analregion besser zusammengezogen werden.

Elektrostimulation

Nach ärztlicher Anordnung werden 2 x täglich 20 Minuten die kreisförmigen *(zirkulären)* Muskelfasern des Schließmuskels und des umgebenden rektalen Muskelrings mittels Elektroden stimuliert. Diese Methode führt dazu, dass die aktivierte Muskulatur bewusst wahrgenommen und gekräftigt wird. Gleichzeitig werden auch nicht direkt gereizte Muskeln in der Umgebung aktiviert.

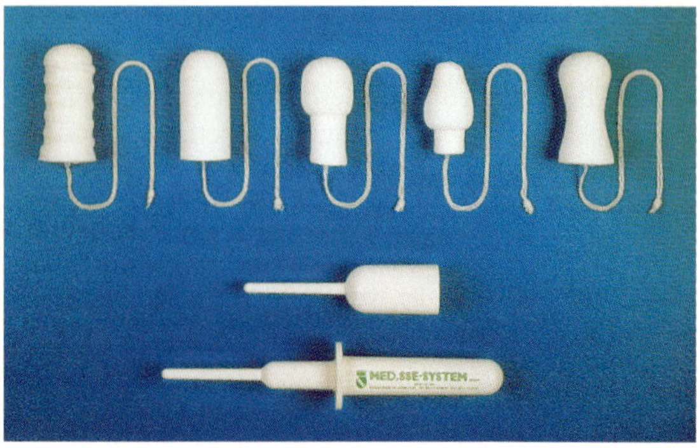

Abb. 8.63: Verschieden geformte Analtampons. Für die Einführung ist ein spezieller Applikator hilfreich, weil das Tampon, wenn es vor dem Einführen angefeuchtet wir, seine Stabilität verliert. [V107]

PVA-Analtampon®

Der PVA-Analtampon® (☞ Abb. 8.63) ist aus spezialangefertigtem Schaumstoffmaterial mit einem Innenhohlraum für die Aufnahme von Einführstab (Applikator) und Rückholfaden. Analtampons sind in unterschiedlichen Längen und mit verschiedenen Durchmessern im Handel erhältlich.

Form

- *Konkav* (taillierte Form) bei nach außen gewölbter Ausformung des Muskelgewebes (Halte- und Abdichtform)
- *Zylinder* bei einer Restfunktion des Muskelbereiches. Durch eine schwache Ausbildung des Gewebes ist die Abdicht- und Haltefunktion nicht mehr gewährleistet. Mit dem Tampon werden die Muskeln trainiert, um die Restfunktion des Schließmuskels zu stärken und somit einen kontrollierten Stuhlgang zu erreichen
- *Kugel* für analinkontinente Menschen ohne Restfunktion des Muskelgewebes. Der Tampon erreicht die Höhe der Ampulla recti und bewirkt ähnlich einem Kugelventil eine Abdichtfunktion.

Durchführung

- Verschiedene Größen und Formen ausprobieren. Evtl. ist auch eine endoskopische Untersuchung des Darmes angezeigt, z. B. nach Operationen oder bei Darmabknickung
- Bereich der Ampulla recti muss vor dem Einführen des Tampons frei von Stuhl sein, sonst kann Tampon nicht weit genug eingeführt werden
- Tampon in warmem Wasser einweichen und die überschüssige Flüssigkeit entfernen
- Tampon mit einem speziellen Applikator einführen

- Rückholfaden zum Rücken hin in die Gesäßfalte legen, Folie von der Analsicherungsplatte abziehen, Gesäßhälften mit dem Finger spreizen und Analsicherungsplatte auf den Darmausgang kleben. Dabei wird auch der Rückholfaden fixiert
- Tampon aus hygienischen Gründen (Keimverschleppung) dreimal täglich wechseln.

Fäkalkollektor

Der **Fäkalkollektor** (☞ Abb. 8.64) wird um den Schließmuskel mit einer Hautschutzplatte festgeklebt. Er kann bei bettlägerigen Pflegebedürftigen benutzt werden, um breiigen bis flüssigen Stuhl abzuleiten. Der Fäkalkollektor muss mindestens alle 24 Stunden gewechselt werden.

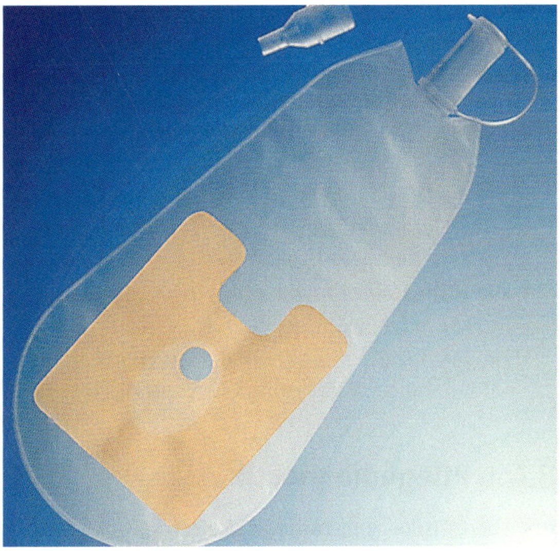
Abb. 8.64: Fäkalkollektor mit Ablass. [U223]

Aufsaugende und absorbierende Inkontinenzsysteme

Lässt sich eine Stuhlinkontinenz nicht verhindern oder durch geeignetere Maßnahmen beheben, so lässt sich die Versorgung mit aufsaugenden und absorbierenden Inkontinenzsystemen (☞ 8.4.2) nicht vermeiden. Dabei stellt Stuhlinkontinenz nicht in jedem Falle eine Indikation für ein geschlossenes System dar. Sowohl für die leichte als auch die mittelschwere Stuhlinkontinenz reichen in der Regel offene Systeme aus. Immer empfiehlt sich bei dieser Form der Inkontinenzversorgung, auch ein Defäkationsprotokoll zu führen, um Hinweise auf die zeitlichen Abstände der Darmentleerung zu erhalten.

Selbst viele Bettlägerige haben regelmäßige Zeiten und größere zeitliche Abstände, sofern sie keine obstipationsbedingte Stuhlinkontinenz haben. Ein Pflegebedürftiger, der nur alle drei Tage abführt, benötigt keine vier bis fünf Inkontinenzslips pro Tag. Eine individuell angepasste Inkontinenzversorgung ist nicht nur für die Haut, sondern auch für die Umwelt gut.

8.5.3 Exemplarische Pflegeplanung

Pflegediagnose mit Ursache (PD), Ressourcen (R), Gewohnheiten (G), Erfahrungen (E), aktuelle Bedürfnisse (AB)	**Pflegeziele**	**Pflegetherapie** Information (I), Beratung (B), Motivation (M), Anleitung (A), Beaufsichtigung (Bf), teilweise Übernahme (tÜ), vollständige Übernahme (vÜ)
PD: Mittelschwere, neurogene Stuhlinkontinenz aufgrund eines Apoplex **R:** Kann mit personeller Hilfe zur Toilette gehen; ernährt sich wieder wie vor dem Apoplex; keine Obstipation **G:** Hatte vor dem Apoplex regelmäßig Stuhlgang kurz nach dem Frühstück **AB:** Hat Angst vor Verschmutzungen, möchte wenigstens eine kleine Einlage tragen	Kontinenz	**A, tÜ:** Zum Führen eines Defäkationsprotokolles anleiten **vÜ:** Kontinenztraining: tägl. ½ Stunde nach dem Frühstück Toilettengang, bei Bedarf Klysma nach ärztlicher Anordnung laut Standard verabreichen, nach der Entleerung rektale Untersuchung und bei Bedarf digitale Ausräumung **A:** 2 x tägl. Anleitung zum Beckenbodentraining **tÜ:** bei Bedarf bei der Intimpflege und beim Wechseln der Vorlage unterstützen

Tab. 8.65: Beispielhafte Pflegeplanung bei einer Stuhlinkontinenz.

8.6 Obstipation

Obstipation: Verzögerte oder mangelhafte Darmentleerung höchstens alle 3–4 Tage mit harter Stuhlkonsistenz, oft verbunden mit schmerzhafter Defäkation.

Der normale Stuhl enthält zwischen 70 und 80 % Wasser. Durch eine verzögerte Passagezeit des Darminhaltes wird dem Stuhl im Dickdarm vermehrt Wasser entzogen. Bei einer Obstipation enthält der Stuhl nur noch etwa 60 % Flüssigkeit. Die Darmpassagezeit ist abhängig von Art und Umfang der aufgenommenen Nahrung und kann 12 bis 70 Stunden betragen.

Man unterscheidet zwischen verschiedenen **Obstipationsformen:**

- **Primäre Obstipation:** Sie ist organisch nicht fassbar, d. h. sie hat Ursachen wie z. B. falsche Ernährung oder mangelnde Bewegung

- **Sekundäre Obstipation:** Sie ist organisch bedingt oder Begleitsymptom einer Erkrankung
- **Subjektive Obstipation:** Bei ihr meint der Betroffene, verstopft zu sein, objektiv ist die Stuhlausscheidung aber im Bereich der Normalität.

☑ Obstipation gehört zu den häufigsten Beschwerden alter Menschen. Über Verstopfung klagen bei den über 60-jährigen
- Die Hälfte aller Frauen
- Ein Viertel der Männer
- Die Hälfte aller Menschen, die älter als 65 Jahre sind, nehmen Abführmittel (Laxantien) ein.

8.6.1 Pflegediagnostik

Ursachen, Risiko- und Einflussfaktoren

Eine **primäre Obstipation** kann entstehen durch:
- *Ballaststoffarme Ernährung,* weil der altersbedingt abgeschwächte Dehnungsreiz durch die verminderte Stuhlmenge bei ballaststoffarmen Nahrungsmitteln noch weiter abgeschwächt wird
- Durch *altersbedingte Veränderungen* des Verdauungstraktes. Der Entleerungsreflex nimmt im Alter ab, was wahrscheinlich auf eine Muskelschwäche und eine verminderte Rektumsensibilität zurückzuführen ist. So kann es sein, dass die Stuhlfüllung nicht wahrgenommen wird und sich der Entleerungsreiz nicht einstellt. Häufig wird ein höheres Stuhlvolumen im Darm benötigt, um den Reiz wahrzunehmen
- Nahrungskarenz
- *Verminderte Flüssigkeitszufuhr* oder verstärkte Flüssigkeitsausscheidung, weil eine negative Flüssigkeitsbilanz (☞ 7.4) zur Stuhlverhärtung führt
- *Mangelnde Bewegung:* Häufiges oder ständiges Sitzen oder Liegen wirken sich negativ auf die Darmbewegungen aus
- *Medikamente,* die als Direkt- oder Nebenwirkung eine Obstipation zur Folge haben
- *Missbrauch oder Abhängigkeit von Abführmitteln,* weil die Einnahme von Abführmitteln eine Hypokaliämie *(Kaliummangel)* auslösen kann, die zu einem Spannungsverlust der Darmwand führt
- Veränderungen des *psychischen und geistigen Befindens,* wie z. B. Depressionen, Psychosen und Demenz, aber auch Stress, Unruhe und Sorgen
- Zeitmangel, Scham
- *Umgebungsbedingte Faktoren,* wie z. B. Nichtbeachtung der Privat- und Intimsphäre, wenn der Pflegebedürftige ein Selbstversorgungsdefizit bei der Ausscheidung hat, aber auch eine veränderte Umgebung oder die Nichtbeachtung der Gewohnheiten, unangenehme Toilettenräume.

Eine **sekundäre Obstipation** kann entstehen:
- Durch *Erkrankungen des Verdauungstraktes,* wie z. B. Krebserkrankung des Darms, bei Divertikulose *(Darmwandausstülpungen)* und Divertikulitis *(Entzündungen einer Darmwandausstülpung).* Diese Erkrankungen engen das Darmvolumen ein
- Nach *operativen Eingriffen,* wenn Verwachsungen (Adhäsionen) den Darm abschnüren
- Durch *schmerzhafte Erkrankungen der Analregion,* z. B. Hämorrhoiden, Rhagaden und Fissuren, weil aus Angst vor Schmerzen die Defäkation unterdrückt wird
- Durch eine *schwache Bauchmuskulatur,* die bei der physiologischen Bauchpresse das Austreten des Stuhls nicht unterstützen kann
- Durch *neurologische Erkrankungen* wie Schädigungen von Gehirn und Rückenmark, Apoplexie, Multiple Sklerose, Morbus Parkinson
- Durch *endokrine Erkrankungen,* z. B. Hypothyreose (Unterfunktion der Schilddrüse), Morbus Addison (chronische Nebenniereninsuffizienz), Diabetes mellitus (bei diabetischer Polyneuropathie)
- Als Begleitsymptom bei Nieren-, Gallenwegs- und Genitalerkrankungen
- Als Begleitsymptom bei Vergiftungen.

Eine **subjektive Obstipation** kann entstehen, wenn eine falsche Vorstellung über normales Abführverhalten vorliegt:
- Falsche Vorstellung über die Stuhlfrequenz, falsches Gesundheitsverständnis
- Beeinträchtigte Denkprozesse, Zwänge.
- Eine Checkliste (☞ Tab. 8.66) kann helfen, die Obstipationsgefährdung einzuschätzen.

Kriterium	Ja	Nein
Wenig Bewegung		
Verminderte Flüssigkeitszufuhr		
Erhöhte Flüssigkeitsverluste		
Ballaststoffarme Ernährungsweise		
Regelmäßiger Gebrauch von Abführmitteln		
Schmerzen beim Abführen		
Keine Zeit oder Ruhe zum Abführen, Stress		
Scham vor anderen Personen		
Umgebungswechsel		
Veränderter Entleerungsrhythmus		
Obstipationsfördernde Erkrankungen		
Einnahme obstipationsfördernder Medikamente		

Tab. 8.66: Checkliste für die Einschätzung einer Obstipationsgefährdung. Je mehr Fragen mit „ja" beantwortet werden, um so größer ist die Gefahr einer Obstipation.

Anzeichen und Ausmaß

Da im Alter eine Obstipation nicht selten subjektiv ist, ist die Äußerung der Pflegebedürftigen, unter einer Stuhlverstopfung zu leiden, durch das Feststellen objektiver Anzeichen zu überprüfen, dazu gehören z. B.:

- Verhärtung des Stuhls, erkennbar z. B. an bröckliger Stuhlform, evtl. Bestätigung durch Tasten
- Blähungen, Bauchschmerzen (in der Regel tagsüber), Übelkeit, Völle- und Druckgefühl im Bauch und im Rektum
- Seltene Entleerung und geringe Stuhlmenge bei gleich bleibender Ernährung
- Spärliche Darmgeräusche, kann ggf. mit Hilfe eines Stethoskops auf dem Bauch festgestellt werden
- Beim Stuhlgang wird stark gepresst, die harten Kotballen verursachen Schmerzen
- Eine Obstipation kann einhergehen mit Appetitlosigkeit, Kopfschmerzen, Mattigkeit, Unwohlsein und depressiver Stimmungslage
- Ferner können Sodbrennen, Schlaflosigkeit, Zungenbelag und übler Mundgeruch auftreten
- Stuhlinkontinenz (Überlaufinkontinenz, ☞ 8.5): Kleinere Mengen dünneren Stuhls oder schleimiger Absonderungen können ein Anzeichen für eine Obstipation sein.

Wann immer der Verdacht auf eine Obstipation oder Obstipationsgefährdung besteht, ist die Stuhlentleerungsfrequenz zu überwachen und zu dokumentieren, um das Ausmaß festzustellen und die Folgen einer Obstipation auf ein Minimum zu reduzieren. Eine enge Zusammenarbeit der ÄrztIn ist notwendig.

> Auch eine subjektive Obstipation ist behandlungsbedürftig. Die AltenpflegerIn hat dann die Aufgabe, den Pflegebedürftigen zu informieren und zu beraten.

Folgen

Eine chronische Obstipation beeinträchtigt das Wohlbefinden eines alten Menschen erheblich. Darüber hinaus können die Folgen der Obstipation schwerwiegend oder sogar lebensbedrohlich sein:

- Schädigung der Darmwand
  - Durch den harten Stuhl können **Fissuren** *(kleine Einrisse)* in der Analregion entstehen, die die Obstipation weiter verstärken, weil die Defäkation schmerzhaft ist und unterdrückt wird. Außerdem können sich durch starkes Pressen Hämorrhoiden bilden.
  - Bei einer sehr langen Verweildauer des Stuhls im Dickdarm wird vermutet, dass die lange Kontaktzeit zwischen Darmschleimhaut und giftigen Nahrungsbestandteilen **Dickdarmkrebs** begünstigt
  - Die harten Kotballen können die Darmwand schädigen, bis hin zur **Darmperforation** (Durchbruch der Darmwand)
  - Eine chronische Obstipation begünstigt die Entstehung von **Divertikeln** (Ausstülpungen der Darmwand). Schwerwiegend können die Folgen sein, wenn sich Divertikel entzünden (Divertikulitis)
- Harte Kotsteine im Enddarm können eine **Stuhlinkontinenz** (Überlaufinkontinenz) zur Folge haben, wobei dünner Stuhl oder schleimige Absonderungen häufig in geringen Mengen und mehrfach täglich an den Kotballen vorbei aus dem After fließen (☞ 8.5)
- Durch den erhöhten Druck im Darm kann ein **Harnverhalt** (☞ Tab. 8.3) oder **Harninkontinenz** (☞ 8.4) entstehen
- Durchwandern Bakterien die geschädigte Darmwand und gelangen in die Blutbahn, können schwere **Verwirrtheitszustände** die Folge sein.

> **Vorsicht!**
> Akute Lebensgefahr bei **Darmverschluss** (mechanischem Ileus). **Anzeichen** eines Darmverschlusses sind:
> - Sehr schmerzhafte, kolikartige Bauchkrämpfe
> - Stuhl und Winde gehen nicht ab
> - Anfangs weicher, später bretthart gespannter, druckschmerzhafter Bauch
> - Wird nicht rechtzeitig operiert, kann es zum Koterbrechen (Miserere) kommen.
>
> Bei Verdacht auf einen Ileus muss sofort die **NotärztIn** benachrichtigt werden. Es darf nichts mehr gegessen oder getrunken und keine weiteren abführenden Maßnahmen, z. B. ein Einlauf, durchgeführt werden.

8.6.2 Pflegetherapeutische Maßnahmen

Gestaltung der Umgebung

Um eine Obstipation zu verhindern oder zu beheben, ist es wichtig, die Lebensgewohnheiten eines alten Menschen zu berücksichtigen und seine Privat- und Intimsphäre zu wahren:

- Sind andere Personen im Zimmer, diese bitten vorübergehend das Zimmer zu verlassen. Wenn das nicht möglich ist, Sichtschutz aufstellen
- Pflegebedürftige, die in der Lage sind, einen Toilettenstuhl zu benutzen, möglichst mit einem fahrbaren Toilettenstuhl über die Toilette oder ins Bad fahren

- Die Toilette sollte zwar gut gelüftet, jedoch nicht zugig und kalt sein
- Die Toilette muss sauber und in hygienisch einwandfreiem Zustand, jedoch nicht steril-ungemütlich sein, besser ist eine freundliche Atmosphäre durch z. B. Pflanzen und Bilder.

Aufklärung über normales Stuhlverhalten

Wird die tägliche Darmentleerung durch die regelmäßige Einnahme von Abführmitteln erreicht oder ist der Pflegebedürftige der Meinung, er müsse unbedingt jeden Tag abführen, so muss über normales Stuhlverhalten informiert werden. Folgende Aspekte sind besonders wichtig:

- Es ist nicht notwendig, täglich abzuführen. Es kann normal sein, dreimal am Tag oder dreimal in der Woche Stuhl auszuscheiden
- Frequenz und Menge ist abhängig von der Menge der zugeführten Nahrung
- Eine gewisse Regelmäßigkeit sollte angestrebt werden, jedoch ist es nicht notwendig, eine Unregelmäßigkeit sofort mit Abführmedikamenten zu beheben
- Über Schädlichkeit und Nebenwirkungen von Abführmedikamenten ausführlich informieren (Beipackzettel). Besonders wichtig ist, dass der Pflegebedürftige versteht, dass die Abführmedikamente die normale Darmfunktion weiter schwächen
- Darüber informieren, dass selbst nach längerem Gebrauch von Abführmedikamenten der Darm durch geeignete Maßnahmen allmählich wieder zur selbstständigen Entleerung „erzogen" werden kann.

Vermeidung von Stress und Zeitdruck

Entleerungsprobleme können auftreten, wenn der Zeitpunkt für den Stuhlgang ungünstig oder durch Ablenkung nicht möglich ist. Allein das „Zur-Ruhe-Kommen" kann verdauungsfördernd wirken. Wichtig ist:

- Für den Stuhlgang eine individuell angemessene Zeit und Ruhe einräumen. Das offensichtliche Warten der AltenpflegerIn vor der Toilette verhindert eher die Ausscheidung, anstatt sie zu beschleunigen
- Entspannungsübungen, durch z. B. Entspannungsübungen (☞ 10.4.2) oder Musik hören
- Beruhigende, tröstende oder aufmunternde Gespräche helfen, Probleme zu lösen und zu verarbeiten. Häufig lenken sie den Pflegebedürftigen ab, bringen ihm positivere Gedanken, beruhigen die Psyche und erleichtern so letztendlich auch das Abführen.

Abb. 8.67: Gewohnheiten für den Toilettengang gibt es viele. Zu den häufigsten gehört wohl, vor allem bei Männern, das Zeitunglesen. [K157]

Gewohnheiten und Rituale erhalten und fördern

Sind **Gewohnheiten und Rituale** bekannt, sollten sie auf jeden Fall berücksichtigt und ermöglicht werden, sofern sie nicht schaden. So fragwürdig manche höchst individuellen Gewohnheiten und Rituale sein mögen, für den einzelnen können sie so wichtig sein, dass er ohne sie nicht „normal" ausscheiden kann.

Gewohnheiten und Rituale können z. B. sein:

- Zufuhr von Speisen und Getränken, die ganz individuell die Verdauung fördern, z. B. ein Glas lauwarmes Leitungswasser, Zuckerwasser oder eine Tasse Kaffee auf nüchternen Magen
- Die Einhaltung eines festen Tagesablaufs und die Einhaltung fester Zeitpunkte für den Stuhlgang, z. B. nach dem Frühstück, nach dem Mittagessen oder vor dem Schlafengehen
- Das Lesen der Tageszeitung, eines Buches, das Hören von Musik auf der Toilette (☞ Abb. 8.67)
- Das Benutzen von persönlichem Toilettenpapier
- Eine bestimmte Verweildauer auf der Toilette und vieles mehr.

Ein Toilettentraining (☞ 8.5.2) kann eine Obstipation verhindern oder beheben, weil daraus ebenfalls eine Gewohnheit wird.

Ernährung

Die **ballaststoffreiche Ernährung** (☞ 7.1) spielt bei der Obstipation bzw. bei der Prophylaxe einer Obstipation eine entscheidende Rolle (☞ Abb. 7.6). Der AltenpflegerIn kommt dabei vor allem die Aufgabe zu, für eine angepasste Ernährung zu sorgen oder darüber zu beraten und möglicherweise zu einer Ernährungsumstellung zu motivieren.

Wichtige Ballaststoffe

- **Zellulose** kommt vor allem in Obst und Gemüse vor. Zellulose bindet sehr viel Wasser, erhöht das Stuhlvolumen und verkürzt die Darmpassage des Speisebreis
- **Hemizellulose** kommt vor allem in Getreide vor. Es wirkt ähnlich wie die Zellulose
- **Pektin** kommt vor allem in Beeren-, Stein- und Kernobst vor. Pektin quillt und bildet im Darm Gelee, durch das die Gleitfähigkeit des Stuhls verbessert und das Stuhlvolumen erhöht wird.

Empfehlungen

Da viele alte Menschen wegen Kaustörungen, fehlender Zähne, schlecht sitzender Zahnprothesen oder Erkrankungen der Mundhöhle geeignete Nahrungsmittel ablehnen, nicht kennen oder mögen, ist es nicht sinnvoll, die gesamte Ernährung umzustellen. Liebgewonnene, aber obstipationsfördernde Gewohnheiten können vielleicht nach und nach durch eher abführende Nahrungsmittel ersetzt werden.

Es ist daher wichtig, dem alten Menschen verschiedene Angebote zu machen, aus denen er die auswählen kann, die er am ehesten akzeptiert.

Gemüse

Es ist empfehlenswert, jeden Tag 0,5–1 kg Gemüse in den Speiseplan einzubauen. Davon sollte ein Teil als Rohkost, der andere gegart gegessen werden. Besonders empfehlenswert sind z. B.

- Alle Kohlsorten, z. B. Rotkohl, Weißkohl, Grünkohl, Wirsingkohl, Sauerkraut, Kohlrabi. Um Blähungen zu reduzieren, Kümmel bei der Zubereitung verwenden
- Hülsenfrüchte wie Bohnen, Erbsen, Linsen
- Karotten.

> **Vorsicht!**
> Die Ernährung auf keinen Fall von heute auf morgen, sondern **schrittweise** von ballaststoffarmer auf ballaststoffreiche Kost umstellen, da ansonsten Blähungen oder krampfartige Bauchschmerzen dazu führen, dass der alte Mensch die Ernährungsumstellung demotiviert abbricht, weil sie ihm „nicht bekommt".

Obst

Es wird empfohlen, täglich etwa 0,5–1 kg Obst möglichst roh zu essen.

Geeignete Obstsorten sind z. B.

- Kirschen
- Pflaumen, Zwetschen
- Beeren wie Himbeeren, Stachelbeeren, Brombeeren, Johannisbeeren
- Rhabarber
- Weintrauben, Rosinen
- Äpfel (keine überreifen)
- Birnen (keine überreifen)

Weniger geeignete Obstsorten sind z. B.

- Heidelbeeren
- Überreife und mehlige Äpfel
- Überreife und mehlige Birnen
- Bananen.

> Backpflaumen enthalten Fruchtsäuren und Invertzucker und haben deshalb eine abführende Wirkung. Werden eingeweichte Backpflaumen zum Frühstück gegessen, unterstützen sie die Wirkung einer ballaststoffreichen Kost auf die Darmtätigkeit. Vorsichtig ausprobieren, bei manchen Menschen wirken Backpflaumen sehr stark abführend.

Getreide und Getreideprodukte

Getreide und Getreideprodukte aus Vollkormmehl enthalten viele Ballaststoffe und beugen deshalb einer Obstipation vor. Weißmehlprodukte wie helle Brötchen, Kuchen und Kekse haben allerdings den gegenteiligen Effekt, weil die in den Randschichten des Korns sitzenden Ballaststoffe bei der industriellen Verarbeitung entfernt wurden. Deshalb Vollkornprodukte wie Vollkornbrot, Müsli oder Vollkornreis bevorzugen.

Unter den Getreideprodukten gibt es zwei besonders wirksame Quellmittel:

- **Weizenkleie** senkt den Druck im Dickdarm, erhöht das Stuhlgewicht und verkürzt die Darmpassagezeit. Es sollten täglich 15 g Weizenkleie, die mindestens drei Stunden vorher in Wasser oder Magermilch zum Quellen eingeweicht wird, 1–2 x täglich als Zwischenmahlzeiten verzehrt werden
- **Leinsamen** (z. B. Linusit®) ist ebenfalls ein Quellstoff. Die nicht resorbierbaren Faserstoffe nehmen viel Wasser auf und vergrößern so das Stuhlvolumen. Gemahlene Leinsamen verstärken diese Wirkung noch.

Vorsicht!
Weizenkleie und Leinsamen

- Nur mit reichlich Flüssigkeit einnehmen, weil sie sonst im Darm verkleben und zu einem Ileus (Darmverschluss) führen können
- Nicht zusammen mit Medikamenten zu den Mahlzeiten, sondern als Zwischenmahlzeit einnehmen, da sie die Resorption von Medikamenten und Elektrolyten beeinträchtigen können.

Laktulose

Laktulose (z. B. Bifiteral®) besteht aus Galaktose *(Schleimzucker)* und Fruktose *(Fruchtzucker)*. Im menschlichen Körper sind keine Enzyme vorhanden, die Laktulose spalten können, sie gelangt daher unverändert in den Dickdarm. Dort wird sie von Zucker spaltenden Bakterien abgebaut und zu Milch- und Essigsäure umgewandelt. Dadurch entsteht ein niedriger pH-Wert im Dickdarm, der sich günstig auf die Darmflora auswirkt. Durch den Abbau der Laktulose wird gleichzeitig die Menge der gelösten Teilchen im Stuhl erhöht, die Wasserrückresorption gehemmt, das Stuhlvolumen erhöht und die Darmpassagezeit verkürzt.

Laktulose muss nicht wie ein Quellmittel mit viel Flüssigkeit eingenommen werden und eignet sich auch für Diabetiker, da sie nicht resorbiert wird.

Wenn ballaststoffreiche Lebensmittel wegen Zahn- und Kauproblemen abgelehnt werden, kann die Verdauung auch z. B. mit Sauerkrautsaft oder Buttermilch angeregt werden.

Flüssigkeitszufuhr

Ebenso wie der ballaststoffreichen Ernährung kommt der Flüssigkeitszufuhr eine bedeutende Rolle zu. Bei Obstipationsneigung sollten täglich mindestens 2 l Flüssigkeit zugeführt werden. Bei einer Herz- oder Niereninsuffizienz ist allerdings vorab Rücksprache mit der ÄrztIn zu halten.

Auch bei der Auswahl der Getränke gibt es mehr und weniger geeignete, wobei zwischen Erfordernissen und individuellen Wünschen des alten Menschen abgewägt werden muss.

Geeignete Getränke sind z. B.

- Buttermilch
- Mineralwasser, Leitungswasser
- Obst- und Gemüsesäfte, am besten frisch gepresst und ohne Zuckerzusatz
- Kalte (zimmerwarme) Milch
- Kefir
- Früchte- oder Fencheltee.

Weniger geeignete Getränke sind z. B.

- Gesüßte Limonaden
- Kakao
- Schwarztee
- Gekochte Milch.

Kaffee und **Alkohol,** v. a. **Rotwein** haben eine stopfende Wirkung, da sie dem Körper Wasser entziehen. Bei vielen Menschen wirken sie trotzdem abführend, weil sie die Darmperistaltik anregen können.

Vielen Menschen hilft es, wenn sie früh auf nüchternen Magen ein Glas lauwarme Flüssigkeit, z. B. Leitungswasser, trinken, um einen Entleerungsreflex auszulösen.

Bewegung

Jede Art von **Bewegung** fördert die Darmbewegung (Peristaltik). Dadurch wird der Speisebrei schneller durch den Dickdarm befördert und dem Stuhl durch die kurze Verweildauer im Darm nicht zu viel Wasser entzogen. Durch spezielle Übungen kann die Bauchmuskulatur trainiert und damit die beim Abführen erforderliche Bauchpresse gekräftigt werden.

Geeignete Bewegungsformen sind z. B.:

- Gehen, z. B. auf der Stelle, im Zimmer, in der Wohnung, im Flur des Wohnbereichs
- Spaziergänge im Freien
- **Einfache Bewegungsübungen** (nach S. Huhn):
  - *Bauchschnellen:* Beim Einatmen wird der Bauch eingezogen, dann wird der Bauch ruckartig nach vorne geschnellt und dabei ausgeatmet. Diese Übung kann beliebig oft durchgeführt werden oder 10 x vor der geplanten Darmentleerung
  - *Bauchpresse:* Der Bauch wird kräftig eingezogen, bis zehn gezählt und dann langsam entspannt. Diese Übung kann 3 x täglich mit jeweils 5 Wiederholungen durchgeführt werden
  - *Knieheben im Sitzen oder Liegen:* Ein Oberschenkel wird mit gebeugtem Unterschenkel so hoch wie möglich angezogen, kurz angehalten und langsam wieder zurückbewegt, rechts und links jeweils 10 x.

Es gibt auch relativ **anstrengende Übungen** zur Stärkung der Bauchmuskeln, die zwar auch wirkungsvoller sind, aber nur von belastbaren und beweglichen alten Menschen durchgeführt werden können, z. B.

- In Rückenlage im Knie- und Hüftgelenk gebeugt, Unterschenkel und Füße auf einen Stuhl legen. Oberkörper mit vor der Brust verschränkten Armen langsam anheben, Spannung halten und langsam wieder absenken (☞ Abb. 6.68)
- Steigerung: Rückenlage, die Beine ausgestreckt auf den Fußboden, Arme neben den Körper legen. Arme und Beine vom Boden abheben, Hände und

Füße aufeinander zu bewegen, Spannung halten und wieder senken.

Vorsicht!

- Bei allen Übungen bei der Anspannung ausatmen, bei der Entspannung einatmen. Auf keinen Fall darf die Luft während der Anstrengung angehalten werden, da sonst der Blutdruck steigt
- Bei allen Bewegungsübungen Vitalzeichen beobachten und bei Schwindel, Unwohlsein, Schmerzen, Schwäche oder Müdigkeit sofort die Übung beenden.

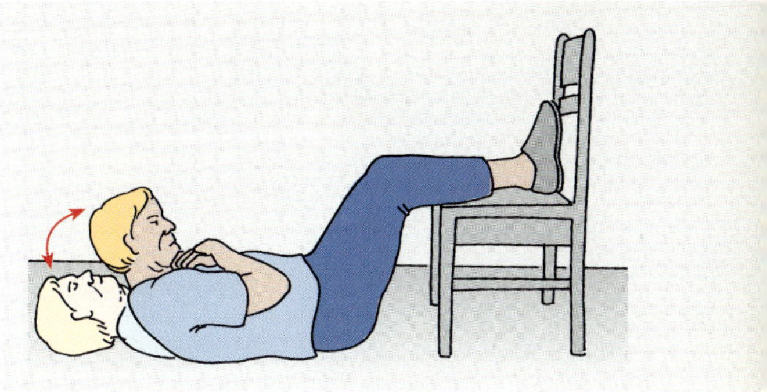

Abb. 8.68: Wirkungsvolle Übung: Beim Anheben von Kopf und Schultern wird die Bauchmuskulatur trainiert und gekräftigt. [A500-119]

Physikalische Maßnahmen

Um eine Obstipation zu vermeiden oder zu beheben, wird kurzfristig **Kälte** angewendet. Dabei muss die AltenpflegerIn die Wirkung von Kälte genau kennen, denn nicht jede Kälteanwedung wirkt gleich: Kälte stellt die Gefäße eng, vermindert also die Durchblutung. Diese Wirkung ist nicht die entscheidende für eine Obstipationsbehandlung.

Der eigentliche **Effekt kuzfristiger Kälteanwendung** entsteht, weil als Reaktion auf den wenige Minuten dauernden Kältereiz die Durchblutung gesteigert, der Stoffwechsel angeregt und die Muskulatur entspannt wird. Diese Reaktion wirkt sich nicht nur lokal, also z. B. bei einem Wickel an der Körperoberfläche, sondern auch auf die inneren Organe wie den Darm aus.

Da bei der reaktiven Durchblutungssteigerung der Parasympathikus aktiv ist, haben kurze Kälteanwendungen mit anschließender Erwärmung neben der verdauungsfördernden und abführenden auch eine Schlaf fördernde Wirkung *(Kneippsche Schlaf- und Abführpille)*. Aus diesem Grund ist es sinnvoll, sie am Abend durchzuführen.

Kontraindikationen für die Kälteanwendung sind:

- Blähungen
- Koliken
- Nierenentzündungen
- Lebererkrankungen
- Harnwegsinfektionen
- Unterleibsbeschwerden
- Frieren, Frösteln
- Ausgeprägte Herz-Kreislauf-Schwäche.

Leibwaschung

Für die Leibwaschung (☞ Abb. 8.69) den Pflegebedürftigen bitten, sich mit angezogenen Beinen auf den Rücken zu legen. Ein vorgewärmtes Bett unterstützt die anschließende Aufwärmphase.

Durchführung

- In eine Schüssel kaltes Wasser füllen
- Ein Geschirrtuch auf Waschlappengröße falten, eintauchen und auswringen
- Mit der Waschung am rechten Unterbauch beginnen
- Den Bauch mit der Tuchvorderseite im Kolonverlauf 5 x umkreisen, anschließend 5 x mit der Rückseite des Tuches
- Den Vorgang mit den zwei Tuchinnenseiten wiederholen
- Da jetzt alle Tuchseiten nicht mehr kalt sind, muss bei einer Wiederholung das Tuch erneut in das Wasser getaucht und ausgewrungen werden
- Die kalte Leibwaschung nach ca. 5 Min. beenden, anschließend Pflegebedürftigen im Bett ruhen und aufwärmen lassen.

Leibwickel (Lendenwickel)

Der **Leibwickel** wird nicht nach Beendigung der Kältewirkung abgenommen. Sobald sich der Wickel erwärmt hat, unterstützt er die reaktive Wärmeentwick-

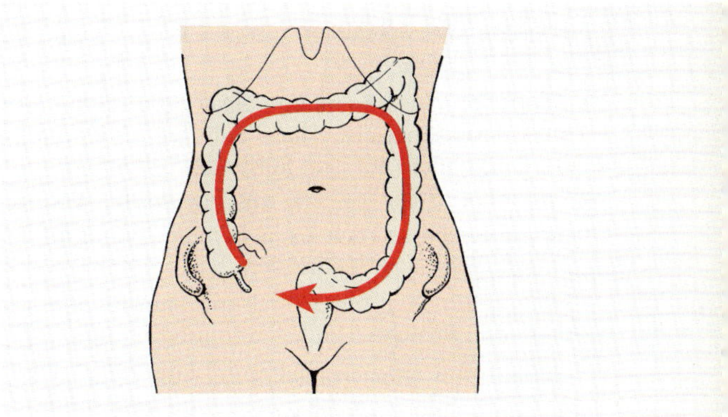

Abb. 8.69: Leibwaschung als Kneippsche „Schlaf- und Abführpille". Auf den Kältereiz hin wird der Darm reaktiv durchblutet und die Verdauung gefördert. [A300]

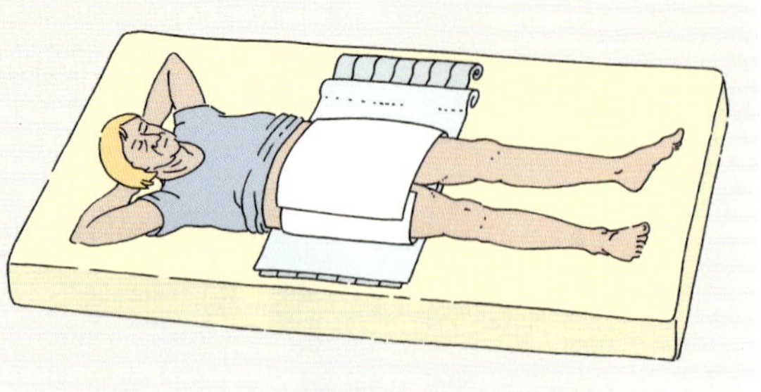

Abb. 8.70: Tuchfolge beim Leibwickel. [A500-119]

lung des Körpers intensiv (Wärmestau). Der Wickel darf nicht auf den gefüllten Magen gelegt werden, deshalb etwa 1 Std. nach dem Essen warten.

Aufbau des Wickels

- Das Wickelmaß beträgt etwa 40 x 180 cm
- Direkt am Körper liegt ein nasses, kaltes, gut ausgewrungenes, grobes Leinentuch
- Auf das nasse Tuch kommt ein trockenes Tuch aus Baumwolle oder Leinen, das 2–3 cm breiter sein soll als das nasse Tuch
- Nasses und trockenes Tuch werden von einer Wolldecke umwickelt, die wieder so schmal wie das nasse Tuch ist, damit sie nicht auf der Haut liegt (Hygiene)

Vorbereitung

Bevor ein Leibwickel angewendet wird,

- Toilettengang ermöglichen
- Das Zimmer gut temperieren, Türen und Fenster schließen, auf jeden Fall Zugluft vermeiden
- Damit die entspannende Wirkung des Wickels nicht beeinträchtigt wird, für Ruhe sorgen, z. B. „Bitte nicht stören"-Schild an die Tür hängen

Durchführung (☞ Abb. 8.70)

Pflegebedürftigen während der Anwendung beobachten oder Klingel in erreichbarer Nähe befestigen.

Ein Leibwickel reicht vom unteren Rippenbogen bis zum Oberschenkel.

- Zuerst Wolldecke so im Bett ausbreiten, dass sie auf einer Seite länger ist. Diese Seite aufrollen, damit die Decke nicht auf dem Fußboden hängt
- Trockenes Zwischentuch auf die Wolldecke und darauf das nasse Tuch legen, beide ebenfalls an der langen Seite separat aufrollen
- Pflegebedürftigen bitten, sich mit dem Rücken auf diese drei Schichten zu legen (ohne Kleidung)
- Schnell und möglichst faltenfrei zuerst das nasse, dann die anderen beiden Tücher um den Körper wickeln und unterstecken. Darauf achten, das sich keine „Hohlkammern" bilden
- Pflegebedürftigen gut zudecken
- Der Wickel etwa für 45–60 Min. belassen. Sobald sich die ersten Schweißspuren auf der Stirn zeigen, Wickel abnehmen
- Nach dem Wickel Pflegebedürftigen für etwa ½ Std. nachruhen lassen.

Nicht erwünscht:

- Ist das Wickeltuch recht nass und verbleibt nur bis zur Erwärmung am Körper, entzieht es dem Körper Wärme. Dieser Effekt ist zur Fiebersenkung, nicht aber für die Obstipationsprophylaxe gewünscht
- Ebenfalls nicht erwünscht ist ein Schweiß treibender Wickel durch zu lange Anwendung.

Leibauflage

Eine etwas leichter durchzuführende und bei Bettlägerigen besser geeignete Maßnahme ist die **Leibauflage.** Sie hat im Prinzip den gleichen Effekt wie ein Leibwickel, aber eine mildere Wirkung.

Für eine Leibauflage wird ein mehrfach zusammengelegtes Leinentuch so aufgelegt, dass es vom Rippenbogen bis zur Leistenbeuge reicht. Der Pflegebedürftige kann gleich im Bett liegen bleiben. Vorbereitung und Durchführung sind ansonsten vergleichbar mit dem Leibwickel.

Kaltes Sitzbad

Vorbereitung

- Der Pflegebedürftige muss gut durchgewärmt sein, er darf weder frösteln noch frieren
- Etwa 50–80 l Wasser (15–20 °C) in eine Sitzbadewanne einlassen.

Durchführung

- Pflegebedürftigen bitten, den Unterkörper zu entkleiden. Oberkörperbekleidung hochhalten (lassen) oder hochbinden, damit sie nicht nass wird
- Das Wasser muss bis zum Nabel reichen, evtl. etwas Wasser nachfüllen
- Pflegebedürftiger soll sich entspannen und etwas ruhen
- Nach maximal 10 Min. das Sitzbad beenden.

Nachbereitung

- Den Unterkörper abtrocknen, ankleiden
- Pflegebedürftigen zum Bett begleiten
- Ruhepause im vorgewärmten Bett mit warmer Wärmflasche auf dem Bauch.

Kolonmassage

Durch die **Kolonmassage** wird die Darmbewegung *(Peristaltik)* angeregt. Sie darf nicht durchgeführt werden bei Entzündungen oder Tumoren im Bauchraum, Durchfall *(Diarrhoe)* oder Darmverschluss *(Ileus).*

Vorbereitung

- Günstigster Zeitpunkt: frühestens 1 Std. nach der letzten und spätestens 1 Std. vor der nächsten Mahlzeit
- Pflegebedürftigen bitten, die Blase zu entleeren, evtl. dabei unterstützen.

Durchführung (☞ Abb. 8.71)

- Sich an der rechten Seite des entspannt liegenden Pflegebedürftigen stellen
- Die rechte Hand auf Punkt 1 aufsetzen und mit der linken Hand beschweren
- Mit kreisenden Bewegungen die fünf Punkte im Uhrzeigersinn 5 Min. massieren, bei jeder Einatmung einen Halbkreis ohne Druck, bei jeder Ausatmung einen Halbkreis mit Druck (der Druck kommt von der linken Hand) in Richtung der physiologischen Peristaltik. Bei schneller und flacher Atmung nur bei jedem zweiten Atemzug massieren
- Zwischen den Punkten fortlaufend massieren, nach jedem Kreis ein Stückchen weiter
- Zur Massage ab Punkt 3 auf die linke Seite wechseln
- Die Kolonmassage dauert etwa 30 Min. Sie darf nicht als schmerzhaft empfunden werden.

Keinen Druck gegen die physiologische Peristaltik ausüben. Deshalb

- Mit Druck in Peristaltikrichtung massieren
- Mit der massierenden Hand nicht senkrecht nach unten drücken, sondern schräg in Richtung der Peristaltik. Senkrechter Druck würde sich in beiden Richtungen ausbreiten.

Nabelkneten

Nabelkneten fördert der Aktivität des Dünndarms.

Durchführung: Hand flach auf den Nabel legen und leicht nach unten drücken. Handballen und Finger bewegen sich nun locker gegeneinander und bewirken somit ein leichte, sanfte „knetende" Bewegung. Diese Bewegung darf keine Schmerzen bereiten.

Flankenwackeln

Flankenwackeln regt den aufsteigenden und absteigenden Dickdarm an und entspannt die Bauchdecke.

Durchführung: Die auf der Flanke aufgesetzte Hand „wackelt" locker und rhythmisch auf einer Flanke. Beide „Flanken" abwechselnd etwa 2 Min. lang durchbewegen.

Baucheinreibung

Eine **Baucheinreibung** regt die Darmperistaltik an und wirkt sich wohltuend bei Blähungen aus.

Durchführung: Die Hände liegen rechts und links neben dem Nabel. Sie bewegen sich entsprechend

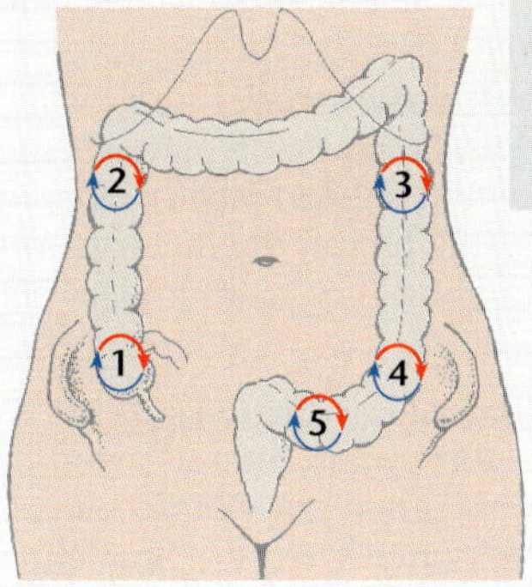

Abb. 8.71: Kolonmassage. [A300]

dem Dickdarmverlauf um den Nabel im Uhrzeigersinn im Kreis. Die linke Hand macht einen ganzen Kreis, die rechte Hand vom linken Beckenkamm bis zur Schambeinmitte einen Halbkreis. Im Bereich der Magengrube (Sonnengeflecht) wird jeder Druck vermieden. Die Bauchhaut darf sich nicht in Falten verschieben. Ein Kreis dauert ungefähr einen langsamen Atemzug. Die Einreibung sollte etwa 2 Min. dauern.

Linderung der Begleitsymptome einer Obstipation

- Bei **Blähungen** und **Bauchschmerzen** sind oft eine Wärmflasche und ein warmer Bauchwickel hilfreich
- Bei Erkrankungen im Analbereich mit einer **schmerzhaften Defäkation,** z. B. bei Hämorrhoiden oder Analfissuren, Arztbesuch anregen und
  - *Vor* der „geplanten" Darmentleerung ein Sitzbad in Kamillelösung durchführen oder nach ärztlicher Anordnung schmerzstillende oder entzündungshemmende Zäpfchen, z. B. Faktu®, Recto-Serol®-Salbe oder Anusol® Supp., verabreichen
  - Anus mit Gleitmittel oder Vaseline einreiben, wirkt gleichzeitig stimulierend auf den Defäkationsreflex
  - *Nach* jedem Stuhlgang Analregion waschen und mit einer fetthaltigen Salbe, z. B. Bepanthen®, eincremen
  - Kalte, feuchte Umschläge wirken abschwellend und lindern die Schmerzen nach der Defäkation.

Laxantien

Laxantien *(Laxanzien, Abführmittel):* Medikamente, die den Nahrungsmitteltransport im Darm und die Darmentleerung beschleunigen.

Medizinisch notwendig sind Laxantien nur dann, wenn der alte Mensch nicht pressen darf, z. B. nach einem Herzinfarkt, oder zur Darmreinigung vor operativen Eingriffen. Auf keinen Fall dürfen sie bei akuten Bauchschmerzen oder Darmverschluss (Ileus) gegeben werden.

Quellmittel *(Füllmittel, Ballaststoffe)* sind nicht resorbierbare Substanzen, die im Darm aufquellen, so die Darmwand dehnen und reflektorisch zu einer Anregung der Darmperistaltik führen. Zu ihnen gehören Leinsamen, Weizenkleie und auch Laktulose (☞ oben unter „Ernährung").

Gleitmittel wirken durch ihren „Schmiereffekt". Paraffinöl (z. B. Sanato-Lax® und in Agarol®) wird oral verabreicht. Glyzerinpräparate als Zäpfchen oder Klysma (z. B. Glycilax®) erleichtern die Stuhlentleerung bei hartem Stuhl im Rektum.

Osmotische Abführmittel enthalten Salze (z. B. „Glaubersalz", „Bittersalz"), Mannit oder Sorbit. Diese nur schwer resorbierbaren Substanzen binden Wasser an sich und steigern wie die Quellmittel die Peristaltik. Auch sie müssen bei oraler Gabe mit reichlich Flüssigkeit eingenommen werden. Präparate zur rektalen Anwendung sind z. B. Practo-Clyss® oder 1 x-Klysma salinisch®.

Schleimhaut reizende Laxantien hemmen über eine Irritation der Darmschleimhaut die Resorption von Natrium und Flüssigkeit und fördern gleichzeitig die Absonderung anderer Elektrolyte wie Kalium und Kalzium in den Darm. Am bekanntesten sind

- *Anthrachinone*, die z. B. in Aloe (z. B. Rheogen®) und Sennesblättern (z. B. Bekunis®, Liquidepur®, Agiolax®) enthalten sind
- *Rizinusöl*, *Bisacodyl* (z. B. Dulcolax®) und *Natriumpicosulfat* (z. B. Laxoberal®).

Bei Dauereinnahme drohen schwerwiegende Nebenwirkungen wie Hypokaliämie mit Verstärkung der Obstipation, Osteoporose durch Kalziummangel, Darmatrophie, Melanosis coli (Schwarzpigmentierung der Dickdarmschleimhaut) und Leberschäden.

Laxantien nur nach Rücksprache mit der ÄrztIn verabreichen.

Verabreichung von Suppositorien (Zäpfchen)

Suppositorien *(Zäpfchen):* Torpedo- oder kegelförmige Arzneimittel, die rektal verabreicht werden und bei Körpertemperatur schmelzen.

Abführzäpfchen werden bei Obstipation, zur Darmentleerung vor z. B. Untersuchungen oder beim Kontinenztraining (☞ 8.5.2) verabreicht. Kontraindikationen sind z. B. Hämorrhoiden, Darmentzündungen oder Darmverschluss. Sie wirken in der Regel innerhalb von 20–60 Min.

Vorbereitung

- Material: Zäpfchen, Einmalhandschuhe, Fingerling, wasserdichter Bettschutz, Toilettenstuhl oder Steckbecken
- Pflegebedürftigen informieren, Sichtschutz aufstellen und den Pflegebedürftigen in Seitenlage mit angezogenen Beinen oder in Rückenlage mit aufgestellten Beinen lagern.

Durchführung

Selbstständigen alten Menschen die Möglichkeit geben, sich das Zäpfchen selbst zu verabreichen. Den alten Menschen dazu anleiten. Auf Wunsch einen Handschuh oder Fingerling bereitlegen.

Kann der Pflegebedürftige sich das Zäpfchen nicht selbstständig verabreichen: Einmalhandschuhe anziehen und evtl. Fingerling auf den Zeigefinger. Verpackung öffnen und das Zäpfchen mit dem Zeigefinger 2–4 cm tief in den Anus einführen. Anschließend beide Gesäßhälften um den Anus zusammendrücken, um ein Herausrutschen zu verhindern. Den alten Menschen bitten, das Zäpfchen so lange wie möglich (ca. 15 Min.) trotz Stuhldrang zurückzuhalten, indem er den Anus anspannt. Steckbecken oder Toilettenstuhl bereitstellen und Klingel in erreichbarer Nähe befestigen.

Pflegebedürftigen darauf hinweisen, dass das Zäpfchen möglicherweise ein leichtes Brennen verursacht.

Das Zäpfchen nicht zu lange in der Hand halten, da es bei Körpertemperatur weich wird und schmilzt.

Klistier

Klistier (Klysma): „Kleiner Einlauf", den es als Fertigprodukt mit Zusatz von Salzen, Glyzerin oder Medikamenten im Handel gibt (☞ Abb. 8.72).

Ein Klistier wird bei Obstipation oder zur Darmentleerung vor Untersuchungen oder beim Kontinenztraining (☞ 8.5.2) in den Enddarm instilliert. Kontraindikationen sind z. B. Hämorrhoiden, Darmentzündungen oder Darmverschluss, Erbrechen und Bauchschmerzen unbekannter Ursache.

Vorbereitung

- Material: körperwarmes Klistier, z. B. Mikroklist® oder Practo Clyss®, Vaseline, Einmalunterlage, Handschuhe, evtl. Nachtstuhl bzw. Steckbecken, Abwurf
- Pflegebedürftigen informieren, Sichtschutz aufstellen und Pflegebedürftigen in Seitenlage mit angezogenen Beinen oder in Rückenlage mit aufgestellten Beinen lagern. Bettschutz unterlegen.

Durchführung

Handschuhe anziehen, die Verschlusskappe entfernen und die mit Vaseline eingefettete Spitze des Klistiers etwa 5 cm in den Enddarm einführen. Das Klistier ausdrücken und aufrollen, bis es vollständig leer ist, in den Handschuh stülpen und verwerfen. Den alten Menschen bitten, die Flüssigkeit so lange wie möglich im Darm zu halten. Steckbecken oder Toilettenstuhl bereitstellen und Klingel in erreichbarer Nähe befestigen.

Vorsicht!
Spitze des Klistiers nie gegen Widerstand in den Darm einführen.

Digitale Ausräumung

Digitale Ausräumung: Manuelle Entfernung harter Kotmassen aus dem Enddarm.

Die digitale Ausräumung wird nur durchgeführt, wenn keine andere Möglichkeit der Stuhlentleerung besteht bzw. der Stuhlgang durch Kotsteine nicht möglich ist, z. B. bei hartnäckiger Obstipation mit Kotsteinen, bei schlaffer Lähmung, z. B. Querschnittlähmung, bei Bewusstlosen oder zum Kontinenztraining (☞ 8.5.2).

Vorsicht!
Bei Darmtumoren wegen Gefahr der Darmperforation und bei Hämorrhoiden wegen Blutungsgefahr keine digitale Ausräumung durchführen.

Vorbereitung

- Material: Einmalhandschuhe, Fingerlinge, Vaseline, Einmalunterlage, Zellstoff, Abwurf
- Pflegebedürftigen informieren, Sichtschutz aufstellen. Einmalunterlage unter das Gesäß legen und auf die linke Seite lagern
- AltenpflegerIn: Einmalhandschuhe anziehen, dabei zusätzlich einen Fingerling auf den ausräumenden Finger aufziehen und mit Vaseline bestreichen. Keine langen Fingernägel oder Ringe tragen.

Durchführung: Mit einem Finger sehr vorsichtig den Stuhl aus dem Enddarm herausholen und ihn auf Zellstoff abstreifen. Es besteht bei der Manipulation Verletzungsgefahr. Abschließend Intimpflege durchführen.

Komplikationen: Verletzungen des Schließmuskels (und als Folge Inkontinenz), Tumorperforationen, Schleimhautverletzungen, Blutungen.

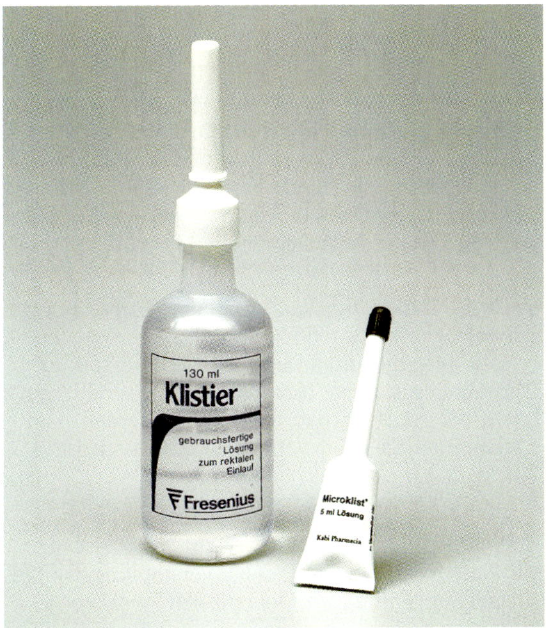

Abb. 8.72: Einmalklistier und Miniklistier. [K183]

Darmeinlauf

Darmeinlauf: Reinigung und Entleerung des Dickdarmes durch eine größere Flüssigkeitsmenge, die in den Enddarm eingebracht wird.

Ein Darmeinlauf wirkt durch seinen

- **Mechanischen Reiz:** Der Druck des eingeführten Darmrohres reizt den Darm durch die Dehnung. Gleichzeitig regen die Menge und der Druck der einlaufenden Flüssigkeit die Darmperistaltik an. Beim Erwachsenen werden in der Regel 1000 ml Flüssigkeit verwendet
- **Thermischen Reiz:** Der Reiz ist je nach Temperatur der einlaufenden Flüssigkeit verschieden stark. Eine Temperatur von 32–35 °C regt die Peristaltik stark an, ist aber für den alten Menschen wegen

Mittel	Menge	Wirkung
Leitungswasser ohne Zusätze	etwa 1000 ml	Mildes Abführmittel
Kamillentee oder Kamillosan	20 ml/l	Leichtes Reizmittel
Glyzerin	200 ml/l	Leichtes Reizmittel
Kochsalz	• Isotonisch: 1 Teelöffel/l • Hyperton: 1 Eßlöffel/l	• Leichtes Reizmittel • Starkes Reizmittel
Rizinus- und Olivenöl	2–4 Eßlöffel/l	Kontaktmittel (wirkt auf die Darmschleimhaut)

Tab. 8.73: Zusätze für einen Darmeinlauf.

möglicher Krämpfe unangenehm. Hat die Flüssigkeit Körpertemperatur oder ist 2–3 °C wärmer, ist der Reiz milder. Deshalb wird eine Wassertemperatur zwischen 37–40 °C empfohlen.

- **Chemisch-osmotischer Reiz:** Osmotisch wirkende Zusätze ziehen Wasser an, reizen dadurch die Darmschleimhaut und bewirken eine schnelle Darmentleerung. In Tabelle 8.73 werden die wichtigsten Zusätze zum Darmeinlauf beschrieben.

Einläufe nur auf ärztliche Anordnung durchführen. Besonders medikamentöse Zusätze oder hypertone Salzlösungen müssen aufgrund des starken osmotischen Wasserentzugs von der ÄrztIn genau angeordnet werden. Um Komplikationen zu vermeiden, ist es erforderlich, die Lösung exakt herzustellen.

Indikationen

- Entleerung des Enddarmes bei Verstopfung, vor Untersuchungen und vor Operationen
- Anregung der Darmperistaltik z. B. postoperativ bei Darmerschlaffung *(Darmatonie)*
- Einbringen von Röntgenkontrastmittel (im Krankenhaus)
- Verabreichung von Medikamenten.

Kontraindikationen

- Darmentzündungen, z. B. Morbus Crohn, Colitis ulcerosa
- Mechanischer oder paralytischer Darmverschluss *(Ileus)*
- Scheiden-Mastdarmfistel
- Mit ärztlich angeordneten Ausnahmen nach Operationen am Dickdarm
- Erbrechen und Leibschmerzen mit unbekannter Ursache
- Blutungen im unteren Verdauungstrakt.

☑ Bei alten Menschen mit Herz- und Nierenkrankheiten dürfen keine salzhaltigen Spüllösungen verwendet werden.

Vorbereitung

Andere Personen aus dem Zimmer bitten oder Einlauf in einen separaten Raum durchführen. Wenn beides nicht möglich ist, Sichtschutz aufstellen.

- Material
  - Irrigator mit Schlauch (1–1,5 m)
  - Darmrohr (Durchmesser 10–12 mm)
  - Anatomische Schlauchklemme
  - Gleitmittel (z. B. Vaseline)
  - Bettschutz
  - Einmalhandschuhe

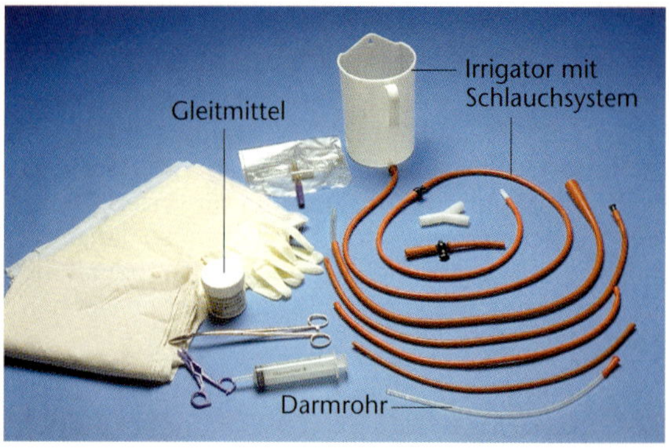

Abb. 8.74: Set für einen Reinigungseinlauf. [K183]

  - Zellstoff
  - Evtl. Steckbecken oder Nachtstuhl
  - Abwurf
- Richten des Einlaufs
  - Irrigator abklemmen bzw. das Ventil schließen
  - Lösung herstellen
  - Schlauch entlüften
  - Darmrohr mit Vaseline einfetten
- Pflegebedürftigen informieren, Analregion inspizieren, Schutzunterlage unter das Gesäß legen
- AltenpflegerIn: Einmalhandschuhe anziehen.

Durchführung

Bei der Durchführung unterscheidet man drei verschiedene Einläufe, den Reinigungseinlauf, den hohen Einlauf und den Schwenkeinlauf (Durchführung, ☞ Tab. 8.75).

Beachten:

- Darmrohr nicht gegen Widerstand einführen, sondern ohne Gewaltanwendung leicht drehen. Es besteht dabei Perforationsgefahr, vor allem bei alten Menschen mit Tumoren. Bei bleibendem Widerstand die Maßnahme abbrechen und ÄrztIn informieren
- Wenn der alte Mensch über starkes Druckgefühl und einen Entleerungsreiz während der Durchführung des Einlaufs klagt, hilft oft das Abklemmen des Schlauches für einige Sekunden
- Lochöffnungen des Darmrohres nicht einfetten.

Nachbereitung

- Hände desinfizieren, Material entsorgen, aufräumen und evtl. desinfizieren, Raum lüften
- Pflegebedürftiger: Intimpflege ermöglichen, evtl. wieder ins Bett helfen, nachfragen bzw. kontrollieren, ob er Stuhlgang gehabt hat
- Durchführung und Besonderheiten dokumentieren.

Komplikationen

Die Spülflüssigkeit läuft nicht ungehindert ein

- *Ursache:* Darmrohr drückt gegen die Darmwand. *Maßnahme:* Position korrigieren
- *Ursache:* Darmrohr ist durch Stuhl blockiert. *Maßnahme:* Darmrohr herausziehen und säubern
- *Ursache:* Fließkraft ist zu gering. *Maßnahme:* Irrigator leicht anheben, aber nicht höher als 60 cm über Schulterhöhe.

Flüssigkeit sickert neben dem Darmrohr

- *Ursache:* Darmrohr liegt nicht korrekt. *Maßnahme:* Lage des Darmrohrs überprüfen
- *Ursache:* Schlechter Spannungszustand des Schließmuskels. *Maßnahme:* Alten Menschen bitten, den Schließmuskel anzuspannen.

Unbehagen oder Verkrampfung beim Einlaufen der Flüssigkeit

- *Ursache:* Die Flüssigkeit ist zu kalt. *Maßnahme:* Flüssigkeit evtl. anwärmen
- *Ursache:* Zu schnelles Einlaufen der Flüssigkeit. *Maßnahme:* Irrigator senken
- *Ursache:* Anspannung oder Angst des alten Menschen. *Maßnahme:* alten Menschen zu tiefem Durchatmen anhalten.

Reinigungseinlauf	Hoher Einlauf	Heb- und Senkeinlauf (Schwenkeinlauf)
Indikation		
• Entleerung des Enddarms bei Verstopfung, vor Untersuchungen und vor Operationen • Anregung der Darmperistaltik • Einbringen von Röntgenkontrastmittel • Verabreichung von Medikamenten	Reinigung aller Abschnitte des Dickdarmes vor Röntgenuntersuchungen und Operationen im Dickdarm	• Anregung der Darmperistaltik • Förderung des Abgangs von Darmgasen
Spülflüssigkeit		
1 l Flüssigkeit (in der Regel mit Zusatz)	2 l Spülflüssigkeit	1 l Spülflüssigkeit
Lagerung		
• Linke Seitenlage mit leicht angewinkelten Knien, evtl. den alten Menschen während des Einlaufs auf die rechte Seite drehen lassen, um alle Teile des Darmes zu erreichen • Rückenlage, dabei den Rücken und das Becken leicht erhöht lagern	• Linksseitenlage • Während des Einlaufs auf die rechte Seite drehen lassen	wie bei Reinigungseinlauf
Durchführung		
• Darmrohr vorsichtig mit leichten Drehbewegungen etwa 8–10 cm einführen. Bei Widerstand Darmrohr leicht drehen, so dass das Darmrohr wieder aus einer Schleimhautfalte ins Darmlumen zurückgelangt. Behutsam vorgehen wegen Perforationsgefahr • Darmrohr und den Irrigator verbinden • Irrigator ca. 30–50 cm über das Niveau des alten Menschen halten und die Klemme entfernen • Flüssigkeit einlaufen lassen, dabei den alten Menschen beobachten. Er soll ruhig und tief atmen • Pflegebedürftigen evtl. nach Einlaufen der halben Flüssigkeitsmenge auf die rechte Seite drehen (lassen), damit alle Darmabschnitte erreicht werden • Während des Einlaufs den alten Menschen auf Schmerzen, Unbehagen, Funktion des Schließmuskels und Einlaufen der Flüssigkeit überwachen • Wenn die komplette Flüssigkeit eingelaufen ist, Irrigator abklemmen und Darmrohr entfernen • Nach dem Einlauf gibt es folgende Möglichkeiten, wie sich die pflegebedürftige Person verhalten soll: - Mobilere alte Menschen dazu anhalten, sich im Bett weiter von einer Seite auf die andere zu drehen - Pflegebedürftiger bleibt im Bett und liegt auf dem Rücken mit hochgelagerten Beinen - Pflegebedürftiger bewegt sich außerhalb des Bettes • Der alte Mensch soll den Einlauf mindestens 5 Min. halten. Für viele alte Menschen ist es beruhigend, wenn die Toilette unmittelbar erreichbar ist bzw. ein Nachtstuhl im Zimmer steht. Evtl. beim Ausscheiden unterstützen	• Das Darmrohr 10–15 cm einführen • Das Darmrohr und den Irrigator verbinden • Den Irrigator 50–80 cm oberhalb des Niveaus des alten Menschen halten • Weiteres Vorgehen siehe Reinigungseinlauf	• Das Darmrohr 10–15 cm einführen • Das Darmrohr und den Irrigator verbinden • Den Irrigator ca. 30–50 cm über das Niveau des alten Menschen halten und die Klemme entfernen • Spülflüssigkeit einlaufen lassen bis der Irrigator fast leer ist. Danach den Irrigator ca. 30 cm unter das Bettkantenniveau halten. Spülflüssigkeit und evtl. Darmgase gelangen in den Irrigator zurück. Irrigator erneut in Ausgangshöhe (30–50 cm) halten und die Spülflüssigkeit einlaufen lassen • Vorgang so lange wiederholen, bis die Spülflüssigkeit trüb bzw. dunkel wird oder genügend Darmgase abgegangen sind. Zum Abschluss der Maßnahme wird etwas Flüssigkeit im Darm belassen • Dieser Einlauf bedeutet für den alten Menschen eine starke Kreislaufbelastung. Deswegen Puls kontrollieren und den alten Menschen beobachten

Tab. 8.75: Durchführung verschiedener Einläufe.

Starker Schmerz, Schweiß, Blässe, unregelmäßige Herztätigkeit

Ursache: Perforation. *Maßnahmen:*
- Maßnahme abbrechen
- Vitalzeichen engmaschig kontrollieren
- Sofort ÄrztIn informieren
- Nulldiät.

Blutung

Ursachen: Hämorrhoidenblutung, Verletzung der Darmschleimhaut. *Maßnahmen:*
- Maßnahme abbrechen
- ÄrztIn informieren
- Pflegebedürftigen beobachten.

Große Differenz zwischen eingelaufener und ausgelaufener Flüssigkeit

- *Ursache:* Absorption der restlichen Flüssigkeit. *Maßnahmen:*
  - Bilanz erstellen
  - Vitalzeichen kontrollieren
  - ÄrztIn informieren.
- *Ursache:* Übermäßiges Durchsickern von Flüssigkeit neben dem Darmrohr auf Einmalunterlage. *Maßnahme:*
  - Flüssigkeit schätzen
  - Alten Menschen bitten, den Schließmuskel anzuspannen.

Blässe, Schweißausbruch, Erbrechen, Husten, Schwindel

Ursache: Wasserintoxikation infolge übermäßiger Absorption von Flüssigkeit. *Maßnahmen:*
- Einlauf abbrechen
- ÄrztIn informieren
- Vitalzeichen kontrollieren.

8.6.3 Exemplarische Pflegeplanung

Pflegediagnose mit Ursache (PD), Ressourcen (R), Gewohnheiten (G), Erfahrungen (E), aktuelle Bedürfnisse (AB)	**Pflegeziele**	**Pflegetherapie** Information (I), Beratung (B), Motivation (M), Anleitung (A), Beaufsichtigung (Bf), teilweise Übernahme (tÜ), vollständige Übernahme (vÜ)
PD: Obstipation aufgrund Bettlägerigkeit und ballaststoffarmer Ernährungsweise **R:** Ist zur Mitarbeit motiviert	Regelmäßiger, weich geformter Stuhlgang ohne Probleme bei der Darmentleerung	**vÜ:** Defäkationsprotokoll führen **M, tÜ:** : Mehrfach täglich zum Trinken geeigneter Getränke motivieren, Getränke greifbar bereitstellen und bei Bedarf unterstützen **I, M:** Über Wirkung ballaststoffreicher Ernährung auf Obstipation informieren, motivieren und Mahlzeiten nach und nach umstellen **A:** 3 x täglich zum Bauchschnellen anleiten **vÜ:** 1 x täglich morgens und bei Bedarf ½ Stunde nach den Mahlzeiten und dem Bauchschnellen Toilettentraining nach Defäkationsprotokoll durchführen

Tab. 8.76: Beispiel einer Pflegeplanung bei Obstipation.

8.7 Diarrhoe

Diarrhoe *(Durchfall):* Mehr als drei ungeformte, dünnflüssige Stühle täglich.

8.7.1 Pflegediagnostik

Ursachen, Einfluss- und Risikofaktoren

Eine **akute Diarrhoe** kann verursacht sein durch
- Bakterielle oder virale Infektionen des Magen-Darm-Traktes („*Magen-Darm-Grippe*“)
- Magen-Darm-Erkrankungen, z. B. Entzündungen
- Lebensmittelvergiftungen, Lebensmittelunverträglichkeiten
- Abführende Medikamente oder Medikamente, die die Darmschleimhaut schädigen, z. B. Antibiotika
- Psychische Belastungen, z. B. Angst, Stress.

Eine **chronische Diarrhoe** (länger als 1 Monat) kann verursacht sein durch
- Malabsorption, d. h. eine Resorptionsstörung aufgrund chronischer Dünndarmerkrankungen, einer operativen Entfernung eines Darmabschnittes oder eines angeborenen Enzymmangels, z. B. bei Laktasemangel
- Überfunktion der Schilddrüse (Hyperthyreose)
- Darmtuberkulose
- Reizkolon, bei dem sich Obstipation und Diarrhoe abwechseln
- Werden häufige und geringe Mengen dünnen Stuhls oder Darmschleims ausgeschieden, so kann das auch immer ein Hinweis auf Obstipation mit Kotsteinen sein (☞ 8.6).

☑ Durchfall ist bei Sondenernährung (☞ 7.3.2) relativ häufig, aber keineswegs als „normal“ anzusehen, sondern durch eine adäquate Anpassung der Sondennahrung zu beheben.

Eine **blutige Diarrhoe** tritt auf bei
- Schweren Magen-Darm-Infektionen
- Entzündung von Darmwandausstülpungen (Divertikulitis)
- Chronisch-entzündlichen Darmerkrankungen, z. B. Morbus Crohn, Colitis ulcerosa
- Einengenden Karzinomen oder Polypen im Darm.

Anzeichen und Ausmaß

Anzeichen für eine Diarrhoe sind die dünnen, häufigen Stühle. **Begleitsymptome** können sein:
- Krampfartige Bauchschmerzen
- Körperliche Schwäche
- Appetitlosigkeit
- Fieber bei Infektionen.

Folgen

Je stärker die Diarrhoe ausgeprägt ist oder je länger sie anhält, umso gravierender können die **Folgen** sein. Bei jeder akuten oder chronischen Diarrhoe besteht die **Gefahr der Dehydratation** (Austrocknung, ☞ 7.4) und des Elektrolytverlustes.

> ☑ Die Dehydratation infolge einer Diarrhoe kann zu **lebensbedrohlichen Zuständen** führen, daher immer die ÄrztIn informieren, damit eine medizinische Diagnostik und Therapie eingeleitet wird.

Bei jeder Diarrhoe besteht darüber hinaus die **Gefahr der Stuhlinkontinenz,** weil die Toilette nicht mehr rechtzeitig erreicht wird, insbesondere bei beeinträchtigter körperlicher Mobilität oder in einer fremden, ungewohnten Umgebung, weil z. B. der Weg zur Toilette nicht bekannt oder die Entfernung nicht richtig eingeschätzt wird.

Zu den psychischen Folgen einer Diarrhoe gehören, insbesondere wenn sie mit einer Stuhlinkontinenz einhergeht, der Kontrollverlust, wodurch das **Selbstwertgefühl** beeinträchtigt sein kann. Eine chronische Diarrhoe kann mit der **Gefahr einer sozialen Isolation** einhergehen, weil sich der Betroffene aus Angst vor Geruchsbelästigung und den Geräuschen nicht mehr in die Öffentlichkeit wagt.

8.7.2 Pflegetherapeutische Maßnahmen

Gestaltung der Umgebung

Bei einer Diarrhoe ist es besonders wichtig, dafür zu sorgen, dass der Pflegebedürftige die Toilette oder den Toilettenstuhl schnell erreichen kann. Kann der alte Mensch das Bett nicht verlassen, muss bei Stuhldrang dafür gesorgt werden, dass er das Steckbecken ohne Verzögerung bekommt.

Auch wenn es schnell gehen muss, ist auf das Schamgefühl Rücksicht zu nehmen. Fühlt sich die Pflegebedürftige dadurch sicherer, können aufsaugende und absorbierende Vorlagen zur Sicherheit verwendet werden (☞ 8.5.2).

Alte Menschen mit Durchfall laufen leicht Gefahr, durch den Flüssigkeitsmangel einen **Kreislaufkollaps** zu bekommen. Besonders beim Toilettengang ist es deshalb notwendig, den alten Menschen zu beobachten. Es gilt, einen Kompromiss zwischen der Sicherheit und dem Recht auf Intimsphäre, den „goldenen Mittelweg" zwischen Überwachung und „In-Rufnähe-Bleiben" zu finden.

Da der häufige Stuhlgang die Haut der Analregion reizt und zu Entzündungen führen kann,
- Weiches Toilettenpapier bereitstellen
- Ggf. bei der Intimpflege unterstützen, gründlich, aber vorsichtig trockentupfen und bei Bedarf eine Wund- und Heilsalbe auftragen.

> Medikamente, z. B. Kohle oder Immodium®, nur auf ärztliche Anordnung verabreichen.

Ernährung

Da eine Diarrhoe mit Flüssigkeits- und Elektroytverlusten einhergeht, ist es äußerst wichtig, für eine angemessene Flüssigkeitszufuhr zu sorgen. Art und Menge müssen in einem **Einfuhrprotokoll** (☞ Tab. 7.17) dokumentiert werden.

Geeignete Getränke sind:
- Tee: schwarzer Tee wirkt stopfend, Fencheltee beruhigt den Darm
- Mineralwasser: Es werden Mineralien zugeführt, die bei Diarrhoe vermehrt ausgeschieden werden
- Gemüse- oder Fleischfertigbrühe: Sie enthalten viele Salze, die mit dem Durchfall ausgeschieden werden.

Häufig muss die Zufuhr fester Nahrungsmittel im Akutstadium eingeschränkt werden, bis hin zur Nahrungskarenz. In jedem Falle sollten Nahrungsmittel vermieden werden, die die Darmtätigkeit anregen (☞ 8.6.2). Den Darm nicht belastende, eher stopfende Nahrungsmittel können, sofern die ÄrztIn keine absolute Nahrungskarenz angeordnet hat, versuchsweise ausprobiert werden, z. B. Weißbrot oder Reisschleim.

> Salzstangen belasten den Darm nicht und enthalten zusätzliche die benötigten Salze.

Besteht ärztlich angeordnete Nahrungskarenz oder reicht die orale Flüssigkeitszufuhr nicht aus, so ist auf ärztliche Anordnung eine Infusionstherapie (☞ 11.4.4) durchzuführen.

Komplikationen erkennen

Um Komplikationen wie **Austrocknung**, Kreislaufschwäche und **Kollapsgefahr** rechtzeitig zu erkennen, ist eine kontinuierliche **Beobachtung** notwendig:

- Vitalzeichen (☞ 5.2)
- Flüssigkeitsbilanzierung (☞ 8.2)
- Haut und Schleimhäute auf Anzeichen einer Austrocknung (☞ 9.2)
- Veränderungen des Harns und Stuhls (☞ Tab. 8.3, 8.4).

Bei Veränderungen und Anzeichen einer drohenden Komplikation unverzüglich ÄrztIn verständigen.

Linderung der Begleitsymptome einer Diarrhoe

Geeignete Maßnahmen zur Linderung der krampfartigen Schmerzen und Blähungen sind z. B.:

- Eine Wärmflasche oder besser noch ein feuchtwarmer Bauchwickel
- Rhythmische Baucheinreibung.

Vorsicht!
Da Wärme bei Entzündungen kontraindiziert sein kann, ist eine ärztliche Rücksprache erforderlich.

Feuchtwarmer Bauchwickel mit Kamille

Vorbereitung des Materials

- Kochend heißer Kamillentee
- Innentuch
- Außentuch aus Wolle (Tücher von beiden Seiten aus aufgerollt)
- Frottiertuch
- Schüssel
- Sicherheitsnadeln.

Durchführung

- Wolltuch unter den Rücken des alten Menschen legen
- Frottiertuch über die Waschschüssel und darüber das Innentuch legen, mit Kamillentee übergießen
- Beide Tücher ineinandergerollt so trocken wie möglich auswringen
- Pflegebedürftigen bitten, sich aufrecht hinzusetzen
- Innentuch herausholen und am Rücken vorsichtig die Wärme prüfen (Verbrennungsgefahr). Wolltuch und darauf das Innentuch auf dem Bett ausbreiten und Pflegebedürftigen bitten, sich wieder auf den Rücken zu legen. Das Innentuch von beiden Seiten auflegen. Danach das Wolltuch eng darüber rollen.

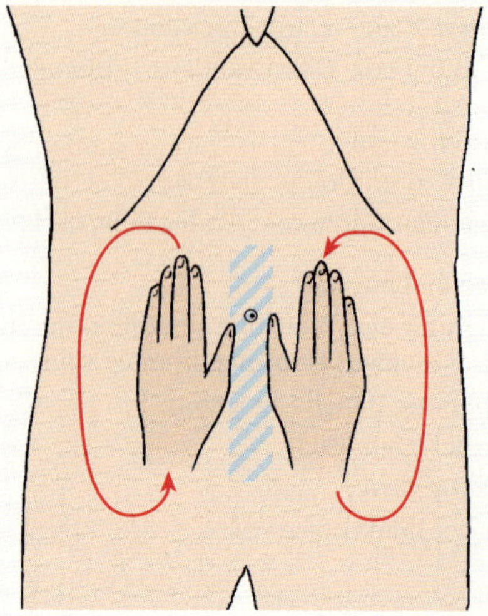

Abb. 8.77: Gegenläufige Bewegungen der Hände bei der rhythmischen Baucheinreibung. Im schraffierten Bereich, indem die Hände gegenläufig aneinander vorbeistreichen, wird das Gewebe gelockert und reaktiv besser durchblutet. [A500-119]

Darauf achten, dass sich keine großen Falten und Luftblasen zwischen Haut und Wickeltuch bilden
- Den Wickel mit Sicherheitsnadeln befestigen
- Wickel etwa 15–30 Min. belassen (solange er warm ist).

Ist der Pflegebedürftige nicht sehr mobil, kann auch eine Bauchkompresse statt des Wickels aufgelegt werden: Kamillenteegetränktes, ausgewrungenes, heißes Tuch vorsichtig auf den Bauch legen, Pflegebedürftigen Temperatur prüfen lassen und, wenn die Temperatur toleriert wird, mit einem Molton- oder Wolltuch umhüllen.

Rhythmische Baucheinreibung

Einreibungen können eine wirkungsvolle pflegerische Ergänzung zu Medikamenten sein. Rhythmische Einreibungen wirken durch die Kombination der aufgetragenen Substanz und der Art des Auftragens durch die Hände. Die Hände unterstützen im Körper fließende Energien durch sanfte, rhythmische Streichungen und geben dem Körper regulierende Impulse.

Merkmale

Typisch ist die rhythmische Qualität der Griffe und/oder Striche mit an- und abschwellenden Akzenten vergleichbar der Atmung. Die Hände sollen auf das Gewebe keinen Druck ausüben, jedoch in gutem Kontakt mit dem Gewebe sein. Die Bewegungen kommen nicht aus der Hand oder dem Handgelenk, vielmehr werden die Hände von der Schulter und vom Oberarm „geschoben“.

Vorbereitung

Die **AltenpflegerIn** muss konzentriert, entspannt und offen für Wahrnehmungen sein und sich für die Einreibung genügend Zeit nehmen. Die einreibenden Hände sollten warm, die Haut glatt und die Nägel kurz sein. Lange Ärmel sind hinderlich, Schmuckstücke können den Pflegebedürftigen verletzen.

Im **Zimmer** sollte Ruhe herrschen, evtl. andere Personen bitten, das Zimmer zu verlassen oder sich ruhig zu verhalten. Vor der Einreibung lüften, Fenster schließen und den Raum angenehm temperieren.

Die Einreibung wird im **Liegen** durchgeführt, damit sich der Pflegebedürftige besser entspannen und anschließend ruhig liegen bleiben kann, evtl. das Kopfteil höher stellen. Falls erforderlich, zum Unterstützen der Lagerung Lagerungshilfsmittel, z. B. eine Knierolle, verwenden. Während der Einreibung Pflegebedürftigen gut abdecken, um die Körperwärme zu erhalten, nur das einzureibende Gebiet aufdecken.

Substanzen zum Einreiben

Salben sollten relativ dünnflüssig und fein sein, da sonst zu viel Druck zum Einreiben notwendig ist. Bei Bauchkrämpfen und Blähungen haben sich *Kümmel-Fenchel-Anis-Salbe* und *Majoran-Salbe* bewährt.

Öle, z. B. *Kamillenöl* bei Magen- und Darmkoliken, sind sehr gut zur Einreibung geeignet, da sie ein Gleiten ohne Druck ermöglichen. Viele Öle sind allerdings Mineralölabkömmlinge wie z. B. Vaseline oder Babyöl. Sie werden von der Haut schlecht aufgenommen und bleiben als Schicht auf der Haut liegen. Sie wirken somit kühlend und sind deshalb weniger gut geeignet. Besser geeignet sind organische Fette und Öle, z. B. *Oliven- und Mandelöl.* Diese Öle sparsam verwenden, da überschüssiges Öl nicht in die Haut einzieht und einen unerwünscht kühlenden Effekt hat. Außerdem werden Reste organischer Fette und Öle leicht ranzig und verbreiten einen unangenehmen Geruch, der nur schwer wieder entfernt werden kann.

Durchführung

Beide Hände liegen eine knappe Handbreit entfernt nebeneinander auf dem Bauch. Die linke Hand kreist entgegen dem Uhrzeigersinn nach oben und links, die rechte ebenfalls entgegen dem Uhrzeigersinn nach unten und rechts (☞ Abb. 8.77). An der Stelle, an der die Hände gegenläufig aneinander vorbeistreichen, werden die Bauchdecken etwas zusammengedrückt, geschoben und leicht angehoben, so dass das Gewebe besser durchblutet wird. Nach Beendigung der Einreibung soll der Pflegebedürftige 15–30 Min. ruhen und der Wirkung nachspüren.

8.7.3 Exemplarische Pflegeplanung

Pflegediagnose mit Ursache (PD), Ressourcen (R), Gewohnheiten (G), Erfahrungen (E), aktuelle Bedürfnisse (AB)	**Pflegeziele**	**Pflegetherapie** Information (I), Beratung (B), Motivation (M), Anleitung (A), Beaufsichtigung (Bf), teilweise Übernahme (tÜ), vollständige Übernahme (vÜ)
Pflegeplanung 1		
PD: Akute Diarrhoe aufgrund einer bakteriellen Magen-Darm-Infektion **R:** kann mit personeller Unterstützung die Toilette aufsuchen	Kein Flüssigkeitsdefizit, keine Anzeichen einer Dehydratation Keine körperliche Schwäche, stabiler Kreislauf Wohlbefinden, keine Bauchschmerzen Intakte Haut im Analbereich	**vÜ:** Ein- und Ausfuhrprotokoll führen und 1 x täglich Flüssigkeitsbilanz erstellen **vÜ:** 3 x täglich und bei Bedarf Beobachtung • Vitalzeichen • Haut und Schleimhäute auf Anzeichen einer Dehydratation • Harn und Stuhl **M:** Mehrfach täglich zum Trinken von schwarzem Tee, Mineralwasser und Gemüsebrühe motivieren **tÜ, Bf:** Beim Toilettengang unterstützen und beaufsichtigen, nach jedem Toilettengang Intimpflege **vÜ:** Bei Bedarf rhythmische Baucheinreibung und warme Bauchwickel mit Kamillentee nach Standard durchführen
Pflegeplanung 2		
PD: Diarrhoe ungeklärter Ursache, Verdacht auf Sondenkost-Unverträglichkeit **R:** keine Begleitsymptome wie Schmerzen, medizinisch-medikamentöse Behandlung bereits eingeleitet	Keine Anzeichen einer Dehydratation Ausgeglichene Flüssigkeitsbilanz Sondenkost wird vertragen	**vÜ:** Ein- und Ausfuhrprotokoll führen und 1 x täglich Flüssigkeitsbilanz erstellen **vÜ:** 3 x tägl. und bei Bedarf Beobachtung • Vitalzeichen • Haut und Schleimhäute auf Anzeichen einer Dehydratation • Harn und Stuhl **vÜ:** Sondenkost auf ärztliche Anordnung langsam und angewärmt verabreichen. Schwarzen Tee auf ärztliche Anordnung zum Nachspülen verwenden **vÜ:** 3 x täglich Medikamente auf ärztliche Anordnung verabreichen **vÜ:** Kontakt zur Ernährungsberaterin des Sondenkost-Herstellers herstellen und gemeinsam individuelle Sondenkosttherapie planen

Tab. 8.78: Beispielhafte Pflegeplanungen bei Diarrhoe.

Wiederholungsfragen

1. Welche Flüssigkeitsmenge fasst die Harnblase und bei welcher Menge wird Harndrang empfunden? (☞ 8.1)
2. Welche Bestandteile enthält der Harn? (☞ 8.1)
3. Wie wird der Vorgang der Darmentleerung gesteuert? (☞ 8.1)
4. Welche Gesundheitsfachberufe können noch an der Behandlung von Ausscheidungsstörungen alter Menschen beteiligt sein? (☞ 8.1)
5. Was muss eine AltenpflegerIn grundsätzlich bei allen Gesprächen und Maßnahmen, die die Ausscheidung eines alten Menschen betreffen, beachten? (☞ 8.1)
6. Wie gelangt man zu einer Pflegediagnose im Bereich der Ausscheidung? (☞ 8.2)
7. Auf welche Veränderungen von Urin und Blasenentleerung muss bei der Beobachtung geachtet werden? (☞ Tab. 8.3)
8. Auf welche Veränderungen von Stuhl und Darmentleerung muss bei der Beobachtung geachtet werden? (☞ Tab. 8.4)
9. Wie wird eine Flüssigkeitsbilanz erstellt? (☞ 8.2)
10. Welche Störungen und Erkrankungen können ein Selbstversorgungsdefizit bei der Ausscheidung verursachen? (☞ 8.3.1)
11. Was ist eine transurethrale Harnableitung? (☞ 8.3.2)
12. Was versteht man unter einem geschlossenen Harnableitungssystem? (☞ 8.3.2)
13. Beschreiben Sie bitte die Technik des Katheterisierens bei einem Mann und bei einer Frau! (☞ Tab. 8.17)
14. Was muss beim Umgang mit Harnableitungssystemen beachtet werden? (☞ 8.3.2)
15. Welche Komplikationen können bei einem Blasenverweilkatheter auftreten? (☞ Tab. 8.20)
16. Von welchen „Schwachstellen" bei einem Blasenverweilkatheter aus können Keime besonders leicht eindringen und eine Harnwegsinfektion auslösen? (☞ Abb. 8.22)
17. Was ist eine suprapubische Harnableitung? (☞ 8.3.2)
18. Wann wird ein Enterostoma angelegt? (☞ 8.3.2)
19. Was unterscheidet ein Ileostoma von einem Kolostoma? (☞ 8.3.2)
20. Beschreiben Sie bitte, welche Stomaversorgungssysteme und Hilfsmittel es bei der Stomaversorgung gibt! (☞ 8.3.2)
21. Wie wird ein Stoma versorgt? (☞ 8.3.2, Abb. 8.33–8.38)
22. Bei welchen Stomakomplikationen muss sofort eine ÄrztIn informiert werden ? (☞ 8.3.2)
23. Was versteht man unter einem Stufenschema zum Selbstversorgungstraining bei einem Stoma und warum ist es notwendig? (☞ 8.3.2)
24. Was ist ein Urostoma? (☞ 8.3.2)
25. Welche Formen der Harninkontinenz gibt es? (☞ 8.4)
26. Wie wird ein Toilettentraining bei Harninkontinenz durchgeführt? (☞ 8.4.2)
27. Was versteht man unter „Blasentraining"? (☞ 8.4.2)
28. Welche Möglichkeiten gibt es, den Beckenboden zu trainieren? (☞ 8.4.2)
29. Welche Harninkontinenz-Hilfsmittel gibt es? (☞ 8.4.2)
30. Welche pflegetherapeutischen Maßnahmen zur Behandlung der Stuhlinkontinenz gibt es? (☞ 8.5.2)
31. Welche Ursachen kann eine Obstipation haben? (☞ 8.6.1)
32. Welche Maßnahmen sind bei einer Obstipation angezeigt? (☞ 8.6.2)
33. Wie wird ein Reinigungseinlauf durchgeführt? (☞ Tab. 8.75)
34. Welche Ursachen kann eine Diarrhoe haben und worin besteht die größte Gefahr für einen alten Menschen mit Diarrhoe? (☞ 8.7.1)
35. Welche Maßnahmen sind bei einer Diarrhoe angezeigt? (☞ 8.7.2)

9. Für ein gepflegtes Erscheinungsbild sorgen

9.1 Bedeutung und Einflussfaktoren

„Für ein gepflegtes Erscheinungsbild sorgen": Lebens- und Kompetenzbereich, der alle Selbstpflegeerfordernisse für die Körperpflege und Bekleidung umfasst.

Zur **Körperpflege** und **Bekleidung** gehören (☞ Abb. 9.1):

- Reinigung des Körpers durch Waschen, Duschen oder Baden sowie Mund- und Zahnpflege
- Pflege der Haut, z. B. mit Creme oder Lotion
- Haar-, Nagel- und speziell bei Männern Bartpflege bzw. Rasur
- Auswahl jahreszeitgemäßer Kleidung und das selbstständige Aus- und Ankleiden
- Evtl. das Anwenden von Duftwassern wie z. B. Parfüm, Eau de Toilette, Deodorant und Aftershave sowie die Verwendung von Schmuck und andere Accessoires.

Geschichte des Badens

Das erste luxuriöse Badezimmer befand sich um 1800 vor Christus im Palast von Mari in Mesopotamien. Es

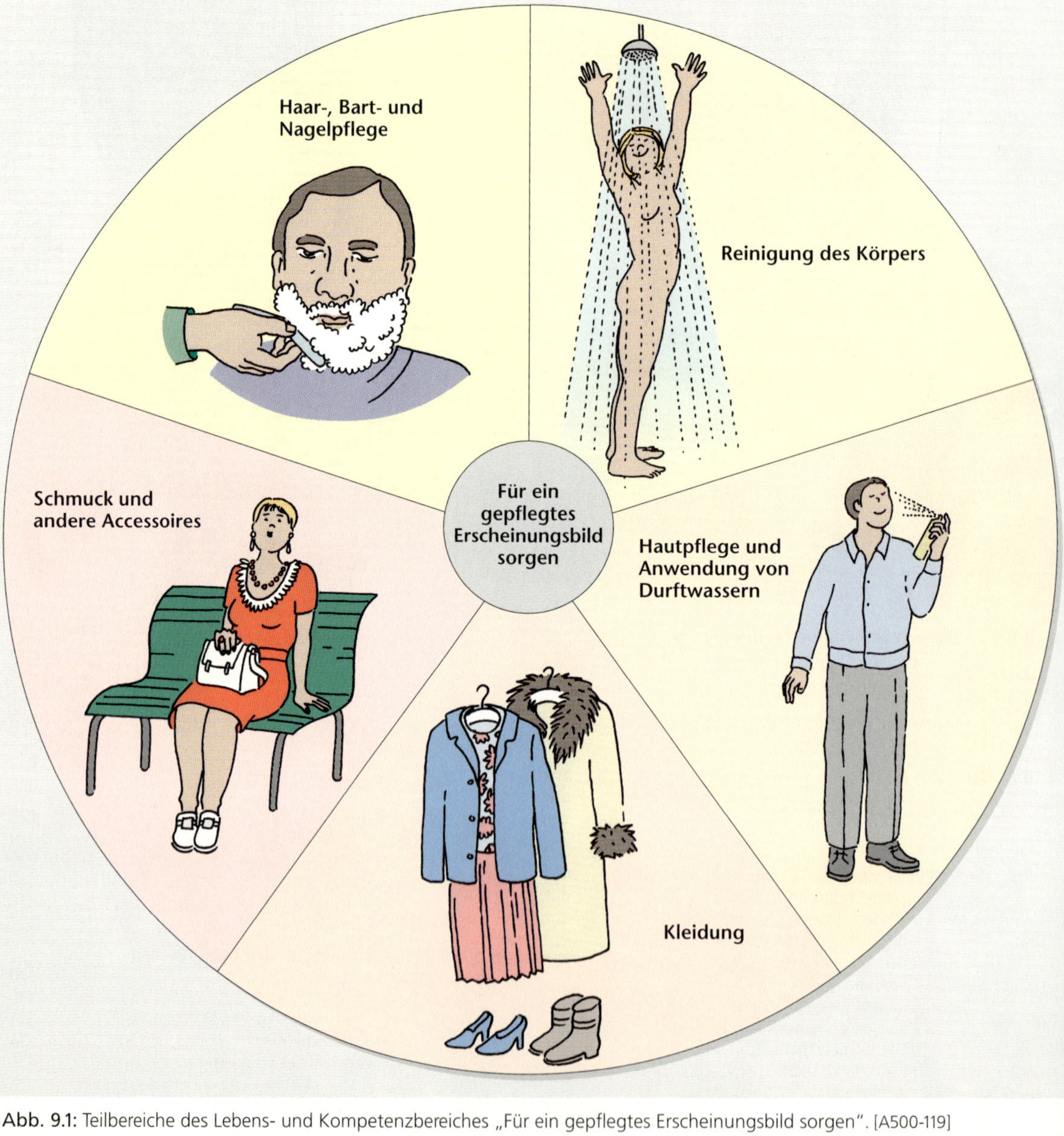

Abb. 9.1: Teilbereiche des Lebens- und Kompetenzbereiches „Für ein gepflegtes Erscheinungsbild sorgen". [A500-119]

war mit einem wasserdichten Fußboden, einer Heizung, einem Abfluss, einer Toilette und zwei Badewannen ausgestattet. Einen regelrechten Badeluxus entwickelten etwa 200 vor Christus die Römer. Sie betrieben private **Badehäuser** und öffentliche **Thermen,** die im Mittelpunkt des gesellschaftlichen Lebens standen. Man badete dort nicht nur in jeder gewünschten Wassertemperatur, sondern genoss auch Dampfbäder, vertrieb die Zeit mit Sport und Spiel, ruhte sich aus, aß oder trank.

☑ Das **Baden** bezweckt nicht nur die Reinigung des Körpers, sondern wurde immer schon mit Geselligkeit, Entspannung und Spaß verbunden.

In den folgenden Jahrhunderten gab es einen drastischen Wandel in der Badekultur. Da die Kirche sich gegen das Baden aussprach, blieb dieses Vergnügen meist nur kleinen Kindern vorbehalten. Im Mittelalter kamen die öffentlichen **Badestuben** in Mode. Doch durch dieses gesellige Beisammensein wurde die Verbreitung der Syphilis gefördert, worauf das öffentliche Badewesen um 1600 wieder eingestellt wurde.

Im 17. Jahrhundert hielt man das Waschen grundsätzlich für ungesund. Der Gebrauch von Parfüm sollte den Körpergeruch überdecken.

Mitte des 18. Jahrhunderts brachte der Philosoph *Jean-Jacques Rousseau* mit seinen Schriften Naturverbundenheit zum Ausdruck. Seiner Philosophie ist es zu verdanken, dass Ende des 18. Jahrhunderts das erste deutsche Seebad eröffnet wurde. Problematisch war jedoch die Frage der „Schicklichkeit." Frauen mussten in einem Badekarren zum Umziehen an den Strand gefahren werden und durften nur getrennt von den Männern planschen.

Die Entwicklung des Badewesens setzt sich bis in die heutige Zeit fort. Inzwischen gehören ausreichende sanitäre Bedingungen zur Standardausrüstung der meisten Haushalte. Der regelmäßige Besuch von so genannten Spaßbädern, das „Gesundschwitzen" in der Sauna und das in den letzten Jahren in Mode gekommene Tauchen gehören zu den beliebtesten Freizeitbeschäftigungen vieler Menschen.

Bedeutung der Körperpflege und Bekleidung

Seinen Körper sauber zu halten, ihn gründlich zu reinigen und seine Haut zu pflegen beugt Erkrankungen, insbesondere Hauterkrankungen, vor. Regelmäßige Hygiene hilft der Haut, voll funktionsfähig zu bleiben. Gleichzeitig kann die Übertragung von Erregern verhindert werden, wenn z. B. nach Kontakt mit infektiösen Ausscheidungen (Toilettengang) oder nach Kontakt mit anderen Menschen die Hände gründlich gewaschen werden.

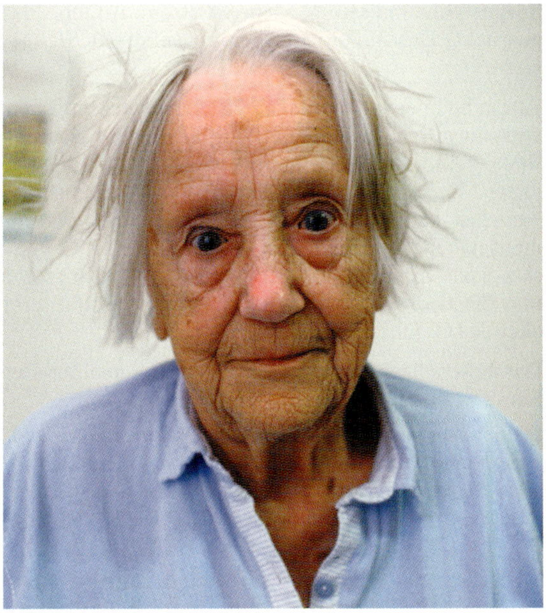

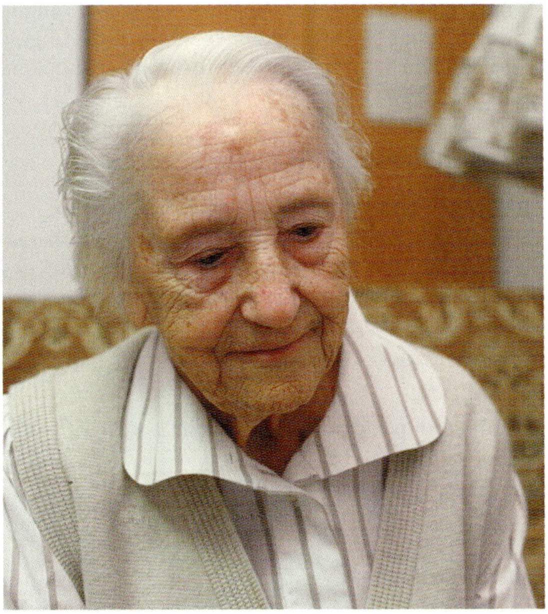

Abb. 9.2 und Abb. 9.3: Ungepflegte Menschen haben es schwerer als gepflegte, bei ihrem Gegenüber auf Anhieb Sympathie zu wecken. [W166]

Die Kleidung unterstützt die natürlichen Funktionen der Haut, indem sie vor Kälte, Hitze, Sonneneinstrahlung und Nässe schützt. Darüber hinaus verbirgt sie, was andere nicht sehen sollen. Damit wird noch eine andere als die gesunderhaltende Funktion von Körperpflege und Bekleidung angedeutet: Körperpflege und Kleidung sind Mittel der **nonverbalen Kommunikation** (☞ 12.4.2). Der Mensch macht mit seinem äußeren Erscheinungsbild Aussagen über seine innere Einstellung, seine Gruppenzugehörigkeit, seinen

Sozialstatus und sein Modebewusstsein. Anders ausgedrückt: Das äußere Erscheinungsbild hat *Signalcharakter.*

Schon beim ersten Kontakt zwischen zwei Menschen entsteht durch das Äußere **Antipathie** oder **Sympathie** (☞ Abb. 9.2, 9.3). Ein ungepflegter oder verwahrloster Mensch kann bei einem gepflegten Menschen zunächst das Bedürfnis auslösen, wegzusehen und nicht näher mit ihm in Kontakt zu treten. Im Gegensatz dazu vermittelt ein gepflegtes Erscheinungsbild und die dadurch entstehende positive Ausstrahlung eher das Gefühl der Sympathie.

Das äußere Erscheinungsbild wird vor allem über drei Sinne wahrgenommen:

- Über den **Seh-** und den **Geruchssinn,** z. B. registriert das Auge verschmutzte oder gepflegte Haut, Haare und Kleidung. Der Geruchssinn nimmt angenehme, aber auch unangenehme Gerüche wahr
- Über den **Tastsinn,** z. B. beim Wahrnehmen von weicher, glatter, faltiger, trockener, rauher, schuppiger oder rissiger Haut. So wird weiche und glatte Haut allgemein gerne berührt, wogegen ungepflegte Haut und krankheitsbedingte Störungen des Hautzustandes eher Berührungshemmungen erzeugen.

Gesundheits- und Krankheitsprozesse

Anatomisch-physiologische Grundlagen

Zu den **anatomisch-physiologischen Grundlagen** des Lebens- und Kompetenzbereiches „Für ein gepflegtes Erscheinungsbild sorgen" gehören Informationen über

- Funktionen der Haut
- Hauttypen
- Veränderungen der Hautoberfläche und ihres Spannungszustandes
- Haartyp, -farbe und -dichte
- Nägel.

Funktionen der Haut

Mit einer Fläche von 1,5–2 m^2 und einem Gewicht von 3,5–10 kg ist die Haut das größte Organ des Körpers. Sie hat mehrere **Funktionen** (☞ Abb. 9.4):

- **Trennwand** zwischen „Innenwelt" und „Außenwelt", die den Körper vor schädlichen Umwelteinflüssen wie Wärme, Kälte, Fremdstoffen und Krankheitserregern schützt
- **Schutzschild** („Knautschzone"), da sie zusammen mit darunter liegenden Gewebsschichten Druck und Stoß ausgleicht und darüber hinaus durch den Säureschutzmantel vor Bakterien schützt
- **Sinnesorgan,** das mit seinen diversen Tastkörperchen eine Verbindung zur Außenwelt darstellt (Tast-, Schmerz-, Temperatur-, Juck- und Kitzelreize)
- **Thermostat** (Regulatorfunktion), das über die Abgabe von Flüssigkeit in Form von Schweiß sowie durch Verengung und Erweiterung der Hautgefäße die Körpertemperatur reguliert. Darüber hinaus greift die Haut ausgleichend in den Wasserhaushalt ein, indem sie gewissermaßen als natürliche Barriere einem Wasserverlust entgegenwirkt und andererseits über Drüsensekrete Wasser und Salz abgibt.

> ☑ **Haut und Psyche**
> Wie groß die Bedeutung der Haut auch als psychische Abgrenzung von Außen- und Innenwelt ist, zeigen zahlreiche Redewendungen wie z. B. „vor Neid erblassen" oder „vor Scham erröten." Hier wird die Haut zum „Spiegel der Seele", indem sie psychische Zustände nach außen hin „verrät". Andere Sprichwörter verdeutlichen die Abgrenzungsfunktion noch bildhafter: Wer „ein dickes Fell hat" ist gegen feindliche Angriffe besser gewappnet, und nur emotionale Einflüsse, die „unter die Haut gehen", vermögen die natürliche Barriere zur inneren Gefühlswelt zu durchbrechen.

Hauttypen

Bei Erwachsenen werden **drei Hauttypen** voneinander unterschieden: die fettige, die trockene und die trocken-fettige (Misch-)Haut.

- Etwa 50 % der Bevölkerung haben durch eine vermehrte Produktion der Talgdrüsen eine **fettige Haut** *(seborrhoische Haut).* Häufig wird dieser Hauttyp von einer vermehrten Schweißproduktion und Hautunreinheiten (Pickel, Mitesser) begleitet. Die Haut ist feucht, dick, grobporig und glänzt
- Ca. 30 % der Erwachsenen haben durch eine verminderte Talgproduktion eine **trockene Haut** *(sebostatische Haut).* Die trockene Haut ist spröde, reißt leicht ein, kann schuppen und fühlt sich rauh an. Wegen der Verdünnung der Oberhaut und des Bindegewebes im Laufe des Alterungsprozesses neigen ältere Menschen häufig zu einer verminderten Talgsekretion und somit zu trockener Haut
- Bei etwa 20 % der Menschen ist die Haut der Gesichtsmitte fettig, die der Wangen trocken. Diese **trocken-fettige Haut** wird auch als *Mischhaut* bezeichnet.

> ☑ Sehr trockene Haut ist gegenüber Umwelteinflüssen besonders empfindlich. Trockenheitsfältchen zeigen sich schon in jüngeren Jahren als bei fettiger Haut.

Zusätzlich haben viele Menschen eine **empfindliche Haut:** Harmlose Reize, z. B. kalte, trockene Winterluft, bewirken Reaktionen wie Brennen und Rötungen.

Zwischen der **Hautstruktur** von Männern und

Abb. 9.4: Funktionen der Haut. [A400-116]

Frauen gibt es kleine Unterschiede: Bei Männern ist die Lederhaut dicker und die Haut besitzt mehr Talgdrüsen, d. h. die Poren sind größer. Im Gegensatz dazu ist bei Frauen das Gewebe besser gepolstert, in der Haut befinden sich mehr feine Hautgefäße. Deshalb erröten Frauen häufig leichter.

Hautfarbe

Die **Hautfarbe** des gesunden Mitteleuropäers ist blassrosa. Sie ist abhängig von der Pigmentierung, der Durchblutungsintensität, der Lage der Kapillargefäße und der Dicke der Epithelschicht.

Abweichungen von der normalen Hautfarbe:

- **Rötung** *(Hyperämie):* entsteht durch eine Gefäßweitstellung. Physiologische Ursachen sind z. B. Sport, Hitze, Anstrengung und Aufregung. Pathologische Ursachen sind Fieber, Verbrennungen 1. Grades, Entzündung und Hypertonie
- **Blässe** *(Hypoämie):* entsteht durch eine Gefäßengstellung. Physiologische Ursachen sind z. B. Schreck, Angst, Kälte. Pathologische Ursachen sind z. B. Blutung, Hypotonie, Schock, arterielle Durchblutungsstörungen, Anämie.
- **Gelbfärbung** *(Ikterus):* entsteht durch Ablagerung des Gallenfarbstoffes Bilirubin in Haut und Schleimhäuten und ist bei Erwachsenen immer pathologisch. Die Gelbfärbung wird zuerst an der Lederhaut der Augen (Sklerenikterus), später an der gesamten Haut des Körpers sichtbar. Ursachen sind Lebererkrankungen, z. B. Leberzirrhose, Hepatitis, Verschluss der Gallenwege oder eine Zerstörung der roten Blutkörperchen (Erythrozyten), z. B. bei der hämolytischen Anämie. Sieht die Verfärbung schmutziggelb aus, liegt die Ursache in einer vermehrten Einlagerung von Urochrom in der Haut. Bei gleichzeitiger Anämie ist dies ein typisches Zeichen für eine chronische Niereninsuffizienz *(Urämie)*.
- **Blaufärbung** *(Zyanose):* entsteht durch mangelnde Sauerstoffsättigung des Blutes. Sie wird verursacht durch Herz- und Lungenkrankheiten. Die ersten Zeichen mangelnder Sauerstoffsättigung treten an den Lippen (☞ Abb. 9.5), Fingernägeln und der Nasenspitze auf. Fahlbläuliche, marmorierte Haut findet sich bei verminderter Blutzirkulation, z. B. bei sterbenden alten Menschen.

Abb. 9.5: Lippenzyanose. [K157]

Pigmentveränderungen der Haut entstehen z. B. durch

- Einen angeborenen **Pigmentmangel** *(z. B. Albinismus)*. Auch einige Erkrankungen gehen mit einem Pigmentmangel einher. So kommt die **Vitiligo** mit ihrem typischen, gescheckten Hautbild (weiße, scharf begrenzte Flecken neben normal pigmentierter Haut) gelegentlich bei Diabetes mellitus oder Schilddrüsenfunktionsstörungen vor
- Eine Unterfunktion der Nebennieren (Morbus Addison), die infolge einer **Hyperpigmentierung** zur Bronzefärbung der Haut führt
- **Pigmentflecke** oder auch **Muttermale** *(Naevi)*. Muttermale sind umschriebene Hautbezirke, die hellbraun bis schwarz gefärbt sind und in oder über dem Hautniveau liegen. Sie sind meistens harmlos, können aber auch zum bösartigen Melanom (sog. „schwarzer Hautkrebs") entarten.

Vorsicht!

Melanomverdacht bei

- Asymmetrischem Pigmentfleck mit unscharfer, unregelmäßiger Begrenzung
- Veränderungen eines Pigmentfleckes wie Farbveränderungen, Juckreiz, Blutungen, Größenzunahme.

Oberflächenveränderungen der Haut

Die normale Haut ist elastisch, glatt, intakt und trocken. Mögliche **Hautveränderungen** werden in Tabelle 9.6 aufgeführt.

Veränderungen des Spannungszustandes der Haut

Je nachdem, ob der Flüssigkeitsgehalt der Haut erhöht oder erniedrigt ist, ändert sich ihr **Spannungszustand** *(Hautturgor)*.

Ein Mangel an Flüssigkeit führt zu einer **Dehydratation** (Flüssigkeitsdefizit, ☞ 7.4). Die Haut trocknet aus und verliert ihre Spannung. Im Pflegealltag wird diese Austrocknung häufig auch als Exsikkose bezeichnet, obwohl das nicht ganz korrekt ist, weil nur eine der drei Dehydrotationsformen (☞ 7.4) als Exsikkose bezeichnet werden darf.

Während bei normalem Hautturgor eine zwischen Daumen und Zeigefinger abgehobene Hautfalte sofort wieder verstreicht, bleibt sie bei einem Flüssigkeitsdefizit für einige Zeit bestehen (☞ Abb. 7.43). Weitere Zeichen einer Austrocknung sind

- Trockene Mund- und Zungenschleimhäute
- Verringerte Urinausscheidung
- Starker Durst.

Bei mangelnder Flüssigkeitszufuhr über einen längeren Zeitraum kann es durch den Anstieg harnpflichti-

Art der Hautveränderung	Beschreibung
Bläschen *(Vesicula)*	Erbsengroßer mit klarer Flüssigkeit gefüllter Hohlraum. Ist ein Bläschen mit Eiter gefüllt, heißt es Pustel
Erosion	Defekt der oberen Epidermisschicht
Geschwür *(Ulkus)*	Tieferer Gewebedefekt, z. B. Ulcus cruris
Druckgeschwür *(Dekubitus)*	(☞ 5.8)
Erythem	Entzündliche Rötung der Haut
Ekzem	Auftretende flächenhafte, juckende Erkrankung der Haut, beim endogenen Ekzem schubweise
Bluterguss *(Hämatom)*	„Blauer Fleck", der durch Blutaustritt ins Gewebe oder in vorgebildete Hohlräume entsteht
Intertrigo *(„Wolf")*	Wundsein der Haut infolge Reibung von aufeinander liegenden Hautstellen
Narbe *(Cicatrix)*	Endzustand der Wundheilung
Petechien	Kleinste punktförmige Hautblutungen
Quaddel *(Urtica)*	Vom Gefäßsystem ausgehendes, juckendes Reizödem. Ist die häufigste Form der Hautallergie
Schrunde *(Rhaghade)*	Mikrotraumatisch verursachter linearer Riss, der häufig bei entzündlich veränderter Haut in der Umgebung natürlicher Hautöffnungen, z. B. an den Mundwinkeln, auftritt
Schuppe *(Squama)*	Lamellenförmige Abschilferung der Hornhaut, z. B. bei Schuppenflechte
Spider naevus	Sternförmige arterielle Gefäßerweiterung, die bei Leberzirrhose auftritt
Striae	Zunächst weißliche, später bläuliche, narbenähnliche Streifen in der Haut durch Schädigung elastischer Fasern, z. B. bei schneller Gewichtszunahme (auch in der Schwangerschaft) oder durch erhöhten Glukokortikoidspiegel. Bevorzugt an Bauch, Hüften, Brust
Warze *(Verruca)*	Gutartige, infektiöse, scharf umschriebene und rundliche Epidermiswucherung, die durch Viren hervorgerufen wird

Tab. 9.6: Übersicht über verschiedene Hautveränderungen.

ger Substanzen im Blut zu einer Bewusstseinstrübung und akuter Verwirrtheit kommen.

Ursachen für eine Austrocknung sind große Flüssigkeitsverluste durch Erbrechen, Durchfall, Diuretika (Medikamente zur Ödemausschwemmung) und Mangelernährung. Neben kleinen Kindern sind insbesondere ältere Menschen gefährdet. Bei ihnen kommt erschwerend hinzu, dass sie häufig einfach vergessen zu trinken und ein im Alter nachlassendes Durstgefühl nicht rechtzeitig an die Flüssigkeitszufuhr erinnert.

☑ Der Spannungszustand der Haut ist abhängig vom Wasserbindungsgrad und dem Gehalt an elastischen Fasern und Fettgewebe.

Sammelt sich Wasser im Gewebe, schwillt es schmerzlos an, es bilden sich **Ödeme.** Nicht immer sind Ödeme auf den ersten Blick zu erkennen. Ein Fingerdruck auf die entsprechende Hautstelle hilft, auch wenig ausgeprägte Wasseransammlungen zu erkennen: Während gesunde Haut den Fingerdruck umgehend ausgleicht und die Haut sich sofort wieder glättet, bleibt bei ödematöser Haut eine Vertiefung zurück, die nur langsam verstreicht (☞ Abb. 9.7).

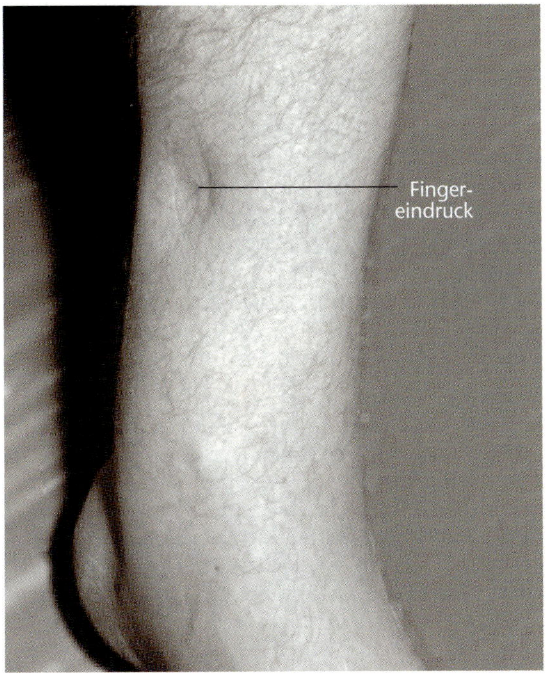

Abb. 9.7: Fingerabdruck bei einem Knöchelödem. [A400]

Ödeme haben sehr verschiedene Ursachen. Das **kardiale Ödem** ist ein Stauungsödem, das bei Herzinsuffizienz durch die verminderte Pumpleistung des Herzens auftritt. Bei einer Rechtsherzinsuffizienz finden sich die Ödeme bevorzugt am Fußrücken und Knöchel, bei Bettlägerigen in der Sakralgegend, da der Druck der Blutsäule dort am stärksten wirkt. Abends sind kardiale Ödeme am stärksten ausgeprägt. Bei der nächtlichen Kreislaufentlastung werden sie zum Teil rückresorbiert und ausgeschieden (Nykturie, ☞ 8.1). Im Unterschied zu den Ödemen bei einer Rechtsherzinsuffizienz sammelt sich bei einer Linksherzinsuffizienz das Wasser nicht im Haut- und Unterhautgewebe, sondern in der Lunge an, es entsteht ein **Lungenödem.**

Das **renale Ödem** entsteht durch erhöhten Gefäßdruck und Eiweißausscheidung im Urin *(Proteinurie).* Es tritt bei Nierenerkrankungen auf, z. B. bei einer Glomerulonephritis, die mit einer erhöhten Eiweißdurchlässigkeit der Glomeruli einhergehen. Durch den Eiweißmangel kann die Flüssigkeit im Blutgefäß nicht ausreichend gebunden und aus dem Gewebe nicht in die Kapillaren resorbiert werden. Renale Ödeme bilden sich bevorzugt in Regionen mit niedrigem Gewebsdruck, z. B. an Lidern, Hoden, Fußknöcheln und am Schienbein. Oft ist das ganze Gesicht teigig geschwollen und wirkt „aufgedunsen“.

Weitere Ödemformen sind:

- **Hepatogenes Ödem** *(Aszites, „Bauchwassersucht“),* z. B. bei Leberzirrhose. Auch hier fehlt das flüssigkeitsbindende Eiweiß im Blut, aber nicht wie beim renalen Ödem durch vermehrte Eiweißausscheidung, sondern durch eine verringerte Eiweißbildung in der Leber
- **Kachektisches Ödem:** entsteht ebenfalls durch Eiweißmangel bei Mangelernährung oder bei stark auszehrenden Erkrankungen wie z. B. beim Karzinom
- **Lymphödeme** entstehen durch einen Lymphstau bei Abflussbehinderungen oder Verlegung der Lymphwege. Typisches Beispiel dafür ist das Armödem nach operativer Entfernung eines Mammakarzinoms und der entsprechenden Lymphknoten
- **Allergisch bedingte Ödeme** entstehen durch eine erhöhte Durchlässigkeit der Gefäßwand
- Das **Myxödem** wird durch eine Schilddrüsenunterfunktion am ganzen Körper hervorgerufen.

Haare

Haare, insbesondere die Kopfhaare, haben eine schützende Funktion für die Kopfhaut. Sie mildern Verletzungen, sind ein „Puffer“ bei großen Temperaturschwankungen und verhindern, dass die unbedeckte Kopfhaut den schädlichen UV-Strahlen der Sonne ausgesetzt ist.

Darüber hinaus schmücken sie und sind markanter Punkt beim ersten Blickkontakt mit anderen Menschen. Haarfarbe, -schmuck und -frisur spiegeln in besonderem Maße Einflüsse der Mode und damit der Zeit wider.

Gesundes Haar ist (je nach individuellen Anlagen

mehr oder weniger) voll, elastisch und glänzend. Es werden verschiedene **Haartypen** unterschieden:

- **Fettiges Haar** entsteht durch eine starke Talgproduktion der Kopfhaut. Das Haar glänzt oft schon einige Stunden nach Haarwäsche wieder fettig und hängt strähnig herab. Fettiges Haar kann Veranlagung sein, aber auch durch Stress, Ernährungs- und Haarpflegefehler begünstigt werden
- **Trockenes Haar** ist eine Folge verminderter Talgproduktion. Es ist spröde und bricht leicht. Trockenes Haar kann Veranlagung sein, aber auch Folge von Pflege- und Ernährungsfehlern bzw. Symptom einer ernsten Erkrankung.

Werden die Haare durch häufige Dauerwellen, Färben oder falsche Haarpflege stark strapaziert, leidet die **Haarstruktur.** Die Haare werden spröde und brüchig, häufig spalten sich die Haarspitzen. Auch einseitige Ernährung, die z. B. zu einem Eisenmangel führt, oder eine Unterfunktion der Schilddrüse (Hypothyreose) schädigen die Haarstruktur. Durch gezielte Haarpflege können Pflegefehler relativ leicht wieder beseitigt werden. Haarprobleme, die durch Ernährungsfehler oder durch eine Krankheit hervorgerufen werden, lassen sich nur durch eine ursächliche Therapie behandeln.

☑ Gesundes Haar ist auf den ersten Blick zu erkennen. Es fällt weich, ist voller Sprungkraft und glänzt seidig. Krankes Haar dagegen ist matt und stumpf, hat häufig gespaltene Haarspitzen und bricht leicht.

Die **Haarfarbe** wird vom Melaningehalt der verhornten Zellen bestimmt. Eine verminderte Melaninproduktion und gleichzeitige Lufteinschlüsse im Haarschaft sind für die grauweiße Haarfarbe im Alter verantwortlich. Anlagebedingt kann die Ergrauung auch schon im frühen Erwachsenenalter einsetzen. Besonders frühzeitig sichtbar sind die „Silberfäden" bei vielen dunkelhaarigen Menschen.

Ein gesunder Erwachsener verliert täglich etwa 70–100 Haare. Dieser **physiologische Haarverlust** wird durch die normale tägliche Wachstumsgeschwindigkeit und durch den normalen Regenerationszyklus kompensiert. Chronische Erkrankungen wie z. B. eine Eisenmangelanämie, Hormonstörungen, Infektionskrankeiten, Medikamente (v. a. Zytostatika), Bestrahlungen, Erkrankungen der Kopfhaut und starker psychischer Stress können zu diffusem **Haarausfall** und im Extremfall zur Glatzenbildung *(Alopezie)*

Veränderung in der Form	**Ursachen**
Löffelnägel: Nagel ist an der freien Endigung nach oben gewölbt	Eisenmangel
Uhrglasnägel: Nagel in Längsrichtung übermäßig nach vorne gebogen	• Lungenfunktionsstörungen • In Zusammenhang mit Löffelnägeln bei Herzfehlern
Verdickung	Pilzerkrankungen
Querrillen	Infektionserkrankungen
Abgekaute Nägel	• Nervosität • Angst
Veränderung in der Farbe	**Ursachen**
Blasses bzw. bläuliches Gewebe	Mangelnde Durchblutung und Sauerstoffmangel, z. B. bei Anämie und Zyanose
Gelblich	• Pilzerkrankungen • Erkrankungen der Leber mit Ikterus
Blauschwarze Flecken unter dem Nagel	• Hämatom • Melanom
Bräunlich	Nikotineinwirkung bei Rauchern
Weiße Querstreifen auf dem Nagel	• Arsenvergiftung • Thalliumvergiftung
Veränderungen der Struktur	**Ursachen**
Spröde und brüchig	• Eisen- oder Kalziummangel • Vitaminmangel • Pilzerkrankungen • Schilddrüsenfunktionsstörungen
Eingewachsene Nägel (☞ Abb. 9.39)	• Seitliche Nagelrand drückt auf den Nagelfalz bei falsch geschnittenen Nägeln • Belastung der Zehennägel durch zu enge Schuhe
Panaritium (Nagelgeschwür)	Eitrige Entzündung im Nagelfalz unter dem Nagel infolge von kleinen Verletzungen, z. B. bei der Maniküre

Tab. 9.8: Übersicht über verschiedene Nagelveränderungen und ihre Ursachen.

führen. Haarausfall wird von den meisten Menschen als sehr belastend empfunden.

☑ Bei etwa 45 % der Männer nimmt die Haardichte durch genetisch bedingt erhöhte Empfindlichkeit der Haarwurzeln gegenüber Testosteron ab dem 40. Lebensjahr langsam, aber kontinuierlich ab. Meist beginnt der Haarausfall beidseitig im Schläfenbereich („Geheimratsecken“) und schreitet fort, bis nur noch ein hufeisenförmiger Haarkranz vorhanden ist. Eine Therapie ist nicht unbedingt nötig. Bei Therapiewunsch zieht sich die Behandlung über Jahre hin und ist oft wenig erfolgreich.

Nägel

Nägel sind von der Epidermis gebildete Hornplatten auf den Finger- und Zehenkuppen. Sie schützen das unter dem Nagel befindliche Gewebe, das für den Tastsinn sehr sensibel und somit besonders schmerzempfindlich ist. Im Normalfall ist der Nagel elastisch, quer gewölbt und durchsichtig. Veränderungen können in Form, Farbe und Struktur auftreten (☞ Tab. 9.8).

Literaturtipp
Altenpflege konkret: Gesundheits- und Krankheitslehre. Urban und Fischer Verlag, München 1999.

Krankheitsprozesse als Einflussfaktoren

Jeder Mensch entwickelt bei seiner Sorge um das äußere Erscheinungsbild im Laufe seines Lebens vielfältige Gewohnheiten, Vorlieben und Rituale. Der gesunde Mensch kann sich überlegen, wie, wann, womit und wo er die Körperpflege durchführt, z. B. ob er badet, duscht oder sich am Waschbecken wäscht, und wie, wann, was und wo er sich ankleidet.

Viele Erkrankungen und Behinderungen können die Selbstpflegefähigkeiten im Lebens- und Kompetenzbereich „Für ein gepflegtes Erscheinungsbild sorgen“ einschränken, z. B. Erkrankungen mit

- Verlust der **Steh- und Gehfähigkeit.** Körperpflege und das Aus- und Ankleiden können nicht mehr selbstständig, sondern nur mit Unterstützung durchgeführt werden
- Störungen der **Beweglichkeit und Feinmotorik.** Bewegungen, die ein Gesunder ohne Nachdenken automatisch erledigt, werden zum Problem, z. B. Schleifenbinden an den Schuhen oder das Öffnen und Schließen von Knöpfen
- Ausgeprägten **Sehstörungen,** so dass nicht überprüft werden kann, ob das äußere Erscheinungsbild gepflegt und angemessen ist
- **Harn- und Stuhlinkontinenz** (☞ 8.4, 8.5). Möglicherweise muss mehrfach täglich die Kleidung gewechselt und, ebenso wie auch die entsprechenden Körperregionen, gewaschen werden. Alte Menschen, die zu Hause leben, können damit überfordert sein. Außerdem sind sie es häufig nicht gewohnt, sich mehrfach täglich umzuziehen und sich häufiger als einmal täglich zu waschen.

Abb. 9.9: Jeder Mensch hat ganz individuelle Gewohnheiten, wo und wie er am liebsten seine Körperpflege ausübt. [J666]

Auch **seelische Krisen,** z. B. Verzweiflung oder Trauer, und **psychiatrische Erkrankungen** wie Depression oder Demenz verursachen eine Gleichgültigkeit gegenüber dem eigenen Erscheinungsbild. Dann ist es besonders wichtig, darauf zu achten, dass sich der Pflegebedürftige pflegt und hübsch kleidet. Denn so, wie sich die innere Befindlichkeit im äußeren Erscheinungsbild widerspiegelt, so wirkt sich auch ein angenehmes Äußeres positiv auf das innere Wohlbefinden aus.

Lebensspanne

Die Bedeutung von Körperpflege und Bekleidung im Lebensverlauf ist überwiegend abhängig von der Reife und Unabhängigkeit des Menschen und seiner beruflichen Tätigkeit.

Kindheit

Bei der Sorge um Körperpflege und Bekleidung ist ein Kind noch völlig abhängig. Es achtet kaum auf das äußere Erscheinungsbild, sei es bei der Reinigung des

Abb. 9.10: Kinder müssen erst lernen, sich den Umweltbedingungen entsprechend zu kleiden. [O148]

Körpers oder auch der Auswahl passender Kleidung (☞ Abb. 9.10). Daher gehört es zu den Aufgaben der Eltern, dafür zu sorgen, dass der Körper gepflegt und die Kleidung regelmäßig gewechselt wird, die Kleidungsstücke zueinander passen und dem Wetter entsprechen. Bei normaler Entwicklung wird im Laufe der Kindheit die vollständige Unabhängigkeit erreicht, die bis ins hohe Alter anhält und nur durch Krankheit und Behinderungen eingeschränkt wird.

Einflüsse durch das Berufsleben

Körperpflege und die Auswahl der Kleidung unterliegen im Laufe des Lebens wechselnden Anforderungen. Abgesehen von den klimatischen Bedingungen beeinflusst im Erwachsenenalter vor allem der **Beruf** die Körperpflege und die Auswahl der Kleidung. Ein Handwerker kleidet sich entsprechend zweckmäßig und anders als jemand, dessen Kleidung durch die Arbeit kaum in Mitleidenschaft gezogen wird, wie z. B. bei einem Büroangestellten. Aus einem über viele Jahre oder Jahrzehnte ausgeübten Beruf ergeben sich häufig auch Gewohnheiten bei der Körperpflege. Wer wegen seiner körperlich schweren und schmutzigen Arbeit grundsätzlich erst nach der Arbeit geduscht, gebadet oder sich gründlich gewaschen und saubere Kleidung angezogen hat, bevorzugt aus Gewohnheit auch nach seiner Berufstätigkeit die „Katzenwäsche“ am Morgen und die gründliche Körperpflege am Abend. „Kopfarbeiter“ möchten dagegen vielleicht nur jeden zweiten Tag duschen oder noch seltener baden und begnügen sich ansonsten mit einer „Katzenwäsche“.

Solche und andere Gewohnheiten können sich jedoch mit dem Berufsausstieg und dem Beginn des **Ruhestandes** verändern. Ältere pflegebedürftige Menschen fragen häufig: „Was soll denn das tägliche (gründliche) Waschen oder Duschen und Wechseln der Kleidung? Ich arbeite doch gar nicht mehr.“

Rollen- und generationsspezifische Gewohnheiten

Persönliche Vorlieben, individuelle Anforderungen sowie der eigene Geschmack sind – durch Modeströmungen beeinflusst – sowohl bei der jungen, als auch bei der älteren Generation ausschlaggebend für die Art und Weise von Körperpflege und Kleidung. Darin unterscheiden sich Junge und Alte kaum. Einige **Gewohnheiten** sind jedoch vor allem typisch für die heute ältere Generation.

Hinsichtlich der **Körperpflege** sind es viele Ältere noch gewohnt, sich täglich am Waschbecken zu waschen und am Samstag zu baden. Noch immer gibt es in vielen Badezimmern keine Dusche, insbesondere

Abb. 9.11: Alter Herr in Sonntagskleidung. [K157/W166]

dann, wenn ältere Menschen schon seit 50 und mehr Jahren in ihren Wohnungen leben. Daher ist regelmäßiges Duschen vielen nicht vertraut.

Die **Kleidung** wird von den heute Älteren meist in „Alltags- und Sonntagskleidung" unterschieden:

- Zur **Sonntagskleidung** gehört das schöne Kleid mit der passenden Handtasche bzw. der gute Anzug mit dem weißen Hemd, der Krawatte und einem entsprechendem Hut. Diese Kleidung wird nur am Sonntag oder zu Festen und besonderen Anlässen getragen (☞ Abb. 9.11)
- Zur **Alltagskleidung** gehört bei Männern meist das Arbeitshemd und die Arbeitshose aus einem groben, haltbaren Stoff. Frauen sind es meist gewohnt, einen Alltagsrock oder ein Trägerkleid mit einer Bluse oder einem Pullover und einer Schürze zu tragen, um die Kleidung vor Verschmutzungen zu schützen.

Ältere Frauen mögen und tragen nur sehr selten Hosen. Vor etwa hundert Jahren herrschte noch der Glaube, dass Frauen, die Hosen tragen, der Untergang des Abendlandes seien. Allmählich ändert sich diese Einstellung, da viele ältere Frauen die Vorteile der Hose erkannt haben.

Bei den Kleiderstoffen werden eher zarte bzw. dunklere Farben bevorzugt, grelle Farben mit großen Mustern sind nach Meinung der Älteren eher den jungen Menschen vorbehalten.

☑ In der Regel waschen und wechseln ältere Menschen ihre Kleidung nicht so häufig wie jüngere. Um sie zu schonen, wird Lüften und Ausbürsten bevorzugt.

Hautveränderungen im Alter

Dass sich die Haut im Laufe des Lebens verändert, dass sie im Alter trockener, faltiger und „fleckiger", also weniger ebenmäßig, wird, hat keinen Krankheitswert. Die Altersveränderungen (☞ Tab. 9.12) führen aber dazu, dass die Haut empfindlicher auf Umwelteinflüsse reagiert, verletzbarer und krankheitsanfälliger wird. Deshalb haben regelmäßige Pflege und Beobachtung der Haut bei alten Menschen einen besonderen Stellenwert und helfen, Krankheiten vorzubeugen.

Ein häufiges Hautproblem bei älteren Menschen ist der **Altersjuckreiz** *(Pruritus senilis)*. Werden keine organischen Ursachen für den Juckreiz gefunden, z. B. ein Ikterus bei Lebererkrankungen, verursacht vermutlich die Trockenheit der Altershaut den Juckreiz. Auch psychische Komponenten spielen möglicherweise eine Rolle: Evtl. werden mangelnde Streicheleinheiten durch Berührung und vorsichtiges Kratzen der juckenden Haut unbewusst „erzwungen". Lindernd können Juckreiz stillende Waschungen (☞ 9.4.2) und gute Pflege der trockenen Haut sein.

Hautstruktur	Beschreibung	Folgen
Oberhaut (Epidermis)	• Langsamere Zellenneubildung, dünnere Oberhaut • Enthält weniger Melanozyten, die das UV-Licht schützende Melanin bilden • Unregelmäßige Anhäufung von Farbpigmenten in der Haut, sog. Altersflecken	• Höhere Verletzbarkeit • Schuppen • gesteigerte Empfindlichkeit gegenüber ultravioletten Strahlen • Langsamere Wundheilung
Lederhaut (Korium)	• Verringerter Kollagen- und Elastingehalt • Verbindung zur Epidermis weniger fest	• Geringere Elastizität und Festigkeit der Haut, dadurch größere Verletzungsgefahr v. a. bei Reißen und Ziehen • Faltenbildung
Unterhaut (Subkutis)	Dünnere Fettschicht	• Verringerte Wärmeisolation des Körpers • Erhöhte Verletzungsgefahr
Talgdrüsen	• Geringere Anzahl • Reduzierte Aktivität	• Trockenheit der Haut • Risse, Schuppen • Juckreiz • Sprödes und brüchiges Haar
Schweißdrüsen	• Geringere Anzahl • Reduzierte Aktivität	• Verringertes thermisches Regulationsvermögen • Trockenheit der Haut • Weniger intakter Säureschutzmantel, dadurch verringerte Keimabwehr auf der Hautoberfläche und erhöhte Infektionsgefährdung
Haar	• Ergrauen durch Melaninmangel • Haare weniger dicht, Glatzenbildung v. a. bei Männern • Stärkere Gesichtsbehaarung bei Frauen	Erhöhte Empfindlichkeit der Kopfhaut gegenüber UV-Strahlen und Hitze
Nägel	• Verringerter Wuchs • Unregelmäßige Dicke	Erhöhte Verletzungs- und Entzündungsgefahr der Nagelumgebung

Tab. 9.12: Veränderungen der Haut und deren Auswirkungen im natürlichen Alterungsprozess.

Abb. 9.13: Piercing, hier ein Nasenring, ist eine Modeerscheinung der heute jungen Generation. [K157]

Lebenswelt

Einstellung zur Körperpflege und zum äußeren Erscheinungsbild

Die Einstellung zur **Körperpflege** kann ganz unterschiedlich sein:

- Für die einen ist es ein Genuss, sich zu waschen und zu pflegen. Nach einem anstrengenden Tag belohnen sie sich beispielsweise mit einem Vollbad und genießen über den Reinigungszweck hinaus Wärme, Ruhe und Entspannung
- Für andere ist die Körperpflege ein notwendiges Übel. Sie verschwenden keine Zeit im Bad und waschen sich so schnell wie möglich. Einfluss nehmen hier noch die früheren Waschgewohnheiten, bei denen man sich den „Luxus" des Bades nur einmal in der Woche, meist am Samstag, gegönnt hat, wenn der Badeofen befeuert wurde.

Eines haben jedoch fast alle Menschen gemeinsam: Sie möchten sich waschen, um nicht schlecht zu riechen.

Auch die Einstellung zum äußeren **Erscheinungsbild** kann differieren: Einigen Menschen bedeutet modisches und gepflegtes Aussehen zeitlebens sehr viel, manch einer schöpft daraus sogar einen großen Teil seines Selbstbewusstseins. Für andere Menschen wiederum sind Lebensbereiche wichtiger, bei denen das Modebewusstsein kaum eine Rolle spielt. Die Kleidung muss vor allem praktisch und bequem, die Frisur schlicht sein. Auch das Tragen von Schmuck oder anderen Accessoires und das Benutzen eines Duftwassers, z. B. Parfüm, Aftershave, Deodorant, kann für den einen sehr wichtig, für den anderen eher überflüssig und reine Geldverschwendung sein.

Wirtschaftliche Lebensverhältnisse

Die **wirtschaftlichen Lebensverhältnisse** eines Menschen drücken sich unter anderem auch durch die Art sich zu kleiden aus. Kleidung wird zum Statussymbol, wenn mit ihr etwas nach außen demonstriert werden soll, z. B. Reichtum oder Zugehörigkeit zu einer bestimmten Personengruppe.

Wer ein geringeres Einkommen hat, muss in Anzahl und Qualität von Kleidung, Schmuck und anderen Accessoires deutliche Abstriche machen. Anstelle von teurem, echtem Schmuck wird Modeschmuck getragen, statt einem erlesenen Parfum wird preiswertes Eau de Toilette benutzt.

Kulturelle Aspekte

Kulturelle Aspekte drücken sich nicht nur in geistigen und künstlerischen Lebensäußerungen aus. Auch über die Kleidung und z. B. die Frisur oder den Schmuck zeigen bei uns vor allem junge Menschen ihre Zugehörigkeit zu einer bestimmten sozio-kulturellen Gruppe (☞ Abb. 9.13). Manche heute älteren Menschen haben dafür nur wenig Verständnis, andere erfreuen sich an der bunten Vielfalt. Im Laufe des Erwachsenseins – wohl auch durch den Eintritt in das Berufsleben bedingt – „normalisiert" sich das äußere Erscheinungsbild dann fast immer.

In manchen Kulturkreisen werden bestimmte Kleidungsstücke getragen bzw. herrschen bestimmte Kleidungsvorschriften. So ist es bei uns z. B. noch üblich, dass nur Frauen einen Rock tragen. Im Gegensatz dazu ist in Schottland der sogenannte Kilt oder Schottenrock ein auch im Alltag übliches Kleidungsstück für den Mann.

Religiöse Aspekte

Auch **religiöse Aspekte** nehmen Einfluss auf das äußere Erscheinungsbild eines Menschen. Frauen beispielsweise, die dem Islam angehören, müssen ihre Haare und den Körper maximal mit Kleidung, z. B. durch lange Röcke, Mäntel, Kopftuch oder Schleier, bedecken, sobald sie aus dem Haus gehen, damit kein fremder Mann die Haare und die Schönheit der Frau sieht.

> Es ist wenig sinnvoll, einem alten Menschen religiöse Verpflichtungen bezüglich seines äußeren Erscheinungsbildes als „unsinnig" auszureden. Wird er dagegen so akzeptiert, wie er ist und in der Ausübung seines Glaubens unterstützt, fühlt er sich angenommen und in seiner Ganzheit verstanden.

Räumliche Umgebung

Die **räumliche Umgebung** beeinflusst die Selbstständigkeit bei der Körperpflege in besonderem Maße. Zum einen spielt die **bauliche Ausstattung** der Wohnung (z. B. Badezimmer, Badewanne oder Dusche, fließend warmes Wasser) eine große Rolle. Wer sich ein Leben lang am Ausguss in der Küche mit kaltem Wasser gewaschen hat, für den wird die Körperpflege mit zunehmendem Alter und bei körperlichen Einschränkungen und Behinderungen immer mühsamer. „Behindernde" Wohnverhältnisse können zur Unselbstständigkeit bei der Körperpflege, eine behindertengerechte Gestaltung der Wohnung **(Wohnraumanpassung)** dagegen zu Selbstständigkeit und unabhängiger Lebensführung beitragen und so ermöglichen, dass ein alter Mensch trotz körperlicher Einschränkungen lange in seinen „eigenen vier Wänden" bleiben kann.

Bei einer **Einweisung ins Krankenhaus** können eigene Gewohnheiten und Rituale bei der Körperpflege oder Bekleidung kaum berücksichtigt werden. Individuelle Bedürfnisse müssen sich dem Ablauf von medizinischer Diagnostik und Therapie unterordnen. Erschwerend kommt hinzu, dass das Zimmer meist mit anderen geteilt bzw. die Körperpflege sowie das Aus- und Ankleiden durch Pflegekräfte übernommen werden muss. Auf das Schamgefühl kann dann nur bedingt Rücksicht genommen werden.

Das **Wetter** macht eine bestimmte Körperpflege und Kleiderauswahl notwendig. Durch die bei uns wechselnden Jahreszeiten mit den damit verbundenen Temperaturschwankungen müssen Hautpflege und Kleidung den jeweiligen Außentemperaturen und Witterungseinflüssen angepasst werden, um vor Erkältungskrankheiten zu schützen. Normalerweise sind gesunde Menschen, auch ältere, so daran gewöhnt, dass sie darüber nicht groß nachzudenken brauchen.

☑ Zum Gesundheitsproblem können jahreszeitliche Klimaschwankungen für **Verwirrte,** z. B. Demenzkranke, werden. Durch Verlust der zeitlichen Orientierung sind sie nicht in der Lage, für eine angemessene schützende Bekleidung zu sorgen. Immer wieder kommt es vor, dass Verwirrte beispielsweise im Winter das Haus nur mit einem dünnen Pullover bekleidet verlassen und sich eine schwere Erkältung zuziehen, die unter Umständen tödlich endet (☞ 5.9).

Diagnostik und Therapie anderer Gesundheitsfachberufe

Durch die **ärztliche Diagnostik und Therapie** können, vorübergehend oder auch dauerhaft, Selbstversorgungsdefizite bei der Sorge um ein gepflegtes Erscheinungsbild entstehen, z. B. wenn

- Die ÄrztIn Bettruhe anordnet
- Ruhigstellung oder Gelenkfixierungen, z. B. durch Gips oder Schiene, erforderlich sind
- Ein Blasenverweilkatheter die Intimpflege oder das Aus- und Ankleiden erschwert und das Kaschieren des Harnableitungssystems erfordert.

Eine Vielfalt anderer Berufe, nicht alle verstehen sich als Gesundheitsfachberufe, bezwecken ebenfalls das Wohlbefinden des Menschen und können bei einem Pflegebedürftigen die Sorge um das äußere Erscheinungsbild unterstützen. Sie stellen damit eine Ressource für die Pflege dar:

- **ErgotherapeutInnen** unterstützen die Pflege, indem sie, meist ein oder zweimal wöchentlich, Wasch- und Anziehtraining (☞ 9.5.2) durchführen
- **FußpflegerInnen** kümmern sich vielfach nicht nur um die Pediküre, sondern ebenso um die Maniküre. Die ihnen zur Verfügung stehenden Instrumente und eine entsprechende Ausbildung ermöglichen eine schonende Pflege der Füße, wodurch die Gefahr der Verletzungen vermindert wird
- **FriseurInnen** waschen, schneidern und frisieren die Haare. Viele der heute älteren Frauen sind es z. B. gewohnt, einmal wöchentlich oder alle 14 Tage ihre Haare vom Friseur waschen und frisieren zu lassen (☞ Abb. 9.14)
- Einige ältere Frauen sind auch den Besuch von **KosmetikerInnen** gewohnt, welche für eine individuelle Gesichtspflege und damit ein gepflegtes Erscheinungsbild sorgen.

Konsequenzen für die AltenpflegerIn

Die Sorge um ein gepflegtes Erscheinungsbild ist für jeden Menschen ein individuelles und insbesondere sehr intimes Geschehen, das sowohl hilft, Krankheiten zu vermeiden als auch erheblich zum Wohlbefinden beiträgt. Deshalb

- Pflegemethoden nicht schematisch anwenden, sondern entsprechend den individuellen Bedürfnissen und Gewohnheiten auswählen. Dazu sind Informationen über den Pflegebedürftigen (Pflegediagnostik) und eine individuelle Pflegeplanung unter Einbeziehung aller Ressourcen unabdingbar

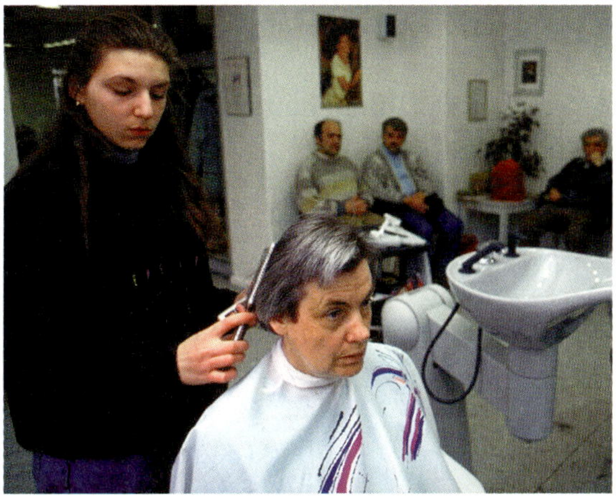

Abb. 9.14: Für ältere Frauen ist der wöchentliche Gang zum Friseur nicht nur ein notwendiges Pflegeritual, hier werden ständig Neuigkeiten ausgetauscht. Ein Friseursalon kann so auch zu einem wichtigen Ort für soziale Kontakte werden. [K157]

- Die Körperpflege, die Auswahl der Bekleidung sowie das Aus- und Ankleiden den aktuellen Bedürfnissen anpassen und in den gewohnten Tagesablauf des alten Menschen integrieren
- Schamgefühle des Pflegebedürftigen respektieren und die Menschenwürde auch dann nicht verletzen, wenn die Körperpflege vollständig übernommen werden muss.

Das äußere Erscheinungsbild ist auch „Geschmackssache". Welche Farbkombination der Kleidung beispielsweise der eine als äußerst schick und modisch empfindet, ist für den anderen eher hässlich und geschmacklos. Tolerant sein bedeutet auch, seinen eigenen Geschmack nicht als „das Maß aller Dinge" zu betrachten und von einem vermeintlich „schlechten Geschmack" eines anderen Menschen auf seine Persönlichkeit zu schließen.

9.2 Der Weg zur Pflegediagnose

Durchsicht der Unterlagen

- Liegen medizinische Diagnosen und Symptome vor, welche die Sorge um ein gepflegtes Erscheinungsbild beeinflussen können, z. B. Frakturen, Lähmungen, dekompensierte oder schwere Herzinsuffizienz, Immobilität, Sehstörungen, Inkontinenz, Demenz oder Depression?
- Werden medizinische Therapien durchgeführt, welche die Sorge um ein gepflegtes Erscheinungsbild beeinflussen können, z. B. Bettruhe, Ruhigstellung?
- Sind Selbstversorgungsdefizite bei der Körperpflege oder beim Aus- und Ankleiden bereits bekannt?
- Sind FußpflegerIn, FriseurIn, KosmetikerIn bekannt?
- Sind ErgotherapeutInnen an der Therapie beteiligt?

Befragung des Pflegebedürftigen oder der Angehörigen

Probleme, Ressourcen

- Können Sie die Körperpflege selbstständig durchführen? Wenn nein, wobei brauchen Sie Unterstützung?
- Können Sie sich selbstständig an- und auskleiden? Wenn nein, wobei brauchen Sie Unterstützung?
- Haben Sie Probleme mit Ihrer Haut? Wenn ja, waren Sie damit bereits beim Arzt? Was haben Sie bisher dagegen getan?
- Reagieren Sie auf Kosmetika, Reinigungs- oder Hautpflegemittel allergisch?
- Besitzen Sie Hilfsmittel bzw. Prothesen? Wenn ja, welche? Benötigen Sie Hilfe bei der Versorgung der Prothese bzw. des Hilfsmittels?

Abb. 9.15: Diese Frau trauert um ihren Mann und möchte – anders als es ihren sonstigen Gewohnheiten entspricht – für ein Jahr ausschließlich schwarze oder zumindest dunkle Kleidung tragen, um ihrer Trauer Ausdruck zu verleihen. [K157/W166]

- Bei Zahnprothesen: Haben Sie eine Voll- oder Teilprothese? Befinden sich eigene Zähne im Unter- oder Oberkiefer?

Gewohnheiten und Erfahrungen

- Welche Maßnahmen der Körperpflege führen Sie gewöhnlich wann (Uhrzeit) und wie häufig durch, z. B. Duschen, Baden, Ganzkörperwaschung am Waschbecken, Teilwaschungen?
- Mögen Sie die Wassertemperatur gewöhnlich eher heiß, warm oder kühler?
- Haben Sie bestimmte Reinigungs- und Pflegemittel, Parfüm, Deo und Aftershave, die Sie bevorzugen? Wenn ja, welche?
- Wie häufig waschen Sie gewöhnlich Ihre Haare? Wie häufig gehen Sie zur FriseurIn? Haben Sie eine bestimmte FriseurIn?
- Gehen Sie regelmäßig zur Fußpflege oder zur KosmetikerIn? Haben Sie eine bestimmte FußpflegerIn bzw. KosmetikerIn?
- Bei Frauen: Neigen Sie zu einem Damenbart?
- Wie haben Sie sich bisher rasiert (nass, trocken)?
- Welche Kleidung tragen Sie bevorzugt? Wie häufig wechseln sie gewöhnlich Ihre Kleidung?

- Tragen Sie besondere Kleidungsstücke, z. B. Korsett, Kompressionsstrümpfe, oder haben Sie Schmuck oder andere Accessoires, welche Sie bevorzugt tragen?
- Verwenden Sie Hilfsmittel beim Aus- und Ankleiden? Wenn ja, welche?

Wenn Sie den Wert Ihres äußeren Erscheinungsbildes für sich persönlich auf einer Skala von 1 bis 4 bestimmen würden – wie würden Sie sich einstufen:

- Mir ist das äußere Erscheinungsbild sehr wichtig (1)
- Mir ist das äußere Erscheinungsbild nur mäßig wichtig (2)
- Mir ist das äußere Erscheinungsbild nicht so wichtig (3)
- Mir ist das äußere Erscheinungsbild gar nicht wichtig (4).

Aktuelle Bedürfnisse

Haben Sie zur Zeit Wünsche bezüglich der Körperpflege und der Bekleidung, die von Ihren Gewohnheiten abweichen (☞ Abb. 9.15)?

Beobachtung

Einzuschätzen, ob ein Pflegebedürftiger sich pflegt und angemessen kleidet, bedarf einer mehrtägigen, diskreten Beobachtung. Dabei ist Fingerspitzengefühl gefragt. Einem alten Menschen die Jacke aufzuknöpfen und „wohlwissend" zu fragen: „Na, haben wir wieder seit 3 Tagen dasselbe Hemd an?" zeugt von wenig Einfühlungsvermögen und ist verletzend. Wenn ein Pflegebedürftiger auf derart unsensible Weise auf seinen Unabhängigkeitsverlust aufmerksam gemacht wird, reagiert er häufig mit Trauer, Verzweiflung, depressiven Verstimmungen, Wut und Aggressionen.

Besonders zu beobachten sind Pflegebedürftige,

- Die verwirrt sind und an Orientierungs-, Merkfähigkeits- und Denkstörungen leiden, z. B. Demente
- Die depressiv sind
- Mit eingeschränkter Beweglichkeit, z. B. durch Gelenkveränderungen bei Arthritis oder durch Schmerzen, sowie bei feinmotorischen Störungen, z. B. bei Morbus Parkinson
- Mit Sehstörungen
- Mit Harn- oder Stuhlinkontinenz.

Häufig lässt sich am ersten Tag noch nicht das korrekte Ausmaß des Pflegebedarfs bestimmen. Nach und nach können die Informationen an den folgenden Tagen durch aufmerksame Beobachtung ergänzt werden.

Beobachtung des Hauttyps

Der Hauttyp (☞ 9.1) kann mit Hilfe eines Gesichtsabdrucks zwei Stunden nach der Gesichtsreinigung an einem blank polierten Spiegel bestimmt werden.

Hauttyp	Spiegelabdruck
Fettig	Fettfleck
Trocken	Keine anhaltenden Fettspuren
Fettig-trocken	In der Gesichtsmitte (Kinn, Nase, Stirn) anhaltende Fettspuren

Tab. 9.16: Bestimmung des Hauttyps.

Gerade bei älteren Personen kann der Hauttyp an den verschiedenen Körperregionen sehr unterschiedlich sein. Häufig haben ältere Personen z. B. an den Extremitäten (besonders ausgeprägt an den Unterschenkeln) eine sehr trockene Haut, an anderen Körperregionen aber einen ganz normalen Hautzustand. Durch die Bestimmung des Hauttypes in unterschiedlichen Körperregionen wird vermieden, dass z. B. ein Pflegebedürftiger von Kopf bis Fuß mit entfettenden Produkten gepflegt wird, obwohl er zwar eine fettige Gesichtshaut, aber sehr trockene Haut an Armen und Beinen hat.

Beobachtung auf Hautveränderungen

Auf **Hautveränderungen** wird grundsätzlich bei allen Pflegebedürftigen geachtet, die ein Selbstversorgungsdefizit bei der Körperpflege haben oder über Veränderungen der Haut und Beschwerden klagen. Beobachtet werden (☞ 9.1)

- Hautfarbe
- Pigmentveränderungen
- Hautbeschaffenheit
- Spannungszustand
- Veränderungen der Haaranhangsgebilde wie Haare und Nägel.

9.3 Selbstversorgungsdefizit bei der Körperpflege

Selbstversorgungsdefizit bei der Körperpflege: eingeschränkte oder fehlende Fähigkeit, für die eigene Körperpflege zu sorgen.

9.3.1 Pflegediagnostik

Ursachen und Einflussfaktoren

Ursachen und **Einflussfaktoren** eines Selbstversorgungsdefizits bei der Körperpflege können vielfältig sein, z. B.:

- Eine nicht behindertengerechte Umgebung
- Beeinträchtigte körperliche Mobilität (☞ 6.3), Bettruhe oder Ruhigstellung
- Verminderte körperliche Belastungsfähigkeit
- Hochgradige Sehstörungen (☞ 4.4)
- Verwirrtheit (☞ 4.11)
- Depressionen

- Angst vor Stürzen (☞ 11.3)
- Medikamentennebenwirkungen, z. B. Beruhigungs- und Betäubungsmittel.

Anzeichen und Ausmaß

Anzeichen

Der Pflegebedürftige

- Äußert das Selbstversorgungsdefizit
- Kann aufgrund von Krankheitsprozessen oder der medizinischen Diagnostik und Therapie die Körperpflege nicht durchführen
- Sieht ungepflegt aus, hat evtl. Hautveränderungen
- Führt von sich aus die Körperpflege nicht durch.

Das **Ausmaß** der Pflege ist abhängig von den vorhandenen Ressourcen des Pflegebedürftigen. Es reicht von der Hilfe bei bestimmten Teilen der Körperpflege bis zur vollständigen Übernahme der Körperpflege.

Grad	Pflegebedarf
0: Selbstständig	Benötigt keine Hilfe
1: Teilweise selbstständig	• **1.1:** Benötigt Hilfsmittel und bzw. oder mehr Zeit • **1.2:** Benötigt Information, Beratung, Motivation
2: Teilweise unselbstständig	• **2.1:** Benötigt Anleitung, Beaufsichtigung, teilweise Übernahme durch eine Person im Bad • **2.2:** Benötigt Anleitung, Beaufsichtigung, teilweise Übernahme durch eine Person im Bett
3: Unselbstständig	• **3.1:** Benötigt vollständige Übernahme durch eine Person im Bad • **3.2:** Benötigt vollständige Übernahme durch eine Person im Bett

Tab. 9.17: Ausmaß des Pflegebedarfs.

Folgen

Folgen eines Selbstversorgungsdefizits bei der Körperpflege können ein ungepflegtes Äußeres bis hin zur Verwahrlosung, aber auch Infektionen und Hautschäden sein. Eine ungepflegte Person wird häufig aus der Gemeinschaft ausgeschlossen (Soziale Isolation, ☞ 12.4).

9.3.2 Pflegetherapeutische Maßnahmen

Oft wird ein Pflegebedürftiger routinemäßig „reinigend“ gewaschen. Damit wird zwar hygienischen Erfordernissen entsprochen, der wohltuende Anteil der Körperpflege geht allerdings verloren. Es gibt viele verschiedene Arten, die Körperpflege durchzuführen. Deshalb ist es sinnvoll, sich immer wieder zu vergegenwärtigen, welche Pflegeziele angestrebt werden und unter den pflegetherapeutischen Maßnahmen gezielt diejenigen auszusuchen, mit deren Hilfe die angestrebten Pflegeziele auch erreicht werden können (☞ Tab. 9.26).

Integration in den Tagesablauf

Die Körperpflege ist eine wichtige Tätigkeit im Arbeitsalltag der AltenpflegerIn und gleichzeitig ein markanter Punkt im Tagesablauf eines pflegebedürftigen Menschen. Die AltenpflegerIn kann diese Tätigkeit so schnell wie möglich durchführen, so dass alle alten Menschen bis zum Frühstück gewaschen sind, oder aber aktivierend pflegen und so dem Menschen **Hilfe zur Selbsthilfe** geben.

Auch wenn es in zahlreichen Einrichtungen so „üblich“ ist, es müssen nicht alle Pflegebedürftigen bis zum Frühstück gewaschen sein. Individuellen Bedürfnissen eines alten Menschen wird viel eher entsprochen, wenn die Körperpflege in seinen persönlichen **Tagesablauf** integriert wird. Es ist immer möglich, Ganzkörperwaschungen auch an nicht so arbeitsintensiven Zeiten, z. B. am Nachmittag, durchzuführen. Wird der Pflegebedürftige allerdings nachmittags gewaschen, sollten ihm morgens das Gesicht und die Hände gewaschen werden.

Das Pflegeziel einer Waschung legt auch die Tageszeit fest. Beispielsweise kann ein Reinigungsbad zu jeder Tageszeit durchgeführt werden, eine beruhigende Waschung (☞ 10.4.2) ist bei einem Pflegebedürftigen mit nächtlichen Einschlafstörungen nur abends sinnvoll.

Möglichkeit zum Gespräch

Besonders bei Zeitmangel bietet die Körperpflege für den Pflegebedürftigen und die AltenpflegerIn eine gute Gelegenheit für ein längeres **Gespräch.** Ängste, Probleme, Wünsche oder Beschwerden müssen nicht „auf Knopfdruck“ vorgetragen werden, sondern offenbaren sich im Laufe eines längeren Dialogs. Die Zeit der Körperpflege stumm und desinteressiert miteinander zu verbringen hieße, eine Möglichkeit zum Auf- und Ausbau einer vertrauensvollen Beziehung ungenutzt verstreichen zu lassen.

Einbruch in die Intimsphäre

Normalerweise ist die Körperpflege ein ganz intimer Vorgang, der nur allein oder höchstens in Gegenwart enger Angehöriger durchgeführt wird. Bei vielen alten Menschen ist aufgrund ihrer Lebensbiografie und Erziehung das Schamgefühl stärker ausgeprägt als bei den heute jungen Menschen. Wird ein alter Mensch pflegebedürftig, muss die Körperpflege zum Teil in Gegenwart anderer, völlig fremder Menschen durchgeführt oder sogar von anderen vollständig übernommen werden.

Um die **Intimsphäre** bei der Körperpflege trotz Pflegebedürftigkeit zu wahren, bei der Körperpflege

- Pflegebedürftigen vor unbeteiligten Blicken schützen, Dritte aus dem Zimmer bitten und Tür schließen

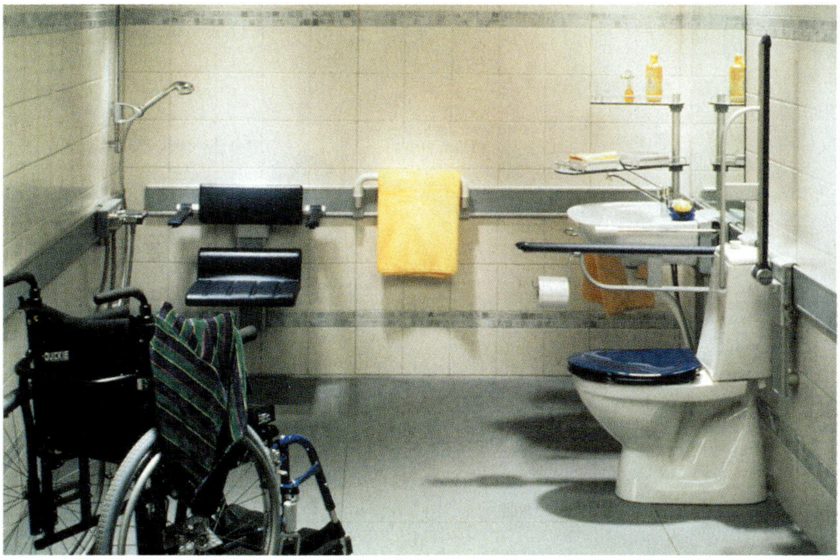
Abb. 9.18: Behindertengerechtes Bad. [V143]

- Sichtschutz aufstellen
- Möglichst Frauen von einer Altenpflegerin, Männern von einem Altenpfleger waschen lassen
- Berührung besonders intimer Körperregionen, vor allem Genitalbereich, vorher ankündigen.

Seinen Körper durch andere Menschen waschen und pflegen lassen zu müssen bedeutet einen massiven Einbruch in die Intimsphäre. Diese Verletzung kann von einem pflegebedürftigen Menschen eher akzeptiert und verkraftet werden, wenn sein Schamgefühl mit Einfühlungsvermögen respektiert wird.

Gestaltung der Umgebung

Bei der **Gestaltung der Umgebung** kommt, vor allem in der ambulanten Pflege, der AltenpflegerIn eine informierende und beratende Funktion, häufig gemeinsam mit dem Sanitätsfachhandel oder einer speziell für die behindertengerechte Wohnraumanpassung ausgebildeten SozialarbeiterIn zu. Darüber hinaus ist es manchmal notwendig, den Pflegebedürftigen im Umgang mit seiner umgestalteten Umgebung und den entsprechenden Hilfsmitteln anzuleiten.

Ein **behindertengerechtes Bad,** z. B. durch eine stufenlose Dusche, Haltegriffe, Dusch- und Badesitze (☞ Abb. 9.18, 9.19) ermöglicht mitunter, dass ein Pflegebedürftiger, der sich nicht mehr ohne Hilfe waschen und pflegen konnte, wieder selbstständig wird. Auch den Angehörigen oder der AltenpflegerIn erleichtern solche Umbaumaßnahmen die Arbeit erheblich. Pflegebedürftige können laut Pflegeversicherungsgesetz zur Zeit einen Kostenzuschuss in Höhe von bis zu DM 5 000 für Maßnahmen zur Wohnraumanpassung erhalten.

Selbst kleinere, preisgünstige Hilfsmittel können bereits die Selbstversorgungsdefizite auf ein Minimum reduzieren wie z. B. die Seife an einer Kordel oder ein leicht bedienbarer Seifenspender.

Viele ältere Menschen lehnen allerdings einen behindertengerechten Umbau ihrer Wohnung ab, oder aber ein Umbau ist nicht möglich. In diesen Fällen und bei Bettlägerigkeit muss improvisiert werden, z. B. wird das Wohn- oder Schlafzimmer zum Ort der Körperpflege.

Die Gestaltung der Umgebung sollte ein Kompromiss aus praktischem Nutzen und dem Bedürfnis des Pflegebedürftigen nach wohnlicher, gemütlicher Atmosphäre sein. Ein Schlaf- oder Wohnzimmer in ein Pflegezimmer umzuwandeln bedarf des Einverständnisses des Pflegebedürftigen.

Berührung des Körpers als Pflegetherapie

Jemanden zu berühren und berührt zu werden gehört zu den elementarsten Lebenserfahrungen und -fähigkeiten des Menschen. Der **Tast- und Berührungssinn** (☞ 4.1) ist schon bei ganz jungen Säuglingen als erster

Abb. 9.19: Klappspiegel für die Körperpflege im Sitzen. [A300-119]

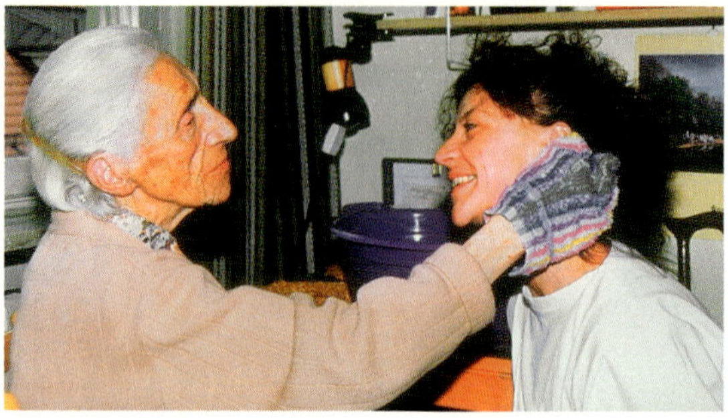

Abb. 9.20: Berührungen können eine große Nähe zwischen Menschen erzeugen. [N323]

der fünf Sinne ausgebildet. **Berührungen** verhelfen zu einem seelischem Gleichgewicht. Mit einer Berührung können viele Dinge ausgedrückt werden, z. B. Zu-, aber auch Abneigung, und es kommt damit zu einer Art von Kommunikation (Zuwendung bzw. Abwendung). Sympathie oder Antipathie können die Wirkung einer Berührung entscheidend verändern.

Umgang mit Berührungen

Unbewusst, unkonzentriert, flüchtig, oberflächlich, abgehackt und punktuell ausgeführte Berührungen können bei der Pflegebedürftigen Abwehr auslösen. Aus diesem Grund fordert die Krankenschwester und Pädagogin *Christel Bienstein,* dass die Berührungen in der Pflege eindeutig, ruhig, mit flach aufliegender Hand und konstantem Druck durchgeführt werden sollen (Basale Stimulation®, ☞ 4.11.2).

Der Berührte erlebt Berührungen meist wohltuender, wenn sie angekündigt werden. Als angenehm empfundene Berührungen entstehen eher bei gegenseitiger Zuwendung. Die Körperwahrnehmung wird durch klare Berührungsempfindungen, die mit der bloßen Hand vermittelt werden, verstärkt. Deshalb sollten Hilfsmittel nur gezielt eingesetzt werden.

☑ Berührungen können dem Pflegebedürftigen viele Dinge vermitteln, z. B. Hektik, Stress, Oberflächlichkeit, aber auch Vertrauen und Zuwendung.

Grenzen der Berührung

In der Altenpflege gibt es häufig Situationen, in denen Berührungen für den Pflegebedürftigen und die AltenpflegerIn unangenehm sind, z. B. bei starken Verschmutzungen, Ausscheidungen oder Hauterkrankungen. In solchen Situationen ist es oft schwer, angemessen zu berühren. Häufig muss zwischen der **Sicherheit** der AltenpflegerIn (Schutz vor Infektionen) und dem Wunsch, therapeutisch wirksam berühren zu wollen, abgewägt werden. Handschuhe können helfen, die gewünschte Distanz aufrechtzuerhalten.

Dünnwandige, knisternde Plastikhandschuhe oder dicke Gummihandschuhe verhindern eher den therapeutischen Kontakt.

Berührungszonen

Die Reaktionen des Pflegebedürftigen auf Berührung hängen auch von der **Berührungszone** ab (☞ Tab. 9.21). Jeder Mensch bestimmt diese Zonen unbewusst. Bereiche, die bei manchen Menschen jeder berühren darf, z. B. das Gesicht, gehören bei anderen Menschen zum Intimbereich, den normalerweise nur wenige Menschen berühren dürfen. Wer sich dieser Tatsache bewusst ist, kann Reaktionen auf Berührungen besser verstehen und Konflikte vermeiden.

Bereich	Wer darf einen Menschen normalerweise berühren?	Körperregionen
Intimer Bereich	Sehr nahe stehende Personen (Partner, enge Familienangehörige)	• Genitalbereich • Innenseiten der Oberschenkel • Bei Frauen die Brust
Privater Bereich	Familienangehörige und Freund	• Vorderer Oberkörper (mit Ausnahme der Brust bei Frauen) • Gesicht • Oberarme • Gesäß • Waden • Fußsohlen
Halböffentlicher Bereich	Bekannte und unbekannte Personen	• Rücken • Schienbeine • Unterarme
Öffentlicher Bereich	Jeder	• Hände • Schultern • Hinterkopf

Tab. 9.21: Berührungskategorien nach Bienstein und Fröhlich.

Vor- und Nachbereitung bei allen Körperpflegemaßnahmen

Bei jeder pflegetherapeutischen Körperpflegemaßnahme sind folgende **Vorbereitungen** notwendig:

- Über den Pflegebedürftigen im Dokumentationssystem und bei KollegInnen informieren
- Die Temperatur des Zimmers, in dem die Maßnahme durchgeführt werden soll, auf 20–22 °C einstellen
- Nach Rücksprache mit der Pflegebedürftigen anwesende Personen vor die Tür bitten oder evtl. an der Ganzkörperwaschung beteiligen, z. B. Angehörige anleiten. Falls notwendig, Sichtschutz aufstellen
- Auf dem Nachttisch freie Arbeitsfläche schaffen, Bett in Arbeitshöhe stellen und den Bettbügel hoch hängen
- Den Pflegebedürftigen begrüßen, über den geplanten Ablauf informieren und Wünsche erfragen
- Die Möglichkeit anbieten, Blase und Darm zu entleeren. Bei Bedarf Hilfestellung geben

- Hände anwärmen und desinfizieren (in der stationären Pflege, bei Bedarf in der ambulanten Pflege)

Nachbereitung

- Bett bei Bedarf auf Normalniveau stellen
- Pflegebedürftigen nach Bedarf lagern
- Bettbügel herunterhängen
- Nachttisch bereitstellen und persönliche Gegenstände des Pflegebedürftigen bereitgelegen
- Klingel in Reichweite befestigen
- Mehrwegmaterial reinigen und desinfizieren (in der ambulanten Pflege bei Bedarf), Waschlappen auswaschen, Waschlappen und Handtücher zum Trocknen aufhängen (oder bei einmaliger Benutzung in die Wäsche geben); Einmalmaterial entsorgen
- Hände desinfizieren (oder in der ambulanten Pflege waschen) und die Durchführung mit Besonderheiten dokumentieren. Sich verabschieden.

Reinigende Mundpflege

Spezielle Mundpflege, Soor- und Parotitisprophylaxe ☞ 7.8.2

Zur **reinigenden Mundpflege** gehören die Reinigung der Zähne und bei Bedarf der Zahnprothese sowie die Reinigung der Mundhöhle. Sie

- Verhindert Plaquebildung
- Fördert den Erhalt von gesunden Zähnen und Zahnfleisch sowie einer intakten Mundschleimhaut
- Beseitigt Mundgeruch und unangenehmen Geschmack.

Plaquebildung und Parodontose

In der gesunden Mundhöhle sind die verschiedenartigsten Mikroorganismen vorhanden. Diese bilden in Verbindung mit Speiseresten, die nicht durch regelmäßiges Reinigen der Zähne und des Zahnfleisches entfernt wurden, den **Zahnbelag** *(Plaque)*. In der Plaque entsteht durch eine Vergärung der Speisereste durch Bakterien Säure, die den Zahnschmelz schädigt und zu Karies führt. Eine Verkalkung der Plaque verursacht **Zahnstein.** Plaque an den Zahnhälsen führt zu Erkrankungen des **Zahnhalteapparates** *(Parodontopathien)* wie

- Zahnfleischentzündung *(Gingivitis)*
- Schwund von Knochen und Zahnfleisch *(Parodontose)*

Erste Symptome einer **Parodontose** (☞ Abb. 9.22) sind gerötetes, empfindliches Zahnfleisch und Zahnfleischbluten, das beim Zähneputzen oder z. B. beim Biss in einen Apfel deutlich sichtbar wird. Langfristig beginnen die Zähne zu wackeln und fallen aus. Durch fehlende Zähne kommt es zu Verschiebungen im Gebiss, die die Nahrungsaufnahme, vor allem das gründliche Kauen, empfindlich beeinträchtigen können.

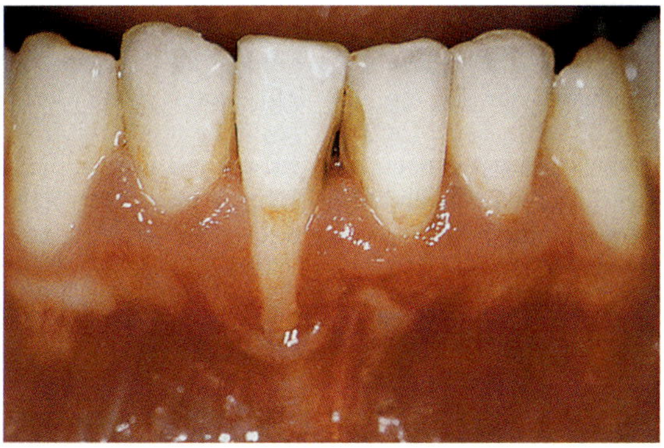

Abb. 9.22: Zahnfleischschwund bei Parodontose. [S118]

Zahnprothesenpflege

Fehlende Zähne werden durch Brücken und Kronen ersetzt. Ist diese Art der Korrektur nicht möglich, muss eine Teil- oder Vollprothese angefertigt werden. Eine konsequente **Zahnprothesenpflege** ist genauso notwendig wie die Pflege der eigenen Zähne.

Bei natürlichen Zähnen sorgen Speichelfluss und Zungenbewegungen für eine **Selbstreinigung** des Mundes. Da bei einer Zahnprothese Gaumen und Kiefer teilweise oder vollständig abgedeckt werden, geht diese Selbstreinigung zum Teil verloren. Auf den „dritten Zähnen" kann sich genauso wie auf den natürlichen Zähnen Plaque bilden.

☑ Eine Zahnprothese erfordert eine besonders sorgfältige Mundpflege, da sich die natürlichen Mundverhältnisse verändern.

Manche **Prothesenmaterialien** sind besonders empfänglich für Verunreinigungen und Ablagerungen. Sie bilden damit einen idealen Nährboden für Bakterien und Keime und verursachen Prothesengeruch und Entzündungen der Mundschleimhaut. Ein weiteres Problem sind die **Speisereste,** die sich zwischen Prothese und Mundschleimhaut festsetzen und vom Speichel nicht weggeschwemmt werden können.

Bei **Teilprothesen** ist die eingeschränkte Selbstreinigung noch problematischer, da die Verbindungsstellen zu den natürlichen Zähnen ein ideales Versteck für Speisereste ist und Karies an den Haltezähnen verursachen.

Häufig ist es den Betroffenen unangenehm, eine Zahnprothese zu tragen oder ihre Mundhöhle ohne Zahnprothese zu zeigen. Aus diesem Grund die Zahnprothesenpflege, wenn möglich, selbstständig durchführen lassen oder den Pflegebedürftigen durch einen Sichtschutz, z. B. Vorhang am Waschbecken, vor den Blicken anderer Menschen schützen.

Zeitpunkt, Häufigkeit und Dauer der Mundpflege

Zahnärzte empfehlen eine reinigende Mundpflege möglichst vier- bis fünfmal täglich **nach jeder Mahlzeit** für etwa **3–5 Min.** Eine zusätzliche Mundpflege ist beispielsweise nach dem Erbrechen erforderlich. Bei Pflegebedürftigen mit Einschränkungen der Nahrungsaufnahme ist eine spezielle Mundpflege notwendig (☞ 7.8.2).

Vorsicht!
Nach dem Verzehr von säurehaltigen Nahrungsmitteln, z. B. saures Obst, mit dem Zähneputzen etwa 30 Min. warten, um den durch die Säure „aufgeweichten" Zahnschmelz nicht zu beschädigen.

Ältere Menschen pflegen Mund und Zähne in der Regel so, wie sie es ein Leben lang gewohnt waren, häufig, wie es früher als ausreichend angesehen wurde, nur früh und abends und nicht nach jeder Mahlzeit. Gewohnheiten zu ändern fällt schwer. Dann können **Informations- und Beratungsgespräche** über neue Erkenntnisse zahnmedizinischer Forschung und die Gefahren einer unzureichenden Mundpflege helfen, Gewohnheiten dauerhaft zu ändern.

Vielen Menschen ist es angenehm, die Zähne gleich morgens nach dem Aufwachen und vor dem Frühstück zu putzen, um den unangenehmen Mundgeschmack und Mundgeruch zu beseitigen. Auch kann die Mundpflege bei bewusstseinsgestörten oder schläfrigen Personen ein „Muntermacher" sein. Von daher ist aus pflegerischer Sicht die Durchführung der Mundpflege vor der Ganzkörperwaschung bzw. vor dem Frühstück sinnvoll. Ein Kompromiss wäre, den Mund nach dem Frühstück zumindest noch einmal auszuspülen.

☑ Um die Zähne intakt und gesund zu erhalten, ist eine ein- bis zweimal jährlich stattfindende Kontrolle der Zähne und des Zahnfleisches bzw. der Zahnprothese durch den Zahnarzt notwendig.

Material für die Mundpflege bereitstellen

- Zahnbürste
  - *mittelharte* Borsten bei der teilweisen Übernahme der Zahnpflege durch Pflegende
  - *weiche* Borsten mit einem kurzen Bürstenkopf und abgerundeten geraden Kunststoffborsten bei der vollständigen Übernahme durch Pflegende, um Verletzungen zu vermeiden
  - Keine Zahnbürsten mit Naturborsten verwenden, da sie ein Bakterienreservoir sind
  - Zahnbürste nach etwa 6–8 Wochen wechseln, da nur „gerade" Borsten richtig reinigen können
- Zahnpasta nach individuellen Wünschen
- Nierenschale, Zahnbecher mit Wasser, Handtuch und Waschlappen
- Auf Wunsch Mundwasser, das die Wirkung des Zähneputzens erhöht, Zahnbelag verhindert und erfrischt
- Auf Wunsch Zahnseide oder Interdental-Zahnbürste zum Entfernen der Zahnbeläge zwischen den Zähnen
- Mundddusche, die mit einem individuell regulierbaren Wasserstrahl die Zähne reinigt und den Mund ausspült.

Zusätzlich werden zur **Pflege der Zahnprothese** benötigt:

- Zahnprothesendose (Dose mit einem Einsatz, in dem die Zahnprothese abgespült werden kann)
- Eventuell Zahnprothesenreinigungsmittel, z. B. Kukident®
- Eventuell Haftcreme.

Medizinische Mundwasser nicht routinemäßig, sondern nur nach strenger Indikation einsetzen (☞ 7.8.2).

Mundpflege durchführen

Den Pflegebedürftigen

- Zum Waschbecken begleiten oder im Bett den Oberkörper hochlagern, soweit keine Kontraindikationen bestehen
- Die Kleidung des Pflegebedürftigen mit einem Handtuch abdecken

Bei der **teilweisen Übernahme der Zahn- und Zahnprothesenpflege durch AltenpflegerIn:**

- Das Material in Reichweite stellen und anreichen, so dass die Zahn- und Zahnprothesenpflege selbstständig durchgeführt werden kann
- Den Pflegebedürftigen während der Anleitung schrittweise auffordern, die Mundpflege durchzuführen. Bei Bedarf Hand führen.

Bei der **vollständigen Übernahme der Zahnpflege**

- Den Pflegebedürftigen auffordern, die Lippen zu spreizen und dabei die Zahnreihe geschlossen zu halten

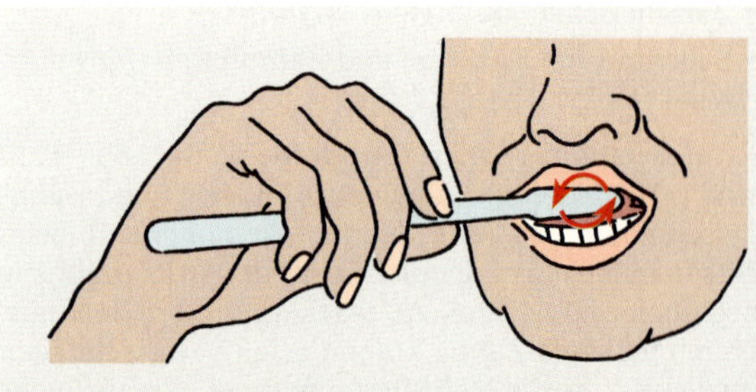

Abb. 9.23: Die beste Art der Zahnreinigung ist die kreisende Bewegung vom Zahnfleisch zum Zahn. [A500-119]

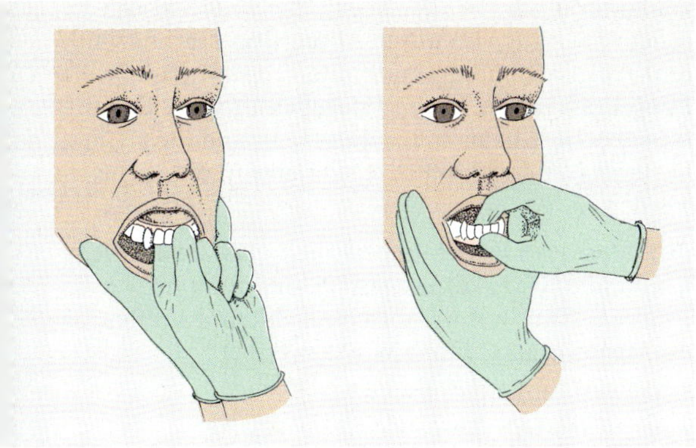

Abb. 9.24: Zuerst wird die obere, dann die untere Zahnprothese herausgenommen. Beim Einsetzen gilt die umgekehrte Reihenfolge. [A400-190]

- Zuerst die hinteren Zähne bürsten, um die Speichelsekretion anzuregen
- Mit horizontalen, kreisenden Bewegungen die Zähne vom Zahnfleisch zum Zahn bürsten (Rotweiß-Technik, ☞ Abb. 9.23)
- Im Anschluss daran die Zahninnenfläche und die Kauflächen reinigen
- Bei Verwendung von Zahnseide diese in den Zahnzwischenräumen vorsichtig auf und ab bewegen. Alternativ kann eine Interdentalzahnbürste mit einem schmalen Bürstenkopf, die die Zahnbeläge zwischen den Zähnen und unter Brückengliedern entfernt, eingesetzt werden
- Eine Nierenschale reichen und den Mund ausspülen lassen. Pflegebedürftigen auffordern, das Wasser durch die Zähne hindurch zu pressen
- Den Mund abwaschen und trocknen.

Vorsicht!
Bei erhöhter Blutungsgefahr (☞ 11.5) evtl. auf Zahnpflege mit Zahnbürste verzichten und stattdessen die Mundhöhle regelmäßig spülen.

Bei der **vollständigen Übernahme der Zahnprothesenpflege:**

- Waschbecken mit Wasser füllen, da die Zahnprothese ansonsten leicht zerbrechen kann, wenn sie versehentlich in das Waschbecken fällt
- Zahnprothese aus dem Mund nehmen (☞ Abb. 9.24) und in den Inneneinsatz der Zahnprothesendose legen
- Prothese mit Wasser abspülen und anschließend unter fließendem Wasser mit Zahnpasta und einer Zahnbürste reinigen
- Haftmittelrückstände am Kiefer und an der Zahnprothese mit einem in Speiseöl getränkten Tupfer entfernen
- Hat der Pflegebedürftige noch eigene Zähne, diese vor dem Einsetzen der Zahnprothese bürsten
- Den Pflegebedürftigen den Mund ausspülen lassen, die Prothese gründlich mit klarem Wasser abspülen und die feuchte Prothese wieder in den Mund setzen
- Bei schlecht sitzenden Prothesen Haftcreme verwenden (☞ Abb. 9.25). Bei Beschwerden oder schlecht sitzender Prothese (Druckstellen) einen Zahnarzttermin vereinbaren.

Im Anschluss an die Mundpflege bzw. die Zahnprothesenpflege die Zahnbürste mit Wasser abspülen und mit den Borsten nach oben in den Zahnbecher stellen, da sie nur so trocknen kann und keinen Nährboden für Bakterien bildet. Waschlappen auswaschen und andere Materialien säubern und am gewohnten Platz abstellen.

☑ Um Verformungen des Kiefers zu verhindern, sollte die Zahnprothese 24 Stunden lang getragen werden. Viele ältere Menschen sind es jedoch gewohnt, ihre Prothese über Nacht in ein Reinigungsmittel einzulegen.

Umgang mit Zahnprothesen

- Bei verwirrten und immobilen Menschen den Zahnprothesenbecher beschriften, da Verwechslungsgefahr besteht
- Zahnprothesenpflege nach jeder Mahlzeit durchführen, da sich meistens Essensreste unter der Zahnprothese befinden
- Zahnprothese nicht in Materialien wie Zellstoff und Tempo einwickeln (fusseln)
- Täglich einen Prothesenreiniger anwenden, um die Zahnzwischenräume zu reinigen, da bei häufigem intensivem Einsatz von Bürste und Zahncreme das Material der Prothese aufgerauht und so zu einem idealen Nährboden für Bakterien wird
- Nach der Anwendung von Haftcreme nicht sofort etwas essen, da die Haftcreme erst nach kurzer Zeit sicher hält.

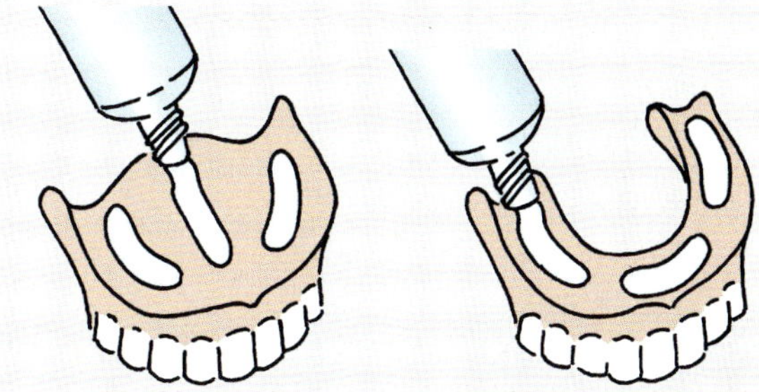

Abb. 9.25: Bei der Anwendung von Haftcreme und -pulver werden immer nur kleine Mengen verwendet. [A500-119]

Vorsicht!
Zahnprothese wegen Aspirationsgefahr nicht bei bewusstlosen alten Menschen einsetzen.

Ganzkörperwaschung

Arten der Ganzkörperwaschung

Die **Ganzkörperwaschung** dient in erster Linie der Reinigung und Erfrischung des Körpers und sorgt für ein gepflegtes Erscheinungsbild. Darüber hinaus gibt es eine Vielfalt pflegetherapeutischer Anwendungsmöglichkeiten (☞ Tab. 9.26).

Personaleinsatz

Jeder Mensch berührt anders. Damit sich ein Pflegebedürftiger auf die Art und Weise der Berührung einstellen kann, sind alle Handlungen während der Ganzkörperwäsche, bei denen der alte Mensch berührt wird, nur von **einer AltenpflegerIn** auszuführen. Ansprache und Hautkontakt durch eine zweite Pflegekraft irritieren den Pflegebedürftigen. Der therapeutische Effekt, z. B. einer beruhigenden Ganzkörperwaschung, könnte so schnell zunichte gemacht werden.

Mitunter ist es jedoch erforderlich, dass **zwei Pflegekräfte** die Ganzkörperwäsche durchführen, insbesondere dann, wenn die Beweglichkeit des Pflegebedürftigen eingeschränkt ist wie z. B. bei

- Schwerkranken Menschen
- Ausgeprägtem Übergewicht (☞ 7.5)
- Schweren Kontrakturen (☞ 6.4.2).

Auch wenn zwei Pflegekräfte einen Pflegebedürftigen waschen, können die Aufgaben so eingeteilt werden, dass eine AltenpflegerIn alle Handlungsschritte aus-

Bezeichnung	Indikationen	Durchführung
Reinigende Ganzkörperwaschung	Selbstversorgungsdefizit bei der Körperpflege zur • Reinigung des Körpers • Erfrischung • Vermeidung von Hautschäden	☞ unten
Beruhigende Ganzkörperwaschung	Bei Unruhe, Angstzuständen, Schlaflosigkeit oder gestörtem Tag- und Nachtrhythmus zur • Beruhigung • Erholung • Schlafförderung	☞ 10.4.2
Belebende Ganzkörperwaschung	Bei erhöhter Müdigkeit, Bewusstseinsstörungen, Depressiver Verstimmung, Passivität, Apathie, Durchblutungsstörungen zur • Belebung, Erfrischung • Vitalitätssteigerung • Durchblutungsförderung	☞ 10.5.2
Ganzkörperwaschung nach Bobath	Bei Körperbildstörungen, z. B. bei Halbseitenlähmung, Querschnittlähmung, Apallischem Syndrom, neurologischen Ausfällen, Verwirrtheit zur • Verbesserten Körperwahrnehmung • Orientierung	☞ 4.6.2
Fieber senkende Ganzkörperwaschung	Bei Fieber zur Temperatursenkung	☞ 5.10.2
Juckreiz stillende Ganzkörperwaschung	Bei Juckreiz	☞ 9.4.2
Schweiß reduzierende Ganzkörperwaschung	Bei übermäßigem Schwitzen zur Reduzierung der Schweißmenge und des Schweißgeruchs	• Beruhigende Waschung mit 1 l Salbeitee auf 4 l Wasser durchführen • Nur abtupfen, nicht abtrocknen • Haut nicht einfetten • Intimbereich aussparen
Haut stabilisierende Ganzkörperwaschung	Bei Gefahr von Hautschäden z. B. bei Harn- und Stuhlinkontinenz, Diabetes mellitus, Exsikkose, Adipositas zur • Erhaltung einer intakten Haut • Aufrechterhaltung des Säureschutzmantels der Haut	• Belebende Waschung mit Saft einer halben Zitrone auf 5 l Wasser durchführen • Nur abtupfen, nicht abtrocknen • Haut mit einer pH-5-Wasser-in-Öl-Emulsion eincremen • Intimbereich aussparen
Geruchsreduzierende Ganzkörperwaschung	Bei starkem, unangenehmen Körpergeruch	• Beruhigende Waschung mit 3 Esslöffel Obstessig auf 5 l Wasser durchführen • Nur abtupfen, nicht abtrocknen • Haut einfetten • Intimbereich aussparen

Tab. 9.26: Arten der Ganzkörperwaschung.

führt, bei denen der alte Mensch berührt wird, während die zweite AltenpflegerIn bei Bedarf mit notwendigen Handgriffen assistiert.

Wünsche des Pflegebedürftigen

Wünsche und Gewohnheiten des alten Menschen haben bei der Ganzkörperwaschung Vorrang:

- Wenn möglich, die persönlichen **Reinigungs- und Hautpflegemittel,** z. B. Seife, Körpermilch, Rasierwasser, verwenden. Der Pflegebedürftige ist an diese gewöhnt, die Gerüche sind vertraut. Außerdem kommt es seltener zu Allergien.
- Auf Wunsch zuerst die **Mundpflege** durchführen. Sie verbessert den Wachheitsgrad und die Bereitschaft zur Kommunikation
- Bei Inkontinenz auf Wunsch die **Intimpflege** zuerst durchführen, damit die Pflegebedürftige keine Hemmung beim Bewegen hat, vor allem dann, wenn zur Ganzkörperwaschung angeleitet werden soll
- Die Körperpflege nicht nachts durchführen, da der alte Mensch aus seinem **Tiefschlaf** und der für die Gesundheit wichtigen **Traumphase** (☞ 10.1) gerissen wird. Daher nachts nur nach strenger Indikation, z. B. bei starkem Schwitzen oder Inkontinenz, und nur mit Einwilligung des alten Menschen waschen.

Grundregeln bei der Durchführung

- Abschnittsweise so viel vom Körper entkleiden bzw. aufdecken, wie nötig
- Körper von „oben nach unten" waschen
- Zuerst Arme und Beine waschen, die „am weitesten entfernt" sind, um ein erneutes Nasswerden bereits getrockneter Körperregionen zu verhindern: Steht die AltenpflegerIn z. B. an der linken Körperseite des alten Menschen, zuerst rechten Arm und rechtes Bein waschen und abtrocknen
- Intimbereich von vorne (Symphyse) nach hinten (Analbereich) waschen, um Harnwegsinfektionen zu vermeiden. Einmalhandschuhe verwenden, um sich vor Infektionen zu schützen und ein gewisses Maß an (gewünschter) Distanz für beide herzustellen
- Bei Pilzbefall, z. B. im Intimbereich oder bei Fußpilz, die betroffene Körperregion am Schluss oder evtl. auch mit Einmalwaschlappen, die nicht mehr ins Waschwasser gelangen dürfen, waschen
- Pflegerische Maßnahmen in den Ablauf der Ganzkörperwaschung integrieren, z. B.
  - Pneumonieprophylaxe (☞ 5.5.2)
  - Thromboseprophylaxe (☞ 5.7.2)
  - Kontrakturprophylaxe (☞ 6.4.2)
  - Intertrigoprophylaxe (☞ 9.4.2)
  - Dekubitusprophylaxe (☞ 5.8.2).

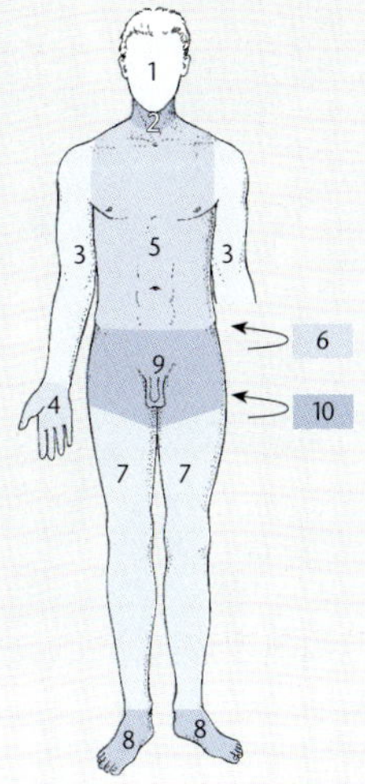

Abb. 9.27: Reihenfolge bei der Ganzkörperwaschung. [A400]

> Die vollständige Übernahme der Ganzkörperwaschung durch andere bedeutet Abhängigkeit und Verlust des Selbstwertgefühls. Deshalb den Pflegebedürftigen, soweit möglich und gewünscht, frühzeitig mithelfen lassen und ihn nach Möglichkeit schrittweise zur selbstständigen Durchführung anleiten.

Wirkung von Wasser

Wasser ist das wichtigste Element der Körperpflege. Ob ein Mensch sich lieber wäscht, badet oder duscht, hängt von seinen Bedürfnissen und Vorlieben ab. Wasser kann jedoch die Haut bei längerer Einwirkung auch schädigen:

- Wasser greift den Säureschutzmantel der Haut an und schwächt so die Barriere für eindringende Krankheitserreger
- Der schützende Film aus Aminosäuren und Lipoiden, der die Haut geschmeidig hält und vor dem Austrocknen schützt, wird „weggewaschen"
- Der Haut werden Wasser bindende Stoffe wie z. B. Hornschichteiweiße entzogen
- Bei einem Vollbad quillt und weicht die Haut auf
- Heißes Wasser belastet die Haut zusätzlich, sie wird trocken und muss nachgefettet werden.

Individuelle Auswahl der Reinigungsmittel

Zur Reinigung der Haut werden verschiedene **Seifen**, z. B. Haushalts- oder Toilettenseifen, eingesetzt, die aus Natrium- und Kaliumsalzen sowie organischen Fettsäuren bestehen. Seifen sind alkalisch und können einen pH-Wert bis zu 11 erreichen. Sie reduzieren die Oberflächenspannung des Wassers und erhöhen die Benetzbarkeit der Haut, so dass der im Fettfilm

Abb. 9.28: Wasser hat bei längerer Einwirkung auch einen schädigenden Einfluss auf die Haut. [J660]

der Haut haftende Schmutz besser gelöst werden kann. Dieser Vorteil ist aber gleichzeitig auch ein Nachteil, da der Säureschutzmantel der Haut angegriffen wird. Die Haut wird entfettet und trocknet aus. Deshalb enthalten viele Seifen rückfettende Substanzen, z. B. Wollwachs, Lanolin, die allerdings häufig nicht ausreichen, um die Entfettung der Haut vollständig wieder auszugleichen. Wirksamer sind die **pH-neutralen Seifen,** in denen mehr Rückfetter als in normalen Seifen enthalten sind.

- **Medizinische Seifen** enthalten Zusätze wie Schwefel oder Teer und werden nur bei bestimmten Hauterkrankungen eingesetzt
- **Deoseifen** enthalten Desinfektionsmittel, die die Haut zusätzlich belasten
- **Syndets** *(synthetische Detergenzien)* sind flüssige waschaktive Lotionen, deren pH-Wert sich im sauren oder pH-neutralen Bereich befindet. Sie haben den gleichen Reinigungseffekt wie eine Seife, zerstören den Säureschutzmantel der Haut allerdings deutlich weniger
- **Ölbäder** fetten die Haut. Teilweise enthalten sie zusätzlich natürliche Pflanzenauszüge wie z. B. Melisse oder Rosmarin. Sie werden bei trockener Haut wenn möglich und erwünscht ein- bis zweimal pro Woche durchgeführt
- **Deodorants** und **Antitranspirantien** verhindern Schweißgeruch. Sie werden nach individuellen Wünschen des Pflegebedürftigen verwendet.

☑ Zur Hautreinigung eine Seife mit einem pH-Wert zwischen 7 und 8 bevorzugen.

Flüssige Seifen nicht routinemäßig ins Waschwasser geben, da Seifenrückstände auf der Haut verbleiben. Eine mögliche Folge ist Juckreiz.

Reinigende Ganzkörperwaschung im Bett

Es ist fast unmöglich, die **reinigende Ganzkörperwaschung im Bett** in der Praxis immer dem gleichen Handlungsablauf entsprechend durchzuführen, da individuelle Bedürfnisse, Wünsche und Vorlieben des Pflegebedürftigen Vorrang vor einem standardisierten Handlungsablauf haben. Im Folgenden werden die Handlungsschritte bei der vollständigen Übernahme der Ganzkörperwaschung durch eine AltenpflegerIn im Bett exemplarisch dargestellt.

Fallbeispiel

Frau Krause kann sich selbst nicht waschen und an ihrer Körperpflege beteiligen, da ihre körperliche Mobilität im Bett maximal eingeschränkt ist. Sie ist aber wach und ansprechbar und kann Wünsche äußern. Harn- und Stuhlinkontinenz liegen nicht vor. Die Reihenfolge der Waschung „von oben nach unten" entspricht den Bedürfnissen von Frau Krause, die Mundpflege wünscht sie zuerst. Erfahrungsgemäß schädigen Seifenrückstände im Wasser ihre Haut nicht. Waschlappen und Handtücher können mehrfach verwendet werden.

Vorbereitung

Das folgende **Material** ist bei der Ganzkörperwaschung im Bett erforderlich:

- Ein Waschschüssel mit Wasser. Die Wassertemperatur entsprechend den Wünschen des Pflegebedürftigen
- Zwei Waschlappen, zwei Handtücher, jeweils für „oben" mit heller Farbe und für „unten" mit dunkler Farbe
- Einmalhandschuhe und evtl. Zellstoff, Toilettenpapier, evtl. Einmalwaschlappen (oder Öltücher) für die Intimpflege
- Waschlotion bzw. Seife bei Bedarf. Auf Wunsch Hautpflegemittel, Deo, Kosmetika, Spiegel.

Abb. 9.29: Seife trocknet die Haut aus. [K225]

Durchführung bei vollständiger Übernahme der Ganzkörperwaschung im Bett

Lagerungsmittel und großes Kissen entfernen, ein kleines Kissen belassen. Pflegebedürftigen auf dem Rücken und mit erhöhtem Oberkörper lagern. Zunächst, wenn gewünscht, die reinigende Mundpflege (Material und Durchführung ☞ oben) durchführen. Anschließend mit klarem Wasser ohne Seife

- Die Augen vom äußeren zum inneren Augenwinkel waschen, dabei die Augen schließen lassen
- Das Gesicht von Stirn über Wangen zum Kinn rechts und links und Ohrmuscheln sowie hinter den Ohren waschen und abtrocknen
- Gesicht eincremen.

Statt des Gesichtes können auch die Hände zuerst gewaschen werden. So hat der Pflegebedürftige Zeit, sich an die Berührung zu gewöhnen.

Anschließend die Bettdecke gedrittelt bis zur Taille zurückschlagen (☞ Abb. 10.14) und den Oberkörper aufdecken. Statt der Bettdecke kann auch ein großes Handtuch zum Abdecken verwendet werden. Das Hemd der Pflegebedürftigen ausziehen und ein Handtuch unter den Oberkörper legen.

- Mit Seife Hals, Achselhöhlen, Hände und Arme, Brustkorb und Bauch bis in Nabelhöhe waschen, gut abtrocknen und evtl. eincremen. Auf Wunsch Deodorant verwenden
- Pflegebedürftigen in Seitenlage bringen, Handtuch auf die Bettfläche am Rücken legen. Rücken waschen, abtrocknen und evtl. eincremen. Anschließend wieder in Rückenlage bringen
- Oberkörper ankleiden
- Waschlappen und Handtuch wechseln
- Bettdecke ganz entfernen, Intimbereich abdecken
- Handtuch unter die untere Körperhälfte legen
- Bauch ab Nabel und die Leisten waschen und trocknen
- Beine und Füße waschen, evtl. Fußbad durchführen, gründlich abtrocknen, besonders die Zehenzwischenräume, und evtl. eincremen,
- Waschwasser wechseln und Intimpflege durchführen.

Die Transportfunktion des Darmes lässt sich beim Waschen durch Massieren des Bauches in Richtung des physiologischen Darmverlaufes unterstützen (Obstipationsprophylaxe, ☞ 9.6.2).

Intimpflege bei der Frau

- Die Beine aufstellen und spreizen lassen
- Erst äußere, dann innere Schamlippen spreizen, reinigen und abtupfen
- Pflegebedürftige zur Seite drehen
- Analregion vom Anus in Richtung Kreuzbein waschen und trocknen
- Gesäß waschen, trocknen und eincremen.

Intimpflege beim Mann

- Den Penis waschen und trocknen. Dabei Vorhaut ganz zurückschieben, die Eichel säubern und die Vorhaut wieder vorschieben
- Den Hodensack von vorne in Richtung Gesäß waschen und trocknen
- Den Pflegebedürftigen zur Seite drehen
- Analregion vom Anus in Richtung Kreuzbein waschen und trocknen.

Vorsicht!
Vorhaut nach dem Waschen immer wieder nach vorne schieben, um zu vermeiden, dass sie, wenn sie sehr eng ist, die Eichel abschnürt (Paraphimose).

Im Anschluss an die Intimpflege

- Untergelegtes Handtuch entfernen
- Den Pflegebedürftigen vollständig ankleiden und lagern
- Je nach Wunsch Make-up und Eau de Toilette anwenden, Haare kämmen und frisieren, beim Mann Bart rasieren (☞ unten)
- Bequem lagern, zudecken und Wünsche erfragen
- Durchführung und Besonderheiten dokumentieren.

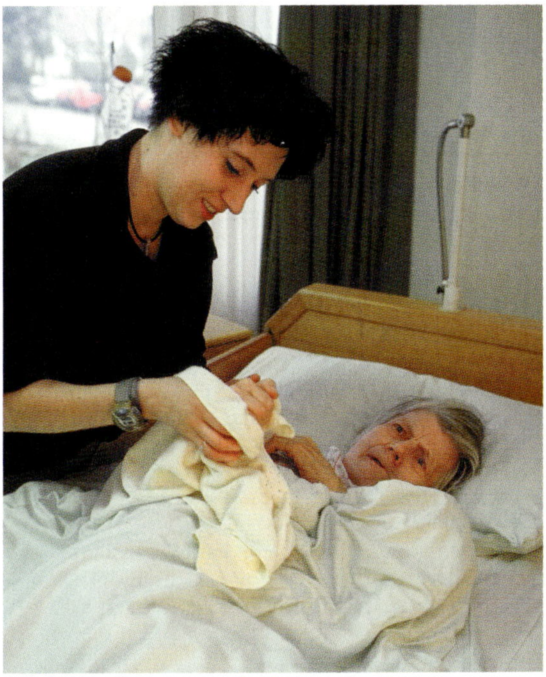

Abb. 9.30: Ganzkörperwaschung im Bett. [K157/W166]

Seifenreste auf der Haut

Das größte Problem der Ganzkörperwaschung im Bett ist, dass beim Waschen mit einer Waschschüssel **Seifenreste** auf der Haut verbleiben. Ganz vermeiden lässt sich das nur, wenn man zwei Waschschüsseln verwendet, eine für das „Seifenwasser" mit einem normalen Frotteewaschlappen, eine für das „klare Wasser" mit Einmalwaschlappen. Für diejenigen Personen, die das Duschen oder Waschen unter fließendem Wasser gewohnt sind, und diejenigen, deren Haut besonders empfindlich ist, sollte diese etwas materialaufwendigere Vorgehensweise in Erwägung gezogen werden.

Verschmutzungen des Waschwassers

Verschmutzungen des Waschwassers, des Waschlappens sowie des Handtuchs lassen sich bei **Harn- und Stuhlinkontinenz** (☞ 8.4, 8.5) nicht immer vermeiden. Hier hilft die Verwendung von Einmalwaschlappen, die nicht wieder im Waschwasser ausgespült werden. Doch nicht immer stehen diese (z. B. in der ambulanten Pflege) zur Verfügung. In diesem Fall muss zwischendurch das Waschwasser gewechselt werden. Zudem lässt sich eine für alle erträgliche Hygiene erreichen, indem für jede Ganzkörperwaschung statt der üblichen „zwei Waschlappen und zwei Handtücher für oben und unten" jeweils nur ein Waschlappen und ein Handtuch verwendet werden, die im Anschluss an die Ganzkörperwaschung gleich in die Wäsche kommen.

Reinigende Ganzkörperwaschung am Waschbecken

Die teilweise oder vollständige Übernahme der **Körperpflege am Waschbecken** ist häufig bei älteren, nicht bettlägerigen Personen notwendig, die durch ihre Erkrankungen oder Einschränkungen die Körperpflege nicht mehr selbstständig durchführen können. Kann der Pflegebedürftige noch nicht oder nur kurze Zeit stehen, können die Beine und der Intimbereich vor dem Aufstehen auch im Bett gewaschen werden.

> Für Pflegebedürftige, die bisher im Bett gewaschen wurden, bedeutet das Waschen am Waschbecken einen erheblichen Fortschritt in Richtung Selbstständigkeit. Aus diesem Grund wiederholt versuchen, den Pflegebedürftigen statt im Bett am Waschbecken zu waschen.

Vorbereitung

- Hausschuhe und evtl. Bademantel anziehen lassen und Pflegebedürftigen bei eingeschränkter Mobilität (☞ Kap. 6.3) zum Waschbecken begleiten
- Vorhang am Waschbecken zuziehen oder Sichtschutz aufstellen und die Sitzgelegenheit mit einem Stecklaken abdecken

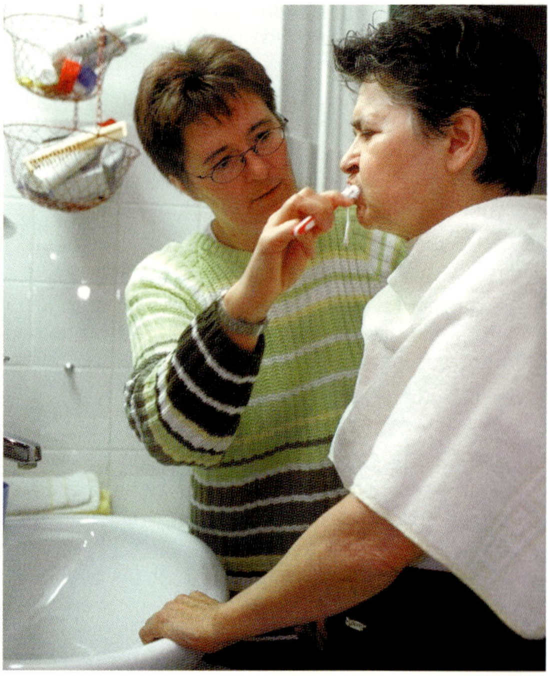

Abb. 9.31: Manche ältere Menschen benötigen Unterstützung, weil sie sich am Waschbecken festhalten müssen. [K157/W166]

- Auf Wunsch Mundpflege, Rasur durchführen (lassen).

Durchführung

Die **teilweise Übernahme** ist häufig bei alten Menschen erforderlich, deren Beweglichkeit der Arme zwar ausreichen würde, um sich selbst zu waschen, die sich aber wegen körperlicher Schwäche im Stehen mit beiden Händen am Waschbecken festhalten müssen. Dabei

- Abhängig von den vorhandenen Ressourcen die Körperteile waschen, zu denen der Pflegebedürftige nicht in der Lage ist, häufig Rücken, Füße und Intimbereich
- Abhängig vom Befinden den Pflegebedürftigen beaufsichtigen oder dafür sorgen, dass die Klingel erreicht werden kann bzw. Rufkontakt besteht. Günstig ist es, während dieser Zeit das Bett zu richten.

Die **vollständige Übernahme** ist in der Regel bei alten Menschen erforderlich, die nicht belastet werden dürfen oder deren Funktionsfähigkeit der Arme und Hände vollständig eingeschränkt ist. Aber auch bei Pflegebedürftigen, bei denen die willentliche Planung und Ausführung von Handlungsabläufen gestört ist, z. B. bei ausgeprägter Demenz, muss die Körperpflege vollständig übernommen werden.

- Den Oberkörper auskleiden, waschen, trocknen und wieder ankleiden
- Pflegebedürftigen aufstehen lassen, dafür sorgen, dass er sicher steht (z. B. Haltegriffe)

- Unterkörper so weit wie möglich auskleiden (Kleidungsstücke herunterlassen)
- Pflegebedürftigen hinsetzen lassen, Kleidungsstücke entfernen, Unterschenkel und Füße waschen (evtl. Fußbad ermöglichen) trocknen und wieder ankleiden, Kleidung bis zu den Knien hochschieben
- Pflegebedürftigen aufstehen lassen
- Intimbereich waschen und trocknen
- Pflegebedürftigen ankleiden, Stecklaken entfernen und wieder hinsetzen lassen
- Haare kämmen, auf Wunsch Rasur oder Bartpflege, Kosmetika, Parfüm verwenden
- Pflegebedürftigen vom Waschbecken zum Bett oder Tisch begleiten.

Teilwaschungen

Bei **Teilwaschungen** wird nur ein bestimmter Teil des Körpers gewaschen. In der Altenpflege werden folgende Teilwaschungen durchgeführt:

- Teilwaschung **„Hände und Gesicht"**: Erfrischung und zur Reinigung morgens, vor und nach den Mahlzeiten, abends vor dem Zubettgehen
- Teilwaschung **„Unterkörper"** *(Intimpflege):* bei Inkontinenz (☞ 8.4, 8.5) oder vor dem Legen, beim Wechseln und beim liegenden transurethralen Blasenkatheter (Katheterpflege ☞ 8.3.2)
- Teilwaschung **„Oberkörper"**: z. B. bei starkem Schwitzen.

Hautpflege

Um die Haut zu pflegen und ihre natürlichen Funktionen zu unterstützen, wird sie entsprechend des Hauttyps (trocken, fettig, Mischhaut) mit entsprechenden Hautpflegemitteln eingecremt. Neben der Erhaltung einer geschmeidigen und intakten Haut wird mit der Hautpflege aber auch Haut- und Körperkontakt, Zuwendung und Stimulation bezweckt.

Hautpflegemittel	Wirkungsweise	Nachteile	Vorteile
Wasser-in-Öl-Emulsionen (W/O): • Cremes, Salben • Hautmilch • Körperlotionen • Nachtcremes z. B. Nivea-Milk®, Linola®, Bepanthen bzw. Panthenol-Salbe®	Durch den geringen Wasseranteil (ca. 30 %) überziehen diese Produkte die Haut mit einem Fettfilm, der durch die Wasseranteile luftdurchlässig ist und den Wärmeaustausch ermöglicht. Gleichzeitig kann die Hautfeuchtigkeit durch den hohen Anteil an Ölen nicht so schnell entweichen.	Keine	Guter Hautschutz, insbesondere bei trockener Haut
Öl-in-Wasser-Emulsionen (O/W) • Cremes • Körperlotionen • Tagescremes z. B. Nivea-Creme®, Nivea-Lotion®	Durch den hohen Wasseranteil (ca. 60 %) kommt es zum Aufquellen der oberen Hornschicht und zu einer starken Verdunstung der Hautflüssigkeit.	• Bei trockener Haut zusätzliche Austrocknung • Zusätzlich können in den Cremes enthaltene Emulgatoren die Haut belasten.	Gut geeignet zur Pflege fettiger Haut
Fettpräparate, z. B. Vaseline, Melkfett, Wollwachs	Fettpräparate bilden eine isolierende Schicht über der Haut. Sie sind wasserundurchlässig und verhindern deshalb ein Abdunsten von Sekreten und die Abgabe von Wärme	Gefahr von Wärmestau durch Verstopfen der Hautporen. Melkfett enthält oft Desinfektionsmittel, die die Haut eher schädigen als schützen	• Gutes Gleitmittel, z. B. beim Legen eines Darmrohres oder der digitalen Ausräumung • Verhindert vorübergehend, dass hautaggressive Substanzen (auch Harn oder Stuhl) mit der Haut in Berührung kommen
Puder	Entzieht der Haut Wasser, trocknet die jeweiligen Hautstellen aus, kühlt leicht	Verbindet sich bei nässenden Hauterkrankungen mit dem Wundsekret, es entstehen „Krümel", die die Wundheilung beeinträchtigen	Bei sparsamer Anwendung auf intakter Haut (keine nässenden Hauterkrankungen) begünstigt Puder das Austrocknen z. B. feuchter Hautfalten
Alkoholische Mittel, z. B. Franzbranntwein, Gesichtswasser	• Austrocknung und Entfettung der Haut • Erfrischender Effekt • Desinfektion	Bei Neigung zu trockener Haut zusätzliche Austrocknung. Immer mehr Firmen stellen Franzbranntwein mit rückfettenden Substanzen her; ansonsten hilft auch eine Rückfettung mit einer W/O-Emulsion oder eine Mischung aus Franzbranntwein und Baby-Öl	• Bei Neigung zu fettiger Haut rasche Entfettung, z. B. Gesichtswasser • Die erfrischende Wirkung wird oft als sehr angenehm empfunden

Tab. 9.32: Übersicht über Hautpflegemittel und deren Wirkung.

Eine **spezielle Hautpflege** ist immer dann erforderlich, wenn krankheitsbedingte Funktionsstörungen der Haut vorliegen. Sie muss von der ÄrztIn angeordnet werden.

☑ Die Hautpflege beginnt bereits mit der Reinigung der Haut, indem die Art der Körperpflege (waschen, duschen oder baden) und die Reinigungsmittel dem Hauttyp entsprechend individuell ausgewählt werden.

Wirkungsweise von Hautpflegemitteln

AltenpflegerInnen kommt bei der Auswahl der Hautpflegemittel auch eine informierende und beratende Funktion zu (☞ Tab. 9.32).

Individuelle Auswahl der Hautpflegemittel

Die allgemeine Hautpflege kann **stimulierend** wirken. Soweit möglich, sollten deshalb Hautpflegemittel eingesetzt werden, die der alte Mensch auch in der Vergangenheit benutzt hat, damit ihm vertraute Gerüche erhalten bleiben (Basale Stimulation®, ☞ 4.11.2)

Insbesondere im Alter weist der Körper unterschiedliche **Hauttypen** auf: die Haut an den Extremitäten ist eher trocken, am Rumpf dagegen normal bis fettig. Diese Tatsache ist bei der Planung der Hautpflege zu berücksichtigen. Wenn z. B. nur die Haut an den Unterschenkeln trocken ist, spricht nichts gegen eine Einreibung des Rückens mit Franzbranntwein, die, insbesondere von Bettlägerigen, meist als sehr erfrischend und wohltuend empfunden wird.

Bei Veränderungen des Hauttyps, z. B. altersbedingter trockener Haut oder Hauterkrankungen, sollte ein notwendiger Wechsel der Pflegemittel mit dem Pflegebedürftigen abgesprochen werden.

Vorsicht!
Viele Bestandteile von Pflegemitteln, z. B. ätherische Öle, können zu **allergischen Reaktionen** führen.

- Bei allergiegefährdeten alten Menschen neue Pflegemittel an einer kleinen Körperstelle, z. B. in der Ellenbeuge, ausprobieren und 24 Std. abwarten, ob die Haut mit Rötung, Blasenbildung oder Juckreiz reagiert
- Bei Hautveränderungen oder anderen Beschwerden wie z. B. Luftnot sofort ÄrztIn informieren und dokumentieren.

Gesichtspflege

Das Gesicht eines Menschen ist sehr eindrucksvoll. Es können dort viele Dinge gesehen und abgelesen werden, z. B. „vor Freude weinen" oder ein schmerzverzerrter Gesichtsausdruck. Die **Gesichtspflege** ist eine gute Gelegenheit, diesem ausdrucksvollen Teil des Körpers durch sanfte Berührungen Aufmerksamkeit und Zuwendung zu schenken. Da das Gesicht sehr empfindlich ist, benötigt es eine besondere und behutsame Pflege.

Nach der Reinigung wird das **Gesicht** auf Wunsch eingecremt, wobei eigene Tages- oder Nachtcremes verwendet und persönliche Wünsche und Gewohnheiten des Pflegebedürftigen berücksichtigt werden. Auf Wunsch können auch Kosmetika bereitgelegt oder verwendet werden.

☑ Die Gesichtspflege ist eine einfache Möglichkeit, einen Pflegebedürftigen zu aktivieren, da sie sich leicht durchführen lässt und so ein erster Schritt zur selbstständigen Körperpflege sein kann.

Augenpflege

Beim gesunden Menschen wird das Auge durch das Augenlid geschützt und durch die Tränenflüssigkeit gereinigt und feucht gehalten. Deshalb ist beim gesunden Menschen keine spezielle **Augenpflege** notwendig. Es genügt, wenn die Augen Zeit haben, sich auszuruhen, z. B. durch Schlafen oder kurzes Augenschließen, oder für das Auge anstrengende Tätigkeiten wie Bildschirmarbeit kurz zu unterbrechen.

Mit der Augenpflege sollen vermeidbare Erkrankungen des Auges verhindert, Verkrustungen und Verklebungen am Auge entfernt werden. **Indikationen** zur der Augenpflege sind

- Fehlender Lidschlag, z. B. bei Apoplexie
- Infektionen des Auges
- Augenprothesen.

Vorbereitung

- Weiche, sterile, nicht fasernde Tupfer
- Einmalhandschuhe
- Sterile Reinigungs- und bzw. oder Spüllösung (z. B. NaCl 0,9 %) in einer Spritze aufgezogen oder in einer steriler Nierenschale. Die Lösung sollte Raumtemperatur haben
- Evtl. Augentropfen oder -salbe nach Arztanordnung (☞ 4.4.2)
- Abfallsack
- Einmalhandschuhe anziehen und den Pflegebedürftigen halbhoch oder sitzend auf dem Rücken lagern, den Kopf dabei nach hinten neigen lassen.

Vollständige Übernahme

- Die Augenlider, den Lidspalt, die Wimpern, den Augeninnenwinkel und zuletzt die Umgebung mit einem feuchtem Tupfer vom äußeren zum inneren Augenwinkel ohne zu reiben vorsichtig auswischen
- Jeden Tupfer nur einmal benutzen, um einer Infektion vorzubeugen
- Den Vorgang so lange wiederholen, bis das Auge sauber ist

- Evtl. das Auge spülen bzw. Tropfen oder Salben nach Arztanordnung applizieren (☞ 4.4.2)
- Anschließend das Auge trocken tupfen.

Vorsicht!
Augenpflege sorgfältig und sanft durchführen, da es sonst zu Infektionen und Verletzungen kommen kann.

Material	Anwendung	Zubereitung
Fenchelaufguss	Beruhigende Wirkung bei gereizten Augen. • Lidränder mit in Fenchel getränkter Kompresse abwischen • Getränkte Kompresse auf Augen legen	1 Teelöffel gequetschten Fenchelsamen mit 1 Tasse kochendem Wasser überbrühen, 10 Min. ziehen lassen, abseihen, abkühlen lassen, täglich frisch zubereiten
Augentrost	Bei Reizungen, Entzündungen, Konjunktivitis. Anwendung wie oben beschrieben	1 Teelöffel mit 1 Tasse kochendem Wasser überbrühen, 10 Min. ziehen lassen, abseihen, abkühlen lassen, täglich erneuern
Kühle Quarkauflage	Kühlend und lindernd bei überreizten, entzündeten, überanstrengten Augen. Quarkkompresse auf geschlossene Augen legen	Quark messerrückendick auf kleine Kompresse streichen, Ränder einschlagen
Rosenwasser-Auflage	Beruhigend, erfrischend. Getränkte Kompresse auf Augenlider legen	Kompresse mit Rosenwasser aus der Apotheke tränken
Leinsamen-Auflage	Bei Gerstenkorn 1–2 x täglich bestrichene Kompresse auf betroffene Stelle legen. Warm, aber nicht zu heiß auflegen	Groben Leinsamenschrot zu Brei kochen, messerrückendick auf Kompresse streichen, Ränder nach oben einschlagen

Tab. 9.33: Übersicht über natürliche Methoden der Augenpflege.

Nasenpflege

Der gesunde Mensch benötigt keine spezielle **Nasenpflege.** Er reinigt seine Nase mit einem Taschentuch. Eine spezielle Pflege wird durchgeführt beispielsweise bei Bewusstlosen, Verletzungen der Nase, Pflegebedürftigen mit Nasensonden (☞ 7.3.2).

Material

- Watteträger oder Wattestäbchen
- Nasensalbe, z. B. panthenolhaltig
- Handschuhe
- NaCl 0,9 %
- Abfallsack oder Abwurfmöglichkeit.

Die Pflegebedürftige wird, wenn möglich, in einer halbhohen Rückenlage gelagert. Bei der **teilweisen Übernahme** der Nasenpflege werden alte Menschen, die nicht schneuzen können, dabei unterstützt, wobei die Reinigung leichter ist, wenn jeweils ein Nasenloch zugehalten wird.

Vollständige Übernahme

- Borken an der Außenseite der Nase mit Öl aufweichen und das Nasenloch mit einem in NaCl 0,9 % getränkten Watteträger reinigen, dabei den Watteträger leicht drehend ca. 1 cm nach hinten in die Nase einführen
- Anschließend Salbe auftragen.

Vorsicht!

- Nasentropfen nur auf ärztliche Anordnung verabreichen. Bei alten Menschen, die häufig abschwellende Medikamente verwenden, besteht die Gefahr der **Austrocknung** der Nasenschleimhaut
- Keine ölhaltigen Substanzen zur Reinigung der Nasenlöcher verwenden, da sie über den Rachen in die Luftröhre gelangen und zu einer Aspirationspneumonie führen können.

Ohrenpflege

Umgang mit Hörgeräten ☞ 4.3.2

Bei der täglichen **Ohrenpflege** werden Ablagerungen an der Ohrmuschel und am Gehörausgang, z. B. Hautzellen, Ohrenschmalz (Cerumen) und Staub, entfernt. Sie wird mit der allgemeinen Körperpflege durchgeführt. Bei den meisten Menschen ist keine spezielle Ohrenpflege notwendig, da sich der Gehörgang von selbst reinigt. Eine spezielle Ohrenpflege ist nur bei Ohrenschmalzpfropfen *(Cerumenpfropfen)* erforderlich.

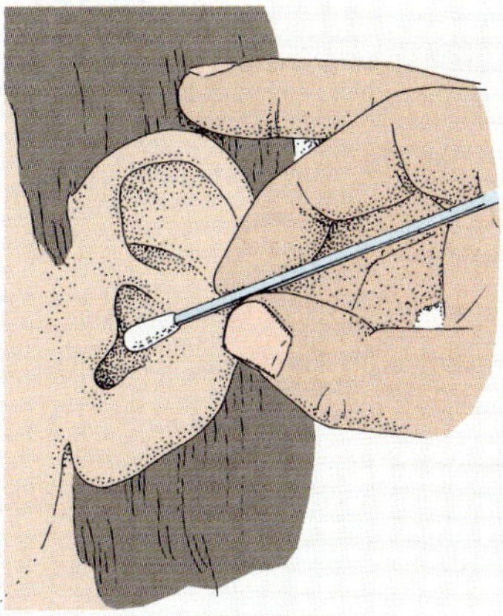

Abb. 9.34: Während der Ohrenpflege die Hand mit dem gestreckten Mittelfinger am Kopf des Pflegebedürftigen abstützen. So kann der Watteträger bei plötzlicher Bewegung des Kopfes nicht zu weit in das Ohr eindringen. [A400-190]

Material
- Waschlappen
- Wasser
- Seife
- Evtl. Wattestäbchen und Babyöl.

Vollständige Übernahme
- Die Ohrmuschel und falls erforderlich die sichtbaren Teile des äußeren Gehörgangs mit Wasser und Seife reinigen, wobei Wasser und Seife nicht ins Ohr dringen sollen
- Sichtbares Ohrenschmalz mit Wattestäbchen entfernen, evtl. dazu eine ölige Flüssigkeit (Babyöl) verwenden (☞ Abb. 9.34)
- Hartnäckige Zerumenpfropfen nach Arztanordnung mit speziellen Salben auflösen und ausspülen.

Vorsicht!
- Bei Ausfluss von Blut, Eiter und Liquor aus dem Ohr das Ohr mit Kompressen steril abdecken und sofort ÄrztIn benachrichtigen
- Wattestäbchen nicht in den Gehörgang einführen, da Verletzungsgefahr besteht.

Komplikationen
- Verletzung des Gehörgangs und des Trommelfells
- Infektion. Deshalb für jedes Ohr ein separates Wattestäbchen verwenden, um eine mögliche Infektionsübertragung zu vermeiden.

Haarpflege

Zur **Haarpflege** gehört das regelmäßige Kämmen, Bürsten, Frisieren und Waschen der Haare (☞ Abb. 9.35). Die Haare werden mindestens einmal täglich frisiert und je nach den Gewohnheiten und Haarbeschaffenheit des Pflegebedürftigen gewaschen.

Haare kämmen und frisieren

Material
- Bürste, Kamm
- Spiegel
- Handtuch
- Haarkosmetika, z. B. Haarspray
- Hilfsmittel zum Frisieren, z. B. Haarspange, Zopfgummi.

Alte Menschen nicht der Einfachheit halber wie Kinder frisieren.

Bei der **teilweisen Übernahme** werden die Materialien in Reichweite gestellt und bei Bedarf Hilfe angeboten. Hilfe kann z. B. dann erforderlich sein, wenn aufgrund von Bewegungseinschränkungen z. B. die Haare am Hinterkopf nicht frisiert werden können.

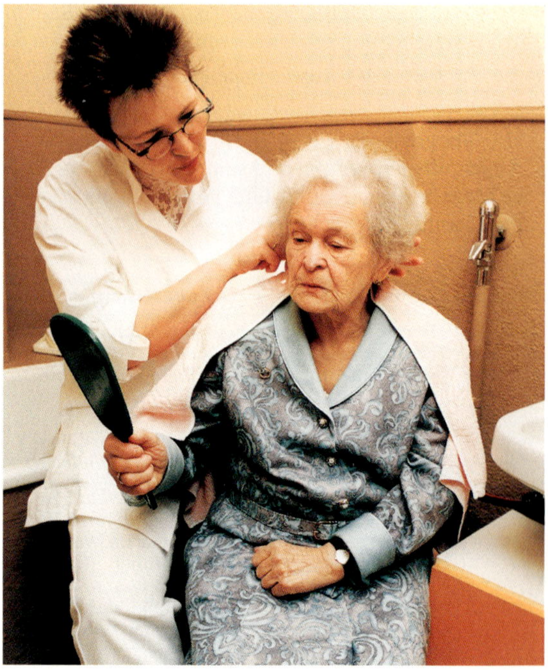

Abb. 9.35: Auch wenn die pflegebedürftige Frau sich nicht selbst kämmen kann, möchte sie ihre Frisur weiterhin bestimmen und wissen, wie sie aussieht. [K151]

Vollständige Übernahme
- Ein Handtuch unter den Kopf legen
- Bei langen Haaren den Kopf auf die Seite drehen und die Haare erst auf der einen, dann auf der anderen Seite von der Haarspitze zum Schaft kämmen, da die Haare sonst verknoten. Dabei jeweils nur einige Zentimeter auskämmen und sich langsam zum Haarschaft vorarbeiten
- Eine Frisur nach Wunsch des Pflegebedürftigen richten. Bei Bettlägerigen darauf achten, dass Kämme und Haarnadeln zur Frisurgestaltung nicht auf die Kopfhaut drücken. Vorteilhaft ist es, lange Haare auf der Seite zu einem Zopf zu flechten oder zusammenzubinden, damit die Haare nicht verfilzen. Alternativ kann auch ein Haarband benutzt werden
- Dem Pflegebedürftigen einen Spiegel zur Überprüfung reichen
- Bürste von den Haaren säubern.

Bei der Haarpflege beachten:
- Fettiges Haar nicht ausgiebig bürsten, da so die Talgproduktion angeregt wird
- Ohne das Einverständnis des Pflegebedürftigen nie die Haare abschneiden
- Zum Zusammenbinden der Haare eine Mullbinde einflechten bzw. weiche Haargummis verwenden. Keine normalen Haushaltsgummis verwenden, da sie die Haarstruktur angreifen.

Haarwäsche

Die **Haarwäsche** wird bei mobilen alten Menschen in der Dusche oder in der Badewanne, bei Bettlägerigen im Bett vorgenommen. Die Haare werden so oft wie gewohnt oder gewünscht gewaschen.

Es gibt verschiedene Methoden, um bei bettlägerigen Pflegebedürftigen die Haare zu waschen. Welche Methode angewendet wird, hängt von der jeweiligen Situation, den vorhandenen Hilfsmitteln und dem Zustand des Pflegebedürftigen ab (☞ Abb. 9.36).

Vollständige Übernahme

Zur vollständigen Übernahme der Haarwäsche (☞ Tab. 9.37) im Bett wird folgendes **Material** benötigt:

- Eimer oder Schüssel mit nach Wunsch des Pflegebedürftigen temperiertem Wasser
- Gefäß zum Schöpfen (Spülgefäß)
- Leerer Eimer
- Handtücher
- Augenschutz, z. B. Waschlappen
- Shampoo je nach Haartyp
- Bettschutz, z. B. Gummi
- Kamm, Bürste
- Föhn
- Evtl. Haarwaschbecken.

> **Vorsicht!**
> Die Haare bei Ohrenerkrankungen nur nach Rücksprache mit der ÄrztIn waschen. Dazu Watte bzw. spezielle Ohrpfropfen, z. B. Ohropax®, in die Ohren stecken, um diese vor Feuchtigkeit zu schützen.

Ähnlich der beruhigenden und belebenden Ganzkörperwaschung (☞ 10.4.2, 10.5.2) können die Haare in oder entgegen der Haarwuchsrichtung gewaschen werden. Bei der **belebenden Haarwäsche** ist die Wassertemperatur niedriger als die Körpertemperatur und die Haare werden entgegen der Haarwuchsrichtung gewaschen. Bei der **beruhigenden Haarwäsche** wird die Wassertemperatur der Körpertemperatur angepasst, die Haare werden in Haarwuchsrichtung gewaschen.

> Bettwäsche und Kleidung nach der Haarwäsche auf Nässe kontrollieren und bei Bedarf wechseln, um Erkältungskrankheiten vorzubeugen.

Rasur und Bartpflege

Ältere Männer bevorzugen häufig die **Nassrasur,** da die Haare gründlicher entfernt werden. Bei der Durchführung braucht die AltenpflegerIn etwas Geschick und Übung. Zur Nassrasur wird ein Spiegel, Rasierschaum, Nassrasierer (Mehrweg- oder Einmalrasierer) oder Rasiermesser und Rasierwasser benötigt.

Vollständige Übernahme

- Spiegel bereitstellen
- Barthaare mit Rasierschaum eincremen
- Pflegebedürftigen während der Rasur bitten, die zu rasierende Gesichtshaut anzuspannen, z. B. die Oberlippe nach unten, die Unterlippe nach oben ziehen und den Mund nach rechts oder links schieben oder die Haut selbst mit einer Hand spannen
- Mit der anderen Hand die Barthaare mit einem Nassrasierer oder Rasiermesser mit kurzen Bewegungen gegen die Haarwuchsrichtung entfernen
- Nach der Rasur die Rasierschaumreste abwischen
- Nach Wunsch Rasierwasser auftragen, um die Haut zu desinfizieren und Entzündungen vorzubeugen.

Haarwäsche im Bett

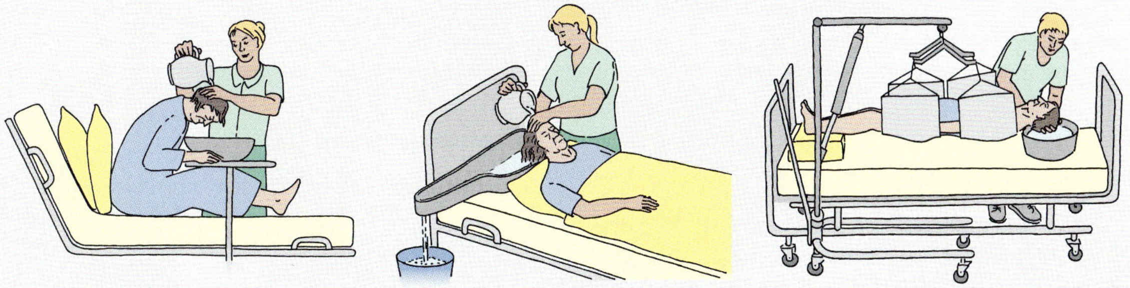

im Sitzen vorn übergebeugt | mit speziellem Haarwaschbecken im Liegen | mit Lifter

Abb. 9.36: Verschiedene Methoden der Haarwäsche. [A500-119]

Arbeitsschritt	Handlungsprinzip
Persönliche Wünsche der Pflegebedürftigen erfragen (Pflegediagnostik, ☞ 9.2)	Die Haarwäsche soll, soweit möglich, den normalen Gewohnheiten entsprechen.
Den Arbeitsplatz und die Materialien entsprechend der gewählten Methode vorbereiten	Voraussetzung, dass dem Pflegebedürftigen ungeteilte Aufmerksamkeit geschenkt und Unterbrechungen vermieden werden, weil etwas fehlt
Eine zweite Pflegekraft hinzubitten	Zügige Durchführung der Haarwäsche bei möglichst geringer Belastung des Pflegebedürftigen
Das Bettniveau hochstellen	Rücken schonende Arbeitsweise
• Bei alten Menschen mit Hörgerät alternative Kommunikationsmittel vereinbaren • Schmuck und Hilfsmittel wie Hörgerät entfernen	Schutz des Hörgerätes vor Durchnässung
• Den Pflegebedürftigen entsprechend der gewählten Methode z. B. flach auf dem Rücken lagern • Kissen entfernen • Evtl. Nacken der pflegebedürftigen Person mit einem kleinen Kissen unterstützen	Bequeme Lage im Bett und Wohlbefinden
• Gummiunterlage ausbreiten • Haarwaschbecken ins Bett stellen • Eimer unter den Ablauf stellen	Bett vor Nässe schützen
Ein Handtuch in den Nacken legen	Schutz vor Nässe und Druck
Inspektion der Kopfhaut und der Haare	Beobachten und Erkennen von Veränderungen der Kopfhaut und der Haare
Die Augen mit einem Waschlappen abdecken	Schutz der Augen vor Shampoo (brennt)
Die Haare mit Wasser nass machen, das Shampoo auftragen und mit den Fingerkuppen in kreisenden Bewegungen einreiben	• Massage der Kopfhaut zur Durchblutungsförderung • Wohlbefinden
Das Shampoo mit klarem Wasser in einem Krug ausspülen	Shampoo völlig entfernen, Reste können zu Juckreiz führen
Die Haare ausdrücken und mit einem Handtuch bedecken	Schutz vor Auskühlung und Nässe
• Die Pflegebedürftige aufsetzen • Die Materialien aus dem Bett entfernen • Das Kopfkissen unter den Kopf legen • Den Oberkörper hochlagern	• Dem Pflegebedürftigen ermöglichen, alles mit den Augen zu verfolgen • Bequeme Lage im Bett
• Haare mit einem Handtuch abfrottieren • Zweites Handtuch um die Schultern legen	Schutz vor Nässe
Haare schonend durchkämmen, dazu einen Spiegel reichen	• Haarstruktur schonen • Pflegebedürftige den Vorgang verfolgen lassen
Haare föhnen bzw. an der Luft trocknen	Föhn nur lauwarm einstellen, um die Haare nicht zu sehr zu strapazieren. Die Hitze regt die Talgproduktion an, belastet die Kopfhaut und kann zu Verbrennungen führen.
Haare frisieren	• Wünsche berücksichtigen • Wohlbefinden durch gepflegtes Äußeres herstellen
• Den Arbeitsplatz aufräumen • Die Materialien aufräumen, reinigen und desinfizieren	Arbeitsplatz so verlassen, wie man ihn vorgefunden hat
Dokumentation	Durchführungskontrolle und Leistungsnachweis

Tab. 9.37: Handlungsablauf bei der vollständigen Übernahme der Haarwäsche durch eine AltenpflegerIn im Bett.

Im Gegensatz dazu ist die **Trockenrasur** mit einem elektrischen Rasierapparat leicht durchzuführen (☞ Abb. 9.38). Die Barthaare werden, ebenfalls vor einem Spiegel, trocken rasiert, da nasse Haare das Scherblatt verkleben. Nach Gebrauch des Rasierapparates wird der Rasierkopf geöffnet und mittels eines speziellen kleinen Pinsels von den Barthaaren gereinigt.

Bei Bartträgern gehört zur täglichen Gesichtspflege das Kämmen und das regelmäßige Zurückschneiden des Bartes, damit er seine Form behält.

Gesichtsbehaarung bei Frauen

Gesichtsbehaarung bei Frauen tritt meistens auf als Folge von Virilisierung (Merkmalsausprägung des männlichen Geschlechts) und Maskulinisierung („Vermännlichung") infolge einer erhöhten Aktivität männlicher Hormone bzw. durch Einnahme von Hormonpräparaten.

Nach einer Rasur wachsen die Haare ohne Spitze nach und sehen deshalb dicker aus. Aus diesem

Grund ist die Frau nach der ersten Rasur gezwungen, sich immer wieder zu rasieren. Sich täglich wie ein Mann zu rasieren ist für die meisten Frauen allerdings unangenehm und vor allem psychisch belastend. Besser ist es, die Frau zu beraten und eine Kosmetikerin hinzuzuziehen. Manche Frauen sind auch das Auszupfen vereinzelter Barthaare mit einer Pinzette gewöhnt. Nur wenn das Problem der Gesichtsbehaarung auf diese Weise nicht gelöst werden kann, ist in Absprache mit der Betroffenen regelmäßiges Rasieren in Erwägung zu ziehen.

Abb. 9.38: Trockenrasur mit elektrischem Rasiergerät. [K151]

Hand-, Fuß- und Nagelpflege

Die Hand-, Fuß- und Nagelpflege verhütet lange oder eingewachsene Nägel, beugt rissiger oder verhornter Haut vor und vermeidet versehentliche Hautverletzungen durch zu lange Nägel.

Bei vorgeschädigter Haut und erhöhter Verletzungsgefahr oder anderen Problemen ist es sinnvoll, eine erfahrene FußpflegerIn hinzuziehen.

Material

- Handtuch
- Waschschüssel mit warmem Wasser
- Waschlotion
- Evtl. Nagelbürste
- Abfallsack
- Nagelschere
- Nagelfeile
- Pflegemittel nach Wunsch, z. B. Handcreme
- Einmaltücher.

Vollständige Übernahme der Handpflege

- Hände des alten Menschen nass machen und gut einseifen
- Hände entweder mit einem Waschlappen reinigen oder Hände in warmes Wasser in eine Waschschüssel oder ins Waschbecken eintauchen lassen
- Hände gründlich, besonders zwischen den Fingern, abtrocknen und nach Wunsch eincremen.

Vollständige Übernahme der Fußpflege

- Fußbad ermöglichen (☞ Tab. 9.40)
- Zehenzwischenräume gründlich waschen und besonders sorgfältig abtrocknen, da im feuchtwarmen Milieu Fußpilzgefahr droht
- Trockene Haut eincremen, dabei die Zehenzwischenräume aussparen
- Nach Rücksprache mit dem alten Menschen bei größeren Hornhautstellen und Hühneraugen eine FußpflegerIn bestellen.

Vollständige Übernahme der Nagelpflege

- Die Hände oder Füße ca. 10 Min. baden, da die Nägel dann weicher sind, dabei evtl. die Nägel bürsten, um sie zu säubern
- Nach dem Bad gut abtrocknen
- Ein Handtuch unterlegen
- Nägel vorsichtig mit Nagelfeilenspitze reinigen, besser abgerundetes Maniküreinstrument benutzen
- Fingernägel bis zur Fingerkuppe oval zurückschneiden, um das Fingerspitzengefühl zu erhalten. Im Gegensatz dazu werden Fußnägel gerade geschnitten, damit die Kanten des Nagels nicht einwachsen können (☞ Abb. 9.39)
- Evtl. die Nägel feilen
- Auf Wunsch des Pflegebedürftigen und bei Problemfällen eine FußpflegerIn bestellen.

Vorsicht!
Die Nagelpflege besonders vorsichtig durchführen oder besser einer ausgebildeten FußpflegerIn überlassen bei:

- Diabetischer Angiopathie und anderen peripheren Durchblutungsstörungen wegen erhöhter Verletzungs- und Infektionsgefahr
- Einnahme blutgerinnungshemmender Medikamente, weil im Falle einer Verletzung die Blutung nur langsam zum Stillstand kommt.

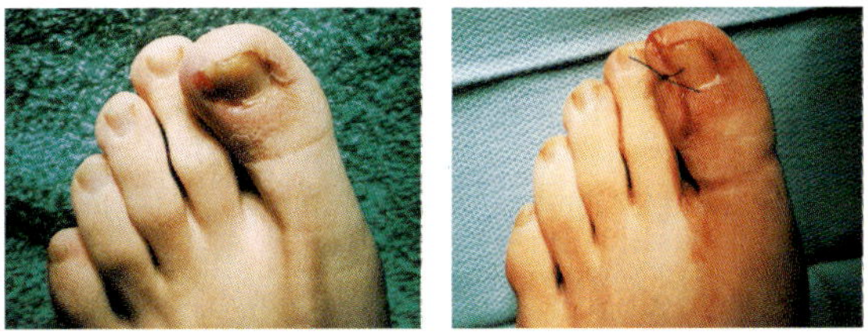

Abb. 9.39: Bei falscher Durchführung der Fußpflege können die Nägel einwachsen (links) und müssen dann operiert werden (rechts). [O149]

Badeform	Indikationen	Durchführung und Besonderheiten
Warmes oder heißes Vollbad	• Reinigung • Muskelverspannungen • Spastische Lähmungen • Kontrakturen • Erkältungskrankheiten • Muskelkater Kontraindikationen: Herz- und Kreislauferkrankungen	• Nur nach ärztlicher Rücksprache durchführen • Badetemperatur für ein warmes 36–39 °C, für ein heißes Vollbad 40–45 °C • Vollbad bei Schweißausbruch (Kreislaufbelastung) beenden • Vitalzeichen kontrollieren (Kollapsgefahr)
Ansteigendes Vollbad	• Erkältungskrankheiten • Vorbereitung für eine trockene Schwitzpackung Kontraindikationen: Herz- und Kreislauferkrankungen	• Innerhalb von 15–20 Min. 30 °C warmes Wasser durch Hinzufügen von heißem Wasser auf 38–40 °C erwärmen • Vitalzeichen kontrollieren (Kollapsgefahr)
Ansteigendes Halbbad	• Koliken • Krämpfe • Erkältungskrankheiten • Für wenig belastbare alte Menschen geeignet. Kontraindikationen: Herz- und Kreislauferkrankungen	• Das Wasser mit einer Temperatur von ca. 36 °C bis Bauchnabelhöhe des Pflegebedürftigen in die Badewanne einlaufen lassen • Die Wassertemperatur durch Hinzufügen von heißem Wasser auf ca. 43 °C erwärmen • Badedauer: ca. 20–30 Min. Vorsicht: Bei Schweißausbruch oder unangenehmen Hitzegefühl Bad sofort beenden • Vor Ende des Bades die Wassertemperatur auf 37 °C absenken • Pflegebedürftigen kühl abwaschen • Nach Beendigung des Bades Pflegebedürftigen ruhen lassen
Absteigendes Vollbad	Hohes Fieber	• Zu Beginn liegt die Wassertemperatur 0,5–1 °C unter der rektal gemessenen Körpertemperatur • Innerhalb von 10–15 Min. die Wassertemperatur durch Zugabe von kaltem Wasser auf ca. 30–33 °C absenken • Vitalzeichen kontrollieren (Kollapsgefahr)
Absteigendes Halbbad	• Hypotonie (niederer Blutdruck) • Vegetativ bedingte Herzrhythmusstörungen	• Das Wasser mit einer Temperatur von ca. 36 °C bis in Bauchnabelhöhe einfüllen • Die Wassertemperatur durch Zugabe von kaltem Wasser innerhalb von 5 Min. auf 31 °C absenken • Rücken des Pflegebedürftigen mehrfach mit Wasser übergießen
Sitzbad	Förderung der Wundheilung z. B. nach: • Hämorrhoidenoperationen • Gynäkologischen Erkrankungen	• Die Sitzbadewanne etwa zur Hälfte mit 38–40 °C warmem Wasser füllen • Badedauer: 10–20 Min. (Arztanordnung bzw. Empfinden des Pflegebedürftigen) • Auf Arztanordnung desinfizierende Badezusätze zur Wundheilung zugegeben
Handbad	• Finger- und Handversteifungen • Eitrige Nagelbettentzündung (Panaritium) • Bei Ganzkörperwaschung • Vor der Nagelpflege	Die ganze Hand in warmem Wasser in einer Waschschüssel oder im Waschbecken bewegen
Armbad	• Durchblutungsstörungen • Vorbereitung zur Venenpunktion • Infizierte Wunden • Zusätzlich zur Ganzkörperwaschung	• Das Armbad in einer Waschschüssel oder im Waschbecken durchführen • Die Badedauer beträgt als kaltes Bad (um die Durchblutung anzuregen) 30 Sek. und als warmes Bad 10–15 Min. • Beim warmen Bad liegt die Temperatur am Anfang bei ca. 36 °C. Sie wird durch Zugabe heißen Wassers auf ca. 42 °C gesteigert • Ggf. einen desinfizierenden Zusatz zur Wundreinigung beifügen
Fußbad	• Durchblutungsstörungen • Distorsionen • Während der Ganzkörperwaschung • Wundreinigung z. B. bei Ulcus cruris	Kaltes Fußbad: • 20 °C kaltes Wasser in einen Eimer füllen • Die Füße für 10–20 Sekunden ins kalte Wasser stellen Warmes Fußbad: • Die Wassertemperatur liegt beim warmen Fußbad bei ca. 36 °C • Wassertemperatur durch Zugabe von heißem Wasser auf ca. 42 °C steigern • Die Dauer beträgt ca. 15–20 Min. • Das Bad mit einer kalten Fußwaschung beenden • Bei einem Fußbad zur Wundreinigung darf die Wassertemperatur nur 36–37 °C betragen und ist nach 10 Min. zu beenden
Wechselfußbad	Gefäßtraining bei Durchblutungsstörungen Kontraindikationen: Arterielle Verschlusskrankheit	• In eine Schüssel ca. 40 °C warmes, in eine zweite 20 °C kaltes Wasser einfüllen • Füße für etwa 2 Min. in Schüssel mit warmem Wasser stellen • Füße anschließend für 10–20 Sekunden in kaltes Wasser tauchen • Den Vorgang dreimal wiederholen • Mit einer kalter Anwendung beenden

Tab. 9.40: Übersicht über Teil- und Vollbäder.

Voll- und Teilbäder

Baden reinigt nicht nur den Körper, es entspannt auch die Muskulatur und steigert das psychische und physische Wohlbefinden. Je nach individuellen Vorlieben kann zu jeder Tagszeit gebadet werden, allerdings frühestens zwei Stunden nach einer Mahlzeit. Eine Übersicht zu verschiedenen Voll- und Teilbädern, zu Indikationen und Durchführung gibt Tab. 9.40.

Vorsicht!
Baden ist nur nach Rücksprache mit der ÄrztIn erlaubt bei
- Herz- und Kreislauferkrankungen
- Offenen Wunden
- Hauterkrankungen
- Infektionen
- Schwerkranken alten Menschen.

Badetemperaturen

Jeder Mensch schätzt die Temperatur unterschiedlich ein. Was der eine als lauwarm oder kühl empfindet, ist für den anderen bereits heiß. Die **Temperatur des Badewassers** richtet sich deshalb immer nach dem Wunsch des Pflegebedürftigen. Trotzdem ist es sicherer, die Wassertemperatur mit einem Badethermometer zu kontrollieren, denn für Pflegebedürftige mit Herz- und Kreislaufstörungen ist sehr heißes Wasser belastend und gefährlich. Allgemeine Richtwerte sind:
- **Kaltes Bad:** 10–29 °C, Badedauer etwa 5–10 Min., Fieber senkende und örtlich schmerzstillende Wirkung
- **Kühles Bad:** 30–35 °C, Badedauer etwa bis 5 Min., hilft bei Hypotonie
- **Warmes Bad:** 36–39 °C, Badedauer etwa 10–20 Min., verringert Verspannungen und Unruhe
- **Heißes Bad:** 40–45 °C, Badedauer etwa bis 5 Min., lindert Erkältungen und Muskelkater.

Badezusätze

Badezusätze, die dem Badewasser zugeführt werden, können die Wirkung eines Bades erhöhen. Sie duften nicht nur gut und bereichern dadurch das Badeerlebnis. Ätherische Öle nehmen darüber hinaus gezielt Einfluss auf den Körper. Demzufolge können sie dem Pflegebedürftigen bei falscher Anwendung auch Schaden zufügen.

Pflanzliche Auszüge bzw. Öle	Wirkung	Indikationen	
Fichtennadel	• Leicht hautreizend • Durchblutungsfördernd	• Schlafstörungen • Nervosität	
Kamille	• Reiz lindernd • Entzündungshemmend • Schmerzlindernd • Beruhigend • Schweißtreibend	• Entzündungen, Ekzeme • Schlaflosigkeit • Erschöpfung	
Rosmarin	• Kreislauf aktivierend • Durchblutungsfördernd • Beruhigend und gleichzeitig belebend	• Abgespanntheit • Muskel- und Gelenkrheumatismus	
Melisse	• Beruhigend • Entspannend	• Einschlafstörungen • Unruhe	
Industriell bzw. künstlich hergestellte Zusätze	**Wirkung**	**Indikationen**	**Zu beachten**
Kaliumpermanganat	• Desinfizierend • Entzündungshemmend	• Hauterkrankungen • Dekubitus • Wunden	• Sparsam dosieren. Die Wasserfarbe muss hautfarben sein • Bei Überdosierung ätzende Wirkung und unerwünschte Aufnahme über die Wundfläche
Kochsalz	• Durchblutungssteigernd (Haut) • Stoffwechselsteigernd	• Rheumatische Erkrankungen • Stoffwechselerkrankungen	• Konzentration: 1–4 % • Temperatur: 35–37 °C • Dauer: 10–20 Min. • Nach dem Bad nicht duschen oder abspülen • Anschließend eine Std. Bettruhe
Schwefel	• Durchblutungssteigernd • Stoffwechsel anregend	• Rheumatische Erkrankungen • Hauterkrankungen	• Fertigpräparat • Badetemperatur: 35–38 °C • Dauer: 10–20 Min. • Schmuck und Uhren ablegen lassen, da eine Schwarzfärbung auftritt • Packungsbeilage beachten

Tab. 9.41: Übersicht über Wirkung und Indikation von Badezusätzen.

Bei einigen Menschen rufen Badezusätze allergische Reaktionen hervor und müssen deshalb bei bekannten Allergien weggelassen werden. Die Tabelle 9.41 zeigt eine Auswahl von pflanzlichen und industriell hergestellten Badezusätzen.

Reinigungsbad

Material

- Zwei Waschlappen
- Waschlotion bzw. Seife
- Schaumbad bzw. Badezusatz nach Anordnung
- Evtl. Shampoo
- Badethermometer.

Nach dem Bad

- Badetuch, evtl. vorwärmen
- Hautpflegemittel
- Evtl. Nagelschere, Kamm bzw. Bürste
- Individuelle Pflegekosmetika des Pflegebedürftigen
- Föhn
- Frische Kleidung.

Vorbereitung

- Raumtemperatur kontrollieren und auf mindestens 20–22 °C einstellen, damit Pflegebedürftiger nicht friert
- Vor die Badewanne eine dickere Vorlage und in die Badewanne bzw. Dusche eine rutschfeste Badematte legen

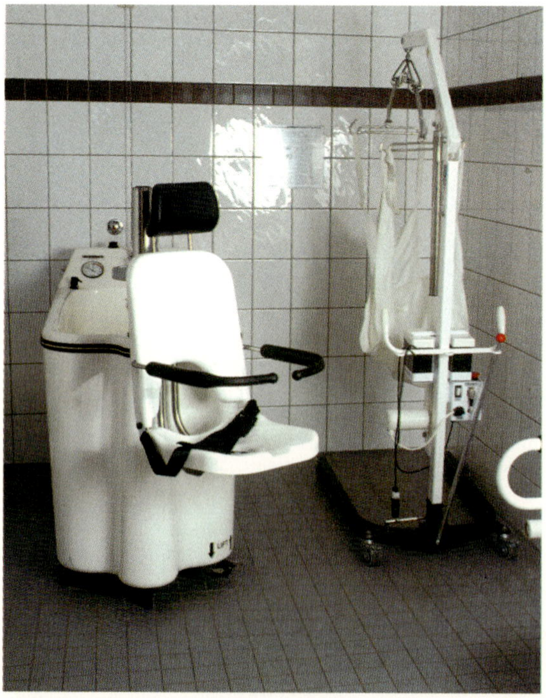

Abb. 9.42: Badewanne im Stationsbad mit integriertem Lifter. Daneben fahrbarer Lifter. [K183]

- Den Pflegebedürftigen Schmuck, Hörgerät und Uhr ablegen lassen
- Nach besonderen Wünschen fragen, z. B. Pflegekosmetika und diese ggf. mit ins Bad nehmen
- Bei Immobilität den Pflegebedürftigen mit dem Rollstuhl oder Bett ins Badezimmer bringen
- Gelegenheit zum Toilettenbesuch geben
- Bei Stuhlinkontinenz den Pflegebedürftigen vor dem Bad reinigen
- Badewasser in die Badewanne einlaufen lassen. Gewünschte Wassertemperatur erfragen bzw. das Wasser mit der Hand prüfen lassen, zur Sicherheit mit dem Badethermometer kontrollieren
- Badezusatz, falls gewünscht oder ärztlich verordnet, ins Badewasser geben
- Vitalzeichen kontrollieren.

☑ Alte Menschen nicht zum häufigen Baden überreden. Viele alte Menschen sind es nicht gewöhnt, mehr als einmal in der Woche zu baden.

Selbstständige alte Menschen können alleine baden, dabei sollte die Klingel erreichbar sein und die Tür während des Bades nicht verschlossen werden, um bei Komplikationen Hilfestellungen leisten zu können. An die Tür das „Besetzt“-Schild hängen.

Vollständige Übernahme

- Transfer in die Badewanne den Gewohnheiten der pflegebedürftigen Person entsprechend oder mit Hilfe eines Badesitzes bzw. -lifters, Hebelifters oder Stuhls (☞ Abb. 9.43–45)
- Das Bad als Teilbad beginnen, d. h. das Wasser bis zum Nabel des Pflegebedürftigen einlaufen lassen. Die Wassermenge allmählich steigern, nachdem der Pflegebedürftige Platz genommen hat
- Bei Bedarf zur Körperpflege anleiten oder vollständig übernehmen
- Atmung, Kreislauf und Hautfarbe beobachten, um Komplikationen schnell erkennen und eingreifen zu können
- Das warme bzw. heiße Bad immer mit einer kalten bzw. kühleren Anwendung (duschen oder abwaschen) beenden, um den Kreislauf zu entlasten, als Gefäßtraining und als Schutz vor zu starker Auskühlung
- Bei Bedarf Hilfestellung beim Transfer aus der Badewanne leisten.

Die Badezeit beträgt in der Regel ca. 10–20 Min., kann aber den individuellen Wünschen des alten Menschen angepasst werden. Das Wasser erst ablassen, wenn der alte Mensch aus der Wanne ausgestiegen ist, da das Aussteigen aus einer gefüllten Wanne leichter fällt.

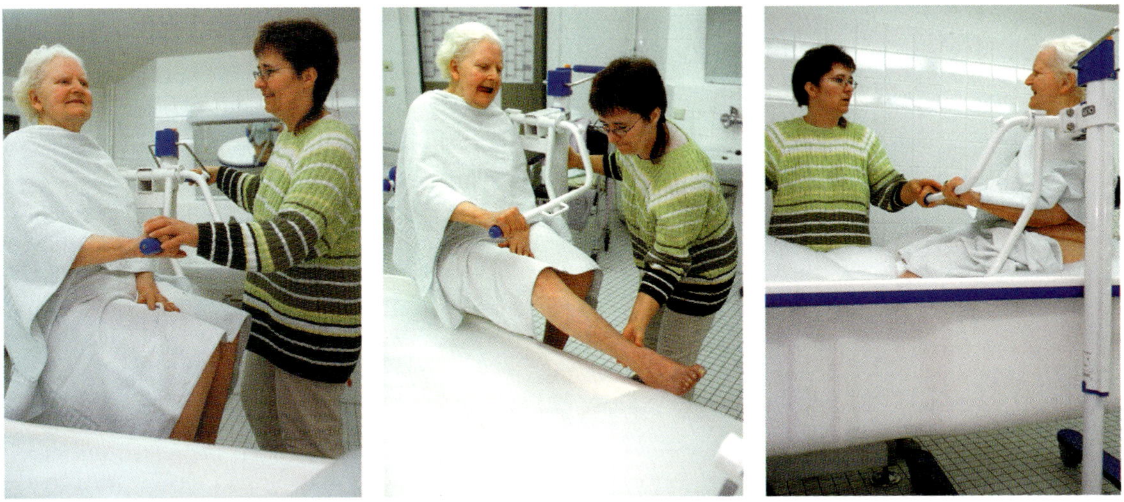

Abb. 9.43, 9.44, 9.45: Transfer in die Badewanne. [K157/W166]

Zusätzlich zur Reinigung kann ein beruhigender oder belebender Effekt erzielt werden (Beruhigende und belebende Ganzkörperwaschung ☞ 10.4.2, 10.5.2).

Nach dem Baden den Pflegebedürftigen

- Gut abfrottieren, notwendige Prophylaxen durchführen und Verbände neu anlegen
- Evtl. bei der Haut-, Haar- und Zahnpflege unterstützen (☞ oben)
- Ankleiden und zurück ins Zimmer begleiten. Es ist für den Pflegebedürftigen von Vorteil, sich nach dem Bad auszuruhen, da das Bad kreislaufbelastend ist.

Im Baderaum

- Material aufräumen
- Vorlage vor der Badewanne wechseln
- Badewanne und Badematte reinigen und desinfizieren.

Vorsicht!
Beim Umgang mit elektrischen Geräten (z. B. Föhn, Rasierapparat) im Badezimmer besteht Stromschlaggefahr. Deshalb Geräte nicht in Reichweite der Badewanne legen.

Komplikationen

- Im warmen Wasser erweitern sich die Hautgefäße, das Blut „versackt" in den weit gestellten Gefäßen, so dass der Pflegebedürftige möglicherweise kollabiert. Aus diesem Grund gefährdete Menschen besser duschen (lassen) bzw. nur kurz in kühlem Wasser baden
- Der Wasserdruck erhöht durch die Kompression der oberflächlichen Venen den Blutrückstrom zum Herzen. Bei Herzinsuffizienz deshalb nur ein Halbbad durchführen
- Diese physiologischen Reaktionen können bei Vorerkrankungen des Herz- und Kreislaufsystems zu Beklemmung, Atemnot, „verstärktem Herzklopfen" und Kollaps führen.

Bei **Komplikationen**

- Stöpsel aus der Badewanne ziehen und Kopf des Kollabierten über Wasser halten
- Glocke bzw. Alarm betätigen
- Pflegebedürftigen aufrichten und kühl abduschen, dabei die Wassertemperatur langsam senken
- Pflegebedürftigen zu zweit aus der Badewanne heben, auf eine Trage legen und abtrocknen
- Vitalzeichen kontrollieren, evtl. Reanimation einleiten und ÄrztIn rufen (lassen).

Duschen

Duschen reinigt und erfrischt den Körper und ist die ideale Form der Körperreinigung, da

- Schmutz und Seife sofort wieder abfließen, so dass keine Rückstände auf der Haut verbleiben
- Herz und Kreislauf kaum belastet werden
- Die Haut nur wenig aufquillt und kaum austrocknet
- Der Wasserverbrauch wesentlich geringer ist als beim Baden.

Ältere Menschen sind Duschen häufig nicht gewohnt. Besonders unangenehm ist es für einen Pflegebedürftigen, von anderen geduscht zu werden, weil er durch den auf ihn gerichteten Wasserstrahl erschrickt und ängstlich reagiert. Deshalb ist es besser, den Pflegebedürftige anzuleiten, sich selbst zu duschen.

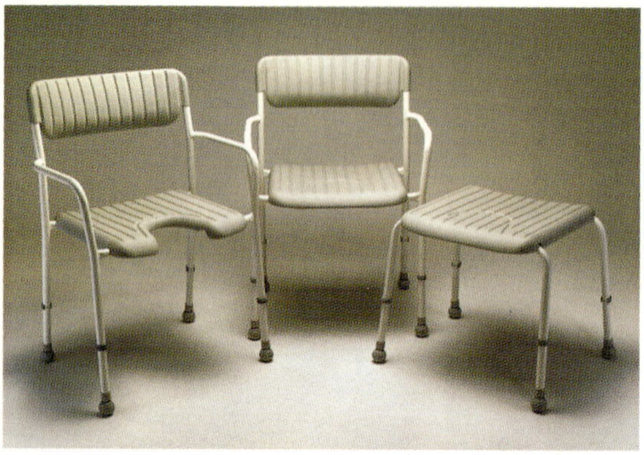

Abb. 9.46: Verschiedene Sitzmöglichkeiten beim Duschen. [V143]

Vorbereitung

- Rutschfeste Matte in die Dusche legen
- Dicke Badevorlage vor die Dusche legen
- Einen rutschfesten Stuhl in die Dusche stellen für Menschen, die nicht alleine stehen können (☞ Abb. 9.46). Alternativ können ein Duschrollstuhl oder eine Duschliege verwendet werden. Beim Duschrollstuhl wird die Pflegebedürftige mit dem Rollstuhl in die ebenerdige Dusche gefahren. Abnehmbare Teile ermöglichen eine optimale Körperpflege. Der Duschwagen ermöglicht das Duschen im Liegen
- Pflegebedürftige auf Haltegriffe hinweisen
- Gewünschte Wassertemperatur erfragen
- Klingel in Reichweite legen.

Vollständige Übernahme

- Vorsichtig an den Extremitäten beginnen, anschließend Rücken, vorderer Oberkörper und Intimbereich, zum Schluss und auf Wunsch Haare und Gesicht duschen
- Nach dem Einseifen Seifenreste abspülen oder abspülen lassen.

Ein mit einer dicken Schnur versehenes Stück Seife, das dem alten Menschen um den Hals gehängt wird, erleichtert das Einseifen mit nur einer Hand.

Nach dem Duschen

- Beim Abtrocknen und Transfer aus der Dusche anleiten oder beides übernehmen
- Hautpflege durchführen
- Anleitung oder Übernahme beim Ankleiden (☞ 9.5.2)
- Pflegebedürftigen aus dem Bad begleiten.

9.3.3 Exemplarische Pflegeplanung

Pflegediagnose mit Ursache (PD), Ressourcen (R), Erfahrungenn (E), aktuelle Bedürfnisse (AB)	**Pflegeziele**	**Pflegetherapie** Information (I), Beratung (B), Motivation (M), Anleitung (A), Beaufsichtigung (Bf), teilweise Übernahme (tÜ), vollständige Übernahme (vÜ)
PD: Selbstversorgungsdefizit bei der Körperpflege aufgrund linksseitiger Hemiplegie **R:** kann am Waschbecken Rasur und Mundpflege selbstständig durchführen, wenn Hilfsmittel bereitgelegt werden; kann mit Unterstützung gelähmte Körperhälfte teilweise waschen und abtrocknen	Gepflegtes Erscheinungsbild Intakte Haut Erhalt vorhandener Ressourcen	**tÜ:** Rasur **tÜ:** Reinigende Mundpflege **A, tÜ:** Ganzkörperwaschung am Waschbecken nach Bobath (☞ 4.6.2) **vÜ:** 1 x wöchentlich Haarwäsche am Waschbecken

Tab. 9.47: Beispiel einer Pflegeplanung beim Selbstversorgungsdefizit bei der Körperpflege.

9.4 Gefahr von Hautirritationen

Dekubitus ☞ Kap. 5.8

Hautirritation: Reizung der Haut, die zu einem Hautdefekt führen kann.

Im Alter ist die Haut einerseits empfindlicher und weniger belastbar, andererseits kann sie extremen Belastungen ausgesetzt sein, z. B. bei Bettlägerigkeit. Die Gefahr, dass die Haut Schaden nimmt, steigt. Häufige Hautirritationen und -defekte sind z. B.

- **Intertrigo** *(lat.: Wundreiben):* hochrotes, nässendes Erythem in den Hautfalten, vor allem in Leisten, unter den Brüsten (☞ Abb. 9.48), in den Achseln, in der Gesäßspalte
- **Dermatitis** *(Hautentzündung):* eine akute, nichtinfektiöse Entzündung der Haut mit Rötung, Schwellung, Bläschenbildung, Nässen, Krustenbildung sowie Juckreiz.

9.4.1 Pflegediagnostik

Ursachen und Einflussfaktoren

- Empfindliche oder trockene Haut durch altersbedingt verminderte Talgdrüsentätigkeit oder Flüssigkeitsdefizit

- Diabetes mellitus
- Harn- und Stuhlinkontinenz, Diarrhoe und konzentrierter Harn, weil Harn und Stuhl das physiologische Hautmilieu angreifen
- Selbstversorgungsdefizit bei der Intimpflege
- Adipositas führt zum großflächigen Aufliegen von Haut auf Haut. Außerdem schwitzen Übergewichtige vermehrt
- Starkes Schwitzen, z. B. bei einer Schiddrüsenüberfunktion (Hyperthyreose) oder in der warmen Jahreszeit
- Verwendung von Hautreinigungs- bzw. pflegemitteln, die das physiologische Hautmilieu schädigen, Medikamentennebenwirkungen und -unverträglichkeiten, z. B. durch Antibiotika
- Lebensmittelunverträglichkeiten oder allergische Hautreaktionen, z. B. auf Inkontinenzhilfsmittel
- Periphere Durchblutungsstörungen an den unteren Extremitäten, z. B. bei Diabetes mellitus, nach einer Beinvenenthrombose
- Pilzinfektionen.

Folgen

- Beschwerden und Krankheitsgefühl durch Brennen, Schmerzen, Juckreiz
- Chronische, schlecht heilende Wunden, z. B. **Ulcus cruris**
- Infektionen der Haut
- Schlafstörungen.

Vorsicht!
Eine Dermatitis oder eine Intertrigo kann durch eine bakterielle oder mykotische Infektion verstärkt werden, daher rechtzeitig ÄrztIn verständigen, damit eine medikamentös wirksame Behandlung eingeleitet wird.

9.4.2 Pflegetherapeutische Maßnahmen

Pflege trockener und empfindlicher Haut

Allgemeine Maßnahmen

- Für eine ausreichende Flüssigkeitszufuhr sorgen (☞ 7.4)
- Waschen, vor allem aber Baden auf ein Minimum reduzieren. Kurzes Duschen bevorzugen
- Auf normale Seifen verzichten, statt dessen pH-neutrale und rückfettende Präparate verwenden, immer gründlich mit klarem Wasser nachwaschen
- Zum Abtrocknen die Haut mit einem weichen Handtuch vorsichtig abtupfen, nicht reiben
- Ausschließlich Wasser-in-Öl-Emulsionen zur Pflege trockener Haut, parfümfreie zur Pflege empflindlicher Haut verwenden. Bei Mischhaut die Hautpflegemittel entsprechend der Körperstellen verschieden auswählen (☞ Tab. 9.32).

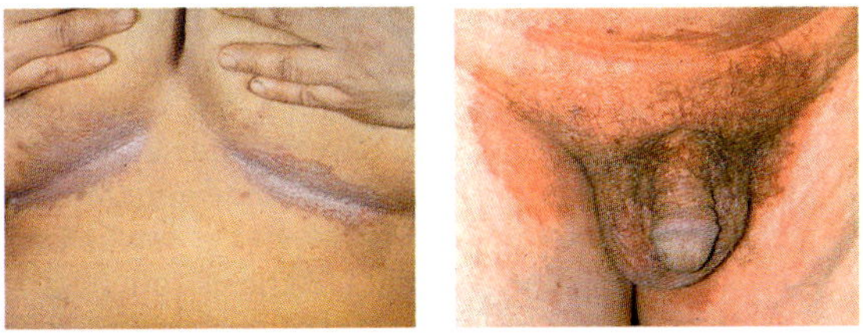

Abb. 9.48: Intertrigo in den Hautfalten unter den Brüsten und in der Leiste. [A400/A300]

Bei **Juckreiz**
- Allergene vermeiden
- Körperstellen, die stark jucken, mit hautfreundlichen Materialien bedecken
- Juckreiz stillende Salben nach Arztanordnung
- Fingernägel kurz schneiden, um größere Verletzungen beim Kratzen zu vermeiden.

Juckreiz stillende Ganzkörperwaschung

Material
- Weiche Handtücher und Waschlappen
- Wassertemperatur: etwa 32 °C
- Zusätze: Ölbäder, z. B. Balneum Hermal®

Juckreiz stillende Salben vorsichtig mit Babyöl von der Haut des Pflegebedürftigen entfernen. Bei vollständiger Übernahme der **Juckreiz stillenden Ganzkörperwaschung**
- Den Körper nur mit Wasser betupfen und vorsichtig mit einem Handtuch abtupfen
- Evtl. Beruhigende Waschung (☞ 10.4.2) durchführen
- Haut beobachten
- Hautpflege mit Wasser-in-Öl-Emulsion.

Dermatitis- und Intertrigoprophylaxe

Verunreinigungen auf der Haut sowie ein instabiler Hautzustand gehören zu den häufigsten Risikofaktoren einer Dermatitis und eines Intertrigo (☞ Abb. 9.48). Daher sind die Vermeidung von Verunreinigung sowie die Stabilisierung des Hautzustandes in der gefährdeten Körperregion die geeignetsten Maßnahmen:
- Wann immer möglich, **Inkontinenzprophylaxe** und **Toilettentraining** (☞ 8.4, 8.5). Bei unvermeidbarer Harn- bzw. Stuhlinkontinenz möglichst geringer Hautkontakt mit Harn bzw. Stuhl durch Verwendung entsprechender **Inkontinenzmaterialien,** wie z. B. Kondom-Urinale und externe Urinableiter für Frauen
- Wenn erforderlich, individuelle und bedarfsgerechte Auswahl bei der Inkontinenzversorgung mit

aufsaugenden und absorbierenden Hilfsmitteln. Die Industrie stellt ein vielfältiges Angebot an Inkontinenzprodukten zur Verfügung. Die verwendeten Stoffe (Material, Zusätze) sind unterschiedlich. Es lohnt sich daher, auch die Produkte anderer Firmen auszuprobieren
  - (Geformte) Vorlagen und Netzhose (offene Inkontinenzsysteme) helfen, die Gefahr eines Hitzestaus zu minimieren
  - Inkontinenzslips (geschlossene Inkontinenzsysteme) möglichst nur bei ausgeprägter Stuhlinkontinenz und ggf. nachts verwenden
- Dermatitis und Intertrigo machen eine regelmäßige **hautstabilisierende Intimpflege** notwendig:
  - Das Wasser sollte lauwarm sein (mit Einverständnis der Pflegebedürftigen)
  - Nur seifenfreie Waschlotionen oder pH-neutrale Babyseife verwenden (gegebenenfalls auch nur mit klarem Wasser), immer mit klarem Wasser nachwaschen (Einmalwaschlappen verwenden, Waschlotion nicht ins Waschwasser)
  - Haut und besonders Hautfalten gut abtrocknen (evtl. tupfen)
  - Haut mit einer Wasser-in-Öl-Emulsion rückfetten oder z. B. mit PC 30 V® einreiben (wirkt desinfizierend, ohne die Haut auszutrocknen) oder
  - Hautschutzfilm auftragen, z. B. Carigard® von Medicare Pfrimmer. Seine Wirkung hält ca. 4 Stunden an
- Bei starkem Schwitzen **Schweiß reduzierende Ganzkörperwaschung** anwenden (☞ Tab. 9.26) und häufig **Wäsche wechseln.** Luftdurchlässige, Schweiß aufsaugende Kleiderstoffe, z. B. Baumwolle, bevorzugen
- Evtl. **Leinenläppchen** oder Mullkompressen zwischen die aufeinander liegenden Hautfalten legen und mehrmals täglich wechseln
- Auf ausreichend **Flüssigkeitszufuhr** achten, da konzentrierter Urin die Haut angreift (☞ 7.4)
- **Obstipationsbehandlung,** da durch eine Obstipation (bedingt durch Kotballen) ständige Schmierstühle ausgelöst werden, die die Haut angreifen (☞ 8.6)
- Vermeidung von Durchfällen durch Anpassung der Ernährung bzw. der Sondenkost (☞ 8.7).

Beobachten, ob das Auftreten von Hautirritationen in einem Zusammenhang mit dem Konsum bestimmter Nahrungsmittel, z. B. säurehaltigen Südfrüchten, steht.

9.4.3 Exemplarische Pflegeplanung

Pflegediagnose mit Ursache (PD), Ressourcen (R), Erfahrungen (E), aktuelle Bedürfnisse (AB)	**Pflegeziele**	**Pflegetherapie** Information (I), Beratung (B), Motivation (M), Anleitung (A), Beaufsichtigung (Bf), teilweise Übernahme (tÜ), vollständige Übernahme (vÜ)
Pflegeplanung 1		
PD: Gefahr von Hautitrritation aufgrund einer Harn- und Stuhlinkontinenz **R:** keine	Erhalt einer intakten Haut	• **A:** Regelmäßiges Toilettentraining • **Bf:** Ausreichende Flüssigkeitszufuhr • **vÜ:** Haut stabilisierende Intimpflege
Pflegeplaung 2		
PD: Gefahr von Hautirritationen aufgrund eines starken Juckreizes **R:** keine	Erhalt einer intakten Haut	• **vÜ:** 1 x zur Nacht Juckreiz stillende Ganzkörperwaschung • **vÜ:** 2 x tägl. Pflege der Haut mit Wasser-in-Öl-Emulsion

Tab. 9.49: Beispiele einer Pflegeplanung bei Hautirritationen.

9.5 Selbstversorgungsdefizit beim An- und Auskleiden

Selbstversorgungsdefizit beim An- und Auskleiden: Eingeschränkte oder fehlende Fähigkeit, sich vollständig an- und auszukleiden und die Kleidungsstücke den eigenen Wünschen und der Außentemperatur entsprechend auszuwählen.

Das **Selbstversorgungsdefizit beim An- und Auskleiden** tritt beim alten Menschen häufig auf. Es kann jedoch teilweise durch technische Hilfen und behindertengerechte Kleidung kompensiert werden. Dazu ist eine gezielte Anleitung zur Nutzung aller Hilfen notwendig, damit der Pflegebedürftige ein gewisses Maß an Selbstständigkeit behält bzw. wiedererlangt.

9.5.1 Pflegediagnostik

Ursachen und Einflussfaktoren

Ein Selbstversorgungsdefizit beim Aus- und Ankleiden wird ausgelöst und beeinflusst durch:

- Beeinträchtigte körperliche Mobilität, z. B. durch
  - Störungen der Feinmotorik, Tremor (starkes Zittern)
  - Gelenkversteifungen, Lähmungen, Frakturen
  - Schmerzen, z. B. durch Rheuma, fortgeschrittene Arthrose oder Osteoporose
  - Unfähigkeit, sich zu bücken
- Sehstörungen und Blindheit
- Depressionen, Demenz
- Inkontinenz
- Ärztlich angeordnete Bettruhe und therapeutische Ruhigstellung, z. B. im Gips.

Anzeichen und Ausmaß

- Pflegebedürftiger oder Angehörige äußern Probleme beim An- und Ausziehen
- Ungepflegtes Erscheinungsbild
- Den Witterungsverhältnissen unangepasste Kleidung.

Das **Ausmaß** des Selbstversorgungsdefizites kann unterschiedlich sein. Es ist möglich, dass der Pflegebedürftige lediglich bei der Kontrolle des äußeren Erscheinungsbildes, bei kleineren Verrichtungen, z. B. Knöpfe öffnen und schließen, oder beim Aus- und Ankleiden des Unterkörpers Unterstützung benötigt. Mitunter ist auch eine vollständige Übernahme des An- und Auskleidens durch eine Pflegekraft erforderlich.

Grad	Pflegebedarf
0: Selbstständig	Benötigt keine Hilfe
1: Teilweise selbstständig	Benötigt • **1.1:** Hilfsmittel und/oder mehr Zeit • **1.2:** Information, Beratung, Motivation
2: Teilweise unselbstständig	• **2.1:** Benötigt Anleitung, Beaufsichtigung oder teilweise Übernahme durch eine Person außerhalb des Bettes • **2.2:** Benötigt Anleitung, Beaufsichtigung oder teilweise Übernahme durch eine Person im Bett
3: Unselbstständig	• **3.1:** Benötigt vollständige Übernahme durch eine Person außerhalb des Bettes • **3.2:** Benötigt vollständige Übernahme durch eine Person im Bett

Tab. 9.50: Ausmaß des Selbstversorgungsdefizits beim An- und Auskleiden.

Folgen

- Erkältungskrankheiten durch unangemessene Kleidung, z. B. zu wenig bzw. zu dünne Bekleidung im Winter oder Hitzekollaps durch zu warme Kleidung im Sommer.
- Ungepflegtes Äußeres
- Soziale Isolation.

9.5.2 Pflegetherapeutische Maßnahmen

Technische Hilfen

Bei einigen Behinderungen und Erkrankungen, z. B. Gelenkversteifungen, Rheuma, Halbseitenlähmung oder Morbus Parkinson, können technische Hilfsmittel das Aus- und Ankleiden erleichtern. Es gibt z. B.

- Anziehhilfen für Strümpfe, Socken und Strumpfhosen
- Extra lange Schuhlöffel zum Schuheanziehen
- Greifzange zum Greifen von Gegenständen, z. B. Brille, Schuhe
- Knöpfhilfe zum Verschließen der Knöpfe (☞ Abb. 9.51).

Auswahl der Kleidung

Die **Kleidung** schmückt nicht nur den Körper und bedeckt intime Bereiche, sondern schützt auch vor **Witterungseinflüssen.** Daher kommt der Kleidung auch eine bedeutende Rolle bei der Prophylaxe von Erkrankungen zu. Zudem spielt bei einem pflegebedürftigen Menschen auch die Zweckmäßigkeit der Kleidung, z. B. behindertengerecht, leicht an- und auszuziehen, eine entscheidende Rolle.

Textilfasern

Die Kleidungsstücke bestehen aus verschiedenen **Textilfasern,** die je nach Zweck ausgewählt werden können. Eine für alle Zwecke optimale Textilfaser gibt es nicht. Günstig und gesundheitsfördernd ist es, wenn die Textilfasern Feuchtigkeit aufnehmen und Wärme leiten können (☞ Tab. 9.52).

Behindertengerechte Kleidung

Behindertengerechte Kleidung ist eine spezielle Kleidung, die dem Geschmack des Pflegebedürftigen

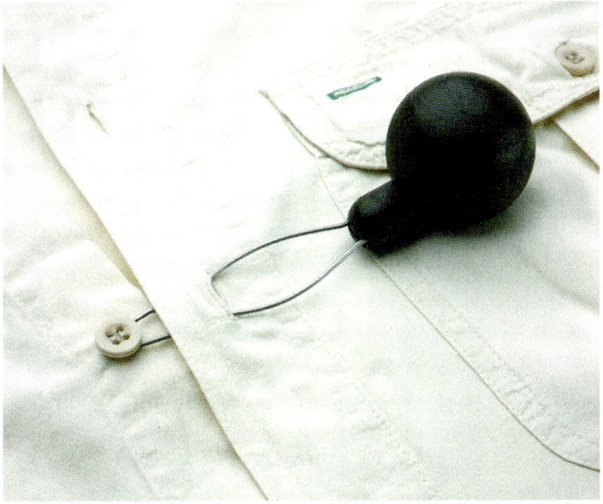

Abb. 9.51: Zuknöpfhilfe. [V121]

entspricht, darüber hinaus jedoch seine besonderen Behinderungen berücksichtigt. Das selbstständige Aus- und Ankleiden wird durch kleine Veränderungen im Schnitt, der Nahtführung oder der Verschlüsse ermöglicht. Außerdem gibt es Lösungen für spezielle Probleme, z. B. wenn die Kleidung ein Stoma, ein Ernährungs- oder Harnableitungssystem kaschieren soll.

☑ **„Flügelhemden"** sind Nachthemden, die am Rücken offen sind und nur mit einer Schleife oder einem Knopf zu schließen sind. Sie werden schwerkranken Menschen angezogen, weil sich ein Flügelhemd problemlos, rasch und schmerzfrei wechseln lässt und keine Falten im Rücken bildet. Zu bedenken ist aber, dass sich ein alter Mensch darin erst so „richtig krank" fühlt und meint, ein „Sterbehemd" zu tragen.

Aufgabe der AltenpflegerIn ist es, über die Möglichkeiten behindertengerechter Kleidung zu informieren und zu beraten sowie ggf. zum Aus- und Ankleiden anzuleiten. Tabelle 9.53 gibt einen Überblick über verschiedene Möglichkeiten behindertengerechter Kleidung.

Aus- und Ankleiden bei Hemiplegie oder Hemiparese

Grundregeln

Bei halbseitengelähmten Menschen beginnt das

- **Aus**kleiden mit der **ge**sunden Seite (Eselsbrücke: Au-ge)
- **An**kleiden mit der **gel**ähmten Seite (Eselsbrücke: An-gel).

Der gelähmte Arm wird durch den gesunden Arm geführt.

- Im Sitzen darauf achten, dass der gelähmte Arm von der Schulter aus nach vorn gestreckt wird, um die Spastizität zu hemmen
- Um die Spastizität des gelähmten Beines zu vermindern, das gelähmte Bein über das gesunde schlagen. Kann der Pflegebedürftige das Bein noch nicht aktiv heben, kann er es mit seinen gefalteten Händen (gelähmter Daumen liegt oben) führen
- Darauf achten, dass die Kleidung nirgends einschneidet

Textilfaser	Bestandteile	Vorteile	Nachteile
Baumwolle	Zellulosehaltige Faser aus dem Samenhaaren von Baumwollpflanzen	• Wärmeisolation • Kochfest • Schweiß aufsaugend • Hautfreundlich • Reiß- und scheuerfest • Gute Trageeigenschaften	Nicht knitterfest
Wolle	Eiweißstoff	• Knitterfest • Schweiß aufsaugend • Gute Geruchsabsorption • Luftdurchlässig • Wärmend	• Nicht kochfest • Wenig reiß- und scheuerfest • Filzend • Kann Juckreiz auslösen
Seide	Gewinnung während des Verpuppens der Raupen des Maulbeerspinners	• Angenehm zu tragen • Leicht • Kühl auf der Haut • Trocknet schnell	• Nicht kochfest • Nicht knitterfest
Leinen	Oberhaut der Stengel der Leingewächse	• Saugfähig • Reiß- und scheuerfest • Kochfest • Kühl auf der Haut	• Wenig anschmiegsam • Nicht knitterfest
Chemiefasern, z. B. Zellwolle	Chemisch hergestellt	• Reißfest • Knitterarm • Wärmend • Kochfest • Schmutzunempfindlich	Elektrostatische Aufladung
Synthetische Fasern, z. B. Perlon®, Nylon®, Dralon®	Synthetisch hergestellt	• Glatt • Reiß- und scheuerfest • Leicht • Schmutzunempfindlich	• Kältegefühl, da der Schweiß nicht aufgesaugt wird • Kaum luftdurchlässig • Keine Geruchsabsorption • Gefährlich beim Umgang mit Feuer (schmilzt auf der Haut und führt zu großflächigen Hautverbrennungen)

Tab. 9.52: Verschiedene Textilfasern im Vergleich.

- Anleitung zum Aus- und Ankleiden jeden Tag in der gleichen Reihenfolge, damit der Pflegebedürftige sich die Handlungsschritte einprägen kann.

Vorsicht!
Wegen der Gefahr des Ausrutschens soll der Pflegebedürftige beim An- und Auskleiden nicht in Strümpfen, sondern barfuß oder in Schuhen auf dem Fußboden stehen.

Ankleiden geschlossener Oberbekleidung

- Das Kleidungsstück, z. B. Pullover, so auf die Oberschenkel legen, dass das Rückenteil nach oben und der Saum zum Körper zeigt (☞ Abb. 9.55)
- Mit der gesunden Hand den Saum bis zum Ärmel hochstreifen lassen, bis das Armloch frei liegt
- Ebenfalls mit der gesunden Hand den gelähmten Arm in die Ärmelöffnung legen und das Kleidungsstück über den Ellbogen ziehen.

Kleidungsstück	Merkmale	Indikation
Herrenhemden Damenblusen	• Klettverschluss an der Schulter • Die verkürzte Vorderlänge verhindert Stoffansammlungen • Abstimmung der Rückenteile auf Sitzlänge	• Bewegungseinschränkungen im Schulter- und Armbereich • Rollstuhlfahrer • Gehbehinderte Männer
Herren- und Damenhosen	• Saubere und korrekte Verarbeitung der Innenkanten und Nähte (verhindert, dass Fuß hängen bleibt) • Eingenähte Urinbeuteltasche • Variable Verstellung der Bundweite • Seitlicher Reißverschluss • Abklappbares Vorder- bzw. Hinterteil, anderes Teil wird durch ein innen angebrachtes Gummiteil gehalten • Evtl. ausgespartes Gesäß- und verkürztes Vorderteil	• Behinderungen • Lähmungen • Stomaträger • Erleichterung der Benutzung der Urinflasche bzw. Toilette • Rollstuhlfahrer • Gehbehinderte Männer
Herrenjacken	• Anziehmöglichkeit von vorn • Klettverschluss an der Schulter • Vorder- und Rückenlänge entsprechen den Sitzmaßen	• Bewegungseinschränkungen im Schulter- und Armbereich • Rollstuhlfahrer • Gehbehinderte Männer
Kleider	• Anziehmöglichkeit von vorn • Klettverschluss an der Schulter • Weit geschnittene Ärmel • Verstellmöglichkeit der Handgelenksweite • Eingearbeitete Falten in der Schulterpasse • Vorne: durchgehender Reißverschluss • Evtl. ausgespartes Gesäß mit passendem Halbrock. Evtl. „Ober- und Untertritt“: doppelter Rücken, der hinten übereinandergelegt wird, an der Schulter mit Klettverschluss verschlossen, beim Hinsetzen kann man die Teile nach vorne oder auseinanderziehen, beim Stehen fallen sie übereinander	• Bewegungseinschränkungen im Schulter- und Armbereich • Rollstuhlfahrerinnen • Gehbehinderte Frauen • Rundrücken • Inkontinenz • Stoma
Unterrock	Eingenähte Katheterbeuteltasche	• Blasenkatheter • Inkontinenz
Strümpfe und Strumpfhosen	• Halterlose Strümpfe • Strumpfhosen, die im Schritt offen sind	Inkontinenz
Bade- und Morgenmäntel	• Ausreichende Weite • Anziehmöglichkeit von vorne oder hinten • Reißverschluss, Knöpfe oder Klettverschluss • Evtl. ausgespartes Gesäß • Evtl. „Ober- und Untertritt“	• Rheuma • Halbseitenlähmung • Spastik • Bewegungseinschränkungen
Nachthemden	• Anziehmöglichkeit von vorn, hinten oder über den Kopf • Evtl. „Ober- und Untertritt“	• Schwerkranke • Inkontinenz
Essschürzen	• Kochfest • Strapazierbar • Optisch ansprechend • Verschluss durch Verschlingen von breiten rutschfesten Zipfeln im Nackenbereich, die nicht an den Haaren ziehen	Schwierigkeiten bei der Nahrungsaufnahme
Schlüpfer	• Im Schritt offen • Mit Klettverschluss beidseitig verschließbar • Eingearbeitete Tasche für Urinbeutel in halblangen Schlüpfern	• Inkontinenz • Blasenkatheter • Gehbehinderungen
Spezielle Bekleidung	Bekleidung aus zwei spiegelgleichen Teilen für jede Körperseite	Extreme Behinderungen

Tab. 9.53: Übersicht über behindertengerechte Bekleidung.

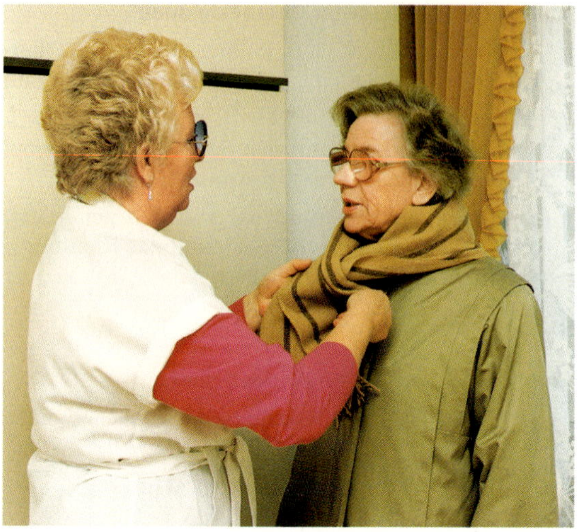

Abb. 9.54: Das An- und Auskleiden ist auch eine gute Gelegenheit zum Gespräch mit dem Pflegebedürftigen. [K151]

Erste Möglichkeit

- Den Ärmel des gelähmten Armes bis zur Schulter hochziehen
- Das Rückenteil zusammenraffen
- Den Pullover über den Kopf ziehen
- Mit dem gesunden Arm in den zweiten Ärmel schlüpfen
- Pullover am Körper herunterziehen und in Form bringen.

Zweite Möglichkeit

- Mit der gesunden Hand in den Ärmel schlüpfen
- Den Ärmel des gelähmten Armes bis zur Schulter hochziehen
- Das Rückenteil zusammenraffen
- Den Oberkörper nach vorne, den Kopf nach unten beugen und das Kleidungsstück darüberziehen und in Form bringen.

Ankleiden offener Oberbekleidung

- Kleidungsstück mit dem Kragen zum Körper und der Innenseite nach oben auf die Oberschenkel der Pflegebedürftigen legen, dabei den Ärmel für den gelähmten Arm zwischen den Beinen herunterhängen lassen
- Betroffenen Arm greifen und in den Ärmel gleiten und dabei den Oberkörper nach vorne beugen
- Wieder aufrichten, den Ärmel bis zum Oberarm hochziehen und das Kleidungsstück zwischen betroffenem Arm und Körper hindurchschieben
- Das Kleidungsstück am Kragen greifen und so weit wie möglich über die betroffene Schulter in Richtung Rückenmitte ziehen
- Die Vorderteile zum Knöpfen zurechtlegen lassen, mit dem Knopf beginnen, den der Pflegebedürftige am besten sieht
- Die Manschette auf der gesunden Seite lässt sich nur vor dem Ankleiden oder nach behindertengerechter Anpassung schließen, z. B. indem der Knopf durch ein Gummiband oder einen Klettverschluss ersetzt wird. So kann die Manschette durch Hin- und Herrollen des Armes verschlossen werden.

> Die AltenpflegerIn kann die Probleme des Pflegebedürftigen besser verstehen, wenn sie das An- und Auskleiden mit einer Hand selbst einmal ausprobiert.

Auskleiden offener oder geschlossener Oberkleidung

Wenn möglich Pflegebedürftigen das Kleidungsstück selbstständig aufknöpfen lassen.

Erste Möglichkeit

- Mit der gesunden Hand den Stoff hinten am Hals zusammenraffen
- Den Kopf und Oberkörper nach vorn neigen
- Das Kleidungsstück über den Kopf ziehen
- Erst mit dem gesunden, dann mit dem gelähmten Arm aus dem Ärmel schlüpfen.

Zweite Möglichkeit

- Den Ärmel von der gesunden Schulter ziehen und aus dem Ärmel schlüpfen
- Den Ärmel vom gelähmten Arm abstreifen.

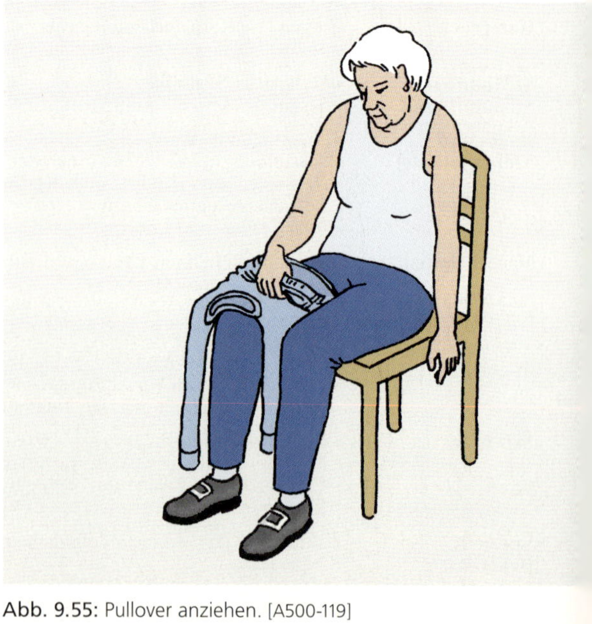

Abb. 9.55: Pullover anziehen. [A500-119]

Ankleiden einer Hose im Sitzen mit Aufstehen

Voraussetzung ist, dass der Pflegebedürftige sicher und frei stehen kann.

- Mit gesunder Hand das gelähmte Bein am Knie fassen und über das gesunde Bein legen
- Die Hose so weit über das gelähmte Bein streifen lassen, dass der Fuß ganz aus dem Hosenbein herausschaut (nicht über das Knie ziehen, weil es sonst Schwierigkeiten beim Hineinschlüpfen mit der gesunden Seite gibt)
- Das gelähmte Bein neben das gesunde stellen (☞ Abb. 9.56)
- Mit dem gesunden Fuß in das Hosenbein schlüpfen und die Hose so weit wie möglich hochziehen
- Aufstehen und die Hose über die Hüfte ziehen lassen. Damit die Hose beim Aufstehen nicht herunterrutscht:
  - Die gelähmte Hand in die Hosentasche stecken
  - Einen Finger der gelähmten Hand in die Gürtelschlaufe stecken
  - Hosenträger vor dem Aufstehen über die Schultern ziehen
- Hose verschließen.

Ankleiden der Hose im Liegen

- Kopfteil des Bettes so einstellen, dass der Oberkörper in eine halb sitzende Position kommt
- Das gelähmte Bein beugen und über das gesunde Bein legen, dabei das gesunde Bein etwas anwinkeln, damit das gelähmte nicht wegrutscht
- Die Hose bis zum Knie über das gelähmte Bein ziehen
- Beide Beine wieder nebeneinander legen
- Die Hose über das gesunde Bein so weit wie möglich zur Hüfte hochziehen
- Kopfteil flach stellen
- Entweder die Pflegebedürftige das Becken hochstemmen und Hose über die Hüfte ziehen lassen oder die Pflegebedürftige rollt sich von einer Seite auf die andere und zieht dabei die Hose hoch
- Hose verschließen.

Auskleiden der Hose im Sitzen

- Die Hose öffnen und so weit wie möglich über die Hüften schieben
- Das Becken hochstemmen und die Hose nach unten ziehen
- Zuerst mit dem gesunden Bein aus der Hose schlüpfen
- Das gelähmte Bein über das gesunde legen und die Hose ausziehen.

Aus- und Ankleiden im Bett

Bei Frakturen, Gipsverbänden und Infusionen gilt dasselbe wie bei der Hemiplegie oder Hemiparese:

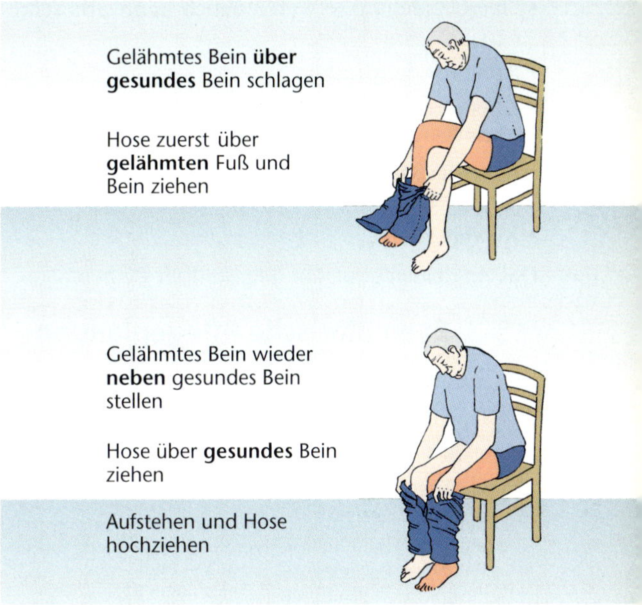

Abb. 9.56: Erste Schritte beim Ankleiden einer Hose im Sitzen. [A300-215]

Beim Auskleiden immer mit der nicht betroffenen Seite, beim Ankleiden mit der betroffenen Seite beginnen. Infusionen werden während des Kleiderwechsels kurzzeitig abgestellt.

Vollständige Übernahme beim Aus- und Ankleiden der Oberbekleidung

Erste Möglichkeit (nur bei offener Oberbekleidung):

- Die Kleidung öffnen und gelockerte Oberkleidung nach oben schieben
- Den Ärmel vom gesunden Arm ziehen
- Den Kopf, Oberkörper etwas anheben lassen und Kleidung vorsichtig unter dem Nacken durchschieben, von der Schulter her schiebend und vom Handgelenk ziehend über den kranken Arm abstreifen

Zweite Möglichkeit (bei offener und geschlossener Oberbekleidung):

Abb. 9.57: Auskleiden im Bett. [A500-119]

- Oberbekleidung so weit möglich kopfwärts schieben
- Arme vor der Brust kreuzen
- Oberkörper leicht anheben und den Kopf brustwärts beugen
- Den Kleiderwulst am Rücken greifen und über den Kopf ziehen
- Kleidung von den Armen streifen.

Das Ankleiden erfolgt in umgekehrter Reihenfolge.

Vollständige Übernahme beim Aus- und Ankleiden der Hose

- Hose öffnen
- Becken hochstemmen lassen oder hin und her drehen
- Hose bis unter das Gesäß ziehen
- Hose zuerst vom gesunden Bein und dann vom Betroffenen immer vom Oberschenkel her schiebend und vom Fußgelenk ziehend entfernen.

Das Ankleiden erfolgt in umgekehrter Reihenfolge.

9.5.3 Exemplarische Pflegeplanung

Pflegediagnose mit Ursache (PD), Ressourcen (R), Erfahrungen (E), aktuelle Bedürfnisse (AB)	**Pflegeziele**	**Pflegetherapie** Information (I), Beratung (B), Motivation (M), Anleitung (A), Beaufsichtigung (Bf), teilweise Übernahme (tÜ), vollständige Übernahme (vÜ)
Pflegeplanung 1		
PD: Selbstversorgungsdefizit beim Aus- und Ankleiden aufgrund linksseitiger Hemiplegie **R:** kann Anleitungshinweise verstehen und umsetzen; hilft beim Aus- und Ankleiden mit	Kann sich selbstständig an- und auskleiden	**A:** 2 x täglich und bei Bedarf zum Aus- und Ankleiden anleiten
Pflegeplanung 2		
PD: Selbstversorgungsdefizit beim Aus- und Ankleiden aufgrund beeinträchtigter körperlicher Mobilität und Schwäche **R:** keine **AB:** möchte sich nicht überanstrengen	Wohlbefinden	**vÜ:** 2 x täglich und bei Bedarf aus- und ankleiden

Tab. 9.58: Beispiele einer Pflegeplanung beim Selbstversorgungsdefizit beim An- und Auskleiden.

Wiederholungsfragen

1. Welche Aktivitäten werden in der Altenpflege dem Lebens- und Kompetenzbereich „Für ein gepflegtes Erscheinungsbild sorgen" zugeordnet? (☞ 9.1)
2. Welche Bedeutung hat die Körperpflege und Bekleidung für den Menschen? (☞ 9.1)
3. Über welche Sinne wird das äußere Erscheinungsbild eines Menschen besonders intensiv wahrgenommen? (☞ 9.1)
4. Welche Funktionen hat die Haut? (☞ 9.1)
5. Welche Hauttypen gibt es? (☞ 9.1)
6. Welche Veränderungen der Hautfarbe sind pathologisch? (☞ 9.1)
7. Welche Veränderungen des Hautturgors gibt es? (☞ 9.1)
8. Welche Ursachen gibt es für Haarausfall? (☞ 9.1)
9. Welche Krankheitsprozesse können die Selbstversorgung im Lebens- und Kompetenzbereich „Für ein gepflegtes Erscheinungsbild sorgen" einschränken? (☞ 9.1)
10. Welche Rolle spielt die räumliche Umgebung bei der Ausübung der Körperpflege und der Auswahl von Kleidung? (☞ 9.1)
11. Welche Berufsgruppe kann die AltenpflegerIn beim An- und Ausziehtraining unterstützen? (☞ 9.1)
12. Mit welcher Methode kann der Hauttyp bestimmt werden? (☞ 9.2)
13. Welche Anzeichen lassen auf ein Selbstversorgungsdefizit bei der Körperpflege schließen? (☞ 9.3.1)?
14. Wie sollte die Umgebung bei einem Selbstversorgungsdefizit bei der Körperpflege gestaltet werden? (☞ 9.3.2)
15. Wie kann die teilweise oder vollständige Übernahme der Körperpflege in den Tagesablauf einer BewohnerIn in einer stationären Einrichtung integriert werden? (☞ 9.3.2)
16. Welche Berührungszonen werden nach Bienstein und Fröhlich unterschieden? Wer darf einen anderen Menschen an welchen Körperstellen normalerweise berühren? (☞ 9.3.2)
17. Wie häufig und wie lange sollte die reinigende Mundpflege am Tag durchgeführt werden? (☞ 9.3.2)
18. Welche Maßnahmen werden bei der teilweisen Übernahme der Mundpflege von der AltenpflegerIn ausgeführt? (☞ 9.3.2)
19. Welche Regeln sind im Umgang mit einer Zahnprothese zu beachten? (☞ 9.3.2)
20. Welche Arten der Ganzkörperwaschung gibt es? (☞ Tab. 9.26)
21. Welche Wirkung hat Wasser auf die Haut? (☞ 9.3.2)
22. Wie wird die reinigende Ganzkörperwaschung im Bett durchgeführt? (☞ 9.3.2)
23. Wie wird die reinigende Ganzkörperwaschung am Waschbecken durchgeführt? (☞ 9.3.2)
24. Welche Kriterien gibt es bei der Auswahl von Hautpflegemitteln? (☞ Tab. 9.32)
25. Zu welchen Komplikationen kann es bei der Ohrenpflege kommen? (☞ 9.3.2)
26. Wie wird eine Nassrasur durchgeführt? (☞ 9.3.2)
27. Wie werden die Haare im Bett gewaschen? (☞ 9.3.2)
28. Welche Voll- und Teilbäder gibt es? (☞ Tab. 9.40)
29. Welche Erstmaßnahmen müssen eingeleitet werden, wenn ein alter Mensch bei einem Wannenbad kollabiert? (☞ 9.3.2)
30. Welche Hautirritationen kommen in der Altenpflege besonders häufig vor? (☞ 9.4)
31. Wodurch werden Hautirritationen verursacht oder begünstigt? (☞ 9.4.1)
32. Welche pflegerischen Maßnahmen werden zur Intertrigoprophylaxe durchgeführt? (☞ 9.4.2)
33. Welche Ursachen kann ein Selbstversorgungsdefizit beim Aus- und Ankleiden haben?(☞ 9.5.1)
34. Welche Hilfsmittel können das An- und Auskleiden erleichtern? (☞ 9.5.2)
35. Mit welcher Seite beginnt das An- und mit welcher das Auskleiden eines Halbseitengelähmten? (☞ 9.5.2)
36. Wie wird eine Hose im Sitzen angezogen, wenn der Pflegebedürftige aufstehen kann? (☞ 9.5.2)

10. Für Ruhe und Schlaf sorgen

10.1 Bedeutung und Einflussfaktoren

„Für Ruhe und Schlaf sorgen“: Lebensbereich, der alle Selbstpflegeerfordernisse für ein ausgewogenes Verhältnis zwischen Ruhen, Schlafen und Wachsein umfasst.

Im Leben eines Menschen wechseln sich die Phasen des Wachseins, Ruhens und Schlafens regelmäßig ab.

Wachsein

Im **Wachsein** ist ein gesunder Körper aufnahmefähig für Reize von außen und kann darauf jederzeit angemessen reagieren.

Nach längerem Wachsein lassen Aufnahme-, Reaktions- und Handlungsfähigkeit nach. Das Wachsein geht in eine Phase der **Müdigkeit** über, in der Körper, Geist und Seele erschöpft sind und nach Erholung verlangen.

Vermutet wird, dass im Laufe der Wachphase ein **„Schlaffaktor“** aufgebaut wird, der dafür sorgt, dass der Mensch müde wird. Mit Schlafbeginn wird der Faktor allmählich wieder abgebaut.

Schlafen

Um während der Wachphasen aktiv sein zu können, muss der Mensch ungefähr ein Drittel seines Lebens im Ruhe- und Schlafzustand verbringen (☞ Abb. 10.1).

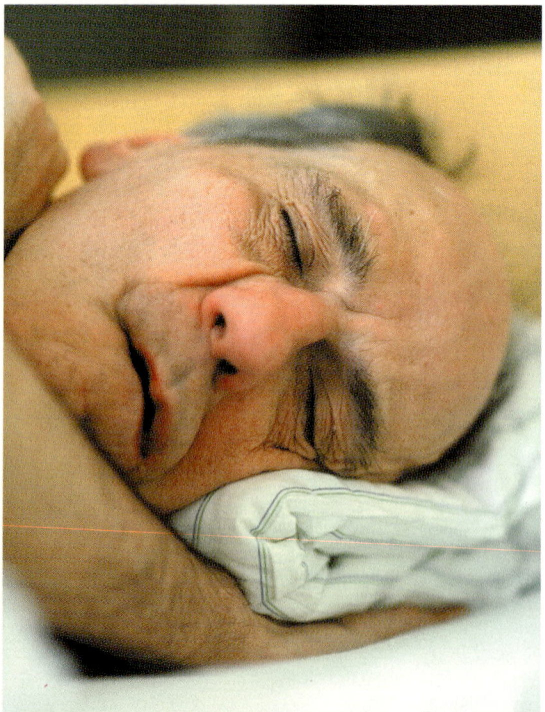

Abb. 10.1: Der Schlaf ist ein regelmäßig wiederkehrender, natürlicher Erholungszustand. [K157]

Im **Schlaf** sind Bewusstsein und damit Aufnahme-, Reaktions- und Handlungsvermögen herabgesetzt. Die schlafende Person ist jedoch jederzeit erweckbar. Darin unterscheidet sich der Schlaf vom veränderten Bewusstseinszustand. Im Zustand der **Bewusstlosigkeit** oder während einer **Narkose** ist der Mensch nicht mehr durch äußere Reize erweckbar (☞ 4.12).

Ruhen

Zwischen Wachsein und Schlafen gibt es den **Ruhezustand:** Aufnahmevermögen und Reaktionsfähigkeit werden ganz bewusst herabgesetzt. Man genießt die Ruhe, die Bewegungslosigkeit, die Entspannung der Muskulatur und die Gedanken, die sich nach innen richten. In diesem Zustand werden manchmal spirituelle Erfahrungen gemacht, Problemlösungswege gefunden oder wichtige Entscheidungen getroffen. Ebenso kann es sein, dass man einfach nur „dahindöst“, die Gedanken umherschweifen lässt, das Erlebte reflektiert oder Tagträume genießt.

Der Ruhezustand kann jederzeit in den Schlaf übergehen. Durch Beobachtung lässt sich nicht unbedingt erkennen, ob eine Person ruht oder schläft.

☑ Im Gegensatz zum Ruhezustand ist der Körper im **Unruhezustand** ständig in Bewegung. Gedanken zerfließen oder kreisen, lassen sich nicht zentrieren bzw. beruhigen. Über die körperliche Aktivität wird versucht, die innere Unruhe nach außen abzuleiten.

Gesundheits- und Krankheitsprozesse

Anatomisch-physiologische Grundlagen

Über Zwischenhirn und Hirnstamm erstreckt sich ein netzartiges Gebilde aus Nervenzellen und ihren Fortsätzen, die **Formatio reticularis.** Sie ist ein Regulationszentrum für die Aktivität des gesamten Nervensystems und steuert maßgeblich die Bewusstseinslage und den Schlaf-Wach-Rhythmus eines Menschen.

Im **Wachzustand** sind Herzschlag und Stoffwechsel beschleunigt und die Muskeln haben ihre natürliche Grundspannung (Muskeltonus).

Im **Schlafzustand** sind Herzschlag und Stoffwechsel verlangsamt, der Muskeltonus herabgesetzt und die Körpertemperatur erniedrigt. Der Mensch erholt und regeneriert sich, um in den Wachphasen ausgeglichen und zufrieden zu sein und ausreichend Kraft für die Aktivitäten des Lebens zu haben.

☑ Schlafdefizite oder Schlafentzug über einen längeren Zeitraum schwächen das Abwehrsystem und führen zu psychischen Störungen, z.B. zu Erschöpfungszuständen und Nervosität.

Abb. 10.2: Wer ein Morgenmuffel ist, erlebt seine aktivste Tageszeit abends und umgekehrt. [A400-116]

Eine **innere Uhr** *(biologische Uhr)* ist u.a. für die Steuerung des Schlaf-Wach-Rhythmus verantwortlich. Die Programmierung dieser Uhr über Nervenzellen im Zwischenhirn ist relativ konstant. Die meisten Menschen gehen Tag für Tag ungefähr zur selben Zeit schlafen *(Biorhythmus)*. Nur an Wochenenden, Feiertagen und im Urlaub kommt es zu Verschiebungen.

Wird der gewohnte Schlafrhythmus erheblich gestört, z.B. durch Schichtarbeit oder Flugreisen mit Zeitverschiebung, dauert es oft Tage, bis sich die innere Uhr der Veränderung angepasst hat.

Man kann zwei verschiedene **Schläfertypen** unterscheiden (☞ Abb. 10.2):

- **Morgenschläfer** („*Morgenmuffel*") schlafen gerne lange aus, werden meist erst gegen Mittag richtig aktiv und sind häufig Nachtarbeiter
- **Abendschläfer** („*Abendmuffel*") stehen gerne in aller Frühe auf, werden am frühen Abend müde und gehen früh schlafen.

Schlafmuster aus Schlafzyklen und -phasen

Das typische **Schlafmuster** eines Menschen besteht aus Schlafzyklen und Schlafphasen. Während einer Nacht treten vier bis fünf **Schlafzyklen** auf (☞ Abb. 10.3). Jeder Zyklus besteht aus einer REM-Phase und einer Non-REM-Phase, die durch unterschiedliche Schlaftiefen (*Weckschwellen*) gekennzeichnet sind.

REM-Phasen sind *Traumphasen*, in denen die Eindrücke des vergangenen Tages in Verbindung mit den Erinnerungen an frühere Erlebnisse verarbeitet und gespeichert werden.

Typisch für die REM-Phasen sind:

- Schneller und unregelmäßiger Puls und Atmung, Blutdruckschwankungen
- Herabgesetzter Muskeltonus
- Rasche Augenbewegungen, daher die Abkürzung REM = *Rapid-Eye-Movement*
- Flacher Schlaf, leicht erweckbar
- Zunehmende Dauer im Laufe einer Nacht von anfänglich ca. 10 Minuten bis zu ca. 60 Minuten gegen Ende der Nacht.

☑ Untersuchungen aus der *Traumforschung* haben gezeigt, dass das Verhindern der REM-Schlafphasen, z.B. durch nächtliches Wecken zum Zwecke eines Toilettengangs, Gesundheitsstörungen verursachen kann.

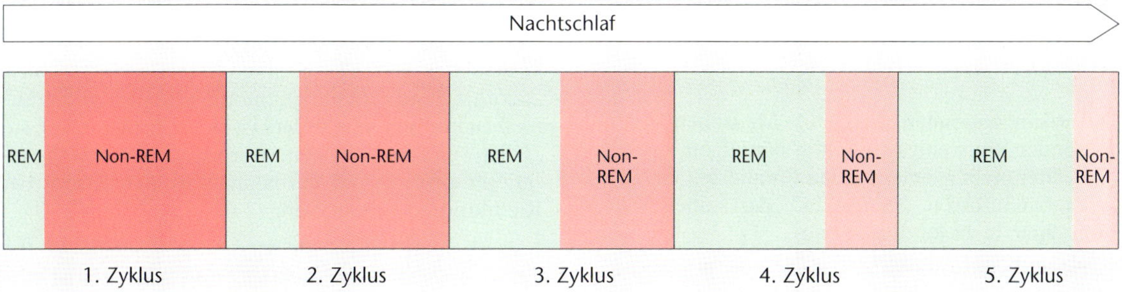

Abb. 10.3: Schematische Darstellung der Schlafzyklen und -phasen einer Nacht beim Gesunden. Jeder Schlafzyklus besteht aus REM und Non-REM-Phasen, wobei die Non-REM-Phasen (Tiefschlafphasen) im Laufe der Nacht kürzer und flacher werden.

Die erste **Non-REM-Phase** (Non-REM = *Non-Rapid-Eye-Movement*) wird nach ca. 40 Minuten erreicht.

Typisch für die kräfteaufbauenden Non-REM-Phasen sind:

- Niedriger Puls, Blutdruck und ruhige Atmung
- Keine Augenbewegungen
- Tiefer Schlaf, schwer erweckbar
- Abnehmende Dauer (von ca. 60 bis 30 Minuten) im Laufe einer Nacht.

Krankheitsprozesse

Einige Erkrankungen bzw. deren Symptome, die besonders häufig im Alter auftreten, können den nächtlichen Schlaf empfindlich stören. Hierzu zählen z.B.

- Akute oder chronische Schmerzen z.B. Rücken-, Gelenk- oder Herzschmerzen
- Herzinsuffizienz mit häufigem nächtlichen Wasserlassen (Nykturie)
- Erkrankungen mit Bewegungseinschränkungen, wenn dadurch die gewohnte Schlafposition nicht eingenommen weden kann
- Demenz, die häufig mit nächtlicher Unruhe einhergeht
- Depressionen mit nächtlichem Grübeln und Angstzuständen
- Harn- und Stuhlinkontinenz.

Lebensspanne

Schlafbedarf im Lebensverlauf

Der **Schlafbedarf** verändert sich im Laufe des Lebens. Kinder brauchen mehr Schlaf als Erwachsene (☞ Tab. 10.4).

Schlafbedarf im Lebensverlauf	
Entwicklungsstufe	*Schlafbedarf*
Säugling	18–20 Stunden
Kleinkind	12–14 Stunden
Schulkind	10–12 Stunden
Jugendlicher	8–9 Stunden
Erwachsener	6–8 Stunden

Tab. 10.4: Mit zunehmendem Lebensalter nimmt der Schlafbedarf ab.

Es wird angenommen, dass ältere Menschen mit etwa 6 Stunden am wenigsten Schlaf benötigen, doch gilt das sicher nicht gleichermaßen für alle. Zu viele Faktoren beeinflussen den Schlafbedarf eines älteren Menschen, insbesondere sein(e)

- Gesundheitszustand
- Medikamentöse Therapie und
- Körperliche und geistige Aktivität während der Wachzeiten.

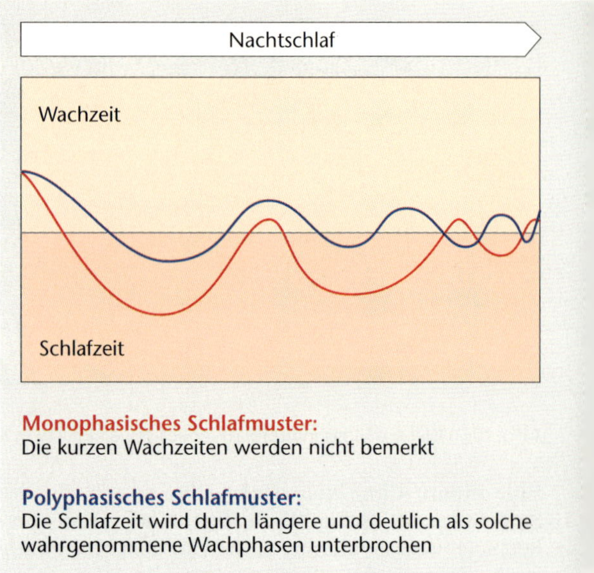

Abb. 10.5: Das monophasische Schlafmuster ist typisch für jüngere, das polyphasische Schlafmuster für ältere Menschen.

Viele ältere Menschen haben tagsüber mehrere Ruhe- bzw. Schlafphasen, so dass sie unter Umständen auch bis zu 14 Stunden schlafen.

Verändertes Schlafmuster im Alter

Mit zunehmendem Alter verändert sich das **Schlafmuster** (☞ Abb. 10.5).

- Jüngere Menschen haben ein **monophasisches Schlafmuster.** Sie schlafen in der Nacht durch, kurze Wachphasen werden nicht als Schlafunterbrechung wahrgenommen
- Alte Menschen haben ein **bi- oder polyphasisches Schlafmuster.** Der nächtliche Schlaf wird durch mehrere Wachphasen unterbrochen. Als Schlafstörung werden die Wachphasen allerdings erst empfunden, wenn sie unverhältnismäßig lang sind.

Lebenswelt

Einstellungen zum Schlaf

Die **Einstellung** zum Ruhen und Schlafen kann ganz verschieden sein. Für die einen ist es ein Genuss, sich ausruhen und „dahindämmern", schlafen und träumen zu können. Für andere ist es ein lästiges Übel, sie „fallen" erst ins Bett, wenn Körper und Geist völlig erschöpft sind. Dieses Verhalten lässt sich bereits bei Kleinkindern beobachten.

Eines jedoch haben alle Menschen gemeinsam: Sie wünschen sich, fest zu schlafen und erfrischt und ausgeruht aufzuwachen. Wer „wie gerädert" aufsteht fühlt sich den ganzen Tag über abgespannt und wird schnell wieder müde.

Aufsteh- und Schlafenszeiten als Ausdruck eines Lebensstils

Aufsteh- und Schlafenszeiten können bereits im Kindesalter nicht mehr frei gewählt werden. Viele Eltern bemühen sich frühzeitig, ihre Kinder an einen bestimmten Schlafrhythmus zu gewöhnen. Später, während der Kindergartenzeit, Schulzeit, Ausbildungszeit und Berufstätigkeit wird Pünktlichkeit erwartet, so dass zumindest die Aufstehzeiten fremdbestimmt werden. Nur an Wochenenden und Feiertagen, während der Urlaubszeiten und in Krankheitsphasen haben die meisten Menschen Gelegenheit, Schlafens- und Aufstehzeiten den persönlichen Bedürfnissen anzupassen.

Für viele Menschen sind die familiären, schulischen und beruflichen Pflichten wichtig, um einen geordneten Tages- und Lebensrhythmus aufrechtzuerhalten. Sie geben ihnen Orientierung und Halt. Fallen hingegen die Pflichten weg, z. B. weil jemand arbeitslos geworden ist oder in den Ruhestand geht, kann der Schlaf-Wach-Rhythmus außer Kontrolle geraten.

Dennoch behalten die meisten älteren Menschen ihren gewohnten Lebensstil im Rentenalter bei. Viele stehen früh auf und gehen früh zu Bett. Einige nehmen leichte Verschiebungen, ähnlich dem Schlafverhalten an Wochenenden und im Urlaub, vor. Das veränderte Schlafmuster und möglicherweise auch ein geringerer Schlafbedarf (☞ oben) führen bei einigen dazu, dass sie zu **Frühaufstehern** werden.

Einfluss der räumlichen Umgebung

Die **räumliche Umgebung** hat einen wesentlichen Einfluss auf das Ruhen und Schlafen.

- Auch als **positiv** empfundene Veränderungen der Umgebung, z. B. bei einer Urlaubsreise, lassen viele Menschen zumindest anfänglich schlecht schlafen
- Besonders beeinträchtigend sind **negativ** empfundene Umgebungsveränderungen, z. B. ein Krankenhausaufenthalt oder der Umzug in ein Heim.

In der Privatwohnung und im Altenwohnheim können Umgebung, Schlafens- und Aufstehzeiten weitestgehend selbst bestimmt werden. Schwieriger zu berücksichtigen sind individuelle Gewohnheiten, wenn die Schlafens- und Aufstehzeiten vom **organisatorischen Ablauf einer Einrichtung** abhängen, z. B.

- In einem Pflegeheim, weil viele Pflegebedürftige zugleich beim Aufstehen und Zubettgehen unterstützt werden müssen
- Im Krankenhaus, weil medizinische Diagnostik und Therapie den Ablauf bestimmen.

In **Zwei- oder Mehrbettzimmern** können die individuellen Schlafgewohnheiten gestört werden, wenn das Zimmer mit einem anderen, fremden Menschen geteilt werden muss, dessen Bedürfnisse nicht mit den eigenen übereinstimmen (☞ Abb. 10.6).

Auch die **Gestaltung des Zimmers** beeinträchtigt den Schlaf. Ein ungemütliches, „kaltes", tristes und reizarmes Zimmer kann das Wohlbefinden stören und somit das Ruhen und Schlafen ebenso beeinflussen wie eine kontinuierliche Reizüberflutung, z. B. in einer Intensivabteilung oder durch unruhige MitbewohnerInnen.

Die **Position des Bettes** im Raum, z. B. in der Nähe des Fensters oder der Tür, an der Wand oder von beiden Seiten zugänglich, ist für viele Menschen sehr wichtig. Einzelbetten werden zu Hause meist an eine Wand gestellt. Die Wand vermittelt Geborgenheit und Sicherheit vor Stürzen. Hingegen stehen Pflegebetten im Krankenhaus fast immer und im Pflegeheim häufig frei im Raum.

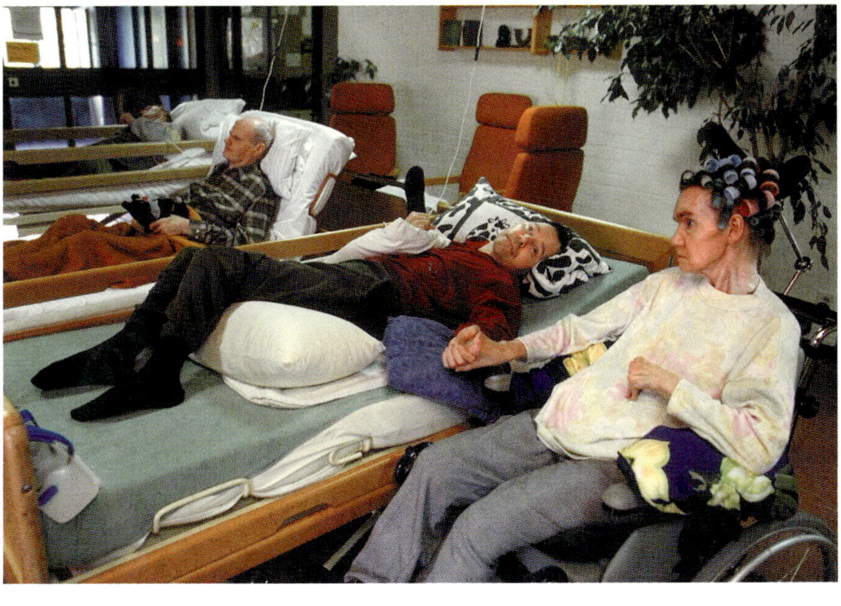

Abb. 10.6: Für die meisten Menschen ist es eine große Umstellung, wenn sie plötzlich mit anderen, fremden Menschen in einem Zimmer schlafen müssen. [K157]

Die Härte der **Matratze**, die Anzahl und Art der **Kissen** und die **Bettdecke** beeinflussen maßgeblich, ob sich jemand in einem Bett geborgen und wohl fühlt.

Viele Menschen haben sich über Jahre an eine bestimmte **Bettengröße** gewöhnt. Verheiratete schlafen z.B. meistens in Doppelbetten, häufig auch nach dem Tod des Partners oder der Partnerin. Die breite Liegefläche bietet ebenso Sicherheit wie die meist niedrige Betthöhe. Solange das Aufstehen und Zubettgehen gelingt und das Bett nur die Schlafstätte ist, bereiten Bettengröße und -höhe keine Probleme. Schwierig wird es erst, wenn die Beweglichkeit eingeschränkt ist oder Pflegemaßnahmen überwiegend im Bett durchgeführt werden müssen.

Für manche Menschen ist die **Raumtemperatur** von Bedeutung: Einige bevorzugen zum Schlafen eine kühle Umgebung, andere mögen es lieber warm. Manche schlafen bei geöffneten Fenster, andere schließen die Rolläden oder Jalousien. Auch die Gewohnheiten bezüglich der **Helligkeit** im Schlafraum sind individuell verschieden.

Diagnostik und Therapie anderer Gesundheitsfachberufe

In der Regel können Ablauf und Organisation einer **medizinischen Diagnostik und Therapie** nicht dem individuellen Ruhe- und Schlafbedürfnis eines einzelnen angepasst werden, weil zu viele Berufsgruppen daran beteiligt sind. Besonders empfindlich werden individuelle Gewohnheiten bei einem Krankenhausaufenthalt gestört, weil sich der komplexe Krankenhausbetrieb kaum der Individualität seiner PatientInnen anpassen kann.

Auch die ärztlich angeordnete **Bettruhe** beeinflusst den Schlaf. Viele Bettlägerige schlafen mehrfach tagsüber ein. Ist ihr Schlafbedarf nicht auf Grund ihrer Erkrankung erhöht, kann es zu nächtlichen Schlafstörungen kommen.

Schlafforschung

In den letzten Jahren hat die **Schlafforschung** immer mehr an Bedeutung gewonnen. In Schlaflaboratorien oder Schlafzentren befassen sich WissenschaftlerInnen mit der Erforschung des Schlafes und der Therapie von Schlafstörungen.

Schlafqualität und Schlafdauer sind sehr subjektive Empfindungen, die duch drei **Methoden der Schlafforschung** objektiviert werden können:

- Mit dem **EEG** (*Elektroenzephalogramm*) werden die elektrischen Hirnströme während des Schlafes gemessen (☞ Abb. 10.7)
- Das **EMG** (*Elektromyogramm*) misst die Muskelspannung
- Das **EOG** (*Elektrookulogramm*) zeichnet die Augenbewegungen auf.

Die Daten werden während der ganzen Nacht erhoben und ausgewertet. Das Ergebnis ist ein individuelles **Schlafprofil** und vermittelt Kenntnisse über Art, Ursache und Ausmaß der Schlafstörung.

Schlafmedikamente

25 % der Menschen zu Hause und 90 % der stationär untergebrachten älteren Menschen erhalten **Schlafmedikamente.** Diese Zahlen lassen erkennen, dass in der stationären Altenpflege relativ schnell zum Schlafmedikament gegriffen wird. Am häufigsten werden verschreibungspflichtige **Benzodiazepine** wie

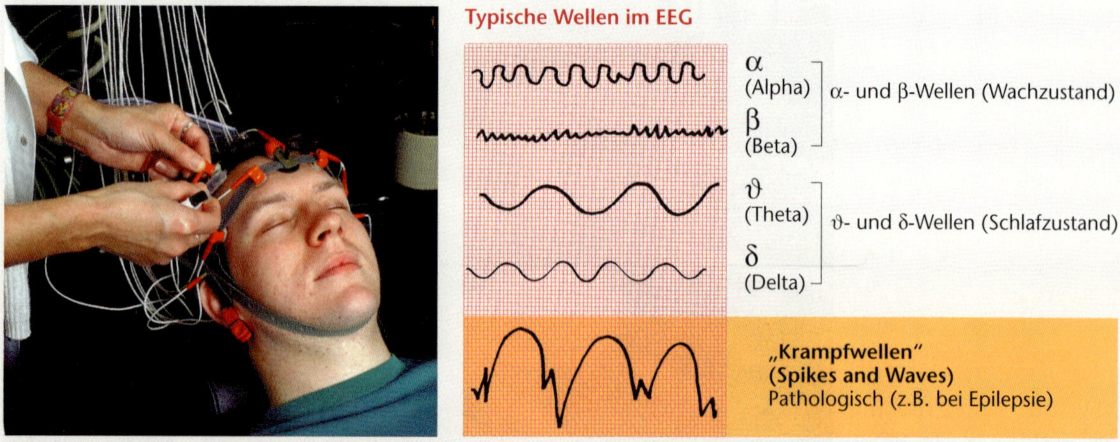

Abb. 10.7: Bei einem EEG werden Elektroden an der Kopfhaut befestigt und die Hirnströme gemessen. Die Untersuchung sieht beängstigend aus, ist aber völlig schmerzlos. Je nach Wachheitsgrad lassen sich verschiedene Wellenmuster unterscheiden. [K183, A400]

Nebenwirkungen und Gefahren von Schlafmedikamenten	
Gewöhnung	Bei einer längerfristigen Einnahme lässt die Wirkung bereits nach Tagen bis Wochen nach. Auch eine Dosissteigerung erreicht nur noch kurzfristig den gewünschten Effekt
Abhängigkeit, Sucht	Nach längerfristiger Einnahme kann aufgrund der als angenehm empfundenen angstlösenden und schlaffördernden Wirkung eine psychische und seltener auch eine physische Abhängigkeit entstehen. Dann führt abruptes Absetzen des Schlafmittels zu Entzugserscheinugen wie z.B. Schlaflosigkeit
Verändertes Schlafmuster	Die für den Erholungswert des Schlafes wichtigen Traumphasen (REM-Phasen, ☞ oben) werden durch die Einnahme von Schlafmedikamenten verkürzt. Werden sie abgesetzt, kann es zu überschießenden Traumphasen mit Alpträumen kommen
Sturzgefahr (☞ 11.3)	Die Sturzgefahr ist durch die muskelentspannende Wirkung mit dadurch hervorgerufener Bewegungs- und Gangunsicherheit hoch
Restwirkung am nächsten Tag	Die Wirkung reicht oft bis in den nächsten Tag hinein, so dass Müdigkeit, Benommenheit, verminderte Reaktions- und Leistungsfähigkeit und Schwindel die *Sturzgefahr* und die *Tagesschläfrigkeit* erhöhen. Bei zu geringer Flüssigkeitszufuhr (☞ 7.4) werden die Wirkstoffe nur langsam ausgeschieden und die Wirkung bis in den nächsten Tag hinein verlängert, so dass am Abend wiederum Einschlafstörungen resultieren. Eine Teufelskreislauf beginnt.

Tab. 10.8: Schlafmittel haben zahlreiche Nebenwirkung und sind deshalb bei längerfristiger Einnahme eine Gefahr für die Gesundheit.

z.B. Adumbran® oder Valium® eingenommen (☞ Literaturtipp).

Schlafmedikamente haben zahlreiche **Nebenwirkungen und Gefahren** (☞ Tab. 10.8). Die Anwendung alternativer Schlaftherapiekonzepte ist also besonders für ältere Menschen wünschenswert (☞ 10.3.2).

Literaturtipp
Altenpflege konkret: Gesundheits- und Krankheitslehre. Urban & Fischer Verlag, München 1999.

Konsequenzen für die AltenpflegerIn

Die Sorge für ein ausgewogenes Verhältnis der Wach-, Ruhe- und Schlafphasen ist für den Menschen von großer Bedeutung. Für die AltenpflegerIn bedeutet dies:

- Individuelle Aufsteh- und Schlafenszeiten sowie Schlafgewohnheiten und Bedürfnisse eines jeden Pflegebedürftigen zu erfassen und zu berücksichtigen
- Unnötige Unterbrechungen des Schlafes zu vermeiden
- Bei längerfristigen Schlafstörungen nach den Ursachen zu suchen und entsprechend zu behandeln, ggf. interdisziplinär.

10.2 Der Weg zur Pflegediagnose

Um zu einer Pflegediagnose zu kommen, werden Informationen über aktuelle oder potentielle Probleme, Ressourcen, Erfahrungen und Gewohnheiten sowie zu den aktuellen Bedürfnissen des Pflegebedürftigen gesammelt. Die Informationen werden gewonnen aus

- Den vorhandenen Unterlagen
- Der Befragung des Pflegebedürftigen oder der Angehörigen
- Der gezielten Beobachtung.

Fragen für die Durchsicht der Unterlagen

- Liegen medizinische Diagnosen und Symptome vor, die das Ruhen und Schlafen beeinflussen können, z.B. häufiges nächtliches Wasserlassen (Nykturie) oder Inkontinenz, Schmerzen?
- Werden medizinische Therapien durchgeführt, die das Ruhen und Schlafen beeinflussen können, z.B. Medikamente oder Bettruhe?
- Sind Schlafstörungen bekannt (Einschlaf-, Durchschlafstörungen, Schlafmedikamente, Beruhigungsmedikamente)?
- Besteht Bettlägerigkeit? Überwiegend? Ständig? Seit wann? Warum?

Fragen an den Pflegebedürftigen oder die Angehörigen

Probleme und Ressourcen

- Können Sie selbständig das Bett aufsuchen bzw. verlassen?
- Können Sie selbständig im Bett eine bequeme Lage einnehmen? Benötigen Sie Hilfsmittel, z.B. Aufrichtevorrichtung, Bettleiter, Strick, Seitenteile, Lagerungshilfsmittel, motorisch betriebenes Kopfteil?
- Würden Sie sich als guter, mittelmäßiger oder schlechter Schläfer bezeichnen?
- Fühlen Sie sich beim Zubettgehen müde? Wie lange dauert es gewöhnlich, bis Sie einschlafen?
- Wann wachen Sie am Morgen auf? Fühlen Sie sich beim Aufwachen ausgeruht?
- Fühlen Sie sich tagsüber häufig müde?
- Hatten oder haben Sie Schlafprobleme? Einschlafstörungen? Durchschlafstörungen? Seit wann haben Sie sie? Wie häufig wachen Sie auf und wie lange dauern die Wachphasen? Haben Sie eine Vermutung, welche Ursache die Schlafprobleme haben

könnten? Leiden Sie unter den Schlafstörungen? Wenn ja, was haben Sie bisher dagegen unternommen? Haben Sie das Problem schon einmal mit Ihrer ÄrztIn besprochen?
- Kennen oder beherrschen Sie Entspannungstechniken? Wenn ja, welche?
- Falls Einnahme von Schlafmedikamenten: Sind Ihnen die Nebenwirkungen und Gefahren bekannt?

Gewohnheiten und Erfahrungen

- Wann gehen Sie gewöhnlich zu Bett? Wann stehen Sie gewöhnlich auf?
- Haben sie bestimmte Schlafrituale oder Einschlafhilfen (z.B. Abendtoilette, ein bestimmtes Getränk, lesen, Musik hören, Fernsehen, Entspannungstechniken, Wärmflasche)? Was hilft Ihnen am besten?
- Legen Sie Wert auf besonderes Bettzeug (z.B. mehrere Kopfkissen, Nackenrolle, schweres oder leichtes Deckbett, zusätzliche Wolldecke)?
- Was tragen Sie im Bett am liebsten: Schlafanzug, Nachthemd, nur Unterwäsche, Bettschuhe, Bettjacke? Tragen Sie nach dem Aufstehen einen Morgen- oder Bademantel?
- In was für einem Bett haben Sie bisher geschlafen (z.B. Doppelbett, Einzelbett, Seniorenbett, hohes Pflegebett, elektrisch verstellbares Bett, weiche oder harte Matratze)?
- Wie haben Sie Ihre Umgebung bisher vor dem Schlafen gestaltet (z.B. kleine oder mittlere Lichtquelle, leicht oder stark abgedunkelter Raum, Zimmertemperatur, Fenster geöffnet oder geschlossen)?
- In welcher Körperlage schlafen Sie gewöhnlich ein (z.B. Seitenlage links oder rechts, flache Rückenlage, Oberkörperhochlagerung, Bauchlage)?
- Schlafen Sie am Tage? Wie oft? Wann? Wie lange? Wo (z.B. Bett, Sofa, Seniorliege, Sessel, Rollstuhl)?

Aktuelle Bedürfnisse

Haben Sie zur Zeit Wünsche bezüglich des Ruhens und Schlafens, die von Ihren Gewohnheiten abweichen?

Beobachtung

Die **Beobachtung** des Schlafs wird nur bei Bedarf durchgeführt, z.B.
- Wenn der Pflegebedürftige selbst keine Auskunft geben kann. Einige Tage lang werden Ruhe-, Schlaf- und Wachphasen des Pflegebedürftigen beobachtet und dokumentiert. Lässt sich ein Schlaf-Wach-Rhythmus erkennen, wird dieser bei allen erforderlichen Pflegemaßnahmen berücksichtigt
- Wenn der Pflegebedürftige über Schlafstörungen klagt. Hier sind in erster Linie auf Anzeichen einer Schlafstörung zu achten (☞ 10.4.1). Liegt objektiv keine Schlafstörung vor, kann es helfen, mit dem Pflegebedürftigen über Sorgen und Nöte zu sprechen, die zum Gefühl der Schlafstörungen führen. Nächtlichen Kontrollgänge lösen das Problem nicht und wecken nur den Pflegebedürftigen unnötig auf
- Bei Anzeichen einer Schlafstörung (☞ 10.4.1)
- Bei Anzeichen einer gesteigerten Müdigkeit (☞ 10.5.1).

Schlaf-Tagebuch

Bei Schlafstörungen (☞ 10.4) oder einer gesteigerte Müdigkeit (☞ 10.5) kann ein **Schlaf-Tagebuch** wertvolle Informationen liefern. Nach wenigen Tagen kristallisieren sich aus den erfassten Daten der Schlaf-Wach-Rhythmus und die individuellen Probleme und Ressourcen des Pflegebedürftigen heraus. So ermöglicht das Tagebuch eine differenzierte Pflegediagnostik und dient gleichfalls der Pflegeevaluierung.

Tips zur Durchführung

- Pflegebedürftigen anleiten, über einen begrenzten Zeitraum von wenigen Tagen schlafrelevante Informationen aufzuschreiben (☞ Abb. 10.9), z.B.
  - Schlaf- und Wachzeiten
  - Aktivitäten
  - Empfindungen
  - Vermutete Gründe für Einschlafstörungen, nächtliches Aufwachen bzw. gesteigerte Müdigkeit
  - Durchgeführte schlaffördernde Maßnahmen.

Schlafprotokoll				**Name**		
Bitte abends ausfüllen						
Datum	Besondere Tagesaktivitäten	Tagsüber geruht/geschlafen? Wie lange?	Abendliche Schlafrituale?	Medikamente (zur Beruhigung/zum Schlafen)	Wann zu Bett gegangen?	Sonstige Bemerkungen
Bitte morgens ausfüllen						
Datum	Wann eingeschlafen?	Wie haben Sie geschlafen? Wie lange?	Wann aufgestanden?	Aufgewacht: Wann? Wie oft? Warum? Wie lange wach gewesen?	Schlaffördernde Maßnahmen durchgeführt? Welche?	Sonstige Bemerkungen

Abb. 10.9: Beispiel für ein Schlaf-Tagebuch.

Alternativen

Steht ein Aufnahmegerät, z. B. ein Kassettenrecorder oder eine Diktiergerät, zur Verfügung, kann der Pflegebedürftige das Schlaf-Tagebuch auch diktieren.

Auch pflegende Angehörige, die dazu angeleitet wurden, oder aber AltenpflegerInnen können das Tagebuch schreiben. Voraussetzung ist, dass sie einen 24-stündigen Kontakt zum Pflegebedürftigen haben.

10.3 Selbstversorgungsdefizit beim Ruhen und Schlafen

Selbstversorgungsdefizit beim Ruhen und Schlafen: Eingeschränkte Fähigkeit, sich zu lagern, zu betten und selbst für ausgewogene Ruhe- und Schlafphasen in einer angemessenen Umgebung zu sorgen.

10.3.1 Pflegediagnostik

Ursachen und Einflussfaktoren

Ein Selbstversorgungsdefizit beim Ruhen und Schlafen entsteht durch:

- Krankheits- oder therapiebedingte Immobilität, Fixierung
- Nicht angepasste Liegehöhe des Bettes
- Zeitliche und räumliche Orientierungsstörungen.

Anzeichen und Ausmaß

Anzeichen sind z. B.

- Pflegebedürftiger oder Angehörige äußern das Selbstversorgungsdefizit
- Pflegebedürftiger kann aufgrund einer Immobilität bzw. Fixierung das Bett bzw. einen Ruheort nicht aufsuchen, äußert den Wunsch, sich hinzulegen; versucht aufzustehen
- Pflegebedürftiger sucht von sich aus das Bett oder einen Ruheort nicht auf.

Das **Ausmaß** des Selbstversorgungsdefizites kann in Abhängigkeit von den vorhandenen Ressourcen verschieden sein. Beeinträchtigt sein kann die Fähigkeit zum

- Aufsuchen des Bettes oder einer Ruheliege
- Einnehmen einer erholsamen Lagerung
- Bettrichten
- Bettwäschewechsel.

Das Selbstversorgungsdefizit beim Ruhen und Schlafen wird in hohem Maße beeinflusst von den Problemen und Ressourcen in zwei anderen Lebens- und Kompetenzbereichen:

- Für Wahrnehmung, kognitive Kompetenz und Kommunikation sorgen (☞ Kap. 4), insbesondere bei Verwirrtheit (☞ 4.11)
- Für Bewegung und Mobilität sorgen (☞ Kap. 6).

Folgen

Ernstzunehmende **Folgen** des Selbstversorgungsdefizites beim Ruhen und Schlafen sind z. B.

- Einschlaf- und Durchschlafstörungen (☞ 10.4)
- Tagesmüdigkeit und Tagesschläfrigkeit
- Unruhe, wenn das Zubettgehen nicht ermöglicht wird
- Stürze beim Aufstehen, Zubettgehen oder aus dem Bett.

10.3.2 Pflegetherapeutische Maßnahmen

Individuelle Anpassung bzw. Auswahl des Bettes

AltenpflegerInnen haben eine **beratende Funktion** bei der Entscheidung, ob ein *Privat-* bzw. *Seniorenbett* ausreicht oder nachgerüstet werden muss oder ob die Anschaffung eines *Pflegebettes* erforderlich ist. Es gibt *mechanisch* (manuell) oder *elektrisch* (hydraulisch oder motorisch) verstellbare Pflegebetten.

Bei der Auswahl des Bettes werden die individuellen Bedürfnisse des Pflegebedürftigen zugrunde gelegt. Zu berücksichtigen sind vor allem:

- Der Grad der Immobilität
- Die Körpergröße
- Das Ausmaß der Liegezeit im Bett.

Abb. 10.10: Ein Privatbett kann mit Hilfe von Holzklötzen preiswert erhöht werden. Im Handel sind verschiedene Ausführungen erhältlich. Abgebildet sind Möbelerhöhungsblöcke der Firma Meyra. [V121]

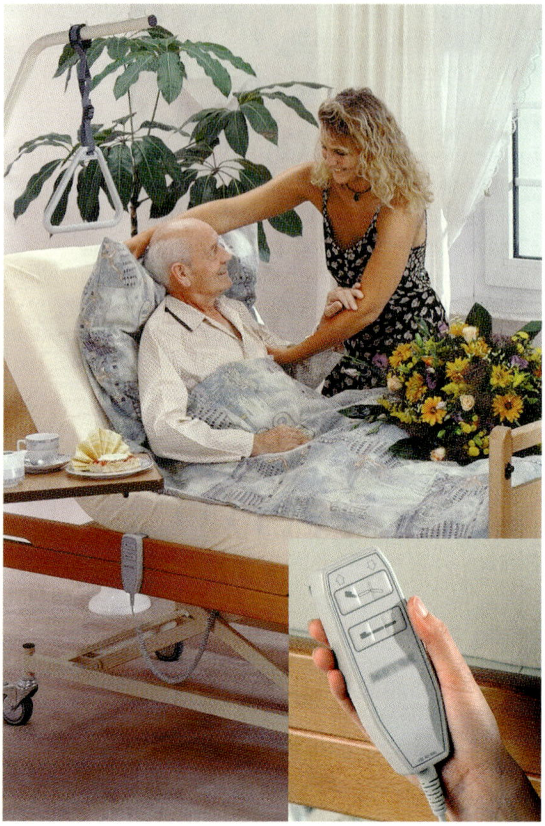

Abb. 10.11: Ein mit Hilfe einer Fernbedienung höhenverstellbarer Pflegebettrahmen ermöglicht die individuelle Regulierung der Liegehöhe. [V121]

Sowohl ein zu hohes als auch ein zu niedriges Bett können das selbständige Aufstehen und Zubettgehen erschweren oder verhindern. Dann kann eine **Veränderung der Liegehöhe** helfen, die Selbständigkeit zu erhalten oder wiederherzustellen. Dafür muss die Betthöhe an die Körpergröße, z. B. mit Holzklötzen (☞ Abb. 10.10) oder elektrisch (☞ Abb. 10.11), angepasst werden.

Für einen (überwiegend) Bettlägerigen ist ein Pflegebett auch deshalb empfehlenswert, weil die Liegehöhe es den Pflegenden erlaubt, rückenschonend zu arbeiten. Aber auch Privatbetten lassen sich entsprechend nachrüsten.

Für einen alten Menschen, der sehr viel oder ausschließlich im Bett verweilt, muss das Bett nicht nur uneingeschränkten Schlafkomfort bieten, sondern auch in den Wachphasen **verschiedene Lageveränderungen** ermöglichen (☞ Abb. 10.12).

Bei den **Anforderungen an ein Pflegebett** stehen eine benutzerfreundliche Ausstattung sowie die Hygiene im Vordergrund (☞ Abb. 10.13).

- **Betthöhe:** Wenn die Höhe regelmäßig verändert werden muss, z. B. zum Aufstehen und Zubettgehen oder zur Durchführung pflegerischer Maßnahmen im Bett, sollte diese motorisch zu regulieren sein
- **Kopfteil:** Das Kopfteil muss so lang sein, dass im Sitzen die Hüfte und nicht der Bauchbereich des Pflegebedürftigen gebeugt ist, da ansonsten Verdauung und Atmung beeinträchtigt werden. Ein hydraulisch oder motorisch betriebenes Kopfteil hat viele Vorteile und sollte zur Standardausrüstung gehören:
  - Kann der Pflegebedürftige eine Fernbedienung benutzen, wird er dadurch selbständiger und unabhängiger
  - Die Position des Kopfteils lässt sich stufenlos und dadurch schonend verändern
  - Es schont den Rücken der Pflegenden
- **Fußteil:** Vor allem für Bettlägerige bietet ein leicht bedienbares, in seiner Position veränderbares Fußteil Vorteile:
  - Es ermöglicht dem Pflegebedürftigen, annähernd physiologisch zu sitzen
  - Es erleichtert die regelmäßige Hochlagerung der Beine, z. B. zur Thromboseprophylaxe (☞ 5.7)
- **Matratze:** Für eine bequeme und rückenfreundliche Lage ist eine formbeständige Schaumstoffmatratze wichtig
- **Bettmaße:** Optimal sind 1 m Breite und mindestens 2 m Länge
- **Leichte Fahrbarkeit:** Vor allem in der stationären Pflege bedeutsam
- **Abnehmbares Kopf- und Fußbrett:** Wird insbesondere im Krankenhaus benötigt
- **Technisches Zubehör:** Nicht in jedem Falle ist sofort eine umfassende Zubehörausstattung erforder-

Abb. 10.12: In diesem Pflegebett kann der Pflegebedürftige die Liege- oder Sitzposition nach seinen individuellen Wünschen verändern. [V121]

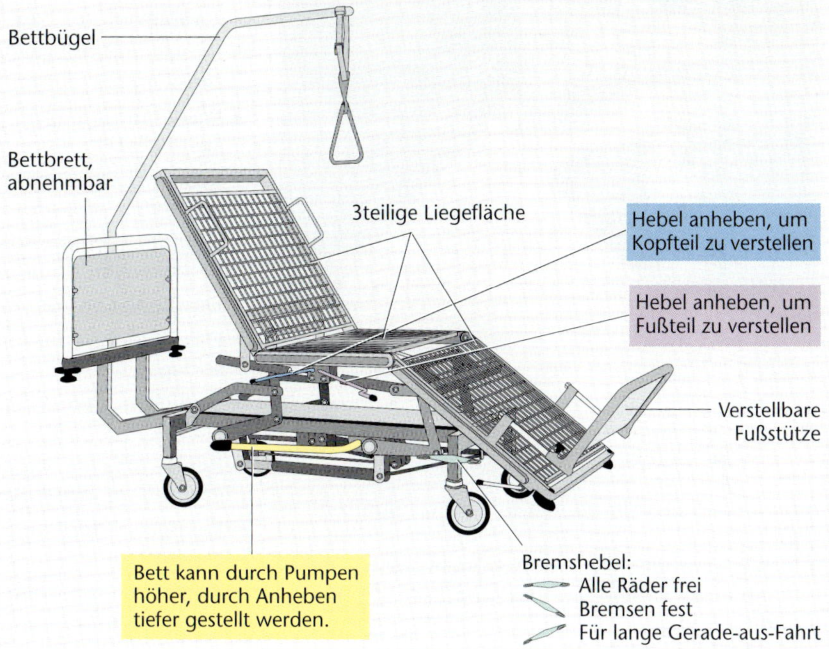

Abb. 10.13: Ein Pflegebett. [A400-115]

lich, doch es ist bei der Anschaffung darauf zu achten, dass jederzeit nachgerüstet werden kann. Zum wichtigen Zubehör eines Pflegebettes gehören:
- Aufrichtevorrichtung (Bettbügel, „Bettgalgen")
- Leicht bedienbare Seitenteile (Bettgitter, Seitengitter) zum Hochstellen
- Evtl. Bettverkürzung
- Evtl. Bettverlängerung
- Höhenverstellbarer und fahrbarer Nachttisch

- **Material:** Pflegebett und Zubehör müssen abwasch- und desinfizierbar sein sowie eine glatte Oberfläche haben, damit nicht unnötig Staub haften bleibt.

Bettrichten und Bettwäschewechsel

Regelmäßiges Bettrichten und Bettwäschewechsel sind aus hygienischen Gründen erforderlich und tragen erheblich zum Wohlbefinden des Pflegebedürftigen bei. Einige ältere und nur geringfügig pflegebedürftige Menschen richten ihr Bett auch in stationären Einrichtungen selbst. Vielen fällt jedoch der Bettwäschewechsel schwer, so dass er evtl. vollständig übernommen werden muss.

Allgemeine Vor- und Nachbereitung

Vorbereitung

- Materialien für den Wäschewechsel vorbereiten und bereitstellen: frische Bettwäsche, bei Bedarf wasserabweisende Unterlage oder Matratzenschonbezug, Abwurfvorrichtung für benutzte Wäsche
- In der stationären Pflege und bei Bedarf auch in der ambulanten Pflege Hände desinfizieren
- Pflegebedürftigen informieren
- Evtl. Fenster schließen
- Für die Ablage des Bettzeugs 1–2 Stühle am Fußende des Bettes bereitstellen
- Bett flach stellen.

Nachbereitung

- Pflegebedürftigen informieren
- Kopfteil in gewünschte Position bringen
- Wäsche im Wäschewagen oder in den Abwurfsack entsorgen und aufräumen
- Stühle b.B. desinfizieren und zurückstellen
- Hände desinfizieren
- Evtl. Fenster öffnen.

Richten eines leerstehenden Bettes

Es verringert die körperliche Belastung, wenn das leerstehende Bett *zu zweit* gerichtet wird.

Durchführung

- Bettdecke dritteln, dass die Außenseite außen bleibt und Kopf- und Fußteil sich nicht berühren (☞ Abb. 10.14) und auf den Stuhl legen
- Kissen auf die Bettdecke legen
- Stecklaken lösen (falls vorhanden)
- Bettlaken straffziehen und glätten, ggf. Krümel entfernen

Abb. 10.14: Die Bettdecke dritteln, so dass Kopf- und Fußteil sich nicht berühren. [K157]

- Bei Bedarf Stecklaken neu einstecken, straffziehen und glätten
- Kopfkissen über Eck aufschütteln, ohne dabei Staub aufzuwirbeln; auf das Kopfende des Bettes zurücklegen
- Bettdecke am oberen Ende greifen, hochhalten und vorsichtig schütteln
- Bettdecke auflegen und nach den Wünschen des Pflegebedürftigen in der Länge bzw. Breite einschlagen.

Ab- und Beziehen eines leerstehenden Bettes

Um die körperliche Belastung gering zu halten, den Bettwäschewechsel bei einem leerstehenden Bett *immer zu zweit* durchführen.

- Bettdeckenbezug abziehen und in den Wäschesack abwerfen bzw. im häuslichen Bereich ablegen; Bettdecke falten (☞ oben) und auf den Stuhl legen
- Kissenbezüge abziehen und in den Wäschesack abwerfen bzw. im häuslichen Bereich ablegen; Kissen auf die Bettdecke legen
- Stecklaken (falls vorhanden) lösen, zur Mitte hin zusammenlegen bzw. einrollen und abwerfen
- Bettlaken lösen, zur Mitte hin zusammenlegen bzw. einrollen und abwerfen
- Wasserabweisenden Matratzenbezug bei Bedarf auswechseln
- Frisches Bettlaken der Länge nach auf der Matratze ausbreiten
- Spannbettuch über Matratzenecken ziehen, andere Bettlaken am Kopfende einschlagen
- Das Bettlaken zum Fußende hin straffziehen
- Das Bettlaken am Fußende wie am Kopfende einschlagen
- Seitlichen Lakenteile einstecken, straffziehen und glätten
- Bei Bedarf eine wasserabweisende Unterlage auflegen und ggf. einstecken
- Bei Bedarf Stecklaken einspannen, straffziehen und glätten
- Kopfkissen beziehen, verschließen und vorsichtig aufschütteln
- Bettdecke beziehen, hochhalten und vorsichtig zurechtschütteln
- Bettdecke auf das Bett legen und am Fußende verschließen
- Sofern das Bett nicht wieder benutzt wird: mit einem sauberen Bettlaken oder Bettbezug abdecken.

Betten eines Bettlägerigen

Zum Betten einer bettlägerigen Person gehört das Richten des Bettes und der Bettwäschewechsel.

Die **Häufigkeit** des Bettens richtet sich nach

- Dem aktuellen Befinden
- Den individuellen Problemen wie z. B. Schwitzen, Inkontinenz oder Unruhe

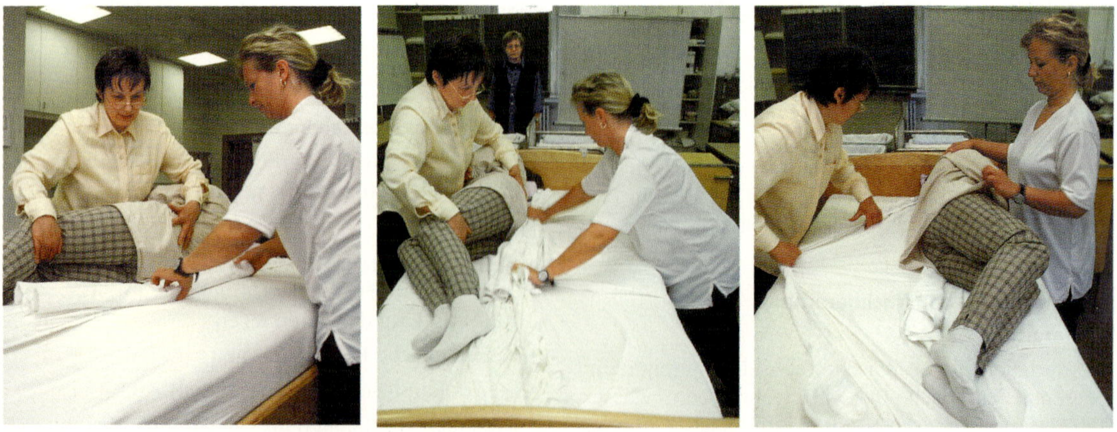

Abb. 10.15: Bettwäschewechsel über die Bettseite. [K157]

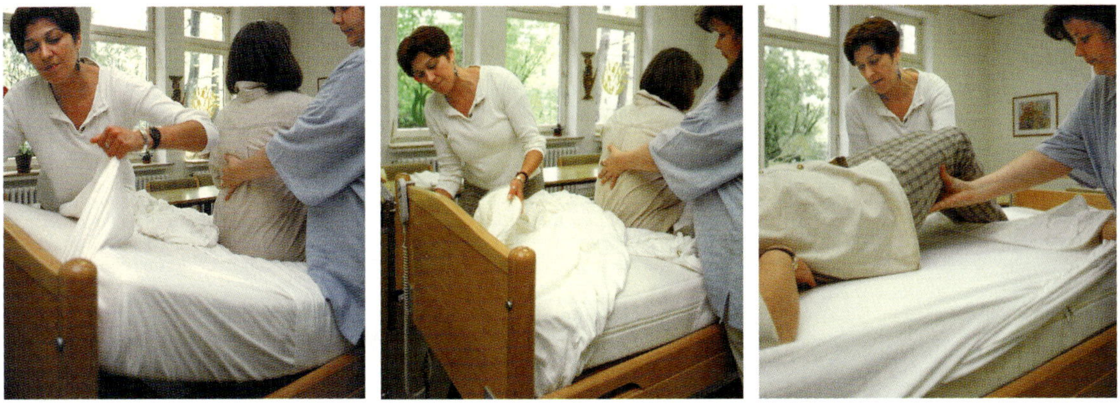

Abb. 10.16: Bettwäschewechsel vom Kopfteil zum Fußteil hin. [K157]

- Den Wünschen und Bedürfnissen des Pflegebedürftigen.

Es gibt zwei **Pflegetechniken** für das Betten eines bettlägerigen Menschen:

- Betten von einer Bettseite zur anderen hin, wenn ein Pflegebedürftiger nicht belastbar ist oder der Schonung bedarf (☞ Abb. 10.15)
- Betten vom Kopfteil zum Fußteil hin, wenn der Pflegebedürftige den Oberkörper aufrichten kann (☞ Abb. 10.16).

Es ist sinnvoll und für den Pflegebedürftigen weniger belastend, während des Bettens gleichzeitig mehrere Pflegemaßnahmen durchzuführen wie z.B. Ganz- oder Teilkörperwaschung (☞ 9.4), Inkontinenzversorgung (☞ 8.4) oder Prophylaxen. Diese Pflegemaßnahmen müssen bereits bei der Vorbereitung berücksichtigt werden.

☑ Das Betten einer bettlägerigen Person bietet die Möglichkeit
- Zur umfassenden **Beobachtung**,
- Zum **Gespräch**
- Zur Durchführung von **Pflegemaßnahmen** und
- Zum **Training von Fähigkeiten** wie z.B. der Mobilität im Bett.

Lagerung zum Ruhen und Schlafen

Die meisten Menschen bevorzugen eine bestimmte **Lage zum Einschlafen.** Sie bewegen sich solange hin und her, bis sie bequem liegen und einschlafen können.

Bei einem Pflegebedürftigen, der selbst dazu nicht in der Lage ist, sollte die bevorzugte Lagerung zum Einschlafen im Pflegeplan aufgeschrieben und beim Zubettbringen berücksichtigt werden.

Manchmal ist es notwendig, mehrere Lagerungsarten auszuprobieren, bevor der Pflegebedürftige die für ihn bequemste Position gefunden hat. Nach einiger Zeit des Erprobens verschwinden die Schwierigkeiten meist.

Lassen Beschwerden wie z.B. Atemnot oder Behandlungen wie z.B. ein Gips oder zusätzliche Pflegeprobleme wie z.B. ein Dekubitus (☞ 5.8) die gewohnte Lagerung nicht zu, kann es (vorübergehend) zu Schlafstörungen (☞ 10.4) kommen.

Nächtliche Lagerungsplanung

Bei der gesamten **nächtlichen Lagerungsplanung** stehen der individuelle Schlafbedarf und die Schlafbedürfnisse des Pflegebedürftigen im Vordergrund. Problematisch wird dieses insbesondere bei

- Dekubitusgefährdung
- Häufigem nächtlichen Wasserlassen
- Ausgeprägter Harn- und Stuhlinkontinenz.

Das 2-stündliche Umlagern in der Nacht, Toilettengänge sowie Inkontinenzüberwachung und -versorgung stören den Schlaf erheblich. Deshalb bedürfen diese Maßnahmen einer strengen Indikation und individuellen Planung. Lassen sie sich nicht vermeiden, muss für angemessene Ruhe- und Schlafphasen am Tage gesorgt werden, indem z.B. der bettlägerige Pflegebedürftige zwischen den Lagerungszeiten nicht unnötig geweckt wird und der mobile Pflegebedürftige tagsüber Gelegenheit erhält, sich im Bett auszuruhen.

Lagerungshilfsmittel

Lagerungshilfsmittel werden als *Unterlage* oder zur *Stützung* eingesetzt. Die meisten dienen der Prophylaxe oder Behandlung eines Dekubitus (☞ 5.8), einer Thrombose (☞ 5.7), einer Pneumonie (☞ 5.5) oder einer Kontraktur (☞ 6.4.2).

Grundsätzlich gilt, so wenig Lagerungsmittel wie möglich benutzen, weil sie die Beweglichkeit einschränken und einen Hitzestau begünstigen können.

Übersicht über die verschiedenen Lagerungsarten			
Lagerungsart		*Durchführung*	*Wann anwenden*
Flachlagerung/ Rückenlage		• Bett flach stellen • Nur kleines Nackenkissen benutzen • Fußstütze verwenden • Evtl. kleine Knierolle unterlegen	• Schädelverletzungen • Rückenoperationen • Wirbelsäulen- oder Beckenfrakturen
Rückenlage mit Knierolle		• ☞ Flachlagerung • Knierolle nur kurzfristig anwenden (Kontrakturgefahr)	• Zur Entspannung der Bauchmuskeln bei Bauchschmerzen • Bauchverletzungen
Oberkörperhochlagerung	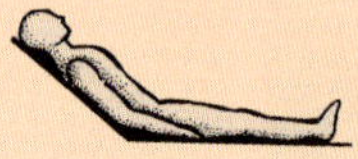	• Kopfteil des Bettes erhöhen (Gesäß sollte an der Abknickstelle des Bettes sein) • Knierolle oder „Knieknick" benutzen	• Zur Atemerleichterung • Zum Essen und Trinken • Herz- und Lungenerkrankungen
Trendelenburg-Lage/ Schocklage	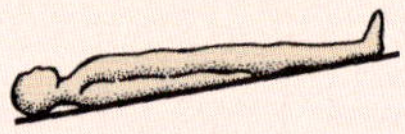	• Ganzes Bett schräg stellen (Kopf tief)	• Schock • Akute Blutungen • Kreislaufversagen
Beintieflagerung/ schiefe Ebene		• Ganzes Bett schräg stellen • Fußstütze verwenden • Evtl. Knierolle oder „Knieknick" benutzen	• Arterielle Durchblutungsstörungen • Nach Gefäßoperationen im arteriellen System
Beinhochlagerung		• Ganzes Bett schräg stellen • Alternativ erkrankte Extremität auf einer Schiene lagern • Weiche Fußstütze benutzen	• Zur Förderung des venösen Rückflusses • Nach Venenopertionen • Venenentzündungen
Bauchlagerung		• Bett flach stellen • Kleines Kopfkissen unterlegen • Fußkissen benutzen (zur Entlastung der Zehen)	• Entlastungslage, z.B. bei Dekubitus • Korrekturlage, z.B. bei Kontraktur
Stabile Seitenlage		• Bett flach stellen • Patienten auf dem Rücken lagern, Arm des Patienten unter Hüfte legen, Knie der gleichen Seite beugen, an Schulter und Hüfte fassen und zu sich ziehen. Den unten liegenden Patientenarm nach hinten ziehen. Kopf überstrecken, Gesicht in Richtung Boden wenden und Finger unter Wange schieben	• Bewusstlosigkeit (zum Freihalten der Atemwege • Erbrechen (zur Verhinderung von Aspiration)
90°-Seitenlage		• Bett flach oder leicht erhöht stellen • Evtl. Stützkissen unterlegen (Nakken, Rücken, Extremitäten, Füße)	• Hemiplegie • Nach Lungenoperationen • Ungeeignet zur Dekubitusprophylaxe, da die Trochantergegend hohem Duck ausgesetzt wird
30°-Seitenlage		• ☞ 90°-Seitenlage, jedoch flaches Kissen unter Rumpf und ein Bein legen • Alternativ Matratze auf einer Seite in ganzer Länge mit Kissen unterlegen • Wichtig: Unten gelegene Schulter nach vorne ziehen. Kissen zwischen die Knie legen!	• Dekubitusprophylaxe und -therapie • Zum Essen und Trinken bei Dekubiti im Sakralbereich
135°-Seitenlage			• Zweites Kissen neben Rumpf des Patienten legen und ihn „daraufrollen"

Tab. 10.17: Übersicht über verschiedenen Lagerungsarten. [A300]

Ruhen am Tage

Abhängig von nächtlichen Schlafdefiziten, den individuellen Gewohnheiten und aktuellen Bedürfnissen brauchen Pflegebedürftige tagsüber eine Ruhepause. Nächtliche Unruhe darf nicht dazu verleiten, älteren Menschen jegliche Form des Ausruhens am Tage zu untersagen. Das Ausruhen in liegender Position hat zudem den Vorteil, dass die Beine entlastet und der venöse Rückfluss verbessert wird (Thromboseprophylaxe ☞ 5.7).

10.3.3 Exemplarische Pflegeplanung

Pflegediagnose mit Ursache (PD), Ressourcen (R), Gewohnheiten (G), Erfahrungen (E), aktuelle Bedürfnisse (AB)	**Pflegeziele**	**Pflegetherapie** Information (I), Beratung (B), Motivation (M), Anleitung (A), Beaufsichtigung (Bf), teilweise Übernahme (tÜ), vollständige Übernahme (vÜ)
PD: Selbstversorgungsdefizit beim Ruhen und Schlafen aufgrund körperlich beeinträchtigter Mobilität **R:** Kann sich mit personeller Unterstützung im Bett lagern und Wünsche äußern **G:** Schläft am besten in rechter Seitenlage ein, Fenster geschlossen und Raum abgedunkelt **AB:** Möchte Mittagsruhe einhalten (ca. 13:00), abends gegen 20:00 ins Bett und ca. 7:00 aufstehen	Äußert, ausgeruht zu sein und sich wohl zu fühlen	**tÜ:** 2 x täglich Lagern im Bett **vÜ:** 2 x täglich Bettrichten **vÜ:** 1 x wöchentlich und bei Bedarf Bett beziehen

Tab. 10.19: Beispielhafte Pflegeplanung bei einem Selbstversorgungsdefizit beim Ruhen und Schlafen. Die vielen kleinen Nebentätigkeiten beim Zubettbringen wie Abendtoilette, Klingel, Brille, Hörgerät bereitlegen, Getränk bereitstellen, Licht ausmachen, Fenster schließen oder öffnen gehören nicht in die Pflegedokumentation, sondern z.B. in Richtlinien, Checklisten oder Standards.

10.4 Schlafstörungen

Schlafstörungen: Etwa 40% der über 65jährigen leiden an Schlafstörungen. Dabei wird unterschieden:
- **Einschlafstörungen:** Einschlafzeit von mehr als 30 Min.
- **Durchschlafstörungen:** Vorzeitiges Erwachen bei einer Schlafzeit von weniger als 6 Std. mindestens 3 x in der Woche.

Viele kennen das: Todmüde wälzt man sich im Bett von einer Seite auf die andere und kann nicht einschlafen. Man steht auf, trinkt etwas, geht zur Toilette, legt sich wieder hin. Irgendwann fällt man in einen unruhigen Schlaf oder schläft ein und wacht mitten in der Nacht oder im Morgengrauen aus unerklärlichen Gründen auf. Halten solche Schlafstörungen über einen längeren Zeitraum an, wird die Leistungsfähigkeit am Tag beeinträchtigt. Hinzu kommt meistens eine als störend empfundene **Tagesschläfrigkeit.**

Ältere Menschen klagen häufiger als jüngere über solche Schlafstörungen, etwa ein Drittel der über 60jährigen leidet darunter. Bei einem Krankenhausaufenthalt mit seiner ungewohnten und meist unruhigen Umgebung haben sogar zwei Drittel der älteren Menschen Probleme mit dem Schlafen.

10.4.1 Pflegediagnostik

Ursachen und Einflussfaktoren

Die Ursachen von Schlafstörungen sind vielfältig. Sie können durch körperliche, psychische und umgebungsbedingte Faktoren hervorgerufen werden oder altersbedingt sein.

Altersbedingte Ursachen
- Verändertes Schlafmuster im Alter (☞ 10.1)
- Wissensdefizite über physiologischen Veränderungen im Alter
- Wissensdefizite hinsichtlich schlaffördernder Maßnahmen.

Körperliche Ursachen
- Bewegungsmangel, Bettruhe, häufiges Einschlafen am Tag
- Therapeutische Lagerungen, z.B. zur Dekubitusprophylaxe, bei Dekubitus oder Throm-bose

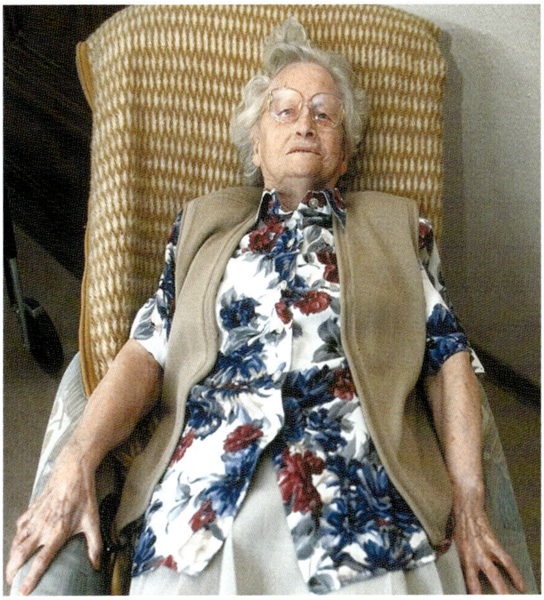

Abb. 10.18: Für eine Ruhepause am Tage eignet sich auch ein Relax-Sessel. [K157]

- Schmerzen und andere körperliche Beschwerden wie z. B. Völlegefühl
- Internistische Erkrankungen wie
  - Schilddrüsenüberfunktion (Hyperthyreose) durch die damit verbundene innere Unruhe
  - Diabetes mellitus durch nächtlichen Blutzuckerabfall
  - Herz- und Kreislauferkrankungen, z. B. bei einem zu hohen Blutdruck oder durch nächtliche Blutdruckabfälle, häufiges nächtliches Wasserlassen (Nykturie) bei einer Herzinsuffizienz
  - Erkrankungen mit Atemnot, Schlafapnoen, Husten
- Medikamente
  - Apruptes Absetzen gewohnter Schlafmedikamente verursacht ausgeprägte Schlafstörungen
  - Medikamentennebenwirkungen, z. B. durch Herz-Kreislaufmedikamente.

Psychische Ursachen

- Ängste und Sorgen
- Unruhe, Spannungen
- Lebenskrisen
- Unterforderung, z. B. im Krankenhaus oder Pflegeheim
- Psychiatrische Erkrankungen wie
  - Demenz durch den gestörten Tag-Nacht-Rhythmus
  - Angsterkrankungen, -störungen
  - Depression
  - Schizophrenie
  - Sucht.

Umgebungsbedingte Ursachen

- Fremde bzw. unruhige Umgebung, z. B. durch ungewohnte oder laute Geräusche oder durch zu viel Licht
- Unbequemes Bett
- Zu kalte oder zu warme Raumtemperatur

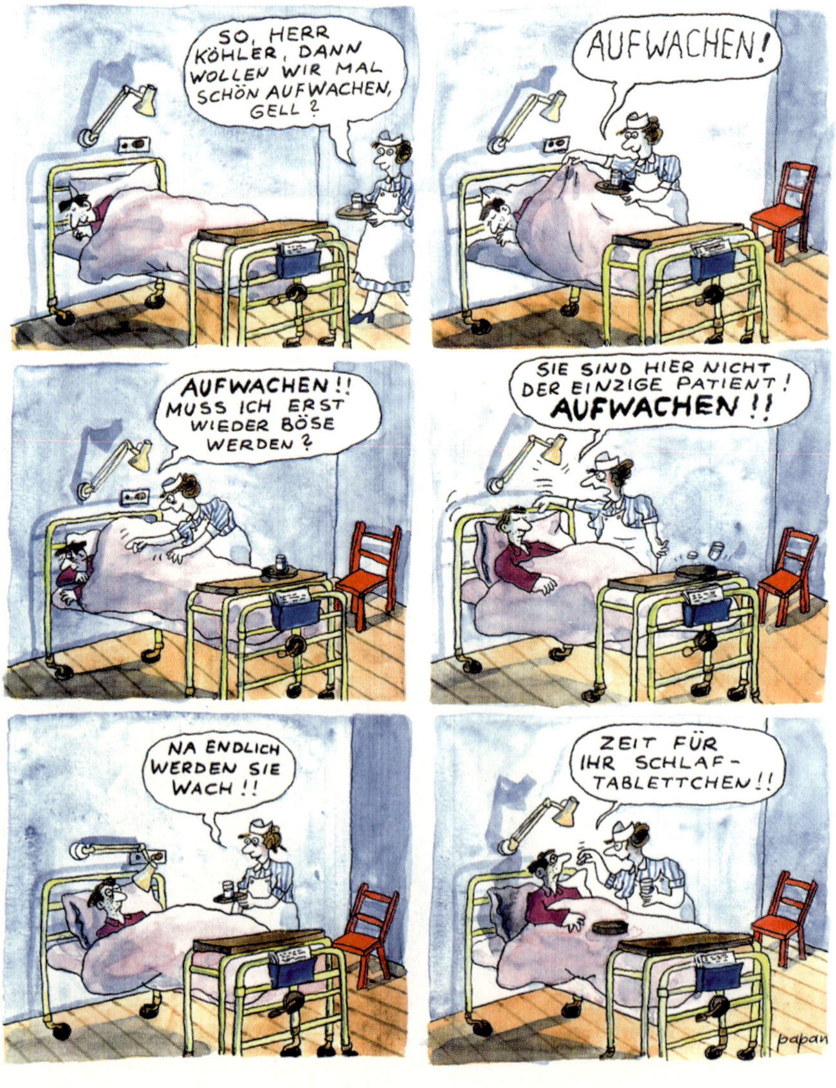

Abb. 10.20: Ohne Worte. [L100]

- Zeitverschiebungen
- Situative Veränderungen, so dass gewohnte Schlafrituale nicht eingehalten werden können.

Anzeichen und Ausmaß

Anzeichen einer Schlafstörung sind:

- Pflegebedürftiger äußert, Probleme beim Ein-bzw. Durchschlafen zu haben
- Angehörige weisen auf die Schlafstörung hin
- Unruhiges Umherwandern
- Häufiges nächtliches Klingeln
- Mögliche Hinweise: häufiges Gähnen, Konzentrationsstörungen, dunkle Augenränder.

Das **Ausmaß** der Schlafstörung und der individuelle Leidensdruck können unterschiedlich sein (☞ Tab. 10.21).

Ausmaß der Schlafstörung	
Grad	*Schlafstörung*
0	Keine
1	Gelegentlich, geringer Leidensdruck
2	Ständig, geringer Leidensdruck
3	Gelegentlich, hoher Leidensdruck
4	Ständig, hoher Leidensdruck

Tab. 10.21: Auch bei geringen Schlafstörungen kannn der Leidensdruck groß sein und umgekehrt.

Bei ausgeprägten Schlafstörungen ist das Führen eines **Schlaf-Tagebuches** hilfreich (☞ 10.2). Hier werden Schlafens- und Wachzeiten, mögliche Ursachen und Maßnahmen über 24 Stunden mehrere Tage lang aufgeschrieben. Es dient gleichzeitig zur Evaluierung der Pflegetherapie.

Folgen

Gravierende gesundheitliche Schäden wie z.B. Herzerkrankungen sind durch Schlafstörungen nicht zu befürchten. Trotzdem beeinträchtigen v.a. längerfristige Schlafstörungen das Wohlbefinden erheblich. Sie führen zu

- Schneller Ermüdbarkeit
- Ausgeprägter Tagesschläfrigkeit
- Konzentrationsstörungen
- Verlansamtem Denkvermögen
- Wortfindungsstörungen
- Depressiver Verstimmung
- Ungeduld und Reizbarkeit
- Verstärkung vorhandener Beschwerden.

> Schlafstörungen können das Wohlbefinden erheblich beeinträchtigen. Deshalb Klagen über Probleme beim Schlafen immer ernst nehmen und nach den Ursachen forschen.

10.4.2 Pflegetherapeutische Maßnahmen

In der stationären Altenpflege werden die Pflegebedürftigen als „aktivierende Pflegemaßnahme" (☞ 6.4.2) häufig von morgens bis abends auf einen Stuhl oder Sessel gesetzt. Viele schlafen auf diese Weise ständig ein, wachen bzw. schrecken aber durch die unbequeme Lagerung und die unruhige Umgebung immer wieder auf (☞ Abb. 10.22). Diese als tagesstrukturierend deklarierte Maßnahme soll den Pflegebedürftigen tagsüber aktivieren und nachts einen ruhigen Schlaf ermöglichen.

Der Ruhe- bzw. Aktivierungswert einer solchen Maßnahme ist höchst zweifelhaft. Hat der alte Mensch zudem ausgeprägte nächtliche Schlafstörungen oder bekommt regelmäßig Schlafmedikamente, kann es sein, dass sich seine Persönlichkeit nach und nach verändert.

> Schläft ein Pflegebedürftiger tagsüber immer wieder ein, ist das ein eindeutiges Anzeichen von Müdigkeit (☞ 10.5). In diesem Falle müssen durch eine umfassende Pflegediagnostik die Ursachen festgestellt und mittels Pflegeplanung die Wach-, Ruhe- und Schlafphasen individuell gestaltet werden.

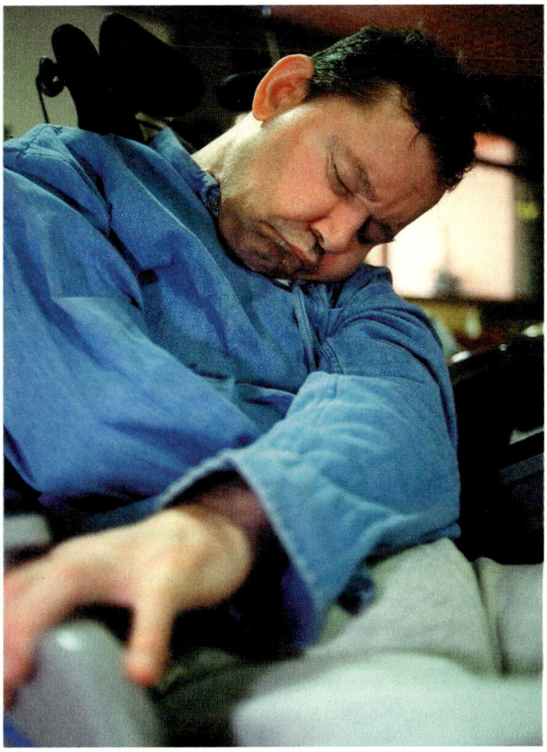

Abb. 10.22: Sitzend im Rollstuhl tagsüber einnicken ermöglicht keinen erholsamen Schlaf. [K157]

Abb. 10.23: Nachtcasino oder -cafe. [K157]

Sorge für eine ruhige und bequeme Umgebung

Die Sorge für eine **ruhige und bequeme Umgebung** ist vor allem in der stationären Pflege, z. B. im Heim oder Krankenhaus, in Kurzzeit- oder Nachtpflegeeinrichtungen bedeutsam, weil häufig die Rahmenbedingungen eine individuelle Schlafgestaltung erschweren. Während gewohnte Geräusche den Schlaf in der Regel nicht stören, wachen oder schrecken viele Menschen durch ungewohnte Geräusche auf.

Manche Störungen, z. B. durch einen unruhigen oder schnarchenden Zimmernachbarn, lassen sich meist nicht verhindern. Trotzdem können Rahmenbedingungen so gestaltet werden, dass der Schlaf möglichst wenig gestört wird. In jeder Station, in jedem Wohnbereich sollte z. B. ein Raum zur Verfügung stehen, in dem sich nachts unruhige BewohnerInnen aufhalten können. Einige Einrichtungen der stationären Altenpflege verfügen bereits über ein sog. **Nachtcasino** oder **Nachtcafé** (☞ Abb. 10.23). Hier werden schlaflose, unruhige BewohnerInnen, bei denen sich der Tag-Nacht-Rhythmus umgestellt hat, betreut.

AltenpflegerInnen können zudem durch das **eigene Verhalten** vermeidbare Störungen des Schlafes verhindern:

- **Lautstärke:** Türen geräuscharm öffnen und schließen und Gespräche mit KollegInnen und Pflegebedürftigen so leise wie möglich führen
- **Beleuchtung:** Auch wenn Sturzgefährdete, Schwerhörige und Sehbehinderte eine gute Beleuchtung der Räumlichkeiten brauchen, so werden doch auch alle anderen munter, wenn nachts das Licht im Zimmer eingeschaltet wird. Deshalb bei nächtlichen Kontrollgängen das Licht beim Betreten eines Zimmers nicht routinemäßig anschalten, sondern überlegen, ob in dem einen oder anderen Zimmer nicht auch das Licht einer kleinen Taschenlampe ausreicht
- **Wecken** zum Toilettengang oder zur Inkontinenzversorgung: Bei häufigem nächtlichen Wasserlassen (Nykturie) und Harninkontinenz sind Toilettengänge und Inkontinenzversorgung in der Nacht meist unvermeidbar. Die Weckzeit kann aber individuell festgelegt werden, so dass der Betroffene nicht während des REM-Schlafes, erkennbar an den Augenbewegungen (☞ 10.1), sondern zu einem späteren Zeitpunkt geweckt wird
- **Lagerung:** Bei beeinträchtigter Mobilität benötigen Pflegebedürftige häufig Hilfe bei der Lagerung. Hier muss zur Nacht auf eine bequeme und gewohnte Lagerung geachtet werden
- **Umlagern:** Zur Vermeidung eines Dekubitus (☞ 5.8) wird der Schlaf der betroffenen Person und aller Bettnachbarn im Extremfall alle 2 Stunden zur Umlagerung unterbrochen. Doch nicht alle Pflegebedürftigen sind gleichermaßen dekubitusgefährdet. Werden Erfordernisse und Probleme individuell eingeschätzt und Maßnahmen zielgerichtet geplant, können die Schlafunterbrechungen auf ein Minimum reduziert werden
- Eine **Lichtquelle, gewohnte Einschlafhilfen** (z. B. Buch) und bei Bedarf die **Klingel** oder der Notruf müssen jederzeit erreichbar sein. Das Bereitstellen eines Getränks bzw. einer kleinen Mahlzeit kann zudem helfen, dass die pflegebedürftige Person nach einer ernährungsbedingten Schlafstörung (niedriger Blutzuckerspiegel in der Nacht) schnell wieder in den Schlaf findet.

Für ein ruhiges und bequemes Schlafumfeld des Pflegebedürftigen zu sorgen ist auch in der **ambulanten Pflege** von Bedeutung. In jedem Fall fördert es den Schlaf, wenn individuelle Schlafgewohnheiten und -bedürfnisse des alten Menschen berücksichtigt werden (☞ 10.2).

Allgemeine schlaffördernde Maßnahmen

Eine Reihe von allgemeinen Empfehlungen für einen erholsamen Schlaf können in die **Information** und **Beratung** schlafgestörter alter Menschen einfließen, z. B.:

- Regelmäßige Bewegung und Aktivität am Tage sorgen dafür, dass der Körper müde wird
- Angemessene Ernährung: Sowohl schwer verdauliche Mahlzeiten als auch Hunger können den Schlaf stören. Zu empfehlen sind eine leicht verdauliche Kost mit ausreichendem Sättigungsgefühl am Abend
- Unmittelbar nach einer aktiven Phase fällt das Einschlafen schwer. Daher ist es wichtig, nach den Tagesaktivitäten am Abend auf eine Phase der Besinnung und Ruhe zu achten
- Regelmäßige Schlafenszeiten und Schlafrituale wirken einschlaffördernd, z. B. die Abendtoilette, ein paar Seiten lesen, ruhige Musik hören

• Kalte Füße verhindern den Schlaf ebenso wie eine zu warme Umgebung. Bei kalten Füßen helfen eine zweite Bettdecke, ein Schaffell, Socken, Bettschuhe oder ein warmes Fußbad
• Gelegentlich können auch eine geringe Menge Alkohol, z.B. ein Glas Bier oder Wein, Kräuter-Beruhigungstees oder Baldriantropfen hilfreich sein.

Beruhigende Körperpflege: Ganzkörperwaschung, Vollbad oder Einreibung

Für pflegebedürftige alte Menschen, die unter abendlicher Unruhe und Einschlafstörungen leiden, ist es sinnvoll, die Körperpflege (☞ 9.3.2) auf den Abend zu verlegen. Sie dient dann neben der Reinigung des Körpers vor allem der **Beruhigung** von Körper und Geist. Die **Ganzkörperwaschung** im Bett oder ein **Vollbad** bieten die Gelegenheit, beruhigende Elemente einfließen zu lassen. Alternativ kann auch eine beruhigende **Einreibung** durchgeführt werden.

> Früher musste die Nachtwache häufig aus organisatorischen Gründen bis zum frühen Morgen bereits 6 oder sogar 10 Pflegebedürftige gewaschen haben. Heute sind die Arbeitsabläufe anders organisiert. Daher ist es empfehlenswert, dass z.B. die Nachtwache in den frühen Abendstunden eine beruhigende Ganzkörperwaschung bei unruhigen Pflegebedürftigen übernimmt.

Die beruhigende Ganzkörperwaschung, das beruhigende Vollbad oder die beruhigende Einreibung erfordern eine angemessene **Umgebung** und eine besondere **Pflegemethodik**. Darüber hinaus kann, muss aber nicht, die Wirkung durch entsprechende **Zusätze** (☞ unten) unterstützt werden. Mitunter lenken Aromastoffe jedoch von der taktilen Körperwahrnehmung ab.

Umgebung

Die Wirkung der beruhigenden Ganzkörperwaschung im Bett oder Bad bzw. die beruhigende Einreibung setzen eine entspannte, ruhige Atmosphäre voraus.

• Die Maßnahmen werden nur von 1 AltenpflegerIn durchgeführt
• Für eine angenehm warme *Raumtemperatur* sorgen
• Unnötige Störungen von außen verhindern, z.B. ein „Bitte nicht stören"-Schild an die Zimmertür anbringen
• *Wassertemperatur* zwischen 37 und 40 °C für eine Ganzkörperwaschung; wärmeres oder kälteres Wasser je nach individuellen Bedürfnissen des Pflegebedürftigen
• Eigene Hände vorwärmen, um Pflegebedürftigen nicht durch Berührung mit kalten Händen zu erschrecken
• Während der Waschung oder Einreibung nur wenig sprechen, damit sich der Pflegebedürftige auf die Wahrnehmung der Berührung konzentrieren kann.

Pflegemethodik

Bei Bedarf zunächst die *Intimpflege* durchführen und auf Wunsch den Intimbereich ankleiden oder bedecken. Der Intimbereich wird während der beruhigenden Ganzkörperwaschung ausgespart.

Pflegebedürftigen vollständig *entkleiden*, weil Unterbrechungen durch das An- und Auskleiden während der Ganzkörperwaschung die beruhigende Wirkung beeinträchtigen. Auf Wunsch kann der Körper auch mit einem leichten Tuch bedeckt werden.

• Für die beruhigende Waschung einen gut ausgewrungenen *Waschhandschuh*, alternativ auch z.B. einen Frotteestrumpf, verwenden. Ein normaler Waschlappen verrutscht zu leicht
• Die Hand ganzflächig auf den Körper des Pflegebedürftigen auflegen und den Körperkonturen anpassen
• Von der Körpermitte zur Körperperipherie in *Haarwuchsrichtung* waschen und abtrocknen oder einreiben (☞ Abb. 10.24). Immer nur in *eine Richtung*, bei jedem Strich neu ansetzen, nicht hin- und herreiben. Intimbereich aussparen. Evtl. ist es auch ausreichend, nur einen Körperteil zu waschen oder einzureiben, z.B. den Rücken, die gelähmte Seite oder die „unruhigen Beine"
• Schläft der Pflegebedürftige während der beruhigenden Ganzkörperwaschung oder Einreibung im Bett ein, ihn vorsichtig zudecken und ruhig das Zimmer verlassen.

Abb. 10.24: Bei der beruhigenden Ganzkörperwaschung wird in Haarwuchsrichtung gewaschen, um eine beruhigende Wirkung zu erzielen. Waschen gegen die Haarwuchsrichtung wirkt dagegen belebend. [V155]

Schlaffördernde Aromatherapie

Beruhigende Aromastoffe können auf vielfältige Weise zum Einsatz kommen, z. B. als Parfum, als Zusatz im Waschwasser oder Vollbad oder als Massageöl. Es gibt mehrere ätherische Öle, die durch ihre Wirkung den Schlaf fördern (☞ Tab. 10.25)

Wirkung beruhigender Aromastoffe	
Aromastoff	*Hilft gegen*
Melisse (Zitronenmelisse, Zitronenkraut)	Schlafstörungen und Alpträume
Majoran	Schmerzen der Muskulatur, Angstzustände, Nervosität, Einsamkeit und Traurigkeit; wirkt entspannend und entkrampfend
Neroli (Orangenblüten, Bitterorangenblüten, Pomeranzenblüten)	Seelische Qualen und negative Gefühle
Petitgrainöl	Nervöse Beschwerden und Depressionen
Kamillenöl	Ärger, Reizbarkeit, Schmerz und Unzufriedenheit
Rosenholz	Angst und Verspannung

Tab. 10.25: Ätherische Öle mit schlaffördernder Wirkung

Einige praktische Anwendungsbeispiele für die **äußere Anwendung** sind:

- **Bäder:** Ätherische Öle zunächst mit Honig, Milch oder Sahne mischen und dann dem Badewasser zugeben
  - **Einschlafbad** (Vollbad): 5 Tropfen Lavendel, 2 Tropfen Neroli und 3 Tropfen Kamille oder 4 Tropfen Neroli und je 3 Tropfen Majoran und Lavendel
  - **Nervenbad** (Vollbad): 5 Tropfen Melisse, 3 Tropfen Lavendel und 2 Tropfen Petitgrain.
- **Beruhigungsöl für die Einreibung oder Massage:** 2 Tropfen Majoran und 1 Esslöffel Mandelöl oder 15 Tropfen Lavendelöl, 15 Tropfen Rosenholz, 5 Tropfen Geranium (zur Hautpflege), 5 Tropfen Cananga (wirkt ebenfalls entspannend) auf 100 ml Mandelöl.
- Als **Parfum** für die Nacht kann z. B. eine Mischung aus 5 ml Jojobaöl, 3 Tropfen Melisse und 1 Tropfen römischer Kamille auf die Haut über der Halsschlagader aufgetragen werden
- Wenn die Zeit knapp ist, können die schlaffördernden Öle auch mit Hilfe von Duftsteinen oder **Aromalampen** ihre Wirkung tun (☞ 4.11.2).

Entspannungsübungen

Es gibt eine Vielzahl möglicher **Entspannungsübungen**, die leicht zu erlernen sind. Viele Menschen lernen heute bereits im Erwachsenenalter, sich regelmäßig bewusst zu entspannen, um den alltäglichen Stress auf gesunde Weise abzubauen, sich auszuruhen und zu regenerieren.

In früheren Lebensjahren erlernte Entspannungsmethoden sind eine wertvolle Ressource, deshalb auf jeden Fall in der Pflegediagnostik erfassen und in der Pflegeplanung berücksichtigen.

Für die Durchführung von körperorientierten Entspannungsübungen werden keine Materialien benötigt. Voraussetzung für eine entspannungsfördernde Pflegetherapie ist eine ruhige, ungestörte und angenehme Atmosphäre. In einem hektischen, lauten oder unruhigen Klima bleibt die beste Entspannungsübung wirkungslos. Auch die AltenpflegerIn muss innerlich ruhig sein.

Die knappen zeitlichen Ressourcen in der stationären Pflege verhindern die Durchführung komplexer Entspannungsübungen. Das *autogene Training* beispielsweise setzt zudem nicht nur zeitliche Ressourcen und eine entsprechende Umgebung voraus, sondern ebenso eine qualifizierte Ausbildung.

Autogenes Training nur mit ausgebildeten ÜbungsleiterInnen
Autogenes Training kann, wenn auch in seltenen Fällen, Komplikationen hervorrufen, z. B. Störungen der Atmung oder Angstzustände. Deshalb bleibt die Durchführung ausschließlich dafür ausgebildeten ÜbungsleiterInnen vorbehalten.

Dennoch können AltenpflegerInnen mit Hilfe kleinerer Übungen den Entspannungszustand eines alten Menschen verbessern und damit das Ruhen und Schlafen fördern.

Abb. 10.26: Gesicht und Kopfhaut entspannen. [A500-119]

Die folgenden Übungen wurden nach praktikablen Gesichtspunkten ausgewählt. Sie sind leicht und komplikationslos durchzuführen und benötigen nicht viel Zeit.

Gesicht und Kopfhaut entspannen (nach Dr. Tran Vu Chi)

Das **Ziel** dieser Entspannungsübungen ist es, übermäßige Hirnaktivität zu beruhigen. Die Übung eignet sich zur **Anleitung** und **vollständigen Übernahme.**

Vorbereitung bei der vollständigen Übernahme: Pflegebedürftigen informieren und um Einverständnis bitten, da viele Menschen im Kopf- und Gesichtsbereich sehr berührungsempfindlich sind.

1. Handlungsschema (☞ Abb. 10.26)

- Die Hände gefaltet auf die Mitte des Kopfes legen
- Die Kopfhaut durch „nach-oben-drücken" der Handflächen anheben, dabei einatmen lassen
- Die Kopfhaut wieder entspannen und dabei ausatmen lassen.

Die Übung 10 x wiederholen, dabei nach und nach die gesamte Kopfhaut einbeziehen.

2. Handlungsschema (☞ Abb. 10.27)

Mit den drei mittleren Fingern beider Hände die Haut und Muskeln im Kopfbereich nach folgendem Ablauf vertikal (oben-unten) hin- und hergleiten lassen:

- (1) Auf der Stirn
- (2) Dicht unter den Augenbrauen
- (3) Unter den Augenhöhlen
- (4) Unter den Wangenknochen
- (5) Am Kinn
- (6) Oberhalb der Schläfen
- (7) Über den Kieferknochen, vor dem Ohr
- (8) Unter dem Hinterhauptsbein am Nacken.

Die Übung 10 x wiederholen.

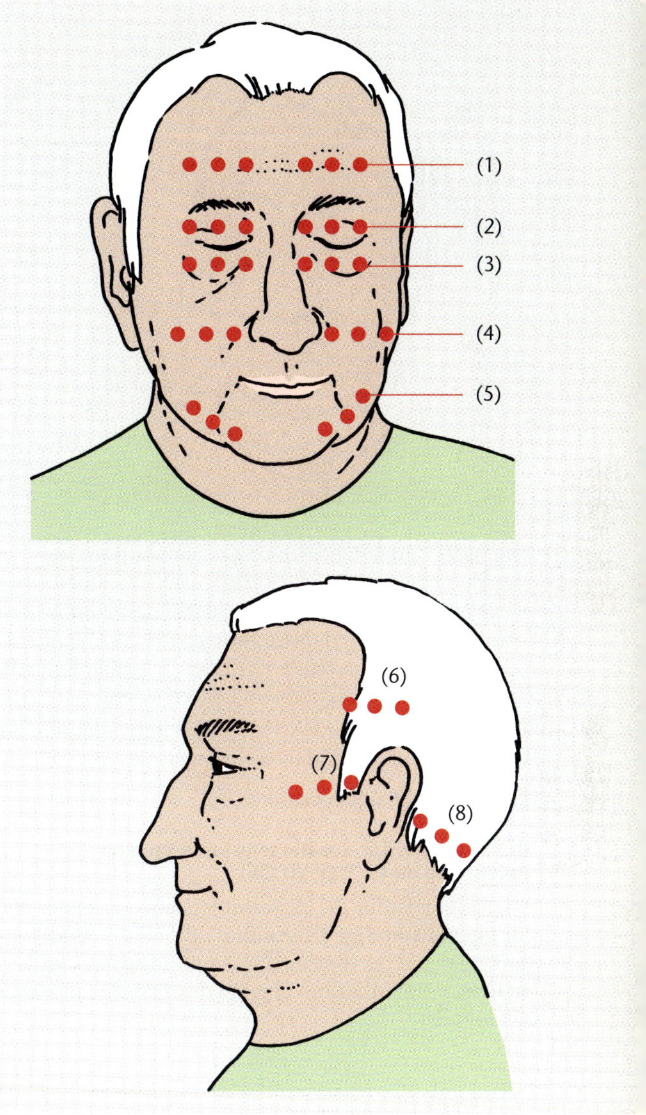

Abb. 10.27: Gesicht und Kopfhaut entspannen. [A500-119]

Die Lärmempfindlichkeit herabsetzen (nach Dr. Tran Vu Chi)

Das **Ziel** diese Entspannungsübung drückt sich bereits im Titel der Übung aus. Sie ist geeignet für Personen, die über eine Lärmempfindlichkeit klagen. Durch die Übung wird eine wohltuende Beruhigung der gesteigerten Sinneswahrnehmung erreicht. Sie eignet sich zur **Anleitung** oder **vollständigen Übernahme**.

Zur **Vorbereitung** bei der vollständigen Übernahme gehören die Information des Pflegebedürftigen und die Bitte um sein Einverständnis, da viele Menschen im Kopf- und Gesichtsbereich sehr berührungsempfindlich sind.

Handlungsschema (☞ Abb. 10.28)

- Augen schließen lassen
- Handflächen auf die Ohren legen (die Finger zeigen nach oben) und sanft zusammenpressen
- Regelmäßige leichte Auf- und Abbewegungen machen, bis sich die Ohren erwärmen
- Nun die Hände so auf die Ohren legen, dass die Finger nach hinten zeigen
- Den Druck auf die Ohren verstärken, dabei ausatmen lassen
- Den Druck lösen, dabei einatmen lassen.

Die Übung 10 x wiederholen.

Die Verkrampfung der Arme und Hände lösen (in Anlehnung an Dr. Tran Vu Chi)

Diese Übung eignet sich ausschließlich zur **Anleitung.**

Handlungsschema (☞ Abb. 10.29)

- Die Hände vor der Brust falten und die Arme anwinkeln lassen

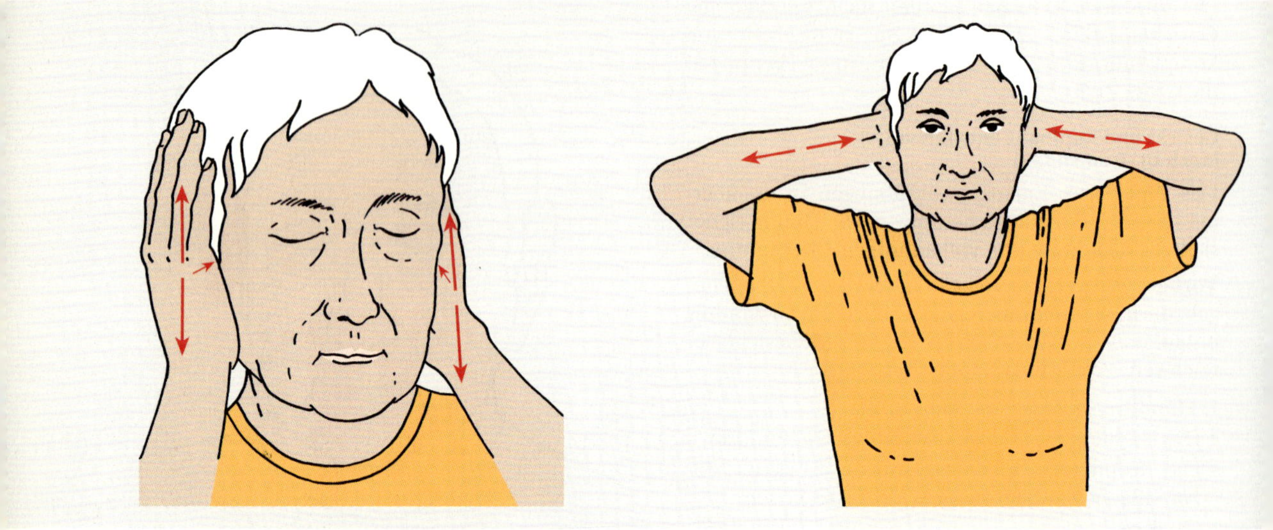

Abb. 10.28: Lärmempfindlichkeit herabsetzen. [A500-119]

- Die Arme nach vorn strecken, dabei die Handflächen nach außen drehen und ausatmen lassen. Die pflegebedürftige Person bitten zu fühlen, wie es in Fingern, Händen, Handgelenken und Armen zieht
- Die gefalteten Hände wieder nach innen drehen, bis zur Brust anwinkeln und einatmen lassen.

Die Übung 10 x wiederholen.

Die Überaktivität des Herzens beruhigen (in Anlehnung an Dr. Tran Vu Chi)

Die Übung ist für die **Anleitung** ebenso geeignet wie für die **vollständige Übernahme** durch die AltenpflegerIn. Wegen der Berührungsempfindlichkeit im Gesicht ist vorab die Einwilligung des Pflegebedürftigen einzuholen.

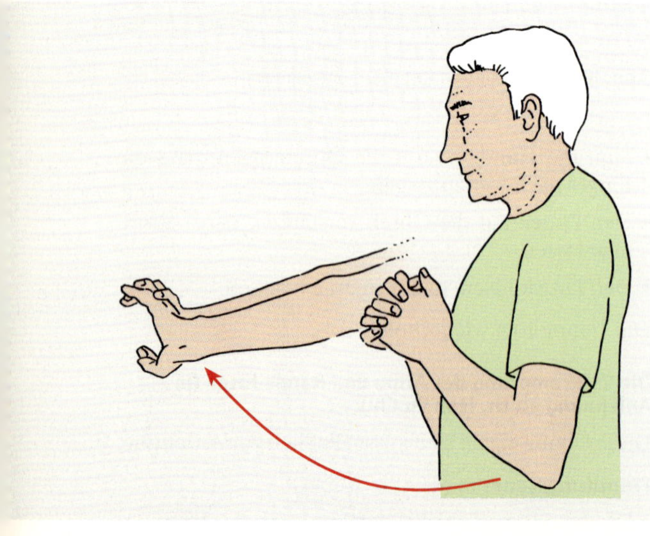

Abb. 10.29: Verkrampfung der Arme und Hände lösen. [A500-119]

Während dieser Übung liegt der Pflegebedürftige auf dem Rücken und atmet normal weiter.

Handlungsschema (☞ Abb. 10.30)

- Die Fingerspitzen auf den unteren Teil der geschlossenen Augen legen (lassen)
- Sanft drücken und den Druck für einige Sekunden beibehalten
- Den Druck lösen.

Die Übung 10 x wiederholen.

- Die Fingerspitzen nun auf den oberen Teil der geschlossen Augen legen (lassen)
- Sanft drücken und den Druck für einige Sekunden beibehalten
- Dem Druck lösen.

Die Übung 10 x wiederholen.

Den Atemrhythmus verlangsamen

Für das Einschlafen ist eine ruhige Atmung Voraussetzung. Diese Übung eignet sich zur **Anleitung** oder **teilweisen Übernahme.** Sie wird am besten in einer entspannten Rückenlage, oder auch in anderen Positionen durchgeführt.

Handlungsschema (☞ Abb. 10.31)

- Die Hände des Pflegebedürftigen auf dem Bauch falten (lassen). Ist das nicht möglich, kann die AltenpflegerIn ihre warmen Hände auf den Bauch des Pflegebedürftigen legen. Dabei soll der Pflegebedürftige einen sanften Druck am Bauch wahrnehmen, damit er spürt, wohin er atmen soll.
- Zunächst ausatmen lassen
- Langsam und tief einatmen und dabei den Bauch aufblähen lassen („die Hände wegatmen")
- Einige Sekunden den Atem anhalten lassen
- Langsam wieder ausatmen lassen.

> **Vorsicht!**
> Manche Menschen reagieren auf Übungen zur Beruhigung mit Hilfe der Atmung paradox: Sie verspannen sich und steigern ihre Atemfrequenz. Diese paradoxe Reaktion lässt sich vermeiden, wenn der Pflegebedürftige aufgefordert wird, zunächst seinen ganz normalen Atemrhythmus beizubehalten.

Beruhigende Musiktherapie

Musik kann sehr entspannend wirken, sofern sie den Bedürfnissen des Pflegebedürftigen entspricht. Ist es nicht möglich, die Musikwünsche des Pflegebedürftigen zu erfragen, kann die Wirkung der Musik auch beobachtet werden.

> **Beobachtung**
> Entspannte Gesichtszüge und Körperhaltung zeigen die beruhigende Wirkung der Musik. Ein angespannter Gesichtsausdruck oder unruhige Bewegungen deuten an, dass die Musik wirkungslos ist oder sogar Unbehagen erzeugt.

Zur Beruhigung eignen sich bei den meisten Menschen besonders

- Ruhige klassische Werke
- Meditationsmusik
- Spezielle Entspannungsmusik.

Voraussetzung ist ein Kassettenrecorder oder ein CD-Player, entsprechende Kassetten oder CDs und evtl. ein Kopfhörer. Ggf. die Angehörigen bitten, die erforderlichen Materialien mitzubringen. Viele Angehörige sind dankbar für den Hinweis auf ein sinnvolles Geschenk. Alternativ bieten auch viele Stadtbüchereien die Möglichkeit, Kassetten oder CDs zu leihen.

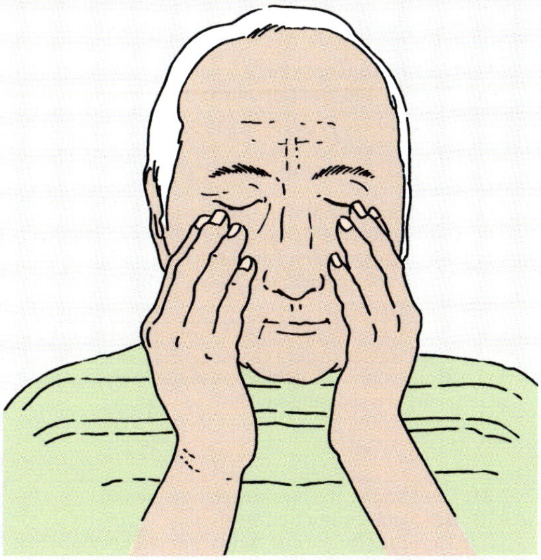

Abb. 10.30: Die Überaktivität des Herzens beruhigen. [A500-119]

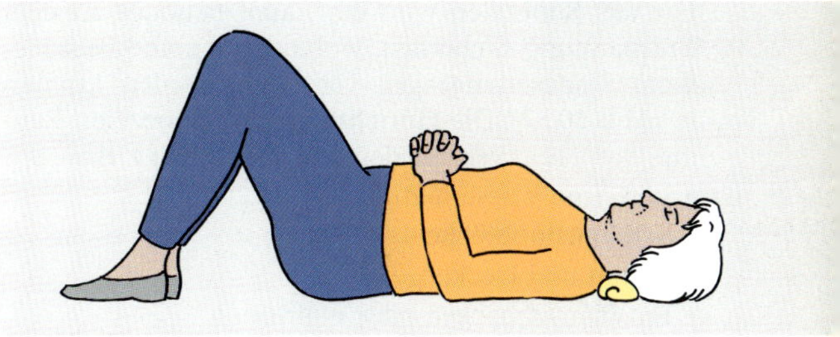

Abb. 10.31: Den Atemrhythmus verlangsamen. [A500-119]

> **Vorsicht!**
> Die beruhigende Musiktherapie auf keinen Fall als „Dauerberieselung" anbieten, weil sich der Hörsinn an Geräusche gewöhnt, bis diese schließlich gar nicht mehr wahrgenommen werden. Musiktherapie daher immer nur zeitlich begrenzt einsetzen.

Bibliotherapie: Vorlesen oder vertonte Literatur

Lesen kann eine wirksame Einschlafhilfe sein. Viele ältere Menschen haben ihr Leben lang gerne gelesen und müssen aufgrund von Sehstörungen (☞ 4.4) darauf verzichten. Für manch einen ist das Lesen vor dem Einschlafen eine wichtige Gewohnheit, weil es vom Tagesgeschehen ablenkt und entspannt. Bleibt keine Zeit zum Vorlesen, so kann vertonte Literatur verwendet werden. Immer mehr Bücher stehen auch als Hörkassetten zur Verfügung.

Snoezelen

> **Snoezelen** (*sprich*: *snuselen*): Wortverbindung aus den niederländischen Verben **snuffelen** (*schnüffeln*) und **doezelen** (*dösen*).
>
> Zwei Prinzipien stehen hinter dem Konzept:
>
> - Snuffelen steht für das Prinzip der Freiheit: tun und lassen können, was man will
> - Doezelen steht für das Prinzip der Entspannung, der emotionalen Sinnerfahrung, Geborgenheit und Zuwendung.

Snoezelen wurde Mitte der 70er Jahre als Freizeitangebot für Schwerst- und Mehrfachbehinderte in Holland entwickelt. Zunehmend findet dieses Konzept auch bei älteren Menschen Anwendung, die sich in der realen Welt nur schwer zurechtfinden, z.B. bei einer fortgeschrittenen Demenz.

Für das Snoezelen wird ein Raum benötigt, in dem Entspannung, Sicherheit, Wohlbefinden und verschiedene Sinneserfahrungen vermittelt werden können (☞ Abb. 10.32). Die **Einrichtung** eines Snoezelen-Raumes kann sehr verschieden sein. Er enthält z. B.:

- Luft- und Wassermatratzen
- Schaumstoffblöcke
- Kissen und Decken
- Ein Planschbecken oder Whirlpool
- Eine effektvolle und vor allem sanfte Beleuchtung
- Duftquellen, z. B. Aromalampen.

Meditationsmusik oder die Lieblingsmusik des Pflegebedürftigen unterstützen die angenehme Atmosphäre.

Hinzu kommen noch eine Vielzahl möglicher **Materialien,** die die Sinneswahrnehmung stimulieren können, z. B.

- Tastbretter oder eine Berührungswand
- Klangwerkzeuge
- Sternenhimmel
- Bällchenbad
- Trockendusche.

Der Kreativität sind keine Grenzen gesetzt, wichtig ist im Ergebnis die ausstrahlende Atmosphäre des Raumes.

Snoezelen ist in erster Linie ein palliatives Angebot, das das Wohlbefinden steigert. Frei von bedrohlichen Aktivitäten, Druck und Misserfolgen können sich Pflegebedürftige in dieser Oase der Ruhe und sanften Stimulierung entspannen und ausruhen oder auch Spaß und Vergnügen erleben.

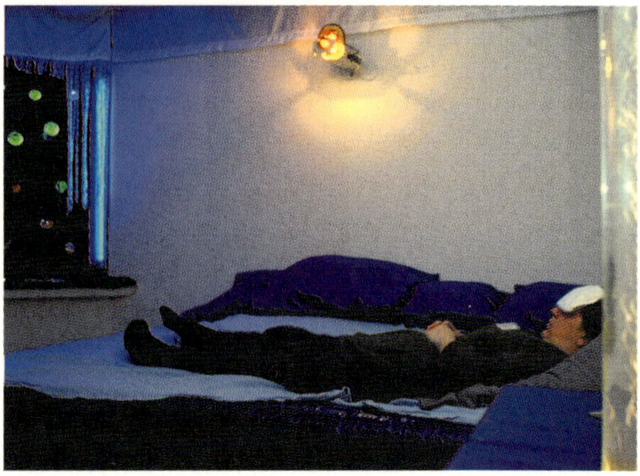

Abb. 10.32: In einem Snoezelen-Raum können sich pflegebedürftige Menschen entspannen. [K157]

Literaturtipp

Hutchinson, Roger: Das Wittington Hall Snoezelen Projekt. Verlag Sport Thieme, Grasleben

Video: Der Weg nach vorn. Verlag Sport Thieme, Grasleben

10.4.3 Exemplarische Pflegeplanung

Pflegediagnose mit Ursache (PD), Ressourcen (R), Gewohnheiten (G) und Erfahrungen (E), aktuelle Bedürfnisse (AB)	Pflegeziele	Pflegetherapie Information (I), Beratung (B), Motivation (M), Anleitung (A), Beaufsichtigung (Bf); teilweise Übernahme (tÜ), vollständige Übernahme (vÜ)
Pflegeplanung 1		
PD: Einschlafstörungen aufgrund von Bewegungsmangel **R:** Kann außerhalb der Wohnung bzw. des Wohnbereichs spazierengehen	Äußert, ohne Probleme eingeschlafen zu können	**Bf:** 1x täglich beim Spaziergang an frischer Luft begleiten **I, M:** Über Angebote zur körperlichen Bewegung informieren und zur Teilnahme motivieren
Pflegeplanung 2		
PD: Ein- und Durchschlafstörungen aufgrund von Ängsten **R:** Kann die Ängste benennen und darüber sprechen	Äußert, ohne Leidensdruck eingeschlafen zu sein und durchgeschlafen zu haben Äußert, sich ausgeruht zu fühlen	**vÜ:** 1 x tägl. und bei Bedarf Gespräche über Ängste anbieten **tÜ:** Vor dem Einschlafen Biblio- oder Musiktherapie **B, A:** Über Aromatherapie (mit Majoran) beraten und zur selbständigen Durchführung anleiten **tÜ:** Nach einer schlechten Nacht Ruhepausen am Tag ermöglichen
Pflegeplanung 3		
PD: Einschlafstörung aufgrund diffuser Unruhe **R:** kann Störung nonverbal mitteilen	Zeigt nonverbal Wohlbefinden	**vÜ:** Bei Bedarf vor dem Einschlafen beruhigenden Ganzkörperwaschung im Bett
Pflegeplanung 4		
PD: Durchschlafstörung aufgrund einer Demenz vom Alzheimer-Typ mit Tag-Nacht-Umkehr **R:** Äußert Wünsche verbal und nonverbal	Wirkt ausgeruht	**Bf:** Bei Unruhe ins Nachtcasino begleiten **Bf:** Auf Wunsch ins Bett begleiten **tÜ:** Tagsüber Ruhe- und Schlafpausen ermöglichen

Tab. 10.33: Beispiele für Pflegeplanungen bei Schlafstörungen.

10.5 Gesteigerte Müdigkeit

Müdigkeit ist ein natürlicher und physiologischer Zustand zwischen Wachsein und Schlafen. Sie sorgt für ein ausgewogenes Gleichgewicht zwischen den Polen Ruhe und Entspannung sowie Aktivität und Anspannung.

Gesteigerte Müdigkeit: über den normalen Schlafbedarf (☞ 10.1) hinausgehende Müdigkeit. Die Müdigkeitsphasen sind verlängert und/ oder treten gehäufter auf. Das Gleichgewicht zwischen müde und munter sein ist gestört. Das Gefühl körperlicher und geistig-seelischer Erschöpfung wird als unverhältnismäßig stark empfunden.

Im Unterschied zur gesteigerten Müdigkeit tritt die **Müdigkeit am Tage** (*Tagesschläfrigkeit*) z.B. bei nächtlichen Schlafstörungen auf. Dann wird am Tage der Schlaf nachgeholt, der für die Erholung von Körper und Geist notwendig ist. Es handelt sich hierbei nicht um eine gesteigerte Müdigkeit.

10.5.1 Pflegediagnostik

Ursachen und Einflussfaktoren

- Reduzierter Allgemeinzustand durch Erkrankungen, die die körperliche Energie herabsetzen, wie z.B. Infektionskrankheiten, Krebserkrankungen, Herzerkrankungen, Anämie
- Zeit nach einer Erkrankung, während der sich der Körper allmählich wieder an die alltäglichen Belastungen gewöhnt (Rekonvaleszenzzeit)
- Reduzierter Ernährungszustand
- Psychische Belastungen wie z.B. soziale und finanzielle Probleme, unsichere Zukunft, Lebenskrisen. Gesteigerte Müdigkeit ist dann evtl. eine Form, sich nicht mit der belastenden Situation auseinander setzen zu müssen (Verdrängung)
- Depressionen
- Therapeutische Überforderung, z.B. durch zu hohe Pflegeziele, ein zu belastendes Trainingsprogramm
- Unterforderung
- Nebenwirkung von Psychopharmaka, insbesondere Medikamente zur Beruhigung
- Nebenwirkung von Herz-Kreislaufmedikamenten, z.B. β-Blocker, Medikamente zur Blutdrucksenkung.

Anzeichen und Ausmaß

- Pflegebedürftiger äußert, sich außergewöhnlich müde zu fühlen
- Angehörige weisen auf Grund ihrer Erfahrung auf die gesteigerte Müdigkeit hin
- Mögliche Hinweise, sofern keine Schlafstörung vorliegt, sind: Tagesschläfrigkeit, dunkle Augenränder, häufiges Gähnen, vermindertes Aufnahme- und Konzentrationsvermögen.

Ein Kriterium zur Bestimmung des Ausmaßes kann der Leidensdruck sein.

Ausmaß der gesteigerten Müdigkeit	
Grad	*Gesteigerte Müdigkeit*
0	Keine
1	Gelegentlich, geringer Leidensdruck
2	Ständig, geringer Leidensdruck
3	Gelegentlich, hoher Leidensdruck
4	Ständig, hoher Leidensdruck

Tab. 10.34: Einteilung der gesteigerten Müdigkeit.

Folgen

Nicht immer muss die gesteigerte Müdigkeit als Leid empfunden werden. Für Geschwächte und Schwerkranke oder für alte Menschen, die mit ihrem Leben abgeschlossen haben, scheinen Müdigkeit und Schlaf auch willkommen zu sein.

Gefahren sind dann z.B.

- Flüssigkeitsdefizit (☞ 7.4)
- Unterernährung (☞ 7.6)
- Sekundärfolgen der beeinträchtigten körperlichen Aktivität und Mobilität (☞ 6.3), z.B. Dekubitus-, Pneumonie- und Thrombosegefahr.

Bleibt der Schlaf aus, beginnt der Pflegebedürftige unter der Müdigkeit zu leiden. Sie wird psychisch und körperlich als belastend empfunden und führt zur Sturzgefahr (☞ 11.3).

10.5.2 Pflegetherapeutische Maßnahmen

Zielsetzung und Auswahl pflegetherapeutischer Maßnahmen sind ursachenabhängig. Maßgebend sind vor allem der subjektive Leidensdruck und die Gefahren der gesteigerten Müdigkeit. Eine sinnvolle Tagesgestaltung und Vermeidung belastender Aktivitäten können ebenso sinnvoll sein wie belebende Maßnahmen.

Gestaltung des Tagesablaufs

Bei der individuellen **Gestaltung des Tagesablaufs** ist auf die Wünsche des Pflegebedürftigen Rücksicht zu nehmen. Auch wenn Müdigkeit in erster Linie subjektiv empfunden wird und objektiv nicht immer nachvollziehbar ist (z.B. bei psychischen Ursachen), muss die Müdigkeit ernst genommen werden.

- Belastende körperliche Aktivitäten, die dem Pflegebedürftigen nur wenig Lebensfreude bereiten, auf ein Minimum reduzieren und durch Aktivitäten, die die Lebensqualität verbessern, ersetzen

- Notwendigkeit präventiver Maßnahmen zur Vermeidung von z.B. Dekubitus, Pneumonie oder Thrombose erklären, damit Pflegebedürftiger nicht das Gefühl hat, unnötig gestört zu werden
- Während der Ruhe- und Schlafphasen für eine störungsfreie Umgebung sorgen (☞ 10.4.2), damit die Zeit effektiv zur Erholung und Regeneration genutzt werden kann
- Eine individuelle und konsequent eingehaltene Besuchsregelung kann sinnvoll sein und Störungen vermeiden, sofern der alte Mensch das wünscht.

Belebende Waschungen

Belebende Waschungen erhöhen den Wachheitsgrad und die Vitalität und bewirken so eine allgemeine Aktivitäts- und Leistungssteigerung.

Sind körperliche Erkrankungen die Ursache für die Müdigkeit, beleben die Waschungen körperliche und geistige Kräfte auf Dauer allerdings nur, wenn gleichzeitig die verursachende Erkrankunge erfolgreich behandelt wird bzw. wurde, z.B. in der Rekonvaleszenzzeit.

Die belebende Waschung grundsätzlich wie die beruhigende Waschung (☞ 10.4.2) durchführen, aber im Unterschied dazu bei der belebenden Waschung:

- Kühleres Wasser (ca. 27 °C) verwenden. Die Wassertemperatur darf nicht kälter als 10 °C unter der Körpertemperatur sein. Da das Wasser während der Waschung weiter abkühlt, mit etwa 30 °C warmem Waschwasser beginnen
- Entgegen der Haarwuchsrichtung mit einem nicht zu weichen Waschhandschuh waschen. Von der Körperperipherie zur Körpermitte hin waschen. Rauhes Handtuch zum Abtrocknen benutzen.

Waschzusätze: Bei den ersten Waschungen keine Zusätze verwenden, um die Aufmerksamkeit des Pflegebedürftigen nicht durch die Düfte abzulenken. Später können verschieden Zusätze verwendet werden, z.B.

- Zitronensaft, z.B. Saft einer Zitrone auf eine Waschschüssel
- Obstessig: zwie Esslöffel auf eine Waschschüssel
- Rosmarin-Bademilch.

Vorsicht!
Belebende Waschungen nicht anwenden bei unruhigen und desorientierten alten Menschen.

10.5.3 Exemplarische Pflegeplanung

Pflegediagnose mit Ursache (PD), Ressourcen (R), Gewohnheiten (G) und Erfahrungen (E), aktuelle Bedürfnisse (AB)	**Pflegeziele**	**Pflegetherapie** Information (I), Beratung (B), Motivation (M), Anleitung (A), Beaufsichtigung (Bf); teilweise Übernahme (tÜ), vollständige Übernahme (vÜ)
PD: Gesteigerte Müdigkeit aufgrund einer Krebserkrankung **R:** ist mehrfach täglich jeweils für 1-2 Stunden wach	Hat keinen Leidensdruck und äußert Wohlbefinden	**vÜ:** Tagesgestaltung an Ruhe- und Schlafphasen orientieren **vÜ:** Körperliche Belastungen auf ein Minimum reduzieren

Tab. 10.35: Pflegeplanung bei gesteigerter Müdigkeit durch Krebserkrankung

Wiederholungsfragen

1. Welche Schlafzyklen und Schlafphasen treten innerhalb einer Nacht auf? (☞ 10.1)
2. Welche Krankheitsprozesse können den Nachtschlaf beeinträchtigen? (☞ 10.1)
3. Wie verändert sich das Schlafmuster im Alter? (☞ 10.1)
4. Welchen Einfluss hat die räumliche Umgebung auf den Schlaf? (☞ 10.1)
5. Welche Nebenwirkungen und Gefahren können durch Schlafmedikamente hervorgerufen werden? (☞ Tab. 10.8)
6. Welche Fragen sollten dem Pflegebedürftigen bzw. den Angehörigen gestellt werden, um Störungen des Schlafes zu erkennen? (☞ 10.2)
7. Welche Informationen werden in ein Schlaf-Tagebuch eingetragen? (☞ Abb. 10.9)
8. Worauf sollte bei der Auswahl eines Pflegebettes geachtet werden? (☞ 10.3.2)
9. Welche beiden Möglichkeiten des Bettwäschewechsels gibt es bei bettlägerigen Pflegebedürftigen? (☞ 10.3.2)
10. Wann spricht man von Schlafstörungen? (☞ 10.4)
11. Welche pflegetherapeutischen Maßnahmen können bei Schlafstörungen helfen? (☞ 10.4.2)
12. Beschreiben Sie bitte ein paar einfache Entspannungsübungen, die ein Pflegebedürftiger nach Anleitung selbstständig durchführen kann! (☞ 10.4.2)
13. Was versteht man unter Snoezelen? (☞ 10.4.2)
14. Welche Maßnahmen helfen gegen eine gesteigerte Müdigkeit? (☞ 10.5.2)

11. Für Sicherheit sorgen

11.1 Bedeutung und Einflussfaktoren

> **„Für Sicherheit sorgen":** Lebens- und Kompetenzbereich, der die Selbstpflegeerfordernisse Schutz, Geborgenheit und Vorsorge zur Erhaltung der Gesundheit und des Lebens umfasst.

Sicherheit ist für das Leben unerlässlich. Deshalb ist dieser Lebensbereich zwangsläufig inhaltlich eng mit allen Lebensbereichen eines Menschen verknüpft und wird in den entsprechenden Kapiteln auch immer wieder aus unterschiedlichen Blickwinkeln betrachtet und ergänzt. So wird z. B. die Pneumoniegefahr nicht in diesem Kapitel, sondern im Lebens-und Kompetenzbereich „Für adäquate Vitalfunktionen sorgen" ausführlich besprochen.

Das Bedürfnis nach Sicherheit steht nach *Abraham Maslow* (☞ 2.5.1), einem anerkannten amerikanischen Psychologen, an zweiter Stelle in der Rangordnung der Grundbedürfnisse des Menschen. Nur physiologische Bedürfnisse wie Hunger, Schlaf oder Wärme gehen dem Bedürfnis nach Sicherheit voraus.

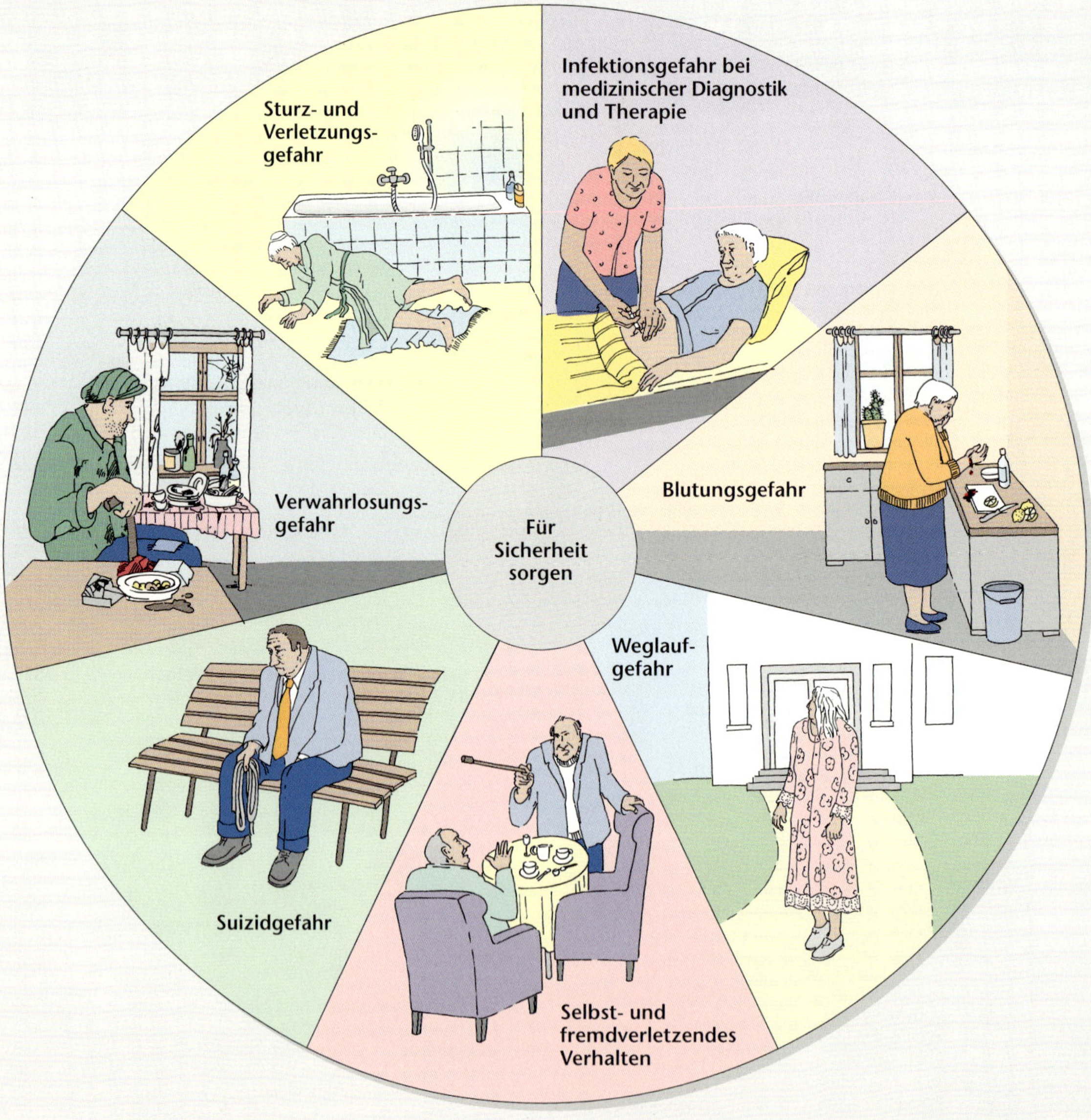

Abb. 11.1: Gefahren, die die körperliche Unversehrtheit bedrohen können und in diesem Kapitel „Für Sicherheit sorgen" ausführlich besprochen werden. [L500-119]

Zum Sicherheitsbedürfnis eines Menschen gehören Bedürfnisse nach

- Schutz vor Gefahr
- Geborgenheit
- Vorsorge
- Unabhängigkeit.

Schutz vor Gefahr (☞ Abb. 11.1), dieser Wunsch des Menschen betrifft alle Lebensbereiche. Dennoch ist es nicht realistisch, sich so abzusichern, dass Gefahren grundsätzlich vermieden werden können. Notwendig ist es jedoch, individuelle Risiken zu erkennen und Gefahren durch geeignete Maßnahmen zu verringern.

In der Lebensumwelt können Umweltfaktoren wie Luft, Wasser, Temperatur zu körperlichen Gefährdungen führen, die die eigene Sorge für körperliche Unversehrtheit erforderlich machen. Beispielsweise erhöhen schlecht gelüftete Wartezimmer in Arztpraxen oder überheizte Räume mit zu geringer Luftfeuchtigkeit das Infektionsrisiko für Erkältungen besonders bei alten Menschen erheblich, wenn nicht für ausreichend Frischluft gesorgt wird.

Auch Sorge für geschützten Wohnraum bedeutet Sorge für Sicherheit und Geborgenheit.

Das Gefühl **Geborgenheit** ist objektiv schwer fassbar, da es eher ein subjektives psychisches Empfinden widerspiegelt, wenn sich ein Mensch geschützt und sicher fühlt.

Darüber hinaus gehören **Vorsorge** und **Unabhängigkeit** im finanziellen und sozialen Bereich der Lebenswelt zu den elementaren Sicherheitsbedürfnissen alter Menschen. Sicherheit durch Vorsorge spielt für alte Menschen eine wichtige Rolle.

Für Sicherheit sorgen bedeutet für AltenpflegerInnen, mit geschulter Aufmerksamkeit **präventiv** *(vorsorgend)* in allen Lebensbereichen wirksam zu sein. **Ziele** präventiver Maßnahmen sind in diesem Sinne

- Körperliche Unversehrtheit
- Geborgenheit
- Geschützter Wohn- und Lebensraum
- Soziale und wirtschaftliche Sicherheit.

Gesundheits- und Krankheitsprozesse

Einflüsse, die in besonderem Maße auf die Sicherheit des Menschen und dessen Gefühl für Sicherheit wirken können, sind z. B.

- Funktionsfähigkeit körperlicher Sicherheitssysteme
- Die psychosoziale Entwicklung des Menschen
- Die Bedingungen der Lebensumwelt des Menschen.

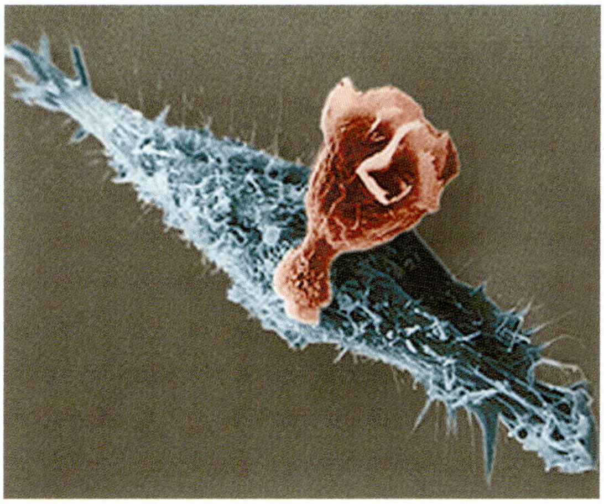

Abb. 11.2: Diese rasterelektronenmikroskopische Aufnahme zeigt, wie eine rot eingefärbte T-Zelle eine blau eingefärbte Tumorzelle angreift und zu zerstören beginnt. [T111]

Sicherheitssysteme des Körpers

Der gesunde Körper hat zahlreiche Schutzeinrichtungen und Abwehrmechanismen, um sich vor Gesundheitsgefahren zu schützen. Unterschiedliche **Sicherheitssysteme** sorgen für **körperliche Unversehrtheit** und mindern das Risiko einer Erkrankung:

- Die **Haut** und **Schleimhaut** mit ihrer natürlichen Keimflora schützen vor dem Eindringen von Krankheitserregern und schädlichen Umwelteinflüssen
- Das **Immunsystem** vernichtet bereits in den Körper eingedrungene Erreger und auch Tumorzellen (☞ Abb. 11.2)
- Mit **Schutzreflexen** wie dem Husten- oder Lidschlussreflex ist der Körper in der Lage, unmittelbare äußere Gefahren abzuwenden. So dient z. B. der Hustenreflex zum Entfernen von schädlichen Gasen oder Fremdkörpern aus den Atemwegen
- **Sinne** wie Hören, Sehen, Schmecken, Riechen, Tasten befähigen den Menschen, sich in seiner Umwelt zu orientieren und äußere Gefahren wahrzunehmen (☞ Kapitel 4).

Literaturtipp

Altenpflege konkret: Gesundheits- und Krankheitslehre. Urban & Fischer Verlag, München 1999

Unabhängig von diesen Sicherheitssystemen trägt jeder Mensch persönliche Verantwortung dafür, Gesundheitsrisiken für sich zu reduzieren. **Risikofaktoren** wie Rauchen, Übergewicht, Bewegungsmangel und Stress überlasten die natürlichen Sicherheitssysteme und können zu schwerwiegenden Erkrankungen führen. Abwehrmechanismen des Körpers allein reichen nicht aus, sie benötigen die bewusste Unterstützung des Einzelnen durch **gesundheitsbewusste Lebensweise.**

Abb. 11.3: Menschen mit eingeschränkter Mobilität sind im Straßenverkehr größeren Gefahren ausgesetzt als Gesunde, weil sie z. B. länger zum Überqueren der Straße benötigen. In diesem Fall ist die grüne Ampelphase viel zu kurz, um in Ruhe die andere Straßenseite zu erreichen. [M221]

☑ Im Alter lassen infolge des physiologischen Alterungsprozesses Teilfunktionen des Immunsystems nach. Folgen sind z. B. eine erhöhte Infektanfälligkeit und die Zunahme bösartiger Tumoren, besonders wenn zusätzliche Risikofaktoren hinzukommen.

Krankheitsprozesse

Vielfältige Erkrankungen können die Sicherheitssysteme und Abwehrmechanismen des Menschen beeinträchtigen und Gefahren vergrößern.

Hauterkrankungen und -verletzungen können für Erreger zur Eintrittspforte in den Körper werden. Auch Stoffwechselerkrankungen wie Diabetes mellitus können zu Hauterkrankungen führen und die natürliche Abwehr der Haut schwächen (☞ 9.1). Hautverletzungen bedürfen einer fachgerechten Wundversorgung (☞ 11.4.5), wodurch das Infektionsrisiko erheblich verringert wird.

Gezielt wird die Haut **zu diagnostischen oder therapeutischen Maßnahmen,** z. B. bei Injektionen (☞ 11.4.3) und Punktionen, „verletzt". Die Infusionstherapie (☞ 11.4.4) birgt zusätzliche Sicherheitsrisiken.

Schwächen des Immunsystems schränken den Schutz vor Infektionen ein. Dies ist besonders gravierend bei der Immunschwächekrankheit AIDS, bei der dem Körper im Laufe der Erkrankung immer weniger schützende Blutzellen zur Verfügung stehen. Dadurch erhöht sich die Gefahr für Erkrankte, banalen Infektionen schutzlos ausgeliefert zu sein.

Mangelernährung oder Abmagerungskuren mit unzureichender Aufnahme lebenswichtiger Nährstoffe schwächen das Immunsystem und können dadurch Erkrankungen begünstigen (☞ 7.6).

Flucht- und **Schutzreflexe** wie das Zurückziehen des Körpers oder Gliedmaßen nach Schmerzreiz können durch Erkrankungen des Nervensystems (☞ 4.5) beeinträchtigt sein. Beispielsweise erhöht sich die Verbrennungsgefahr, wenn mit der gelähmten Körperseite nach einem Schlaganfall Hitze nicht wahrgenommen werden kann.

Beeinträchtigte Bewegungsfähigkeit und Mobilität (☞ 6.3) erhöhen das Risiko für Dekubitus (☞ 5.8) und neurologische Erkrankungen wie z. B. Morbus Parkinson erhöhen die Sturzgefahr (☞ 11.3).

Psychische Erkrankungen können selbst- und fremdverletzendes Verhalten zur Folge haben (☞ 11.7) oder den Wunsch nach Beendigung des eigenen Lebens übermächtig werden lassen (☞ 11.8).

Sicherheit als Ausdruck der psychosozialen Entwicklung

Sich sicher zu fühlen wird individuell erlebt. Ob Menschen dieses positive, gesunde Gefühl von Sicherheit entwickeln, hängt von ihrer **psychosozialen Entwicklung** ab. Sie ist prägend dafür, welche Einstellungen und Gefühle der Mensch gegenüber sich selbst, den Mitmenschen und der Umwelt entwickelt. Die erworbene Grundeinstellung behält der Mensch oft ein Leben lang bei. Ein psychisch gesunder Mensch zeichnet sich dadurch aus, dass er ein Urvertrauen zu seinen Mitmenschen und seiner Umwelt beibehält. Für dieses Gefühl spielen Erlebnisse in der frühen Kindheit eine entscheidende Rolle. Erfährt der Mensch in dieser Zeit Verlässlichkeit, Liebe, emotionale Anteilnahme, kann er eher dieses Urvertrauen mit der Folge von genügend Selbstsicherheit und Selbstvertrauen aufbauen.

Abb. 11.4: Verwitwete Frauen haben Sicherheit und Geborgenheit im Kreis ihrer Freundinnen gefunden. [J660]

Literaturtipp
Stanjek, Karl: Altenpflege konkret: Sozialwissenschaften. Urban & Fischer Verlag, München 1998

Erlebt der Mensch hingegen Ablehnung oder Hass gegen sich und häufig wechselnde Bezugspersonen, ist die Wahrscheinlichkeit größer, Misstrauen gegenüber der Lebenswelt zu entwickeln. Behält das Misstrauen durch weitere negative Einflüsse die Oberhand, wird das Leben häufiger von sozialem Pessimismus und unbefriedigenden sozialen Bindungen geprägt sein. Dagegen wecken positive Erfahrungen eher einen sozialen Optimismus, der durch emotionale Sicherheit und dem Gefühl der Geborgenheit (☞ Abb. 11.4) gekennzeichnet ist.

Die Grundeinstellung des Menschen entscheidet u. a. auch darüber, wie alterstypische Probleme bewältigt werden. Fehlen Bewältigungsstrategien, kann dies zu selbstzerstörerischen Handlungen führen, die in **Selbsttötungsversuch** oder **-vollzug** gipfeln. Für Pflegende ist deshalb wichtig zu wissen, ob es persönliche Umstände bei Pflegebedürftigen gibt, die deren Sicherheit gefährden (☞ 11.8.).

Unerklärliche Verhaltensweisen alter Menschen können nachvollziehbar werden, wenn ihre vorhergegangene **psychosoziale Entwicklung** bekannt ist. Aus diesem Grund sind Informationen über das bisherige Leben des alten Menschen für AltenpflegerInnen von großer Bedeutung.

Ebenso kann **gewalttätiges Verhalten** (☞ 11.7) Ausdruck mangelnden Selbstbewusstseins und unzureichenden Vertrauens zu den Mitmenschen sein. Aggression und Gewalt können für alte Menschen die einzige Lösungsmöglichkeit eines Konfliktes sein, wenn sie in ihrem Leben wenig andere Bewältigungsstrategien erfahren haben.

Andererseits drückt das Gefühl der **Geborgenheit** aus, dass ein Mensch sich geschützt und sicher fühlt. Pflegende können alten Menschen durch **Zuwendung** Geborgenheit vermitteln. Dies wird besonders erforderlich bei dem Verlust des Lebenspartners oder des bisherigen Zuhause durch eine Heimübersiedlung. In dieser Situation benötigt der Mensch neben Zuwendung **feste Bezugspersonen, vertraute Einrichtungsgegenstände** und **Rituale** (☞ Abb. 11.5), um Sicherheit und Geborgenheit in seinem neuen Wohnraum zu finden. Viele Menschen finden aus **religiöser Lebenserfahrung** heraus ein Gefühl der Sicherheit und Geborgenheit im Alter. Ihnen kann möglicherweise das Singen religiöser Lieder oder ein vertrauter Bibelspruch an der Wand Geborgenheit vermitteln.

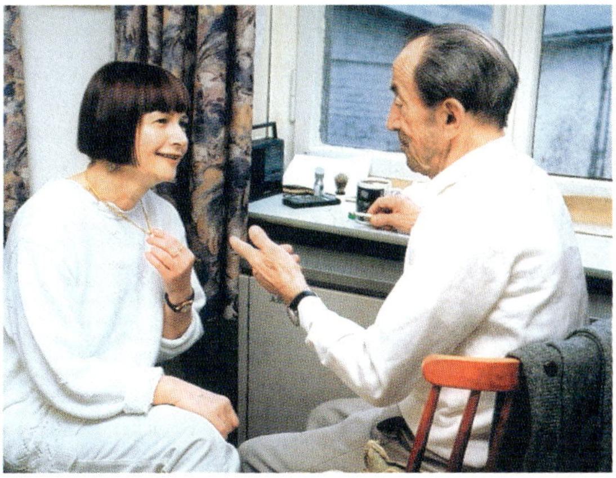

Abb. 11.5: Zum Morgenritual gehört hier der Platz am Fenster, ein Gespräch über das Wetter und das Hören des Wetterberichtes am vertrauten Kofferradio. [K151]

Bedingungen der Lebensumwelt

Sicherheit in der Lebensumwelt bezieht sich einerseits auf den Bereich der **körperlichen Sicherheit,** andererseits ist Sicherheit in der Lebensumwelt auch als **soziale** und **wirtschaftliche Sicherheit** von Bedeutung.

Es gibt viele Errungenschaften der modernen Zivilisation, die für die körperliche Sicherheit alter Menschen bedrohlich werden, weil sie hinderlich oder nicht nutzbar sind und Gefahren in sich bergen. Hierzu zählen zunehmender Autoverkehr ebenso wie Einrichtungen, die durch mangelhaften Bedienungskomfort für Menschen mit eingeschränkter Mobilität unerreichbar oder zu Unfallgefahren werden (☞ Abb. 11.6).

Sicherheit als **soziale** und **wirtschaftliche** Sicherheit zu betrachten bedeutet, an Vorsorge für Unabhängigkeit zu denken. **Vorsorge** spielt für alte Menschen eine entscheidende Rolle. Entwicklungsgeschichtlich geht das Bedürfnis nach sozialer Sicherheit auf das Verlangen nach Geborgenheit und Zugehörigkeit zu einer Gemeinschaft zurück. Eine Gemeinschaft birgt in einer vielschichtigen Umwelt jedoch auch ständig Risiken für die persönliche Unabhängigkeit. Viele alte Menschen haben diese Erfahrung z. B. durch Krieg und Inflation in der sogenannten „Deutschen Volksgemeinschaft" machen müssen. Deshalb scheint Vorsorge für sie ein wichtiges Instrument für Sicherheit in der Lebenswelt zu sein. In vielfältigster Weise versuchen Menschen, für Sicherheit im Alter durch Sparguthaben vorzusorgen. Häufig treffen sie auch vorsorgende Maßnahmen für den Todesfall. AltenpflegerInnen benötigen sehr viel Einfühlungsvermögen, Fachkompetenz und Menschenkenntnis, um Gespräche zu dieser Thematik führen zu können. Keinesfalls sollten diese Themen in der Altenpflege tabu sein. Es sind jedoch gemeinsame Strategien im Pflegeteam erforderlich, um alten Menschen auch in

Abb. 11.6: Dem Mann im Rollstuhl ist es nicht gelungen, die Telefonzelle zu benutzen. Um sich nicht zu verletzen, hat er einen Passanten gebeten, für ihn zu telefonieren. [M221]

diesem Bereich Sicherheit und Verständnis vermitteln zu können.

☑ Die drei Grundprinzipien der **staatlichen sozialen Sicherung** sind im **Bundessozialhilfegesetz** (BSHG) verankert. Grundprinzipien sind das

- **Fürsorgeprinzip:** Hier wird individuell und subsidär gewährt (nachrangig, nach Ausschöpfung anderer Möglichkeiten der Versicherungs- und Versorgungsträger). Es besteht Rechtsanspruch auf Sozialhilfe. Hierzu gehören z. B. folgende Leistungen:
  - Vorbeugende, nachgehende Hilfen
  - Hilfe zum Lebensunterhalt
  - Hilfen in besonderen Lebenslagen wie Ausbildungshilfen, vorbeugende Gesundheitshilfe, Krankenhilfe
  - Alterssicherung
- **Versorgunggsprinzip:** In der Kriegsopferversorgung z. B. durch Versorgungsämter
- **Versicherungsprinzip:** Hierzu gehören alle Leistungen des Sozialversicherung wie Renten- und Krankenversicherung, Arbeitslosenunterstützung.

Viele Menschen haben ein Leben lang gespart, um im Alter und bei Krankheit wirtschaftlich abgesichert zu sein. Doch darüber hinaus besteht häufig erhebliche Unsicherheit in der Inanspruchnahme gesetzlicher Leistungen. Vielfach ist Unterstützung und Beratung durch Pflegende gefragt, wenn beispielsweise Heimkosten nicht selbst getragen werden können oder Anspruch auf Finanzierung von Pflegeleistungen nach dem Pflegeversicherungsgesetz besteht.

Pflegeversicherungsgesetz, **Bundessozialhilfegesetz** und **Heimgesetz** (☞ Literaturtipp) haben große Bedeutung im Rahmen wirtschaftlicher Absicherung alter Menschen (☞ Abb. 11.7).

Literaturtipp

Bundesministerium für Familie, Senioren, Frauen und Jugend (Hrsg.): Ihre Rechte als Heimbewohner. Kostenlose Publikation, 1997. Zu bestellen bei: Bundesministerium für Familie, Senioren, Frauen und Jugend, Broschürenstelle, Postfach 20 15 51, 53145 Bonn

Lebensspanne

Körperliche Sicherheitssysteme im Lebenslauf

Das **Sicherheitsbedürfnis** und die Sorge für die eigene Sicherheit verändern sich im Laufe des Lebens.

Säuglinge und **Kleinstkinder** sind von einer sicheren Umgebung ebenso abhängig wie von Nahrung und Wärme. Ohne Bezugspersonen, die für sie sorgen, wäre ihnen ein Überleben nicht möglich (☞ Abb. 11.8). Kindern fehlt die angemessene Einschätzung von Gefahren, sie benötigen Schutz durch Erwachsene.

Der gesunde **Erwachsene** hat körperliche Sicherheitssysteme und psychische Bewältigungsstrategien (☞ oben) entwickelt, die ihn relativ unabhängig von fremder Hilfe machen. Innere Regulationssysteme sorgen für ein Gleichgewicht der Körperfunktionen

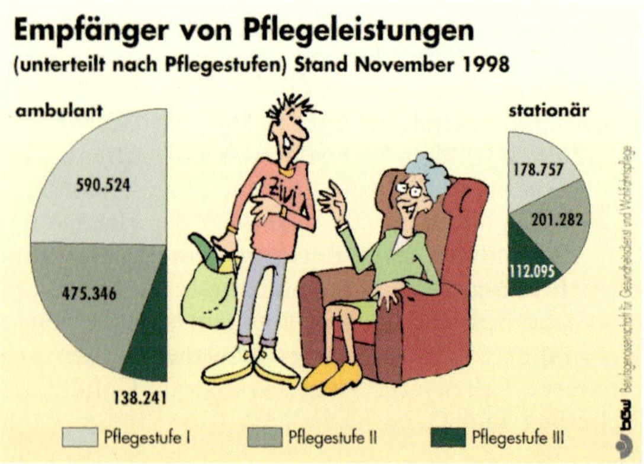

Abb. 11.7: Empfänger von Pflegeleistungen unterteilt nach Pflegestufen. [W221]

Abb. 11.8: Für Säuglinge und Kleinkinder sind Bezugspersonen, die für ihre Sicherheit sorgen, überlebensnotwendig. [J660]

und eine angemessene Reaktion auf äußere Einflüsse. Solche Regulationssysteme sind beispielsweise für den Kälte-Wärme-Ausgleich und Wechsel zwischen Schlaf und Wachsein verantwortlich. Sicherheit und Unabhängigkeit hängen in einem hohen Maße von diesen Regulationssystemen und damit dem Anpassungsvermögen des Menschen an die jeweilige Situation ab. Es ist bei gesunden Erwachsenen in der Regel voll ausgeprägt.

Bei **alten Menschen** tritt das Sicherheitsbedürfnis wieder stärker in den Vordergrund. Faktoren, die die Sicherheit beeinflussen, sind der **Gesundheitszustand, medikamentöse Therapien** sowie **körperliche und geistige Aktivität** (☞ Abb. 11.9). Die Fähigkeit des Körpers, sich vor Gefahren zu schützen, nimmt mit zunehmendem Lebensalter kontinuierlich ab:

- Muskelmasse und Knochengewebe bilden sich zurück, Knorpelgewebe wird weniger elastisch. Muskelkraft und Ausdauer lassen nach, die Gefahr von Stürzen und Verletzungen nimmt zu
- Blutgefäße sind weniger elastisch. Zusätzliche Risikofaktoren wie Bluthochdruck und Fettstoffwechselstörungen führen zu Gefäßverengungen und -verschlüssen, die mit Gewebsuntergang und Funktionsverlust von Organen einhergehen. Regulationssysteme nachgeschalteter Organe arbeiten nur noch eingeschränkt, Anpassungsstörungen und Krankheiten sind die Folge. Kennzeichnend für diese Situation ist der Begriff **Multimorbidität,** das Auftreten mehrer Krankheiten gleichzeitig
- Mit dem Älterwerden nimmt die Zahl der Nervenzellen ab. Bei Hochbetagten sinkt die Geschwindigkeit der Informationsverarbeitung, wodurch beispielsweise Funktionen von Schutzreflexen und Sinnesorganen eingeschränkt werden. Unsicherheit und Verletzungen können die Folge sein, aber auch Misstrauen und Missverständnisse, z. B. bei nachlassendem Gehör, resultieren häufig aus diesen nachlassenden Funktionen
- Körperliche und geistige Veränderungen können dazu führen, dass es für alte Menschen zunehmend schwieriger wird, die notwendige Nahrung einzukaufen und zuzubereiten. Die Folgen sind häufig Mangelernährung und zunehmende Abwehrschäche
- Verlangsamung biologischer Prozesse führt zu verlangsamter Anpassung an Umweltbedingungen, beispielsweise werden Wetterwechsel schlechter toleriert, Sommerhitze führt leicht zu Kreislaufversagen. Auf Tempo und Stress kann oft nicht angemessen reagiert werden.

Alte Menschen können Schmerzempfindungen und Unbehagen häufig nicht klar äußern. Besondere Aufmerksamkeit und Beobachtung ist erforderlich, um Gesundheitsrisiken zu erkennen. Beispielsweise bedarf die Äußerung „kein Appetit“ oder „Bauchschmerzen“ bei alten Menschen einer genauen ärztlichen Abklärung. Dahinter könnten sich lebensbedrohliche Erkrankungen „verstecken“, z. B. eine akute Blinddarmentzündung, die unbehandelt lebensbedrohlich ist.

Bezogen auf die Sicherheit des älteren Menschen resultiert aus dem körperlichen Abbau und der Verlangsamung biologischer Prozesse eine geringere Anpassungsfähigkeit an die Lebensumwelt. Der Körper gerät leichter aus seinem inneren Gleichgewicht und droht zu erkranken. AltenpflegerInnen sind durch ihr in der Ausbildung erworbenes Fachwissen und durch gezielte Beobachtung in der Lage, Anpassungsstörungen rechtzeitig zu erkennen und angemessen zu reagieren und so die Gesundheitsrisiken zu reduzieren.

Abb. 11.9: Wer im Alter körperlich und geistig rege ist, kann sich vor Gefahren schützen. Lesen in der Zeitung kann z. B. helfen, von Trickbetrügern im Stadtteil zu erfahren. [M221]

Abb. 11.10: Der Besuch von aufmerksamen Nachbarn an der Haustür kann ein vorsichtiges Kontaktangebot sein und helfen, Einsamkeit zu überwinden. [M221]

Veränderungen im psychischen Erleben und Verhalten

Auch im **psychischen Erleben** und Verhalten gibt es mit steigendem Lebensalter Veränderungen. Hierauf haben nicht nur die zunehmenden körperlichen Einschränkungen Einfluss, sondern auch gesellschaftliche und kulturelle Normen. Sie können prägend dafür sein, wie alte Menschen sich selbst erleben und verhalten. Darüber hinaus steigt mit zunehmendem Alter die Häufigkeit von schweren Lebenskrisen, die das psychische Wohlbefinden und das Gefühl, sich sicher und geborgen zu fühlen, erheblich beeinträchtigen, z. B.:

- **Krankheit** hat häufig lebenslange Einschränkungen in der Mobilität oder bei lieb gewordenen Gewohnheiten zur Folge. Vielen chronisch Kranken wie etwa Diabetikern macht die Abhängigkeit von anderen Menschen, z. B. ÄrztInnen und Pflegekräften, und von Medikamenten schwer zu schaffen
- **Trennung** von geliebten Bezugspersonen, z. B. durch Umzug oder Sterben macht Menschen häufig mutlos weiterzuleben, weil ihnen der Lebenssinn verloren gegangen scheint
- **Einsamkeit** kann zur Krise werden, wenn Bedürfnisse nach sozialen Kontakten nicht in ausreichendem Maß erfüllt werden. Nur schwer gelingt es einsamen Menschen, selbstständig Kontakte zu suchen. Sie benötigen besondere Aufmerksamkeit und Unterstützung in dieser für sie scheinbar unüberwindbaren Situation (☞ Abb. 11.10). Die Übersiedlung in ein Pflegeheim kann für alte Menschen mit dem Wunsch verbunden sein, nicht mehr einsam sein zu müssen
- Eigenes **Sterben** und Sterben von geliebten Menschen wird zum zentralen Thema. Wie Menschen mit Angst vor Tod und Sterben umgehen, hängt von der Einstellung zum Leben, von der psychosozialen Entwicklung und eigenen Wertvorstellungen ab.

Umfeldprobleme im Alter

Mit zunehmendem Alter werden auch im **Umfeld** des Menschen viele Dinge beschwerlicher. So werden im Bereich der eigenen Wohnung Stufen und Schwellen plötzlich zu Gefahren, nachlassende Merkfähigkeit kann zur Lebensgefahr werden, wenn vergessen wurde, den Herd auszuschalten oder die Adventskerze zu löschen. Ebenso kann die Fähigkeit, für sich zu sorgen, durch gesundheitliche Einschränkungen beeinträchtigt sein. Zu berücksichtigen ist auch, dass soziale Kontakte abnehmen, weil Freunde und Bekannte nicht mehr besucht werden können, was zu Isolation und Vereinsamung und Verlust der Geborgenheit in der sozialen Gemeinschaft führen kann.

Lebenswelt

Lebenseinstellung

Bei fast allen Menschen nimmt, unabhängig wie individuell verschieden auch die Einstellung zur Sicherheit bisher im Leben war, das Risikoverhalten ab. Sicherheit in allen Lebensbereichen wird zu einem zentralen Bedürfnis.

Gleichzeitig werden eigene Fähigkeiten häufig überschätzt, so dass möglicherweise Gefahren für die Gesundheit drohen. Der Streit um Altersbergrenzungen für das Führen von Kraftfahrzeugen resultiert aus der Erkenntnis, dass alte Menschen ungewollt hohe Risiken eingehen, weil sie ihre Fähigkeiten besser einschätzen, als sie in Wirklichkeit sind.

Faktoren, die sich auf die Lebenseinstellung zur eigenen Sicherheit auswirken können, sind beispielsweise

- Gesundheitszustand und körperliche Aktivität
- Psychosoziale Entwicklung
- Lebensverhältnisse.

Gesundheitszustand und körperliche Aktivität

Bei einem gesunden, aktiven Menschen findet beispielsweise die Sorge für körperliche Unversehrtheit eher unbewusst statt. Positive Erfahrungen mit dem Funktionieren körperlicher Sicherheits- und Regulationssysteme haben Selbstvertrauen zur Folge. Ein älterer Mensch, der gesund und aktiv ist, wird weniger Sorge haben zu stürzen, als ein körperlich inaktiver Mensch. Er wird jedoch viel dafür tun, diesen Zustand der Aktivität zu erhalten.

Ein Mensch, der sein Leben lang wenig Wert auf gesunde Lebensweise gelegt hat, wird dagegen auch im Alter kein wesentliches Interesse daran haben, unterstützende Angebote zur Risikovermeidung wahrzunehmen.

Psychosoziale Entwicklung

Zuwendung, Anerkennung und Erfolg im Leben geben Menschen auch im hohen Alter Zuversicht, eigenen und unterstützenden Kräften zu vertrauen (☞ Abb. 11.11). Wer sich ein Leben lang als „Glückskind" erlebt hat, baut meistens auch im Alter darauf, dass „es" schon irgendwie klappen wird.

Wer sich dagegen im Laufe seines Lebens immer als ein vom Pech verfolgter Mensch gefühlt hat, der erwartet schon im Voraus ängstlich kleinere oder größere Katastrophen und möchte ihnen mit allen zur Verfügung stehenden Absicherungsmöglichkeiten zuvorkommen.

Lebensverhältnisse

Die Lebensverhältnisse eines Menschen werden u. a. von arbeits- und familiären Bedingungen, von Bildung, Beruf und Wohnverhältnissen geprägt. Während die finanzielle Absicherung des Alters „Gutbetuchten" besser gelingt als Menschen mit geringem Einkommen, ist die Sorge um den gesundheitlichen Zustand und die Angst vor schweren Erkrankungen im Alter bei Arm und Reich gleichermaßen ausgeprägt.

Weniger von den finanziellen Gegebenheiten, sondern von der Einbindung in die Familie und dem Kontakt zu Freunden, Bekannten und Nachbarn hängt es ab, ob sich ein Mensch auch im Alter im Notfall auf sein soziales Umfeld verlassen kann (☞ Abb. 11.12).

Abb. 11.11: Zuwendung und Anerkennung durch nahe stehende Menschen geben auch im Alter Sicherheit und lassen jeden Geburtstag zum Festtag werden. [M221]

Abb. 11.12: Menschen in weniger reichen Kulturen sind mitunter zufriedener mit ihrem Leben als „Erfolgsmenschen" entwickelter Industrienationen, weil sie sich inmitten zahlreicher sozialer Beziehungen geborgen fühlen. Dagegen kann das Streben nach dem nächsten Treppchen der Karriereleiter recht einsam machen. [J660]

Hat ein Mensch dagegen in jüngeren Jahren kaum familiäre oder freundschaftliche Bande gepflegt und mit dem Eintritt in den Ruhestand auch noch seine ArbeitskollegInnen verloren, kann er auf soziale Bande nicht zurückgreifen, wenn er Hilfe benötigt. Kommen Armut und zusätzliche Belastungen, z. B. eine Krankheit, hinzu, kann das leicht die Vernachlässigung des eigenen Körpers mit allen damit verbundenen Gesundheitsgefahren zur Folge haben.

Räumliche Umgebung

Äußere Faktoren in der Umgebung alter Menschen beeinflussen die Sicherheit und das Sicherheitsbedürfnis positiv oder negativ. Ein maßgebender Faktor ist die Gestaltung der **räumlichen Umgebung.**

Sind alte Menschen nicht selbstständig in der Lage, in ihrer Lebensumwelt für ausreichende Sicherheit zu sorgen, benötigen sie Unterstützung bei der Gestaltung ihrer räumlichen Umgebung. Hierzu gehören z. B.:

- Hilfsmittel und Sicherheitsvorrichtungen in der Wohnung, z. B. Haltegriffe, Türspion, Notrufanlage
- Die Möglichkeit, die Raumtemperatur und die Beleuchtung den Bedürfnissen anzupassen
- Die Überbrückung von Stufen und Schwellen sowie die Beseitigung von rutschenden Teppichen oder losen Kabeln, um die Sturzgefahr zu verringern

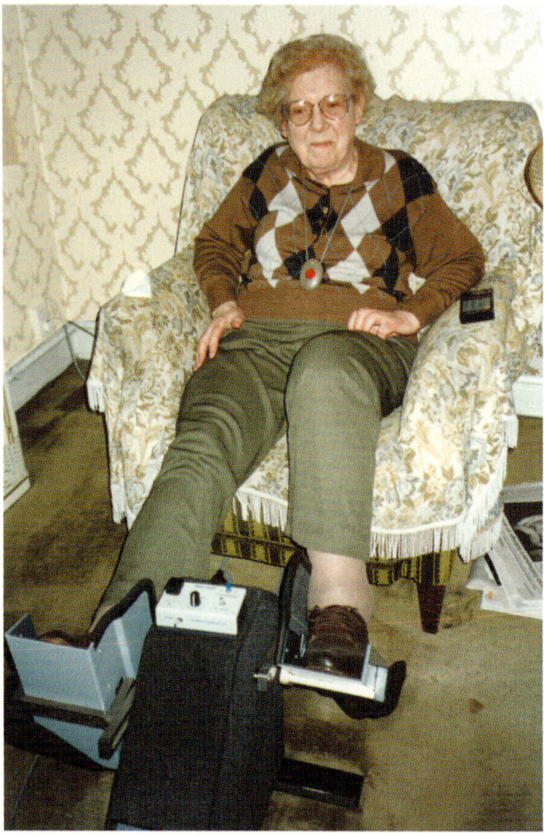

Abb. 11.13: Die stark bewegungseingeschränkte Frau übt täglich am Bewegungstrainer in ihrer Wohnung, um ihre Kräfte und Beweglichkeit zu erhalten. Die leihweise Nutzung des Gerätes wird von der Krankenkasse finanziert. [M221]

- Die Überprüfung der Wohnung auf Unfallgefahren
- Hilfmittel, die die Mobilität erhalten helfen (☞ Abb. 11.13).

Ebenso sind im Pflegeheim **Sicherheitsrisiken** aufzuspüren und zu beseitigen. Beispielsweise durch:

- Sicherheitschecks im Rahmen der Qualitätssicherung (☞ Abb. 11.14)
- Ausreichende Ausstattung der Pflegeeinrichtung mit Hilfsmitteln zum Fortbewegen, Essen und Trinken, Ausscheiden
- Gute Beleuchtung, z. B. sind für Demenzkranke 500 Lux in Augenhöhe gefordert
- Indikationsprüfungen von Medikamenten mit dem zuständigen Haus- oder Heimarzt, wenn Verordnungen von mehreren ÄrztInnen vorliegen
- Gestaltung der Umgebung, so dass ein Maximum an Bewegungsfreiheit möglich ist. Bewegung, insbesondere Gehen löst z. B. bei Dementen innere Spannungen und kann Grundgefühle positiv beeinflussen
- Farbgestaltung so, dass beruhigende, warme Pastelltöne verwendet werden und zu viele Farbtöne, Muster sowie Farbkontraste vermieden werden. Bereits Einlegearbeiten in Fußböden oder plötzliche Farbunterschiede in Teppichböden können z. B. für Parkinsonkranke zu unüberwindbaren Hindernissen werden oder Ängste auslösen
- Kennzeichnung von Räumen mit vertrauten Symbolen und Bildern. Sie erleichtern die Orientierung und lösen positive Grundgefühle des Wiedererkennens aus
- Vermeidung von Spiegeln, spiegelnden und damit häufig blendenden Oberflächen, diese können besonders nachts verwirren und Ängste auslösen
- Vermeidung lauter Geräusche, unangenehmer Gerüche, zu hoher Raumtemperaturen sowie enger, überfüllter Räume. Diese begünstigen Unwohlsein und aggressives Verhalten
- Sorge für eine beruhigende oder nach Bedarf auch anregende Geräuschkulisse z. B. durch eine zentrale Musikanlage. Auch nachts helfen leise Geräusche, Angst und Unsicherheit in einer fremden Umgebung zu reduzieren
- Unterstützung der alten Menschen durch aktivierende Pflege und Hilfen zur Selbsthilfe stärken das Selbstwertgefühl
- Feste Bezugspersonen und -systeme erleichtern alten Menschen die Kontaktaufnahme und fördern das Gefühl von Geborgenheit in einer vertrauten Gemeinschaft
- Tagesstrukturierung durch z. B. Wechsel von Zeiten der Aktivität und Ruhe oder durch Rituale kann die zeitliche Orientierung erleichtern. Sie kann ebenso einen gestörten Schlaf-Wach-Rhythmus normalisieren. Ein chaotischer, unstrukturierter Tagesablauf hingegen verwirrt, macht unruhig oder apathisch.

Abb. 11.14: Das Qualitätssiegel für Betreutes Wohnen soll u. a. für eine sichere Wohnumgebung bürgen. [W218]

Diagnostik und Therapie anderer Gesundheitsberufe

Medizin

Medizinische Diagnostik und Therapie können erheblichen Einfluss auf die Sicherheit alter Menschen haben. So sorgen medizinische Fachgebiete wie **Innere Medizin** und **Chirurgie** für die Sicherung der Funktionen einzelner Organsysteme.

Neurologie und **Psychiatrie** diagnostizieren und therapieren Erkrankungen des Nervensystems und seelische Erkrankungen. Dadurch können beispielweise frühzeitig Sicherheitsrisiken wie Suizidgefahr erkannt und Maßnahmen zum Schutz eingeleitet werden. Tests zur Demenzfrüherkennung ermöglichen rechtzeitiges therapeutisches Eingreifen, um ein rasches Fortschreiten der Erkrankung zu verhindern.

Für die Erhaltung und Unterstützung der Funktion von Sinnesorganen sorgen nicht nur **Augen-** und **HNO-ÄrztInnen**, sondern auch Hörgeräteakustiker und Optiker durch Unterstützung mit Hilfmitteln wie Hörgerät und Brille (☞ Abb. 11.15).

Der Fachbereich **Orthopädie** sorgt für die Sicherung der Beweglichkeit und hat zur Erhaltung und Unterstützung der Mobilität eine Vielzahl von Hilfsmitteln entwickelt (☞ Abb. 11.13).

Gerontologie und **Gerontopsychiatrie** befassen sich spezialisiert und fachübergreifend mit Alterserkrankungen, Altersrisiken und deren Vermeidung (☞ Abb. 11.16).

Andere Gesundheitsfachberufe

Neben **Hörgeräteakustikern** und **Optikern** gibt es eine Vielzahl Gesundheitsfachberufe, die unterstützend auf die Sicherheit alter Menschen Einfluss nehmen können:

- Gern nutzen gesundheitsbewusste alte Menschen nicht nur den Rat von **ErnährungsberaterInnen** und DiätassistentInnen, sondern auch Kochkurse, um Risikofaktoren in ihrer Ernährung zu vermeiden
- **PhysiotherapeutInnen** nehmen Einfluss auf die Sicherheit in Bewegungsabläufen und vermitteln alten Menschen Sicherheit im Umgang mit eigenen Körperkräften und Hilfmitteln
- **ErgotherapeutInnen** übernehmen Aufgaben im Rahmen sozialer Sicherheit. Hierzu gehören Gruppenangebote mit tagesstrukturierenden Maßnahmen ebenso wie Unterstützung durch Gedächtnistraining
- **Musik, Tanz- und GestalttherapeutInnen** können alte Menschen in Altenpflegeeinrichtungen zu interessanten und selbstwertfördernden Aktivitäten anregen. Viele alte Menschen finden hierbei Spaß an Dingen, für die sie ihr Leben lang keine Zeit hatten
- **Psychotherapie** kann für alte Menschen bei der Bewältigung von Lebenskrisen eine wichtige Funktion erfüllen. Ebenso kann der **Seelsorger** einer Pflegeeinrichtung Bezugsperson sein, die Sicherheit und Geborgenheit vermittelt

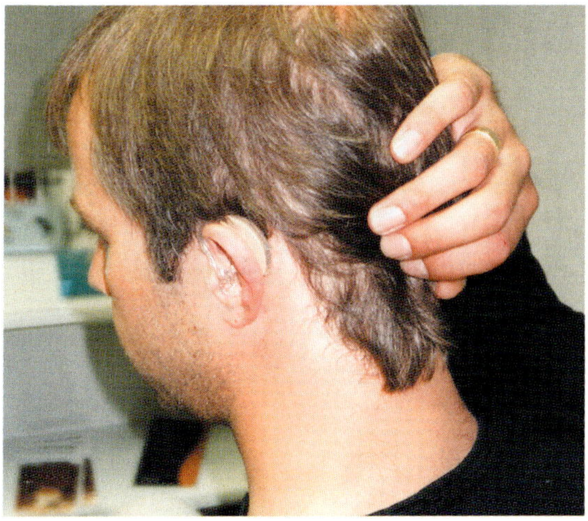

Abb. 11.15: Für den Umgang mit Hörgeräten benötigen auch AltenpflegerInnen eine gesonderte Schulung. Hörgeräteakustiker bieten diese häufig kostenfrei für Pflegeeinrichtungen an. Hier demonstriert ein Fachmann die richtige Lage eines HdO-Gerätes (☞ 4.3). [M221]

- **Sozialarbeit** hat vielfältige Funktionen innerhalb und außerhalb von Pflegeeinrichtungen. Soziale Betreuung kann von alten Menschen bei der Alltagsbewältigung im häuslichen Bereich, bei der Wohnraumanpassung oder bei der Bewältigung persönlicher Krisen in Anspruch genommen werden. Sie kann ebenso für die Organisation und Finanzierung von Hilfeprogrammen für Einzelne und Gruppen sorgen. Außerhalb von Pflegeeinrichtungen ist im Stadtteil jeweils das **Amt für Soziale Dienste** für Sozialarbeit zuständig. SozialpädagogInnen übernehmen jedoch zunehmend auch innerhalb von Altenpflegeeinrichtungen und ambulanten Diensten unterstützende Aufgaben.

Konsequenzen für die AltenpflegerIn

Sicherheit betrifft alle Lebensbereiche. Mit zunehmendem Alter gewinnt sie nicht nur an Bedeutung,

Abb. 11.16: AltenpflegerInnen drücken noch einmal die Schulbank, um das Fachwissen zu gerontologischen und gerontopsychiatrischen Fragestellungen zu vertiefen. [M221]

Abb. 11.17: Um mit Vertretern anderer Berufsgruppen gleichberechtigt kooperieren zu können, ist Fachkompetenz gefragt. [M221]

sondern bedarf auch verstärkt der Unterstützung durch Fachpersonal.

Für Pflegende ist es unumgänglich,

- Mit allen Berufgruppen eng und gleichberechtigt zu kooperieren, um auf Risiken angemessen reagieren zu können (Abb. 11.17)
- Ressourcen zu erkennen und zu fördern
- Potenzielle Gefahren aufgrund umfangreichen Fachwissens rechtzeitig zu erkennen und prophylaktisch bzw. präventiv tätig zu werden zur Abwendung von Gesundheits- und anderen Gefahren
- Sicherheitsrisiken in der Lebensumwelt gezielt wahrzunehmen und zu dokumentieren
- Alte Menschen über mögliche Sicherheitsrisiken angemessen zu informieren und sie bei der Bewältigung oder Akzeptanz von Gefahren zu unterstützen
- Beratung für Pflegebedürftige und Angehörige anzubieten
- Bei Defiziten die Sorge für Sicherheit zu übernehmen mit dem Ziel, dass alte Menschen befähigt werden, trotz Erkrankungen und Einschränkungen, wieder selbst für sich zu sorgen
- Bei Pflegebedürftigen für Gefühle von Vertrauen und Geborgenheit Sorge zu tragen.

Vorsicht!

So wie für jeden Linienpiloten regelmäßiges Notfalltraining zur Tätigkeit gehört, brauchen auch AltenpflegerInnen kontinuierliches **Verhaltenstraining bei Notfällen.** Hierzu können je nach Arbeitsbedingungen folgende Themen gehören:

- Erste Hilfe bei Verletzungen und Vergiftungen
- Hilfe bei Stürzen
- Reanimationsmaßnahmen
- Notfallrufnummern, Notfallplan
- Verhalten bei Bränden und anderen Katastrophen
- Evakuierungsmaßnahmen.

11.2 Der Weg zur Pflegediagnose

Informationen zu aktuellen Problemen, Ressourcen, Bewältigungsstrategien, Gewohnheiten und Bedürfnissen des Pflegebedürftigen werden mit dem Ziel gesammelt, eine **Pflegediagnose** zu erstellen. Die Informationen werden gewonnen aus

- Den vorhandenen Unterlagen
- Dem Gespräch mit dem Pflegebedürftigen, den Angehörigen und anderen Bezugspersonen (☞ Abb. 11.18)
- Dem Gespräch mit Mitarbeitern anderer Fachdisziplinen, zu denen der Pflegebedürftige Kontakt hat
- Der gezielten Beobachtung.

Durchsicht der Unterlagen

- Liegen medizinische Diagnosen und Symptome vor, die die Sicherheit in der Motorik beeinflussen könnten, z. B. Gangunsicherheiten durch Morbus Parkinson, Halbseitenlähmung, Prothesen?
- Liegen Beeinträchtigungen der Sinnesorgane vor wie Seh-, Sprech- oder Hörbehinderungen, die u. a. auch die tägliche Selbstversorgung erschweren (☞ Abb. 11.19)?

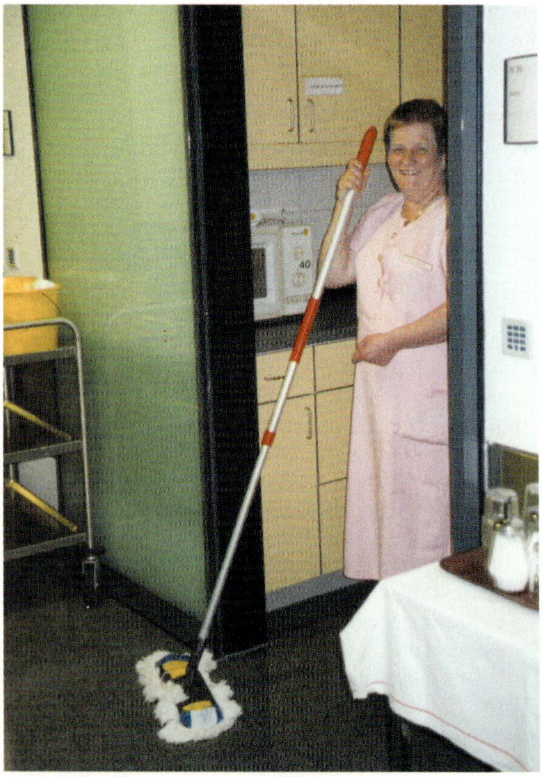

Abb. 11.18: Auch die Reinigungskraft im Pflegeheim kann wichtige Bezugsperson für alte Menschen sein und Informationen liefern, die zur Diagnosefindung beitragen. [M221]

- Liegen Erkrankungen des Nervensystems oder der Psyche vor, die zu psychischen Veränderungen und Gefährdungen (☞ 11.7, 11.8) führen können, z. B. Depressionen?
- Werden Therapien durchgeführt, die die Sicherheit oder das Sicherheitsgefühl beeinflussen, wie beispielsweise Psychopharmaka, die die Verkehrssicherheit beeinträchtigen?
- Gibt es Erkrankungen, die zu akuten lebensbedrohlichen Zuständen führen können, z. B. Diabetes mellitus, Asthma? Welche Maßnahmen sind im Notfall geplant?
- Sind Medikamenten- und Genussmittelabhängigkeiten bekannt?
- Gibt es regelmäßige Termine bei ÄrztInnen oder anderen Spezialisten, die unbedingt wahrgenommen werden müssen, z. B. Blutgerinnungstest bei Antikoagulantientherapie (☞ 11.5)?

Abb. 11.19: Beim Einkauf werden alle Sinnesorgane beansprucht , ebenso ist Mobilität erforderlich. Beeinträchtigungen haben häufig Mangel- und Fehlernährung zur Folge. [M221]

	Informationsbereich	bekannt	dokumentiert	klären	Bemerkung
1	Individuelle Lebensgewohnheiten				
2	Gewohnheiten zur individuellen Körper- und Gesundheitspflege				
3	Lebensbereiche, in denen Unabhängigkeit gefördert werden kann, Ressourcen				
4	Lebensbereiche, in denen Abhängigkeiten bestehen				
5	Arten der Abhängigkeit				
6	Notwendige Sicherheitsmaßnahmen in anderen Lebensbereichen				
7	Notwendige Unterstützung bei Hygienemaßnahmen				
8	Notwendige prophylaktische Maßnahmen				
9	Besondere Infektionsgefahren und Schutzmaßnahmen				
10	Immunschutz durch Impfung				
11	Risikofaktoren für die Gesundheit				
12	Vorhandene Gefahren im Wohnumfeld				
13	Erforderliche Schutzmaßnahmen im Wohnumfeld (z. B. Rufanlage, Schlüssel)				
14	Notwendige persönliche Hilsmittel (z. B. Brille, Gehstock)				
15	Bezugspersonen und Kontaktadressen				
16	Bedürfnisse, Wünsche				
17	Ausprägung von • Selbstbewusstsein und Selbstvertrauen • Geborgenheitsgefühl und Zufriedenheit				
18	Hilfeplan und/oder Pflegeplan • Liegen vor • Sind besprochen mit Pflegebedürftigem • Sind besprochen mit Bezugspersonen				
19	Wirtschaftliche Sicherheit				
20	Belastende Umwelteinflüsse, z. B. Allergien, Sonneneinwirkung, Lärm				
21	Vorsorgende Maßnahmen für den Todesfall				
22	Weiteres				

Tab. 11.20: Checkliste zur Situationseinschätzung Sicherheit und Sicherheitsbedürfnis.

Checkliste zur weiteren Informationssammlung

Die Checkliste kann benutzt werden im Rahmen des Gespräches mit Pflegebedürftigen, den Bezugspersonen und Fachkollegen und zu Beobachtungen durch die AltenpflegerInnen. Sie dient der Strukturierung der vielen Einzelfragen zu Sicherheit und Sicherheitsbedürfnis, die sich auf alle Lebensbereiche erstrecken. Damit die Informationen praktisch nutzbar und übersichtlich werden, gibt die Checkliste wichtige Informationsbereiche vor (☞ Tab. 11.20).

Ziel der Checkliste ist das Erfassen von:

- Lebensbereichen, in denen Unselbstständigkeit, Selbstversorgungsdefizite und Gefährdungen bestehen
- Gefühlen und Bedürfnissen bezogen auf Sicherheit und Geborgenheit
- Möglichkeiten und Notwendigkeiten des Schutzes mit den Aspekten
  - Eigenkräfte
  - Hilfsmittel.

11.3 Sturz- und Verletzungsgefahr

Sturzgefahr: Eingeschränkte Fähigkeit, sich koordiniert zu bewegen mit der Folge, das Gleichgewicht zu verlieren und zu fallen.

Verletzungsgefahr: Eingeschränkte Fähigkeit, sich angemessen vor Gewalteinwirkungen auf den Körper zu schützen.

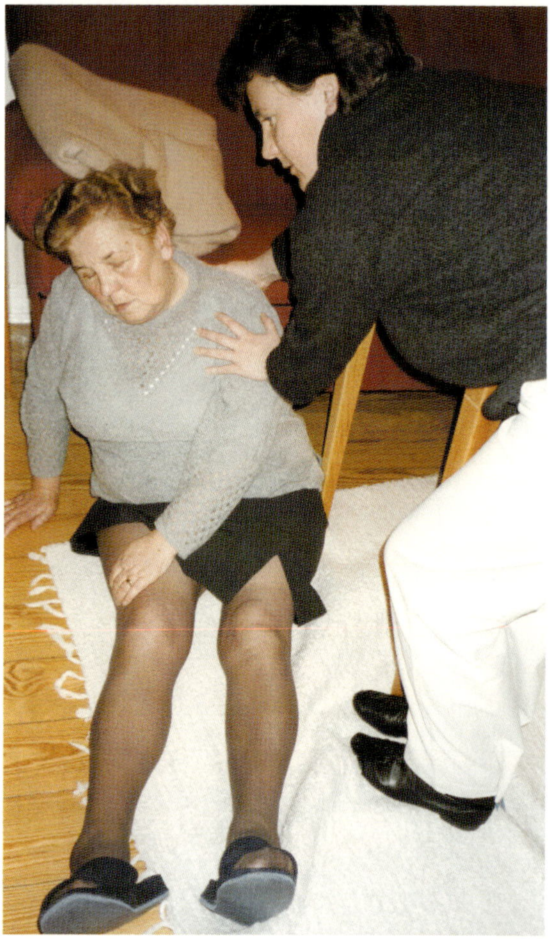

Abb. 11.21: Plötzliche körperliche Schwäche, unsicheres Schuhwerk und der rutschende Teppich haben zu einem Sturz geführt, bei dem es glücklicherweise zu keinen Verletzungen gekommen ist. [M221]

11.3.1 Pflegediagnostik

Ursachen und Einflussfaktoren

Bei alten Menschen sind koordinierte Bewegungsabläufe oft aufgrund körperlicher Einschränkungen, z. B. Sehstörungen, nur eingeschränkt möglich. Hierdurch besteht eine erhöhte Gefahr, sich zu verletzen bzw. zu stürzen (☞ Abb. 11.21). Hinzu kommt, dass die Fähigkeit, Gefahren durch abfangende Bewegungen auszugleichen, sinkt, weil nicht schnell genug reagiert werden kann. Zu Verletzungen kommt es häufig auch durch Sensibilitätsstörungen, z. B. kann sich ein alter Mensch leicht verbrennen, wenn Heißes nicht wahrgenommen werden kann.

Sturz- und Verletzungsgefährdung entstehen durch:

- Krankheits- oder therapiebedingte Einschränkungen von Bewegungsabläufen
- Wahrnehmungsstörungen (Seh-, Hör-, und Sensibilitätsstörungen)
- Örtliche Orientierungsstörungen
- Verlangsamtes Reaktionsvermögen
- Nicht angepasste oder unzweckmäßige Hilfsmittel
- Unzweckmäßige Bekleidung, insbesondere Schuhe
- Unfallquellen in der Umgebung, die Bewegungabläufe behindern.

Anzeichen und Ausmaß

Aus unterschiedlichen **Anzeichen** kann auf eine erhöhte Sturz- und Verletzungsgefährdung geschlossen werden, z. B. wenn Pflegebedürftige

- Unsicherheiten bei Bewegungen und den Wunsch nach Unterstützung äußern
- Selbstständiges Bewegen meiden
- Bestimmte Räume nicht aufsuchen
- Schmerzen bei Bewegungsabläufen äußern
- Schwach und müde wirken
- In ihrer Gelenkbeweglichkeit eingeschränkt sind

Gefährdungsgrad		Ursache	Potenzielle Gefahrensituationen (wann, wo, Begleitumstände)	Vorbeugende Maßnahmen
Geringfügige Gefährdung	• zeitweise • dauerhaft			
Schwere Gefährdung	• zeitweise • dauerhaft			
Hochgradige Gefährdung	• zeitweise • dauerhaft			

Tab. 11.22: Ausmaß der Sturz- und Verletzungsgefährdung mit erforderlichen Maßnahmen.

- Die Reihenfolge von Bewegungsabläufen nicht verstehen.

Um das **Ausmaß** der Gefährdung beurteilen und entsprechende Unterstützung anbieten zu können, wird in regelmäßigen Abständen der aktuelle Schweregrad der Einschränkungen ermittelt. Das ist erforderlich, weil sich die Gefährdung in kurzer Zeit ändern kann. So ist z. B. zu berücksichtigen, dass bei Pflegebedürftigen mit Multipler Sklerose die Erkrankung in Schüben auftritt, wobei sich Zeiten völliger Mobilität mit Zeiten starker Bewegungseinschränkung und Sturzgefährdung abwechseln.

Das Ausmaß der Gefährdung kann in Kategorien abgestuft werden, die je nach individuellen Erfordernissen erweiterbar sind (☞ Tab. 11.22).

Folgen

Verletzungen und Stürze können zu massiven Einschränkungen des Lebens, aber auch zu Komplikationen mit Todesfolge führen. AltenpflegerInnen tragen eine große Verantwortung, dies zu verhindern. Wenn alte Menschen fallen, sind sie wegen zunehmenden Knochenabbaus (☞ Abb. 11.23) mit Entkalkung der Knochen *(Osteoporose)* besonders frakturgefährdet. Sehr häufig sind Oberschenkelhalsbrüche, die wiederum zu Immobilität für den Rest des Lebens führen können. Es ist unbedingt notwendig, rechtzeitig vorbeugende Maßnahmen einzuleiten, um Stürze und Verletzungen zu verhindern.

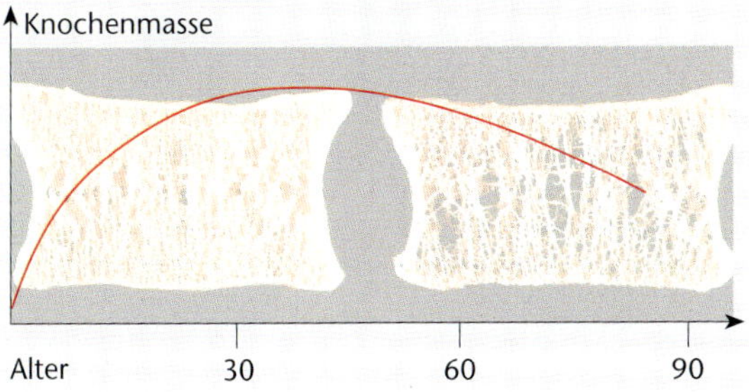

Abb. 11.23: Knochenauf- und -abbau während des Lebens. [A500/O136]

☑ Mehr als 100 000 Oberschenkelhalsbrüche werden jedes Jahr bei alten Menschen in Deutschland diagnostiziert. Die Folgen sind meist lebenslang schwerwiegend. 54 Prozent der Gestürzten werden aufgrund ihrer Verletzung zu Voll- oder Teilinvaliden.

11.3.2 Pflegetherapeutische Maßnahmen

Maßnahmen zum Verhindern von Verletzungen und Stürzen in der Wohnung

Alte Menschen stürzen oder verletzen sich häufig in ihrem häuslichen Umfeld. Aus diesem Grund sollten vorrangig im Wohnumfeld Risikofaktoren analysiert und nach Rücksprache verändert werden.

Allgemeine Maßnahmen bei Sturz- und Verletzungsgefahr

- „Stolperfallen", z. B. Teppiche, beseitigen (☞ Abb. 11.24)
- Fußböden, bei denen aufgrund des Materials eine erhöhte Rutschgefährdung besteht, durch andere Bodenbeläge ersetzen lassen
- Stufen, Schwellen überbrücken
- Lose Kabel so legen, dass sie nicht gefährden
- Rutschfeste Matten in Badewanne, Dusche legen
- Blendendes Licht z. B. durch Einbau von Rollos verhindern, gut erreichbare Lichtquellen am Bett einrichten
- Ausreichend Lichtquellen installieren und Lichtschalter an gut erreichbaren Stellen anbringen
- Raum für freie Gehflächen schaffen, indem z. B. behindernde Möbelstücke entfernt werden
- Bei beweglichen Möbelteilen z. B. Rollen entfernen, weil sie im Bedarfsfall keinen Halt zum Stützen bieten
- Haltepunkte schaffen, z. B. Haltegriffe auf Fluren, in Toiletten und Bädern oder fest stehende Möbel in Räumen
- Toilettensitze gegebenenfalls erhöhen und mit Armlehnen versehen (☞ Abb. 11.27)

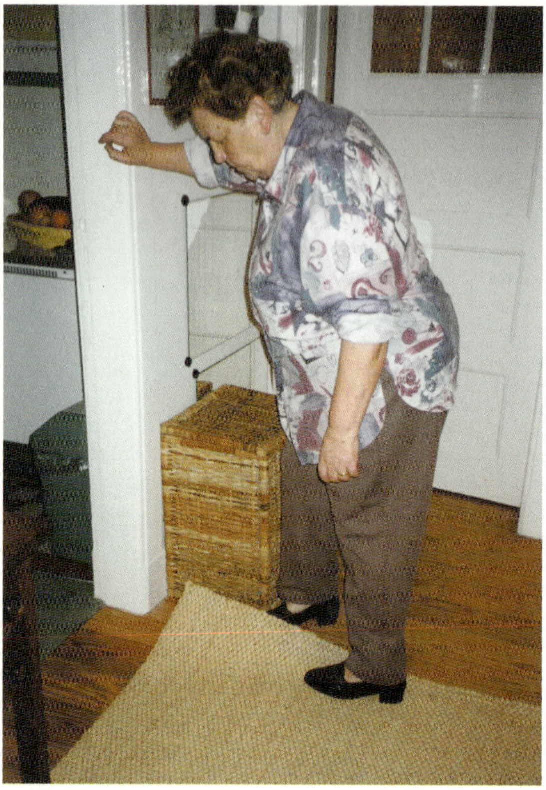

Abb. 11.24: Die Teppichkante im Flur kann auch bei relativ mobilen Menschen zur Stolperfalle werden. Durchgehende Bodenbeläge helfen, Stürze zu vermeiden. [M221]

- Hochschränke niedrig hängen, umräumen oder dafür sorgen, dass alle Schrankinhalte gut erreichbar sind. Unzweckmäßige Hilfsmittel wie Fußbank oder Leiter zum Klettern (☞ Abb. 11.25) vermeiden.

Hilfsmittel zur Vermeidung von Verletzungen und Stürzen

Wenn alte Menschen durch körperliche Einschränkungen sturz- und verletzungsgefährdet sind, benötigen sie fachgerechte Hilfsmittel, um diese Einschränkungen teilweise kompensieren zu können. Dazu gehören:

- Gehhilfe (☞ 6.3.2, ☞ Abb. 11.26)
- Rollstuhl (☞ 6.3.2)
- Evtl. Sturzhelm
- Hüftschutzhose *(Hüftprotektor)* mit Kunststoffschaleneinlage (☞ Abb. 11.28)
- Hilfen zum Aufrichten im Bett, z. B. Bettbügel
- Höhenverstellbares Pflegebett (☞ 10.3.2)
- Hilfen beim Sitzen, z. B. Lehnen oder Kopfstützen an Stühlen
- Erhöhte Toilettensitze (☞ Abb. 11.27)
- Hilfen zum Schutz vor dem Hinausfallen aus dem Bett, z. B. durch Seitenbretter oder Kissen, wobei streng darauf zu achten ist, dass **Fixierungen** als Maßnahme einschränkender Pflege nur mit größter Zurückhaltung bei wirklich schweren **Notfällen** einzusetzen sind
- Transferhilfen, z. B. Lifter zum Benutzen der Badewanne oder Treppe.

Auch Brille oder Hörgerät können entscheidende Hilfsmittel sein, Stürze zu vermeiden. Wichtig ist es außerdem, bei der täglichen Kleidung darauf zu achten, dass diese nicht zur Sturzursache wird. Zu sicherer Kleidung gehören

- Feste, rutschfeste, flache Schuhe
- Bequeme, nicht rutschende oder zu weite Kleidung. Beispielsweise ist es leicht möglich, mit weiten Ärmelbunden, Morgenmantel oder Gürtel an Türdrückern festzuhaken und ins Stolpern zu kommen.

Abb. 11.25: Die Sturzgefahr ist hoch, wenn wie hier die Flasche auf dem Schrank nur mit Hilfe der Fußbank erreicht werden kann. Sicher wäre es, den Schrank so umzuräumen, dass alle Inhalte problemlos erreichbar sind. [M221]

Abb. 11.26: Hilfsmittel wie Rollatoren können das Gehen sicher machen und das Risiko von Stürzen verringern. [M221]

Einrichtung eines Haus-Notrufsystems

Durch die Einrichtung eines **Haus-Notrufsystems** in der Wohnung können gefährdete, allein lebende alte Menschen Unterstützung bei einer Notlage in ihrer Wohnung bekommen. Für die Installation des Systems, das aus einem Basisgerät am Telefon und einem Funkgerät am Körper der Betroffenen besteht, ist lediglich ein Telefon in der Wohnung erforderlich. Bei einem Sturz braucht der alte Mensch nur den Notrufknopf am Funkgerät, das er in der Regel um den Hals trägt, zu drücken. Sofort kann er mit dem Diensthabenden des zuständigen Notrufdienstes reden, der Maßnahmen veranlassen kann. Notrufsysteme werden von Hilfsorganisationen wie DRK, ASB, AWO, Johanniter und Malteser angeboten (☞ Abb. 11.29).

Maßnahmen bei Verletzungsgefahr durch Sensibilitätsstörungen

Anzeichen für Sensibilitätsstörungen bei Pflegebedürftigen (☞ auch 4.5):

- Reagiert nicht angemessen auf Kälte- und Wärmereize
- Das Schmerz- und Berührungsempfinden ist gestört
- Das Lage- und Bewegungsempfinden ist gestört
- Gegenstände werden fallen gelassen
- Beim Zufassen bestehen Unsicherheiten.

Maßnahmen bei Sensibilitätsstörungen sind individuell sehr unterschiedlich zu planen, weil die Störungen sich in verschiedenen Bereichen des Körpers auswirken können. AltenpflegerInnen sollten sich bei der Pflege und Berührung betroffener Menschen der Empfindungsstörungen bewusst sein, damit sie nicht Schmerzen oder Unwohlsein auslösen.

Bei verstärktem **Schmerz- und Berührungsempfinden** ist darauf zu achten, dass die Berührungen exakt mit dem alten Menschen abgestimmt werden und der Wunsch nach „jetzt nicht berühren" oder „nicht so berühren" auf jeden Fall akzeptiert wird.

Bei **fehlendem** oder **vermindertem Schmerzempfinden** ist die Verletzungsgefahr hoch. Deshalb

- Alten Menschen über Folgen und Gefahren des Sensibiltätsverlustes informieren
- Dekubitusgefährdete Körperstellen (☞ 5.8) wie Füße oder aufliegende Körperstellen regelmäßig auf Anzeichen von Verletzungen überprüfen
- Fuß- und Nagelpflege besonders sorgfältig und regelmäßig durchführen (☞ 9.3.2)
- Anwendungsmöglichkeiten für Basale Stimulation® überprüfen (☞ 4.11.2).

Bei gestörtem **Temperaturempfinden** kann der alte Mensch nicht adäquat auf Wärme- oder Kältereize reagieren. In diesem Fall ist Unterstützung nötig, um Verletzungen wie Verbrennung, Verbrühung und Erfrierung zu verhüten.

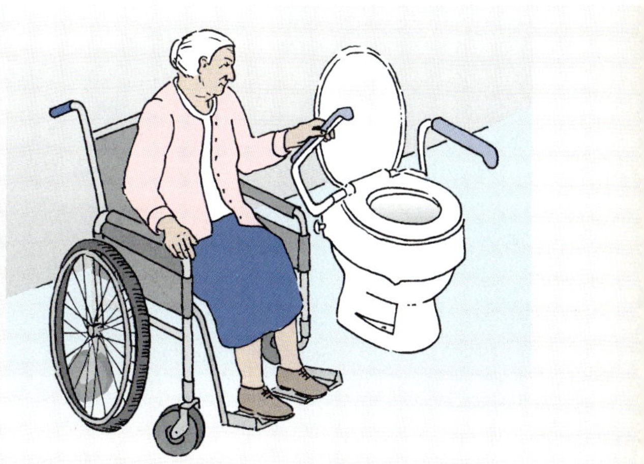

Abb. 11.27: Toilettensitze mit und ohne Armlehne sind in unterschiedlichen Varianten über Sanitätshäuser bestellbar. [A500-119]

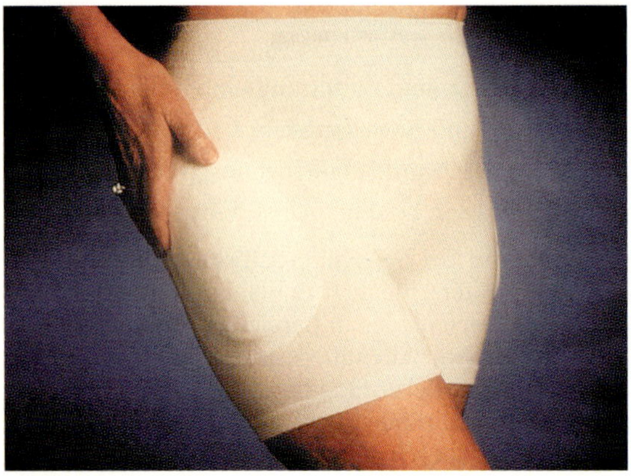

Abb. 11.28: Die Hüftschutzhose aus Baumwolle beugt Oberschelnkelhalsbrüchen bei ausgeprägter Sturzgefährdung vor. Die Hose, die aus Baumwolle mit 9 mm dicken, fest eingenähten elastischen Kunststofschalen besteht, ist in Sanitätshäusern erhältlich. [U118]

Abb. 11.29: Am Basisgerät des Notrufsystems drückt die gehbehinderte alte Dame morgens die Tagesmeldungstaste, um die Zentrale darüber zu informieren, dass sie aufgestanden ist. Um den Hals trägt sie ein amulettähnliches Funkgerät, mit dessen Hilfe sie im Notfall sofort einen Diensthabenden sprechen kann. [M221]

- Physikalische Maßnahmen, z. B. Wärmflasche, Bäder, Wickel nur nach ärztlicher Anordnung und sorgfältiger Überprüfung der Temperatur durchführen. Anwendung sorgfältig überwachen, um Verletzungen und Komplikationen zu vermeiden
- Bei gestörtem Temperaturempfindungen im Mund Temperatur aller Speisen und Getränke vor Verabreichung überprüfen, z. B. an der Innenseite des Unterarms.

Sturzprävention in der stationären Altenpflege

In der **stationären Pflege** ist der alte Mensch besonders durch die Umstellung seiner Lebensgewohnheiten, durch die veränderte Umgebung und teilweise weiten Wege zu Sanitäreinrichtungen gefährdet, zu stürzen und sich zu verletzen.

Die Risiken durch die ungewohnte Umgebung lassen sich einschränken, wenn jede neue BewohnerIn, die in die Einrichtung aufgenommen wird, umfassend über die örtlichen Gegebenheiten informiert wird. Dabei können gleichzeitig individuelle Gefährdungen dokumentiert und berücksichtigt werden.

Um die **Sicherheitsrisiken** (☞ 11.1) in einer stationären Altenpflegeeinrichtung zu minimieren, werden alle Räume regelmäßig überprüft und Gefahrenstellen unverzüglich beseitigt. Es reicht nicht aus, mit Hinweisschildern auf Gefahren wie z. B. Schwellen aufmerksam zu machen.

Zusätzlich ist darauf zu achten, dass
- Nachts das Nachtlicht eingeschaltet ist
- Klingeln für pflegebedürftige Personen immer in deren Reichweite sind
- Keine defekten Hilfsmittel wie z. B. kaputte Rollstühle benutzt werden
- Betten und Rollstühle im Stand immer arretiert sind
- Pflegebetten (☞ 10.3.2) nach der Durchführung von Pflegemaßnahmen immer so niedrig wie möglich eingestellt werden, um das Ein- und Aussteigen aus dem Bett zu erleichtern
- Nässe auf Fußböden, z. B. durch verschüttete Getränke, sofort aufgewischt wird.

Verhalten nach einem Sturz

Nicht alle Stürze und Verletzungen lassen sich verhindern. Gerade bei alten Menschen kommt es z. B. durch plötzliche Verwirrtheit oder Schwindel zu Gefahren, für die es vorbeugend keine Schutzmaßnahmen geben konnte. Folgende Maßnahmen sind im Falle eines Sturzes erforderlich:

- Den Bewusstseinszustand des alten Menschen prüfen, ihn ansprechen und nach Beschwerden fragen
- Bei Bewusstlosigkeit Maßnahmen der Ersten Hilfe einleiten

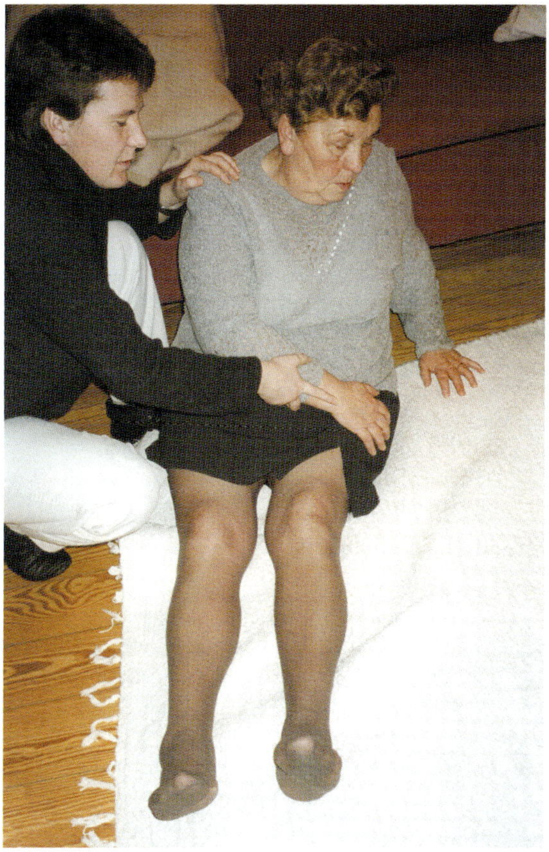

Abb. 11.30: Damit sich die gestürzte Frau erholen kann, hat die Altenpflegerin sie unterstützt, sich mit dem Rücken an das Sofa zu lehnen. Die Pflegende bleibt im Körperkontakt mit der Gestürzten und redet beruhigend mit ihr. [M221]

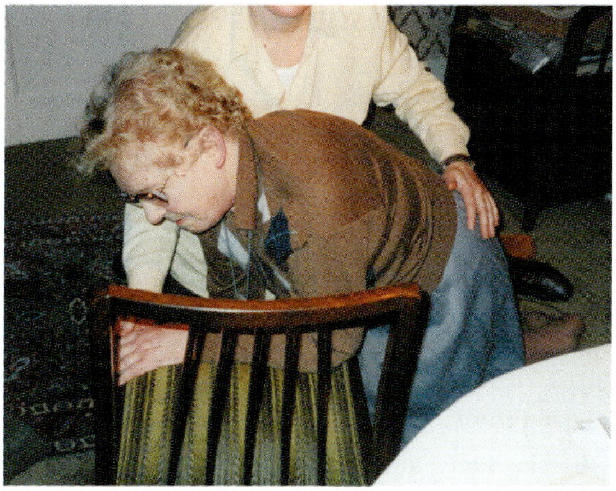

Abb. 11.31: Nicht immer sind große Körperkräfte erforderlich, um Gestürzte beim Aufrichten zu unterstützen. Häufig bedarf es lediglich sicherer Anleitung. Kann sich die Gestürzte selbstständig in den Kniestand drehen, benötigt sie lediglich den herbeigezogener Stuhl, um sich mit eigener Kraft aufzurichten. [M221]

- Den alten Menschen auf Verletzungen kontrollieren, störende Hindernisse, z. B. Möbel zur Seite schieben, den Gestürzten bequem lagern, bis weitere Schritte eingeleitet werden können (☞ Abb. 11.30). In der Rückenlage ist häufig schon ein Kopf stützendes Kissen hilfreich, um eine missliche Lage zu erleichtern
- Notfalls Hilfe, z. B. durch Klingel anfordern, Notfallmaßnahmen einleiten und NotärztIn rufen (lassen)
- Vitalzeichen kontrollieren
- Bei gefahrloser und schmerzfreier Transfermöglichkeit den Gestürzten in sein Bett bringen bzw. je nach Verletzungsgrad zum Sitzen helfen (☞ Abb. 11.31)
- Für Ruhe und Erholung sorgen
- Unfall dokumentieren
- Weitere Maßnahmen nach Erfordernis und Arztanordnung.

11.3.3 Exemplarische Pflegeplanung

Pflegediagnose mit Ursache (PD), Ressourcen (R), Gewohnheiten (G), Erfahrungen (E), aktuelle Bedürfnisse (AB)	**Pflegeziele**	**Pflegetherapie** Information (I), Beratung (B), Motivation (M), Anleitung (A), Beaufsichtigung (Bf), teilweise Übernahme (tÜ), vollständige Übernahme (vÜ)
AP: Sturzgefahr aufgrund beeinträchtigter Mobilität des rechten Beines durch Spastik **R:** Selbstständiges Gehen im Raum mit Rollator möglich, kann Wünsche nach personeller Unterstützung äußern, nutzt im Notfall Trillerpfeife **G:** Bewegt sich gern ohne Unterstützung, macht regelmäßige Spaziergänge im Garten **AB:** Möchte um 15 Uhr beim Gang in den Garten begleitet und nach Absprache abgeholt werden	Sicherheit beim Gehen mit dem Rollator Freie Gelenkbeweglichkeit des rechten Beines	**vÜ:** Rollator immer in Reichweite stellen **vÜ:** Nach der Morgentoilette Überprüfung des Zimmers auf Hindernisse und Gefahren beim Gehen, Beseitigung der Hindernisse nach Absprache **vÜ:** Klingel oder bei Spaziergängen Trillerpfleife in Reichweite bereitlegen **A:** 2 x tägl. Training der Beinmuskulatur am Bewegungstrainer **A:** 1 x wöchentlich Gehtraining am Rollator **Bf:** Täglich 15 Uhr Begleitung in den Garten, Abholen nach Vereinbarung **vÜ:** Tägliche Absprache zu individuellen Spaziergängen

Tab. 11.32: Pflegeplanung bei Sturzgefährdung.

11.4 Infektionsgefahr

Infektionsgefahr: Eingeschränkte Fähigkeit, sich angemessen vor Infektionen zu schützen.

11.4.1 Pflegediagnostik

Ursachen und Einflussfaktoren

Die Ursachen, die alte Menschen anfälliger für Infektionen machen können, sind vielfältig. Sie können durch körperliche, psychische und umgebungsbedingte Faktoren hervorgerufen werden.

Altersbedingte, körperliche Ursachen

- Teilfunktionen des Immunsystems lassen altersbedingt nach und führen zu erhöhter Infektanfälligkeit
- Wissensdefizite über gesundheitsfördernde Maßnahmen und Verhaltensweisen erhöhen das Infektionsrisiko
- Fehl- und Mangelernährung schwächen die Immunabwehr
- Mobilitätseinschränkungen erhöhen die Verletzungsgefahr, so dass Erreger leicht Eintrittspforten finden

Abb. 11.33: Auch bei kaltem Wetter hilft ein Ausflug an der frischen Luft dabei, die Abwehrkräfte zu stärken und sich vor Infektionen zu schützen. [M221]

- Erkrankungen verstärken die Besiedlung des Körpers mit pathologischen Keimen und schwächen die Immunabwehr, z. B.:
  - Bei Diabetes und anderen Stoffwechselerkrankungen ist die natürliche, schützende Keimbesiedlung der Haut häufig durch Veränderung des Haut-pH-Wertes geschwächt
  - Hauterkrankungen wie Pilzinfektionen werden zu Eintrittspforten für Erreger
  - Erkrankungen der Atemwege werden chronisch und haben dauerhafte Keimbesiedlung in den Bronchien zur Folge
  - Anämien schwächen das Immunsystem
  - Periphere arterielle Durchblutungsstörung erhöht die Verletzungsgefahr der Haut und das Infektionsrisiko im betroffenen Körpergebiet
  - Medikamente, z. B. Kortison, hemmen die Immunabwehr.

Psychische Ursachen

Für eine Zunahme des Infektionsrisikos gibt es viele stressbedingte Ursachen. Diese schwächen die Immunabwehr des Körpers und erhöhen das Risiko für Infektionen. Hierzu gehören besonders bei alten Menschen

- Ängste, Unzufriedenheit, Unruhe
- Lebenskrisen
- Traurigkeit, Depression.

Umgebungsbedingte Ursachen

Eine ungewohnte Umgebung kann bei alten Menschen Stressreaktionen mit erhöhter Infektgefährdung hervorrufen. Auch die Gestaltung der Räume in Pflegeheimen beeinflusst Infektionsgefahren. Überfüllte, überheizte Räume mit geringer Luftfeuchtigkeit erhöhen das Infektionsrisiko für alte Menschen, während die Möglickeit zur Bewegung an Frischluft sie vor Infektionen schützen kann (☞ Abb. 11.33).

Einige therapeutische Maßnahmen erhöhen die Infektionsgefahr in besonderem Maße. Spezielle infektionsverhütende Maßnahmen sind deshalb z. B. nötig bei:

- Injektionen und Infusionen (☞ 11.4.3, 11.4.4)
- Inhalation (☞ 5.5.2)
- Blasenkathetherisierung (☞ 8.3.2)
- Wundversorgung (☞ 11.4.5).

Anzeichen, Ausmaß und Folgen

Anzeichen erhöhter Infektionsgefahr:

- Häufige Probleme mit Infektionen sind bekannt oder werden vom Pflegebedürftigen geäußert
- Vielfältige Ursachen (☞ oben) weisen auf erhöhte Risiken hin
- Infektionen sind bereits aufgetreten.

Durch **Beobachtung** lassen sich **Anzeichen einer Infektion** erkennen, z. B.

- Erhöhte Körpertemperatur, Schweißabsonderung, Veränderungen im Allgemeinzustand, z. B. Mattigkeit, Schwäche als Zeichen einer Allgemeininfektion
- Schmerzen, Rötung, Schwellung, Sekretabsonderung und Oberflächenveränderungen bei Haut- und Schleimhautinfektionen
- Veränderungen der Atmung, vermehrter Auswurf und Husten bei Infektionen der Atemwege
- Veränderungen und Beschwerden bei der Urinausscheidung als Anzeichen einer Harnwegsinfektion
- Veränderungen in der Stuhlausscheidung, Durchfälle, Erbrechen bei Darminfektionen.

Ausmaß

Die Infektionsgefährdung kann für unterschiedliche Bereiche des Körpers gültig sein. Ausschlaggebend hierfür ist, wann und wo die körperliche Integrität verletzt wird und welche Risikofaktoren oder Ursachen das Entstehen einer Infektion begünstigen. Beispielsweise kann eine besondere Gefahr für Infektionen der Haut durch regelmäßige Injektionen bei Abwehrschwäche gegeben sein. Auch für Wunden, die z. B. im Bereich durchblutungsgestörter Körperteile vorhanden sind, besteht ein erhöhtes Infektionsrisiko. Im Fall einer Wundinfektion kann es zur Erkrankung des ganzen Organismus kommen. Wenn Erreger in den Körper eindringen und zu Organinfektionen wie Pneumonie oder Harnwegsinfektion führen, betrifft das Ausmaß der Infektion den gesamten Körper.

Risikofaktoren und das Ausmaß von Infektionsgefährdungen lassen sich in einer Checkliste erfassen (☞ Tab. 11.34).

Infektionsrisiko (bitte ankreuzen) Geringfügig (G) Ausgeprägt (A) Hochgradig ausgeprägt (HA)	**Ursache**	**Potenzielle Gefahrensituationen (wann, wo)**
Bei Injektionen: (G) (A) (HA)		
Bei Wundversorgung (G) (A) (HA) Wunde oder Verletzung wo ? • • • •		
• Bei Infusionen: (G) (A) (HA)	•	•
• Bei Fußpflege: (G) (A) (HA)	•	•
• Bei ...		

Tab. 11.34: Bereiche und Ausmaß von Infektionsgefährdungen. Die Checkliste kann mit individuellen Risikofaktoren ergänzt werden.

Bei Infektionsgefährdung bestimmter Hautbezirke oder bei Veränderungen, die auf Infektionen hinweisen, ist es zusätzlich günstig, die betreffenden Bereiche in einer Skizze zu dokumentieren, damit Gefährdungen für jeden deutlich erkennbar sind (☞ Abb. 11.35).

Folgen

Infektionen sind immer begleitet von erheblichen körperlichen Beeinträchtigungen. Deshalb sind alle Möglichkeiten zu nutzen, die ein Infektionsrisiko verhindern. Nicht selten haben Infektionen schwere Krankheit und Tod zur Folge.

11.4.2 Allgemeine pflegetherapeutische Maßnahmen

Aufgabe der Pflege ist es, Infektionsgefahren zu erkennen, um alte Menschen vor Infektionen unterschiedlichster Art individuell zu schützen. Ebenso wichtig ist es, den alten Menschen darüber zu informieren, wie er sich vor Infektionen schützen kann bzw. welche Anzeichen auf eine Infektion hinweisen.

Sollten Anzeichen für eine Infektion sprechen (☞ 11.4.1), sofort ÄrztIn informieren, damit die notwendigen Schritte der Infektionsbekämpfung eingeleitet werden.

Sorge für Abwehr stärkende Maßnahmen

Prohylaktisch Abwehr stärkende Maßnahmen durchzuführen ist für ältere Menschen besonders bedeutsam, trotzdem werden sie häufig vergessen. Viele alte Menschen erwarten ausschließlich therapeutische Hilfe durch die ÄrztIn und unterschätzen eigene vorbeugende Maßnahmen zur Gesunderhaltung. Im Rahmen infektionsvorbeugender Maßnahmen sind gefährdete Personen deshalb darin zu unterstützen, dass sie

- Sich an der frischen Luft bewegen können
- Regelmäßige Grippeschutzimpfungen erhalten
- Sich angemessen und vitaminreich ernähren
- Viel trinken
- Genussmittel meiden
- Kontakt mit Personen meiden, die einen Infekt haben
- Sich an abhärtende Maßnahmen wie kaltes Duschen oder Wassertreten gewöhnen.

Zusätzlich sorgen AltenpflegerInnen bei allen pflegetherapeutischen Maßnahmen für die strikte Einhaltung von Hygieneregeln sowie Maßnahmen der A- und Antisepsis.

Literaturtipp

Altenpflege konkret: Gesundheits- und Krankheitslehre. Urban & Fischer Verlag, München, Jena 1999

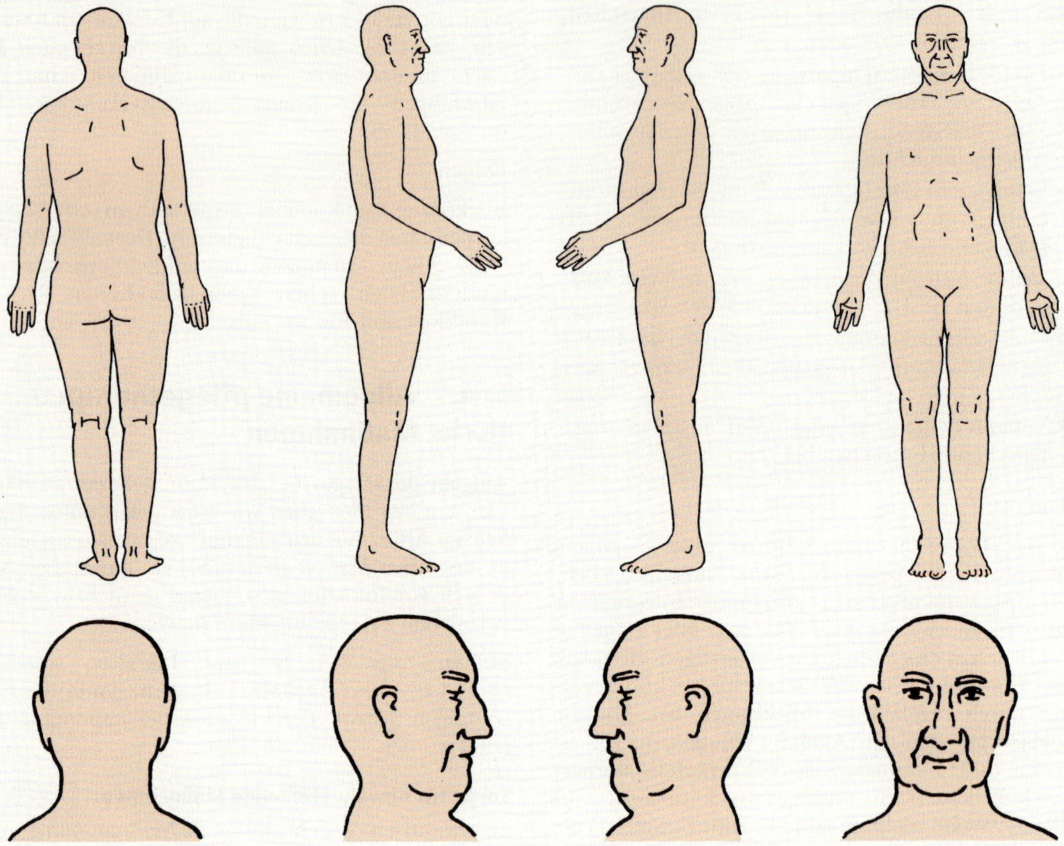

Abb. 11.35: In der Skizze können alle Hautbezirke schraffiert werden, die besonders infektionsgefährdet sind oder Veränderungen aufweisen. [A500-119]

Injektionsart	Gewebe	Resorptionszeit	Zuständigkeitsbereich
Intrakutan (i.c.)	Oberhaut (Epidermis)	Sehr langsam	• Krankenpflegekraft • ÄrztIn
Subkutan (s.c.)	Subkutis (Unterhaut)	Langsam (20–30 Min.)	• AltenpflegerIn • Krankenpflegekraft • KrankenpflegehelferIn • ÄrztIn • SchülerIn unter Aufsicht einer examinierten Pflegekraft oder ÄrztIn
Intramuskulär (i.m.)	Muskel	Schnell (innerhalb von 10–15 Min.), bei öligen Lösungen verzögert	• AltenpflegerIn • Krankenpflegekraft • ÄrztIn • SchülerIn unter Aufsicht einer examinierten Pflegekraft oder ÄrztIn
Intravenös (i.v.)	Vene	Sofort (Sek.)	• ÄrztIn • Qualifiziertes Pflegepersonal (Intensivweiterbildung)
Intraarteriell (i.a.)	Arterie	Sofort (Sek.)	• ÄrztIn
Intrakardial	Herzmuskel	Sofort	• ÄrztIn
Intraartikulär	Gelenk	Schnell (Min.)	• ÄrztIn
Intrathekal	Liquorraum	Sofort	• ÄrztIn
Intralumbal	Lumbalsack	Sofort	• ÄrztIn

Tab. 11.36: Häufige Injektionsarten mit Zuständigkeit für deren Verabreichung.

11.4.3 **Pflegemaßnahmen bei Injektionen**

Um alte Menschen vor Infektionen und anderen Komplikationen bei Injektionen schützen zu können, sind im folgenden Text grundlegende Informationen zu Injektionen und Injektionstechniken zusammengefasst.

Injektion: Einspritzen kleiner Mengen steriler, gelöster Arzneimittel in den Körper unter Umgehung des Magen-Darm-Traktes (parenteral). Die Medikamente werden mit einer Spritze und einer Hohlnadel (Kanüle) innerhalb von Sekunden bis zu wenigen Minuten verabreicht. Beträgt die Menge des Medikamentes mehr als 20 ml, wird es als Infusion tropfenweise verabreicht (☞ 11.4.4).

Grundlagenwissen zu Injektionen

Injektionsarten

Die Injektionen werden nach dem Gewebe bezeichnet, in das injiziert wird (☞ Tab. 11.36).

Zuständigkeiten bei Injektionen

Vorsicht!
Das Einstechen einer Kanüle in den Körper ist im Sinne des Gesetzes eine **Körperverletzung,** für die die Einwilligung des alten Menschen notwendig ist. Verweigert der alte Mensch diese, darf eine Injektion nicht gegen seinen Willen verabreicht werden. Kann der alte Mensch diese nicht geben (z. B. bei Bewusstlosigkeit), kann die Injektion „zum Wohle des alten Menschen" durchgeführt werden.

Die **Zuständigkeit** für die Durchführung von Injektionen löst immer wieder Diskussionen aus. Grundsätzlich ist die Anordnung und Verabreichung von Injektionen Aufgabe der ÄrztIn. Diese kann allerdings die Durchführung von subkutanen, intrakutanen und intramuskulären Injektionen an qualifiziertes Pflegepersonal **delegieren.** Die ÄrztIn muss sich vorher von der fachlichen Eignung der Personen, an die er delegiert, überzeugen.

Die AltenpflegerIn erwirbt in der dreijährigen Ausbildung die **Durchführungsverantwortung** *(Handlungskompetenz)* für die Verabreichung von s.c.- und i.m.-Injektionen. Sie benötigt deshalb vor der Verabreichung auch Informationen über Wirkungsweise des Arzneimittels und mögliche Komplikationsgefahren. Bei zu erwartenden Komplikationen kann sie die Durchführung der Injektion ablehnen.

KrankenpflegehelferInnen führen nur die subkutane Injektion durch. SchülerInnen dürfen, nachdem Injektionen und die Arzneimittellehre im Unterricht besprochen wurden, unter Aufsicht und Anleitung einer examinierten Pflegekraft oder einer ÄrztIn subkutane oder intramuskuläre Injektionen verabreichen. Die Durchführungsverantwortung trägt die anleitende Pflegekraft bzw. die ÄrztIn.

Vorteile von Injektionen

- Gute und steuerbare Dosierung des Medikamentes, es kann im Gegensatz zu z. B. Dragees in genaue Teilmengen verabreicht werden
- Injektionen belasten den Magen-Darm-Trakt nicht, sie können alten Menschen auch bei Erkrankungen des Verdauungstraktes, bei Bewusstlosigkeit oder Schluckstörungen verabreicht werden
- Gute Steuerung des Wirkungseintrittes und der Wirkungsdauer, z. B. durch die Verabreichung von Retardmedikamenten
- Rascher Wirkungseintritt (☞ Tab. 11.36)
- Keine Zerstörung der Substanzen durch die Verdauungssäfte, z. B. das im Insulin enthaltene Eiweiß
- Medikamente sind direkt dort injizierbar, wo sie benötigt werden, z. B. entzündungshemmende Medikamente ins Gelenk.

Sicherheit bei Injektionen

Zu Komplikationen mit schwerwiegenden Folgen wie Blutungen, Nervenverletzungen, Infektionen oder Unverträglichkeitsreaktionen kann es durch ganz unterschiedliche Fehler kommen. **Sicherheit** ist deshalb wichtig bei der

- Wahl des Medikamentes:
  - Name
  - Zusammensetzung
  - Verfall
- Dosierung:
  - Menge
  - Zeitpunkt

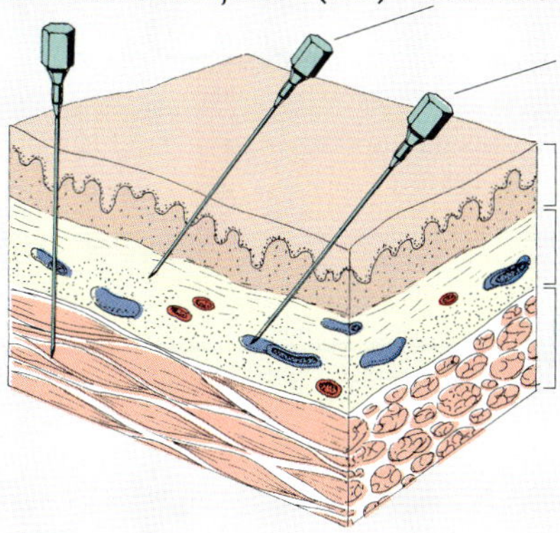

Abb. 11.37: Injektionsgebiete der häufigsten Injektionen. [A400-190]

- Verabreichung:
  - Injektionsart
  - Injektionstechnik
  - Zeitdauer der Injektion
  - Ort der Injektion
- Asepsis bei der Vorbereitung und Durchführung der Injektion.

Spritzenarten

Es gibt Injektionsspritzen zum einmaligen Gebrauch aus Kunststoff und zum mehrmaligen Gebrauch aus Metall und Glas. Heute werden in der Regel nur noch steril verpackte **Einmalspritzen** verwendet.

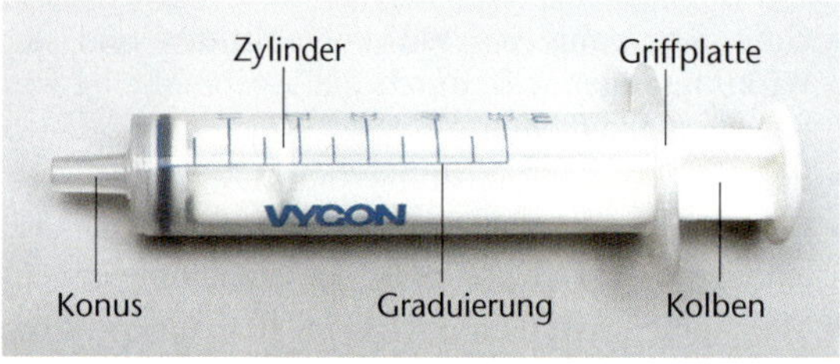

Abb. 11.38: Plastik-Einwegspritze nach Luer mit Beschriftung der Einzelteile. [K183]

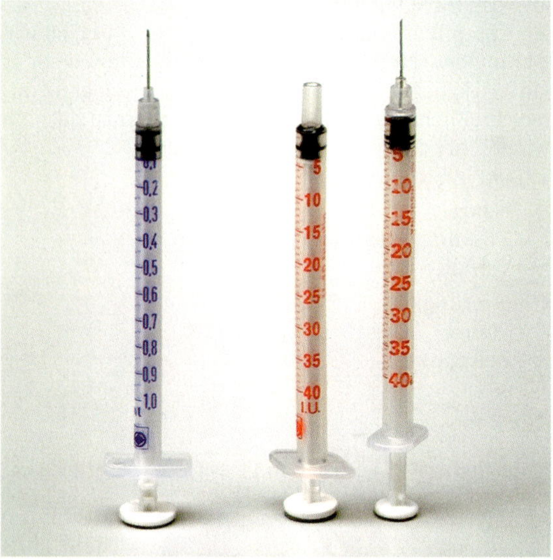

Abb. 11.39: Links: Tuberkulinspritze. Mitte und rechts: Insulinspritze. [K183]

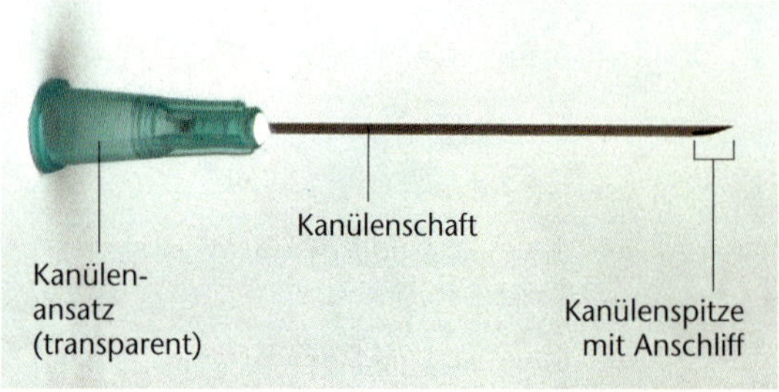

Abb. 11.40: Einmal-Injektionskanüle. [K183]

Die Spritze besteht aus **zwei Teilen** (☞ Abb. 11.38),

- dem Kolben und
- dem Zylinder.

Die Einmalspritzen sind in verschiedenen Größen (1, 2, 5, 10 und 20 ml) im Handel. Der am häufigsten verwendete Ansatz ist der **Konus nach Luer,** da er einen guten Kanülensitz durch die größere Auflagefläche gewährleistet. Er kann durch den **Luer-Lock-Ansatz,** auf den die Kanüle aufgeschraubt wird, ergänzt werden. Ein selten benutzter Ansatz ist das Rekord-System.

Die Auswahl der Spritze hängt von der Menge des zu verabreichenden Medikamentes ab.

Spezialspritzen (☞ Abb. 11.39)

- Die **Insulinspritze** ist eine Spritze mit einer Spezialgraduierung, um die Insulinmenge exakt zu dosieren. Das Fassungsvermögen der Spritze beträgt 1 oder 2 ml. Bei der Unterteilung entspricht 1 ml 40 I.E. *(Internationale Einheiten)*. Bei einem Teil der Spritzen ist die Kanüle integriert
- Die **Tuberkulinspritze** ist durch ihre Millimetereinteilung gekennzeichnet
- Die **Janetspritze** fasst 50–100 ml und wird z. B. bei Blasenspülungen oder bei der Sondenernährung verwendet.

Kanülenarten

Injektionskanülen sind Hohlnadeln aus rostfreiem Stahl (☞ Abb. 11.40). Sie sind einzeln steril verpackt und in unterschiedlichen Längen und Stärken im Handel. Die Stärken sind durch die Angabe der Nummer und durch verschiedenfarbige Ansatzstücke voneinander zu unterscheiden (☞ Tab. 11.41).

Injektionsbehälter

Die Arzneimittel zur Injektion werden in verschiedenen Behältern angeboten (☞ Abb. 11.42):

- **Glasampullen** enthalten die Einzeldosis eines Medikamentes. Sie werden an der Einengung am Ampullenhals mit einer Ampullenfeile geöffnet. *Knickampullen* besitzen einen weißen Halsring oder einen Punkt und können mit Hilfe eines Tupfers aufgebrochen werden. *Trockenampullen* enthalten das Medikament in Trockensubstanz und werden mit dem entsprechendem Lösungsmittel wegen Instabilität des Medikamentes erst unmittelbar vor der Verabreichung aufgelöst
- **Stechampullen** *(Mehrdosis-Durchstichflaschen)* enthalten mehrere Dosen eines Medikamentes, z. B. Insulin
- **Fertigspritzen** enthalten das Medikament in einer Spritze mit der entsprechenden Kanüle
- **Zweikammerspritzen.** Der Wirkstoff und das Lösungsmittel sind nacheinander in der Spritze angeordnet, beides wird unmittelbar vor der Injektion

Farbkodierung von Einmalkanülen													
Größe (nach Pravaz)	20	–	18	–	17	16	14	12	2	–	1	–	–
Gauge (Spezielles Eichmaß)	27		26		24	23	23	22	21		20		19
Farbe	grau		braun		lila	blau	violett	schwarz	grün		gelb		weiß
Außendurchmesser [mm]	0,40	0,40-0,42	0,45		0,55	0,66	0,60-0,65	0,70	0,80		0,90		1,10
Länge [mm]	20	12-16	25	12	25	25	30-32	30-32	40	50-60	40	70	30
Verwendung	Insulin, s.c.		Insulin, s.c.		s.c.	s.c.	s.c., i.m.[1]	s.c., i.m.[1]	i.v., i.m.[2]	i.m.[3]	i.v., i.m.[4]	tief i.m.	Aufziehkanüle, Blutentn. kanüle

1) Oberschenkel 2) Oberschenkel; Gesäß bei Untergewichtigen und großen Kindern
3) Gesäß bei Normal- bis Übergewichtigen 4) Für dickflüssige Lösungen

Tab. 11.41: Überblick über die verschiedenen Einmalkanülen und ihre Verwendungszwecke. [A400]

durch Druck auf den Kolben miteinander vermischt.

Allgemeine Vorbereitung einer Injektion

AltenpflegerIn:

- Voraussetzung ist, dass die Durchführung der Injektionstechnik sicher beherrscht wird
- Schriftliche Anordnung der Injektion durch ÄrztIn prüfen
- Über Indikationen, Kontraindikationen, Wirkungen und Nebenwirkungen des Medikamentes informieren
- Arzneimittel prüfen (☞ unten)
- Über den aktuellen Zustand des Pflegebedürftigen informieren und sich vergewissern, dass keine Gründe vorliegen, die eine Injektion in Frage stellen
- Hände desinfizieren.

Benötigtes Material:

- Sauberes Spritzentablett
- Medikament
- Unsterile Tupfer
- Evtl. Ampullensäge
- Aufzieh- und Injektionskanüle
- Evtl. Belüftungskanüle mit Bakterienfilter für Stechampullen (statt Aufziehkanüle)
- Spritze
- Desinfektionsmittel
- Abwurfgefäß für Kanülen und Glas
- Abwurf für den restlichen Abfall.

Um Komplikationen und Verwechslungen zu vermeiden, ist es wichtig, **vor dem Aufziehen** des Medikamentes die „**5 Richtigen**" zu beachten:

- Richtige Person, die das Medikament bekommen soll (Name)
- Richtiges Medikament
- Richtige Dosierung oder Konzentration
- Richtige Verabreichungsart
- Richtiger Zeitpunkt.

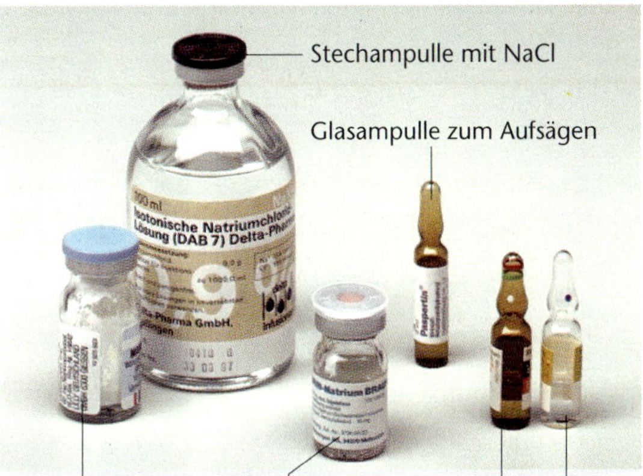

Abb. 11.42: Verschiedene Ampullen. [K183]

☑ Das Medikament außerdem überprüfen auf
- Verfallsdatum
- Richtige Lagerung
- Trübungen, Ausfällungen, Verfärbungen.

Mischungen von Medikamenten sind nur auf Arztanordnung erlaubt.

Aufziehen von Medikamenten

Aus der Glasampulle:

- Um das Medikament vollständig aufziehen zu können, ist es evtl. erforderlich, dass Teile der Injektionslösung aus dem Ampullenkopf in die Ampulle zurückbefördert werden. Da die Lösung nicht immer von alleine zurückfließt, ist es notwendig, diese durch Klopfen mit den Fingern oder Bewegungen ähnlich dem Herunterschlagen von Quecksilberthermometern zurückzubefördern
- Die Ampulle fest mit dem Zeigefinger und dem Daumen halten
- Den Zeigefinger mit Hilfe eines Tupfers schützen
- Den Ampullenhals unter leichtem Druck schiebend mit der Ampullensäge ansägen (Ausnahme: Brechampullen)
- Den Ampullenhals mit dem Tupfer fassen und mit leichtem Ruck abbrechen (☞ Abb. 11.43 und 11.44)
- Die Aufziehkanüle und die Spritze steril auspacken, zusammensetzen und das Medikament vollständig aufziehen(☞ Abb. 11.45)
- Um die Luft aus der Spritze zu entfernen, den Konus nach oben halten. Dann den Spritzenzylinder leicht mit den Fingern beklopfen, um die Luftblasen nach oben zu befördern. Nun können die Luftblasen herausgedrückt werden
- Die Aufziehkanüle in den Abfallbehälter verwerfen. **Nicht** in die zugehörige Hülle zurückstecken, da Verletzungsgefahr besteht
- Injektionskanüle mit Hülle auf den Spritzenkonus stecken
- Die aufgezogene Spritze und die zugehörige Ampulle auf das Spritzentablett legen. Bei mehreren Ampullen die Spritze mit dem Namen des alten Menschen beschriften.

☑ **Beachten:**
- Spritzen- und Kanülenverpackungen korrekt durch Auseinanderziehen öffnen, um eine Kontamination zu vermeiden
- Beim Entlüften der Spritze ein Verspritzen kleiner Teilmengen des Medikamentes vermeiden, um eine korrekte Dosierung zu gewährleisten
- Kanülen nicht in die Schutzhülle zurückstecken, um Verletzungen zu vermeiden.

Aufziehen aus einer Stechampulle *(Mehrdosis-Durchstichflasche):*

- Ampulle mit Datum und Uhrzeit der Erstentnahme beschriften
- Metall- oder Plastik**deckel, nicht** die gesamte Metall**kappe,** entfernen. Evtl. dazu eine Ampullensäge benutzen
- Gummikappe desinfizieren, Einwirkzeit beachten
- Soweit vorhanden spezielle Belüftungskanüle, z. B. Minispike®, in die Stechampulle stechen und die notwendige Menge des Medikamentes entnehmen. Fehlt die hygienische Belüftungskanüle, wird in die Spritze so viel Luft aufgezogen, wie von dem Medikament benötigt wird. Die Luft in die Ampulle zur Vermeidung von Unterdruck einspritzen und ohne abzusetzen gleiche Menge des Arzneimittels in die Spritze aufziehen. Häufig kann aufgrund eines

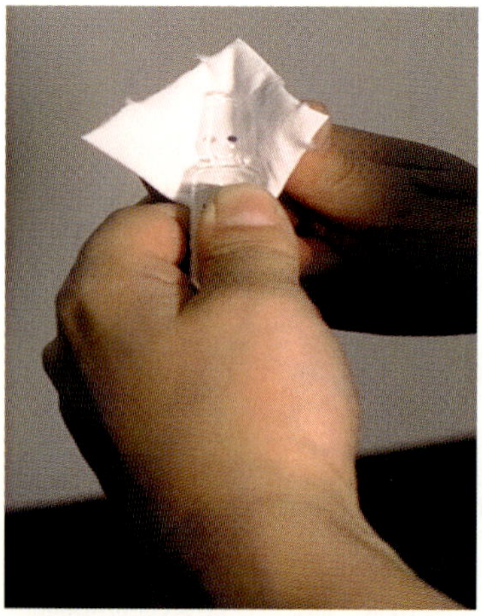

Abb. 11.43: Den Ampullenkopf mit der Punktmarkierung nach oben in den Tupfer legen. [K183]

Abb. 11.44: Ampullenkopf und -hals mit dem Tupfer umfassen und mit dem Zeigefinger als Hebel abbrechen. [K183]

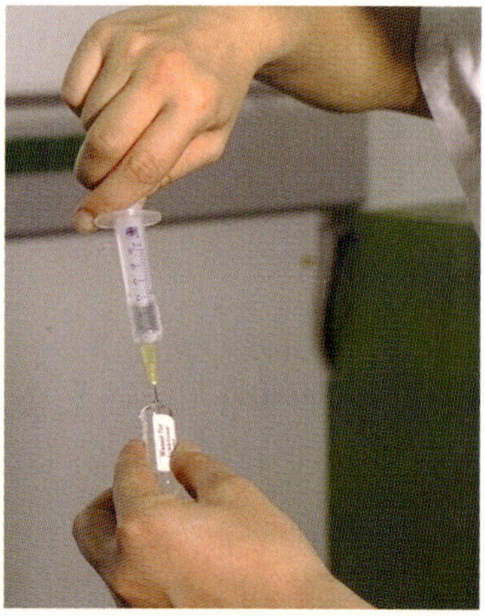

Abb. 11.45: Aufziehen aus der Glasampulle. Die Kanülenspitze setzt auf dem Boden der Ampulle auf. [K183]

Überdruckes nicht die komplette Luft in der Stechampulle eingespritzt werden. Deshalb zunächst so viel Medikamentenlösung entnehmen, wie möglich, dann nochmals Luft einspritzen und die komplett benötigte Menge des Medikamentes entnehmen

- Aufziehkanüle bzw. die Belüftungskanüle entfernen. Ampulle im Kühlschrank lagern
- Spritze entlüften und zu viel aufgezogene Mengen des Medikaments vorsichtig herausspritzen
- Die Injektionskanüle aufsetzen und die Spritze beschriften.

☑ Fachinforationen der Apotheken und Dienstanweisung der Behörde für Arbeit, Gesundheit und Soziales, Hamburg:

- Ampullen sind ausschließlich zur einmaligen Entnahme bestimmt. Reste sind zu verwerfen.
- Mehrdosis-Durchstichflaschen mit *unkonservierten* Inhalt sind gleichfalls zum einmaligen Gebrauch bestimmt. Mehrere Entnahmen innerhalb kurzer Zeit setzen hygienisch einwandfreies Arbeiten voraus und sollten auf **3 Std.** begrenzt sein
- Mehrdosis-Durchstichflaschen mit *konservierten* Inhalt sind nach dem Anbruch im Regelfall **3 Tage** verwendbar, wenn der Hersteller keine anderen Angaben macht. Hersteller sind verpflichtet, Arzneimittel und deren Verfallszeiten beim Bundesgesundheitsamt (BGA) anzumelden und über die Verfallszeit auf dem Beipackzettel zu informieren. Für Insuline werden häufig unterschiedliche Haltbarkeiten zwischen 2–6 Wochen angegeben. Es ist in jeder Pflegeeinrichtung erforderlich, dass alle AltenpflegerInnen über die aktuellen Verfallszeiten der gebräuchlichen Insuline informiert sind
- Hygienisch einwandfreie Handhabung und Angabe des Zeitpunktes der Erstentnahme sind zwingend erforderlich. Steckenlassen von Kanülen im Stopfen oder von Aufsätzen (auch mit Schutz) ist fachlich falsch und grundsätzlich untersagt.

Auflösen von Trockensubstanzen

- Trockensubstanzen werden nur mit dem von Hersteller angegebenen Lösungsmittel und erst unmittelbar vor dem Verabreichen der Injektion aufgelöst. Erst nachdem sie vollständig aufgelöst sind, können sie aufgezogen werden
- Ampulle mit Trockensubstanz nach Entfernen des Deckels desinfizieren
- Vorbereiten der Glasampulle mit Lösungsmittel, Aufziehen des Lösungsmittels
- Spritze mit dem Lösungsmittel in Ampulle mit Trockensubstanz stechen (vorher Einwirkzeit der Desinfektion beachten) und langsam mit geringem Druck gesamtes Lösungsmittel einspritzen, Schaumbildung vermeiden. Warten, bis sich die Substanz vollständig gelöst hat. Das Auflösen kann evtl. durch vorsichtiges Rollen in der Hand gefördert werden

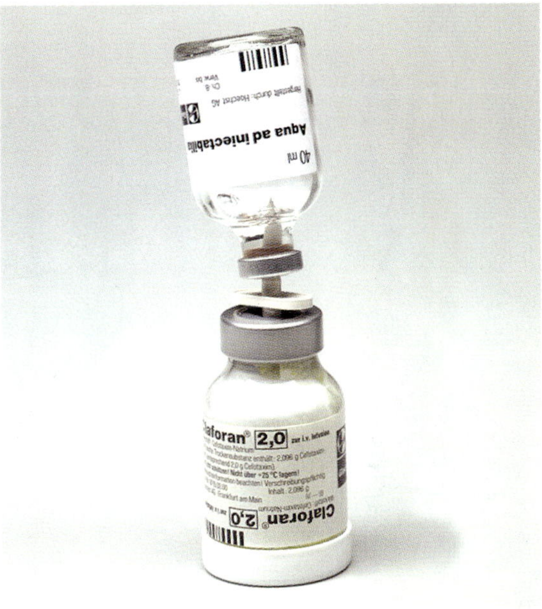

Abb. 11.46: Überleitungskanüle, mit deren Hilfe das Lösungsmittel in die Ampulle mit der Trockensubstanz geleitet wird. [K183]

- Bei größeren Mengen wie Infusionen (☞ 11.4.4) wird zum Einbringen des Lösungsmittels eine Überleitungskanüle verwendet (☞ Abb. 11.46)
- Das Medikament aufziehen (wie bei Stechampullen beschrieben) und eine Injektionskanüle aufsetzen.

Vorbereitung des Spritzentablettes

- Hautdesinfektionsmittel
- Sterilisierte Tupfer
- Abfallbehälter für Kanülen
- Beschriftete Spritze mit Medikament und Kanüle
- Ampulle.

Vorbereitung des alten Menschen zur Injektion

- Alten Menschen über die Injektion informieren und sein Einverständnis einholen
- Injektionen aufgrund der Kollapsgefahr nicht im Stehen verabreichen. Bei s.c.-Injektionen sitzt, bei i.m.-Injektionen liegt der Pflegebedürftige
- Für Sichtschutz während der Injektion sorgen
- Die Haut desinfizieren, dabei die Einwirkzeit beachten. Sie liegt je nach Desinfektionsmittel zwischen 30 Sek. und 2 Min. (Beipackzettel beachten)
- Warten, bis die Haut trocken und das Desinfektionsmittel verdunstet ist.

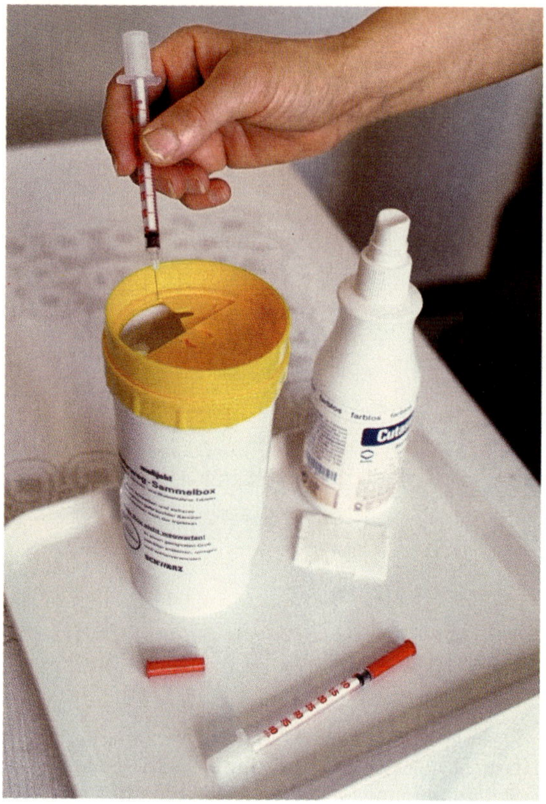

Abb. 11.47: Gebrauchte Kanülen in den dafür vorgesehenen Abwurfbehälter entsorgen, ohne sie vorher in die Schutzhülle zurückzustecken. [K157]

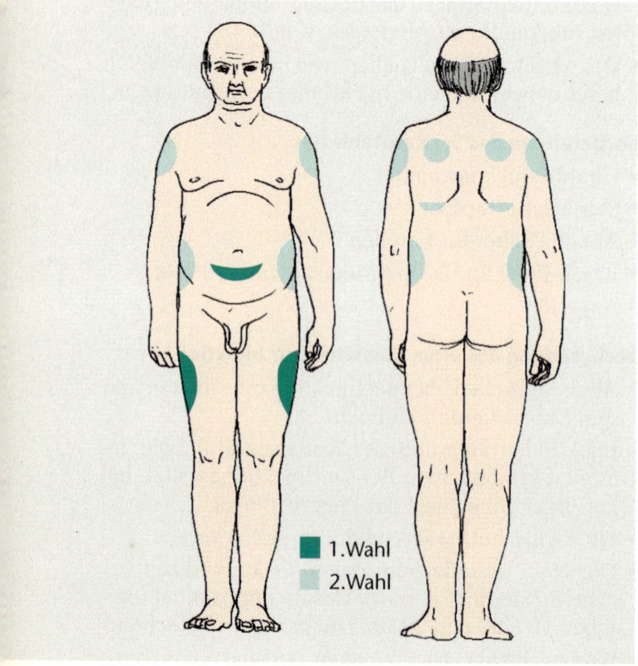

Abb. 11.48: Injektionsorte für die subkutane Injektion. [A300-215]

Schmerzen bei der Injektion lassen sich verringern, wenn
- Desinfektionsmittel auf der Haut getrocknet ist, bevor injiziert wird
- Körperwarme Medikamente injiziert werden
- Größere Mengen langsam injiziert werden.

Nachbereitung einer Injektion

- **Alter Mensch:** evtl lagern und auf Wirkung bzw. Nebenwirkungen des Medikamentes beobachten
- **Material:** Spritze und Tupfer verwerfen. Kanülen aufgrund der Verletzungs- und Infektionsgefahr nicht in die Schutzhülle zurückstecken, sondern gleich in das Abfallgefäß werfen (☞ Abb. 11.47)
- **AltenpflegerIn:** Hände desinfizieren und Durchführung dokumentieren.

Vorsicht!
I.m.- und s.c.-Injektionen sind **untersagt** in
- Narbengewebe
- Entzündetes oder verletztes Gewebe
- Ödeme
- Hämatome
- Gebiete, in denen große Nerven und Gefäße verlaufen
- Gebiete mit gestörter Durchblutung.

Subkutane Injektion

Subkutane Injektion: Einspritzung wässriger oder isotonischer Lösungen, z. B. Heparin oder Insulin, in die Unterhaut *(Subcutis)*.

Injektionsorte

Alle Körperregionen mit einer ausgeprägten Subcutis können für die s.c.-Injektion genutzt werden (☞ Abb. 11.48), z. B.
- Bauchdecke
- Außen- und Vorderflächen der Oberschenkel
- Seitliche Flächen der Oberarme
- Rücken unterhalb der Schulterblätter.

Kontraindikationen

Die subkutane Injektion darf nicht im Schock durchgeführt werden. Es wird nicht in erkranktes Gewebe (☞ oben) injiziert.

Durchführung

(☞ Abb. 11.49, 11.50)
- Hautstelle, in die injiziert werden soll, desinfizieren (Einwirkzeit beachten)

- Hautfalte mit dem Daumen und Zeigefinger abheben, um sie von der darunter liegenden Muskelschicht abzuheben
- Kanüle zügig in die Hautfalte einstechen. Der Einstichwinkel ist dabei von der verwendeten Kanüle abhängig. Fertigspritzen mit einer Kanülenlänge von 12 mm (z. B. Heparin) werden senkrecht (90°) eingestochen, Kanülen mit einer Länge von 19 mm werden schräg (45°) eingestochen. Bei kachektischen alten Menschen wird die Kanüle im spitzen Winkel eingestochen
- **Nicht aspirieren.** Bei korrekter Position und Technik kann es nicht versehentlich zu einer i.v.-Injektion kommen. Eine Aspiration führt zu Gewebsschäden, möglichen Lageveränderungen und einer zeitlichen Verlängerung der Injektion
- Medikament langsam injizieren, ca. 2 ml/Min., den alten Menschen dabei beobachten
- Die Kanüle zügig entfernen, Hautfalte loslassen und die Einstichstelle mit einem trockenen Tupfer komprimieren.

☑ Ölhaltige Medikamente werden nie subkutan gespritzt, da sie zu Nekrosen führen können.

Spezielle Hinweise bei Fertigspritzen, z. B. Heparin, beachten, da die Vorgehensweise häufig leicht verändert werden muss.

In der ambulanten Altenpflege ist keine Desinfektion der Eintrittstelle bei s.c. Injektionen erforderlich, da die in stationären Einrichtungen üblichen Problemkeime zu Hause in der Regel nicht vorhanden sind.

Besonderheiten bei Insulininjektionen

- Die Hautdesinfektion vor Insulininjektionen ist umstritten und nicht in jedem Fall erforderlich. Zur Vereinheitlichung der Vorgehensweise in Pflegeeinrichtungen deshalb Herstellerangaben genau prüfen, Fachinformationen bei der zuständigen Apotheke einholen und Festlegungen schriftlich fixieren
- Einstichstellen nach einem Schema wechseln. Empfehlung: morgens Bauch, abends Oberschenkel (☞ Abb. 11.51)
- Nach der Insulininjektion ist es bei den meisten Insulinen erforderlich, dass der alte Mensch nach 15–45 Min. Nahrung zu sich nimmt (Rücksprache mit ÄrztIn)
- Insulinvorräte werden im Kühlschrank, angebrochene Insulinflaschen bei Zimmertemperatur gelagert
- Suspensionsinsuline (Verzögerungsinsulin, Depotinsulin) sind milchig. Sie werden vor dem Aufziehen durch Rollen zwischen den Handflächen ver-

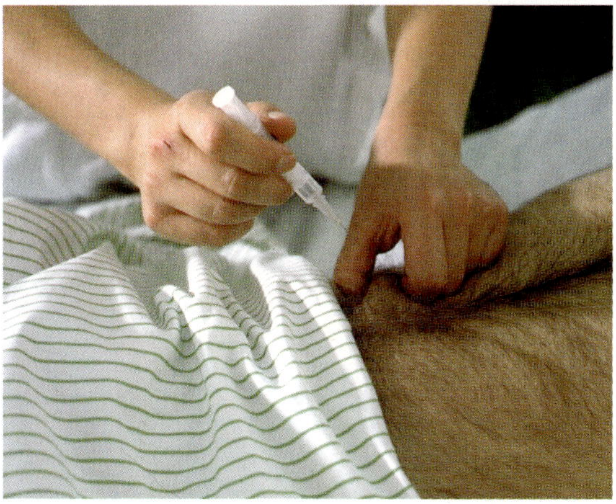

Abb. 11.49: Mit Daumen und Zeigefinger Hautfalte anheben. [K183]

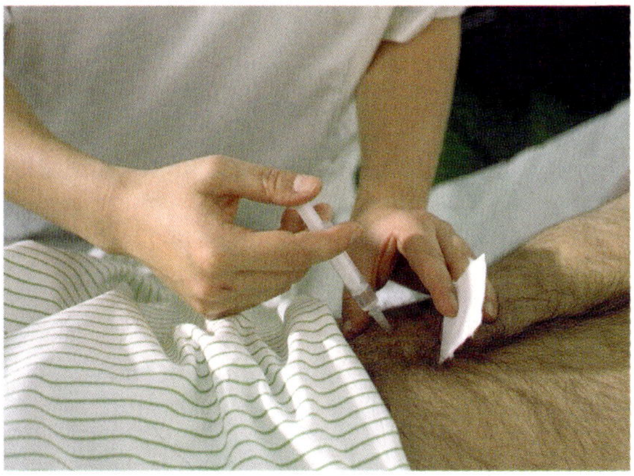

Abb. 11.50: Im schrägen Winkel einstechen, nicht aspirieren, umgreifen und injizieren. [K183]

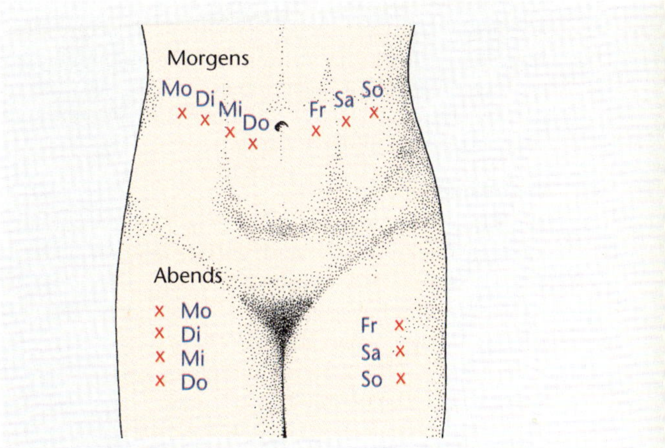

Abb. 11.51: Beispiel eines Spritzenkalenders für die Insulininjektion. Bevorzugte Bereiche sind das Unterhautfettgewebe des Bauches und der Oberschenkel, weil sie der alte Mensch bei der Injektion selbst gut erreichen kann. [A400-157]

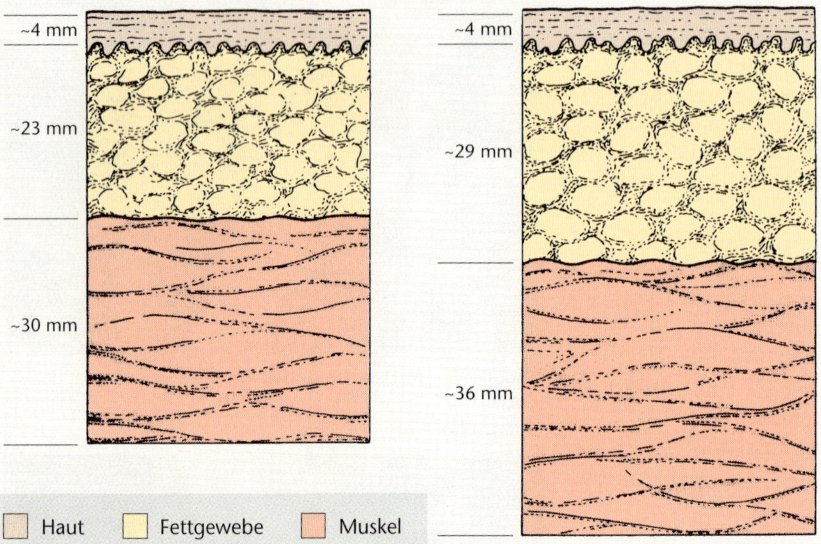

Abb. 11.52: Maßgerechte Darstellung der Dicke der Haut, des Fettgewebes und des Muskels. Legen Sie eine 40 mm-Kanüle (1,2) auf die Zeichnung. Sie sehen dann, wann die Kanülenspitze das Muskelgewebe erreicht. [L117]

mischt. Kombinierte Insuline (Comb-Insulin) sind Gemische aus Normal- und Verzögerungsinsulin und sind ebenfalls vor dem Aufziehen zu rollen.

Intramuskuläre Injektion

Intramuskuläre Injektion: Einspritzen eines Arzneimittels in die Skelettmuskulatur.

Wenn möglich, sollte der mediale Gesäßmuskel für i.m.-Injektionen ausgewählt werden, da bei dieser Injektionsstelle am sichersten ist, dass keine Gefäße und Nerven verletzt werden. Falls diese Stelle nicht möglich ist, in den Musculus vastus laterialis des Oberschenkels oder in den Oberarmuskel injizieren.

Für die i.m.-Injektion werden nur Medikamente verwendet, die für diese Injektionsform geeignet sind. In der Regel dürfen diese Medikamente nicht subkutan oder intravenös injiziert werden.

Kontraindikationen

Die Kontraindikationen entsprechen denen der subkutanen Injektion (☞ oben). Zusätzlich darf nicht in den Muskel injiziert werden bei

- Erhöhter Blutungsgefahr, z. B. bei einer Antikoagulantientherapie oder Bluterkrankheit
- Verdacht auf einen Herzinfarkt, da sonst die Laborwerte verfälscht werden.

Vorbereitung

Die Kanülenlänge richtet sich nach Alter und Körpergewicht. Deshalb wird empfohlen, zur **Auswahl der Kanüle** das Körpergewicht zu bestimmen. Häufig werden bei adipösen Menschen zu kurze Kanülen verwendet, so dass das Medikament nicht in den Muskel injiziert wird (☞ Abb. 11.52).

Die sicherste **Methode** für i.m.-Injektionen bei Erwachsenen ist die Methode nach von Hochstetter. Hier ist die Gefahr, den Ischiasnerv oder große Gefäße zu verletzen, am geringsten (☞ Abb.11.58). Andere Methoden mit anderen Einstichorten werden vorwiegend gewählt, wenn Erkrankungen oder Verletzungen im Bereich der gewählten Einstichstelle vorliegen. Die Injektion in den Oberschenkel wird bei Kleinkindern bevorzugt, wenn diese noch einnässen und feuchte Windeln eine Infektion der Einstichstelle begünstigen könnten. Einen Überblick über verschiedene Methoden der i.m.-Injektion zeigt Tab. 11.53.

Vorsicht!
Injektion am Oberarm nur durch ÄrztIn. Der Injektionsort ist reich an Gefäßen und Nerven und wird aufgrund des hohen Komplikationsrisikos nur von ÄrztInnen benutzt.

Schritte bei der Durchführung von i.m.-Injektionen

- Injektionsort bestimmen (☞ Tab. 11.53)
- Haut desinfizieren, das Desinfektionsmittel mindestens 30 Sek. einwirken lassen
- Die Haut spannen und die Kanüle im 90°-Winkel (senkrecht) 3–8 cm tief einstechen (je nach Konstitution des alten Menschen)
- Spritzenstempel leicht zurückziehen und kontrollieren, ob Blut in die Spritze gelangt (aspirieren). Wird Blut aspiriert, die Kanüle herausziehen und das Medikament verwerfen und neu aufziehen. Das Medikament an einer anderen Stelle injizieren

Methode	Ventrogluteale Injektion nach Hochstetter ☞ Abb. 11.54	Ventrogluteale Injektion nach Sachtleben (Crista-Methode) ☞ Abb. 11.55, 11.56	Intramuskuläre Injektion in den Oberschenkel ☞ Abb. 11.57
Muskelbezeichnung	Muskulus gluteus medius	Muskulus gluteus medius	Muskulus vastus lateralis des Muskulus quadriceps femoris
Lagerung des alten Menschen	• Seitenlage mit leicht angezogenen Knien • Rückenlage	• Seitenlage mit leicht angezogenen Knien • Rückenlage	Rückenlage mit leicht innenrotiertem Bein
Injektionspunkt	Gedachtes Dreieck zwischen vorderem oberen Darmbeinstachel (Spina iliaca anterior superior), Beckenkamm (Crista iliaca) und großer Rollhügel (Trochanter major)	Gedachte Linie zwischen Darmbeinkamm (Crista iliaca) und großer Rollhügel (Trochanter maior)	Mittleres Drittel einer gedachten Linie zwischen großem Rollhügel (Trochanter maior) und Kniescheibe (Patella)
Aufsuchen der Injektionsstelle mit der linken Hand für **Rechtshänder** (es wird mit der rechten Hand injiziert)	• Um in die **rechte Seite** zu injizieren, tastet der linke Zeigefinger den vorderen oberen Darmbeinstachel und bleibt dort liegen • Der linke Mittelfinger gleitet bis zur maximalen Spreizung auf dem Darmbeinkamm entlang	• Auf der Bauchseite des alten Menschen stehen • Mit der linken Hand die Taille des alten Menschen umfassen, so dass der Zeigefinger entlang des Darmbeinkammes liegt	
Aufsuchen der Injektionsstelle mit der rechten Hand für **Linkshänder** (es wird mit der linken Hand injiziert)	• Um in die **rechte Seite** zu injizieren, tastet der rechte Mittelfinger den vorderen oberen Darmbeinstachel und bleibt dort liegen • Der rechte Zeigefinger gleitet bis zur maximalen Spreizung auf dem Darmbeinkamm entlang	• Auf der Rückenseite des alten Menschen stehen • Mit der rechten Hand die Taille des alten Menschen umfassen, so dass der Zeigefinger entlang des Darmbeinkammes liegt	
Weiteres Vorgehen	• Die Hand so drehen, dass der Finger auf dem Darmbeinstachel verbleibt und der andere vom Darmbeinkamm etwa 2 cm nach unten rutscht, so dass der Handteller auf dem großen Rollhügel liegt • Die Einstichstelle liegt in der Spitze des Dreiecks zwischen Mittel- und Zeigefinger	• Die zweite Hand an die obere Hand anlegen • Die Injektionsstelle liegt 3 Finger breit (etwa 5 cm) unter dem Beckenkamm auf einer gedachten Verbindungslinie zwischen der Mitte des Darmbeinkammes und des großen Rollhügels	• Die Außenkante der einen Hand liegt am großen Rollhügel, die Außenkante der anderen Hand an der Kniescheibe • Eine gedachte Linie zwischen der Kniescheibe und großem Rollhügel ziehen. Im mittleren Drittel der Linie liegt der Injektionspunkt
Markierung der Einstichstelle	Farbiges Desinfektionsmittel	Farbiges Desinfektionsmittel	Farbiges Desinfektionsmittel
Sonstiges	Ist die sicherste Methode der i. m.-Injektion bei Erwachsenen	Ebenfalls sichere Methode, wird aber bei Erwachsenen seltener angewandt	• Maximale Injektionsmenge 2–5 ml • Keine ölhaltigen Medikamente injizieren

Tab. 11.53: Methoden von i.m.-Injektionen.

- Das Medikament langsam injizieren (etwa 2 ml/Min.), damit es sich schmerzlos im Gewebe verteilen kann
- Die Kanüle entfernen und die Einstichstelle mit einem sterilisierten Tupfer komprimieren
- Evtl. ein Pflaster auf die Einstichstelle kleben.

Wenn beim Einstechen in den Muskel der Knochen getroffen wird, die Kanüle 1–2 cm zurückziehen, so dass die Kanülenspitze im Muskel liegt. Weitere Komplikationen ☞ Tab. 11.59.

Verhalten nach Nadelstichverletzungen

Am häufigsten verletzen sich AltenpflegerInnen beim Zurückstecken gebrauchter Kanülen in die Hülle. Die Folgen können bei infizierten Kanülen schwerwiegend sein. Sie reichen von ausgeprägten Infektionen im Stichbereich bis zur Übertragung von Infektionskrankheiten. Es ist möglich, dass Erreger von Hepatitis B und C sowie HIV-Errreger auf dem Weg einer Nadelstichverletzung übertragen werden. Das Risiko der Übertragung einer Infektionskrankheit durch Nadelstichverletzungen ist in Abhängigkeit von der Erregerart unterschiedlich hoch (☞ Tab. 11.60).

Maßnahmen nach einer Nadelstichverletzung

- Wunde ausbluten lassen, bei Verletzungen der Extremitäten diese nach unten halten und ausstreichen. Bei Kontakt von Haut und Schleimhäuten diese sorgfältig abspülen
- Großzügige Desinfektion, z. B. Fingerbad in Betaisodonna®, Kanüle ggf. für mikrobiologische Untersuchung aufheben

- Vorerkrankungen des alten Menschen erfragen: hohes Infektionsrisiko bei aktiver Hepatitis B oder C, geringeres Infektionsrisiko bei HIV-Infektion
- Unfallmeldung dokumentieren
- BetriebsärztIn aufsuchen
- HIV-Test an den Tagen 0, 45, 90, 180, 365

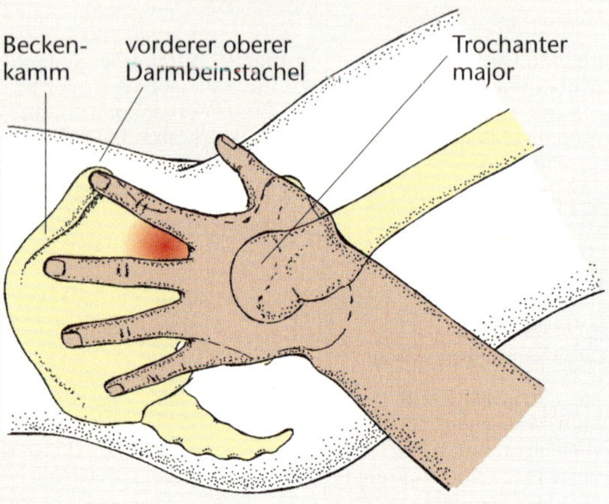

Abb. 11.54: Injektion nach von Hochstetter. [A300-190]

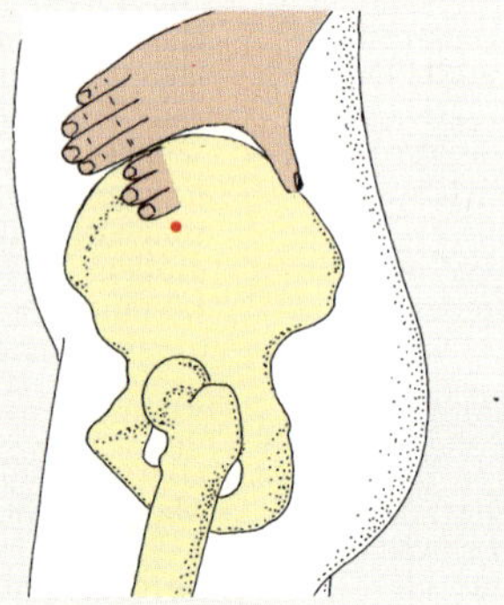

Abb. 11.55: Crista Methode. Pflegekraft steht hinter dem alten Menschen und legt den rechten Zeigefinger an der Crista iliaca an. [A400-190]

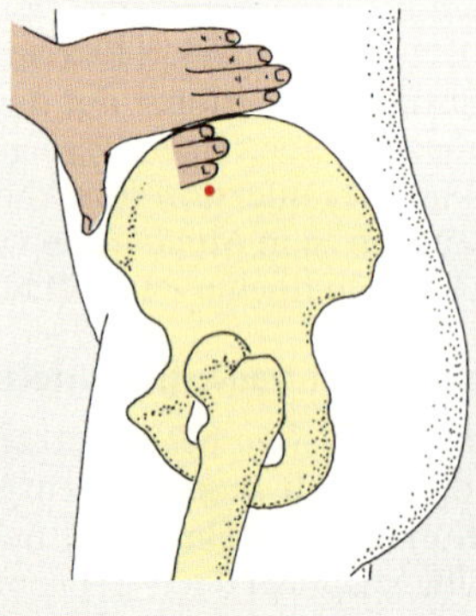

Abb. 11.56: Crista-Methode. Pflegekraft steht vor dem alten Menschen und legt den Zeigefinger an der Crista iliaca an. [A400-190]

- Hepatitis B-Impfstatus überprüfen, evtl. Hepatitis-Antikörper kontrollieren, bei fehlendem Impfschutz ist simultane Aktiv- und Passivimpfung möglich.

11.4.4 Pflegemaßnahmen bei Infusionen

Um alte Menschen vor Infektionen und anderen Komplikationen bei Infusionen zu schützen, benötigen AltenpflegerInnen eine umfassende theoretische und praktische Ausbildung zum Thema Infusionen.

> **Infusion:** Langsames, meist tropfenweise Einfließenlassen von größeren Flüssigkeitsmengen in eine Vene *(intravenös)*, in eine Arterie *(intraarteriell)* oder unter die Haut *(subkutan)* unter Umgehung des Magen-Darm-Traktes. Der Begriff Infusion stammt von dem lateinischen *infundere*, das wörtlich übersetzt „hineingießen" bedeutet.

Eine Infusionstherapie wird z. B. angewendet zur
- Wiederherstellung des Säure-Basen-Gleichgewichtes
- Regulierung des Elektrolyt- und Wasserhaushaltes
- Medikamentenverabreichung
- Parenteralen Ernährung
- Ausschwemmung von Ödemen (Osmotherapie).

Periphere Venenzugänge bei Infusionstherapie

Um Infusionen zu verabreichen, wird dem alten Menschen ein Venenzugang gelegt. Man unterscheidet periphere und zentrale Venenzugänge sowie implantierbare Kathetersysteme. Welches System verwendet wird, hängt von der Art der Infusionslösung, der Dauer der Infusionstherapie und vom Krankheitsbild des Betroffenen ab.

Periphere Venenzugänge werden mit einer Butterfly-Kanüle oder Venenverweilkanülen wie Braunüle®

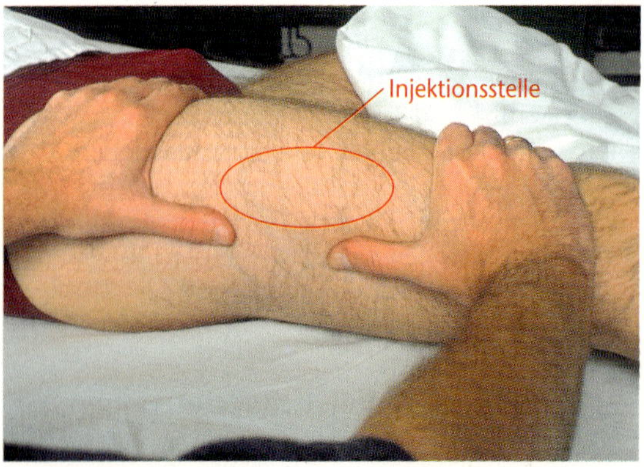

Abb. 11.57: Injektionsstelle bei der intramuskulären Injektion in den Oberschenkel. [K183]

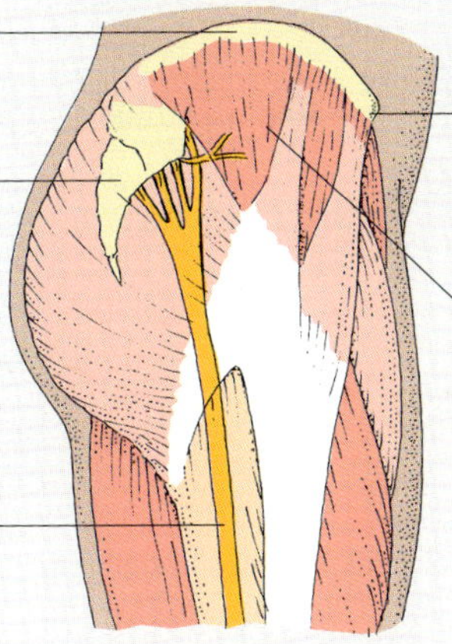

Abb. 11.58: Die großen Nerven und Gefäße in der Gesäßregion sowie Orientierungshilfen zum Auffinden der Injektionspunkte. Die Abbildung zeigt die hohe Verletzungsgefahr des Nervus ischiadicus bei nicht fachgerechter i.m.-Injektion. [A400-190]

und Venüle® gelegt. Sie ermöglichen die Verabreichung von Kurz- oder Einzelinfusionen.

- Die **Butterfly-Kanüle** (☞ Abb. 11.61) ist eine silikonbeschichtete Dünnwandnadel für dünne, feine Venen. Sie ist nicht als Verweilkanüle geeignet
- Venenverweilkanülen wie die **Braunüle®** (☞ Abb. 11.62 und 11.63) sind Kunststoffkanülen mit einem eingelegten Stahlmandrin als Führungsschiene. Die Führungschiene wird nach dem Legen entfernt, in der Vene verbleibt nur die Kunststoffkanüle.

Vorbereitung zum Legen von peripheren Zugängen

Auf dem Spritzentablett

- Saubere Unterlage (Zellstoff) zum Bettschutz
- Unsterile Handschuhe
- Hautdesinfektionsmittel
- Sterilisierte Tupfer
- Braunüle® oder Butterfly-Kanüle
- Evtl. Einmalrasierer zum Entfernen von Haaren im Punktionsbereich
- Stauschlauch
- Evtl. Lagerungskissen
- Abfallbehälter für Kanülen (für Führungsmandrin der Braunüle)
- Abfallbehälter für andere Materialien
- Steriles Fixationsmaterial, z. B. Fertigfixierung, Mullkompressen, Pflaster
- Evtl. Mullbinde zum Fixieren der Braunüle
- Infusion einschließlich Zubehör bzw. Mandrin zum Verschließen der Braunüle

Komplikationen bei i.m.-Injektionen		
Komplikation	*Symptome*	*Maßnahmen*
Nervenverletzungen, hauptsächlich Nervus ischiadicus und Nervus radialis	• Zuckungen • Stromstoßähnliche, in das Versorgungsgebiet ausstrahlende Schmerzen • Empfindungsstörungen (z. B. Kribbeln, Taubheit) • Unvollständige oder vollständige Lähmung	• Abbruch der Injektion • ÄrztIn informieren
Bluterguss (Hämatom)	• Blaufärbung • Schmerzen • Bewegungseinschränkung	• Kühlen • Einreiben mit heparinhaltiger Salbe
Überempfindlichkeitsreaktion	Schocksymptomatik	• Notfall, sofort NotärztIn rufen (lassen) • Alten Menschen nicht alleine lassen • Erste Hilfe leisten • Evtl. Verlegung in ein Krankenhaus
Spritzenabszess	Schmerzhafte eitrige Veränderung an der Injektionsstelle	• ÄrztIn informieren • Behandlung nach Arztanordnung
Abbrechen der Kanüle	Kanülenstück wandert in die Tiefe	• Kanülenstück wenn möglich vorsichtig mit Pinzette herausziehen • ÄrztIn informieren • Abgebrochene Kanüle muss evtl. chirurgisch entfernt werden
Aseptische Nekrose (Fehlinjektion des Medikamentes)	• Schmerzen • Schwellung an der Einstichstelle • Hautveränderungen	ÄrztIn informieren

Tab. 11.59: Symptome und Maßnahmen nach Komplikationen bei i.m.-Injektionen.

Häufigkeit und Wahrscheinlichkeit einer Übertragung	Hepatitis B	Hepatitis C	HIV
Anteil infektiöser Personen in der Bevölkerung	1:200	1:500	1:1000
Wahrscheinlichkeit, dass Kontakt von virushaltigem Blut zur Infektion führt	1:3	1:10	1:250
Wahrscheinlichkeit, dass Kontakt mit Blut unbekannter Infektiosität zur Infektion führt	1:600	1:5000	1:250 000

Tab. 11.60: Wahrscheinlichkeit von Infektionskrankheiten nach Nadelstichverletzungen. Nach J. Drescher, K.-G. Gerdts, Interview Rettungsdienst und AIDS in: Rettungsdienst Nr. 6 (1994), S. 7.

Vorbereitung des alten Menschen

- Über Maßnahmen informieren und Einverständnis einholen
- Bevor der Venenzugang gelegt wird, dem alten Menschen ermöglichen, die Blase zu entleeren
- Alten Menschen bequem lagern. Bei Rechsthändern am besten den linken Arm für die Infusionstherapie nutzen, damit er nicht zu stark eingeschränkt wird
- Die Klingel in Reichweite befestigen.

Vorsicht!

Venenzugänge werden immer von einer ÄrztIn gelegt. Die AltenpflegerIn richtet das Material, überwacht das Wohlbefinden. des alten Menschen und die Infusion. Sie ist auch für die Pflege des Venenzuganges verantwortlich. Eine Assistenz beim Legen des Zuganges ist nur bei unruhigen Menschen notwendig.

Überwachung

Beobachtung des alten Menschen:

- Allgemeinzustand und Wohlbefinden
- Erreichbarkeit der Klingel
- Entzündungszeichen oder Blutung an der Einstichstelle, die durch nicht korrekte Lage der Kanüle oder zu langen Verbleib der Kanüle auftreten können
- Feuchtwerden der Fixierung durch Diskonnektion von Infusionssystem und Kanüle und Auslaufen der Infusion in den Verband
- Schmerzen, Schwellung in der Umgebung der Einstichstelle, weil die Infusion paravenös läuft
- Schmerzen am Arm wegen unzweckmäßiger Lagerung
- Erbrechen, Übelkeit, Kopfschmerzen, Fieber wegen Unverträglichkeit der Infusion
- Überwachung auf Komplikationen, ☞ Tab. 11.64.

Beobachtung der Infusion

- Tropfenzahl und Einlaufgeschwindigkeit
- Lage und korrekte Funktion des Infusionssystems einschließlich Verbindungsstücke
- Lage der Kanüle und des Verbandes.

Abstöpseln und Entfernen des Venenzuganges

Abstöpseln: Ein peripherer Zugang kann nach Einlaufen der Infusion abgestöpselt werden. Dazu wird

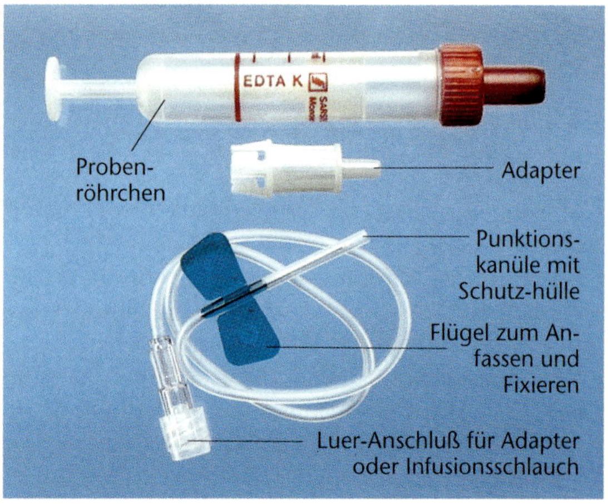

Abb. 11.61: Butterfly-Kanüle als Zugang für eine i.V.-Injektion oder Kurzzeitinfusion. [D200]

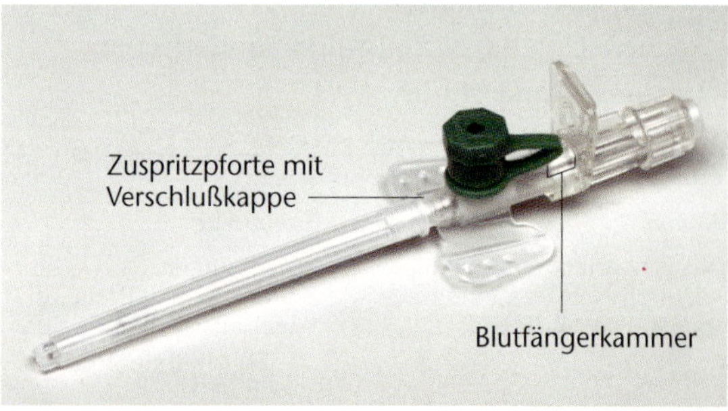

Abb. 11.62: Braunüle® in zusammengesetztem Zustand. [K183]

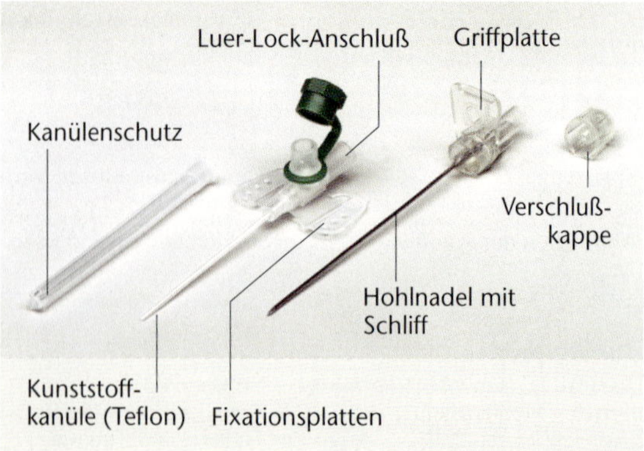

Abb. 11.63: Braunüle® in Einzelteile zerlegt. [K183]

Komplikation	Beobachtungszeichen	Maßnahmen	Prävention
Infektion der Einstichstelle (Thrombophlebitis)	• Rötung im Verlauf der Vene • Venenstrang ist hart tastbar • Schwellung • Schmerzen • Verringerung der Infusionsgeschwindigkeit	• ÄrztIn informieren • Venenzugang entfernen • Einstichstelle desinfizieren und steril abdecken • Weitere Maßnahmen nach Arztanordnung (z. B. kühlende Umschläge)	• Einstichstelle täglich inspizieren • Verweildauer peripherer Kunststoffkanülen sollte 72 Stunden nicht überschreiten • Verbandwechsel • Steriler Verband an der Einstichstelle • Feuchte Verbände wechseln • Regeln der Asepsis beim Wechseln des Verbandes und Infusionsgerätes beachten
Paravenöse Infusion	• Schwellung • Schmerzen	• Infusion abstellen • Venenzugang nach Arzt-Information entfernen • Kühlende Umschläge oder Verband mit einer heparinhaltigen Salbe	• Beobachtung der Einstichstelle • Manipulationen an Kanüle und Fixierung vermeiden
Embolie, Luftembolie	• Akuter stechender Schmerz im Brustkorb • Atemnot • Zyanose • Tachykardie, Schock	• NotärztIn rufen (lassen) • Infusion unterbrechen, Venenzugang liegen lassen • Bettruhe mit Oberkörperhochlagerung • Evtl. Ergreifen von lebensrettenden Sofortmaßnahmen • Verlegung in ein Krankenhaus vorbereiten	• Luft im Infusionsystem zweifelsfrei entfernen • Bei schlecht oder nicht laufenden Infusionen nicht pumpen bzw. den Venenzugang mit NaCl spülen, sondern die Infusion abbrechen
Sepsis	• Plötzliches hohes Fieber • Schüttelfrost	• Sofort ÄrztIn informieren • Verlegung in ein Krankenhaus vorbereiten	Streng aseptische Arbeitweise im Umgang mit Infusionen, dem Infusinssystem und bei der Versorgung der Einstichstelle

Tab. 11.64: Beobachtung auf Komplikationen bei Infusionen.

nach Arztanordnung die Kanüle mit NaCl 0,9 % oder 0,1–0,2 ml Heparin durchgespritzt und mit einem sterilen Verschlussstopfen ohne Mandrin abgestöpselt. Auch die Verwendung einer Verschlusskappe mit Mandrin ist möglich. Die Verschlusskappe muss die gleiche Größenbezeichnung oder Farbcodierung wie die Verweilkanüle haben.

Entfernen: Periphere Venenzugänge werden entfernt, wenn

- Die Infusionstherapie beendet ist
- Die Kanüle 48–72 Stunden liegt
- Die Infusion paravenös läuft
- Die Vene entzündet ist *(Thrombophlebitis)*
- Die Kanüle nicht mehr durchgängig ist.

Zum Entfernen der Kanüle Einmalhandschuhe anziehen. Fixierungsmaterial vorsichtig lösen, Braunüle® herausziehen und Einstichstelle sofort mit einem sterilen Tupfer komprimieren und mit einer Mullbinde oder einem Pflasterstreifen fixieren.

> Verstopfte Venenzugänge grundsätzlich nicht durchspritzern, sondern entfernen.

Zentrale Venenkatheter

Über den **zentralen Venenkatheter** *(ZVK)* werden **zentralvenöse Infusionen** direkt in die großen Venen vor dem rechten Herzen geleitet. Der Katheter wird im Krankenhaus gelegt, da dort die richtige Lage mit Hilfe von Röntgenstrahlen kontrolliert werden kann. Der ZVK dient Langzeitinfusionen bei länger dauernder parenteraler Ernährung oder Infusionen mit gefäßreizenden Arzneimitteln wie lipidhaltigen Infusionslösungen oder Zytostatika. Über den zentralen Zugang ist außerdem der **Zentrale Venendruck** *(ZVD)* messbar. Für Venenzugänge bei zentralen Venenkathetern werden folgende Venen genutzt:

- V. subclavia (Schlüsselbeinvene)
- V. jugularis (Halsvene, ☞ Abb. 11.65)
- Periphere Venen des Unterarms und der Ellenbeuge *(V. basilika und V. cephalica).*

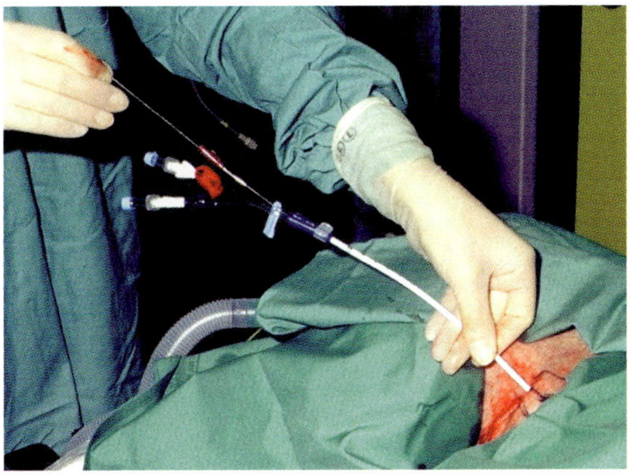

Abb. 11.65: Zentrale Venenkatheter über die Halsvene (V. jugularis). [K183]

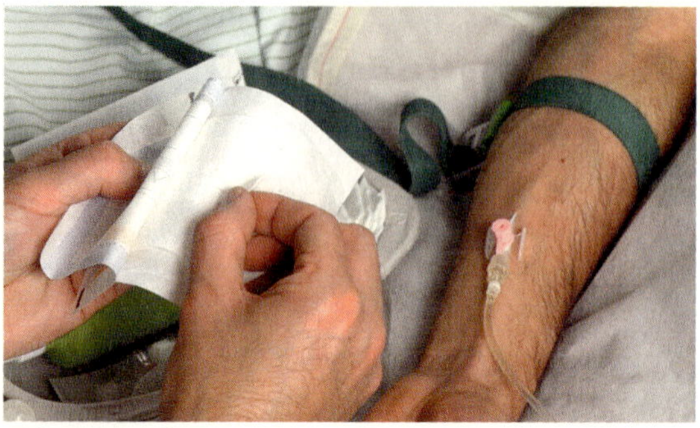

Abb. 11.66: Pflaster aus der Verpackung nehmen und Vliesrechteck am Rand fassen. [K183]

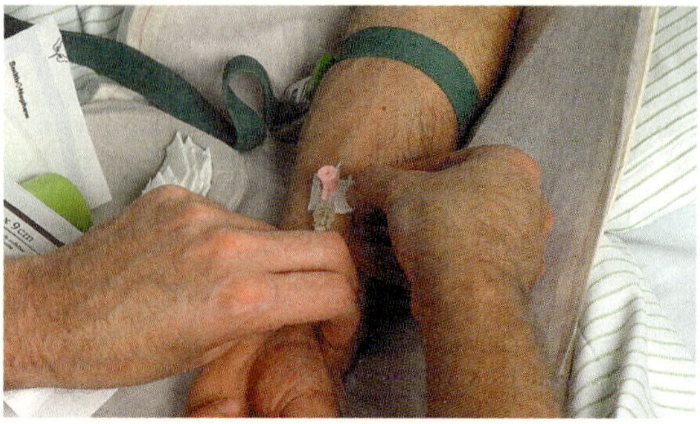

Abb. 11.67: Fliesrechteck unter die Kanüle legen. [K183]

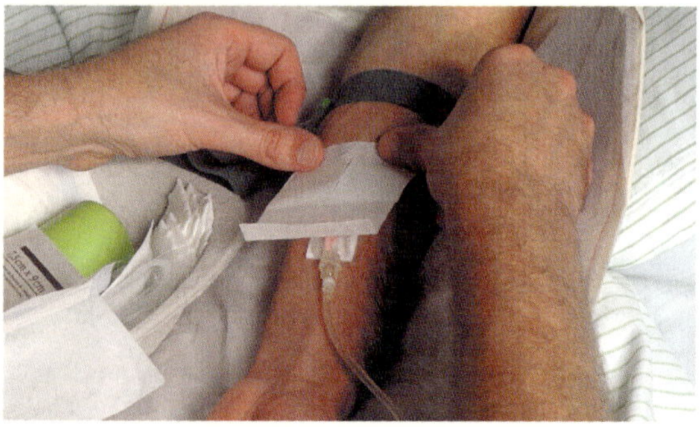

Abb. 11.68: Papier vom ungeschlitzten Rand des Pflasters ca. 1,5 cm abziehen und Pflaster so aufkleben, dass das Pflaster am anderen Ende in Höhe der Zuspritzöffnung endet. [K183]

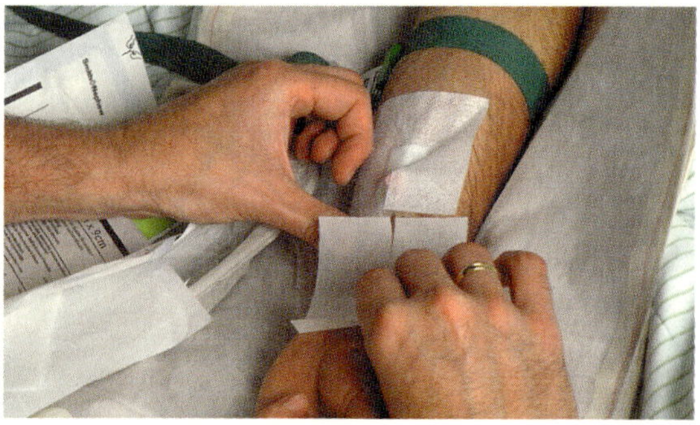

Abb. 11.69: Papier vom Pflaster abziehen und erst eine Pflasterhälfte … [K183]

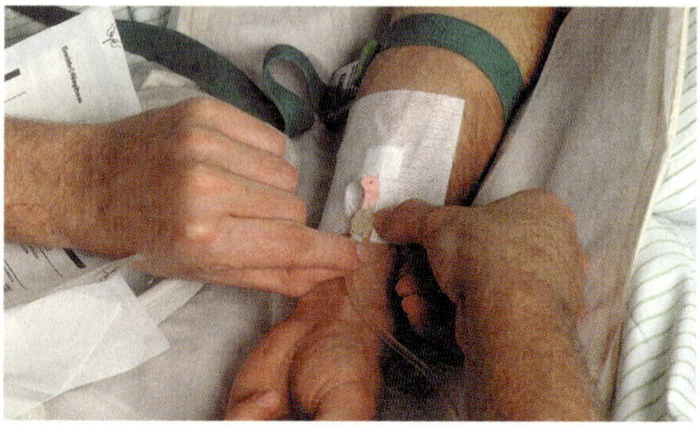

Abb. 11.70: … dann zweite Pflasterhälfte auf der Haut festkleben, dabei Kanüle und Infusionsschlauch frei lassen. [K183]

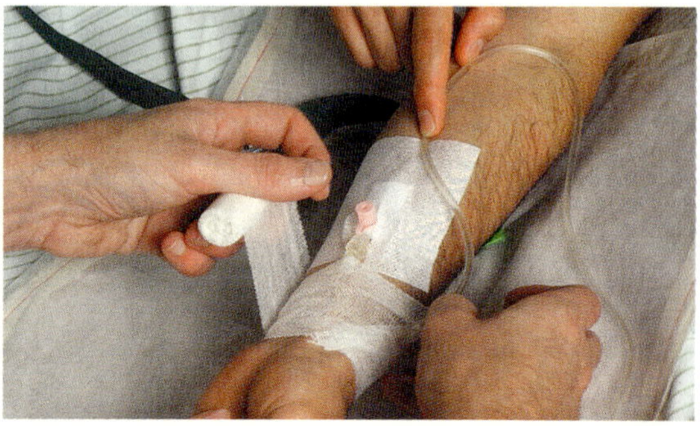

Abb. 11.71: Infusionsschlauch in Form einer Schlaufe mit einer Mullbinde fixieren, damit die Kanüle bei einer Armbewegung nicht aus der Vene gezogen wird. [K183]

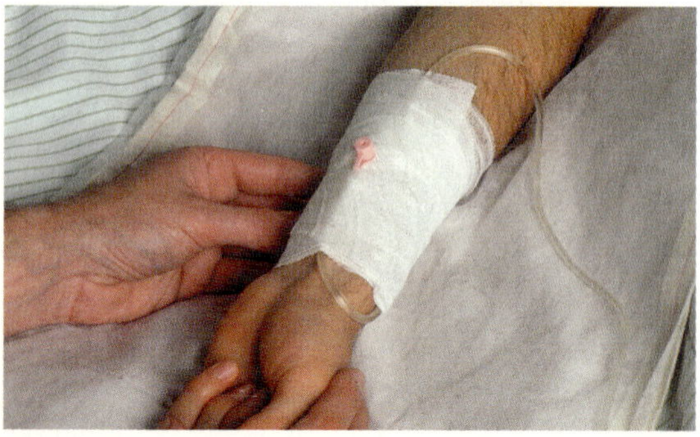

Abb. 11.72: Der Mullverband fixiert Kanüle und Infusionsschlauch. Die Zuspritzöffnung muss frei bleiben. [K183]

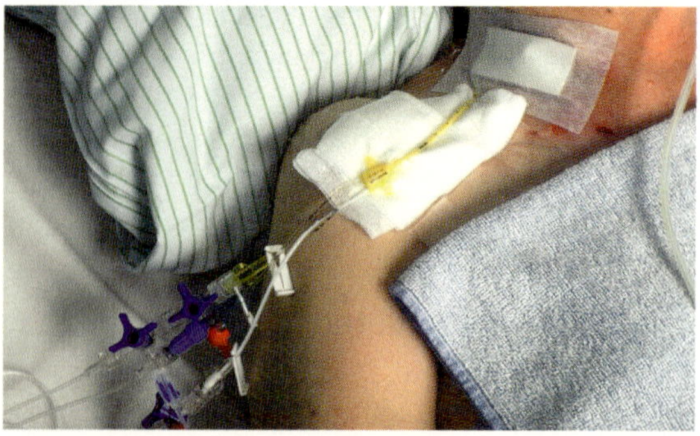

Abb. 11.73: Verband und Fixierung eines Jugulariskatheters mit Kompressen und Klebeband. [K183]

Pflege des zentralen Venenkatheters und der Infusionszuleitungen

> **Vorsicht!**
> Sind zentrale Venenkatheter gelegt worden, muss immer eine Infusion laufen. Infusionsflaschen und Systeme dürfen nie vollständig leer laufen, weil die Sogwirkung in den großen Venen zum Ansaugen von Luft aus dem leeren System oder der Flasche führt. Eine Luftembolie kann tödlich enden.

Zur Vermeidung von Komplikationen, insbesondere von Infektionen, prinzipiell:

- Datum des Legens eines ZVK in der Dokumentation und auf dem Verband festhalten
- Hände vor jeder Tätigkeit am Verband und Infusionssystem desinfizieren
- Infusionsplan in Reihenfolge und Zeit durch richtiges Einstellen der Tropfgeschwindigkeit und Einflussdauer einhalten (☞ unten)
- Angebrochene Infusionsflaschen nicht über einen längeren Zeitraum als 24 Std. infundieren
- Nach 24–72 Std. Zuleitungssystem mit allen Verbindungsstücken wechseln, dazu einheitliche Richtlinien im Pflegeteam dokumentieren
- Zentrale Venenkatheter wegen Gefahr von Thrombenbildung nie abstöpseln
- Infusionen wechseln, wenn noch ein Spiegel in der Tropfkammer vorhanden ist. Wenn dieser Zeitpunkt verpasst wurde, ist ein *neues* Infusionssystem erforderlich
- Zum Wechsel des Infusionssystems wird der alte Mensch in Kopftieflage gebracht, um Luftembolien vorzubeugen.

Bei der **Pflege der Punktionssstelle** ist zu beachten:

- Verband bei reizloser Einstichstelle möglichst 3 Tage belassen
- Feuchte, undichte oder verschmutzte Verbände erneuern
- Bei Entzündungszeichen an der Einstichstelle oder Fieber sofort ÄrztIn informieren. Der Venenzugang wird von der ÄrztIn entfernt
- Folienverbände ermöglichen eine sichere Beobachtung der Punktionsstelle, ohne den Verband öffnen zu müssen
- Bei erforderlichem Verbandwechsel den Verband vorsichtig lösen ohne am Katheter zu manipulieren
- Vor Anlegen eines neuen Verbandes Einstichstelle desinfizieren, falls erforderlich mit sterilen Tupfern und sterilem NaCl 0,9 % säubern, erneut desinfizieren. Verband anbringen, wenn das Desinfektionsmittel eingetrocknet ist (☞ Abb 11.66–11.72 für periphere Vene, Abb. 11.73 für V. jugularis).

Komplikationen

Komplikationen eines zentralen Venekatheters können sein:

- Ansammlung von Luft zwischen den Pleurablättern *(Pneumothorax)* durch Verletzung der Pleura beim Legen des Katheters
- Irrtümliche Punktion einer Arterie bei Legen des Katheters
- Luftembolie
- Hämatome
- Herzrhythmusstörungen durch Katheterfehllage
- Infektion
- Thrombose.

Um den alten Menschen auch bei erforderlicher Infusionstherapie mit ZVK angemessen vor Infektionsgefahren und anderen Komplikationen schützen zu können, ist es erforderlich, dass AltenpflegerInnen wichtige Beobachtungskriterien (☞ Tab. 11.64) kennen, die auf Komplikationen bei Infusionen hinweisen.

Implantierbare Kathetersysteme (Portsystem)

Der Begriff **Portsystem** stammt vom lateinischen Begriff *porta* und bedeutet „Pforte". Diese Systeme stellen einen einfachen Zugang in den arteriellen, venösen oder spinalen Bereich oder ins Bauchfell dar. Sie werden ambulant oder im Krankenhaus in Lokalanästhesie unter die Haut implantiert.

Portsysteme (☞ Abb. 11.74) bestehen aus

- Einer Injektionskammer und
- Einem Katheterschlauch, der z. B. in der Arterie oder Vene liegt.

Portsysteme werden eingesetzt zur längeren Gabe von Infusionen, z. B. zur parenteralen Ernährung oder zur regelmäßigen Verabreichung von Medikamenten, z. B. Zytostatika oder Analgetika.

Die **Vorteile** liegen in einer geringeren Infektionsgefahr und dem einfachen, schmerzlosen Zugang zu diesem System. Da Portsysteme fast unsichtbar unter der Haut liegen und nicht behindern, erhöhen sie außerdem die Lebensqualität des alten Menschen.

Die **Punktion** des Systems darf nur von darin geübten und eingewiesenen ÄrztInnen erfolgen. Für die Delegation dieser Aufgabe an AltenpflegerInnen ist nach entsprechender Unterweisung namentliche Dokumentation erforderlich. Die Systeme werden mit speziellen Kanülen punktiert. Da die Ports einen direkten Zugang zu dem entsprechenden Zielgebiet besitzen, tritt die Wirkung schnell nach Verabreichung des Medikamentes ein.

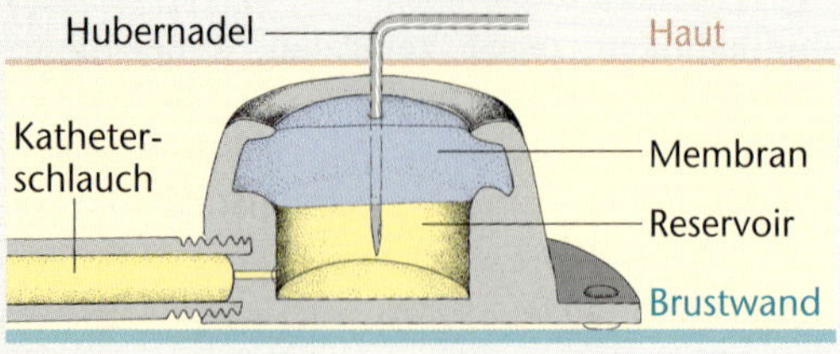

Abb. 11.74: Schnitt durch einen schematisch dargestelltes Portsystem. Die abgewinkelte Hubernadel verhindert ein zu tiefes Einstechen. [A400]

AltenpflegerInnen haben die Aufgabe, den
- Zugang zu überwachen
- Alten Menschen zu beobachten.

Bei einer Infusionstherapie durch den Port kann die Spezialkanüle bis zu 14 Tagen liegen bleiben. Wichtig ist eine gute Fixierung der Kanüle durch einen angemessenen Verband mit durchsichtiger Schutzfolie, damit die Einstichstelle jederzeit kontrollierbar ist. Bei jedem Verbandwechsel wird die übliche Hände- und Hautdesinfektion durchgeführt.

Erstes Anzeichen für **Komplikationen** ist häufig eine verminderte Einlaufgeschwindigkeit. Mögliche Komplikationen können sein:
- Obstruktion des Katheters
- Sepsis
- Thrombophlebitis
- Veränderung der Katheterlage
- Katheterruptur.

Grundlagenwissen zur Infusionstherapie

Rechtliche Aspekte

Eine Infusionstherapie wird von der ÄrztIn angordnet mit Angabe der
- Art der Infusionslösung
- Infusionsmenge
- Einlaufgeschwindigkeit.

Alle diese Angaben sind schriftlich zu dokumentieren. ÄrztInnen können folgende Teilbereiche an examiniertes Altenpflegepersonal delegieren:
- Richten der Infusion
- Überwachen der Infusion
- Wechseln von Infusionsflaschen
- Abstöpseln der Infusion.

Arten von Infusionslösungen

Infusionen werden in Glasflaschen, Kunststoffflaschen und Kunststoffbeuteln von der Industrie angeboten. Diese **Infusionsbehälter** stehen in Größen von 50–1000 ml zur Verfügung. Die Lösungen lassen sich grob unterscheiden in Basis- und Korrekturlösungen sowie Lösungen für die parenterale Ernährung (☞ Tab. 11.75–11.77).

Infusionszubehör

Das **Infusionsbesteck** stellt die Verbindung zwischen Infusionsflasche und Venenzugang her und dient der Überleitung von Infusionslösungen. An Infusionsbestecke werden bestimmte physikalische, chemische und biologische Anforderungen gestellt, sie müssen der DIN *(Deutsche Industrienorm)* 58362 entsprechen (☞ Abb. 11.78).

Infusionslösung	Produktbeispiel	Inhalt	Verwendung	Beachten
Elektrolytlösungen • Vollelektrolytlösung	• Jonosteril® • Ringerlösung • Sterofundin®	Salze (u. a. NaCl, KCl) in Wasser gelöst. Natriumgehalt >120mmol/l	• Flüssigkeitsdefizite, z. B. durch Erbrechen, Durchfall, bei Fieber • Trägerlösung für Medikamente	• Ödemneigung bei Niereninsuffizienz • Bei Herzschwäche genaue Dosierung • Gefahr der Überwässerung • Bei vermehrter Kaliumanreicherung evtl. Herzrhythmusstörungen
• Teilelektrolytlösungen	• Normofundin® OP • Parenteral® OP • Tutofusin® OP	Salze (u. a. NaCl, KCl) in Wasser gelöst. Natriumgehalt 60-120 mmol/l		
Elektrolytlösungen mit Kohlenhydraten <7,5 %	• Jonosteril D5 • Sterofundin® VG-5 • Tutofusin® G5 • Parenteral G5	Salze (u. a. NaCl, KCl) in Wasser gelöst mit Zugabe von Glukose	• Volumenersatz bei Schock • Energielieferant bei kurzzeitiger Nahrungskarenz • Trägerlösung für Medikamente	• BZ-Kontrollen erforderlich • Bei Diabetikern nur in Ausnahmefällen und unter BZ-Überwachung
Kohlenhydratlösungen <7,5 %	• Glucose-Lösung 5 % • Glucose 5 Braun • Xylit 5 % Braun	Kohlenhydrate (Glukose; Xylitol) in Wasser gelöst	• Energielieferant bei kurzzeitiger Nahrungskarenz • Zufuhr von elektrolytfreiem Wasser • Trägerlösung für Medikamente	• BZ-Kontrollen erforderlich • Nicht geeignet bei Elektrolytmangel • Bei Diabetikern Xylitolhaltige Lösungen verwenden

Tab. 11.75: Basislösungen zur Infusionstherapie.

Infusionslösung	Produktbeispiel	Inhalt	Verwendung	Beachte
Bei Störungen im Elektrolythaushalt	• Inzolen-HK • Tutofusin® K80	Elektrolytkonzentrate mit Anreicherung verschiedener Elektrolyte	Bei Verlusten von Kalium, Magnesium, Natrium, z. B.bei massivem Erbrechen	Nur verdünnt verabreichen
Bei Störungen im Säure-Basenhaushalt	Natriumhydrogencarbonat 8,4 %	Bikarbonat	Bei Übersäuerung des Blutes (Azidose) aufgrund von • Atemstörungen • Schock • Diabetischem Koma	• Nicht zusammen mit kalzium- und magnesiumhaltigen Lösungen verwenden • Nur verdünnt anwenden
• Bei Störungen der Mikrozirkulation • Zum Volumenersatz	• Longasteril® 40 • Marcodrex® 6 % • Onkovertin® 6 %	Verzweigte Ketten aus Zuckermolekülen	• Bei Durchblutungsstörungen • Bei akutem Volumenmangel	• Hohe Allergiegefahr • Herzbelastung möglich, Vorsicht bei Herzinsuffizienz
	• HAES-steril® 6 % • Plasmasteril® • Rheohes®	Hochverzweigte Stärkemoleküle	Zur Verbesserung der Hirndurchblutung	Nicht anwenden bei gestörter Nierenfunktion
Bei Störungen des osmotischen Druckes (Regulation zwischen Extra- und Intrazellulärraum)	• Osmosteril 20 % • Osmofundin® 10 % • Mannitol-Lösung 15 %	Wasserbindender Zuckeralkohol, der über die Niere ausgeschieden wird	• Ausschwemmen von Ödemen (Hirnödem, Augendrucksenkung) • Therapie des akuten Nierenversagen	Auf die einsetzende Ausscheidung achten

Tab. 11.76: Korrekturlösungen zur Infusionstherapie.

Infusionslösung	Produktbeispiel	Inhalt	Verwendung	Beachte
Kohlenhydratlösungen	• Glucose 40 Braun • Glucose 50 Pharmacia • Xylit 10 Pharmacia	Hochprozentige Kohlenhydratlösung >7,5 %	• Bei kurzer Nahrungskarenz als Energielieferant • Bei längerer parenteraler Ernährung als eine Komponente neben anderen	• Darf nur über zentralen Venenkatheter infundiert werden • BZ-Kontrollen erforderlich
Aminosäurelösungen	• Aminofusin® forte N • Alvesin® 10E • Aminosteril® plus • Intrafusin® 15 %E	Aminiosäurelösung mit und ohne Kohlenhydrate bzw. Elektrolyte	Nach Operationen, oder Erkrankungen mit längerer Nahrungskarenz fördern Eiweißbausteine den Aufbau von körpereigenem Eiweiß	• Zusammen mit Fettinfusionen verabreichen, da sonst die Aminosäuren zur Energiegewinnung und nicht zum Eiweißaufbau genutzt werden • Langsam infundieren • Hohe Allergiegefahr
Fettlösungen	• Intralipid® 10 • Lipofundin® N20 % • Lipovenös® 30 % • Deltalipid® 10 %	Kleinste Fetttröpfchen, die als Emulsion vorliegen, meist auf der Basis von Sojabohnenöl	Zufuhr von Energie und Fettsäuren bei parenteraler Ernährung	• Keine Mischung mit anderen Infusionen • Langsam infundieren • Hohe Allergiegefahr
Kombinationslösungen	• Aminomix® 5 • Combifusin® 4,5 % • Nutriflex® plus • Periplasmal® – 3,5 %XE	Kombination aus Aminosäuren, Kohlenhydraten und Elektrolyten	Komplette, parenterale Ernährung über lange Zeiträume (Monate) möglich	Exakte Bilanzierung erforderlich

Tab. 11.77: Lösungen zur parenteralen Ernährung.

☑ Medikamente werden nur über einen Dreiwegehahn (☞ Abb. 11.79) zugespritzt. Die Latexverbindung wird dafür nicht verwendet, da Gefahren der Gefäßverlegung, Kontamination und Fremdkörperreaktion sowie für Störungen der Mikrozirkulation bestehen.

Weiteres **Infusionszubehör und Sonderinfusionssysteme:**

- Dreiwegehahn (☞ 11.79)
- Hahnbank (☞ 11.79) als feste Verbindung mehrerer Dreiwegehähne zum Anschluss mehrerer Infusionen gleichzeitig
- Bakterienfilter für einen zentralen Venenkatheter, um das Infusionsbesteck 2–4 Tage verwenden zu können
- Infusionspumpen und Infusionspritzenpumpen, wenn die Infusionslösungen bzw. bestimmte Medikamente in den Infusionslösungen in einem bestimmten Zeitraum bzw. mit einer bestimmten Dosis verabreicht werden

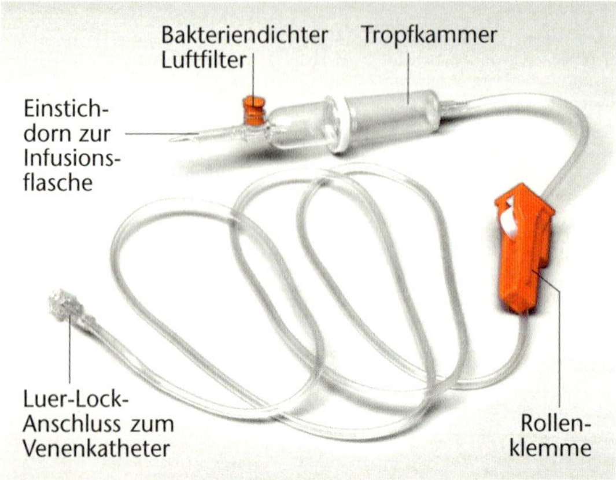

Abb. 11.78: Teile eines Infusionsbestecks. [K183]

- Spezielle Infusionsysteme für Infusionspumpen und Infusionsspritzenpumpen
- Verlängerungsschläuche werden in verschiedenen Längen angeboten und ermöglichen mehr Bewegungsfreiheit
- Lichtundurchlässige Infusionssysteme ermöglichen die Verabreichung lichtgefährdeter Infusionslösungen wie Zytostatikalösungen.

☑ Infusionspritzenpumpen und Infusionspumpen dürfen nach der Medizingeräteverordnung (MedGV) von AltenpflegerInnen nur bedient werden, wenn sie von einer speziell geschulten Person für die Handhabung dieses Gerätes eingewiesen wurden

Vorbereiten von Infusionen

Bevor eine Infusion gerichtet wird, werden wie bei allen Arzneimitteln die **„5 Richtigen"** überprüft:

- Richtige pflegebedürftige Person?
- Richtiges Medikament?
- Richtige Dosierung?
- Richtige Applikation?
- Richtiger Zeitpunkt?

Außerdem Infusionsflasche kontrollieren auf Trübungen, Ausfällungen, Verfärbungen, Verfallsdatum, richtige Lagerung und auf Risse im Behälter bzw. Verschluss.

☑ **Wichtig!**
Infusionen dürfen erst unmittelbar vor dem Gebrauch vorbereitet werden, um sie vor einer bakteriellen Kontamination zu schützen.

Vorbereiten der Materialien

- Zusammenstellen von
  - Infusionslösung mit Aufhängevorrichtung
  - Infusionsständer oder -haken
  - Infusionsbesteck mit nötigem Zubehör wie Bakterienfilter, Dreiwegehahn
  - Desinfektionsmittel
- Infusionsflasche richten (☞ Abb. 11.80)
  - Aufhängevorrichtung über die Infusionsflasche stülpen, wenn diese nicht an der Flasche vorhanden ist und die Flasche auf die Arbeitsfläche stellen
  - Metall- oder Kunststoffdeckel der Infusionsflasche entfernen und Abdeckung desinfizieren, Einwirkzeit beachten
  - Infusionssystem auspacken, Rollklemme und Belüftungsventil schließen
  - Einstichdorn des Infusionssystems drehend in vorgesehene Stelle der stehenden Flasche stechen, um eine Benetzung des Filters mit der Infusionsflüssigkeit zu verhindern. Durch eine Benetzung kann die Funktion des Filters beeinträchtigt werden
  - Infusionsflasche aufhängen und die Tropfkammer durch mehrmaliges Zusammendrücken zu $^{2}/_{3}$ füllen
  - Bei Glasflaschen und evtl. bei Plastikflaschen das Belüftungsventil öffnen, bei Plastikbeuteln ist dies nicht notwendig
  - Rollklemme öffnen und das System luftblasenfrei mit Flüssigkeit füllen. Dabei keine größeren Mengen herauslaufen lassen. Kleine Luftblasen lassen sich durch vorsichtiges Klopfen am Infusionsschlauch entfernen

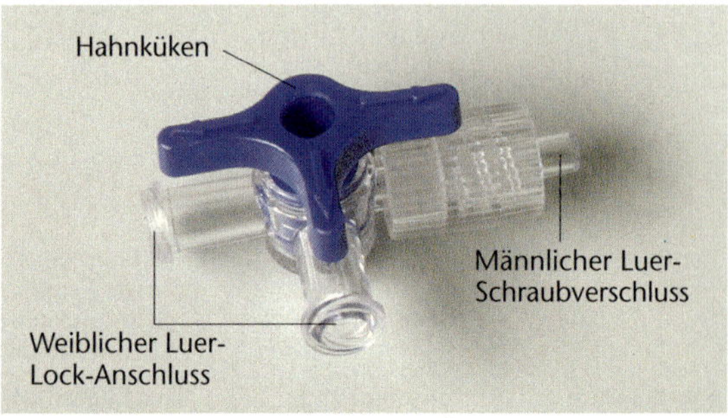

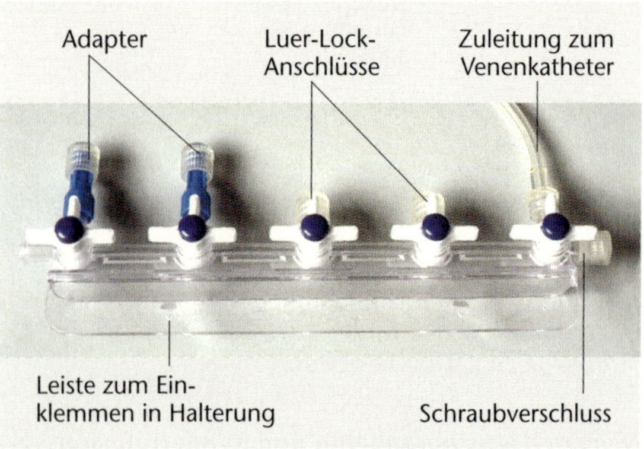

Abb. 11.79: Dreiwegehahn (oben) und Hahnbank (unten). [K183]

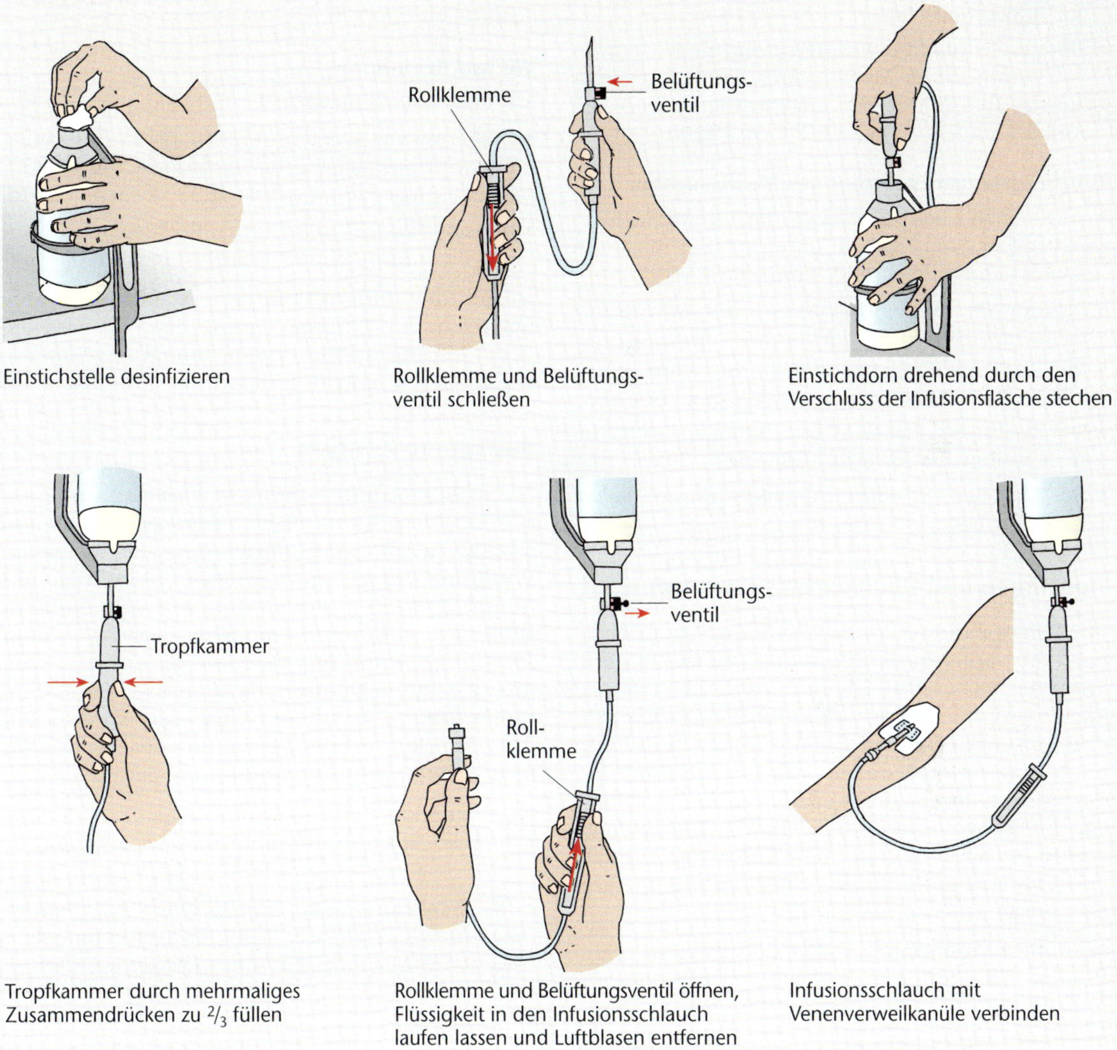

Abb. 11.80: Richten einer Infusion. [A500-119]

- Rollklemme wieder schließen
- Infusionsflasche mit Hilfe der Aufhängvorrichtung an den Infusionsständer hängen.

> **Vorsicht!**
> Keine Kanülen zur Belüftung in Plastikflaschen einstecken, da Kontaminationsgefahr für die Infusionslösung besteht. Bei Plastikflaschen den Belüftungsfilter öffnen. Plastikbeutel stellen den Druckausgleich durch Zusammenziehen her.

Zugabe von Medikamenten

Mitunter ist es erforderlich, dass Medikamente mit Hilfe von Infusionen verabreicht werden. Hierzu werden nur Basislösungen, z. B. NaCl 0,9 %, Fruktose und Glukose 5–10 % verwendet. Beim Zumischen von Medikamenten kann es zu chemischen, physikalischen oder therapeutischen Unverträglichkeitsreaktionen *(Imkompatibilität)* kommen. Diese können zur Wirkungsveränderung führen. Aus diesem Grund ist es notwendig, sich bei ApothekerInnen zu informieren, mit welcher Infusionslösung ein Arzneimittel gemischt werden darf.

Durchführung

- Medikament steril aufziehen (☞ 11.4.3)
- Verschlussstopfen der stehenden Infusionsflasche desinfizieren
- Medikament in die vorgesehene Stelle am Flaschenstopfen einspritzen. Die Kanüle mit der Spritze entfernen und die Infusionsflasche mehrmals vorsich-

tig kippen (nicht schütteln), um beide Flüssigkeiten gut zu durchmischen
- Datum, Zeitpunkt sowie Menge und Konzentration des zugemischten Medikaments deutlich sichtbar auf der Infusionsflasche dokumentieren, z. B. mit Aufkleber oder wasserunlöslichem Filzstift.

Grundregeln zum Zumischen von Medikamenten:
- Wegen möglicher Unverträglichkeitsreaktionen verschiedener Medikamente untereinander möglichst immer nur ein Präparat zumischen
- Medikament erst unmittelbar vor der Anwendung zur Infusionslösung mischen
- Medikamente nur in volle Infusionsflaschen geben, um ein korrektes Mischungsverhältnis zu erreichen
- Die Regeln der Asepsis streng einhalten, um bakterielle Kontaminationen zu vermeiden
- Bei Ausfällungen oder Trübungen Infusion sofort unterbrechen.

Anbringen und Überwachen einer Infusion

Das Infusionssystem an den Venenzugang anschließen, die Rollklemme öffnen und die notwendige Tropfenzahl einstellen. Die Infusionsgeschwindigkeit kann passiv mit Hilfe der Schwerkraft oder aktiv (mechanisch) mit Hilfe von Geräten (Infusionspumpen oder Infusionsspritzenpumpen) geregelt werden. Bei der passiven Regulation ist nur eine grobe Einstellung der Einlaufgeschwindigkeit möglich. Lageveränderungen des Armes ändern oft die Geschwindigkeit der Infusion. Deshalb ist es erforderlich, sie zu überprüfen und ggf. zu korrigieren.

Den Infusionsschlauch mit Heftpflaster auf der Haut fixieren. Bei unruhigen alten Menschen ist eine zusätzliche Fixierung des Armes, z. B. mit Unterarmschiene, erforderlich.

Wechsel der Infusion
- Rollklemme schließen
- Den Dorn aus dem leeren Infusionsbehälter ziehen und ihn ohne zu berühren in die neue, frisch desinfizierte, stehende Infusionsflasche stechen
- Infusionsflasche aufhängen, Rollklemme öffnen und die Infusionsgeschwindigkeit regulieren.

Ist die Infusionsflasche so leer gelaufen, dass kein Spiegel in der Tropfkammer sichtbar ist, wird ein neues Infusionssystem vorbereitet und so gefüllt angeschlossen, dass keine Luft im System vorhanden ist.

Subkutane Infusion

Die **subkutane Infusion** wird seltener als die Infusion über eine Vene angewendet. In der Regel wird sie eingesetzt, um z. B. in der Palliativpflege alter Menschen Flüssigkeitsdefizite auszugleichen. Es werden nur isotone Lösungen verabreicht, z. B. NaCl 0,9 %, Glukose 5 %. Die maximale Infusionsmenge beträgt 1000 ml in 24 Stunden. Es ist empfehlenswert, diese Menge an 2 Injektionsorten über feinste Kanülen zu verabreichen, z. B. an der Außen- oder Vorderseiten der Oberschenkel oder auf der Bauchdecke. Die Kanüle wird nur in intakte Hautbezirke gelegt.

Kontraindikationen: Blutgerinnungsstörungen, Notfälle, Schock, Elektrolyt- und Stoffwechselstörungen.

Subkutane Infusionen können nach entsprechender Anleitung durch die ÄrztIn an examiniertes Altenpflegepersonal delegiert werden.

Berechnen von Tropfenzahl, Infusionsdauer oder Infusionsmenge

1 ml = 20 Tropfen 1 Tropfen/Min. = 3 ml/Std.

Tropfenzahl berechnen

Vorgegeben: Infusionsmenge (Beispiel: 500 ml) und Infusionsdauer (Beispiel: 12 Std.)

Wieviel Tropfen pro Min. müssen eingestellt werden?

Formel: $\frac{\text{Infusionsmenge in ml (Beispiel: 500)}}{\text{Infusionsdauer in Std. (Beispiel: 12) x 3}}$ = Tropfen pro Min. (Beispiel: 13,88)

Infusionsdauer berechnen

Vorgegeben: Tropfenzahl pro Min. (Beispiel: 30) und Infusionsmenge (Beispiel: 100 ml)

Wie lange wird es bis zum Infusionsende dauern?

Formel: $\frac{\text{Infusionsmenge in ml (Beispiel: 100)}}{\text{Tropfen pro Min. (Beispiel: 30) x 3}}$ = Infusionsdauer in Std. (Beispiel: 1,1)

Infusionsmenge berechnen

Vorgegeben: Tropfenzahl pro Min. (Beispiel: 20,833) und Infusionsdauer in Std. (Beispiel: 8)

Welche Infusionsmenge wird während der Infusionsdauer gebraucht?

Formel: Tropfen pro Min. (Beispiel: 20,833) x Infusionsdauer in Std. (Beispiel: 8) x 3 = Infusionsmenge in ml (Beispiel: 500)

Materialien für die subkutane Infusion:

- Infusionslösung mit Infusionssystem, Aufhängevorrichtung, Infusionsständer
- Hautdesinfektionsmittel
- Spritze mit NaCl 0,9 % und Kanüle (z. B. Nr. 12)
- Abwurfgefäß
- Sterilisierte Tupfer
- Sterile Kompresse oder Pflaster
- Pflasterstreifen.

Infusion legen

- Alten Menschen informieren und bei bequemer Lagerung unterstützen
- Hände desinfizieren
- Einstichstelle desinfizieren, Einwirkzeit beachten
- Hautfalte bilden und die Kanüle im 45°-Winkel einstechen, aspirieren
- Infusion anschließen, wenn kein Blut aspiriert wird
- Einstichstelle mit steriler Kompresse oder Pflaster verbinden, Infusionssystem mit Pflasterstreifen fixieren
- Infusionsgeschwindigkeit ganz langsam (Arztanordnung) einstellen, damit sich keine Flüssigkeit unter der Haut ansammelt.

Nachbereitung

- Alten Menschen bequem lagern, zudecken und Klingel in Reichweite befestigen
- Materialien aufräumen und entsorgen
- Hände desinfizieren
- Durchführung dokumentieren
- Infusion überwachen.

11.4.5 Pflegemaßnahmen bei Wundversorgungen

Alte Menschen haben aufgrund von Vorerkrankungen häufig Wunden oder Verletzungen, die sie selten selbst angemessen versorgen können. Um bei Wundversorgungen Infektionen und andere Komplikationen verhüten zu können, benötigen AltenpflegerInnen eine umfassende theoretische und praktische Ausbildung zum Thema Wundversorgung und Verbände.

Wunde: Unterbrechung des Gewebszusammenhangs an der Körperoberfläche (offene Wunde) oder einer Körperinnenfläche (geschlossene Wunde) mit Verletzungen von Blut- und Lymphgefäßen.

Wundinfektion: Gestörte Wundheilung durch das Eindringen von Erregern in die Wunde. Die Folge ist Gewebsuntergang mit Eiterbildung.

Je nach **Entstehungsursache** entstehen Wunden durch äußere oder innere Einflüsse.

Äußere Einflüsse sind z. B.

- Mechanisch, z. B. durch Schnitt, Stich oder stumpfe Gewalt
- Thermisch durch Hitze- oder Kälteeinwirkung
- Chemisch durch Verätzung
- Physikalisch durch Strahleneinwirkung.

Innere Einflüsse sind z. B.

- Mangeldurchblutung, z. B. Dekubituswunden durch hohen Auflagedruck, Ulcus cruris durch periphere arterielle oder venöse Durchblutungsstörungen
- Entzündungen
- Infektionen, z. B. mit Pilzen, Herpesviren.

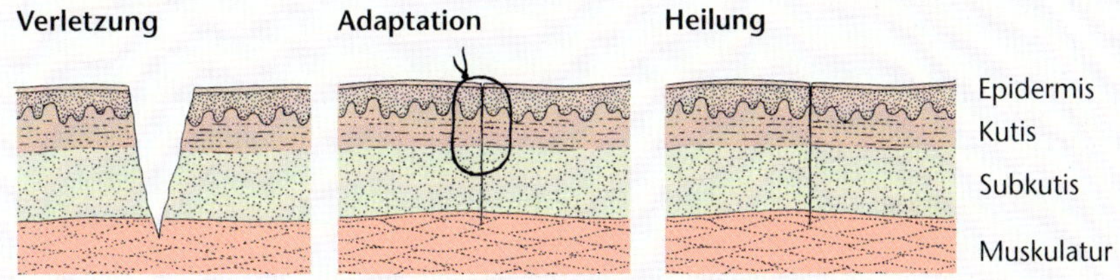

Abb. 11.81: Primäre Wundheilung. Links: Keimarme frische Wunde. Mitte: Primärer Wundverschluss (spontan oder durch Naht bzw. Klammern). Rechts: Primäre Wundheilung mit kleiner Narbe. [A400-190]

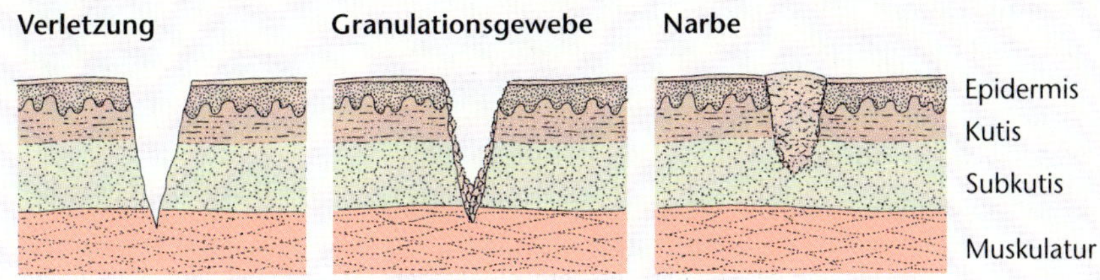

Abb. 11.82: Sekundäre Wundheilung. Links: Septische Wunden bleiben offen, d. h. die Wundränder klaffen auseinander. Mitte: Sekundäre Wundheilung durch Granulationsgewebe, das aus der „Tiefe" wächst. Rechts: Geheilte Wunde mit großer Narbe. [A400-190]

Wundheilung

Der Verlauf der **Wundheilung** hängt von der Art der Wunde, der Keimbesiedlung sowie inneren und äußeren Faktoren ab, die die Heilung beeinflussen (☞ Wundheilungsstörungen).

Eine keimarme Wunde mit glatten, sauberen Wundrändern, z. B. eine Operationswunde, wird mit einer Naht verschlossen (☞ Abb. 11.81) und heilt in der Regel schnell und mit einer schmalen Narbe ab **(primäre Wundheilung).**

Im Gegensatz dazu heilen keimbesiedelte (septische) Wunden über einen klaffenden Wundspalt, der sich selbst reinigt, mit Granulationsgewebe füllt und eine eine größere Narbe bildet (☞ Abb. 11.82). Die Wundheilung dauert länger **(sekundäre Wundheilung).**

Vorsicht!
Da davon ausgegangen werden muss, dass jede Wunde tetanuskontaminiert ist, wird bei jeder Verletzung grundsätzlich der Impfstatus überprüft und falls erforderlich nach Arztanordnung eine **Tetanusprophylaxe** durchgeführt.

Wundheilungsstörungen

Formen von Wundheilungsstörungen

Die Wundheilung kann durch endogene oder exogene Einfüsse (☞ Tab. 11.83) gestört sein, so dass sich im Wundbereich

- Serome oder Hämatome bilden
- Keime ansammeln und zu einer Wundinfektion führen
- Nekrosen bilden
- Die Wundränder auseinanderweichen und einen Spalt bilden *(Wunddehiszenz).*

Serome: Durch Reizzustände im Wundgebiet, z. B. durch Fremdkörper, Spannungszustände in der Wunde, Fettgewebsnekrosen sammelt sich seröse (serumhaltige) Flüssigkeit im Wundbereich und behindert die Wundheilung.

Wundhämatome: Durch unzureichende Blutstillung beim Wundverschluss oder durch Antikoagulantien (☞ 11.5.1), die die Blutgerinnung hemmen, bilden sich Hämatome und beeinträchtigen die Wundheilung.

Wundinfektion: Bakterielle Keimbesiedlung im Wundbereich führt zur Eiterbildung, einem Zeichen für eine Infektion der Wunde. Kann der Eiter nicht abfließen und sammelt sich auf dem Wundgrund an, bildet sich ein **Abszess.**

Wundrandnekrose: Durch Verletzung oder Störung der Durchblutung im Wundbereich kommt es zu Gewebsnekrosen an den Wundrändern. Auch bei chronischen Wunden, wie z. B. beim Dekubitus, können Drucknekrosen entstehen.

Wunddehiszenz: Wenn Teile einer Wunde, die genäht wurde, nicht miteinander verkleben, weichen die Wundränder nach dem Entfernen der Fäden oder Klammern auseinander. Eine **Wundruptur** ist eine totale Dehiszenz, deren Ursache z. B. Infektionen, Spannungszustände der Wunde, Mangelernährung oder Stoffwechselstörungen sein kann.

Grundsätze bei Verbandwechsel

- Verbandwechsel möglichst zu zweit durchführen, damit eine Person am Verband, die zweite Person am Verbandswagen arbeiten kann
- Möglichst mit einem Verbandswagen arbeiten, der mit allem nötigen Material bestückt ist
- Verbände keimfreier (aseptischer) Wunden werden immer vor Verbänden mit infizierten (septischen) Wunden versorgt
- Bei infizierten Wunden nicht den Verbandswagen zur Wundversorgung mit ins Zimmer nehmen, sondern mit Tablett arbeiten
- Nicht über offenen Wunden sprechen, um eine Tröpfcheninfektion zu vermeiden
- Verpackungsmaterial von Sterilgut kann als sterile Unterlage verwendet werden
- Prinzipiell nach der Non-touch-Methode arbeiten: die Wunde nur mit sterilen Instrumenten oder sterilen Handschuhen berühren
- Verklebte oder verkrustete Verbände nicht abreißen, sondern mit steriler Lösung, z. B. NaCl 0,9 % oder Ringerlösung abweichen (atraumatische Wundversorgung)
- Mehrwegmaterialien wie z. B. Salben nicht mit kontaminierten Handschuhen bzw. Händen berühren
- Blumen und Blumentöpfe nicht in der Nähe von Wundversorgungen stehen lassen
- Bei Auffälligkeiten im Wundbereich ÄrztIn informieren.

Ziele der Wundversorgung

- Komplikationslose Heilung der Wunde ohne bleibende Schäden
- Vermeidung bzw. Bekämpfung von Wundinfektionen
- Schmerzfreiheit.

Maßnahmen zur Behandlung einer Wunde werden von der ÄrztIn angordnet, die Versorgung von Wunden kann an qualifizieres Altenpflegepersonal delegiert werden.

Verbandmaterialien

Die Tabelle 11.85 gibt einen Überblick über häufig verwendetes Verbandmaterial.

Endogene Faktoren	Exogene Faktoren
• Sauerstoffmangel des Gewebes durch Durchblutungsstörungen, Lungenerkrankungen oder Anämie • Chronische Erkrankungen wie Diabetes mellitus oder Leberzirrhose • Mangel an Eiweiß und Kohlenhydraten in der Ernährung • Vitaminmangel, insbesondere Vitamin C • Mangel an Spurenelementen, v. a. Magnesium, Eisen, Zink, Kupfer • Kachexie, z. B. bei bösartigen Tumoren • Hormonelle Einflüsse • Psychische und vegetative Einflüsse wie z. B. Angst, Schmerzen • Lebensalter, z. B. heilen Wunden im Alter schlechter als z. B. bei Kindern	• Mikroorganismen wie Bakterien oder Pilze • Mechanischer Druck (Lagerung) • Unzureichende Ruhigstellung • Arzneimittel, z. B. Heparin, Antibiotika, Zytostatika, Kortison • Kälte

Tab. 11.83: Endogene und exogene Faktoren, die die Wundheilung beeinträchtigen.

Versorgung aseptischer Wunden

Ein **primärer Wundverschluss** durch eine Naht kommt nur für saubere Wunden, die nicht älter als 8 Std. sind, in Frage. Ziel ist eine Wundheilung unter **aseptischen** *(keimfreien)* Bedingungen. Zu den **aseptischen Wunden** in der Altenpflege gehören

- Die Wunden, die entstehen, wenn sich ein alter Mensch akut verletzt hat und die Wunde danach innerhalb der 8-Stunden-Grenze genäht oder geklammert wird
- Alle Venenzugänge bei Infusionen, die aseptische Wunden sind, wenn sie keine Infektionszeichen aufweisen
- Suprapubischer Blasenkatheter (☞ 8.3.2)
- PEG, PEJ (☞ 7.3.2).

Grundregeln

Grundsätzlich gilt für aseptische Wunden:

- Den Verband so lange wie möglich belassen, um nicht durch Manipulationen von außen Keime in die Wunde zu schleppen
- Die Wunde nach der Desinfektion trocken behandeln, keine Salben, Pasten o. Ä. aufbringen
- Bei genähten und verbundenen Wunden wird der Verband erstmalig **nach 7 Tagen** geöffnet, wenn die Fäden gezogen werden
- Kleinere aseptische Wunden werden häufig durch Pflasterspray „versiegelt", sie benötigen keinen weiteren Verband
- **Vorzeitiger Verbandwechsel** ist notwendig, wenn
  - Sich der Verband gelockert hat
  - Der Verband feucht ist, weil Sekret oder Blut abgesondert werden
  - Unklares Fieber auftritt, um die Wunde auf Entzündungszeichen zu kontrollieren.

Verbandwechsel

Die **prinzipielle Folge** bei aseptischem Verbandwechsel ist immer gleich und wird hier am Beispiel eines ZVK-Verbandes erläutert.

Vorbereitung

- Hände desinfizieren
- Materialien auf einem Tablett ordnen (möglichst Verbandswagen nutzen):
  - Sterile Wundabdeckungen
  - Hautdesinfektionsmittel
  - Unsterile Einweghandschuhe
  - Sterile Handschuhe
  - Sterile Tupfer und Pinzette zum Reinigen der Wundumgebung
  - Bei Bedarf sterile Instrumente (z. B. zum Fäden ziehen)
  - Abwurfschale für Instrumente
  - Abwurfbeutel für Verbandmaterial
- Tür und Fenster schließen
- Alten Menschen informieren, lagern, für Sichtschutz sorgen, evtl. Türschild „Bitte nicht stören" anbringen.

Durchführung des Verbandwechsels bei ZVK:

- Hände desinfizieren
- Äußeren Verband und Katheterfixierungen vorsichtig entfernen: Heftpflaster lösen, Binde abwickeln und steriles Verbandmaterial entfernen mit Einmalhandschuhen oder mit desinfizierten Händen bei anschließender Händedesinfektion
- Evtl. benutzte Handschuhe und Verband verwerfen
- Sterile Katheterabdeckung und -unterlage mit steriler Pinzette entfernen
- Wundumgebung beurteilen
- Sprühdesinfektion an Einstichstelle und wundnahem Katheter
- Bei Verunreinigungen vorsichtige Wischdesinfektion mit sterilem Tupfer und Pinzette: jeweils einen Tupfer für einen Wischvorgang von der Wunde weg **von innen nach außen**
- Abdecken der Einstichstelle mit einer Schlitzkompresse unter dem Katheter (z. B. Metalline®), diese wird mit Pinzette oder sterilen Handschuhen untergelegt
- Teil des wundnahen, desinfizierten ZVK kreisförmig auf Schlitzkompresse lagern, mit steriler 10 x 10-Kompresse abdecken
- Abkleben mit Fixomull® oder Pflasterstreifen
- Datum des Verbandwechsels auf Pflasterstreifen dokumentieren
- Hände desinfizieren.

Nachbereitung
- Alten Menschen nach Bedarf lagern
- Materialien entsorgen bzw. wegräumen
- Händedesinfektion
- Dokumentation.

Versorgung septischer Wunden

Wie schwer eine septische Wunde infiziert ist, kann mit Hilfe der Tab. 11.84 eingeschätzt werden und muss regelmäßig dokumentiert werden. Häufig vorkommende septische Wunden in der Altenpflege sind der Dekubitus (☞ 5.8) und das Ulcus cruris (☞ 5.7).

Grad	Ausdehnung
Grad I	Leichte Rötung
Grad II	Rötung, Schwellung, Schmerz, antibiotische Therapie erforderlich
Grad III	Zusätzlich systemische Infektionszeichen wie Fieber, Leukozytose

Tab. 11.84: Infektionsstatus infizierter Wunden.

Die Behandlung infizierter Wunden bedarf großer Sorgfalt und Erfahrung, um eine bestehende Infektion nicht durch Kontamination verschiedenster Materialien und Gegenstände weiter zu verbreiten.

Gruppe	Verbandsmittel	Aufgabe, Verwendung
Sterile Wundauflagen	Mullkompressen	• Aufnahme von Wundsekret • Schutz der Wunde vor äußeren Einflüssen
	Zellstoff-Mull-Kompressen	• Wie Mullkompressen • Für nässende Wunden • Polstermaterial • Die Zellstoffseite nicht direkt auf die Wunde legen
	Watte-Mull-Kompressen	• Wie Mullkompressen • Für stark nässende Wunden
	Vlieskompressen (Kompressen aus Faserverbundstoffen)	• Für stark nässende Wunden • Verkleben nicht so stark mit der Wunde
	Metallisierte Wundauflagen (mit Aluminium bedampfte Vliesstoffe)	• Vermeiden Verkleben der Wunde mit der Kompresse • Verwendung z. B. bei ZVK Verband oder bei Verbrennungen • Geringe Saugfähigkeit
	Schlitzkompressen (Kompresse, die an einer Seite bis zur Mitte ausgeschnitten ist, aus z. B. Mull, Metalline)	Abdeckung der Eintrittstelle von z. B. suprapubischem Blasenkatheter, Kanülen
	Salbentüll (Gittertüll mit Salbengrundlage, ☞ Abb. 11.87)	• Verhindert, dass die Wundauflage mit der Wunde verklebt • Sekret kann durch das Gitter durchdringen und von der Wundauflage aufgenommen werden
	Durchsichtige Folienverbände	• Abdecken von Wunden, bessere Wundbeurteilung ist möglich • Fixieren von Kanülen • Nicht bei septischen Wunden anwenden
	Tamponaden	• Einbringung in tiefe Wunden als Streifen möglich • Täglich wechseln
Sterile, quellfähige Wundauflagen, feuchte Wundverbände	Sekretresorption durch stark qellfähige Bestandteile in steriler Wundauflage, z. B. bei hydrokolloiden Wundauflagen	• Abdeckung von Sekret férdernden Wunden • Aufnahme des Wundsekretes in die Quellpartikel • Wundverband erneuern, wenn Feuchtigkeit durch das Wundsekret den Verband aufquellen lässt
Pflaster	Wundschnellverbände (Kombination aus Pflaster und Wundauflage)	• Aseptische kleinere Verbände • Postoperativer Wundverschluss
	Pflaster zum Wundverschluss (Klammerpflaster, Wundverschlussstreifen)	• Unterstützung von Hautnähten und -klammern • Zusammenziehen (Adaption) von Wundrändern bei kleinen Wunden
Fixationsmittel	Klebende Fixationsmittel (Heftpflaster, Fixierpflaster, Fixomull®)	Fixierung der darunter liegenden Verbandmittel
	Binden (Mullbinden, elastische Binden, klebende elastische Binden)	Fixierung der Verbandmittel bei z. B. Pflasterallergie
	Schlauchverbände (Strickschlauch-, Netzschlauchverbände)	Fixierung von Verbänden, die schwer zu fixieren sind, z. B. an Kopf, Schulter

Tab. 11.85: Gruppen häufig verwendeter Verbandmaterialien.

Verbandwechsel

Vorbereitung

- Hände desinfizieren
- Bei großflächigen Wunden Schürze oder gesonderten Kittel anziehen
- Materialien auf einem Tablett ordnen oder gesonderten Verbandwagen nutzen (nicht den Wagen für aseptische Verbände)
  - Zellstoff oder andere Unterlagen (Moltex®) zum Bettschutz
  - Sterile Wundabdeckungen, Tupfer und Kompressen (☞ Tab. 11.85)
  - Unsterile Einweghandschuhe
  - Sterile Handschuhe
  - Sterile Instrumente, Knopfkanülen zum Spülen (☞ Abb. 11.86)
  - Arzneimittel zur Wundbehandlung
  - Schleimhautdesinfektionsmittel, z. B. Polyvidon-Jod®
  - Abwurfschale mit Desinfektionslösung für Instrumente
  - Abwurfbeutel für Verbandmaterial
- Alten Menschen informieren, lagern, für Sichtschutz sorgen, evtl. Türschild „Bitte nicht stören" anbringen.

Durchführung der Wundversorgung

- Hände desinfizieren
- Saubere Unterlage unter den Wundbereich legen
- Einweghandschuhe anziehen
- Wundverband entfernen und sofort ohne Zwischenlagerung in Abfallbeutel entsorgen
- Handschuhe wechseln
- Wundzustand beurteilen
- **Reinigung der Wundumgebung** je nach Arztanordnung:
  - Baden mit Zusätzen wie Kamille, Kaliumpermanganat, Polyvidon-Jod-Seifenlösung
  - Duschen
  - Mechanische Reinigung z. B. mit feuchten, sterilen Tupfern und Ringer-Lösung oder Hautölen **von außen nach innen**
- **Reinigung der Wunde** je nach Anordnung durch
  - Nekrosen entfernen (chirurgisches Wunddebridement) durch ÄrztIn
  - Wunde und tiefe Wundtaschen (☞ unten) mittels Knopfkanülen und sterilen Lösungen spülen, z. B. mit Kaliumpermanganat-Lösung, Wasserstoffsuperoxid-Lösung 3 %, Ringer-Lösung (*nicht* NaCl 0,9 %)
  - Enzymatische Nekrosenbehandlung, z. B. Varidase®, Debrisorb®
  - Wenn keine Nekrosen vorhanden sind, lokale Infektion durch z. B. lokale Antibiotika-Applikation (☞ unten) behandeln
  - Bei frischer Granulation granulationsfördernde Mittel, z. B. Sofra-Tüll®, Peru-Balsam einsetzen
  - Entzündete Wundumgebung mit abdeckenden Pasten, z. B. Zinkpaste, schützen.
- **Abdeckung** mit hydrokolloidem Wundverband oder feuchten Kompressen
- Äußeren Schutzverband anlegen.

Schere nach Doyen	**Cooperschere**	**Schere nach Kelly**	**Schlauchklemme**
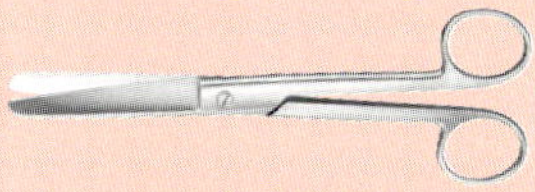	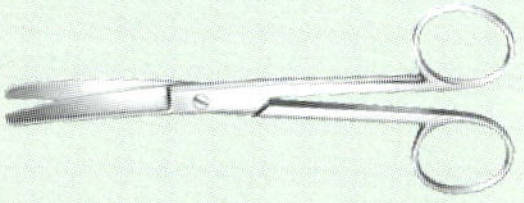	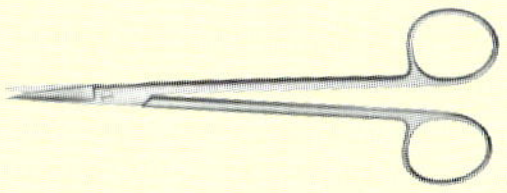	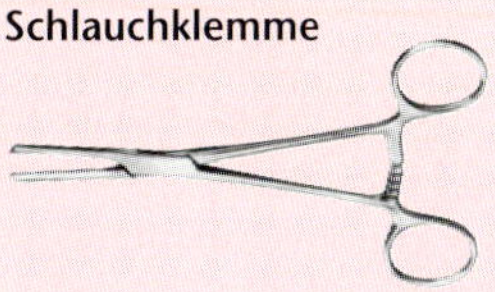
Kräftige Schere zum Schneiden von grobem Verbandsmaterial	Schere zum Schneiden von dünnem Verbandsmaterial, z.B. Kompressen und Fäden	Feine Schere, z.B. zum Schneiden von Hautfäden	Zum Fassen und Abklemmen von Drainage-Schläuchen
Anatomische Pinzette	**Chirurgische Pinzette**	**Kornzange nach Ulrich**	**Knopfkanüle**
		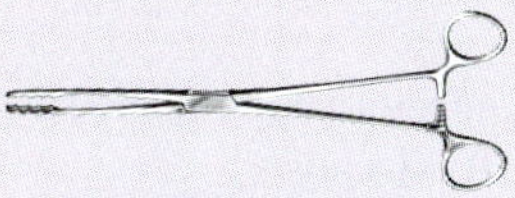	
Zum Fassen von Weichteilen und Halten von Verbandsmaterial	Zum Halten von Wundrändern und Fassen von Fäden	Zum Einspannen und Festhalten von Tupfern und Kompressen	Zum Spülen der Wunde

Abb. 11.86: Wichtige Instrumente für den Verbandwechsel. [V122]

Vorsicht!

- Nie alkoholische Lösungen zur Sprühdesinfektion oder zur Reinigung offener Wunden verwenden.
- Kaliumpermanganatkristalle wirken im feuchten Zustand ätzend und können zu schwerwiegenden Hautverletzungen führen. Die Kristalle unmittelbar vor dem Baden vollständig auflösen, dabei darf sich das Badewasser nur hellrosa bis zartlila färben.

Nachbereitung

- Alten Menschen nach Bedarf lagern
- Materialien entsorgen bzw. desinfizieren
- Alle benutzten Flächen desinfizieren
- Hände desinfizieren
- Durchführung und Wundzustand dokumentieren.

„Mittel" zur Wundheilung

Fast alle lokal angewendeten **Antibiotika** besitzen unerwünschte Nebenwirkungen auf die Wundheilung durch

- Unzureichendes Eindringen in das Gewebe
- Resistenzentwicklung
- Störung der Wundheilung (Granulation).

Ebenso wird die Anwendung von **Farbstoffen,** z. B. Gentianaviolett und Brilliantgrün, in der lokalen Wundbehandlung von Fachexperten kritisch diskutiert.

Bei septischen Wunden sind folgende Mittel **nicht zur Wundbehandlung geeignet:**

- **Salben** verhindern den Sauerstoffzutritt und bilden lufttdichte Kammern und begünstigen somit das Keimwachstum
- **Puder** verhindern die Wundreinigung durch eine Austrocknung des Granulationsgewebes
- **Farbstofflösungen** sind Haut reizend und können Hautallergien und irreversible Verfärbungen auslösen. Mercurochrom enthält zusätzlich schädliches Quecksilber.

Wundspülung

Vorbereitung des Materials

- Schutzkittel bei großflächigen septischen Wunden
- Unterlage als Bettschutz, z. B. Moltex®
- Unsterile Handschuhe
- Abwurfbeutel
- Abwurfschale mit Desinfektionslösung für Instrumente
- 2 sterile anatomische Pinzetten

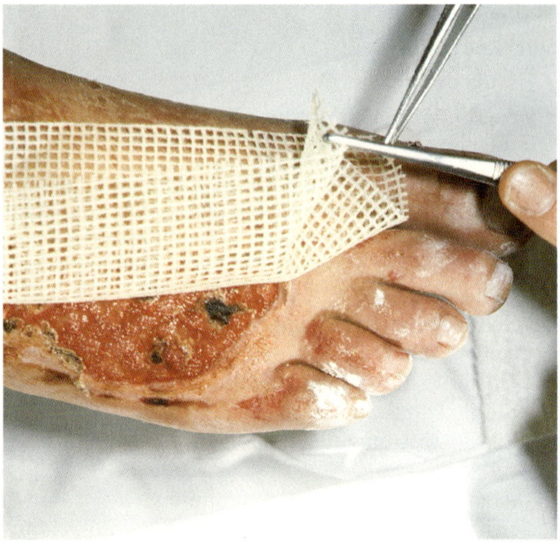

Abb. 11.87: Wundverband mit Salbentüll Branolind® nach Verbrennung. [V220]

- Ausreichend sterile Kompressen bzw. andere sterile Wundauflagen
- Wunddesinfektionsmittel (Polyvidon-Jod®)
- Hautöl zum Reinigen und Pflegen der Wundumgebung
- Verbandschere, Fixationsmaterial
- Zwei 20-ml-Spritzen
- Großlumige, lange Aufziehkanüle (Punktionskanüle)
- Spüllösung, z. B. Ringer-Lösung in Infusionsflasche
- Evtl. bei tieferen Wunden bzw. Wundtaschen Knopfkanüle zum Spülen der Wunde
- Nierenschale zum Auffangen der Spüllösung.

Durchführung

Die Wundspülung lässt sich am besten mit zwei Pflegekräften durchführen (☞ Tab. 11.88).

Zur Wundspülung eignet sich sterile Ringer-Lösung oder Wasserstoffsuperoxid-Lösung 3 %.

Spezialverbände zur feuchten Wundbehandlung

Spezialverbände werden zur Wundreinigung bei sekundär heilenden Wunden eingesetzt, da sie auf physikalischem Wege die Wunde reinigen. Die Verbände sichern eine feuchte Wundbehandlung, die den physiologischen Bedürfnissen der Wunde am besten entspricht. Sie

- Saugen Sekret auf
- Fördern durch die Feuchtigkeitszufuhr das Ablösen von Belägen

AltenpflegerIn	AssistentIn
• Alten Menschen bequem lagern • Unsterile Handschuhe anziehen	Bettschutz ins Bett legen
Wunde freilegen (Verband abwickeln, Kompressen mit Pinzette entfernen)	• Abwurfbeutel bereithalten • Abwurf für Pinzette bereithalten • Spülflüssigkeit aus der Infusionsflasche mit einer langen Kanüle und 20-ml-Spritze aufziehen
Wundinspektion	Spritze und Knopfkanüle anreichen
Spritze mit der Knopfkanüle verbinden	Nierenschale unter den Wundbereich lagern, so dass Spülflüssigkeit aufgefangen wird
Die Knopfkanüle vorsichtig in die Wunde einführen und die Wunde spülen, dabei die Flüssigkeit vorsichtig aus der Spritze drücken, um ein Verspritzen in der Umgebung zu vermeiden. Dabei die Spülflüssigkeit mit Saugkompressen oder einer Nierenschale auffangen	• Evtl. neue Spritze füllen • Nach Beendigung der Spülung alle Teile entsorgen
• Wundumgebung vom Außenbereich zum Wundrand desinfizieren • Wunde mit verordneten Arzneien versorgen	• Pinzette mit desinfektionsmittelgetränktem Tupfer anreichen • Benötigte Materialien anreichen
• Wundumgebung mit Hautöl pflegen und reinigen • Verbandmaterial bzw. Spezialverbände mit Pinzette steril auf die Wunde legen	Ölgetränkte Kompressen anreichen
• Kompressen fixieren. Kein Pflaster auf entzündete, gereizte Hautstellen kleben, sondern Bindenverband anlegen • Einweghandschuhe ausziehen und abwerfen	• Fixationsmittel richten und anreichen • Entsorgen, desinfizeren, Materialien wegräumen

Tab. 11.88: Arbeitsschritte bei der Wundspülung.

- Fördern den Aufbau von Granulationsgewebe
- Reinigen die Wunde
- Verhindern das Verkleben der Epithelzellen am Verband
- Verhindern die Inaktivierung von Abwehrzellen, z. B. Leukozyten, Immunstoffen und von Wachstumsfaktoren.

Ein Überblick über Spezialverbände zur feuchten Wundbehandlung zeigt Tab. 11.89.

Verbandwechsel bei Hydrokolloid- und Hydrogelverbänden

Vorbereitung des Materials

- Wundauflage auswählen, so dass sie die Wunde um 2–3 cm überlappt

Wundauflage	Wirkung	Anwendung	Wechsel	Indikation
Kissenförmige Wundtamponade, z. B. TenderWet® (☞ Abb. 11.90–11.91)	• Aufsaugen des Wundsekretes durch absorbierendes Polyacrylat • Feuchthalten der Wunde • Wundreinigung	Das Wundkissen **vor der Anwendung mit Ringer-Lösung** tränken und in die Wunde legen	2–3 x täglich	Tiefe, wenig zerklüftete Wunden
Kalzium-Alginat-Kompressen, z. B. Sorbalgon® (☞ Abb. 11.92–11.93)	• Wirkstofffreie, textile Kompressen aus Kalzium-Alginat-Fasern, die sich bei Kontakt mit Sekret in ein Gel verwandeln und die Wunde ausfüllen • Hohe Saugleistung • Schnelle Wundreinigung • Granulationsfördernd	Kompresse in die Wunde legen	Je nach Sekretmenge 1–2 x täglich	Tiefe, zerklüftete Wunden
Hydrogelverbände, z. B. Hydrosorb® (☞ Abb. 11.94–11.95)	• Fertiges Gel, das durch Aufnahme des Wundsekretes aufquillt • Enthält hohen Wasseranteil, wirkt damit wie feuchte Kompresse	Besonders geeignet zum Aufweichen trockener Nekrosen	Wechsel des Verbandes bei milchig trübem Aussehen	Oberflächliche, trockene, verkrustete Wunden
Hydrokolloidverbände (☞ Abb. 11.96 –11.97)	• Selbsthaftende Verbände mit keimdichter Deckschicht • Enthalten quellfähige Partikel, die Wundsekret aufsaugen • Wundsekret wandelt Partikel in Gel um, das die Wunde feucht hält	Kompresse auf die Wunde aufkleben	Wechsel des Verbandes, wenn sich eine Blase in der Wundauflage gebildet hat	Oberflächliche Wunden mit starker Sekretabsonderung

Tab. 11.89: Spezialverbände zur feuchten Wundbehandlung.

- Bei Auflagen ohne Kleberand entsprechendes Fixiermaterial, z. B. Binden, bereitlegen
- Stift, um das Datum auf den Verband schreiben zu können
- Restliches Material für septischen Verbandwechsel (☞ oben).

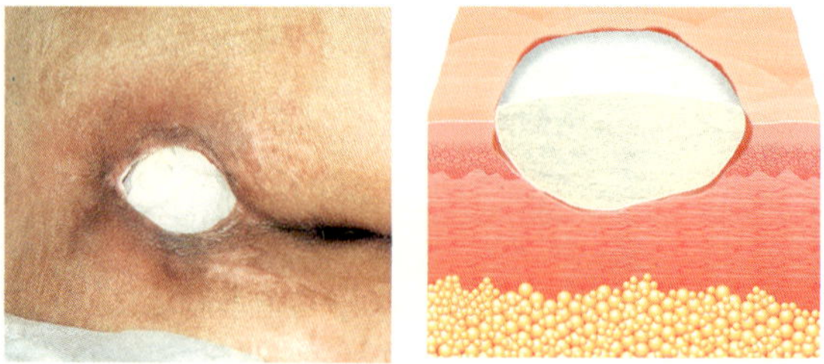

Abb. 11.90-11.91: Verband mit kissenförmiger Wundauflage zum Austamponieren wenig zerklüfteter Wunden. Die Saugkissen werden vor der Anwendung mit Ringer-Lösung angefeuchtet. [V220]

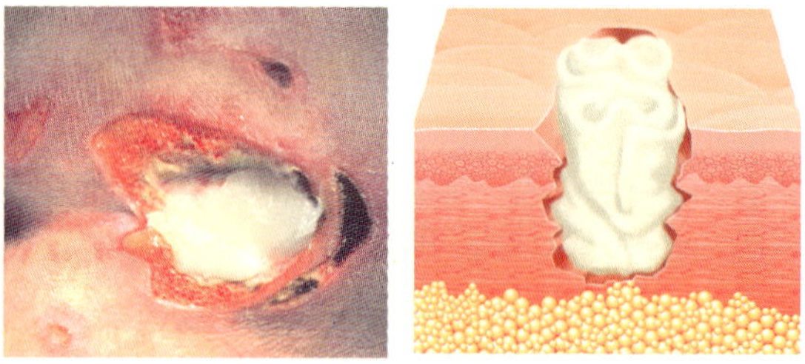

Abb. 11.92–11.93: Calcium-Alginat-Kompressen, die bei Kontakt mit Wundsekret gelförmig werden und die Wunde füllen. [V220]

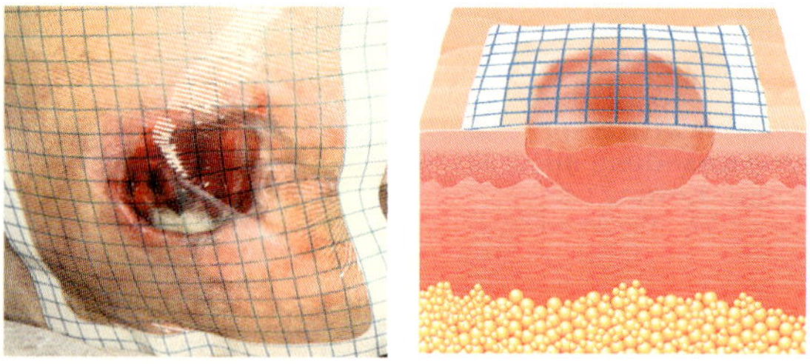

Abb. 11.94–11.95: Der Hydrogel-Verband enthält Gel, das durch den Saugvorgang aufquillt und wie eine feuchte Kompresse wirkt. [V220]

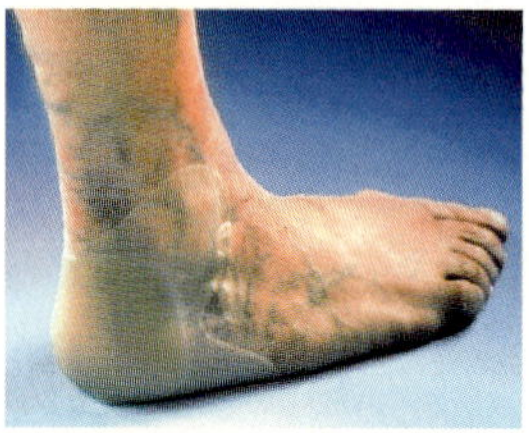

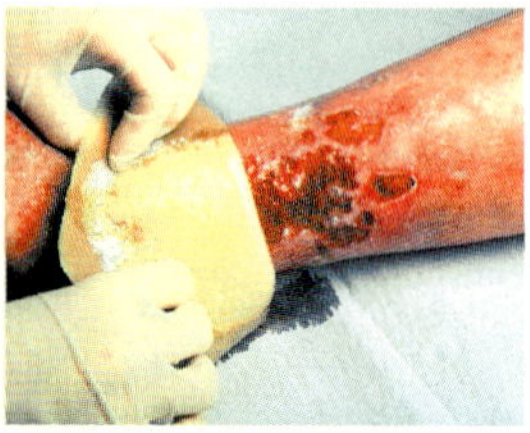

Abb. 11.96: Auflegen der hydrokolloiden Verbandplatte. [V220]
Abb. 11.97: Eine Blase hat sich in der hydrokolloiden Wundauflage gebildet. Der Verband kann jetzt gewechselt werden. [V130]

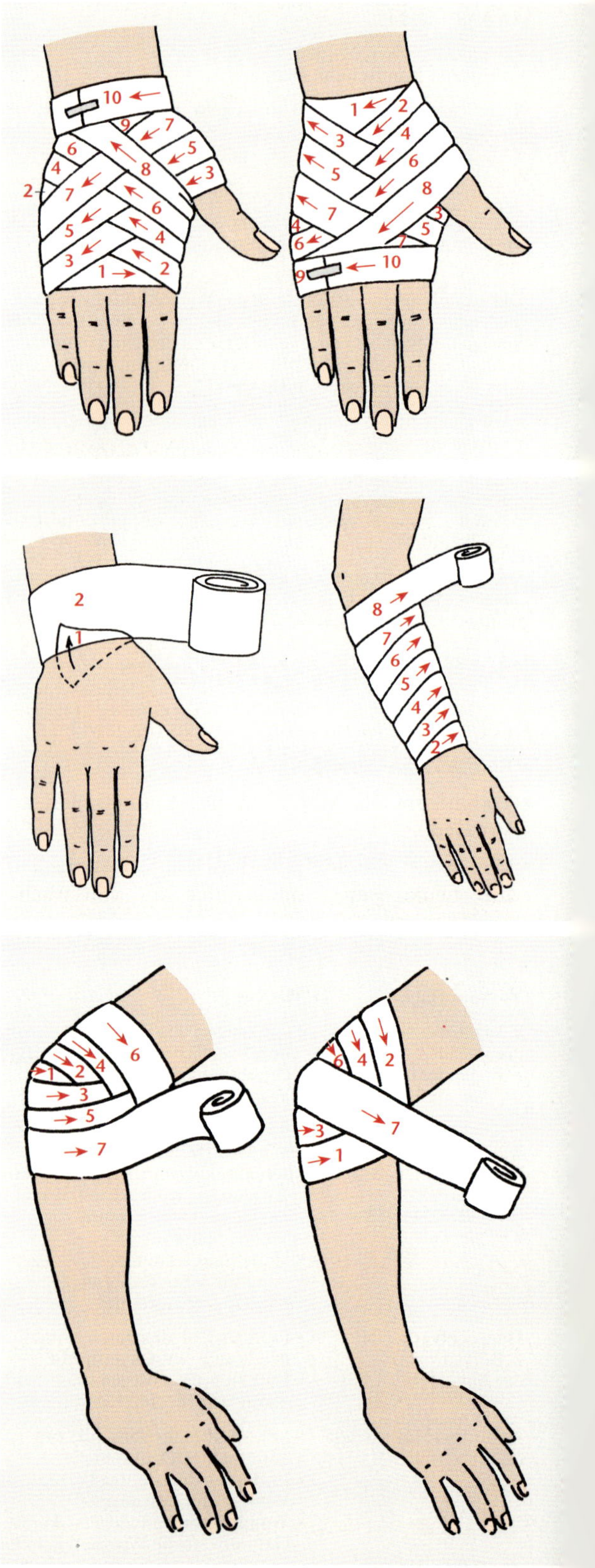

Abb. 11.98–11.100: Verschiedene Bindenverbände. [A500-119]

Durchführung

- Ablauf wie bei septischem Verbandwechsel (☞ oben)
- Den Verband so an die Wunde anlegen (☞ Abb. 11.96), dass er direkten Kontakt zum Wundgrund hat und keine Luftblasen sichtbar sind
- Verband mit der Hand für ca. 2 Min. andrücken, um die Haftfähigkeit zu verbessern
- Umrisse der Wunde auf den Verband aufzeichnen, damit zu erkennen ist, in welchem Bereich die Verbandblase bzw. Verfärbung zu erwarten ist
- Datum auf den Verband schreiben
- Wundauflage im Bedarfsfall bei unruhigen Menschen mit einer Binde fixieren.

Tipps:

- Den Verband nicht zu früh wechseln, es muss sich eine Blase gebildet haben (☞ Abb. 11.97)
- Verband jedoch spätestens nach 7 Tagen wechseln, um Gewebeschäden im gesunden Gewebe zu vermeiden
- Evtl. erscheint die Wunde in der Anfangsphase etwas größer, da geschädigtes Gewebe, das gesund aussieht, aufgelöst wird.

Bindenverbände

Die Verbände lassen sich nach ihrer **Funktion** unterteilen in

- Schutzverbände
- Stützverbände
- Kompressionsverbände.

Für jeden dieser Verbände gibt es unterschiedliche Materialien.

Schutzverbände dienen der Fixierung von sterilen Kompressen und schützen Wunden vor dem Eindringen von Erregern. Es werden *Mullbinden, Schlauchverbände* oder *Netzverbände* in unterschiedlichen Breiten verwendet. Elastische Binden werden zur Fixierung und zum Schutz verwendet.

Stützverbände dienen der Fixierung und dem Stützen von Gelenken und Extremitäten bei Verletzungen von Knochen, Muskulatur, Sehnen und Bändern (☞ Abb. 11.101–11.100). Die Verbände bestehen je nach ihrer Funktion aus unterschiedlichen Materialien:

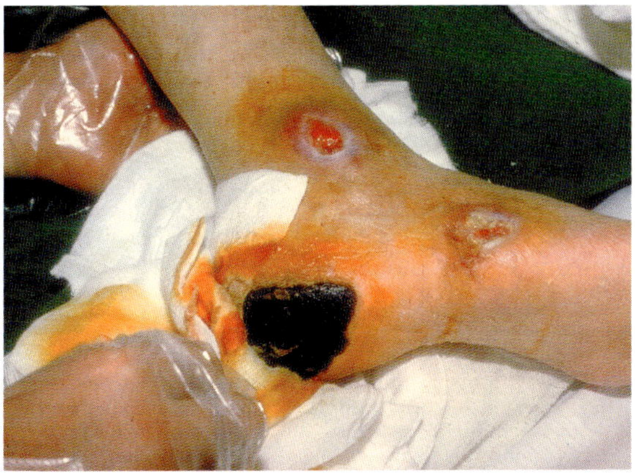

Abb. 11.101: Diese trockene Gangrän an der Ferse kann Folge einer peripheren arteriellen Verschlusskrankheit (pAVK), aber auch eines diabetischen Gefäßschadens sein. In der Pflegeplanung (☞ Tab. 11.102) sind alle Maßnahmen zur Vermeidung einer Wundinfektion bei diesem Krankheitsbild zusammengefasst. [T195]

- *Elastische Binden:* Kurzzugbinden mit geringer Dehnbarkeit und Stützfunktion, doch starker Kompressionswirkung
- *Gummibinden:* hochelastische Langzugbinde mit hoher Kompressions-, doch geringer Stützwirkung
- *Zinkleimbinden:* halbsteife Stütz- und Kompressionsbinden als Zinkgelatinebinden im Handel
- *Tape-Verbände:* unelastische Pflasterstreifen mit hoher Stützwirkung vorwiegend bei Verletzungen von Gelenken
- *Gipsverbände:* Binden, bei denen Einlegen in Wasser den Gips abbindet und die dadurch hart werden. Sie dienen zur Ruhigstellung von Körperteilen.

Kompressionsverbände dienen in der Altenpflege vorwiegend der Thromboseprophylaxe (☞ 5.7.2) und zur Förderung des Blutrückstroms in den Beinvenen bei venöser Insuffizienz. Die Verbände sind kontraindiziert bei arterielllen Durchblutungsstörungen der Extremitäten. Für Kompressionsverbände werden ebenfalls *elastische Binden, Gummibinden* und *Zinkleimbinden* (☞ oben) verwendet.

Literaturtipp

Wundforum. Kostenlose Zeitschrift der Firma Paul Hartmann AG, 89522 Heidenheim, Tel. 07321/36-0

11.4.6 Exemplarische Pflegeplanung

Pflegediagnose mit Ursachen (PD), Ressourcen (R), Gewohnheiten (G), Erfahrungen (E), aktuelle Bedürfnisse (AB)	Pflegeziele	Pflegetherapie Information (I), Beratung (B), Motivation (M), Anleitung (A), Beaufsichtigung (Bf), teilweise Übernahme (tÜ), vollständige Übernahme (vÜ)
PD: Hochgradige Infektionsgefahr der trockenen Gangrän an rechter Ferse aufgrund diabetischer Gefäßschäden **R:** • Gehen bei geringer Belastung des rechten Beines mit Rollator möglich • Selbstständige Körperpflege im Sitzen einschließlich Fußpflege mit Unterstützung • Informiert uns über zwischenzeitlich notwendige Verbandwechsel (wenn der Verband nicht hält) und über Veränderungen **G:** • Geht täglich eine halbe Stunde spazieren • Badet täglich abends den linken Fuß, wäscht den rechten Fuß unter Aufsicht • Wechselt den oberflächlichen Schlauchverband und Polster am rechten Fuß nach Bedarf **AB:** • Wünscht Unterstützung bei der täglichen Fußpflege • Hat Informationsbedarf zu Schutzmaßnahmen • Benötigt täglich frische Baumwollsocken aus der Wäscheabteilung	Schutz der Fersengangrän vor Wundinfektion Schutz der Füße vor Infektionen und Verletzungen Maßnahmen der Fußpflege werden selbstständig exakt durchgeführt Ist über Gefahren und Maßnahmen zu deren Verhütung umfassend informiert	**I:** Rechten Fuß immer trocken halten, nicht baden! **vÜ:** Täglich morgens steriler, trockener Verbandwechsel am rechten Fuß: - Puder (nach Arztanordung) - Inspektion des rechten Fußes auf Entzündungszeichen - Polstern der Ferse mit sterilen Kompressen - Lockere Schlauchbinde zum äußeren Schutz - Gehschiene anwickeln **vÜ:** Zwischenzeitlicher Verbandwechsel, wenn äußerer Schutzverband sich gelöst hat **Bf, tÜ:** Abendliches Fußbad des linken Fußes und Waschung des rechten Fußes mit verbliebenem Verband an der Ferse, dabei beaufsichtigen: - Wassertemperatur prüfen - Fußbad nicht über 5 Min. ausdehnen - Füße sorgfältig abtrocknen - Zehnägel feilen - Hautpflege - Inspektion auf Verletzungen, Rötungen, Blasen, Schwellungen, einwachsende Zehnägel, Hautbeläge (Fußpilz) **B:** Beim Fußbad Gespräch anbieten zu Beobachtungs- und Schutzmaßnahmen **vÜ:** Täglich für saubere Baumwollsocken sorgen **I:** Monatlichen Informationsaustausch mit anderen Diabetikern anbieten zu Maßnahmen der Fußpflege (Termin regelmäßige Diabetikerschulung) **M:** Tägliche Motivation zu Spaziergängen und Fußgymnastik **vÜ:** Fußpflegetermin regelmäßig alle 2 Wochen organisieren **vÜ:** Tägliche Beobachtung auf Allgemeininfektion (Fieber)

Tab. 11.102: Beispiel einer Pflegeplanung bei Infektionsgefährdung der Füße mit Gangrän an rechter Ferse (☞ Abb. 11.101).

11.5 Blutungsgefahr

Blutungsgefahr: Eingeschränkte Fähigkeit des Körpers zur normalen, physiologischen Blutgerinnung bei Verletzungen.

11.5.1 Pflegediagnostik

Ursachen und Einflussfaktoren

Bei Gefäßverletzungen lagern sich die Blutplättchen *(Thrombozyten)* an die Bindegewebsfasern der Wundränder an. Es entsteht ein Pfropfen *(Thrombus)*, der kleinere Wunden im Normalfall in 2–3 Minuten verschließt. Für diesen Vorgang ist ein kompliziertes System erforderlich, in dem Eiweißkörper der Blutes *(Gerinnungsfaktoren)* wirksam werden. Krankhafter Mangel an diesen Gerinnungsfaktoren, Blutplättchen oder die Einnahme bestimmter Medikamente können im Verletzungsfall zu Gerinnungsstörungen mit verlängerten Blutungszeiten oder schwer beherrschbaren Blutungen führen.

Eine typische Erkrankung im Gerinnungssystem ist die **Bluterkrankheit** *(Hämophilie)*, bei der erblich bedingt einzelne Gerinnungsfaktoren nicht oder nicht ausreichend vom Körper gebildet werden. Die Erkrankung wird nur an Jungen vererbt und ist relativ selten.

Gerinnungsstörungen können auch bei **Leukämie,** einer bösartigen Erkrankung der weißen Blutkörperchen auftreten.

Bei schweren **Lebererkrankungen,** z. B. bei Leberzirrhose, werden in der Leber nicht mehr genügend Gerinnungsfaktoren gebildet, was ebenfalls eine erhöhte Blutungsneigung zur Folge hat.

Bei alten Menschen sind Gerinnungsstörungen und damit Blutungsgefahr häufig auf die Einnahme **gerinnunghemmender Medikamente** *(Antikoagulantien)* zurückzuführen. Diese Medikamente sind erforderlich, um Thrombenbildungen im Blutkreislauf vorzubeugen (☞ Abb. 11.103). Sie werden deshalb nach Thrombosen, Embolien und Infarkten verordnet und müssen bei erhöhtem Risiko lebenslang prophylaktisch eingenommen werden.

Zu den **Medikamenten,** die die Blutgerinnung beeinflussen und damit Blutungsgefahren zur Folge haben, gehören

- **Heparin,** z. B. Liquemin®. Es wird zur Thromboseprophylaxe besonders bei Bettlägerigen niedrig do-

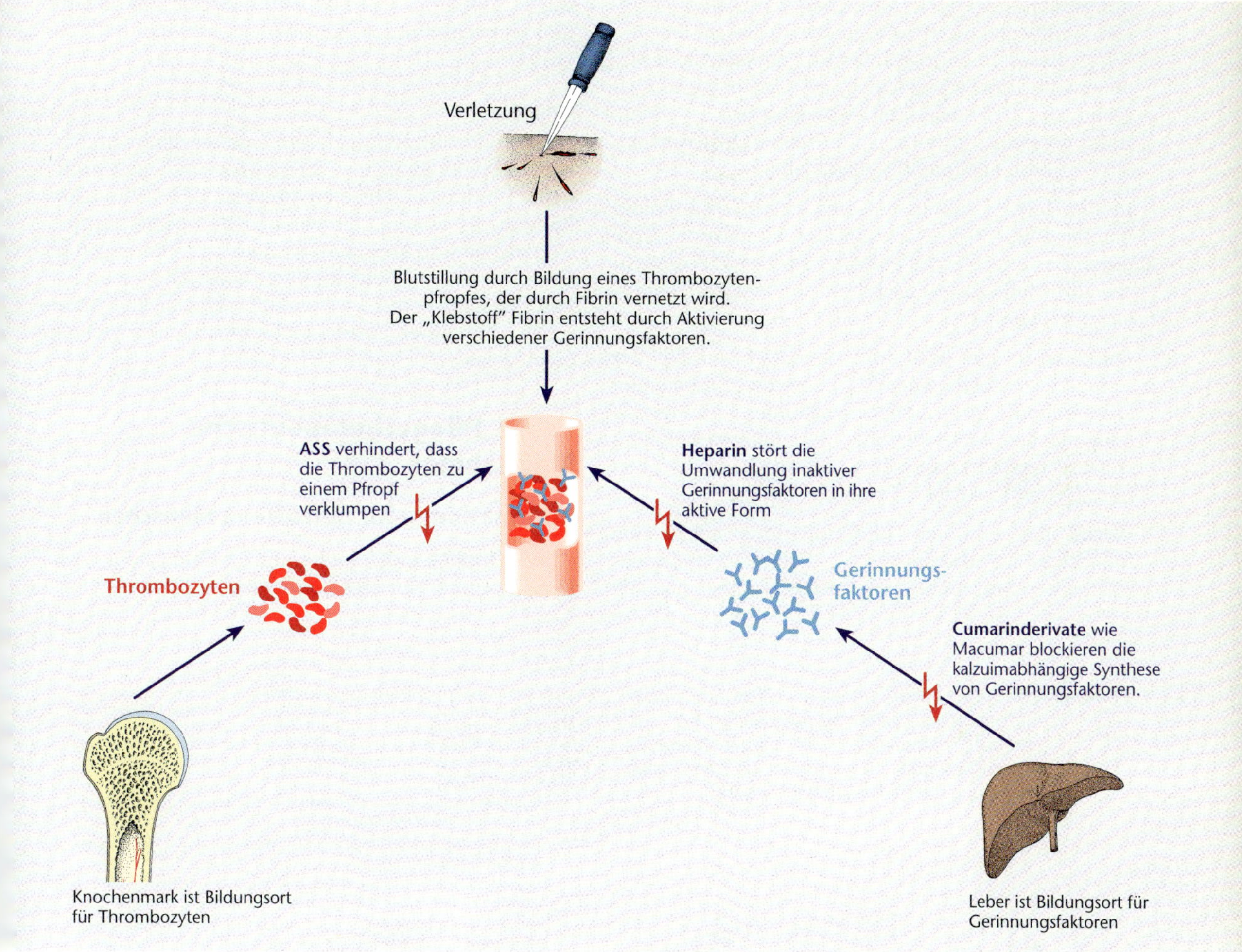

Abb. 11.103: Heparin, Azetylsalizylsäure (ASS) und Cumarinderivate beeinflussen die Blutgerinnung auf unterschiedliche Weise.

siert als **Low-Dose-Heparinisierung** subkutan gespritzt. Die Vollheparinisierung *(High-Dose-Heparinisierung)*, die zur Behandlung von Thrombosen und Embolien i.V. oder über Infusionspumpe durchgeführt wird, hat eine sehr hohe Blutungsgefahr zur Folge

- **Cumarinderivate** (z. B. Marcumar®) werden zur Langzeitprophylaxe nach Thrombosen oder Infarkten in Tablettenform eingenommen
- **Azetylsalizylsäure** (ASS, Aspirin®) hat sich als risikoarmes Medikament zur Verhinderung von Gerinnselbildungen *(Thrombozytenaggregation)* bewährt.

Anzeichen und Ausmaß

Antikoagulantientherapie ist streng zu überwachen, um Anzeichen für Blutungen rechtzeitig zu erkennen und Gegenmaßnahmen einleiten zu können.

Anzeichen für eine **erhöhte Blutungsneigung** können sein:

- Längere Blutungszeiten bei kleinen Verletzungen (über 3–4 Min.)
- Schleimhautblutungen z. B. beim Zähne- oder Naseputzen
- Hämatome auf der Haut.

Äußere **Anzeichen für innere Blutungen** können sein:

- Rötliche Urinverfärbung
- Schwarzer Stuhl
- Verwirrtheitszustände, Somnolenz als Zeichen für Hirnblutungen
- Anämie als Hinweis auf schwache innere Blutungen
- Schockzustand als Zeichen stärkerer innerer Blutungen.

Die Funktionsfähigkeit des Gerinnungssystems kann durch Labortests geprüft werden. Hierfür reicht eine einfache Blutabnahme *(Zitratblut)*. Wichtigster Gerinnungstest ist der **Quick** (Messung der Thromboplastinzeit, Prothrombinzeit). Normalwerte liegen um 70–120 %. Bei Gerinnungsgefahr wird der Wert durch Medikamente niedriger gehalten, es werden Werte zwischen 20–30 % angestrebt, was eine leicht erhöhte Blutungsgefahr zur Folge hat. Liegt der Qick-Wert unter 15 % besteht akute Blutungsgefahr.

In den letzten Jahren hat sich ein internationaler Standard zur Überwachung der Cumarintherapie durch Bestimmung des INR *(International Normalized Ratio)* als zuverlässiger und sehr sicherer Labortest durchgesetzt.

Quick-Wert oder **INR,** die der Überwachung der schwierig zu dosierenden Marcumartherapie dienen, können konkrete Aussagen zu erhöhter Blutungsneigung machen. Menschen, die Marcumar einnehmen, werden deshalb regelmäßig auf ihren Quick-Wert oder INR untersucht.

Wegen des erhöhten Blutungsrisikos bekommen Menschen, die Marcumar (z. B. Falithrom®) einnehmen, einen **Marcumar-Pass,** den sie immer bei sich tragen sollen. In dem Pass sind aktuelle Laborwerte und Hinweise für den Betroffenen enthalten (☞ Abb. 11.104).

Folgen

Bei erhöhter Blutungsgefahr ist immer daran zu denken, dass bei kleinsten Verletzungen lebensbedrohliche Blutungen auftreten können. Die Blutungen können als äußere, unstillbare Blutungen sichtbar werden, sie sind aber auch häufig als Einblutungen in Gewebe oder in Gelenkhöhlen erst spät erkennbar. Für den Fall von Zwischenfällen tragen alte Menschen, die unter Antikoagulationstherapie stehen, einen Ausweis bei sich.

11.5.2 Pflegetherapeutische Maßnahmen

Informationen für betroffene Menschen

Alte Menschen müssen über die erhöhte Blutungsgefahr informiert sein. Sie benötigen bei Antikoagulan-

Hinweis: Wenn Sie einmal vergessen sollten, Falithrom® einzunehmen, dürfen Sie auf keinen Fall zur nächsten Einnahmezeit die vorgeschriebene Anzahl Tabletten überschreiten, da eine Dosissteigerung die Blutungsgefahr erhöht.

HEXAL
HEXAL AG
Germany
Industriestraße 25 · 83607 Holzkirchen
Telefon 08024/908-0 · Telefax 908-290
E-Mail: service.hexal@t-online.de
http://www.hexal.de

011148/02

Sehr verehrte Patientin, sehr geehrter Patient,
Sie haben vom Arzt Ihres Vertrauens Falithrom® verordnet bekommen. Falithrom® setzt die Gerinnungsfähigkeit des Blutes herab, deshalb erfordert die Einnahme dieses Medikamentes Ihre absolut zuverlässige Mitarbeit. Bitte beachten Sie in Ihrem eigenen Interesse die folgenden Hinweise sorgfältig:

1. Legen Sie diesen Ausweis bei **jedem** ärztlichen oder zahnärztlichen Besuch dem behandelnden Arzt vor.
2. Gehen Sie regelmäßig an dem für Sie reservierten Termin morgens nüchtern zur Blutentnahme.
3. Nehmen Sie die in diesem Ausweis angegebene Anzahl Falithrom® Tabletten immer auf einmal zur selben Uhrzeit ein.
4. Nehmen Sie während der Behandlung mit Falithrom® **keine** anderen Arzneimittel ein, wenn Sie nicht von Ihrem Arzt verordnet wurden.
5. Informieren Sie bei Blutungen (blutiger Urin, Nasenbluten, starker Bluterguß), bei Ausbleiben der Monatsblutung und bei fieberhaften Erkrankungen **sofort** den behandelnden Arzt.
6. In Schwangerschaft und Stillzeit darf Falithrom® nicht eingenommen werden.

FALITHROM®-BEHANDLUNGSAUSWEIS

Zu Ihrer **Sicherheit** empfehlen wir Ihnen, **diesen Ausweis** stets zusammen mit dem Personalausweis **bei sich zu tragen**

Name: .... Vorname: ....

Wohnort: ....

Straße: .... Nr. .... Tel.: ....

Blutgruppe: ....

Diagnose: ....

Stempel
bzw. Anschrift
des behandelnden
Arztes/der Klinik

Datum	Quick Wert%	INR Wert	Verordnung Mo	Di	Mi	Do	Fr	Sa	So	Bemerkungen

Abb. 11.104: Patientenpass bei Behandlung mit gerinnungshemmenden Medikamenten. In dem Ausweis sind aktuelle Laborwerte und wichtige Informationen für Betroffene dokumentiert. [U111]

tientherapie neben dem Marcumar-Pass folgende **Informationen.** Der Betroffene soll

- Sich selbst beobachten und das Pflegepersonal sofort informieren bei
  - Verletzungen mit länger dauernden Blutungen
  - Schwarzfärbung des Stuhls
  - Rotfärbung des Urins
  - Schleimhautblutungen in Mund und Nase
  - Gelbsucht
- Jedem Arzt und Zahnarzt seinen Marcumar-Pass vorlegen
- Den Ausweis immer bei sich haben und bei Zwischenfällen zeigen
- Medikamente regelmäßig einnehmen und Laborwert kontrollieren lassen
- Keine Medikamente wie Aspirin, Abführmittel oder Vitaminpräparate eigenmächtig einnehmen
- Weiche Zahnbürsten benutzen
- Bei Durchfall, Erbrechen sofort AltenpflegerInnen bzw. ÄrztIn informieren, weil eine Dosisveränderung erforderlich ist
- Bei den Essgewohnheiten darauf achten, dass die Nahrung nicht zu viel Vitamin K (Gegenspieler des Marcumars) enthält:
  - Keine reinen Obst- und Gemüsetage
  - Kohl, günen Salat, Blattgemüse und Spinat nur in kleinen Mengen essen.

Allgemeine Verhaltensregeln bei Antikoagulantientherapie

Die erhöhte Blutungsgefahr bei alten Menschen ist deutlich in der **Pflegedokumentation** zu erwähnen, auch wenn alte Menschen damit relativ problemlos und eigenständig umgehen können, weil sie bereits jahrelang Antikoagulantien einnehmen.

Zur **Vermeidung von Blutungen**

- Alle PflegemitarbeiterInnen und behandelnde ÄrztInnen über eine erhöhte Blutungsgefahr und damit verbundene Konsequenzen (☞ oben) informieren
- Bei blutigen Verletzungen immer Druckverband anlegen und Verletzung auf Nachblutungen kontrollieren
- Bei notwendigen Zahnbehandlungen die ÄrztIn *vor* der Behandlung über die Blutungsneigung informieren
- Alle MitarbeiterInnen über den Lagerungsort des Marcumar-Passes informieren
- Keine i.m.-Injektionen geben
- Nach i.V.-Injektionen oder Infusionstherapie Druckverband anlegen und diesen auf Nachblutungen kontrollieren
- Venöse Zugänge regelmäßig auf Blutungen kontrollieren
- Alle Medikamente regelmäßig verabreichen
- Regelmäßige Überwachung des Quick-Wertes bzw. INR organisieren
- Vitamin-K_1-Ampullen und -Tropfen im Arzneischrank als Gegenmittel bei unstillbaren Blutungen bereithalten.

Bei Antikoagulantientherapie bluten vorhandene Wunden leicht, z. B. Ulcus cruris oder Dekubituswunde. Durch Hämatombildung kann die Wundheilung gestört werden. Deshalb muss die Wundumgebung regelmäßig auf Anzeichen einer Blutung beobachtet werden.

11.5.3 Exemplarische Pflegeplanung

Pflegediagnose mit Ursache (PD), Ressourcen (R), Gewohnheiten (G), Erfahrungen (E), aktuelle Bedürfnisse (AB)	**Pflegeziele**	**Pflegetherapie** Information (I), Beratung (B), Motivation (M), Anleitung (A), Beaufsichtigung (Bf), teilweise Übernahme (tÜ), vollständige Übernahme (vÜ)
PD: Akute Blutungsgefahr nach Stoßverletzung am rechten Unterschenkel mit Varizenblutung aufgrund Antikoagulantientherapie mit Marcumar **R:** Ist über Blutungsgefahren bei Marcumar informiert **AB:** Möchte bei Verbandüberwachung unterstützt werden und über alle geplanten Maßnahmen informiert sein	Blutung steht Alter Mensch fühlt sich sicher und angstfrei	**Nach Arztkonsultation und -anordnung:** **I,M:** Strengste Bettruhe für 3 Tage bis Datum: ....erneute Arztkonsultation am .... **Bf:** Bettende bleibt 3 Tage hochgestellt **Bf:** Steriler Druckverband am Unterschenkel verbleibt bis Datum: .... **vÜ:** Kontrolle des äußeren Verbandes auf Blutungen morgens, mittags, abends und 3 x nachts **vÜ:** Bei erneuter Blutung Druckverband verstärken bzw. nach Erfordernis steril erneuern und sofort NotärztIn rufen **Bf:** Ruhiglagerung des rechten Beines zwischen Kissen **vÜ:** Kompressionsverband rechtes Bein, ATS linkes Bein täglich erneuern **A:** 2 x täglich anleiten (8.00 und 15.00), das linke Bein aktiv im Bett zu bewegen **B:** Informationsgespäch über alle geplanten Maßnahmen **I:** Allgemeiner Maßnahmenkatalog bei Antikoagulantien laut Standardplan.

Tab. 11.105: Beispiel einer Pflegeplanung bei Blutungsgefahr.

11.6 Weglaufgefahr

Weglaufgefahr: Verhalten, das durch eingeschränkte geistige Fähigkeiten oder Verwirrtheitszustände mit Orientierungsstörungen zu Selbstversorgungsdefiziten und Selbstgefährdung führt. Das Verhalten ist häufig mit erhöhtem Bewegungsdrang verbunden.

11.6.1 Pflegediagnostik

Ursachen und Einflussfaktoren

Altersbedingte körperliche Ursachen

Ursachen für das Weglaufen von alten Menschen aus Pflegeeinrichtungen oder aus der eigenen Wohnung sind schwer nachweisbar. Sie können **körperlicher Natur** sein, z. B. können **Flüssigkeitsdefizite** und **Mangelernährung** zu Verwirrtheitszuständen führen, die im Weglaufen ihren Ausdruck finden. Auch **Blutdruckabfall,** der bei alten Leuten häufig nachts auftritt, kann zu Verwirrtheiszuständen mit Weglauftendenz führen.

Immer sollte in erster Linie auch an **Erkrankungen** gedacht werden, häufig sind sie Ursachen verstörten Verhaltens. Beispielsweise:

- Demenz
- Arteriosklerose von Hirngefäßen
- Stoffwechselentgleisungen z. B. bei Diabetes mellitus
- Elektrolytverluste nach chirurgischen Eingriffen
- Starke Schmerzen
- Harnvergiftung *(Urämie)* bei Niereninsuffizienz
- Herzinsuffizienz, die eine Mangeldurchblutung des Gehirns zur Folge haben kann
- Vergiftungen durch beispielsweise toxische Abbauprodukte des eigenen Körpers bei Nekrosen oder Gangrän
- Fieber
- Medikamente, die den Überträgerstoff Azetylcholin hemmen (Anticholinergika), können Verwirrtheits-

Gesetze im Zusammenhang mit Freiheitseinschränkungen			
Bezug: alter Mensch		**Bezug: AltenpflegerIn**	
Gesetz	*Inhaltsschwerpunkt*	*Gesetz*	*Inhaltsschwerpunkt*
Grundgesetz, Art. 1 Abs. 1	Die Würde des Menschen ist unantastbar	Heimgesetz § 2 und 6	Schutz der Heimbewohner vor Beeinträchigungen
Grundgesetz, Art. 2 Abs. 1	Jeder hat das Recht auf freie Entfaltung seiner Persönlichkeit, soweit es nicht die Rechte anderer verletzt	Bürgerliches Gesetzbuch, § 823	Verkehrsicherungspflicht: Durch das Betreiben eines Altenpflegeheimes darf anderen Menschen kein Schaden entstehen, ansonsten ist der „Betreiber" zum Schadenersatz verpflichtet
Grundgesetz, Art. 104	Die Freiheit der Person kann nur aufgrund eines persönlichen Gesetzes und nur unter Beachtung der darin vorgeschriebenen Formen beschränkt werden	Bürgerliches Gesetzbuch, § 832	Aufsichtspflicht: • Abs. 1: Wer kraft Gesetzes zur Führung der Aufsicht über eine Person verpflichtet ist, die wegen Minderjährigkeit oder wegen ihres geistigen oder körperlichen Zustandes der Beaufsichtigung bedarf, ist zum Ersatz des Schadens verpflichtet, den diese Person einem Dritten widerrechtlich zufügt. Die Ersatzpflicht tritt nicht ein, wenn er seiner Aufsichtspflicht genügt oder wenn der Schaden auch bei gehöriger Aufsichtsführung entstanden sein würde • Abs. 2: Die gleiche Verantwortlichkeit trifft denjenigen, welcher die Führung durch Aufsicht durch Vertrag übernimmt
Strafgesetz, § 239	Freiheitsberaubung: Wer widerrechtlich einen Menschen einsperrt oder auf andere Weise des Gebrauchs der persönlichen Freiheit beraubt, wird mit Freiheitsstrafen bis zu 5 Jahren oder Geldstrafe bestraft	Strafgesetz, § 13	„Garantenstellung" Pflicht zur Betreuung der Heimbewohner
Heimgesetz, § 2	• … Wahrung der Selbstständigkeit und der Selbstverantwortung … • … Interessen und Bedürfnisse der Bewohner zu schützen …	Heimgesetz, § 2 und 6	Schutz der Heimbewohner vor Beeinträchtigungen

Tab. 11.106: Gesetze im Zusammenhang mit Freiheitsbeschränkungen.

Abb. 11.107: Die Altenpflegerin Elke Lehmann hat alte Menschen im Aufenthaltsraum ihres Pflegeheimes gemalt. Sie sagt zum Bild: „Noch lassen die alten Menschen die Köpfe hängen, ich wünsche mir, dies wird durch unsere Zuwendung anders, ich mag gern mit ihnen singen und lachen". [M221]

zustände auslösen. Hierzu gehören beispielsweise trizyklische Antidepressiva und Neuroleptika.

Seelische und umweltbezogene Ursachen

Seelische Ursachen für verstörtes Verhalten mit Weglauftendenzen können beispielsweise darin liegen, dass Lebenskrisen einen alten Menschen „aus der Bahn bringen".

Umweltbezogenen Ursachen können durch plötzlichen Umzug in ein Pflegeheim oder eine andere Wohngegend entstehen. Ebenso kann plötzliches Weglaufen alter Mensch aus einem Pflegeheim durch Einflüsse hervorgerufen werden, die sie als belästigend oder bedrohlich empfinden und denen sie scheinbar nicht anders ausweichen können. Dazu können aufdringliche, für sie fremde Gerüche ebenso gehören wie Lärm, laute Musik, enge Räume, viele Menschen, Unruhe.

Pflegebezogene Ursachen

Weglaufen kann auch allein durch einen Widerspruch zwischen den Interessen des Altenpflegepersonals und denen des verwirrten alten Menschen ausgelöst werden. Der alte Mensch möchte seine Freiheit und seinem Willen folgen. Im Gegensatz dazu besteht bei AltenpflegerInnen der Gedanke und die Pflicht nach Schutz, Fürsorge und Aufsicht. Beide Ansprüche werden durch Gesetze geregelt (☞ Tab. 11.106). Häufig kommt in der Pflegepraxis das Freiheitsrecht des alten Menschen zu kurz und wird zu Gunsten einer verstärkten Aufsichtspflicht eingeschränkt. Dies geschieht in der Regel ohne böse Absichten und ist eher zum Wohl des alten Menschen gedacht. Doch Maßnahmen der Freiheitsbeschränkung sind nur erlaubt

- Bei gerichtlich angeordneter Unterbringung (☞ Literaturtipp)
- Nach Entscheidung eines Vormundschaftsgerichtes
- Bei drohender Gefahr für sich selbst (Suizid) oder für andere (☞ 11.6.2 Fixierungen).

Literaturtipp

Schell, W.: Betreuungsrecht & Unterbringungsrecht. Brigitte Kunz Verlag, Hagen 1999

Statt einschränkender Maßnahmen sind in Altenpflegeeinrichtungen eher Einfallsreichtum, Kreativität und liebevolle Aufmerksamkeit gefordert, um ein Weglaufen der verstörten alten Menschen zu verhindern.

Anzeichen und Ausmaß

Anzeichen für selbstgefährdendes Verhalten wie dem Weglaufen aus einer schützenden Umgebung können darin erkennbar sein, dass die Betroffenen

- Verstört und orientierungslos wirken
- Sich nicht mehr im gewohnten oder veränderten Lebensraum zurechtfinden
- Ängstlich und unruhig wirken
- Verstärkten Bewegungsdrang zeigen
- Auf der Suche nach etwas sind, das sie nicht benennen können
- Sich schnell bedrängt und unter Druck fühlen
- Aggressiv werden, wenn sie in ihrem Bewegungsdrang behindert werden.

Beobachtung

- Verordnete Medikamente, z. B. Hypnotika, Neuroleptika, Antidepressiva, auf Wirksamkeit und Nebenwirkungen beobachten
- Auf zusätzlichen Medikamentenkonsum achten
- Schmerzen, Anzeichen für Verstimmung und Verstörtheit erkennen
- Körperliche und seelische Veränderungen erkennen und darauf eingehen.

Abb. 11.108: Den alten Damen macht das regelmäßige Theaterspielen im Freien viel Spaß. Manche haben darüber vergessen, dass sie weglaufen wollten. [M221]

Folgen

Weglauftendenzen führen zu Selbst- und Fremdgefährdungen, weil der alte Mensch nicht in der Lage ist, angemessen für sich zu sorgen und Regeln und Verhaltensweisen in Menschengemeinschaften nicht mehr erinnert. Selbstgefährdungen können durch **unzureichende Ernährung, unzureichende Kleidung** (Erfrierungen) oder **unangemessene Verhaltensweisen** (Straßenverkehr) entstehen. Besonders im Straßenverkehr können falsche, gefährliche Verhaltensweisen auch andere Personen gefährden. Selten bitten weggelaufene alte Menschen um Hilfe. Unterstützung bekommen sie lediglich, wenn aufmerksame Mitmenschen die Unsicherheit richtig deuten und nötige Hilfe leisten, indem sie den alten Menschen begleiten, seine Adresse erforschen bzw. für Begleitung und Sicherheit durch die Polizei sorgen.

11.6.2 Pflegetherapeutische Maßnahmen

Grundgefühle positiv beeinflussen

AltenpflegerInnen stehen viele Möglichkeiten zur Verfügung, mit Einfühlungsvermögen und Kreativität vorbeugend darauf einzuwirken, dass Verwirrtheitszustände, Ängste und Unruhe, die zum Weglaufen alter Menschen führen, gar nicht erst entstehen, z. B.:

- Zuwendung durch feste Bezugspersonen, die das Gefühl von Geborgenheit vermitteln können (☞ Abb. 11.107)
- Bisherige Lebensgewohnheiten in den Tagesablauf integrieren
- Das Selbstwertgefühl stärken z. B. durch Aufgaben, die übertragen werden wie z. B. Blumen gießen, im Garten helfen, Wäsche legen
- Krankheitsbedingte Störungen wie z. B. Juckreiz, Hörbehinderungen oder trockene Augen behandeln
- Für Schmerzbeseitigung sorgen (☞ 4.8)
- Stress reduzieren
- Redewendungen, Gedichte und Lieder finden, die aus der Kindheit erinnert werden
- Tagesstrukturierende Maßnahmen entwickeln unter Berücksichtigung von individuellen Gewohnheiten und Rhythmen (Zeitungkauf, Wetterbericht, Spaziergang)
- Möglichkeiten zum Bewegen und zur Aktivität schaffen, z. B. durch Singen, Basteln, Spielen, Handarbeit, Theater spielen (☞ Abb. 11.108)
- Soziale Kontakte zur Umwelt schaffen (Feste, Besuche, Ausflüge, Patenschaften)
- Die Welt, in der der alte Mensch sich gerade befindet, gelten lassen *(Validation®)*.

Validation®

☞ *auch 4.11.2*

Entwicklung der Methode

Naomi Feil, die 1932 in München geboren und 1936 in die USA emigriert ist, entwickelte die Theorie und Methode der Validation. Als Kind hatte sie viel Kontakt zu alten Menschen durch ihre Eltern, die ein Pflegeheim betreuten. Sie studierte Sozialarbeit und spezialisierte sich später auf Gruppenarbeit mit betagten Menschen. In das Altenheim ihres Vaters kehrte sie 1963 zurück und betreute eine Gruppe hochgradig Dementer. Weil die alten Menschen sich mehr und mehr aus der Realität zurückzogen, entwickelte Na-

Fallbeispiel Validation

Die Ergotherapeutin war eine Stunde mit Herrn A. beschäftigt. Sie spielte Musik, die er schön fand und schuf eine Atmosphäre, die zu ihm passte. Nach dieser Stunde sagte er, wie schön es gewesen wäre, eben zu Hause gewesen zu sein.

Mit anderen Worten, wenn Menschen suchend umherlaufen oder an der Tür stehen und rufen, dass sie nach Hause wollen, drücken sie aus, dass sie sich hier nicht zu Hause fühlen, sich hier nutzlos, einsam und traurig fühlen. Aber sie möchten von anderen Menschen geliebt werden, Respekt erfahren und sich zu Hause fühlen. Wie können sie das mit 30–40 anderen, die sie nicht kennen und wo das Personal ständig beschäftigt herumrennt?

aus: Cora van der Kooij, Leiterin des Projektes Validation Apeldorn. Heilberufe, Urban und Vogel, Heft 1/1994 omi Feil die Methode der Validation. Die Methode steht im Gegensatz zu der bisher auch von ihr angewendeten Realitätsorientierung.

Inhalt der Methode

Validieren bedeutet, annehmen, akzeptieren, wertschätzen bzw. bestätigen, unterstützen und Gefühle ausdrücken können. Die Gefühle der Verwirrten werden anerkannt, indem die AltenpflegerInnen den alten Menschen mit ausgeprägtem **Einfühlungsvermögen** begegnen. N. Feil beschreibt dies, als *„in den Schuhen des anderen gehen"*. Hierdurch sollen Vertrauen und Selbstsicherheit wieder hergestellt werden.

Gestaltung der Umgebung

- Räumliche Orientierungshilfen schaffen durch Bilder, Farben, Zeichen, Gerüche. Eine betagte verwirrte Frau fand z. B. regelmäßig in ihr Bett zurück, weil dort ein Lavendelstrauß hing, dessen Duft sie aus ihrer Kindheit erinnerte
- Zeitliche Orientierungshilfen schaffen durch Tageszeit, Kalender, jahreszeitgemäßen Schmuck
- Biografische Bezüge schaffen durch Bilder, Gegenstände, Gerüche

Abb. 11.109: Wer tagsüber aktiv ist und sich, evtl. in Begleitung, bewegen kann, dessen Lust auf Weglaufen wird bald verschwinden. [K157]

- Organisatorische und architektonische Gestaltung der Räume so, dass ein Maximum an Bewegung möglich wird, z. B. durch „Rundgänge" und „Rundwege"
- Störungen in der räumlichen Wahrnehmung durch enge Flure, dunkle Gänge, unruhige Fußbodenmuster und Spiegel vermeiden
- Durch gute Beleuchtung optische Halluzinationen vermeiden
- „Offene", helle Räume schaffen durch z. B. Glaswände für Flure und Räume mit Beschäftigungsangeboten
- Enge, überheizte, überfüllte Räume vermeiden.

Fallbeispiel

An einem regnerischen Tag betrete ich das Pflegeheim „De Bleerinck" im holländischen Emmen und stehe statt in der Eingangshalle auf einem Dorfplatz. Es riecht nach Leben und nicht nach Vergänglichkeit. Nach Kakao, nach Haarspray und feuchter Erde. Rechts von mir die Auslage eines Frisörladens, daneben ein Restaurant. Auf der kleinen Terrasse eines Cafés schlürfen Gäste aus großen Tassen. Ein paar Meter hinter mir ein Supermarkt, Magazine und Tageszeitungen in einem Ständer an der Tür, vor mir eine Parkbank, ein Baum, ein Blumengeschäft, links eine Fußgängerzone mit Passanten. Verwirrend. Ich bin soeben durch das gläserne Portal von draußen gekommen und bin schon wieder draußen. De Bleerinck ist zwar ein Dorf, doch unter einem großen Dach, ein Dorf mit festen Außenwänden und Fenstern. Piet Scheivink ist für die Abteilung Pflege verantwortlich. Er wundert sich nicht, dass ich verwirrt bin. Das geht allen Besuchern, die zum erstenmal kommen, so… Dass Draußen wie Drinnen und Drinnen wie Draußen ist.

aus: Jürgs, Michael: Alzheimer. Spurensuche im Niemandsland. List Verlag, 1999

Allgemeine Maßnahmen bei Weglaufgefahr

- Regelmäßige Rituale schaffen unter Berücksichtigung der individuellen Gewohnheiten, z. B. Wunsch nach Spaziergang nach dem Essen oder in ambulanter Pflege durch Besuch von Tagesstätten (☞ unten)
- Aufgaben finden (frühzeitig Gelerntes wird im Alter häufig weiterhin beherrscht): Stricken, Wäsche reparieren, Gartenarbeit, Wegereinigung, Kleingruppen für Theater, Basteln, Tanzen (☞ Abb. 11.108)
- Dem gesteigerten Bewegungsdrang entsprechen durch
  - Tägliche Angebote von begleiteten Spaziergängen
  - Gymnastik u. a. Bewegungsangebote wie Tanzen
  - Möglichkeiten zum Gehen in Rundgängen mit immer wiederkehrenden Plätzen zum Ruhen schaffen

Fallbeispiel Herr Gerdes

Herr Gerdes wurde seit 4 Jahren ambulant betreut (Pflegestufe I). Er fiel den MitarbeiterInnen als „merkwürdig" auf, weil er sich nach dem Tod seiner Frau nicht mehr an Absprachen hielt. Außerdem verschlechterte sich sein geistiger Zustand erheblich. Er fiel auf durch Ausflüge per PKW, Rad oder zu Fuß, von denen er nicht selbstständig zurückfand. Nachbarn fühlten sich durch seine nächtlichen Aktivitäten gestört und beschwerten sich. Herkömmliche ambulante Betreuung stieß auf Grenzen, deshalb übernahm ein Fachpflegeteam für gerontopsychiatrisch Erkrankte die ambulante Betreuung. Sie stellen Möglichkeiten vor, die sie zu seiner Betreuung nutzen:

- Das Team akzeptiert seine Ausflüge, hat aber seine Kleidung und persönlichen Gegenstände deutlich mit seiner Adresse und der des Pflegeteams gekennzeichnet
- Für 6 Tage in der Woche wurde für Herrn Gerdes der Aufenthalt in einer Tagestätte bis 15 Uhr organisiert
- Täglich finden 5 Einsätze bei Herrn Gerdes durch das Pflegeteam statt, auch nachts wird er durch das Team aufgesucht. Damit nächtliche Aktivitäten durch ihn geringer werden, suchen ihn MitarbeiterInnen auch nachmittags auf und verhindern so längere Schlafphasen
- Im Stadtteil wurde mit Geschäftsinhabern, bei denen Herr Gerdes bereits jahrelang Kunde ist, gesprochen. Wenn er jetzt ohne Geld einkaufen geht, melden sich die Geschäftsführer beim Pflegedienst
- Durch das Fachpflegeteam wurde für Herrn Gerdes Vermögenssorge eingerichtet. Zu seinem Betreuer besteht enger Kontakt
- Bei den Hausbewohnern wurde um Verständnis für Herrn Gerdes geworben. Inzwischen haben die Hausbewohner guten Kontakt zu den Pflegenden und unterstützen Herrn Gerdes, z. B. haben sie ihre Türen mit Hinweisschildern für ihn gekennzeichnet, damit er seine Wohnung im obersten Stock findet
- Weil sich die Gewohnheiten von Herrn Gerdes häufig ändern, achten die MitarbeiterInnen darauf, sich in Zeit und Methoden der Einsätze flexibel auf Herrn Gerdes einzustellen.

Die Finanzierung der Pflegeleistungen erfolgt im Fall von Herrn Gerdes so, dass alles, was über die Leistungen der Pflegeversicherung hinausgeht, vom Sozialamt und durch seine Eigenbeteiligung übernommen wird. Vom Sozialamt sind für die fachliche Begutachtung KollegInnen der Altenhilfe beauftragt. Diese kommen mit dem Pflegeteam zum Hausbesuch und legen innerhalb von Punktgrenzen fest, was finanziert werden kann.

aus: Ruth Mamerow: Ambulantes Fachpflegeteam für gerontopsychiatrisch Erkrankte. Heilberufe ambulant, Heft 10, 1999, Verlag Urban & Vogel

  – Den Wandertrieb durch Mitnahme von Begleitungen z. B. bei Einkäufen „entschärfen" (☞ Abb. 11.109)
- Für Adresse mit Name des alten Menschen und Tel.-Nr. des Pflegedienstes bzw. Altenheimes sorgen, in Kleidungsstücken und Geldbörse sowie in gebräuchlichen Taschen (einnähen und Manteltaschenkärtchen einstecken)
- In Abstimmung mit dem alten Menschen möglicherweise für Rufgerät *(Wanderer Control System)* sorgen
- Für Sicherheitsmaßnahmen in der näheren Umgebung durch Absprachen z. B. mit Nachbarschaft, Geschäftsinhaber, Stadtteilpolizisten sorgen (☞ Abb. 11.110)

Fixierungen – Freiheit kontra Sicherheit?

Fixierung: Einschränken der körperlichen Bewegungsfreiheit eines alten Menschen durch An- und Festbinden, Festhalten von Körperteilen und andere Methoden.

AltenpflegerInnen vertreten vielfach die Meinung, dass sich Freiheit und Sicherheit bei alten Menschen weitgehend ausschließen. Jedoch, wie schmerzlich Fixierungen und andere einschränkende Maßnahmen für Betroffene, Angehörige und Pflegende sind, ist immer neu bewusst zu machen und zu diskutieren.

Kesselring (Pflege wider Willen des Patienten, Pflege 3/1991), spricht über die **Auswirkungen gewaltsamer Pflege auf die Seele der Pflegenden:** „Ich halte es für möglich, dass der mehr oder weniger unreflektierte Gebrauch einschränkender Pflege zu einer abstumpfenden Gewöhnung führt, welche bei uns Pflegenden wichtige Eigenschaften wie Einfühlungsvermögen und Sensibilität zuschütten." Sie gibt zu bedenken: „Die eigentliche Gefahr der Gewalt liegt darin, dass sie ansteckend ist."

Die Erfahrung vieler AltenpflegerInnen ist, dass Fixationen

- Den Verlust der Selbstachtung und völlige Abhängigkeit zur Folge haben
- Regressives Verhalten fördern
- Eine Zunahme von Angst, Erregtheit und Verwirrung bewirken (☞ Abb. 11.111)

• Zu Stürzen und anderen Gefahren führen, die sie eigentlich verhindern sollten.

Erlaubte Fixierungen

• **Notwehr,** § 32 StGB z. B. bei akuter, nicht zu beherrschender Gewalttätigkeit
• **Notstand,** § 34 StGB z. B. bei akuter, unvorhergesehener Suizidgefahr
• **Zwangsmaßnahmen** bei gerichtlich in der Psychiatrie untergebrachten Menschen
• **Einwilligung** des alten Menschen oder des Vertreters z. B. zum Anbringen eines Seitenbrettes am Bett, um Herausfallen zu verhindern.

Fixationen und andere Maßnahmen einschränkender Pflege sind nur mit **größter Zurückhaltung** bei wirklich schweren Notfällen einzusetzen. Fixierungen oder Unterbringung in ein Bett, das der alte Mensch nicht verlassen kann, sind als Freiheitsberaubung grundsätzlich strafbar und grenzen an Misshandlung. Rechtfertigungsgründe, die eine Strafbarkeit verhindern, kommen bei Vorliegen eines **Notstandes** (§ 34 StGB) in Betracht. In diesem Fall wird die körperliche Unversehrtheit höher eingeschätzt als die Bewegungsfreiheit. Die Berufung auf einen Notstand gilt nur, wenn eine Entscheidung rasch und **unvorhergesehen** getroffen werden muss. In der Regel ist dies bei weglaufgefährdeten oder sturzgefährdeten alten Menschen nicht der Fall.

Fixierungsprotokoll

Fixierungen werden nur nach Einwilligung des alten Menschen oder einer schriftlichen Anordnung der ÄrztIn durchgeführt. Das **Fixierungsprotokoll** enthält:

• Name der zu fixierenden Person
• Grund und Art der Fixierung
• Zeitdauer
• Name der anordnenden ÄrztIn
• Eventuell verordnete Medikamente
• Notwendige Überwachungsmaßnahmen.

Ausnahme: Bei einer unvorhergesehenen drohenden Gefahr. Die Anordnung ist allerdings sofort nachzuholen. Im Falle widerrechtlicher Fixierungen, die als Freiheitsberaubungen anzusehen sind, können AltenpflegerInnen nach § 239 StGB zu Schadenersatz verurteilt werden.

Arten einschränkender Betreuung

• Türen verschließen
• Einsatz von Geschicklichkeits- und Trickschlössern sowie Verriegelungstäuschungen
• Wegnahme von Kleidungsstücken bzw. Fortbewegungsmöglichkeiten wie Gehwagen

Abb. 11.110: Die alte Dame ist im Stadtteil wegen ihrer „Wanderlust" bekannt. In Geschäften ist sie täglich auf der Suche nach Dingen, die sie weder kaufen noch besitzen möchte. Wenn sie den Weg in ihre Pflegeeinrichtung verloren hat, unterstützen sie Verkäuferinnen und Nachbarn, zurückzufinden. [M221]

• Fixierungen am Rollstuhl oder im Bett
• Einsatz von Stecktischen oder Bettgittern
• Verwendung spezieller Kleidung
• Drohungen
• Gabe von sedierenden Medikamenten.

Abb. 11.111: Die verwirrte, unruhige Frau sucht deutlich Zuwendung und Kontakt. Die Seitenbretter am Bett verhindern dies und haben dagegen die Erregtheit der ursprünglich mobilen Frau verstärkt. [K157]

Überwachung auf Gefahren

Die Fixation ist eine absichtlich herbeigeführte Immobilität und mit denselben Risiken verbunden (☞ 6.4). Dauernde **Überwachung** und regelmäßige **Bewegung** sind zwingend erforderlich.

- Verminderte Gewebsdurchblutung mit Dekubitusgefahr (☞ 5.8)
- Obstipation (☞ 8.6)
- Veränderte Atemfunktion (☞ 5.5)
- Thrombosegefahr (☞ 5.7)
- Verletzungsgefahr (☞ 11.7)
- Körperbildstörungen (☞ 13.4)
- Resignation und Depression.

Die Pflege und Betreuung weglaufgefährdeter alter Menschen erfordert individuelles Eingehen auf die Betreuten. Standardisiertes Verhalten und einschränkende Pflege führen in einen Teufelskreis, an dessen Ende ein fixierter, resignierter und schwer geschädigter alter Mensch steht.

Literaturtipp

Borutta, Manfred: Fixierungen in der Pflegepraxis. Alternativen kennen – Selbstbestimmungsrecht achten. Vincentz Verlag, Hannover 1998

11.6.3 Exemplarische Pflegeplanung

Pflegediagnose mit Ursache (PD), Ressourcen (R), Gewohnheiten (G), Erfahrungen (E), aktuelle Bedürfnisse (AB)	**Pflegeziele**	**Pflegetherapie** Information (I), Beratung (B), Motivation (M), Anleitung (A), Beaufsichtigung (Bf), teilweise Übernahme (tÜ), vollständige Übernahme (vÜ)
PD: Weglaufgefahr aufgrund Demenz **R:** • Kann aus eigenem Antrieb und ohne körperliche Einschränkungen gehen • Kleidung für Spaziergänge wird selbstständig und angemessen gewählt • Interesse an Begleitung ist vorhanden • Interesse an Betätigung im Garten und Zeitung lesen **AB:** • Will viel unterwegs sein, Ziele sind dabei unwichtig • Will Freiheit haben	Hat ausreichend Bewegungsmöglichkeiten und kein Interesse wegzulaufen Findet von Spaziergängen alleine zurück Fühlt sich wohl	**vÜ:** Validierende Gesprächshaltung **Bf:** Täglich nach dem Frühstück für Begleitung zum Zeitungskauf sorgen **Bf:** 9 Uhr Abholen zur regelmäßigen Aktivität im Garten (harken) **M, Bf:** Täglich 14 Uhr zum selbstständigen Spaziergang im Rundgarten ermuntern und begleiten **M:** Ermuntern, Dienstag und Donnerstag an der Gymnastikgruppe teilzunehmen **Bf:** Abholen zur Teilnahme an Gruppenaktivitäten außerhalb der Einrichtung (Fahrten; Spaziergängen) **tÜ:** Ermuntern zum Ausruhen, in Ruhezeiten nach 15 Uhr für Beschäftigung sorgen (Zeitungen), Gespräche anbieten über Biografie **Bf:** Für Adressenkärtchen in Manteltaschen, Geldbörse, Einkaufstasche sorgen (tägliche Kontrolle vor Gängen auf die Straße)

Tab. 11.112: Beispiel einer Pflegeplanung bei Weglaufgefahr.

11.7 Selbst- und fremdverletzendes Verhalten

Selbst- und fremdverletzendes Verhalten *(Autoaggression, Fremdaggression):* Vorsätzliche Selbstbeschädigung oder Bedrohung und Verletzung anderer Personen.

11.7.1 Pflegediagnostik

Ursachen und Einflussfaktoren

Die Ursachen und Motive selbst- oder fremdverletzenden Verhaltens sind in der Regel schwer zu ergründen und selten völlig erkennbar. Das Verhalten gilt als komplexes und schwierig zu verstehendes Phänomen mit zwei Seiten, die als **Aggression** deutlich werden. Theorien besagen, dass jeder Mensch, um mit Belastungen und Nöten fertig zu werden, Möglichkeiten benötigt, diese innerlich oder äußerlich zu verarbeiten. Eine Altenpflegerin erzählt beispielsweise, sie laufe nach dem Dienst immer erst eine weite Strecke mit ihrem Hund, um alle Gedanken des Tages zu verarbeiten und „loszuwerden". Alte Menschen haben häufig keine Möglichkeiten gehabt, sich angemessen zu entspannen, sondern haben lebenslang funktioniert und „geschluckt", d.h. verdrängt, was ihnen das Leben schwer machte. Irgendwann können sie dem inneren, aufgestauten Druck nicht mehr standhalten. Es kann zur Aggression kommen, die sich gegen andere Personen oder sich selbst richtet.

Körperliche Ursachen dieses Verhaltens bei alten Menschen können Verwirrtheitszustände unterschiedlicher Ursache sein (☞ 4.11).

Erkrankungen

- Wegen der auffälligen Häufigkeit dieses Verhaltens bei geistiger Behinderung werden z. B. hirnorganische Veränderungen und Enzymdefekte vermutet
- Psychische Erkrankungen wie Depression und Schizophrenie gehen oft mit aggressivem Verhalten einher
- Unfälle mit Schädelverletzungen können agressives Verhalten gegen sich selbst oder andere auslösen.

Psychische Ursachen sind in jeglicher Form von Gewalteinwirkung *(Trauma)* innerhalb der gesamten Lebensspanne zu suchen. Hierzu gehören seelische und körperliche Misshandlungen ebenso wie Lebenskrisen und Nöte, die der alte Mensch überlebt, aber nicht bewältigt hat. Bei alten Menschen kann selbstverletzendes Verhalten auch ein letztes Signal für das Bedürfnis nach Zuwendung und Anerkennung in tiefster Einsamkeit sein (☞ Abb. 11.113).

Umweltbezogene Ursachen: Gewalteinwirkungen durch Kriege, Vertreibungen, Misshandlungen, die seelische und körperliche Wunden hinterlassen haben, können zu Auslösern von selbst- und fremdverletzendem Verhalten noch nach Jahren werden.

In ihrer Validationstheorie führt Naomi Feil (☞ 4.11.2, 11.6.2) verwirrtes, unerklärliches Verhalten alter Menschen darauf zurück, dass sie sich aus der für sie unerträglichen Umwelt zurückziehen. Bei diesen Menschen würden „unbeachtete Gefühle im Dunkeln gären", erklärt sie verstörtes, aggressives Verhalten.

Abb. 11.113: Wenn alte Menschen sich nutzlos, einsam und traurig fühlen, kann dies dazu führen, dass sie krank werden oder selbstverletzendes Verhalten entwickeln. [M221]

Anzeichen und Ausmaß und Folgen selbstverletzenden Verhaltens

Anzeichen

Fallbeispiel

Ein tragisches Beispiel für selbstverletzendes Verhalten hat der niederländische Maler Vincent van Gogh (1853–1890) geliefert. Der heute weltberühmte Wegbereiter des Expressionismus hat seinen Ruhm nicht mehr erlebt. Nachdem ihn sein Malgefährte und Freund Gaugin verlassen hatte, schnitt sich van Gogh in einer Phase tiefster Depression das rechte Ohr ab. Seine letzten Landschaftsgemälde gleichen einem Alptraum. Van Gogh erschoss sich im Alter von 37 Jahren.

Autoaggression kann versteckt oder offensichtlich sein. Bei alten Menschen wird sie in unterschiedlichen Verhaltensweisen deutlich:

- Kopfschlagen an Wände
- Haare raufen und ausreißen
- Nägel knabbern und beißen
- Selbstverletzungen durch Flammen (Kerzen), heiße Gegenstände (Kochplatte), heißes Wasser (Bad)
- Selbstverletzungen durch spitze Gegenstände (Nadel, Schere, Messer), stumpfe Gewalt (Einklemmen in Türen)
- Selbstvergiftungen durch Medikamente und Chemikalien (Desinfektionsmittel)
- Süchte (Drogen, Genussmittel)
- Selbstverletzungen durch Abreißen von Verbändern und Manipulationen an Wunden.

Ausmaß und Folgen

Leichte Autoaggressionen fallen wenig auf, sie haben geringe Intensität und verlaufen ohne sichtbare Verletzungen. Oft wird deutlich, dass sie nur in bestimmten Situationen wie Überforderung auftreten.

Mittlere Autoaggression wird teilweise automatisiert und regelmäßig durchgeführt. Es sind sichtbare Narben und Verhornungen erkennbar, z. B. Kratznarben am Unterarm.

Schwere Autoaggressionen haben keinen bestimmten Situationsbezug. Sie sind ohne Selbstkontrolle und können zu lebensbedrohlichen Verletzungen bis hin zum Selbsttötungsversuch (☞ 11.8) führen, z. B. Stirn auf Tischkanten schlagen.

Abb. 11.114: Der alte Mensch kann von seinen Emotionen so ergriffen werden, dass er aggressiv reagiert. [K157]

Anzeichen und Ausmaß von Fremdaggression

Fremdverletzendes Verhalten oder Gewalttätigkeit gegen andere ist deutlich erkennbar. Es hat häufig gleiche Ursachen wie die Autoaggression. Oft hat der alte Mensch außer aggressivem Verhalten keine anderen Verhaltensweisen erfahren und erlernt. In Situationen, die ihm bedrohlich erscheinen, reagiert er aggressiv. Mitunter will er mit diesem Verhalten lediglich auf sich aufmerksam machen und seinen Teil an Zuwendung abfordern. Aggressionen gegen andere finden Ausdruck in Form von:

- Verbalen Wutausbrüchen, Anschreien anderer Personen (☞ Abb. 11.114)
- Schlagen
- Beißen
- Kneifen
- Kratzen
- Haare ziehen
- Ärgern und verunsichern mit verschiedenen Gegenständen (Gehstock)
- Bedrohen mit verletzenden Gegenständen.

11.7.2 Pflegetherapeutische Maßnahmen

AltenpflegerInnen stehen viele Möglichkeiten zur Verfügung, mit Einfühlungsvermögen und Ideenreichtum vorbeugend darauf einzuwirken, dass Unruhen und Aggressionen abgefangen werden. Jedoch ist eine Prävention versteckten, selbstverletzenden Verhaltens kaum möglich, da dieses über längere Zeit meistens nicht erkannt wird.

Literaturtipp

Grond, E.: Die Pflege verwirrter alter Menschen. Psychische Alterskranke und ihre Helfer im menschlichen Miteinander. Lambertus Verlag, Freiburg i. Breisgau 1996

Fallbeispiel

Validation® nach Nicole Richard bei misstrauischem, aggressivem Verhalten

Die Altenpflegerin (AP) im ambulanten Dienst kommt in eine sehr ordentliche Wohnung. Die pflegebedürftige Frau B. reagiert laut: „Wie kommen sie hier rein?" Die AP sagt: „Ich habe doch einen Schlüssel, ich bin Schwester Anne von der Sozialstation". Doch Frau B. regt sich zunehmend auf: „Eine Unverschämtheit, raus, ich rufe die Polizei."

Die AP nahm folgende Gefühle und Antriebe wahr: Ärger, Misstrauen, Aggression, Unruhe, Ordnungssinn, Korrektheit, Stolz.

Frau B. sagt: „Jetzt schlägt's aber Dreizehn! Da platzt einem doch der Kragen. Da soll man sich nicht aufregen. Man muss vorsichtig sein, wer da alles reinkommt. Man muss auch aufpassen".

Die AP antwortet: „Vorsicht ist die Mutter der Porzellankiste. Sie sind eine korrekte Frau. Sie haben gern Ordnung in ihren Dingen. Alles muss seine Ordnung haben. Sie haben eine gepflegte Wohnung. Da können sie stolz drauf sein. Ordnung ist das halbe Leben. Darf ich mich vorstellen, ich bin… Darf ich Platz nehmen?"

Jetzt erst ist genügend Vertrauen aufgebaut, so dass die Altenpflegerin „zum Thema" kommen kann. Beim nächsten Mal kommt sie vorsichtig zur Tür herein und sieht, dass Frau B. schon misstrauisch schaut.

Die AP sagt: „Man muss auch aufpassen, wer da so einfach zur Tür reinkommt. Vorsicht ist die Mutter der Porzellankiste. Es muss doch alles seine Ordnung haben. Was recht ist, muss Recht bleiben."

Nach mehrtägiger Wiederholung dieser Sätze im Sinn einer **rituellen Begrüßung** geschieht die Kontaktaufnahme zu Frau B. rascher, es kommt zu einem **gefühlsmäßigen Einprägen** bei Demenzkranken.

aus: Richard, Nicole: Begleitung Dementer im häuslichen Umfeld. Heilberufe ambulant, Urban & Vogel, München, Heft 5 1998

Grundgefühle alter Menschen positiv beeinflussen

☞ *auch 11.6.2*

- Vertrauen schaffen, z. B. durch Validation® (☞ Fallbeispiel)
- Aktivitäten und damit das Selbstwertgefühl unterstützen
- Überforderungen erkennen und vermeiden
- Eine Bezugsperson benennt ihre Wahrnehmungen im regelmäßigen Kontakt mit dem alten Menschen (über Wut und Verletzungen gemeinsam reden, malen, gestalten)
- Therapeutische Unterstützung durch beispielsweise Musik-, Bewegungs-, Gestalttherapeuten nutzen
- Snoezelen-Raum für Ruhe und Sinnesempfindungen schaffen (☞ 10.4.2)
- Über mögliche Ergotherapie im multiprofessionellen Team beraten
- Basale Stimulation® (☞ 4.11.2) besonders bei Bettlägerigen anbieten, um ein positives Körpergefühl zu unterstützen
- Naturheilverfahren (Homöopathie) unterstützend bei körperlichen Beschwerden nutzen.

Präventive Schutzmaßnahmen

Je nach Gefährdung der Einzelnen sind individuelle **Schutzmaßnahmen** in Absprache mit dem Betroffenen sinnvoll. Beispielsweise:

- Handschuhe beim schwer zu unterbindenden Nägelbeißen und Kratzen oder Helm beim Kopfschlagen anbieten (☞ Abb. 11.115)
- Bei regelmäßigem Nägelkauen und -beißen wöchentlich sorgfältige Nagelpflege (☞ 9.3.2)
- Bei Verletzungsgefahr mit Gegenständen, z. B. Scheren, Nadeln oder scharfen Messern, diese aus dem Bereich des Gefährdeten entfernen
- Verhindern, dass der alte Mensch Medikamente ansammelt.

> Unter dem Aspekt der Fürsorge- und Aufsichtspflicht ist es erforderlich einzuschreiten, wenn ein alter Mensch andere körperlich oder verbal bedroht. Dabei selbst
> - Ruhig und beherrscht
> - Angstfrei
> - Bestimmt und
> - Sachlich auftreten.

In bedrohlichen Situationen eingreifen

Für das Eingreifen stehen unterschiedliche Möglichkeiten, die schrittweise genutzt werden können, zur Verfügung.

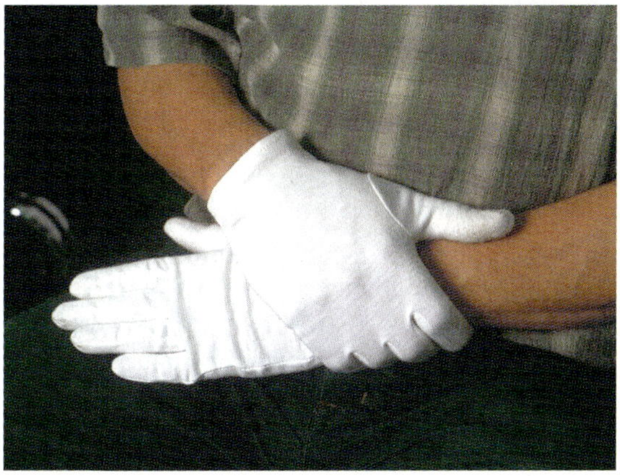

Abb. 11.115: Durch das Tragen von Baumwollhandschuhen vorwiegend nachts können Verletzungen durch unkontrolliertes Kratzen oder Nägelkauen verhindert werden. [K183]

Unterbrechen

Bei Erkennen von gefährdendem oder verletzendem Verhalten kann häufig schon ein mit großer Bestimmtheit ausgesprochenes „NEIN!" durch die Altenpflegerin helfen, den Reiz zum Verletzen zu unterbrechen. Dabei

- Aggressiven direkt mit Namen und Blickkontakt ansprechen
- Gegebenenfalls bei unruhiger Umgebung laut werden.

Besonders im Fall von Fremdaggression sind weitere Schritte des Eingreifens erforderlich.

Intervenieren (einmischen, vermitteln)

Versuchen, andere zu schützen, indem die Aufmerksamkeit des aggressiven Menschen auf sich selbst gelenkt wird. Dabei ist zu beachten:

- Intervention ausschließlich durch **eine** AltenpflegerIn, trotzdem notfalls durch Klingel Hilfe anfordern
- Sachliches, beruhigendes Ansprechen, dabei Blickkontakt halten
- Keine körperlichen Berührungen
- Räumliche Enge vermeiden
- Nicht den Rücken zuwenden
- Sich **nie zwischen** den aggressiven Menschen und sein Opfer stellen, sondern **seitlich daneben**
- Dem aggressiven Menschen Rückzugsmöglichkeiten anbieten durch Aufforderung
  - Zum Hinsetzen
  - Zum tiefen Durchatmen
  - Zum Hinausgehen in Begleitung (jedoch nicht als Bestrafungsmaßnahme ins Dienstzimmer)
  - Zum Erklären des Verhaltens
  - Zur Übergabe des verletzenden Gegenstandes
- Gleichzeitig dem Opfer Rückzugsmöglichkeiten schaffen.

Absondern

Der akut aggressive alte Mensch wird von seiner Umgebung oder Gruppe abgesondert. Wenn es möglich ist, ihn wählen zu lassen, sollte man ihm Varianten zum Rückzug in Begleitung anbieten. Beispielsweise: „Sie können jetzt mit P. erst mal in den Speiseraum oder auf den Hof gehen, wohin möchten Sie?"

Möglicherweise gibt es auch einen speziell hierfür vorgesehenen Raum mit besonderer Atmosphäre zur Beruhigung (Snoezelen-Raum). Der alte Mensch wird dabei begleitet und nicht allein gelassen.

Die Maßnahme, die keinen Bestrafungscharakter haben soll, dient ausschließlich der Beruhigung des Betroffenen. Außerdem soll die Möglichkeit ausgeschlossen werden, dass „verstärkende" Reaktionen Beteiligter die Situation zum Eskalieren bringen.

Fixieren

Fixierungen und gewaltsame, freiheitseinschränkende Pflege sind generell zu vermeiden. Sie sind lediglich bei äußersten unvorhergesehenen Ereignissen kurzzeitig zulässig (☞ 11.6.2 Fixierungen).

11.7.3 Exemplarische Pflegeplanung

Pflegediagnose mit Ursache (PD), Ressourcen (R), Gewohnheiten (G), Erfahrungen (E), aktuelle Bedürfnisse (AB)	**Pflegeziele**	**Pflegetherapie** Information (I), Beratung (B), Motivation (M), Anleitung (A), Beaufsichtigung (Bf), teilweise Übernahme (tÜ), vollständige Übernahme (vÜ)
PD: Selbstverletzendes Verhalten (sich schlagen, Kopfschlagen auf den Tisch, an die Wand) in Überforderungssituationen z. B. bei • Gruppenveranstaltungen im Aufenthaltsraum • Lauten Musikveranstaltungen (Fernsehen) • Aufgaben mit Gedächtnisleistung **R:** • Kann sich begrenzt verbal ausdrücken • Singt und malt gern **G:** Zeitungen sortieren **AB:** Gehen, wenig reden	Verletzt sich nicht mehr Positive Grundgefühle Wohlbefinden	**vÜ:** Grundsätzlich validierende Gesprächshaltung **vÜ:** Beobachten auf Verletzungen (bei Körperpflege) **vÜ:** Aktuelle Verletzungssituationen sofort unterbrechen **M:** 9 Uhr Einsammeln und sortieren aller alten Zeitungen, Wegereinigen **M:** Täglich nachmittags zum selbstständigen Spaziergang im Rundgarten ermuntern **M:** Ermuntern zum regelmäßigen Termin (Mo., Mi., Fr.) für Kleingruppe mit der Therapeutin zum Singen, Malen

Tab. 11.116: Beispiel einer Pflegeplanung bei selbstverletzendem Verhalten.

11.8 Suizidgefahr

Suizid: Selbsttötung. Absichtliche Vernichtung des eigenen Lebens.

11.8.1 Pflegediagnostik

Ursachen und Einflussfaktoren

Die Fragen nach den Ursachen eines Suizidversuches untersuchten Wissenschaftler verschiedener Fachgebiete:

- **Mediziner** sahen in den Ursachen vorwiegend seelische Störungen oder Krankheiten
- **Soziologen** betrachteten Suizid als Problem, das soziale Ursachen hat. Sie führten Suizid auf gesellschaftliche, wirtschaftliche und soziale Einflussfaktoren zurück. Beispielsweise ist bei alten Menschen eine zunehmende Selbsttötungsrate durch Vereinsamung nachweisbar
- **Psychologen** sahen im Suizid das aggressive, gegen sich selbst gerichtete Verhalten (☞ 11.7.1), dessen Ursache in frühen Verlusterlebnissen liegt. Verlusterlebnisse (Tod, Trennung) können auch zur Agression gegen die eigene Person (Autoaggression) führen.

Heute nimmt man in allen drei Forschungsbereichen mehrere, sich wechselseitig beeinflussende Faktoren an. Neben seelischen Erkrankungen handelt es sich bei alten Menschen vor allem um Lebenskrisen, einschneidende Umweltereignisse (Naturkatastrophen, Vertreibungen) und körperliche Erkrankungen, die zu suizidalen Handlungen führen.

Anzeichen und Ausmaß

Die **Entwicklung von Selbsttötungsabsichten** ist für geschulte AltenpflegerInnen möglicherweise erkennbar. Menschen in Krisensituationen sind umso anfälliger für Selbsttötungsgedanken, je weniger sie in soziale Unterstützungssysteme eingebunden sind. Alte Menschen weisen deshalb eine hohe Selbsttötungsrate auf, wenn sie

- Sich in Krisensituationen befinden
- Sozial isoliert und vereinsamt sind
- Zu selbstverletzendem Verhalten neigen (☞ 11.7.1)
- Bereits einen Selbsttötungsversuch hinter sich haben. Insbesondere in den ersten 12 Monaten nach dem Versuch sind Menschen um das 50–100-fache gefährdeter für einen neuen Versuch
- Psychisch krank oder suchtkrank sind.

> **Vorsicht!**
> - Ein Suizid wird etwa in 80 % der Fälle vom Betroffenen direkt oder indirekt angekündigt. Suizidankündigungen immer ernst nehmen
> - Suizidankündigungen dokumentieren und zuständige ÄrztIn informieren
> - Depressive alte Menschen sind zum Anfang und Ende eines depressiven Schubes, zum Morgentief (ab 4 Uhr) und bei pöltzlichem Verschwinden der Symptome besonders suizidgefährdet.

Zusätzliche Risikofaktoren sind
- Verluste, z. B. nahe stehender Menschen, Wohnung, finanzielle Verluste, Anerkennung
- Einschränkende, unpersönliche Wohnverhältnisse
- Fehlender sozialer Kontakt.

Die Vorbereitungszeit, in der sich alte Menschen mit Selbsttötungsabsichten und -fantasien beschäftigen, ist unterschiedlich lang. Es kann sich ein spontaner Impuls ergeben, oder die Handlung wird angekündigt.

Aktuelle Hinweise auf Selbsttötungsabsichten können **offen** oder **versteckt** sein und sind in jedem Fall ernst zu nehmen:
- Jemand spricht von seinen Absichten (oder malt, gestaltet sie)
- Die Nahrung und Therapie wird verweigert, Katheter werden herausgerissen
- Ungewöhnliche Aufräumaktionen in der Wohnung, Ordnen des Nachlasses oder letzte Anweisungen finden statt
- Andere auffällige Verhaltensweisen wie z. B. Verschenken von Dingen, Zurückzahlen von Schulden
- Zunehmender Rückzug von Kontaktpersonen, manchmal verbunden mit dem Anklammern an eine Bezugsperson
- Zunehmende Interessenlosigkeit an Personen, Aktivitäten, Informationen
- Zunehmende unerklärliche Angst
- Zunehmende Aggression gegen sich selbst oder Zeichen von Selbstverachtung und Verwahrlosung (☞ 11.9.1).

> **Recht auf Suizid?**
> Es wird immer wieder neu diskutiert, ob Betroffene bei Suizidankündigung bzw. -versuch nicht das Recht haben, über ihr Leben frei zu entscheiden. AltenpflegerInnen sollten ihre Einstellung zu dem Thema überprüfen und kritisch reflektieren. Von Gesetzgebern und ÄrztInnen wird davon ausgegangen, dass in der Regel bei dem betroffenen Menschen der freie Wille durch eine Ausnahmesituation oder Krankheit, z. B. Wahn, eingeschränkt ist. Dies rechtfertigt für sie auch Zwangsmaßnahmen.

11.8.2 Pflegetherapeutische Maßnahmen

Um Selbstgefährdungen und Selbsttötungsabsichten rechtzeitig zu erkennen, benötigen AltenpflegerInnen geschulte Aufmerksamkeit. Dabei ist es wichtig, frühzeitig Fähigkeiten zu erwerben, die dazu dienen, Beobachtungen auch zu deuten. Nicht allein Beobachtung und Wahrnehmung sind entscheidend, sondern wie diese genutzt werden, um Anzeichen für Gefahren und Risiken zu erkennen.

Hilfreich für die Schulung zur aufmerksamen Beobachtung und deren Auswertung können Arbeitsberatungen und **Supervisionen** sein. Um eigene **Verhaltensweisen** und die der alten Menschen zu **reflektieren,** das heißt Gründe, Argumente und Gegenargumente zu bestimmten Verhaltensweisen gemeinsam zu bedenken, ist es oft sinnvoll, eine außenstehende Person (Supervisor) einzubeziehen. Supervision wird in der Altenpflege noch wenig genutzt, d. h. bezahlt und anerkannt, doch sie könnte eine wichtig Unterstützung von AltenpflegerInnen für ihre weit gefächerten Aufgabenbereiche bedeuten. Nur mit **Unterstützung** können AltenpflegerInnen sich neben allen täglichen Anforderungen auf beispielsweise Anzeichen für einen Suizid konzentrieren und Maßnahmen zum Schutz und zur Verhaltensänderung einleiten.

Präventive Maßnahmen in Pflegeeinrichtungen

Die Möglichkeiten, die präventiv bei Suizidgefahr zur Verfügung stehen, sind ähnlich wie bei selbstverletzendem Verhalten (☞ 11.7.2):
- Vertrauen schaffen durch Validation® (☞ 4.11.2, 11.6.2)
- Suizdhinweise des alten Menschen und Wahrnehmungen offen ansprechen und gemeinsam reden, malen, gestalten und im regelmäßigen Kontakt bleiben
- Aktivitäten und damit das Selbstwertgefühl unterstützen
- Den alten Menschen möglichst wenig allein lassen, ihn beobachten
- Tabletteneinnahmen überwachen, um das Sammeln von Medikamenten zu verhindern
- Zusätzliche therapeutische Unterstützung durch beispielsweise Musik-, Bewegungs-, GestalttherapeutInnen anstreben
- Patenschaften zu Ausbildungseinrichtungen, Betrieben, gemeinnützigen Einrichtungen und Initiativen anstreben, um Aktivitäten alter Menschen außerhalb des Pflegeheims zu fördern (☞ Fallbeispiel)

- Übernahme von persönlichen Patenschaften und Kontaktaufnahmen fördern
  - Zwischen Schülern und alten Menschen (Praktika mit persönlicher Zuständigkeit für **einen** alten Menschen)
  - Zwischen Auszubildenden oder Studenten für soziale Berufe und **einzelnen** alten Menschen
  - Zwischen Mitgliedern von Kirchengemeinden und **einzelnen** alten Menschen
- Förderkreis für die Einrichtung aufbauen (☞ Abb. 11.117)
- Religiöse Lebenserfahrungen ansprechen (☞ Abb. 11.118) und entsprechende Kontaktaufnahmen unterstützen (Seelsorger, Gemeinde)
- Tierliebe ansprechen und Kontaktaufnahme zu Tieren unterstützen, Patenschaften sind auch zu Tierheimen möglich
- Fachärzte für Geriatrie oder Neurologie einbeziehen, um weitere unterstützende Maßnahmen zu entwickeln
- Isolation unterbrechen durch Auffinden möglicher Bezugspersonen aus dem sozialen Umfeld (Familie, Bekannte)

Seniorenzentrum
ST. MARKUS
Hoheluft

aktuell

Informationsblatt des Alten- und Pflegeheimes, Organ des Förderkreises Seniorenzentrum

Ausgabe Nr. 21 | Juni 1997 | 4. Jahrgang

NEU IN UNSEREM FÖRDERKREIS:

Schauspieler Edgar Bessem

Tagesschausprecher Wilhelm Wieben

Neben vielen anderen engagierten Bürgerinnen und Bürgern sind die beiden prominenten Hamburger, Edgar Bessen und Wilhelm Wieben, dem Förderkreis Seniorenzentrum St. Markus-Hoheluft e.V. beigetreten. Beiden gefielen die Zielsetzungen sowie die Arbeit des Förderkeises, so daß sie sich dieser Sache mit verschrieben haben. Wir freuen uns, zwei weitere prominente Hamburger in diesem engagierten Kreis begrüßen zu können.

Abb. 11.117: Der Förderkreis des Seniorenzentrums sorgt für Kontakte und unterstützt die alten Menschen bei Aktivitäten außerhalb der Einrichtung. [W220]

Abb. 11.118: Christliche Religionen betonen Zuversicht und Hoffnung. In der Zugehörigkeit zu einer Religionsgemeinschaft kann ein alter Mensch Kraft finden, Suizidgedanken zu überwinden. [K157]

- Fixierungen lediglich kurzzeitig bei äußersten, unvorhergesehenen Ereignissen (☞ 11.6.2 Fixierungen).

Fallbeispiel „Zeitsponsoring"

Ein Verbund mehrerer Pflegeheime in Hamburg hat es geschafft, eine Patenschaft zu einem großen Busunternehmen zu knüpfen. Unter dem Namen Zeitsponsoring haben sich Busfahrer zusammengefunden, die alte Menschen in diesen Heimen kostenlos zu Fahrten mit Zielen ihrer Wahl innerhalb der Stadt oder Umgebung einladen. Der Bus dafür wird vom Unternehmen kostenlos gestellt. Regelmäßig gibt es nun für die begeisterten TeilnehmerInnen Fahrten zu alten und neuen Sehenswürdigkeiten in der Stadt, Fahrten in die Umgebung und auch in ehemalige Wohngebiete der alten Menschen. „Die Freude, die wir den alten Menschen damit machen", erklärt ein Busfahrer, „bekommen wir vielfach zurück. Es gibt immer viel zu lachen dabei."

11.8.3 Exemplarische Pflegeplanung

Pflegediagnose mit Ursache (PD), Ressourcen (R), Gewohnheiten (G), Erfahrungen (E), aktuelle Bedürfnisse (AB)	**Pflegeziele**	**Pflegetherapie** Information (I), Beratung (B), Motivation (M), Anleitung (A), Beaufsichtigung (Bf), teilweise Übernahme (tÜ), vollständige Übernahme (vÜ)
PD: Suizidgefahr aufgrund von Einsamkeit nach Umzug in Pflegeheim wegen Apoplex vor einem Jahr. Indirekte Suizidankündigung durch regelmäßige Äußerungen, überflüssig und nutzlos zu sein, Äußerung von Todeswünschen. **R:** • Kann sich begrenzt verbal äußern und zeigt Gesprächsbereitschaft • Geht gerne mit Rollator • Zugehörigkeit zur evangelischen Kirche **G:** Bilder ansehen **AB:** Ausruhen	Findet Interessen und Aktivitäten, die sein Wohlbefinden fördern Hat befriedigende soziale Kontakte Hat keine Suizidabsichten	**vÜ:** Grundsätzlich validierende Gesprächshaltung **Bf:** Wenig allein lassen **vÜ:** Kontaktaufnahme durch Gestalttherapeutin anregen **vÜ:** Kontaktaufnahme durch Seelsorger anregen **Bf:** Zu Mahlzeiten und Veranstaltungen in den Aufenthaltsraum begleiten.

Tab. 11.119: Pflegeplanung bei Suizidgefahr.

11.9 Verwahrlosungsgefahr

Verwahrlosung: Antisoziales Verhalten mit Vernachlässigung und Selbstgefährdung der eigenen Person.

Vernachlässigte oder verwahrloste Menschen haben die Grenze zum Ungepflegtsein überschritten. Ihre Verhaltensweisen weichen von den gesellschaftlichen Normen ab. Da das Verhalten verwahrloster Menschen zur Vernachlässigung des eigenen Körpers und damit zur Selbstgefährdung führen kann, ist u. a. auch pflegetherapeutisches Eingreifen *(Intervention)* erforderlich.

Die Begegnung mit verwahrlosten Menschen fordert AltenpflegerInnen heraus, einen individuellen Weg des Umgangs mit ihren eigenen Gefühlen zu finden, damit sie in ihrer Fürsorge gegenüber Hilfebedürftigen handlungsfähig sind.

11.9.1 Pflegediagnostik

Ursachen und Einflussfaktoren

Verwahrlosung kann Ausdruck individueller Lebensgewohnheiten sein. Es wird als abweichendes Verhalten in der Regel als sozial unerwünscht eingestuft. Jedoch ist ein allgemeines Selbstversorgungsdefizit mit ungewöhnlichen Verhaltensweisen keine mutwillige, bewusste Vernachlässigung des Körpers. Das Verhalten ist vorwiegend Ausdruck von Verwirrtheitszuständen und psychischen **Erkrankungen,** deren Ursachen mitunter schwer zu ergründen sind. Nicht selten sind Ursachen für Erkrankungen auf **Drogen- und Alkoholmissbrauch** zurückzuführen.

Psychische Ursachen können in Vernachlässigung im Kindesalter, in Missbrauch, Misshandlungen und Gewalteinwirkungen während der gesamten Lebensspanne zu finden sein.

Ebenso sind häufig **Ursachen in der Lebensumwelt** verantwortlich für Verhaltensweisen, mit denen sich der Betroffene von der Welt abwendet. In diesem Zusammenhang ist an Verlust der Arbeit und Anerkennung, Verlust der Familie und Heimat durch Krieg und Vertreibung zu denken.

Anzeichen und Ausmaß

Störungen der Gefühlswelt und des Erscheinungsbildes

Bei psychischen Erkrankungen ist in erster Linie das Gefühlsleben beeinträchtigt. Jeder hat selbst schon einmal Stimmungen erlebt, in denen er innerlich nicht zur Ruhe kam und gegenüber äußeren Dingen nachlässig und unaufmerksam wurde. Mit dem Gefühl, den äußeren Anforderungen nicht mehr gerecht werden zu können, fühlen sich Betroffene häufig elend und krank. Wenn sie aus den Belastungen nicht herausfinden und keine Situationsänderung eintritt, führt dies zu ernsten psychischen Störungen wie **Depression** oder auch **Süchten.**

Gefühlsstörungen wie **Angst** verdrängen das Gefühl für den eigenen Körper. Bedürfnisse nach ausreichender Körperhygiene werden in den Hintergrund verdrängt, weil Angst oder Unruhe die ganze Aufmerksamkeit fordern. Schweißgeruch, fettiges Haar, schmutzige Kleidung haben keine Bedeutung mehr.

Verhaltensstörungen

Bei vielen psychisch Kranken kommt es zusätzlich zu **Antriebsstörungen,** die sich bis zur Unfähigkeit der Selbstversorgung und Kontaktaufnahme zur Außenwelt steigern können, wenn nicht Hilfe von außen kommt. Depressive liegen beispielsweise losgelöst von Körperempfindungen tagelang im Bett.

Ticks, z. B. Sammelleidenschaften entwickeln sich für alles, was auf der Straße zu finden ist (☞ Abb. 11.121).

Aggression, selbstverletzendes Verhalten, lautes

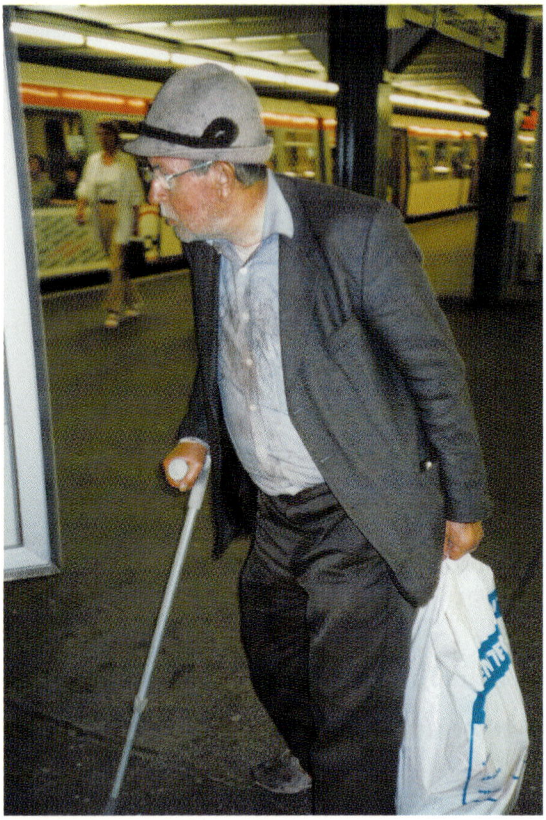

Abb. 11.120: Der alte Mann schafft es nicht mehr, ausreichend für sich zu sorgen. Er findet sich in seiner Umwelt nur schwer zurecht. Unterstützung bekommt er durch Mitarbeiter einer Diakoniestation, dort kann er auch regelmäßiges Essen bekommen und seine Kleidung wechseln. [M221]

Schreien, fehlende Ausscheidungskontrolle sind typisch für Alkoholkranke, die oft lautstark ihre immer größer werdende innere Distanz zu sich selbst überdecken.

Im Pflegeheim wird Verwahrlosung vorrangig am Erscheinungsbild, Rückzugs- oder Aggressionsverhalten der alten Menschen deutlich. Doch es kann in diesem Fall nicht mehr ausschließlich von älteren verwahrlosten Menschen gesprochen werden. Das Bild in Pflegeheimen ändert sich. Immer mehr jüngere Menschen werden in Heime aufgenommen, weil sie wegen zunehmender Verwahrlosung hilfebedürftig geworden sind.

Folgen

Körperliche Folgen von Verwahrlosung sind

- Verlust der Selbstkontrolle
- Verlust von Körpergefühlen, Empfindungen. Beispielsweise werden Schmerzen kaum noch empfunden. So laufen verwahrloste alte Menschen im Winter z. B. völlig unzureichend bekleidet und nur in Sandalen herum
- Chronische Wunden, massive Hautdefekte, Parasiten
- Mangel- und Fehlernährung.

Psychische Folgen

- Tiefes seelisches Leiden wird deutlich, wenn es gelingt, mit dem verstörten Menschen in Kontakt zu kommen
- Zunehmender Abstand zu eigenen Gefühlen und Empfindungen (Verlust des Schamgefühls)
- Das Selbstwertgefühl geht verloren, z. B. wird die tägliche Versorgung häufig durch Betteln aufrecht erhalten (☞ Abb. 11.122)

Typische **soziale Folgen** sind gekennzeichnet von Abwehr, Kontaktabbruch, Verachtung innerhalb der Lebensumwelt:

- Bei günstigem Verlauf für den Betroffenen wird psychiatrische Behandlung oder Heimaufenthalt möglich
- Bei ungünstigem Verlauf und Abwehr aller unterstützenden Maßnahmen drohen in der Regel Obdachlosigkeit, weitere Verwahrlosung, Krankheit, Tod.

11.9.2 Pflegetherapeutische Maßnahmen

Für AltenpflegerInnen ist es nicht einfach, einen Weg zu finden, der es ihnen möglich macht, mit den häufig sehr abweisenden und zurückgezogenen Menschen umzugehen. Sie müssen erst einen Umgang mit den eigenen Gefühlen entwickeln, der Fürsorge trotz natürlicher innerer Abwehr ermöglicht. Wie jeder andere Mensch auch sind AltenpflegerInnen bei der Begegnung mit unangenehmen Menschen gefordert, akzeptable Umgangsmöglichkeiten zu finden. Zur **Grundhaltung** gehören:

- Respekt
- Toleranz
- Höflichkeit.

Mit eigenen Gefühlen umgehen

Eine von Respekt, Toleranz und Höflichkeit geprägte **Grundhaltung** verändert allerdings noch nicht die **Gefühle,** die entstehen, wenn man als Pflegende unmittelbaren Kontakt zu stinkenden, verschmutzten und ungepflegten Menschen hat. Gefühle des Ekels und Unbehagens sind kein Ausdruck von Unprofessionalität, sondern normal. Sie benötigen Zeit, in denen sie aufgearbeitet und reflektiert werden können, damit es nicht zu eigenem aggressivem Verhalten und Gewalt gegen alte Menschen kommt.

Wenn AltenpflegerInnen in Konflikte und schwierige Belastungssituationen kommen, kann ein tragfähiges Team, in dem sie alle Probleme ansprechen können und Unterstützung erfahren, helfen, handlungsfähig

Abb. 11.121: In dieser Kellerwohnung hat sich eine psychisch kranke Frau vor der Außenwelt verbarrikadiert. Alle Habseligkeiten, die sie im Dunkeln sammelt, stapelt sie vor ihrer Tür. Nur einigen Sozialarbeitern, die ihr langjährig vertraut sind, gelingt es, Kontakt zu ihr aufzunehmen. [M221]

zu bleiben. Auch **Supervision** ist eine gute Unterstützungsmöglichkeit.

Ambulante Hilfen bei Verwahrlosung

Viele alte Menschen können aus unterschiedlichsten Gründen ihr Leben nicht mehr allein organisieren. Sie sind überfordert, z. B. Haushalt, Behördengänge und Arztbesuche selbstständig zu erledigen. Hilfen können über Anträge bei der Pflegeversicherung und der Altenhilfe des Sozialamtes (☞ auch 11.1) finanziert werden (☞ Fallbeispiel Herr Gerdes unter 11.6.2).

Unterstützung ist möglich durch

- **Sozialstationen,** die z. B. bei der Körperpflege oder pflegerischen Maßnahmen unterstützen
- **Hauspflegedienste,** die Unterstützung in der Haushaltsführung anbieten
- **Nachbarschaftshilfe,** die ebenfalls bei der Haushaltsführung unterstützen
- **Zivildienstleistende,** die im Auftrag von **Hilfsorganisationen** wie DRK, ASB, AWO, Johannitern und Maltesern Aufgaben nach Vereinbarung übernehmen
- **Essen auf Rädern** von privaten Anbietern oder Hilfsorganisationen, die komplette Mahlzeiten liefern
- **Diakonie und Caritas** mit vielfältigen Unterstützungangeboten für sozial benachteiligte Menschen (☞ Fallbeispiel).

Hilfen bei Fragen zum Thema Betreuung gibt es durch Lebenshilfe- und Betreuungsvereine, z. B. vom Diakonischen Werk, Paritätischen Wohlfahrtsverband, Caritas oder Arbeiterwohlfahrt.

Fallbeispiel Mitternachtsbus

Das Zusammenwirken vieler engagierter Menschen unter dem Dach der Diakonie hat es in Hamburg möglich gemacht, dass ein Mitternachtsbus durch die Stadt fährt und Obdachlose an ihren Schlafplätzen aufsucht. Freiwillige Helfer teilen so regelmäßig Essen und heiße Getränke aus und sorgen in der kalten Jahreszeit für zusätzliche Kleidung und Decken. Die verteilten Nahrungsmittel werden von Lebensmittelläden, Restaurants und Händlern täglich kostenlos nach Ladenschluss zur Verfügung gestellt.

Betreuung nach dem Betreuungsrecht (§ 1896 BGB)

Nicht jeder Mensch kann seine nach dem Grundgesetz garantierten Rechte selbst wahrnehmen. Um diese Menschen zu unterstützen, ist **Betreuung** mit Hilfe gesetzlicher Grundlagen geregelt.

Abb. 11.122: Diese Bettlerin versteckt ihr Gesicht. Das Selbstwertgefühl geht bei zunehmender Verwahrlosung schnell verloren. [M221]

Durch das Betreuungsgesetz von 1.1.1992 wurde die Entmündigung volljähriger Menschen abgeschafft. Das Betreuungsgesetz stellt das Recht des Menschen auf Selbstbestimmung an erste Stelle. Ein Betreuer kann bei Volljährigen durch das Amtsgericht bestellt werden, wenn der Betreffende aufgrund körperlicher, seelischer, geistiger oder psychischer Erkrankungen nicht in der Lage ist, seine Angelegenheiten zu regeln. Der **Antrag** kann vom Betroffenen selbst oder von anderen Personen gestellt werden. Die **Aufgaben** des Betreuers sind genau festgelegt. Er kann für bestimmte Bereiche, wie Finanzen, Aufenthaltsort, Gesundheitsvorsorge oder für alle Bereiche des Lebens bestellt werden.

In folgenden schwerwiegenden Entscheidungen benötigt ein Betreuer eine **Genehmigung des Amtsgerichtes:**

- Unterbringung durch Freiheitsentzug (§ 1906, Abs.1 BGB), z. B. zur Unterbringung auf einer geschlossenen Station
- Unterbringungsähnliche Maßnahmen, z. B. Anbringen von Bettgittern, Fixieren
- Vermögenssorge, z. B. Verkaufen des Hauses, Verzicht auf Erbe
- Weitere schwerwiegende Entscheidungen wie Kündigung der Wohnung, Wohnungswechsel in ein Altenheim.

Viele alte Menschen regeln diese Maßnahmen frühzeitig, ohne geistig und körperlich eingeschränkt zu sein durch eine schriftliche **Vorsorgevollmacht** oder **Betreuungsverfügung.** Damit wird geregelt, wer im Fall der Hilfsbedürftigkeit ausgewählte oder alle Angelegenheiten regeln soll bzw. welche Entscheidungen im Fall einer Pflegebedürftigkeit zu treffen sind.

☑ In stationären Altenpflegeeinrichtungen wird eine Kopie der Bestellungsurkunde mit Anschrift und Telefonnummer des Betreuers zur Pflegedokumentation des alten Menschen gelegt. Für notwendige Entscheidungen wird der Betreuer hinzugezogen. Der Betreuer ist nur berechtigt, im bestellten Bereich Entscheidungen zu treffen.

Maßnahmen in stationären Altenpflegeeinrichtungen

Es ist sinnvoll, Maßnahmen, die der Vermeidung von Gefahren für den Betroffenen und andere alte Menschen in der Altenpflegeeinrichtung dienen, gemeinsam zu beraten und durchzusetzen. Teamabsprachen können Regeln geltend machen, die für alle verbindlich sind. Individuelle Absprachen mit verwahrlosungsgefährdeten Menschen erweisen sich zusätzlich als sinnvoll, damit Maßnahmen für den alten Menschen nicht als Zwang wirken, sondern freiwillig von ihm akzeptiert und eingehalten werden können.

Teamaufgaben

- Allgemeingültige Hygiene- und Umgangsregeln z. B. innerhalb der Hausordnung formulieren (Heimbeirat einbeziehen) und Regeln für alle zugänglich machen
- Angemessene Beobachtung der alten Menschen, um im Bedarfsfall mit viel Einfühlungsvermögen Unterstützung anbieten zu können bei
  - Regelmäßiger Körperpflege
  - Notwendigem Wäsche- und Kleidungswechsel
  - Essgewohnheiten
  - Aufräumen des Zimmers, der Schränke
  - Individuellen Bedürfnissen (Schminken, Frisörtermin)
- Gemeinsam beraten, wer wann wie mit einem alten Menschen ein individuell zwingend notwendiges Gespräch führt, beispielsweise zu Hygiene- oder Umgangsregeln. Nicht jeder fühlt sich dazu in der Lage und hat den entsprechenden Kontakt. Die **Bezugsperson**
  - Informiert den gefährdeten Menschen über notwendige Regeln
  - Bietet Unterstützung an
  - Fordert die Einhaltung mit Bestimmtheit ein
  - Sorgt für ihre Durchsetzung.

Mögliche individuelle Absprachen mit verwahlosungsgefährdeten Menschen

- Allgemeingültige Hygiene- und Umgangsregeln werden berücksichtigt
- Regelmäßige Badetermine werden eingehalten
- Verunreinigte, gesammelte Gegenstände wie z. B. Flaschen, Zeitungen oder Dosen werden entsorgt
- Sammellager werden weder im eigenen Zimmer noch in anderen Räumen angelegt
- Die Kleidung wird sauber und heil getragen, die MitarbeiterInnen unterstützen bei deren regelmäßigem Wechsel und Reinigung
- Innerhalb der Einrichtung wird nicht gebettelt oder geborgt.

Die Festlegungen werden selbstständig beachtet und eingehalten, wenn dies nicht möglich ist, setzen die AltenpflegerInnen sie zum Schutz aller durch.

Die Gradwanderung zwischen Zwang und Freiwilligkeit bei pflegerischen Maßnahmen ist sehr kritisch zu bedenken. AltenpflegerInnen benötigen regelmäßige Unterstützung und Reflektionsmöglichkeiten, um mit Gefühlen wie Macht und Machtlosigkeit angemessen umgehen zu können, damit es nicht zu Gewalt in der Altenpflege kommt.

Regeln bei Suchtproblematik

MitarbeiterInnen einer Pflegestation, auf der auch Menschen mit Drogensucht betreut werden, haben Regeln für den Umgang mit Suchtproblematik auf dieser Station gemeinsam erarbeitet (aus: Mamerow, Ruth: Umgang mit Drogenabhängigen. Heilberufe, Urban & Vogel, München, Heft 1/1999):

„Für alle Menschen auf dieser Station, egal ob Pflegebedürftiger oder Mitglied des Pflegeteams, gelten bestimmte Regeln des Zusammenlebens:

- Gegenseitige Achtung und Rücksichtnahme
- Absolutes Verbot von Gewalt, Gewaltandrohung und sexueller Belästigung
- Für Menschen, die drogen-, alkohol- oder medikamentenabhängig sind, gelten spezielle Regeln. Sie mögen streng erscheinen, sollen ihnen aber einen Schutzraum geben, mit ihrer Sucht umzugehen
- Bei Aufnahme werden alle auf Drogen-, Alkohol- und Medikamentenkonsum untersucht
- In den ersten drei Tagen werden Urinkontrollen unter Aufsicht durchgeführt
- Polamidonsubstitution kann erst nach Urinabgabe erfolgen
- Besitz, Einnahme oder Handel mit Drogen, Alkohol oder Medikamenten führt zur sofortigen Entlassung.

Ein Betroffener sagt nach einem halben Jahr auf dieser Station: „Die strengen Regeln haben mir geholfen. Hier wird gut aufgepasst. Das ist für mich sehr wichtig gewesen.“

Fallbeispiel Weglaufhaus

Obdachlose werden oft gegen ihren Willen in Nervenkliniken untergebracht und zwangsweise behandelt. In Berlin gibt es stattdessen einen Zufluchtsort für sie. Die Villa in Berlin-Frohnau mit dem Namen Weglaufhaus ist eine Zufluchtsstätte für obdachlose Menschen, die wegen ungewohnten, befremdenden Verhaltens in eine Nervenklinik gebracht wurden und dort oft gegen ihren Willen mit hochdosierten Medikamenten und Fixierungen ruhig gehalten werden. Das Weglaufhaus bietet jedem Obdachlosen Zuflucht, der eine Alternative zur Psychiatrie und zu Psychopharmaka sucht. Es ist die einzige antipsychiatrische Einrichtung in Deutschland.

Es ist keine therapeutische Einrichtung, eher ein Ort des Ausruhens des Begleitens und des Zusammenlebens auf Zeit und mit Rücksichtnahme aufeinander. Die MitarbeiterInnen helfen, die Lebensdinge für eine selbstständige Existenz wieder halbwegs in Ordnung zu bringen. Meist geht es um Wohnung, Arbeit, Geld. Niemand wird als Kranker gesehen, höchstens als Hilfsbedürftiger. Der einzige Zwang, dem er sich fügen muss, ist die Hausordnung: Toleranz, keine Gewalt, Mitarbeit im Haushalt, Verzicht auf Drogen und Alkohol sowie Verpflegungsabgabe von wöchentlich 50 Mark.

aus: Ulrich, Barbara: Manchmal hab ich die Sonne in mir. Berliner Zeitung, Nr. 248/1999

11.9.3 Exemplarische Pflegeplanung

Pflegediagnose mit Ursache (PD), Ressourcen (R), Gewohnheiten (G), Erfahrungen (E), aktuelle Bedürfnisse (AB)	Pflegeziele	Pflegetherapie Information (I), Beratung (B), Motivation (M), Anleitung (A), Beaufsichtigung (Bf), teilweise Übernahme (tÜ), vollständige Übernahme (vÜ)
PD: Verwahrlosungsgefahr mit unzureichender Körperpflege und unsauberer Kleidung aufgrund von Antriebslosigkeit **R:** Selbstständiges Handeln mit Unterstützung möglich **G:** kämmt sich gern **AB:** Ruhe, möchte umsorgt werden	Körperpflege und Kleidungswechsel werden mit Unterstützung selbstständig durchgeführt	**B, M:** Bezugsperson - Führt Gespräch über Anforderungen und Bedürfnisse zur Körperpflege - Bietet Unterstützung an **tÜ:** Wöchentliches Baden und Haarewaschen (Termin absprechen) **M, tÜ:** Ermuntern zur täglichen Körperpflege, Unterstützung bei Intimpflege anbieten **vÜ:** Regelmäßiges organisieren von Frisörterminen (Termin absprechen) **tÜ, M:** Unterstützung beim Zurechtlegen sauberer Wäsche abends anbieten, zum Kleidungswechsel ermuntern

Tab. 11.123: Beispiel einer Pflegeplanung bei beginnender Verwahrlosung und unzureichender Körperpflege.

Wiederholungsfragen

1. Welche Sicherheitssysteme des Körpers sorgen für körperliche Unversehrtheit? (☞ 11.1)
2. Welche Erkrankungen beeinträchtigen die Sicherheitssysteme des Körpers? (☞ 11.1)
3. Welchen Einfluss hat die psychosoziale Entwicklung eines Menschen auf das Gefühl, sich sicher und geborgen zu fühlen? (☞ 11.1)
4. Welche drei Grundprinzipien der staatlichen sozialen Sicherung sind im Bundesozialhilfegesetz verankert? (☞ 11.1)
5. Wie ändert sich das Sicherheitsbedürfnis im Laufe des Lebens? (☞ 11.1)
6. Über welche Veränderungsmöglichkeiten im häuslichen Umfeld können AltenpflegerInnen alte Menschen informieren, um die Sicherheit in der Wohnung zu erhöhen? (☞ 11.1)
7. Welche Berufsgruppen sorgen außer AltenpflegerInnen noch für die Sicherheit alter Menschen? (☞ 11.1)
8. Worauf ist bei der Durchsicht der Unterlagen zu achten, wenn Einschränkungen im Bereich „Für Sicherheit sorgen" erkannt werden sollen? (☞ 11.2)
9. Welche Anzeichen sprechen für eine erhöhte Sturz- und Verletzungsgefahr? (☞ 11.3.1)
10. Welche schwerwiegenden Folgen können Stürze für alte Menschen haben? (☞ 11.3.1)
11. Welche Maßnahmen können die Sturz- und Verletzungsgefahr einschränken? (☞ 11.3.2)
12. Welche Hilfsmittel reduzieren die Gefahr von Verletzungen und Stürzen? (☞ 11.3.2)
13. Welche Maßnahmen reduzieren die Verletzungsgefahr bei Störungen der Sensibilität und des Temperaturempfindens? (☞ 11.3.2)
14. Was ist zu tun, wenn ein alter Mensch gestürzt ist? (☞ 11.3.2)
15. Welche körperlichen, psychischen und umweltbedingten Ursachen erhöhen die Infektionsgefahr für alte Menschen? (☞ 11.4.1)
16. Welche Anzeichen weisen auf eine Infektion hin? (☞ 11.4.1)
17. Wie lässt sich die allgemeine Abwehr eines Menschen stärken? (☞ 11.4.2)
18. Welche Injektionsarten gibt es? (☞ Tab. 11.36)
19. Was ist vor jedem Aufziehen eines Medikaments für eine Injektion zu prüfen? (☞ 11.4.3)
20. Was gehört zur Vorbereitung einer Injektion? (☞ 11.4.3)
21. Welche Injektionsorte eignen sich für eine s.c.-Injektion? (☞ 11.4.3)
22. Wie wird eine s.c.-Injektion durchgeführt? (☞ 11.4.3, Abb. 11.49 und 11.50)
23. Welche Besonderheiten sind bei Insulininjektionen zu beachten? (☞ 11.4.3)
24. Wie wird der richtige Injektionspunkt für die ventrogluteale Injektion nach Hochstetter aufgesucht? (☞ Tab. 11.53)
25. Beschreiben Sie die Durchführung einer i.m.-Injektion! (☞ Tab. 11.53)
26. Welche Komplikationen können bei i.m.-Injektionen auftreten und welche Maßnahmen sind jeweils erforderlich? (☞ Tab. 11.59)
27. Was ist nach einer Nadelstichverletzung zu tun? (☞ 11.4.3)
28. Wie wird das Legen eines peripheren Venenzugangs vorbereitet? (☞ 11.4.4)
29. Welche Komplikationen können bei der Infusionstherapie eintreten und welche Maßnahmen beugen diesen Komplikationen vor? (☞ Tab. 11.64)
30. Was ist bei der Pflege der Punktionsstelle bei einem zentralen Venenkatheter (ZVK) zu beachten? (☞ 11.4.4)
31. Welche Tätigkeiten bei der Infusionstherapie kann die ÄrztIn an eine examinierte AltenpflegerIn delegieren? (☞ 11.4.4)
32. Geben Sie einen groben Überblick über die verschiedenen Arten von Infusionslösungen! (☞ Tab. 11.75–11.77)
33. Wie wird eine Infusion vorbereitet? (☞ 11.4.4)
34. Welche Regeln sind zu beachten, wenn Medikamente zu einer Infusionslösung zugemischt werden sollen? (☞ 11.4.4)
35. Wie wird eine Infusionsflasche gewechselt? (☞ 11.4.4)

36. Zu welchem Zweck wird die subkutane Infusionstherapie in der Altenpflege durchgeführt? (☞ 11.4.4)

37. Welche Wundheilungsstörungen gibt es und welche endogenen und exogenen Faktoren beeinflussen die Wundheilung? (☞ 11.4.5, Tab. 11.83)

38. Wie wird ein Verbandwechsel bei aseptischen und wie bei septischen Wunden durchgeführt? (☞ 11.4.5)

39. Wie wird eine Wunde gespült? (☞ Tab. 11.88)

40. Welche Spezialverbände zur feuchten Wundbehandlung gibt es? (☞ Tab. 11.89)

41. Welche Medikamente beeinflussen die Blutgerinnung und mit welchen Labortests lässt sich die Blutungsneigung kontrollieren? (☞ 11.5.1)

42. Worüber muss eine AltenpflegerIn einen alten Menschen mit Antikoagulantientherapie informieren? (☞ 11.5.2)

43. Welche pflegetherapeutischen Maßnahmen können die Weglaufgefahr von alten Menschen reduzieren? (☞ 11.6.2)

44. Welche Folgen können Fixierungen für den Betroffenen haben und wann sind Fixierungen erlaubt? (☞ 11.6.2)

45. Welche Anzeichen weisen auf ein selbstverletzendes Verhalten eines alten Menschen hin? (☞ 11.7.1)

46. Wie kann eine AltenpflegerIn bei aggressivem Verhalten eines alten Menschen in eine bedrohliche Situation eingreifen, ohne sich selbst und andere zu gefährden? (☞ 11.7.2)

47. Welche Hinweise lassen eine Suizidabsicht eines alten Menschen vermuten? (☞ 11.8.1)

48. Mit welchen pflegetherapeutischen Maßnahmen kann das Suizidrisiko eines alten Menschen reduziert werden? (☞ 11.8.2)

49. Welche körperlichen, psychischen und sozialen Folgen führt zur Verwahrlosung für einen Menschen? (☞ 11.9.1)

50. Welche ambulanten Hilfen können bei drohender oder manifester Verwahrlosung Unterstützung anbieten? (☞ 11.9.2)

12. Für Beschäftigung und soziale Interaktion sorgen

12.1 Bedeutung und Einflussfaktoren

„Für Beschäftigung und Interaktion sorgen": Lebens- und Kompetenzbereich, der alle Möglichkeiten der Selbstpflege für ein ausgewogenes Verhältnis zwischen Aktivität und Passivität, zwischen Kontaktfähigkeit und der Fähigkeit zum Alleinsein umfasst.

Menschen bewegen sich zwischen Aktivität und Passivität, Anspannung und Entspannung, Beschäftigung und Muße. Für die körperliche und seelische Gesundheit ist ein Gleichgewicht zwischen den beiden Polen Tun und Lassen notwendig.

Menschen sind nicht in erster Linie Einzelwesen (lat. individuum), sondern durch ihre vielfältigen Beziehungen untereinander auch Sozialwesen (lat. socialis: gesellschaftlich, die Gesellschaft betreffend). Das Bedürfnis nach zwischenmenschlichen Beziehungen ist zwar ein Grundbedürfnis des Menschen, aber nicht bei jedem gleich ausgeprägt. Manche Menschen haben mehr, andere weniger Bedarf an sozialen Kontakten.

Abb. 12.1: Lebens- und Kompetenzbereich „Für Beschäftigung und Interaktion sorgen". [A500-119]

☑ Alte Menschen leben zwar häufiger allein als jüngere Menschen. Umfragen haben aber gezeigt, dass sich nicht alle so isoliert und einsam fühlen, wie oft angenommen wird.

Der Lebensbereich „Für Beschäftigung und Interaktion sorgen" setzt sich zusammen aus (☞ Abb. 12.1):

- Allgemeiner, beruflicher und persönlicher Bildung
- Beruflicher Arbeit
- Familienleben und Hausarbeit
- Sozialen Kontakten (Interaktion)
- Freizeitgestaltung und Hobby.

Allgemeine, berufliche und persönliche Bildung

Der Begriff Bildung ist fließend und variabel. Im Gegensatz zu Erziehung ist Bildung ein lebenslanger, nie endgültig abgeschlossener Prozess, der vom einzelnen Eigentätigkeit und Selbstbestimmung erfordert.

☑ „Man bleibt jung, solange man noch lernen, neue Gewohnheiten annehmen und Widerspruch ertragen kann."
Marie von Ebner-Eschenbach

Allgemeinbildung umfasst das nicht fachbezogene, allseitige Wissen, das in den Pflichtschulen, den weiterführenden Schulen und zunehmend mehr auch in den Berufs- und Fachschulen vermittelt wird. Im Rahmen der Erwachsenenbildung kann man auch nach der Schulzeit noch Lücken im Allgemeinwissen schließen, z. B. in den Bereichen Kultur, Sprachen, Politik, Geographie. Die Qualität und Dauer von Schulbildung und Ausbildung beeinflussen die spätere Stellung des Einzelnen in der Gesellschaft, Berufswahl und Einkommen, das Selbstwertgefühl, die Wertschätzung durch andere und die Art und Fähigkeit zu kommunizieren.

Berufliche Bildung ist das Wissen, das der erwachsene Mensch in der berufsbezogenen Aus-, Fort- und Weiterbildung erwirbt. Hieraus entwickeln sich berufliches Fachwissen, Fähigkeiten, Kompetenzen und Verantwortungsbewusstsein. Sowohl das Interesse als auch die Chance, im höheren Alter noch berufstätig zu bleiben, hängt stark vom Ausbildungsniveau ab. Wer in seinem Beruf viel kommuniziert hat, wird diese Erfahrung auch mit ins Alter nehmen.

Persönliche Bildung ist das Erlernen ganz individueller, persönlicher Fähigkeiten, Fertigkeiten sowie Interessen, die ein Mensch im Laufe seines Lebens entwickelt hat. Diese bestehen auch im Alter fort und können sogar noch weiter entwickelt werden. Dabei spielen die Lebenserfahrung, das Selbstwertgefühl, das Erleben und Einschätzen der eigenen Möglichkeiten wichtige Rollen.

Abb. 12.2: „Schuster, bleib bei Deinen Leisten!", dieses Sprichwort kann, muss aber nicht unbedingt nach Eintritt in den Ruhestand Gültigkeit haben. Manche ältere Menschen beginnen auch mit einer ganz neuen, andersartigen Beschäftigung, die sie ausfüllt. [K157]

☑ Durch Bildung wird auch die Entwicklung der sozialen Kompetenz des Menschen gefördert. Er erwirbt die Fähigkeit, mit eigenen Schwierigkeiten fertig zu werden und befriedigende Beziehungen zu anderen Menschen aufzubauen und zu pflegen.

Berufliche Arbeit

Das Wort Arbeit kommt aus dem Mittelhochdeutschen und bedeutet Mühsal und Not. Gemeint ist das bewusste, zielgerichtete Handeln des Menschen zum Zweck der Existenzsicherung und der Befriedigung von Einzelbedürfnissen. Arbeit ist ein wichtiger Faktor bei der Daseinserfüllung.

Berufliche Arbeit bedeutet für jeden Menschen etwas anderes, z. B.:

- Finanzielle und soziale Sicherheit
- Sich etwas leisten können, Komfort, Luxus
- Von der Hand in den Mund leben
- Prestige und Anerkennung
- Spaß, Freude, Ablenkung
- Monotonie
- Entfremdung, Unterdrückung, Fremdbestimmung
- Zwang, Knochenarbeit, Plackerei (Überleben)
- Freizeitgestaltung
- Selbstverwirklichung, schöpferisches Tun
- Soziale Kontakte pflegen, unter Menschen kommen.

Familien- und Hausarbeit

Familien- und Hausarbeit findet im Haushalt von Einzelpersonen bzw. Familien statt und beinhaltet pflegerische, pädagogische, hauswirtschaftliche und soziale Aufgaben, z. B. Kinder erziehen, Angehörige

Abb. 12.3: Heute kommt es häufiger vor, dass sich ein Vater Zeit für die Betreuung seiner Kinder nimmt. [O148]

pflegen, Finanzhaushalt regeln, kochen, waschen, putzen oder Gartenpflege.

Für die ältere Generation waren Familien- und Hausarbeit in der Regel **Frauensache**. Nur in seltenen Fällen haben Männer einmal vorübergehend als Hausmann gearbeitet, und es galt als unmännlich, wenn ein Mann einen Kinderwagen schob oder dem Baby die Windeln wickelte (☞ Abb. 12.3).

Obwohl noch heute die Meinung weit verbreitet ist, die wichtigste Aufgabe einer Frau sei das Hausfrau-und-Mutter-Sein, wird die Familien- und Hausarbeit nur gering geschätzt. Bis heute wird weder für die private Haushaltsführung noch für die Erziehung der eigenen Kinder ein Hausfrauengehalt bezahlt, noch ist eine Ausbildung notwendig.

☑ Berufliche Arbeit hat einen höheren gesellschaftlichen Stellenwert als Hausarbeit und Kindererziehung.

Soziale Kontakte und Interaktion

Von Geburt an ist jeder Mensch auf andere Menschen in seiner Umwelt angewiesen. Er wird ständig von den ihn umgebenden Menschen beeinflusst, d. h. von der Gesellschaft, in der er lebt.

Das menschliche Zusammenleben führt zu Gruppenbildungen. Ein Mensch gehört im Laufe seines Lebens – nacheinander oder auch gleichzeitig – den verschiedensten Gruppen an. Durch die Zugehörigkeit zu einer solchen Gruppe wird er zu einem Mitglied der Gesellschaft.

Die Gruppen unterscheidet man je nach ihrer Art z. B. in:

- **Altersgruppen,** z. B. einzelne Jahrgänge, Säuglinge, Jugendliche, alte Menschen
- **Berufsgruppen,** z. B. Bäcker, LehrerInnen, KrankenpflegerInnen, SozialarbeiterInnen
- **Gehaltsgruppen,** z. B. Höhe des Monatsgehalts oder des Wochenlohns
- **Religionsgruppen,** z. B. Katholiken, Protestanten, Moslems, Juden.

Fallbeispiel
Frau Müller gehört gleichzeitig zu der Sozialgruppe Familie, aber auch zu der Sozialgruppe der HeimbewohnerInnen. Sie arbeitet in einer Hobbygruppe mit, nimmt an einer Singgruppe teil, turnt in einer Gymnastikgruppe und engagiert sich im Heimbeirat. Ihre Wohnortgemeinde und die Kirchengemeinde ihres Bezirks sind größere Sozialgruppen, zu denen sie ebenso gehört wie zu der großen Gruppe der alten Menschen, der RentnerInnen und der Behinderten. Im Laufe ihres Lebens gab es eine Vielzahl anderer Gruppen, denen sie längere oder kürzere Zeit angehörte.

Freizeitgestaltung und Hobby

Hobby *(engl. Steckenpferd)* bedeutet so viel wie **Freizeitbeschäftigung** zur Pflege persönlicher Interessen, Neigungen oder Talente. Dazu gehören z. B. Lesen, Malen, Sport, Musizieren. Es stellt häufig einen Ausgleich zur beruflichen Arbeit dar (☞ Abb. 12.4).

Hobbys haben nicht den Charakter gesellschaftlicher Notwendigkeit und finden wenig gesellschaftliche Anerkennung. Deshalb versagen viele Hobbys als **Beschäftigungsersatz** für die Zeit nach dem Berufsleben.

Abb. 12.4: Hobbys werden häufig als erholsamer Ausgleich zu den psychischen und physischen Anforderungen der beruflichen Arbeit erlebt. [A400-116]

Laut Umfragen gehören zu den beliebtesten Freizeitbeschäftigungen alter Menschen: Lesen, Radio hören, Fernsehen, Familien- und Hausarbeit, Zimmerpflanzen, Haustiere, Garten, Gottesdienste, Ausruhen, Spazierengehen, Wandern, Schwimmen, Sport, Besuche erhalten oder machen, Spiele, Handarbeiten, Handwerken, Sammeln, Cafébesuche, Reisen, Fortbildungskurse.

Gesundheits- und Krankheitsprozesse

Interaktion und Gesundheitszustand

Ein wichtiger Faktor in den Lebens- und Kompetenzbereichen „Für Beschäftigung und Interaktion sorgen" ist der **Gesundheitszustand** eines Menschen. **Krankheitsprozesse,** körperliche, geistige und seelische Beeinträchtigungen und Behinderungen können die Beschäftigungs- und Interaktionsmöglichkeiten stark einschränken.

Zu den **körperlichen Ursachen** gehören z. B.:

- Vermindertes Seh- und Hörvermögen, Sprech- oder Sprachstörungen
- Rückgang der körperlichen Energie und Aktivität
- Chronische Erkrankungen, z. B. Diabetes mellitus, Herzerkrankungen, Arthrose, Morbus Parkinson, die häufig einhergehen mit eingeschränkter Beweglichkeit, verminderter körperlicher Belastbarkeit, Gehstörungen u. a.
- Schmerzen
- Unfälle, Stürze, Verletzungen und Krankheiten, durch die ein alter Mensch vorübergehend oder auch für längere Zeit ans Haus, an seinen Lehnstuhl oder ans Bett gebunden ist
- Harn- oder Stuhlinkontinenz
- Verminderte geistige Beweglichkeit, z. B. Demenz.

Psychische Ursachen für eingeschränkte Beschäftigung und Interaktion sind z. B.:

- Persönlichkeitsmerkmale, z. B. Einzelgänger, Egozentriker
- Beziehungsstörungen, z. B. Angst vor Nähe, Distanzlosigkeit
- Neurotische Störungen, z. B. Zwänge, Angstzustände, Phobien, Hemmungen
- Affektive Störungen, z. B. depressive Verstimmungen bis hin zu schweren Depressionen, aggressives Verhalten, Euphorie, Manie
- Psychotische Krankheiten mit Ich-Störungen, Kommunikationsproblemen, Halluzinationen und Wahnideen.

Bei alten Menschen zeigt sich besonders deutlich das Zusammenspiel zwischen biologischen, psychischen und sozialen Faktoren. Häufig sind ihre Beeinträchtigungen deshalb auch so vielschichtig, besonders im Bereich der kognitiven Funktionen.

Abb. 12.5: Die körperliche und psychische Verfassung eines Menschen hat einen großen Einfluss auf die Fähigkeit, Kontakte aufzubauen und zu pflegen. [K157]

Biopsychosoziale Ursachen für eingeschränkte Beschäftigungs- und Interaktionsmöglichkeiten sind z. B.:

- Verlangsamtes oder gestörtes Wahrnehmen und Registrieren von Eindrücken, z. B. aufgrund hirnorganischer Prozesse (Demenz) oder wegen Beeinträchtigungen der Sinnesorgane (Seh-, Hörstörungen, ☞ Kapitel 4)
- Verlängerte Reaktionszeit durch eine allgemeine Verlangsamung der Funktionen des zentralen und peripheren Nervensystems.

Wenn alte Menschen Informationen falsch oder nur ungenügend aufnehmen und verarbeiten können, kommt es oft zu unangemessenem Verhalten. Die Umwelt unterstellt ihnen fehlerhaftes Denken, und nicht selten wird ein alter Mensch dann ignoriert oder ganz gemieden und dadurch in die Isolation getrieben.

Stressreaktionen

Es ist nachgewiesen, dass ein eindeutiger Zusammenhang zwischen psychischen Erkrankungen und Ar-

Abb. 12.6: Psychische Belastungen am Arbeitsplatz wie Stress nehmen immer mehr zu. [J660]

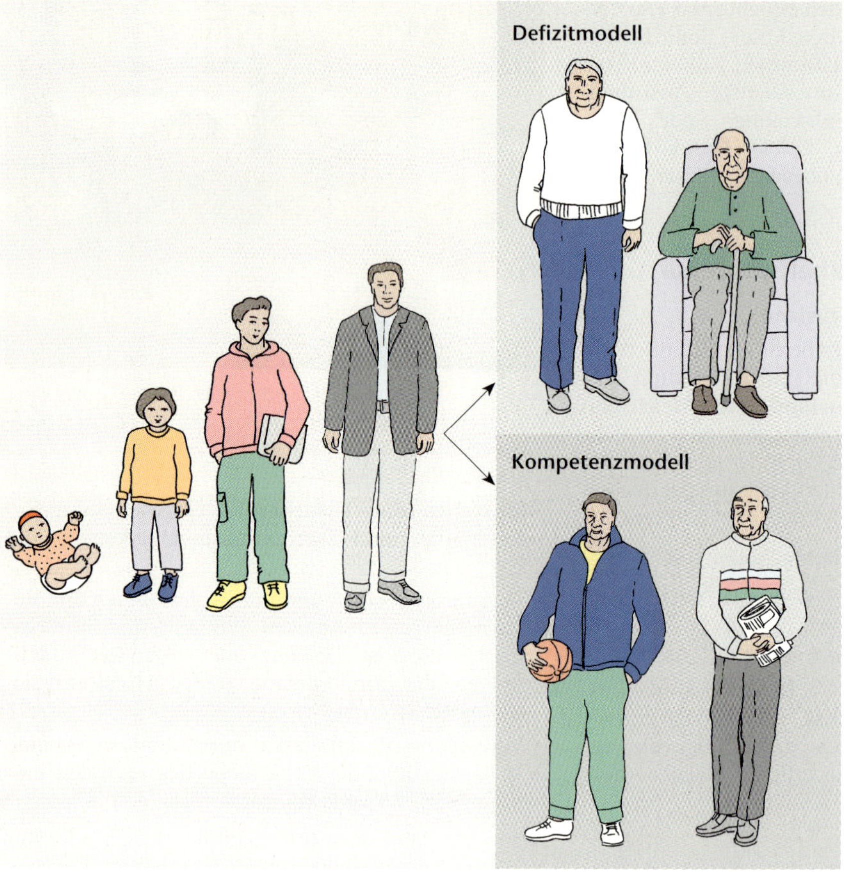

Abb. 12.7: Das Defizit-Modell verbindet mit dem Alter den Verlust von Fähigkeiten, während das Kompetenzmodell sein Augenmerk auf den Erhalt bestehender und Ausbau neuer Fähigkeiten des alten Menschen richtet. [A500-119]

beitsunzufriedenheit oder auch dem „Nicht-anwenden-Können" von Fähigkeiten besteht.

Infolge Automatisierung und Rationalisierung sind in unserem Jahrhundert die körperlichen Belastungen im Arbeitsleben weniger geworden, die seelischen dagegen haben zugenommen. Zeitdruck, Personalmangel, fehlerhafte Organisation am Arbeitsplatz, aber auch ein schlechtes Betriebsklima führen auf Dauer zu Unzufriedenheit und können Stress erzeugen. Das betrifft auch die Gruppe der älteren ArbeitnehmerInnen. Länger andauernde Belastungen führen zu erhöhtem Energieaufwand, zu immer kürzer werdenden Erholungsphasen, die schließlich ganz ausbleiben. Das kann zu sogenannten Anpassungskrankheiten führen wie z. B. Bluthochdruck, Stoffwechselkrankheiten und Krebs.

Nach *Lazarus* reagieren verschiedene Personen in ähnlichen Stresssituationen unterschiedlich, weil sie andere Bewältigungsstrategien haben. Der eine sieht in einem „stressigen" Ereignis nur den Verlust und die Bedrohung, während ein anderer darin eine Herausforderung sieht und diese annimmt.

Selye unterscheidet:

- **Distress:** negativer, krank machender Stress
- **Eustress:** positiver Stress als Folge von befriedigenden Aufgaben, Erlebnissen und sinnvoller Beschäftigung.

Defizit- und Kompetenzmodell

Die **empirische Altersforschung** *(Gerontologie)* konnte nachweisen, dass ein hohes Lebensalter nicht zwangsläufig auch mit Abbau und Verlust von Fähigkeiten und Fertigkeiten einhergehen muss. Die meisten älteren Menschen können sehr wohl kompetent mit den Anforderungen und Belastungen des Alters und mit Einschränkungen und Behinderungen umgehen. Das **„Defizit-Modell"**, welches Altern mit Verlusten und genereller Verschlechterung gleichsetzt, wurde deshalb vom **„Kompetenz-Modell"** abgelöst, welches die erhaltenen und zu fördernden Fähigkeiten und Kompetenzen alter Menschen in den Mittelpunkt stellt (☞ Abb. 12.7).

Wer körperlich rüstig, psychisch stabil und geistig noch auf der Höhe ist, hat viele Möglichkeiten, mit anderen Menschen in Kontakt zu kommen. Oft kann ein alter Mensch Schwächen im einen Bereich, z. B. eine körperliche Behinderung, durch Stärken auf anderen Gebieten, wie geistige Fitness oder künstlerische Begabung und Geschicklichkeit, ausgleichen.

Ein anderer kann vielleicht trotz Leistungsschwächen im geistigen Bereich noch sehr viel Freude und Befriedigung bei praktischen Arbeiten oder sportlicher Betätigung finden.

Viele alte Menschen verfügen aber nicht mehr über die nötige Flexibilität, um sich auf neue Situationen umzustellen und ungewohnte Einschränkungen zu akzeptieren. Wenn hier nicht Unterstützung von außen angeboten wird, kann es schnell zu einem Beschäftigungsdefizit (☞ 12.3) kommen.

Lebensspanne

Die Bedeutung der Begriffe „Beschäftigung und Interaktion" ändert sich im Laufe eines Menschenlebens ständig und reicht von Kinderspiel über Schularbeiten und Berufstätigkeit bis hin zu nachberuflichen Aktivitäten.

Viele Fähigkeiten und Begabungen eines Menschen sind angeboren. Eine wesentliche Rolle spielen aber auch hierbei die Erziehung und die Umwelt, z. B. durch Vorbilder, Förderung vorhandener Anlagen und Training.

☑ Die Biografie und die Sozialisation eines alten Menschen zu berücksichtigen ist eine der wichtigsten Aufgaben im Rahmen der Altenpflege, vor allem auch im Lebens- und Kompetenzbereich „Für Beschäftigung und Interaktion sorgen".

Sozialisation

Schon ein Kind übernimmt Verhaltensweisen von anderen Menschen aus seinem Umfeld. Indem es auf das Verhalten anderer Menschen reagiert, entwickelt es sich zu einem sozialen Wesen. Dieser Prozess der **Sozialisation** beginnt für die meisten in der Familie. Hier erlebt das Kind Vertrauen, Selbstwertgefühl und die Fähigkeit, auf andere Menschen zuzugehen, auf sie einzugehen und sich mit ihnen auseinander zu setzen. In dieser Phase werden das moralische Bewusstsein und das Leistungsverhalten geprägt (Werte). Störungen in dieser Phase können im Erwachsenenalter zu schweren Persönlichkeitsstörungen führen.

Später wird ein Mensch darüber hinaus auch außerhalb seiner Familie durch andere Einrichtungen der Gesellschaft geprägt, z. B. in Kindergarten, Schule, Jugendgruppe, Beruf, Verein. Defizite aus früheren Sozialisationsphasen können hier bedingt noch ausgeglichen werden. Generell kann man sagen, dass die Sozialisation in keinem Lebensalter abgeschlossen ist. Auch ein alter Mensch befindet sich bis zum Tod in einem Prozess, in dem sich sein Verhalten ändern kann.

Abb. 12.8: Der Grundstein für die Beziehungsfähigkeit eines Menschen wird schon in seiner frühesten Jugend gelegt. [J660]

Emotionale und soziale Kompetenz

Kinder lernen schon frühzeitig den Umgang mit ihren eigenen Gefühlen, z. B. mit Wut, Eifersucht oder Angst. Sie erfahren dabei, dass es immer mehrere Möglichkeiten gibt, auf eine Emotion zu reagieren, und dass es eine Bereicherung ist, wenn man möglichst viele Variationen kennt (☞ Abb. 12.8).

Ein wichtiger Punkt der sozialen Erziehung ist die **Beziehungsfähigkeit.** Dabei lernt ein Kind, wie es auf andere zugehen, zuhören, konstruktiv streiten und Konflikte lösen kann. Das sind ideale Voraussetzungen, um Beziehungen zu anderen Menschen aufzubauen und zu pflegen. Dazu gehören:

- **Empathie:** Fähigkeit, die Gefühle anderer zu verstehen und sich einzufühlen in deren Situation
- **Respekt** vor abweichenden Ansichten anderer.

Erstrebenswert ist ein gesundes Maß an Anpassungsfähigkeit, Durchsetzungsvermögen und Frustrationstoleranz im Zusammenleben mit anderen Menschen. All diese Fähigkeiten gehören zur **emotionalen Intelligenz.**

Veranlagungen können durch die Einflüsse von Erziehung und Umwelt verstärkt oder abgeschwächt werden. In der Übertreibung kann aus einer Stärke dann eine Schwäche werden.

☑ **Auf das richtige Maß kommt es an**
Wer kontaktfreudig ist und gut auf andere Menschen zugehen kann, betrachtet dies zu Recht als Stärke. Zur Schwäche kann es werden, wenn der Partner mehr Distanz wünscht, sich überrumpelt und eingeengt fühlt oder gar nicht erst zu Wort kommt.

Beschäftigung und Interaktion im Kindheitsalter

Das **Urvertrauen** oder Urmisstrauen der ersten Beziehung und die Erlebnisse späterer Beziehungen prägen das Erleben und Verhalten eines Menschen ein

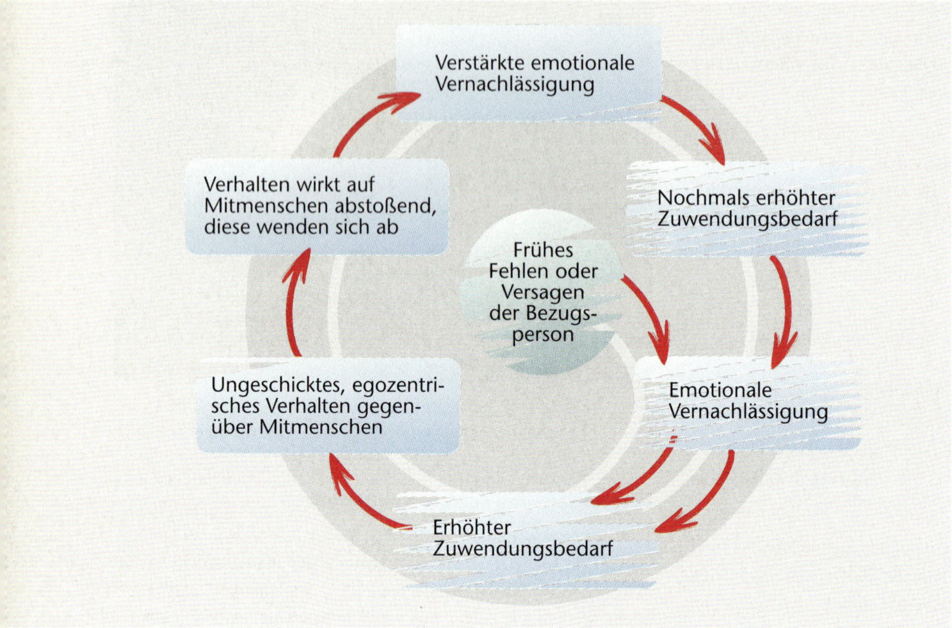

Abb. 12.9: Beziehungsstörungen und Einsamkeit sind häufig die Folgen einer fehlenden oder ablehnenden Bezugsperson in der Kindheit. [A400]

Leben lang. Für den einen bedeutet es die Erinnerung an erfahrene Nähe und Zuwendung, für den anderen eine oft lebenslange Sehnsucht oder ein Gefühl von Resignation. Damit ein Kind sich ungehindert zu einer reifen Persönlichkeit entwickeln kann, braucht es deshalb vertrauensvolle Beziehungen zu anderen Menschen (☞ Abb. 12.9).

Ein **Säugling** verbringt den Großteil des Tages mit Nahrungsaufnahme, Ausscheiden und Schlafen. Wichtiges Spielzeug sind in dieser Phase die eigenen Hände und Füße, wichtiger Zeitvertreib das Wahrnehmen von Gerüchen, Geräuschen, Farben und taktilen Reizen. Dabei ist der Kontakt zu einer oder mehreren Bezugspersonen lebensnotwendig.

Ebenso wichtig für die ungestörte Entwicklung von **Kindern** sind Bewegung, Möglichkeiten zum Austoben, zum „Sich-schmutzig-Machen", Spielen mit Wasser, Erde und Sand, mit Farben und möglichst vielen unterschiedlichen Materialien. Die Art und Weise, wie ein Kind im Spiel Lust oder Unlust, Lob und Anerkennung oder Verbote und Tadel erlebt, prägen sein Beschäftigungsverhalten oft ein Leben lang. Entscheidend ist auch, ob und wie früh die unterschiedlichen Interessen und Begabungen geweckt und gefördert wurden.

Kommunikationsmuster in der Familie

Früher war es in vielen Familien üblich, dass Kinder bei Tisch nicht reden durften oder nur dann, wenn sie gefragt wurden. Im Gegensatz zu heute hatten sie weniger Mitspracherecht bei Entscheidungen. Lange Diskussionen gab es nur in wenigen Familien. Die Mehrzahl hat sich nicht getraut, die eigenen Eltern oder Lehrer offen zu kritisieren oder deren Verhalten in Frage zu stellen. So erklärt sich auch, warum so viele alte Menschen Angst vor **Meinungsäußerung** und offener **Kritik** haben. AltenpflegerInnen und ErgotherapeutInnen beobachten immer wieder, dass alte Menschen ungeprüft und unkritisch alles gut finden und übernehmen, was man ihnen anbietet, nach dem Motto: „Sie machen das schon richtig!"

Viele alte Menschen, die ihr Leben lang unter autoritären Familienmitgliedern oder Chefs gelitten haben, stellen sich dann aber im Alter gerade deshalb quer oder verhalten sich trotzig.

Abb. 12.10: Nach dem Jugendarbeitsschutzgesetz dürfen Jugendliche heute erst nach Beendigung ihrer Vollzeitschulpflicht beschäftigt werden. [K157]

Jugend

Auch die Jugendlichen in früherer Zeit hatten häufig **Leistungsdruck** in der Schule, dazu kam bei Armut noch die Arbeit in Familie, Haus und Hof. Damals mussten viele Schüler unfreiwillig von der Schule gehen, weil die Eltern das Schulgeld nicht mehr zahlen konnten.

Viele Mädchen mussten die Mutter unterstützen oder ersetzen und konnten deshalb keinen Beruf erlernen oder ausüben. Nach Feierabend wurde gestrickt, verwachsene Kleidungsstücke wurden aufgezogen und wieder neu gestrickt oder angesetzt. Die Söhne halfen meist dem Vater bei handwerklichen Tätigkeiten.

Daneben gab es vereinzelt noch Aufgaben und Funktionen in Schule und Jugendarbeit, z. B. Klassensprecher oder Jugendleiter. Diese Aufgaben waren dann ein gutes Übungsfeld für den Umgang mit anderen. Im Idealfall konnte ein junger Mensch dabei seine Stärken nutzen und lernen, mit seinen Schwächen und den Schwächen anderer besser umzugehen.

☑ Es gibt alte Menschen, so genannte „Nachholer", die im Alter Bildungsangebote nutzen, für die ihnen früher Zeit oder Geld gefehlt haben.

Gesellschaftliche Normen

Der **Erziehungsstil** in Elternhaus, Schule und Jugendgruppen, in den Betrieben und nicht zuletzt beim Militär, war in der ersten Hälfte des 20. Jahrhunderts generell autoritärer als heute. Viele Menschen mussten nach dem Zusammenbruch des Dritten Reiches erst mühselig lernen, was Demokratie heißt und wie man im Zusammenleben mit anderen nach demokratischen Spielregeln leben kann.

Für viele hochbetagte Menschen ist es heute noch schwierig, sich von den vielen ungeschriebenen Gesetzen ihrer Kinder- und Jugendjahre zu befreien. So lässt es sich auch erklären, warum in den vergangenen Jahrzehnten alte Menschen nur selten oder zögerlich für ihre Rechte gekämpft haben. Zu den ersten „unbequemen Alten" gehören die „Grauen Panther", eine Selbsthilfegruppe, die in Amerika ihre Wurzeln hat.

Erwachsenenalter

Das **mittlere Erwachsenenalter** erlebten viele alte Menschen zeitgleich mit dem Zusammenbruch des Dritten Reiches, mit der Währungsreform, der Nachkriegszeit und dem Wiederaufbau. Die einen wurden sehr bald schon Nutznießer des beginnenden Wirtschaftswunders, während andere, auch in den alten Bundesländern, arm blieben oder noch Jahrzehnte sparen mussten für ein erstes gebrauchtes Auto oder ein kleines Siedlungshäuschen.

Während des **Berufslebens** spielt die Freizeitgestaltung meist eine untergeordnete Rolle. Viele private Kontakte werden am Arbeitsplatz geknüpft, während nichtberufstätige Frauen Kontakte eher in der Nachbarschaft oder über die Kinder, z. B. Kindergarten und Schule, finden.

Abb. 12.11: Zwischenmenschliche Beziehungen und Kommunikation spielen in den meisten Berufen eine große Rolle. Sie können nach der Pensionierung häufig nur schwer ersetzt werden. [J660]

Heute wie damals gilt es für Menschen im Erwachsenenalter, die **Balance** zu finden zwischen **Selbstverwirklichung** und **Verantwortung für andere,** zwischen Arbeit und Erholung. „Erschöpfe ich mich bei meinen täglichen Pflichten, oder kann ich für mich und andere schöpferisch lebendig bleiben?" Oft bleiben dabei Selbstverwirklichung und Erholung auf der Strecke.

Erwachsenenalter Frauen

Was Familien- und Hausarbeit für die Frauen damals bedeutete, hing von vielen Faktoren ab:

- Größe des Haushalts, z. B. eigenes Haus, Mietwohnung oder Baracke, technische Erleichterungen
- Größe der Familie, Zahl der Kinder
- Waren Verwandte im Haus, die mithalfen oder Angehörige, die gepflegt oder betreut werden mussten?
- Gab es neben dem Haushalt noch Landwirtschaft, Garten oder Kleinvieh zu versorgen?
- Wie war die finanzielle Lage, gab es Unterstützung durch Hauspersonal, Putzfrau, Kindermädchen oder Hunger, Kälte und die Angst ums Überleben?
- Gab es genügend Geld, Zeit und Muße, um Hobbys, private Kontakte und sich selbst ausreichend zu pflegen?

Frauen, die ein Leben lang alle Anerkennung, Bestätigung und Sinnfindung nur über Haushalt, Ehemann und Kinder bekamen, leiden oft besonders stark unter dem „leeren Nest" und den fehlenden Gelegenheiten, für andere kochen, backen und waschen zu können. Das zeigt sich oft bei verwirrten alten Frauen, deren ganzer Lebensinhalt es ist, in ihrer Fantasiewelt weiterhin für die Eltern, den Ehemann und die Kinder zu sorgen.

Abb. 12.12: „Trümmerfrauen", hier 1946 in Berlin, haben Schwerstarbeit leisten müssen. [J650]

Viele der heute alten Frauen waren Kriegerwitwen oder haben Flucht und Vertreibung hinter sich, waren ausgebombt oder aus anderen Gründen in schwierigen finanziellen Verhältnissen. Oft mussten sie ihre Kinder allein großziehen und den Lebensunterhalt bestreiten.

Frauen arbeiteten in Munitionsfabriken, auf dem Feld, fuhren Straßenbahnen, Traktoren, Frauen mit Studium arbeiteten als Ärztinnen, Dozentinnen, in der Forschung u. a. Nach 1945 räumten sie die Trümmer weg, um Platz für den Neuaufbau zu schaffen (☞ Abb. 12.12).

Schon in den 50er-Jahren, als viele Männer wieder an ihren alten Arbeitsplatz zurückkehrten, wurde den Frauen der Platz am Herd wieder schmackhaft gemacht.

☑ Frauen, die neben der Familie immer auch eigene Interessen gepflegt und sich weitergebildet haben, verfügen im Alter über mehr Möglichkeiten, ihre Zeit sinnvoll und befriedigend zu verbringen.

Späteres Erwachsenenalter

Im **späteren Erwachsenenalter** hat das Leben seinen Höhepunkt überschritten, es zeichnet sich ab, welche Ziele noch erreichbar sind und welche nicht. Häufig fühlen sich Menschen in dieser Lebensphase festgelegt und festgefahren. Viele alte Menschen haben nie annähernd das erreicht, was sie sich in jungen Jahren erhofft und erwünscht hatten. Sie ziehen jetzt Bilanz und fragen: „Kann und will ich weiter so leben, kann ich etwas ändern oder resigniere ich?"

Soziale Beziehungen nehmen häufig nach dem fünfzigsten Lebensjahr ab. Gründe dafür sind aber nicht in erster Linie nachlassendes Interesse an Kontakten, sondern häufig der Auszug der Kinder und der Ausstieg aus dem Berufsleben.

Nachberufliche Lebensphase

Nach dem Ausstieg aus dem Berufsleben wird vom gesunden alten Menschen erwartet, dass er diese freie Zeit als wichtig und sinnvoll betrachtet und entsprechend nutzt. Oft verlieren jedoch Hobbys, die während des Arbeitslebens mit Lust und Liebe gepflegt wurden, ihren Reiz, wenn plötzlich der ganze Tag dafür zur Verfügung steht. Auch hier gilt, je höher der **Bildungsstand,** desto leichter findet der einzelne Tätigkeiten, die ihm den Beruf ersetzen können.

Wenn jemand durch Krankheit, Behinderung, Ruhestand oder Arbeitslosigkeit plötzlich nur noch freie Zeit hat, gerät vieles aus dem Gleichgewicht, z. B. materielle und ideelle Werte, Prestige, sozialer Status, Berufs- und Familienrolle. Wer bis dahin Sinnerfahrung und Anerkennung ausschließlich über seinen „Dienstleistungswert" erfuhr, muss sich völlig neu orientieren, Ideen entwickeln, Pläne machen und sich neue Ziele stecken.

Die Auseinandersetzung mit dem oftmals unfreiwilligen Ausstieg aus dem Berufsleben kann aber auch eine neue Herausforderung darstellen. Untersuchungen an alten Menschen haben gezeigt, dass deren **Lebenserwartung** dann höher war, wenn sie noch Pläne und Ziele hatten und wussten, wofür sie leben.

☑ Freizeitaktivitäten sind stark in der jeweiligen Lebensgeschichte verankert. Was in der Zeit vor dem Ruhestand nicht aktiv an Freizeitgestaltung gepflegt wurde, wird auch danach nur selten nachgeholt (☞ Abb. 12.13).

Lebenswelt

Die **Lebenswelt** eines Menschen, d. h. seine **Lebensverhältnisse**, sein Familienstand, sein soziales Umfeld mit Verwandten und Freunden, haben auf die Beschäftigungsgewohnheiten einen starken Einfluss.

Einstellung zur Beschäftigung

Fähigkeiten, Begabungen und Interessen sind zum Teil schon vererbt worden, wichtig ist aber, wie sie genutzt und gefördert werden und welche **Kenntnisse** und **Fertigkeiten** ein Mensch sich im Laufe seines Lebens aneignet. Das hängt sehr stark von dem sozialen Umfeld ab, in dem er aufwächst und erzogen wird, z. B. von Eltern, Lehrern, Jugendleitern, von deren Erziehungsstil, von Erfolgen oder Misserfolgen.

Abb. 12.13: Wer schon in seiner Jugend mit Begeisterung seinen persönlichen Neigungen nachgegangen ist, weiß vielleicht auch noch im Alter, wofür er lebt. [M221/W167]

Abb. 12.14: Dass ein alter Mensch zunehmend das Interesse an anderen Menschen oder Beschäftigungsmöglichkeiten verliert und einsam wird, ist häufig eine Folge von negativen Erfahrungen im Laufe seines Lebens. [K151]

Dabei spielen auch die **Persönlichkeit** und das Temperament eine große Rolle. Ist jemand aufgeschlossen für Neues, wissbegierig, kontaktfreudig und lebhaft oder phlegmatisch, unentschlossen, desinteressiert und kontaktscheu. Diese Charaktereigenschaften haben sich überwiegend infolge von Erziehung und Lebenserfahrungen herausgebildet.

Wertvorstellungen und **Ideale** beeinflussen sehr stark das Verhältnis zu Arbeit und Freizeit. Oft wurden diese von den Eltern oder aus dem sozialen Umfeld übernommen, z. B.: „Das macht man so; das tut man nicht…“ So entwickeln sich Fleiß, Arbeitseifer, Geschäftigkeit, Unrast, Arbeitssucht, Unfähigkeit zum Abschalten und schlechtes Gewissen beim Nichtstun. Aber auch die Fähigkeit zum Genuss und Abschalten, Entspannen, Bequemlichkeit, Trägheit, passives Konsumieren und Faulheit können von den Eltern vorgelebt worden sein.

Häufig sind **Enttäuschungen** und wiederholte **Misserfolge** die Ursachen dafür, dass ein Mensch zunehmend passiver und gleichgültiger wird, sich für nichts mehr begeistern kann und nicht mehr bereit ist, sich zu engagieren, z. B.: „Das rentiert nicht; das bringt doch nichts ein…“

Wie gut oder schlecht ein Mensch negative Erlebnisse verarbeitet, hängt zum einen von seiner psychischen Verfassung ab, z. B. von seiner **Frustrationstoleranz**, aber auch vom Verhalten der Umwelt, z. B. Verständnis oder Schuldzuweisung, Er- oder Entmutigung.

Viele alte Menschen halten starr und unflexibel am Gewohnten und Althergebrachten fest nach dem Motto: „Das habe ich schon immer so gemacht. So etwas gab's noch nie.“

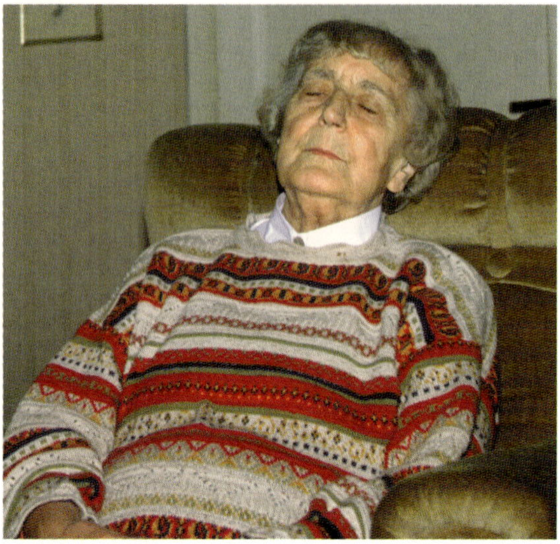

Abb. 12.15: Aktivität und Schaffensdrang machen Freude. Trotzdem sehnen sich auch alte Menschen nach einer Erholungspause. [K183]

☑ „Es gibt immer 20 ausgezeichnete Gründe, nichts zu tun für jeden Grund, etwas anzufangen – insbesondere, wenn es nie zuvor getan wurde."
Prinz Philipp

Beschäftigung und Interaktion im Alter

Wenn es um die Beurteilung der sozialen Bedürfnisse älterer Menschen geht, stehen sich zwei Ansichten gegenüber. Beide haben in den letzten Jahrzehnten die Einstellung und die Angebote in der Altenarbeit auf unterschiedliche Weise beeinflusst.

Die **Disengagement-Theorie** *(Disengagement: Loslösung, Sich-Zurückziehen)* vertritt die Ansicht, dass der alte Mensch vor allem den Wunsch hat, sich zurückzuziehen, untätig zu sein und sein Leben besinnlich ausklingen zu lassen. Es wird davon ausgegangen, dass sich die Lebenszufriedenheit des alten Menschen durch das Nachlassen vieler Aktivitäten und Alltagspflichten erhöht. Es wird als eine Art Verdienst angesehen, wenn der alte Mensch sich nach einem langen Berufsleben erholen und die Natur genießen kann (☞ Abb. 12.15).

Die **Aktivitätstheorie** geht davon aus, dass die Zufriedenheit eines Menschen vom Umfang seiner Aktivitäten, seinem Einfluss auf die Umgebung und seinem „Gebrauchtwerden" abhängt. Leider entwickelte sich aus dieser Annahme seit den 60er-Jahren bei besonders „eifrigen" Mitarbeitern der Altenarbeit ein „Aktivieren um jeden Preis". So wurden oft über die Köpfe der Leute hinweg Altennachmittage, Bastelstunden und Kaffeefahrten organisiert in der irrigen Annahme, das sei genau das, was alle alten Menschen brauchen und mögen.

☑ Aufgrund empirischer Untersuchungen kann man zwei Gruppen von Tätigkeiten, die ältere Menschen im Ruhestand ausüben, unterscheiden:

- Tätigkeiten, die mit **Aktivität** verbunden sind und in der Öffentlichkeit erfolgen. Solche Tätigkeiten überschreiten den privaten Rahmen, stellen weiterhin Anforderungen an den alten Menschen und fördern die Kontakte zu anderen Menschen
- Tätigkeiten, die mit **Passivität** verbunden sind, nur geringe Anforderungen stellen und überwiegend in den eigenen vier Wänden ausgeübt werden.

Die Aktivitäten in der Öffentlichkeit sind nach Umfragen mit einer höheren Lebenszufriedenheit verbunden.

Mit der **Austausch-Theorie** werden allgemeine soziale Prozesse verständlich gemacht, z. B. dass bei der sozialen Interaktion ständig materielle und nichtmaterielle Güter ausgetauscht werden, also Geben und Nehmen sich abwechseln. Die Befürworter dieser Theorie gehen davon aus, dass die Handlungen des Einzelnen hervorgerufen sind durch Erwartungen, früher oder später einen Ausgleich dafür zu erhalten. Damit ist auch gemeint, wer für andere etwas Nützliches tut oder ihnen etwas zukommen lässt, der verpflichtet diese gleichzeitig, sich zu einem späteren Zeitpunkt zu revanchieren.

Wirtschaftliche Lebensverhältnisse

Obwohl es den Älteren im Durchschnitt finanziell heute wesentlich besser geht als noch vor 20 Jahren, leben immer noch 15 % der alten Menschen am Rande des **Sozialhilfeniveaus.** Ihr Einkommen reicht nur für die Grundbedürfnisse (☞ Abb. 12.16).

Nach neueren Erhebungen des Allensbacher Instituts für Demoskopie haben etwa 15 % aller alten Men-

Abb. 12.16: Altersarmut ist nicht immer auf den ersten Blick zu erkennen, wenn einem ein alter Mensch auf der Straße begegnet. Dieses Bild spricht für sich. [O134]

Abb. 12.17: Altenwohnanlagen haben den Vorteil, dass die BewohnerInnen leicht auf Gleichgesinnte treffen, mit denen sie ihre Zeit auf angenehme Weise verbringen können. [K151]

schen nach Abzug der festen Lebenshaltungskosten kein Geld mehr übrig zur freien Verfügung, z. B. auch für Freizeitaktivitäten.

Für Menschen, die ohnehin schon weit unten auf der Lohnskala stehen, kündigt sich **Altersarmut** oft schon in den letzten 10 bis 15 Jahren ihres Arbeitslebens an. Wenn der Betrieb umstellt, rationalisiert, oder wenn ein älterer Arbeiter krank wird, kommt dieser in eine niedrigere Lohngruppe oder wird unter einem Vorwand entlassen.

Viele alte Menschen sind auch aus diesem Grund auf Sozialhilfe angewiesen. Anfang der 90er-Jahre waren es außerhalb der Einrichtungen fast 170 000 Menschen über 65 Jahre, die nach dem Bundessozialhilfegesetz „laufende Hilfen zum Lebensunterhalt" bekamen. Dabei muss man berücksichtigen, dass viele alte Menschen Sozialhilfe gar nicht erst beantragen, zum einen aus Scheu oder Stolz, zum anderen aus Unkenntnis über die Möglichkeiten und das Antragsverfahren. Deshalb ist die Dunkelziffer der Altersarmut so hoch.

Kulturelle Einflüsse

Prägend für die Neigungen und Bedürfnisse eines alten Menschen sind auch die **kulturellen Einflüsse,** denen er während seines gesamten bisherigen Lebens ausgesetzt war. Dazu gehören z. B. die Sprache, Sitten und Gebräuche, Religion, Kunst und Architektur. Ein religiös engagierter Mensch wird auch im Alter daran interessiert sein, regelmäßig den Gottesdienst zu besuchen. Hat er in seiner Kindheit ein Instrument erlernt und später häufig Konzerte besucht, wird diese Neigung mit großer Wahrscheinlichkeit auch im Alter weiter bestehen oder kann sehr leicht wieder aktiviert werden. Entscheidend ist auch, welche Art von Kultur während des Jugend- und Erwachsenenalters besonders honoriert und angenommen und welche eher abgelehnt wurden, z. B. wurde im Elternhaus viel Wert auf schönes, stilvolles Wohnen und Essen gelegt, oder galten solche Äußerlichkeiten als verpönt und als unnötiger Luxus?

Einflüsse der räumlichen Umgebung

Untersuchungen haben ergeben:

- Der Hauptaufenthaltsort alter Menschen ist die eigene Wohnung (72 %)
- Danach kommen die öffentlichen Plätze und Einrichtungen mit 23 %
- Nur mit 4 % werden Wohnungen von Freunden und Familienmitgliedern genannt.

Wenn man diese Zahlen mit den Werten jüngerer Altersgruppen vergleicht, deutet diese Stichprobe auf eine stärkere Isolation der Älteren hin.

Das **ökologische Modell des Alterns** geht davon aus, dass mit dem Älterwerden viele Funktionen und Fähigkeiten des Menschen nachlassen oder ganz verloren gehen, weil die ökologischen Gegebenheiten, z. B. die Umgebung, in der der alte Mensch lebt, nicht seinen individuellen Bedürfnissen und Fähigkeiten entsprechen. Dazu gehören z. B. die Wohnsituation, das Klima und die Verkehrslage. Umweltgegebenheiten, die auf den alten Menschen zugeschnitten sind und möglichst viel Eigenaktivität ermöglichen, verhindern oder verringern nach dieser Theorie Fähigkeits- und Funktionsverluste. Besonders gilt dies für Menschen, deren Gesundheit, geistige Beweglichkeit und soziale Kontaktfähigkeit schon beeinträchtigt sind.

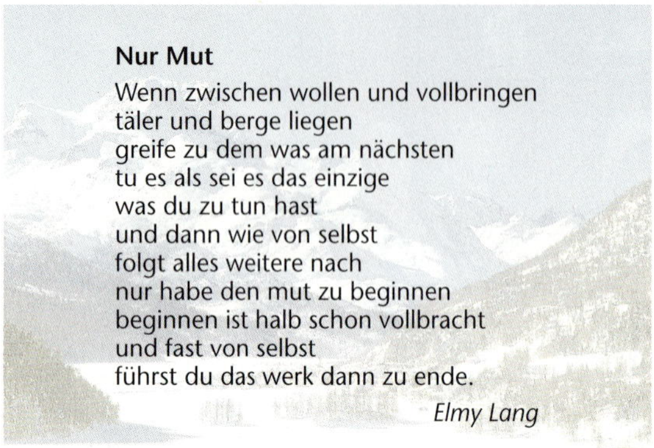

Abb. 12.18: Gedicht von Elmy Lang [Foto: J660]

Alte Menschen, die noch in ihrer eigenen **Wohnung** leben, haben in der Regel mehr Möglichkeiten, ihren Tag sinnvoll zu strukturieren. Alleine schon das Versorgen eines Haushalts bietet Beschäftigung. Auch die Pflege der gewohnten Hobbys ist meist in der häuslichen Umgebung leichter.

Größtmögliche Freiheit bietet auch das Angebot des **Service-Wohnens** (Seniorenwohnanlagen oder -wohngemeinschaften), in dem eine selbstständige Lebensführung in privater Umgebung mit individuellem Betreuungsangebot, z. B. Hausnotrufsysteme und vertraglich festgelegten hauswirtschaftlichen und pflegerischen Leistungen, weitestgehend möglich ist. Viele ältere Menschen bevorzugen diese Wohnform wegen der sozialen Kontakte und gemeinsamen Veranstaltungen oder auch wegen der gebotenen **Sicherheit** (☞ Abb. 12.17).

Die meisten alten Menschen siedeln nicht freiwillig in eine stationäre Pflegeeinrichtung über. Für viele bedeutet der Umzug einen erheblichen Bruch mit der gewohnten Umgebung und den Kontakten, für andere wiederum ist die soziale Isolation und der Mangel an erreichbaren Beschäftigungsangeboten ein Grund für den Einzug in ein Heim (☞ Abb. 12.18).

Ein unfreiwilliger Umzug birgt die große Gefahr, dass alte Menschen den Lebenssinn verlieren, zunehmend unselbstständiger und damit nach und nach immer hilfsbedürftiger werden.

☑ Eine Umgebung, in der ein Mensch seine Kenntnisse und Fähigkeiten nicht anwenden kann, macht ihn zusätzlich unselbstständig und hilfsbedürftig.

Wenn ein alter Mensch wegen einer Krankheit oder nach einem Unfall **bettlägerig** ist, wird für ihn das Bett zeitweise oder für immer zum einzigen Lebensraum. Von hier aus nimmt er die Welt um sich herum wahr und hier finden alle Begegnungen mit anderen Menschen statt, z. B. mit Angehörigen, Freunden, Bekannten, mit dem Pflegepersonal und möglicherweise auch mit den Mitbewohnern. Die bettlägerige Person ist vollständig auf die Unterstützung ihrer Mitmenschen angewiesen. Schnell kann Bettlägerigkeit nicht nur zu körperlichen Komplikationen, sondern ebenso auch zu unfreiwilliger sozialer Isolation und **Regression** *(Rückzug in eine frühere, z. B. kindliche Entwicklungsphase)* führen (☞ auch 6.4).

Diagnostik und Therapie anderer Gesundheitsfachberufe

Einschränkungen im Bereich „Für Beschäftigung und Interaktion sorgen" haben sowohl physische, psychische als auch soziale Ursachen. Je nach Art der Einschränkung beteiligen sich an der Diagnostik und Therapie

- **Medizinisch** orientierte Berufsgruppen, z. B. PhysiotherapeutInnen
- **Sozialpflegerisch** orientierte Berufsgruppen, z. B. SozialpädagogInnen
- **Psychotherapeutisch** orientierte Berufsgruppen, z. B. PsychologInnen.

☑ Gegenseitige Akzeptanz und regelmäßiger Austausch von praktischen Erfahrungen und theoretischem Wissen sind wichtige Voraussetzungen für das ganze Team.

Ergotherapie

Ergotherapie (griechisch to ergon: etwas tun, Aufgaben bewältigen) ist der international gebräuchliche Begriff für **Beschäftigungs- und Arbeitstherapie.** Eine ErgotherapeutIn ist eine Fachkraft für Alltagshandlungen, Arbeit, Haushalt, Freizeit und Kreativität.

Abb. 12.19: Durch Ergotherapie können viele alte Menschen wieder selbstständig ihre Hobbys pflegen. [K199]

Ergotherapie stellt im Lebens- und Kompetenzbereich „Für Beschäftigung und Interaktion sorgen" die größte Ressource dar. Sie will helfen, Selbstständigkeit und Aktivität im körperlichen, geistigen und seelischen Bereich zu fördern oder zu erhalten (☞ Abb. 12.19).

Während in der Altenpflege die klassische Arbeitstherapie immer mehr an Bedeutung verliert, steht die Beschäftigungstherapie deutlich im Vordergrund. Neben den großen Bereichen Hobby und Freizeitbeschäftigung spielt aber auch die **Bewältigung alltagspraktischer Aufgaben** eine wichtige Rolle.

Der alte Mensch lernt durch die Ergotherapie, sein Bewegungsverhalten in allen Alltagsbereichen, z. B. Einkaufen, Kochen, Kommunizieren, und bei der Ausübung seiner Hobbys selbst zu kontrollieren. Dabei wird versucht, die lebenslangen Gewohnheiten zu berücksichtigen.

Die verschiedenen Bereiche der Ergotherapie überschneiden sich und sind deshalb schwer abzugrenzen:

- Funktionelles Training
- Selbsthilfetraining
- Berufliches Training.

Ziele der Ergotherapie sind z. B.:

- Weitestgehende Selbstständigkeit im alltäglichen, häuslichen und beruflichen Leben erhalten oder wiedererlangen
- Gestörte Funktionen nach Krankheit oder Unfall wiedererlernen
- Bei fortschreitender Krankheit noch vorhandene Fähigkeiten so lange wie möglich erhalten
- Kontaktfähigkeit, Kommunikation verbessern.

Den Störungen entsprechend übt die ErgotherapeutIn mit den Betroffenen z. B. Essen, Waschen, Ankleiden, Schreiben, Hobbypflege, Handarbeiten und Werken, Umgang mit anderen Menschen, Belastbarkeit am Arbeitsplatz.

In geriatrischen Kliniken stehen die Aspekte der Rehabilitation im Vordergrund. In einem fortgeschrittenen Stadium wird die mögliche Wiedereingliederung in die vertraute häusliche Umgebung (seltener in das Berufsleben) angestrebt. Dazu gehört ein lebenspraktisches Training mit vertrauten und gewohnten Tätigkeiten, z. B. Körperpflege, Haus- und Gartenarbeit (☞ Abb. 12.20).

Auch bei alten Menschen, die nicht mehr ins Berufsleben zurückkehren, spielen arbeitstherapeutische Ziele noch eine wesentliche Rolle, z. B.:

- Klarheit in die soziale und berufliche Zukunft der zu pflegenden Person bringen, z. B. Was will und kann ich erreichen, im Familienkreis, mit Freunden, im Hobby- und Bildungsbereich?
- Belastungserprobung, körperlich, geistig und seelisch

Abb. 12.20: Die Ergotherapeutin geht auch in die häusliche Umgebung des alten Menschen, um mit ihm lebensnotwendige Handgriffe wie die Nahrungszubereitung zu trainieren. [K151]

- Abklärung der Dauerbelastbarkeit, z. B. stunden- oder tageweise Rückkehr in die eigene Wohnung, Selbstversorgung **(Übergangspflege)**
- Steigerung von Fähigkeiten wie Konzentration, Kommunikationsfähigkeit, Selbstständigkeit
- Arbeitsplatzgestaltung: Wie kann ich meine Küche behindertengerecht umgestalten? Wie kann ich alte Hobbys trotz körperlicher Einschränkungen noch weiter pflegen?
- Bessere und realistische Selbsteinschätzung, u. a. durch regelmäßige Rückmeldung, angemessenes Lob oder konstruktive Kritik von den AltenpflegerInnen.

☑ Da bei der Therapie alter Menschen die Bereiche Beschäftigung und Arbeit schwer zu trennen sind, spricht man in der Regel nur von Ergotherapie.

Therapeutische Fachbereiche und -berufe

Die folgenden therapeutischen Fachbereiche verfolgen das Ziel, den Zugang eines Menschen zu seiner Gefühlswelt und damit auch zu seinen Beschäftigungswünschen über verschiedene Medien wiederherzustellen. Sie werden deshalb in der stationären Altenhilfe zunehmend angeboten:

Abb. 12.21: Musik kann helfen, den alten Menschen wieder für seine soziale Umwelt zu öffnen. [K157]

- **Kunst- und Gestaltungstherapie:** Mit Hilfe von bildnerischen Medien, z. B. Ton, Farbe, lernen alte Menschen, ihre Gefühle in Form künstlerischer Tätigkeit auszudrücken
- **Musiktherapie:** Im Lebensbereich „Für Beschäftigung sorgen" kann die Musiktherapie durch das bewusste Hören von Musik oder durch eigenes Musizieren beim alten Menschen das Erleben der Umwelt und soziale Kontakte aktivieren (☞ Abb. 12.21)
- **Tanztherapie:** In der Tanztherapie können die gesunden Anteile des alten Menschen aktiviert werden. Sie fördert die Kommunikation und Integration auch dadurch, dass Tanzen überwiegend in der Gruppe ausgeübt wird.

SozialpädagogInnen, AltentherapeutInnen

Im begleitenden Dienst einer stationären Pflegeeinrichtung oder auch in offenen Altenhilfeeinrichtungen, z. B. Altentagesstätten, werden in der Regel **SozialpädagogInnen** oder auch **AltentherapeutInnen** beschäftigt. Ein wichtiger Bestandteil ihrer Arbeit ist die Sinn stiftende und aktivierende Beschäftigung mit den BewohnerInnen oder den alten Menschen im Stadtteil. Gegenüber der Ergotherapie wird hier von Hobbygruppen, Werkgruppen, Musikgruppen oder von Beschäftigungsbetreuung gesprochen. Gleichzeitig haben SozialpädagogInnen eine beratende Funktion, wenn es z. B. darum geht, die Lebensbedingungen für die gewünschte Art der Beschäftigung zu schaffen oder soziale Kontakte herzustellen.

PsychologInnen

Sollten bei einem alten Menschen aufgrund eines Beschäftigungsdefizits oder fehlender Interaktion bereits psychische Probleme auftreten, kann eine **PsychologIn** z. B. durch eine Gesprächstherapie wieder neuen Lebenssinn und Eigenmotivation für eine befriedigende Tätigkeit schaffen oder die psychischen Ursachen für zunehmenden Unselbstständigkeit oder Hilfsbedürftigkeit ausfindig machen.

GeragogInnen

Im Rahmen der Gerontologie wird auch die Pflegewissenschaft zunehmend als Fachdisziplin anerkannt. Die Spezialisierung auf den alten Menschen erkennt man an der Vorsilbe „Geronto": Gerontopsychologie, Gerontosoziologie und Geragogik (für den pädagogischen Bereich). Hier gibt es noch keine einheitliche Begriffsbildung.

In größeren Einrichtungen, vor allem bei Modellversuchen, tauchen diese Berufsgruppen vereinzelt auf und befassen sich, je nach Schwerpunkt, häufig auch mit den Bereichen Beschäftigung, Altenbildung, Kreativität.

SeelsorgerInnen

Priester und PastorInnen bieten neben Andachten, Gottesdiensten und Einzelgesprächen in manchen Häusern auch Gruppen mit unterschiedlichen Themenschwerpunkten an. Mitunter bekommen sie Wünsche und Bedürfnisse der alten Menschen erzählt oder sie machen Beobachtungen, die als Information auch für die anderen Berufsgruppen hilfreich sein können.

Abb. 12.22: Auch die Kirche kann für alte Menschen ein Ort sein, an dem sie Gesprächspartner und eine sinnvolle Aufgabe finden. [J660]

Ehrenamtliche MitarbeiterInnen

Ehrenamtliche MitarbeiterInnen aus dem kirchlichen Bereich oder anderen Wohlfahrtsverbänden können Brücken bauen zwischen Kirchengemeinden und Heimen. So können alte Menschen, die im Heim leben, Kontakte zu Gruppen außerhalb pflegen und an gemeinsamen Veranstaltungen, Basaren oder Ausflügen teilnehmen und umgekehrt. Gerade hier sind Zusammenarbeit mit den anderen Berufsgruppen, Rückmeldung und Unterstützung, Fort- und Weiterbildung, Fachliteratur und Erfahrungsaustausch mit kompetenten Leuten, auch aus anderen Einrichtungen, sehr wichtig.

☑ Mitunter bieten auch engagierte Angehörige eine Spiel-, Sing- oder Werkgruppe an. In diesen Fällen wird dann nicht von Beschäftigungstherapie gesprochen, sondern von Hobby- bzw. Werkgruppen oder von Beschäftigungsbetreuung.

Literaturtipp
Daneke, Sigrid: Angehörigenarbeit. Urban & Fischer Verlag, München 2000.

Konsequenzen für die AltenpflegerIn

Für viele alte Menschen sind die Pflegepersonen über lange Zeit die wichtigsten KommunikationspartnerInnen. Beziehungsarbeit ist deshalb eine zentrale Aufgabe. Für AltenpflegerInnen bedeutet dies,

- Flexibel auf die unterschiedlichen **Bedürfnisse** und Gewohnheiten der alten Menschen einzugehen
- Die **Biografie** und das soziale Umfeld des alten Menschen zu kennen und zu wissen, welchen Einfluss z. B. die Familie auf den alten Menschen ausübt und wie diese Beziehung für den alten Menschen hilfreich gestaltet werden kann
- Die **Stärken** und **Fähigkeiten**, aber auch die Bedürfnisse der BewohnerInnen zu kennen, um herauszufinden, wann und welche Kontakte und gemeinsamen Aktionen sinnvoll und erwünscht sind
- Angemessen mit Krankheit und Behinderung umzugehen, gleichzeitig aber auch versteckte **Ressourcen** zu erkennen, um Hilfestellung nur da zu geben, wo sie tatsächlich erforderlich ist
- Nicht um jeden Preis zu aktivieren, sondern individuell einzuschätzen, zu informieren, zu beraten, zu motivieren und bei **Bedarf** zu unterstützen
- **Kreativität** und **Fantasie**, Mut und Geduld aufzubringen, um immer wieder Neues auszuprobieren, Altes in Frage zu stellen und alle Angebote individuell auf die jeweilige Zielgruppe abzustimmen
- Die Fähigkeit zu besitzen, andere zu motivieren und zu begeistern, zuhören zu können, zu ermutigen, Anleitungen in leicht verständlicher Form zu geben und dabei kreativ und flexibel zu sein.

Reflexion der AltenpflegerIn über das eigene Verhältnis zu Arbeit und Freizeit:

- Womit beschäftige ich mich in meiner Freizeit?
- Gibt es Hobbys, die ich gerne ausüben würde, es aber bis jetzt noch nicht getan habe? Wenn ja, was sind die Hinderungsgründe?
- Auf welche Freizeitbeschäftigungen könnte ich nur schwer verzichten?
- Welchen Hobbys kann ich auch noch im Alter nachgehen?
- Was für ein Temperament habe ich im Hinblick auf Kommunikation und Interaktion?
- Bin ich gerne zu Hause oder gehe ich lieber mit Freunden und Kollegen oder mit dem Partner aus?
- Bin ich in meiner Freizeit am liebsten alleine?

12.2 Der Weg zur Pflegediagnose

Einen besseren Zugang zu einem alten Menschen findet, wer Informationen über dessen Lebensgeschichte und seine familiäre und soziale Situation, z. B. Partnerschaft, Verwandtschaft, Vereins- und Gruppenzugehörigkeit, hat. Wichtig sind auch Kenntnisse seiner Vorlieben, Interessen und Hobbys sowie seinen körperlichen und geistigen Fähigkeiten. Dann kann mit dem alten Menschen zusammen überlegt werden, welche Beschäftigungsmöglichkeiten sich in der Einrichtung realisieren lassen.

Wenn während des Aufnahmegesprächs in einer stationären Pflegeeinrichtung nicht die nötige Zeit vorhanden war oder andere Themen zu sehr im Vordergrund standen, können diese Fragen zu einem späteren, geeigneten Zeitpunkt, z. B. bei der mor-

Abb. 12.23: Häufig erfahren Pflegekräfte z. B. beim Baden wesentlich mehr über den Pflegebedürftigen als beim Aufnahmegespräch. [K157]

Abb. 12.24: Viele emotionale Reaktionen oder Stimmungen lassen sich an der Mimik des Menschen ablesen. [A400-116]

gendlichen Körperpflege, angesprochen werden (☞ Abb. 12.23).

Durchsicht der Unterlagen

- Gibt es Störungen der Kommunikation durch Krankheiten oder Behinderungen der Sinnesorgane, des Gehirns oder der Sprechorgane (☞ auch Kapitel 4)?
- Liegen medizinische Diagnosen und Symptome vor, die den Lebens- und Kompetenzbereich „Für Beschäftigung und Interaktion sorgen“ beeinflussen können, z. B. Immobilität, psychiatrische Erkrankungen wie Depression oder Demenz?
- Werden medizinische Therapien durchgeführt, die den Lebens- und Kompetenzbereich „Für Beschäftigung und Interaktion sorgen“ beeinflussen können, z. B. Bettruhe oder Psychopharmaka?
- Wurde oder wird Ergotherapie durchgeführt?

Befragung des Pflegebedürftigen oder der Angehörigen

Probleme und Ressourcen

- Welche Ihrer gewohnten Hobbys können Sie nicht mehr ausüben und warum, z. B. Einschränkung oder Verlust der Sinneswahrnehmungen, Bewegungsstörungen, depressive Verstimmung, Lust- und Interesselosigkeit?
- Haben Sie oft Langeweile?
- Gibt es Probleme, die mit ihrer jetzigen Situation zusammenhängen, z. B. mit der räumlichen Umgebung und mit fehlenden Möglichkeiten für Beschäftigung?
- Welche Aktivitäten und Hobbys haben Sie in der Vergangenheit gerne gepflegt?
- Gibt es noch weitere Interessen, Vorlieben, Beschäftigungsmöglichkeiten, die Ihnen Spaß machen?
- Haben Sie besondere Talente, z. B. musikalische oder handwerkliche Fähigkeiten?
- Gibt es Menschen, mit denen Sie bisher gemeinsame Hobbys pflegten?
- Sind Sie aktives Mitglied in einem Verein, einer Selbsthilfegruppe oder Ähnlichem?
- Besuchten Sie in der Vergangenheit häufig Programme der Erwachsenenbildung, z. B. der Volkshochschule?
- Lesen Sie gerne? Wenn ja, was?
- Sehen Sie gerne fern? Wenn ja, welche? Haben sie einen bevorzugten Fernsehsender?
- Hören Sie gerne Musik? Wenn ja welche? Welchen Radiosender bevorzugen Sie, welche Interpreten, welche Art von Musik?
- Lieben sie Geselligkeit? Suchen sie Menschen mit ähnlichen Interessen?

Gewohnheiten und Erfahrungen

- Welchen Beruf haben Sie früher ausgeübt? Haben sie ihn freiwillig gewählt und waren Sie mit ihm zufrieden? Hatten Sie im Beruf oder bei der Hausarbeit genügend Erfolgserlebnisse und Anerkennung?
- Hatten Sie einen großen Freundes- und Bekanntenkreis, oder verbrachten Sie viel Zeit alleine oder im Kreis der Familie?
- Wie waren Ihre Beziehungen zum Partner, zu ihren Kindern und zur Familie?

- Sind Sie viel gereist oder beruflich in der Welt herumgekommen, oder lebten sie meist in derselben Umgebung?
- Wie haben Sie bisher Ihren Tagesablauf gestaltet? Womit haben Sie sich in Ihrer Freizeit beschäftigt?
- Welche Tätigkeiten mochten Sie noch nie gerne?

Aktuelle Bedürfnisse

- Haben Sie zur Zeit Wünsche, die von Ihren Gewohnheiten abweichen?
- Suchen Sie nach Menschen mit gleichen Interessen zur gemeinsamen Hobbypflege, z. B. Spaziergänge, Kunst, Sport?
- Wünschen Sie sich etwas mehr inneren Antrieb für Freizeitaktivitäten, mit denen sie sich früher gerne beschäftigt haben?

Beobachtung

Die **Beobachtung** tritt vor allem dann in den Vordergrund, wenn der Pflegebedürftige nicht mehr verbal Auskunft geben kann. Meist lassen sich an Mimik, Körperhaltung und Gestik Freude, Abneigung, Interesse oder Langeweile ablesen (☞ Abb. 12.24). Zu beobachten für den Bereich Beschäftigung und Interaktion sind z. B.:

- Kontaktfähigkeit und Art der Kommunikation
- Kommunikationsstörungen (☞ 12.4.2, 4.9)
- Stimmungen und Affekte, z. B. leichte Reizbarkeit, Unsicherheit, Angst
- Fähigkeiten, Interessen, Stärken, Begabungen und Geschicklichkeiten bei der Hobbypflege, z. B. im kreativen Bereich und im Umgang mit anderen Menschen
- Körperliche, seelische und geistige Belastungs- und Konzentrationsfähigkeit, Ausdauer
- Körperliche, geistige und seelische Behinderungen, Störungen der Sinneswahrnehmung, z. B. Schwerhörigkeit
- Positive oder negative Veränderungen im Zusammenhang mit neuen Beschäftigungsangeboten.

Beobachtungen enthalten neben objektiven Inhalten auch subjektive (persönliche) Anteile. So kann das Verhalten eines alten Menschen von einer AltenpflegerIn als Zorn, von einer anderen aber als Angst gedeutet werden. Deshalb ist es besser, Reaktionen nicht zu bewerten, z. B. „Frau Müller hat Angst", sondern objektiv zu beschreiben, z. B. „Frau Müller hat das Gespräch abgebrochen".

Ganz besonders wichtig ist die Beobachtung dessen, was ein alter Mensch „nicht" sagt oder „zwischen den Zeilen" wortlos vermittelt, z. B. durch längere Lücken in seinem Bericht, Seufzen, Erröten, unruhiges Hin- und Herrutschen oder Weinen.

12.3 Beschäftigungsdefizit oder potenzielles Beschäftigungsdefizit

Beschäftigungsdefizit: eingeschränkte oder fehlende Fähigkeit oder Möglichkeit, den Tag zu strukturieren und sich befriedigend zu beschäftigen.

Potenzielles *(drohendes)* **Beschäftigungsdefizit:** Gefahr, dass es ohne rechtzeitige Intervention zu einem Beschäftigungsdefizit kommen kann.

12.3.1 Pflegediagnostik

Ursachen und Einflussfaktoren

- Körperliche, seelische und geistige Behinderungen, Bettlägerigkeit
- Behinderungen aller Art, an die die altgewohnten Hobbys erst angepasst werden müssen, z. B. körperliche Einschränkungen, die Hilfsmittel oder einen Wechsel zu anderen Freizeitbeschäftigungen erforderlich machen (☞ Abb 12.25)

Abb. 12.25: Wenn sich alte Menschen schon nicht mehr ihrem Hobby widmen können, weil z. B. die Sehfähigkeit nicht ausreicht, gilt es, einen befriedigenden Ersatz zu finden. [K157]

- Verminderter Antrieb, mangelndes Interesse an einer befriedigenden Tagestrukturierung
- Umgebungswechsel mit Verlust von vertrauten Kontaktpersonen und Anlaufstellen zur Freizeitgestaltung
- Fehlende Beschäftigungsmöglichkeiten bzw. Fehlen der geeigneten und erwünschten Tätigkeiten und Hobbys.

Anzeichen und Ausmaß

Anzeichen

- Der Pflegebedürftige äußert Langeweile, Wunsch nach Beschäftigung, Ablenkung oder Abwechslung
- Die Pflege der gewohnten Hobbys ist nicht möglich oder erschwert
- Mimik und Körperhaltung drücken Langeweile aus
- Potenziell: Mimik, Gestik und Körperhaltung drücken Interessenlosigkeit aus.

Folgen

- Vermindertes Selbstwertgefühl
- Unruhe, Weinen, ständiges Klagen über körperliche Beschwerden
- Nörgeln, Streitsucht, Aggressivität oder Apathie.

Nicht immer muss ein Beschäftigungsdefizit die Ursache solcher Symptome sein. Es sollte aber immer daran gedacht werden, dass mangelnde Beschäftigung zu den unterschiedlichsten Formen von Missempfinden und Verhaltensauffälligkeiten führen kann.

12.3.2 Pflegetherapeutische Maßnahmen

Es gibt **Beschäftigungsangebote** für alle individuellen Fähigkeiten und Bedürfnisse. Die größte Herausforderung für AltenpflegerInnen ist dabei, gemeinsam mit dem Betroffenen das richtige Angebot ausfindig zu machen (☞ Abb. 12.26).

Beschäftigung ist dann **therapeutisch,** wenn die Betroffenen

- Erfüllung, Befriedigung, Spaß oder Ablenkung erfahren
- Zu neuen Themen und Techniken hingeführt werden, wenn altgewohnte Beschäftigungen nicht mehr möglich sind
- Keine Anzeichen eines Beschäftigungsdefizites entwickeln bzw. wenn die Anzeichen für ein Beschäftigungsdefizit (☞ oben) rückläufig sind oder ganz verschwinden.

Je nach Art der Beschäftigung, z. B. Lesen, Handarbeiten, Spielen oder Gespräche, können dabei

- Die geistigen, psychischen und/oder motorischen **Fähigkeiten** gefördert werden
- **Erfolgserlebnisse** ermöglicht und damit das Selbstwertgefühl des alten Menschen gesteigert werden.

Nicht immer hat ein alter Mensch den Wunsch nach Förderung seiner Beschäftigung. AltenpflegerInnen bewegen sich ständig auf einer Gratwanderung zwischen Motivieren und Aktivieren oder Akzeptieren und „In-Ruhe-Lassen".

Beschäftigung können AltenpflegerInnen allein oder in Zusammenarbeit mit anderen Berufsgruppen (☞ 12.1) in unterschiedlichen Einrichtungen anbieten z. B. in

- Stationären Einrichtungen
- Betreuten Wohnanlagen
- Gerontopsychiatrischen Einrichtungen
- Tagespflegeeinrichtungen
- Altentagesstätten.

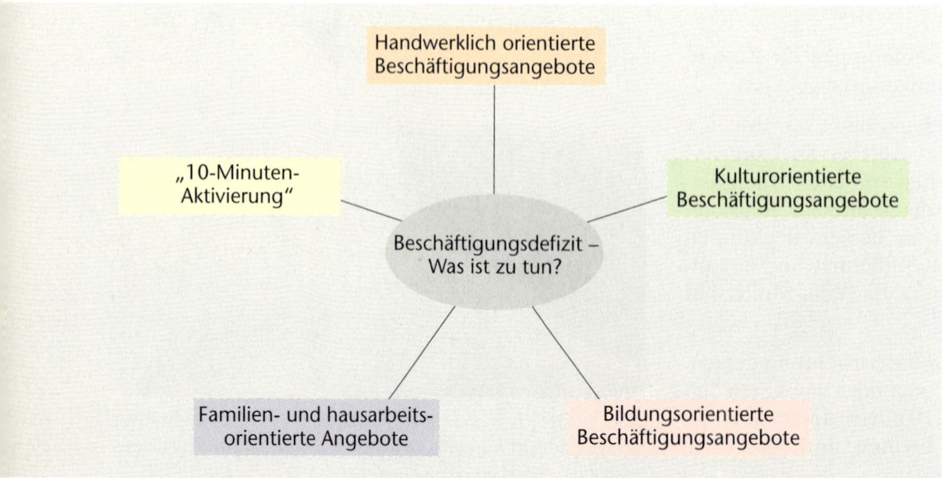

Abb. 12.26: Pflegetherapeutische Möglichkeiten beim Beschäftigungsdefizit.

Bezeichnung von Beschäftigungsangeboten

- Das Wort **„Basteln“** hat für viele Erwachsene einen negativen Beigeschmack von „Kinderkram“ oder „Zeittotschlagen“. Freizeitangebote können statt dessen ganz konkret als „Werken“, „Handarbeiten“ und „Künstlerisches Arbeiten“ angeboten werden, wobei die Grenzen oft fließend sind
- Der Begriff **„Beschäftigungstherapie“** ist dann umstritten, wenn er für die Angebote von fachfremden Personen ohne Ergotherapieausbildung verwendet wird (Ergotherapie ☞ 12.1).

Gruppenarbeit

Das menschliche Zusammenleben führt zu Gruppenbildungen, denn jeder Mensch ist auf das Leben in Gruppen angewiesen.

Gruppen bieten vielfältige Möglichkeiten für zwischenmenschliche Beziehungen und für die Pflege gemeinsamer Interessen. Hier entwickelt sich zwischen den Gruppenmitgliedern ein Zusammengehörigkeitsgefühl. Daraus entsteht häufig im Laufe der Zeit das so genannte „Wir-Gefühl“.

Für einen älteren Menschen, dessen Erlebnisfeld eingeengt ist, bedeutet die **Zugehörigkeit** zu einer Gruppe

- Einen Ausweg aus der Einsamkeit, weil er mit anderen Menschen sprechen kann
- Die Möglichkeit, sich über seine Ansichten und Probleme zu äußern
- Sicherheit und Geborgenheit
- Neue Lebensfreude, weil durch anregende Beschäftigungsmöglichkeiten verschüttete Lebenskräfte wieder freigelegt werden.

Die Teilnahme an einer Gruppe kann gleichzeitig auch eine sinnvolle **Freizeitbeschäftigung** sein, kann motivieren und ermutigen, neue Dinge auszuprobieren, neue Hobbys zu erlernen oder mit anderen zusammen soziale Aufgaben zu lösen. Gruppenarbeit ist also eine wichtige Therapiemaßnahme bei (drohendem) Beschäftigungsdefizit und bei sozialer Isolation (☞ Abb. 12.27).

Bei der **Planung** und **Durchführung** von Gruppenaktivitäten ist es sinnvoll, die folgenden Arbeitsschritte zu berücksichtigen und in der angegebenen Reihenfolge und geduldigem Tempo zu durchlaufen, statt vorschnell und überstürzt neue Angebote zu organisieren. Ständig wechselnde und kurzlebige Projekte verringern die Motivation aller Beteiligten. Nur selten liegt es am Thema, wenn eine Gruppenarbeit nicht funktioniert.

Abb. 12.27: Die Teilnahme an einer Gruppe ermöglicht dem alten Menschen soziale Interaktion und Beschäftigung gleichermaßen. [A300-119]

Bestandsaufnahme (Phase 1)

Eine **Bestandsaufnahme,** die Aufschluss über die Interessen und Bedürfnisse der Zielgruppe und die sachlichen Rahmenbedingungen gibt, ist für die Planung und Durchführung dieses Angebots unbedingt notwendig. Folgende Fragen geben wichtige Informationen:

- Welche Gruppenaktivitäten oder -angebote gibt es schon, z. B. Gymnastikgruppe, Skatgruppe, welche innerhalb der Einrichtung, welche in erreichbarer Nähe?
- Besteht ein (weiterer) **Bedarf** an Gruppenarbeit, z. B. an Beschäftigungsmöglichkeiten, an kulturellen Angeboten oder Weiterbildung?
- Wie setzt sich die vorhandene **Zielgruppe** zusammen, z. B. Hochbetagte, Verwirrte, Körperbehinderte, Bewegungsfreudige, alle HeimbewohnerInnen?
- Wie viel **Personal,** z. B. interessierte und geeignete MitarbeiterInnen, Ehrenamtliche, Angehörige, offene Stellen, steht für die Planung und Durchführung des Gruppenangebots zur Verfügung?
- Über wie viel **Fachkompetenz** verfügt das Personal, z. B.: Gibt es erfahrene Fachleute und PraktikerInnen, die in der Anfangsphase praktische Unterstützung, Anleitung oder Beratung geben können?
- Welche sachlichen **Ressourcen** sind vorhanden?
  - Räumlichkeiten, z. B. Teeküche auf der Etage, Toiletten, Gruppenraum, Andachtsraum, Turnsaal, Werkraum
  - Materialien, Hilfsmittel, z. B. Spendentopf für Materialien.

Planung (Phase 2):

Es ist wichtig, dass die AltenpflegerIn, die eine Gruppenarbeit vorbereitet und durchführt, offen ist

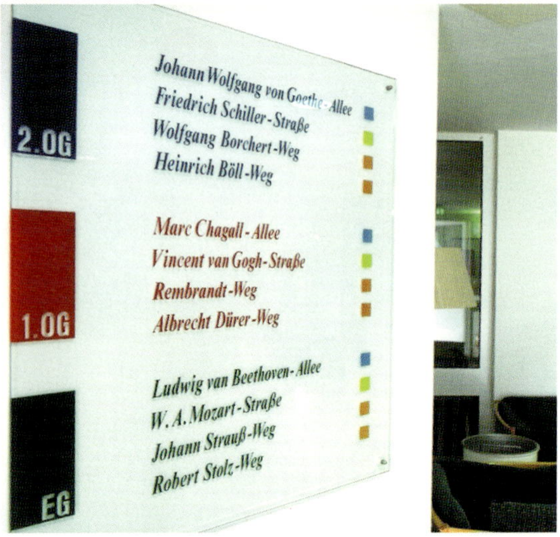

Abb. 12.28: „Bastelnachmittag heute um 15.00 Uhr in Zimmer 2 auf der Johann-Wolfgang von Goethe-Allee." Zur Planung von Gruppenangeboten gehört es auch, die Wege und Räumlichkeiten ausreichend zu kennzeichnen. [K157]

für Informationen, Wünsche, Vorschläge, Ideen und Denkanstöße von den alten Menschen selbst, ihren Angehörigen, ihren KollegInnen aus anderen Berufsgruppen oder MitarbeiterInnen aus anderen Alteneinrichtungen.

Vorsicht!

„Gefährlich" sind besonders in dieser Phase **Ideenkiller,** z. B.

- „Damit kommen wir hier nie durch!"
- „Ob wir dafür jemanden begeistern können?"
- „Für so etwas haben wir keine Zeit (kein Geld, kein Personal)!"
- „Seien sie erst einmal ein paar Jahre hier!"
- „Ja, wenn das so einfach wäre!"

Es ist wichtig, bei der Planung der Gruppenarbeit folgende Fragen zu klären:

- **Welche** Ziele sollen mit der Gruppenarbeit verfolgt werden?
- **Was** wollen wir tun? Welche Beschäftigungsart soll im Mittelpunkt der Gruppenarbeit stehen?
- **Worüber** wollen wir reden oder etwas erfahren, z. B. ReferentIn oder Gast von außerhalb einladen?
- **Wie** sollen die Themen und Inhalte vermittelt werden, z. B. durch die Gruppenleitung oder die TeilnehmerInnen erarbeiten sich die Themen und Inhalte selbstständig?
- **Wer** übernimmt die Gruppenleitung? Kann die Leitung von mehreren Personen übernommen werden? Kann eine GruppenteilnehmerIn Anleitungen geben?
- Welche Rolle soll die Gruppenleitung einnehmen?
- **Wie** soll sich die Gruppe formieren? Welche Sitz- oder Stehposition sollen die TeilnehmerInnen einnehmen?
  - Arbeiten alle nebeneinander das Gleiche?
  - Arbeiten alle zusammen an einem gemeinsamen Produkt?
  - Arbeiten oder diskutieren Kleingruppen mit verschiedenen Themen? Gibt es dazu andere Räume oder Rückzugsmöglichkeiten?
- Wie sollen die möglichen TeilnehmerInnen über das Gruppenangebot informiert werden (☞ Abb. 12.28)? Wie können sie zur Teilnahme motiviert werden?
- Wie viele Personen sind zu erwarten und sollten es höchstens (mindestens) sein?
- Welche **Möbel** werden benötigt, z. B. Bestuhlung, geeignete Tische, Küchenzeile, Backofen? Ist der Fußbodenbelag z. B. zum Tanzen geeignet?
- Welche **Hilfsmittel,** z. B. Materialien, Werkzeug, Lehrmittel, werden benötigt oder sind vorhanden? Wer kann etwas besorgen oder ausleihen? Wer kann gemeinsam die gleichen Geräte oder Werkzeuge benutzen?
- Welche **Medien,** z. B. Diaprojektor, Leinwand, Overheadprojektor, Stereoanlage, sind sinnvoll, vorhanden oder können besorgt werden?

Potenzielle Probleme und Schwierigkeiten sollten schon bei der Planung abgeschätzt und berücksichtigt werden, z. B.:

- TeilnehmerInnen mit Einschränkungen, Behinderungen, Eigenarten, auf die besonders eingegangen werden muss
- Möglichkeit, bei Bedarf kurzfristig noch etwas zu variieren, zu streichen, zu ergänzen oder abzuändern
- Alternativangebot oder ein Programm, das parallel laufen kann, z. B. wer nicht handarbeiten möchte, kann Brettspiele machen.

Damit die Erwartung der TeilnehmerInnen nicht enttäuscht wird und Missverständnisse gar nicht erst entstehen, sollte das Gruppenangebot durch die genaue Angabe der Daten so konkret wie möglich definiert werden, z. B.:

- **Titel:** Offener Singkreis
- **Termin:** einmal wöchentlich nach dem Abendessen von 19.30 bis 21.00 Uhr
- **Ort:** Speisesaal
- **TeilnehmerInnen:** alle BewohnerInnen
- **Leitung:** Heimbewohnerin, die früher Musiklehrerin war
- **Unterstützung:** durch wechselnde PraktikantInnen der Altenpflegeschule.

☑ Bei der Gruppenarbeit ist es wichtig, in mehreren Dimensionen zu denken: „Das ‚Wie' genügt nicht, das ‚Warum', das ‚Womit', z. B. Hilfsmittel, Geräte, das ‚Mit-Wem', z. B. die Gruppenmitglieder und das ‚Wann' müssen dazu kommen."
W. A. Hofmann

Häufig wird die Planungsphase vernachlässigt. Es werden kurzfristig Angebote organisiert und „in Gang gesetzt", die schnell wieder abgebrochen werden müssen, weil z. B.:

- Am Bedarf vorbeigeplant wurde
- Die Betroffenen bei der Planung nicht mit einbezogen wurden
- Nicht alle KollegInnen (Vorgesetzten) das Projekt befürwortet und unterstützt haben
- Nicht alle (potenziellen) Probleme und Auswirkungen im Vorfeld bedacht wurden
- Der GruppenleiterIn nach anfänglicher Begeisterung, großen Plänen und Idealen zu schnell der Atem ausging, sie sich überfordert fühlte, die erwarteten Erfolgserlebnisse ausblieben oder zu klein ausfielen.

Durchführung (Phase 3)

Um regelmäßig bei den Gruppenangeboten anwesend zu sein, benötigen die TeilnehmerInnen häufig Unterstützung beim **Hin- und Rücktransport.** Leben die TeilnehmerInnen in ihrer Wohnung, ist es ratsam, einen Fahrdienst oder Fahrgemeinschaften zu organisieren. Die Angebote sollten nicht zu einer späten Tageszeit enden. Leben die TeilnehmerInnen in einer stationären Einrichtung, müssen z. B. RollstuhlfahrerInnen oder dementiell erkrankte BewohnerInnen von ihren Zimmern zum Veranstaltungsort begleitet werden. Hierfür ist es notwendig, ausreichend Personal zu organisieren.

Während des Gruppenangebots ist bei schwerstpflegebedürftigen TeilnehmerInnen die Begleitung bei Toilettengängen notwendig. Auch dafür muss das notwendige Personal bereitstehen.

Zur besseren **Kontaktaufnahme,** zum Auflockern und um die Teilnahme noch attraktiver zu machen, beginnen viele Gruppenangebote mit einem gemeinsamen **Kaffeetrinken.** Es folgt das Programm und anschließend ein kurzes Abschlussgespräch. Dabei sollten aber genügend Zeit für Lob und Motivation der einzelnen TeilnehmerInnen und für eine kurze Vorausschau auf das nächste Treffen eingeplant werden.

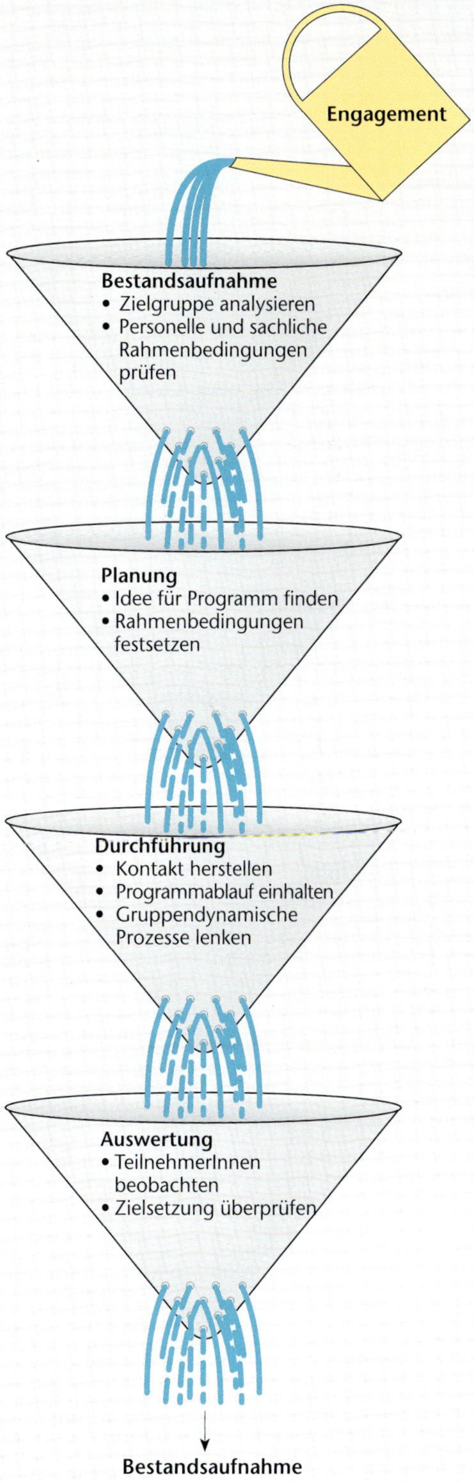

Abb. 12.29: Gruppenarbeit führt nicht durch Zufall zum Erfolg. Bei der Planung und Durchführung müssen wichtige Arbeitsschritte konsequent eingehalten werden.

„Der große Vorteil des Kaffees ist, dass er in jede Situation und in jede Tageszeit passt."
Theodor Fontane

Es wird oft von den BesucherInnen gewünscht, dass nach einer kurzen Begrüßung das Programm folgt und ein gemütlicher Teil mit Kaffee oder anderen Getränken das Zusammentreffen abschließt. Dann ist das **Auswertungsgespräch** nicht zu trocken und die Wahrscheinlichkeit größer, dass alle bis zum Schluss bleiben.

Bei der Durchführung des Gruppenangebots ist es wichtig, für die einzelnen Programmpunkte einen inneren **Zeitrahmen** festzulegen, der jedoch nicht unumstößlich sein sollte. Zeit für wichtige gruppendynamische Prozesse und Zwischengespräche sind wichtiger als die korrekte Einhaltung des Zeitplans. Bei der Zeitplanung müssen die Motivation sowie die physische und psychische Ausdauer der TeilnehmerInnen berücksichtigt werden.

Auswertung (Phase 4)

Am Verhalten der TeilnehmerInnen kann eine GruppenleiterIn erkennen, wie gut die Gruppenarbeit verlaufen ist und wie zufrieden jeder Einzelne erscheint. Diese Zufriedenheit muss sich aber nicht immer decken mit den **pädagogischen** und pflegerischen Zielen, die mit der Gruppenarbeit beabsichtigt wurden.

Fallbeispiel
Frau Hansen ist erst einmal zufrieden und dankbar, dass für sie beim Altennachmittag von einer netten jungen Dame nicht nur der Kaffee gekocht und eingeschenkt wurde, sondern dass diese auch noch den Kuchen mitgebracht und Schablonen für Papierblumen vorbereitet hat. Als alle mit dem Arbeiten begannen und Frau Hansen befürchtete, dass sie so etwas nicht kann, hat die junge Frau ihr geholfen. Sie hat für sie die Farbe des Papiers ausgesucht, die Papierblume ausgeschnitten und zusammengeklebt.

Frau Hansen hat es sicherlich gut getan, einmal verwöhnt zu werden. Sie freut sich auch, dass sie eine so perfekt hergestellte Papierblume mit nach Hause nehmen kann. Wenn sie aber bei den Vorbereitungen für Kaffee und Kuchen und beim „Werkeln" selbst hätte mitwirken können, wäre ihr Selbstwertgefühl und auch die Motivation, öfter an der Gruppenarbeit teilzunehmen, gestiegen.

Je genauer im Vorfeld Probleme und Bedürfnisse analysiert und je klarer die Zielvorstellungen definiert wurden, desto genauer kann später auch das Ergebnis bewertet werden. Bei der **Auswertung** können die TeilnehmerInnen zum persönlichen Erleben des Gruppenangebots in einer Abschlussrunde befragt werden, z. B.:

- Was können Sie aus dem heutigen Zusammensein mit nach Hause nehmen?
- Was hat Ihnen besonders (oder gar nicht) gefallen?
- Welches Erlebnis oder welche Erkenntnis waren heute besonders einprägsam für Sie?

Literaturtipp
Bechtler, Hildegard (Hrsg.): Gruppenarbeit mit älteren Menschen, Lambertus Verlag, Freiburg i. Breisgau 1993

Aufgaben der Gruppenleitung

Eine **GruppenleiterIn** benötigt viel Fantasie und Kreativität, aber auch Kommunikationsfähigkeit, Humor und ein großes Maß an Flexibilität und Spontaneität. Eine erfolgreiche Gruppenleitung benötigt jedoch auch das notwendige **Fachwissen.** Dazu gehören geragogische Grundkenntnisse und die Erfahrung in der Leitung von Gruppen, z. B. Gruppendynamik, Gesprächsführung, Führungsstile.

Für den richtigen Umgang mit den TeilnehmerInnen aus dem Bereich der Altenhilfe sollten der Leitungsperson auch spezielle Krankheitsbilder bekannt sein.

Sie sollte jederzeit Beiträge der TeilnehmerInnen aufgreifen können und nicht, um den Zeitplan einzuhalten, abblocken. Ein ursprünglich geplantes Programm kann jederzeit nachgeholt werden, aber eine augenblickliche Stimmung und Atmosphäre in der Gruppe kann nicht nach Tagen oder Wochen wieder rekonstruiert werden.

Folgende **Regeln** gelten für die GruppenleiterIn:

- Statt **für** die alten Menschen etwas zu tun, sollte etwas **mit** ihnen geplant, entschieden und durchgeführt werden
- Nur eine aktive GruppenleiterIn kann aktivieren.

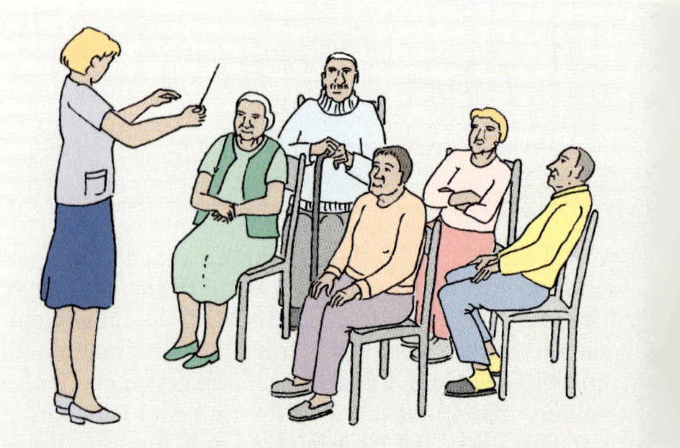

Abb. 12.30: GruppenleiterInnen spielen eher eine begleitende Rolle. Sie dirigieren die TeilnehmerInnen nicht. [A500-119]

Es gibt aber auch Phasen der Ruhe und Entspannung in der Gruppe, die die LeiterIn erkennen muss
- Keinen falschen Ehrgeiz an den Tag legen, z. B. zu hohe Ansprüche, zu komplizierte Techniken, Perfektionismus
- Sich selbst und die Rolle der Gruppenleitung immer wieder hinterfragen.

Kleine Schritte der GruppenteilnehmerInnen als große Leistung anerkennen und nicht als Selbstverständlichkeit betrachten.

Einzelarbeit

Um das richtige Verhältnis von Einzel- und Gruppenarbeit zu finden, muss immer wieder neu abgewogen werden. Allein aus Zeitgründen kommt die **Einzelarbeit** in der Altenpflege meist viel zu kurz.

Gruppenarbeit vermittelt soziale Kontakte und fördert die Kommunikationsfähigkeit. Einzelarbeit ist aber oft der erste Schritt hin zur Teilnahme eines alten Menschen an einer Gruppe. Sie wird z. B. durchgeführt in Form von
- Hausbesuchen als gute Gelegenheit für Einzelgespräche im Rahmen der offenen Altenarbeit
- Begleitung zu einer Gruppenaktivität innerhalb einer Einrichtung.

Oft genügt es, wenn man dem alten Menschen versichert, dass er ganz unverbindlich an der Gruppe teilnehmen und sich alles ansehen kann, ohne sich selbst gleich beteiligen zu müssen.

Wenn die AltenpflegerIn mit Freude dabei ist, wirkt das auf die alten Menschen meist „ansteckend".

Wenn alte Menschen sehr stark körperlich, geistig oder seelisch beeinträchtigt sind, kann die AltenpflegerIn in der Einzelarbeit besser auf ihre Probleme eingehen, ihre Ressourcen ermitteln, Hilfsmittel anbieten und Motivationsarbeit leisten. So können sie später in eine geeignete Gruppe integriert werden. In der Einzelarbeit steuert der alte Mensch seinen Lernprozess selbstständig, was ein hohes Maß an **Eigenmotivation** freisetzen kann.

Einzelarbeit kann auch bedeuten, einen alten Menschen zu ermutigen, dass er alleine ein altgewohntes oder auch neues Hobby ausübt, das ihm besondere Freude macht. Vielleicht findet er dafür keine gleichgesinnten Mitstreiter oder sein Hobby erfordert besondere Fähigkeiten, z. B. ein Musikinstrument spielen oder eine ausgefallene künstlerische Technik.

Manche **Beschäftigungsformen** lassen sich besser alleine umsetzen, z. B. Schreiben, Rätsel lösen, Patience legen. Wenn eine BewohnerIn einer stationären

Abb. 12.31: Kartenspiele bieten auch Bettlägerigen eine abwechslungsreiche Beschäftigung. [K157]

Alteneinrichtung viel Zeit am Tag mit anderen Menschen verbringt, die Mahlzeiten und viele Aktivitäten gemeinsam mit ihnen erlebt, genießt sie es vielleicht, sich hin und wieder alleine zu beschäftigen.

Beschäftigung bei Bettlägerigkeit

Für **bettlägerige** alte Menschen kommt häufig nur die Einzelarbeit in Frage. Es gibt viele Möglichkeiten der Beschäftigung für alte Menschen, die vorübergehend oder für längere Zeit im Bett liegen müssen (☞ Abb. 12.31). Geeignet sind dann z. B.:
- Weben
- Wollpompons wickeln
- Makraméearbeiten
- Arbeiten mit Zauberwolle
- Malen mit Holz-, Filz- oder Wachsmalstiften
- Zeichnen mit Bleistift oder Kohle
- Einfache Papierarbeiten, z. B. Collagen, Modellieren mit lufttrocknender oder im Backofen zu trocknender Modelliermasse oder mit Salzteig
- Geduldsspiele, z. B. Solitär, Tangram, Karten- oder Brettspiele für zwei und mehr TeilnehmerInnen
- Rätsel
- Schreibspiele
- Querbücher für Bettleser (☞ unten).

Gestaltung der Umgebung

Die soziale und räumliche Umgebung, z. B. die Lage und Einrichtung der eigenen Wohnung oder der betreuten Wohnung, hat einen großen Einfluss auf die Beschäftigungsmöglichkeiten alter Menschen. Viele Angebote und Möglichkeiten werden nicht wahrgenommen, weil z. B.

- Die Wohnung zu weit von öffentlichen Verkehrsmitteln entfernt liegt
- Die Wohnung nicht mit Hilfsmitteln, z. B. einer beweglichen Fahrrampe für RollstuhlfahrInnen, ausgestattet und die Bewegungsfreiheit für die BewohnerIn damit stark eingeschränkt ist
- Durch die Inanspruchnahme zu vieler Hilfen die Eigenaktivität des alten Menschen verkümmert ist.

Das Pflegepersonal hat in der Regel den größten Einfluss auf die Gestaltung des Milieus, in dem ein alter Mensch sich bewegt. **Soziotherapie** oder **Milieutherapie** sind wichtige Aufgaben, die nicht nur als Freizeittherapie zu betrachten sind, sondern alle pflegerischen Aktivitäten umfassen. Dabei ist eine freundliche und möglichst „normale" Umgebung Voraussetzung.

Ein therapeutisches Klima kann überall entstehen. Wichtig ist die Einstellung der AltenpflegerInnen zu Alter und Behinderung, zu Krankheit und Tod und zu den unterschiedlichen Bedürfnissen der alten Menschen.

Abb. 12.32: Mit einem in der Höhe elektrisch verstellbarem Stuhl können körperlich eingeschränkte alte Menschen bequem alle Höhen in ihrer Wohnung erreichen. [V143]

Die Bedürfnisse der einzelnen HeimbewohnerInnen können besser befriedigt werden, wenn Möglichkeiten vorhanden sind zum Rückzug und zum Alleinsein, aber auch für Geselligkeit und gemeinsame Aktivitäten mit Anderen. Ein Ziel dabei ist es, die Selbstständigkeit, das Selbstwertgefühl und die Beziehungsfähigkeit zu erhalten, zu verbessern oder neu aufzubauen.

In der häuslichen Umgebung

In der **häuslichen Umgebung** bestehen für den alten Menschen viele Möglichkeiten, den Tag auszufüllen, z. B. mit Einkaufen, Kochen, Putzen und Bügeln. Dazu kommen häufig noch Blumenpflege in Haus und Garten, Haustiere oder Enkelkinder, Nachbarschaftshilfe und freundschaftliche Kontakte. Für Hobbys wie z. B. Klavierspielen, Heimwerken oder Töpfern sind häufig die geeigneten Räumlichkeiten, ein Instrument oder Geräte und Werkzeug vorhanden.

Wenn physische oder psychische Beeinträchtigungen auftreten, ist es wichtig, dass die Wohnung **behindertengerecht** aus- oder umgerüstet wird (☞ 11.3.2, Abb. 12.32). AltenpflegerInnen können die Umgebung eines alten Menschen so gestalten, dass er sich gut auch alleine beschäftigen kann. Möglichkeiten sind z. B.:

- Handgriffe und Handläufe an den notwendigen Stellen anbringen lassen
- Sessel am Fenster oder neben einer verstellbaren Stehlampe und mit Büchern in Reichweite für „Leseratten" bereitstellen
- Arbeitsmaterial, z. B. für handwerkliche Arbeiten, beschaffen.

RollstuhlfahrerInnen brauchen eine behindertengerechte Wohnung, um ihren Haushalt so weit wie möglich alleine bewältigen zu können. Sie benötigen einen Aufzug oder eine Rampe, um mit dem Rollstuhl an Aktivitäten außer Haus teilnehmen zu können. Hochbeete beispielsweise ermöglichen auch RollstuhlfahrerInnen die Gartenarbeit.

In der stationären Pflege

Viele alte Menschen erleben nach dem Umzug in eine **stationäre Einrichtung,** dass ihnen ein Großteil ihrer Eigenverantwortung abgenommen wird und sie in starke Abhängigkeit geraten. Oft geht dies einher mit einem Gefühl von Sinn- und Perspektivlosigkeit.

Wer als alter Mensch aber spürt, dass er Verantwortung übernehmen und mitbestimmen kann bei der Strukturierung seiner Zeit und der Hobbypflege, ist auch eher bereit, aktiv mitzuarbeiten. Dabei können die Anpassungsfähigkeit an äußere Gegebenheiten und das Durchsetzungsvermögen gefördert werden.

Abb. 12.33: Ein gemütlicher Empfangsbereich in einer stationären Pflegeeinrichtung lädt dazu ein, sich zu treffen, zu plaudern oder einfach nur zu beobachten. [A500-119]

Zu viele **Serviceleistungen** durch das Personal bremsen die Motivation der BewohnerInnen für eigene Aktivitäten wie Einkäufe, Cafébesuche, Frisör- oder Arztbesuche außerhalb des Hauses.

Für die Beschäftigungsmotivation der BewohnerInnen einer stationären Einrichtung ist die **Gestaltung der Räumlichkeiten,** z. B. des Empfangsbereichs, der Bewohnerzimmer und der Flure von großer Bedeutung (☞ Abb. 12.33):

- Aufenthaltsräume oder Nischen mit bequemen Sitzgelegenheiten für Gespräche, Lesen oder Spielen
- Teeküchen, in denen man kleine Malzeiten kochen und Kuchen backen kann
- Grünpflanzen in Haus und Garten mit der Möglichkeit für interessierte BewohnerInnen, sich bei der Auswahl und Pflege zu beteiligen
- Stimulierende Umgebung, z. B. helle Flure, Wände mit Wechselrahmen, Pinnwände, große Glastüren und Fenster, die Platz bieten für selbst gemachte Dekorationen, wie Blumengestecke oder jahreszeitlich wechselnder Raumschmuck, von BewohnerInnen hergestellt und arrangiert
- Wechselnde Ausstellungen, z. B. mit Kunstgewerbe aus den Kreativgruppen. Sie bereiten den Beteiligten Erfolgserlebnisse, den BetrachterInnen Anregungen zum Selbermachen
- Garten, der nicht nur zum Hinschauen und Ausruhen, sondern auch zur Mitarbeit einlädt.

Hilfsmittel

Auch **Hilfsmittel** können es dem alten Menschen trotz körperlicher Beeinträchtigungen ermöglichen, seine gewohnten und geliebten Hobbys weiterhin zu pflegen:

- **Telefon** in Reichweite
- **Schreibtelefon** oder Faxgerät für schwerhörige oder gehörlose Menschen (☞ 4.3.2)
- Bestimmte Lagerung, eine **Lesehilfe** (Lupe) oder einen Lesetisch fürs Bett und geeignete Beleuchtung
- **Querbücher** (☞ unten) für Bettleser, die zu schwach sind, um die üblichen Bücher zu halten und umzublättern
- **Hörkassetten,** auf die ganze Bücher oder Auszüge von Zeitungen und Zeitschriften gesprochen wurden für spät erblindete Menschen (☞ unten)
- **Kopfhörer,** möglichst ohne Kabel, zum ungestörten Genuss von Musik

Abb. 12.34: Fahrdienste sind für viele alte Menschen die einzige Möglichkeit, ihre Wohnung zu verlassen. [K157]

- **Fernbedienung** für Radio und CD- oder Plattenspieler, damit alte Menschen Sessel bzw. Bett nicht verlassen müssen, um den Sender oder die Platte zu wechseln oder die Lautstärke zu verändern
- **Gehhilfe,** z. B. Stock, Rollator oder Rollstuhl erweitern den Aktionsradius des alten Menschen (☞ auch 6.3.2)
- **Rollatoren** mit Einkaufskorb und herunterklappbarem Sitz für Menschen, die gerne längere Stadtbummel machen, zwischendurch aber immer wieder kurz absitzen müssen
- **Griffverdickungen** an z. B. Schreibstiften oder Pinseln für eine Gelenk schonende Haltung bei Menschen mit Rheuma oder Arthrose an den Händen
- **Gartenkrallen,** die mit wenig Kraft zu handhaben sind, weiche **Kniebänkchen** oder **Hochbeete** für HobbygärtnerInnen mit Knie- und Rückenproblemen.

Abb. 12.35: Persönliche Motive und Gegenstände in der näheren Umgebung eines Bettlägerigen, hier ein Bild der Enkeltochter, bereichern seine Wahrnehmung und Erlebniswelt. [O351]

- **Schwimmweste** für die Sicherheit unsicherer SchwimmerInnen und NichtschwimmerInnen
- **Tandem** für Blinde (auch Sehende), die mit einer zweiten Person Radtouren unternehmen können
- **Fahrrad** mit drei Rädern für Menschen mit körperlichen Behinderungen, z. B. Halbseitenlähmung, Parkinson, Spastik
- **Rollstühle**, die an ein Fahrradhinterteil gekoppelt sind, so dass die Begleitperson strampelt und damit den Rollstuhl vorwärts bewegt
- Regelmäßige **Zubringerdienste** zur Teilnahme an Veranstaltungen oder Ausflügen mit Hilfe eines bereitstehenden Busses (☞ Abb. 12.34).

Umgebung des Pflegebettes

Wenn ein alter Mensch das Bett nicht verlassen kann, ist es für ihn besonders wichtig, dass er nicht nur auf kahle Wände schaut. Wer lange mit den Augen eine weiße Wand fixiert, erkennt irgendwann gelbe Flecken oder Punkte, die sich scheinbar auf der Wand befinden. Solche Erscheinungen können dann leicht zu **Halluzinationen** (☞ auch 6.4) führen.

Bettlägerige brauchen deshalb noch mehr als andere ein **stimulierendes Umfeld** (☞ Abb. 12.35), z. B.:

- Liebgewonnene Gegenstände
- Familienfotos in Sichtweite
- Blumen
- Farben
- Musik
- Körperkontakt.

Wenn keine Kontraindikation vorliegt, können wiederholt die Lage, die Stellung der Rückenlehne und den Blickwinkel des Pflegebedürftigen verändert werden. Bei langer Bettlägerigkeit kann das Bett hin und wieder an einen anderen Platz gestellt werden, z. B. mit Blick in den Garten.

Für die Beschäftigung im Bett:

- Das Bett in **Sitzposition** bringen
- Den **Betttisch** je nach Art der Beschäftigung verstellen, z. B. Schrägstellung beim Lesen
- Für liegende Patienten ein **Lesegestell** oder eine Prismenbrille anbieten
- Beim Flechten, beim Nähen oder bei Papierarbeiten ein **Abdecktuch** zur Schonung der Bettwäsche benutzen
- Für das Arbeiten im Bett ein bequemes und entspanntes **Sitzen** und genügend Halt ermöglichen, z. B. durch einen Bettkasten am Fußende und eine Rolle unter den Knien
- Wenn Pflegebedürftige im Bett weben, sind **Stützen** für den Webrahmen sinnvoll, sie verhindern Druck und Gewicht auf die Oberschenkel.

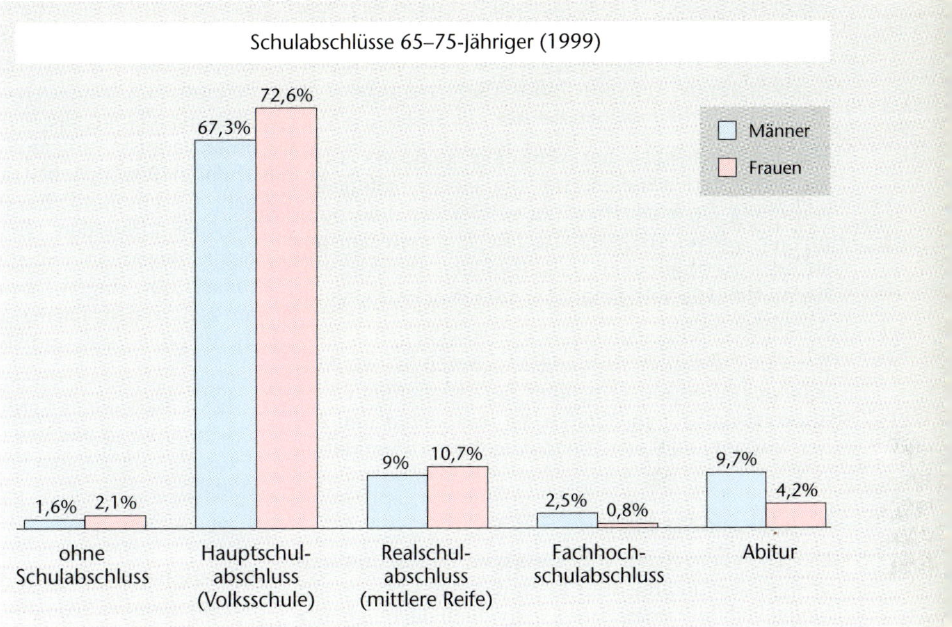

Abb. 12.36: Statistik Bildungsniveau alter Menschen.

> **Vorsicht!**
> Bei Bettlägerigen, die sich nicht sprachlich artikulieren können, müssen AltenpflegerInnen besonders gut beobachten, ob die Beschäftigung auch wirklich Freude bereitet.

Bildungsorientierte Beschäftigungsangebote

Seit Jahrzehnten zeigen Untersuchungen immer wieder, dass alte Menschen sehr wohl bildungsfähig sind. Man spricht deshalb heute vom **lebenslangen Lernen.**

> ☑ Bildungsorientierte Beschäftigungsangebote tragen dazu bei, dass der alte Mensch den Wert seines Lebens in der Gesellschaft auch jenseits der Berufswelt erkennen kann.

1985 hatten von den damals 50–54-jährigen Männern 18,9 Prozent keinen Bildungsabschluss, bei den gleichaltrigen Frauen waren es mehr als die Hälfte, wesentlich mehr als bei den jüngeren Jahrgängen. Das bedeutet, dass es heute noch sehr viele alte Menschen mit geringem **Bildungsniveau** gibt, dass aber der Anteil älterer Menschen mit einem höheren Bildungsabschluss in Zukunft zunehmen wird (☞ Abb. 12.36). Diese zukünftigen Alten werden voraussichtlich mehr Interesse an Bildungsangeboten haben.

Bildungsangebote greifen mehrere Bedürfnisse alter Menschen auf, z. B.:

- Fähigkeiten zur Lebensbewältigung zu erwerben
- Etwas für Andere zu tun
- Sich sinnvoll zu beschäftigen und sich noch weiter zu entwickeln.

Bildungsangebote für ältere Menschen sollten sich an deren Vorkenntnissen und Bedürfnissen orientieren. Häufig besteht ein großes Interesse an praktischen Lebenshilfen, z. B. Gesundheitsberatung, Ernährung, rechtlichen Fragen. Noch immer ist es ein kleinerer Teil der alten Menschen, der sich vor allem für kulturelle Themen und theoretische Wissensvermittlung interessiert.

> ☑ In einer Gruppe alter Menschen gibt es immer eine große Bandbreite an unterschiedlichen Vorkenntnissen, Bedürfnissen und Interessen, die bei Bildungsangeboten in Erfahrung gebracht und berücksichtigt werden müssen.

Bei den Zielgruppen gilt es zu unterscheiden zwischen

- **Lernungewohnten** alten Menschen, die vielleicht seit ihrer Schulzeit kein Bildungsangebot mehr wahrgenommen und selten einmal ein Buch gelesen haben und
- **Lerngewohnten** alten Menschen, die nie aufgehört haben, etwas für ihre Bildung zu tun, die belesen sind und sich mündlich und schriftlich gut ausdrücken können.

Auch bei der Altenbildung gelten die Prinzipien der **Animation:** Neugierde, Ermutigung und Anschaulichkeit sind dabei ebenso wichtig wie die Inhalte einer Veranstaltung. Wenn erst einmal Interesse geweckt ist, wenn ein alter Mensch motiviert ist, mehr zu erfahren und sich weiter zu bilden, dann findet er oft auch alleine Möglichkeiten und MitstreiterInnen, weiterführende Literatur und Themenangebote in Rundfunk und Fernsehen (☞ Abb. 12.37).

Bildungsarbeit mit alten Menschen sollte vor allem Möglichkeiten schaffen, um die eigene **Alltagsbewältigung** zu reflektieren, zu vergleichen und auch private, schwer veränderbare Dinge gemeinsam mit anderen zu besprechen, z. B. Probleme mit Angehörigen, Umgang mit Finanzen oder Kochrezepte für Alleinstehende.

Bei den folgenden Bildungsangeboten ist es Aufgabe der AltenpflegerIn, über die Möglichkeiten zu informieren und zu beraten, zu motivieren und bei der Nutzung der vielfältigen Angebote zu unterstützen.

Vorträge und Seminare

Der Themenauswahl von **Vorträgen** und **Seminaren** in der Altenbildung sind keine Grenzen gesetzt. Es hängt auch hier immer ganz individuell davon ab, wie sich die Interessen und Wünsche der jeweiligen Zielgruppe zusammensetzen. Vorträge und Seminare sind Veranstaltungen, bei denen die TeilnehmerInnen vorwiegend passiv Informationen aufnehmen. Bei diesen Angeboten sollte immer wieder darauf geachtet werden, dass im Anschluss die TeilnehmerInnen die Möglichkeit haben, sich aktiv in die Thematik einzubringen, z. B. in einer Gesprächsrunde.

Abb. 12.37: In lokalen Tageszeitungen befinden sich zahlreiche Hinweise auf Bildungs- und Beschäftigungsveranstaltungen für Senioren. [J660]

Lange Zeit ist die Altenbildung davon ausgegangen, dass sich alte Menschen nur für Themen interessieren, die ausschließlich ihren eigenen Lebensabschnitt behandeln. Das muss jedoch nicht unbedingt so sein. Warum soll man alte Menschen nicht auch einmal zu einer Veranstaltung motivieren, in der es z. B. um die Themen Jugend, Arbeitslosigkeit oder Familienpolitik geht. Gesellschaftliches Interesse ist in der Regel auch im Alter vorhanden. Gleichzeitig bietet sich bei so einer Gelegenheit ein gemeinsamer **Erfahrungsaustausch** mit jungen Erwachsenen oder Jugendlichen an, z. B. zu dem Thema: „In unserer Zeit, da gab's das nicht" oder „Jung und alt – Chancen und Konflikte".

> ☑ „Wirksames Lernen bedeutet neue Kraft gewinnen, und das Bewusstsein neuer Kraft ist eines der am meisten anspornenden Dinge im Leben."
>
> Janet Erskine Stuart

Klassische Themen in der Altenbildung, für die erfahrungsgemäß viele alte Menschen Interesse haben, sind z. B.:

- Vorbereitung auf das Alter
- Wenn Großeltern erziehen
- Unsere soziale Sicherung
- Das wichtigste über Testament und Erbfolge
- Partnerschaft und Sexualität im Alter
- Die Familie im Wandel der Zeiten
- Wohnen im Alter
- Unsere Stadt vor 50 Jahren.

Seniorenstudium

An allen Universitäten können Interessierte, unabhängig von ihrem Vorwissen, als GasthörerInnen Vorlesungen besuchen. Nach Ermittlungen der Universität Augsburg sind das etwa die Hälfte der älteren Studierenden. Die andere Hälfte sind als „ordentliche" StudentInnen eingeschrieben. Es gibt Schätzungen, dass etwa jeder vierte der älteren Studierenden ein Vollstudium mit einem Magister, Diplom oder Doktortitel abschließt. Von Senioren bevorzugt werden:

- Geistes- und Sozialwissenschaften
- Geschichte
- Philosophie
- Kunstgeschichte.

Fernsehen, Radio und Zeitung

Einen großen Teil ihrer freien Zeit verbringen ältere Menschen mit Zeitung, Radio und Fernsehapparat. Diese Massenmedien haben vor allem vier Aufgaben:

- Information
- Mitwirkung an der Meinungsbildung
- Kontrolle und Kritik
- Unterhaltung und Bildung.

Abb. 12.38: Ein beliebtes und originelles Bildungsangebot ist das Internetcafe ab 50. [K157]

Beobachtungsergebnisse zeigen einen steigenden Fernsehkonsum mit zunehmendem Lebensalter. Menschen ab 65 sehen dabei im Schnitt fast 5 Stunden täglich fern. Das **Fernsehen** hat in unserer heutigen, eher aktiven Gesellschaft oft einen negativen Beigeschmack, weil es das passive Verhalten („Berieseln lassen") und die Bewegungsarmut fördert. Auf der anderen Seite bietet das Fernsehen eine Vielzahl von Ablenkungs- und auch Bildungsmöglichkeiten, insbesondere für Pflegebedürftige, die in ihren Mobilitäts- und Aktivitätsmöglichkeiten beeinträchtigt sind.

Hauptmotive für das Fernsehen sind:

- Neues aus der Welt erfahren: „Fenster zur Außenwelt"
- Den Alltag vergessen
- Entspannung
- Langeweile
- Bequem zu konsumieren, jederzeit verfügbar
- Tagesstrukturierung.

Die Mehrheit der 55- bis 74-jährigen wünscht aber kein spezielles Seniorenprogramm. Mit höherer Bildung nehmen andere Freizeitaktivitäten zu und der Fernsehkonsum ab.

Manche ältere Menschen lehnen allerdings das Fernsehen ab, weil ihnen das „Flimmern" zu unruhig ist oder sie dem Geschehen nicht mehr folgen können. Im letzteren Fall kann es hilfreich sein, nur eine kleine, kurze und möglichst täglich wiederkehrende Serie anzubieten. So müssen nicht täglich neue Eindrücke verarbeitet werden. Statt dessen tauchen bekannte Gesichter auf, und die Inhalte setzen sich allmählich – ähnlich dem alltäglichen Leben – fort. Mit ein wenig Glück freut sich der alte Mensch schließlich jeden Tag etwas mehr auf diese Stunde Abwechslung. Eine solche Serie bietet auch Gesprächsstoff, z. B. für die gesamte Wohngruppe eines Pflegeheims einschließlich des Pflegepersonals oder auch unter Nachbarn.

☑ In wenigen Heimen gibt es inzwischen auch Heimfernsehen als Möglichkeiten interner Kommunikation.

Die **Tageszeitung** ist nach dem Fernsehen das am häufigsten genutzte Medium älterer Menschen. Das Kuratorium Deutsche Altershilfe erfasste bei einer neueren Erhebung 150 Tages- und Wochenzeitungen mit starker Leserbeteiligung, die eine eigene Seniorenseite anbieten. Besonders interessiert sind ältere Menschen an:

- **Programmzeitschriften**
- **Konfessionellen Blättern**

Abb. 12.39: Das Fernsehen kann einen Menschen auch mit Bildern und Informationen erschlagen. Eine Pause und etwas Abwechslung wird jeder als angenehm empfinden. [K157]

- **Kommunalen Seniorenzeitschriften,** die viele Städte und Gemeinden inzwischen herausgeben, wie z. B. der Kölner „Feierabend". Sie werden meist in Altenclubs, Heimen und Rathäusern gratis ausgelegt
- **Verbands- und institutionsgebundenen Blättern,** wie z. B. „Grauer Panther" vom gleichnamigen Senioren-Schutzbund
- **Kundenzeitschriften** für Ältere, z. B. das „Fit + Fünfzig" Magazin und der „Senioren-Ratgeber", die gratis in Apotheken ausliegen
- Der **Hauszeitung**, über die 10–20 % der Alteneinrichtungen verfügen. Oft wirken dabei interessierte HeimbewohnerInnen aktiv an der Redaktionsarbeit mit.

Wenn alten Menschen das Lesen schwerfällt, können AltenpflegerInnen auch Vorlesegruppen initiieren. Dabei werden regelmäßig ausgewählte Zeitungsartikel laut und deutlich vorgelesen. Anschließend wird in der Gruppe über den Inhalt gesprochen.

Das **Radio** ist auch für alte Menschen das klassische „Nebenbei"-Medium. Die 55- bis 74-jährigen hören am liebsten Nachrichten, Wettervorhersage, Regionalsendungen, unterhaltende Musik – vor allem Operette, Musical und Volksmusik. In wenigen Einrichtungen gibt es inzwischen auch Heimradio als Möglichkeit interner Kommunikation.

Kulturorientierte Beschäftigungsangebote

Lesen

Untersuchungen der letzten Jahre zeigen, dass die **Lesefreudigkeit** mit zunehmendem Alter nachlässt. Viele Ältere finden Lesen zu mühsam und anstrengend und meinen, es koste zu viel Geld. Wie für viele andere Beschäftigungsmöglichkeiten gilt auch für das Lesen: Welche Beschäftigung in der Jugend mit hohem Interesse und viel Engagement verfolgt wurde, spielt für das Alter eine große Rolle. Wer in der Jugend gerne las, tut das meist auch noch bis ins hohe Alter. Wer sein Leben lang nichts von Büchern hielt, wird im Alter schwer dafür zu motivieren sein.

Viele stationäre Einrichtungen verfügen über eine eigene **Bibliothek.** Ideal sind dabei zwei nebeneinanderliegende Räume, einer zum Schmökern und einer für die Buchausgabe.

Lesen und Schreiben setzen eine hohe Konzentrationsfähigkeit voraus. Nur alte Menschen mit besonderem Interesse an diesen Tätigkeiten lassen sich leicht dazu motivieren.

Für alte Menschen, die zu Hause wohnen oder für Einrichtungen ohne Bücherei gibt es an vielen Orten die Aktion „Bücher auf Rädern", eine mobile Bibliothek. Kontaktpersonen sind hier Gemeindeschwestern, die Fahrer von „Essen auf Rädern", HelferInnen aus der Jugend- und Altenarbeit und aus den Kirchengemeinden.

Abb. 12.40: Bei gestörter Sehfunktion können Hilfsmittel das Lesen erleichtern. [V143]

☑ **Informationen** zum Thema Lesen bei: Stiftung Lesen, Fischtorplatz 23, 55116 Mainz, Tel.: 06131/28890-0.
Auswahl an Großdruckbüchern für sehbehinderte Leser beim Verlag der Deutschen Friedrich-Schiller-Stiftung GmbH, Darmstadt.

Poesie- und Bibliotherapie

Poesie- und Bibliotherapie sind Therapieformen, die geschriebenes und gesprochenes Wort als Ausdruck von Gedanken und Gefühlen nutzen. Der Text dient als Brücke, Zugang und Vermittler. Texte können ablenken, unterhalten, erheitern, anregen, nachdenklich machen, beeinflussen und bilden.

Zur Poesie- und Bibliotherapie gehören:

- Unterstützung bei der Beschaffung und Auswahl von Büchern, Zeitschriften oder anderen Texten, die der jeweiligen Situation der Pflegebedürftigen angepasst sind

Abb. 12.41: Durch einfache Kopfbewegungen ist mit diesem Hilfsmittel das Wenden von Buchseiten möglich. [V143]

- Vorlesen und vorgelesen bekommen
- Alte Menschen verfassen selbst kurze Gedichte oder Textstücke und verarbeiten dabei Erlebnisse und innere Bilder
- Krankentagebuch
- Lebenserinnerungen aufschreiben
- Briefe schreiben
- Gespräch und Gedankenaustausch anhand von Texten.

☑ Es gibt inzwischen eine Vielzahl von Büchern in Großdruck. Auch für Menschen, denen das Lesen zu anstrengend ist, gibt es Bücher und Zeitschriften auf Hörkassetten gesprochen mittlerweile auch in vielen Stadtbüchereien.

Schreiben und Schreibwerkstatt

Schreiben kann die Fantasie und Kreativität des alten Menschen besonders anregen. Er findet bewusst zu seinen individuellen Ausdrucksmöglichkeiten, kann Erlebnisse z. B. in Form eines Tagebuchs besser in Erinnerung behalten und das Geschriebene mit anderen Menschen besprechen und interpretieren.

Es gibt vieles, worüber geschrieben werden kann, z. B.:

- In einem vorgegebenen Zeitraum, maximal 5 Min., alle Gedanken aufschreiben, die gerade durch den Kopf gehen. Anschließend kann das Geschriebene in einer Gruppe präsentiert werden
- Bilder und Gegenstände beschreiben, auch Beziehungen und Gefühle, die zu diesen Motiven bestehen, mit einbeziehen
- Gesellschaftliche, kulturelle oder politische Themen, zu denen schriftlich Stellung bezogen werden kann, z. B. Emanzipation der Frau, Arbeitslosigkeit, Wiedervereinigung
- Erlebnisse aus der eigenen Biografie aufschreiben, z. B. Kriegserfahrungen, Beziehung zum Ehepartner oder Kindern, Erfahrungen während der Berufstätigkeit.

Um auch schreibungewohnte Menschen zum Schreiben zu motivieren, müssen die AnleiterInnen konkrete, verständliche und einfache Aufgaben stellen. Je klarer seine Vorstellung ist, von dem, was er schreiben will, desto eher kann der alte Mensch seine Schreibhemmung überwinden.

Schreiben kann als Einzel- und als Gruppenbeschäftigung durchgeführt werden. Als Gruppenarbeit bietet sich die Organisation einer **Schreibwerkstatt** an. Eine Schreibwerkstatt ist eine feste Gruppe mit etwa vier bis sieben TeilnehmerInnen, die sich regelmäßig treffen, um zu verschiedenen Themen unter Anleitung zu schreiben. Die literarischen Werke der Schreibwerkstatt können am Ende z. B. für die anderen BewohnerInnen der Einrichtung veröffentlicht werden.

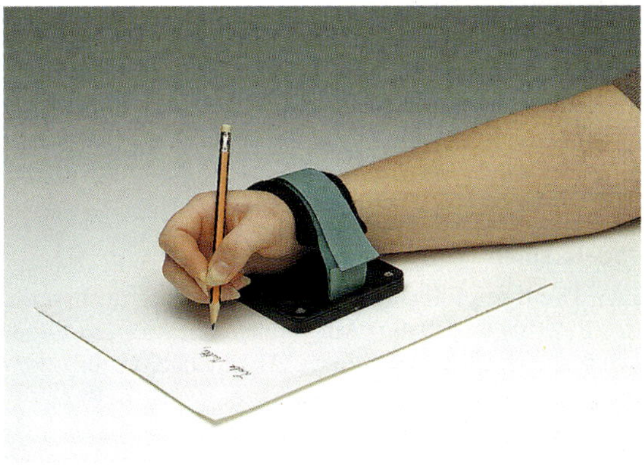

Abb. 12.42: Diese Vorrichtung hilft, die Hand beim Schreiben ruhig zu halten. [V143]

Vorsicht!
Das Schreiben über biografische Erlebnisse kann schmerzliche Gefühle auslösen. Dabei ist eine vertrauensvolle Atmosphäre sehr wichtig. Zum Schutz des Einzelnen müssen ggf. Grenzen gesetzt werden.

Erzählen und Erzählcafé

Erzählen bedeutet in der Altenpflege vorwiegend, dass alte Menschen aus ihrem Leben erzählen. Sie sind Zeitzeugen bedeutender Ereignisse aus der jüngsten Geschichte und können mit ihren Erfahrungsberichten häufig auch das Interesse jüngerer Menschen wecken. Hierdurch kann eine intensive Auseinandersetzung zwischen den Generationen eingeleitet werden. Indem alte Menschen Anlass bekommen, ihre Geschichten zu erzählen, können sie sich noch einmal mit ihrer Vergangenheit auseinandersetzen.

Gesprächsprozesse, die Erinnerungen hervorrufen, können von der AltenpflegerIn gesteuert werden. Dabei kann sie persönliche oder zeitgenössische Gegenstände, z. B. alte Fotografien, Modeartikel aus der Vergangenheit, Rezepte und Literatur verwenden. Es können auch Familiensoziogramme oder Stammbäume der alten Menschen erstellt werden. Findet das Erzählen in einer Gruppe an einem bestimmten Ort statt, handelt es sich um ein **Erzähl-Café.** Jedes Treffen wird unter ein bestimmtes Thema gestellt, z. B. Schul- und Studiensituation, Familien- und Hausarbeit, kulturelle oder politische Ereignisse. Die Berichte können auf Band mitgeschnitten und als wichtiges Zeitdokument über die Gesprächsrunde oder die Einrichtung hinaus veröffentlicht werden.

Wenn Menschen Gefallen daran gefunden haben, über ihr Leben und ihre Zeit zu sprechen, hören sie ungern wieder auf. Redelisten und -zeiten können gewährleisten, dass auch zurückhaltende TeilnehmerInnen zu Wort kommen.

Theaterspiel

Das **Theaterspielen** weckt kreative Kräfte und stärkt das Selbstbewusstsein. Alte Menschen können dabei körperliche und sprachliche Ausdrucksformen aktivieren (☞ Abb. 12.43). Andererseits ermöglicht es ihnen ein intensives Gruppenerlebnis.

Theatergruppen

Es gibt große Unterschiede, was den Anspruch und das Können der TeilnehmerInnen betrifft. Meist sind es Laienspieler. Manche Gruppen werden angeleitet und unterstützt von erfahrenen Schauspielern. Die Stücke beziehen sich oft auf die Lebenswelt älterer Menschen und sind mitunter selbst verfasst. Es können aber auch einfache Sketche, Kurzgeschichten, Witze oder Stegreifszenen sein, die nur zum eigenen Vergnügen oder vor kleinem Publikum innerhalb eines Altenclubs, einer Begegnungsstätte oder eines Altenheims gespielt werden.

Vorsicht!
TeilnehmerInnen der Theaterarbeit nicht überfordern. Häufig bestehen anfangs Hemmungen und Ängste, sich in anderen Rollen oder in ungewohnten Bewegungsformen vor einer Gruppe zu präsentieren. Jede TeilnehmerIn sollte nur die Übungen mitmachen, die sie sich auch zutraut.

Formen des Theaterspiels:

- **Pantomime:** Darstellung einer kleinen Geschichte, einer Situation oder eines Gefühls ohne Worte, z. B. Verliebtsein, Wut, komische Alltagssituationen
- **Rollenspiel:** Jede TeilnehmerIn spielt das Verhalten einer bestimmten Person in einer bestimmten Situation nach. Es können auch zwei oder mehrere Personen in einer Interaktion dargestellt werden. Das Rollenspiel eignet sich gut zum gemeinsamen Bearbeiten und Reflektieren von Konflikten
- **Bewegungsübungen:** Bewegung nach Vorgabe durch den Raum, z. B. Vorwärtsbewegung wie ein bestimmtes Tier, schnell oder langsam gehen
- **Sprechübungen:** Einen vorgegebenen Dialog als direkte Rede vorlesen
- **Tanz- und Bewegungstheater:** Stummes, aber bewegtes Spiel zu einem vorgelesenen Text.

Die Kulissen und Kostüme sind beim Tanz- und Bewegungstheater einfach und preiswert herzustellen. Die Hintergrundmusik oder -geräusche und die SprecherIn, die die Handlung vorliest, spielen wichtige

Abb. 12.43: Das Theaterspiel bietet die Möglichkeit, Gefühle und Gedanken in verschiedenen Rollen zum Ausdruck zu bringen. Wer einmal etwas verbergen will, kann sich auch hinter einer Maske verstecken. [J660]

Rollen, denn hier sprechen die SpielerInnen selten oder gar nicht. Sie können sich aber, je nach Rolle, mimisch, gestisch, mit Bewegungen und Tanz ausdrücken, bei Bedarf auch seufzen, brummen, stöhnen oder lachen. Diese Form des Theaters eignet sich auch für Menschen mit geistigen oder körperlichen Beeinträchtigungen.

Fallbeispiel Schwarzlichttheater
Alle TeilnehmerInnen haben schwarze Kleidung an und befinden sich in einem völlig abgedunkelten Raum. Notwendig ist ein besonderes Licht (Schwarzlicht), das vor allem weiße Dinge und Gegenstände mit bestimmten Farben leuchten lässt. Wenn eine SpielerIn weiße Handschuhe oder weiße Socken trägt und damit Bewegungen macht, sind nur Hände oder Füße sichtbar, die SpielerIn aber nicht. So ist interessantes und effektvolles Theater möglich, ohne selbst gesehen zu werden. Diese Form des Theaterspiels eignet sich insbesondere für Schüchterne, aber auch für Menschen mit körperlichen und geistigen Einschränkungen.

Puppenspiel

Das **Puppenspiel** bietet in der Arbeit mit alten Menschen zahlreiche Möglichkeiten (☞ Abb. 12.44). Puppen sind auch für alte Menschen noch anregend und werden mit viel Freude in die Hand genommen. Wie in vielen Bereichen der Beschäftigung sind auch beim Puppenspiel die Grenzen zwischen Bildungsarbeit, Hobby, Beschäftigungs- und Kunsttherapie fließend.

Die Puppen können

- Von den alten Menschen selbst hergestellt werden, z. B. aus Pappmaché, lufttrocknender Modelliermasse, Stoff, Holzkugeln (Hobby, Beschäftigung)

- Anregungen geben zur Inszenierung von Szenen und Geschichten (Kunsttherapie, Bildungsarbeit)
- In gesprächstherapeutischen Prozessen eingesetzt werden (Psychotherapie). Schon die Wahl der Puppen kann aufschlussreich sein im Hinblick auf die Psyche des Menschen. Puppen sind häufig **Symbolfiguren,** z. B. Kasper, König, Prinzessin, Hexe, Teufel.

Das Puppenspiel eignet sich sehr gut für einen generationsübergreifenden Kontakt. Die Puppenspielergruppe kann z. B. Kindergarten- oder jüngere Schulkinder zu einer Vorstellung einladen.

Zu den bekanntesten Puppen zählen
- Handpuppen
- Stabpuppen
- Marionetten.

Das Puppenspiel erfordert zwar „Know-how" und Erfahrung, kann aber auch nach und nach erlernt, verbessert und erweitert werden. In der Anfangsphase empfiehlt es sich, Szenen vorzugeben, z. B. aus Märchen oder aus dem Heimalltag. Daraus können sich **Improvisationsspiele** ergeben. Das spielerische Element sollte dabei im Vordergrund stehen. Meist geht ein Gruppengespräch voraus, in dem man sich auf ein Thema einigt.

Die GruppenleiterIn hat auch hier wieder eine Modellfunktion. Falls es erforderlich ist, beginnt sie mit der ersten Szene. Findet eine Vorführung z. B. vor einem älteren Publikum statt, müssen Begrüßungen wie „Kinder, seid ihr alle da?" vermieden werden, weil eine solche Ansprache eine Abwertung der Gruppenarbeit als „Kinderei" bedeutet.

Literaturtipp
Jaffke, Freya: Puppenspiel. Arbeitsmaterial aus den Waldorfkindergärten, Heft 7. Verlag Freies Geistesleben 1986.

Musizieren

Das Arbeiten mit **Rhythmen** und **Melodien** ist ein therapeutisches Mittel in der Einzel- und Gruppenarbeit, das gleichermaßen Körper und Geist anregen und vorübergehend ablenken kann. Es erlaubt jedem Menschen, im Rahmen seiner Fähigkeiten
- Frei zu improvisieren
- Spielfreude, Kreativität und nonverbale Kommunikation zu entwickeln.

Ausschlaggebend bei der Planung musikalischer Beschäftigungsangebote sind auch hier die Pflegeprobleme und Ressourcen, die Gewohnheiten und Erfahrungen sowie die aktuellen Bedürfnisse der Pflegebedürftigen (☞ 12.1).

Abb. 12.44: PuppenspielerInnen können in die verschiedensten Rollen schlüpfen und müssen sich noch nicht einmal persönlich zeigen. Warum nicht auch einmal ein König sein? [K157]

„Sprich, und du bist mein Mitmensch, singe, und wir sind Brüder und Schwestern."
Gottlieb v. Hippel

Es gibt verschiedene **Methoden,** sich mit Musik zu beschäftigen, z. B.:
- **Gruppensingen,** Chor, Kanon, z. B. „Froh zu sein bedarf es wenig"
- Gemeinsames Spiel oder Improvisieren mit **Orff'schen Instrumenten**
- Gemeinsames **Musizieren,** z. B. mit selbstgemachten Instrumenten
- **„Lautmalerei"** für blinde Menschen: Umgang mit Tönen, Rhythmen und Melodien („Klangbildern") als Ersatz für bildnerisches Gestalten mit Farben und Formen
- Tänzerische **Musiktherapie**
- **Malen** nach Musik
- **Bewegung** zu verschiedenen Rhythmen
- **Sitzgymnastik** oder Sitztänze nach Musik.

Das gemeinsame Hören von Musik erfordert von allen ZuhörerInnen wegen der unterschiedlichen Geschmacksrichtungen, Hörgewohnheiten und Temperamente ein hohes Maß an **Toleranz.** Dazu bieten sich folgende Vorgehensweisen an:
- Altvertraute Stücke anbieten
- TeilnehmerInnen stellen ihre Lieblingsmusik, z. B. auf Schallplatte, Tonband, vor. Das ist häufig Musik, die in einer bestimmten Lebensphase mit starken Gefühlen verbunden war. So wecken sie bei den anderen Interesse an ihrer Geschichte, Vergangenheit wird wieder lebendig (☞ Abb. 12.45)
- Gelegenheit geben zum Mitsingen, Mitklatschen, Rhythmus klopfen, Schunkeln, Mitsummen oder Mitsingen
- Ratespiele mit einbauen, z. B. „Erkennen Sie die Melodie?"

Abb. 12.45: Durch Lieder und Melodien werden häufig Erlebnisse wach, an die sich die alten Menschen gern erinnern. [K157]

- Auf Wünsche der alten Menschen eingehen, z. B. durch ein Wunschkonzert
- Hörschädigungen berücksichtigen, z. B. allzu hohe Töne und Nebengeräusche vermeiden
- Pausen für Gespräche einlegen
- Bei Pflegebedürftigen, die ihre Musikwünsche nicht mehr mitteilen können, die individuellen Reaktionen auf die jeweilige Musik genau beobachten (☞ 12.2)
- Hörerlebnisse auflockern durch Bilder oder Erzählungen über Komponisten, über deren Zeit, über den Inhalt von Operetten, Musicals.

Musik im Lebens- und Kompetenzbereich „Für Beschäftigung sorgen" fördert die Erlebnis- und Genussfähigkeit. Sie hat aber vielfältige Wirkungen auf fast alle Lebens- und Kompetenzbereiche. Vertraute und beliebte Melodien und Texte, z. B. bekannte Volks- und Kirchenlieder, rufen oft **Erinnerungen** wach, positive und auch negative. Das Sprechen darüber und Erinnerungen austauschen stärken das Gemeinschaftsgefühl.

Literaturtipp

Liederbuch „Wie die Alten singen" (auch im Großdruck erhältlich), dazu auch eine Klavierausgabe mit Akkordangaben für Gitarre, Fidula Verlag Boppard/Rhein

Harms, Heidrun; Dreischulte, Gaby: Musik erleben und gestalten mit alten Menschen (mit begleitender Musikkassette). Gustav Fischer Verlag, Stuttgart 1998

Freude am Singen kann beflügeln und aufgeschlossener machen. „Ganz nebenbei" ist Singen auch Atemschulung und, sofern man die Texte auswendig lernt, Gedächtnistraining. Das gleichzeitige Hören aufeinander vermittelt Harmonie und ist deshalb auch eine soziale Übung.

Vorsicht!

Wenig therapeutisch, oft sogar lästig, unangenehm und dadurch krankheitsfördernd ist die Dauerberieselung mit Musik als Geräuschkulisse, gegen die sich vor allem verwirrte und desorientierte alte Menschen nicht mehr wehren können.

Familien- und hausarbeitsorientierte Beschäftigungsangebote

Die Generation, die während und unmittelbar nach dem Zweiten Weltkrieg um das eigene Überleben oder das der Familien gekämpft hat, musste häufig die Erfahrung machen, dass **Notzeiten** die eigene Kreativität und Fantasie fördern können.

Viele Menschen haben damals mit wenigen zusammengesammelten Lebensmitteln nahrhafte Gerichte oder Kuchen hergestellt. Aus alten Lumpen entstanden Puppen, die von den Kindern meistens mehr geliebt wurden als die gekauften Puppen heute. Dasselbe gilt für die vielen anderen, handgearbeiteten Spielzeuge. Die heute noch beliebten **Patchwork-Arbeiten** *(engl.: Flickzeug)* verdanken ihre Entstehung auch Notzeiten, in denen aus den kleinsten Stoffresten große Decken genäht wurden. Auch hier zeigt sich: Was für den einen Überlebenskampf war, kann später für einen anderen reines Hobby oder Kunstgewerbe sein. Viele alte Menschen arbeiten auch heute noch aus Sparsamkeit gerne mit wertlosem Material und mit Resten (☞ Abb. 12.46).

☑ „Du willst, du kannst, du musst, am besten, du hast Lust."
Der Olle Hansen, alias Peter-T. Schulz

Hausarbeit, Wäschepflege

Viele altgewordene Hausfrauen beschäftigen sich am liebsten mit vertrauten **Hausarbeiten,** bei denen sie sich sicher fühlen. Sie haben dabei meist auch noch das gute Gefühl, gebraucht zu werden. Das gilt für die noch zu Hause lebenden alten Menschen genauso wie für BewohnerInnen stationärer Einrichtungen.

Wenn ein alter Mensch aufgrund körperlicher Beeinträchtigungen diese Arbeiten nicht mehr so korrekt ausführen kann, sollte das nicht überbewertet werden. **Kritik** und Korrektur sind nicht notwendig, das gilt insbesondere auch für dementiell erkrankte Menschen:

- Die Wäsche muss nicht akkurat zusammengelegt werden
- Schlecht gebügelte Wäsche kann, vom alten Menschen unbemerkt, später noch einmal nachgebügelt werden.

Für alte Frauen, deren Fähigkeiten aufgrund einer Demenz schon sehr eingeschränkt sind, die aber immer gerne geflickt und gestopft haben, können Strümpfe mit Löchern und andere zerrissene Wäschestücke bereitgehalten werden (10-Minuten-Aktivierung, ☞ unten).

☑ „Arbeit ist nur dann Mühe, wenn sie die Leistung von Pflichten bedeutet, für welche die Natur uns nicht ausgestattet hat, eine angemessene Beschäftigung ist lediglich ein ernsthaftes Spiel."
Archibald Lampman

Kochen und Backen

Auch das **Kochen** und **Backen** sind für viele Frauen altbekannte und vertraute Tätigkeiten, die mit dem Gefühl verbunden sind, etwas Sinnvolles zu tun.

Für alte Menschen, die noch zu Hause leben, ist das Kochen häufig alltägliche Notwendigkeit. Zum Hobby kann es werden, wenn alte Menschen sich nur hin und wieder treffen, um ein besonderes Essen vorzubereiten, für einen Kaffeenachmittag zu backen oder gemeinsam neue Rezepte auszuprobieren (☞ Abb. 12.47). Gemeinsame Erfahrungen können gesammelt werden in

- Kochkursen der Volkshochschulen
- „Tee"-Küchen stationärer Einrichtungen.

Abb. 12.46: Aus Wollresten gehäkelte Decke. [O148]

Das Angebot, die älteren Menschen regelmäßig an der Vor- und Zubereitung der gemeinsamen Mahlzeiten teilnehmen zu lassen, kann auch helfen, den Tagesablauf zu strukturieren und den älteren Menschen damit eine zeitliche und räumliche **Orientierungshilfe** zu geben.

Jede TeilnehmerIn möchte ihre Arbeit so gut wie möglich machen. Konkurrenzverhalten kann durch eine kreative und lockere Atmosphäre, in der alle „KöchInnen" für ihr Engagement und ihre Fähigkeiten gelobt werden, vermieden werden.

Bei der Speisezubereitung und bei den Mahlzeiten gibt es zahlreiche Möglichkeiten, alte Menschen einzubeziehen, z. B.:

- Gemeinsam Rezepte auswählen und Zutaten zusammenstellen oder besorgen
- Kochgeräte bereitstellen
- Salat waschen, Gemüse putzen und zerkleinern oder Fleisch schneiden

Abb. 12.47: Wenn Frauen zusammen kochen und backen, gibt es immer etwas Wichtiges zu besprechen. [K151]

- Tisch decken und nach der gemeinsamen Mahlzeit wieder abräumen
- Abwaschen, abtrocknen und einräumen
- Küche reinigen.

Vorsicht!
Bei der Zubereitung der Mahlzeiten besonders auf die Hygiene achten. Um Lebensmittelvergiftungen vorzubeugen, z. B.
- Keine rohen Eier verwenden
- Speisen ausreichend erhitzen
- Reste nicht warm halten.

Kinderbetreuung

Das Gefühl des Gebrauchtwerdens kann für alte Menschen, die sehr rüstig sind, auch dadurch befriedigt werden, dass sie zeitweise **Kinderbetreuung** übernehmen, z. B. bei den eigenen Enkeln, als „Ersatzoma" in der Nachbarschaft oder auch bei Organisationen wie dem Kinderschutzbund.

Da in unserer Zeit das Märchenerzählen oder Vorlesen oft zu kurz kommen, ist das eine schöne Aufgabe auch für alte Menschen, die an den Sessel oder Rollstuhl gebunden sind. Allerdings sollte hier wieder berücksichtigt werden: Wer sein Leben lang nicht viel gelesen hat und wem der Bezug zu Märchen oder zu Kindern fehlt, der eignet sich wahrscheinlich weniger für diese Beschäftigung.

Für dementiell erkrankte alte Menschen gibt es die Möglichkeit, mit Kindern gemeinsam etwas zu erleben. In manchen Altentagesstätten und Begegnungszentren, aber auch in stationären Einrichtungen, gibt es immer öfter Treffen unter dem Motto: **Alte und Junge** tun etwas miteinander. Dabei besuchen ErzieherInnen oder LehrerInnen mit kleinen Gruppen von Kindergarten- oder Schulkindern eine Gruppe alter Menschen zum gemeinsamen Werken, Malen, Erzählen, Singen und Kaffee- bzw. Kakaotrinken. Für beide Altersgruppen, für die ErzieherInnen und AltenpflegerInnen entstehen neue Kontakte und Erfahrungen.

Abb. 12.48: „Omas" sind bei Kindern ganz besonders beliebt, weil sie meistens über viel Geduld und Ausdauer verfügen. [K151]

Gartenarbeit

Wenn ein Garten vorhanden und gut erreichbar ist, können viele alte **Hobbygärtner** ihre gewohnte Lieblingstätigkeit weiterhin pflegen. Vielleicht reizt es auch Menschen, die ihr Leben lang keinen Garten hatten, auf dem Grundstück der Einrichtung kleine Hilfestellungen in der Gartenarbeit zu übernehmen. Besonders hilfreich sind dabei so genannte Hochbeete, die auch für Rollstuhlfahrer erreichbar sind.

Ein Gartenersatz können auch ein Balkon oder eine Terrasse mit Blumenkästen und Kübelpflanzen sein. Wo auch das nicht machbar ist, kann ein alter Mensch noch wichtige Aufgaben bei der Pflege der Zimmerpflanzen übernehmen oder bei der Tischdekoration mit Schnittblumen und der Raumdekoration mit Trockenblumengestecken oder Kränzen mitwirken.

Handwerklich orientierte Beschäftigungsangebote

Kreative Beschäftigungsangebote mit verschiedenen Materialien werden häufig mit **Beschäftigungs- und Gestaltungstherapie** verwechselt, für die jedoch eine spezielle Ausbildung notwendig ist. Handwerks- oder Handarbeitsgruppen können auch von AltenpflegerInnen angeleitet werden, wenn die Sozialpflege und die Beschäftigung im Mittelpunkt stehen. Mit Dilettantismus oder Kindergartenbeschäftigung, die solchen Angeboten häufig unterstellt wird, haben solche Gruppen allerdings nichts zu tun. Ziele dieser Beschäftigungsangebote können sein:

- Das Selbstwertgefühl der TeilnehmerInnen zu stärken
- Die Konzentrationsfähigkeit und die Feinmotorik zu erhalten
- Soziale Kontakte herzustellen
- Erfolgserlebnisse zu ermöglichen
- An Altvertrautem anzuknüpfen (Biografie berücksichtigen).

(Kunst-)Handwerk

Handwerkliche Techniken sind nicht alleine Beschäftigungsmöglichkeiten zum Zeitvertreib, sie wirken auch therapeutisch, indem sie die Koordination und Geschicklichkeit verbessern, die Muskeln kräftigen und Beweglichkeit fördern. So kann z. B. nach einem Schlaganfall das Zusammenspiel der Fingerbewegungen durch dauerhafte handwerkliche Arbeit verbessert werden, dadurch ist es gleichzeitig Therapie.

Abb. 12.49: Alte Menschen sind keine Kinder. Beschäftigungsangebote sollten deshalb auf Fähigkeiten und Bedürfnisse alter Menschen zugeschnitten sein. [K151]

Auch bei seelischen Problemen kann ein Hobby gleichzeitig therapeutisch wirken. Dabei ist es sinnvoll, sich Anregungen und Beratung durch eine ErgotherapeutIn (☞ 12.1) einzuholen.

Für handwerkliche Beschäftigungen sind **Vorbereitungen** notwendig, z. B.:

- Techniken und Material nach den Fähigkeiten und Interessen der TeilnehmerInnen auswählen
- Ausreichend Material besorgen
- Anschauungsmaterial vorbereiten
- Arbeitsplätze für die TeilnehmerInnen vorbereiten
- Werkstücke so weit vorbereiten, dass sie von TeilnehmerInnen mit eingeschränkter Motorik fertiggestellt werden können.

Die Motivation der TeilnehmerInnen wird gefördert, wenn die Gruppen- oder Einzelangebote für die Beschäftigung mit dem Handwerk unter ein bestimmtes Motto gestellt werden, z. B. Raum- oder Gartenverzierungen für Ostern oder Weihnachten.

Zu den **Werktechniken** gehören:

- Holz- und Metallarbeiten, z. B. Laubsägearbeiten, Kupferschmuck
- Flechten mit Peddigrohr zur Herstellung von Körben
- Arbeiten mit Ton, Gips, lufttrocknender Modelliermasse, Knetwachs und Papiermaché, z. B. Gefäße, Figuren, Reliefs und Kacheln, Baumanhänger, Masken. Das freie Modellieren eignet sich auch für blinde und sehbehinderte Menschen
- Arbeiten mit „wertlosen" Abfallmaterialien oder mit Funden aus der Natur, z. B. Blätter, Steine, Muscheln, Tannenzapfen, Samen, Früchte, für Collagen oder Objektkästen, Kränze oder Gestecke
- Papierarbeiten, z. B. Klebebilder (Collagen), Scherenschnitte (Fensterbilder), Papier schöpfen.

Fallbeispiel
Weihnachtsbaum auf Kieferkanthölzern
5 x 5 cm starke Kieferkanthölzer werden unterschiedlich lang ausgesägt und verdreht aufeinandergestapelt. Durch einen Besenstiel sollen die Hölzer in der Mitte zusammengehalten werden. Dazu wird ein Mittelloch gebohrt und der Besenstil hineingesteckt. Damit der Baum stehen kann, wird er auf einer 20 x 20 cm großen Holzplatte befestigt. Beim Bemalen des Baumes können die TeilnehmerInnen ihrer Kreativität freien Lauf lassen. Zwei- oder dreidimensional geschnitzte Figuren aus Balsaholz lassen den Baum zusätzlich zur Geltung kommen.

Werkarbeiten, die auch **auf engem Raum** und **im Bett** ausgeführt werden können:

- Mit Märchenwolle (bunte, ungesponnene Schafwolle), dünn verzupft, können auf grobgewebtem Stoff Bilder gelegt werden, die auch ohne Klebstoff haften und dann immer wieder veränderbar sind. Sie eignet sich auch zum Modellieren von Figuren und Tieren
- Alte Zeitschriften oder Versandhauskataloge bieten ungeahnte Möglichkeiten für Collagen, z. B. ausgeschnittene oder ausgerissene Figuren bekommen fremde Köpfe, Fische haben Flügel. Diese Beschäftigung macht auch vielen Erwachsenen Spaß. Sie wurde von großen Künstlern wie z. B. Picasso gesellschaftsfähig gemacht und setzt der Fantasie und Kreativität keine Grenzen. Empfehlenswert ist das Arbeiten mit Scheren, deren Spitzen abgerundet sind, und mit Klebestiften
- Modellieren: Im Bett kann statt mit Ton auch mit Salzteig oder lufttrocknender Modelliermasse gearbeitet werden.

Querbücher für BettleserInnen (von Helga Makrutzki) erleichtern alten und kranken Menschen das

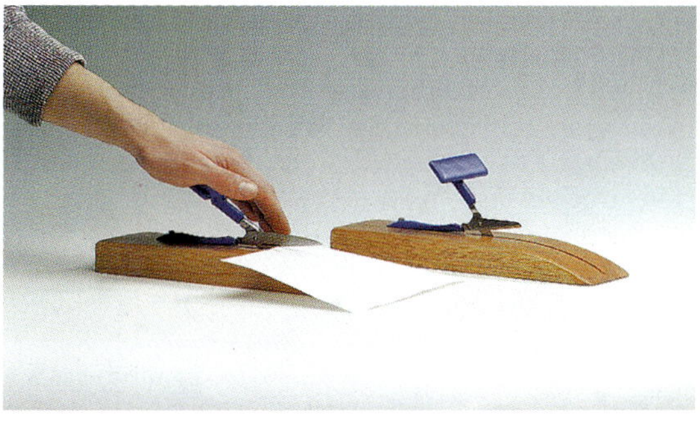

Abb. 12.50: Mit einer Spezialschere kann auch nur mit einer Hand sauber und exakt geschnitten werden. [V143]

Lesen und Bilderanschauen im Bett, vor allem dann, wenn sie zu schwach sind, ein übliches Buch in den Händen zu halten und umzublättern. Bei manchen sind auch die Augen oder die Konzentration zu schwach, um längere Texte zu lesen.

Das Querbuch enthält viele bunte Bilder und kurze Texte im Großdruck. Es wird auf die Bettdecke gelegt, ein Kissen oder eine Rolle stützen die Rückwand des Buches. Nun reicht ein Antippen mit einem Finger, um eine Seite herunterzuklappen. Gelesen oder angeschaut wird immer nur die obere Seite (die untere steht jetzt auf dem Kopf). Wenn man das Buch einmal durchgeblättert hat, kann man es umdrehen und die anderen Seiten wieder genauso betrachten.

Fallbeispiel
Querbuch gestalten
Es macht vielen alten Menschen Freude, ein Querbuch selbst herzustellen. Als Material dienen: ein DIN-A4-Schulheft, alte Kalenderblätter, Ausschnitte aus Zeitschriften, Fotos oder selbstgemalte Bilder und selbstgeschriebene oder vergrößerte Kopien aus Büchern und Zeitschriften. Die Bilder und Texte werden so eingeklebt, dass beim Blättern die untere Seite verkehrt herum aufgeklebt oder aufgeschrieben wird.

Handarbeiten

Handarbeiten eignen sich für Einzel- und Gruppenarbeit. Einige setzen allerdings ein gutes Sehvermögen und ein bestimmtes Maß an feinmotorischen Fähigkeiten voraus. Handarbeiten können die Feinmotorik schulen und sorgen vielfach für Gesprächsstoff.

Am weitesten verbreitet, und auch bei vielen älteren Frauen noch sehr beliebt, sind die klassischen **Handarbeitstechniken** wie Stricken, Häkeln, Nähen und Sticken. Es gibt auch Handarbeitstechniken, die auch bei Männern auf Interesse stoßen können, z. B.:

- Weben
- Filzen, Modellieren mit Wolle
- Stoffdruck, Batik, Stoffmalerei
- Makramee, Klöppeln.

Fallbeispiel
Geldbörsen, Täschchen und Rucksäcke nähen
Für Handarbeiten mit Leder eignet sich besonders gut das Buchbinderleder, da es leichter zu verarbeiten ist. Notwendig sind auch unterschiedliche Ledernadeln und eine Schere. Die TeilnehmerInnen erhalten vorgestanzte und gelochte Lederteile, die sie dann z. B. zu einer Geldbörse zusammenfügen können. Auch hierbei ist es hilfreich, wenn die Teile für motorisch eingeschränkte alte Menschen ausreichend vorbereitet wurden.

In stationären Einrichtungen fallen im Alltag besonders viele Näharbeiten an, z. B. eingerissene Bettwäsche, Kleidung der BewohnerInnen oder Dienstkleidung der MitarbeiterInnen. Einige BewohnerInnen möchten sich aktiv an der anfallenden Arbeit beteiligen und damit das Gefühl bekommen, noch gebraucht zu werden. Es ist jedoch wichtig, sie um ihr Einverständnis zu bitten, bevor sie in die Näharbeiten einbezogen werden.

Literaturtipp
Schmidt, Dagmar; Jaffke, Freya: Gestalten mit farbiger Wolle (ungesponnene farbige Schafwolle), Werkbuch 12. Verlag Freies Geistesleben 1995

Malen und Kleben

Malen und **Kleben** sind beliebte Techniken, die auch im Bett durchgeführt werden können. Es müssen keine Kunstwerke produziert werden. Die TeilnehmerInnen können frei improvisieren und dabei Zeit und Raum und eigene Sorgen und Nöte vergessen. Erlaubt ist alles, ohne Zensur.

Malen entspannt, baut Ängste ab und schafft Raum für neue Entfaltungsmöglichkeiten. Beim Malen können depressive Stimmung in Kreativität umgewandelt, Unruhe und manische Verstimmung abgebaut

Abb. 12.51: Zum Sticken gehören viel Ausdauer und Ehrgeiz. Hilfsmittel machen auch dieses Beschäftigungsangebot leichter. [M221/W167]

werden. Deshalb wirkt Malen auch vorbeugend als eine Art „Seelenhygiene".

☑ Malen eignet sich auch für die Gruppenarbeit. Begleitmusik, z. B. von Mozart, kann dabei für die TeilnehmerInnen sehr anregend sein.

Zu den wichtigsten **Materalien** der Malarbeiten gehören:

- Farben, z. B. Finger-, Aquarell-, Acryl-, Tempera- und Kleisterfarben, Holzfarbstifte und Pastellkreiden
- Mehrere Papiersorten, z. B. Tonpapier, Japanpapier, Aquarellpapier, Seidenpapier, Transparentpapier, Architektenpapier
- Papiere zum Selbermachen, z. B. Marmorpapier, Kleisterpapier, handgeschöpfte Papiere oder Pappen, bedruckte und bemalte Papiere
- Kleber, z. B. Tapetenkleister, Mehlkleister, Klebestifte, Alleskleber, Holzleim.

Der Erfolg einer Malbeschäftigung ist wie bei jedem Beschäftigungsangebot nicht zuletzt davon abhängig, dass die AltenpflegerIn sich vorbereitet hat. Entsprechend der ausgewählten Technik müssen die geeigneten Farben, die passenden Pinsel und das richtige Papier ausgewählt werden. Vorab kann die AltenpflegerIn in entsprechenden Werkbüchern nachlesen oder sich in Schreibwarengeschäften und beim Künstlerbedarf beraten lassen.

In den folgenden Absätzen werden verschiedene **Maltechniken** vorgestellt.

Wachsmalkreide hat intensive Farben, die beim Malen gut zu kontrollieren sind und mit denen sich sehr gut Linien und ganze Flächen malen lassen. Wachsmalkreiden gibt es als Stifte oder Blöcke, letztere sehen aus wie flache Radiergummis.

Fallbeispiel

Einen Bogen Pergament- oder Architektenpapier nach Belieben in mehreren Farben ausmalen, ungegenständlich oder mit einem einfachen Motiv, z. B. einer stilisierten Blüte. Dabei die Farbe dick auf die ganze Fläche auftragen. Danach das Blatt in der Mitte falten, die bemalte Fläche zeigt nach innen. Zwischen Zeitungspapier kurz bügeln, bis die Farbe schmilzt. Wenn das Papier im heißen Zustand schnell auseinandergefaltet wird, bildet die noch flüssige Farbe Verästelungen, die sehr interessante Motive wie Zauberlandschaften oder Unterwasserwelten ergeben. Die fertigen Bilder nach Bedarf zurechtschneiden, z. B. nur einen besonders schönen Ausschnitt verwenden, einrahmen oder auf Briefkarten kleben, etwa hinter ein Passepartout.

Abb. 12.52: Mit den richtigen Arbeitsmitteln können wahre Kunstwerke entstehen. [J660]

Als Einstieg für eine Malgruppe eignet sich eine Mischtechnik von **Malen und Kleben.** Jede TeilnehmerIn sucht in alten Illustrierten nach einem bunten Bild, von dem sie einen kleinen Ausschnitt von ungefähr 10 bis 15 cm Durchmesser herausreißt (nicht schneiden). Die Wahl ist jedem freigestellt, es muss kein Motiv darauf zu erkennen sein.

Fallbeispiel

Dieser „Papierschnipsel" wird auf ein großes Blatt Zeichenpapier geklebt, und um ihn herum wird mit Wachsmalkreiden gemalt. Dabei kann das ursprüngliche Motiv als Vorlage dienen, es kann aber auch ganz frei und ungegenständlich ein Bild gemalt werden, in das der „Papierschnipsel" integriert ist. Von weitem ist dieser oft gar nicht mehr auf Anhieb als solcher zu erkennen.

Der surrealistische Maler *Max Ernst* machte die **Durchreibetechnik** *(Frottagen)* weltbekannt und museumsfähig. Als Motiv (Schablone) dient Pappe, z. B. die Rückseite von Kalendern, Zeichenblöcken oder Fotokarton. Will man Schmuckkarten machen, eignet sich ein Stück in Postkartengröße, auf das aus der gleichen Pappe ein Motiv geklebt wird, z. B. ein Baum, eine Tulpe, ein Teddybär.

Fallbeispiel

Ein Blatt Schreibmaschinenpapier wird zweimal gefaltet, so dass man die Schablone zwischen die ersten beiden Lagen schieben kann, um ein Verrutschen zu verhindern. Mit der langen Kante von Wachsmalblöcken wird nun gleichmäßig, flächig über das Papier gerieben. So erscheint langsam das durchgeriebene Motiv. Dabei können verschiedene Farben nebeneinander, stellenweise auch übereinander aufgetragen werden, zunächst helle Farben, dann dunklere.

Abb. 12.53: Material aus der Natur mit einer rauen Oberfläche eignet sich gut zum Durchreiben. [J660]

Für das Aufzeichnen kann man einfache Motive aus Büchern, aus Werbeprospekten oder von Postkarten abzeichnen, durchpausen oder fotokopieren, z. B. Stern, Tannenbaum, Osterei.

GruppenteilnehmerInnen mit eingeschränkter Feinmotorik können unter den fertigen **Schablonen** auswählen und benötigen meist nur bei den ersten Versuchen etwas Unterstützung. Danach haben sie sehr schnell ihre Erfolgserlebnisse. Die Schablone kann viermal umgesteckt werden, bis vier Motive auf dem Bogen sind. Anschließend den Bogen auseinanderschneiden und auf DIN-A6-Klappkarten kleben. Einfacher ist es, wenn nur ein Motiv pro Blatt durchgerieben und der Bogen als Faltbrief verwendet wird. Der Faltbrief lässt sich wie eine Briefkarte aufklappen, das Motiv befindet sich auf der Vorderseite.

Zum Herstellen größerer Bilder oder **Collagen** lassen sich auch andere Materialien durchreiben, z. B. Holzstücke, Vorhangspitze, Schuhsohlen und viele verschiedene Dinge des Alltags mit strukturierter Oberfläche. Statt Wachsmalkreiden kann man weiche, gut gespitzte Bleistifte, Kohle oder Holzfarbstifte nehmen und damit ebenfalls flach über das Papier streichen. Auch hier kann nach Lust und Laune geschnitten, geklebt und malerisch ergänzt werden.

☑ Je besser sich die AnleiterIn mit den verschiedenen Techniken auskennt, desto erfolgreicher verlaufen die Beschäftigungsangebote. Bücher, die Auskunft von Fachleuten und eigene Erfahrungen sind deshalb wichtig und hilfreich.

Bewegungsorientiere Beschäftigungsangebote

Aktivität und Bewegung sind wichtige Grundbedürfnisse des Menschen (☞ auch 6.3). Bewegungsmangel kann zahlreiche körperliche Probleme bis hin zur Bettlägerigkeit zur Folge haben. Bewegung beugt zahlreichen Alterserkrankungen vor. Sie ist ein wirksames Mittel, um:

- Mobilität und Körperbewusstsein zu erhalten und zu verbessern
- Kreislauf, Atmung und Stoffwechsel anzuregen
- Koordination und Konzentration zu erhalten und zu fördern
- Kondition und Reaktion zu trainieren.

Bewegung kann aber auch das psychische Wohlbefinden steigern. Viele Menschen fühlen sich durch regelmäßige körperliche Bewegung emotional ausgeglichen und entspannt.

Tanzen

Tanzen ist so alt wie die Menschheit und gehört deshalb zu den ursprünglichsten Lebensäußerungen des Menschen. Beim Tanzen werden

- Die Koordination von Gehör und Körperbewegung trainiert
- Spannung und Lösung, Befreiung und Selbstbestätigung erfahren
- Beziehungen und Nähe zu anderen Menschen und damit das Sozialverhalten gefördert
- Körperliches Training nicht als Anstrengung erfahren, weil die Freude an der Bewegung überwiegt.

Tanzen kann ansteckend wirken und von Isolation und Einsamkeit befreien, deshalb ist es für alte Menschen mehr als ein Zeitvertreib. Es hat eine therapeutische Wirkung auf Körper, Geist und Seele.

☑ **Tanzen als Prophylaxe**
Neben einer verbesserten Beweglichkeit und Koordination kann regelmäßiges Tanzen psychischen Erkrankungen, z. B. der Depression, vorbeugen. Es steigert die Lebensfreude und erhöht das Selbstbewusstsein, die Kommunikationsfähigkeit und die Kreativität.

Es gibt verschiedene **Tanzarten,** u. a.:

- Gesellschaftstanz, z. B. Standardtänze wie Walzer und Foxtrott, Lateinamerikanische Tänze wie Tango und Rumba
- Freie Tänze *(Improvisationstanz)*
- Rundtänze, z. B. Volkstänze
- Meditative Tänze
- Rollstuhltanz: Er nimmt bei der Begegnung zwischen Behinderten und Nichtbehinderten eine zunehmend wichtige Rolle ein (☞ Abb. 12.54)
- Sitztanz.

Vor etwa 25 Jahren hat sich aus dem „Arbeitskreis für Tanz im Bundesgebiet" eine Sektion „Tanzen mit Senioren" herausgebildet, die es sich zur Aufgabe macht, Multiplikatoren für Altentanzkreise heranzu-

Abb. 12.54: Auch für RollstuhlfahrerInnen ist tänzerische Bewegung nach Musik möglich. [K157]

bilden. Dabei soll alles Belastende von anderen Tanzpartys vermieden werden, z. B. später Abend, überfüllte Räume, Rauch, zu schnelles Tempo. Es handelt sich dabei aber nicht um verlangsamte Gesellschaftstänze, sondern um Kreis- und Paartänze sowie Folklore-Tänze in einem Tempo, das immer dem Bedürfnis der Gruppe angepasst ist. Charakteristisch für den **Seniorentanz** ist auch, dass die Schrittfolge unkompliziert gehalten wird und die Tänze dadurch schnell und einfach zu erlernen sind. Für die Tanzkreise mit alten Menschen gibt es inzwischen eine Auswahl an Kassetten, Schallplatten und CDs mit verlangsamten Rhythmen und mit Tanzanleitungen.

Vorsicht!
Die Tanzbewegungen dürfen nicht einseitig belasten und so den Bewegungsapparat schädigen. Die AnleiterIn sollte sich im Vorfeld mit den Krankheitsbildern der TeilnehmerInnen auseinandersetzen und eventuell bei der ÄrztIn nachfragen, welche Bewegungen zu vermeiden sind.

Beim **Sitztanz** sitzen die TeilnehmerInnen im Kreis und bewegen sich nach dem Rhythmus der Musik. Der Übergang vom Sitztanz zur Gymnastik nach Musik ist fließend. Zusätzlich können Gegenstände wie bunte Tücher oder Luftballons verwendet werden. Ziele des Sitztanzes sind, neben der Beschäftigung und der Begegnung mit anderen, die bessere Beweglichkeit der Schulter- und Nackenpartie, des Rückens, der Füße und der Knie, die alle beim Sitztanz mit bewegt werden können.

Aufgaben der AnleiterInnen sind:

- Tanzanleitungen und die entsprechende Musik besorgen
- Musikanlage und Räumlichkeiten organisieren
- Die Tänze selbst einüben, damit die Bewegungen besser vermittelt werden können
- Gegenstände, wie z. B. Tücher, Bälle oder Kegel, bereithalten.

Literaturtipp
Schallplatten „Tanzen mit Senioren“ mit Tanzbeschreibungen bei: Verlag Walter Kögler, Stuttgart; Verlag Fidula-Fon, Boppard am Rhein

Tanztherapie

Der Übergang vom Seniorentanz zur gezielten **Tanztherapie** ist fließend. Beim Seniorentanz stehen Bewegungsfreude, Geselligkeit und Spaß im Vordergrund und der therapeutische Aspekt an zweiter Stelle. Tanzen als Therapie ist zielgerichtet und wird oft eingesetzt bei seelischen Erkrankungen, körperlichen und geistigen Behinderungen. Es

- Fördert die Geschicklichkeit und die Koordination, z. B. durch rhythmische Übungen
- Schafft Möglichkeiten, Gefühle, Stimmungen, Gedanken und Fantasien tänzerisch auszudrücken, z. B. Verzweiflung, Hoffnung, Heiterkeit, Ängste, Sehnsüchte und aktuelle Konflikte.

Für die Tanztherapie benötigt die AnleiterIn eine spezielle Ausbildung.

Sport

Eine beliebte Freizeitbeschäftigung für alle Lebensalter und alle Bevölkerungsschichten ist der **Sport** (☞ Abb. 12.55). Dabei kann das Spielerische im Vordergrund stehen oder der Wettbewerb, der Wunsch, an eigene Grenzen zu stoßen, Geselligkeit und Teamgeist oder die eigene Fitness. Untersuchungen haben gezeigt, dass körperliches Training im Alter und bei vielen Erkrankungen und Behinderungen eine positive therapeutische Wirkung hat.

Besonders geeignete **Sportarten** für das Alter sind z. B.:

- Gymnastik
- Schwimmen, Wassergymnastik

Abb. 12.55: Sport erfüllt viele Bedürfnisse des alten Menschen. Er ermöglicht Erfolgserlebnisse und trainiert die Körperfunktionen. [K157]

- Radfahren
- Spaziergänge
- Konditionstraining
- Ballspiele
- Kegeln
- Tanzen (☞ oben)
- Bewegungstherapie.

Darüber hinaus gibt es Sportarten für Menschen mit
- Speziellen Erkrankungen, z. B. Herzerkrankungen, Osteoporose, Rheuma, psychischen Erkrankungen
- Speziellen Behinderungen, z. B. für RollstuhlfahrerInnen, Amputierte, Blinde, Hörgeschädigte, psychisch Behinderte.

Seniorensport, auch als **Altersturnen** bezeichnet, wird häufig von Vereinen organisiert. Meist werden Menschen ab dem 55. Lebensjahr angesprochen, da sich ältere Menschen in anderen Sportgruppen oft überfordert fühlen.

☑ Sportangebote müssen auf die unterschiedlichen Belastungsmöglichkeiten alter Menschen abgestimmt sein. Wichtigstes Ziel des Angebots ist das Erlebnis von Lust und Freude.

Die Einzel-, Partner- und Gruppengymnastik fördern Geschicklichkeit, Koordinations- und Konzentrationsfähigkeit, Reaktionsvermögen, Beweglichkeit der Gelenke und die Herzfunktion. Die Übungen können abwechslungsreich gestaltet werden, indem man mit unterschiedlichen Geräten und Hilfsmitteln arbeitet, z. B. mit Handtüchern, Fahrradschläuchen, Gummibändern, Ringen, Stäben, Bällen, Reissäckchen, Tennisbällen, kleinen Medizinbällen, Trampolin, Bänken und Stühlen.

Fallbeispiel

Reissäckchen kann man sehr leicht selbst herstellen: Kleine Säckchen oder Waschhandschuhe werden mit Reis gefüllt und zugenäht. Nur so viel Reis einfüllen, dass das flach hingelegte Säckchen etwa so dick ist wie eine Hand. Man kann damit werfen wie mit einem kleinen Ball, das Säckchen rollt aber nicht weg. Es lässt sich überall flach hinlegen, z. B. auf Kopf, Schulter, Nacken, Handrücken und ist gut zu greifen.

Literaturtipp

Beyschlag, Renate: Altengymnastik und kleine Spiele. Urban & Fischer Verlag, München 1999

Die „10-Minuten-Aktivierung"

In den meisten stationären Pflegeeinrichtungen leidet eine große Zahl der BewohnerInnen an Demenzen. Aus eigener Kraft und eigenem Entschluss können sie ihren Tag nicht mehr sinnvoll strukturieren. Viele der herkömmlichen Beschäftigungsangebote sind gar nicht oder nur begrenzt anwendbar.

Als Beschäftigungstherapeutin in einem Alten- und Pflegeheim erlebte *Ute Schmidt-Hackenberg* diese Problematik jahrelang und entwickelte aus dieser Erfahrung heraus die „10-Minuten-Aktivierung". Das ist eine, wie sie selbst schreibt, „Noch-Möglichkeit", um mit dementen alten Menschen ins Gespräch zu kommen und gemeinsam mit ihnen etwas zu tun.

Die **„10-Minuten-Aktivierung"** ist eine sinnvolle Methode, wenn
- Die MitarbeiterInnen den alten Menschen damit Freude und kleine Erfolgserlebnisse bereiten können
- Wenig Zeit für die Vor- und Nachbereitung umfangreicher Beschäftigungsangebote zur Verfügung steht
- Die Konzentrationsfähigkeit von Dementen längere Beschäftigungsangebote nicht zulässt.

Material und Durchführung

Voraussetzungen für den Erfolg der „10-Minuten-Aktivierung" sind, dass
- Sich alle MitarbeiterInnen beteiligen
- Die Übungen täglich und regelmäßig, statt nur ein- oder zweimal die Woche, durchgeführt werden
- Im Dienstplan feste Zeiten und die Namen der jeweils Verantwortlichen eingetragen sind. Wenn drei MitarbeiterInnen pro Schicht das Angebot mittragen, hat jeder nur einmal wöchentlich für 10 Minuten die Verantwortung, die BewohnerInnen aber sechsmal pro Woche Anregung und Aktivierung.

Eine einmalige **Vorbereitung** reicht für viele Termine aus. Gebraucht wird eine Rolle Plastikbeutel. Für jede „10-Minuten-Aktivierung" wird ein gefüllter Beutel mit in die Gruppe genommen. Im Beutel befinden

Abb. 12.56: Die „10-Minuten-Aktivierung" kann auch bei Zeitdruck und vorübergehendem Personalmangel regelmäßig durchgeführt werden. [J660]

sich vor allem Gegenstände, die in der Vergangenheit für die alten Menschen eine Bedeutung hatten (☞ Abb. 12.57), z. B.:

- Stofftaschentücher
- Alte Kochgeräte, z. B. Holzquirle, Spätzleschaber
- Wäscheklammern
- Gürtel
- Nähzeug, z. B. Garne, Fadenrollen, Nadeln, Stopfei, große Knöpfe, Schnallen
- Kurzwaren, z. B. Hosenträger, Sockenhalter, Korsettstangen
- Flaschenkorken
- Spitzendeckchen
- Alte Postkarten.

Der Zeitpunkt für die Aktivierung sollte gut in den Arbeitsplan der MitarbeiterInnen passen, z. B. vor einer Mahlzeit, wenn alle BewohnerInnen schon im Tagesraum sitzen, wach sind und nicht extra geholt werden müssen.

> Damit die Hilfsmittel für die „10-Minuten-Aktivierung" immer greifbar sind, werden sie in jeder Einrichtung an zentraler Stelle in einem besonderen Schrank, Fach oder Regal aufbewahrt.

Varianten

Über Taschentücher ins Gespräch kommen

- Das Säckchen knistert und weckt Aufmerksamkeit. Manche sehen den Inhalt durchschimmern, erahnen ihn oder bemühen sich, ihn zu erkennen. Es wird Neugierde geweckt
- Jede HeimbewohnerIn darf sich ein Tuch nach eigener Wahl aussuchen
- Die MitarbeiterIn eröffnet das Gespräch: Was ist das für ein Tuch, z. B. Herren-, Damen-, Kinder-, Alltags-, Sonntags-, Einstecktuch?
- Aus welchem Material ist es, z. B. Seide, Baumwolle, Batist, Spitze?
- Welche Farbe hat es? Wie ist der Rand, z. B. umhäkelt, geklöppelt?

Nun kann ein freies Gespräch entstehen mit Erinnerungsaustausch, z. B.: „So ein Spitzentaschentuch hatte ich bei meiner Konfirmation im Gesangbuch liegen." „Ich hatte so ein ähnliches jahrzehntelang in meinem Abendtäschchen, fand es aber immer zu schade zum Benutzen."

Bewegungsübungen mit den Taschentüchern

Diese Variante eignet sich besonders für Anfängergruppen oder MitarbeiterInnen, die mit der Gesprächsführung noch unerfahren sind oder die deutsche Sprache noch nicht gut beherrschen. Hier können alle Arten der Sitzgymnastik mit eingebaut werden, z. B. das Tuch hochheben, winken, auf den Kopf

Abb. 12.57: Alltägliche und vertraute Gegenstände für die 10-Minuten-Aktivierung. [O148]

legen, dem Nachbarn auf die Knie legen, zum Kopftuch falten, glattstreichen, ausschütteln, je nach Fähigkeiten der TeilnehmerInnen.

Auch andere Gegenstände eignen sich für Bewegungsübungen. So kann z. B. mit einem Kochlöffel ein Rhythmus geklopft werden.

Handwerkszeug beschreiben

Diese Variante spricht vor allem auch Männer an. Handwerksgeräte, z. B. verschiedene Hammer, Beißzange, Rohrzange, Zollstock, Nägel, Schrauben, Dübel, Klemmen, Hobel, Säge, werden mitgebracht, jeder Heimbewohner darf sich ein Gerät auswählen.

Genau betrachten und erzählen lassen, wozu dieses Gerät gebraucht wird und wie man damit umgehen kann, z. B.: „Wer hat bei Ihnen früher die Glühbirnen gewechselt, die Wasserhähne repariert, mit Holz gearbeitet, tapeziert, Löcher verfugt?"

Kleinteile wie Schrauben, Unterlegscheiben, Haken und Nägel lassen sich auch gut zur Fingergymnastik einsetzen: Alle in eine Linie legen; alle Köpfe von Schrauben und Nägeln nach oben; Einzelteile sortieren, zählen, dann zusammenzählen. Dreiecke, Vierecke, Kreise legen, Kleinteile mit Daumen und Zeigefinger aufnehmen und in die andere Hand legen.

Oft zeigen demente Menschen plötzlich wieder alte Fähigkeiten, wenn sie vertrautes Handwerkszeug in die Hände bekommen. Außerdem bieten auch diese Gegenstände wieder viele Möglichkeiten, um über eigene Erfahrungen von früher zu berichten und sich mit anderen auszutauschen.

Literaturtipp

Schmidt-Hackenberg, Ute: Wahrnehmen und Kommunizieren. Die 10-Minuten-Aktivierung für die Begleitung Hochbetagter. Vincentz Verlag, Hannover 1996

12.3.3 Exemplarische Pflegeplanung

Pflegediagnose mit Ursache (PD), Ressourcen (R), Gewohnheiten (G), Erfahrungen (E), aktuelle Bedürfnisse (AB)	Pflegeziele	Pflegetherapie Information (I), Beratung (B), Motivation (M), Anleitung (A), Beaufsichtigung (Bf), teilweise Übernahme (tÜ), vollständige Übernahme (vÜ)
Pflegeplanung 1		
PD: Beschäftigungsdefizit aufgrund Bettlägrigkeit **R:** kann sich im Bett aufsetzen und Hände bewegen **G:** hat vor ihrer Bettlägrigkeit viel gekocht und im Haushalt gemacht **AB:** Wunsch nach Abwechslung	Beschäftigt sich jeden Tag im Rahmen des Möglichen Ist zufrieden und fühlt sich wohl	**M:** hauswirtschaftliche Tätigkeit anbieten, z. B. Kartoffeln schälen **A:** Handarbeiten bereitlegen und dazu anleiten
Pflegeplanung 2		
PD: Beschäftigungsdefizit aufgrund mangelnder Bezugspersonen **R:** spielt gern und kennt viele Spielregeln **G:** hat in ihrer früheren häuslichen Umgebung regelmäßig in einer Skatrunde gespielt	Verfügt über Bezugspersonen, mit denen das gewohnte Hobby ausgeübt werden kann	**M:** Angebote wiederholen, an den hausinternen Beschäftigungsangeboten teilzunehmen **vÜ:** durch Transport die Teilnahme an Spielgruppen in der benachbarten Altentagesstätte ermöglichen

Tab. 12.58: Beispiel einer Pflegeplanung beim Beschäftigungsdefizit

12.4 Soziale Isolation

Soziale Isolation: Zustand unfreiwilligen Alleinseins, der vom Betroffenen als unangenehm oder bedrohlich erlebt wird.

12.4.1 Pflegediagnostik

Ursachen und Einflussfaktoren

Im Bereich Interaktion und Isolation beeinflussen sich viele Faktoren gegenseitig. Es ist oft schwer auseinander zu halten, was Ursache und was Wirkung ist.

☑ Ein Mensch zeigt psychisch auffälliges Verhalten, weil er schon lange alleine lebt, sich einsam und verlassen fühlt. Oder: Ein Mensch ist einsam, wird von seinen Mitmenschen zunehmend gemieden oder kapselt sich ab, weil er psychisch auffällig ist und dadurch unter Kommunikationsstörungen leidet.

Selten ist nur ein einziger Faktor für die soziale Isolation eines alten Menschen verantwortlich, meist kommen mehrere zusammen:

- Umweltbedingte Einschränkungen:
  - Verlust gewohnter Kontakte, z. B. durch Pensionierung oder durch Rückzug aus einer ehrenamtlichen Tätigkeit
  - Verlust wichtiger Bezugspersonen durch Tod, Umzug, längere Reise oder Krankenhausaufenthalt
  - Umgebungswechsel, z. B. Krankenhaus, Kur, Alten- und Pflegeheim
- Vergebliche Suche nach Gleichgesinnten, nach Gesprächs- und FreizeitpartnerInnen mit ähnlichen Interessen und ähnlichem Bildungsniveau
- Eingeschränkte Kommunikationsfähigkeit durch:
  - Körperliche Behinderungen, z. B. Sehbehinderung, motorische Störung
  - Geistige Einschränkungen, z. B. Demenz
  - Psychische Störungen, z. B. Depression, Wahn, Ängste
- Störung des Selbstbilds (☞ 13.3), z. B. geringe Selbstachtung, Selbstunsicherheit, Selbstvorwürfe
- Zunehmende Immobilität erschwert oder verhindert auch Reisen zu Angehörigen oder Freunden, die weggezogen sind
- Äußere Umstände, z. B. Größe und Struktur der Einrichtung, bauliche Gegebenheiten, Personalschlüssel
- Menschliche Faktoren, z. B. Ausbildung und Motivation der MitarbeiterInnen, Betreuungskonzept, Sympathien und Antipathien zwischen den BewohnerInnen.

Vorsicht!
Ist bei einem alten Menschen die soziale Interaktion eingeschränkt, so besteht immer die Gefahr der sozialen Isolation.

Unsere heutige Gesellschaftsstruktur ist in vielen Fällen mitverantwortlich für die soziale Isolation alter Menschen, z. B. durch

- Erhöhte Anonymität in den Städten, z. B. in Wohnblöcken oder Neubauvierteln
- Vermehrten Fernsehkonsum als Kommunikationsersatz, verbunden mit Rückzugstendenzen
- Automatisierung und Rationalisierung bei sozialen und pflegerischen Diensten.

☑ Isolation und die damit verbundenen Einsamkeitsgefühle gehören mit zu den dringlichsten Problemen alter Menschen.

Anzeichen und Ausmaß

- Aussagen über Unzufriedenheit des alten Menschen mit seiner sozialen Situation, z. B. fühlt er sich alleine gelassen, abgelehnt oder als Außenseiter
- Fehlende Bezugspersonen, die den alten Menschen unterstützen, z. B. Familie, Freunde, Verein
- Stereotypien, z. B. monotones Hin- und Herwiegen, wiederholte, sinnlose Handlungen, Nesteln
- Autoaggressives Verhalten, z. B. schlägt, beißt oder kratzt sich selbst
- Rückzug von zwischenmenschlichen Kontakten, z. B.
  - Intensives Beschäftigen mit körperlichen Symptomen (Hypochondrie)
  - Antriebsverarmung (Apathie), Rückentwicklung (Regression)
  - Bewegungsstereotypien, Autoaggression
- Trauriges, apathisches oder resigniertes Verhalten
- Fehlender Blickkontakt, reservierte und verschlossene Haltung
- Unfähigkeit, alleine zu sein, Klammern
- Ständiges Suchen nach Nähe zum Pflegepersonal (Hinterherlaufen oder Klingeln)
- Distanzlosigkeit im Umgang mit anderen Menschen.

☑ Entscheidend ist immer das subjektive Gefühl von Isolation beim Betroffenen und nicht seine objektive Situation.

Folgen

Schwerwiegende Folgen sozialer Isolation sind z. B.:

- Resignation, Gereiztheit
- Misstrauen und Ablehnung Fremden gegenüber
- Psychosomatische Krankheiten, z. B. Magen-Darmstörungen
- Psychische Krankheiten, z. B. Depressionen, Wahnideen
- Geistiger Abbau infolge fehlender Anregungen und Sinnesreize
- Suizide.

Alte Menschen, die unter Einsamkeit leiden, zeigen oft Verhaltensweisen und Einstellungen, die von ihrer Umgebung als komisch oder eigenbrötlerisch beurteilt werden.

12.4.2 Pflegetherapeutische Maßnahmen

Die wichtigsten pflegetherapeutischen Maßnahmen bei (drohender) sozialer Isolation sind:

- Das **helfende Gespräch.** Durch Gespräche kann der alte Mensch Beziehungen aufbauen, in denen er sich verstanden und angenommen fühlt
- Die Angebote der **Gruppenarbeit.** Alte Menschen, die zwischenmenschliche Beziehungen suchen und die noch etwas leisten wollen, schließen sich aus diesen Gründen gerne einer Gruppe an.

Gruppenarbeit, unabhängig von ihrer inhaltlichen Ausrichtung, ist nicht nur eine wirksame Maßnahme gegen ein Beschäftigungsdefizit, sondern immer auch gegen soziale Isolation. Beispiele von Gruppenarbeit wurden bereits im Kapitel 12.3.2 behandelt, so dass sich dieses Kapitel auf gesprächstherapeutische Maßnahmen und geselligkeitsorientierte Gruppenangebote konzentriert.

Kommunikation als Beziehungsarbeit

Erfolg und Befriedigung in der pflegerischen Arbeit hängen zu einem großen Teil von den zwischenmenschlichen Beziehungen ab. Wenn zwei Menschen zusammen sind, treten sie immer, gewollt oder ungewollt, in Beziehung zueinander. Das Bild, das sich jeder vom anderen macht, wird dabei von mehreren Einflüssen, z. B. Aussehen, Stimme, Haltung, Rollenvorstellung, geprägt. Aus der Summe dieser Eindrücke und Informationen kann dann eine zwischenmenschliche Beziehung entstehen (☞ Abb. 12.59).

Kommunikation

Kommunikation dient dem Austausch von Wissen und Informationen auf rationaler, intellektueller Ebene. Sie ist aber auch notwendig, um Kontakt mit der Umwelt aufzunehmen, Beziehungen aufzubauen sowie Meinungen und Gefühle auszutauschen. Durch Kommunizieren kann Gemeinschaft geschaffen und erhalten werden.

☑ „Im Zusammenleben mit anderen Menschen ist jedes Verhalten Kommunikation. Auch Schweigen, Bewegungslosigkeit, Sich-Abwenden oder Nicht-Antworten sind Kommunikation. Sie teilen dem anderen z. B. mit: Lass mich in Ruhe, ich will jetzt nicht reden."

Paul Watzlawick

Kommunikationskanäle

Die wichtigsten Kommunikationskanäle sind:

- Sprechen
- Körpersprache
- Hören

Abb. 12.59: Vom ersten Eindruck hängt es meistens ab, ob eine gute zwischenmenschliche Beziehung entsteht oder nicht. [K151]

- Sehen
- Tasten, z. B. streicheln, schlagen
- Riechen
- Schmecken.

Beim Kommunizieren tauschen zwei oder mehr Partner „Botschaften" aus und beeinflussen sich dabei gegenseitig. Diese Wechselwirkung wird auch **Interaktion** genannt. Dabei ist eine Person immer gleichzeitig Sender und Empfänger. Als Empfänger nimmt sie Informationen auf, verarbeitet sie und gibt dem Sender Rückmeldung (Feedback).

Es kann leicht zu Mißverständnissen kommen, wenn die beiden Gesprächspartner nicht über die gleichen Kommunikationsmittel verfügen, z. B. nicht den gleichen Wortschatz gebrauchen oder unterschiedliche sprachliche Begriffe benutzen.

Wie eine Nachricht vermittelt wird und wie sie beim Empfänger ankommt, wird einmal von der Gesprächssituation und der psychischen Verfassung der Kommunikationspartner, zum anderen von deren Motivation und Absicht beeinflusst.

Man unterscheidet dabei die **verbale** *(sprachliche)* Kommunikation, z. B. Sprache und Schrift, Sprechen, Hören, Schreiben und Lesen und die **nonverbale** *(nichtsprachliche)* Kommunikation oder **Körpersprache,** z. B. Mimik, Blickkontakt, physiologische Zeichen (Erröten, Tränen), Gestik, Körperhaltung, Nähe, Hautkontakt.

☑ Es gibt auch stumme Verständigungsformen, die sprachlich sind, z. B. „Bilder-Sprache", Piktogramme, Gebärdensprache für Gehörlose, Fingeralphabet für Taubblinde (☞ Kapitel 4). Sie erfordern ebenfalls sprachliches Denkvermögen.

Jede Nachricht hat eine

- **Sachebene:** Was wird gesagt?
- **Beziehungsebene** *(paraverbale Kommunikation):* Wie wird etwas gesagt, z. B. laut, leise, ärgerlich oder hektisch. Wohlwollen, Verständnis, Sympathie oder Ungeduld, Verärgertsein und Vorwurf werden häufig ohne Worte, also „zwischen den Zeilen" vermittelt.

Kommunikationsstörungen

Kommunikationsstörungen können auftreten, wenn

- Eine Sprach- oder Sprechstörung vorliegt (☞ 4.9)
- Ein Gesprächspartner schwerhörig oder taub ist (☞ 4.3)
- Eine Botschaft vom Empfänger missverstanden wird
- Sich die Botschaft der Beziehungsebene und die Botschaft der Sachebene widersprechen **(Double-bind).**

Wenn zwischen zwei Menschen Spannungen, Konflikte, Antipathien oder andere negative Gefühle vorherrschen, ist ein „nur sachliches" Gespräch nicht möglich (☞ Abb. 12.60). Man hört und sieht nur das, was man hören will und was die vorhandene Meinung über den anderen bestätigt. Deshalb überwiegt bei einer gestörten Beziehung immer der Beziehungsaspekt vor dem sachlichen Aspekt.

Fallbeispiel

Alter Herr: „Die Salbe riecht aber abscheulich." (Sachebene)

Altenpfleger: „Wenn Ihnen etwas nicht passt, müssen Sie sich beim Doktor beschweren." (Beziehungsebene)

Der Altenpfleger hat die Botschaft weniger auf der Sachebene als auf der Beziehungsebene wahrgenommen. Er hörte Unzufriedenheit, Vorwurf, Kritik, und die Forderung nach einer anderen Salbe. Diese Botschaft muss der alte Mensch nicht unbedingt gesendet haben.

Besonders problematisch, aber weit verbreitet, ist die doppelt gebundene Kommunikation (von engl. double-bind), auch **Beziehungsfalle** genannt. Dabei ist die

Abb. 12.60: Streiten verbindet, wenn den TeilnehmerInnen die Sachebene nicht völlig aus dem Sinn gerät. [A500-119]

Botschaft in sich nicht stimmig (inkongruent). Die sprachlichen und nichtsprachlichen Signale stehen im Widerspruch zueinander, oder zwei sich widersprechende Botschaften werden gleichzeitig vermittelt (☞ Abb. 12.61). Das verdeutlicht eine Redensart aus dem Volksmund: „Wasch mir den Pelz – aber, mach mich nicht nass!" Der Empfänger gerät in eine Zwickmühle und ist verwirrt. Was er auch tut, es ist falsch.

Auch das Verhalten einer Pflegeperson verrät meist unausgesprochen ihre Einstellung zum alten Menschen. Geradezu paradox ist es, wenn Bekundungen des Wohlwollens ausgesprochen werden, Gesten und Mimik aber Geringschätzung und Ablehnung zeigen. Alte und kranke Menschen nehmen solche nichtsprachlichen Signale besonders sensibel wahr.

Fallbeispiel

Eine alte Dame mit Kniegelenksarthrose bittet die Altenpflegerin um ihre Schuhe. Diese holt die Schuhe und zieht sie der Frau an, ohne zu fragen, macht auch noch die Schnürsenkel zu und bemerkt dann: „So lernen Sie es nie, sich wieder alleine die Schuhe anzuziehen!" Die Botschaft der Altenpflegerin ist doppeldeutig, und die Frau ist nun unsicher. Sie fragt sich:

- Was hab' ich verkehrt gemacht? (Schuldgefühle)
- Was will sie denn von mir? (Misstrauen)
- Kann ich das doch noch nicht? (Ängstlichkeit)
- Das ist ja schließlich deren Aufgabe! (Ärger)

Folgeverhalten: Die Frau schweigt, zieht sich zurück, wird passiv.

Übertragung und Gegenübertragung

Schon beim ersten Gespräch mit dem alten Menschen werden die Weichen für eine weitere Zusammenarbeit gestellt.

Dabei registrieren beide Gesprächspartner vom ersten Kontakt an bewusst und unbewusst Aussehen, Geschlecht, Alter, Haltung, Bewegung, Lage, Sprache, Tonfall, Gestik, Mimik und Reaktionen ihres Gegenübers, die häufig zu „Vor-Urteilen" führen können. Manchmal stammen diese aus früheren Erlebnissen und Erfahrungen mit den eigenen Eltern, Geschwistern und anderen wichtigen Bezugspersonen. Sie werden dann auf neue Beziehungen „übertragen".

Die neue BeziehungspartnerIn kann darauf ebenfalls mit Gefühlen aus ihrer Vergangenheit reagieren. Diese Phänomene nennt man **Übertragung** und **Gegenübertragung.** Sie sind sehr oft Ursache für zwischenmenschliche Störungen. Beiden Gesprächspartnern ist es meist nicht bewusst, dass diese Gefühle gar nicht ihnen, sondern früheren Bezugspersonen gelten.

Oft sind es Kleinigkeiten, die über Sympathie oder Antipathie entscheiden. Wichtig ist es besonders für die Pflegenden, sich diese Gefühle oder Vorurteile bewusst zu machen, zu hinterfragen und bei Bedarf zu korrigieren.

Literaturtipp

Harris, Thomas A.: Ich bin o.k., du bist o.k. Rowohlt-Taschenbuch Verlag

Stanjek, Karl: Altenpflege konkret – Sozialwissenschaften. Urban & Fischer Verlag, München 1998

Abb. 12.61: Sprachliche und nichtsprachliche Signale müssen übereinstimmen, damit eine Botschaft in sich stimmig ist. [K151]

Abb. 12.62: Verständnis und Empathie sind wichtige Voraussetzungen für eine vertrauensvolle Beziehung. [K151]

Gespräche führen

Schon bei einem ausführlichen Aufnahmegespräch kann die AltenpflegerIn zeigen, dass sie sich für die gesamte Persönlichkeit des alten Menschen interessiert, für seine Nöte, Gewohnheiten und Vorlieben und nicht nur für seine Krankheit. Das fördert die Kontaktaufnahme und das gegenseitige Kennenlernen.

Vertrauen und Verständnis

Eine tragfähige Beziehung braucht eine Atmosphäre von **Vertrauen** und gegenseitigem **Verständnis.** Um das Vertrauen des alten Menschen zu gewinnen, muss die AltenpflegerIn ihn „dort abholen, wo er steht". Sie sollte sich so weit wie möglich in seine momentane Situation hineinversetzen (Empathie). Dazu gehört auch ein Klima, in dem er seine Erwartungen, Ängste und Bedürfnisse von Anfang an mit einbringen kann, ohne Angst vor negativen Folgen, z. B. Spott oder Ärger.

Akzeptanz

Je besser man einen Menschen, seine Gefühle, sein Verhalten und das, was er sagen will, versteht, um so „normaler" und unbefangener kann man mit ihm umgehen. Das heißt, ihn **akzeptieren, wie er ist** und ihn ernst nehmen.

Das kostet zwar ein Mehr an Kraft, Geduld und Zeit. Aber diese hilfreiche Kommunikation kann häufig neben oder während der täglichen Pflege geschehen. Pflegebedürftige Menschen, die sich verstanden fühlen, bringen in der Regel auch dem Pflegeteam mehr Verständnis entgegen, sind kooperativer, bei besserer Stimmung und dadurch auch „pflegeleichter".

> Akzeptanz heißt immer wieder hinhören und hinsehen, was den anderen Menschen bewegt, was ihn interessiert und *mit* ihm reden anstatt *über* ihn oder über seinen Kopf hinweg.

Ehrlichkeit und Echtheit

Wichtig für eine gute Vertrauensbasis sind **Ehrlichkeit** und **Echtheit.** Reden und Handeln müssen übereinstimmen **(Kongruenz).** Deshalb sollten eigene Schwierigkeiten, Ärger, Unsicherheit nicht nur gezeigt, sondern auch offen angesprochen und nicht hinter lächelnder Fassade versteckt werden.

In der täglichen Praxis bedeutet das für die AltenpflegerIn, dass sie die alten Menschen informiert, wenn sie sich durch Hektik, gesundheitliche Probleme oder private Sorgen belastet fühlt. Die meisten haben dafür Verständnis und missdeuten ihr Verhalten dann nicht als persönliche Ablehnung (☞ Abb. 12.63).

Statt gekünstelter, aufgesetzter Freundlichkeit kann Spontaneität und der Mut, „Ich selber zu sein", die alten Menschen zur Nachahmung motivieren.

Um unnötigen Ängsten und Unsicherheit vorzubeugen, ist es wichtig, den alten Menschen vor jeder pflegerischen Handlung ausreichend zu informieren, z. B. über Ablauf, Dauer, Notwendigkeit und ob es eventuell schmerzhaft oder unangenehm werden kann.

Kommunikationsregeln für die Pflege

Im Gespräch mit alten Menschen, sind folgende **Regeln** für die AltenpflegerIn hilfreich:

- Bei Informationen immer eine leicht verständliche Alltagssprache benutzen, z. B. Fremdworte vermeiden oder erklären. Dabei Herkunft, Kulturkreis, Muttersprache und Dialekt des alten Menschen berücksichtigen, evtl. Dolmetscher hinzuziehen
- Behinderungen berücksichtigen, z. B. Schwerhörigkeit, Sehbehinderung (☞ Kap. 4). Wachsam sein für nichtsprachliche Signale und „Hilferufe". Die Körpersprache eines Menschen beachten und verstehen lernen
- Entscheidungsspielraum lassen. Geduldige Zurückhaltung üben und den Betreffenden in Ruhe lassen, wenn er aus Selbstschutz misstrauisch und abweisend reagiert
- Eigene Hilflosigkeit eingestehen, z. B. „Das weiß ich nicht, da bin ich überfragt, das kann ich nicht, das hab' ich noch nie gemacht. Ich werde mich erkundigen. Ich hole eine Fachfrau dazu."
- Keine persönlichen oder peinlichen Fragen in Gegenwart Dritter stellen
- Trauer und Schmerz des Betroffenen aushalten, ohne ihn vorschnell trösten zu wollen und damit das Gespräch letztendlich „abzuwürgen".

Abb. 12.63: Es wäre in diesem Fall besser, den alten Menschen in die eigenen Sorgen einzuweihen. [A500-119]

Auch ohne Worte kann Betroffenheit gezeigt werden, z. B. durch Schweigen. Ermutigende Gesten sind z. B. Hand auf die Schulter legen, Hände entgegenstrecken. Lob und Bestätigung kann man zeigen durch Blickkontakt, Lächeln, Kopfnicken, Augenzwinkern. Bei Körperkontakt, z. B. Händeschütteln, Berühren, Streicheln, muss man sensibel sein für die Bedürfnisse und Abneigungen des alten Menschen und sein Schamgefühl berücksichtigen.

Tipps

- Die Einstellung dem anderen Menschen gegenüber ist Grundlage aller Kommunikation
- Der Ton macht die Musik! Nicht allein was gesagt wird, sondern das „Wie" ist entscheidend
- „Schmerzhafter" als offen geäußerte Kritik ist Nicht-beachtet-Werden
- Die Persönlichkeit der Pflegenden ist mit das wichtigste Instrument der Pflege.

Formen des helfenden Gesprächs in der Altenarbeit

Ein Gespräch ist für den Gesprächspartner dann eine Hilfe, wenn er sich verstanden fühlt und danach mit seinen Schwierigkeiten besser fertig wird. Es kommt dabei immer auf die jeweilige psychische Situation an, in der sich der Gesprächspartner befindet.

Es können **vier Formen** des helfenden Gesprächs unterschieden werden:

- **Stützendes Gespräch:** Wenn ein Mensch völlig verzweifelt ist, keinen Ausweg mehr sieht, z. B. nach dem Tod des Partners oder wegen einer schweren Krankheit, kann schon alleine das „Dasein", Zuhören und Mittragen eine Hilfe sein. Das Bewusstsein, nicht alleine zu sein, kann bei dem alten Menschen wieder eigene Kräfte mobilisieren
- **Entlastendes Gespräch:** Es kann helfen, mit einer belastenden Situation fertig zu werden, schon alleine dadurch, dass der Betroffene die Möglichkeit hat, über seine Schwierigkeiten zu sprechen. Durch das Aussprechen kann er die Probleme in einem objektiveren Licht sehen. Besonders bei Schuldgefühlen ist es wichtig, diese ernst zu nehmen und nicht zu bagatellisieren
- **Beratendes Gespräch:** Es kann helfen, neue Lösungen für eine schwierige Situation zu finden. Der alte Mensch kann dabei seine gegenwärtige Situation, seine zwischenmenschlichen Beziehungen, aber auch unverarbeitete Erlebnisse von früher besprechen und bedenken. Die AltenpflegerIn hilft dem Betroffenen, sich darüber klar zu werden, was er wirklich fühlt und was die Ursachen für seine Probleme sind
- **Informationsgespräch:** Wenn ein Mensch wichtige Informationen braucht für die Bewältigung seiner Probleme, können Ratschläge gegeben werden. Dabei sollte der Ratsuchende immer die freie Entscheidung behalten, z. B.: „Könnten Sie sich vorstellen, dass Ihnen das weiterhelfen würde?" oder „Haben Sie schon einmal versucht...?"

Vorsicht!

Ratschläge können auch Schläge sein, wenn sie den alten Menschen unselbstständig machen, weil die AltenpflegerIn glaubt, nur sie wisse, was für den alten Menschen gut und richtig ist.

Abb. 12.64: Auch am Telefon können alte Menschen durch die richtigen Worte Trost und Hilfe erfahren. [K157]

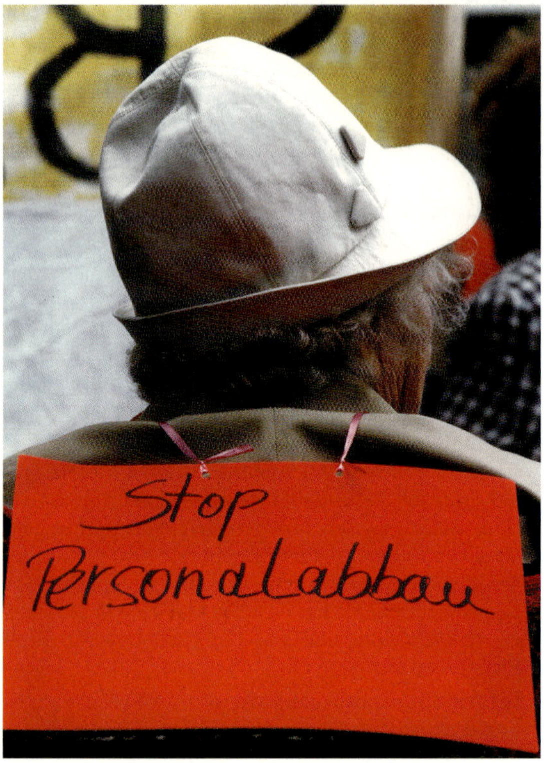

Abb. 12.65: Herrscht in einer stationären Einrichtung eine offene und kommunikative Atmosphäre, können die BewohnerInnen leichter Kontakte aufbauen und pflegen. [K157]

Sehr oft vermischen sich die verschiedenen Gesprächsformen. Dennoch ist es sinnvoll, wenn man sich vor jedem Gespräch bewusst macht, welche Bedürfnisse der alte Mensch hat und wo der Schwerpunkt der Hilfe gesetzt werden soll.

Nach schwierigen Gesprächen kann es eine große Hilfe sein, wenn man sich einige Notizen dazu macht, z. B.:

- Wie habe ich mich bei dem Gespräch gefühlt?
- Was hat diese Gefühle ausgelöst?
- War mir mein Anliegen bewusst?
- Habe ich es meinem Gegenüber vermitteln können?
- Was hätte ich ihm noch gerne sagen wollen, und was hat mich daran gehindert?
- Was würde ich jetzt nach dem Gespräch noch gerne loswerden?
- Wie wird sich wohl mein Gesprächspartner fühlen?

Kontaktaufnahme und -pflege

Ältere Menschen müssen immer wieder ermutigt und unterstützt werden, bestehende **soziale Kontakte** zu pflegen und verloren gegangene durch neue zu ersetzen. Ein erster Schritt für Pflegende kann es sein,

- Menschen mit **ähnlichen Interessen** miteinander bekannt zu machen
- **Motivationsarbeit** zu leisten, indem sie dem alten Menschen positive Rückmeldung *(feed back)* geben, wenn er auf andere Menschen zugeht.

Es gibt kontaktfreudige alte Menschen, die gerne viel Zeit mit anderen Menschen verbringen. Dazu gehören z. B. **Gespräche**

- Im Hausflur oder Aufzug
- Über die Theke im Tante-Emma-Laden oder zwischen den Einkaufswagen im Supermarkt
- Während längerer Busfahrten durch die Stadt
- In den Wartezimmern der ÄrztInnen
- Bei geselligen Nachmittagstreffen oder Kaffeefahrten
- Am Stammtisch oder dem Tresen in einer Gastwirtschaft
- Mit Nachbarn über den Gartenzaun
- Auf der Bank im Park und bei Sportveranstaltungen.

Daneben bietet das Telefon eine gute und bequeme Möglichkeit, auch mit „entfernten Bekannten" längere Gespräche vom Sofa aus zu führen.

> Möglichst immer die selbstständige Kontaktpflege der alten Menschen untereinander fördern und sich als MitarbeiterIn aus den bestehenden Beziehungen schrittweise zurückziehen.

Voraussetzung für eine lebendige **Kontaktpflege** ist, dass die alten Menschen ausreichend Gelegenheit und in vielen Fällen auch Anregung dazu erhalten. Bewährt hat sich dabei, die Gemeinschaft über gleiche Interessen herzustellen. Es werden nicht nur soziale Kontakte gefördert, sondern auch zu neuen Aufgaben motiviert (☞ Abb. 12.65). Die AltenpflegerIn kann hier die **Rahmenbedingungen** gestalten, z. B.:

- Mit dem alten Menschen ein Gespräch über seine Interessen und seinen Wunsch nach Kontakten führen
- Zusammentreffen mehrerer Gleichgesinnter außerhalb der Wohnung oder der Einrichtung organisieren
- Kontakte durch Gesprächsanreize vermitteln, z. B. „Wussten Sie, Frau Müller, dass Frau Meyer auch in den 30er-Jahren in Hamburg-Barmbek gelebt hat?" Auch hier sind biografische Kenntnisse unverzichtbar
- Kleine Hilfsdienste unter den alten Menschen arrangieren, z. B. Frau Müller bringt Frau Meyer regelmäßig Kleinigkeiten von ihren Einkäufen mit, oder Frau Müller begleitet Frau Meier jeden Mittag in den Speisesaal
- Alte Menschen persönlich zu Gruppenangeboten einladen und abholen

- Schwellenängste im Kontakt mit anderen ansprechen.

Vorsicht!
Rückzugsmöglichkeiten müssen den alten Menschen immer offen bleiben.

Geselligkeitsorientierte Gruppenangebote

Feste feiern

Feste bereiten nicht nur Spaß und Freude, sondern schaffen in erster Linie die Möglichkeit, Zeit in der Gemeinschaft anderer zu verbringen und soziale Kontakte aufzubauen. Feste bieten Reize für alle Sinne, seien es die besonderen kulinarischen Genüsse, die Dekoration oder ein unterhaltsames Programm.

Im Jahresablauf gibt es immer wieder Gelegenheiten zum Feiern, z. B.:

- Jahreszeitliche und religiöse Feiern wie Advent, Nikolaus, Weihnachten, Silvester, Fasching (☞ Abb. 12.66), Frühling, Sommer, Erntedank, Herbst, St. Martin
- Geburtstage und Namenstage
- Regionale Feste wie Fasching, historische Ereignisse.

Oft bekommen die MitarbeiterInnen und die BewohnerInnen Ideen und Anregungen bei schönen Festen in anderen Einrichtungen. Aber dasselbe Programm, das in der einen Einrichtung mit den dortigen BewohnerInnen ein voller Erfolg war, kommt vielleicht an einem anderen Ort und mit anderen Leuten überhaupt nicht an. Mechanisches Nachahmen führt selten zu Erfolg.

Die wichtigsten **Grundregeln** bei der Organisation von Festen sind:

- Das ganze Jahr über schon „Stoff" sammeln, z. B. Gedichte, Sprüche, Lieder, Geschichten und Ideen, Programmpunkte, Dekoration. Dabei Ausschau halten nach verborgenen Talenten und noch unentdeckten Künstlern unter den alten Menschen und KollegInnen
- An Altbewährtem und Bekanntem anknüpfen, evtl. von Jahr zu Jahr bestimmte Traditionen pflegen, aber auch Neues einbauen (☞ Abb. 12.67)
- Zeitig einladen, bekanntmachen, z. B. über Plakate, Handzettel, Zeitungsnotiz
- Unterschiedliche „Komitees" bilden, z. B. für die Organisation von Speisen und Getränken, Bewirtung, Programm, Dekoration, Bestuhlung
- Möglichst alle MitarbeiterInnen der Einrichtung mit in die Organisation und den Ablauf des Festes einbeziehen. Auch daran denken, dass die TeilnehmerInnen während des Festes immer eine AnsprechpartnerIn finden oder zum Gespräch animiert werden

Abb. 12.66: Das Faschingsfest ist deshalb so reizvoll, weil alle Programmideen und räumliche Gestaltungsmöglichkeiten erlaubt sind. [J660]

- Hol- und Bringdienste für die BesucherInnen organisieren
- ModeratorIn einsetzen
- Die Darbietungen nachbarschaftlicher Einrichtungen nutzen, z. B. Kirchenchor, Theateraufführungen von Schulen
- Nicht zu viel Programm und Aktivitäten in einen Abend oder Tag packen.

Darauf achten, dass die TeilnehmerInnen durch das Programmangebot nicht überfordert werden. Bereits bei der Planung die unterschiedlichen Fähigkeiten und Bedürfnisse berücksichtigen.

Gesellschaftsspiele

Viele der heute alten Menschen hatten ihr Leben lang keine Zeit zum Spielen, reagieren deshalb abweisend und verbinden Spielen und Basteln mit Kinderbeschäftigung. Oft genügt es, wenn sie den andern eine Weile zuschauen, und sie bekommen selbst Spaß daran, denn Spielbegeisterung wirkt ansteckend (☞ Abb. 12.68).

Im Gegensatz zu vielen anderen Beschäftigungen ist Spielen **zweckfrei.** Beim Spielen kann die Zeit stehen bleiben oder wie im Flug vergehen. Das Spiel

- Setzt schöpferische Kräfte frei
- Kann ablenken oder zu etwas hinführen und damit die Konzentrationsfähigkeit schulen
- Ermöglicht, Gefühle und individuelle Verhaltensweisen auszuleben, die sonst verkümmern würden
- Gibt Gelegenheit zum Experimentieren
- Ermuntert, Risiken einzugehen und mit dem Unberechenbaren umzugehen
- Bietet Möglichkeiten, miteinander oder gegeneinander zu spielen, für etwas, um etwas, als etwas und mit etwas

- Hilft, Hemmungen und Kommunikationsstörungen zu überwinden.

> Es macht Spaß und kann sinnvoll sein, Spiele oder Spielregeln zu verändern oder neue auszudenken.
>
> Es gibt spezielle Spielekarteien für Senioren, in denen man für die unterschiedlichsten Zielgruppen und Anlässe geeignete Spielmöglichkeiten finden kann.

Je nach individuellen Bedürfnissen und Wünschen kann zwischen verschiedenen **Spielearten** gewählt werden:

- **Brettspiele,** z. B. Mensch-Ärger-Dich-Nicht, Dame, Mühle, Halma, Malefiz, Reversi, Schach
- **Kartenspiele** mit den klassischen Spielkarten, z. B. Rommee, Skat, 17 und 4, Patience, „Schwimmen", Canasta, Doppelkopf (☞ Abb. 12.69)
- **Spezielle Kartenspiele,** z. B. Elfer raus, Skip bo, Uno
- **Würfelspiele,** z. B. „Nackter Spatz", Kniffel
- **Legespiele,** z. B. Puzzle, Scrabble, Wort-Wexel, Memory
- **Geschicklichkeitsspiele,** z. B. Kugellabyrinth, Jenga, Mikado (gibt es auch mit großen Stäbchen)
- **Geduldsspiele,** z. B. Tangram, Puzzle
- **Denksport,** z. B. Gehirntraining, „Gedächtnis spielend trainieren" nach Franziska Stengel

Abb. 12.67: Vorsicht ist geboten, wenn das Fest unter einem bestimmten Motto stehen soll. Alte Menschen machen nicht alles mit. [A500-119]

Abb. 12.68: In einer ruhigen und gemütlichen Umgebung bringt das Spielen gleich doppelt so viel Spaß. [J660]

- **Ratespiele,** z. B.
  - Teekessel: Begriffe mit doppelter Bedeutung werden von zwei eingeweihten Teilnehmern umschrieben, etwa so: „Mein Teekessel ist süß, mein Teekessel leuchtet." Die Beschreibungen werden erweitert, bis jemand die Lösung (Birne) gefunden hat
  - Musikstücke raten, z. B. Melodien vom Band, gesummte Liedanfänge, geklatschte Rhythmen
  - Sprichwörter ergänzen, z. B. „Wer andern eine Grube gräbt…?" oder sortieren: „Morgenstund – ist aller Laster Anfang." „Was du nicht willst, dass man dir tu, das verschiebe nicht auf morgen." „Wie man sich bettet, so tönt es heraus." Dasselbe geht auch mit bekannten Liedern oder Gedichten
- **Pantomime,** z. B. Berufe (Bäcker) oder Filmtitel (Die Drei von der Tankstelle) raten
- **Kimspiele,** z. B. Gerüche von mitgebrachten Aromafläschchen oder Gewürzgläsern raten. Tastkim: mit verbundenen Augen Materialien wie Stoffe, Fell, Schmirgelpapier, Schwamm, Holz ertasten; vertraute Gegenstände wie Kochlöffel, Zitronenpresse oder Locher unter einem Tuch erfühlen
- **Schreibspiele,** z. B. Kalbsbrust füllen: Ein Wort wird von oben nach unten aufgeschrieben und am rechten Seitenrand des Papiers nochmals von unten nach oben. Nun versucht jeder, die Lücken von links nach rechts mit neuen Worten zu füllen
- **PC-Spiele,** z. B. Die Siedler, Christoph Kolumbus
- **Elektronische Spiele,** z. B. Gameboy
- **Party- und Gesellschaftsspiele,** z. B. Reimspiele (für kleinere Gruppen): „Kein-ohne": Eine ReimerIn beginnt etwa so: Kein Fest ohne Kuchen… eine andere ergänzt vielleicht so: Kein Wald ohne Buchen. Nun darf sie einen neuen Reim beginnen.

Für SpielerInnen mit einer Sehstörung oder feinmotorischen Störung gibt es Spiele mit besonders großem Spielbrett und übergroßen Spielfiguren, die besser zu sehen und zu greifen sind.

Für **Bettlägerige** eignen sich hauptsächlich Spiele, die auf kleinem Raum und mit wenigen Spielern zu spielen sind, z. B. Steckspiele, die für die Reise mit dem Zug oder im Auto entwickelt wurden. Sie sind allerdings nicht zu empfehlen bei Sehstörungen und feinmotorischen Störungen.

Einige Spiele kann man auch alleine spielen, z. B. Solitär, elektronische Spiele (z. B. mit dem Gameboy), Puzzle, Geduldsoder Geschicklichkeitsspiele.

Fallbeispiel
Kennenlernspiele mit dem Wollknäuel
Eine nicht zu große Gruppe sitzt im Kreis. Eine TeilnehmerIn hat den Wollknäuel und wirft ihn in die Runde. Die FängerIn stellt sich kurz vor, wickelt ein Stück Wolle ab und wirft den Knäuel einer anderen TeilnehmerIn zu. Das geht so lange kreuz und quer, bis alle an der Reihe waren und ein dichtes Netz aus Wolle (Symbol für das Verflochtensein in einer Gruppe) entstanden ist.

Man kann den Knäuel dann auch wieder aufwi ckeln, d.h. alles geht umgekehrt. Nun muss die WerferIn aber erzählen, was sie an Informationen über ihr Gegenüber noch behalten hat, vielleicht den Namen oder deren Hobby. Jede MitspielerIn ergänzt nochmal die wichtigsten Angaben zu ihrer Person, soweit sie von den andern vergessen wurden. Das ist ein gutes Gedächtnistraining, und die Gruppenmitglieder lernen sich schneller kennen und kommen danach auch leichter miteinander ins Gespräch.

Erzählspiel für eine kleine Gruppe
Das Wollnetz kann man auch mit bekannten Gruppenmitgliedern machen. Statt des Vorstellens entsteht hier gemeinsam eine Geschichte, bei der jede TeilnehmerIn ein paar Sätze erzählt und den Knäuel dann einem anderen zuwirft zum Weitererzählen. Das kann so lange fortgesetzt werden, bis ein Schluss für die Geschichte gefunden wurde oder die Wolle zu Ende geht.

Fallbeispiel
Wettspiele zum Zuschauen: Mumienwickeln
Drei Paare (auch gleichgeschlechtlich) melden sich freiwillig. Die Paare sprechen sich kurz ab, wer von den beiden aktiv und wer passiv sein möchte. Die Aktive hat nun die Aufgabe, ihre PartnerIn mit Toilettenpapier möglichst sorgfältig einzuwickeln, bis diese wie eine Mumie aussieht. Dabei sollte das Papier möglichst nicht reißen, also nicht das dünnste Papier verwenden. Wenn alle drei Mumien fertig sind, entscheiden die Zuschauer, welche die Schönste ist. Evtl. kleine Preise bereithalten.

Abb. 12.69: Kartenspielen können auch Menschen mit eingeschränkten Körperfunktionen. Sie benötigen auch hier die richtigen Hilfsmittel. [M221]

Fallbeispiel
Pantomime: „Stumm wie die Fische"
Alle sitzen stumm im Kreis. Der Spielleiter geht umher und stellt in Zeichensprache Fragen, die mit Mimik und Gesten, aber völlig stumm, beantwortet werden müssen. Etwa so:

- „Ich habe meine Brille verlegt und schon überall gesucht. Weißt du, wo sie ist?" – „Nein, aber schau doch mal auf deiner Nase nach!"
- „Kommst du mit in die Konditorei?" – „Lust hätte ich ja schon, aber ich will doch abnehmen."
- „Hast du mal drei Groschen zum Telefonieren?" – „Tut mir Leid, ich hab nur große Scheine!"

Ausflüge und Reisen

Ausflüge und **Reisen** sind für alte Menschen, die in Heimen leben oder aufgrund körperlicher Einschränkungen nur noch selten ihre Wohnung verlassen, ganz besondere Höhepunkte im Jahr. Neue Eindrücke und eine andere Umgebung, sei es auch nur für einen begrenzten Zeitraum, setzen häufig auch positive Empfindungen frei. Im Mittelpunkt einer Reise oder eines Ausflugs stehen das intensive Zusammensein und die Kommunikation mit den anderen Reiseteilnehmern. Mehr als bei anderen Gruppenaktivitäten wächst hier ein **Zusammengehörigkeitsgefühl.** Die Erinnerungen an die Reise verbinden die TeilnehmerInnen auch lange Zeit nach dem gemeinsamen Erlebnis (☞ Abb. 12.70).

Ein Ausflug oder eine Reise setzen eine sorgfältige **Organisation** voraus, z. B.:

- Reiseziel bestimmen
- Den Fähigkeiten der TeilnehmerInnen entsprechend Transportmittel bereitstellen
- Unterbringungsmöglichkeiten bestellen

- TeilnehmerInnen informieren und auf die Reise vorbereiten
- Begleitpersonen auswählen
- Für TeilnehmerInnen mit physischen und psychischen Einschränkungen Betreuungspersonen freistellen lassen
- Ausreichend Ruhepausen einplanen
- Möglichen Rücktransport einzelner TeilnehmerInnen organisieren
- Finanzierungs- und Versicherungsfragen klären.

Fallbeispiel
Stadtranderholung als Alternative zur Urlaubsreise
Interessierte TeilnehmerInnen werden, für die Dauer von mehreren Wochen, jeden Morgen in der Nähe ihrer Wohnung an zentralen Haltepunkten mit Bussen abgeholt und in eine Tageseinrichtung am Stadtrand gebracht. Dort verbringen sie mit anderen alten Menschen zusammen den Tag mit den Mahlzeiten und mit unterschiedlichen Programmen. Am Abend werden sie dann wieder nach Hause gefahren. Diese Art der Erholung bevorzugen vor allem die alten Menschen, die noch nie gerne weite Reisen gemacht haben, die gerne abends im eigenen Bett schlafen oder die aus gesundheitlichen Gründen in der Nähe ihres vertrauten Behandlungsteams bleiben wollen.

Auch die örtlichen Volkshochschulen, die kirchliche Erwachsenenbildung oder die kommunale Altenhilfe bieten unterschiedliche Möglichkeiten für Ausflüge und Reisen an, z. B. Studienfahrten, Wochenendfreizeiten, Seminare, Wallfahrten.

Vorsicht!
Alte Menschen sollten über die Methoden und Gefahren von kommerziellen Kaffeefahrten ausreichend informiert sein, damit sie nicht mit dem Kauf von meist kostspieligen Produkten (z. B. Heizdecken) überrumpelt werden.

Generationenübergreifende Aktivitäten

Warum so viele Angebote speziell für alte Menschen? Oft sind die Themen der Kurse oder Gruppen zwar ähnlich wie bei den Jüngeren, z. B. Malen, Fotografieren, Yoga, Kochen. Die Termine sind aber vor- oder nachmittags, weil viele ältere Menschen in der Dunkelheit nicht mehr so gerne aus dem Haus gehen, und die öffentlichen Verkehrsmittel abends seltener fahren.

In den letzten Jahren gibt es zunehmend mehr Begegnungsstätten und Kommunikationszentren mit Freizeitangeboten, die für alle Altersgruppen offen stehen, z. B.:

Abb. 12.70: Fernweh oder nur den Wunsch nach einer anderen Umgebung entwickeln Menschen auch noch im hohen Alter. [J660]

- Hausfrauen und nichtberufstätige Mütter
- Arbeitslose
- SchülerInnen und StudentInnen.

Auch stationäre Alteneinrichtungen öffnen sich mehr und mehr für Menschen von außerhalb, auch für Kinder und Jugendliche (☞ Abb. 12.71). Möglich sind z. B.:

- **Kindergartengruppen,** die regelmäßig zusammen mit den alten Menschen im Heim basteln und Feste feiern
- **Schülergruppen,** die von den alten Menschen persönlich Erlebtes aus deren Lebensgeschichte und aus der Weltgeschichte erzählt bekommen
- **„Nachhilfestunden",** in denen alte Menschen von SchülerInnen etwas lernen oder durch die sie ihr altes Schulwissen wieder auffrischen, z. B. in den Fremdsprachen.

Selbsthilfeangebote

Für Menschen, die unter sozialer Isolation leiden oder von ihr bedroht sind, ist es wichtig, ihre Selbstsicherheit zu stärken, damit sie selbstständig und unabhängig soziale Kontakte pflegen können. Diese Erfahrung können sie in **Selbsthilfegruppen** machen.

Selbsthilfegruppen sind Zusammenschlüsse von Menschen, die ähnliche Probleme haben und gemeinsam etwas dagegen unternehmen wollen.

Bundesweit existieren bereits 3600 Altenselbsthilfegruppen, dreiviertel der TeilnehmerInnen sind Frauen. Sie engagieren sich in den verschiedensten Bereichen, meistens aus dem Motiv heraus, noch eine Aufgabe zu haben und soziale Kontakte zu pflegen.

Beispiele sind:

- Bundesinteressenvertretung der Altenheimbewohner (BIVA) mit Sitz in Swisttal
- Seniorenvertretungen, z. B. Seniorenbeiräte, Seniorenräte

- Senioren-Organisationen der Parteien
- Deutscher Senioren-Ring (DSR) e.V.
- Lebensabendbewegung (LAB) AG
- Seniorenschutzbund Graue Panther
- Bund der Ruhestandsbeamten, Rentner und Hinterbliebenen (BRH), Selbsthilfegruppe für Menschen mit Morbus Parkinson.

Seniorengenossenschaften gehören ebenfalls zur Selbsthilfe. So besteht z. B. in der Seniorengenossenschaft Ulm-Wiblingen ein ausgebautes Tauschsystem, bei dem rüstige ältere und jüngere Menschen Hilfebedürftige in der Gemeinde unterstützen und dafür Gutscheine bekommen. Wenn sie selbst auf andere angewiesen sind, können sie die Gutscheine bei der Genossenschaft gegen entsprechende Leistungen einlösen.

Senioren-Büros sind Anlaufstellen für ältere Menschen, die Interesse an einem Ehrenamt haben. Ihre Träger sind die Kommunen, Senioreninitiativen oder Wohlfahrtsverbände. Hier erhalten ehrenamtlich Tätige eine kompetente Einführung in ihre Arbeit, Erstattung von Auslagen und Versicherungsschutz.

Es gibt auch die Möglichkeit, sich in Vereinen oder **Interessensgruppen** zu engagieren, z. B. in Musikgruppen, Chören, Orchester, Theatergruppen, Wander-, Sport-, Heimat- und anderen Vereinen.

> ☑ Im Alter werden Freunde selten:
> Drum, die du hast, die lasse gelten!
> Recht kannst du manchmal leicht behalten,
> doch schwer den Freund, den guten, alten!
> Eugen Roth

Abb. 12.71: Für eine Theatergruppe ist es bei der Besetzung der Rollen besonders vorteilhaft, wenn die TeilnehmerInnen aus mehreren Generationen stammen. [K157]

Es gibt **Besuchsdienste,** z. B. Aktion Pflegepartner, Senioren für andere, in denen alte Menschen hilfs- oder pflegebedürftige Nachbarn oder HeimbewohnerInnen betreuen, z. B. indem sie Gespräche anbieten, vorlesen, Essen anreichen, leichte pflegerische Aufgaben übernehmen, einkaufen, Behördengänge und Behördenpost erledigen.

Besonders beliebt sind auch **Wissens-, Erfahrungs-, Hobby- und Zeitzeugenbörsen.** Hier tauschen Menschen gemeinsame Interessen, Erfahrungen, Kenntnisse und Fähigkeiten aus. In einem Börsenbrief werden regelmäßig Angebot und Nachfrage veröffent-

Abb. 12.72: In einer stationären Einrichtung bietet der Heimbeirat den BewohnerInnen die Möglichkeit, sich für ihre Interessen und Rechte einzusetzen. [K157]

Abb. 12.73: Auch die Heimzeitung ist eine günstige Gelegenheit, innerhalb einer stationären Einrichtung nach BewohnerInnen mit gleichen Interessen zu suchen. [K157]

licht, z. B.: „80-jährige Heimbewohnerin bringt anderen das Gitarrespielen bei“ oder „Wer spricht mit mir Gebärdensprache?“

Eine Aufgabe in der **Kirchengemeinde** bietet Kontakte zu Gemeindemitgliedern, zum Pfarrer und dessen MitarbeiterInnen. Oft wird so an Traditionen und Gewohnheiten aus früher Kindheit angeknüpft. Neben dem Gottesdienst bieten Kirchengemeinden auch Altennachmittage, Vortrags- und Gesprächsabende, Handarbeits- und Werkgruppen und Studienreisen an, aber auch Möglichkeiten für ein Ehrenamt, z. B. im Kirchengemeinderat.

12.4.3 Exemplarische Pflegeplanung

Pflegediagnose mit Ursache (PD), Ressourcen (R), Gewohnheiten (G), Erfahrungen (E), aktuelle Bedürfnisse (AB)	**Pflegeziele**	**Pflegetherapie** Information (I), Beratung (B), Motivation (M), Anleitung (A), Beaufsichtigung (Bf), teilweise Übernahme (tÜ), vollständige Übernahme (vÜ)
Pflegeplanung 1		
PD: Soziale Isolation aufgrund eingeschränkter Kommunikationsfähigkeit **R:** kann verbale Kommunikation verstehen und sich schriftlich ausdrücken	Äußert Zufriedenheit im Kontakt mit anderen BewohnerInnen Nimmt an Aktivitäten teil	**I, B:** über Gruppenangebote und Ausflüge informieren **M:** zur Teilnahme an Gruppenangeboten motivieren **Bf:** 1 x tägl. zur Bastelgruppe begleiten **vÜ:** 1 x wöchentl. Besuchsdienst durch Ehrenamtliche organisieren
Pflegeplanung 2		
PD: Soziale Isolation aufgrund starker Selbstunsicherheit **R:** reagiert auf Gesprächsanregungen der Pflegekräfte **E:** lebt seit über 30 Jahren allein	Führt mindestens ein Gespräch am Tag, das länger als 10 Min. dauert Zeigt Bereitschaft, mit anderen Beziehungen einzugehen Drückt ein gestärktes Selbstwertgefühl aus	**B:** regelmäßig während der Pflegemaßnahmen Gespräche führen **M:** mindestens 1x täglich nach dem psychischen Wohlbefinden fragen **vü:** 1 x wöchentl. Besuchsdienst durch Ehrenamtliche organisieren

Tab. 12.74: Beispiele einer Pflegeplanung bei sozialer Isolation.

Wiederholungsfragen

1. Welche Aktivitäten werden in der Altenpflege dem Lebens- und Kompetenzbereich „Für Beschäftigung und Interaktion sorgen" zugeordnet? (☞ 12.1)
2. Welches Wissen umfasst die persönliche Bildung eines Menschen? (☞ 12.1)
3. Was ist ein Hobby? (☞ 12.1)
4. Welche körperlichen und psychischen Beeinträchtigungen schränken die Interaktions- und Beschäftigungsmöglichkeiten eines Menschen besonders stark ein? (☞ 12.1)
5. Welche Aussage macht das „Defizit-Modell" über einen alten Menschen? (☞ 12.1)
6. Was ist Sozialisation? (☞ 12.1)
7. Welchen Einfluss hat der Bildungsstand eines Menschen auf seine Beschäftigungsmöglichkeiten? (☞ 12.1)
8. Welche Aussage macht die Disengagement-Theorie über den alternden Menschen? (☞ 12.1)
9. Welche Ziele verfolgt die Ergotherapie? (☞ 12.1)
10. Welche Fachberufe werden im Lebens- und Kompetenzbereich „Für Beschäftigung und Interaktion sorgen" therapeutisch aktiv? (☞ 12.1)
11. Was bedeutet „Beziehungsarbeit" für eine AltenpflegerIn? (☞ 12.1)
12. Mit welchen Fragen kann sich eine AltenpflegerIn über ihr eigenes Verhältnis gegenüber Arbeit und Freizeit auseinandersetzen? (☞ 12.1)
13. Welche Informationen über den Pflegebedürftigen benötigt eine AltenpflegerIn zum Erstellen einer Pflegediagnose im Lebens- und Kompetenzbereich „Für Beschäftigung und Interaktion sorgen"? (☞ 12.2)
14. Was ist ein Beschäftigungsdefizit und welche Ursachen kommen dafür in Frage? (☞ 12.3)
15. Welche vier Arbeitsschritte sollten bei der Organisation von Gruppenarbeit eingehalten werden? (☞ 12.3.2)
16. Welche Verhaltensregeln gelten für eine GruppenleiterIn? (☞ 12.3.2)
17. Welche Hilfsmittel können eingesetzt werden, damit alte Menschen trotz körperlicher Beeinträchtigungen Beschäftigungsangebote wahrnehmen können? (☞ 12.3.2)
18. Was ist Altenbildung? (☞ 12.3.2)
19. Was bedeutet das Fernsehprogramm für den alten Menschen? (☞ 12.3.2)
20. Welche Beschäftigungsangebote gibt es im Bereich Kultur? (☞ 12.3.2)
21. Was ist Poesie- und Bibliotherapie? (☞ 12.3.2)
22. Welche Beschäftigungsangebote gibt es mit Musik? (☞ 12.3.2)
23. Welche Beschäftigungsangebote gibt es im Bereich Handwerk? (☞ 12.3.2)
24. Was sind Querbücher? (☞ 12.3.2)
25. Welche Techniken können im Beschäftigungsangebot „Malen" angewendet werden? (☞ 12.3.2)
26. Welche Auswirkungen haben Sport und Bewegung für den alten Menschen?
27. Welche Tanzarten gibt es? (☞ 12.3.2)
28. Was versteht man unter „10-Minuten-Aktivierung"? (☞ 12.3.2)
29. Welche Pflegeziele können in der Pflegedokumentation bei einem Beschäftigungsdefizit formuliert werden? (☞ 12.3.)
30. Was ist soziale Isolation und welche Ursachen kommen dafür in Frage? (☞ 12.4)
31. Was ist Kommunikation? (☞ 12.4.2)
32. Wann können Kommunikationsstörungen auftreten? (☞ 12.4.2)
33. Welche Kommunikationsregeln werden in der Altenpflege angewendet? (☞ 12.4.2)
34. Wie können alte Menschen dabei unterstützt werden, soziale Kontakte aufzunehmen und zu pflegen? (☞ 12.4.2)
35. Welche geselligkeitsorientierten Gruppenangebote gibt es? (☞ 12.4.2)
36. Wie lauten die Grundregeln bei der Organisation von Festen? (☞ 12.4.2)
37. Welche Bedeutung haben generationsübergreifende Aktivitäten für alte Menschen? (☞ 12.4.2)
38. Was sind Seniorenbüros? (☞ 12.4.2)
39. Welche Pflegeziele können in der Pflegedokumentation bei sozialer Isolation formuliert werden? (☞ 12.4.3)

13. Für ein angemessenes Selbstkonzept, Lebenskrisenbewältigung und Sinnfindung sorgen

13.1 Bedeutung und Einflussfaktoren

„Für ein angemessenes Selbstkonzept, Lebenskrisenbewältigung und Sinnfindung sorgen": Lebens- und Kompetenzbereich, der alle Selbstpflegeerfordernisse umfasst, die die Persönlichkeit stärken und dazu dienen, ein erfülltes Leben zu führen.

Selbstkonzept

Der Begriff **Selbstkonzept** wurde schon auf verschiedene Weise definiert, z. B. wird er häufig mit Selbstachtung gleichgesetzt oder als „Gesamtheit von Überzeugungen und Gefühlen des Individuums über sich selbst" definiert. Störungen der Selbstachtung werden als Störungen der Wahrnehmung des eigenen Wertes und der eigenen Kompetenz erklärt.

Selbstkonzept: Selbsteinschätzung eines Menschen und seine Fähigkeiten, ein ausgewogenes Verhältnis zwischen dem Selbstbild und den tatsächlich zur Verfügung stehenden Ressourcen zu schaffen, um sinnvoll und erfüllt zu leben.

Das Selbstkonzept eines Menschen wird geprägt:

- **Extern** als Reaktionen auf die äußere Welt, z. B. kann es für alte Menschen im Heim wichtig sein, auch am Leben im Stadtteil teilzunehmen, um sich vollwertig anerkannt zu fühlen (☞ Abb. 13.1).
- **Intern** von persönliche Gedanken und Gefühlen, z. B. kann jemand sich schwach und hilflos fühlen und traut sich dadurch nichts mehr zu.

Für AltenpflegerInnen ist es wichtig, zu unterscheiden, ob das Selbstkonzept eines alten Menschen überwiegend von externen oder internen Kräften bestimmt wird. Sie kann dann fördernd darauf einwirken, um das Selbstbewusstseins eines alten Menschen zu unterstützen.

Abb. 13.1: Für viele BewohnerInnen von stationären Altenpflegeeinrichtungen ist es wichtig, nicht in der Einrichtung isoliert zu sein, sondern am Stadtleben teilnehmen zu können. [W167]

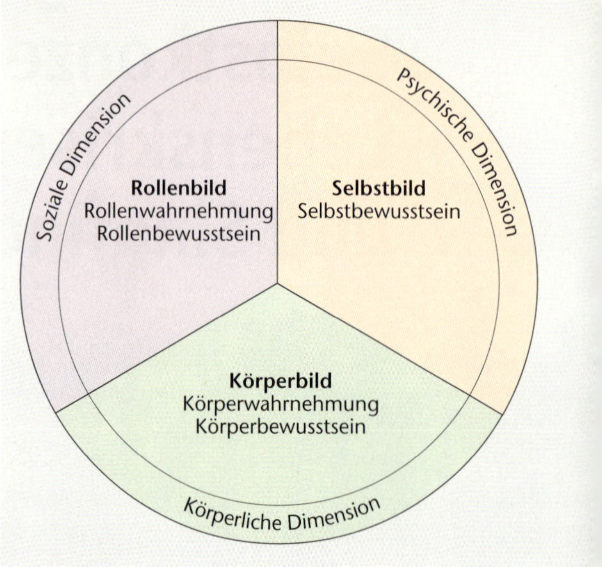

Abb. 13.2: Dimensionen des Selbstkonzeptes.

Das Selbstkonzept besteht aus drei Dimensionen, die untrennbar miteinander verbunden sind (☞ Abb. 13.2).

Psychische Dimension: Zu ihr gehören das Selbstbild und Selbstbewusstsein eines Menschen, d.h. das innere Bild, das er von sich hat. Es drückt beispielsweise aus, ob jemand sich häufig schwach und hilflos oder stark und selbstständig fühlt.

Körperliche Dimension: Sie macht deutlich, ob und wie jemand seinen Körper bewusst empfindet *(Körperbewusstsein)*, wie der eigene Körper wahrgenommen wird und welches Bild jemand von seinem Körper hat *(Körperbild)*. Beispielsweise empfinden sich viele alte Menschen als kräftig und fit und sprechen nur von anderen als „die Alten".

Soziale Dimension: Sie fasst zusammen,

- Welche Rollen ein Mensch in seinem Leben übernimmt *(Rollenwahrnehmung)* und
- Welches Rollenbild er von sich hat *(Rollenbewusstsein)*.

Beispielsweise kann man sich als Familienoberhaupt empfinden oder in der Rolle der Chefin sein oder die immer brave Tochter.

Eine Veränderung oder Störung in der einen Dimension löst häufig auch eine Veränderung oder Störung in den anderen Dimensionen aus. Daher ist eine systematische Trennung kaum möglich, sie dient lediglich der Veranschaulichung.

Das Selbstkonzept eines Menschen ist immer individuell. Es wird geprägt von Gesundheits- und Krankheisprozessen (☞ unten), der Umwelt (Lebenswelt

☞ unten), aber auch von den Gedanken und Gefühlen aus dem „Inneren". Diese sind abhängig von der Fähigkeit zur Persönlichkeitsentwicklung, die bereits mit der Geburt beginnt (Lebensspanne ☞ unten).

☑ „In meiner Praxis und in meinem Leben stelle ich fest, dass Menschen, die sich selbst als Ganzheit erleben und das Gefühl besitzen, selbst etwas wert zu sein, fähig sind, mit allen Herausforderungen des Lebens in schöpferischer und angemessener Weise fertig zu werden, auch in liebevoller Weise."

Satir in: Satir, Schneider 1983

Im Laufe des Lebens identifiziert sich der Mensch mit körperlichen und charakterlichen Merkmalen sowie sozialen Rollen. So entsteht ein Selbstkonzept, das mehr oder weniger flexibel, mehr oder weniger klar sein kann (☞ Fallbeispiel):

- Es gibt Menschen, die haben ein fest umrissenes, starres Selbstkonzept und dabei vielleicht wenig Spielraum, um sich bei Bedarf anzupassen oder zu verändern
- Andere haben ein sehr verschwommenes, unklares Selbstkonzept, sie sind in Gefahr, überangepasst zu werden und keine eigene Meinung vertreten zu können.

Natürlich gibt es auch Menschen, die ein klares *und* flexibles Selbstkonzept haben.

Fallbeispiel

Lina Lehmann ist 91 Jahre alt und hat ihr Selbstkonzept im Laufe ihres Lebens häufig ändern müssen. Als junges Mädchen wollte sie Kinderpflegerin werden, doch dann kam der Erste Weltkrieg, und sie musste mit ihren Eltern eine neue Heimat suchen und für diese und die Schwester sorgen. Bald lernte sie ihren Mann kennen und bekam selbst Kinder. Der Zweite Weltkrieg zerstörte wieder alle Zukunftspläne. Als ihr Mann endlich aus dem Krieg kam, bauten sie gemeinsam eine kleine Tischlerei auf. Doch bald starb ihr Mann und Lina blieb schwanger und mit vier Kindern zurück. Ihre nun fünf Kinder hat sie unter größten Entbehrungen allein großgezogen und immer wieder auch andere Kinder betreut. Kinder, Gottvertrauen und Frohsinn nennt sie die Säulen ihres Lebenskonzeptes. So waren auch zu ihrem 90. Geburtstag unzählige Kinder, Enkel, Urenkel und bereits erwachsene „Ziehkinder" voller Begeisterung für „ihre Oma" zum Gratulieren gekommen.

Das Selbstkonzept ist nichts Endgültiges. Im Laufe des Lebens verändert es sich, um sich immer wieder an neue Erfordernisse, z. B. Gesundheits- und Krankheitsprozesse anzupassen.

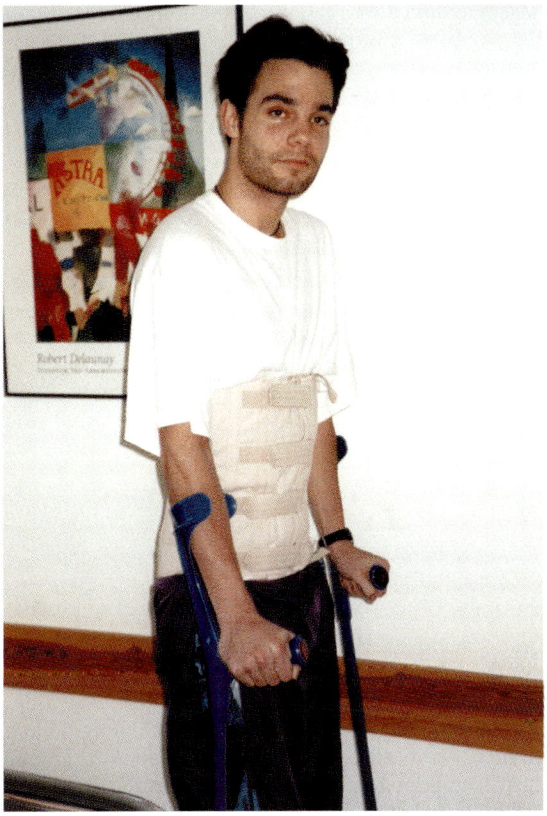

Abb. 13.3: Der junge Mann lernt nach einem lebensgefährlichen Unfall nicht nur wieder mühsam laufen, sondern stellt auch sein Selbstkonzept auf die veränderten Lebensbedingungen ein und hat sich vorgenommen, bewusster zu leben. [M221]

Lebenskrisen und Lebenssinn

Jeder Mensch erlebt im Laufe seines Lebens **Krisen,** in denen er glaubt, den Boden unter den Füßen zu verlieren. Wer in einer Krise steckt, spürt oft Angst, Ohnmacht und Verzweiflung. Er sieht nur wenig oder keine Hoffnung, keine Perspektive für die Zukunft und häufig keinen Sinn im Leben. Krisen bergen die Gefahr in sich, dass Betroffene resignieren und depressiv werden. Dabei kann es zu einem seelischen Zusammenbruch bis hin zum Suizid kommen (☞ 11.8).

Eine Krise kann auch als **Chance** für einen Neuanfang gesehen werden. Der Betroffene erkennt das aber meist erst im Rückblick. Menschen, die in ihrem Leben schon wiederholt Krisen gemeistert haben, können in der Phase tiefster Verzweiflung von der Zuversicht getragen werden, dass sie auch dieses Mal wieder einen Ausweg finden, der sie aus der Krise herausführt.

Oft erleben Menschen nach einer Krise oder nach einer Phase depressiver Stimmung alles viel bewusster. Viele berichten von ganz neuen Impulsen und Antriebskräften, von kreativen Phasen und von der Gewissheit, dass die Krise sie stärker und reifer gemacht hat (☞ Abb. 13.3). Je nachdem, wie gut eine Krise gemeistert werden konnte, kann das Selbstwertgefühl des Betroffenen gestärkt oder geschwächt werden.

Wenn vom „Sinn des Lebens", d.h. vom **Sinn als Ziel unseres Denkens und Handelns** gesprochen wird, so ist damit die eigentliche Sinnfrage gemeint – im Gegensatz zum „Sinn", mit dem der Zweck und Nutzen unseres Handelns gemeint ist.

Grundbedürfnis eines jeden Menschen ist es, ein sinnvolles Leben zu führen. Wer gesund ist und geborgen in der Familie oder in Beziehungen, wer ausgefüllt ist durch eine befriedigende Tätigkeit, der grübelt nicht täglich über den Sinn des Lebens. Trifft Menschen aber ein Verlust, ein Unglück oder eine Krankheit, stellen sie die Frage nach dem „Warum?".

☑

„Wer um ein ‚Wozu' weiß, erträgt jedes ‚Wie'".
Viktor E. Frankl

Immer mehr Menschen leiden darunter, dass sie in ihrem Leben keinen Sinn mehr sehen können. Aus den Gefühlen der Perspektivlosigkeit, des Nicht-gebraucht-Werdens und der fehlenden Erfüllung heraus geraten sie in eine *existentielle Frustration.* Dieser Begriff stammt von Viktor E. Frankl, dem Begründer der *Logotherapie,* einer sinnzentrierten psychotherapeutischen Schule. Frankl sieht als Hauptproblem unserer westlichen Wohlstandsgesellschaft die Dreifaltigkeit aus Depression, Aggression und Sucht, auf die nach und nach Zynismus, Richtungslosigkeit und Sinnleere folgen. Er sieht in der **Sinnlosigkeit** einen gesunden Schmerz, ein **Warnzeichen,** etwas im Leben zu ändern.

Sinn kann man anderen nicht geben, er muss selbst gefunden werden. AltenpflegerInnen, TherapeutInnen und SeelsorgerInnen können einem Ratsuchenden zwar nicht sagen, *was* der Sinn seiner Existenz ist. Sie können jedoch an vielen Beispielen beschreiben, *dass* jede menschliche Existenz ihren Sinn hat.

Sinn finden kann ein Mensch durch Aufgaben, Ziele, Interessen, durch das Gefühl, etwas wert zu sein, durch Anerkennung, Bestätigung, durch Freude und Erfolgserlebnisse (☞ Abb. 13.5). Das gilt auch für Schwerstkranke, Behinderte, unheilbar Kranke und Sterbende.

Es kommt nicht darauf an, nach dem „großen und einzigen Sinn des Lebens" zu fragen, sondern nach den hundert kleinen Sinnerfahrungen, die jeder Alltag mit sich bringt, z. B. das Lächeln eines anderen Menschen, das Frohsein über einen schönen Tag oder über ein angenehmes Erlebnis.

Abb. 13.4: Das Netz, das da ist, um Menschen in einer Krise aufzufangen, kann ihnen helfen, einen neuen Sinn für ihr Leben zu finden. [M221]

Fallbeispiel

Wie Bruder Tau dem alten Menschen begegnete

Der alte Mensch war traurig. Er sann den Werken nach, die er getan hatte. Jetzt waren seine Hände zittrig, seine Kräfte schwach, seine Bewegungen langsam. Sein Geist griff nichts mehr. Welchen Sinn konnte ein solches Leben noch haben?

Da nahm ihn Bruder Tau mit auf eine lange Reise. Er führte ihn in die Museen, wo die Schönheit in Farbe und Form umgesetzt war. Er führte ihn in die Bibliotheken, wo die letzten Fragen aufgeschrieben waren und die Sehnsucht des Menschen ein Echo gefunden hatte. Er führte ihn in die Wüste, wo der Blick der Einsiedler voller Erwartung war. Er führte ihn in die Elendsquartiere, wo so viel Geduld, Widerstand und Resignation anzutreffen waren. Da erfuhr der alte Mensch einen neuen Sinn. Nicht mehr im Leisten, sondern im Schauen, Warten und Leiden.

Aus: „Bist du es, der den Steinen die Härte nimmt?" von Anton Rotzetter. Imba Verlag, Freiburg 1978

Gesundheits- und Krankheitsprozesse

Gesundheit und Krankheit gehören in besonderem Maße zu den Faktoren, die das Selbstkonzept und Selbstbild eines Menschen bestimmen.

So beeinflussen sich Sinnerfahrungen und körperliche sowie seelische Gesundheit gegenseitig:

- Gesundheit fördert die Sinnerfahrungen
- Sinnerfahrungen fördern das seelische und körperliche Wohlbefinden.

Für das Selbstkonzept im Lebensabschnitt des Alters ist deshalb Sinnerfahrung von erheblicher Bedeutung. Die heute noch weit verbreitete Denkweise, Alter, Krankheit und geringe Leistungsfähigkeit gehörten zusammen, wird mehr und mehr auch wissenschaftlich widerlegt. So bestätigt eine bisher noch unveröffentlichte Langzeitstudie in den USA mit 20 000 Frauen und Männern älter als 65 Jahre, dass altersbedingte Krankheiten wie Gelenkentzündungen oder Hirninfarkt seit 1984 kontinuierlich zurückgingen. Allein durch den besseren Gesundheitszustand blieben alte Menschen selbstbestimmter und aktiver als früher.

Eine Studie des Max-Planck-Institutes für Bildungsforschung Berlin ergab, „dass alte Menschen im Gegensatz zu jungen bei klassischen Intelligenzaufgaben keinen Altersabbau zeigen, sondern Stabilität und unter bestimmten Bedingungen sogar Leistungsüberlegenheit", berichtete die Psychologin Ursula Staudinger, Leiterin des Projektes.

Viele Beispiele gibt es dafür, dass Menschen auch jenseits der Siebzig besonders über geistige Leistungskraft verfügen und im Alter neue Lebensziele und Selbstkonzepte entwickeln (☞ Abb. 13.6). Beispielsweise

- Der Physiker Manfred von Ardenne leitete mit 90 Jahren sein physikalisch-medizinisches Institut in Dresden. Mit knapp 60 Jahren sattelte er noch auf ein für ihn völlig neues Gebiet, die Medizin, um
- Hildegard Hamm-Brücher kandidierte mit 72 Jahren für das Amt der Bundespräsidentin
- Elisabeth Noelle-Neumann leitete mit 80 Jahren in Allensbach das führende Institut für Meinungsforschung in Deutschland
- Der Wirtschaftswissenschaftler Jürgen Kuczynski galt bis zu seinem 95. Lebensjahr, in dem er starb, als der Experte für Wirtschaftsfragen in Deutschland. Regelmäßig kommentierte er in Fernsehsendungen die Weltwirtschaftspolitik und schrieb noch mit siebzig mehrbändige wissenschaftliche Werke.

Abb. 13.6: Die 75-jährige ehemalige Lehrerin läuft nach dem Tod ihres Mannes regelmäßig allein Ski und unterrichtet auch gern wieder Englisch an der Volkshochschule. [M221]

Abb. 13.5: Erfolgserlebnisse geben dem Leben Sinn. Für die einstmalige Vorsitzende des Landfrauenvereins ist es deshalb wichtig, auch im Altenheim kleine Vorträge halten zu können. [W167]

Für das Selbstkonzept eines alten Menschen ist es wichtig, **Ziele, Interessen** und **Ideen** zu haben. Der Mensch kompensiert mögliche Einbußen im Alter, indem er sich mit neuen Dingen beschäftigt, die ihm wichtig sind. Diese für sich zu finden und zu entwickeln ist für jede Lebenszeit von enormer Bedeutung.

Das gesetzlich festgelegte Rentenalter ist keineswegs eine biologisch gesetzmäßige Grenze für Entwicklung. 14 % aller Rentner in Deutschland können sich vorstellen, ihren früheren Beruf weiterhin ehrenamtlich auszuüben, lautet das Ergebnis einer Umfrage des Allensbacher Institutes für Meinungsforschung. Das bedeutet, in Deutschland liegt ein Potenzial von 2,3 Millionen tatendurstiger alter Menschen brach. Viele alte Menschen holen heute schon in Hörsälen nach, was sie im Berufsleben zwangsläufig versäumt haben. Ablesbar wird dieser Drang an Zahlen der Alten, die sich an Volkshochschulen und Universitäten einschreiben. Sie steigt jährlich um ca. 2–3 Prozent. An der Universität in Münster sind es beispielsweise derzeit mehr als 2000.

Literaturtipp

Wiedemann, Hans-Rudolf: Langlebigkeit und geistige Vitalität. Verlag Dräger Druck, Lübeck 1995

Delany, Sahra und A. Elisabeth: Unsere ersten hundert Jahre. Knaur Verlag, München 1995

Erkrankungen, Verletzungen und Behinderungen gehen oft mit Ohnmachtsgefühlen, Autonomie- und Kontrollverlust, einem **negativen Körperbild** und Veränderungen der Lebensgewohnheiten einher.

Umgekehrt stören auch alltägliche **seelische Belastungen,** z. B. Abhängigkeit und Kontrollverlust am Arbeitsplatz oder in der privaten Beziehung das Selbstkonzept und machen körperlich krank.

Beeinträchtigungen der Sinnesorgane (Sehbehinderung, Schwerhörigkeit, Sprachstörungen) erschweren die Kommunikation und führen so möglicherweise zu Unsicherheit und zu Missverständnissen (☞ Kap. 4). Häufig verstärken sie die Abhängigkeit von Menschen und von Hilfsmitteln (Brille, Hörgerät) und beeinträchtigen das Selbstkonzept.

Das Selbstkonzept eines Menschen ist auch betroffen bei **Störungen der Mobilität** (☞ Kap. 6), wenn jemand abhängig von freiwilligen oder professionellen „Helfern", von Gehhilfen oder Rollstuhl wird (☞ Abb. 13.7). Hier kann soziale Isolation durch den

Abb. 13.7: Nur mit Mühe gelingt es der gehbehinderten Frau, ihre Besorgungen am Lebensmittelmobil zu erledigen. Doch es ist wichtig für ihr Selbstwertgefühl, selbstständig einkaufen zu können. [M221]

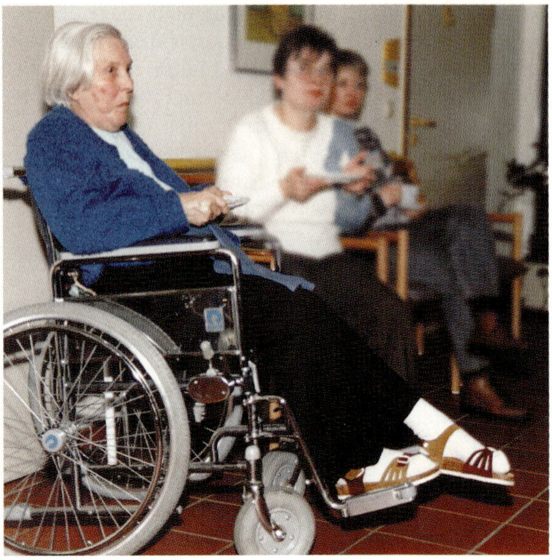

Abb. 13.8: Menschen mit Behinderungen brauchen besondere Unterstützung und Motivation, um ihre Rolle als vollwertiges Mitglied einer Gruppe auszuüben. [M221]

verminderten Bewegungsradius oder durch architektonische Barrieren die Folge sein.

Besonders belastend sind der **Verlust von Gliedmaßen** durch Amputation oder der Verlust eines Organs nach Operation (Gebärmutter, Brust, Prostata). Körperbildstörungen, Identitätskrisen und Störungen des Selbstwertgefühls sind häufige Folgen.

Harn- und Stuhlinkontinenz (☞ Kap. 8) sowie Krankheiten im Bereich der Geschlechtsorgane und Störungen im Bereich der Sexualität (☞ 13.6) können Störungen des Selbstwertgefühls zur Folge haben.

Auch bei chronischem **Schmerz** (☞ 4.8) oder psychischen Erkrankungen ist das Selbstkonzept eines Menschen betroffen. Hier ist beispielsweise der Umgang mit dem eigenen Körper gestört, **Ängste und Befürchtungen** beeinflussen das Selbstwertgefühl und die Schmerzverarbeitung. Mit dem Annehmen eines Lebens mit Schmerzen und Behinderungen oder Abhängigkeit von Medikamenten, Apparaten und Pflegepersonen ändert sich auch das Rollenbild eines Menschen.

Schließlich können auch **Umweltbedingungen** zu Erkrankungen führen und das Selbstkonzept entscheidend beeinflussen. **Allergiker** müssen beispielsweise häufig lernen, Ernährungs- und Lebensgewohnheiten umzustellen oder bei beruflichen Belastungen den Beruf aufzugeben oder die Tätigkeit zu wechseln.

Viele Menschen schaffen es, krankheitsbedingte **Lebenskrisen** zu **bewältigen** und neuen Lebenssinn sowie ein neues Körperbewusstsein zu finden. Eine schwerwiegende Erkrankung oder Behinderung muss nicht gleichbedeutend sein mit dem Verlust des

Selbstwertgefühls und des Lebenssinns. Für das Selbstwertgefühl vieler kranker Menschen ist jedoch von entscheidender Bedeutung, sich nicht allein gelassen zu fühlen, sondern liebevolle, krisensichere Kontakte zu erleben, die sie dauerhaft in ihrem Wert bestätigen.

Lebensspanne

Veränderungen von Selbstkonzept, Körperbild und Lebenssinn

Im Laufe seines Heranwachsens entwickelt der Mensch bestimmte Ansichten von sich selbst, sog. „Leitlinien", die er verinnerlicht wie ein auswendig gelerntes Gedicht. Alle Zeilen beginnen mit: „**Ich gelte nur etwas, wenn ich…** (z. B. perfekt bin, gut aussehe, etwas leiste, Gott diene…). Diese Aufzählung kann jeder durch seine persönlichen Leitlinien ergänzen.

Schon in den ersten Stunden und Tagen seines Lebens macht ein **Säugling** Erfahrungen, die sein Ur-Vertrauen und sein Selbstkonzept prägen. Wenn er spürt, dass nach Phasen des „Verlassenseins" immer wieder eine ihm vertraute Person da ist, wenn auf Schreien und Hunger das Stillen und damit Sättigung folgen, dann vermittelt das Sicherheit, Vertrauen und Geborgenheit. Vernachlässigung und vergebliches Schreien können dagegen Ängste, Verlassenheitsgefühle, Unsicherheit und Resignation zur Folge haben, Gefühle, die oft ein Leben lang weiter wirken, z. B. „Es ist alles sinnlos, mich hört keiner, mich liebt keiner, ich bin nicht wichtig".

Kinder handeln noch nicht zweckgebunden, sie tun, was ihnen Spaß macht, das ist ihr Selbstkonzept. Schon früh lernen sie, Werte der Erwachsenen zu übernehmen, z. B. „Spielen ist nutzlos, vertane Zeit", „Über dein selbstgemaltes Bild habe ich mich riesig gefreut, es hängt jetzt über meinem Schreibtisch und bringt Farbe in mein Büro!", „Es hat Oma sehr geholfen, dass du sie im Krankenhaus besucht hast". Schon von frühester Kindheit an entdecken sie ihr Körperbild, identifizieren sich mit dessen Aussehen und seinen Funktionen, entwickeln Selbstvertrauen in die eigenen Kräfte (Abb. 13.9) und grenzen sich von der Außenwelt ab, indem sie ihre **persönliche Identität** finden.

Besonders in der **Pubertät** sind junge Menschen oft unsicher, unzufrieden mit ihrem Körperbild und fragen nach dem Sinn des Daseins. Verinnerlichte Werte prägen das Selbstkonzept, Ziele und Ideale lebenslang. Sie geben Antwort auf die Frage: „Wie wichtig bin ich auf dieser Welt?"

Für viele **Erwachsene** stehen Beruf, Karriere und Familie im Vordergrund und bestimmen den Alltag. Erst mit dem Heranwachsen der Kinder, dem Beginn des Rentenalters stellt sich vielen die Frage nach dem Sinn ihres Lebens neu. Im Laufe des Lebens ändert sich das Körperbewusstsein häufig. Viele Menschen lernen erst wieder bei Erkrankungen, ihren Körper bewusst wahrzunehmen und eine positive Einstellung zu ihrem Körper zu finden.

Alte Menschen, die heute etwa 80 Jahre alt sind, wurden in ihrer Jugend geprägt durch das Dritte Reich und das Gedankengut des Nationalsozialismus. Viele haben Schreckliches erlebt, die Männer an der Front und in Gefangenschaft, die Frauen in Bombennächten, bei Vertreibung, Flucht oder Vergewaltigungen. Auch die Nachkriegszeit mit Hunger und Entbehrungen hat diese Menschen nachhaltig geprägt. Dennoch haben viele alte Menschen auch viele positive Jugenderlebnisse in ihrem Gedächtnis gespeichert. Vielleicht erlebten sie in ihren Gruppen eine Gemeinschaft, ein Dazugehörigkeitsgefühl, ein Akzeptiertwerden, das ihnen damals ihr Selbstwertgefühl gestärkt hat. Sie erinnern sich an ihre erste Liebe, an die Hochzeit und die Geburt des ersten Kindes.

Wenn Hochbetagte immer wieder von den alten Zeiten schwärmen, dann hängt das meist auch damit zusammen, dass sie damals jung, kräftig, und gutaussehend waren, voller Hoffnungen und Ideale. Ihnen erscheint deshalb die Vergangenheit meist in einem schöneren Licht als die Gegenwart. Sie erinnern sich gerne an frühere Erfolge und Leistungen und suchen noch nachträglich Bestätigung darin.

Abb. 13.9: Spielend entdeckt ein Kind sein Körperbild und gewinnt Selbstvertrauen in seine Körperkräfte. [M221]

Abb. 13.10: Auch wenn die Rollenverteilung zwischen Männern und Frauen heute nicht mehr so „klassisch" ist, einige Klischees halten sich hartnäckig. Es lohnt sich, darüber nachzudenken, welche vermeintlichen Erwartungen z. B. das eigene Verhalten prägen.

Der Rückblick in die eigene Vergangenheit kann aber auch mit Schuldgefühlen verbunden sein und mit dem Bewusstsein, dass man vieles nicht ungeschehen machen kann. Nicht selten führen solche Gefühle zu einem Mechanismus des Verdrängens oder Nicht-wahr-haben-Wollens.

☑ In den nächsten 10 bis 20 Jahren werden die damals jungen 68er, die Generation, die in Deutschland für Revolten sorgte und neue Lebensformen wie die der Hippies erprobte, nach und nach in die Altenheime einziehen. Wie werden diese Alten sein? Man benötigt nicht viel Phantasie, um sich vorzustellen, dass diese alten Menschen von morgen sich in vielem anders verhalten und andere Bedürfnisse zeigen werden als die alten Menschen von heute.

Lebenswelt

Selbstbild und Fremdbild

Im Laufe des Lebens lernt der Mensch, Meinungen, Werthaltungen und Rückmeldungen (feed back) aus seinem sozialen Umfeld zu registrieren und dieses **Fremdbild** mit dem **Selbstbild** abzugleichen. Einen wesentlichen Einfluss auf das Selbstkonzept hat die **Geschlechterrolle.** Jeder Mensch hat sowohl männliche als auch weibliche Anteile. Wie stark diese ausgeprägt sind ist von Mensch zu Mensch verschieden und im Laufe des Lebens auch Schwankungen unterworfen. Diese können physiologisch bedingt sein, z. B. durch Hormone, oder psychologisch, z. B. durch Erziehung. So prägt die allgemeine Meinung zum Rollenverhalten bezogen auf das Geschlecht (☞ Abb. 13.10) noch heute unbewusst viele Menschen.

Abb. 13.11: „Männer sind hart, selbstbewusst und brauchen ihr Gläschen über den Durst", so das Klischee vom starken Mann. [W167]

Männer

- Männer gelten als risikofreudig, sie bagatellisieren und verleugnen Beschwerden, überspielen diese oft. Männer haben Schwierigkeiten, sich schwach und behindert zu zeigen. Dennoch verhalten sich viele bei Bagatellerkrankungen wie z. B. einem Schnupfen oft sehr wehleidig
- Für Männer, die eine Familie zu ernähren hatten, waren Krankheit und Behinderung immer auch mit Angst vor finanziellen Einbußen, Arbeitsplatzverlust und Armut verbunden. Krank sein bedeutete oft, nichts mehr schaffen zu können, nichts wert zu sein. Diese Rollenbild ist bei vielen alten Männern bis heute erhalten
- Der „Ruhestand" ist häufig mit Verlust an Lebenssinn verbunden, wenn nicht bereits vorher Freizeitaktivitäten und Interessen das Leben mitbestimmten
- Der Verlust der Ehefrau ist für Männer oft existenzbedrohend, weil diese die Hausarbeit übernommen hatte, den Ehemann mit allem Nötigen versorgte. Männer berufstätiger Frauen, Witwer und Junggesellen dagegen haben gelernt, die Hausarbeit zu bewältigen oder sich Unterstützung zu holen.

Frauen

- Zum Rollenbild älterer Frauen gehört es häufig noch, für die Familie, den Ehemann in allen Dingen des täglichen Bedarfes verantwortlich zu sein. Hinter diese über Jahrhunderte geprägte Aufgabe stellten Frauen häufig eigene Bedürfnisse zurück. Mit dem Verlust dieser Aufgabe gerät das Rollenbild und Selbstwertgefühl sehr ins Wanken
- Frauen gelten allgemein redseliger und offener für Gefühle, sie beobachten ihren Körper bewusster, klagen häufiger über Beschwerden und konsultieren häufiger ÄrztInnen
- Ältere Frauen, die lebenslang für einen Partner oder die Familie gesorgt haben, entwickeln nach dem Tod des Lebenspartners nicht selten ungeahnte Aktivitäten. Statt sich zurückzuziehen und auf das eigene Lebensende zu warten, genießen sie es, das tun zu können, was ihnen lange verwehrt war. Viele Frauen richten sich nach dem Tod des Ehemanns z. B. die Wohnung neu ein, besuchen Volkshochschulkurse, Tanzveranstaltungen und reisen gern (☞ Abb. 13.12).

Fallbeispiel

Emazipation von Frauen

- Frauen in der Bundesrepublik Deutschland durften erst seit 1918 wählen
- Bis in die Mitte der 70er Jahre konnten Frauen in einigen europäischen Ländern nur mit Genehmigung ihres Ehemannes ein eigenes Konto eröffnen.

Selbstbild und Körperbild eines Menschen hängen von inneren und äußeren Faktoren ab, insbesondere auch von den Rückmeldungen der Umgebung.

Das Bild des alten Mannes wird im allgemeinen positiver gezeichnet als das der alten Frau. Frauen vereinigen zwei Stereotypen auf sich: Frausein und Altsein. Klischeevorstellungen über alte Frauen reichen von Glorifizierung als liebende, sich aufopfernde Mutter und verehrte Großmutter bis hin zur Verteufelung als böse Schwiegermutter, Stiefmutter oder Hexe.

Abb. 13.12: Die beiden Frauen genießen es, auch ohne männlichen Partner wieder regelmäßig tanzen zu gehen. [M221]

Abb. 13.13: Auch wenn viele Werbebotschaften das Gegenteil verkünden: Schönheit hat nichts mit der Anzahl der Falten zu tun. [K151]

Abwertender Sprachgebrauch

Fachjargons und Redensarten spiegeln häufig Abwertungen wider, z. B. Pflegefall, Alterslast, Rentnerschwemme, Heiminsasse, ausgepflegt. 1969 prägte Butler den Begriff **ageism** (*Altersverachtung*) analog zu racism (Rassismus) und sexism (Sexismus), um damit alle Benachteiligungen alter Menschen zu benennen.

Für AltenpflegerInnen ist es wichtig, sich die eigene Sprache und das eigene Bild von alten Menschen bewusst zu machen, um nicht ebenfalls in abwertende Klischees zu verfallen.

Selbstkonzept und Lebenseinstellung

Wenn ein alternder Mensch gesellschaftliche Vorurteile über das Alter akzeptiert und übernimmt, so kann sein ursprünglich positives Selbstkonzept negativ geprägt werden.

Auch die grundsätzliche **Lebenseinstellung** eines Menschen ist etwas ganz Individuelles wie z. B. **Optimismus** oder **Pessimismus.** Während Optimisten auch in schweren Zeiten meist noch etwas Erfreuliches entdecken, neigen Pessimisten selbst in guten Zeiten eher zur Schwarzmalerei. Die Fähigkeit zur positiven Lebenseinstellung wird von vielfältigen Faktoren beeinflusst, z. B.

- Suggeriert Werbung täglich, dass man nur attraktiv und begehrenswert bleibt, wenn man sichtbare Zeichen des Alterns bekämpft, verbirgt und überschminkt (☞ Abb. 13.13). Altsein wird häufig gleichgesetzt mit körperlichem und geistigem Abbau, Krankheit und Hinfälligkeit
- Wird die Kindheit mit Erfolgs- oder Misserfolgserlebnissen, mit Bestätigung oder Ablehnung durch Eltern, Lehrer und Freunde häufig bestimmend dafür, ob ein Mensch zuversichtlich oder eher zaghaft ist
- Stärken Erfahrungen in der Bewältigung von Lebenskrisen viele Menschen in ihrem Selbstbewusstsein und ihrer Einstellung zum Leben.

Negative Verallgemeinerungen können das Selbstbild schwerwiegend beeinflussen. So tun ältere Menschen viele Dinge nicht mehr, wenn sie der Meinung sind, „das gehört sich nicht mehr in meinem Alter" oder wenn sie Angst haben, belächelt zu werden, „was könnten denn die Leute denken?" (☞ Abb. 13.14).

Nicht die Ereignisse selbst sind es, die das Selbstkonzept und die Lebenseinstellung stören, sondern wie etwas in der Lebenswelt erlebt und bewertet wird:

- Graue Haare tun nicht weh, werden aber von der Umwelt als „Alarmzeichen" für das Altwerden registriert und sind deshalb „bedrohlich"
- Dagegen werden graue Schläfen mit dem Bild eines reifen und interessanten Menschen verbunden.

☑

„Du bist so jung wie deine Zuversicht
So alt wie deine Zweifel
So jung wie dein Selbstvertrauen
So alt wie deine Furcht
So jung wie deine Hoffnungen
So alt wie deine Verzagtheit."

Albert Schweitzer

Abb. 13.14: Wer sich immer nur nach den Erwartungen seiner Mitmenschen richtet, der verpasst möglicherweise sein eigenes Lebensglück. [A500-119]

Veränderungen der Lebenswelt

In ihrer Lebenswelt haben alte Menschen im Laufe des Lebens viele Rituale entwickelt, die für ihren Lebenssinn von großer Bedeutung sind. Veränderungen führen leicht zu Krisen, deren Ursache für Außenstehende nur schwer nachvollziehbar sind. Jede Jahreszeit, jede Tageszeit hat festgelegte Lebensregeln bekommen (☞ Abb. 13.15), von denen jedes Abweichen sehr schwer fällt. Beispielsweise hat ein alter Mensch feste Regeln dafür,

- Wie er seine Körperpflege durchführt
- Wie er seine Einkäufe erledigt, seine Mahlzeiten einnimmt
- Wann er Frischluft benötigt und wann nicht
- Wie er seine Umgebung gestaltet
- Wer wann in die Lebenswelt eindringen darf
- Wie er seinen Tag einteilt und gestaltet.

Ein Umzug, aber auch jede Verlegung von einem Krankenhaus in ein anderes, von einer Abteilung in die andere, ja sogar von Zimmer zu Zimmer bedeutet einen massiven Einschnitt, belastet den alten Menschen und beeinträchtigt seine Selbstbestimmung und sein Selbstwertgefühl. Mit dem Abschied von der gewohnten Umgebung gehen auch ein Stück Geborgenheit, soziale Beziehungen und Integrität verloren.

Dies trifft ganz besonders zu für jeden Umzug in ein Altenheim. Dabei macht es einen großen Unterschied, ob jemand aus freien Stücken oder gezwungenermaßen in ein Altenheim zieht.

Soziale Isolation – Machtlosigkeit

Viele Menschen in Pflegeabteilungen klagen über fehlende Autonomie und Individualität, über Mobilitätsverluste, Restriktionen und Kommunikationsprobleme. Sie fühlen sich als Individuum verloren in einem anonymen Massenbetrieb.

AltenpflerInnen werden deshalb geschult, Pflegediagnosen wie Soziale Isolation (☞ 12.4) oder Machtlosigkeit (☞ 13.8) wahrzunehmen und die Lebenswelt alter Menschen so mitzugestalten, dass diese sich geborgen und wohl fühlen.

Diagnostik und Therapie anderer Gesundheitsfachberufe

Medizin und Psychotherapie

Das Fachgebiet der **Psychiatrie** diagnostiziert und behandelt Erkrankungen der Psyche, d.h. Störungen des Erlebens, Denkens, Fühlens und Wollens. Auf die besondere Situation alter Menschen, auf ihre spezifischen Krisen und Belastungen hat sich die **Gerontopsychiatrie** spezialisiert.

Abb. 13.15: Seit vielen Jahren gehört der Sonntagsspaziergang auf immer den gleichen Wegen zum Ritual dieses Ehepaares. [M221]

PsychologInnen bzw. PsychotherapeutInnen arbeiten mit alten Menschen mit dem Ziel, bestehende Symptome zu beseitigen oder zu mildern, gestörte Verhaltensweisen zu verändern, Reifungs- und Entwicklungsprozesse zu fördern. Rund 25 % der über 65-Jährigen leiden an behandlungsbedürftigen psychischen Störungen. Bei 8 % dieser über 65-Jährigen liegt das Schwergewicht der Behandlung bei Psychotherapie.

Ansprechpartner bei Störungen des Sexualverhaltens können auch **GynäkologInnen** oder **UrologInnen** sein, wenn es darum geht, organische Störungen zu erkennen und zu behandeln.

Andere Gesundheitsfachberufe

PhysiotherapeutInnen, KrankengymnastInnen, können alte Menschen unterstützen, ihre Beweglichkeit und damit ein positives Körperbild zu erhalten oder wieder zu erlangen.

SozialarbeiterInnen und SozialpädagogInnen unterstützen bei alltäglichen Problemen, wie z. B. Sozialhilfe- oder anderen Anträgen (☞ Abb. 13.16). Dabei ergeben sich immer wieder Situationen, in denen diese Mitarbeiter auch seelsorgerlich und psychotherapeutisch tätig werden.

TherapeutInnen, z. B. Ergo-, Kunst-, Musik- oder auch SporttherapeutInnen fördern vorhandene Stärken und Fähigkeiten. Auf Basaren finden die angefer-

Abb. 13.16: Mehr und mehr nutzen ältere Menschen auch Kurangebote zur Gesundheitsförderung. SozialpädagogInnen können bei der Auswahl und Organisation beraten und unterstützen. [M221]

tigten Dinge möglicherweise Bewunderer und Käufer (☞ Abb. 13.17). Die unterschiedlichen Erfolgserlebnisse wirken sich positiv auf das Selbstkonzept aus und können alte Menschen unterstützen, Körper, Geist und Seele und damit sich selbst wahrzunehmen.

KosmetikerInnen, FußpflegerInnen oder **FriseurInnen** unterstützen das Wohlbefinden, meist sind sie auch geduldige Zuhörer und „Lebensberater".

Selbsthilfegruppen sind eine ideale Plattform, um sich über die eigenen Gefühle, Probleme und Erfahrungen auszutauschen. Ansprechpartner sind dabei in der Regel Menschen mit ähnlichen Problemen, z. B. nach einem Herzinfarkt. Durch das Verständnis und feed back der Gruppenmitglieder können eigene Unsicherheiten leichter bewältigt werden.

SeelsorgerInnen haben Angebote für Menschen, die allein oder in Not sind, die Grenzsituationen durchleben, schwer krank sind oder sterben.

Hauswirtschaftliche MitarbeiterInnen und Reinigungspersonal verbringen in stationären Einrichtungen der Altenpflege sehr viel Zeit mit alten Menschen. Obwohl oder gerade weil sie von diesen als nichtausgebildete Laien betrachtet werden, sind viele von ihnen gern gesehene Vertrauenspersonen, die gut zuhören und einfache, pragmatische Tipps geben.

Konsequenzen für die AltenpflegerIn

Im Zusammenhang mit dem Selbstkonzept alter Menschen sind Grundhaltungen der AltenpflegerInnen bedeutsam:

- **Aktives Zuhören** mit Empathie, Wertschätzung, Akzeptanz und Kongruenz (☞ 13.3.2)
- Regelmäßig das **eigene Menschenbild**, Selbstbild, Ideale und eigene Erfahrungen überdenken. Hilfreich ist dafür der regelmäßige Austausch im Mitarbeiterkreis oder auch die Supervision. Möglicherweise können in diesem Austausch Wertvorstellungen korrigiert werden
- Lernen, jeden alten Menschen als **individuelle Persönlichkeit** zu sehen. Eigene Vorurteile oder Klischeevorstellungen überprüfen
- Um pflegerisch angemessen handeln zu können, ist es gut zu wissen, ob das Selbstkonzept eines Menschen überwiegend **von außen** oder **von innen** bestimmt wird (☞ oben)
- Beziehungspflege (☞ 3.3) beruht auf **Gegenseitigkeit.** Das bedeutet, dass beide, der alte Mensch und die AltenpflegerIn, geben und nehmen, aktiv und passiv, stark und schwach sein dürfen
- Auch **eigene Gefühle** wie Scham, Hemmungen, Ekel und Angst wahrnehmen und darüber reden können (☞ Abb. 13.18)
- AltenpflegerInnen, die Menschen in Grenzsituationen und Krisen begleiten und unterstützen, benötigen umfangreiches **Wissen** aus den Bereichen Psychologie, Berufsethik, Sterbebegleitung, Religionen und Recht
- Doch dieses Wissen allein reicht nicht, erst im Üben und Reflektieren eigener **Fähigkeiten** erwirbt die AltenpflegerIn **Kompetenz** und **Erfahrung**.

13.2 Der Weg zur Pflegediagnose

Verhalten der AltenpflegerIn

Um die aktuellen oder potenziellen Pflegeprobleme, Ressourcen, Erfahrungen, Gewohnheiten und Bedürfnisse zum Selbstkonzept alter Menschen herauszufinden, sind gute Beobachtung, Gespräche mit dem alten Menschen selbst und mit seinen Angehörigen

Abb. 13.17: Stolz präsentieren die beiden Frauen ihre selbst hergestellten Produkte auf einem Basar. [W167]

Abb. 13.18: Supervision oder regelmäßiger Austausch im Kollegenkreis helfen, sich über eigene Gefühle und Wertvorstellungen klar zu werden. [M221]

sowie die Durchsicht der vorhandenen Unterlagen notwendig.

Je besser die Beziehung zwischen der AltenpflegerIn und dem alten Menschen ist und je größer das Vertrauen, um so fruchtbarer wird das Gespräch verlaufen.

Pflegende sollten immer sensibel auf Andeutungen von Heimbewohnern achten, diese aufgreifen und nachhaken, was damit gemeint ist. Wichtige Informationen sind zu dokumentieren.

Oft machen pflegebedürftige Menschen ohne Worte auf ihr Problem aufmerksam und signalisieren dabei, dass sie gerne darüber sprechen möchten.

Probleme müssen benannt werden können. Oft weiß ein alter Mensch gar nicht genau, warum er sich so schlecht fühlt. Wenn man ihn in Ruhe aus seinem Leben erzählen oder aufschreiben lässt, können wichtige Dinge zur Sprache kommen.

Fragen, die das Gefühlsleben, Glaubensdinge und die Intimsphäre berühren, sollten nur bei Bedarf und dann mit sehr viel Feingefühl und zu einem passenden Zeitpunkt angesprochen werden. Dabei ist eine entspannte, persönliche und diskrete Gesprächsatmosphäre wichtig.

Durchsicht der Unterlagen

- Liegen medizinische Diagnosen und Symptome vor, die das Selbstkonzept und Körperbild beeinflussen können, z. B. Apoplexie, Hauterkrankungen, Lähmungen, Amputation, psychische und geistige Erkrankungen?
- Liegen Erkrankungen der Sinnesorgane wie z. B. Hörbehinderung, Sensibilitätsstörungen vor, die sich auf das Selbstkonzept auswirken können?
- Werden oder wurden medizinische, physiotherapeutische oder psychotherapeutische Behandlungen durchgeführt oder sind sie geplant?
- Gab es in der Biografie Aufenthalte in Heimen, psychiatrischen Einrichtungen, Krankenhäusern?
- Hat sich das Körpergewicht geändert (☞ 7.5, 7.6)?
- Ist der alte Mensch suizidgefährdet (☞ 11.8)?

Fragen an den Pflegebedürftigen oder die Angehörigen

Probleme und Ressourcen

- Gibt es Anzeichen dafür, dass der alte Mensch sich in einer Krise bzw. Grenzsituation befindet, in der er Hilfe benötigt?
- Gibt es Anzeichen für depressive Stimmung, z. B. Traurigkeit, Einsamkeit, Rückzug, Schlafstörungen?
- Gab es in der jüngsten Zeit einen Wohnortwechsel?
- Kam dieser Umzug unvorbereitet?
- Bestehen Abhängigkeiten, z. B. von Nikotin, Alkohol oder Spielsucht?
- Wie ist die Einstellung zum Heimaufenthalt?
- Welche einschneidenden Lebensereignisse mit welchen Folgen gab es in letzter Zeit?
- Gab es in jüngster Zeit Verlusterlebnisse im sozialen Bereich, z. B. Wegzug der Kinder, Todesfälle, Krankenhausaufenthalte, Umzug? Welche Bedeutung hatten diese Ereignisse?
- Gibt es körperliche Veränderungen, die belasten?
- Gibt es regelmäßige Aufgaben?
- Wie fühlen Sie sich jetzt?
- Gibt es Erfahrungen mit Gewalt?
- Welche Aufgaben und Ziele haben Sie?
- Welche Kontaktpersonen und -gruppen gibt es? (☞ Abb. 13.19)?

Gewohnheiten und Erfahrungen

- Welche entscheidenden Ereignisse und Personen gibt es in der Biografie?
- Welche Bedeutung hatten Beruf, Hobbys, Beziehungen?

Abb. 13.19: Die wöchentliche Skatrunde kann ein wichtiger Termin sein, um Kontakte zu erhalten. [M221]

Abb. 13.20: Auch in einer stationären Altenpflegeeinrichtung können Menschen auf der Suche nach einem neuen Lebenspartner sein. [M221]

- Gab es in der Vergangenheit gravierende Erlebnisse im Zusammenhang mit Katastrophen, Krieg, Gefangenschaft, Flucht oder Vertreibung?
- Wie sind Sie mit früheren Krisen und Belastungssituationen fertig geworden?

Aktuelle Bedürfnisse

- Was wünschen Sie sich?
- Wann fühlen Sie sich wohl?
- Welche Interessen, Gewohnheiten, Bedürfnisse haben Sie?
- Haben Sie Vorstellungen, wie Sie während des Heimaufenthaltes aktiv sein können?
- Welche religiösen Bedürfnisse haben Sie?

Beobachtung

- Wie verhält sich der alte Mensch als Mann bzw. Frau (☞ Abb. 13.20) in seinem sozialen Umfeld?
- Wie ist die Stimmung des alten Menschen?
- Woran zeigt er Interesse, was macht ihm Spaß?
- Welche Gewohnheiten werden deutlich?
- Kann er auf andere zugehen, sucht oder meidet er Nähe?
- Wie geht er mit Schamgefühlen um?
- Wie ist sein Selbstbewusstsein ausgeprägt?
- Was macht den alten Menschen sicher bzw. unsicher?
- Wie ist sein Sozialverhalten, sein Temperament?
- Wie geht er mit körperlichen Einschränkungen um?
- Was ist dem alten Menschen wichtig?

Fragen zur **Sexualität** sollten niemals während eines Erstgesprächs gestellt werden und später nur dann, wenn der Wunsch nach einem Gespräch über Sexualität offensichtlich ist oder Auffälligkeiten, die auf eine sexuelle Störung hindeuten, beobachtet wurden.

Das Gespräch über Sexualität setzt grundsätzlich die Bereitschaft **beider Kommunikationspartner** voraus – des Pflegbedürftigen **und** der AltenpflegerIn. Fühlt sich die AltenpflegerIn dazu nicht in der Lage, so ist das zu respektieren und ein anderer Gesprächspartner hinzuzuziehen.

13.3 Störungen des Selbstwertgefühls

Störungen des Selbstwertgefühls: Negative Veränderung des Selbstkonzeptes eines Menschen mit den Anzeichen negativer Selbsteinschätzung, mangelnden Selbstbewusstseins und Störungen des Körper- und Rollenbildes.

Ein positives Selbstwertgefühl gehört zu den menschlichen Grundbedürfnissen. Es entwickelt sich von frühester Kindheit im Rahmen der drei Dimensionen des Selbstkonzeptes (☞ 13.1). Bei alten Menschen ist es häufig von körperlichen Veränderungen und der Erfahrung des geistigen Abbaus beeinflusst.

13.3.1 Pflegediagnostik

Ursachen und Einflussfaktoren

Störungen des Selbstwertgefühls können entstehen durch:

- Veränderungen im Körperbild, z. B. durch Lähmungen, Hauterkrankungen
- Körperliche Einschränkungen, die dazu führen, dass alte Menschen sich nichts mehr zutrauen und so die Einschränkung verstärken, z. B. fürchten viele alte Menschen zu stürzen und bewegen sich deshalb weniger
- Negative gesellschaftliche Einstellungen gegenüber dem Alter, die in abwertenden Äußerungen deutlich werden
- Zweifel an der eigenen Attraktivität

Abb. 13.21: Sabrina ist stolz, dass sie ihr Selbstwertgefühl wiedergefunden hat. Nach einem langen Weg, der von Selbstmissachtung, Vernachlässigung und Drogen gekennzeichnet war, nutzte sie therapeutische Hilfe in einer Pflegeeinrichtung, um ihre negativen Erfahrungen zu überwinden. [M221]

- Informationsmangel über physiologische Alterungsprozesse
- Verlust der Selbstbestimmung beispielsweise durch Umzug in eine Pflegeeinrichtung
- Erzwungene Pensionierung oder Arbeitslosigkeit
- Fehlende individuelle Interessen und Aufgaben
- Unbefriedigende Familienverhältnisse
- Unrealistische Erwartungen an sich selbst oder anderen gegenüber
- Armut
- Fehlende positive Rückmeldungen durch Bezugspersonen
- Beginnende Vergesslichkeit, Verwirrtheit und Desorientierung
- Erlernte Hilflosigkeit, z. B. bei Männern, die lebenslang von ihrer Ehefrau mit den Dingen des täglichen Lebens versorgt wurden
- Häufige Misserfolge in wichtigen Lebensbereichen, z. B. im Beruf oder in Beziehungen (☞ Abb. 13.21)
- Eingeschränkte Wahrnehmung, z. B. durch Hörverlust
- Traumatische Erlebnisse in der Vergangenheit, z. B. Vernachlässigung, Missbrauch, Misshandlung, Vergewaltigung.

Anzeichen

Aus ganz unterschiedlichen Wahrnehmungen kann auf Störungen des Selbstwertgefühls geschlossen werden. Anzeichen können sein:

- Selbstabwertende Äußerungen, z. B. „das schaffe ich nie“, „das konnte ich noch nie“, „mich mag ja doch niemand“
- Lob und Anerkennung werden abgewehrt, z. B. „das sagen Sie ja bloß, um mich aufzumuntern“
- Negative Erlebnisse werden überbewertet, z. B. „ich habe ja gleich gewusst, dass ich keinen Besuch bekomme“
- Unangemessene Schuldgefühle, z. B. entschuldigt sich der alte Mensch ständig für alles, was er tut oder sagt.

Ausmaß und Folgen

Es erfordert viel Zuwendung, um alten Menschen in ihrem Selbstbewusstsein zu unterstützen und in ihren Selbstpflegepotenzialen zu fördern. Gelingt dies nicht, kann es zu schwerwiegenden Folgen kommen. Beispielsweise:

- Selbstzerstörerisches Verhalten und Vernachlässigung des eigenen Körpers oder der Kleidung (☞ 11.7, 11.9)
- Fehlendes Selbstvertrauen führt zu Inaktivität und Apathie. Inaktivität wiederum hat Bewegungseinschränkungen und Erkrankungen zur Folge
- Hoffnungslosigkeit und soziale Isolation (☞ 12.4), die den Zugang zum alten Menschen erschweren (☞ Abb. 13.22).

Störungen im Selbstkonzept eines Menschen können alle pflegerischen Bemühungen untergraben oder zumindest erschweren, wenn dies nicht als Pflegediagnose erkannt wird.

13.3.2 Pflegetherapeutische Maßnahmen

Therapeutische Grundhaltung und therapeutisches Klima

Das Gefühl, angenommen und verstanden zu werden, stützt alte Menschen. Ein verständnisvolles Klima im Umgang miteinander erleichtert es, aufgestaute Spannungen und Gefühle abzureagieren. Hierfür können AltenpflegerInnen und andere MitarbeiterInnen Vorbild sein und alte Menschen positiv beeinflussen. Das Verhalten der Pflegenden kann für alte Menschen neue Maßstäbe setzen (☞ Abb. 13.23).

Das Verhalten und die Einstellung gegenüber alten Menschen mit gestörtem Selbstwertgefühl werden sehr stark vom eigenen Selbstwertgefühl der AltenpflegerInnen beeinflusst. Deshalb ist es wichtig, dass

Abb. 13.22: Menschen mit gestörtem Selbstwertgefühl leben häufig isoliert und fühlen sich hoffnungslos. Es ist nicht einfach, Zugang zu einem betroffenen Menschen zu finden. [M221]

Pflegende die Wechselwirkungen kennen zwischen ihrer Selbstwahrnehmung, ihrer Persönlichkeit, ihrem Denken, Fühlen und Handeln und den Reaktionen alter Menschen.

Die drei wichtigen **Säulen** eines therapeutischen Klimas (☞ auch „Gespräche führen" im Kap. 12.4.2) sind

Empathie *(Einfühlungsvermögen):* Um den alten Menschen besser verstehen zu können, muss die AltenpflegerIn versuchen, sich so gut wie möglich in dessen momentane Situation, aber auch in die Biografie hineinzuversetzen. Empathie gehört zu den wichtigsten kommunikativen Fähigkeiten in sozialen Berufen (☞ Abb. 13.24).

Akzeptanz ist die Bereitschaft, den anderen so anzunehmen, wie er ist, d.h. ihn als Persönlichkeit zu akzeptieren. Pflegende können das Verhalten des alten Menschen prinzipiell besser verstehen, wenn sie die Hintergründe und den Kontext dazu kennen. *Bedingungslose Wertschätzung* ist Teil einer therapeutischen Haltung, bei der es um die Schaffung eines freundlichen und stützenden Klimas geht, Äußerungen und Verhalten des alten Menschen werden akzeptiert und nicht kritisiert.

Kongruenz: Reden und Verhalten der Pflegenden soll ehrlich und echt (kongruent) sein. Alte Menschen spüren, wenn Freundlichkeit „aufgesetzt", unecht und gekünstelt ist, sie spüren parallel dazu ungeduldiges, genervtes, aggressives oder gelangweiltes Verhalten.

Verhalten, auch wenn es noch so bizarr ist, kann ein **Hilferuf eines Menschen** sein. Wer darauf nicht mit Geringschätzung oder Abwertung reagiert und versucht, in jedem Menschen die positiven Seiten und Stärken zu sehen, wird diesen schon bald in einem anderen Licht sehen.

Angebote der Einrichtung

Viele der körperlichen, seelischen und sozialen Ursachen, durch die das Selbstwertgefühl eines Menschen gestört ist, sind durch den Betroffenen selbst beeinflussbar. Doch auch die Bedingungen in Heimen bieten viele Möglichkeiten, Lebensfreude und sinngebende Aufgaben zu finden.

In vielen Heimen ist es inzwischen problemlos möglich, ein geliebtes **Haustier** mitzubringen. Hund oder Katze werden beispielsweise in den Heimvertrag mit aufgenommen und sind in der Regel gern gesehene Gäste vieler Mitbewohner. Hygienische Bedenken gibt es selten. Natürlich muss geregelt sein, wer sich im Krankheits- oder Todesfall des alten Menschen weiterhin für das Tier verantwortlich fühlt, doch das ist meistens kein Problem.

Auch Meerschweinchen, Kaninchen, Schweine, Ziegen sind längst in vielen Heimen zu Hause. Ihre Unterstände im Garten sind meistens stark umlagert, die alten Menschen füttern (☞ Abb. 13.25) und streicheln sie nicht nur gern, sondern sorgen auch für Reinigung und Pflege.

Andere Pflegeeinrichtungen haben **Koch-** oder **Backtage,** an denen alte Menschen regelmäßig für sich und andere tätig werden.

Auch **Gartenarbeit** und Übernahme von Pflegeaufgaben für den Garten gehören zu beliebten Tätigkeiten.

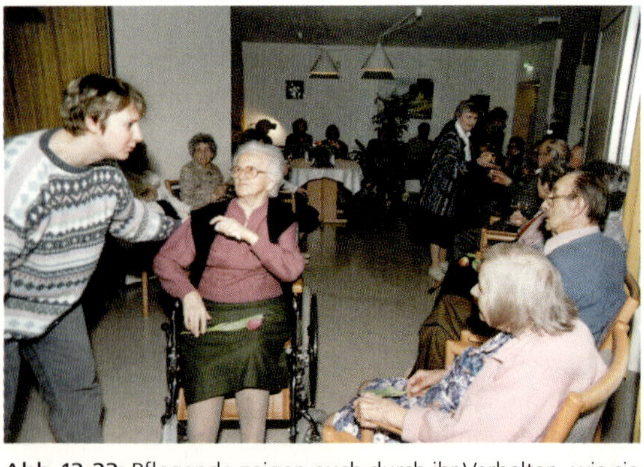

Abb. 13.23: Pflegende zeigen auch durch ihr Verhalten, wie sie zu alten Menschen stehen. [W167]

Abb. 13.24: Empathie vermittelt dem Pflegebedürftigen das Gefühl, verstanden und als ganzer Mensch angenommen zu werden. [W167]

Regelmäßig organisieren viele Pflegeeinrichtungen **Basare** für die mit viel Liebe und Kreativität Handarbeiten und Bastelarbeiten gefertigt werden.

AltenpflegerInnen können weiterhin fördernd unterstützen:

- Aufzeigen, welche Ressourcen vorhanden sind, Hilfestellung geben, um diese zu nutzen, beispielsweise indem erlernte Fähigkeiten wie Tanzen wieder geübt werden
- Das Selbstwertgefühl stärken durch Aufgaben, die erledigt werden können, z. B. Post holen, Wäsche ordnen, handwerkliche Aufgaben erledigen
- Die Autorität und Kompetenz fördern und erhalten, indem beispielsweise nach Wünschen gefragt wird, statt selbst zu entscheiden
- Validation® (☞ 4.11.2) nutzen, um Menschen in ihrer eigenen Erlebniswelt verstehen und annehmen zu können
- Empfindungen und Gefühle ernst nehmen, nicht abwerten, z. B. kann es hilfreicher für einen einsamen Menschen sein, ihm nur die Hand zu halten, als ihm zu sagen, es wären doch so viele Menschen um ihn herum
- Alternativen anbieten, wenn die Lebensgewohnheiten nicht mehr wie bisher ausgeübt werden können, z. B. Interessen aus „alten Zeiten" fördern
- Loben, bestätigen, anerkennen, was vom alten Menschen erreicht wurde
- Das Gefühl von Geborgenheit vermitteln, indem z. B. individuelle Feste gefeiert werden (☞ Abb. 13.26)
- Bezugspersonen aus dem Pflegeteam für jeden alten Menschen finden, die sich speziell für diesen verantwortlich fühlen
- Zum Singen und Musikhören anregen
- Motivieren zur Teilnahme an Gruppenaktivitäten und Veranstaltungen, Patenschaften organisieren
- Möglichkeiten zur Mitarbeit in der Einrichtung anbieten, z. B. im Heimbeirat oder der Heimzeitung
- Eigeninitiativen wie die Gestaltung von Basaren oder Mitgestaltung bei Festen fördern
- Ehrenamtliche Tätigkeiten oder Teilnahme am Vereinsleben unterstützen
- Bei Bedarf Hilfestellung geben für ein gepflegtes Äußeres
- Über geeignete Selbsthilfegruppen, Beratungen, Therapien informieren
- Möglichkeiten schaffen zum Genießen, z. B. durch Snoezelen-Räume (☞ 10.4.2)
- Prüfen und nutzen, was den alten Menschen bisher in seinem Wohlbefinden unterstützt hat
- Entspannungsübungen anbieten (☞ 10.4.2).

TherapeutInnen beginnen ihre Arbeit oft damit, den alten Menschen zu stützen und dessen Selbstbewusstsein zu stärken. Sie helfen, neue Verhaltensweisen zu erarbeiten, um das seelische Gleichgewicht wieder zu stabilisieren. Später gehen sie behutsam an die Bearbeitung unbewusster Konflikte heran. Seelisch und körperlich leidende Menschen in Krisensituationen finden hier einen Schutzraum und einen unterstützenden Rahmen.

Abb. 13.25: Tiere gehören schon in vielen Einrichtungen zum Konzept. [W167]

Abb. 13.26: Eine ganz besondere Aufmerksamkeit zum Geburtstag ist es immer, wenn der Posaunenchor sein Ständchen bringt. [M221]

Was in keinem Fall hilft, ist Druck von außen, z. B. von Angehörigen oder Freunden und „gut gemeinte" Ratschläge wie: „du musst nur wollen", „nimm dich doch zusammen" „das wird schon wieder". Gerade das Erleben und Ausdrücken von negativen Gefühlen dient dazu, Spannung zu vermindern und wirkt befreiend.

Ergotherapie, Musik- und Gestalttherapie haben vielfältige Angebote, die Kreativität und Beschäftigung alter Menschen zu fördern. Ziel ist es,

- Eigenkräfte im alten Menschen zu mobilisieren
- Zeit sinnvoll gestalten zu helfen
- Aggression und Depression abzubauen.

Beliebte Angebote, die auch von AltenpflegerInnen mitgestaltet werden, sind z. B.:

- Tanzen, Singen
- Spielen
- Basteln, Malen
- Bewegungsübungen
- Feste feiern
- Ausflüge und Reisen unternehmen.

Spaß, Humor und Lachen

Humor ist eine Form der Kommunikation, die in der heutigen Gesellschaft zunehmend an Bedeutung gewinnt. Menschen lernen wieder, über sich selbst und ihre Schwächen zu lachen und sich dadurch mit anderen solidarisch zu fühlen. Humor ist von großer Bedeutung für das Selbstkonzept.

☑ Humor ist Teil des Lebens, auch im Angesicht von Krankheit, Behinderung, Altern und Tod.

- Humor ist nicht nur angeboren, sondern kann sehr wohl im Alter noch kultiviert werden
- Humor zu haben heißt nicht, über alles und bei jeder Gelegenheit zu lachen
- Wer auch Missgeschicken und Niederlagen noch eine heitere Seite abgewinnen und dabei über sich selbst lachen kann, besitzt einen gewissen Schutz vor seelischen Krisen und depressiven Verstimmungen
- Humor hilft, Hoffnung und Freude aufrecht zu erhalten.

☑

„Vielleicht ist das Lachen eine der größten Erfindungen Gottes."

Ephraim Kishon

Es ist schon seit der Antike bekannt, dass vom Lachen eine heilsame Wirkung ausgeht.

Nach amerikanischem und französischem Vorbild werden inzwischen auch in deutschen Kliniken und Heimen vereinzelt **SpaßtherapeutInnen** eingesetzt. Das sind Schauspieler, Pantomimen und Clowns, die zu kranken Kindern, aber auch zu Erwachsenen und

Abb. 13.27: Faschingszeit im sonst trüben Februar ist beliebt, weil gelacht werden kann. [W167]

Abb. 13.28: Die Altenpflegerin Elke sagt von sich: „Ich lache und singe gern mit unseren alten Menschen." Wer wollte ihr das nicht glauben? [M221]

alten Menschen gehen und sie zum Lachen bringen – mit großen Erfolgen. Doch es kann auch ein Kostümfest oder Fasching (☞ Abb. 13.27) sein, bei dem die Lachmuskeln so richtig in Schwung kommen.

- Nach einer amerikanischen Untersuchung aktiviert 100 mal lachen am Tag das Herz-Kreislauf-System genauso wie 10 Minuten rudern
- Beim Lachen entspannen sich die Gesichtszüge, man atmet automatisch tiefer ein und aus und schleust mehr Sauerstoff ins Blut
- Lachen lenkt ab und ist eine Antistressmethode
- Lachen fördert so das Wohlbefinden und stimuliert die Produktion von Endorphinen („inneres Morphium") und setzt damit das Schmerzempfinden herab
- Humor wirkt anregend auf das Denken, die Stimmung und fördert die Flexibilität
- Humor im pflegerischen Alltag kann schwierige Situationen entschärfen und unangenehme Verrichtungen leichter machen.

Die passende Art und Dosis von Humor für jeden Mitmenschen und für jede Situation zu finden ist jedoch nicht einfach. Was den einen zum Lachen bringt, kann einen anderen vielleicht kränken, bestenfalls nur kalt lassen.

Es ist wichtig,
- **mit** den Menschen zu lachen
- nicht **über** Menschen und ihre Missgeschicke zu lachen.

Bei gesundem Humor ist das Lachen eingebettet in Verständnis und Zuneigung, so dass der alte Mensch mitlachen kann (☞ Abb. 13.28).

In einem Projekt wurden Pflegende über ihre Beobachtungen und Erlebnisse mit Humor im Pflegealltag befragt. Insgesamt gesehen wurde Humor sowohl vom Personal als auch von den Patienten am häufigsten benutzt, um **Ängste, Stress, Anspannung** oder **Scham** im Zusammenhang mit tabuisierten Verrichtungen abzubauen (59 %). An zweiter Stelle stand die Beseitigung von sozialen Konflikten. Nur bei 1,7 % wurden negative Reaktionen ausgelöst.

Auch in verschiedenen geriatrischen Einrichtungen konnte beobachtet werden, wie sich das Klima durch die Einbeziehung von Humor verbessert hatte. Die BewohnerInnen lächelten häufiger, waren freundlicher, umgänglicher, kontaktfreudiger und beteiligten sich freudiger an den Tagesaktivitäten.

Abb. 13.29: Humor ist, wenn man trotzdem lacht. [A500-119/M221]

„Was die Zeit dem Menschen an Haar entzieht, das ersetzt sie ihm an Witz."
W. Shakespeare

Demente verstehen Scherze oft nicht. Doch sie genießen Freundlichkeit und fühlen sich bestätigt, wenn sie angelächelt werden.

Vorsicht!
„Schlechte Scherze" können Unwohlsein noch verstärken. Bei schwerer Depression können „Aufmuntern", „Aufheitern", „Spaßmachen" und die Empfehlung ablenkender, lustiger Filme oder Bücher genau das Gegenteil bewirken. Hier sind sehr viel Einfühlungsvermögen und Vorsicht erforderlich.

13.3.3 Exemplarische Pflegeplanung

Pflegediagnose mit Ursache (PD), Ressourcen (R), Gewohnheiten (G), Erfahrungen (E), aktuelle Bedürfnisse (AB)	**Pflegeziele**	**Pflegetherapie** Information (I), Beratung (B), Motivation (M), Anleitung (A), Beaufsichtigung (Bf), teilweise Übernahme (tÜ), vollständige Übernahme (vÜ)
PD: Gestörtes Selbstwertgefühl durch Altersabbau, negative Selbsteinschätzung **R:** Besitzt handwerkliches Geschick **AB:** Sucht Kontakt	Knüpft Kontakte, nimmt an Gruppenaktivitäten teil, bekommt dadurch Erfolgserlebnisse	**B:** Gespräch über Interessen und Wünsche mit Bezugsperson und Beratung **I:** Über Möglichkeit zur Beschäftigungstherapie informieren **M, Bf:** Besuch zum Kennenlernen der Beschäftigungsgruppe organisieren und begleiten

Tab. 13.30: Beispielhafte Pflegeplanung zur Pflegediagnose „Gestörtes Selbstwertgefühl". Die therapeutische Grundhaltung und das therapeutische Klima gehören nicht in die Pflegeplanung sondern sind Voraussetzung jeder Arbeitsweise.

13.4 Körperbildstörungen

Körperbildstörung: Beeinträchtigte Wahrnehmung des eigenen Körpers oder einzelner Körperteile und gestörtes Bewusstsein für den eigenen Körper.

13.4.1 Pflegediagnostik

Ursachen und Einflussfaktoren

Menschen, die ihr Selbstwertgefühl auf Leistung, gutes Aussehen oder Potenz aufgebaut haben, sind besonders betroffen, wenn sie in diesen Bereichen Einschränkungen erleben oder empfinden. Auch unsichtbare Leistungseinschränkungen, z. B. nach schwerem Herzinfarkt, können dann als massive Körperkränkung erlebt werden.

Körperbildstörungen können altersbedingte, körperliche, seelische, geistige und soziale **Ursachen** haben:

Altersbedingte Ursachen

- Verändertes Aussehen, z. B. Hautfalten, Haarausfall (☞ Abb. 13.31)
- Veränderungen in der körperlichen und geistigen Leistungsfähigkeit
- Nachlassende Funktion der Sinnesorgane mit Beeinträchtigung der Sinnesfunktionen wie Schmecken, Hören, Riechen, Sehen oder Tasten (☞ Kap. 4)
- Wissensdefizite hinsichtlich alterstypischer Veränderungen und Ressourcen.

Körperliche Ursachen

- Bewegungsmangel, abnehmende Leistungsfähigkeit
- Schmerzen oder Einschränkungen in Gelenken
- Müdigkeit
- Inkontinenz
- Zu- oder Abnahme von Körpergewicht
- Akute oder chronische Krankheiten, z. B. Schlaganfall, Rheuma
- Vorübergehende oder dauerhafte Behinderungen, z. B. Lähmungen
- Entstellende Körperschäden, z. B. Vernarbungen, künstlicher Darmausgang, Tracheostoma
- Verlust von Gliedmaßen, Amputation
- Blasenkatheter.

Seelische Ursachen

- Verlustgefühle, z. B. der Attraktivität, der Sexualität, der Potenz

- Fehlende Bestätigung durch Lebenspartner, Kinder, Kontaktpersonen
- Erkrankungen wie Depression.

Geistige Ursachen

- Störungen der Merkfähigkeit, der Orientierung
- Verwirrtheit, Demenz.

Soziale Ursachen

- Fehlende Unterstützung bei Einschränkungen durch z. B. Hilfsmittel
- Unzureichende gesellschaftliche Akzeptanz bei Einschränkungen, z. B. fehlende Toleranz beim Einkaufen, wenn es beim Bezahlen nicht so schnell geht wie gewünscht
- Werbung, die ein negatives Bild vom Altern vermittelt
- Abwertende Bemerkungen oder Blicke (☞ Abb. 13.32), wenn alte Menschen sich ebenso verhalten wie jüngere, z. B. ihren Körper am Strand nicht verstecken.

Anzeichen und Folgen

Bei Körperbildstörungen empfinden Menschen ihren Körper häufig **wertgemindert.** Dies kann deutlich werden durch:

- Abwertende Bemerkungen über den eigenen Körper, die eigene Leistung
- Bedenken, von anderen abgelehnt zu werden wegen körperlicher Mängel oder sichtbarer Alterserscheinungen, z. B. Falten, Buckel oder Krampfadern
- Sorgen und Ängste über die Möglichkeit der Zunahme von Mängeln
- Zunehmendes Schamgefühl z. B. beim Anziehen, Waschen, Baden

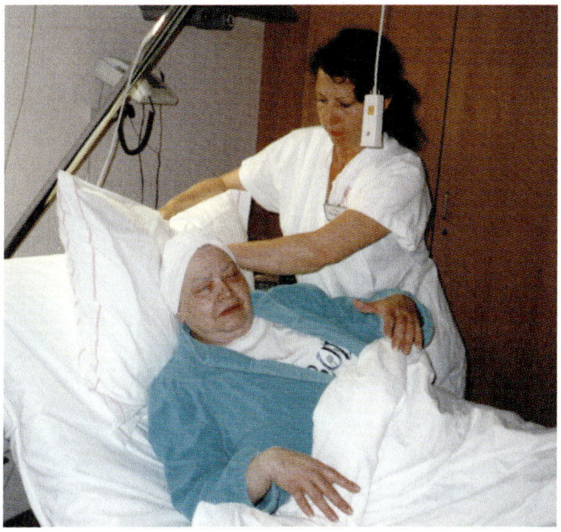

Abb. 13.31: Haarausfall wird von den meisten Menschen als Wertminderung ihres Körpers erlebt und hat in der Regel eine erhebliche Körperbildstörung zur Folge. [M221]

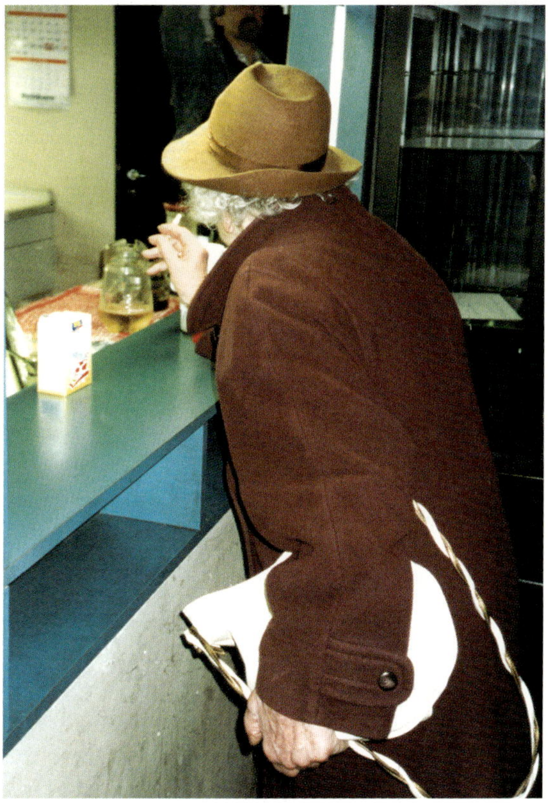

Abb. 13.32: Mit gleichem Selbstverständnis wie die jüngeren Gäste hat sich die ältere Frau ihren Platz am Tresen erobert und erntet dafür jedoch nicht nur verwunderte, sondern auch abfällige Blicke. [M221]

- Beim Malen oder Darstellen des eigene Körpers wird Abwertung, Verachtung deutlich
- Missachten von Körperteilen, z. B. bleibt der gelähmte Arm nach einem Schlaganfall stets unter der Bettdecke
- Nichtbetrachten, Nichtberühren des veränderten Körperteils, z. B. wird die Selbstversorgung eines Anus praeter abgelehnt
- Selbstverachtung in der Ausdrucksweise, z. B. reden übergewichtige Menschen von sich als „fett" statt als dick oder korpulent
- Abwehr von pflegenden und verschönernden Maßnahmen wie Hautpflege, Friseurbesuch
- Kleidung wird stets verhüllend und farblos gewählt
- Selbstverletzendes Verhalten (☞ 11.7)
- Rückzug aus dem sozialen Umfeld.

Bei bestimmten neurologischen Erkrankungen wie Apoplexie äußern sich Körperbildstörungen in **Nichtwahrnehmen** und **Vernachlässigung** von Körperteilen oder Empfindungen (Neglect ☞ 4.6):

- Das Gefühl für eine gelähmte Seite oder ein gelähmtes Körperteil fehlt, z. B. werden weder Schmerz noch Temperatur empfunden

Abb. 13.33: Die Darstellung des eigenen Körpers mit verschiedenen Methoden kann deutlich machen, welches Bild Menschen von ihrem eigenen Körper haben und wie sie ihn empfinden. [M221]

- Körperteile werden nicht wahrgenommen, sie sind für den Betroffenen nicht vorhanden
- Das Lageempfinden im Bett oder Raum ist gestört
- Verletzungen wie Dekubitus werden nicht wahrgenommen
- Empfindungsstörungen wie Kribbeln oder Schmerzen stören die Wahrnehmung
- Der Blick ist einseitig, Teile des Körpers und Bereiche der Umgebung werden nicht gesehen.

Fallbeispiel

Oliver Sacks (*1933), Professor für klinische Neurologie in New York, beschreibt einen Mann, der nach dem Aufwachen in seinen Bett „ein abgetrenntes Bein" gefunden habe und diesen „entsetzlichen Fund" aus seinem Bett werfen wollte. Dabei sei er aber selbst „irgendwie aus dem Bett gefallen". Der Patient habe nicht erkennen können, dass es sich um sein eigenes Bein handelte und sei völlig geschockt gewesen, weil er sein eigenes Bein nicht finden konnte.

Literaturtipp

Sacks, Oliver: Der Mann, der seine Frau mit einem Hut verwechselte. Rowohlt Taschenbuch Verlag, Reinbek 1990

13.4.2 **Pflegetherapeutische Maßnahmen**

Maßnahmen beim Empfinden von **Wertminderung des Körpers:**

- Zur Darstellung des eigenen Körperbildes ermutigen, um darüber reden zu können (☞ Abb. 13.33)
- Den alten Menschen ermutigen, Veränderungen zu akzeptieren (☞ Fallbeispiel Stufenplan)
- Den alten Menschen behutsam ermuntern, seinen veränderten Körper anzusehen und ihn zu berühren (☞ Abb. 13.34)
- Zur Pflege und Versorgung von veränderten Körperteilen oder Funktionen, z. B. bei künstlichem Darmausgang, anleiten und Aufgaben schrittweise übernehmen lassen
- Hilfestellung geben beim Kleiden, Frisieren, Pflegen und Schminken
- Unterstützung anbieten bei Kontaktaufnahme mit der Umwelt
- Positive Rückmeldung geben bei Fortschritten und Eigenleistung des alten Menschen, z. B. Gesichtspflege, Tragen der Prothese
- Bezugspersonen und Angehörige ermutigen, den Betroffenen nicht zu unterfordern oder zu bemitleiden
- Abwehrstrategien des alten Menschen erkennen und benennen

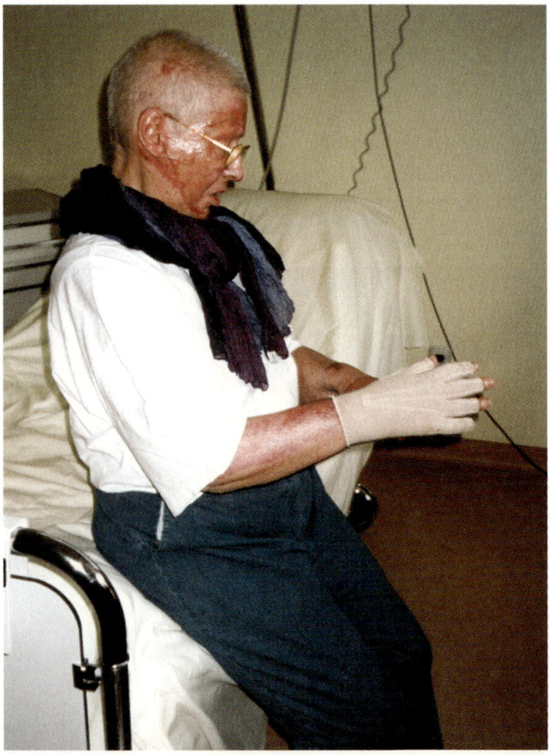

Abb. 13.34: Die 67-jährige, schwerstverbrannte Frau hat im Rahmen eines Stufenplanes lange daran gearbeitet, ihr Aussehen und ihren Körper zu akzeptieren und sich mit gestärktem Selbstbewusstsein in der Öffentlichkeit zu bewegen. [M221]

- Über Gefühle sprechen und zuhören
- Informationen geben über geeignete Hilfsmittel, Selbsthilfegruppen, Beratungen und Therapien, z. B. Gestalt- oder Körpertherapie
- Möglichkeiten für Prothesen, plastische Chirurgie, Physio- und Ergotherapie aufzeigen.

Vorsicht!

Alte Menschen wollen ernst genommen werden und erwarten Echtheit (Kongruenz) auch im Ton und der Art, in der sie von MitarbeiterInnen gelobt werden und Anerkennung erfahren. Lob wie beispielsweise: „Das haben Sie aber fein gemacht!", klingt nicht ernsthaft und respektvoll, sondern, als würde ein „braves Kind" gelobt. Solche Form der Zuwendung verletzt alte Menschen eher in ihrer Autorität und ihrem Selbstwertgefühl.

Fallbeispiel Stufenplan

Im Unfallkrankenhaus Hamburg werden Brandverletzte nach einen Stufenplan des Pastors und Therapeuten der Einrichtung mit ihrem veränderten Körperbild konfrontiert. Alle Mitarbeiter sind an dieser Form zur sozialen Integration beteiligt. Zur schrittweisen Annäherung an den Alltag gehören beispielsweise:

- Gespräche über Veränderungen
- Basale Stimulation des Körpers
- Betrachten des Körpers und seiner Veränderungen, erster Blick in den Spiegel
- Bewegung innerhalb geschützter Bereiche unter Begleitung
- Kontaktaufnahme mit der Umwelt unter Begleitung aus dem geschützten Rahmen eines Autos heraus
- Annäherung an die Öffentlichkeit in Begleitung, z. B. Sitzen im Café.

Maßnahmen bei Störungen der **Körperwahrnehmung** und des **Körperbewusstseins:**

- Basale Stimulation (☞ 4.11.2)
- Pflegebedürftigen ermuntern, sich seine körperlichen Veränderungen anzusehen. Wenn er über seine Empfindungen reden möchte, Gesprächsbereitschaft signalisieren
- Pflegebedürftigen ermutigen, veränderte Körperteile zu berühren und zu bewegen
- Lagerungswechsel unter besonderer Berücksichtigung der Veränderungen durchführen, z. B. Lagerung nach Bobath bei Apoplexie (☞ 6.3.2)
- Krankengymnastik hinzuziehen
- Den alten Menschen zum Reden *mit* dem veränderten Körperteil anregen (☞ Fallbeispiel)
- Besondere Pflege der Veränderung, z. B. Hautpflege, baden
- Zur Nutzung von Prothesen und Hilfsmitteln, z. B. Esshilfen (☞ 7.3.2), anleiten
- Entspannungsübungen (☞ 10.4.2), die die Veränderung bewusst einbeziehen. Evtl. speziell ausgebildete AnleiterInnen hinzuziehen.

Fallbeispiel

Eine 72-jährige Frau berichtet, nach einem Schlaganfall habe sie ihre linke Seite nicht mehr gespürt und den Arm unter der Bettdecke „vergessen". Ein Pfleger habe sie gebeten, den Arm immer unbedeckt liegen zu lassen, die verkrallte Hand anzusehen und mit ihr zu reden. „Ich habe gedacht, der spinnt", erzählt die alte Frau „Ich sollte die Hand ansehen und 100-mal am Tag denken oder ihr sagen *öffne dich!* Aber dann habe ich das gemacht und nach Wochen, plötzlich, wie eine Geisterhand, öffnete sich die Hand. Das war wie im Traum, ich habe gedacht, das ist nicht meine Hand. Doch jetzt macht sie langsam wieder alles, was ich denke und will."

13.4.3 Exemplarische Pflegeplanung

Pflegediagnose mit Ursache (PD), Ressourcen (R), Gewohnheiten (G), Erfahrungen (E), aktuelle Bedürfnisse (AB)	**Pflegeziele**	**Pflegetherapie** Information (I), Beratung (B), Motivation (M), Anleitung (A), Beaufsichtigung (Bf), teilweise Übernahme (tÜ), vollständige Übernahme (vÜ)
PD: Körperbildstörung durch linksseitige Lähmung nach Schlaganfall **R:** Kann sprechen, kann andere unterhalten, hat Sinn für Humor **AB:** Wunsch nach Akzeptanz trotz Behinderung	Kann den Körper trotz Halbseitenlähmung akzeptieren Nimmt die gelähmte Seite wahr und integriert sie in Aktivitäten Pflegt die gelähmte Seite und übt mit ihr	**I, B, M:** Gespräche anbieten und motivieren **A, tÜ:** Sämtliche Maßnahmen zur Wahrnehmung und Übung der gelähmten Seite nach dem Bobath-Konzept laut Standard Nachttisch immer auf die linke Seite stellen Von der linken Seite herangehen und ansprechen Täglich Übungsprogramm mit Krankengymnastin **vÜ:** Täglich basale Stimulation der gelähmten Seite bei der Körperpflege

Tab. 13.35: Beispielhafte Pflegeplanung zur Pflegediagnose Körperbildstörung. Maßnahmen wie Pflege nach dem Bobath-Konzept (☞ 6.3.2) gehören in einen Standard und nicht in die Pflegeplanung.

13.5 Störungen der Rollenerfüllung

Störung der Rollenerfüllung: Veränderung im Rahmen der sozialen Dimension des Selbstkonzeptes (☞ 13.1), bei der der betroffene Mensch darunter leidet, dass er seine gewohnte Rolle innerhalb einer Gruppe nicht ausüben kann.

13.5.1 Pflegediagnostik

Ursachen und Einflussfaktoren

In jeder Lebensphase üben Menschen unterschiedliche Rollen aus und entwickeln ein bestimmtes Bewusstsein für diese Rolle bzw. verhalten sich entsprechend dieser Rolle. So wirken Lehrer beispielsweise häufig auch außerhalb von Schulen „belehrend", wenn sie diese Rolle schwer ablegen können. Oder Mütter umsorgen ihre Kinder noch immer, auch wenn diese Kinder bereits erwachsen sind und selbst Kinder haben. Gehen Rollen verloren, kann es zu Konflikten kommen, die das Selbstkonzept (☞ 13.1) eines Menschen stören.

Neue Rollen im Alter

Mit dem Älterwerden verändern sich auch die Aufgaben eines Menschen und die Erwartungen, die an ihn gerichtet werden. Alte Menschen, die in den Ruhestand gehen, geben zwangsläufig Rollen auf und übernehmen neue, beispielsweise die des **Rentners.** Schwer kann dies werden, wenn im Berufsleben Pläne und Ziele nicht erreicht wurden oder neue Ziele und Aufgaben fehlen.

„Älter werden ist ein herrlich Ding, wenn man nicht verlernt hat, was Anfangen heißt."
Martin Buber

Abb. 13.36: Die beiden Frauen haben ihren Stammplatz im Café. Sie genießen es, „Singles" und Rentnerinnen zu sein, nicht mehr für die Kinder sorgen zu müssen und Zeit für sich und ihre Freundinnen zu haben. [M221]

Abb. 13.37: Das Bild von der Großmutter hat sich in der Gesellschaft erheblich gewandelt. Sie ist nicht mehr die feine alte Dame im Ohrensessel, die ihren Enkelkindern Märchen erzählt, sondern genießt ihre Zeit vielleicht fern in Mallorca am Swimmingpool. [M221]

Je zufriedener ein alter Mensch seine neuen Rollen empfindet (☞ Abb. 13.36) und je besser diese zusammenpassen, um so leichter kann er sich damit abfinden. Doch für viele ältere Menschen bringt der Ruhestand neben dem Rollen- und Imageverlust auch finanzielle Einschränkungen mit sich. Schnell wird jemand vom selbstständig lebenden Rentner plötzlich zum **Sozialhilfeempfänger, Heimbewohner** und **Pflegebedürftigen.**

Viele Menschen werden in ihrer **Kinderrolle** gefordert, weil sie ihre alten Eltern betreuen und versorgen. Oft erleben sie sich dabei in der so genannten „Sandwich-Position", aus der heraus sie für die nachfolgende und auch für die vorausgegangene Generation sorgen müssen.

Durch die immer höher werdende Lebenserwartung ist es heute jedoch auch keine Seltenheit mehr, wenn Großeltern die Urgroßeltern pflegen.

Mögliche Ursache von Konflikten in der Rollenerfüllung:

- Veränderung der eigenen Rollen z. B. durch Beruf, Alter, körperliche Einschränkungen, Erkrankungen

- Unklare Vorstellungen von eigenen Rollen und unrealistische Erwartungen, z. B. auch im Alter bestimmendes Familienoberhaupt sein zu wollen
- Veränderte gesellschaftliche Wertung einer Rolle (☞ Abb. 13.37)
- Unbefriedigende Familienverhältnisse, z. B. durch Scheidung, Trennung, Tod
- Gegensätzliche Erwartungen durch andere Menschen (☞ Fallbeispiel)
- Feststehende gesellschaftliche Rollenbilder und Rollenklischees (☞ unter „Lebenswelt", 13.1)
- Nichtanerkennung der selbstgewählten Rolle durch andere
- Lebenskrisen, z. B. durch Arbeitslosigkeit Verlust der Rolle als „starker Vater"
- Unklares Selbstkonzept, das nur von äußeren Einflüssen geprägt ist, z. B. werden Rollen nicht selbst gewählt, sondern sind nur nach den Wünschen anderer ausgerichtet
- Veränderungen in der Lebenswelt, z. B. durch Umzug ist jemand plötzlich nicht mehr bekannt und verliert seine Rolle als besondere „Persönlichkeit" des Ortes
- Unzureichendes Selbstbewusstsein, um eine übernommene Rolle auszuüben (☞ 13.3)
- Unzufriedenheit mit der eigenen Rolle, z. B. „unfreiwillige" Pflegeübernahme, Verlust der Berufstätigkeit
- Vorurteile oder mangelnde Kenntnisse über neue Rollen, z. B. wenn ein Witwer sich wieder verliebt und nun zum Freund, Geliebten, Lebensgefährten oder erneut zum Ehemann wird.

Fallbeispiel
Die Krankengymnastin erwartet von einem pflegebedürftigen Heimbewohner, dass er sich möglichst viel bewegt, oft aufsteht, viel hin- und hergeht. Die Ehefrau erwartet von ihm jedoch, dass er sich schont, nicht alleine geht und wegen der Gefahr von Stürzen (oder wegen der zeitlichen Mehrbelastung) möglichst im Bett bleibt. Er möchte nun in seiner (einen) Rolle als kooperativer Heimbewohner den unterschiedlichen Erwartungen gerecht werden und gerät dadurch zwangsläufig in einen Konflikt.

Anzeichen und Ausmaß

- Unsicherheit, Unzufriedenheit werden im Verhalten deutlich
- Inaktivität, Interessenlosigkeit, weil neue Interessen und Rollen fehlen
- Der alte Mensch kann eine neue Rolle nicht bewältigen, z. B. als Rentner seinen Tag nicht selbst strukturieren
- Rollenverluste führen zur Verweigerung neuer Rollen, z. B. der Verlust des Lebenspartners führt zur Verweigerung des Umzugs in eine Pflegeeinrichtung und Ablehnung der Rolle als Heimbewohner
- Rollen werden verleugnet, z. B. die eines Heimbewohners: „Ich bin ja nur vorübergehend hier!"
- Neue Rollen werden abgelehnt, z. B. wollen ältere Menschen auch nicht für die Enkelkinder „Opa und Oma" sein
- Hilfsmittel zur Unterstützung werden abgelehnt
- Eine Rolle überfordert den betroffenen alten Menschen, z. B. wird die Kleidung, das Essenzubereiten vernachlässigt
- Selbstständigkeit wird aufgegeben, z. B. bei geringfügigen Erkrankungen besteht der Wunsch nach vollständiger Versorgung durch andere
- Rollen werden auch unter unangemessenen Bedingungen aufrecht erhalten, z. B. wird in der Pflegeeinrichtung versucht, weiterhin „Chef" zu sein
- Suche nach neuen Rollen und Aufgaben wird beispielsweise durch Unruhe, erhöhten Rede- und Bewegungsdrang deutlich
- Unzureichende oder grenzüberschreitende Rollenerfüllung als Mann oder Frau, z. B. durch fehlende Distanz gegenüber MitarbeiterInnen (☞ 13.6)
- Soziale Isolation.

Abb. 13.38: Gartenarbeit ist beliebt bei vielen HeimbewohnerInnen. [W167]

Abb. 13.39: Die 76-jährige Schwester Cäcilie steht Sterbenden bei, schreibt Texte für ihre Schwesternschaft auf der Schreibmaschine und Briefe in englischer Sprache an „ihre Pflegekinder" nach Ghana. Die gelernte Krankenschwester hatte in ihrer Jugend auch die „Höhere Handelsschule" besucht und als Sekretärin gearbeitet. [M221]

13.5.2 Pflegetherapeutische Maßnahmen

Rollenkonflikte sind immer auch als Störungen des Selbstkonzeptes zu sehen. Für AltenpflegerInnen ist es deshalb erforderlich, in Erfahrung zu bringen, was das Selbstkonzept des Menschen bestimmt hat. In diesem Rahmen benötigt sie Informationen über die Rollen, die der alte Mensch im Laufe seines Lebens ausgefüllt hat (Biografie, z. B. beruflicher Weg, Familiensituationen) und welche Rollen jetzt von Bedeutung sind. Ursachen für Störungen sind so leichter erkennbar und Unterstützung wird möglich, z. B. durch:

- Gespräche zu ehemaligen oder neuen Rollen, z. B. beim Ansehen von Fotoalben
- Durch Trauer über verlorengegangene Rollen, z. B. durch Wahrnehmen individueller Gedenktage, z. B. Hochzeitstag des alten Menschen, Todestag des Lebenspartners
- Anbieten neuer Rollen, z. B. ist die ehemalige Empfangsdame vielleicht gern bereit, für alle den Kaffeetisch zu decken oder den Heimbeirat zu organisieren
- Zur Übernahme von Verantwortung anregen, z. B. für Mitbewohner, im Heimbeirat, für Gartenbereiche (☞ Abb. 13.38)
- Verantwortung für z. B. Tiere anregen durch Patenschaften mit Tierheimen und Tierhaltung auch im Pflegeheim
- Verantwortung abnehmen, z. B. bei Überlastung durch Pflegeaufgaben für sich und andere
- Ehemalige Fähigkeiten fördern im Rahmen von z. B. Beschäftigungstherapie, Freizeitaktivitäten (☞ Abb. 13.39)
- Kompetenz erhalten
- Feste und Ausflüge mitgestalten lassen, z. B. übernehmen alte Menschen gern Aufgaben der Raumdekoration.

13.5.3 Exemplarische Pflegeplanung

Pflegediagnose mit Ursache (PD), Ressourcen (R), Gewohnheiten (G), Erfahrungen (E), aktuelle Bedürfnisse (AB)	**Pflegeziele**	**Pflegetherapie** Information (I), Beratung (B), Motivation (M), Anleitung (A), Beaufsichtigung (Bf), teilweise Übernahme (tÜ), vollständige Übernahme (vÜ)
PD: Rollenkonflikt als Ehefrau, weil der Ehemann auf die Pflegestation verlegt werden musste und ständig Gesellschaft durch seine ebenfalls im Heim wohnende Frau einfordert **R:** • Körperlich frei beweglich • Malt und strickt gern, hat Freundinnen außserhalb der Einrichtung **G:** Lebte mit ihrem Mann in einem Zimmer und betreute ihn mit **AB:** • Entlastung von der Rolle als sorgende Ehefrau • Interesse an Aktivitäten im Heim und außerhalb	Kompromiss zwischen eigenen Interessen und denen des Ehemannes finden Entlastung finden	**tÜ:** Gespräch zwischen den Ehepartnern anregen und moderieren **M:** Den Ehemann zur Teilnahme an Gruppenangeboten im Rollstuhl innerhalb des Heims motivieren **I, M:** Ehefrau zu Besuchen der Freundinnen und zur Teilnahme an Aktivitäten innerhalb des Heimes anregen **M:** Ehefrau dazu anregen, ihr Strickzeug oder Malutensilien bei Besuchen ihres Mannes mitzunehmen und zu benutzen

Tab. 13.40: Beispielhafte Pflegeplanung bei Störung des Rollenbildes

13.6 Störungen des Sexualverhaltens

Störungen des Sexualverhaltens: Kann vorliegen, wenn ein Mensch sich Sorgen um seine Sexualität macht, wenn er eine Veränderung im Bereich der sexuellen Funktion erlebt und dies als unbefriedigend oder unangemessen empfindet.

Geschlechtlichkeit *(Sexualität)* beinhaltet die Gesamtheit der im Geschlecht begründeten Lebensäußerungen, zu denen soziale Kontakte, körperliche Liebe, Gefühle für Scham, Nähe, Zärtlichkeit oder Erotik gehören können.

Vorsicht!
Auch im Bereich der Sexualität sind die Grenzen zwischen „normal" und „gestört" fließend. Nicht die AltenpflegerIn entscheidet, was eine Störung ist. Entscheidend ist, was ein alter Mensch als Störung empfindet.

13.6.1 Pflegediagnostik

Ursachen und Einflussfaktoren

Alterssexualität gibt es nicht, es gibt nur die Sexualität eines ganzen Lebens. Innerhalb der Lebensspanne sammelt jeder Mensch unterschiedliche Erfahrungen mit seiner Geschlechtlichkeit. Die **Einstellungen,** die ein Mensch als Kind, als Jugendlicher und Erwachsener zum Sexualleben gewinnt, und die **Erfahrungen,** die er gemacht hat, sowie **kulturelle Einflüsse** bestimmen seine Einstellung zur Sexualität auch im Alter.

In Europa sind etwa die Hälfte der Paare zwischen 60 und 70 Jahren sexuell aktiv. Sexualität kann im Alter lustvoll erlebt werden, sie kann aber auch qualvoll und lästig sein.

Es ist eines alten Menschen nicht unwürdig, sexuelle Bedürfnisse zu empfinden und sie zu befriedigen – zu zweit oder allein. Aber es ist unwürdig, alten Menschen einzureden, sie seien gestört, wenn sie diese Bedürfnisse nicht verspüren.

Für die heute alten Menschen war Sexualität selten selbstverständlich, auch innerhalb der Familie wurden Zärtlichkeiten kaum offen ausgetauscht. Viele alte Menschen wurden zu Hause nicht aufgeklärt, statt dessen gab es **Tabus** im Zusammenhang mit Sexualität. Dies hat viele heute alte Menschen geprägt, es ist für sie nicht leicht, mit veränderten Ansichten und Tabulosigkeit in ihrer Umwelt umzugehen (☞ Abb. 13.41).

Fallbeispiel
Petra erzählt: „In meiner Familie kann man über drei Generationen verfolgen, wie sich sexuelle Hemmungen und Verklemmungen sozusagen vererbt haben. Meine Oma soll bereits mit 45 Jahren, wenn sie nach ihrem Alter gefragt wurde, gesagt haben, *zu alt für eine Frau, zu jung für ein Museum*. Als Opa starb, war sie ca. 50, seitdem hat sie schwarz getragen und nur angeekelt das Gesicht verzogen, wenn ein Thema Sexualität berührte. Mutter findet Sex wohl schon in Ordnung, doch sie hat Hemmungen, darüber zu reden. Ob ich das mal lockerer hinbekomme, bin ich mir noch nicht sicher".

Für heute alte Frauen war Sexualität häufig verbunden mit **Angst** vor einer Schwangerschaft und „Ehrlosigkeit", falls sie nicht verheiratet waren.

Wenn auch **Abtreibungen** in Deutschland unter Strafe standen, darf nicht übersehen werden, dass diese dennoch in großer Zahl vorkamen. Viele heute alte Frauen leiden insgeheim immer noch unter den seelischen Folgen einer Abtreibung, zu der sie sich vor vielen Jahren, vielleicht im Krieg, aus finanzieller Not oder unter starkem moralischem Druck von Eltern oder Partner, durchgerungen hatten.

Abb. 13.41: Selbstbewusst blättert diese Frau in einem Magazin, das mehr nackte Körper als Text aufzuweisen hat. [M221]

An Folgen von negativen Erlebnissen wie sexuellem **Missbrauch** oder **Vergewaltigung** leiden Menschen bis ins hohe Alter. Solche traumatischen Erinnerungen können tief sitzende seelische Störungen, nicht nur im Bereich des Sexuallebens, zur Folge haben. Oft schämen sich Opfer, über diese Erlebnisse und die damit verbundenen Probleme zu sprechen.

Ursachen für Störungen oder negativ empfundene Veränderungen sind vielfältig, und häufig bleiben sie auch unklar, wenn ein Gespräch dazu nicht vom alten Menschen selbst gesucht wird. Bei hohem Leidensdruck kann es erforderlich sein, in Absprache mit dem Pflegebedürftigen professionelle Hilfe einzubeziehen. Möglicherweise kann die Hausärztin, evtl. auch eine Psycho- oder SexualtherapeutIn helfen, die Ursache zu klären und ggf. eine Behandlung einzuleiten.

Altersbedingte Ursachen
- Negative Erfahrungen und Prägungen im Laufe des Lebens
- Nachlassende Sexualfunktion, hormonelle Veränderungen
- Verändertes Aussehen
- Wissensdefizite bezüglich der Sexualität.

Körperliche Ursachen
- Körperbildstörungen (☞ 13.4)
- Behinderungen, z. B. Lähmungen
- Organerkrankungen, z. B. Herz- oder Lungenerkrankungen, die die Belastbarkeit einschränken
- Hirnorganische Erkrankungen wie Demenz
- Inkontinenz oder andere Störungen der Körperfunktionen
- Schmerzen.

Seelische Ursachen
- Verlustgefühle, z. B. Angst vor nachlassender Attraktivität oder Potenz
- Unzureichendes Empfinden für die eigene Geschlechtlichkeit
- Fehlendes inneres Gleichgewicht, z. B. um in einer Partnerschaft Geborgenheit zu empfinden
- Mangelnde Selbstakzeptanz, Bedürfnisse werden als nicht normal empfunden
- Unnatürliches oder unzureichendes Schamgefühl.

Soziale Ursachen
- Unzureichende positive Erfahrungen mit Zuwendung und Zärtlichkeit in der Kindheit
- Verlust- oder Trennungserlebnisse im Zusammenhang mit einer Partnerschaft oder Liebesbeziehung
- Fehlende gesellschaftliche Akzeptanz z. B. von Homosexualität oder Sexualität im Alter
- Einschränkungen im Privatleben und in der Intimsphäre, z. B. in Altenheimen.

Anzeichen und Ausmaß

☑ Besonders im Bereich der Sexualität bestimmen häufig gesellschaftliche Normen, was als Störung zu empfinden ist.

Selbstbefriedigung (Masturbation), Homosexualität, Transsexualität oder auch Sexualität alter Menschen gehören beispielsweise **nicht** in den Bereich, auch wenn diese Formen von Sexualität für eine AltenpflegerIn möglicherweise befremdlich sind.

Störungen können **versteckt** auftreten in Form von
- Störung des Selbstwertgefühls (☞ 13.3)
- Körperbildstörung (☞ 13.4)
- Störung des Rollenbildes (☞ 13.5)

Offen werden Störungen deutlich
- Wenn ein Mensch sich Sorgen um seine Sexualität macht
- Wenn Veränderungen im Bereich der sexuellen Funktionen erlebt werden
- Wenn Sexualität als unbefriedigend, unangemessen oder belastend empfunden wird
- Wenn sich das Schamgefühl extrem ändert
- Wenn Sexualität andere belästigt.

13.6.2 Pflegetherapeutische Maßnahmen

Störungen im Bereich der Geschlechtlichkeit sind von AltenpflegerInnen in erster Linie **wahrzunehmen.** Nicht in jedem Fall ist ihr therapeutisches Eingreifen gefordert und erwünscht. Es ist möglich, dass ein alter Mensch ein Problem oder eine Störung weiterhin tabuisieren möchte bzw. sich anderweitige Unterstützung holt.

Störungen, die den Intimbereich betreffen, insbesondere die Sexual- und Harnwegsfunktionen, werden oft erst dann ausgesprochen, wenn gezielt danach gefragt wird. Doch derartige Gespräche benötigen ein besonderes Maß an Vertrauen, Diskretion und Taktgefühl und sollten nur durch eine enge Bezugsperson aufgenommen werden.

Eine Vielzahl von Störungen im Bereich der Sexualität gehen auf **Informationsmängel** zurück oder auf Fehlinformationen darüber, was als „normal" gilt. Hier können AltenpflegerInnen aktiv werden, indem sie Literatur bereithalten und anbieten, die entsprechende Themen aufgreift. Kostenlose Broschüren oder Informationen gibt es bei Krankenkassen, in Arztpraxen, Apotheken bei Selbsthilfegrppen und Se-

Abb. 13.42: Auch wenn viele Menschen auf engem Raum leben müssen, hat doch jeder ein Recht auf seine Privat- und Intimsphäre. [M221]

niorenvereinen. Auch Seniorenzeitungen beschäftigen sich längst mit Themen zur Sexualität.

Anlaufstellen, in denen auch alte Menschen Beratung finden, sind beispielsweise **Beratungszentren** von pro familia. Dort finden Menschen aller Altersstufen Hilfestellung zu Fragen der Partnerschaft und Sexualität.

Für alte Menschen gibt es ebenso Informationen durch **Broschüren** zu Themen wie Klimakterium, Partnerschaft und Sexualität im Alter, Krebsvorsorge, Krankheiten der Geschlechtsorgane, Sexualstörungen.

Literaturtipp
Die Zeitschrift Stoma und Inkontinenz geht z. B. regelmäßig auf Störungen der Sexualfunktionen nach künstlichem Darmausgang ein: Magazin Stoma und Inkontinenz. Herausgeber: Deutsche Vereinigung der Enterostomatherapeuten e.V., Geschäftsstelle: Kantstr. 20, 73033 Göppingen, Tel: 07161/76161; Fax: 21866.

Raum für Intimsphäre

Wo viele Menschen auf engem Raum zusammenleben (☞ Abb. 13.42), kommt es wegen unterschiedlicher Vitalität, Sexualität und Moralvorstellungen häufig zu Spannungen, Eifersucht und Missgunst. Wenn die Sexualität anderen zum Ärgernis wird, liegen die tieferen Ursachen oft in der eigenen Sexualität und Moral. Sachliche Begründungen sind oft nur Vorwände. Pflegende können klärend auf Wünsche und Vorstellungen eingehen und Raum für Offenheit schaffen.

Viele Altenheime gestatten jedoch auch heute nur verheirateten Paaren das Wohnen in gemeinsamen Zimmern. Doch ein Recht auf die eigene Intimsphäre und Bedürfnisse haben alle BewohnerInnen. Dies wird jede Heimleitung auch akzeptieren und Bedingungen dafür schaffen, wenn sie eingefordert werden. Pflegende können dabei unterstüzend für alte Menschen wirksam werden.

Fallbeispiel Partnervermittlung
Die Partnervermittlung für Senioren „Ich und Du" in Hamburg berichtet, am stärksten seien die 50- bis 70-Jährigen vertreten. Der älteste Single sei 87 Jahre alt und suche eine Frau, mit der er noch weite Reisen unternehmen könne.

SexualtherapeutInnen in der Einrichtung

In den Niederlanden gibt es Modelleinrichtungen, bei denen speziell ausgebildete Pflegekräfte gleichzeitig als SexualtherapeutInnen arbeiten. Neben Beratung, Aufklärung und therapeutischen Gesprächen bieten sie u. a. behinderten Paaren auch praktische Hilfe an.

Nähe und Distanz

Einigen alten Menschen vermittelt die Pflegebeziehung einen Grad an menschlicher Zuwendung und Nähe, den sie viele Jahre oder sogar zeitlebens entbehrt haben. Dabei liegt es am Verhalten der AltenpflegerIn, ob in der Beziehung das richtige Maß von Nähe und Distanz eingehalten wird. Wenn Pflegende *allen* alten Menschen gegenüber Zuneigung und Verständnis zeigen, entstehen weniger Missverständnisse, falsche Hoffnungen oder Aufdringlichkeiten.

Arbeitsklima

Im Pflegeheim sollte ein Klima selbstverständlicher Akzeptanz herrschen. Dazu gehört es, dass Pflegende entkrampft und angstfrei mit dem anderen Geschlecht umgehen, Gefühle bei sich und alten Menschen zulassen und sie anderen verständlich machen können. Dann ist es möglich, auch sog. „Tabuthemen" ansprechen zu können und so nicht nur bitterernst, sondern möglicherweise auch einmal mit Humor reagieren zu können (☞ Abb. 13.43).

Fallbeispiel
Ein älterer Mann im Pflegeheim, der wegen körperlicher Einschränkungen sein Zimmer nicht selbstständig verlassen konnte, belästigte häufig die AltenpflegerInnen mit anzüglichen Bemerkungen und machte ihnen zweideutige Angebote. Nach einem Gespräch im Team sprach der Stationsleiter den Pflegebedürftigen daraufhin an. Im Gespräch „unter Männern" erzählte der Mann nun, dass er immer allein gelebt und seine sexuellen Bedürfnisse bei Frauen befriedigt hätte, die er bezahlt habe. Das Angebot des Pflegers, Besuch für ihn durch Frauen aus Erotikcentern herzustellen, wollte er wegen seiner körperlichen Einschränkungen jedoch nicht annehmen, sondern bat schließlich darum, ihm einige einschlägigen Zeitschriften und Bestellkataloge eines Erotikshops zu besorgen. Diese studierte er dann regelmäßig mit einem anderen Bewohner der Station. Die Belästigungen der MitarbeiterInnen traten nicht wieder auf.

Abb. 13.43: Humor ist ein wertvoller Helfer für einen unverkrampften Umgang miteinander. [A500-119/M221]

Pflegerische Maßnahmen im Genital- und Analbereich nicht selbstverständlich von Personen des anderen Geschlechtes durchführen lassen. Auch wenn alte Menschen sich häufig klaglos „in den Ablauf fügen", haben sie ein Recht darauf, dass ihre Wünsche und Bedürfnisse berücksichtigt werden:

- Gesprächsbereitschaft, Nähe und Akzeptanz signalisieren
- Intimsphäre wahren, z. B. vor Betreten des Zimmers anklopfen und dies erst nach Aufforderung betreten
- Nach dem morgendlichen Wecken Zeit lassen zum Wachwerden, nicht sofort die Bettdecke wegziehen, um mit Waschen zu beginnen
- Rückzugsmöglichkeiten schaffen und anbieten
- Grenzen akzeptieren und eigene Grenzen deutlich machen
- Sexuelle Aktivitäten akzeptieren, solange niemand sich dadurch gestört oder belästigt fühlt, nicht belächeln oder entrüstet verbieten
- Bei Pflegehandlungen die Intimsphäre schützen
- Individuelle Wünsche bezüglich des Schamgefühls berücksichtigen
- Einverständnis für alle pflegerischen Handlungen und Berührungen einholen
- Auch seelische Scham berücksichtigen, Bedürfnisse wahrnehmen und akzeptieren
- Die Selbstbestimmung fördern und unterstützen, z. B. bei Partnern
- Unterstützung anbieten bei Störungen und Ängsten
- Ermutigen, mit dem Partner über Gefühle zu sprechen
- Auf verwirrte alte Menschen wenn nötig diskret, ruhig, aber bestimmt einwirken
- Keine „Lieblinge" bevorzugen, keine unberechtigten Hoffnungen machen, Nähe bei nötiger Distanz anbieten (☞ Abb. 13.44)
- Angebote machen zum Wohlfühlen oder für therapeutische Hilfen, z. B. Snoezelen (☞ 10.4.2).

☑ Alte Menschen, die ihr Leben lang Probleme mit der Sexualität hatten, und keine befriedigenden Erfahrungen machen konnten, sind oft froh, wenn sie im Alter befreit sind von diesen „lästigen Pflichten". Wenn ein Mensch sich bewusst für ein Leben „ohne" entschieden hat, sollte man ihn auch in Ruhe lassen.

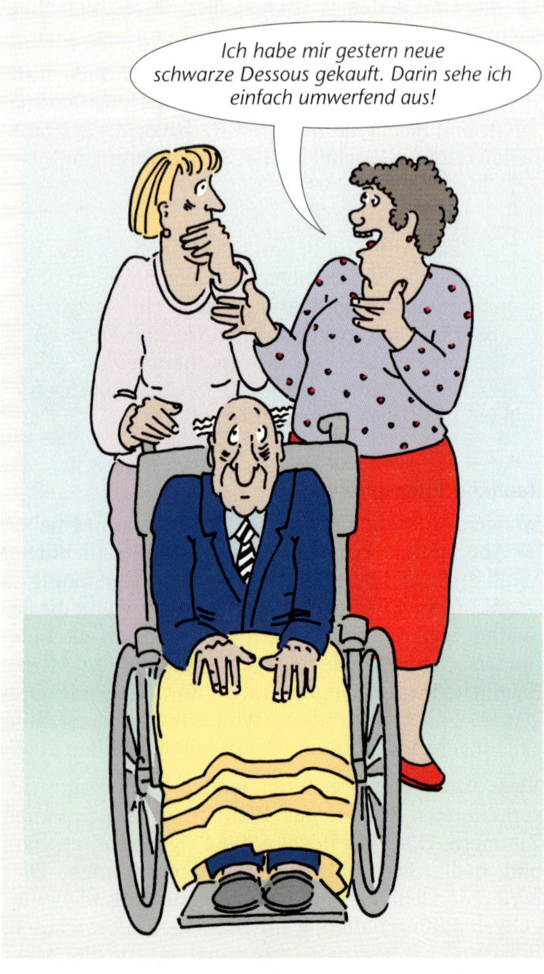

Abb. 13.44: Das richtige Maß für Nähe und Distanz? [A500-119]

13.6.3 Exemplarische Pflegeplanung

Pflegediagnose mit Ursache (PD), Ressourcen (R), Gewohnheiten (G), Erfahrungen (E), aktuelle Bedürfnisse (AB)	Pflegeziele	Pflegetherapie Information (I), Beratung (B), Motivation (M), Anleitung (A), Beaufsichtigung (Bf), teilweise Übernahme (tÜ), vollständige Übernahme (vÜ)
PD: Störung des Sexualverhaltens durch Neuanlage eines Anus praeter **G:** regelmäßige Sexualkontakte mit der Partnerin **R:** Intakte Beziehung, Gesprächsbereitschaft auf beiden Seiten **AB:** Aufrechterhaltung sexueller Aktivitäten	• Angstabbau • Bedürfnisse können erfüllt werden	• **I:** Gesprächsangebot durch Bezugsperson zu Beratungsangeboten ausserhalb der Einrichtung • **B:** Angebot, einen Beratungstermin beim behandelnden Arzt oder der Stomatherapeuten zu organisieren • **B:** Angebot, Informationsliteratur anzufordern, z. B. Magazin Stoma und Inkontinenz

Tab. 13.45: Beispielhafte Pflegeplanung zur Pflegediagnose: Störung des Sexualverhaltens

13.7 Verlegungsstress-Syndrom

Verlegungsstress-Syndrom: Körperliche oder psychosoziale Störungen infolge eines Umzugs oder einer Verlegung von einer Umgebung in eine andere.

Das haben viele schon erlebt: Ein Wechsel der Umgebung bringt sie völlig „aus dem Tritt". Plötzlich treten Schlafstörungen, Verstopfung, Müdigkeit auf. Die Umwelt erscheint fremd und distanziert, liebgewordene Gewohnheiten müssen umgestellt werden, nichts ist mehr wie es war. Und das allein nur, weil man vielleicht weiter weg zu einer Fortbildung oder zur Kur gefahren ist. Wieviel stärker belastend wird da erst ein Umzug empfunden, ein Krankenhausaufenthalt oder eine unfreiwillige Einweisung in ein Pflegeheim.

13.7.1 Pflegediagnostik

Ursachen und Einflussfaktoren

Die Ausgangsbedingungen und Auswirkungen eines Umzugs in ein Altenheim hängen stark davon ab, wie der Umzug erlebt wird, z. B. ob der Umzug freiwillig oder gezwungenermaßen erfolgt, ob jemand aus einem Krankenhaus oder aus der eigenen Wohnung in ein Pflegeheim kommt.

Viele Faktoren geben den Ausschlag dafür, ob dieser in der Regel letzte Wechsel **positive** oder **negative Auswirkungen** für den alten Menschen hat.

Entscheidend für die Bewältigung eines Ortswechsels ist nicht der Umzug an sich, sondern sind die Bedingungen und die Begleitumstände, unter denen er stattfindet und die qualitativen Veränderungen, die sich danach einstellen.

Einstellungen und die **Erwartungen** des alten Menschen spielen eine wichtige Rolle bei der Bewältigung eines Umgebungswechsels. Die Ausgangsbasis für den Umzug kann sehr unterschiedlich sein, z. B.:

- Jemand hat zeitlebens verdrängt, einmal aus seiner Wohnung ausziehen zu müssen
- Ein anderer ist in ein Altenheim gezogen mit der festen Überzeugung, dort alle Lebensgewohnheiten uneingeschränkt weiterführen zu können
- Eine Mutter war ihr Leben lang fest davon überzeugt, dass sie im Alter von ihren Kindern gepflegt wird, sie hat aber nie mit ihnen darüber gesprochen
- Ein alter Mensch kann sich mit dem Gedanken an einen Umzug anfreunden, wenn er genügend Wohn- und Freiraum erhält, um eigene Einrichtungsgegenstände und Erinnerungsstücke mitbringen zu können (☞ Abb. 13.46)
- Eine kranke Frau ist in das Pflegeheim gezogen, weil sie das Leben in ihrer Wohnung allein nur schwer bewältigt und Pflegedienste sie nur bedingt unterstützen können

Abb. 13.46: Der Umzug in ein Pflegeheim fällt leichter, wenn der alte Mensch selbst bestimmen kann, welche Gegenstände er mitnehmen möchte, weil sie ihm wichtig sind. [A500-119/M221]

Abb. 13.47: Alte Menschen werden heute immer mehr zu mündigen KundInnen, die sich frühzeitig aktiv um die Gestaltung ihrer Zukunft kümmern. [A500-119/M221]

- Die Einwilligung zum Umzug wurde unter Druck gegeben.

☑ Aus rechtlichen Gründen ist eine Heimaufnahme nur nach Einwilligung des Betroffenen möglich, aber dass diese Unterschrift ganz freiwillig gegeben wurde, muss manchmal bezweifelt werden. Nicht selten wird ein alter Mensch bei der Entscheidung für einen Heimeintritt von Angehörigen, ÄrztInnen, SozialarbeiterInnen und Pflegekräften fremdbestimmt.

Erwartungen und reale Situation: Oft besteht eine große Kluft zwischen den Erwartungen, die ein Mensch an seine alten Tage geknüpft hat und seiner realen Situation. Er erlebt Verluste, Versagen, Einschränkungen und fühlt sich dadurch vom Schicksal benachteiligt. Doch nicht zwangsläufig sind alte Menschen unzufrieden. Manche gewinnen nach dem Einzug ins Pflegeheim neue Anregungen oder sinnvolle Aufgaben durch zwischenmenschliche Kontakte und Freundschaften. Dadurch kann es sein, dass sie die neue Lebenswelt uneingeschränkt positiv sehen und annehmen können.

Vorhersehbarkeit: Wie gut ein Ereignis verarbeitet wird, hängt auch davon ab, ob es für den Betroffenen vorhersehbar war oder nicht. Studien zum Wohnortwechsel haben gezeigt, dass die Anpassung besser gelang, wenn der Umzug schon länger geplant und vorhersehbar war (☞ Abb. 13.47). Eine positive Auswirkung auf den Umgebungswechsel hat es auch, wenn ein alter Mensch seine zukünftige Wohnumgebung schon mehrmals besuchen konnte.

Zeitpunkt: Entscheidend im Leben eines Menschen ist auch der Zeitpunkt, zu dem ein Ereignis eintritt. Tritt etwas zu früh oder zu spät ein, sind Probleme nicht selten. Beispielsweise wird ein Mensch, der mit 50 wegen einer schweren Krankheit oder Behinderung ins Pflegeheim ziehen muss, dies schwerer akzeptieren als ein Mensch mit 80. Doch auch für den 80-Jährigen ist der Zeitpunkt in der Regel ungünstig, weil jetzt häufig kein selbstständiges Einleben in den Heimalltag möglich ist, sondern Krankheit und Pflegebedürftigkeit als negative Erlebnisse den Wechsel bestimmen (☞ Fallbeispiel).

Fallbeispiel

Ein erfahrener Altenpfleger berichtet, in seinem Pflegeheim würde er je nach der Verarbeitung des Umzugsereignisses bei den alten Menschen drei Gruppen wahrnehmen:

- Menschen, die die Veränderungen nach ca. 6 bis 8 Wochen angenommen hätten, sie wirkten zufrieden und hätten sich in die neue Umgebung eingelebt
- Andere schafften den Wechsel nur bedingt, sie wirkten unzufrieden, äußerten regelmäßig Kritik und schwer erfüllbare Forderungen
- Die dritte Gruppe würde den Umzug negativ verarbeiten und auf den Wechsel ausschließlich mit innerem Rückzug, Verletztheit, Resignation, Depression und Krankheit reagieren.

Vorbereitung: Wer sich längere Zeit auf den Umzug vorbereiten konnte, erlebt den Wechsel leichter. Zum **gedanklichen Vorbereiten** gehört es, Situationen durchzuspielen und Gespräche mit anderen alten Menschen zu führen, die schon Heimerfahrung haben.

Viele Heime bieten kulturelle Veranstaltungen, Ausstellungen, Gottesdienste, Hobby- oder Gymnastikgruppen an, zu denen auch Menschen aus der Umgebung eingeladen sind. Solche Gelegenheiten bieten die Möglichkeit, einen ersten Eindruck zu gewinnen. Darüber hinaus kann das Angebot zum **Probewohnen** genutzt werden, oder es gibt die Möglichkeiten der **Kurzzeitpflege.** Manche Heime haben ein **Tagespflegeheim** angegliedert. Dies kann eine Übergangslösung sein für pflegebedürftige alte Menschen.

Gesellschaftliche Wertung: Das Image von Alten- und Pflegeheimen ist in weiten Kreisen noch immer sehr negativ geprägt. Deshalb zögern viele alte Menschen einen Heimaufenthalt so lange wie möglich hi-

Abb. 13.48: Ein künftiges Heim kann allein durch sein Äußeres Geborgenheit vermitteln oder durch seinen baulichen Zustand auch abweisend wirken. [M221]

naus. Sie fürchten beispielsweise Massenabfertigung, Einschränkungen der persönlichen Freiheit, Verlust von Kontakten und Freizeitmöglichkeiten.

Selbstvertrauen: Die Erinnerung, dass bereits viele schwierige Ereignisse bewältigt wurden, können eine Entscheidung erleichtern. Wer ein Urvertrauen besitzt und selbstbewusst sein bisheriges Leben gemeistert hat, wird auch mit der neuen Situation leichter fertig, wenn er spürt, dass sein Wohlbefinden auch Anliegen der MitarbeiterInnen ist und er sich geborgen fühlen kann (☞ Abb. 13.48). Oft spielen religiöse Ausrichtungen der Menschen und Heime hier eine Rolle.

☑
„Es muss das Herz bei jedem Lebensrufe
Bereit zum Abschied sein und Neubeginne,
Um sich in Tapferkeit und ohne Trauern
In andre, neue Bindungen zu geben.
Und jedem Anfang wohnt ein Zauber inne,
Der uns beschützt und der uns hilft zu leben."
Hermann Hesse, Ausschnitt aus „Stufen"

Aus den genannten Faktoren ergeben sich für das Verlegungsstress-Syndrom vielfältige **Ursachen,** beispielsweise:
- Kluft zwischen Erwartungen und Realität, z. B. nicht erwartete Einschränkungen
- Der Umzug war nicht vorhersehbar und nicht geplant
- Der Umzug wurde durch den Verlust des Lebenspartners erforderlich
- Ungünstiger Zeitpunkt für den Umzug, altersmäßig zu früh oder zu spät
- Unzureichende Vorbereitung, z. B. war kein Kennenlernen der Einrichtung möglich
- Unfreiwilliger Umzug
- Zweifel an der eigenen Entscheidung
- Einsamkeit, soziale Isolation innerhalb der Einrichtung (☞ Abb. 13.49)
- Ängste aufgrund der eigenen und gesellschaftlichen Bilder von Pflegeeinrichtungen
- Verluste, z. B. von sozialen Kontakten (☞ 12.4), Wohnung, Besitz, Autorität, Aktivitäten (☞ 12.3)
- Schlechter Gesundheitszustand
- Störungen des Selbstwertgefühls (☞ 13.3)
- Störungen der Rollenerfüllung (☞ 13.5)
- Machtlosigkeit (☞ 13.8)
- Trauer (☞ 13.10).

Abb. 13.49: Wenn niemand sie anspricht und einbezieht, fühlen sich alte Menschen oft allein und nicht dazugehörend, trotz aller Personen und Aktivitäten um sie herum. [M221]

Abb. 13.50: Dieser Mann, der sein Leben in anderen Kulturkreisen gelebt hat, zieht sich hier im Pflegeheim am liebsten zurück. [M221]

Anzeichen

Körperliche Anzeichen:

- Appetitlosigkeit
- Schmerzen
- Schlaflosigkeit, Müdigkeit
- Magen-Darmstörungen, z. B. Verstopfung
- Inkontinenz
- Atem- und Kreislaufbeschwerden.

Seelische Anzeichen:

- Sozialer Rückzug, Kontakte werden gemieden
- Unzufriedenheit
- Verschlossenheit und Misstrauen gegenüber den Mitbewohnern und Pflegenden
- Unruhiges Umherwandern
- Unsicherheit im Verhalten innerhalb der Einrichtung, der alte Mensch fühlt sich nicht zu Hause (☞ Abb. 13.50)
- Inaktivität und Apathie
- Zunehmende Traurigkeit, Weinen
- Depression und Aggression
- Desorientiertheit, der alte Mensch verläuft sich, findet sein Zimmer und Bett nicht, verliert das Zeitgefühl
- Verwirrtheit, der alte Mensch zieht sich „in seine eigene Welt" zurück, Menschen und Situationen werden nicht erkannt
- Weglaufen aus der Einrichtung, nach Hause wollen.

Ausmaß und Folgen

Gelingt es nicht, alten Menschen das Gefühl von Geborgenheit (☞ Abb. 13.51) und Sicherheit im Pflegeheim zu vermitteln, sind die Folgen schwerwiegend.

Verlegungsstress kann sich äußern durch:

- Resignation und Hoffnungslosigkeit, die wiederum Apathie, soziale Isolation, Erkrankungen und Tod zur Folge haben können
- Selbstzerstörerisches Verhalten (☞ 11.7) mit Vernachlässigung des eigenen Körpers, Verweigerung der Nahrungsaufnahme
- Aggression gegenüber dem eigenen Körper oder gegenüber anderen Personen
- Weglaufen mit Gefahr der Verwahrlosung (☞ 11.9).

13.7.2 Pflegetherapeutische Maßnahmen

☑

„Es ist ein Gesetz im Leben:
Wenn sich eine Tür vor uns schließt
öffnet sich eine andere.
Die Tragik ist jedoch, dass man meist
nach der geschlossenen Tür blickt
und die geöffnete nicht beachtet."

Andre Gide

Abb. 13.51: Viel Licht und eigene Möbel geben dem neuen Zuhause eine warme Atmosphäre und seiner Bewohnerin ein Gefühl von Geborgenheit. [M221]

Fachkompetenz von AltenpflegerInnen heißt auch, bei Neuaufnahmen alter Menschen die Balance zwischen den Polen „Bemuttern" und „Selbstständigkeit fördern" zu finden. Das Empfinden für ein *„Zuviel"* oder *„Zuwenig"* an Unterstützung muss bei jedem Menschen neu gefunden werden.

Grundgefühle positiv beeinflussen

Angebote zum Wohlfühlen stärken das Gefühl der Geborgenheit und das Selbstbewusstsein, wenn Bedürfnisse und Fähigkeiten der alten Menschen damit angeprochen werden.

Hierzu gehört **Zuwendung** durch feste Bezugspersonen ebenso wie Möglichkeiten individueller „**Wohlfühlstrategien**" zu erkennen. So übernimmt z. B. eine Frau, der Einkaufen großen Spaß macht, Besorgungen für ihre bettlägerigen Mitbewohner, seitdem die AltenpflegerInnen sie dazu ermutigten. Täglich streift sie begeistert durch die Stadt und ist stolz, wenn sie wieder „Schnäppchen" erstanden hat (☞ Abb. 13.52).

☑

„Heimat ist hier und dort – ist überall, wo Menschen uns mögen."
Adalbert L. Balling

Beispiele:

Für Bewohner, die abends schwer einschlafen und spät noch Unterhaltung suchen, hat ein Pflegeheim eine „**Nachtbar**" eingerichtet, in der sie bis spät in die Nacht Kontakt finden und gegen ein geringes Entgelt Mixgetränke bekommen.

Regelmäßig gibt es in einem anderen Heim eine Einladung zum „**Festessen**", das Bewohner selbst kochen.

Frisches Brot können Bewohner und MitarbeiterInnen jeden Freitag in ihrem Heim in Bremerhaven backen, weil eine **Backstube** im alten Stil mit einem Backofen nach historischen Vorbildern eingerichtet wurde.

Zum Wohlfühlen in der Natur richten Heime **Erlebnisgärten** ein mit Angeboten zum Fühlen, Hören, Sehen, Riechen und Schmecken.

Stützende Maßnahmen

Pflegerische Maßnahmen, die dem alten Menschen helfen, mit der neuen Situation besser fertig zu werden, können sein:

- Vertraute Begleitpersonen, z. B. Angehörige oder Freunde in den Wechsel einbeziehen, z. B. bei Vorbesuchen

Abb. 13.52: Großen Spaß hat diese Frau daran, für ihre MitbewohnerInnen einzukaufen. Am liebsten ist sie auf Märkten unterwegs. [M221]

- Frühzeitige Informationssammlung und Situationseinschätzung zu Problemen und Ressourcen des alten Menschen
- Frühzeitig Gespräche zur Biografie des alten Menschen führen, auch mit Kontaktpersonen, um Bedürfnisse zu erkennen (☞ Fallbeispiel)
- Gefühle wie Trauer, Heimweh zulassen und ernst nehmen
- Bezugspersonen aus dem Pflegeteam benennen
- Zeit und Raum geben zum Kennenlernen der Einrichtung und BewohnerInnen, Stress und Überforderung vermeiden
- Räumliche Orientierungshilfen schaffen durch Bilder mit biografischem Bezug
- Raum zur Mitbestimmung und Selbstverantwortung für die Einrichtung des Zimmers und für Aktivitäten geben
- Für Licht und Helligkeit im Raum sorgen
- Kontakthilfen geben zum Kennenlernen der BewohnerInnen und bei Teilnahme an Veranstaltungen, z. B. durch Mitglieder des Heimbeirates
- Begrüßungsritual für neue BewohnerInnen entwickeln, z. B. durch festliche Gestaltung eines Nachmittags mit allen, die auf dem gleichen Flur wohnen

- Impulse geben bei der Gestaltung von Raum und Zeit, z. B. durch Information über Gruppenangebote
- Geborgenheit vermitteln und Nähe anbieten, z. B. durch gemeinsames Nachdenken über den Wechsel, Vorlesen, Miteinander spielen, Musik hören
- Rituale und Gewohnheiten des alten Menschen aufrecht erhalten, z. B. seine Tageszeitung, das Wochenblatt seines Stadtteils beschaffen
- Besuche im Stadtteil ermöglichen
- Termine zur Selbstpflege fördern, z. B. Kosmetik, Frisör, Fußpflege
- Für Entspannung sorgen, z. B. durch basale Stimulation (☞ 4.11.2), Snoezelen (☞ 10.4.2)
- Ursachen für Störungen wahrnehmen und erfragen, kleine Schritte zum Einleben mit dem alten Menschen planen.

Bewährt hat es sich, neu aufgenommene Bewohner nach einem individuell auf den Menschen abgestimmten Standard **schrittweise** mit der Einrichtung vertraut zu machen und ihn zu integrieren.

Die pflegerischen Bemühungen sollten für alle neu eingezogenen HeimbewohnerInnen gelten, unabhängig davon, ob ein Verlegungsstress-Syndrom vorliegt oder nicht. Sie wirken auch vorbeugend und können deshalb ein potenzielles Verlegungsstress-Syndrom verhindern helfen.

Fallbeispiel

Häufig fehlt Angehörigen das nötige Verständnis und Einfühlungsvermögen für die Situation im Altenheim und die Bedürfnisse des neu einziehenden Menschen:

Die Kinder der neu eingezogenen Frau Sänger erklärten auf Nachfrage einer Altenpflegerin, sie hätten Fotos und Noten ihrer gern Klavier spielenden Mutter schnell vernichtet, weil diese die Mutter wie sie meinten, nur „belasten würde". Auch das Klavier sei längst verkauft. Glücklicherweise gab es im Heim ein Klavier, auf dem die alte Dame trotzdem nach Belieben spielen konnte, doch ihren Noten trauert sie noch heute nach.

13.7.3 Exemplarische Pflegeplanung

Pflegediagnose mit Ursache (PD), Ressourcen (R), Gewohnheiten (G), Erfahrungen (E), aktuelle Bedürfnisse (AB)	**Pflegeziele**	**Pflegetherapie** Information (I), Beratung (B), Motivation (M), Anleitung (A), Beaufsichtigung (Bf), teilweise Übernahme (tÜ), vollständige Übernahme (vÜ)
PD: Verlegungsstress-Syndrom mit Heimweh wegen kurzfristigen Umzugs ins Pflegeheim nach Sturz und Oberschenkelhalsbruch **G:** Besuchte regelmäßig einen Altenclub im Stadtteil **R:** Ist kommunikativ, kontaktfreudig, bewegt sich selbstständig im Rollstuhl **AB:** • Möchte gern neue Kontakte im Heim • Möchte Stadtteilkontakte aufrecht erhalten	Fühlt sich im Heim wohl Findet tragende Kontakte im Heim Pflegt alte Kontakte zum Club weiter	**I, B:** Gespräche mit „BezugspflegerIn" anbieten **B:** Teilnahmewunsch bei Gruppenangeboten und Freizeitaktivitäten im Haus klären **tÜ:** Unterstützung beim Weg zu Gruppenangeboten organisieren **vÜ:** 14-tägige Organisation des Transports in den Stadtteilclub

Tab. 13.53: Beispielhafte Pflegeplanung zur Pflegediagnose Verlegungsstress-Syndrom

13.8 Machtlosigkeit

Machtlosigkeit: Verlustgefühl, bei dem fehlende Kontrolle über eine momentane Situation oder auf Ereignisse wahrgenommen wird. Der Betroffene fühlt sich ohnmächtig und ohne Einfluss.

Überall, wo Menschen miteinander in Beziehung treten, spielen auch **Machtstrukturen** eine Rolle. Oft ahnen wir nur, was an Macht und Ohnmacht in uns und in den anderen steckt. Wir erleben im Alltag Macht als Übervorteilen, Kontrollieren, Widersprechen und Korrigieren. Dies gibt es nicht nur in der Politik, sondern in Partnerschaften, Mitarbeiterteams und auch in Pflegeeinrichtungen. Wer meint, keinen Einfluss zu haben, wer nicht selbstbewusst genug ist, seine Ansichten deutlich zu machen und möglicherweise auch durchzusetzen, fühlt sich **machtlos.**

Groß kann die **Macht der Betreuer** und die **Ohnmacht der Pflegebedürftigen** werden, wenn Macht missbraucht und Aufgaben der Pflege nicht transparent gemacht werden. Leicht kann dann aus dem Blickwinkel von AltenpflegerInnen der berechtigte Ärger eines alten Menschen als nörgelndes Verhalten oder als Zeichen beginnender Verwirrtheit bezeichnet werden und die begründete Unzufriedenheit über ständige Bevormundungen wird als Aggressivität oder Streitsucht abgestempelt.

Für die große Zahl der verwirrten oder psychisch auffälligen alten Menschen, die aufgrund ihrer Erkrankung nicht mehr autonom und selbstbestimmt leben können, übernehmen AltenpflegerInnen Verantwortung und Entscheidungen in fast allen Lebensbereichen. Um sich der Macht als Pflegende bewusst zu werden und nicht in Gefahr zu geraten, diese Macht oder Verantwortung gegenüber einem Menschen zu missbrauchen, sind regelmäßige Selbstreflektion des eigenen Verhaltens, Teambesprechungen und Supervision dringend notwendig.

13.8.1 Pflegediagnostik

Ursachen und Einflussfaktoren

Ältere Menschen haben nicht immer den Mut, etwas zu hinterfragen, zu kritisieren und sich zu wehren. Sie haben häufig im Laufe ihres Lebens die Erfahrung gemacht, dass es einfacher ist, ja zu sagen. Trotzdem fühlen sie sich bevormundet und in ihrer Autorität eingeschränkt.

Besonders Menschen in Pflegeabteilungen klagen über **fehlende Selbstbestimmung** und Individualität, über **Einschränkungen** und **Kommunikationsprobleme**. Sie fühlen sich nicht als Individuum wahrgenommen und empfinden die Einrichtung nicht selten als anonymen Massenbetrieb.

☑ Machtlosigkeit ist neben sozialer Isolation und Hoffnungslosigkeit (☞ 12.4) eines der wichtigsten Pflegeprobleme in Alten- und Pflegeheimen.

Abhängigkeit

Ein alter Mensch, dessen Gesundheitszustand sich trotz guter Selbstpflege ständig verschlechtert, kann sich sehr mutlos und ohnmächtig fühlen. Besonders belastend ist das Gefühl der **Abhängigkeit** von Geräten, z. B. dem Sauerstoffgerät oder Dialyse (☞ Abb. 13.54). Auch Medikamente wie z. B. lebenswichtige Insulininjektionen oder Asthmasprays verstärken das Gefühl der Abhängigkeit.

Das Gefühl von Abhängigkeit kann zur **Resignation** führen, wenn Unterstützung nicht angemessen erfolgt und der alte Mensch große Mühe darauf verwenden muss, seine Rechte durchzusetzen. Alte Menschen fühlen sich beispielsweise häufig überfordert und resignieren, berechtigte Ansprüche auf Hilfsmittel durchzusetzen. Die wechselnden Zuständigkeiten von Kranken- und Pflegekasse sind bereits für Fachleute schwer überschaubar. Für einen alten Mensch, der sich im Dschungel der Gesetzgebung nicht auskennt, bleibt häufig nur Resignation, wenn Unterstützung für seinen Anspruch fehlt.

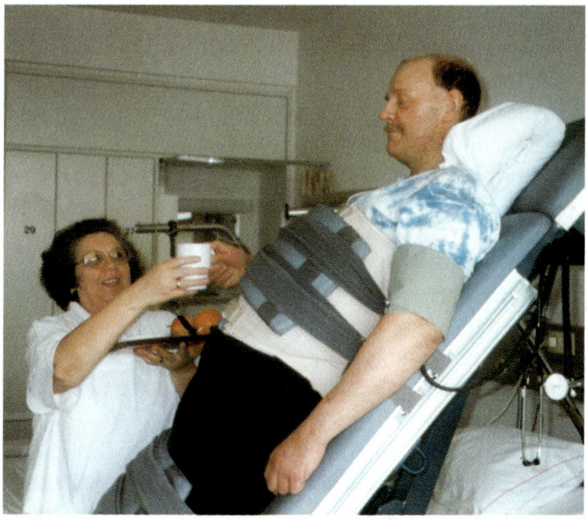

Abb. 13.54: Stundenlang muss der pflegebedürftige Mann, dessen Wirbelsäule nicht belastet werden kann, zum Training des Kreislaufs im „Stehbett" ausharren. Freundliche Zuwendung durch alle MitarbeiterInnen der Pflegeeinrichtung erleichtert ihm die fast vollständige Abhängigkeit von anderen Menschen in dieser Lage erheblich. [M221]

Es gibt viele alte Menschen und pflegende Angehörige, die notwendige Unterstützung, auch materieller Art, ablehnen. Dies kann aus Angst davor geschehen, von einer Behörde kontrolliert und abhängig zu werden. Andere wollen keine Unterstützung, weil sie ihren Bedarf dafür nicht wahrhaben wollen.

Erlernte Hilflosigkeit

Aus Zeitmangel, Ungeduld oder falschem Mitleid übernehmen Pflegende oft viele Verrichtungen selbst, anstatt dem pflegebedürftigen alten Menschen nur die wirklich erforderliche Unterstützung zu geben. Dadurch fördern sie **Hilflosigkeit** und Unselbstständigkeit.

Oft sind alte Menschen bereits jahrelang von dem Ehepartner oder von Angehörigen gepflegt worden und haben sich darin gefügt, „hilflos" zu sein, keine Macht über sich selbst zu haben. Obwohl sie viele Dinge selbstständig erledigen könnten, haben sie sich an ihre Hilflosigkeit gewöhnt und halten an dieser Rolle fest.

AltenpflegerInnen, die das Gefühl haben, unersetzbar zu sein und die die Abhängigkeit und Dankbarkeit „ihrer" alten Menschen zur Selbstbestätigung benötigen, brauchen unbedingt selbst klärende Hilfe.

Weitere **Ursachen** können sein:

- Trauer, Verluste, Lebenskrisen
- Körperliche Erkrankungen
- Psychische Erkrankungen, Verwirrtheit, Demenz

- Wirkungen von Psychopharmaka
- Einschränkungen in der Kommunikation oder Wahrnehmung
- Fehlende Hilfsmittel, z. B. Batterien für das Hörgerät, Gehhilfen
- Lebenswichtige Hilfsmittel sind nicht erreichbar, z. B. Klingel.

Anzeichen und Ausmaß

Anzeichen, die für die Diagnose „Machtlosigkeit" sprechen, können in Gesprächen mit dem alten Menschen, durch Beobachtung seines Verhaltens, z. B. im Spiel (☞ Abb. 13.55), oder durch Befragung der Angehörigen festgestellt werden:

- Der alte Mensch macht deutlich, dass ihm Kontrolle und Einfluss fehlen, z. B. zu Pflegemaßnahmen, zur Tagesstruktur, zu Beschäftigungsmöglichkeiten oder Essgewohnheiten
- Unentschlossenheit, Ohnmacht und Hilflosigkeit, z. B. weiß der alte Mensch nicht, was er möchte, wenn er gefragt wird
- Bedürfnisse werden nicht ausgesprochen
- Unzufriedenheit darüber, dass Tätigkeiten nicht ausgeübt werden können, z. B. Teilnahme an Gruppenaktivitäten wegen fehlender Unterstützung beim Transport dorthin
- Unterstützung wird nicht ausreichend angeboten oder empfunden
- Unterstützung wird belastend empfunden und trotz Notwendigkeit abgelehnt
- Klagen oder Beschwerden über Einschränkungen und Verluste
- Aufgeben der Selbstbestimmung
- Depressive oder aggressive Reaktionen auf Angebote zur Selbstbestimmung
- Rückzug aus Aktivitäten, Abgabe von Entscheidungen
- Teilnahmsloses, apathisches Verhalten oder Wut und Aggression.

13.8.2 Pflegetherapeutische Maßnahmen

„Helfer" aller Bereiche neigen leicht dazu, hilfebedürftigen Menschen ihre Hilfe aufzudrängen, sie damit zu überrollen. Dabei ist das Angebot ja in der Regel „gut gemeint". Ungeschickte Hilfsangebote jedoch können verletzend sein, weil sie die Autorität des Hilfsbedürftigen missachten. In vielen Fällen kann es für Helfer nützlich sein, sich selbst in die Situation des „Bedürftigen" zu versetzen, um den richtigen Ton oder das richtig Maß zu finden. Beispielsweise ist es eine unersetzbare Erfahrung, einmal selbst im Rollstuhl durch die Stadt gefahren zu werden oder „blind" auf Unterstützung anderer angewiesen zu sein. Für **Hilfe ohne Bevormundung** gibt es bereits viele Ratgeber von Selbsthilfegruppen oder Behindertenverbänden (☞ Literaturtipp).

Abb. 13.55: Spiele mit Masken und Verkleidungen machen es manchmal möglich, Gefühle von Macht oder auch Machtlosigkeit auszusprechen. [M221]

Literaturtipp

Hermann van Dyck: Nicht so sondern so. Kleiner Ratgeber für einen guten Umgang mit Blinden: Deutscher Blindenverband e.V. Bismarckallee 30, 5300 Bonn, 1990. Tel. 0228/35 30 19; Fax: 35 77 19

Um pflegebedürftige alte Menschen in ihrer Kompetenz zu stärken und Gefühlen von Machtlosigkeit zu begegnen, sind individuelle Maßnahmen im Team zu planen und abzustimmen. Große Bedeutung hat es, dass alle MitarberInnen gleiche Strategien verfolgen und Maßnahmen berücksichtigen wie z. B.:

- Die Biografie des alten Menschen kennen, erlernte Hilflosigkeit erkennen
- Selbstbestimmung fördern, z. B. erfragen, was der alte Mensch möchte, wie er es möchte (☞ Abb. 13.56)
- Kompetenz erhalten und fördern, z. B. kann möglicherweise eine alte Frau, die lebenslang als Hebamme gearbeitet hat, sehr gut selbst beurteilen, was für ihr „offenes Bein" notwendig ist
- Autorität erhalten, nicht wie mit kleinen Kindern reden. Nicht tadeln, schimpfen oder bevormunden
- Möglichkeiten zur Wahl anbieten, z. B. Vorlesen *oder* Kartenspielen
- Wertschätzung entgegenbringen, Zeit nehmen, zuhören, Wünsche erfassen

- Geäußerte Gefühle akzeptieren
- Ursachen für negative Gefühle ergründen und möglichst besprechen
- Stärken und Fähigkeiten des alten Menschen erkennen und diese nutzen
- Hilfsmittel zur selbstständigen Lebensführung anbieten und in Reichweite stellen, z. B. Gehilfen
- Gemeinsam Pläne zur Lebensgestaltung erstellen
- Orientierungshilfen geben, z. B. die Namen und Fotos der MitarbeiterInnen als Wandtafel gestalten
- Unterstützung anbieten für realisierbare Pläne, Tagesstruktur
- Möglichkeiten anbieten, Selbstbehauptung und Selbstsicherheit zu üben, z. B. bei Gruppenarbeit, Psychotherapie
- Möglichkeiten zur Beratung durch den Heimbeirat aufzeigen.

Nicht immer ist die AltenpflegerIn oder tägliche Kontaktperson richtiger Ansprechpartner für alle Sorgen und Nöte. Individuelle Möglichkeiten zur **Beratung** für spezielle Situationen und Probleme finden alte Menschen, wenn sie sich in den Gelben Seiten Kontaktadressen oder Telefonnummern suchen wie:

- **Graue Panther** e.V., einem Seniorenverein, der sich in allen Städten für die Rechte alter Menschen mit Nachdruck stark macht
- **Gesundheitslotsen** können die richtige Anlaufstelle für gesundheitliche Probleme empfehlen
- **Beratungsstellen** für alte Menschen bei Hilfsorganisationen wie Malteser, Johanniter, Diakonie, Caritas, AWO, ASB oder Kirchengemeinden
- **Telefonseelsorge**
- **Briefseelsorge** wird bisher nur wenig angeboten, aber gern genutzt. Beispielsweise beantwortet die Flensburger Pastorin Luise Müller Busse unter der Anschrift: Briefseelsorge, Johanniskirchhof 19, in 24937 Flensburg, regelmäßig „Sorgenpost“. Auf jede Zusendung wird streng vertraulich geantwortet.

Abb. 13.56: Menschen mit Einschränkungen sind nicht unmündig. [A500-119/M221]

„Kummerkasten“
Es kann hilfreich für alte Menschen sein, wenn sie Wünsche und Sorgen möglicherweise auch anonym äußern können. So wurde aufgrund dieser Einrichtung in einem Heim nicht nur regelmäßig fremder Besuch beim Nachtdienst bemerkt, sondern auch die Idee aufgenommen, im Garten Tiere zu halten.

13.8.3 Exemplarische Pflegeplanung

Pflegediagnose mit Ursache (PD), Ressourcen (R), Gewohnheiten (G), Erfahrungen (E), aktuelle Bedürfnisse (AB)	**Pflegeziele**	**Pflegetherapie** Information (I), Beratung (B), Motivation (M), Anleitung (A), Beaufsichtigung (Bf), teilweise Übernahme (tÜ), vollständige Übernahme (vÜ)
PD: Gefühl von Machtlosigkeit wegen zunehmender Hörstörungen und dem Gefühl der Isolation im Heim nach Neuaufnahme **G:** War Mittelpunkt der Familie, viele Kontakte **R:** Spielt Skat und kegelt im Altenclub **AB:** • Will ernst genommen werden und beteiligt sein • Sucht Anerkennung und Unterstützung	Fühlt sich akzeptiert und beteiligt Hört besser	**I, B:** Gespräch mit Bezugsperson anbieten zur Möglichkeit der Unterstützung durch Hörhilfen **M:** Für ein Gespräch mit Hörbehinderten der Einrichtung motivieren **B:** Terminorganisation zur Abklärung beim HNO-Arzt anbieten **B:** Teilnahmewunsch bei Gruppenangeboten und Freizeitaktivitäten im Haus klären **vÜ:** Unterstützungsbedarf bei Kontaktaufnahmen im Haus abklären **tÜ:** Unterstützung bei neuer Kontaktaufnahme zum Altenclub im Stadtteil durch Übernahme von Telefonaten

Tab. 13.57: Beispielhafte Pflegeplanung zur Pflegediagnose Machtlosigkeit

13.9 Sterben

Sterben: Lebensvorgang, bei dem Körper, Seele und das soziale Umfeld eines Menschen ihre Funktionen verlieren.

Leben und Sterben gehören untrennbar zusammen. Sterben ist ein Vorgang, der das ganze Leben durchzieht. Doch der Ort des Sterbens hat sich im Laufe des letzten Jahrhunderts zunehmend aus der Familie in Krankenhäuser und Pflegeeinrichtungen verlagert.

Tief greifende Strukturwandel der Alten- und Pflegeheime haben dazu beigetragen, dass sich diese mehr und mehr zum Ort des Sterbens entwickelt haben. Die veränderte Struktur von Pflegeheimen ist u. a. bedingt durch:

- Zunehmenden Ausbau ambulanter Dienste
- Finanziellen Anreiz für familiäre Pflege durch das Pflegeversicherungsgesetz
- Notwendigkeit der Überprüfung bestehender „Heimpflegebedürftigkeit" durch den Medizinischen Dienst vor Inanspruchnahme stationärer Pflege.

Zur Begleitung Sterbender ist grundsätzlich jeder Mensch fähig, dennoch sind Schulung und Supervision für alle, die in der Sterbebegleitung tätig sind, dringend erforderlich.

13.9.1 Pflegediagnostik

Bedeutung und Einflussfaktoren

Wie ein Mensch Sterben erlebt, hängt von vielen beeinflussenden Faktoren ab. Doch immer ist Sterben geprägt vom eigenen Leben, unabhängig davon, ob es

- Das Sterben anderer
- Das eigene Sterben ist.

Menschlichkeit (Humanität) auch gegenüber dem Sterben ist abhängig davon, welches **Menschenbild** jemand hat. Wer beispielsweise **Respekt** und **Achtung** vor Menschen entwickeln konnte, weil er selbst mit Zuwendung und Geborgenheit aufgewachsen ist, wer selbst respektiert und geachtet wird, der wird **Achtsamkeit** und **Selbstbestimmung** auch bei anderen Menschen im Leben und im Sterben berücksichtigen.

Viele Pflegenden begreifen heute den Menschen als **ganzheitliches Wesen** und berücksichtigen in dieser Ganzheitlichkeit physische, psychische und soziale Aspekte.

Wer in diesem Sinne mit Sterbenden umgeht, findet zum Tod eine Einstellung, die ihn menschlich und respektvoll sein lässt bezüglich der **körperlichen, seelischen** und **sozialen Bedürfnisse,** und er wird berücksichtigen, welche Einstellung der Sterbende selbst zu seinem Ende hat.

Sterben kann erlebt und empfunden werden als

- **Loslassen** von Menschen und Dingen. Zum Loslassen gehören **Versöhnung** und **Vergebenkönnen** beider Seiten, so Elisabeth Kübler-Ross (☞ Literaturtipp)
- **Abschied** und Übergang in ein anderes Dasein, diese These gibt religiösen Menschen häufig Zuversicht (☞ Abb. 13.58)
- Natürliches **Werden und Vergehen** in der Natur
- Aufbewahrung und **Ruhe**
- Sinnlosigkeit und **Zerstörung** des Seins.

Es sind die Lebenden, die den Toten die Augen schließen.
Es sind die Toten, die den Lebenden die Augen öffnen.
Sprichwort

Literaturtipp
Kübler-Ross, Elisabeth: Interviews mit Sterbenden. Kreuz Verlag, Stuttgart 1994

Altern und Sterben

Viele Menschen umgehen die Auseinandersetzung mit dem Altern und dem eigenen Sterben dadurch,

Abb. 13.58: Das Christentum gibt dem Sterben als Erlösung und Weg in die Ewigkeit einen eigenen Sinn. [M221]

dass sie ihren Blick und ihr Denken zwar auf die Zukunft ausrichten, dabei das eigene Altern jedoch ausklammern. Unangenehmes wird verdrängt oder vergessen. Tod und Sterben findet nur aus der Fernsicht statt. Trotz fehlender Gespräche über den Tod beispielsweise in der Familie oder mit Angehörigen, haben sich viele alte Menschen gedanklich schon sehr lange auf ihr Alter und Ende vorbereitet und oft vorgesorgt bis hin zur Bezahlung ihres Platzes auf dem Friedhof (☞ Abb. 13.59) und der Planung einer würdevollen Abschiedsfeier.

Tabuisierung von Leiden und Tod hängt in der heutigen Gesellschaft häufig mit fehlender Erfahrung zusammen, weil Sterben nicht in der Familie als natürliches Ende des Lebens erlebt werden kann und die Gesellschaft dieses Thema in Institutionen abdrängt.

Fallbeispiel

Ich jage den Leuten Angst ein. Sie haben Angst vor dem Leiden, sie haben Angst vor dem Tod. Ich bringe sie aus dem Konzept.

Eine 43-jährige Patientin (Zitat ☞ Literaturtipp unten)

Religion und Weltanschauung

Für viele alte Menschen bedeuten Religion und Glaube Zuflucht und Unterstützung im Leben und im Sterben. Besonders die Bedeutung des Todes sowie religiöse Bräuche sind in den verschiedenen Konfessionen sehr unterschiedlich und für Außenstehende häufig unverständlich. Doch religiöse Bedürfnisse eines sterbenden Menschen sollten für Pflegende von Bedeutung sein.

Anzeichen

Sterben kann zu einem jahrelangen Prozess werden, es kann aber auch ganz unerwartet und schnell geschehen.

Viele alte Menschen erwarten ihren Tod **ohne Angst,** andere haben **Todesangst,** die sich aber meistens mehr auf Angst vor Qualen und Schmerzen während des Sterbens bezieht als auf Angst vor dem eigentlichen Tod. Das Erleben des **eigenen Sterbens** und die Einstellung zum bevorstehenden Tod ist auch abhängig von der momentanen Situation, in der ein Mensch sich befindet.

Theorien über Sterbephasen

Sterbeforscher *(Thanatologen)* befassen sich mit den Fragen, ob und wie sich ein sterbender Mensch mit dem Tod auseinandersetzt. Sie beschreiben dabei unterschiedliche Phasen, die ein Sterbender durchleben kann und die bei vielen Menschen ähnlich beobachtet wurden. Dabei handelte es sich meist um Menschen, die schon Wochen oder Monate vor ihrem Tod von einer unheilbaren Krankheit

Abb. 13.59: Ein schöner Platz auf dem Friedhof ist vielen alten Menschen wichtig, nicht selten haben sie sich bereits für eine „Ruhestätte" eingekauft. [M221]

erfuhren und sich danach mit dieser Wahrheit auseinandersetzen mussten. Beispielsweise hat *Elisabeth Kübler-Ross,* eine Schweizer Ärztin und Pionierin der Erforschung des Sterbens, fünf **Sterbephasen** unterschieden:

- *Nicht- wahrhaben-Wollen* mit Verleugnung und Isolierung der Gedanken
- *Zorn,* Aggression gegen die Krankheit und Bezugspersonen
- *Verhandeln* mit dem Schicksal
- *Depression* und Trauer
- *Zustimmung* und Akzeptieren des Todes.

Diese Phasen haben keine feste Reihenfolge, der Prozess des Sterbens verläuft bei jedem Menschen individuell. Wesentlichen Einfluss darauf haben die Individualität des Menschen, seine Biografie, seine Weltanschauung oder Religion und sein körperlicher und seelischer Zustand.

Wer Sterbende hilfreich begleitet, muss sensibel dafür sein, wo und in welchem Stadium des Abschiednehmens, des körperlichen und seelischen Sterbens, der alte Mensch sich gerade befindet und auch seine eigene Sichtweise zu Leben und Sterben immer wieder prüfen (☞ Abb. 13.60).

Wer Sterbende begleitet, muss auch mit sich selbst sehr sorgsam umgehen. Er sollte auf seine innere Stimme hören und nachspüren, inwieweit ihn das Erlebte ängstigt und belastet.

Oft hilft das Gespräch mit KollegInnen oder Supervision. Entspannung und Erholung in der Freizeit sind nötig, um neue Kraft zu schöpfen. Auch künstlerische Hobbys können helfen, Gefühle auszudrücken.

Eine Möglichkeit des Verarbeitens besteht auch im Schreiben, z. B. als Tagebuch, Geschichten oder Briefe.

Beobachtung und Befragung

Bei Sterbenden können neben der Grunderkrankung eine Vielzahl von Beschwerden beobachtet oder erfragt werden. Deutliche Beschwerden sind z. B.:

- Schmerzen, Stöhnen
- Körperliche Schwäche, Kraftlosigkeit der Arme
- Kraftlose Stimme, Flüstern oder nur unverständliche Laute werden geäußert
- Müdigkeit, Benommenheit, die Augen werden nur mühsam geöffnet
- Appetitlosigkeit, Übelkeit
- Schwinden der Sinne, z. B. Hören, Fühlen, Tasten
- Verwirrtheit, Personen werden nicht erkannt
- Mundtrockenheit und Schluckbeschwerden
- Trockenheit der Haut, der Augen
- Obstipation, Inkontinenz
- Atemnot und Husten.

Fallbeispiel

Abends bitte ich den lieben Gott, dass ich am nächsten Morgen nicht mehr sein möge, und leider bin ich dann wieder da. Ich bin 88 Jahre alt, ich habe meine Kinder aufgezogen, ich habe meine Zeit gelebt.

Das Leben ist nicht interessant, ich esse nicht mehr, ich habe an nichts mehr Freude, ich löse mich von allem.

Eine 88-jährige Patientin (Zitat ☞ Literaturtipp)

Literaturtipp

Winckler, Valérie: Dem Tod so nah. Recom Verlag, Basel 1991

Nonverbale Äußerungen

Wenn Menschen hilflos sind und sich nicht mehr äußern können, ist die Wahrnehmung aller ihrer Lebensäußerungen von besonderer Bedeutung. Nur so ist es möglich, sie vor zusätzlichen Schäden zu schützen, Belastungen und Schmerzen zu vermeiden, das Selbstwertgefühl und die Selbstbestimmung des Sterbenden aufrecht zu erhalten.

Abb. 13.60: Der Umgang mit Sterbenden ist auch für Pflegende immer wieder mit Grenzerfahrungen verbunden. [M221]

Große Aufmerksamkeit ist nicht nur erforderlich, um Lebensäußerungen im Rahmen der **Krankenbeobachtung,** z. B. Beobachtung der Haut, der Atmung oder der Ausscheidungen, wahrzunehmen. Vor allem bei Sterbenden, die sich nicht mehr äußern können, sind deren **nonverbale Äußerungen** einziger Hinweis auf das Befinden. Hierzu gehören beispielsweise:

- Blinzeln bei störendem Licht oder Augenverklebungen
- Blickkontakt oder Lippenbewegung, um etwas auszudrücken
- Heben der Hand und zeigen, um etwas deutlich zu machen
- Bewegungen der Mundwinkel als Zeichen des Wohlbefindens oder Missfallens
- Andeutung von Kopfbewegungen als Verneinung, Ablehnung oder Bestätigung
- Veränderungen der Haltung, Verkrampfung als Zeichen von Schmerz

- Stöhnen bei Belastungen
- Husten oder Versuch, sich aufzurichten wegen Luftnot
- Lippenlecken als Zeichen von Durst
- Fahrige Handbewegungen als Zeichen von Unruhe, Schmerz oder Überforderung.

Es ist erwiesen, dass Sterbende häufig noch in der Lage sind zu **hören,** obwohl sie nicht mehr reagieren können. Besonders ist deshalb darauf zu achten, störende Geräusche zu vermeiden, nicht in der Gegenwart des Sterbenden über ihn zu reden, sondern ihn anzusprechen, mit ihm zu reden, auch wenn es scheint, als würde er nichts wahrnehmen.

Die unmittelbare **Nähe des Todes** ist häufig zu erkennen:

- Der Sterbende ist unruhig, verwirrt
- Die Atmung ist flach, unregelmäßig *(Schnappatmung)*
- Das Gesicht sieht eingefallen aus, die Nase spitz
- Die Haut ist blass, bläulich marmoriert und kalt
- Der Puls ist schnell, flach, setzt aus
- Der Blutdruck ist niedrig oder nicht messbar.

13.9.2 Pflegetherapeutische Maßnahmen

Palliativmedizin und -pflege

Palliativ kommt aus dem Lateinischen und bedeutet „die Beschwerden einer Krankheit lindernd". Im Sinne der Behandlung und Pflege Sterbender bedeutet dies, alles zu tun, was der Linderung von Schmerzen und Leiden, auch seelischer Art, dient. An diesem Ziel orientieren sich medizinische und pflegerische Maßnahmen und folgen damit dem Konzept der **Hospizarbeit** (☞ unten), deren Ziel es ist, Bedingungen für menschenwürdiges Sterben zu ermöglichen. Palliativpflege lindert Leiden und vermeidet alle Belastungen.

Palliative Care *(nach WHO 1990):* Die wirksame, ganzheitliche Unterstützung *(care = Sorge)* von Patienten, deren Krankheit nicht mehr behandelbar ist. Dabei stehen die erfolgreiche Behandlung der Schmerzen und weiterer Symptome sowie die Hilfe bei psychologischen, sozialen und seelsorgerischen Problemen an erster Stelle. Das Ziel von palliative care ist, die bestmögliche Lebensqualität für Patienten und deren Familien zu erreichen.

Hozpizarbeit

Grundgedanke der Hospizarbeit ist: Dem Leben nicht mehr Tage, sondern den Tagen mehr Leben geben.

Im frühen Christentum bis in das Mittelalter waren Hospize Herbergen für Arme, Kranke und Menschen, die Schutz und Hilfe brauchten. Sie wurden von Ordensgemeinschaften geführt.

Ende der sechziger Jahre erhielt die Hospizidee neuen Impuls durch die Ärztin *Cicely Saunders,* die in London das Hospiz St. Christopher eröffnete. Ihr Anliegen war es, körperliche, geistige, religiöse und soziale Bedürfnisse von Schwerstkranken und Sterbenden wahrzunehmen, ihnen volle Aufmerksamkeit zu widmen und Unterstützung zu ermöglichen. Aus diesem Grund bestehen Hospizteams nicht nur aus Pflegenden und ÄrztInnen, sondern unter anderem auch aus SozialarbeiterInnen, SeelsorgerInnen und PhysiotherapeutInnen. Die Verbreitung der Hospizidee ist dem Engagement vieler einzelner Gruppen und ehrenamtlicher MitarbeiterInnen zu verdanken. Daraus haben sich auch in Deutschland vier **Grundformen der Hozpizarbeit** entwickelt:

- *Stationäre Hospize,* in die schwerstkranke Menschen auf Wunsch aufgenommen werden
- *Ambulante Hospizdienste* oder Hausbetreuungsdienste, die sich als feste Teams um die häusliche Versorgung Sterbender kümmern und auch die Bezugspersonen des Sterbenden unterstützen
- *Tageshospizdienste,* in denen Sterbende ein- oder mehrmals in der Woche tagsüber versorgt werden
- *Palliativstationen,* die sich in der Regel in Krankenhäusern befinden.

Abb. 13.61: Der Friedhof kann für Menschen seine Schrecken verlieren und für sie zum „Ort des Friedens" werden, wenn sie die Zuversicht haben, dass für sie alles zur Linderung von Leiden getan wird. [M221]

☑ Alle Hospizeinrichtungen haben das gemeinsame Konzept, **menschenwürdige Sterbebegleitung** jedem Sterbenden zukommen zu lassen, unabhängig von z. B. seinem sozialen Status oder seiner Konfession. Im Vordergrund der Betreuung stehen die **Bedürfnisse des Sterbenden** und seiner Kontaktpersonen. **Schmerzlinderung** und Entlastung nehmen einen besonderen Stellenwert ein. Die Integration Angehöriger und anderer Begleitpersonen in die Betreuung ist ein weiteres Prinzip der Hospizarbeit.

Literaturtipp
Albrecht, Elisabeth; Orth, Christel; Schmidt, Heida: Hospizpraxis. Leitfaden. Herder Verlag, Freiburg 1996

Organisationen und Vereinigungen der Hospizbewegung in Deutschland sind beispielsweise

- Deutsche Gesellschaft für Palliativmedizin e.V. unter Vorsitz von Dr. Mildred Scheel
- Bundesarbeitsgemeinschaft Hospiz zur Förderung von stationären und ambulanten Hospizen und Palliativmedizin
- Internationale Gesellschaft für Sterbebegleitung und Lebensbeistand (IGSL)
- Mit dem Sterben leben (OMEGA).

Literaturtipp
Canacakis, Jorges: Ich sehe Deine Tränen. Kreuz Verlag, Stuttgart 1997

Grundprinzipien in der Sterbebegleitung

Sterbende haben häufig folgende **Wünsche**:

- Nicht alleine gelassen werden und die letzten Tage an einem vertrauten Ort mit vertrauten Menschen verbringen können
- Nicht unter Schmerzen leiden müssen
- Unerledigte Dinge noch regeln können
- Sinnfragen stellen dürfen.

Es ist zu beachten, dass es **keine allgemeingültigen Rezepte** oder gar Dogmen im Umgang mit Sterbenden gibt. AltenpflegerInnen müssen sich in jedem Fall die Sensibilität für **individuelle Bedürfnisse** von Sterbenden bewahren.

Grundpflege, körperliche Bedürfnisse

Hilfe für Sterbende bedeutet, Pflegemaßnahmen besonders aufmerksam und sorgfältig durchzuführen. Leidenden Menschen kann vieles erleichtert werden, wenn auch auf kleine Dinge sorgfältig geachtet wird. Es ist ebenso wichtig, die Falte im Laken zu beseitigen wie kleine Wünschen an den Augen abzulesen und dafür zu sorgen, dass der alte Mensch sich äußerlich gepflegt fühlt ohne unangemessen belastet zu werden. Sorgfältige Pflege macht die **Kunst** und das **Einfühlungsvermögen** von AltenpflegerInnen deutlich:

- Schmerzfreie Lagerung und Lagerungswechsel ohne Belastung für den Sterbenden
- Körperpflege, erfrischende Maßnahmen im zumutbaren Rahmen, z. B. kann ein kühler Lappen auf der Stirn oder kühle Gesichtswaschungen mehr Wohlbefinden erzeugen als umständliches Waschen sämtlicher Körperteile
- Medikamente und Essen je nach Situation anbieten, jedoch nicht aufdrängen
- Regelmäßig für frische Luft sorgen, der Raum sollte weder zu warm noch zu kalt sein, Zugluft vermeiden
- Indirektes, nicht zu helles Licht erleichtert das Sehen
- Für Ruhe sorgen
- Den Sterbenden gut zudecken, er soll weder frieren noch schwitzen, Decken und Kissen sollten leicht sein und ihn nicht belasten.

Abb. 13.62: Ingeborg Bachmann, Österrreichische Schriftstellerin (*1926, †1973), starb im Alter von 47 Jahren an den Folgen einer Krebserkrankung. [Foto: M221]

Sterbende trinken nicht ausreichend. Um ihnen das quälende **Durstgefühl** zu nehmen, bieten sich viele Möglichkeiten:

- Die Raumtemperatur nicht zu warm einstellen
- Die Lippen des Sterbenden regelmäßig anfeuchten
- Getränke regelmäßig in Deckelbechern, mit Trinkhalm oder teelöffelweise anbieten
- Dauerinfusionen langsam rektal oder subkutan verabreichen (1000 ml täglich).

Die **Pflege der Haut** gewinnt eine besondere Bedeutung, auch die **Nasen-** und **Lippenpflege** bedürfen großer Sorgfalt, z. B. durch Einfetten mit Bepanthen® oder Fettsalben.

Sorgfältige **Mundpflege** (☞ 9.3.2) bringt Sterbenden spürbare Linderung von Beschwerden und ist ein Qualitätsmerkmal für gute Pflege.

Spezielle Mundpflege (☞ 7.8.2) ist immer erforderlich, wenn Sterbende nicht ausreichend essen und trinken können. Vielfältige Möglichkeiten stehen zur Verfügung, doch oft sind Hausmittel wie Butter zum Fetten rissiger trockener Lippen, auch bei einer borkigen trockenen Zunge und belegten Mundschleimhäuten sinnvoller und angenehmer im Geschmack als Medikamente. Ebenso wichtig ist es, Zahnprothesen zu pflegen oder rechtzeitig zu entnehmen, damit sie eine sorgfältige Mundpflege nicht behindern.

Bei vielen Pflegemaßnahmen lassen sich Angehörige gut einbeziehen, sie sind oft dankbar, wenn sie Möglichkeiten gezeigt bekommen, wie sie dem Sterbenden Linderung verschaffen können.

Wünsche des Sterbenden

Wünsche eines Sterbenden sollten selbstverständlich respektiert werden. Hierzu gehört auch, bei Verschlechterung des Gesundheitszustandes nicht mehr ins Krankenhaus zu wollen. Häufig besteht das Bedürfnis, letzte Dinge zu regeln wie ein Testament oder Abschied von Menschen und Orten nehmen zu können. Versöhnung und Vergebenkönnen sind für viele wichtig, um zur Ruhe zu kommen und in Frieden sterben zu können.

Kommunikation, Umgang mit Wahrheit

Die Aufklärung über den Gesundheitszustand eines Menschen ist grundsätzlich eine Aufgabe der ÄrztInnen, die **nicht an die Pflegekräfte delegiert** werden darf. Damit der Sterbende Wahrheit verarbeiten kann, müssen sich die Aussagen der Pflegenden im Kern mit den Ausführungen der ÄrztIn decken. Doch allein der alte Mensch bestimmt, was er wissen

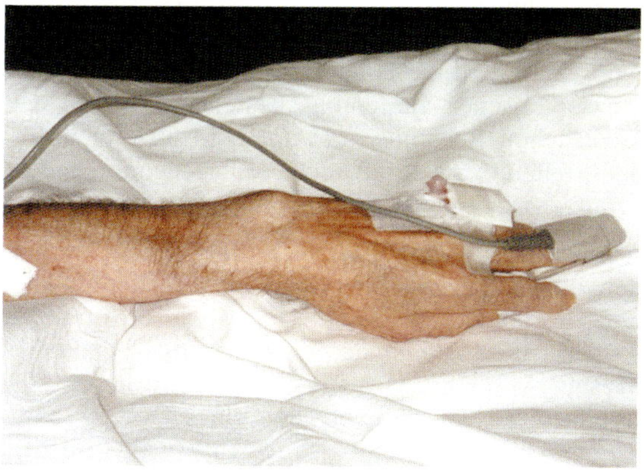

Abb. 13.63: Auch wenn medizinische Maßnahmen wie ein Infusionszugang oder Messfühler nicht vermeidbar sind, ist es doch möglich, die eigene Hand anzubieten, damit der Sterbende Kontakt halten kann. [M221]

will, indem er fragt. Auch durch indirekte Fragen oder Antworten kann Wahrheit schonend angesprochen werden.

Wichtig ist, dem Sterbenden Nähe und Gesprächsbereitschaft zu signalisieren, die er im Bedarfsfall in Anspruch nehmen kann. Im Gespräch kann es hilfreich sein, dem Sterbenden den Wert seines eigenen Lebens bewusst zu machen, indem mit ihm daran gedacht wird, was er Gutes und Sinnvolles erlebt und geleistet hat. Auch hier sind Angehörige einzubeziehen, wenn dies möglich und erwünscht ist.

Kommunikation und Begleitung heißt in vielen Fällen, den Sterbenden ansprechen, seine Hand halten, anwesend sein.

Auch das Anbieten und Halten der Hand gehört zur Kommunikation.

Fallbeispiel

Herr B.: „Am nächsten Samstag ist der 3. September."
Altenpflegerin nach einer Pause: „Ja, da haben Sie Geburtstag."
Herr B., nach kurzem Schweigen: „Ich habe keine Lust mehr."
Altenpflegerin: „Sie meinen, es wird Ihnen zuviel?"
Herr B.: „Ja,… Wie soll das noch werden mit mir? Sie wissen doch darüber Bescheid. Oder?"
Altenpflegerin: „Ja, ich weiß…"
Herr B.: „Bleiben Sie jetzt hier?"
Altenpflegerin: „Ja, ich bleibe."

Aus: „Begleitung eines Patienten im Sterbeprozess" von Monika Brauckmann in „Die Schwester, Der Pfleger" 12/89

Seelsorgerische Betreuung

Für Menschen, die religiös sind, muss das Angebot seelsorgerischer Betreuung bestehen. Neben den christlichen Religionen gewinnen in unserer multikulturellen Gesellschaft auch in Pflegeheimen andere Glaubensrichtungen zunehmend an Bedeutung.

Sterbende müssen auf Wunsch Möglichkeiten erhalten, mit Geistlichen ihres Glaubens sprechen und beten zu können sowie Raum für religiöse Rituale zu finden. Auch AltenpflegerInnen können bei Bedarf Gesangbuchverse oder aus der Bibel vorlesen, z. B. Psalm 6, 22, 23, das Sprechen eines Gebetes kann ebenso erwünscht sein.

Schmerzprotokoll												
Schmerzprotokoll für:												
Datum:												
Aktuelle Medikation:												
	1.											
	2.											
	3.											
	4.											
Uhrzeit	6	8	10	12	14	16	18	20	22	24	2	4
Med. 1												
Med. 2												
Med. 3												
Med. 4												
unerträgliche Schmerzen												
10												
9												
8												
7												
6												
5												
4												
3												
2												
1												
Keine Schmerzen												

Abb. 13.64: Beispiel für ein Schmerzprotokoll für Sterbende.

Schmerzbekämpfung

☞ *auch 4.8*

> ☑ Grundsätzlich gilt, ein Mensch hat Schmerzen, wenn er sie angibt. Niemand ist berechtigt, Schmerzäußerungen nicht ernst zu nehmen.

Volle Aufmerksamkeit der Pflegenden ist erforderlich, wenn Sterbende an Schmerzen leiden. Es gilt, alles zu tun, diese zu lindern. Das A und O jeder Schmerztherapie ist eine Anamnese, d.h. aktuelle Schmerzen werden auf einer Schmerzskala dokumentiert.

Durch eine angemessene Schmerztherapie können heute fast alle Menschen, die Schmerzen erleiden, schmerzfrei sein, ohne dass ihr Bewusstsein getrübt oder die Kommunikationsfähigkeit eingeschränkt ist. Dafür ist es jedoch erforderlich, dass Pflegeheime mit entsprechend kompetenten und palliativmedizinisch geschulten ÄrztInnen zusammenarbeiten und auch Pflegende zu Möglichkeiten befriedigender Schmerztherapie geschult sind. Entscheidend bei Schmerzbehandlung ist es, **nicht „nach Bedarf"**, also bei Schmerzeintritt, die nächste Dosis des Schmerzmittels zu geben, sondern **bevor** neue Schmerzen auftreten.

Richtige Dosierung erfordert immer ein **Zeitschema,** das sich nach der Wirkdauer der Medikamente und der Reaktion des alten Menschen richtet. Bei medikamentösen Therapien hat sich das *Stufenschema der WHO* weitgehend bewährt, das den Schmerz in drei Stufen bekämpft. Diese Form der Schmerzbekämpfung geht davon aus, dass beispielsweise bei 90 % der Tumorschmerzen in der Endphase effektive Linderung möglich ist.

> Nur ein kleiner Teil aller Schmerzleidenden erhält Schmerzmittel in ausreichender Menge und Dosierung. Pflegende sind gefordert, exakte Schmerzdokumentation in Form einer **Schmerzskala** und **Schmerzkalender** oder **-tagebuch** möglichst mit dem Betroffenen zu führen, um gegenüber verordnenden ÄrztInnen klare Auskunft geben zu können.

Verschiedene Formulare für Schmerzprotokolle können bei Herstellern von Analgetika bezogen werden (☞ Abb. 4.45). Auch wenn ein solches nicht zur Verfügung steht, lässt sich jederzeit und überall ein Schmerzprotokoll für Sterbende führen (☞ Abb. 13.64).

Angehörige und Bezugspersonen unterstützen

Angehörige und Bezugspersonen werden nicht nur weitestgehend in die Betreuung Sterbender miteinbezogen, wenn dies möglich ist, sondern übernehmen Aufgaben auch häufig gern selbstständig. Einfühlsame Aufmerksamkeit durch AltenpflegerInnen ist erforderlich, um zu ergründen, was Angehörige leisten wollen und können, ohne überfordert zu sein.

Auch Angehörige brauchen oft einen Ansprechpartner, der ihnen hilft, mit der Belastung fertig zu werden. Viele sind auch für ganz praktische Hilfestellung dankbar, wie das Angebot einer Tasse Kaffee, einer Ruhemöglichkeit, einem Gästezimmer im Heim oder Absprachen über wechselnde Betreuung.

AltenpflegerInnen fühlen sich häufig durch Angehörige verunsichert oder bevormundet, es liegt jedoch an ihrer Fachkompetenz, auch hier im Sinne des Sterbenden das rechte Maß für Kontakt und Verständnis zu finden.

Angenehme Atmosphäre schaffen

Soweit dies irgend möglich ist, wird es Sterbenden ermöglicht, in ihrer vertrauten Umgebung zu bleiben. In vielen Heimen mit Zweibettzimmern ist es üblich, mit dem Zimmernachbarn zu besprechen, ob dieser im Zimmer und in der Nähe des Sterbenden bleiben möchte. Für viele alte Menschen, die gemeinsam ein Zweibettzimmer bewohnen, ist auch die Nähe im Sterben wichtig, doch auch hier sollten AltenpflegerInnen genau prüfen, was das Bedürfnis des Sterbenden ist und nicht Regeln verallgemeinern. Innerhalb des Zimmers kann dann je nach Wünschen und Vorlieben des Sterbenden für eine angemessene Atmosphäre gesorgt werden, z. B. durch entsprechende Beleuchtung, durch Ruhe oder Musik. Immer ist daran zu denken, dass Sterbende möglicherweise hören können, was gesprochen wird.

13.9.3 Exemplarische Pflegeplanung

Pflegediagnose mit Ursache (PD), Ressourcen (R), Gewohnheiten (G), Erfahrungen (E), aktuelle Bedürfnisse (AB)	**Pflegeziele**	**Pflegetherapie** Information (I), Beratung (B), Motivation (M), Anleitung (A), Beaufsichtigung (Bf), teilweise Übernahme (tÜ), vollständige Übernahme (vÜ)
PD: Nahes Sterben, Unruhe, Ängste vor Schmerzen und vor dem Alleinsein **R:** Ist zeitweise klar orientiert, weiß, dass es zu Ende geht, kann Schmerzen äußern **AB:** • Möchte nicht allein sein • Möchte schmerzfrei sein • Will reden, sein Leben noch „ins Reine bringen“, z. B. die Beziehung zum Bruder	Bleibt nicht allein Ist schmerzfrei Kann sprechen, und sich mit seinem Bruder aussprechen Kommt innerlich zur Ruhe	**I:** Information über Sitzwache abwechselnd durch Bezugspersonen und Angehörige **vÜ:** Kontinuierlicher Sitzwache organisieren und sicherstellen **vÜ:** Bruder telefonisch informieren und um Besuch bitten **A:** Zum Führen eines Schmerzprotokolls anleiten **vÜ:** Für bedarfgerechte Schmerzmedikation sorgen

Tab. 13.65: Beispielhafte Pflegeplanung zur Pflegediagnose Sterben. Pflegemaßnahmen und Betreuung erfolgen nach einem Standard zur Pflege Sterbender und werden nur in den Pflegeplan aufgenommen, wenn sie über diesen hinausgehen. Schmerzdokumentation erfolgt im gesonderten Protokoll (☞ Abb. 13.64).

13.10 Trauer

Trauer: Einschneidendes Verlustgefühl, das tiefste Betroffenheit und Ohnmacht ausdrückt durch körperliche, seelische und soziale Reaktionen, für die es keine zeitliche Begrenzung gibt.

13.10.1 Pflegediagnostik

Ursachen und Einflussfaktoren

Menschen trauern nicht nur über den Verlust eines anderen Menschen, sondern auch um verlorene Dinge, Zeiten oder Zustände. Dazu gehören z. B. auch Verluste von Besitz, der Heimat, der Gesundheit oder Leistungsfähigkeit, einem Tier. Doch besonderen Stellenwert nimmt die Trauer um den Verlust eines nahestehenden Menschen ein.

Wie jemand mit Verlusterlebnissen umgeht, ist von vielen individuellen Faktoren abhängig:

- Lebensweise und Einstellung zu Leben und Sterben beeinflussen auch, wie jemand trauert, z. B. kann der Tod eines nahestehenden Menschen dankbar als Zustand der Ruhe empfunden werden
- Wer in seiner Trauer Zuwendung durch andere erfährt, darf seinem Schmerz Ausdruck geben und fühlt sich mit dem Verlust nicht allein, sondern gestützt
- Religiöse Menschen finden häufig Zuversicht im Glauben an ein anderes Dasein
- Erfahrung, auch in anderen Lebenskrisen Halt gefunden zu haben, kann Menschen stützen
- Trauer kann auch Dankbarkeit für ein erfülltes Leben sein
- Allein zurückzubleiben nach einem langen erfüllten Leben in Partnerschaft kann den Willen zum Weiterleben zerstören

- Die eigene gesundheitliche und seelische Verfassung kann ein Verlusterlebnis schwerer oder leichter erträglich machen.

Trauern beginnt oft schon, wenn ein Sterbeprozess, der eigene oder der eines Angehörigen, beginnt, z. B. bei der Diagnosestellung einer unheilbaren Krankheit, oder wenn nichts mehr zur Erhaltung des Lebens getan werden kann. Doch auch

- Wenn ein (unfreiwilliger) Umzug unumgänglich wird (☞ 13.7)
- Wenn eine Krankheit Verluste zur Folge hat (☞ 13.4)
- Wenn die erwachsenen Kinder sich „abnabeln" und aus dem Hause gehen
- Wenn Beziehungen oder Lebensgewohnheiten z. B. aus gesundheitlichen Gründen nicht mehr aufrecht erhalten werden können.

Anzeichen und Ausmaß

Für Gefühle, die mit Trauer verbunden sind, gibt es keine Normen. Nur mit viel Einfühlungsvermögen ist es Pflegenden möglich, nachzuempfinden, welche Bedeutung ein Verlust hat und wie tief Trauer geht (☞ Abb. 13.66).

10–15 % aller Trauernden zeigen Reaktionen, die vom „üblichen" Bild abweichen. Man spricht dabei von pathologisch Trauernden. Die Grenze zum Pathologischen ist aber fließend.

☑ **Pathologisches Trauern** erkennt man daran, dass die Anzeichen der Trauer und die Begleiterscheinungen viel intensiver sind und länger andauern als bei den meisten anderen Menschen in einer ähnlichen Situation. Manche Menschen quälen sich dabei mit starken Schuldgefühlen und Selbstvorwürfen. Andere können auch Jahre nach dem Verlust den Verstorbenen innerlich nicht loslassen. Diese Menschen zeigen oft das Bild einer Depression und benötigen deshalb psychotherapeutische Hilfe.

Trauer zeigt sich sehr unterschiedlich:

- Manche Menschen sind unfähig, Trauer zu zeigen, oder sie wollen den Verlust nicht wahrhaben und verleugnen ihn, d.h. sie sind vorübergehend unfähig zu trauern
- Andere sind unfähig, überhaupt zu reagieren, sie wirken leblos oder wie gelähmt
- Auch paradoxe Reaktionen auf Verlusterlebnisse, z. B. Lachen oder schwarzer Humor sind Reaktionen, die der Trauernde kaum kontrollieren kann
- Oft wird versucht, den Schmerz und die Trauer zu vergessen oder sich zu betäuben durch unkontrollierten Alkohol- oder Medikamentenkonsum
- Essen, Schlafen, alltägliche Lebensäußerungen haben keine Bedeutung mehr und werden vernachlässigt, dahinter steht häufig die Absicht, selbst nicht mehr leben zu wollen
- Noch Jahre nach einem Verlust können psychosomatische Krankheiten auftreten, wenn ein Mensch unfähig war oder verhindert wurde, angemessen zu trauern
- Auch Depressionen können die Folge von nicht geleisteter Trauerarbeit sein.

Fallbeispiel

Der Ehemann: „Jeder hat seine Art, mit Schmerz umzugehen. Ich wusste ja schon seit langem, dass sie irgendwann dieser Krankheit erliegen würde. Aber als sie dann starb, bin ich völlig ausgerastet. Suff, Selbstzerstörung auf der ganzen Linie. Bei jeder Aktion fing ich an zu randalieren in der Hoffnung, dass mir auch was passiert oder mich jemand von meinem Elend erlöst".

Aus: „Feinde kann man sich nicht aussuchen" von Marcial Muller

Trauerphasen

Hinterbliebene durchlaufen, ähnlich wie der Sterbende (☞ 13.9.1), verschiedene Trauerphasen, in de-

Abb. 13.66: Trauernde ziehen sich häufig zurück und wollen mit ihrem Schmerz allein sein. Viel Einfühlungsvermögen ist erforderlich, dies zu akzeptieren und dem Trauernden trotzdem nahe zu sein. [M221]

Abb. 13.67: Die Trauer um einen geliebten Menschen ist so alt wie die Menschheit selbst. [M221]

nen sie versuchen, das Abschiednehmen und den Verlust zu bewältigen.

Diese Phasen reichen von Betäubung, Schmerz, Wut und Ohnmacht über Sehnsucht und Suche nach dem Verstorbenen, dem Aufsuchen von Orten, die an ihn erinnern, Vermeidung und Verleugnung (den Tisch noch für ihn decken) bis hin zu Verzweiflung und Desorganisation (ein Weiterleben erscheint sinnlos).

Wie bei unheilbar Kranken und Sterbenden verlaufen auch bei Trauernden die Phasen individuell sehr unterschiedlich.

Es ist wenig hilfreich, bei der Begleitung und Unterstützung Trauernder zuerst auf diese Phasen und das entsprechende Verhalten zu achten. Viel wichtiger ist es, zu jedem Zeitpunkt die Bedürfnisse des Trauernden zu berücksichtigen. So kann es für einen trauernden Menschen tröstlich sein, wenn man ihn auch mit seiner Wut akzeptiert.

13.10.2 Pflegetherapeutische Maßnahmen

Trauer muss durchlebt werden, muss ausgedrückt werden dürfen. Trauernde brauchen Verständnis und Akzeptanz und keinen „billigen" Trost, wie „Wein doch nicht, das wird schon wieder." Oder: „Morgen wirst du wieder lachen."

Ohne die nötige Unterstützung kann ein Trauernder leicht in eine Depression, in die Verbitterung und Resignation abgleiten.

Wer trauernde Menschen begleiten und unterstützen will, muss sich auf einen individuellen Prozess einlassen, die eigenen Gefühle und Befindlichkeiten wahrnehmen und auch entsprechend für sich selbst sorgen können.

Trauerrituale

Über den Tod einer BewohnerIn im Pflegeheim sollte offen gesprochen werden. Menschen, die mit dem Verstorbenen in Beziehung standen, müssen trauern und Gefühle aussprechen dürfen. In vielen Pflegeheimen ist es üblich, dass BewohnerInnen, Angehörige und MitarbeiterInnen Gelegenheit haben, sich vom Verstorbenen zu verabschieden. Das kann in den ersten zwei Stunden, die der Verstorbene noch in seinem Zimmer verbleibt, sein.

Eine andere Möglichkeit ist es, den Verstorbenen in einem gesonderten Raum aufzubahren. Dort, in feierlicher, ruhiger Atmosphäre, haben auch Angehörige die Möglichkeit, sich in Ruhe zu verabschieden.

In einigen christlichen Einrichtungen wird eine Glocke zum Gedenken an Verstorbene geläutet.

> **Fallbeispiel**
>
> Wir werden ihn nicht mehr einholen. Wir sind am Ufer zurückgeblieben. Für mich hat der Tod aufgehört, eine Vorstellung zu sein, ein Zustand zu sein. Er ist vertreten durch die Gesichter all jener, die hier gestorben sind und die nun in mir leben.
>
> Eine Pflegerin. Zitat aus „Dem Tod so nah" von Valérie Winckler

Die Teilnahme an einer Beerdigung kann nicht nur für die Hinterbliebenen, sondern auch für AltenpflegerInnen und BewohnerInnen eines Heims wichtig sein, um in feierlicher Form Abschied zu nehmen. Häufig sind religiöse Rituale eine Hilfe, um Trost und Abstand zu finden (☞ Abb. 13.68).

Abb. 13.68: Eine festliche Beerdigung kann auch für nichtreligiöse Menschen eine Hilfe sein, würdevoll Abschied zu nehmen. [M221]

Bedürfnisse Trauernder

AltenpflegerInnen, die Trauernden nahe sein und sie unterstützen wollen, können z. B.:

- Schmerz und widerstreitende Gefühle zulassen und ausdrücken lassen
- Auch für Wut, Schreien, Aggression Raum und Verständnis finden
- Selbstzerstörerischem Verhalten mit Zuwendung und Geduld begegnen
- Über den Verstorbenen sprechen, Bilder ansehen
- Orte aufzusuchen, die an den Verstorbenen erinnern, z. B. den Friedhof
- Bilder des Verstorbenen aufstellen und z. B. mit frischen Blumen schmücken
- Erinnerungsstücke aufbewahren und ehren
- Sich mit der veränderten Situation beschäftigen
- Nach Möglichkeiten suchen, die bleiben und in denen der alte Mensch einen Sinn findet
- Darin unterstützen, alte Beziehungen zu pflegen und neue Kontakte zu knüpfen
- Keine fertigen Antworten und Rezepte anbieten
- Gefühle aushalten und zulassen, nicht durch vorschnelle Äußerungen abblocken, z. B. Traurigkeit zeigen, evtl. zusammen weinen.

☑ **Stoppt alle Uhren**

(Stop all the clocks)

Stoppt jede Uhr
Lasst ab vom Telefon
Verscheucht den Hund, der bellend Knochen frisst, die rohen.
Lasst schweigen die Pianos
Und die Trommeln schlagt.
Bringt heraus den Tag.
Ihr Klager klagt.
Lasst die Flieger kreisend, Trauer sei Gebot,
An den Himmel schreiben:
Er ist tot!
…

Sterne sind jetzt unerwünscht.
Will nichts sehn davon.
Verpackt den Mond,
Zertrümmert die Sonn.
Fegt weg den Wald und des Meeres Flut.
Nie wird es sein.
So wie es war.
Nie wieder gut.

W. H. Auden

13.10.3 Exemplarische Pflegeplanung

Pflegediagnose mit Ursache (PD), Ressourcen (R), Gewohnheiten (G), Erfahrungen (E), aktuelle Bedürfnisse (AB)	**Pflegeziele**	**Pflegetherapie** Information (I), Beratung (B), Motivation (M), Anleitung (A), Beaufsichtigung (Bf), teilweise Übernahme (tÜ), vollständige Übernahme (vÜ)
PD: Trauer nach Tod des Ehemannes vor zwei Wochen, Unfähigkeit zur selbstständigen Organisation von Lebensaktivitäten **R:** Guter Kontakt zu Enkelkindern und Heimbewohnern **AB:** • Rückzug, Alleinsein • Erwartet Verständnis von anderen • Redet viel über den Verstorbenen	Hat Ruhe und Raum für ihre Trauer Bleibt nicht nur allein Kann über den Ehemann sprechen und Bedürfnisse äußern Findet wieder Kontakt	Alleinsein ermöglichen Nähe und Gesprächsbereitschaft signalisieren Zuhören, von früher erzählen lassen **vÜ:** Wunsch nach Friedhofbesuch abklären und Fahrt mit Begleitung dorthin nach Bedarf organisieren **M:** Zur Einladung der Enkelkinder motivieren **M:** Zur Kontaktaufnahme durch Besuche von nahestehenden Heimbewohnern motivieren

Tab. 13.69: Beispielhafte Pflegeplanung zur Pflegediagnose Trauer

Wiederholungsfragen

1. Wodurch wird das Selbstkonzept eines Menschen geprägt? (☞ 13.1)
2. Was sind Rollenbilder? (☞ 13.1)
3. Was ist bei Fragen zum Gefühlsleben, zu Glaubensdingen und zur Intimsphäre eines alten Menschen zu beachten? (☞ 13.2)
4. Erklären Sie bitte die drei Grundhaltungen, die für ein gutes therapeutisches Klima wichtig sind. (☞ 13.3.2)
5. Wie können AltenpflegerInnen alte Menschen in ihrem Selbstwertgefühl fördern und unterstützen? (☞ 13.3.2)
6. Was versteht man unter Empathie? (☞ 13.3.2)
7. Was muss man beachten, wenn man Humor in den pflegerischen Alltag einbeziehen will? (☞ 13.3.2)
8. Welche Ursachen gibt es für Körperbildstörungen? (☞ 13.4.1)
9. Bringen Sie bitte Beispiele für des Nichtwahrnehmen von Körperteilen (☞ 13.4.1)
10. Durch welche Maßnahmen können AltenpflegerInnen die Körperwahrnehmung eines alten Menschen fördern? (☞ 13.4.2)
11. Welche Möglichkeiten gibt es für AltenpflegerInnen, alte Menschen darin zu unterstützen, neue Rollen zu finden ?(☞ 13.5.2)
12. Welche Ursachen können gestörtes Sexualverhalten haben? (☞ 13.6.1)
13. Wie gehen Sie auf das Schamgefühl von Menschen ein? (☞ 13.6.2)
14. Wodurch kann es zum Verlegungsstress-Syndrom kommen? (☞ 13.7.1)
15. Welche Möglichkeiten kennen Sie, alten Menschen den Einzug in ein Altenheim zu erleichtern? (☞ 13.7.2)
16. Welche Anzeichen sprechen für die Diagnose „Machtlosigkeit"? (☞ 13.8.1)
17. Was versteht man unter erlernter Hilflosigkeit? (☞ 13.8.1)
18. Welche Möglichkeiten kennen Sie, die Kompetenz eines alten Menschen zu erhalten? (☞ 13.8.2)
19. Wo können alte Menschen außerhalb des Pflegeheimes Beratung finden? (☞ 13.8.2)
20. Wodurch wird unsere Einstellung zu Tod und Sterben beeinflusst? (☞ 13.9)
21. Welche Bedürfnisse haben Sterbende häufig? (☞13.9.1)
22. Welche nonverbale Mitteilungen können Sterbende machen? (☞ 13.9.1)
23. Was können Pflegende für sich selbst tun, um bei der Pflege Sterbender nicht auszubrennen? (☞ 13.9.1)
24. Welche Unterstützungsmöglichkeiten haben Sie für Sterbende im Bereich der Grundpflege? (☞ 13.9.2)
25. Was halten Sie im Umgang mit Angehörigen von Sterbenden für wichtig? (☞ 13.9.2)
26. Wie kann Trauer unterstützt werden? (☞ 13.10.2).

Index

A

B

C

D

E

F

G

H

I

J

K

N

O

P

Q

R

S

T

U

V

W

Z